I0356794

M.T. Ciceronis

Epistolarvm

M.T. Ciceronis

Epistolarvm

ISBN/EAN: 9783741197857

Manufactured in Europe, USA, Canada, Australia, Japa

Cover: Foto ©ninafisch / pixelio.de

Manufactured and distributed by brebook publishing software
(www.brebook.com)

M.T. Ciceronis

Epistolarvm

M. T. CICERONIS
OPERUM
TOMUS XIV.

EPISTOLARUM FAMILIARUM
LIBER I. II. III. ET IV.

M. T. CICERONIS
EPISTOLARVM
LIBRI XVI.

AD FAMILIARES

(VT VVLGO VOCANTVR)

EX RECENSIONE IO. GEORGII GRÆVII

CVM NOTIS VARIORVM

Editio novissima post Grævianam locupletior.

TOMVS I.

Interpretum nomina pagina xvi. dabit.

NEAPOLI MDCCLXXVII.

Typis, ac sumtibus IOSEPH MARIÆ PORCELLI
Bibliopolæ
AVCTORITATE PVBLICA.

PRÆFATIO
EDITIONIS GRÆVIANÆ.

NOn multis te morabor. Nam quæ præfanda de interpretibus, & Tullianis editionibus habeo, rejicio in id tempus, cum toti corpori manus ultima imponetur. Nunc habes epistolarum ad diversos enaratarum, quas vulgo perperam familiares *vocant, volumina sedecim. Sequentur statim, quæ datæ sunt ad Atticum, & quæ iis solent adnecti. Tum opera reliqua. Quid in hac editione, quam ante plurimos annos suscepimus adornandam; sed quam casus varii, præcipue tamen hæc, quæ intervenit, temporum atrocitas diu retardavit, simus secuti, paucis accipe. Primum nobis fuit & antiquissimum, ut ipse* CICERO *prodiret limatior, quam umquam antehac prodiit; dein ut hæc nostra editio cultior esset, & non modo ad doctorum, sed & ad non eruditissimorum lectorum captum & usum accommodata. Editionum omnium emendatissima est* PETRI VICTORII, *principis ingeniorum sui temporis, qui in ea concinnanda & Mediceo codice usus est, uno omnium optimo & vetustissimo; & judicio, quo valebat inprimis, acerrimo, ac eruditione magna, quæ cum pari conjuncta erat modestia. Nam ingenio parum indulget in immutandis iis, quæ in optimæ notæ membranis repererat, a quarum religione vix latum unguem discedit: sed iis non par-*

cit, quæ contra codicum antiquorum fidem in editiones vulgatas sive descriptorum, sive editorum incuria & inscitia irrepserant. Illi uni plus CICERO *debet, quam reliquis omnibus, qui in eo perpoliendo tempus studiumque posuerunt; quorum plurimos superius illud felix seculum tulit, Italia præcipue omnis eruditionis, quæ in illa refloruit, parens: horum enim plerisque cultum quidem refert acceptum, sed* VICTORIO *salutem. Non inficior alios etiam sollertes & doctos viros multos nævos* TULLIO *detersisse, sed* VICTORIUS *tot gravia vulnera, tot latentia & suppurata, quæ bonam valetudinem mentiebantur, in eo sanavit ulcera, ut principem inter omnes locum obtineat. Sæpe indignor, magnum hunc* CICERONIS *servatorem immerito & indigne perstringi a Viro doctissimo in satyra quadam: qui sane id non ferret impune, nisi multis ejus magnisque in rem litterariam meritis hoc perversum judicium donandum censeremus.* VICTORIUM *in his saltem epistolis, quæ nunc prodeunt, secutus est fere* κατὰ πόδα IANUS GRUTERUS, *aut potius, cujus opera in istis epistolarum libris usus est,* IANUS GEBHARDUS, *qui si plus studii consumsisset in emendate scribendo, quam in vellicando* LAMBINO & MANUTIO, *se longe doctioribus, provinciam sibi a* GRUTERO *mandatam rectius gessisset & majore cum laude. Ad editionem* VICTORII *nostra quoque potissimum fuit conformata. Non tamen religioni duximus ab illa recedere, cum ratio, codicesque ab illa recedendum*

dum esse suaderent. Nam quatuor priscis manu exaratis libris sumus usi. Primus, isque longe praestantissimus non eorum saltem, quos nos evolvimus, sed & quos alii viri docti viderunt, & qui uni cedit Mediceo, cujus scripturam verissimam ubique firmat, depravatam nonnumquam corrigit pulcherrime, melioremque reddit, sed qui octo tantum priores libros complectitur, aere meo comparatus est olim Coloniae Vbiorum in taberna libraria. Hujus insignis libri ope non paucas inveteratas mendas, quae omnes obsidebant editiones, ex his octo libris eluimus. Hic primus noster dicitur. Proximus, Amstelodamensis, quem utendum nobis misit DANIEL ELSEVIRIUS *ex illius Vrbis florentissimae bibliotheca publica: qui & alium membranaceum librum ex Menteliana Parisiis in hos usus nobis adportavit, quem Mentelianum vocamus. Quartus recentissimus chartaceus est meus secundus. Nam & hunc Amstelodami aliquando mihi vindicavi. Editionis* LAMBINIANAE *cum variis antiquis libris a politissimo illo* IANO GVILIELMIO, *& cum Palatinis a* GRVTERO *compositae copiam mihi fecit Vir Amplissimus* IOANNES SIXIVS, *Scabinus Amstelodamensis gravissimus & doctissimus. Editionem perantiquam Italicam, quam anno* CIↃ CCCC LXXVII. *typis descripsit* SIXIMVNDVS A LIBRIS *Bononiensis, &* AVGVSTINVS MATTHAEVS, POLITIANI *discipulus, ut ipse in fronte & calce libri sua manu testatur, cum veteribus membranis contulit Vir Nobilissimus* NICOLAVS HEINSIVS,

SIVS, *unicum patriæ suæ decus, & grande meum litterarumque præsidium, mecum communicavit. Quæ cuncta mihi profuerunt ad has epistolas elimandas. Ad eas vero illustrandas omnium virorum eruditorum interpretationes integras collegi, & in hanc editionem contuli. Primas tenet* PAVLLI MANVTII *commentarius; sed præter hunc illibatas habes* VICTORII, LAMBINI, VRSINI, RAGAZONII *adnotationes, excerpta vero ex* SEBASTIANI CORRADI, BERNHARDI RVTILII *&* IANI GEBHARDI *animadversionibus, quibus adspersimus quidquid aut ipsi ad cultum & lucem Ciceronis observavimus, aut alios doctos homines observare meminimus.* VICTORII *prolixiores notas, quæ non potuerunt commode verbis* TVLLII *subtexi, inseruimus, præposito* VICTORII *nomine,* MANVTII *commentario, qui propter molem separatim editur, & singulis tomis epistolarum subnectitur. Maluissemus omnes notas ad exemplum* MANVTIANARVM *in finem librorum rejici, sed non licuit nobis animo nostro morem gerere. Consuetudini huic, quæ ante non multos annos in his terris invaluit, invitis viris doctis, & typographorum voluntati fuit serviendum. Commentarium* MANVTII *excipit commentarius* RAGAZONII, *seriem temporum & ordinem, quo singulæ scriptæ sunt epistolæ, ostendens.* RAGAZONIVS *is est* CAROLVS SIGONIVS. *His subnectuntur* IOANNIS FRIDERICI GRONOVII, *τοῦ πάνυ ineditæ animadversiones, quas delibavimus ex ejus scholis Lugduni* *ni Batavorum habitis. Illarum usum nobis præstitit* IACOBVS GRONOVIVS, *quem non magis imago paterna illustrat, quam egregia fama, quam ipse sibi præclaris interioris eruditionis speciminibus domi forisque editis peperit. In fine jussimus* PETRI VICTORII *&* PAVLLI MANVTII *præfationes, & libellum variarum lectionum, quem collegimus, addi. Grande quoque decus accessit non his solum epistolis, sed & reliquis, quæ brevi publici juris fient, operibus* TVLLIANIS, *ex adnotationibus paucis quidem, sed pereruditis,* HENRICI VALLESII, *viri summi, cujus mors nuper rei litterariæ ingentem imposuit & irreparabilem plagam, omnibus eruditis diutissime lugendam, quas ex libri sui marginibus decerptas mecum communicari voluit per* FRANCISCVM VALLESIVM, *qui ætate quidem, sed nec ingenii, nec doctrinæ laude fratre est inferior. Cum hæc scriberem Roma perferuntur ad me* M. ANTONII MVRETI *adnotationes, quas paginis* CICERONIS *a* ROBERTO STEPHANO CIↃ IↃ XXXVIII. *Lutetiæ publicati adposuerat disertissimus & elegantissimus mortalium. Eas describi jussit, & ad me curari* OCTAVIVS FALCONERIVS, *Vir tam natalium splendore, quam dignitate ac eruditione perillustris, & in primis commemorandus, qui & ipse non ita pridem in ætatis flore non mihi soli, quem a multis annis omni benevolentiæ genere prosequitur, flebilis occidit; sed omnibus, qui sapientiæ doctrinaque studiis, quæ ornabat fovebatque mirifice, tenentur. Post acerba Viri tam insignis* *quis fata frater ejus Nobilissimus*, PAVLLVS FALCONERIVS, *in mittendis his* MVRETI *adnotationibus, qua est erga omnes humanitate, suum non passus est nos desiderare studium. Non licuit quidem nobis in his epistolis poliendis frui* FALCONERII *beneficio, nam omnes jam prela reliquerant, sed ad reliquos tomos ornandos nobis id adjumento futurum exploratissimum habeo. Multa alia nomina contraxi, quibus suus dictus est dies: sed in nullius tanto sum aere, quam in excellentis illius Viri* ANTONII MAGLIABECQVII, *quem, quotquot ubique gentium sunt docti homines, tamquam commune delicium orbis eruditi in oculis ferunt. Tam prolixa in cunctos, qui rei litterariæ commodis invigilant, ejus est voluntas, tantumque omnes demerendi studium, ut natus unice videatur ad optimarum artium dignitatem tuendam & augendam. Quis umquam cunctis aliquid profuturum seculo & posteris parantibus acriores admovit stimulos? Quis illis vario genere subsidiorum undique conquisitorum instruendis ad feliciter, quæ moliuntur, perficienda fuit liberalior? Me sane jam dudum tanta benignitate sic sibi devinxit, ut nullam referendæ gratiæ rationem umquam inire possim. Nullus est liber tam rarus inventu, qui in nostris terris & bibliothecis haberi non potest, cujus non copiam mihi tantis locorum intervallis a se disjuncto fecerit, simul ac eum me quærere intellexit; nec ullum studium officiumque ab ullo homine conjunctissimo potest exspectari, quod mihi a se promtum esse &*

para-

paratum non luculentis declararit argumentis: sed hæc non sunt in transcursu prædicanda. Illucescet, spero, aliquando dies exoptata, quâ mihi licebit plenis, ut sic dicam, velis in commemorationem tot in me, ac rem litterariam meritorum ejus invehi, ut in non ingratum hominem se sua collocasse munera cognoscat. Te, Lector benevole, rogo, ut, si quem ex his lucubrationibus fructum capis, patronos hos rei litterariæ faustis ominibus prosequaris. In sequentibus operibus jubeo te sperare non paucas CASAUBONI, MURETI, PASSERATII, GRONOVII *nondum in publico visas ad* CICERONEM *adnotationes. Quos interpretes singulis libris simus adjecturi inviolatos, animus fert hic subjicere, hac de causa, ut si quid forte erudiri nobis lateat, quod* CICERONI *expoliendo & illustrando serviat, a te, Lector amice, monitus investigem, & reliquis adjiciam. Id enim studeo, ne quid in hac editione prætermittatur, quod aut ad maculas, quas* CICERONI *inussit temporum, & hominum iniquitas, delendas, aut salebras, quæ in illius scriptis occurrunt, complanandas, a litteratis viris est memoriæ proditum. In hac editione videbis non paucis accessionibus locupletatas esse notas, quas excerpsimus ex minore, quæ prodiit Amstelodami anno* M. DC. LXXXIX. *Vale.*

Index interpretum Tullianorum, unde adnotationes, queis universa instrueretur editio, colligere sibi Grævius proposuerat.

PRæter Victorii, Manutii, Lambini, Ursini, Gruteri notas integras in omnes Ciceronis libros, singulis hi accedent: In Rhetoricorum libros duos de Inventione Marius Victorinus: In libros tres de Oratore ad Q. Fratrem Jacobus Strebæus: In librum secundum de jocis Ciceronianis Turnebus, & Passeratii inedita notæ: In de Claris Oratoribus, qui Brutus inscribitur, Sebastianus Corradus. In Oratorem ad Brutum Majoragius: In Topica Goveanus, & Achilles Statius. In Partitiones Oratorias Majoragius: De Optimo genere Oratorum Achilles Statius: In Orationem pro Quintio, pro Roscio Amerino, pro Q. Roscio Comœdo Hottomannus, in Divinationem in Verrem, & Proœmium actionis primæ in Verrem Hottomannus, & Franciscus Fabricius; in lib. II. & III. Hottomannus, & P. Nannius, in lib. IV. & V. Hottomannus, pro M. Fonteio Hottomannus, & Gabriel Faernus; pro A. Cæcina Hottomannus, & P. Faber, pro lege Manilia Hottomannus, & Fr. Fabricius, in Orationes tres in Rullum H. Turnebus, & Bernhardinus Lauredanus, pro C. Rabirio Turnebus, & Hottomannus, in IV. Catilinarias Muretus, pro Murena Joach. Camerarius, pro L. Flacco Gabriel Faernus, pro Archia, ad Quirites post reditum, post reditum in Senatum, pro domo sua Hottomannus, pro haruspicum responsis Hottomannus, & Fr. Fabricius, in Vatinium Goveanus, & Hottomannus; pro M. Cælio, de provinciis Consularibus, pro Balbo Hottomannus; in Pisonem Hottomannus, & Fr. Fabricius; pro Rabirio Postumo Franciscus Fabricius, pro Q. Ligario Fr. Fabricius, & Joach. Camerarius; in Philippicas Hieronymus Ferrarius, Muretus, & Faernus: his interentur nonnulla ex Nicolai Abrahami commentario in aliquot Ciceronis Orationes, sed ea tantum quæ aut ad obscura, aut ab aliis male intellecta explicanda faciunt: In epistolas ad Atticum Seb. Corradus, Malaspina, S. Bosius, Franciscus Junius, Antonius Popma, Casauboni, Mureti, Gronovii inedita: in epistolam de Provincia administranda Hottomannus: in Academicas Quæstiones Turnebus, & P. Faber: In libros de Finibus Bonorum & Malorum Muretus: In Tusculanas Quæstiones Camerarius, Fr. Fabricius, Muretus: in libros de Fato Hadr. Turnebus, Achilles Statius, Joach. Perionius: in libros de Legibus Goveanus, & Turnebus: in libros de Officiis Franciscus Fabricius, Petrus Suffridi, Carolus Langius: Cœlii Calcagnini, & Majoragii reprehensiones, & Jacobi Grifoli defensiones: in Lælium Martialis Rogerius: In somnium Scipionis Eulogius Favonius Rhetor Carthaginiensis, Elias Vinetus, Carolus Langius, P. Suffridi, & Franciscus Fabricius: in Arati Phænomena Joach. Perionius, & H. Grotius: In fragmenta Ciceronis Car. Sigonius, & Andreas Patritius. His passim adspergentur, quæ cum a viris doctis in aliis libris, quibus non ex professo Cicero illustratur, tum a me ipso fuerunt animadversa, quæ Ciceroni lucem fœnerentur, aut labes ei abstergent. Accedet tomus peculiaris nonnullos libros ad Ciceronis intelligentiam necessarios complectens: Vitam nimirum Ciceronis a Fr. Fabricio scriptam, Boetium in Topica, Corradi Quæsturam, Logicam, Ciceronianam.

PRÆFATIO
HUIUS NOVISSIMÆ EDITIONIS.

CICERONIS *Epistolas ad Familiares, quas vocant, edituri, quo tuis commodis, humanissime Lector, impense advigilaremus, id primum omnium curavimus, ut binæ illarum ex Grævii recensione editiones, eæque ceterarum castigatissimæ, simul collatæ pervolutarentur, ac veluti instar operis typographici ad exprimendum proponerentur. Harum porro prima est, quæ curante* DANIELE ELSEVIRIO, *viro in re typographica magni nominis, Amstelodami anno* MDCLXXVII. *lucem adspexit: alteram vero ad Elsevirianam fidem ibidem sedecim post annis recuderunt* P. & I. BLAEU: *quorum quidem typographorum diligentiam, causæ aliquid est, quamobrem non immerito desideremus. Non modo enim in eam partem peccarunt, quod suis inserere locis neglexerunt, quæ* corrigenda atque addenda *in Elseviriana ad calcem* GRÆVIUS *monuerat: verum etiam per summam oscitantiam* IOANNIS FRIDERICI GRONOVII *in octo ipsos priores libros adnotationes prorsus obliteratas expunxere. Quod sane eo monitum volumus, ut nostrates, quibus nil nisi exterum sapit, Amstelodamensium typographorum accuratissimis, ut ambitiose prædicari solet, editionibus diffidere discant. In hac igitur editione ornanda* GRÆVII *recensionem* κατα πόδα *secuti,* emen-

emendavimus, suisque locis aptata restituimus, quæcumque ipse refingenda atque attexenda voluit. Ordinem vero, quem sibi GRÆVIUS *proposuit in Interpretum adnotationibus collocandis, aliquantulum a nobis immutatum fuisse scias. Quas enim ipse ex laudatis* GRONOVII *scholis Lugduni Batavorum habitis delibatas adnotationes continenti serie ultimo loco produxit; eas nonnibil auctas ex ejusdem Observationibus inter reliquorum Interpretum animadversiones incedere jussimus; neque ab iis duximus esse dissociandas, quas illius filius* IACOBUS *partim dedit in sua Tullianorum Operum editione. Ut autem locupletiori commentario Tullianæ Epistolæ ditescerent, eas instrui voluimus* IOANNIS GOTTLIEB CORTII *animadversionibus, cujus doctis laboribus plurimum debent* SALLUSTIUS, PLINIUS, *aliique prisci ævi Scriptores. Adjecimus præterea adnotationes integras* ISAACI VERBURGII, IOSEPHI OLIVETI, GISBERTI CUPERI, IACOBI FACCIOLATI, NICOLAI LALLEMANDI: *tum Selectas* NICOLAI FUNCII, IACOBI CELLARII, *ac* NICOLAI QUARTERII. *Adhæc undique corradere sategimus, quæ lucem aliquam Ciceroni affunderent, ex præstantibus plerisque viris mutuata, ac præsertim ab* HENRICO STEPHANO, C. AUGUST. HERMANNO, ALEXIO SYMMACHO MAZOCHIO, *ac* IACOBO MARTORELLIO, *quem ex oculis nuper sublatum litteratorum Respublica merito dolet. Tandem e re esse duximus, ut in quartum barum Epistolarum volu-*

volumen rejiceretur HIERONYMI RAGAZONII, *sive* CAROLI SIGONII *Commentarius; is enim in eo versatur, ut Epistolas per ea, quibus scriptæ sunt, tempora digerat ac describat. Tu vale interea, Lector, & laboribus nostris perfruere.*

Al-

Adnotationes quas ad Ciceronis Epistolarum ad Familiares Volumina dedit Graevius.

Integrae	Selectae
Pavli Manvtii	Sebast. Corradi
Petri Victorii	Bernardi Rvtilii
Dionysii Lambini	Iani Gebhardi
Hieronymi Ragazonii	Henrici Valesii
Ioach. Camerarii	Iani Gvlieri
Fvlvii Vrsini	Vvdon. Villiomanni
Hvb. Giphanii	Abr. Ortelii
I. G. Graevii	A. Bvchneri
	Io. Frid. Gronovii, & aliorum.

IN HAC NOVA EDITIONE ADDITAE.

Integrae	Selectae
Iacobi Gronovii	Nicolai Fvncii
Io. Gottlieb Cortii	Iacobi Cellarii
Isaaci Verbvrgii	Nicol. Qvarterii
Ios. Oliveti	C. Avg. Hevmanni
Iacobi Facciolati	Alex. Sym. Mazochii
Gisb. Cvperi	Iacobi Mariorellii, & aliorum.
Nic. Lallemandi	

M. T.

M. T. CICERONIS EPISTOLARUM LIBRI XVI.

AD P. LENTULUM LIBER PRIMUS

EPISTOLA I.

ARGUMENTUM.

P. Cornelio Lentulo Spintheri gentis patriciæ Ciliciam proconsulari imperio administranti scribit Cicero de officio suo erga ipsum in curanda regis Ptolemæi reductione: deinde quia rem non perficiat, excusationem affert: est autem excusatio multiplex; & quia rex ipse a Pompeio restitui

Exponenda primum a nobis caussa est, cur titulum XVI. primorum librorum mutaverimus, qui vulgo ab omnibus Familiarium Epistolarum appellabantur, ne forte aliquis non id temere fecisse suspicetur, ob idque malit usitatum, & receptum jam errorem sequi, quam verum & legitimum nomen harum epistolarum comprobare. Nam cum nihil sit in his libris immutatum, cujus non possimus si non veram, probabilem tamen aliquam caussam reddere: videmur quoque nobis hujus rei argumenta & rationes non contemnendas posse adducere, quæ falso nomine has diu appellatas esse ostendant, & consilium nostrum non reprehendi sinant, qui id induxerimus; non autem id novandi cupiditate capti fecimus, sed potius sinceræ, & incorruptæ vetustatis desiderio moti, quam quotidie magis a novis quibusdam inquinari, & ludibrio haberi pati non possumus. Existimo autem hos, ut hæc volumina ab aliis Ciceronis, & maxime ab his, quæ ad Atticum scripta sunt, distinguerent, nomen illud excogitavisse: quod quam sapienter fecerint, alii majoris auctoritatis viri judicabunt. Scimus sane quoddam epistolarum genus familiare recte appellari, & dici, cujus etiam generis nonnullæ hoc volumine epistolæ continentur, non tamen ob id omnes ita appellandæ, cum plurimæ sint de gravibus & magnis rebus summo artificio scriptæ. Quod si ullis epistolarum voluminibus hic titulus conveniret, verius hoc nomine appellari possent illæ, quæ ad Atticum familiariter scriptæ sunt: quæ licet & ipsæ sæpe de publicis rebus agant, remissiore tamen & solutiore genere dicendi utuntur, & minore arte & studio scriptæ

tui cupiat; & quia Pompeius idem cupere videatur; & quia consulares totam rem odio habeant; postremo quia ipse, cum

sunt, quemadmodum familiares inter se homines scribere consueverunt. Hoc autem ab aliis disertis & elegantibus viris animadversum esse (quibus merito semper hoc nomen suspectum fuit) compertum habemus. Movit autem nos maxime ut id repudiaremus, quod in nullis manu scriptis paulo antiquioribus codicibus illud invenimus, ut omnino novum esse & nuper ortum existimari necesse sit. Nam in egregiae & probatae vetustatis exemplari, quod merito semper summae auctoritatis apud nos fuit, nullum est hujus vocis vestigium. Animadvertimus etiam, quod rem penitus confirmare videtur, a nullo umquam veterum auctorum, & non ignobilium Grammaticorum, qui crebro testimonium harum epistolarum adducunt, illas familiares appellari, sed eo quem nos restituimus titulo & nomine. Hi sunt, A. Gellius, Nonius Marcellus, Priscianus, qui non has solum, verum etiam multos alios libros epistolarum a M. Tullio scriptarum citant, qui ab eo semper, ad quem missae sunt, cognomen accipiunt. Hoc autem tam notum unicuique esse potest, & tam facile ab illis, qui non observarint, potest percipi, ut exemplis adducendis id comprobari necesse esse non putem. Unum tamen notandum fuit, cum liber ab eo, ad quem primae epistolae scriptae sint, appelletur, continentque fere semper ad alios etiam missas litteras, quomodo illae posteriores citandae sint: quod etiam ab illis diligenter observatum est; quod maxime eo loco declaratur, qui a Nonio Marcell. adducitur e libro, qui ante notus appellabatur: *Sed cave ne veleas, ne ego te jacente, bona tua comedam*; sic enim, inquit Nonius, Cicero ad Varronem epistola Paeti: sunt enim haec verba in epistola Paeti, id est, quae ad Paetum missa est. Epistolae autem ad Paetum missae continentur in volumine ad Varronem, sic appellato, quia primae ejus libri epistolae ad M. Varronem scriptae sunt; ut hoc praecipue loco, & multis etiam aliis (quae nunc, ne longiores, nulla necessitate cogente, omittemus) scrupulum hunc quemadmodum veteres vitare soliti essent, appareat, & legitimum hunc esse titulum horum librorum amplius dubitari non debeat; cum ab optimis auctoribus ita citentur, nec debent nomine, in quo omnes comprehenduntur, sublato, numeri notari librorum: tunc enim necessarii sunt, cum ad eumdem plures libri mittuntur, ut in multis ex his, qui vetustate amissi sunt, accidit. Nam non pauci fuere, ad quos multa epistolarum volumina scripserit, ut ad Cn. Pompeium, Caesarem Dictatorem, Caesarem Juniorem; siquidem ex lib. IX. epistolarum ad A. Hirtium a Nonio Marcello Ciceronis testimonium adducitur, & ex his quae restant, III. ad Quintum Fratrem, XVI. ad Titum Pomponium Atticum; in hoc etiam fidem priscorum codicum nobiscum habemus. His igitur ego & rationibus, & auctoritatibus motus, inveteratum & receptum jam errorem tollere non dubitavi. Victorius. In Pal. primo Titulus ita concipitur: M. TULLII CICERONIS AD PUBLIUM LENTULUM LIBER PRIMUS INCIPIT FELICITER: quasi reliqui libri itidem ad Lentulum essent scripti: ideo in adversa pagina bis notatur, *M. T. Ciceronis ad P. Lentulum liber quindecim*, in Pal. tert. *Marci Tullii Ciceronis Epistolarum Familiarium Liber primus incipit*. Sed de inscriptione non immerito ambigitur: an *Epistolae Familiares*, an *Epistolae ad Familiares* recte dicantur. Victorius quod putaret hoc volumen ideo *Epistolarum Familiarium* appellatum, ut ab illo ad Atticum distingueretur, nec hanc inscriptionem in suo ultimae ac sacrosanctae vetustatis libro inveniret; tum etiam quod a nullo veterum auctorum puta a Gellio, Nonio Marcello, Prisciano, nobilissimis Grammaticis, qui crebro testimonia ex his epistolis advo-

cum Lentulo debeat, auctoritatis in causa regia non satis habeat.

M. T. C. P. LENTVLO PRO COS. S. D.

EGo omni officio, ac potius pietate erga te ceteris satisfacio omnibus, mihi ipse numquam satisfacio. Tanta enim magnitudo est tuorum erga me meritorum, ut quia tu,

verunt, eo nomine laudaretur, hunc titulum omnino abstulit, contentus, ut a veteribus dictas contendit, edidisse eas nomine Epistolarum Lib. XVI. Nos ut verum fateamur, hunc titulum in nullo nostrorum (secundum excipio Palatinum) vidimus, neque in editione omnium principe: bonisque usum Victorium argumentis existimamus, cur illi hoc nuperum novitatis nomen a Ciceronis Epistolarum volumine tollendum videretur. Ut vero vulgo, cui semper novitas & suspecta & invisa est, (quamquam hæc novitatis suspicio non merito in eum recidit, qui vetustati potiorem honorem habuit) aliquid daremus, retinuimus hanc illarum appellationem, ut Epistolarum ad Familiares titulo prodirent; quandoquidem hæc non hodie, aut heri nata, & imposita Epistolis nomina; nam exstabant, teste Tranquillo in Iulio, cap. 56. C. Cæsaris ad Ciceronem, item ad familiares domesticis de rebus epistolæ. Sed ibi Familiares alii sunt, quam hic. Etiam ipse Cic. lib. XIII. ep. 6. ad Atticum: *Epistolas mihi pronuntiabat versiculis facetas, ad familiares missas a Curione.* Ego quidem, quandoquidem nec exstet in vet. libris hæc inscriptio, nec illi, quibus destinatæ, ac missæ sunt, Ciceroni omnes fuerint familiares, non puto huic nomen illi a Tirone factum; sed ad discrimen alterius ab aliquo primum sciolo excogitatum & adjectum; deinde a credulis receptum, ac propagatum huc usque manasse; tum Victorio ergo removendum. GRONOVIUS. In MSto secundo Grævii hic index reperitur: *M. Tullii Ciceronis Epistolarum liber primus incipit feliciter.* In primo vero: *Incipiunt epistolæ Ciceronis.* GRÆV.

Pietate) Pietas erga deos, & parentes proprie dicitur: Lentulum vero Cicero sæpe deum, & parentem vocat. CORRADUS.

Mihi ipse) Translatitium jam est, quod Pronomen *ipse* nominandi casu Pronomini alterius casus subjungatur, cum in expositione modo *Dativum* ut hoc loco, modo alium requirere videbatur. Id inde venit, quod *Ipse* ex natura sua ad verbum primæ personæ referatur, uti in vernacula etiam haud raro fieri consuevit, non ad alterum Pronomen. Ita Ovidius Heroid. Epist. II. v. 19.

Sæpe videns ventos cœlo, pelagoque faventes
Ipsa mihi dixi: Si valet, ille venit.

h. e. *Ipsa dixi mihi.* Livius II. c. 44. *Æternas opes esse Romanas, nisi inter semet IPSI seditionibus sæviant*, h. e. nisi ipsi sæviant inter se. Magis illud apertum est C. Nep. Pausan. c. 3. extr. *Exspectandum, dum se IPSA res aperiret.* Cicer. pro P. Quintio c. 16. *Eo tempore tu non modo ad C. Aquilium, aut L. Lucullum, sed ne IPSE quidem ad te venisti*: adde eundem Epist. VIII. n. 11. Lib. III. ep. IV. n. 4. VI. n. 9. VIII. n. 2. Lib. VI. ep. X. n. 8. G. CORTIUS.

Meritorum) Meminit erga se Lentuli, qui ab exilio eum decimosexto mense revocavit. FUNGERUS.

Quoniam) Modo qui, modo cum, in veteribus libris legimus. CORRADUS. *Ut quia tu, nisi perfecta re*) Gronovius noster malebat, *ut qui tu*, quia in Pal. primo & editione Veneta, quæ prodiit anno 1468. cum: dein quia in ipsius locum factum *sit qui*, quod & prius fuisse, ut & Palatini sec. indicant literæ; denique ita fuisse in

tu, nisi perfecta re de me, non conquiesti: ego, quia non idem in tua causa efficio, vitam mihi esse acerbam putem. In causa hæc sunt. Ammonius, regis legatus, aperte pecunia nos oppugnat. Res agitur per eosdem creditores, per quos, cum tu aderas, agebatur. Regis causa si qui sunt, qui velint, qui pauci sunt, omnes rem ad Pompeium deferri volunt. Senatus religionis calumniam non religione, sed ma-

Med. lib. adnotat Egnatius, & ex suo Victorius: al. ut; *quia tu*, vulgo, *geraiem*. GEBHARDUS. Non ausim hic subscribere Grutero immutanti lectionem vulgatam. Qui hic nullum habet locum, nec habere potest, si recte attenderis; sed necessario *quia* legendum, aut *cum*; quod cum in aliis, tum in meo quoque libro vetusto, quem secundum appello, exstat. Sed in primo *quis* scribitur. Crediderim excidisse in uno codice, ex quo multa descripta sunt exempla, ex *quia* litteram ultimam, inde natam istam diversitatem. Non ignoro *qui* interdum pro *quis* poni, sed hic plane alienum est. Suavis autem est repetitio τε *quia*: *Quia tu nisi perfecta re non conquiesti: ego, quia non idem in tua causa efficio*. GRAEVIUS. *Ut quoniam tu*. Ita omnino legendum, ut vidit Graevius, ex veteribus editis, & ex MSS, in quibus compendiose scribitur qm. Gebhardus post Gruterum maluit, *ut qui tu*, quod hic nullum locum habet. *Nisi perfecta re de me*, scil. in patriam revocando. LALLEM.

Nisi perfecta re, de me non conquiesti) Sic distinguendum: *nisi perfecta re de me*, non ut vulgo, *nisi perfecta re, de me non conquiesti*. Sic enim loquitur lib. VI. epistolarum ad Appium Balbum: *Neque ullo modo divulgandum, de te jam esse perfectum*. LAMBIN. *De me non conquiesti*) Cum enim primum designatus esset consul, quam liberalissime causam Ciceronis suscepit, ejusque de reditu sententiam dixit, repugnantibus Pisone & Gabinio Coss. Kalendis vero Januarii magistratum ingressus, eo ipso die forti & benevolo animo de Cicerone retulit; nec Clodiae legis habita ratione, quae poenam referentibus irrogabat. Sic Lentulus postea numquam de Cicerone conquievit, donec mense Sextili, comitiis centuriatis perlata lege, ea causa perficeretur: vide Cicer. Orat. pro domo sua c. 11. 27. passim. Post redit. in sen. c. 3. Pro Sextio c. 32. In Pisonem c. 15. Fvne.

Regis legatus) Ptolemaei Auletae, de quo Strabo lib. XVII. & Dion. lib. XXXIX. plura scribunt. CORRAD.

Per eosdem creditores) C. Rabirium Posthumum, & ejus amicos. Io- nan. Quidam libri MSi habent *per eosdem compensatores*: quod non placet. LAMBIN.

Regis causa . . . velint) Qui absoleto hujus verbi *velim* positu offenduntur, cogitent, quam saepe ita legatur, ut *faveo*, *cupio*, alia illi adjicienda sint. Caesar L. G. B. c. 34. *si quid ille se velit*; ut Terent. Andr. A. I. Sc. I. v. 18. & alibi. Quomodo *nisi*, *laborare*, *cupere*, & quae illis similia, itidem construuntur, ut Liv. XLII. c. 33. *Cum populus bellum Perseo jussisset*, puta *inferre*. Hinc *velle* & *volentes* saepissime *favere* & *faventem* significant (vid. non. n. 8 *velle* pro *non favere*) quae ut plurimum permutantur cum *studere* & *studio partium*. Sallust. C. c. 33. *volentibus omnibus bonis*. Alii addunt *bene*, vel *male*. Ter. Heaut. A. V. Sc. II. v. 6. *Nisi quod bene ex animo volo*. Quare idem verbum proprium quasi est precibus, & obtestationibus, ubi favorem & studium quaerimus. Sed *Regis causa velle* dixit Petron. c. 137. *Solliciti sum mea causa*: pariter *propter quid laborare*, *dolere*, plura dicuntur. G. CORTIUS.

Senatus) Per metonymiam pro senatoribus, & per synecdochen pro maxima eorum parte, collegium, sive

malevolentia, & illius regiæ largitionis invidia comprobat. Pompeium & hortari, & orare, & jam liberius accusare, & monere, ut magnam infamiam fugiat, non desistimus. Sed plane nec precibus nostris, nec admonitionibus relinquit locum. Nam cum in sermone quotidiano, tum in senatu palam sic egit causam tuam, ut neque eloquentia majore quisquam, neque gravitate, nec studio, nec contentione

sive consilium illud vocatur, cujus Romæ potestas summa erat decernendi de negotiis ad Remp. pertinentibus: præter Magistratuum creationem, legum lationem, & belli, pacisve arbitrium: quo & res civibus capitales pertinebant. Senatus *legitimus* certis habebatur diebus, ut Kalendis, Nonis, Idibus: *indictus* autem reliquis diebus, qui quidem comitiales non erant, pro Magistratuum voluntate cogebatur. Cogebatur autem more majorum, & pro status ratione a Dictatore, Consulibus, Præt. Trib. pleb. Interrege, & urbis Præfecto. Senatores, qui ab ætate, ab auctoritate vero & patria cura patres vocati sunt, ab Romulo centum eligebantur, quibus res urbanæ committerentur. Tatius, Sabinorum Dux, illis centum alios addidit. Et Tarquinius Priscus, populi captans favorem, selectos ex omni plebe viros centum spectatæ virtutis & prudentiæ Patrum numero adjecit. Et Sulla Senatores auxit ita, ut, Cæsare dictatore, nongenti numerarentur. FVNC.

Religionis] Statuæ Iovis, & Sibyllini carminis: lege Dionem. CONRAD.

Calumniam] Interpretationem quamdam per sacerdotes, auctore C. Catone dolose factam. IDEM. Calumnia enim est falsus prætextus, & fallax, ac fraudulenta juris interpretatio: vide P. Manut. notas. GRAV. Vopisc. in Aurel. c. 19. *Meministis P. C. me in hoc ordine sæpe dixisse jam tum, cum primum nunciatum est Marcomannos irrupisse, consulenda Sibyllæ decreta &c. recusasse vero quosdam, & cum ingenti calumnia recusasse*. Id est falsum religionis prætextum prætendentes. CVRIN. *Religionis calumniam* est carminis Sibyllini callida interpretatio, fictaque ex oraculorum religione persuasio, ne quis ademto exercitu, regis restituendi curam suscipere vellet. Græci διαβολὴν vocant, versutam & malitiosam sub specie juris fallendi rationem, ad deferendos, accusandosque, aut evertendos alios inventam. Ita noster de Offic. l. I c. 10 FVNC. *Religionis calumniam*. Ægypti regem cum exercitu reduci vetabant Sybillæ versus, quos non invito Senatu protulerat C. Cato tribunus plebis, ut reductionem regis impediret. LAMBIN.

Regiæ largitionis] Qua Ptolemæus rex senatores multos Romæ, & quosdam ex centum oratoribus Ægyptiis corruperat. CONRAD.

Comprobat] Facto SC. cum multitudine Regem reduci Reipublicæ periculosum videri. IDEM.

Magnam infamiam fugiat] In quam incurrat necesse est, si Ptolemæum, qui legatos non modo Ægyptios, sed aliarum etiam gentium interficiendos curarit, quique largitiones tantas fecerit, hospitio acceptum ita, uti facit, defendat, si ejus restitutionem dolose & ambitiose tibi, qui illum ornasti, eripiat. IDEM.

Plane nec precibus nostris, nec admonitionibus relinquit locum) Legendum puto, *nec monitionibus*. Nam supra non dixit *admonere*, sed *monere*. *Admonere* certe videtur idem fere valere, quod *ὑπομιμνήσκειν*, quod est in memoriam redigere: *monere* autem aliud est. Verumtamen nihil muto. LAMBIN. *Relinquit locum*] Ita Victor. Pal. sec. quart. unus Guilielm. alii *reliquit*; ceterum Gruterianus codex, *ammonitionibus*, quo inclinat item Pal. prim. in quo *ammonitionibus*, de qua re nos plurima in Crepundiis. Gr-

ne agere potuerit, cum summa testificatione tuorum in se officiorum, & amoris erga te sui. Marcellinum tibi esse iratum scis. Is, hac regia causa excepta, ceteris in rebus se acerrimum tui defensorem fore ostendit. Quod dat, accipimus: quod instituit referre de religione, & sæpe jam retulit, ab eo deduci non potest. Res ante idus acta sic est: nam hæc idibus mane scripsi. Hortensii, & mea, & Luculli sententia cedit religioni de exercitu, (teneri enim res mor-

[illegible]. Gravii primus quoque: [illegible]. Graev.

Tuorum in se officiorum) P. enim Lentulus, & Q. Metellus Nepos Coss. legem conscripserant, qua Pompeio per quinquennium omnis potestas rei frumentariæ toto orbe terrarum data est. Corrad.

Amoris erga te sui) Guilielmii codicem, ut alter e duobus regiis, quem in recensendis epistolis adhibuimus, scriptum habent *amoris erga se mei*. Lallem.

Marcellinum) Is est Cn. Lentulus Marcellinus, qui cum L. Marcio Philippo Consul, P. Lentulo, & Q. Metello Nepoti successit. Corrad.

Tibi esse iratum scis) Si, *regi esse iratum scis*, legas, ut quidam volunt, non erit quærendum, an qui una in re se alicui iratum, induci possit, ut in ceteris se ejusdem defensorem fore ostendat. Erat præterea Consulis illi Regi irasci maxime, quem propter homicidia & largitiones optimi quique odissent. Vel *tibi iratum*, quoniam Pompeium, quicum ille inimicitias gerit, ornasti. Corrad. Caussam hujus iræ plerique fuisse volunt, quod Lentulus Spinther religionem, id est, vaticinium illud ex libris Sibyllinis elevasset, cum illud Marcellinus, utpote sacerdos ex Quindecemviris unus, in primis tueretur. Alii quod Pompeium, cui Marcellinus ob immoditam ejus potentiam erat infestior, ornasset. Ipse namque L. Spinther & Metellus anno superiore Consules legem tulerant, qua præfectura annonæ Pompeio in quinquennium data est. Sunt qui locum depravatum esse suspicentur, ac pro *tibi regi* legendum putent: *Marcellinum regi iratum scis*, quod videlicet Marcellinus Cos. Reipublicæ amans Regem tam ambitiosum, & sententiæ senatus non acquiescentem, verum magnis muneribus hoc agentem, uti a Pompeio, & quidem cum exercitu reduceretur, merito aversaretur, & odisset. Sed tamen hanc castigationem ea, quæ sequuntur, non satis videntur approbare. Nos hic rem integram studiosi lectoris judicio relinquimus. Io. Gronovius. Sane lectio vulgata non est loco movenda, vide & aliam rationem iræ Marcellini in Lentulum apud P. Manutium. Graev. Videtur legendum esse cum Corrado, *regi esse iratum*; idque flagitant ea, quæ sequuntur. Lallem.

Regia causa excepta) Uti enim ex epistola sequenti patet, consulibus, Regem neque cum exercitu restitui, placebat, neque ab iis, qui cum imperio essent: ut Pompeius non solum, verum & ipse Lentulus excludatur. Ferr.

Instituit referre) Referre ad senatum, quod consulis erat, Cic. Cat. I. c. 8. & alibi. *Referre*: quod intelliges ex illo Virgilii III. Æn. v. 58.

Delectos populi ad proceres, primumque parentem
Monstra deum refero, & quæ sit sententia posco.

Formula autem erat: *Quid fieri placet?* Livius II. c. 31. VIII. c. 20. & alibi. G. Cort.

Luculli) M. Luculli. Nam L. Lucullus his temporibus, auctore Plutarcho in Pompeii vita, se a negotiis publicis removerat, ad otiumque perfugerat, vel ut quidam scribunt, mor-

aliter non potest) sed ex illo Senatusconsulto, quod te referente factum est, tibi decernit, ut regem reducas: quod commodo rem facere possis: ut exercitum religio tollat, te aucto-

mortem obierat. Corrad.

Ex illo Senatusconsulto) Quod factum est in Ciceronis sententiam, ut Pompeius annonæ procurationem susciperet, & P. Lentulus, cui provincia Cilicia obvenerat, regem reduceret. Idem.

Ut regem reducas) Sic recte meliores libri, & editiones Victorii, Manutii, R. Stephani, Lambini: in meo quidem libro primo legitur etiam *reduces*; quod recenset Gruterus, sine *deducere* dicimus Cicero & alibi dixit. Verumtamen hæc ab antiquorum codicum, & editionum lectione cur recedamus, causa nihil est. Graev.

Quod commodo rem facere possis) Sic olim in prima hac ad Lentulum epistola locus hic legebatur: *quod commode facere posses*, emendarunt postea nonnulli, *Commodo Reipub.* non omnino inepte, aut longe a vetere lectione, nec tamen penitus cum ea concordantes; partem enim veteris lectionis receperunt, partem reprobarunt: siquidem, *quod commodo rem facere possis*, verisimiliorem habent. Quod si commode apte & opportune significaret, non hanc valde probaremus, ut diceret, ideo quosdam ipsi Lentulo decernere ut regem deduceret, quod id ille maxime propter loci vicinitatem & opportunitatem commode & apte facere posset; nam Lentulus in iis locis erat, ut ipsi prope in conspectu Ægyptus esset. Arbitramur enim in hac re spectasse potius quosdam, ut id negotium alicui committeretur, qui id commode conficere posset, quam ullam Reipublicæ commodum aut utilitatem. Non tamen negaverimus, posse etiam locum esse restitutum ab aliis lectioni, quamvis veterem magis veram existimemus, si modo parvo illo mendo purgetur; nam *commodo* potius, quam *commode* scribendum esse puto. Paullo enim post initium hujus epistolæ, *qui*, pro *quæ in* scriptum est in cunctis veteribus exemplaribus, quod a nobis præteritum (quamvis tenuis animadversio sit) hic tamen annotare visum est. Qui tritas habent aures notandis hujus auctoris verbis, dijudicare poterunt, utra sincerior sit, & magis hujus loci propria lectio. Victorius. Accurate olim, si non docte, de hoc loco disseruimus, veterem scripturam notam fecimus, quomodo ab aliis restituta esset ostendimus, quid nostræ sententiæ foret libere pronuntiavimus, & in omni re cum fide nos gessimus. Quod veterum codicum auctoritati valde tribuimus, iuste reprehendi non possumus, si nimis illis credentes quandoque decipiamur: malumus in hanc partem peccare, quam contra illorum fidem de aliqua re pro arbitrio nostro statuentes in culpam incidere. De verborum integritate quæstio esse potuit. De sententia, *si commodo Reipubl.* legi debet (quod facile credimus, & tunc etiam secuti fuimus) nihil ambigi potest. Sunt tamen docti viri, qui veriorem alteram esse putent, quod & sententia illius magis delectentur, & cum studiose plurimos inspexerint, nullum manuscriptum codicem habere *Reipub.* invenerint. Victorius *in notis posterioribus*. Vera est lectio quam P. Victorius ex priscis libris eruit, non tamen hac ratione exponenda, quam Manutius init, censens *commodo* adverbium esse, & poni pro *commode*; quod satis redarguunt illæ locutiones, quas ipse aliique e Cicerone afferunt: *quod tuo commodo fieri possit*: *quod e tuo commodo facere possis*. Hæ sunt integræ locutiones, pro quibus concise & breviter dixit, *quod commodo facere possis*: Terent. vero in Adelphis Act. I. Scen. II. *Dum erit commodum*:

Desinat e suo ingenio, dum erit commodum.

Livius *pro commodum*, lib. XXX. *Procumbebant fere, fessis pro commodum omnia explorassent*. Sicut hic dixit Cicero *commodo*, sic in Bruto eadem constitu-

auctorem Senatus retineat. Crassus tres legatos decernit, nec excludit Pompeium: censet enim etiam ex iis, qui cum imperio sunt. M. Bibulus tres legatos ex iis, qui privati sunt. Huic assentiuntur reliqui consulares, præter Servilium, qui omnino reduci negat oportere; & Volcatium, qui Lupo referente, Pompeio decernit; & Afranium, qui assentitur Volcatio: quæ res auget suspicionem Pompeii voluntatis: nam advertebantur Pompeii familiares assentire Volcatio. Laboratur vehementer: inclinata res est. Libonis & Hypsæi non obscura concursatio, & contentio, omniumque

tate, *incommode*: *Et si fortasse ego a te huius voluntarius procurator petam, quod ipse cui debes se incommode exoltorum urget*, hoc est, ex incommodo, cum molestia, & damno creditoris. Ceterum si libri antiqui suffragarentur Manutii conjecturæ, (& dicitur ex uno Vaticano libro confirmari) plane & nos eam probaremus, inducti rationibus, quas in suis affert notis, quæ consulendæ. Primus meus: *Quod commode rem posses*. GRAEV.

Te auctorem Senatus retineat) Ut tu regem restituas. Auctor is est, cujus auctoritate, & sententia aliquid fit: vid. P. Manut. notas. IDEM.

Crassus tris legatos decernit) Sic hanc antiquitatis elegantiam sæpius libris Tusculanis & ex edition. Victorii, & MSis reportavi: ut hic quoque ex Pall omnibus, Gruterique codice, atque editione Veneta. GEBHARD. *Tris* quoque meus liber. GRAEV.

Qui cum imperio sunt) Quibus lege Curiata jus cogendi, regendique exercitum fuerat datum: vid. P. Manut. not. GRAEV. P. Festus p. 275. *Cum imperio esse dicebatur apud antiquos, cui nominatim a populo dabatur imperium*. Idem mox: *Cum potestate esse dicebatur de eo, qui a populo alicui negotio præficiebatur*. Elegans periphrasis adjectivi, ut indicavit Cellarius, & frequentissima, cujus naturam cognoscere licet ex Cic. in Vatin. c. 10. pro Mil. c. 4. aliorumque *esse cum vi*: ad quam fere formam Mamertus de Statu an. p. 721. dixit: *Virum, quæ nobis cum prandibus est*; & mox: *illam, quæ cum Angelis erit*. Contra Spartian. Adriano c. 111. *Imperatorem fuo prandio a togato videtur*: quod voluit Oppositio Salviani VI. de Provid. ad fin. *Fortissimi quondam Romani erant, nunc sine viribus*. Idem per Præpositionem *in* & *sub* facere solent, ut Ennius: *militare in hastis*; & successum vetustum: *Statua sub auro*. CORTIVS.

Præter Servilium) P. Servilium Vatiam Isauricum, qui cum Appio Claudio Pulcro Cos. fuit. CONRAD.

Et Volcatium) L. Volcatium Tullum, qui cum M. Æmilio Lepido Cos. fuit. IDEM.

Lupo referente) P. Rutilio Lupo, qui fuit tribunus plebis. Ex quo patet etiam tribunos plebis jus habuisse referendi ad senatum, quod pluribus ostendit P. Manutius in notis ad hunc locum, quas vide. GRAEV.

Et Afranium) L. Afranium, qui cum Q. Cæcilio Metello Celere Cos. fuit. CONRAD.

Advertebantur Pompeii familiares assentire) *Animadvertebatur* esse legendum, etiamsi libri veteres reclamarent (non ut vulgo *nam advertebatur*) facile judicabunt, qui aures tritas habent Ciceronis lectione. LAMBIN. Sed recte Palatinus quartus Petrii, & meus liber secundus *advertebantur*. GRAEV. *Advertebatur*) Ita cum veteribus editis regii codices, pro vulgato *advertebantur*. LALLEM.

Libonis) L. Scribonii Libonis, cujus filiam Sext. Pompeius Pompeii Magni F. uxorem habebat. CONRAD.

Hypsæi) P. Plautii Hypsæi, qui Pompeii Magni quæstor, & postea Milo-

que Pompeii familiarium studium, in eam opinionem rem adduxerunt, ut Pompeius cupere videatur: cui qui nolunt, iidem tibi, quod eum ornasti, non sunt amici. Nos in causa auctoritatem eo minorem habemus, quod tibi debemus. Gratiam autem nostram exstinguit hominum suspicio, quod Pompeio se gratificari putant. Vt in rebus multo ante quam profectus es ab ipso rege, & ab intimis, ac domesticis Pompeii clam exulceratis, deinde palam a consularibus exagitatis, & in summam invidiam adductis, ita versamur. Nostram fidem omnes, amorem tui absentis præsentes

Milonis competitor fuit. Iordan. *Hypsaeus*, in veteribus nummis modo cum adspirationis nota reperitur, modo sine illa aspiratione *Ypsaeus*. Est autem cognomen Plautiae familiae, nobilis triumpho de Privernatibus, quem egit Plautius Decianus Consul anno 424. Kal. Mart. F. Vrsin.

Cupere videatur) Vt ipse restituat regem, praecise, ut supra aliquoties *velle*, *nolle*, *voluntas*. Trebell. Pollio Claud. c. 1. *De quo ego idcirco recusare non possum, quod aliter scripseram*. Capitolin. in Macrino c. 14. De *cupere* alia plura inveniuntur, quam quae hic possent adscribi, & rationem potius locutionum, quam parallela, ut vocant, spectari volo. *Cupidum* autem opponit *modesto* Phaedrus II. Fab. 1. adde Sallust. B. Cat. c. 11. Cort.

Ornasti) Frumentaria rei lege praefecisti. Corrad.

Quod tibi debemus) Ab exsilio per te revocati. Lambin.

Vt in rebus . . . . adductis) Intellige per syllepsin *fieri solet*, vel *versari possumus*. Integrum protulit Cic. V. Philipp. c. 17. *Senatui placet, eius rationem ita haberi, proinde haberi lege liceret*. Pari figura Curtius IX. c. 1. n. 24. Cic. VIII. ad Att. ep. III. Vt haec, ita ista intelliges Sallustii B. Cat. c. 29. *Itaque quod plerumque in atroci negotio solet, Senatus decrevit*: Livii XXXIX. c. 15. *quidquid dirarum minus, quam pro atrocitate & magnitudine rei, dictum esse fuisset*, h. e. pro atrocitate rei dicendum esset: adde ep. II. n. 9. & quae infra Lib. V. ep. I. n. 3. dicemus. Cort.

Nostram fidem omnes, amorem tui absentis praesentesque tui cognoscunt) Ita Pall. sec. quart. editio princeps, Pecii, Stewechii, Ven. & recte. In Gruteriano solum que omissum erat: eratque quoque in Pal. sec. a manu pr. Vulgo: *Nostram fidem omnes, amorem tui absentis, praesentes tui cogn.* Graevius. Noster etiam liber secundus accedit Palatinis, Pecii, & aliorum codicibus. Sed immerito hic reiicitur lectio vulgata, quae & ipsa librorum antiquorum auctoritate nititur. Omnino scribendum, & distinguendum censeo, ut in vetustissimo N. Scalig libro legitur: *Nostram fidem omnes, amorem tui absentis praesentes tui cognoscunt*. Epist. VI. huius libri: *Tantum habeo polliceri, me tibi absenti, praesentibusque tuis satisfacturum*. Nec est cur sententia P. Manutio minus arrideat. Ea paullo est: Fidem in te meam omnibus hominibus probavi multis documentis, quae edita in senatu, in comitiis, in ore & oculis totius civitatis; amorem autem meum tui absentis quamvis & alii, tui tamen familiares praecipue cognoscent, quibus opera, re, consilio serviam quibuscumque potero modis, & rationibus. Beneficia & merita possunt aliquem obstringere ad fidem publice praestandam ei, cui debet, etsi non amet, ut ingrati animi invidiam declinet. Amor vero praecipue cognoscitur privatis officiis non solum erga eum, quem amamus, sed omnes

etiam

tes tui cognoscent. Si esset in iis fides, in quibus summa esse debebat, non laboraremus. Vale.

EPISTOLA II.

ARGVMENTVM.

Tota est negotialis epistola, excepta morali clausula: in qua studium, & officium in agendo, diligentiam in scribendo promittit. Significat, quid actum sit in Senatu, quid ipse oratione sua profecerit; quem Bibuli sententia exitum habuerit; consules quid sentiant; quo Pompeius, quo familiares ejus animo sint. Et, quoniam Lentulo in regia causa dum maxime tribuni pl. adversabantur, Cato & Caninius, quorum alter totam regis reductionem oppugnabat, alter Pompeio studebat: his, ne quid agere cum populo possent, objecta esse dicit impedimenta auspiciorum, & legum.

M. T. C. S. D. P. LENTVLO PROCOS.

IDibus Ianuariis in Senatu nihil est confectum, propterea quod dies magna ex parte consumtus est altercatione Lentuli consulis, & Caninii tribuni pl. Eo die nos quoque

etiam ejus familiares. *Praesentis* scriptum est in nonnullis codicibus pro *praesentes*, ut *omnis* pro *omnes*; *tris* pro *tres*, & multa alia. *Fidem & amorem* Cicero infinitis in locis distinguit. Epist. V. *Neque prudentiorem quemquam ex tuis, atque fide majore esse judico, neque amantiorem tui.* Et sic fere in singulis epistolis. Hic tamen, quod mireris, Manutius tricatur. In meo primo non male scribitur: *Nostram fidem omnes, amorem tui absentis praesentisque cognoscent*, pro *absentes praesentesque*. GRAEVIVS. *Praesentes*. Huic lectioni favet id, quod est in epist. VI. hujus libri: *Tantum habeo polliceri, me tibi absenti, praesentibusque tuis satisfacturum*. Alii legunt: *Tui absentis, praesentisque meis, &c.* OLIV. *Amorem tui abs. praesentes cognoscent*. Sic epist. 6. hujus libri: *Tantum habeo polliceri, me tibi absenti, praesentibusque tuis satisfacturum*. Male in vulgatis legitur *praesentisque tui cognoscent*. LAMBIN.

EPISTOLA II.

IDibus) Ista epistola in meo primo adnectitur superiori epistolae, & pro una habetur. GRAEV.

Lentuli Consulis) Codex Mediceus *Lentuli* habet. Iam dixi scio fuisse nonnullos, qui *Lentuli* mallent. Nihil sane certi statui potest: receptam tamen lectionem veriorem puto. Praebent autem saepe antiqui librarii, quemadmodum alias docui, in hujuscemodi rebus. Cum enim notas illas non intelligerent, quod imperitis hominibus in mentem veniebat, scribebant. Haec autem omnia in Senatu agitata sunt, L. Philippo, & Cn. Lentulo Marcellino Coss. ut Dion etiam narrat; qui cum de reductione Ptolemaei regis egisset, adjungit: Ταῦτα μὲν οὖν ἐπὶ Λευκίου Φιλίππου, καὶ [illegible]

que multa verba fecimus: maximeque visi sumus Senatum commemoratione tuæ voluntatis erga illum ordinem commovere. Itaque postridie placuit, ut breviter sententias diceremus: videbatur enim reconciliata nobis voluntas Senatus esse: quod cum dicendo, tum singulis appellandis, rogandisque perspexeram. Itaque cum sententia prima Bibuli pronuntiata esset, ut tres legati regem reducerent: secunda Hortensii, ut tu sine exercitu reduceres: tertia Volcatii, ut Pompeius reduceret: postulatum est, ut Bibuli sententia divideretur. Quatenus de religione dicebat, cuique rei jam obsisti non poterat, Bibulo assensum est: de tribus legatis fre-

tes: [illegible]. *Hæc autem facta sunt, L. Philippo, & Cn. Marcellino Coss.* Victorius.

Caninii tribuni plebis) Qui rogationem tulit, ut Pompeius cum duobus lictoribus Regem reduceret. Corrad.

Quod tum dicendo, tum singulis) MSS. Gruteri & Scrivech. *dicendo*; adnotatque Guilielmius suspicari se elapsam, aut intercidisse vocem, *sententiis*; id vero item adnotatum ab Egnatio, alibi legi, *tum sententiis dicendis*: cum in Mediceo legeretur, *tum dicendo*. Gruter. In meo codice secundo est *dicendi*; sed mihi arridet cum Medicei, tum codicis antiqui, quo N. Heinsius est usus, cui & meus primus adstipulatur, lectio: *Videbatur enim nobis reconciliata esse voluntas Senatus; quod cum dicendo, tum singulis*. Graev.

Ut Bibuli sententia divideretur) Ut separatim de religione, & de legatis referri posset. Nam Bibuli sententia utrumque complectebatur: quare illi de religione assensum est. De legatis vero frequentes iverunt in alia omnia, id est, contra, atque ille volebat, censuerunt. Corrad. Vide Manut. Guilielm. ex vet. cod. auctoritate inductum volebat *sententia*: tum quia praecessisset etiam ante nonnulla repetenda. Gruter. *Divideretur*) Ut scil. de religione & de tribus legatis separatim referretur ac deliberaretur, ne utrumque simul rejici, aut utrumque simul probari necesse esset. Lambin.

Cui quidem rei jam obsisti non poterat) Secutus sum libros manuscriptos, etsi quod ex quo, feci quidem. Lambin. I. Fr. Gronov. Censet deleta copula legendum esse, *cui rei*, quia Senatus, ut supra dixit, calumniam illam religionis comprobasse dicitur, vel illud e fatis Sibyllinis jactatum, etsi multis suspectum fuerit, pro vero oraculo agnovisse, eique parendum decrevisse. Graev.

De tribus legatis) Elegans hic loquendi modus a paucis, opinor, observatus est. Non enim hoc vere dicit Cicero, de legatis eos dissensisse; sed quod ad legatorum caussam pertineret, dissensionem inter eos fuisse. Quae expositio etsi hoc loco tam necessaria non videtur, tamen in aliis omnibus requiritur. Itaque sic ait lib. II. ep. 17. *De rationibus referendis non erat incommodum, te nullam referre*. Et ep. 12. lib. III. *De me autem, suscipe paullisper partes meas, & eum te esse finge, qui ego sum*. Et extremo lib. XII. *De Venuleio, Latino, Horatio, valde laudo*. Et init. lib. XIV. *De familia, quomodo placuisse amicis scribis, faciemus: de loco, nunc quidem abiit pestilentia*. Qui loci & primum illum sic accipiendum esse aperte docent, & similes alius; qualis etiam est in extrema epistola: *De ceteris rebus, quidquid erit actum, scribam ad te*. Usurpavit hoc dicendi genus etiam Propertius poeta auctissimus. Is lib. II. sic ait:

De

frequentes ierunt in alia omnia. Proxima erat Hortensii sententia, cum Lupus, tribunus pleb. quod ipse de Pompeio retulisset, intendere cœpit, ante se oportere discessionem facere, quam consules. Ejus orationi vehementer ab omni-

De me, mi certe poteris formosa videri,
Mi formosa satis, si modo saepe venis.

Et paullo post:

Sed de me, minime est: fama jactura pudica
Tanta tibi misera, quanta meretrix, erit. GUIL. CANTER.

Ierunt in alia omnia) In contrariam partem: vide Festum in Qui p. 352. & Plinium VIII. ep. 14. addito A. Gellio 14. Noct. Att. c. 7. nam interpretes Festi, Ciceronis, Cæsaris, aliorumque propter crambem toties recoctam traducere nolo, cum vix aliter esse possit: *aliud* autem *contrarium* notare utilius docebo, Tac. XIII. c. 3. Ita capio Curt. VII. c. 7. n. 28. *sibi enim ad alia gloriam concedere Deos*. Ausonius in Bruto:

Quenam summa boni? Mens quae sibi conscia recti.
Pernicies homini quae maxima? Solus homo alter.

In quibus omnibus, ut in ista formula, si *alius* & *alter*, pro *diverso*, vel plane vulgari notione acceperis, sensus constabit, qui alioquin obscura quorumdam diligentia valde corrumpitur. CORT.

Lupus) Obscurus hic locus est: neque enim apparet causa hæc, an occasio tantum fuerit postulati tribunicii; & si causa, quæ causa hujus causæ. Suspicor autem rem invidiose magis (ut Oratorum mos est in iis, quibus adversantur) quam simpliciter a Cicerone propositam. Et accipiendum, non quasi omnino tribunus pl. jus vindiret ante Consules, quod absurdum verba sonant, sed quia quam Consules tertiam fecerant sententiam (satis ostendentes eo se non valde inclinare, & sperantes ex duabus prioribus utique alteram victuram, ita ut ad tertiam non perveniretur) quia igitur, quam illi tertiam fecerant sententiam, eadem erat relatio tribuni pl. Lupi, hic contendisse videtur, quoniam de prima sententia concessisset ipse Consulibus, & ea irrita esset, nunc oportere se discessionem facere, & praeponi relationem tribuni, qui esset Magistratus P. R. sententiæ Hortensii nihil aliud tum, quam consularis viri. J. F. GRONOV.

Intendere cœpit) Libri veteres fere omnes habent, *intendere cœpit*: quod quamobrem rejiciam, causam non video; vulgati autem partim *contendere*, partim *intercedere*. Omnino contendere malim, quam intercedere, atque adeo quam *intendere*. LAMBIN.

Discessionem facere) Perrogatis omnibus sententiis, cum tres, aut quatuor controversiæ inveniebantur, oportuit in aliquam earum SC. fieri. Fiebat vero in eam, quam plures laudassent; diversæ autem sententiæ ordine pronunciabantur a senatu. Cæsar l. de Bello Civili: *Lentulus Consul sententiam Calidii pronuntiaturum se omnino negavit*. Cicero in hac epistola: *Sententia prima Bibuli pronuntiata est, ut tres legati Regem reducerent, secunda Hortensii, ut tu sine exercitu reduceres, tertia Volcatii, ut Pompeius reduceret*. Pronunciatis differentibus opinionibus senatorum in singulas discedebatur, ut quam plures probarent, cognosceretur. Id intelligitur ex hoc loco, & Hirtii verbis: *Sententiis dictis, discessionem faciente Marcello, qui sibi omnem dignitatem ex Cæsaris invidia quærebat, senatus frequens in alia omnia transiit*. Permittenda autem discessionis formula apud Festum extat: *Qui hoc censetis huc transite, qui alia omnia, in illam partem*. Item. *Pedarios senatores appellant, quod nunquam diceret, sed cum discederetur transeundo tantum ad eum, cujus sententiam probabat, quid videretur, indicaret*. Zamoscius II. de Senatu Romano. GRONOV.

De

omnibus reclamatum est: erat enim iniqua, & nova. Consules neque concedebant, neque valde repugnabant: diem consumi volebant: id quod est factum. Perspiciebant enim in Hortensii sententiam multis partibus plures ituros: quamquam aperte Volcatio assentirentur. Multi rogabantur, atque id ipsum consulibus invitis: nam ii Bibuli sententiam valere cupierunt. Hac controversia usque ad noctem ducta, Senatus dimissus: & ego eo die casu apud Pompeium cœnavi: nactusque tempus hoc magis idoneum, quam umquam antea, quod post tuum discessum is dies honestissimus nobis fuerat in Senatu, ita sum cum illo locutus, ut mihi viderer animum hominis ab omni alia cogitatione ad tuam dignitatem tuendam traducere: quem ego ipsum cum audio, prorsus eum libero omni suspicione cupiditatis: cum autem ejus familiares omnium ordinum video, perspicio id, quod jam omnibus est apertum, totam rem istam jampridem a certis hominibus, non invito rege ipso, consiliariis-

De sua relatione rogare sententias, priusquam de Hortensii sententia deliberaretur. Discessio fiebat, cum pronuntiatis aliquot Senatorum sententiis, ceteri jubebantur transire ad eum, cujus sententiam probabant. Lallem.

Iniqua & nova) Quia semper Consulum jus fuit sententiam primam, postremam pronunciare, quamcumque libuisset: atque hæc eorum præcipua vis & potestas in Senatu. I. F. Gron.

Concedebant) Sc. sui juris suæque dignitatis caussa. Idem.

Repugnabant) Libidinis ergo, & voluntatis suæ, & in præsenti caussa, ut statim Hortensianam sententiam a qua abhorrebant, pronunciandam haberent. Idem.

Multis partibus plures) Eleganter pro multo plures: vide P. Manut. Graev.

Volcatio assentirentur) Qui in Hortensii sententiam erant ituri. Corrad.

Rogabantur) A tribuno Lupo scil. de discessione facienda. Io. Fr. Gron.

Invitis) Quod credibile est & ipsos, & factionem illorum demonstrasse, Lupo, & Lupianæ factioni obstrependo. Idem.

Nam ei Bibuli sententiam) Idem valet ei quod ii, sic autem habent tres libri veteres Memmiani, & Clericanus. Paullo post vocem *primus*, quæ est ante *honestissimus* in libris vulgatis, eorumdem librorum veterum auctoritate sustulimus. Lambin. Lambinus oggessit nobis ex MSis tribus, *nam ei*, quod est in Pall. plerisque. Verum cum conspiciatur in membranaceo Grut. *nam enim Bibuli*, &c. dispiciant cordatiores, num fuerit initio: *enim Bibuli*: ut postea accesserit illud *nam*, non ferentibus hominibus vocabulum *enim* inchoare sermonem. Graev. Apud Livium tamen legere lib. XXXIV. c. 32. *Enim ae jam ista sint hæc, quid ad vos Romani?* Ad quem locum videndus vir summus I. Fr. Gronovius. [illegible]

Ducta) Ultro citroque jactata & agitata: ut *serram ducere*, pro litigare dicebant. Vide IV. Observ. c. 5. I. F. Gron.

Is dies) Id est auditus fueram ab applaudentibus, assurgentibus, acclamantibus, mirificas dantibus ἐπισημασίας vel significationes favoris. Idem.

A certis hominibus) Creditoribus Regis,

riisque ejus, esse corruptam. Haec scripsi a. d. XVI. Kal. Febr. ante lucem. Eo die Senatus erat futurus. Nos in Senatu, quemadmodum spero, dignitatem nostram, ut potest in tanta hominum perfidia, & iniquitate, retinebimus. Quod ad popularem rationem attinet, hoc videmur esse consecuti, ut ne quid agi cum populo aut salvis auspiciis, aut salvis legibus, aut denique sine vi possit. De his rebus pridie, quam haec scripsi, Senatus auctoritas gravissima intercessit: cui cum Cato, & Caninius intercessissent, tamen

gis, qui pecunias aperte contra Lentulum suppeditabant. Corrad. Hosce cogniti, quos nominare haud necesse, nec gratum. Virg. I. Æn. v. 570.

. . . . *Equidem per litora certos*
Dimittam, & Libyae lustrare extrema jubebo.

Sueton. Iulio c. 43. Cic. l. ad Att. ep. 16. *certo meliores* adde infra XVI ep. 11. & Nic. Abram. ad Cic. pro Sext. c. 18. Cort.

Corruptam) Id est, esse factionem comparatam, quae ad Pompeium rem deferri velit: esse non amplius integram, inclinatam, exulceratam, ut supra locutus est. I. F. Gron.

Ut potest in tanta hominum perfidia) Haec quoque dicendi ratio pereleg ans est, ac plane Comica. Similiter enim Plautus, & Terentius locuti sunt saepissime. Terentii quidem illud est:

Nunc ipso ego te ut ame, aut, si quid potest, melius. Et alibi:
Quid? jam me accurem? M. Jam. A. Jam. M. Jam quantum potest.

ut nos quidem legendum olim docuimus. Cic. quoque epist. 7. similiter dixit: *Poterat utrumque praeclare, si esset fides, si gravitas in hominibus consularibus.* Guilielmus Canterus. Graev.

Agi cum populo) Rogari, quid populus suffragiis suis aut jubeat, aut vetet. Corrad.

Aut salvis auspiciis) Providerat Cicero, ut esset qui obnunciaret, si quid ad populum de ea re referretur. Jove fulgurante, tonante, agi cum populo fas non erat: hoc est, quo die aut fulgur apparuerit, aut tonitru auditum sit, nefas esse populi comitia habere. Neque vero satis erat eum ipsum, qui comitiis erat habiturus, nihil tale aut vidisse aut audivisse; sed etiam si quis alius, qui aut magistratus esset, aut augur servasset de caelo, idque ei renunciasset, qui vocare populum vellet, nefas erat comitia habere. Itaque non modo auspiciis parere, sed etiam obnuntiationi magistratuum oportebat. Hoc enim erat *obnunciare*, magistratui servatum esse de caelo renunciare, idque, ne eo die, Jove prohibente, Comitia haberet, vetare. Ut autem pareretur obnunciationi, legibus cautum erat jam inde ab anno Urbis [illegible], quo anno Consules Sext. Ælius & P. Furius legem de ea re tulerunt Æliam Fusiam. Erant autem sollemnia & velut concepta verba obnunciantis: Alio die. Ex hoc loco autem perspicitur, eo tempore verius sibi finxisse auspicia, quam observasse: parendum tamen erat vel ementitis auspiciis, alioqui vitiosa actio censebatur. Hinc & Pompeius cum praetoriis comitiis videret Catonem Praetorem fieri, finxit se tonitru audivisse, eaque ratione diremta sunt eo die comitia. Nic. Gruchius lib. I. de Comit. cap. 4. Graev.

Aut salvis legibus) Impedire Cicero rogationem tribuni plebis cogitabat intercessione alicujus tribuni. Nihil a populo timendum inquit, si modo auspicia, aut leges valebant; vid. P. Manutium. Graev.

Senatus auctoritas gravissima intercessit) Cum Senatus non legitime aliquid decrevisset, aut si quis Senatusconsulto intercessisset, aut moram attulisset, id quod decreverant, non Sena-

tamen est perscripta. Eam ad te missam esse arbitror. De ceteris rebus, quidquid erit actum, scribam ad te; & ut quam rectissime agantur omnia mea cura, opera, diligentia, gratia providebo. Vale.

EPISTOLA III.

ARGUMENTUM.

Commendatitiae litterae pertinent ad morale genus: non enim a gesta, gerendave re sumitur argumentum; sed ea scribun-

Senatusconsultum, sed *Senatus auctoritas* dicebatur, quod multis docet ad hunc locum P. Manutius. GRAEV. Auctoritas Senatus interdum est idem quod senatusconsultum, ut Lib. XI. ep. 7. & Lib. XV. ep. 2. Id quod in eadem ep. vocat *Vestrum senatus consultum*. Interdum autem a senatus consulto differt. Nam cum tantus senatorum numerus non adesset, ut S. C. posset fieri, aut alioqui Trib. pl. intercessisset, illud quod visum esset praesentibus senatoribus tamen praescribebatur, ut senatorum voluntas ac judicium ea de re exstaret, idque dicebatur *auctoritas*, & *perscripta auctoritas*, ut hic, & ep. 7. Eodem modo Cic. lib. III. ad Att. ep. 26. Io. Fr. GRONOV. Ex loco ex epistolis ad Att. a celebri Gronovio adducto, patet eos fuisse dictos *esse auctoritate senatus*, qui rem suscipiebant senatui probatam & placitam, etsi de eo ob intercessionem Tribunorum & alia quaedam impedimenta sollemne senatusconsultum fieri non potuisset. Vid. Sigonium ad Liv. Lib. IV. c. 57. Adde lib. V. Fam. ep. 2. *Iam senatus consultum, quod eo die factum est, ea perscriptione est*, at &c. Ita legit Manutius, mihi magis arridet *perscriptione*. CORTE. *Senatus auctoritas*. Decretum, cui cum intercessissent tribuni, non *senatus consultum*, sed *auctoritas* dicebatur. LALLEM.

Cato] Cato hic Marcellino & Philippo Coss. Tribunus plebis diversus fuit a Catone Uticensi, cum ille M. praenomine, hic noster C. diceretur, adolescens malus, nec imperatus ad dicendum. Periit paulo post per tumultum occisus, cum Pompeium privatum Dictatorem appellasset; vide Cic. ad Q. Frat. lib. I. Liv. epit. lib. CV. Fenestellam apud Nonium Marcellum in voce *Rostra*. GRAEVIUS.

Ut quam rectissime agantur omnia mea cura, &c.] Hic discrepant inter se libri manuscripti, & hi a vulgatis. Nam quidam scripti manu sic habent, *agantur omnia mea cura, &c.* quam scripturam non improbo, quidam sic, *& ut quam rectissime agatur, omni mea, &c.* alii sic ut edidimus. LAMBIN. *Ut quam rectissime agantur omnia mea cura, opera*] Ita Victorius, cui secundum sequunt Pal. quart. Veneta ed. Pechi liber: ita ut non improbi optimorum librorum Pal. tert. Gruteriani script. *ut quam rectissime agantur omnia mea cura, opera &c.* vulgo *omni mea cura &c.* GEBHARDUS. *Ut quam rectissime agantur omnia*] Sic Victorius, Gruterus, & optimi quique libri veteres, sicut omnes quatuor, quos ego inspexi. Vetustiores quoque editiones non aliter. A quibus discedere mihi religio est. Quin sententia postulat *omnia*. Vereor tamen ne Cicero scripserit: *Quidquid erit actum scribam ad te, & ut quam rectissime agantur omnia omni mea cura, opera, diligentia, gratia providebo*. Propter geminationem vocabuli, alterum periit vitio librariorum, quo modo nulla est in veteribus libris frequentior. Si *omnia* non addidisset Cicero ad *agantur*, scripsisset, *ut quam rectissime agatur omni cura &c.* scilicet quidquid agetur. GRAEV.

Sen-

buntur, *quæ magna ex parte suadet humanitas*, *quæque in commendando plurimum habere ponderis existimamus*. *Perfecta autem commendatio tribus fere constat partibus*: *nam & amicitia cum eo*, *qui commendatur*, *& rei æquitas*, *& studium nostrum ostenditur*. *Hic amicitia cum Trebonio declaratur in eo loco*: Multos annos utor valde familiariter: *rei æquitas in eo*: Quæ T. Ampius de ejus re decre erit: *studium commendantis in clausula*: Ut intelligat nostram commendationem non vulgarem fuisse.

M. T. C. P. LENTULO S. D.

AUlo Trebonio, qui in tua provincia magna negotia, & ampla, & expedita habet, multos annos utor valde familiariter. Is cum antea semper & suo splendore, & nostra, ceterorumque amicorum commendatione gratiosissimus in provincia fuit: tum hoc tempore propter tuum in me amorem, nostramque necessitudinem, vehementer confidit his meis litteris, se apud te gratiosum fore: quæ

Epistola III.

A*Ulo Trebonio*) In quibusdam libris manuscriptis hæc epistola cum superiore cohæret. In aliis seorsum posita est; & tertia est ut ordine, ita & numero epistola. Quin etiam ab illo loco superioris epistolæ, *Hæc scripsi a. d. 16. Kal. Febr.* novæ epistolæ initium ducitur; ita ut ab illis verbis, usque ad *gratiæ providebo* tertia numeretur epistola, &, *A. Trebonio*, *&c.* sit quarta. Lambin. *A. Trebon.*) Non C. Trebonio, ut Egnatius sensit, qui Cæsari in Gallia legatus fuit, sed altero. Corrad.

Expedita) Quæ jam expediri cœperant, & propterea faciliter expedita. Quintil. X. c. 7. ubi de facilitate dicendi: *Promtum hoc & in expedito positum*. Sic *facile*, *paratum* conjungit sæpissime Cicero cum *expedito*. Et alia talia, quæ vocant, Participia ita usurpantur. Cic. pro Planc. *facilis & explicata causa*. Apul. I Metam. p. 15. *Nimis & pæne infecta*: quæ alibi illi: *quidquid fieri poterit*. Ita Terent. Eun. A. III. Sc. I. *parum gloriam*, quam Donatus interpretatur *quæ pariter*. Cort.

Gratiosissimus in provincia fuit) Reposui codicem unum MSum secutus, *gratiosissimus in provincia fuit*; atque ita sine dubio legendum, etiamsi nulli codices hanc lectionem confirmarent. Nam ceteri omnes habent, *gratissimus*. Lambin. Pro *gratissimus* in vetere apud me libro, cujus bonitatem in plurimis perspexi, scriptum est *gratiosissimus*, quæ lectio videtur multo melior, quam ea, quæ vulgo circumfertur. F. Ursin. *In provincia*. Tua, nempe Cilicia. Sic eodem illud nomen posuit de Apulia, Liv. XXXVIII. c. 9. de Germania, Florus IV. c. 2. de Creta, Eutropius VI. c. 9. de Africa, Sallust. B. Jug. c. 25. ubi sæpe pars tantum regionis, Romanæ ditionis intelligenda, quod vero hic magis in expedito, cum ad Procos. scribat. Cort.

Gratiosum fore) Vetus liber Guilielmii *gratiorem*: quod non displicet; sic tamen nullus Palatinorum, in quibus etiam nuspiam comparet Fulvii, ac Lam-

quæ ne spes eum fallat, vehementer rogo te: commendoque tibi ejus omnia negotia, libertos, procuratores, familiam: in primisque, ut quæ T. Ampius de ejus re decreverit, ea comprobes, omnibusque rebus eum ita tractes, ut intelligat, meam commendationem non vulgarem fuisse. Vale.

EPISTOLA IV.

ARGUMENTUM.

Negotialis est usque ad illud: Ego neque de meo studio. *Narrat quid actum in senatu, quid promiserint tribuni pl. quæ sit opinio populi Romani, qua senatus in eum voluntate: quod ad popularem rationem attinet, nihil timendum, vi tamen excepta: suum studium in regia causa, aliorum injurias, magistratuum imbecillitatem ostendit: postremo de senatu, populoque Romano spem optimam affert.*

M. T. C. S. D. P. LENTULO PRO COS.

AD. XVI. Kal. Febr. cum in senatu pulcherrime staremus, quod jam illam sententiam Bibuli de tribus legatis pridie ejus diei fregeramus, unumque certamen esset

ac Lambini *gratiosissimum* supra. GEBHARD. N. Scelii vetus quoque liber *gratiosum* legit: sed meus primus stat pro vulgata. GRAEV. *Gratiosissimum fore*) Gratia ex litteris meis fore ut valeat apud te plurimum, ut negotia ejus libenter cures. Cic. pro Cæl. c. 9. *Qui hominum potentibus, gratiosis, disertis cum aliquid eos velle arbitrantur, ultro se offerre solebant, operam navare, testimonium polliceri?* his enim tribus viis, potentia & auctoritate, *gratia*, & denique oratione, & persuadendo operam & auxilia impetramus. CORR.

Quæ T. Ampius) T. Ampius Balbus, qui Gabinio & Pisone Coss. in Cilicia Prætor fuit, nisi plane fallimur, CORRAD. Multis locis in his epistolis, ubi erat Appius, Ampius reposuimus, ut penultima nostra in librum ad C. Memmium castigatione docuimus. Secuti autem sumus veterum codicum fidem. Manutius postea argumento non insulse excogitato, antiquam scripturam confirmavit. Delector autem plurimum, cum video aliquos novis rationibus veterum animadversiones meas comprobare. P. VICTORIUS. *Decreverit*) Antiqui libri & editiones: *decrevit*. Sed puto Ciceronem scripsisse *decrevit*, ut alibi fere semper. GRAEV.

Decrevit) Ita recte regii, pro vulgato *decreverit*. Præfuerat anno superiore Ciliciæ T. Ampius. LALLEM.

EPISTOLA IV.

FREGERAMUS) Victam dederamus. Varro II. de R. R. c. 2. *Ave earum quum calores, aut frigora se fregerunt*. Stat. VIII. Theb. v. 534. *Iam fes-*

buntur, quæ magna ex parte suadet humanitas, quæque in commendando plurimum habere ponderis existimamus. Perfecta autem commendatio tribus fere constat partibus: nam & amicitia cum eo, qui commendatur, & rei æquitas, & studium nostrum ostenditur. Hic amicitia cum Trebonio declaratur in eo loco: Multos annos utor valde familiariter: *rei æquitas in eo:* Quæ T. Ampius de ejus re decreverit: *studium commendantis in clausula:* Vt intelligat nostram commendationem non vulgarem fuisse.

M. T. C. P. LENTVLO S. D.

AVlo Trebonio, qui in tua provincia magna negotia, & ampla, & expedita habet, multos annos utor valde familiariter. Is cum antea semper & suo splendore, & nostra, ceterorumque amicorum commendatione gratiosissimus in provincia fuit: tum hoc tempore propter tuum in me amorem, nostramque necessitudinem, vehementer confidit his meis litteris, se apud te gratiosum fore: quæ

EPISTOLA III.

A*Vlo Trebonio*] In quibusdam libris manuscriptis hæc epistola cum superiore cohæret. In aliis seorsum posita est; & tertia est ut ordine, ita & numero epistola. Quin etiam ab illo loco superioris epistolæ, *Hæc scripsi a. d. 16. Kal. Febr.* nova epistolæ initium ducitur; ita ut ab illis verbis, usque ad *gratia providebis* tertia numeretur epistola, & *A. Trebonio, &c.* sit quarta. LAMBIN. *A. Trebon.*] Non C. Trebonio, ut Egnatius sensit, qui Cæsari in Gallia legatus fuit, sed altero. CORRAD.

Expedita] Quæ jam expediri cœperant, & propterea facilia expedita. Quinctil. X. c. 7. ubi de facilitate dicendi: *Promptum hoc & in expedito positum.* Sic *facile*, *paratum* conjungit sæpissime Cicero cum *expedito*. Et alia talia, quæ vocant, Participia ita usurpantur. Cic. pro Planc. *facilis & explicata causa.* Apul. I. Metam. p. 15. *Mira & pæne infecta*: quæ alibi illi: *quidquid fieri potest.* Ita Terent. Eun. A. III. Sc. I. *perum gloriam*, quam Donatus interpretatur *quæ periret*. CORT.

Gratissimus in provincia fuit] Reposui codicem unum MSum secutus, *gratiosissimus in provincia fuit*; atque ita sine dubio legendum, etiamsi nulli codices hanc lectionem confirmarent. Nam ceteri omnes habent, *gratissimus*. LAMBIN. Pro *gratissimus* in vetere apud me libro, cujus bonitatem in plurimis perspexi, scriptum est *gratiosissimus*, quæ lectio videtur multo melior, quam ea, quæ vulgo circumfertur. F. VRSIN. *In provincia.* Tua, nempe Cilicia. Sic nudum illud nomen posuit de Apulia, Liv. XXXVIII. c. 9. de Germania, Florus IV. c. 2. de Creta, Eutropius VI. c. 9. de Africa, Sallust. B. Jug. c. 25. ubi sæpe pars tantum regionis, Romana ditionis intelligenda, quod vero hic magis in expedito, cum ad Procos. scribat. CORT.

Gratiosum fore] Unus liber Guilielmii *gratiorem*: quod non displicet; sic tamen nullus Palatinorum, in quibus etiam nusquam comparet Fulvii, ac Lam-

quae ne spes eum fallat, vehementer rogo te: commendoque tibi ejus omnia negotia, libertos, procuratores, familiam: in primisque, ut quae T. Ampius de ejus re decreverit, ea comprobes, omnibusque rebus eum ita tractes, ut intelligat, meam commendationem non vulgarem fuisse. Vale.

EPISTOLA IV.

ARGUMENTUM.

Negotialis est usque ad illud: Ego neque de meo studio. *Narrat quid actum in senatu, quid promiserint tribuni pl. quae sit opinio populi Romani, quae senatus in eum voluntate: quod ad popularem rationem attinet, nihil timendum, vi tamen excepta: suum studium in regia causa, aliorum injurias, magistratuum imbecillitatem ostendit: postremo de senatu, populoque Romano spem optimam affert.*

M. T. C. S. D. P. LENTULO PRO COS.

AD. XVI. Kal. Febr. cum in senatu pulcherrime staremus, quod jam illam sententiam Bibuli de tribus legatis pridie ejus diei fregeramus, unumque certamen esset

ac Lambini *gratiosissimum* supra. GEBHARD. N. Scelsi vetus quoque liber *gratiosum* legit: sed meus primus stat pro vulgata. GRAEV. *Gratiosum sive*] Gratia ex litteris meis fore ut valeat apud te tantum, ut negotia ejus libenter cures. Cic. pro Cael. c. 9. *Qui hominibus potentibus, gratiosis, disertis cum aliquid eos velle arbitremur, ultro se offerre soleant, operam navare, testimonium polliceri?* his enim tribus viis, potentia & auctoritate, *gratia*, & denique oratione, & persuadendo operam & auxilia impetramus. CORT.

Quae T. Ampius] T. Ampius Balbus, qui Gabinio & Pisone Coss. in Cilicia Praetor fuit, nisi plane fallimur. CORRAD. Multis locis in his epistolis, ubi erat Appius, Ampius reposuimus, ut penultima nostra in librum ad C. Memmium castigatione docuimus. Secuti autem sumus veterum codicum fidem. Manutius postea argumento suo insulsis excogitato, antiquam scripturam confirmavit. Delector autem plurimum, cum video aliquos novis rationibus veteres animadversiones meas comprobare. P. VICTORIUS. *Decreverit*] Antiqui libri & editiones: *decrevit*. Sed puto Ciceronem scripsisse *decreverit*, ut alibi fere semper. GRAEV.

Decreverit] Ita recte regii, pro vulgato *decrevit*. Praefuerat anno superiore Ciliciae T. Ampius. LALLEM.

EPISTOLA IV.

Fregeramus] Victam dederamus. Varro II. de R. R. c. 2. *Non antequam calorem, aut frigora se fregerunt*. Stat. VIII. Theb. v. 534. *Iste fre-*

set relictum, sententia Volcatii, res ab adversariis nostris extracta est variis calumniis: causam enim frequenti senatu, in magna varietate, magnaque invidia eorum, qui a te causam regiam alio transferebant, obtinebamus. Eo die acerbum habuimus Curionem: Bibulum multo justiorem: paene etiam amicum. Caninius, & Cato negarunt se legem ullam ante comitia esse laturos. Senatus haberi ante Kalendas Feb. per legem Pupiam, id quod scis, non potest: neque mense Febr. toto, nisi perfectis, aut rejectis legationibus. Haec tamen opinio est populi R. a tuis invidis, atque obtrectatoribus nomen inductum fictae religionis, non tam ut te impedirent, quam ut ne quis propter exercitus

fregit. Cic. XII. Phil. c. 2. *itaque fracti sumus: essemus*. Seneca Thyeste v. 200. Adde infra Lib. IV. ep. 6. Cortius.

Utrumque certamen esset relictum sententia Volcatii) Legendum fortasse est *cum sententia Volcatii &c.* Sic enim loquuntur Latini, mihi cum illo certamen est relictum, seu reliquum, aliis superatis. Contra nemo sic loquitur, *tu mihi es certamen*. Lambin. *Unum certamen*) Id est, haec sola jam nobis Volcatii sententia obstaret, expugnanda esset. Sic Virgil.

Et certamen erat Corydon cum Thyrside magnum. I. F. Graev.

Extracta est) Id est, elusa, frustrationi habita. Vid. ad Liv. XXII. 18. & ibidem in addendis. Perinde est, ac si diceret: *Dies exemptus est*. Idem.

In magna varietate) Alii non magna; sed contra ea, quae ep. I. & II. scripsit; vide Manut. & de particula *in*, quae hic turbare visa est mox n. 6. *Enim vero*, quod modo praecessit per *autem*, vel *tamen* explicandum venit, uti Caesar V. B. G. c. 7. Liv. c. 32. Terent. Andr. A. V. Sc. II. v. 4. Cort.

Magnaque invidia) Conjunctionem *que*, quae erat in libr. vulg. sustuli, fretus veteribus codicibus. Idem.

Alio transferebant) Sic habent omnes fere lib. MSi. Idem.

Caninius & Cato negarunt) Faciunt hoc Fenestella quaedam ex Annalium eius libro XXII. laudato Nonio Marcello in voce *Rumor*. Gulielm.

Ante comitia) Quae habebantur mense Sextili; vide P. Manut. Graev.

Per legem Pupiam) Qua per dies comitiales senatus haberi non poterat. Cortius.

Nisi perfectis, aut rejectis legationibus) Quoniam lege Gabinia sanctum erat, cogi ex Kalend. Febr. usque ad Kalend. Martias, & legatis senatum quotidie dari. Idem. Februario mense senatus frequens postulatis provinciarum, & legationibus audiendis dabatur, ut notat Asconius ad III. Cic. Verrin. Noscetur ergo diligentia ac studium Romanorum, qui legationes quam primum introduci volebant. Nam Januario Consules magistratum inibant, & de rebus divinis & publicis referebant. Februario in senatu legatos exterarum gentium introducebant. Exemplum apud Livium occurrit lib. XLIV. de legatione Alexandrina. Hen. Valesius. *Rejectis*) In aliud tempus dilatis. Mense autem Februario postulata & legationes Provinciarum audiri solitas confirmat Cic. in Verrem I. 39. Lib II. c. 31. item ad Atticum I. ep. 14. I. F. Graev. *Rejectis*) In aliud tempus dilatis. Mense autem Februario postulata & legationes provinciarum audiri solita testis est Cic. Att. I. 14. Lallem.

Pro-

tua cupiditatem Alexandream vellet ire. Dignitatis autem tuæ nemo est, quin existimet habitam esse rationem ab senatu. Nemo est enim, qui nesciat, quo minus discessio fieret per adversarios tuos esse factum: qui nunc populi nomine, re autem vera sceleratissimo latrocinio, si quæ conabuntur agere, satis provisum est, ut ne quid salvis auspiciis, aut legibus, aut jam sine vi agere possint. Ego neque de meo studio, neque de nonnullorum injuria scribendum mihi esse arbitror. Quid enim aut me ostentem, qui si vitam pro tua dignitate profundam, nullam partem videar tuorum meritorum assecutus: aut de aliorum injuriis querar, quod sine summo dolore facere non possum? Ego tibi a vi, hac præsertim imbecillitate magistratuum, præstare

Propter cupiditatem) Quia ambitio potentium eius temporis maxime optabat magnum imperium, validum exercitum, splendidum triumphum; atque ea de causa excitarent sæpe bella, ubi non essent, ut exardescerent ad rem Alexandrinam affectandam, quia eum exercitu conjuncta esse videbatur. Lamb.

Alexandriam) Scribendum *Alexandream*. Ita enim poscit illorum temporum scribendi consuetudo, quam cum in aliis veteribus monumentis observavi, tum in denario argenteo M. Lepidi, in quo scriptum est ALEXANDREA, sive ALEXANDREA. F. VRSINVS.

Per adversarios tuos esse factum) Lupo contendente, ante se oportere discessionem facere, quam Coss. CORRAD.

Qui *populi nomine*) Pattissoni, aliæque veteres editiones *populi Romani nomine*. Sed *Romani* merito nec meus optimus, nec alius, cujus excerpta habeo, nec Victor. & Grut. editiones agnoscunt. Et sane hic ineptum est, & insulsum; id quod qui tritas habent aures lectione Ciceronis, & aliorum bonorum scriptorum non negabunt: idque vidit quoque doctor meus I. Fr. Gronovius, qui vere dixit, per populum hic intelligi tribunos plebis, eorumque factionem, vilissimam plebis partem populi nomen præ se ferentem, de qua docte plures adnotavit lib. III. Observ. c. 11. GRÆV. Specie & magnifico titulo. Tac. IV. Hist. c. 72. *Ceterum libertas & speciosa nomina prætexuntur, nec quisquam alienum servitium & dominationem sibi concupivit, ut non eadem ista vocabula usurparet*. Sall. B. Cat. c. 38. Item Tac. Agric. c. 30. Sic Cic. alibi opponit *re*, *re*. V. Parad. I. c. 2. ut Corn. Nep. Phocion. c. 3. CORTIVS.

Sceleratissimo latrocinio) Tribunorum plebis, quorum unus C. Cato etiam postea comminatus est, comitia haberi non futurum, si sibi cum populo dies agendi essent exempti. CORRAD. *Latrocinio*) Quippe quo non tantum magistratui provinciale Lentulo, sed & Senatui jus suum eripiebatur. Io. FR. GRON. Fraudibus & insidiis in detrimentum Reip. Sallust. B. Iug. c. 4. Cic. pro Sext. Roscio Am. c. 2. Sed optime ad Q. Fr. ep. II. Quem & Grævius ad posteriorem, & Manut. ad hunc locum notat. CORT.

Satis provisum est) Præter alia, Cn. Lentulo Cos. quasi promittente dies comitiales eximere, hoc est, per eos de cœlo servare, Latinas instaurare, & supplicationes, ut legibus perniciosissimis maxime Catonis obsisteret. LAMB.

Ego tibi a vi) Ipsi ut nunc legitur emendavimus; præter enim utriusquorum codicum fidem, verba, quæ se-

 quan-

ſtare nihil poſſum: vi excepta, poſſum confirmare, te & senatus, & populi Rom. summo ſtudio, amplitudinem tuam retenturum. Vale.

EPISTOLA V.

ARGUMENTUM.

Miſta ex negotialibus moralibuſque ſententiis: ſed ſi cauſa, cur ſcripta ſit, animadvertatur, negotialis eſt: interdum autem negotii narrationem antecedit, ſæpe ſequitur officii ſignificatio; quod in his ad Lentulum epiſtolis perſpicuum eſt. Scribit de C. Catonis lege promulgata, de ſtatu regiæ cauſa, de ſuo, Seliciique conſilio.

M. T. C. P. LENTULO PRO COS. S. D.

TAmetſi mihi nihil fuit optatius, quam ut primum abs te ipſo, deinde a ceteris omnibus, quam gratiſsimus erga te eſſe cognoſcerer: tamen afficior ſummo dolore, ejuſmodi tempora poſt tuam profectionem conſecuta eſſe, ut & meam, & ceterorum erga te fidem, & benevolentiam abſens experirere. Te videre & ſentire, eamdem fidem eſſe hominum in tua dignitate, quam ego in mea ſalute ſum expertus, ex tuis litteris intellexi. Nos cum maxime con-

quuntur ita legi debere oſtenduntur, (*vi excepta*) Vis autem non tantum a Tribun. pleb. fieri poterat, ſed etiam a privatis hominibus. Id autem per ſe planum eſt, & a Cicerone declaratur, cum inquit ad Q. Fratrem de Clodio: Qui *etiam privatus eadem manu poterit ſenatum comitere*. Utriuſque vis appellari poteſt, quæ a privatis fit, quam quæ a magiſtratu. Qui enim publicam perſonam gerunt, quamvis contra leges faciant, velle tamen atque ordine ſe illa facere multis perſuadent: quod Cicero etiam paulo ſupra declarat, cum inquit: Qui *nomen populi Romani* [illegible], *re autem vera ſceleratiſſimo latrocinio*. VICTORIUS.

Nos præſertim imbecillitate) Bona pars librorum præfert *in hac imbecillitate*; & id quidem putem potius Ciceronianum, aut ſi mavis Latinum; quod cur tanta facilitate rejecerint, non video. Sup. Ep. II. Sall. B. Jug. c. 14 Terent. Andr. A IV. Sc. 4. Livius XXXVII. c. 14. Cic. IV. ad Att. ep. 9. Liv. II. c. 46. Cæſar VI. B. G. c. 13. CORT.

At ea excepta) Ita regius uterque, cum pleriſque aliis MSS: vulgo editur, *vi excepta*. LALLEM.

EPISTOLA V.

FIdem, & benevolentiam) Cum referuntur ad *meam*, retinent ſuam nativam ſignificationem: ſi ad *ceterorum*, notat perfidiam & malignitatem. Jo. Fr. GRON.

Quam ego in mea ſalute ſum expertus) Meus liber ſecundus ſuffragatur Mediceo, Palatino quarto, Pechii, & cui-

consilio, studio, labore, gratia de causa regia niteremur, subito exorta est nefaria Catonis promulgatio, quæ nostra studia impediret, & animos a minore cura ad summum timorem traduceret. Sed tamen in hujusmodi perturbatione rerum, quamquam omnia sunt metuenda, nihil magis quam perfidiam timemus: & Catoni quidem, quoquo modo se res habeat, profecto resistimus. De Alexandrina re, causaque regia tantum habeo polliceri, me tibi absenti, tuisque præsentibus cumulate satisfacturum. Sed vereor, ne aut eripiatur (causa regia) nobis, aut deseratur: quorum utrum minus velim, non facile possum existimare. Sed, si res coget, est

& editioni primæ, scribentibus: *quam ego in meam salutem sum expertus*, quod recepisse se Gruterus testatur; sed mihi potior est aliorum auctoritas, qui pro vulgata stant; quam ego hercule, tum & suavior sit, & magis congrua huic loco, non ausim improbare, præsertim cum eam & primus meus firmet. GRÆV.

Ancipiti experirere) Periculum facere cognoscendi, & cognoscere cum periculo. Prop. II. el. 19 v. 13. Curt. VIII. c. 12. Liv. XXXIX. c. 26. Florus II. c. 17. Plin. Paneg. c. 67. CORTIUS.

In meam salutem) Nota res est quartum casum pro sexto cum hac præpositione conjungi; sed hic *In* accipere possumus pro *adversus*, *erga*. Sallust. B Cat. c. 9. *Domi parci, in amicos fideles erant*. Vel potius, *quod ad meam salutem*: uti Petronius c. 77. *In dominum suum de rebus illis fecisti: tu parum felix in amicos es*. Talia & plura suppetunt in defensionem operæ Gronovii. CORT.

Nefaria Catonis promulgatio) De Imperio tibi abrogando. CORRAD.

Minore cura) De reducendo Rege. IDEM.

Timorem) Ne Imperium tibi abrogetur. IDEM.

Habeo polliceri) Pollicendum. Lucr. VI. v. 711. *Habemus dicere hoc*. Cic II. ad Att. ep. 22. Sic Terent. Andr. A. III. Sc. 2. Virg. V. Æn. v. 258. ubi Servius Græcum esse putat duo verba ita conjungere. CORT.

Ne aut eripiatur) Videtur legendum; *ne aut eripiatur nobis, aut deseratur*, deleto hoc toto, *regia causa*, quod facile subintelligitur ex iis, quæ antecedunt. Non celabo autem lectorem, me hic in libris manuscriptis tribus scriptum reperisse, *eripiatur*, pro *eripietur*, unde ecquid boni elici possit, videbit lector eruditus. LAMBINUS. *Ne aut eripiatur causa regia nobis*) Sic Manutiana editio, itidemque eam & Pal. pr. & Peckii liber, ceteri Pall. tert. quart. Venet. Grut. *eripiatur causa regia a nobis aut deseratur*. Vulgo: *ne aut eripiatur a nobis regia causa*. GRONARD. Facile & ipse crediderim *causa regia* esse glossema, ut Lambinus, & Manutius recte viderunt; verum ejicere illa verba & eradicare, invitis omnibus, quotquot visi adhuc sunt, codicibus antiquis, non ausim, & id jam temeritatis est. Fecerunt tamen illi duumviri; sed ego sequor libros exaratos manu, Victorium, & Gruterum. GRÆVIUS.

Causa regia) Has voces pro glossemate habet Grævius, easque abjecerunt Manutius, & Lambinus, sed invitis MSis. LALL.

Non possum existimare) Statuere, finita æstimatione & consilio. Cic. I. de Leg. *Nisi qui se ea non ediderunt, de quibus existimare non possumus*. Hinc *existimatio* pro judicio & sententia. G. CORT.

est quiddam tertium, quod neque Selicio, nec mihi displicebat: ut neque jacere regem pateremur, nec, nobis repugnantibus, ad eum deferri, ad quem prope jam delatum existimatur. A nobis agentur omnia diligenter: ut nec, si quid obtineri poterit, non contendamus: nec, si quid non obtinuerimus, repulsi esse videamur. Tuae sapientiae, magnitudinisque animi est, omnem amplitudinem, & dignitatem tuam in virtute, atque in rebus gestis tuis, atque in tua gravitate positam existimare. Si quid ex iis rebus, quas tibi fortuna largita est, nonnullorum hominum perfidia detraxerit, id majori illis fraudi, quam tibi futurum. A me nullum tempus praetermittitur de tuis rebus & agendi, & cogitandi: utorque ad omnia Q. Selicio: neque enim prudentiorem quemquam ex tuis, neque fide majore esse judico, neque amantiorem tui. Hic quae agantur, quaeque acta sint, ea te & litteris multorum, & nuntiis cognoscere arbitror:

Tuae sapientiae magnitudinisque animi est, &c.) Mirifice codex antiquus Nerul. Streib. ob aliorum lectione discrepat: *Tuae sapientiae, magnitudinisque animi est, omnem amplitudinem & dignitatem tuam in virtute, & in gravitate tua, atque in rebus gestis tuis, quae tibi fortuna largita est, positam existimare: quibus si quid hominum invidia detraxerit, id majori illis fraudi, quam tibi futurum scias*. Graev.

Atque in rebus g. t. atque) Tautologus videtur Cicero & hic, & mox, ubi ter repetit atque. Sed una periodo quinquies atque repetitum habes in oratione Catonis apud A. Gellium VII. c. 3. Necnon Et itidem quinquies apud Caesar. IV. de B. G. c. 1. n. 9. Hic, & Hinc quater Varro IV. de L. L. p. 9. quare ad vivum talia non sunt resecanda. G. Cort.

Majori illis fraudi) Nota. Ex formula. Cic. pro Muren. *Id erit ejus vitricoo fraudi ac crimini*. Livius VII. *Dictator edixit ad populum, ut cui militum fraudi fuisset esse*. Videsis L. 131. de Verb. Sign. & L. 23 §. 2. de Aedil. Edic. Ioann.

Neque fide majore esse judico) Quidam codices: *neque fide majorem*; quos non sequor; alii, *neque fide meliorem*, unde conjicio *fide meliore*, esse legendum; paullo ante duo illa verba, *esse neque* supervacanea videntur, ut dicimus, quae tamen reperiuntur in libris manuscriptis. Lamb. *Neque fide majorem esse*) Sic editio princeps, Victorii, Pall. tert. quart. Grut. Petrinianus: adeo ut mirari subeat deficientiam a vestigiis MSorum vulgatae, quae neque prudentiorem quemquam ex tuis, neque fide majore esse. Graevius. Accedit lectioni, quam Gruterus & Victorius probarunt, meus etiam codex primus & secundus, in quibus scribitur, *neque fide majorem*. Id tamen fatendum est, a perpetua Ciceronis consuetudine hoc loquendi genus fere abhorrere, vulgatae vero lectionis exempla in hoc scriptore esse infinita. Graev.

Amantiorem tui) Procul dubio post haec verba debet incipere nova Epistola: & valde probabilis est haec sententia Manutii. Io. Fr. Gron.

Et nuntiis cognoscere arbitror) Non intelligo arbitrium illorum, qui se vel primi ediderunt, vel alios secuti sunt, in quibus Lambinum, & Manutium refero, cum Junium, & Se-

bitror: quæ autem posita sunt in conjectura, quæque mihi videntur fore, ea puto tibi a me scribi oportere.

Posteaquam Pompeius apud populum a. d. IIX. Idus Febr. cum pro Milone diceret, clamore convicioque jactatus est, in senatuque a Catone aspere & acerbe nimium magno silentio est accusatus, visus est mihi vehementer esse perturbatus. Itaque Alexandrina causa, quæ nobis adhuc integra est, (nihil enim tibi detraxit senatus, nisi id, quod per eamdem religionem dari alteri non potest) videtur ab illo plane esse deposita. Nunc id speramus, idque molimur, ut, cum rex intelligat, sese id, quod cogitabat, ut a Pompeio reducatur, adsequi non posse: & nisi per te sit restitutus,

Stephanica *regnasse*, & sic quoque video citare patrem ad Livium XXI. 3. Ceterum MSus primus Cl. Gravii mox: *postequam Pompeius & apud*, &c. Gron.

Posteaquam Pompeius) MSi Pall. itemque Grut. novam hinc ordiuntur Epistolam: sed Ignatius adnotat in Medic. partem hanc esse superioris, conjungitque cum præcedente Victorius Lambin. Manut. Gebhard. In meo etiam libro secundo hic nova epistola incipit; sed primus eam adnectit, ut & alius liber Italicus, cujus excerptis utor, tanquam partem superiori. Graevius.

Clamore convicioque jactatus est) Mendose, ut opinor, in Mediceo codice legitur *jactus* pro *jactatus*: contra ac eodem hoc in libro *jactatus* pro *jactus* in illo loco: *Ea fundamenta jactata esse*. Has autem maculas in optimis etiam exemplaribus indicasse utile esse existimo, ne omnibus in rebus illis fides habeatur. Quam male autem his diebus & in senatu, & ad populum, acceptus sit Pompeius, uberius a Cicerone exponitur in epistola ad Q. Fratrem, cujus initium est: *Scripsi ad te antea*: ex qua etiam facile perspicitur exitium illius Reip. non potuisse longe abesse, quæ permitteret optimum & fortissimum civem a petulantissimis, & flagitiosissimis hominibus tantopere vexari: & in qua turbide, ac tumultuose maxima res agerentur. Victor. *Jactatus est*) Sic quidem primi editio: sed adnotatum ad eam ab Ignatio, legi in Medic. *jactus est*, neque aliter aut Grut. aut Pall. quatuor; adeo ut *jaci conviciis* esset *peti*: sicut Propertius forma agendi dixit.

In nostram jacies verba superba caput.

Atque ipse Tullius ad Atticum lib. II. ep. 19. *Qui non se omnium sermonibus sentit vapulare*. Gebhard.

Jactatus) A P. Clodio, & ejus operis. Corrad.

Omnium magno silentio est accusatus) Omnes ferme libri manuscripti habent *nimium magno silentio*; ego tamen vulgatam lectionem magis probo. Lambinus. Revocavi scripturam quatuor Pall. utriusque Grut. & Pechii, nec non editionis primæ, & Victorii; tanto quidem magis quod eam esse lectionem ferme omnium MSorum suorum indicaverit Lambinus: postea invectum est libris, *nimium magno silentio*. Paul. Manut. præfert, *& acerbe*, *nimium magno silentio*; quæ distinctio minime admodum videtur. Gebhard.

Sese id quod cogitabat) Liber Italicus, & meus primus: *sese quod cogitabat*: optime. Graev.

Ut a Pompeio) Postrema ista *ut a Pompeio reducatur*, Glossam sapiunt eo magis, quod pleraque obscurius scripserit. Non tamen damno, cum cognosce Ciceronem cum aliis sua verba sæpe

est quiddam tertium, quod neque Selicio, nec mihi displicebat: ut neque jacere regem pateremur, nec, nobis repugnantibus, ad eum deferri, ad quem prope jam delatum existimatur. A nobis agentur omnia diligenter: ut nec, si quid obtineri poterit, non contendamus: nec, si quid non obtinuerimus, repulsi esse videamur. Tuae sapientiae, magnitudinisque animi est, omnem amplitudinem, & dignitatem tuam in virtute, atque in rebus gestis tuis, atque in tua gravitate positam existimare. Si quid ex iis rebus, quas tibi fortuna largita est, nonnullorum hominum perfidia detraxerit, id majori illis fraudi, quam tibi futurum. A me nullum tempus praetermittitur de tuis rebus & agendi, & cogitandi: utorque ad omnia Q. Selicio: neque enim prudentiorem quemquam ex tuis, neque fide majore esse judico, neque amantiorem tui. Hic quae agantur, quaeque acta sint, ea te & litteris multorum, & nuntiis cognoscere arbitror:

Tuae sapientiae magnitudinisque animi est, &c.) Mirifice codex antiquus Nicol. Heinsii ab aliorum lectione discrepat: *Tuae sapientiae, magnitudinisque animi est, omnem amplitudinem & dignitatem tuam in virtute, & in gravitate tua, atque in rebus gestis tuis, quae tibi fortuna largita est, positam existimare: quibus si quid hominum invidia detraxerit, id majori illis fraudi, quam tibi futurum scias*. Graev.

Atque in rebus g. t. atque) Tautologiam videtur Cicero & hic, & alias, ubi ter repetit *atque*. Sed una periodo quinquies *atque* repetitum habes in oratione Catonis apud A. Gellium VII. c. 3. Necnon *Et* itidem quinquies apud Caesar. IV. de B. G. c. 1. & 9. *Hic*, & *Hinc* quater Varro IV. *de L. L.* p. 9. quare ad vivum talia non sunt resecanda. G. Cort.

Majori illis fraudi) Noxa. Ex formula. Cic. pro Muren. *Id erit ejus vitio fraudi ac crimini*. Livius VII. *Dictator edixit ad populum, ne cui militiam fraudi fuisse esse*. Videsis L. 131. de Verb. Sign. & L. 23. §. 2. de Aedil. Edic. Idem.

Neque fide majore esse judico) Quidam codices: *neque fide majorem*; quia non sequitur; alii, *neque fide meliorem*, unde conjicio *fide meliorem*, esse legendum; paullo ante duae illae voces, *rebus regiis* supervacaneae videntur, ut divinamus, quae tamen reperiuntur in libris manuscriptis. Lamb. *Neque fide majorem esse*) Sic editio princeps, Victorii, Pall. tert. quart. Grut. Pechianus: adeo ut mirari subeat discrepantiam a vestigiis MStorum vulgatae *qua neque prudentiorem quemquam ex tuis, neque fide majore esse*. Graevius. Accedit lectioni, quam Gruterus & Victorius probarunt, meus etiam codex primus & secundus, in quibus scribitur, *neque fide majorem*. Id tamen sustinendum est, a perpetua Ciceronis consuetudine hoc loquendi genus fere abhorrere, vulgatae vero lectionis exempla in hoc scriptore esse infinita. Graev.

Amantiorem tui) Procul dubio post haec verba debet incipere nova Epistola: & valde probabilis est haec sententia Manutii. Io. Fr. Gron.

Et nuntiis cognoscere arbitror) Non intelligo arbitrium illorum, qui sic vel primi ediderant, vel alios secuti sunt, in quibus Lambinum, & Manutium refero, cum Iunio, & Ste-

blitror: quae autem posita sunt in conjectura, quaeque mihi videntur fore, ea puto tibi a me scribi oportere.

Posteaquam Pompeius apud populum a. d. IIX. Idus Febr. cum pro Milone diceret, clamore convicioque jactatus est, in senatuque a Catone aspere & acerbe nimium magno silentio est accusatus, visus est mihi vehementer esse perturbatus. Itaque Alexandrina causa, quae nobis adhuc integra est, (nihil enim tibi detraxit senatus, nisi id, quod per eamdem religionem dari alteri non potest) videtur ab illo plane esse deposita. Nunc id speramus, idque molimur, ut, cum rex intelligat, sese id, quod cogitabat, ut a Pompeio reducatur, adsequi non posse: & nisi per te sit restitutus,

Stephanica *ergo esse*, & sic quoque video citare patrem ad Livium XXI. 3. Ceterum MSm primus Cl. Graevii mox: *postea quam Pompeius & apud*. Jac. Gron.

Posteaquam Pompeius) MSi Pall. itemque Grut. novam hinc ordiuntur Epistolam: sed Ignatius adnotat in Medic. partem hanc esse superioris, conjungitque cum praecedente Victorius Lambin. Manut. Gebhard. In meo etiam libro secundo hic nova epistola incipit; sed primus eam adnectit, ut & alius liber Italicus, cujus excerptis utor, tanquam partem superiori. Graevius.

Clamore convicioque jactatus est) Mendose, ut opinor, in Mediceo codice legitur *jactus* pro *jactatus*: contra ac eodem hoc in libro *jactato* pro *jacto* in illo loco: *Ea fundamenta jactata esse*. Has autem maculas in optimis etiam exemplaribus indicasse utile esse existimo, ne omnibus in rebus illis fides habeatur. Quam male autem his diebus & in senatu, & ad populum, acceptus sit Pompeius, uberius a Cicerone exponitur in epistola ad Q. Fratrem, cujus initium est: *Scripsi ad te antea*: ex qua etiam facile perspicitur exitium illius Reip. non potuisse longe abesse, quae permitteret optimum & fortissimum civem a petulantissimis, & flagitiosissimis hominibus tantopere vexari: & in qua turbide, ac tumultuose maxima res agerentur. Victor. *Jactatus est*) Sic quidem primis editio: sed adnotatum ad eam ab Ignatio, legi in Medic. *jactus est*, neque aliter aut Grut. aut Pall. quatuor; adeo ut *jaci convicio* esset *peti*: sicut Propertius formam agendi dixit.

In nostrum jacies verba superba caput.

Atque ipse Tullius ad Atticum lib. II. ep. 19. *Qui cum se omnium sermonibus sentiret vapulare*. Gebhard.

Jactatus) A P. Clodio, & ejus operis. Corrad.

Omnium magno silentio est accusatus) Omnes ferme libri manuscripti habent *nimium magno silentio*; ego tamen vulgatam lectionem magis probo. Lambinus. Revocavi scripturam quatuor Pall. uniusque Grut. & Peckii, atque editionis primae, & Victorii; tanto quidem magis quod eam esse lectionem ferme omnium MSorum suorum indicaverit Lambinus: postea invectum est libris, *omnium magno silentio*. Paul. Manut. praefert, *& acerbe, nimium magno silentio*: quae distinctio minus apposita videtur. Gebhard.

Sese id quod cogitabat) Liber Italicus, & meus primus: *sese quod cogitabat*; optime. Graev.

Ut a Pompeio) Postrema ista *ut a Pompeio reducatur*, Glossam sapiunt eo magis, quod pleraque obscurius scripserit. Non tamen damnas, cum cogito Ciceronem cum aliis sua verba saepe

est quiddam tertium, quod neque Selicio, nec mihi displicebat: ut neque jacere regem pateremur, nec, nobis repugnantibus, ad eum deferri, ad quem prope jam delatum existimatur. A nobis agentur omnia diligenter: ut nec, si quid obtineri poterit, non contendamus: nec, si quid non obtinuerimus, repulsi esse videamur. Tuæ sapientiæ, magnitudinisque animi est, omnem amplitudinem, & dignitatem tuam in virtute, atque in rebus gestis tuis, atque in tua gravitate positam existimare. Si quid ex iis rebus, quas tibi fortuna largita est, nonnullorum hominum perfidia detraxerit, id majori illis fraudi, quam tibi futurum. A me nullum tempus prætermittitur de tuis rebus & agendi, & cogitandi: utorque ad omnia Q. Selicio: neque enim prudentiorem quemquam ex tuis, neque fide majore esse judico, neque amantiorem tui. Hic quæ agantur, quæque acta sint, ea te & litteris multorum, & nuntiis cognoscere arbitror:

Tuæ sapientiæ magnitudinisque animi est, &c.) Mirifice codex antiquus Nicol. Heinsii ab aliorum lectione discrepat: *Tuæ sapientiæ, magnitudinisque animi est, omnem amplitudinem & dignitatem tuam in virtute, & in gravitate tua, atque in rebus gestis tuis, quæ tibi fortuna largita est, positam existimare: quibus si quid hominum invidia detraxerit, id majori illis fraudi, quam tibi futurum scias.* GRÆV.

Atque in rebus g. t. atque) Tautologiam videtur Cicero & hic, & mox, ubi ter reperit *neque*. Sed una periodo quinquies *neque* repetitum habes in oratione Catonis apud A. Gellium VII. c. 3. Nec non *Et* itidem quinquies apud Cæsar. IV. de B. G. c. 1. & 9. *His*, & *Hos* quater Varro IV. de L. L. p. 9. quare ad vivum talia non sunt resecanda. G. CORT.

Majori illis fraudi) Nam. Ea formula. Cic. pro Muren. *Id enim ejus ...rico fraudi ac crimini*. Livius VII. *Dictator retulit ad populum, ne sibi militum fraudi fuisse esset*. Videsis L. 131. de Verb. Sign. & L. 23. §. 2. de Ædil. Edic. IDEM.

Neque fide majore esse judico) Quidam codices: *neque fide majorem*; quos non sequor; alii, *neque fide meliorem*, unde conjicio *fide meliorem*, esse legendum; paullo ante duæ illæ voces, *ne-[illegible] regis* supervacaneæ videntur, ut diximus, quæ tamen reperiuntur in libris manuscriptis. LAMB. *Neque fide majorem esse*) Sic editio princeps, Victorii, Pall. tert. quart. Grut. Ferchizonis: adeo ut mirari subeat defecisse vestigiis MSorum vulgata: *quo neque prudentiorem quemquam ex tuis, neque fide majore esse*. GEBHARDUS. Accedit lectioni, quam Gruterus & Victorius probarunt, meus etiam codex primus & secundus, in quibus scribitur, *neque fide majorem*. Id tamen fatendum est, a perpetua Ciceronis consuetudine hoc loquendi genus fere abhorrere, vulgatæ vero lectionis exempla in hoc scriptore esse infinita. GRÆV.

Amantiorem tui) Procul dubio post hæc verba debet incipere nova Epistola; & valde probabilis est hæc sententia Manutii. Io. FR. GRÆV.

Et nuntiis cognoscere arbitror) Non intelligo arbitrium illorum, qui sic vel primi ediderunt, vel alios sequuti sunt, in quibus Lambinum, & Manutium refero, cum Junium, & Ste-

bitror: quæ autem posita sunt in conjectura, quæque mihi videntur fore, ea puto tibi a me scribi oportere.

Posteaquam Pompeius apud populum a. d. IIX. Idus Febr. cum pro Milone diceret, clamore convicioque jactatus est, in senatuque a Catone aspere & acerbe nimium magno silentio est accusatus, visus est mihi vehementer esse perturbatus. Itaque Alexandrina caussa, quæ nobis adhuc integra est, (nihil enim tibi detraxit senatus, nisi id, quod per eamdem religionem dari alteri non potest) videtur ab illo plane esse deposita. Nunc id speramus, idque molimur, ut, cum rex intelligat, sese id, quod cogitabat, ut a Pompeio reducatur, adsequi non posse: & nisi per te sit restitutus,

Stephanica *ergasterio*, & sic quoque video citare partem ad Livium XXI. 3. Ceterum MSm primus Cl. Grævii non: *posteaquam Pompeius & apud*. Iac. Gron.

Posteaquam Pompeius) MSi Pall. itemque Grut. novam hic ordiuntur Epistolam: sed Ignatius adnotat in Medic. partem hanc esse superioris, conjungitque cum præcedente Victorius Lambin. Manut. Gebhard. In meo etiam libro secundo hic nova epistola incipit; sed primus eam adnectit, ut & alius liber Italicus, cujus excerptis utor, tamquam partem superiori. Grævius.

Clamore convicioque jactatus est) Mendose, ut opinor, in Mediceo codice legitur *jectus* pro *jactatus*: contra ac eodem hoc in libro *jactatus* pro *jectus* in illo loco: *Ea fundamenta jactata esse*. Has autem maculas in optimis etiam exemplaribus indicasse utile esse existimo, ne omnibus in rebus illis fides habeatur. Quam male autem his diebus & in senatu, & ad populum, acceptus sit Pompeius, uberius a Cicerone exponitur in epistola ad Q. Fratrem, cujus initium est: *Scripsi ad te antea*: ex qua etiam facile perspicitur exitium illius Reip. non potuisse longe abesse, quæ permitteret optimum & fortissimum civem a petulantissimis, & flagitiosissimis hominibus tantopere vexari: & in qua turbulente, ac tumultuose maxima res

agerentur. Victor. *Jactatus est*) Sic quidem prima editio: sed adscriptum ad eam ab Ignatio, legi in Medic. *jectus est*, neque aliter aut Grut. aut Pall. quatuor; adeo ut *jaci convicio* esset *peti*: sicut Propertium forma agendi dixit.

In nostrum jacies verba superba caput.

Atque ipse Tullius ad Atticum lib. II. ep. 19. *Qui cum se omnium sermonibus sentit vapulare*. Gebhard.

Jactatus) A P. Clodio, & ejus operis. Corrad.

Omnium magno silentio est accusatus) Omnes fermé libri manuscripti habent *nimium magno silentio*; ego tamen vulgatam lectionem magis probo. Lambinus. Ravardi scripturam quatuor Pall. uniusque Grut. & Pechii, nec non editionis primæ, & Victorii; tanto quidem magis quod eam esse lectionem ferme omnium MSorum suorum indicaverit Lambinus postea invectum est libris, *omnium magno silentio*. Paul. Manut. prafert, *& acerbe*, *nimium magno silentio*: qua distinctio minus adposita videtur. Gebhard.

Sese id quod cogitabat) Liber Italicus, & meus primus: *sese quod cogitabat*: optime. Graev.

Ut a Pompeio) Postrema ista *ut a Pompeio reducatur*, Glosam sapiunt eo magis, quod pleraque obscurius scripserit; Non tamen damno, cum cogitem Ciceronem cum aliis sua verba

 sæpe

tutus, desertum se atque abjectum fore, proficiscatur ad te, quod sine ulla dubitatione, si Pompeius paullum modo ostenderit sibi placere, faciet. Sed nosti hominis tarditatem, & taciturnitatem. Nos tamen nihil, quod ad eam rem pertineat, praetermittimus. Ceteris injuriis, quae propositae sunt a Catone, facile, ut spero, resistemus. Amicum ex consularibus neminem tibi esse video, praeter Hortensium, & Lucullum: ceteri sunt partim obscurius iniqui, partim non dissimulanter irati. Tu fac, animo forti magnoque sis, speresque fore, ut fracto impetu levissimi hominis tuam pristinam dignitatem & gloriam consequare.

EPISTOLA VI.

ARGUMENTUM.

Moralis tota, excepta prima sententia, quae negotialis est. Consolationum Cicero adhibet dolori suo, eam scilicet, quam sperat in Lentuli quoque dolore posse aliquid proficere. Et, quia valet ad consolandum amoris significatio, & amoris indicium dolor est, orditur a dolore suo; quia vero consolationis duae quasi viae sunt, ratio, & exemplum, non modo ut fieri debere, quod suademus, verum etiam ut factum esse ostendatur: utraque via progreditur: argumentatur enim a spe, quam in consiliis amicorum, & in ipsa die ponit: exemplum vero sumit a similitudine suorum temporum. Tertius hortationis locus est; quod ipsum ad minuendum dolorem pertinet: est enim cum laude conjuncta cohortatio: delectamur autem laudibus, & quodam modo languentes excitamur.

suum ipsos interpretari. Cic. VIII. ad Att. ep. 1. *Nisi prepeditum video hominem, id est lautorum & locupletum urbem refertam fore*. Adde ep. VII. n. 1. Lib. II. ep. III. n. 5. G. Cort.

Hominis taciturnitatem) Sic solet Cic. pro illius l. ad Att ep. XVI Pisonem *consulem nulla in re consistere umquam sum passus: desponsam homini iam Syriam ademi*: adde IV. ad Att. ep. X. Sallust. Cat. c. 48. G Cort. *Hominis*. Pompeii, cujus simulationem in occultanda sententia non semel carpit Cicero. Lall.

Ceteris injuriis) Praesertim de imperio tibi abrogando. Corrad.

Facile, ut spero, resistemus) *Nam nos* (inquit ad Q Fratrem scribens) *magnas ex Piceno & Gallia exspectamus, ut etiam Catonis rogationi de Milone, & Lentulo resistamus*. Ioan.

levissimi hominis) C. Catonis. I-nam.

Ete.

mur. Conclusio est, quæ spe quadam animum recreat, omnium studiorum officiorumque promissio.

M. T. C. P. LENTULO PRO COS. S. D.

QUæ gerantur, accipies ex Pollione: qui omnibus negotiis non interfuit solum, sed præfuit. Me in summo dolore, quem in tuis rebus capio, maxime scilicet consolatur spes, quod valde suspicor fore, ut infringatur hominum improbitas & consiliis tuorum amicorum, & ipsa die: quæ debilitat cogitationes & inimicorum, & proditorum. Facile secundo loco me consolatur recordatio meorum temporum, quorum imaginem video in rebus tuis. Nam etsi minore in re violatur tua dignitas, quam mea salus afflicta sit: tamen

EPISTOLA VI.

QUem in tuis rebus capio) Liber unus manuscriptus habet, *quem in tuis rebus capio scilicet, maxime consolatur spes*, &c. ordine verborum, mea sententia, meliore. Quidam amicus meus, vir doctus & acutus existimat, hoc totum, *quem in tuis rebus capio scilicet*, esse natum ex adnotatione, neque esse Ciceronis. LAMBIN. *Quem in tuis rebus capio, maxime scilicet*) Ita omnes Pall. nam Grut. *maxime scilicet*. H. Stephanus libro II. Schediasm. prodidit legi: *quem ex tuis*, &c. GERMANN.

Maxime scilicet consolatur spes) Puto Ciceronem scripsisse, *maxime consolatur*, atque his verbis additum fuisse glossema *scilicet spes*, quod postea (ut videtur) in seriem receptum a librariis fuit. Ut id credam, facit liber collatus a doctissimo viro cum codice manuscripto, a quo abesse hæc duo verba cognovi. F. VASIN.

Hominum improbitas) C. Catonis, & aliorum. CONRAD.

Quæ debilitat cogitationes, & inimicorum) Sic habent omnes, quos vidi, libri manuscripti, quos sequor: quamquam vulgatam lectionem non damno: *quæ debilitantur cogitationes*, &c. LAMBIN. *Quæ debilitat*) Sic edidit Victorius, eumque sequutus Lambinus, exstatque sic in Pall. omnibus, atque Lambinianis, Gruteriano, Vatican. quod & adnotavit ad oram libri sui Egnatius; neque id tantum, sed in Medic. libro inveniri *proditorum*, non *proditorum*. Vulgo: *quæ debilitantur cogitationes*. GERMANN. Merito hoc recipitur præ altero: *quæ debilitantur*; ut ut librarii alibi etiam ejusmodi mutationes tentarunt: & inventus est nuper aliquis, qui contra omnes libros Cicer. locum Lib. I. de Divin. c. IX. pari modo aggrederetur: adeo hodie incognita est *Hypallages* figura, ubi vel facillima est. Sallust. B. Jug. c. 5. Sic apud Livium, Plinium alios. CORR.

Meorum temporum) Exsilii. *Tempus & tempora* Ciceroni plerumque notant adversam fortunam; vide Manut. ad ep. 9. hujus libri. GRÆV.

Etsi minore in re violatur tua dignitas) Multo enim minus est, de aliqua existimationis parte laborare, quam in totius existimationis, & salutis periculum venire. CONRAD.

Quam mea salus afflicta sit) Victorii editio, *quam mea afflicta est*; neque vo *salus* novit ullus Pall. neque Grut. neque editio princeps; in Vatic. tamen: *quam mea salus afflicta est*. Ego nihil censebam expungi debere: quandoquidem etiam nihil turbet Manutius; quo non ut duce, sed velut accenso utimur. GEBHARD. Meus liber primus æque ut Mediceus, & Victorii editio non agnoscit *salus*: sed in eo *sit*

men est tanta similitudo, ut sperem te mihi ignoscere, si ea non timuerim, quae ne tu quidem umquam timenda duxisti. Sed praesta te eum, qui mihi a teneris (ut Graeci dicunt) unguiculis es cognitus. Illustrabit (mihi crede) tuam amplitudinem hominum injuria. A me omnia summa in te studia, officiaque exspecta: non fallam opinionem tuam. Vale.

EPISTOLA VII.

Argumentum.

Respondet ad ea, quae Lentulus quaesierat. Et quamquam moralia quaedam admiscentur: tamen quia reductio regis praecipua scribendi causa fuit, (id enim spectandum est) inter negotiales epistolas referatur. Dividitur in partes octo. Prima est, de suo in primis erga Lentulum amore: altera, de amicorum fide: tertia, de Alexandrina causa: quarta, de suis in republ. capessenda consiliis, & hominum consularium invidia: quinta, cohortatio ad gloriam, atque constantiam: sexta, de reip. statu: septima, de Tulliae filiae suae Crassipedisque nuptiis: octava, & ultima, de Lentuli filio. Pompeio, & Crasso iterum cos.

M. T. C. P. LENTULO PRO COS. S. D.

Legi tuas litteras, quibus ad me scribis, gratum tibi esse, quod crebro certior per me fias de omnibus rebus,

eo fit scriberet, vero est. Et sic plane liber quoque Italicus, & editio antiqua Bononiensis anni 1477. In illa vetustior, non addito loci nomine, edita anno 1474. Quid causae est, cur spernamus veterum codicum scripturam? Lentuli dignitas violabatur tantum, quia impediebatur reductio Ptolemaei quae ei ante fuerat decreta, sed Ciceronis dignitas, cum in exilium agebatur, non violabatur, aut minuebatur, sed plane omnis concidebat. haec enim est *afflicta*. Norunt enim humaniores *affligere* esse humi prosternere. *Falsi* intruserunt scioli, quia in aliis locis queritur Cicero salutem suam fuisse afflictam; quasi vero semper eodem modo sit loquendum, aut quasi non aeque dignitas affligi possit, quam salus. Graevius. *Videt* [illegible] *mea fidue afflicta fit*. [illegible] Capitolin. Maximin. c. V. *Interim milites* [illegible] *arma illorum* [illegible] *circumspiceret* [illegible] *quia etiam ipse* [illegible], Terent. Andr. A. II. Sc. III. v. 12. Spartianus Adriano c. 20 Quae de figura commode, & non eleganter Ebberardus in Labyrintho Dr. II. v. 19. quae moneo, ut juventus mature assuescat optimis & venustissimis interpretandi modis. Cort.

Si ea non timuerim) Fore, ut non visi perpetuo juveremus. Corr[illegible].

Ser-

bus, & meam erga te benevolentiam facile perspicias: quorum alterum mihi, ut te plurimum diligam, facere necesse est, si volo is esse, quem tu me esse voluisti: alterum facio libenter; ut, quoniam intervallo locorum & temporum disjuncti sumus, per litteras tecum quam saepissime colloquar. Quod si rarius fiet, quam tu exspectabis, id erit causae, quod non ejus generis meae litterae sunt, ut eas audeam temere committere. Quoties mihi certorum hominum potestas erit, quibus recte dem, non praetermittam. Quod scire vis, qua quisque in te fide sit & voluntate, difficile dictu est de singulis. Unum illud audeo, quod antea tibi saepe significavi, nunc quoque, re perspecta & cognita, scribere: vehementer quosdam homines, & eos, qui te & maxime debuerunt, & plurimum juvare potuerunt, invidisse dignitati tuae: simillimamque in re dissimili tui temporis nunc, & nostri quondam fuisse rationem: ut, quos tu reip. causa laeseras, palam te oppugnarent; quorum auctoritatem, dignitatem, voluntatemque defenderas, non tam memores essent virtutis tuae, quam laudis inimici. Quo quidem tempore, ut perscripsi ad te antea, cognovi Hortensium percupidum tui, studiosum Lucullum, ex magistratibus

EPISTOLA VII.

Quem tu me esse voluisti | Dum me beneficio tuo ita tibi devinxisti, ut omnia tua causa velle debeam. Corr.

Id erit causae | Pro ea erit causa. Sicut *id consilii*. Sallust. & Livius 32. c. 37. *mandati quidquam*. Terent. Eunuc. A. II. Sc. II. *quid istuc ornati*. Sed non tam Donatum ad Terentii locum, quam Varronem apud Charisium lib. 1. p. 84. legisse operae erit pretium. Idem.

Certorum hominum | Quibus tuto creduntur, & qui certo perferunt. Ut *certa fides* Horat. II. Od. XVI. Valer. Fl. c. l. v. 17. ad quae certo nautae dirigunt cursum. Et in vulgato illo Ennii apud Cic. Lael. c. 17. *amicus certus*. Hinc est, quod ei, qui nugis fallit, opposuerit Petron. c. 67. Idem.

Eos maxime, qui te & maxime debuerunt, & plurimum juvare potuerunt | MSos meus secundus, Palat. tert. nec non prima editio: *Eos maxime, qui & te amare maxime debuerunt, & plurimum juvare potuerunt*. V. C. Nic. Scel.- si: *eos maxime qui te amare debuerunt*; forsan scripsit Cicero: *Eos maxime, qui te amare debuerunt, & plurimum juvare potuerunt*. Illud *maxime* vitio librariorum repetitum, inde & quoque irrepsit; sed magis probo primi mei libri scripturam: *Et hos qui te & maxime debuerunt, & plurimum juvare potuerunt*. Graev. Aliquot Codd. etiam ex vetustioribus: *qui & te amare maxime debuerunt*. Sed vix a Cicer. manu. Quod si Tullius verbum *juvare*, quod per Zeugma repetendum, priori commate, ut dicunt, posuisset, hae turbae forsan non essent ortae. At sic solent Cic. Orator. ad Brutum, Terent. Andr. A. I. Sc. I. 6. Corr.

L. Ro-

tibus autem L. Racilium & fide, & animo singulari. Nam nostra propugnatio ac defensio dignitatis tuæ, propter magnitudinem beneficii tui, fortasse plerisque officii maiorem auctoritatem habere videatur, quam sententiæ. Præterea quidem de consularibus nemini possum aut studii erga te, aut officii, aut amici animi esse testis. Etenim Pompeium, qui mecum sæpissime, non solum a me provocatus, sed etiam sua sponte de te communicare solet, scis temporibus illis non sæpe in senatu fuisse. Cui quidem litteræ tuæ, quas proxime miseras, quod facile intellexerim, perjucundæ fuerunt. Mihi quidem humanitas tua, vel summa potius sapientia, non jucunda solum, sed etiam admirabilis visa est. Virum enim excellentem, & tibi tua præstanti in eum liberalitate devinctum, nonnihil suspicantem, propter aliquorum opinionem suæ cupiditatis, te ab se abalienatum, illa epistola retinuisti: qui mihi cum semper tuæ laudi favere

L. Racilium) Hunc alibi Trib. pleb. longe optimum vocat; etsi quidam hic *L. Rutilium* legunt. CORRAD.

Et fide & animo singulari) Nulli veterum libri habent *in te*, quæ tamen mihi necessaria videntur. LAMBINVS. *Animo sing.*) Sic & MSS omnes nostri, ut ne dicam de edit. principe, & Vaticana. Vulgo: *L. Rutilium & fide & animo in te singulari*. At vero *in te*, quod adeo necessarium videbatur Lambin. dudum, non expressum Manutio video: deletumque a nobis auctoritate omnium MSSorum. GEBHARD. Mei quoque libri hanc lectionem adserunt. GRAEV.

De te communicare solet) Pura consilia, sermonem, alia, quæ noster alibi addere solet. Sueton. Tiber c. 18. Gell. VI. c. VII n. 21. Cæsar. III. B. Civ. c. 18. Vide nunc Lib. VI. ep. 18. Proprie est *commune facere* quid, ut *asperare* Claudiani asperum; *firmare* firmum; *ampliare* amplum. Sed sequior ætas, cui *amicus* audiebat *communis*, aliquantum detorsit propriam notionem, & *communicare* etiam dixit pro amicum esse; & Ecclesiastici quidem τῷ κοινωνεῖν Græcorum adsueti frequenter *communicare* sibi dixere, quod viri docti nostra ætate electum ivere, frustra lineam posteriore Vossio. G. CORT.

Non sæpe in senatu fuisse) Postquam accusatus est a Catone, & suspicatus est insidias vitæ suæ fieri, Catonem a Crasso sustentari, & Clodiæ pecuniam suppeditari. CORRAD. *Non sæpe in senatu*) Erat enim ad urbem extra mœnia simulatione curæ provincialis. Hispaniam enim provinciam regebat absens per tres legatos: sed ex pacto triumvirorum senatum per suos e vicino obsidebat, & oppressum habebat clementi jugo, sic ut sæpe erumperet timefacta libertas, & frenum morderet. Io. FR. GRON.

Te ab se abalienatum) Quidam libri habent *abs te alienatum*, quod magis est appositum propter verbum *retinuisti*, quod ita Tullius opponit mox. Forsitan vocula *ab se* sunt spuriæ, & sana est vulgata lectio ea, quod habitum in libris sæpe mutant. Igitur *abalienatus*, est aversus, remotus, propter invidiam ex amico inimicus factus, certe ad alias partes abstractus, ut epist. VIII. de levioribus enim simultatibus etiam dicitur. Vide Lib. V. ep. VIII. G. CORT.

Tio

vere viſus eſt, etiam ipſo ſuſpicioſiſsimo tempore Caniniano: tum vero, lectis tuis litteris, perſpectus eſt a me toto animo de te, ac de tuis ornamentis, & commodis cogitare. Quare ea, quæ ſcribam, ſic habeto, me, cum illo re ſæpe communicata, de illius ad te ſententia atque auctoritate ſcribere. Quoniam ſenatuſconſultum nullum exſtat, quo reductio regis Alexandrini tibi adempta ſit, eaque, quæ de ea ſcripta eſt, auctoritas, cui ſcis interceſſum eſſe, ut ne quis omnino regem reduceret, tantam vim habet, ut magis iratorum hominum ſtudium, quam conſtantis ſenatus conſultum eſſe videatur: te perſpicere poſſe, qui Ciliciam, Cyprumque teneas, quid efficere, & quid conſequi poſsis: &, ſi res facultatem habitura videatur, ut Alexandriam, atque Ægyptum tenere poſsis, eſſe & tuæ, & noſtri imperii dignitatis, Ptolemaide, aut aliquo propinquo loco rege collocato, te cum claſſe, atque exercitu proficiſci Alexandriam: ut, cum eam pace præſidiiſque firmaris, Ptolemæus redeat in regnum: ita fore ut per te reſtituatur, quemadmodum ſenatus initio cenſuit: & ſine multitudine reducatur, quemadmodum homines religioſi Sibyllæ placere dixerunt. Sed hæc ſententia ſic & illi, & nobis probabatur, ut ex eventu homines de tuo conſilio exiſtimaturos videremus: ſi cecidiſſet ut volumus, & optamus, omnes te ſapien-

Tuæ laudi favere) Dignitatem tuam tueri & promovere. Phæd. Epil. Lib. II. v. 9. Spart. Adrian. c. 11. Hinc opponit *invidere*, & *inimicum eſſe*. *Laus* vero pro *facto* & *re* cum *laude* conjunctis dicitur. Sic Lib. II. ep. 11. Sic *Gloria* apud Tacit. III. Ann. c. 45. & Curt. IX. c. 6. Iden.

Suſpicioſiſsimo tempore Caniniano) Cum Caninius rogationem ferret, ut Pompeius cum duobus lictoribus regem reduceret. Quare tempus ſuſpicioſiſſimum vocat: quod de tempore (ſic enim quidam legunt) Caniniano non ita apte dici poteſt. Corrad.

Tantam vim habet) *Tantam* non auget magnitudinem, ſed qualitatem, virtutem modo indicat: quomodo & alia talia, *ita*, *talis*, *tot*, *quantus* tractari ſolent. Cæſar VI. B. G. c. 35. adde VIII. ep. X. G. Cort.

Conſtantis ſenatus conſilium) Martinii codex *conſultum* quod allubeſcebat Gulielmio, tamquam magis proprie dictum; at cum ſtet ab altero omnes Pall. editioneſque, vel ſola ratio me id cogit tueri. Græv. Meus primus quoque *conſultum*; quod cur repudietur non video, cum proprium ſit in hac re verbum. Quis enim neſcit ſenatus decreta dici, *ſenatus conſulta*? Græv.

Si cecidiſſet, ut volumus) *Cadere* de eventu, ut Cæſar III. B. Civ. c. 73. Tibul. II. Eleg. II. v. 17. *Vota cadunt* h. e. rata ſunt & procedunt. Quod vero alii per *cedo* hæc maline proferre, non inſolens illis erit, quibus perſpectum, quam arcto *cedo* & *cado* cohæreant nexu. G. Cort.

Sic

ſapienter, & fortiter: ſin aliquid eſſet offenſum; eoſdem illos & cupide, & temere feciſſe dicturos. Quare quid aſſequi poſsis non tam facile eſt nobis, quam tibi, cujus prope in conſpectu Ægyptus eſt, judicare. Nos quidem hoc ſentimus: ſi exploratum tibi ſit, poſſe te illius regni potiri; non eſſe cunctandum: ſi dubium; non eſſe conandum. Illud tibi affirmo, ſi rem iſtam ex ſententia geſſeris, fore ut abſens a multis; cum redieris, ab omnibus collaudere: offenſionem eſſe periculoſam propter interpoſitam auctoritatem, religionemque video. Sed ego te ut ad certam laudem adhortor, ſic a dimicatione deterreo, redeoque ad illud, quod initio ſcripſi, totius facti tui judicium non tam ex conſilio tuo, quam ex eventu homines eſſe facturos. Quod ſi hæc ratio rei gerendæ periculoſa tibi eſſe videbitur; placebat illud, ut, ſi rex amicis tuis, qui per provinciam atque imperii tui provincias ei crediſſent, fidem ſuam

Sin aliquid eſſet offenſum] Hoc eſt, ſi clade aliqua afficereris. Paulo poſt: *Offenſionem eſſe periculoſam propter interpoſitam auctoritatem & religionem video*. Cicer. pro leg. Manil. *Cui adoleſcentia ad ſcientiam rei militaris non alienis præceptis, ſed ſuis imperiis; non offenſionibus belli, ſed victoriis; non ſtipendiis, ſed triumphis eſt traducta*. Vide P. Manut. not. ad lib. II. ep. 18. & 4. 14. Graev.

Cujus prope in conſpectu] Multos abhinc annos Memmius conjecerat ſic eſſe legendum, ejuſque conjecturam probaveramus; quod multo fecimus propenſius, poſteaquam eam omnium veterum librorum auctoritate vidimus confirmari. Lamb. Expeditiſſima hæc Memmii conjectura confirmata eſt ab omnibus Lambini MSis: accedunt jam noſtri omnes & Gruteri. Vatic. vero: *Cujus prope in conſpectu Ægyptus eſt; nos quidem judicari hoc ſentimus*. Gebhard.

Facti tui judicium . . . . facturos] *Judicium facere* dixit etiam Tullius pro L. Man. & aliis locis, ut Terent. Andr. A. III. Sc. II. v. 32. & Horatius IV. Od. VII. v. 21. Sed & illud notandum, quod *facti* dixerit pro *de facto*, quod optimo cuique Auctorum familiarius eſt, quam ex vulgi uſu judicari poſſet. Unum addideram Juſtin. I. c. 7. G. Cort.

Qui per provinciam imperii tui provincias ei crediſſent] Sic in omnibus excuſis libris nulla varietate legitur: in Mediceo ita ſcriptum eſt: *Qui per provinciam atque imperii tui provincias ei crediſſent*; mendoſe prorſus & negligenter. Eſt tamen accurate videndum, ex hac tam inquinata ſcriptura, an aliquid boni erui poſſit: ſi enim locus conjecturæ detur, ita libenter legerem: *Qui per provinciam, atque imperium tuum provincias ei crediſſent*; nam ſæpe ſic loquitur, ut etiam in hac Epiſtola, *cum aliquantulum ex provincia, atque ex imperio laudis acceſſeris*. P. Victorius. Secutus ſum codices manuſcriptos, in quibus ita ſcriptum eſt, quemadmodum edendum curavimus: *qui per provinciam tuam atque imperii tui provincias ei crediſſent*. Neque vero eſt quod cuiquam hæc ſcriptura abſurda videatur. Nam aliquando plures provinciæ uni attribuebantur, quemadmodum Ciliciæ tres dioeceſes Aſiaticæ erant attributæ; ſic igitur Ægypto provinciæ aliæ provinciæ erant

ſuam præſtitiſſet, & auxiliis eum tuis, & copiis adjuvares, eam eſſe naturam, & regionem provinciæ tuæ, ut illius reditum vel adjuvando confirmares, vel negligendo impedires. In hac ratione quid res, quid cauſa, quid tempus ferat, tu facillime optimeque perſpicies: quid nobis placuiſſet, ex me potiſsimum putavi te ſcire oportere. Quod mihi de

rant attributæ, fortaſſe Cilicia & Cyprus: cui rei argumento ſunt verba illa ſupra hac eadem epiſtola: *qui Ciliciam Cyprumque teneas*, &c. Jam quin vulgata ſit corrupta, nemini erudito dubium eſt, quæ talis eſt, *qui per provinciam imperii tui*, &c. LAMB. Secutus ſum ſcriptos Guilielm. tum Pall. Grut. imo & editionem primam. Poſteriores enim, *qui per provinciam imperii tui provinciæ ei credidiſſent*; a qua etiam diſceſſit P. Manutius ac Lamb. ſed ultimus hic duas voces intemeruit (an intruſit?) neutram in ullis membr. conſpiciendam. GRONOV. *Qui per provinciam atque imperii tui provincias*) Sic Mediceus, omneſque libri, quos Lambinus, Guilielmius, Gruterus inſpexerunt. Sic & editiones antiquiores, prima, Bononienſis, & alia anni 1474. Meus primus corrupte quidem, ſed tamen proxime verum: *qui ſi per provinciæ atque imperii tui provincias*. Editores poſtea, qui non intelligebant, quid eſſet *imperii tui provincias*, quod bene interpretatur Manutius, contra librorum veterum fidem duas voces expunxerunt, eoſque non bene ſequitur Paullus. Nec enim nobis licet in ipſo contextu invitis libris refingere, quæ noſtris auribus non arrident. Licet nobis conjecturas modeſte afferre de locis ſuſpectis, ſed non licet quidquam immutare, repugnantibus omnibus libris melioribus. Valde tamen blanditur conjectura Gronovii, qui legit: *amicis ſuis, & per Ciliciam, atque imperii tui provincias*. Vidit enim *provinciam* eſſe interpretationem vocis *Ciliciam*, hanc autem eſſe ſententiam, ſi res ab amicis ſuis per Ciliciam, & alias imperii tui provincias, velut Lycaoniam, Pamphyliam, Phrygiæ majoris partem, fide ſua obligata, pecuniis acceptis exercitum coegiſſet, & per ſe reſtituere *Ægyptum* cœpiſſet. Addit tamen, ſi quis omnino retinere velit *amicis tuis*, intelligendos eſſe publicanos, & negotiatores togatos, ſive Romanos in provinciis. GRAEV. *Per Ciliciam atque imp. t. prov.* Non damnanda Membranarum lectio *per provinciam, & imp. tui provincias*. Provincia præcipua *Cilicia*, cui qui præerat imperio ſuo, additas habebat alias, *Cyprum*, *Phrygiam*, reliquas. Poſſet etiam *Aſia* intelligi, quam provinciam vocavit Cic. IV. Acad. Qu. c. 1 & quo ſe contulerat Ptolemæus. Aut, quod pluribus probabitur, *Ægyptus*, quæ non modo teſtamento Romanis ceſſiſſe ferebatur, ſed in qua res etiam Lentulo gerenda erat: ad eam certe reſpicit ep. IX. Modus autem dicendi a vero ſeduxit viros doctiſſimos non debuit. G. CORT.

Eam eſſe naturam & regionem provinciæ tuæ) *Rationem* pro *regionem* libentius legerem: primum quia ita in veteribus libris invenitur; deinde quod ſimilis error in Lucretii quoque verſum invaſit lib. I.

Nam tibi de ſumma cœli ratione Deumque
Diſſerere incipiam, &c.

Male enim prius *regione* pro *ratione*, ut eſt a Giſanio ſuper eo verſu notatum. F. VRSIN. MSi omnes & priſca edit. itemque Victor. ac Manut. *regionem*; quod hic interpretatur *ſitum*; vulgo *rationem*; quod tamen etiam in vet. legi adnotavit Fulv. Urſinus. GRONOV. Recte Manutius regionem *ditionem* interpretatur. Dicitur enim ita ut *provincia* pro *juriſdictione & imperio*. Liv. 40. c. 28. *Conſiſta provincia*: ut *locus* pro *ſitu & conditione loci*. Lucan. IV. v. 37. G. CORT.

Si ef-

bi de nostro statu, de Milonis familiaritate, de levitate, & imbecillitate Clodii gratularis, minime miramur, te tuis, ut egregium artificem, praeclaris operib. laetari: quamquam est incredibilis hominum perversitas (graviori enim verbo uti non libet) qui nos, quos favendo in communi causa retinere potuerunt, invidendo abalienarunt: quorum malevolentissimis obtrectationibus nos scito de vetere illa nostra diuturnaque sententia prope jam esse depulsos, non nos quidem ut nostrae dignitatis simus obliti, sed ut habeamus rationem aliquando etiam salutis. Poterat utrumque praeclare, si esset fides, si gravitas in hominibus consularibus: sed tanta est in plerisque levitas, ut eos non tam constantia in republica nostra delectet, quam splendor offendat. Quod eo libentius ad te scribo, qui non solum temporibus iis, quae per te sum adeptus, sed etiam olim nascenti prope nostrae laudi, dignitati, virtutique praefuisti: simul quod video, non,

Si esset fides . . in hominibus) Non male, ut mox in XVI. ep. 5. *quanta in te sit suavitas*. Instit. VI. c. 5. Similiter C. Nep. Chabr. c. 3. Tacit. XIII. Ann. c. 54. Item.

Etiam olim nascenti prope nostrae laudi, dignitati, virtutique praefuisti) Hic reddenda a nobis ratio est, cur locum, qui antea in omnibus impressis codicibus nulla mendi suspicione legebatur, et mutilum notaverimus, duabus subtractis dictionibus. Nostrum consilium fuit, optime lector, (quod omnibus probari cupio) ut quantum per nos fieri posset, sinceram Ciceronis scripturam restitueremus; quod sicubi in locos mancos incidimus, tutius nobis visum est, eos ut in antiquis, & probatis exemplaribus invenimus, scribere, quam ut a quibusdam (mea quidem sententia, parum in alienis scriptis modestis) suppleti sunt: qui operam dabant ut nullus locus esset, e quo non aliquis sensus eliceretur: putabantque hoc esse officium correctoris, nihil jacere pati; a quorum opinione, jampridem a doctis viris damnata, & rejecta, nos longe dissentimus, diversumque penitus institutum secuti sumus: omnes enim locos, qui contra veterum codicum fidem a recentioribus grammaticis suppleti sunt, quos nos veteribus vestigiis haerentes corrigere non potuimus, in antiquam lectionem retraximus, ne quis verba illa pro legitimis Ciceronis accipiens falleretur, & ut industria studiosorum habeat in quo se exerceat, quaeranturque antiquiora, & integriora exemplaria, si ulla fortasse adhuc latent, quae veram lectionem retineant. Hic autem locus, de quo nunc loquimur, ut vides legitur in melioribus codicibus: desideratur ne aliud praeter verbum quo superiores dictiones nexi debent, doctiores diligentius animadvertent: scimus autem nonnullos pro *praefuisti*, legere *fuisti*: quae res auget etiam suspicionem, vel potius me in hac opinione confirmat; ut ea quae nos delevimus verba, nova sint, & ab aliquo suppleta; cum enim non satis bene firma scriptura est, aliquid fere semper vitii subest. VICTORIUS. Bene monuit Victorius et Manutius locum esse suspectum vitii: in vetustis quippe cod. solum exstare, *dignitatique virtuti* nullo relicto vestigio vocis sequentis; & vero eodem etiam modo scribitur in Pal.

non, ut antehac putabam, novitati esse invisum meae; in te enim homine omnium nobilissimo similia invidorum vitia perspexi, quem tamen illi esse in principibus facile sunt passi, evolare altius certe noluerunt. Gaudeo, tuam dissimilem fuisse fortunam: multum enim interest, utrum laus imminuatur, an salus deseratur. Me meae tamen ne nimis poeniteret, tua virtute perfectum est. Curasti enim, ut plus additum ad memoriam nominis nostri, quam demtum de fortuna videretur. Te vero moneo cum beneficiis tuis, tum amore incitatus meo, ut omnem gloriam, ad quam a pueritia

In Pal. pr. sec. quart. nam tert. diserte praefert spatium vacuum litterarum fere duodecim inter *sed* & *nostro*, habetque *dignitatique virtutique simul quod*, &c. quemadmodum primitus fuisse in codice Medic. scribit Manutius. Editio prima exhibet *dignitatique virtutique servisti*; neque aliter membranae Gruteri, nisi quod illae sine copula *virtuti servisti*: quomodo etiam fuisse in Erfordiensi codice, adnotatum Gulielmio. Vatic. *Sed jam olim nascenti prope nostrae laudi dignitatique simulque quod video*. Latet monstrum verbi in illo *virtuti*; obstetricatum eum fuisse laudi suae virtutique fecian dicere voluit, sed qua figura, nescio. Lambinus mire solitus jactare MSos suos, totus hic est in Angeronae sacris. Graevius. Noster optimus plane ut Mediceus, & Vaticanus: *Sed & olim nascenti prope nostrae laudi dignitatique simulque quod video*. Certissimum est haec duo verba *virtutique profuisse* intrusa fuisse a librario aut sciolo ad explendam lacunam, ut recte monuit Victorius, cujus adnotatio ad hunc locum lectu dignissima est. *Virtuti* hic absonum plane. Itaque volentibus Musis & libris delevi; sed *profuisti* reliqui; quamvis mallem ex meo secundo, & membranis N. Scelsi, nec non editionibus vetustioribus Bononiensi, & altera Italica, *favisti*. Nam *prodesse laudi* alicujus Ciceronem dixisse non puto, sed *favere laudi*, frequens est. Graev. Alii *servisti*. Victorius, quia neutrum exstat in MSis, neutrum agnoscit, locumque ut mutilum notavit. Oliv. Locus mutilus in MSis etiam regiis, qui habent tantum *laudi, dignitatique*, nullo relicto spatio duarum vocum, quae in editis sequuntur, quaeque non videntur esse Ciceronis. Forte cum Fr. Gronovio legendum: *Laudi, dignitatique servisti*. Lall.

Quam demtum de fortuna] Sic emendaveram decem abhinc annos in meo codice, cujus mei judicii tuli fructum, cum ita scriptum esse in omnibus libris manuscriptis comperi: *demtum* autem id est detractum, quod opponitur illi *additum*. Aliud est porro *adimere*, aliud *demere*. Adimitur enim proprie totum; demitur pars de toto. Lamb. *Quam demtum de fortuna*] Sic Victorii editio. Lambin. Manut. neque secus Pall. omnes, nisi quod secund. *ademptum*: lectionem quoque hanc habet editio prima, cod. Gruterian. Vatic. posteriores, *quam ademtum*. Ceterum ut curiosis semel satisfaciam, testor in MSis nostris heic exstare *demtum*; alibique etiam legi *emtum, redemtum, contemtum*: item *consumpsi, contempsi*; aliaque: de quibus egregie Iosephus Castalio Decadis I. cap. 1. Observ. in Criticos. Graevius.

Te vero moneo cum beneficiis] Nos receptam lectionem hoc loco conservavimus, veterem autem, quamvis eam non probemus, volumus tamen testatam relinquere: in antiquioribus enim & melioribus libris, *beneficentia* pro *beneficiis* legimus. Est autem apud hunc auctorem hoc nomen: verum beneficentia potius illi est (nisi fallimur)

ritia inflammatus fuisti, omni cura atque industria consequare: magnitudinemque animi tui, quam ego semper sum admiratus, semperque amavi, ne umquam inflectas cujusquam injuria. Magna est hominum opinio de te, magna commendatio liberalitatis, magna memoria consulatus tui. Hæc profecto vides quanto expressiora, quantoque illustriora futura sint, cum aliquantum ex provincia, atque ex imperio laudis accesserit. Quamquam te ita gerere volo, quæ per exercitum, atque imperium gerenda sunt, ut hæc multo ante meditere, huc te pares, hæc cogites, ad hæc te exerceas, sentiasque id, quod quia semper sperasti, non dubito quin adeptus intelligas, te facillime posse obtinere summum, atque altissimum gradum civitatis. Quæ quidem mea cohortatio ne tibi inanis, aut sine causa suscepta videatur, illa me ratio movit, ut te ex nostris eventis communibus admonendum putarem, ut considerares, in omni reliqua vita quibus crederes, quos caveres. Quod scribis te velle

mor) animi virtus & quædam bonitas naturæ, quæ opibus suis alios juvare, & beneficia in homines conferre delectatur. Beneficentias ab eo beneficia collata appellari, non memini me legisse. P. Victor. Pall. omnes. Gruter. amore; sic est Amore in Epist. I. [illegible]; edit. prima adamore. Germano. Gravii primus etiam; amore tum beneficiis. Vide P. Manut. notas. Graev.

Magnitudinem . . . ne umquam inflectas) Corrumpas & a gradu suo vel leviter detrahas. Cic. de Clar. Orat. Vide l. de Offic. c. 20. 21. quam *superbiam in animis extollendis imitari* dixit in Paradoxis. Sed quia alibi conjungat *magnum* & *altum animum*, in laude magnitudinis, multo manifestius illustrior erit significatus Verbi *inflectere*. Supra vero *Te vero emuneo*, Plautino verbo, multi e vetustis Codicibus scribunt; qua ætate etiam *edico* pro *dico* frequentius utebantur. Vide Sallust. B. Cat. c. 48. Cort.

Quamquam te) Plerique MSi quam; lege: *Quare te ita*. Graev.

Hominum . . . commendatio liberalitatis) Laudem & celebrationem soleat interpretari *Commendationem*. Non recta est. *Commendatus & acceptus es hominibus* ob liberalitatem, vel *gratiam liberalitatis habes apud homines*. Constructio talis quæ in Pisonem: *Quæ sit hominum querela frontis tuæ*. Cæsar I. de B. Civ. adde Sallust. Jug. c. 44. Cort.

Sentiasque . . . te facillime) Atque ita demum putes, te dignitatem tuam tueri posse. Sic Cic. alibi: *In altissimo gradu dignitatis collocati sumus*. Quod cum Ciceroni non ita processisset, ex *eventis communibus* Lentulum admonet. Ioan.

In omni reliqua vita) Libri nostri veteres non habent *tua* post *reliqua*. Quare delendum censeo. Lamb. Neque aliter Pall. nisi quod duo eorum, *in omni te qua vita*; vulg. *in omni reliqua tua vita*; prima editio, *in omni te tuam vitam*. Gruteri codex: *in omni te quam tuam vitam*. Germano. MSi Gravii, *in omni te qua vita*. Graevius.

Quod scribis) Hic ellipsis est. Integrum foret: ut respondeam ad id, *quod scribis*. Nihil frequentius Ciceroni, inquit Jac. Perizonius in Sanctii

velle scire, qui sit reip. status : summa dissensio est, sed contentio dispar. Nam qui plus opibus, armis, potentia valent, profecisse tantum mihi videntur stultitia, & inconstantia adversariorum, ut etiam auctoritate jam plus valerent. Itaque perpaucis adversantibus, omnia, quæ ne per populum quidem sine seditione se adsequi posse arbitrabantur, per senatum consecuti sunt : nam & stipendium Cæsari decretum est, & decem legati : &, ne lege Sempronia succederetur, facile perfectum est. Quod ad te brevius scribo, quia me status hic reip. non delectat : scribo tamen ut te admoneam, quod ipse litteris omnibus a pueritia deditus, experiendo tamen magis, quam discendo cognovi ; tu rebus tuis integris discas, neque salutis nostræ rationem habendam nobis esse sine dignitate, neque dignitatis sine salute. Quod mihi de filia, & de Crassipede gratularis, agnosco humanitatem tuam : speroque & opto nobis hanc conjunctionem volu-

stili Minerv. IV. 5. quam progredi respondendo per voculam *quod* ad alteram partem epistolæ illius, cui respondet. OLIV.

Profecisse tantum) MSi fere omnes, Pall. Grut. Venet. edit. Stew. *profecisse tamen* ; ex quo Gulielmius formavit, *profecisse tandem*. GEBHARD.

Perpaucis adversantibus) In his M. Catone, M. Favonio, C. Ateio Capitone, & P. Aquilio Gallo. CORRAD.

Stipendium Cæsari) *Senatus*, inquit, in oratione pro Cornelio Balbo, *in angustiis ærarii victorem exercitum stipendio affecit, Imperatori decem legatos decrevit, lege Sempronia succedendum non censuit*. CORRAD.

Decem legati) Quorum opera in bello uteretur, quique singulis legionibus singuli præessent. Vide not. P. Manut. GRÆV.

Ne lege Sempronia) C. Sempronius Gracchus provincias consulares non modo non abstulit ab senatu, sed etiam ut necesse esset quotannis constitui per Senatum, decreta lege sanxit. CORRAD.

Succederetur) Cum lege Sempronia succedi oporteret. IDEM.

Quod ad te brevius scribo) MSi Grut. duo Pall. sec. tert. carent *ego* ; prima edit. Pall. bini ejus loco *ergo* exhibent ; quod placuit P. Manutio ; mihi utrumque displicet. Videntur enim additamenta lectorum, ut & infra ubi est, *id ut tu rebus tuis integris* ; prima edit. *id* non agnoscit, neque visitur in membran. Grut. aut Pall. ullis aut Vatic. neque requiritur. Ejusmodi interpretationes singulis pene versibus irrepserunt : quod reipsa experietur, qui Tullium suum oculis non perfunctorie contendet cum antiquioris notæ libris. Verum quis id feriet, hoc studiosorum frigore? hac principum tenacitate? GEBHARD. MSus prim. Græv. *Quod ego ad te brevius scribo*. GRÆV.

Quod mihi de filia, & de Crassipede gratularis) Cui Tulliam post reditum ab exsilio pridie nonas Aprilis despondit mortuo jam, ut in Quæstura ostendimus, C. Pisone. CORRAD.

Speroque & opto nobis hanc conjunct. voluptati fore) *Spero hoc futurum*, dicitur ; at *opto hoc futurum* non item : quare malim inverso ordine legere, *optoque & spero* ; ut *opto* cum subaudito infinitivo *esse*, at cum *fore* jungatur *spero*.

 Nam

voluptati fore. Lentulum nostrum, eximia spe summæ virtutis adolescentem, cum ceteris artibus, quibus studuisti semper ipse, tum in primis imitatione tui fac erudias: nulla enim erit hac præstantior disciplina: quem nos, & quia tuus, & quia te dignus est filius, & quia nos diligit, semperque dilexit, in primis amamus, carumque habemus.

EPISTOLA VIII.

ARGVMENTVM.

Desperata jam reductione regis, queritur de statu rerum communium; ut ex eo Lentulus de sua ratione meditetur; itaque negotialem epistolam esse dicemus; quandoquidem ad Alexandrinum negotium tota fere narratio spectat: quiddam tamen quasi consolationis affert, cum ait; Sunt quidem certe in amicorum nostrorum potestate: *& cum subjungit infra:* Pompeium tibi valde amicum esse cognovi. *Postremo claudit epistolam spe supplicationum, & officii sui mentione: ut Lentuli dolorem, amissa regis restituendi spe, aliqua saltem ex parte leniat.*

M. T. C. P. LENTVLO PRO COS. S. D.

DE omnibus rebus, quæ ad te pertinent, quid actum, quid constitutum sit, quid Pompeius susceperit, optime ex Emplatorio cognosces: qui non solum interfuit his re-

Nam etsi ejusmodi dicendi generum quale illud est, exempla aliqua exstant: potius excusari tamen, quam laudari solent: cur ergo Ciceronem, ubi facillime potuit, ea vitasse non existimemus? HEN. STEPH.

Eximia spe summæ virtutis adolescentem] Spes enim summæ virtutis, non summa virtus in adolescente commendari solet. IDEM. Editio pr. Pal. quart. *summa virtute*; quod minus placet: illud magis, si distingueretur, *eximia spe summæ virtutis*. Nam in adolescentia tantum *spes virtutis*, non illa ipsa suis numeris absoluta. GEBHARDVS. *Eximia spe summæ virtutis*] Hæc ita distinxit Cellarius; nec male, quod ad structuram, cum sæpe diversi casus conjungantur. Suet. Iulio c. 16. ut Livius 39. c. 8. Gellius 19. c. 9. Verum Corradus, Gebhardus, Manutius cum aliis conjungunt utrumque, quia in adolescente *spes* tantum summæ *virtutis*, non illa ipsa numeris suis absoluta laudari possit. Et sic utrique nominum suum additur adjectivum. CORT.

EPISTOLA VIII.

EX *Exemplatorio*] Sic MSi omnes a Pall. at Grut. *Exemplatorio*. Prima editio *Explatorio*, unde facile fiat ex P. Letorio. Manutius conjecerat ex

rebus, sed etiam praefuit: neque ullum officium erga te hominis amantissimi, prudentissimi, diligentissimi praetermisit. Ex eodem de toto statu rerum communium cognosces: quae quales sint non facile est scribere. Sunt quidem certe in amicorum nostrorum potestate, atque ita, ut nullam mutationem umquam hac hominum aetate habitura res esse videatur. Ego quidem, ut debeo, & ut tute mihi praecepisti, & ut me pietas utilitasque cogit, me ad ejus rationes adjungo, quem tu in meis rationibus tibi esse adjungen-

ex *M. Pletorio*. Gebhard. V. C. N. Scalig. ex *C. Pletorio*. Quavis sponsione contenderem *M. Plaetorio* legendum esse, non ut quidam emendarunt *C. Plaetorio*: ex veteribus enim libris cognoscere facile possumus litterarum factam fuisse in hoc nomine scribendo a librariis transpositionem. *M.* autem *Plaetorius* frequens est in veteribus denariis. Ursin.

Amicorum nostrorum potestate) Cn. Pompeii, M. Crassi, & C. Caesaris. Corrad.

Habitura res esse videatur) Pro *habitura illa videatur*. Refertur enim ad res communes. Sed loco pronominis voce *res*, etiam mutato numero, utitur Cic. cum aliis, Lib. II. ep. 6. Varro III. de R. R. c. 16. Caesar I. de B. G. c. 29. G. Cort.

Ut me pietas utilitasque cogit) Emendavimus olim, *ut me pietas*: neque tamen causas attulimus hujus castigationis, neque priscae scripturae ullam mentionem fecimus: quare rectum visum est, id nunc diligenter facere: maxime, cum interpretes etiam nonnulli horum librorum, ut quondam memini me legisse, de hac voce *dignitas*, ambigant, & de dicta nescio qua loquantur, ut qui & ipsi veterem lectionem odorati fuerant. Mediceus codex (jam enim de illo dicendum est ut minus depravato, vel potius ut omnium optimo) *ut me dictas*, habet: quare patet, & satis usitato errore sublato: legendum existimavi, *me pietas*: has enim litteras veteres librarii saepe inter se commutabant, ut in eodem exemplari in Epistola ad Memmium: *An dotias libenter te Athenis*, pro *potius*; & ad Tironem: *A porta Corcyraeorum ad Cassiodem*, pro *Cassiopem*: sicque multis aliis locis. Reliqua, ut puto, perspicua sunt: saepe enim utitur hac voce, cum loquitur de Lentulo hoc, ad quem nunc scribit, & Cn. Magno auctoribus suae salutis, & quibus paene debebat quae filii parentibus, cunctique homines Diis immortalibus debent. Vulgata lectio probari nullo pacto potest: necdum enim hoc, quod Cicero narrat se facere, quod adjungat se ad rationes Pompeii, auget dignitatem illius, vehementer eam minuit, nisi dignitas est, rectum sensum in Republica deponere, & ad voluntatem alterius se accommodare; quod prorsus nemo umquam dicet. Sed id aperte ostendit, cum infra inquit: *Dignitatem quidem illam consularem fortis & constantis Senatoris, nihil est quod cogitemus*. P. Victor. P. Victorius ex suo cod. manuscr. edendum curavit, *ut me pietas, utilitasque cogit*. Quam scripturam confirmant Memmiani, in quibus est, *dictas*, d enim est p inversum. In alium librum item scriptum manu incidi, in quo scriptum est, *& ut commoditas utilitasque me cogit*. Lambin. Hanc lectionem inveni etiam in tribus codicibus, secundo meo, Amstelodamensi, & Menteliano. Primus vero meus, & secundus Palatinus, *ut me dictas*. Sed Guilielmus clare in Ms. offenderat, *pietas*, ut de vera lectione a Victorio restituta dubitare non liceat. Graev.

Ad ejus rationes) Pompeii. Graev.

gendum putasti. Sed te non praeterit, quam sit difficile, sensum in repub. praesertim rectum & confirmatum deponere. Verumtamen ipse me conformo ad ejus voluntatem, a quo honeste dissentire non possum: neque id facio, ut forsitan quibusdam videor, simulatione: tantum enim animi inductio, & mehercule amor erga Pompeium apud me valet, ut, quae illi utilia sunt, & quae ille vult, ea mihi omnia jam & recta, & vera videantur. Neque (ut ego arbitror) errarent, ne adversarii quidem ejus, si cum pares

Putasti) Cum de me revocando ageres. Corrad.

Sensum in rep.) Quod semel imbiberis & statueris de forma, jure, causa, commodo reip. praesertim si bene longaque diu sis imbutus sis, id mutare & eparare, *changer des maximes*. XV. Attic. 7. *Valde mihi placebat cum sensus ejus de rep. tum scribendi cura*. X. Philipp. 2. *Quis est iste tam sensus, Brutos ut non probes, Antonios probes?* Io. Fr. Gron.

Verum tamen me ipsum confirmo) Gulielmius indicat hanc scripturam inveniri in quatuor MSis; neque aliter in Gruteriano, aut Pall. quatuor, quorum duo a manu sequiori reformati in *conformo*: idque primae lectioni praepositum, receptumque Manutio, denique placitum Lambin. *confirmo* (addit Manut.) *quasi rem novam: non tam ut saluti serviam, quod antea non feci, quam ut optime de me merito gratiam referam*. Gebhard. Imo melius *conformo* ex Medic. & Victor. nostrisque, quia Cic. animos & robur sumebat contra adversarios atque aemulos, quia certo proposito se illi addicebat, non simulatione. quia sequitur *animi inductio*. Dicit enim se omnia facere quae Pompeio placere videret, quamvis difficile sit eam sententiam, quam de optima forma & ratione reip. gerendae imbiberis in teneris annis, exuere; nihilominus tamen se componere totum ad illa probanda faciendaque, quae Pompeius probaret faceretque, paullo ante dixit, *me ad ejus rationes adjungo*; alibi: *Accommodare se ad mores voluntatemque ejus*, ut alibi, *ut, quae illi utilia sunt, & quae ille vult ea sibi omnia jam & recta & vera videantur*, ut statim in hac ipsa epistola loquitur. *Conformare* idem Ciceroni quod *formare*, I. de Nat. Deorum: *Mundum non aedificatum, sed a natura conformatum puto*. Id. I. de Fin. *Ad majora quaedam nos natura genuit & conformavit*. Graevius.

Conformo ad ejus voluntatem) Persto me conformationem, & concordiam: *conformare* & *formare* idem I. de Fin. 7. *Ad majora quaedam natura nos genuit, & conformavit*. Utrumque autem idem, quod *fingere*. Dixit igitur *conf. se ad vol. alicujus*, ut Orat. I. F. *Omnes enim qui probari volunt, voluntatem eorum, qui audiunt, ad compus, & ad eorum arbitrium, & nutum totos se fingunt, & accommodant*. III. Orat. 45. *Verba sicut mollissimam ceram ad nostrum arbitrium formamus, & fingimus*. Io Fr. Gron. *Me conformo ad e. v.* Ita Fr. Gron. & Graev. ex duobus MSis, quibus accedit unus e regiis: Gebhardo placuit ex aliis MSis *confirmo*. Lall.

Ut quibusdam videor) Mediceus liber Vatic. *videar*: quod etiam fuisse in quart. interpolatio indicat: nam additur ibi a manu corruptrice substitutum: ut in Ven. quoque legitur. Gebhard. *Videor*) Recte meus primus, & alius Italicus, nec non Mediceus, & Vaticanus, *ut quibusdam videar*, hoc est, licet quibusdam videar simulare. Nam *ut*, & *et ut* quis ignorat saepius poni pro quamvis. Graev.

Ne adversarii quidem ejus) Cn. Lentulus Marcellinus, M. Cato, L. Domitius, M. Bibulus, M. Favonius, C. Ca-

res esse non possent, pugnare desisterent. Me quidem etiam illa res consolatur, quod ego is sum, cui vel maxime concedant omnes, ut vel ea defendam, quae Pompeius velit, vel taceam, vel etiam, id quod mihi maxime lubet, ad nostra me studia referam litterarum: quod profecto faciam, si mihi per ejusdem amicitiam licebit. Quae enim proposita fuerant nobis, cum & honoribus amplissimis, & laboribus maximis perfuncti essemus, dignitas in sententiis dicendis, libertas in repub. capessenda; ea sublata tota: sed nec mihi magis, quam omnibus. Nam aut assentiendum est nulla cum gravitate paucis, aut frustra dissentiendum. Haec ego ad te ob eam caussam maxime scribo, ut jam de tua quoque ratione meditere. Commutata tota ratio est Senatus, judiciorum, rei totius publicae: otium nobis exoptandum est, quod ii, qui potiuntur rerum, praestaturi videntur, si quidam homines patientius eorum potentiam ferre potuerint. Dignitatem quidem illam consularem fortis & constantis Senatoris nihil est, quod cogitemus: amissa est culpa eorum, qui a Senatu & ordinem conjunctissimum, & homi-

C. Cato, C. Curio; Servilius, & alii, a quibus Pompeius his temporibus carpebatur. Corrad.

Pugnare desisterent) Italicus liber: *pugnare desierunt*: non male. Graev.

Quod ego is sum) Quod mihi vel maxime concedere oportet. Vide not. ad Senec. VII. de Benef. 24. Jo. Fr. Gronov.

Dignitas in sententiis dicendis) Sententiis, quae digna essent factis meis egregiis, & animo meo in Remp. quem consul satis demonstraveram. Ita enim pro re nata vocem *dignus*, *dignitas* prius accipiendas existimamus, quam ad proprium quemdam significatum deveniatur. Sed & consularium singularem in dicendis sententiis dignitatem fuisse, videre licet ex A. Gellii IV. c. 10. & 14. quare non gravitatem eadem in causis adhiben. G. Graev.

Nulla cum gravitate paucis) Cn. Pompeio, M. Crasso, & Caesaris amicis. Corrad.

Ut jam tu quoque de tua ratione meditere) Ita regii cum Graevio: idque praestat vulgato: *Ut jam de tua quoque ratione meditere*. Lall.

Commutata est tota ratio Senatus, judic., rei totius pub. otium nobis exoptandum est) Significat nimirum, se & alios, qui debebant, id praestare non posse. J. Fr. Gron. in Observ.

Quod ii qui potiuntur rerum) Pompeius, Crassus, & Caesar. Corr.

Si quidam homines) M. Cato, & reliqui adversarii. Idem. *Si qui iram*) Sic habent nonnulli libri, & manuscr. & vulgati: alii, *si quidam*: quod minus probo. Lamb. Lambini editio, *quidam*, quomodo & Vatic. & Pal. quart. a manu secunda: ceteri omnes Victorio editionique primae adhaerent. Gronovius. Quibus adsimulantur primus Graevii, Amstelodamensis, & Mentelianus: secundus Graevii stat a Lambino. Graev.

Culpa eorum, &c.) Catonem significat: qui publicanis, quibus in sena- tu,

hominem clarissimum abalienarunt. Sed ut ad ea, quæ conjunctiora rebus tuis sunt, revertar: Pompeium tibi valde amicum esse cognovi: eo tu consule, quantum ego perspicio, omnia, quæ voles, obtinebis: quibus in rebus me sibi ille affixum habebit: neque a me ulla res, quæ ad te pertineat, negligetur. Neque enim verebor, ne sim ei molestus: cui jucundum erit etiam propter idipsum, quod me esse gratum videbit. Tu velim tibi ita persuadeas, nullam rem esse minimam, quæ ad te pertineat, quæ mihi non carior sit, quam meæ res omnes: idque cum sentiam, sedulitate mihimet ipse satisfacere possum: re quidem ipsa ideo mihi non satisfacio, quod nullam partem tuorum meritorum non modo referenda, sed ne cogitanda quidem gratia consequi possum. Rem te valde bene gessisse rumor erat.

ta, se cupiditate prolapsos, nimio magno publica conduxisse, ut locatio inducerctur, postularunt, adversatus est; & ita equites a senatu alienavit, & concordiam ordinum a Cicerone in consulatu constitutam, opinione falsus, dissolvit. Qua de re plura epistolarum ad Attic. libro I. LAMB.

Hominem clarissimum abalienarunt) Sic omnes libri vetusti, quos ego inspexi, ut & Lambini, & Victorii: vulgo *abalienaverunt*. GRAEV. Clarissimus homo est Pompeius, cujus acta nolebant habere rata. Vid. P. Manut. GRAEV.

Eo tu Consule) Sic est in edit. Victorii, Vatic. Pal. sext. *& eo Cos.* quart. cum edit. prima, ut *eo tu consule*: additum postea ad oram a Gruter. *& eo in consule*. GEBHARD. Meus primus, ut *eo te consule*: certa est scriptura Victorii. GRAEV.

Cui jucundum erit etiam propter idipsum) Puto adverbium *propter* esse additamentum alicujus, qui locum voluerit glossemate illustrare. VASINUS. Primus meus, & Amstelodamensis, *cui jucundum erit etiam propter te ipsum, quem me gratum videbit*: lege: *etiam propter se ipsum, quem me esse gratum videbit*. Cogitabit enim me non minus gratum erga se futurum, quam erga te me nunc videt esse. GRAEV.

Idque cum sentiam, sedulitate mihimet ipse satisfacere possum) Locus fractus; nam prima editio interjecta negatione, *non possum*: quomodo & in Pal. quart. a manu altera, cum prius fuisset; *id, quodcumque sentiam*: quod & in aliis Pall. quorum praeterea pr. habet, *sed utilitatem mihi me ipsum satisfacere non possum*; secund. *id quodcumque sententiam sed utilitatem mihi me ipsum ipse non possum*: nec aliter Gruteri membranæ: quibus exterius adnotatum, *deficit textus: vere id quodcumque sentiam sedulitatem autem me ipsum satisfacere non possum*. Guilielmius adnotavit ex vestigiis codic. Stewechiani esse: *id, quodcumque sentiam: sedulitate mihi me ipsum satisfacere non posse*. GEBHARD. Variant quidem & mei libri antiqui hic vehementer, sicut aliorum. Sed optime constituta est vulgata lectio a viris doctis, quam correctores non ceperunt, cum sit argutissima. Locus non est fractus, ut Gruterus, Gebhardusque senserunt. Cicero enim dicit, se quidem persuasum habere, se omnia egisse, quæ ab homine sedulo, & officioso in alius negotiis fieri, & perquam fideliter gerendis agi possint, sed nihil tamen egisse, si cogitet de beneficiorum, quibus ei obstrictus sit, magnitudine. Hanc sedulitatem maximam nihil plane esse, nec quidquam conferre posse ad refe-

erat. Exspectabantur litteræ tuæ, de quibus eramus jam cum Pompeio locuti: quæ si erunt allatæ, nostrum studium exstabit in conveniendis magistratibus, & Senatoribus. Cetera, quæ ad te pertinebunt, cum etiam plus contenderimus, quam possumus, minus tamen faciemus, quam debemus.

EPISTOLA IX.

ARGUMENTUM.

Sine dubio moralis est epistola, ob eam maxime caussam scripta, ut id, quod factum est, recte factum ostendatur. Quærenti enim Lentulo, cur cum inimicis, Cæsare, Appio, Vatinio, in gratiam Cicero redierat, atque ita, ut Vatinium, quem accusaverat antea, defenderit, ac laudarit, caussas exponit consilii sui. Tota vero ejus excusatio quinque potissimum rationibus nititur: primum, quod, cum & Pompeio plurimum debeat, & mirificam Cæsaris erga se, fratremque suum liberalitatem sit expertus, ad eorum se rationes non invitus adjungat, a quibus honeste dissentire non possit: deinde, quod in eam sensum non tam alliciatur beneficiis, quam compellatur injuriis; cum ei cives improbi nocere studeant, boni etiam invideant: tertio loco, quod, habendam esse non modo dignitatis, verum etiam salutis rationem, exsilii sui calamitate doctus, intelligat: tum, quod cum Pompeio ac Cæsare, optime utroque de republ. merito, conjungi, & eorum caussa paullisper sententiam mutare, turpe non sit: idque confirmat sapientissimorum hominum auctoritate, qui perpetuam in republ. gubernandæ sententiam num-

referendam gratiam, quæ maximis illius erga se meritis respondeat. Male Guilielmius in seqq. *mihi non satisfaciendo* deleri iubet tamquam glossema, cum sine his sensus non constet. GR.

Cetera . . . contenderimus) Genus dicendi *absolutum* vocant veteres Critici, & per Syllepsin explicant, repetendo *in illis*. Lege Donatum ad Terent. Heaut. A. III. Sc. I. *Nam nos omnia... locuta est*, citat ibi Virg. X, Æn. v. 344. quem tamen corrigit Servius. Doctissimus Perizonius, licet *cetera* quarto casu accipit pro, *quod ad cetera*, qui Græcismus satis notus: magnam tamen & illi dicta Syllepsis repetendo *in iis contenderimus*. Vide eum ad Sanctii Min. I. c. 5. p. 204. Sit accusativus, & habebimus facilem magis viam ad sensum, si ita conjungas *cetera contendere*, hoc est, in ceteris, ob cetera. G. CORT.

Epi-

numquam laudaverint : postremo , quod in eo se nihil contra Lentuli voluntatem commisisse crediderit , cujus animum noverit tum sibi amicissimum , tum nulla in ceteros malevolentia suffusum. Extrema pars epistolæ negotia continet , de suis scriptis , de Lentuli rebus domesticis , de Q. Fratris negotio , de Appii cupiditate Ciliciæ administrandæ , de publicanis .

M. T. C. P. LENTVLO IMPERATORI S. D.

PErjucundæ mihi fuerunt litteræ tuæ , quibus intellexi , te perspicere meam in te pietatem : quid enim dicam benevolentiam , cum illud ipsum gravissimum & sanctissimum nomen pietatis levius mihi meritis erga me tuis esse videatur? Quod autem tibi grata mea erga te studia scribis esse , facis tu quidem abundantia quadam amoris , ut etiam grata sint ea , quæ prætermitti sine nefario scelere non possunt. Tibi autem multo notior , atque illustrior meus in te animus esset , si hoc tempore omni , quo disjuncti fuimus , & una , & Romæ fuissemus. Nam in eo ipso , quod te ostendis esse facturum , quodque & in primis potes , & ego a te vehementer exspecto , in sententiis Senatoriis , & in omni actione , atque administratione reip. floruissemus . De qua ostendam equidem paullo post , qui sit meus sensus , & status , & rescribam tibi ad ea , quæ quæris : sed certe & ego te auctore , amicissimo , ac sapientissimo , & tu me

EPISTOLA IX.

M. *T. C. P. Lentulo Imperatori S. D.*) Sic edidit Manutius , qui adsensum hac in re sibi me habet , munitum præterea auctoritate editionis primæ ; Pal. quart. Gruteriani . Erphord. *Pro Cos. Imp.* Gen.

Amoris in me tui) Addit Grævius e suis MSis hæc verba , quæ servat unus e regiis ; omittit alter cum vulgatis . Lall.

Notior atque illustrior) In luce , & cum laude notus . C. Nepos Attic. c. 12. & Sallust. B. Iug. c. 5. G. Cort.

Tempore omni quo disjuncti fuimus) Ita Lambin. ita Vatic. Medic. codex Politi. quem communicarat Episcopio Thomas Lupsetus ; variasque inde aliquot lectiones excerpserat , Gruteroque libens communicarat Ioan. Isacius Pontanus : sic supra Vatic. *intervallo locorum & temporum disjuncti sumus.* Epist. 7. inclinat Grut. qui *disjuncti* vulgo , *sejuncti* . Gebhard. V. C. N. Scell. etiam agnovit *disjuncti* . Græv.

De qua . . . sensus & status) Utrumque comma per se precise intelligendum , ut *de quo sit* , *quod ad Remp.* aut repetendum *status ejus* ; ut Livius 35. c. 31. Cæsar. l. B. G. c. 40 ad-

de

tu me consiliario, fortasse non imperitissimo, fideli quidem, & benevolo certe, usus esses: quamquam tua quidem causa te esse imperatorem, provinciamque bene gestis rebus cum exercitu victore obtinere, ut debeo, lætor. Sed certe qui tibi ex me fructus debentur, eos uberiores, & præsentiores præsens capere potuisses. In eis vero ulciscendis, quos tibi partim inimicos esse intelligis propter tuam propugnationem salutis meæ, partim invidere propter illius actionis amplitudinem & gloriam, mirificum me tibi comitem præbuissem: quamquam ille perennis inimicus amicorum suorum, qui tuis maximis beneficiis ornatus, in te potissimum fractam illam, & debilitatam vim suam contulit, nostram vicem ultus est ipse sese: est enim ea conatus, quibus pa-

tefa-

de Sall. B. Cat. c. 47. G. Cort.

Eos uberiores & præsentiores præsens capere potuisses) Veteres codices *præsentiores* habent, ut nos scripsimus. Mirum est, quam multis locis hanc vocem *præsentem* in *præstantem* mutaverint: credo non putantes Latine hoc significatu dici: sed (ut opinio mea est) peccarunt: sæpe enim eam apud hunc legimus, ut in Epistol. ad Catonem 4. 13. *Vir cum benevolentia, & fide erga pop. Rom. singulari, tum præsenti magnitudine, & animi, & consilii*: etsi in eum etiam locum idem error irrepserat, quem nos sustulimus: vulgati enim codices *præstanti* habebant. In proœmio quoque Oratoris: *Et in præsentibus rebus, magna sunt ea, quæ sunt optimis proxima*: etsi ibi etiam vulgati & communes codices, *præstantibus*. Videtur præterea non parum elegantiæ retinere geminatio illa ejusdem dictionis, alio & alio significatu posita. VICTORIUS.

Uberiores & præsentiores præsens) Sic habent omnes codices Memmiani: præter unum, in quo est, & *præsentiores*, quo modo P. Victorius in suo MSo scriptum reperit. LAMB. Prætulit hanc lectionem Victorius, quam & in uno suorum reperit Lambinus; videmque eam adnotatam ab Egnatio ex Medicæo in principe editione: jam vero quoque accedente Vaticano, socium me addidi Guilielmio, pugnanti pro *præsentiores*, contra Manutium adducto illo Virgiliano,

Nec tam præsentes alibi cognoscere Divos.

GEBHARDUS. *Præsentiores*) Hoc ex suis codicibus recte probarunt Victorius, & Gebhardus. *Præsentiores* sunt efficaciores, quorum vires magis cognosces, ut *præsens remedium, præsens venenum, præsens Deus*. GRÆV. *Præsentiores præsens*) Sallust. Cat. c. 51. Plin. I. epist. 4. & Senec. Suasor. VI. G. CORT. *Uberiores & præsentiores*) Ita cum plerisque MSis & editis vetustioribus codices regii. Est a Victorio vulgatum *præsentiores*. LALL.

Ille perennis inimicus) C. Cato, qui vim suam in Lentulum potissimum contulit, cum de abrogando illi imperio legem promulgavit. CONRAD.

Debilitatam vim suam contulit) Guilielmius adnotavit, conjicere Gabrielem Rolandium *contudit*: additque, cogitandum. GEB.

Nostram vicem ultus est) Pro *nostra vice, loco nostrum*: sic *doleo vicem meam*, quod Senecæ Consol. ad Helv. c. 15. pro *me doleo*. *Sic dies ac noctes* dicimus, pro *diebus*. Donat. ad Terent. Eun. A. V. Sc. 8. Liv. XXXVI. c. 37. Sic. Cic. frequenter *id ætatis*, pro *ea ætate*, vel *eo ætatis*. Liv. XL. c. 50. Sall. Iug. c. 63. Denique *ulcisci* pro *punire*, ut IX. ad Att. ep. 12. G. CORT.

Nul.

tefactis, nullam sibi in posterum, non modo dignitatis, sed ne libertatis quidem partem reliquit. Te autem etsi mallem in meis rebus expertum, quam etiam in tuis; tamen in molestia gaudeo eam fidem cognosse hominum, non ita magna mercede, quam ego maximo dolore cognoram. De qua ratione tota jam videtur mihi exponendi tempus dari, ut tibi rescribam ad ea, quae quaeris. Certiorem te per litteras scribis esse factum, me cum Caesare, & cum Appio esse in gratia: teque id non reprehendere adscribis. Vatinium autem scire te velle ostendis, quibus rebus adductus defenderim & laudarim. Quod tibi ut planius exponam, altius paullo rationem consiliorum meorum repetam necesse est. Ego me, Lentule, initio rerum, atque actionum tuarum, non solum meis, sed etiam reipublicae restitutum putabam: &, quoniam tibi incredibilem quemdam amorem, & omnia in te ipsum summa, ac singularia studia deberem, rei-

Nullam sibi in posterum non modo dignitatis) Quippe cui Milo imposuerit; cujus bestiarios Racilius sibi emtos dixerit, & tabulam proscripserit, se familiam Catonianam venditurum, in quam magni risus sunt consecuti; quem denique Lentulus a legibus removerit. CORRAD. Vide Manutium. GRAEV.

Eam fidem cognoscere hominum) Sic vet. cod. Pall. tert. quart. Grut. Stewech. Ven. edit prima; ceterum alius vet. cod. ut & Policiani liber, *cognosse*. Egnat. ad primam edit. allinit ex Med. *cognosse*: vulgo, *eamdem fidem cognoscere*. Gru. Legendum, *cognosse*, quod exstare clare in Amstelodamensi codice postea deprehendi; in meo primo vero, *cognovisse*. Cicero vero amat hanc syncopen in multis hujus notae vocibus; sic *cognoram* statim, & *decresse*, saepius dicit, quam *decrevisse*. In praecedenti epistola, *abalienarint*. GRAEVIUS.

Non ita magna mercede, &c.) Suspicatur Gruterus illa, *quam maximo dolore cognoram*; esse pannum in purpura interpretis, videlicet additamentum non necessarium, ignorantis vim vocis *mercede*. Gru. Sed profecto haec non possunt abesse sine maximo sententiae detrimento. Graev. Puto *datis*; utroque enim verbo *merces* dicitur. Sall. Iug. c. 35. significat autem *Impendium* & detrimentum rerum suarum, in primis dignitatis, quae leviter attrita est, ut fidem experiri posset. Apuleius III. Florid. Tu ut intelligas junge Horat. I. ep. 2. v. 55. Cic. Tuscul. III. G. CORT.

Cum Caesare) *Me meus*, inquit alibi, *in R. P. animus pristinus, ac perennis cum C. Caesare reducit, reconciliat, restituit in gratiam*. CORR.

Appio) Appio Pulcro, qui paullo post ipsi Lentulo successit, de quo libro tertio plura. ID.

Defenderim & laudarim) Ut patronus, ut amicus. In judiciis enim ante Pompeii legem, qui decem laudatores dare non poterat, honestius erat ei nullum dare, quam illum quasi legitimum numerum consuetudinis non explere. ID.

Reip. restitutum) I. e. in commodum Reip. Livius 39. c. 9. Vopiscus Aurelian. c. 11. adde Sallust. Cat. c. 35. G. CORT.

Omnia in te ipsum summa ac singularia studia) Vocem *studia*, quam negant quidam in codicibus antiq. reperi-

riri,

reipublicæ, quæ te in me restituendo multum adjuvisset, cum certe me animum merito ipsius debere arbitrabar, quem antea tantummodo communi officio civium, non aliquo erga me singulari beneficio debitum præstitissem. Hac me mente fuisse, & senatus ex me, te consule, audivit, & tu in nostris sermonibus, collocutionibusque ipse vidisti. Etsi jam primis temporibus illis, multis rebus meus offendebatur animus: cum, te agente de reliqua nostra dignitate, aut occulta nonnullorum odia, aut obscura in me studia cernebam. Nam neque de monumentis meis ab iis adjutus es, a quibus debuisti: neque de vi nefaria, qua cum fratre eram domo expulsus: neque hercule in iis ipsis rebus, quæ quamquam erant mihi propter rei familiaris naufragia necessariæ, tamen a me minimi putabantur in meis damnis, ex auctoritate Senatus sarciendis, eam voluntatem, quam exspectaram, præstiterunt. Quæ cum viderem (neque enim erant obscura) non tamen tam acerba mihi hæc accidebant,

viri, non in nostris reperimus. LAMB.

Ipse vidisti] Sensisti, observasti. Cic. de Amic. c. 11. Iul. Obseq. de Prodig. c. 73. adde Senec. de Morte Claud. c. 8. G. CORT.

De reliqua nostra dignitate] Vt dejecto P. Clodii monumento, in meis ædibus collocaretur. CORR.

Nonnullorum odia] M. Catonis præsertim. IDEM.

De monumentis] Domo, porticu Catuli, & forte etiam monumento, de quo libro primo epistolarum ad Q. Fratrem mentionem facit. Io. Repete & hic & infra *de vi* ... ; aut accipe pro in, uti mox *in iis ipsis rebus*, hoc est *quod ad monumenta*. Cic. X. ad Att. epist. 1. Quintilian. Declam. II. G. CORT.

A me minimi putabantur, in meis damnis ex auctoritate Senatus sarciendis] Pal. tert. *quod ille minimi putabat*: sic & codex Cujacii: vulg. editur *minime putabat*: Sunt & hoc loco in multis legitur codicibus corrupte. GULIELMIUS. Ceterum locum hunc recte distinguit codex Amstelodamensis: *tamen a me minimi* (corrupte legit *minime*) *putabantur in meis damnis, ex auctoritate Senatus sarciendis*. Sic omnino distinguendum. Alioqui nihil erit quod jungatur cum *in iis ipsis rebus*, quod paullo ante præcesserat: dicit enim Cicero, neque in rebus patrimonii, quas inter eas quarum fecerit jacturam, minimi æstimarit, sarciendis senatusconsulto & restituendis, se eorum studium & benevolentiam cognovisse, quam animo præceperit. GRÆV. *Minimi putabantur*] Distingue: *tamen a me minimi putabantur in meis damnis*. Significat quod in fama & existimatione passus sit, sibi gravius fuisse, quam ruinas tectorum: nam ad *ex restituendis* intelligendum ex superiore; *neque hercule in iis ipsis rebus restituendis*. Io. FR. GRON.

Ex auctoritate Senatus sarciendis] Expressimus quod habuit Lambin. probavitque ex Stewechiano Gulielmius ipse ex Pall. Vat. Grut. editione prima: post publicati, *resarciendis*. GERMANO. *Sarciendis* duo quoque libri veteres Grævii, & Amstelodamensis pro se ferunt. GRÆV. Vulgo *resarciendis*, sed invitis codicibus, & veteribus editis. LALL.

Tam acerba ... accidebant) Tu dicere

bant, quam erant illa grata, quæ fecerant. Itaque quamquam & Pompeio plurimum, te quidem ipso prædicatore, ac teste, debebam, & eum non solum beneficio, sed amore etiam, & perpetuo quodam judicio meo diligebam: tamen non reputans, quid ille vellet, in omnibus meis sententiis de rep. pristinis permanebam. Ego sedente Cn. Pompeio, cum ut laudaret P. Sextium introiisset in urbem, dixissetque testis Vatinius, me fortuna & felicitate C. Cæsaris commotum illi amicum esse cœpisse, dixi me eam Bibuli fortunam, quam ille afflictam putaret, omnium triumphis, victoriisque anteferre: dixique eodem teste, alio loco, eosdem esse, qui Bibulum exire domo prohibuissent, & qui me coegissent. Tota vero interrogatio mea nihil habuit, nisi reprehensionem illius tribunatus: in quo omnia dicta sunt libertate, animoque maximo, de vi, de auspiciis, de dona-

cerent acerbe) Sic & Salluft. Cat. c. 26. *Quoniam, quæ occulte tentaverat, aspera fœdaque evenerant*. G. Cort.

Quam erant illa grata quæ fecerant) Quando tecum dederant operam, ut ab exsilio revocarer. Corr.

In omnibus meis sententiis de rep. pristinis permanebam) Sperans gratificari cum M. Catoni, tum reliquis omnibus, qui de Republica optime sentire volebant videri. Id.

Cum ut laudaret P. Sextium introiisset in urbem) De vi reum a P. Clodio factum. Id. *Laudaret*) Laudatione judiciali. Sueton. Octav. 56. II. Verr. 4. & 5. Io. Fr. Gron.

Introiisset in urbem) Quippe cum Pompeius cum imperio rei frumentariæ tunc esset, nec in urbem ingrederetur. Corr.

Testis Vatinius) In P. Sestium. Id.

Omnibus triumphis victoriisque anteferre) Liber Italicus, *Omnibus triumphis victoriisque Cæsaris anteferre*. Hoc quidem volebat Tullius, sed præfero tamen aliorum librorum scripturam. Sic enim Cicero potius scripsit, cum facile intelligeret Lentulus cujus triumphos significaret. Græv.

Eodem teste) Cum iterum alio in judicio testis Vatinius adversus clientem meum esset. Io. Fr. Gron.

Eosdem esse qui Bibulum) Pompeium, Crassum, Cæsarem, & Vatinium. Corr. *Eosdem, qui . . . & qui*. Plene ita, & quod vere eos idem valde illustrat. Sic noster in Catil. III. Terent. Heaut. A. III. Sc. I. G. Cort.

Interrogatio) Qua ex Vatinio quæsivit, vera ne sint illa omnia, quæ illi in oratione, quæ exstat, objicit. Corr. Ne mireris ab *interrogationibus* totam *orationem* hic intelligendam esse, cogites etiam *accessionem* pro *morte* dici, *auxilium* pro *salvatione*, Lucr. lib. II. *execrationes* pro *legibus*, quæ execrationes insunt, apud Cic. III Offic. c. 13. *Parietes* pro *ædificiis* Cic. III. de Orat. *Controversiæ* pro omnis generis *Declamationibus* apud Trebell. Poll. Tyr. c. 4. G. Cort.

Nihil habuit nisi) Recte sic Lambin. a quo non discedit nec ceteri MSS. omnes: vulgo, *nihil habuit aliud, nisi*. Græv.

In quo) Ita Victorius, Grævius, Callonius, & referunt ad Vatinii tribunatum. Alii vero *in qua*, & ad Ciceronis interrogationem referunt. Oliv.

De vi) In M. Bibulum Coss. Corr.

De auspiciis) Quæ Vatinius contempsit; nam contra leges Æliam, & Fufiam cum plebe egit, cum de cælo servatum esse constaret. Id.

De

donatione regnorum. Neque vero hac in causa modo, sed constanter sæpe in Senatu: quin etiam, Marcellino, & Philippo, consulibus, nonis Aprilis mihi est Senatus assensus, ut de agro Campano, frequenti Senatu, idibus Maiis referretur. Num potui magis in arcem illius causæ invadere, aut magis oblivisci temporum meorum, meminisse actionum? Hac a me sententia dicta, magnus animorum factus est motus, cum eorum, quorum oportuit, tum illorum etiam, quorum numquam putaram. Nam hoc senatusconsulto in meam sententiam facto, Pompeius, cum mihi nihil ostendisset se esse offensum, in Sardiniam, & in Africam profectus est, eoque itinere Lucam ad Cæsarem venit: ibi multa de mea sententia questus est Cæsar, quippe qui etiam Ravennæ Crassum ante vidisset, ab eoque in me esset incensus. Sane moleste Pompeium id ferre constabat: quod ego cum audissem ex aliis, maxime ex meo fratre cognovi: quem cum in Sardinia Pompeius paucis post diebus, quam Luca discesserat, convenisset: Te, inquit, ipsum cupio:

De donatione regnorum) Cum Cæsaris voluntate Vatinius fœdera cum civitatibus, Regibus, & Tetrarchis fecit. In *Donatione regnorum*) Titulo Regis & socii dato externis Dynastis pro pecunia. Sueton. Iul. c. 54. Io. Fr. Gron. *Agro Campano*) Quem Cæsar invitis omnibus bonis diviserat ærario fraudato. Io. Fr. Gron.

De agro Campano) Vt agri Campani vectigal lege Iulia ablatum, in magna pecuniæ inopia, & annonæ caritate R. P. restitueretur. Corr.

Referretur) Et sic rursus ea res, quam Cæsar pro confecta habebat, in deliberationem mitteretur. Io. Fr. Gron.

Num potui magis) Prætuli hanc scripturam ut animosissimam, ex Lambin. Pal. tert. Medic. Vatic. Stewech. alias est in Pal. quart. *Ne*: Grut. *Nam* in vulgatis & edit. prima *non*; illud vero *&* post *arcem* evanuit in tribus MSis. Grut. Liber primus Gravii & Amstelodamensis accedunt lectioni, quam Gebhardus probat: *Num potui magis*. Hi ipsi libri cum Mentelianis non etiam agnoscunt τὸ *&*, quod expunxit Gebhardus. Grav. *In arcem causæ*. In caput & præcipuum rei, quasi qui arcem regni oppugnat. Imitatur Auctor Dialog. de Orat. c. 10. G. Cort.

Temporum) Calamitatum, quas modo pertuli. *Actionum*, quas olim gessi. Grav. *S. C. in meam sententiam facto*) Cum mea sententia vicisset, cum sicut ego censueram, decrevisset Senatus, ut rursus ageretur de agro Campano. Io. Fr. Gron.

Profectus est) Ad frumentum comparandum. Corr.

Ibi multa de mea sententia questus est Cæsar) Nam id S. C. contra suam legem factum videbat. Id.

In me esset incensus) Iratus & inimicus saltem cupidus, & commotus redditus. Liv. 42. c. 25. Sallust. c. 38. G. Cort.

Cum in Sardinia) Vbi, nisi fallimur, Q. Cicero pro M. fratre erat Pompeii legatus; nam Prætor in Sardinia tunc erat Appius. Corr.

Te ipsum cupio) Notissima vel ex Plu-

cupio: nihil opportunius potuit accidere: nisi cum Marco fratre diligenter egeris, dependendum tibi est, quod mihi pro illo spopondisti. Quid multa? questus est graviter: sua merita commemoravit: quid egisset sæpissime de actis Cæsaris cum ipso meo fratre, quidque sibi is de me recepisset, in memoriam redegit: seque, quæ de mea salute egisset, voluntate Cæsaris egisse, ipsum meum fratrem testatus est: cujus causam, dignitatemque mihi ut commendaret, rogavit, ut eam ne oppugnarem, si nollem, aut non possem tueri. Hæc cum ad me frater pertulisset, & cum ante tamen Pompeius ad me cum mandatis Vibullium misisset, ut integrum mihi de causa Campana ad suum reditum reservarem, collegi ipse me, & cum ipsa quasi rep. collocutus sum: ut mihi tam multa pro se perpesso, atque perfuncto, concederet, ut officium meum, memoremque in benemeritos animum, fidemque fratris mei præstarem, eumque, quem bonum civem semper habuisset, bonum virum esse pateretur. In illis autem meis actionibus, sententiisque omnibus, quæ Pompeium videbantur offendere, certorum hominum, quos jam debes suspicari, sermones refere-

Plauto & Terentio formula alloquendi, cum aliquem convenirent; ut contra abeuntium: *Num quid vis?* qua eleganter utitur Horat. I. Sat. IX. v. 6. priorem integram habet Plautus Curcul. A. II. Sc. III. v. 24. G. Cort.

Quod mihi pro illo spopondisti) Illum meis, Cæsaris, & Crassi actionibus non adversaturum. Corr.

Cujus causam dignitatemque) V. C. *Hujus causam d.* Id.

Ante tamen) In tertio Palatino, Graevii, duobus meis, Amstelodamensi, Menteliano, desideratur *ante*. Id.

Vibullium) L. Vibullium Rufum, Pompeii familiarem. Corr.

Ut integrum mihi de causa Campana ad suum reditum reservarem) Restitui hunc locum levi immutatione: *Ut integrum mihi de causa Campana ad suum reditum rem servarem*. Ex integrum feci integram: ex reservarem, autem rem servarem. Sic enim loquitur Brutus libro XI. *Totamque vobis integram servavi*: al. *reservavi*. Quidam tamen ita hic legendum censent, *ut integram me de causa Camp. ad s. r. servarem*: quibuscum non pugnabo. Sic enim loquitur lib. VII. epist. ad Att. *Quod me amicissime admones, ut me integrum, quoad possim, servem, gratum est*. Porro vulgata lectio, *ut integrum mihi de causa Camp. ad suum red. reservarem*, (a qua non discrepant nonnulli libri veteres) ferri non potest. Lamb. Sed vulgatam recte tuetur P. Manutius. Gr. Sunt qui scripturam sollicitent, maliatque *integram rem servarem*. Sed Cælius etiam ad Cic. VIII. 6. ita scripsit: *De Dolabella integrum tibi reservas, suadeo*. Callar.

Bonum virum) Qui prodest, quibus potest, & nocet nemini: ut hic fide non resoluta, & immemori beneficiorum animo; bonus vir dicitur Cic. III. de Offic. c. 15. Ac. I. c. 7. Alibi latius extenditur. Sed vide Senec. II. de Ira c. 27. G. Cort.

Certorum hominum) M. Catonis, & sociorum. Corr.

Inimi-

ferebantur ad me : qui cum illa sentirent in repub. quæ ego agebam, semperque sensissent ; me tamen non satisfacere Pompeio, Cæsaremque inimicissimum mihi futurum, gaudere se ajebant. Erat hoc mihi dolendum : sed multo illud magis, quod inimicum meum, (meum autem? immo vero legum, judiciorum, otii, patriæ, bonorum omnium) sic amplexabantur, sic in manibus habebant, sic fovebant, sic me præsente osculabantur : non illi quidem, ut mihi stomachum facerent, quem ego funditus perdidi, sed certe ut facere se arbitrarentur. Hic ego, quantum humano consilio efficere potui, circumspectis rebus meis omnibus, rationibusque subductis, summam feci cogitationum mearum omnium : quam tibi, si potero, breviter exponam. Ego, si ab improbis, & perditis civibus remp. teneri viderem, sicut & meis temporibus scimus, & nonnullis aliis accidisse,

Inimicum meum) P. Clodium. Conradus.

Non illi quidem) Eleganter, & quasi ad contrarium illi [illegible], quod de *illi* bene observat Donat. ad Terent. Eunuc. A. I. Sc. 2. Sic II. de Offic. c. 6. confer Sallust. c. 37. Conr.

Funditus perdidi) Antevenit illos & stomachari desii, ut illi frustra facere quærant. Hæc enim vis verbi *perdere* esse patet ex Senecæ Consol. ad Helv. c. 3. Idem.

Circumspectis rebus meis omnibus, rationibusque subductis) Ita in melioribus editionibus omnibus, ac MSis ; Pal. tamen quart. *rebus meis, omnibusque rationibus subductis*, non absurde. Vulgo, omissum est *meis* ; habet nihilominus Victorius, Pall. Grut. Vatic. Lambin. Germanus. *Meis*) Habent hoc quoque codices Amstelodamensis, Mentelii, duo Grævii. Græv.

Meis temporibus) Quibus a L. Pisone, & A. Gabinio Coss. P. Clodio Trib. pleb. R.P. tenebatur. Conrad.

Sicut & meis temporibus scimus, & nonnullis aliis accidisse accepimus) Expunximus hinc olim extremam vocem, freti auctoritate meliorum codicum, qui nullum ipsius vestigium retinebant : in Mediceo *accipisse* legitur, non *accidisse*, unde (quemadmodum arbitror) fluxit verbum illud *accepimus* : perguo enim ille error causa fuit majoris erroris ; peccaverat librarius quod *p*, pro *d*, posuerat ; quemadmodum etiam ad Terentium in illo loco, *Obviam mihi prodeas* ; scriptum enim in eadem est, *propeas*, contra ac supra illum in *dicas* scripsisse docuimus, ubi *d*, pro *p*, scripserat. Hoc autem animadvertisse, non penitus inutile esse arbitrati sumus ; nam & huic loco lucem affert, & superiorem illum confirmat. Victorius. Consentit Mediceo meus primus, & utraque vetus editio Italica, ut hunc pannum purpuræ assutum a Patissono Lambinus male retineat, in quo *accidisse* recte scribitur, & *accepimus* non exstat. Sed & pro *meis temporibus* in illo exaratum inveni, *Cinneis temporibus*, quod non improbem ; aut lege *Cinnanis*, ut apud Flor. IV. 2. *Cinnana rabies*. Intelligit illud tempus, quo Cinna revocato Mario urbem occupavit ; de quo vide Appianum I. de Bello civili, & Velleium Paterculum II. 20. Græv. *Sicut & Cinnanis temp.* Ita cum Grævio dedimus ex MSis, in quibus scribitur, *sicut & cinnanis temporibus*. Sic post Med. in Sen. l. 4. *Recepta illo Cinnano tempore*. Vulgo *sicut & meis temporibus scimus*,

se, non modo præmiis, quæ apud me minimum valent; sed ne periculis quidem compulsus ullis, quibus tamen moventur etiam fortissimi viri, ad eorum caussam me adjungerem, ne si summa quidem eorum in me merita constarent. Cum autem in repub. Cn. Pompeius princeps esset, vir is, qui hanc potentiam, & gloriam maximis in remp. meritis, præstantissimisque rebus gestis esset consecutus, cujusque ego dignitatis ab adolescentia fautor, in Prætura autem, & in Consulatu adjutor etiam exstitissem: cumque idem auctoritate, & sententia per se, consiliis, & studiis, tecum me adjuvisset: meumque inimicum unum in civitate haberet inimicum: non putavi famam inconstantiæ mihi pertimescendam, si quibusdam in sententiis paullum me immutassem, meamque voluntatem ad summi viri, de meque optime meriti dignitatem aggregassem. In hac sententia complectendus erat mihi Cæsar, ut vides, in conjuncta & caussa, & dignitate. Hic multum valuit cum vetus amicitia, quam

mus, & nonnullis aliis mutilisse accepimus. Sed ultimæ vocis ne vestigium quidem in MSis. Lallem.

Non modo præmiis) Ita quoque in Medicæo legitur, ut Manutii emendarunt; quod eo etiam libentius adnotavi, ut paullatim perspiciatur, nihil in aliis sinceri esse, quod non hic quoque legatur, multaque in aliis multis fœde, & mendose scripta esse, quæ hic non reperiuntur. Victor. Miror quisnam intruserit illud, *non modo non præmiis*, quod in nullo reperi MSorum Pal. neque Grut. neque editione principe, alteraque cod. Stewechii; exclusit denique Lambin. Victorius vero non solum hoc admisit, sed etiam pro *minimum*, *nimium*: nescio quibus fiduciis. Gebhard. Palatinis codicibus respondent duo Grævii, Amstelodamensis, & Mentelianus. *Non modo* h. l. est, non modo non, nedum; vide P. Manut. Graev. *Non modo præmiis*. Sic vetusti pariter ac recentiores libri melioris notæ omnes, & editio, unde hæc olim venerit *non modo non*, cum Cellarius haud gravatim Grævium sequi soleat. Alterum non ex sequenti *ne quidem* per Zeugma subintelligitur, aut primum cum verbo conjungendum est, quod nos, vernacula decepti, non facimus; et adeo *non modo* per se significet *non modo non*, vel *nedum*, quod Manutius Ciceronis exemplis late firmat: adde Vechner. Hellenol. Lib. I. c. 5. p. 73. Cort.

Cujusque ego dignitatis ab adolescentia fautor] Hinc Pompeius Ciceronem sæpe salutatum ibat. Corrad.

In Prætura) Pro lege Manilia. Idem.

In Consulatu adjutor) De lege Agraria contra Rullum, & de supplicatione, Mithridate interfecto. Idem.

Sententia per se . . . tecum) *Ipse*, quod haud raro additur. Sueton. Augusto c. 20. Hic adde *solus*: ut Sallust. Cat. c. 1. Cort.

In conjuncta caussa) Sic editionum optima: prima, Victorii, Lambini, aliæque MSi Pall. Gruter. Stewechii: vulgo *in* abest contra libros omnes, ut dixi. Gebhard. *In conjuncta caussa*) Sic Gruterus. Nec aliter omnes MSi quatuor, quos inspexi. Mentelianus vero præterea addit: *In conjuncta re, caussa & dignitate*. Graev.

Vetus amicitia) Quæ tanta fuit, ut Q. Ci-

quam tu non ignoras mihi, & Q. Fratri cum Cæsare fuisse; tum humanitas ejus, ac liberalitas, brevi tempore & litteris, & officiis perspecta nobis, & cognita: vehementer etiam res ipsa publica me movit, quæ mihi videbatur contentionem, præsertim maximis rebus a Cæsare gestis, cum illis viris nolle fieri: &, ne fieret, vehementer recusare. Gravissime autem me in hac mente impulit & Pompeii fides, quam de me Cæsari dederat; & fratris mei, quam Pompeio. Erant præterea hæc animadvertenda in civitate, quæ sunt apud Platonem nostrum scripta divinitus: Quales in republica principes essent, tales reliquos solere esse cives. Tenebam memoria, nobis consulibus, ea fundamenta jacta ex Kalendis Januariis confirmandi Senatus, ut neminem

Q. Catulus, & Cn. Piso, neque precibus, neque gratia, neque pretio Ciceronem impellere potuerint, uti per Allobroges, aut per alium indicem C. Cæsar in conjuratione Catilinæ nominaretur. CORRAD.

Q. Fratri) Qui Cæsaris in Gallia fuit legatus. IDEM.

Et litteris) Cum præter alia, illud scripsit, quod in epist. 5. lib. VII. leges. IDEM.

Et officiis) Erga me, & Q. Fratrem; & mea causa erga M. Curtium, & C. Trebatium. IDEM.

Gravissime autem me in hac mente impulit) Elegantissimam hanc lectionem corrupit infrunitum quoddam genus correctorum, quibus omnis elegantia barbaries, omnis barbaries elegantiam sapiebat; postliminio itaque eam restituo ex Pal. tertio, quarto (quamquam hic mangonium passus, veritatem adimere ipsam nequiit) Grut. Vatic. denique. Vulgo, ad salivam pullati circuli, in hanc mentem. GEBHARD. Probat hanc Gebhardi lectionem meus primus codex & Amstelodamensis. Est autem in hac mente, cum ita sentirem, agendum mihi esse existimarem. Nec aliud est in hac mente, quam quod paucis ante dixit: in hac sententia: in hac sententia complectendus mihi erat Cæsar, cum ita sentirem. Utraque tamen edit. in vetus: in hanc mentem. GRÆV. In hac mente impulit. Ita restituit Gebhardus, cum vulgo circumferretur in hanc mentem, sed Grævius absolute accipit pro cum ita sentirem, de quo plura ad ep. 4. cum alii antiptosin statuerent, cujus mentio facta ad ep. 5. Sed idoneior modo Grævio. Ovid. I. Metam. v. 442. Lactant. IV. c. 17. Seneca ep. 71. quæ scio a magnis viris per eamdem antiptosin esse exposita. CORT. In hac mente. Id est in hoc proposito. Ita cum Victorio codices regii, Minus recte Manutius, & Lambinus, in hanc mentem. LALLEM.

Pompeii fides quam, &c.) Me illi non adversaturum. CORRAD.

Quales Principes) De hac re vide integrum Discurs. VI. Gruteri ad Tacitum. CORT.

Ex Kalendis Januariis) Dicta in senatu oratione contra Rullum. IDEM. *Ex Kal. Januariis . . . nonis Decembris*) Quis ita suppleverit voces in Juntina sic defectas *ex Kal. Jan. . . . non. Dec.* quod & secutus est Rob. Stephanus, nisi quod *Kal.* cum Manutius *ex Kal. Jan. nonis Dec.* nescio, nisi quod jocari credo voluit. Certe Lambinus ridiculus qui cum edat *nonis Decembris*, in margine legit *Decemviralibus*. Jac. Gron. *Nonis Decembris*) Die V. Decembris, quo die Senatus sumendum supplicium de conjuratis censuit. CORRAD.

 Vel

se, non modo præmiis, quæ apud me minimum valent; sed ne periculis quidem compulsus ullis, quibus tamen moventur etiam fortissimi viri, ad eorum causam me adjungerem, ne si summa quidem eorum in me merita constarent. Cum autem in repub. Cn. Pompeius princeps esset, vir is, qui hanc potentiam, & gloriam maximis in remp. meritis, præstantissimisque rebus gestis esset consecutus, cujusque ego dignitatis ab adolescentia fautor, in Prætura autem, & in Consulatu adjutor etiam exstitissem: cumque idem auctoritate, & sententia per se, consiliis, & studiis, tecum me adjuvisset: meumque inimicum unum in civitate haberet inimicum: non putavi famam inconstantiæ mihi pertimescendam, si quibusdam in sententiis paullum me immutassem, meamque voluntatem ad summi viri, de meque optime meriti dignitatem aggregassem. In hac sententia complectendus erat mihi Cæsar, ut vides, in conjuncta & causa, & dignitate. Hic multum valuit cum vetus amicitia, quam

non, & *nonnullis aliis omisisse cumpri- mis*. Sed ultimæ vocis ne vestigium quidem in MSis. Lallem.

Non modo præmiis) Ita quoque in Mediceo legitur, ut Manutii emendatur; quod eo etiam libentius adnotavi, ut paullatim perspiciatur, nihil in aliis sinceri esse, quod non hic quoque legatur, multaque in aliis multis fœde, & oscitanter scripta esse, quæ hic non reperiantur. Victor. Miror quisnam intruserit illud, *non modo non præmiis*, quod in nullo reperi MSorum Pal. neque Grut. neque editione principe, alteraque cod. Stewechii; exclusit denique Lambin. Victorius vero non solum hoc admisit, sed etiam pro *minimum*, *nimium*: nescio quibus fiduciis. Gebhard. Palatinis codicibus respondent duo Grævii, Amstelodamensis, & Menteliamus. *Non modo* h. l. est, non modo non, tantum; vide P. Manut. Græv. *Non modo præmiis*. Sic vetusti pariter ac recentiores libri melioris notæ omnes, & editio, unde hoc olim venerat *non modo non*, cum Cellarius haud gravatim Grævium sequi soleat. Alterum *non* ex sequenti *ne quidem* per Zeugma subintelligitur, aut primum cum verbo conjungendum est, quod nos, vernacula decepti, non facimus; ut adeo *non modo* per se significet *non modo non*, vel *tantum*, quod Manutius Ciceronis exemplis late firmat: adde Vechner. Hellenol. Lib. I. c. 5. p. 83. Cort.

Cujusque ego dignitatis ab adolescentia fautor) Hinc Pompeius Ciceronem sæpe salutatum ibat. Corrad.

In Prætura) Pro lege Manilia. Idem.

In Consulatu adjutor) De lege Agraria contra Rullum, & de supplicatione, Mithridate interfecto. Idem.

Sententia per se . . . tecum) *Ipsi*, quod haud raro additur. Sueton. Augusto c. 20. Hic adde *solus*: ut Sallust. Cat. c. 1. Cort.

In conjuncta causa) Sic editionum optima: prima, Victorii, Lambin. adeoque MSi Pall. Gruter. Stewechii: vulgo in abest contra libros omnes, ut dixi. Gebhard. *In conjuncta causa*) Sic Gruterus. Nec aliter omnes MSi quatuor, quos inspexi. Mentelianus vero præterea addit: *In conjuncta re, causa & dignitate*. Græv.

Vetus amicitia) Quæ tanta fuit, ut Q. Ci-

quam tu non ignoras mihi, & Q. Fratri cum Cæsare fuisse; tum humanitas ejus, ac liberalitas, brevi tempore & litteris, & officiis perspecta nobis, & cognita: vehementer etiam res ipsa publica me movit, quæ mihi videbatur contentionem, præsertim maximis rebus a Cæsare gestis, cum illis viris nolle fieri: &, ne fieret, vehementer recusare. Gravissime autem me in hac mente impulit & Pompeii fides, quam de me Cæsari dederat; & fratris mei, quam Pompeio. Erant præterea hæc animadvertenda in civitate, quæ sunt apud Platonem nostrum scripta divinitus: Quales in republica principes essent, tales reliquos solere esse cives. Tenebam memoria, nobis consulibus, ea fundamenta jacta ex Kalendis Januariis confirmandi Senatus, ut neminem

Q. Catulus, & Cn. Piso, neque precibus, neque gratia, neque pretio Ciceronem impellere potuerint, uti per Allobroges, aut per alium indicem C. Cæsar in conjuratione Catilinæ nominaretur. CORRAD.

Q. Fratri) Qui Cæsaris in Gallia fuit legatus. IDEM.

Et litteris) Cum præter alia, illud scripsit, quod in epist. 5. lib. VII. legas. IDEM.

Et officiis) Erga me, & Q. Fratrem; & mea causa erga M. Curtium, & C. Trebatium. IDEM.

Gravissime autem me in hac mente impulit) Elegantissimam hanc lectionem corrupit inscitia quorundam grous correctorum, quibus omnis elegantia barbaries, omnis barbaries elegantia sapiebat: postliminio itaque eam restituo ex Pal. tertio, quarto (quamquam hic mangonium passus, veritatem adimere ipsam nequiit) Grut. Vatic. denique. Vulgo, ad salivam pulli circuli, *in hanc mentem*. GEBHARD. Probat hanc Gebhardi lectionem meus primus codex & Amstelodamensis. Est autem *in hac mente*, cum ita sentirem, agendum mihi esse existimarem. Nec aliud est *in hac mente*, quam quod paucis ante dixit: *in hac sententia*: *in hac sententia complectendus mihi erat Cæsar*, cum ita sentirem. Utraque tamen aliis in vetus: *in hanc mentem*. GRAEV. *In hac mente impulit*. Ita restituit Gebhardus, cum vulgo circumferretur *in hanc mentem*, sed Gravius absolute accipit pro *eam ita sententiam*, de quo plura ad ep. 4. cum alii Antiptosin flagitarent, cujus mentio facta ad ep. 5. Sed adsentior modo Gravio. Ovid. I. Metam. v. 491. Lactant. IV. c. 17. Seneca ep. 71. quæ scio a magnis viris per eamdem Antiptosin esse exposita. CORT. *In hac mente*. Id est in hoc proposito. Ita cum Victorio codices regii. Minus recte Manutius, & Lambinus, *in hanc mentem*. LALLEM.

Pompeii fides quam, &c.) Me illi non adversaturum. CORRAD.

Quales Principes) De hac re vide integrum Discurs. VI. Gruteri ad Tacitum. CORT.

Ex Kalendis Januariis) Dicta in secunda oratione contra Rullum. IDEM.

Ex Kal. Januariis . . . nonis Decembris) Quis ita suppleverit voces in Juntina sic defectas *ex Kal. Ian . . . non. Dec.* quod & secutus est Rob. Stephanus, nisi quod *Kal.* cum Manutius *ex Kal. Jan. nonis Dec.* nescio, nisi quod jactari credo voluit. Certe Lambinum ridiculum qui cum edat *nonis Decembris*, in margine legit *Decembribus*. IAC. GRONOV.

Nonis Decembris) Die V. Decembris, quo die Senatus sumendum supplicium de conjuratis censuit. CORRAD.

 Vel

nem mirari oporteret, nonis Decembris tantum vel animi fuisse in illo ordine, vel auctoritatis. Idemque memineram, nobis privatis usque ad Cæsarem, & Bibulum consules cum sententiæ nostræ magnum in Senatu pondus haberent, unum fere sensum fuisse bonorum omnium. Postea cum tu Hispaniam citeriorem cum imperio obtineres, neque resp. consules haberet, sed mercatores provinciarum, & seditionum servos, ac ministros, jecit quidam casus caput meum, quasi certaminis causa in mediam contentionem, dissensionemque civilem. Quo in discrimine cum mirificus Senatus, incredibilis Italiæ totius, singularis omnium bonorum consensus

Vel animi) Ad decernendum, ut supplicium de civibus Romanis sumeretur. Idem.

Nobis privatis) Tres annos. Idem.

Cum tu Hispaniam citeriorem, &c.) P. Lentulum opinor Hispaniam obtinuisse, non ex Prætura, ut quidam putant, sed Quæstorio imperio extra ordinem ex S. C. ut ex ipsius Lentuli denario intelligere possumus, in quo inscriptum est, P. LENT. P. F. L. N. Q. S. C. constat autem eum denarium Oscæ percussum fuisse, quæ est Hispaniæ urbs, in qua argentum signatum a Quæstore fuisse verisimile est. F. Vrsin. Errat F. Vrsinus, qui existimat Lentulum Quæstorio imperio Hispaniam tenuisse. Primo Quæstorium imperium nullum est, nec fuit umquam in Republica Romana. Si Quæstores aliquando in provinciam missi sunt cum imperio, intelligendum est Prætorium imperium iis mandatum. Deinde Cæsar lib. I. Belli Civilis diserte ait, Lentulum Cæsaris beneficio Hispaniam provinciam ex Prætura habuisse. Grav.

Mercatores) L. Pisonem, & A. Gabinium. Cornar.

Provinciarum) Macedoniæ, & Syriæ. Idem.

Servi ac ministri) Adjutores seditionum, ut alibi: *Administri & satellites Nevii*. Vell. Paterc. II. c. 29. Pari invidia I. in Catil. c. 3. Corr.

Fecit casus quidam) Iniqua quadam fortuna comparavit, ut de meo capite, ac salute, tamquam exercitu, certaretur, & partes existerent, dum improbi me perditum, boni salvum cupiunt. Forte: *quasi certaminis consessum*. Io. Fr. Gron.

Mirificus senatus, incredibilis Italiæ totius, singularis omnium bonorum consensus) Verba illa, *mirificus* & *consensus* non cohærent inter se, ut patet: omnes tamen vetusti codices hanc lectionem retinent, quam etiam in impressis quibusdam invenias; etsi in aliis qui facilitatem, & claritatem secuti sunt, *consensu* reposuerunt, pro *consensus*; procul dubio planam, & apertam lectionem, nisi vetustorum codicum auctoritas repugnet. Videant igitur eruditi viri, quomodo hunc locum tueantur. Scimus nos quandoque veteres grammaticos in libris Ciceronis quosdam locos notasse, in quibus solœcismus inesse videretur: in orationis enim cursu ea quandoque vox erit, quæ parum respondet superiori structuræ. An hujusmodi sit locus, accurate animadvertendum est. VICTORIUS. Quid de hoc loco senserimus, facile qui volt, intelliget, tuto (ut arbitramur) in omnem partem: nam veterem scripturam proposuimus, quid scrupuli in illa esset (etsi omnibus apertum erat) indicavimus: quomodo etiam labes facta esse posset, exposuimus: lectionem illam secuti sumus, quam etiam qui nunc nos accusant, antea probaverant: nisi enim ita fecissent, in suum certe librum eam non conjecissent: quæ aliis (ut opinor) displicere

sus in me tuendo exstitisset: non dicam, quid acciderit (multorum est enim, & varia culpa) tantum dicam brevi, non mihi exercitum, sed duces defuisse. In quo, ut jam sit in iis culpa, qui me non defenderunt: non minor est in iis, qui reliquerunt: &, si accusandi sunt, si qui pertimuerunt; magis etiam reprehendendi, si qui se timere simu-

cere coepit, posteaquam viderunt me quoque ab ipsa non penitus abhorrere. Nam quod mendacii me arguunt quod dixerim omnes veteres codices illam retinere, ridiculum est: quomodo enim ipse omnes videre potui? quod si possem, etiam nollem: neque enim mihi honestum esse puto omnem aetatem in veteribus libris excutiendis consumere, & operam meam majoribus in rebus utilem esse posse existimo. Utinam potius tantum studium in his rebus non posuissem, quantum olim posui. Non loquor de Ciceronis libris, in quibus purgandis expoliendisque omnem operam ab omnibus praeclare collocari judico, sed de aliis longe minoribus auctoribus, in quibus castigandis puer olim, judicio peccans, multum diuque laboravi. Omnes igitur, quos vidi scilicet, & perspexi, qui nec pauci omnino fuere, nec, quemadmodum quotidie magis apparebit, pessimi. Idem in Posteriorib. *Consensio*) Ita cod. vet. Pall. Grut. editio princeps. Victorius tamen non male, *singularis bonorum omnium consensus*: sicut & Lambinus in quibusdam suis profitetur fuisse. GRAEVIO. Mentelianus, & meus liber primus non modo firmant lectionem Medicei libri, sed & tollunt, qui Victorium urit, scrupulum, legendo: *mirificus*, & *consensus*: cum in aliis libris sit *mirifica consensio*, quod mutarunt contra codicum omnium auctoritatem, in *consensio*. GRAEV.

Mirifica senatus) Qui, referente L. Ninnio, vestem etiam pro mea salute mutandam frequens censuit. CORRADVS.

Incredibilis Italiae) Ex qua incredibilis multitudo in Capitolium convenit, neque etiam omni ratione privato consilio defendendum putavit. IDEM.

Singularis omnium bonorum) Qui se ad pedes Coss. veste mutata, projecerunt. IDEM.

Non dicam quid acciderit) Sic habent omnes libri: sed legendum videtur, *non dicam per quos acciderit*, vel, *qui acciderit*. Supra autem, ibi, *singularis bonorum omnium consensio*, nostri quoque libri veteres fere omnes habent, *consensus*, pro *consensio*, ut Victorius testatur se in suo antiquiss. reperisse; nos tamen *consensio* retinuimus: quod & Manutius magis probat, & in aliis veteribus comparere affirmat. LAMBINVS.

Multorum est enim culpa) Pompeii, Crassi, Caesaris, & aliorum. CORRADO.

Et varia culpa) Alia Pompeii, alia Crassi, alia Caesaris. IDEM.

Tantum dicam brevi, &c.) Legendum videtur *breviter*. Nam cum dicimus *brevi*, fere subintelligitur tempore. Charisius tamen notat, dictum esse a M. Tullio *brevi*, pro *breviter*, lib. I. De Oratore ad Q. Fr. *Ac, ut plura, quae sunt innumerabilia, consequar, comprehendam brevi*. Ubi tamen quidam legunt *breviter*. Verumtamen nihil utrubique muto: & subintelligo, *sermone*. LAMB.

Non mihi exercitum) Multitudinem ex tota urbe, cunctaque Italia. CORRADVS.

Duces) Optimates. IDEM.

Qui me non defenderunt) Hortensium, & Catonem videtur significare. IDEM.

Reliquerunt) Ut Pompeius. IDEM.

Et si accusandi sunt, si qui pertimuerunt) Egregie & hic locus emendatus in nostra editione exhibendus fuit. In aliis omnibus: *Accusandi sunt, qui pertimuerunt, magis etiam reprehendendi,*

ſimularunt. Illud quidem certe noſtrum conſilium jure laudandum eſt, qui meos cives, & a me conſervatos, & me ſervare cupientes, ſpoliatos ducibus, ſervis armatis objici noluerim: declararique maluerim, quanta vis eſſe potuiſſet in conſenſu bonorum, ſi iis pro me ſtante pugnare licuiſſet; cum afflictum excitare potuiſſent. Quorum quidem animum

di, qui se timore simularunt: at vivaciorem illam lectionem duxi huc ex editione Victorii: adoratur quoque ex Medic. ab Egnatio, Ven. Pall. Grut. Stewechiano, Vaticano, Lambino denique. GRAEVIUS. Adstipulantur etiam Mentelian. Amstelodamens. & prim. Gravii. GRAV.

Qui meos cives) Sic habent omnes codices Memmiani, & item Clericanus: & ita edendum curavit P. Victorius. Neque vero est quod cuiquam durum videatur hoc loquendi genus, *nostrum consilium, qui noluerim*; nam *nostrum*, positum pro *meum*: in *meum* autem inest *ego*. LAMBIN. *Qui meos cives*) Ita Guilielm. e Stewech. neque secus Pall. Gruter. aut editionum prima; ne addam Victorii ac Lambini. Medicaeus *quod meos*. GRAEVIUS. *Qui*) Sic & Amstelodam. & duo Gravii. GRAEVIUS. *Qui* pro *quod*: ut VII. ep. xxviii. & ii. ep. iii. Liv. XXXVI. c. 28. Quod vero *qui* hoc loco non ita apposite respondeat praecedenti *nostrum consilium*, illud ab illa figurata syntaxi venit, de qua mox *Furia*, *qui*. CORT.

A me conservatos) Coss. tempore conjurationis. CORRAD.

Servis armatis) A P. Clodio. IDEM.

Si iis pro me stante pugnare licuisset) Sic emendavimus ex vetustis codicibus. Quo loco Medicaeus cod. ille, inquam, omnium probatissimus, & integerrimus *liquisset* per *q* scribit; saepe enim invenias in antiquis exemplaribus has litteras inter se commutari, & vicissim alteram pro altera capi, ut in hoc ad Memmium epist. Q Valerii sic locus ille legitur: *Quare Cuspianorum omnium commendationis causam hac tibi epistola exponendam putavi: reliquis epistolis tantum faciam*, &c. eodem libro in epist. ad Serv. *Quod relictum est, velim augeas tua in eum beneficia*, &c. Est autem haec omnino commodior & verior lectio: non enim pugnarunt, quamvis parati essent & vellent pugnare pro salute Cic. duces enim defuerunt. Vititur etiam hac eadem locutione in lib. de Sen. epist. ad Cato. cum eandem fere sententiam exponeret: *Mitto quod invidiam, quod pericula, quod omnes meas tempestates & subierim, & multo etiam magis, si per me licuisset, subire paratissimus fuerim*. VICTORIUS. Nostri libri veteres non habent praepositionem *pro*, & vero videtur abesse posse; quamquam non sum ausus tollere: videri enim possit non inepta; & nova est inconcinna antithesis, *Pro stante pugnare*, *Afflictum excitare*. LAMBIN. *Licuisset*) *Subuisset*, unius litterae mutatione libentius legerem, veteribus etiam libris non repugnantibus. VASCUS. Emendatio Victorii ex optimo codice Bibliothecae Medicaeae, quae item conspicitur in Vatic. Stewech. Praeterea ad oram editionis primae manu Bapt. Egnatii additum, legere se littera una adhuc mutata, *libuisset*: quam lectionem exstare aiunt in libro Politiani. Vulgati: *Si ii pro me stante pugnare non destitissent*; sed Pal. tert. editio prima: *Si hi pro me stante pugnare non reliquissent*; quart. ac Grut. *pro me stante pugnare restitissent*. GRAEVIUS. Hunc locum optime constituit Victorius, adstipulante meo primo, in quo clare *licuisset*. Sed vetus Italicus: *si ii pro me stante pugnare voluissent*: scribo *voluissent*; quod sane magis probo. Nolebant enim boni, hoc est optimates pro Cicerone pugnare, invidia potentiae illius incensi, non impediebantur, ut illis non licuisset pugnare, si voluissent consensu & contentione summa niti pro Cicerone contra

mam tu non perspexisti solum, cum de me ageres, sed etiam confirmasti, atque tenuisti. Qua in causa (non modo non negabo, sed etiam semper & meminero, & prædicabo libenter) usus es quibusdam nobilissimis hominibus, fortioribus in me restituendo, quam fuerant iidem in tenendo: qua in sententia si constare voluissent, suam auctoritatem simul cum salute mea recuperassent. Recreatis enim bonis viris consulatu tuo, & constantissimis, atque optimis actionibus

tra Clodium. Graev.

Pugnare lacessisset) Per duces. Corradus.

Non modo non negabo) Parenthesis hæc dudum erat ab aliquo ingeniosiori distincta in Grut. quam postea suo libro commisit Guilielmius, non sine loci totius luce, ut argueret Lambinum nimis præcipitem mutandi sequentia, *te usum esse quibusdam*; animadversa quoque ingenio Henrici Stephani Schedias. lib. II. cap. 26. Gruterus.

Usus es quibusdam nobilissimis hominibus) Pompeio, Crasso, Metello, & aliis. De Pompeio sic ad Atticum scribit: *Ille restituendi mei, quam retinendi studiosior*. Corrad.

Quam fuerant iidem in tenendo) Maluit sic Guilielmius: neque aliter editio prisca, Victorii, Lamb. Pall. Grut. Strewch. deinceps aliquot, *in tuendo*. Gruterus. Nec Guilielmio, nec aliis qui *tuendo* scripserunt hic obtemperandum censeo. Quis enim *tenere hominem* pro servare, tueri, umquam dixit? Sequor MSum Italicum, editionem Lambini, & nonnullorum aliorum, in quibus scribitur *tenendo*; ut paullo ante: *Quo in discrimine, cum mirifice tenuisti, incredibilis Italiæ totius, singularis omnium bonorum consensus in me tuendo extitisset*. Vereor autem, quoniam in multis libris habetur *in tenendo*, ut ipse in tribus, sed recentioribus inveni (in meo optimo, qui mihi solet esse loco cynosuræ, hæc verba cum sequentibus quibusdam negligentia librarii, quod doleo, sunt omissa) ne Cicero scripserit, *in me retinendo*. Graev. *In tenendo*: tuendo, conservando, & retinendo. III. de Offic. c. 4. Livius II. Front. I. cap. 8. n. 12. Corr.

Qua in sententia si constare) Cato, & ejus æmulatores. Corrad.

Recuperassent) Amissam, Pisone, & Gabinio Coss. Idem.

Recreatis enim bonis viris consulatu tuo) Nos quia horum codicum probitatem multis modis perspectam habemus, nihil fere in illis invenimus, quod penitus contemnamus. Quæ tamen non tuto visi sumus posse recipere; & tamen digna putavimus, ut de his lectorem admoneremus, conservata priore scriptura, hæc conferemus, quemadmodum hunc locum: sic enim in antiquis legitur: *Recreati enim boni viri consulatu tuo, & constantissimis atque optimis actionibus tuis excitati*, &c. ut possint alii majoris ingenii, & eruditionis viri tam diligenter considerare. Quod si negligentiæ librariorum tribuendum sit, mirum profecto est accuratum alioquin hominem, qualis fuit, qui librum Mediceum scripsit (ut alios taceam) quater in eodem tractu peccasse, & cum semper septimo casu quatuor nomina scribere debuisset, ne semel quidem recte reddidisse. Victorius. Cum reperissem in nostris libris omnibus MSS. *Recreati boni viri*, &c. *excitati*, &c. in casu recto, non, ut in vulgatis *Recreatis enim bonis viris*, &c. & *excitatis*, &c. (quæ lectio propter tot casus ablativos concurrentes durinscula est) his duabus vocibus additis, sive suppletis potius, (quippe quas a scriptore librario prætermissas esse verisimile est,) *cum essent*, sic hunc locum restitui: *Recreati enim cum essent boni viri*, &c. Lamb. Locus interpolatus: ut enim indicavit Victorius ex-

nibus tuis excitatis, Cn. Pompeio præsertim ad caussam adjuncto, cum etiam Cæsar, rebus maximis gestis, singularibus ornatus & novis honoribus, ac judiciis Senatus, ad auctoritatem ejus ordinis adjungeretur: nulli improbo civi locus ad remp. violandam esse potuisset. Sed attende, quæso, quæ sunt consecuta: primum illa furia muliebrium religionum,

stat in vetustissimo Mediceo: *Recreati enim boni viri consulatu tuo e. c. a. ept. est. a. excitati*; quod idem testor de Pall. deque Grut. & Stewech. item impressione prima. Medicina Lambini nimis est audax. Græ. Miror hic Victorium non sequi suum optimum codicem, cui & meus primus, & Mentelianus suffragatur, nec non editio vetustior utraque Italica; præsertim cum omnia sint liquida & clara, si modo recte interpungatur: *Recreati enim boni viri consulatu tuo, & constantissimis atque optimis actionibus tuis excitati, Cn. Pompeio præsertim ad caussam adjuncto. Cum etiam Cæsar &c. adjungeretur, nulli improbo civi locus ad remp. violandam esse potuisset.* Recreati & excitati scilicet sunt boni viri. Cum Cæsar etiam his partibus adjungeretur, nulli improbo civi locus ad remp. violandam esse poterat. Sic ut loqueretur Cicero communis usus videbatur postulare, non *potuisset*. Sed eadem ratio; licet *excitatis* & *recreatis bonis viris* scribas, & contra librorum antiquorum auctoritatem refingas. Nam *recreatis & excitatis bonis viris*, est cum excitati & recreati essent tuo Consulatu, non, si excitati essent. Tum locum haberet *potuisset*, ut vulgo loquebantur. Sed sæpius aliter veteres. Cur igitur repudiemus scripturam tam sanam, & omnium codicum bonorum præsidio fultam? GRÆVIUS.

Novis honoribus) Supplicatione quindecim dierum. CORR.

Ac judiciis Senatus) Qui honores illos illi decrevit. ID.

Illa furia muliebrium religionum) Nos *furia* legimus: non tamen in hac parte ab antiquis codicibus adjuti sumus: est enim in illo etiam probatissimo idem error; sed cum sit unius tantum litteræ facienda parva immutatio, sententiaque hujus loci valde illustretur, cum ante nullus commodus sensus eliceretur, speravimus, si perversionem illam correxissemus, in reprehensionem non casuros: cum enim hic manifesto de Clodio agatur, quem sæpe furiam appellat, digno illius flagitiis nomine, cur non hic quoque ita appellet? In epistola ad Q. Fratrem de Clodio agens sic inquit: *Aut illum ad illam furiam verum ref.rimeret.* Quod autem dicit *furia religionum*, ut generandi casum, hæc non furia sustineat, idem facit in oratione in L. Pisonem, cum illum *furiam sociorum* appellat. Nam quod sequitur, *Impuniatem fallerem verum fraternitis*, vetusti codices habent, *Impuniatem fallerem fraternitis*, pro *Impuniatem est*, quæ scriptura semper est in Mediceo, ut in melioribus Plauti, & Terentii codicibus suppressa *e* litteræ: quod cum nonnulli fortasse non intellexissent, ex illis verbis *Atillorum, falerum* fecerunt, de suoque *verum* addiderunt, & alia quædam quæ mirifice hunc locum perturbarunt; quibus sublatis, itcoque omnibus maculis diligenter purgato, sententia ejus, quamvis occultior, ignota esse non poterit studiosis, & his præcipue, qui accurate historiam illorum temporum, & earum maxime rerum, quæ ad se pertinebant, a Cicerone sæpius scriptis suis explicatam didicerint. VICTOR. Mirifice delector veris Vbaldini laudibus, gaudeoque non parum, mecum illum sentire. Quod si antea hanc lectionem sequebar, nunc eam valde diligo, postquam illum audivi acerrimi judicii hominem ipsam quoque suo ingenio excogitasse. Cum autem quibusdam non infulsis (ut opinor) rationibus eam confirmassem, non magis ipsam

rum, qui non pluris fecerat Bonam deam, quam tres sorores; impunitatem est illorum sententiis assecutus, qui (cum tri-

ipsam vi earum, quam illico unius testimonio, veram esse puto. Io. In poster. *Illa furia*) P. Clodius: etsi, *illa furia*, vel *ille fur*, passim legitur. Cons. Secutus olim fueram P. Victorii conjecturam, *illa furia muliebr.* vel, antiqua scriptura rejecta, *ille furta muliebr.* &c. cum propterea quod historiæ repugnat, tum propter locutionis ac sermonis novitatem, sive potius insolentiam, & solœcismum: *ille furta*, qui &c. Postea etiam Petri Victorii conjecturam improbavi, cum propter alias causas, tum maxime propterea quia Clodius non idcirco potest dici furia religionum fuisse, quod, muliebri vestitu sumto, domum Cæsaris, in qua sacrificium a mulieribus pro populo fiebat, noctu introierit; nam per *furiam religionum*, intelligeremus potius vexatorem, &, ut ita dicam, infestatorem: non autem non significat hoc M. Tullius, neque hoc sentit: sed hoc potius, Clodium, qui muliebribus religionibus furtim interfuerit, vel qui domi Cæsaris, in qua Bonæ Deæ sacra a mulieribus fiebant, (ad quæ sacra non licebat viris adire,) cum veste muliebri deprehensus fuerit: hunc Clodium, inquam, a Milone de vi postulatum, a judicibus fuisse absolutum. Quare legendum prorsus arbitror, *ille fur muliebrium religionum*, &c. quo modo etiam in uno libro typis impresso reperi. Lamb. Velle hic retinere librorum, & editionum antiquarum lectionem, in quibus scribitur, sicut alia sententia, *illa furia muliebrium religionum*, est, inventis frugibus, velle pasci glandibus. Si vel minime *furta muliebrium religionum* posses explicare, furtivum concubitum in muliebribus religionibus, sive sacris Bonæ Deæ commissum; quod tamen nego Latinis auribus posse probari; unde tamen pendet? Quid nam sunt, aut agunt *illa furia religionum*? Nec est unde pendeat sequens qui; hoc enim plane refertur ad hominem, quem in præcedentibus verbis nominarat, nimirum illa *furia religionum*. Divinæ restituit hunc locum Servator Tullii Victorius. Sic autem vocatur Clodius, qui tamquam furia intervenit iis sacris, illaque violavit. Sane Clodium Furiam quoque vocat Cicero in III. ad Q. Fratrem ep. I. *De Clodii ad Cæsarem litteris, in quo Cæsaris consilium probo, quod tibi amantissime petenti veniam non dedit, uti ullam ad illam furiam verbum rescriberes.* Et Orat. in Vatin. *Quæro, qui a tanta in te vanitas, tanta levitas fuerit, ut in hoc judicio T. Annium iisdem verbis laudares, quibus eum laudare & boni viri, & boni cives consueverunt, cum in eundem nuper ab eadem illa teterrima furia productus ad populum, cupidissime falsum testimonium dixeris?* Manutius & Lambinus, quæ afferunt ad *furta* tuendum sunt stipula leviora. Primum quis umquam dixit *furta religionum* pro nocturno flagitio in sacris. Dein si sic loqui fas esset, quis tamen istam ellipsin probabit: primum illa furta muliebrium religionum, nota scilicet sunt omnibus. Sic enim Manutius. Postea licet & hoc non improbatur, quid tamen fiet illo qui quod sequitur? Omnia sunt, si ita legas, hiulca. Poteram me his immorari, nec attigissem, nisi recentiores hanc crambem olim damnatam recoquisse viderem. Graev. *Furia . . . qui.* Ita præclarissime restituit locum P. Victorius, cum ante esset *Furta muliebrium religionum*. Clodius *furia* audit etiam Tullio III. ad Q. Fr. ep. I. Syntaxin vero figuratam late defendit Gronovius ad Liv. XXIX. c. 12. *Synthesin* nempe, vel *Synesin* vocant: ut Terent. Andr. A. III. Sc. V. Gellius XVII. c. I. Liv. XXXVIII. c. 46. Cic. de Harusp. Resp. c. 3. Conr.

Religionum) Bonæ Deæ pro populo. Conradus.

Quam tres sorores) Clodiam, Terentiam, & alteram cognomine Quadrantem, quas Clodius frater constuprasse dicitur. Io.

Impunitatem) Violentia, & servis, & gladiatoribus in urbe factis. Io.

Impunitatem est illorum) Redemtam duxit

tribunus pleb. pœnas a seditioso civi per bonos viros judicio persequi vellet) exemplum præclarissimum in posterum vindicandæ seditionis de rep. sustulerunt : iidemque postea non meum monumentum (non enim illæ manubiæ meæ, sed operis locatio mea fuerat) monumentum vero Senatus, hostili nomine, & cruentis inustum litteris esse passi sunt. Qui me homines quod salvum esse voluerunt, est mihi gratissimum : sed vellem non solum salutis meæ, quemadmodum medici, sed ut aliptæ etiam virium, & coloris rationem habere voluissent. Nunc, ut Apelles Veneris caput, & summa pectoris politissima arte perfecit ; reliquam partem corporis inchoatam reliquit : sic quidam homines in capite meo

meo

dunt ex Vatican. Guilielmius hanc lectionem, inventam Victorio in membranis Mediceis, nisi quod ibi littera una minus ; *impunitatem, 'st illorum*, &c. In vero Palat. prim. etiam diserte habet *impunitatem scillorum sententiis*: ceteri *impunitatem scelerum sententiis assentus* : ut & prima editio : aliæ, *imp. scelerum eorum sententiis*. Gru. Primus Gravii : *impunitatem est illorum sententiis adsentatus*. Secundus, ut & Mentelianus, & Amstelodamensis : *impunitatem scelerum sententiis assecutus*. Graev.

Cum tribunus plebis) T. Annius Milo, qui primo P. Clodium de vi postulavit, & postea quam ab eo eadem judicia sublata vidit, ne ille omnia vi posset efficere, curavit. Corr. *Cum trib. pleb. pœnas a seditioso civi* &c.) Ita scripsi potius ex Vatic. Pall. edit. prima, alioque vet. cod. quam vulgo: *cum* &c. *in judicio* : sed mirum si portentum ne silerem ad priora : Pall. tert. Grut. habent, *cum tyrannus P. Lentulo*, pro, *cum tribunus pleb. pœnas*. Gru. Receptam a Gebhardo lectionem tuentur duo mei, & Amstelodamensis: sed & Graevii portentum lectionis, quod ex Palatino tertio, & Gruteri codice Gebhardus attulit. Mentelianus vero: *Cum T. Annius tribunus plebis*. Quam lectionem veram esse existimo, & ex illa ortum illud monstrum: *tyrannus*. Ex PL. vero pro *plebis P. Lentulo*. Credibile enim est Ciceronem tribuni plebis nomen expressisse. Graev.

A seditioso civi) P. Clodio. Corr.

Exemplum præclarissimum) Judicium de vi Clodianum. In Bene exemplum: & lege Orationem Memmii apud Sallust. Jug. c. 31. Inst. II c. 4. G. Corr.

Iidemque) Vel judices, vel senatores : & in his M. Cato, qui Clodium in ea re multum juvit. Corr.

Non meum monumentum) Atrium Libertatis, quod Cicero Senatus auctoritate postquam Catilinæ conjurationem compressit, exstruxerat. Vid. P. Manut. Graev.

Non enim illæ manubiæ meæ, &c.) Non est ex præda victi a me hostis, aut pecunia ex illa præda relicta mei honoris causa libertatis illud atrium exstructum, sed id pecunia publica ad id a senatu assignata, locavi mancipibus extruendum. Id.

Hostili nomine) Clodii nomine. Corr.

Cruentis inustum litteris) Cui inscriptionem mihi senatuique contumeliosam & turpem præfixerat Clodius. Vid. P. Manut. Graev.

Aliptæ) Unctores in balneis & gymnasiis, qui virium & coloris rationem habebant. Vid. P. Manut. Id.

Veneris caput) *Apelles inchoaverat & aliam Venerem Cois, superaturus etiam illam suam priorem : invidit mors, peracta parte, nec qui succederet operi ad præscripta lineamenta inventus est*. Plin. XXXV. 10. Id.

In capite meo) De salute, & reditu. Corr.

Reli-

meo ſolum elaborarunt : reliquum corpus imperfectum , ac rude reliquerunt. In quo ego ſpem feſelli non modo invidorum, ſed etiam inimicorum meorum: qui de uno acerrimo, & fortiſſimo viro, meoque judicio, omnium magnitudine animi, & conſtantia præſtantiſſimo, Q. Metello Lucii filio, quondam falſam opinionem acceperunt; quem poſt reditum dictitant fracto animo, & demiſſo fuiſſe. Eſt vero probandum, qui & ſumma voluntate ceſſerit, & egregia animi alacritate afuerit, neque ſane redire curarit, eum ob id ipſum fractum fuiſſe : in quo cum omnes homines, tum M. illum Scaurum, ſingularem virum, conſtantia & gravitate ſuperaſſet. Sed quod de illo acceperant, aut etiam ſuſpicabantur, de me idem cogitabant, abjectiore animo me futurum : cum reſp. majorem etiam mihi animum, quam umquam habuiſſem, daret: quæ declaraſſet, ſe non potuiſſe me uno civi carere: cumque Metellum unius tribuni plebis rogatio, me univerſa reſp. duce Senatu, comitante Italia, promulgantibus omnibus, referente conſule, comitiis centuriatis,

Reliquum corpus) Dignitatem, & fortunas. Io.

Invidorum) Vt Catonis, & Hortenſii. Ioan.

Inimicorum) Vt Clodii, & Craſſi. Ioan.

De uno acerrimo) *Vnus* ad præſtantiam pertinet, quaſi qui *unice* ſit *acerrimus*, XV. ep. 16. Sueton. Tito c. 8. Plaut. Capt. A. I. Sc. II. Eutrop. IX. c. 8. G. Conr.

Q. Metello) Q. Cæcilio Metello Numidico, qui cum M. Iunio Silano Coſ. fuit: lege Plutarchum in Mario, Livium, & Appianum. Conr.

Summa voluntate ceſſerit) Vt is, cui patriæ ſalus dulcior, quam conſpectus fuit. Io.

Egregia animi alacritate afuerit) Sic edidit P. Victorius: ſic habent codices Memmiani, & item Clericanus. Paullo poſt, ubi vulgati habent, *redire curarit*, illi habent *curaret*. Et paullo poſt, non habent vocem *animo*: ſed hoc tantum, *fractum fuiſſe* : *in quo*, &c. Lamb.

Neque ſane redire curarit) Rhodi Philoſophos audiens. Conr.

M. illum Scaurum) Vide Aurel. Victoris libellum de Viris illuſtribus. Conrad.

Superaſſet) Nam Scaurus in legem Apuleiam juravit, Metellus jurare noluit; etiamſi ſtatutum eſſet, ut ei, qui non juraſſet, aqua, & igni interdiceretur. Io. Fa. Gron.

Quæ declaraſſet ſe non potuiſſe me uno civi carere) Sic recte Lamb. nam Pall. Grut. Stewech. Vatic. Princeps editio Victoriique inducunt *eo jam*. Porro *civi*, non *cive*. Pal. tert. Vatic. Stewech. editio Victor. in Varia. alias eſt, *quum declararet ſe non*; inde Victorius, *cum declaraſſet ſe non*. Pal. tert. cum Grut. *quæ declaraſſet ſe jam non*. Graevius.

Unius tribuni plebis rogatio) Q. Calidii, Ciceroni pro Plancio; Calidii, Aurelio Victori de Viris illuſtribus. Ioan.

Promulgantibus omnibus) Trib. pleb. Licet in ſenatu poſt reditum ſeptem tantum nominarit. Ioan. In libro manuſcripto additum eſt *Tribunis plebis*;

riatis, cunctis ordinibus, hominibus incumbentibus, omnibus denique suis viribus recuperasset. Neque vero ego mihi postea quidquam assumsi: neque hodie assumo, quod quemquam malevolentissimum jure possit offendere: tantum enitor, ut neque amicis, neque etiam alienioribus, opera, consilio, labore desim. Hic meae vitae cursus offendit eos fortasse, qui splendorem, & speciem hujus vitae intuentur: sollicitudinem autem, & laborem perspicere non possunt. Illud vero non obscure queruntur in meis sententiis, quibus ornem Caesarem, quasi desciverim a pristina causa. Ego autem cum illa sequor, quae paullo ante proposui; tum hoc non in postremis, de quo coeperam exponere. Non offendes eundem bonorum sensum, Lentule, quem reliquisti: qui confirmatus consulatu nostro, nonnumquam postea interruptus, afflictus ante te consulem, recreatus abs te totus est: nunc ab iis,

bis: quod tamen necessarium non videtur, cum supra dixerit *vaias Tr. pl.* F. Vasta.

Referente consule) P. quidem Lentulo auctore, sed pariter referente collega, Q. Metello Nepote. Conradus.

Comitiis Centuriatis) *[illegible]*, inquit alibi, *me Comitiis Centuriatis, quae maxime majores justa dici haberique voluerunt, arcessivit in patriam, ut eaedem Centuriae, quae me Cos. fecerant, consulatum meum comprobarent*, Idem. A *centuriis*, per quas populus suffragia ferebat. Gellius XV. c. 27. His autem magistratus majores creabantur, leges ferebantur, & judicium perduellionis exercebatur. Sic legem de *Cicerone revocando* his comitiis latam esse ipse memorat IV. ad Attic. ep. 1. G. Cort.

Cunctis ordinibus, hominibusque incumbentibus) Libri manuscr. non habent copulam post *hominibus*: cetera cum vulgatis consentiunt: unde ego legendum puto, *cunctis ordinibus, aliis hominibus incumbentibus*. Lambin. Copulam nec P. Victorius agnoscit, nec tertius Palatinus, nec Gruterianus, nec Amstelodamensis, nec mei duo, nec Mentelianus. Meus primus, ut & princeps editio, nec non duo vetustiores Italicae pro *hominibus* scribunt *omnibus*. Vereor ne *hominibus* sit a mala manu, natumque ex depravata scriptura libri vetustioris, aut ab imperito sciolo, qui *ordinibus* reponit insuspirato in *hominibus*: In comitiis enim dicit cunctos ordines incubuisse, ut restitueretur. Satellites Clodii certe minime in hanc rem incubuerunt; sane quo magis considero hunc locum, eo magis persuadeor *hominibus* esse delendum. Graev. *Hom. incumb.* Priorem vocem delendam censet Graevius, quam ignorant nonnulli codices, servant regii. Lall.

Meae vitae cursus) Sic de Cl. Orat. circa fin. de 1. Offic. c. 32. & 33. de XV. ep. 5. G. Cort.

Quasi desciverim a pristina causa) Reipub. libere defendendae. Conrad. MSti *desciverim*, unde I. Fr. Gronovius conjicit legendum esse, *descissem*. Graev.

Quae paullo ante proposui) De consilio meo, complectendi Pompeii, & Caesaris. Conrad.

De quo coeperam exponere) De quibusdam invidis. Idem.

Qui confirmatus) Epilogus ab illis verbis, *[illegible]*. Idem.

Afflictus ante te Consulem) Pisone, & Gabinio Coss. Idem. Totum hunc locum

iis, a quibus tuendus fuerat, derelictus: idemque non solum fronte atque vultu, quibus simulatio facillime sustinetur, declarant ii, qui tum nostro illo statu optimates nominabantur: sed etiam sensu saepe jam tabellaque docuerunt. Itaque tota jam sapientium civium, qualem me & esse & numerari volo, & sententia & voluntas mutata esse debet. Id enim jubet idem ille Plato, quem ego vehementer auctorem sequor: Tantum contendere in rep. quantum probare tuis civibus possis: Vim neque parenti, neque patriae afferre oportere. Atque hanc quidem ille causam sibi ait non attingendae reip. fuisse: quod cum offendisset populum Atheniensem prope jam desipientem senectute, cumque eum nec persuadendo, nec cogendo regi posse vidisset, cum persuaderi pos-

eum sic malim legere: *Qui confirmatus consulatu nostro, nonnunquam post ea interruptus & afflictus ante te Consulem, recreatus abs te totus, est nunc ab iis, a quibus tuendus fuerat, derelictus.* Hic enim loquendi modus apud Ciceronem est frequentissimus. Vel initio pro Sextio ait: *Et quoniam in gravissimis temporibus civitatis atque in ruinis eversae atque afflictae reip. P. Sextii tribunatus est a fortuna ipsa collocatus.* Gulielm.

Nunc ab iis, a quibus tuendus fuerat) Domitio, Catone, Favonio, & reliquis ejusdem sectae. Corrad.

Sed etiam sensu saepe jam tabellaque docuerunt) Sic & mei MSi, & Amstelodamensis, & Mentelianus. Sed quid sit *sensu docere*, fateor me non intelligere. Itaque adsentior Manutio, Lambino, Corrado, qui legunt *frequentia*, nimirum in senatu dicta. Graevius. *Sensu tabellaque docuerunt*) Nollem doctus Gravium dixisse, se non intelligere, quid sit *sensu docere*: opponit *sensum*, *fronti*, & *vultui*, & cum aliter de Cicerone sentirent, apparebat istum ab illis derelictum esse. Aut statue *ex his duobus*, *tabella*, quae *suffragia*, lege tabellaria, *ferebantur*, quaque sensus & sententia apparebat. certe *tabella* per se ita accipienda est; V. Cic. III. de Legibus & I. ad Att. ep. xiv. Ceterum sententiam illam de *vultu simulato* latius exsequitur I. ad Q. Fr. ep. I. G. Cort.

Tabellaque) Suffragiis, de quibus plura Cicero lib. III. de Legibus. Et sane Cato, in judicio Gabiniano diruptis tabellis, de circulo se subduxit. Corrad.

Desipientem senectute) De civitatibus etiam & rebus p. res hominum & ita *aetatis* dici, ex Seneca ep. lvii. & lxxxi. aliis & unius Flori Praefatione constat. Igitur cum de nimia senectute verum sit illud Jugurthae apud Sallust. c. 11. *Corruptum annis Micipsam parum animo valere*: licuit Ciceroni de populo Atheniensium corrupto, & vitiis confecto latine *desipere* dicere. Sic interpretare; nec audi Cellarii *insanabilem*. G. Cort.

Cumque eum nec persuadendo, nec cogendo) Hunc locum, quem valde quidam suspectum habent, nullam in optimis exemplaribus varietatem habere cognovi; quod si cogitemus, cum Cic. de Platone inquit, *Cumque eum nec persuadendo, nec cogendo regi posse vidisset*, de se Platonem intellexisse (ab aliis enim, qui cogere non dubitassent, regi potuisset) omnis scrupulus evellitur. De se autem uno Platonem locutum esse, superiora verba declarant. Intellectus totius loci ergo apertus est, a me tamen breviter exponetur. Cum populus Atheniensis jam desiperet senectute, deque via recta discessisset, necesse erat ei, qui ipsum corrigere vellet, aut quod illi

ri posse diffideret, cogi fas esse non arbitraretur. Mea ratio fuit alia, quod neque desipiente populo, neque integra re mihi ad consulendum, capesserem ne remp. implicatus tenebar. Sed lætatus tamen sum, quod mihi liceret in eadem causa & mihi utilia, & cuivis bono recta defendere. Huc accessit commemoranda quædam, & divina Cæsaris in me, fratremque meum liberalitas: qui mihi, quascumque res gereret, tuendus esset. Nunc in tanta felicitate, tantisque victoriis etiam si in nos non is esset, qui est; tamen ornandus videretur. Sic enim te existimare velim, cum a vobis meæ salutis auctoribus discesserim, neminem esse, cujus officiis me tam esse devinctum non solum confitear, sed etiam gaudeam. Quod quoniam tibi exposui, facilia sunt ea, quæ a me de Vatinio, & de Crasso requiris. Nam de Appio

illi rectum esse intelligeret ei persuadere, aut vim afferre & invitum cogere: in quorum neutro sibi elaborandum esse Plato existimabat: cum rationem illum contemturum esse existimaret, ac se frustra omnem operam in ea repositurum esse arbitraretur: imponere autem necessitatem patriæ nefas esse judicaret; cujus rei causam ipse reddit accuratissime, partim in epistola ad Perdiccam, in qua hæc sunt: [illegible] ὑπὸ τοῦτ' ἐστιν ὅτι Πλάτων ὀψὲ ἐν τῇ πατρίδι γέγονε καὶ τὸν δῆμον κατείληφε πρεσβύτερον, καὶ εἰθισμένον ὑπὸ τῶν ἔμπροσθεν, πολλὰ καὶ ἀνόμοια τῇ ἐκείνου συμβουλῇ πράττειν· ἐπεὶ πάντων ἂν ἥδιστα καθάπερ πατρὶ συνεβούλευεν αὐτῷ, εἰ μὴ μάτην μὲν κινδυνεύσειν ᾤετο, πλέον δ' οὐδὲν ποιήσειν. *Numquam sarveris ad fraternitatem suam dicendum: Ad hoc respondebimus, Platonem sero tandem fuisse in Patria, populumque offendisse jam senescente despiratum, assuefactumque per illos, qui ante se fuerant, multa diversa facere a consilio suo. Nam libentissime ut parenti illi consuluisset, nisi frustra seipsum periculum subiturum existimasset.* Partim in priore epistola ad Dionis propinquos, quæ qui scire volent, apud auctorem ipsum quærant. Victor. *Tum cum me persuadendo*, &c.) Sic hunc locum emendandum esse arbitror, levi immutatione facta. Alii autem Ge, *cum tam non persuadendo, sed cogendo*, &c. Alii hunc locum non tangentes, neque quidquam in eo mutantes, legunt paullo post, *quum persuaderi*, pro, *cum persuaderi*. Lambin. Vetus codex N. Sceff: *Cum per enim me persuadendo, aut cogendo, me cogendo regi posse vidisset*: quod non temere respuendum. A multis enim, quos rationibus nullis unquam expugnaveris, precibus aufertur, quod volumus. Grav. *Cum persuaderi posse diffideret*. Hic certe Ciceronem in Cicerone desiderarem, si eum ita scripsisse crederem: sed omnino mihi persuadeo, scriptum reliquisse, *quum persuaderi*. Siquidem illa altera lectio ejusmodi est, ut primo *adspectu* pendere etiam sententia videri possit. Man. Steph. Habet nonnihil intricatum hæc constructio, cui vitio medeberis, si legeris, *nam cum me persuadendo, me cogendo regi posse vidisset*, cum &c. Lall.

Neque integra re mihi ad consulendum) Quippe cum semel ad R. P. accessissem. Corrad.

Meæ salutis auctoribus) Principibus bonis auspiciis, iis qui *primi* & *præcipui* fuistis in mea salute restituenda. Sic Velleius II. c. 10. Cic. II. Phil. c. 11. G. Cort.

Reli-

pio quod scribis, sicuti de Cæsare, te non reprehendere: gaudeo consilium tibi probari meum. De Vatinio autem, primum reditus intercesserat in gratiam per Pompeium, statim ut ille Prætor est factus, cum quidem ego ejus petitionem gravissimis in Senatu sententiis oppugnassem; neque tam illius lædendi causa, quam defendendi, atque ornandi Catonis: post autem Cæsaris, ut illum defenderem, mira contentio est consecuta. Cur autem laudarim, peto a te, ut id a me neve in hoc reo, neve in aliis requiras: ne tibi ego idem reponam cum veneris: tametsi possum vel absenti. Recordare enim, quibus laudationem ex ultimis terris miseris: nec hoc pertimueris; nam a me ipso laudantur & laudabuntur iidem. Sed tamen defendendi Vatinii fuit etiam ille stimulus, de quo in judicio, cum illum defenderem, dixi me facere quiddam, quod in Eunucho parasitus suaderet militi:

Ubi nominabit Phædriam, tu Pamphilam
Continuo: si quando illa dicet, Phædriam
Intromittamus comissatum: tu, Pamphilam
Cantatum provocemus: si laudabit hæc
Illius formam: tu hujus contra: denique
Par pari referto, quod eam mordeat.

Sic

Reditus intercesserat in gratiam) Reconciliatio intervenerat Pompeio auctore. Celear.

Statim ut ille Prætor est factus) Vatinius, competitore M. Catone. Corradus.

Ex ultimis terris) Hispaniis. Idem.

Et laudabuntur iidem) Fortasse C. Antonius, & ipse Vatinius. Idem. Hemistichium carminis heroici; quod cum sit in prosa oratione vitiosum, suspectus hic locus est, aut certe notandus. Lambin.

Dixi me facere quiddam) Legendum fortasse est, *me facere idem quod*, &c. Idem.

Par pari referto) In Mediceo codice, *par pro pari* legitur; quemadmodum Paulus in vetere exemplari se reperisse testatur: id nos etiam antea adnotaramus; sed cum neque in Terentio, quem olim Politianus cum vetustissimo & probatissimo illo Petri Bembi contulerat, ita legeretur: neque in altero pervetusto, quem domi habeo, ullum vestigium hujus lectionis reperiretur, nihil immutare ausus sum, magisque Terentii librorum testimonio sua in re standum esse censui, quam aliorum, qui sæpe in alieno negotio negligentes esse consueverunt. Animadverteram præterea Ciceronem libro XVI. ad Atticum, vel potius Atticum ipsum ita locutum esse: *Provide, si cui quid debetur, ut sit unde par pari respondeatur*. Cognovi tamen postea studio ac diligentia amicorum, vetustum Terentii exemplar, quod in Vaticana bibliotheca est, *par pro pari*, habere: & idem quoque in alio, quod in Divi Marci Florentiæ est, eandem scripturam servari: quare quam-

Sic petivi a judicibus, ut, quoniam quidam nobiles homines, & de me optime meriti nimis amarent inimicum meum, meque inſpectante ſæpe eum in Senatu modo ſevere ſeducerent, modo familiariter atque hilare amplexarentur: quoniamque illi haberent ſuum Publium: darent mihi ipſi alium Publium, in quo poſſem illorum animos, mediocriter laceſſitus, leviter repungere. Neque ſolum dixi; ſed etiam ſæpe facio, diis hominibuſque adprobantibus. Habes de Vatinio: cognoſce de Craſſo. Ego cum mihi cum illo magna jam gratia eſſet, quod ejus omnes graviſſi-

quamvis alii aliter emendarint, hanc veram eſſe puto Terentiani carminis reſtitutionem. VICTOR. *Tu par pari referto*) Sic eſt legendum, non, ut vulgo *par pro pari*, &c. Nam primum, libri nulli veteres, quos quidem viderim, habent *pro*: deinde nonnulli ſic habent ut nos edidimus: poſtremo Latini ſermonis lex poſtulat ut ita legatur, *par pari referto*. LAMBIN. *Par pari referto*] Sic Pal. pr. & quart. nam ſec. tert. item membranæ Gruteri habent: *par pro pari referto*. Lambin. adjecit, *tu par pari*, &c. ſed non a libris. GRON. *Par pro pari referto*) Cum ſic ex Mediceo noſter Victorius, ex tribus MSſis Gebhardus, miror cur Gebhardus ita in contrarium ſibi modum ratiocinans illud, quod ex duobus notat, prætulerit, cum L. XII. Ep. 25. ubi etiam locus ex Terentio citatur, nempe iſte, & ita, *Novum his dies aliam vitam defert*, qui in comœdia ipſa non ad eum modum format poſtremum verbum, aliter exigat, quia Cicero potuit locum iſtum ex memoria pro arbitratu laudaviſſe. Quod verum eſt, & hic quoque cogitari oportuit ac credi, licet intelligam, eſſe Codices, & eos non ſpernendos, ubi illud *pro* non exſtet, quorum librarii videntur mihi ſuas manus formaviſſe ad lectionem ipſius Terentii, non ad exemplum epiſtolæ Ciceronis, quod ante oculos habebant. IAC. GRON. Cum in optimo Mediceo, aliquot Palatinis & aliis ita legatur, & a Terentii optimis libris confirmetur; præterea ad Siculorum *Mores quos pater proxime accedat*: auſus ſum, quod verum, reſcribere potius, quam Lambini *Tu par pari* admittere: qui cum negat Latine dici *par pro pari referre*, non cogitavit Ovidii *pro parte ferent*; nec Ciceronis *fidem ſervare cum hoſte*, nec Salluſtii *pœnas pro factis dignas* h. e. pro conditione factorum, Cat. c. 51. Sic hoc loco *pro pari*, pro conditione illius, quod tibi accidit & ſimiliter te momordit. Sed, ſi maxime cum *referre* conjungas, dixit etiam Capitolin. Maxim. c. 18. CORT. Ita ex Vaticano hic & apud Terent. Victorius. Vulgo *par pari referto*. LAMB.

Quidam nobiles homines) Cato, & ejus amici. CORRAD.

Haberent ſuum Publium) Publium Clodium inimicum meum. IDEM.

Alium Publium) Publium Vatinium; ipſius Catonis inimicum. Nec locus joco carere videtur, propter Publium Mimum, his temporibus celebrem: IDEM. Iſte jocus nihil pertinet ad Publium Mimum. Sed Vatinium vocat venuſte *alium Publium*, quia æque ut Clodius infeſtus erat virtutibus ſimul & optimatibus. GRÆV.

Diis hominibuſque adprobantibus] Hoc eſt, ſine ullius reprehenſione. Formula eſt elegans. Vid. P. Manut. GRÆV. Omnibus omnino. Pro Domo ſua c. 17. Livius III. confer Salluſt. Cat. c. 15. CORT.

Magna jam gratia eſſet) Poſt reditum ab exſilio: nam & Craſſus in eo re Ciceroni favit. CORRAD.

Graviſſimas injurias) Poſt Catilinæ con-

visimas injurias; communis concordiæ causa, voluntaria quadam oblivione contriveram, repentinam ejus defensionem Gabinii, quem proximis superioribus diebus acerrime oppugnasset, tamen si sine ulla mea contumelia suscepisset, tulissem: sed cum me disputantem, non lacessentem læsisset, exarsi non solum præsenti, credo, iracundia (nam ea tam vehemens fortasse non fuisset,) sed cum inclusum illud odium multarum ejus in me injuriarum, quod ego effudisse me omne arbitrabar, residuum tamen insciente me fuisset, omne repente apparuit. Quo quidem tempore ipso, qui-

conjurationem, unde acre grave inter eos inimicitiis, Idem.

Communis concordiæ causa) Nam quod Cic. dixit ad Quir. post Red. c. 9. *Odium vel precibus mitigari potest, vel temporibus reip. communique utilitate deponi*; illud ipse effecit: vide Philip. I. c. 1. Sic ob remp. Aristides & Themistocles, acerrimi inter se obtrectatores, inimicitias deposuerunt, Plut. Aristid. p. 913. adde quæ de Fabio Papyrio privatim infesto Livius Lib. IX. Cort.

Voluntaria quadam oblivione contriveram) Hoc est extinxeram, deleveram ex meo animo; vid. Manut. Pal. pr. *contriveram*; sec. Grut. *contreram*. Stewechii MSi *contriveram*. Gruterus aliquando fuit suspicatus *contereram*. Germann. MSus quoque Gravii *contreram*. Amstelodam. *contriveram*. Graev.

Repentinam ejus defensionem Gabinii) De majestate, & de pecuniis repetundis rei, postquam ex Syria rediit. Corradus.

Quem proximis superioribus diebus acerrime oppugnasset) Reperit Guilielmius in uno codice antiquo; *quem proximis superioribus diebus acerrime oppugnassem*; cui accedit Gruterianus. Nec longe abit Amstelod. *q. p. s. d. a. oppugnassem*; de qua re cogitent doctiores. Graev.

Non lacessentem læsisset) Sic repono ex editione prima, Pall. tertio, quarto, Gruteriano. Unde illud vulgatum *lacessisset* irrepserit multum mecum anquisivi, nec reperi. Gebhardus. *Non lacessentem læsisset*) Hoc est, acri-

Cic. Op. T. XIV. Epist. Fam. T. I.

ter perstrinxisset; sic Amstelodam. & Grav. primus, cum plurimis aliis quos docti viri evolverunt. Nec video, cur præferenda sit illa recentiorum librorum lectio, quam recepit Gebhardus, *non lacessentem lacessisset*. Graevius.

Insciente me fuisset) Plerique libri veteres, quibus usi sumus, habent *residuum tamen insciente me fugisset*, &c. de qua scriptura judicet lector eruditus. Lambinus. *Residuum tamen insciente me fugisset*) Teretem hanc lectionem & adeo suavem auribus, revocavi ex Pal. pr. ac Mediceo, primaque editione; cum in ceteris fere omnibus exstaret, *insciente me fugisset*, præter tertium; in quo hic complexus multis modis ab aliis discedit, ut nota: *Exarsi non s. præsenti credo iracundia*. *Nam e. t. vehementer f. n. f. s. c. incl. i. o. m. e. i. m. i. quod ego effugisse me esse arbitr. res. t. insciente me fudisset omne rep. a. vulgo, insciente me, fuisset*. Germann. *Insciente me fuisset*) Sic Amstelodamensis, cum multis aliis & quidem melioribus libris & editionibus. Miror Gebhardum recepisse & commendasse tamquam lectionem valde suavem auribus, quæ in quibusdam libris, etiam secundo meo, exstat: *insciente me fugisset*; si suavis ea scriptura est auribus, valde gravis tamen est & molesta Latinitati: stulte enim dicitur, *hoc insciente me fugit*, perinde ac *hoc ignorans ignoravi*. Ideo restitui, quam Gebhardus deleverat, lectionem. Nec video solœcismum, quem in hac complexu se

quidam homines, & iidem illi, quos sæpe nutu, significatione que appello, cum se maximum fructum cepisse dicerent ex libertate mea, meque tum denique sibi esse visum reip. qualis fuissem, restitutum, cumque ea contentio mihi magnum etiam foris fructum tulisset: gaudere se dicebant, mihi & illum inimicum, & eos, qui in eadem causa essent numquam amicos futuros. Quorum iniqui sermones cum ad me per homines honestissimos perferrentur; cumque Pompeius ita contendisset, ut nihil umquam magis, ut cum Crasso redirem in gratiam, Cæsarque per litteras maxima se molestia ex illa contentione affectum ostenderet: habui non temporum solum rationem meorum, sed etiam naturæ: Crassusque, ut quasi testata pop. Rom. esset nostra gratia, pæne a meis laribus in provinciam est profectus. Nam cum mihi condixisset, cœnavit apud me in mei generi Crassipedis hortis. Quamobrem eius causam, quod te scribis audisse, magna illius commendatione susceptam, defendi in Se-

reperisse putat Manutius. Hic enim ordo est: *Cum iniquum illud odium, [illegible] infestum me fuisse, omne [illegible] [illegible] apparuit, (quamvis) me illud omne effudisse putarem*. Nibil apertius. *Istud* commune etiam in isto, quem Cicero tenuit verborum ordine, inferitur. GRAEV.

Isti [illegible]) Cato, & reliqui. GERMANUS. Sic Sallust. Cat. c. 31. Terent. Eunuc. A. IV. Sc. VII. Vopiscus Aurel. c. 13. Sic Livius XL. c. 12. Virgilius cum aliis *Ille ego* & Valer. Flaccus II. v. 485. Cic. pro Rabir. Posth. c. 9. CORT.

Maximum fructum cepisse) Id est, *maximam lætitiam*. Vide P. Manutium. GRAEV.

Magnum etiam foris fructum) Vulgo *apud omnes homines*. Vid. P. Manut. IDEM.

Et illum inimicum) Crassum. CORRAD.

Et eos qui) Pompeium, & Cæsarem. IDEM.

Temporum meorum) Calamitatum quas pertuli: vid. P. Manut. Tres e nostris libris veteribus habent, [illegible] dose illud quidem, sed tamen habent, *[illegible] [illegible]*, pro *rationem meorum*; quod eo consilio notavi, ut id reperiret memoria lector, quod non semel admonui, librarios illos scriptores sæpe, cum vox sequens ab eadem littera initium caperet, in qua superior proxime antecedens desineret, alteram ex iis litteris prætereire consuevisse. LAMB.

Sed etiam naturæ) Meæ, qui libenter magnis auctoribus obedio, & inimicitias depono. Cic. I. de Offic. c. 33. & 41. CORR.

Crassusque ut quasi testata) Monuit Guilielmus fuisse in Mentelii cod. *Crassus quoque*; non respuo; sed prius apparet in ceteris omnibus, Vatic. quoque, & Gruteriano. GERMANUS. *Gratia* autem hic est reconciliatio. GRAEVE.

In provinciam) In Syriam, & contra Parthos. CORRAD.

Cum mihi condixisset) Cum se ipse invitasset, mihi denuntiasset se apud me cœnaturum. Hinc *condicta cœnula*, apud Suet. est tenuis, sine magno apparatu. GRAEV.

De-

Senatu, sicut mea fides postulabat. Accepisti, quibus rebus adductus, quamque rem causamque defenderim: quique meus in rep. sit pro mea parte capessenda status. De quo sic velim statuas, me haec eadem sensurum fuisse, si mihi integra omnia ac libera fuissent. Nam neque pugnandum arbitrarer contra tantas opes: neque delendum, etiamsi id fieri posset, summorum civium principatum: neque permanendum in una sententia, conversis rebus, ac bonorum voluntatibus immutatis: sed temporibus assentiendum. Numquam enim praestantibus in rep. gubernanda viris laudata est in una sententia perpetua permansio: sed ut in navigando tempestati obsequi artis est, etiamsi portum tenere non queas: cum vero id possis mutata velificatione adsequi, stultum est eum tenere cum periculo cursum, quem ceperis potius, quam, eo commutato, quo velis, tandem pervenire; sic, cum omnibus nobis in administranda rep. propositum esse debeat id, quod a me saepissime dictum est, Cum dignitate otium: non idem semper dicere, sed idem sem-

Defendi in Senatu) Fortasse contra Atteium, & reliquos Trib. pleb. atque adeo Coss. Crassum accusantes, quod dirarum obnuntiationem neglexisset. Lege Epistolam 8. lib. V. Nisi forte supplicationes aliquas intelligat, quum periisset Crassus, capta Zenodoria Imperator appellatus. Corradus.

Mihi integra omnia ac libera fuissent) Per Pompeium, & Caesarem. Idem.

Neque delendum . . . . principatum) Dejiciendum a fastigio suo & plane extinguendum. Atque eleganter Petronius c. 11. Et parens L. L. Plautus Amphitr. A. IV. Sc. III. quam alii suspectam habent v. 27. Cort.

Sed ut in navigando tempestati obsequi) Totum hunc locum ita lego: *Sed ut in n. t. obsequi artis est, & si portum t. n. queas, cum id possis mutata velificatione adsequi, stultum est.* Hujus autem lectionis auctorem habeo partim librum manuscriptum, a quo abest adverbium *vero*; partim conjecturam viri doctissimi, qui *etiam* in & mutandum putat. F. Vasor. *Sed ut navigando tempestati obsequi, &c.*) Ita scripsi fiducia auctoritatis Victorianae, tum Lambini, ac MSorum. Victorius quidem in, quod alias τῷ *navigando* praeibat, expunxit; nec videtur adeo necessarium, cum MSi quoque tenebant, aliusque ac, aliusque in servavit; dein vulgo *tandem*; pro quo Lambin. *tamen*, ut & Pal. tert. Grut. Vatic. editio prima. Paullo superius tres MSi, *bonorum voluntatibus mutatis*; non *immutatis*. Graevius. Non auscultavi hic Victorio, & qui eum sequuntur expungentes τὸ in, quod in omnibus exstat MSis, quos ego consului. Nec video rationem cur insolens ellipsis hic admittenda sit. Graev. Ita tempestas, ut *fluctus*, *gubernacula*, *navis* & alia cum rebusp. comparantur. II. ad Attic. ep. 7. Sed ipsam hanc rem vide apud eundem I. ad Q. Fr. ep. 1. adde Quintil. VIII. c. 6. p. 495. ubi de hac Allegoria ex Horatio I. Od. XIV. plura; illud autem *tempori servire* inculcat III. de Fin. iterum IV. ep. 9. Cort.

semper spectare debemus. Quamobrem, ut paullo ante posui, si essent omnia mihi solutissima, tamen in rep. non alius essem, atque nunc sum. Cum vero in hunc sensum & alliciar beneficiis hominum, & compellar injuriis: facile patior, ea me de rep. sentire ac dicere, quæ maxime cum mihi, tum etiam reip. rationibus putem conducere. Apertius autem hæc ago, ac sæpius, quod & Q. Frater meus legatus est Cæsaris, & nullum meum minimum dictum, non modo factum pro Cæsare intercessit, quod ille non ita illustri gratia exceperit, ut ego eum mihi devinctum putarem. Itaque ejus omni & gratia, quæ summa est, & opibus, quas intelligis esse maximas, sic fruor, ut meis. Nec mihi aliter potuisse videor hominum perditorum de me consilia frangere, nisi cum præsidiis iis, quæ semper ha-

Beneficiis hominum) Pompeii, & Cæsaris. Corrad.

Compellar injuriis) Catonis, & reliquorum invidorum. Idem.

Facile patior ea me de rep. sentire) Pal. tert. & Mentel. *facile patior ea de rep. sentire*. Palat. quart. *Facile patior ea quidem me de rep. sentire*. Graevius.

Quæ maxime cum mihi, tum etiam reip.) Lamb. *quæ cum mihi maxime*; sed nihil ad Pal. tert. Stewech. editionem primam, quæ habet: *quæ maxime cum mihi, multum etiam*. Grut. vero: *quæ mihi maxime, cum multum etiam reip.* neutra spernenda ad vulgatam. Gebhard. Liber Amstelodam. *Quæ maxime tum mihi, multum etiam reip. rationibus putem conducere*. Mentel. *Quæ maxime cum mihi, multum & reip. rationibus p. c.* Meus secund. *Quæ maxime cum mihi, multum etiam r. r. p. c.* Illud tum plerique libri ignorant. Ex varietate hac lectionum conjicio hunc locum sic esse constituendum: *Quæ cum maxime mihi, multum etiam reip. rationibus putem conducere*. *Cum maxime* Ciceroni, aliisque scriptoribus elegantibus est, in præsenti, hoc tempore, ut notavi nuper ad Suetonium; quod cum ignorarent aut descriptores, aut correctores, mutatum est in *cum mihi maxime*; dein transposita sunt verba; tandem & *tum*, quod responderet τῷ *cum*, interseruerunt. Nullus dubito viros doctos, si accurate hunc locum perpenderint, mecum esse sensuros. Graev. *Quæ cum maxime mihi, tum multum etiam* &c.] Ita e regiis MSS. aliter, ut e vestigiis ipsorum voluit Graevius: Vulgati transpositis vocibus omittunt *multum*. Lall.

Opibus) Pecuniis. Nam & pecuniam ingentem Cæsar Ciceroni post reditum ab exsilio mutuam dederat VII. ad Att. 3. Male Manut. Graev. *Omni & gratia & opibus*. Synezeugmenon vocat Quinctil. IX. c. 3. ubi singularia pluralibus miscentur: hoc enim loco ex *omni* repetendum est *omnibus opibus*. Vopiscus in Caro c. 6. adde XVI. Epist. 3. Corr.

Hominum perditorum) *Proditorum* potius, ut in antiquis libris legitur: quod illum fraternis sui revocassent quidem, sed postea revocatum ut proditores deseruissent: & in his M. Cato, quem Cicero *perditum* non appellasset. Corrad. Minime hic audiendus Corradus. *Perditi homines* sunt Clodius, & ejus satellites, qui etiam post reditum ab exsilio Ciceronem vexabant, quibus poterant modis. Graevius.

De me consilia) *De me* quasi depri- [illegible]

habui, nunc etiam potentium benevolentiam conjunxissem. His ego consiliis si te praesentem habuissem, ut opinio mea fert, essem usus eisdem: novi enim temperantiam & moderationem naturae tuae: novi animum tum mihi amicissimum, tum nulla in ceteros malevolentia suffusum; contraque cum magnum & excelsum, tum etiam apertum & simplicem. Vidi ego quosdam in te tales, quales tu eosdem in me videre potuisti. Quae me moverunt, movissent eadem te profecto. Sed, quocumque tempore mihi potestas praesentis tui fuerit, tu eris omnium moderator consiliorum meorum: tibi erit eidem, cui salus mea fuit, etiam dignitas curae. Me quidem certe tuarum actionum, sententiarum, voluntatum, rerum denique omnium socium comitemque habebis: neque mihi in omni vita res tam erit ulla proposita, quam ut quotidie vehementius te de me optime meritum esse laetere. Quod rogas, ut mea tibi scripta mittam, quae post discessum tuum scripserim, sunt orationes quaedam, quas Menocrito dabo: neque ita multae, ut pertimescas. Scripsi etiam (nam ab orationibus disjungo me

medendo consilio. Corrad.

Cum professiis iis) Eloquentia, prudentia, & hujusmodi rebus. Idem.

Nunc etiam potentium) Pompeii, Crassi, & Caesaris. Idem.

Apertum & simplicem) In laudem, ut Lib. III. de Offic. c. 15. Auctor de Orat. c. 25. candidum & infucatum obscura quadam mala voluntate. G. Cort.

Me quidem certe tuarum actionum) Stewech. liber, tuarum certe actionum. Pal. quart. *Me quidem ceterarum tuarum*: nescio quam bene. In rem fere Propert.

Te socium vitae, te corporis esse licebit;
Te dominum admissis rebus, amice, meis.

&c. Et Apoll. lib. I.

— [illegible]
[illegible]
— *Pulcher comes*
[illegible] flavus, sagittifer, [illegible] armis,

Paullo ante ex duobus MSis malim: *Tibi erit eidem, cui salus mea fuit, etiam dignitas curae.* Et paullo post ex Grut. *Neque in omni mihi vita res tam erit ulla proposita.* Ursinus.

Quod rogas) In aliquot libris antiquis est principium epistolae. Corrad. In quibusdam libris & MSis, & vulg. ab hoc loco ducitur initium novae epistolae: sed minus recte; nam appendix est superioris tantum. Lamb. In Amstelodamensi, Menteli. Graev. sed & N. Steli. hic est novae epistolae principium. Graev.

Neque ita multae, ut pertimescas) Omnes codices Memmiani habent: *ut pertimescas*; sed P. Victorius emendatum curavit: *ne pertimescas*. Lamb. *Ne pertimescas*) Sic habent meliores codices omnes Stewech. Vatic. Gruter. Pal. tert. nam quart. totus a librario interpolatus commissum, *ut ut pertimescas*. Cui haec lectio non liquet, neget meridiem liquere: mihi elegantissima & germanissima videtur; vulgo, *ut pertim.* Paullo post *scripsi disjungo* ex Victorii

me fere, referoque ad mansuetiores Musas: quæ me maxime, sicut iam a prima adolescentia delectarunt) scripsi igitur Aristoteleo more, quemadmodum quidem volui, tres libros in disputatione ac dialogo de Oratore, quos arbitror Lentulo tuo fore non inutiles. Abhorrent enim a communibus præceptis: ac omnem antiquorum, & Aristoteleam, & Isocrateam rationem oratoriam complectuntur. Scripsi etiam versibus tres libros de temporibus meis: quos jam pri-

ctorii edit. Pal. tert. Vatic. sicut, *delectarunt*, ex omnibus MSis ac libris. Vulgo *disjunge & delectant*. GRUTER. Codices quos ego evolvi, habent omnes, *ut pertimescas*. Quod non immutandum est: non tam multæ sunt orationes, ut pertimescendum tibi sit, illarum lectioni multum temporis esse impendendum. GRAEV. *Neque ita multæ, ut pertimescas*. Ita regii codices cum vetustioribus editis. Gebhardus e suis quibusdam MSis maluit, *ut pertimescas*. LALL.

Scripsi etiam carmina quædam, meum, &c.) Hæc duo verba, *carmina quædam*, in nullis reperiuntur antiquis exemplaribus: in illoque probatissimo alia nova manu a recentiori aliquo & audaci (ut puto) reposita sunt: qui cum longum hunc sententiæ tractum non perciperet, putavit ea verba deesse & parum considerate inculcavit. Est autem locus nova [illegible] legendus ab illa dictione *etiam* usque ad *scripsi*, post quam vocem quod sequitur *etiam* in *igitur* commutandum est, sicque nihil discrepabit locus ab optimis codicibus: elegantemque admodum sententiam præ se feret. Similis huic locutio est in ultimo libro ad Atticum: *Tu vero sapienter (nunc demum enim rescribo iis litteris, quas mihi misisti convento Antonio Tiburi) sapienter igitur, quod manus dedisti*. Possem hujus structuræ plura exempla adferre, præcipueque apud Aristotelem, quæ sæpe miro conturbant nostros expositores, qui hæc nec diligenter curant, nec possunt, etiamsi velint, cum sint in barbaris illis interpretationibus corrupta & confusa; ut dolendum sit, tam bona ingenia in tam depravatis libris esse versata, quæ tamen Græci enarratores diligenter notant. Fortasse etiam eum, qui hunc contaminare ausus est, fefellit vox ea *Musas*, cum non crederet ille nisi de poematibus dici: quod adeo falsum est, ut id longius confutare non oporteat. Sed quia semper Cicero in versibus faciendis se libenter exercuit, infra narrat quid eo tempore numeris scripserit: dicit enim se tres libros scripsisse de temporibus suis; nam illud *Carmina quædam* tam otiose dictum non dignum videbatur elegantia Ciceronis, nec tam accurata suarum rerum expositione, qua in epistola utitur. VICTORIUS.

Referoque ad mansuetiores Musas) Ad dialogos, & hujusmodi scripta, in quibus gravitas orationum non requiritur. CORRAD.

Aristoteleo more) Pro *Aristotelico*, uti III. Orator. c. 19. Sic *Fabulæ Æsopeæ* & *Æsopiæ*, pro *Æsopicæ*. Vide Gronovium & Schefferum ad Phædri init. Sic *Ifium* pro *Ifeum* Treb. Pollio Tyr. c. 25. *Cyclius* pro *Cyclicus* Horat. A. P. v. 136. ut *Achilleus*, *Orestius*, *Ulyssius*, & non *Isocraticus*, similia. CORT.

Tres libros in disputat.) Hoc totum *in disputatione ac dialogo*, alienum videtur & subdititium. LAMB.

Tres libros de temporibus meis) Dio lib. XXXIX. [illegible]

pridem ad te misissem, si edendos putassem. Sunt enim testes, & erunt, sempiterni, meritorum erga me tuorum, meæque pietatis. Sed quia verebar, non eos qui se læsos arbitrarentur (etenim id feci parce & molliter,) sed eos, quos erat infinitum bene de me meritos omnes nominare. Quos tamen ipsos libros, si quem, cui recte committam, invenero, curabo ad te perferendos. Atque istam quidem partem vitæ consuetudinisque nostræ totam ad te defero. Quantum litteris, quantum studiis, veteribus nostris delectationibus consequi poterimus, id omne ad arbitrium tuum, qui hæc semper amasti, libentissime conferemus. Quæ ad me de tuis rebus domesticis scribis, quæque mihi commendas, ea tantæ mihi curæ sunt, ut me nolim admoneri: rogari vero sine magno dolore vix possim. Quod

[illegible] Vertit Leunclavius: *Librum quendam occultum conscripsisse, cujus erat inscriptio, De suorum consiliorum ratione. In eum multa acerbe contra Cæsarem, Crassumque, aliosque nonnullos dicta congessit: metuensque ne se vivo enunciaret, obsignatum filio tradidit, cum mandato, ne eum se superstite aut legeret, aut ederet.* Hunc locum Henrico Valesio [illegible] debemus. Grev.

Meritorum erga me tuorum) Omnium codicum fide & meliorum editionum dedita sic quoque edendum jussi; vulgo: *meritorum tuorum erga me, meæque in te pietatis*: nimis putide. Gebhard.

Sed quia verebar) Manut. intelligit, non nisi; alioqui locum esse mancum. Ego dolendum puto [illegible] nec rationem nulli quare non ediderit, sed quare eam patrie [illegible]. *Sed verebar non eos*, id est, non edendos putavi, qui verebar. Io. Fr. Gron. Priorem vocem recte delet Fr. Gronovius: reddit enim Cicero rationem, cur eos libros non putarit edendos. Lall.

Bene de me meritos omnes nominare. Quos) Expunxi intermedios versus glossæ vice injectos ab istis cerebrosis ac superciliosis Magistris; cum eos inficientur Pall. Grut. prima editio: elegantissimæ denique Victorii ac Rapheleugii; video etiam spurios esse Manutio. Gebhardus. Sic & Amstelodam. Mentel. & Gravii sec. Graevius.

Quantum studiis veteribus, &c.) In libro, qui est apud me manuscriptus, rectius, ut opinor, legitur: *Quantum studiis veteribus nostris delectationibus consequi poterimus*. F. Ursinus.

Id omne ad arbitrium tuum) Notavit Stewech. Guilielm. *amor ex arbitrio tuo*: quod repertum mihi in Pal. tert. Gebhard.

Ea tanta mihi curæ sunt, ut me nolim admoneri) Locus corrector [illegible] corruptus: liquet mihi ex libris MSS. [illegible] Stewech. (licet in Pal. quart. scriptæ rasuræ vestigia durent) *ea, ut ante, mihi curæ sunt, & me nolim admoneri*. Pall. prim. sec. (licet hic quoque sabbierit manus pupatum librariorum) *ea & ante mihi curæ sunt, ut me nolim admoneri; rogari vero sine magno dolore vix possim*; sicut & Gruteri tert. *ea, ut ante mihi curæ sunt, & me nolim admoneri*. Ego quid statuam [illegible] lubens prius aliis inspectare, corrupte locum pugnant. Gebhard.

Im-

Quod de Quinti Fratris negotio scribis, te priore æstate, quod morbo impeditus in Ciliciam non transieris, conficere non potuisse: nunc autem omnia facturum ut conficias: id scito esse ejusmodi, ut frater meus vere existimet, adjuncto isto fundo, patrimonium fore suum per te constitutum. Tu me de tuis rebus omnibus, & de Lentuli tui nostrique studiis & exercitationibus, velim quam familiarissime certiorem & quam sæpissime facias: existimesque, neminem cuiquam neque cariorem neque jucundiorem umquam fuisse, quam te mihi: idque me non modo ut tu sentias, sed ut omnes gentes, etiam ut posteritas omnis intelligat, esse facturum. Appius in sermonibus antea dictitabat: postea dixit etiam in Senatu palam, se se, si licitum esset legem curiatam ferre, sortiturum esse cum collega provinciam: si curiata lex non esset, se paraturum cum collega, tibi-

Lentuli tui nostrique) Noster ad amorem pertinet, ut tuus, meus. XIII ep. 64. Eutropius Præfat. in Valent. Virg. II. Æn. v. 148. Cort.

Sed ut omnes gentes, etiam ut posteritas omnis intelligat) Idem Gronovius sic interpungit hunc locum; *sed ut omnes gentes etiam, ut omnis posteritas,* quia construendum sit, *sed etiam ut omnes gentes, ut omnis posteritas intelligat.* Græv.

Appius) Appius Pulcher Coss. cum L. Domitio Ænobarbo. Conrad.

Si licitum esset) Per tribunos pleb. nam Coss. legem Curiatam ferentibus, a Tribunis pleb. sæpe est intercessum. Idem.

Legem curiatam) Nam Consuli, si legem curiatam non haber, attingere rem militarem non licet. Hoc Egnatio præceptori meo, ut pleraque omnia, atque adeo me ipse, acceptum refero. Conrad. *Curiata lex* est, quæ a populo curiatim congregato fertur in comitiis, quæ hinc curiata dicebantur. Ferebatur autem de adoptione, & imperio militari. Nemo sui juris poterat arrogari & in alienam potestatem se dare, nisi lege curiata populo volente & jubente. Nullus etiam Procos. aut qui in provinciam mittebatur, poterat rem militarem attingere, nisi lege curiata imperium ei esset commissum. Vid. P. Manut. not. & Caroli Sigonii libell. de Lege curiata contra Gruccbum. Græv.

Si curiata lex non esset) Si ferri per Tribunos pleb. non posset. Conrad.

Se paraturum cum collega) Cum hic nonnihil mendi appareat, alii aliis modis corrigere aggressi sunt. Quidam pro *se paraturum*, *sortiturum* legunt. Nam sæpe apud Livium dicunt Consules inter se provincias partiri. Alii *se pacturum*: longius adhuc a vetere scriptura & audacius. Nos cum in priscis omnibus exemplaribus *separaturum* invenerimus, diligentius re considerata, *se paraturum* legi debere judicavimus: nulla alia re antiquam lectionem variantes, nisi quod ex una duas dictiones fecimus, primam syllabam, quæ male sequenti hæserat, sed per se stare debebat, ab illa abscindentes. Quam frequens sit apud Livium hic modus dicendi, cum de divisione provinciarum agitur, seu de alia re, quam Senatus arbitrio Consulum permittit, nihil necesse est dicere: cum facile sit cuilibet plurima exempla invenire. Ut tamen qui hoc non animadvertit, hoc onere levetur,

tibique successurum: legemque curiatam consuli ferre opus esse, necesse non esse: se, quoniam ex Senatusconsulto provinciam haberet, lege Cornelia imperium habiturum, quoad in urbem introisset. Ego, quid ad te tuorum quisque necessariorum scribat, nescio: varias esse opiniones intelligo. Sunt

tur, ex multis quaedam hic apponemus: libro XXIV. *Quo die magistratum inierunt Coss. Senatus in Capitolio est habitus: decretumque omnium primum, ut Coss. sortirentur, compararentque inter se, uter Comitia perficeret.* Libro XXVI. *Inter se compararent Claudius, Fulviusque, utri obsidendae Capuae, utri ad prohibendam obsidione patriam, Romam veniendum esset.* In initio lib. XXX. *Cn. Servilius Caepio, & Cn. Servilius Geminus Coss. (sextus decimus is annus belli Punici erat) cum de Republ. belloque & provinciis ad Senatum retulissent, censuerunt Patres, ut Coss. inter se compararent sortirenturve, uter Brutios adversus Annibalem, uter Etruriam ac Liguriam provinciam haberet.* In eodem libro juxta finem: *Patres igitur jurati (ita convenerat) censuerunt, uti Coss. provincias inter se compararent, sortirenturve, uter Italiam, uter classem navium L. haberet.* Mandabat igitur Senatus ut provincias Coss. vel in sortem conjicerent, vel inter illos convenirent, & sua voluntate ipsi constituerent, uter utram haberet: utique illos solitos hoc verbo in ea re, infinitis auctoritatibus certum est. Quin etiam in antiquis quibusdam libris ita locus hic Sallustii in Jugur. legitur: *Post A. foedus exercitusque nostri foedam fugam, Metellus & Silanus Coss. declarati provincias inter se paraverant: Metelloque Numidia evenerat.* Ut omnino *se paraturum* veram legitimamque esse hujus loci lectionem putem. Quamvis autem in superioribus Livii exemplis *comparare* sit, Cicero vero hic *parare* dixerit, non tamen dubitandum est, quin eamdem rem ambo intelligant; quam enim praepositionem Livius cum verbo conjunxit, Cicero nomini attribuit. Inferi enim, *cum collega*, ut idem profecto significet, paulum variato sermone, dicere *Consules inter se comparare*, & *Consulem parare cum collega*. VICTOR. *Se paraturum*) Al. *se partiturum*. al. *se pacturum*, certe cum collega acturum, ut ea sibi provincia daretur. CONRADUS. *Se parat. cum coll.* Se conventurum cum collega pro certa parte provinciae administrandae. Festus: *Parare inter se munus dicebatur, cum sortitio fiebat a magistratibus P. R. inter magistratus utramque rem agere deberent, aut inter se compararent de rebus lege mandatis.* Id est inter se conveniebant; nam utrumque verbum *parare* & *comparare* in hunc sensum eleganter usurpatur. Cassius Hemina vetus Historicus in Fragm. apud Diomed. lib. I *Pastorum vulgus sine contentione consentiendo praefecerunt aequaliter imperio Remum & Romulum, ita ut de regno pararent inter se*: ita enim legendum pro pares essent inter se. Liv. lib. VIII. *Consules parare inter se provincias jussi.* Vide Observ. meas lib. I. c. 10. I. FR. GRONOVIUS.

Successurum) Etiam sine lege curiata. CONRAD.

Opus esse) Convenire. IDEM.

Necesse non esse) Scilicet Consuli. Io. *Legemque curiatam consuli ferre opus esse, necesse non esse*) Ant. Augustinus legit, *sibi necesse non esse*: addita voce *sibi*, quae desiderari omnino videtur. F. VRSINUS.

Lege Cornelia imperium habiturum) De provinciis, ut ego arbitror, ordinandis. CONRAD. *Lege Cornelia*) Qua cautum erat, ut quibus post magistratum ex S. C. imperium prorogatum esset, illud non minore jure, quam Procos. donec in urbem revertissent, haberent; etsi lex Curiata non esset lata. Io. FR. GRON. Quae imperium, sed sine armis, dabat. Alia ejus legis sunt Lib. III. ep. 7. CELLAR.

Quoad in urbem introisset) Tunc enim necesse erat imperium deponere. CONRAD. Vid. P. MANUT. GRAEV.

Belli-

Sunt qui putent posse te non decedere, quod sine lege curiata tibi succedatur: sunt etiam, qui, si decedas, a te relinqui posse, qui provinciae praesit. Mihi non tam de jure certum est (quamquam ne id quidem valde dubium est) quam illud ad tuam summam amplitudinem, dignitatem, liberalitatem, qua te scio libentissime frui solere, pertinere, te sine ulla mora provinciam successori concedere, praesertim cum sine suspicione tuae cupiditatis non possis illius cupidi-

Relinqui posse) Vel Quaestorem suum, omnium exemplo, II. ep. 15. vel Legatum, L. 1. D. de Officio ejus, cui mand. jurisd. Appian. l. Civil. p. 373. GRAEV.

Ad tuam summam amplitudinem, dignitatem, liberalitatem) Vetusti codices *libertatem* habent melius omnino meo judicio. Puto autem hic libertatem significare, vacare molestiis provincialibus, posseque pro suo arbitrio quidquid commodum fuerit agere: quod facere nequeunt, qui in oculis tot populorum vivunt; quod si voluisset retinere provinciam, nec successori tradere, opus ei fuisset multis inservire, ad multaque detrudere, quae servitutis nonnihil illi attulissent. Praeterea ob hoc etiam vulgata lectio mihi displicet, quia frui liberalitate mihi ie videtur, in quem liberalitas confertur, non qui ea studiose utitur. Ut non satis apte dicere potuerit Lentulum liberalitate libentissime frui solere, cum autea liberalitatem in eo esse dixisset; nam qui ea praeditus est, eam in alios exercet. VICTOR. *Libertatem*) Si auctoritati librorum standum est, facile omnes pro nobis judicabunt; longe enim superiores in hac re sumus, Mediceus certe, & vetustate & integritate ceteros vincit. Si argumentis, non parva etiam a nobis prolata fuere. Nam quod nonnulli excogitarunt, inane est, esse antitheton *suspicioni cupiditatis*, superiori voci *liberalitatem*; novum enim hoc est Cic. argumentum. Antea expensaerat, quae in Lentulo erant quae hortarentur ipsum statim provinciam successori tradere; addit postea, quid alii de ipso existimaturi sint, si aliter fecisset. IDEM. *Dignitatem, liberalitatem*) Sic habent Memmiani: nisi quod in uno cum scriptum sit *libertatem*, adjectae sunt eadem manu supra tres hae litterae *ali*. quae adjectio significat scriptorem voluisse legi *liberalitatem*. Omnino ego malo *liberalitatem*, cum propter alias caussas, tum quia paulo post dicit, non posse Lentulum sine suspicione cupiditatis provinciam retinere: quod & Manutius notavit. LAMBIN. Et hic praetulimus lectionem accuratissimi Victorii inventam nobis in Pall. quatuor, Gruteriano, Steewech. Vasic. editione prima: nec laudamus vanitatem Lambini, vel ambitionem putantis hic egregiam se discedendi a Victorio occasionem nactum esse, *liberalitatem* contra propugnantis; sicut supra (ita ingenium ejus deditum erat novitatibus) elegerit, *quod orbem terrarum ...*, ne videretur Victorio acceptum referre, si, ut ille edidit, atque habet codex Medic. notatus signatio, *quod in orbem intravisset*, veterem lectionem produxisset. GRONOV. Male Victorius, & Gebhardus *libertatem*. Rectius hic viderunt Lambinus & Manutius. Pertinere enim hoc ideo ad ejus liberalitatem significat, quia si statim provinciam tradiderit successori, sit ostensurus, se non cupidum esse pecuniae. GRAEV. *Libertatem*. Ita codices, & veteres editi, praeter Lambinum, qui dedit *liberalitatem*. LALL.

Qua te frui) Cum amore & voluptate uti; ea enim a simplici usu distinguit Aug. I. de Doctr. Christ. c. 4. Florus II. c. 6. Cic. pro Roscio Com. adde Sall. Cat. c. 1. GRAEV.

Aut-

pidicatem refutare. Ego utrumque meum puto esse, & quid sentiam, ostendere, & quod feceris, defendere. Scripta jam epistola superiore, accepi tuas litteras de publicanis: quibus æquitatem tuam non potui non probare: felicitate quidem, vellem, consequi potuisses, ne ejus ordinis, quem sem-

Accepi tuas litteras) Guilielmius adnotat ex libro vet. legi *ostendi*, unde coniectat *offendi*; sicut paullo ante ex Stewech. *sine præsumtione tuæ cupiditatis*. Gebhard.

Æquitatem tuam non potui non probare) Hic quoque Gronovius acute vidit, alterum non delendum esse, sequentium verborum vi postulante id, in quibus tamen scribendum putat, *felicitate quadam vellem consequi*: quorum verborum hanc ait esse sententiam: Vellem sic favisset tibi fortuna, ut necesse non fuisset aliquid abs te statui, quo illi aut vectigalia sua deteriora, aut gratiam contemtam putarent. Dici autem ait, *felicitate quadam*, ut Floro, *fortuna quadam industria*. Graev. Posteriorem negationem dele cum Fr. Gronovio. Sensus enim est: Non potui probare publicanis, seu impetrare a publicanis, ut probarent æquitatem tuam. Lall.

Felicitate quidem quid vellem, &c.) Hic locus nonnihil mendi continet. Quidam sic castigarunt, *Facilitate autem quod vellem, &c.* hæc sententia, ut puto, potuisses consequi facilitate tua (quod vellem scilicet fecisses) ne ejus ordinis, quem semper ornasti, rem aut voluntatem offenderes; id est, si facilis in publicanos fuisses, eorumque commodis indulsisses, profecto non ordinem illum a te alienasses. Nos antiquam scripturam secuti sumus, cujus elegantior est etiam (ut puto) sententia. Est autem hæc: Dolet sane Lentulum aliquid adversus commoda publicanorum egisse, sed quasi eum excusat: quod enim fecerat contra illos, quasi coactum fecisse ostendit, cum semper ante (ut ait) ordinem eum ornare consuesset: casus autem facit, ut illorum voluntatem offenderet, quam vitare non potuit: [illegible] [illegible] ipsam jura [illegible] quod in illos decreverat, cum laudet *æquitatem* ejus: voluisset autem Cicero *felicitate* aliqua Lentulus consequi potuisset, ne accidisset ut illorum voluntas offendenda esset. Hæc est nostra hujus loci opinio, & omnium meliorum codicum lectio: id sequatur quod sibi rectum videbitur unusquisque. Victor. *Potuisses*) Cuperem, inquit, ut id tu felicitate quad. consequi potuisses, ne, &c. Corr. Vel ex hoc loco nos sæpe cum in aliis rebus tum in his litteris mutare sententiam, nobisque aliud alias videri, intelligere licet. Nam cum olim sic legendum existimassem, quo modo & Manutio visum est, & habent omnes fere recentiorum editionum, *facilitate autem, quod vellem, consequi potuisses*, &c. ad hunc ipsum locum hæc olim adscripseram: Sic puto legendum: & ita habent codices Memmiani & vulgati. P. autem Victorius edidit, *felicitate quidem*; quomodo habent alii nostri codices veteres. Cujus scripturæ quamvis rationem videam (significat enim, forte ac beneficio Lentulum consequi potuisse, ut ne publicanos offenderet, idque se optare:) tamen hanc receptam facillime tueri possum: ut dicamus, *facilitatem* significare æquitatem quamdam, & lenitatem, & juris remissionem, juri summo contrariam: sententiam non acrem, neque severam, neque omni ex parte cum summo jure consentaneam: quemadmodum usurpavit Philipp. IX. sub extremum: *Itaque quæ profitebantur a legibus, & a jure civili, semper ad facilitatem æquitatemque referebat*. Malim tamen sic legi: *Facilitate tamen*, &c. Hæc igitur olim ad hæc verba adnotaram, cum mihi ita legendum videretur: nunc autem, sententia mutata hanc in primis rationem affero, quod æquitas & facilitas [illegible] fere [illegible] [illegible] significant.

semper ornasti, rem, aut voluntatem offenderes. Equidem non desinam tua decreta defendere: sed nosti consuetudinem hominum: scis quam graviter inimici ipsi illi Q. Scævolæ fuerint. Tibi tamen sum auctor, ut si quibus rebus possis eum tibi ordinem aut reconcilies, aut mitiges. Id etsi difficile est, tamen mihi videtur esse prudentiæ tuæ. Vale.

EPISTOLA X.

ARGVMENTVM.

Vnam hanc subesse causam video, cur hanc epistolam scripserit, ut certiorem faceret Valerium de gratiis Lentulo Ciliciæ proconsuli, a se per litteras ejus nomine diligenter actis: nam cetera jocationes meræ sunt, familiarem consuetudinem & mutuam benevolentiam indicantes. Actio igitur gratiarum, & joca ipsa, quibus tota condita est epistola, ad morale genus pertinent: nam & jocosa dicta subjecit moribus Aristoteles Rhetoricorum lib. I. & Cicero in tradenda officiorum doctrina facetias quoque persecutus est.

M. T. C. S. D. L. VALERIO, IVRISCONSVLTO.

CVr enim tibi hoc non gratificer, nescio: præsertim cum his temporibus audacia pro sapientia liceat uti. Len-

erant. Cum igitur paullo ante æquitatis nomen posuerit, qua Lentulum fatetur in causis publicanorum usum esse, qui tamen publicanorum voluntatem offenderit; non potuit eadem re consequi Lentulus, ne publicanos offenderet. Debet ergo hic aliud nomen esse, quam æquitas, sive facilitas. At nullum aliud esse potest, nisi felicitas. Legendum igitur, ut edidi, *felicitate quidem vellem consequi pot.* vel quod malim, *felicitate tamen vellem consequi potuiss.* Lamb.

Ne ejus ordinis] Equestris, ex quo erant publicani. Corn.

Hominum] Publicanorum. Id.

Scis quam graviter inimici ipsi illi Q. Scævolæ fuerint] Cujus Quæstor Rutilius Ruffus damnatus est, quod cum Prætore consenserit suo, ne publicani aliquid agerent in provincia sua Asia, cui Scævola ipse solos novem menses præfuit. Id. Elegantius gemínato proverbiulo *[illegible]* seu *[illegible]* Pall. o. Victor. Medic. cod. Stewech. Gruterianus tamen: *ipsi & illi Q. Scæv.* Paullo ante legebant duo Pall. præstantissimi, tert. quart. *Tandem non desinam tua decreta defendere:* paullo post scripsi ex omnibus MSis numero octo, editionibus dein melioribus, *ut si quibus rebus possis:* vulgo *si* omissum. Gen.

EPISTOLA X.

C*Vr enim tibi hoc non gratificer, nescio*] Cogitandum est accuratius, an hujus parvæ epistolæ principium debit: nam videtur omnino, si diligenter prima verba examines, aliquid desiderari: arguunt enim quædam

Lentulo nostro egi per litteras tuo nomine gratias diligenter. Sed tu velim desinas jam nostris litteris uti, & nos aliquando revisas: & ibi malis esse, ubi aliquo numero sis, quam istic, ubi solus sapere videare. Quamquam qui istinc veniunt,

dam dicta esse, quibus illa responderent: per se autem parum apta fuat initio litterarum: quod si nonnullis conjecturis, quæ ex paucorum horum verborum sententiis, & aliunde etiam non importune duci possunt, fides habenda est, judices majorem partem ejus amissam esse, & eam, quæ conservata est, magis extremo quam principio litterarum propinquam fuisse. Non me tamen latet multos credere nihil desiderari, e verboque *Jurisconsulto*, quod in epistolæ inscriptione est, regi sensum & structuram consequentium verborum, ut familiariter cum eo jocetur, faceteque hominem irrideat, qui se jurisconsultum haberi & appellari vellet, cum non esset fortasse valde jurisconsultus: quia tamen hoc mihi parum satisfacit, nolui, quin meam de hac re sententiam notam facerem, prætermittere; est enim opinio illa commentitia, & nulla auctoritate aut testimonio confirmata: & prima illa verba, in quibus jocos inesse debebat, nullam in se leporis rationem, aut speciem habere videntur. Viereneve. Jam accurate olim de hac re disputavimus, eoque argumentis sententiam nostram confirmavimus, ut nihil nunc addere possimus, neque etiam necessarium esse existimemus. Nam quod putant nonnulli, se exemplis iis (quibus declararunt aliarum quoque epistolarum initia ex titulis pendere) quod volunt comprobasse, nullam vim habet. Neque enim nos id negamus; sed quod tunc docuimus, sententiam illam frigidam esse arbitramur. Numquam autem nobis obscurum fuit, quosdam sensus in principiis epistolarum ex titulis pendere: nam ille etiam hujusmodi est, Curius M. Ciceroni suo Sal. S. V. B. *sum enim χρήσει μὲν tuus, κτήσει de Attici nostri*. Illud denique suspicionem nobis hanc movit, quod totam epistolam ante ad exitum pervenisse videmus, quam aliquid epistola dignum in ea expositum sit. Aliud denique est, quod hic desideramus, & quod facit ut non parvam partem ipsius amissam esse credamus. IDEM. Vide Manut. *Gratificer*) Ut te Jurisconsultum appellem. CORRAD. *Tibi hoc non grat.*) Inscitæ editiones vulgatæ, *tibi hoc non*. Sustuli illud *non* suppositum *non* auctoritate & editionum, & MSorum omnium. GERMAN.

Ardoris pro sapientia) Vivimus eo seculo, quo sapiens habetur, qui plurimum sedet. Ludit in vocabulo *sapientia*; nam I. C. κατ' ἐξοχὴν *Sapientes*, de Amicit. c. 1. & 2. II. de Orat. 11. Sic Lælius sapiens, M. Cato sapiens II. Verr. 2. Pro Mur. II. *Et ab ipsa sessio I. C. eorum sapientiam complectit*. Jo. Fr. GRON.

Desinas litteris nostris uti) Commendatitiis, Desinas abesse & procul vagari meis commendationibus. IDEM.

Ubi aliquo numero sis) Ludit rursum in verbis; nam *aliquo numero esse* est in dignatione esse, & esse ubi plures sint similes sibi. IDEM. *Numerus* singulariter de cohorte militum dicitur, deinde etiam de omni ordine amicorum, sapientum, nobilium, aliorum. Hinc ut Phædr. IV. Fab. 24. *esse in numero amicorum*, sic Cicero in numero ICtorum, vel Oratorum, vel aliorum denique dixit, nisi quod in omittit, de quo alibi. CORT.

Solus sapere) Significat eum ibi esse, ubi nulli sunt alii I. C. nam I. C. ut dictum sapientes. Jo. Fr. GRON. In Cilicia. Causidici enim & jurisperiti provinciarum præsidem, ad causas in provinciali foro agendas, sequebantur, uti Trebatius Cæsarem in Gallias, Lib. VII. ep. 10. & alii. CELLAR.

Quamquam qui istinc veniunt) Vulgo, *qui istinc nunc veniunt*: unde conjectura Guilielmius volebat, *hoc uno*, sed *eo uno* abjurant tres Pall. (nam in quarto ejus loco abstrusius fuisse

veniunt, partim te ſuperbum eſſe dicunt, quod nihil reſpondeas: partim contumelioſum, quod male reſpondeas. Sed jam cupio tecum coram jocari. Quare fac, ut quamprimum venias, neque in Apuliam tuam accedas, ut poſſimus ſalvum veniſſe gaudere. Nam illo ſi veneris, tamquam Vlyſſes, cognoſces tuorum neminem. Vale.

ſuiſſe conjicio ex raſura) Grut. Stewech. ſicut & illud te paullo poſt: ut poſſimus ſalvum veniſſe gaudere, ſuaſit omnium MSorum tum Vatic. quoque editionis primæ, ac Victorianæ. Gebhard.

Superbum eſſe, quod nihil reſpondeas) Liv. XXIII. 12. *Nunc interroganti Senatori, pœniteret ne ſuſcepti belli? ſi reticeam, aut ſuperbus, aut obnoxius videar*. Florus ſuperbiam vocat Tarquinii, quod ſine voce papaverum capita excutiens, reſpondit L. 7. Sed ludit rurſus Tullius, nam *reſpondere* I. C. dicuntur pro jus dicere conſulentibus: unde *reſponſa prudentum* in Juris inſtit. Pro Muræna 13. Suet. Calig. 34. Sic quod nihil reſpondeas, eſt, quod non conſuleris, utpote cum in provincia Cilicia eſſet, non Romæ. At Cicero Juris artem dicit prudentiam, quæ neque extra Romam uſquam, neque Romæ rebus prolatis, quidquam valeat: pro Muræn. d. l. lib. VII. ep. 16. ſimilis jocus. Io. Fr. Gron.

Quod nihil reſpondeas) Conſulas, vel des conſilium, dicerent noſtrates Juriſconſulti. Corrad. Vid. P. Manut.

Quod male reſpondeas) Et hic ſimilibus ludis: nam *male reſpondere* poteſt intelligi reſponſum inhumanum dare, reſponſare: ſed & *male reſpondet*, qui non ad dictum diem præſto eſt, I. Verr. 1. II. Fin. 16. item qui relinquatur, & non ſolvit debita. Vide Obſerv. II 4. Male Mſs. Io. Fr. Gron.

Apuliam tuam) Vel quod hæc ei patria eſſet, vel quod ibi prædia & poſſeſſiones haberet. Videtur autem eo tempore ibi peſtilentia fuiſſe graſſata. Idem.

Poſſimus ſalvum te veniſſe gaudere) Verba ex Comicis, præſertim ex Plauto ſumta. Corrad.

Tamquam Vlyſſes cognoſces tuorum neminem) Ille quidem ſimulatione utens, ſed tu ſuperbe deſpiciens. Sed nec *Vlyſſes* primo patriam recognovit. Corrad. Vide P. Manut. *Cognoſces tuorum neminem*) Quaſi ſignificet omnes periiſſe. Io. Fr. Gron.

M. T. CICERONIS EPISTOLARVM AD C. CVRIONEM, ET CETEROS, LIBER SECVNDVS

EPISTOLA I.

ARGVMENTVM.

DIstribuitur hoc argumentum in quatuor partes, morales omnes: in singulis enim tum officii, tum amoris quædam elucet significatio. Negotii prorsus abest mentio: quæ sit autem cujusque partis sententia, videamus. In prima, accusante Ciceronem Curione, quia raro admodum litteras mitteret, ita se purgat, ut culpam a se remotam in eum transferat: officiumque suum, si non contemni a Curione senserit, in eo genere pollicetur. In secunda: abesse tamdiu Curionem dolet, quod ejus consuetudine careat; lætatur, quod absens maximam laudem consequatur. In tertia, cum in excitando & acuendo plurimum valeat, si laudes eum quem cohortere; aditum sibi aperit ad cohortandum laudatione proposita. Et quoniam natura bona summas res gerentibus adjumento maxime sunt, laudandi materiam capit ab animi ingeniique præstantia: quæ cum omnibus cognita sit, exspectationem concitatam non tueri turpissimum est: excusantur enim, quibus desunt instrumenta naturæ: at quibus abunde adsunt, vitio datur, nisi voluntatem cum natura conjungant, & aliquid magna laude dignum aut gerant, aut conentur saltem. Nec mirum, laudari eum a natura, cum & in libro de Claris Oratoribus ita scriptum Cicero reliquerit: Curio a magistris parum institutus, naturam habuit admirabilem

ad

ad dicendum. *In quarta, cum & ipse Curioni, & ei Curio plurimum debeat, modeste petit, ut imitetur suam consuetudinem in praestanda meritorum memoriam, seque jam tum senescentem complectatur ac foveat officiis suis. Scripta videtur, Calvino & Messalla Coss.*

M. T. C. S. D. C. CURIONI.

QUamquam me nomine negligentiæ suspectum tibi esse doleo, tamen non tam mihi molestum fuit accusari abs te officium meum, quam jucundum requiri: præsertim cum, in quo accusabar, culpa vacarem: in quo autem desiderare te significabas meas litteras, præ te ferres perspectum mihi quidem, sed tamen dulcem & optatum amorem tuum. Equidem neminem prætermisi, quem quidem ad te perventurum putarem, cui litteras non dederim: etenim quis est tam scribendo impiger, quam ego? A te vero bis terve summum, & eas perbreves accepi. Quare si

EPISTOLA I.

PRæ te ferres) Ostenderes & manifestares. Jungit Cic. frequenter cum *profiteor*. I. de Nat. D. c. 5. CORTIUS.

Ad te perventurum) In Asiam. CORRADUS.

Quis est tam in scribendo impiger, quam ego? a te vero bis terve ad summum) Veteres codices ambas has dictiones *scribendo* & *summum* sine praepositionibus habent, ut etiam ad Appium, *Committere ut negligens scribendo fuisse videar*. *Summum* saepe invenimus adverbialiter sine praepositione, et in epistola ad Mescinium in bonis codicibus: *Exspecto eum, aut summum alterum*. Ad Atticum lib. XII. etiam in vulgatis recte: *Scies igitur fortasse cras, summum perendie*. Item l. XIII. *Exspectabam hodie, aut summum cras, ab eo tabellarios*. VICTOR. *Quis est tam scrib. imp.*) Delevi particulam *in* auctoritate Victorii, Pal. pr. sec. quint. Grut. licet eam reperisse affirmat in tribus Manutius. Ceterum initium hujus periodi valde varias in MSis Pal. tert. Stewech. *Quis enim est*. Omnino verissima lectio Gruteriani liquet, *Enim quis est tam scribendo*: ut illud *&* praefixum sit ab indocto & nasuto Magistello. GRAEVIUS. *A te vero bis terve summum & eas perbreves accepi*) Diligentissimus Victorius sic ex suo libro edidit, cui tradunt assensus suos Pal. pr. sec. Grut. Stewech. Martin. vulgati, *ad summum*. Item. Lectionem, quam restituit Victorius prioris loci afferunt Palat. prim. secund. quint. Grut. Amstelodamens. alterius vero itidem Pal. pr. sec. Grut. Stewech. Martin. codd. Graev. *Scribendo impiger*. Ne desideres exempla elegantiae istius Latinae, en tibi Tacit. I. Ann. c. 3 Sallust. Jug. c. 39. Sed ut verum fatear, non tam Ellipsi adest Pronominis *In*, quam Dativus more consueto, explicandus est per terminum, h. e. *scribendo* pro *ad scribendum*. Horat. I. Od. 13. Auson. Idyll. 30. Lamprid. Comm. c. 2. Haec est vera ista elegantia: adde supra I. ep. 9. CORT.

Nam

re si iniquus es in me judex, condemnabo eodem ego te crimine: sin me id facere noles, te mihi aequum praebere debebis. Sed de litteris hactenus; non enim vereor, ne non scribendo te expleam: praesertim si in eo genere studium meum non aspernabere. Ego te absuisse tamdiu a nobis & dolui, quod carui fructu jucundissimae consuetudinis: & laetor, quod absens omnia cum maxima dignitate es consecutus: quodque in omnibus tuis rebus meis optatis fortuna respondit. Breve est, quod me tibi praecipere meus incredibilis in te amor cogit: tanta est exspectatio vel animi vel ingenii tui, ut ego te obsecrare obtestarique non dubitem, sic ad nos conformatus revertare, ut quam exspectationem tui

Non enim vereor ne non scribendo te expleam) Id est, satisfaciam animo tuo. Quod sic Terentius in Hecyra: *Exple illius animum*. N. Serra.

Et dolui, quod carui fructu jucundissimae consuetudinis; & laetor) Ita scribo ex editione Victorii; & fere omnibus Pall. nam *dolui* habet Vict. Pal. pr. Vatican. & ex me ignorans quinque Pall. sex Manut. Grut. aliique. Vulgo: *& doleo quod c. fr. juc. consuet. me; & laetor*. Gebhard. In Amstelodamensi quoque non legitur, *me*. Graev. *Et dolui*. Ita Victorius, & codices adstruunt. Alii malunt *& doleo*. Lallem.

Quodque in omnibus tuis rebus meis optatis fortuna respondit. Breve) Sunt qui existimant se solos hunc locum recte distinxisse, qui vereor ne decepti sint: ego enim sensum, qui ex priore interpunctione elicietur, veriorem esse puto. Cum enim caussam supra diligenter reddidisset, cur unam & eamdem ob rem diversis de caussis & dolorem, & voluptatem cepisset: addidit, se praeterea absentia illius laetatum esse, quod omnibus in rebus felix fortunatusque fuisset, adeo ut nihil a fortuna postulare potuerit, quod ipsi prosperum eveniret, quin illa Curioni cumulate largita sit: id enim est *respondere optatis*; nam particula *que* si accurate perpendatur, manifesto ostendit, eam superiore sententia hanc partem conjungi debere. Quia tamen magna in re leviter Cicero illum admonere vult, ne feracis animi adolescens aegre ferret (iniquo enim animo ea aetas reprehensiones accipere consuevit), ideo *breve* esse dicit, & se propter admirabilem amorem illud reticere non posse affirmat. Quid autem sit, statim exponit, postquam benevolentiam illius sibi reconciliavit, & spiritus nobiliss. adolescentis aliquantulum mitigavit. Victor. *Respondit. Breve*) Haec interpunctio mihi videtur recta; quamvis aliter sentiat Manutius: a quo vero, ut bona ejus venia ab eo dissentire liceat. Lambin. *Meis opt. fort. resp.* Fortuna similis fuit votis meis, quae optari contigerunt; quasi tum demum fortuna fecerit officium suum. Seneca Controv. IX. Sueton. Iulio c. 46. Bernalius 1. ep. 6. Graev.

Vel animi vel ingenii) Tam praeclara exspectatio hominum de te, & ob illum animum, sensumque de rep. & ob facundiam. Liv. XXXIX. 40. *In hoc viro tanta vis animi ingeniique fuit*. Jo. Fr. Gron.

Sic ad nos conformatus) Legendum fortasse est, *confirmatus*. Lambin. *Sic ad nos conform. revertare*) Hanc exhibet in sua editione lectionem Victorius, quam & nos recepimus adjuti consensu Pall. prim. sec. quint. Vatican. editionis principis. In Grut. est vulgi lectio *confirmatus*, cum super-

tu concitasti, hanc sustinere ac tueri possis. Et quoniam meam tuorum erga me meritorum memoriam ulla numquam delebit oblivio, te rogo, ut memineris, quantæcumque tibi accessiones fient & fortunæ & dignitatis, eas te non potuisse consequi, nisi meis puer olim fidelissimis atque amantissimis consiliis paruisses. Quare hoc animo in nos esse

scripta glossa, *instituta*. Metaphora tractum a ponderibus putat, quæ non facile sustinent imbecilli; sed non opus est hoc effugio: *confirmavit se*, qui se præparat exspectationi sustinendæ. GRAEVIUS. Amstelodam. *confirmatus*, hoc est, sic institutus, talibus moribus animique bonis instructus. Hoc sensu enim sæpe *formare* & *confirmare*, nec non *informare* ponuntur. Cic. pro Arch. *Animum & mentem meam ipsa cogitatione hominum excellentium conformabam*. Ibid: *Quod si hæc vox huius hortatu, præceptisque conformata nonnullis aliquando saluti fuit*. Iustin. de Pythagora: *Magnis inspiratis incrementis formatus*; sic bene MSi. *Confirmatus* non repudiarem, nam & hoc potest explicari hoc loco non inepte, nisi repudiaretur ab optimis quibusque libris, & editionibus antiquissimis, quas nondum violarunt correctores audaciores, qui quæ non intellexere, interpolarunt; sed quæ veterum membranarum scripturam exprimebant. GRAEV.

Sustinere ac tueri) *Sustinere*, quia exspectatio magnum onus, v. ad ep. 4. & *sustinere* est tueri, ut l. ep. 9. *tuere* l. de Offic. c. 34. Sallust. Catil. c. 51. CORT.

Meam tuorum erga me meritorum) Tempore furoris Clodiani. CORRAD.

Memoriam ulla numquam delebit oblivio) Pusillum hoc; sed ita tamen edendum, ut præeunt meliores libri, nempe Victorii, Vatic. Pall. quart. quintus, vulgo, *nulla umquam*. GRAEVIUS.

Nisi meis puer olim f. a. a. consiliis paruisses) Quando te monebam, ut honores, quam opes consequi malles; id quod Cicero ipse in Bruto testatur. Vel, quando & tibi auctor fui, ut tu abstineres, & patri, ut te a M. Antonii familiaritate prohiberet. CORRAD. Id nimirum inter cetera significat, quod est in Antonium Philippica secunda: *Sumpsisti*, inquit, *virilem togam, quam statim muliebrem stolam reddidisti, primo vulgare scortum, certa flagitii merces, nec ea parva: sed cito Curio intervenit, qui te a meretricio quæstu abduxit, & tamquam stolam dedisset, in matrimonio stabili & certo locavit. Nemo umquam puer emptus libidinis caussa, tam fuit in domini potestate, quam tu in Curionis: quoties te pater eius domu sua eiecit? quoties custodes posuit, ne limen intrares? cum tu tamen nocte socia, hortante libidine, cogente mercede, per tegulas demitterere: quæ flagitia domus illa diutius ferre non potuit. Scisne me de rebus mihi notissimis dicere? Recordare tempus illud, cum pater Curio mærens jacebat in lecto, filius se ad pedes meos prosternens, lacrymans te mihi commendabat, orabat ut te contra suum patrem, si sestertium sexagies peteret, defenderem; tantum enim pro te intercessisse dicebat: ipse autem amore ardens, confirmabat, quod desiderium tui discidii ferre non posset, se in exsilium iturum. Quo ego tempore tanta mala florentissimæ familiæ sedavi, vel potius sustuli? patri persuasi, ut æs alienum filii dissolveret, redimeret adolescentem, summa spe & animi & ingenii præditum, rei familiaris facultatibus, eumque non modo tua familiaritate, sed etiam congressione patrio jure, & potestate prohiberet: hæc tu cum per me acta meminisses, nisi illis, quos videmus, gladiis confideres, maledictis me provocare ausus esses?* Hæc Cicero. Quæ & Plutarchus confessa a Cicerone confirmat, in M. Antonii vita. MANUTIUS. KUIL.

esse debebis, ut aetas nostra jam ingravescens, in amore atque in adolescentia tua conquiescat. Vale.

EPISTOLA II.

ARGVMENTVM.

De Curionis patris interitu significat, ac se illi parentis loco futurum pollicetur. Verum cui credibile videatur, ad Curionem in Asiam de patris ejus obitu tantulam epistolam esse conscriptam? mihi quidem non fit verisimile; itaque libenter & hanc, & eam, quae sequitur, epistolam conjunxerim, argumento etiam postulante: nam ea munera declarari a Rupa liberto, id est, ostendi & promitti populo, Curio filius exoptabat, quae ipse postea, in urbem reversus, patri mortuo daret; in quo tamen veterum librorum consensu deterreor, qui a sententia mea plane omnes discrepant. Eodem anno.

M. T. C. C. CVRIONI S. D.

GRavi teste privatus sum amoris summi erga te mei, patre tuo, clarissimo viro: qui cum suis laudibus, tum vero te filio superasset omnium fortunam, si ei contigisset, ut te ante videret, quam a vita discederet. Sed spero nostram amicitiam non egere testibus. Tibi patrimonium dii for-

In adolescentia conquiescat) Expunxi ut supervacuum *tua*, auctoritate Pall. pr. dec. quint. Grut. in aliis transposite, *adolescentia conquiescat tua*, sicut in Perkii libro. Ven. edit. ac Manutii. GEBHARD. *In amore atque in adolescentia tua conquiescat*) Sic MSi omnes, quos ego versavi; sic & V. C. N. Scelli, nisi quod deleat alterum *in*. Et sane *tua* non superfluum est, nec expungendum cum Gebhardo, sed necessarium plane. Nemo enim aliter loqueretur. GRAEV. *In amore a. i. adol. t. conq.* Oblectationem capiat. *Adolescentibus enim bona indole praeditis sapientes senes delectantur, leviorque fit eorum senectus, qui a juventute coluntur, & diliguntur*: Cic. de Senectute c. 8. CORT.

EPISTOLA II.

P*atre tuo*) C. Scribonio Curione. CORRAD.

Clarissimo viro) Consulatu, quem cum Cn. Octavio gessit: eloquentia, & rebus gestis in Macedonia, de qua etiam triumphavit. IDEM.

Suis laudibus) Factis praeclarissimis vide ad l. ep VII. *mox fortunam*, ut *fortunatus liberis* dicitur. Auson Idyll. II. ad Sall. Cat. c. 15. quem citavit Eugraphius ad Terent. Andr. A. I. Sc. 1. CORT.

fortunent. Me certe habebis, cui & carus æque sis & jucundus, ac fuisti patri.

EPISTOLA III.

ARGVMENTVM.

Excusat libertum Rupam, quia munera populo non promiserit: quod ei Curio mandaverat; totum consilium de dandis muneribus improbat, & quia nihil expediant male affectæ reipub. & quia divitias potius, quam virtutem ostendant. Summam, ait, exspectationem de ejus virtute ingeniique concitatam: quam si sustinuerit, id fore præstantius omnibus muneribus. Concludit significatione benevolentiæ suæ. Tota moralis est epistola: dissuadet enim a muneribus dandis. Eodem anno.

M. T. C. C. CVRIONI S. D.

RVpæ studium non defuit declarandorum munerum tuo nomine: sed nec mihi placuit, nec cuiquam tuorum quid-

Cui & carus æque sis, & jucundus) Sic Victorius, Pal. pr. Grut. Stewech. eam Varie. Pal. sec. *cui & carus atque sis & perjucund.* vulgo: *cui carus æque sis & perjucundus*. GEBHARD. Confirmatur lectio Victorii auctoritate MSi Amstelodamens. & primi Graeviani. GRAEV.

EPISTOLA III.

NEmpe studium non defuit) Sic fere in omnibus excusis libris. Alii pejus adhuc studium meum legunt. Quomodo enim potest studium suum in eo negotio non defuisse dicere, cum id sibi non placuisse ostendat, seque cum aliis auctorem fuisse, ne fieret? Erat hic certe locus valde obscurus; ego tamen mihi videor in antiquo Mediceo codice veram lectionem reperisse. Deleta erat in eo prima hujus epistolæ dictio, ut nullum omnino vestigium eius superesset, aliaque manu repositum *nempe*. Sed quia in veteribus codicibus ante singulos libros notata sunt initia omnia epistolarum, quæ eo volumine continentur, cum titulis etiam & eorum, qui scribunt, & ad quos missæ sunt, ut facilius, credo, lector invenire posset quas vellet, indicem illum aspexi, in quo sic est: *M. Cicero S.D. Curioni. Rupæ studium*, quam puto esse sinceram, & incorruptam lectionem. *Rupa* enim nomen esse arbitror liberti ipsius Curionis, quem ille cum mandatis Romam miserat, quorum unum fuerat, ut declararet munera suo nomine: quod cum ab eo factum non fuisset, excusat illum nunc Cicero, docetque per *Rupam* non stetisse, quominus quod imperatum erat, faceret: summum enim in illo studium fuisse, ut id negotium conficeretur: se tamen, aliosque suos consulto impedivisse, ut postea accurate exponit. VICTOR. *Nempe*) Al. *Nuper*, al. *Rupe*: ut sit liberti alicujus nomen, cui id mandatum esset. CORRAD. *Rupæ stud. non def.*) Solus Pal. primus hanc lectionem præfert: nam tert. *id super studium non d.* GRUTER. *Super studium*. Mire hanc

quidquam te abſente fieri, quod tibi, cum veniſſes, non eſſet integrum. Equidem quid ſentiam, aut ſcribam ad te poſtea pluribus, aut, ne ad eam meditere, imparatum te offendam, coramque contra iſtam rationem, meam dicam: ut aut te in meam ſententiam adducam: aut certe teſtatum apud animum tuum relinquam, quid ſenſerim: ut ſi quando (quod nolim) diſplicere tibi conſilium tuum cœperit, poſſis meum recordari. Brevi tamen ſic habeto, in eum ſtatum temporum tuum reditum incidere, ut iis bonis, quæ tibi natura, ſtudio, fortuna data ſunt, facilius omnia, quæ ſunt ampliſſima in rep. conſequi poſſis, quam muneribus: quorum neque facultatem quiſquam admiratur (eſt enim copiarum, non virtutis) neque quiſquam eſt, quin ſatietate jam defeſſus ſit. Sed aliter, atque oſtenderam, facio, qui ingre-

hanc (nam veriſſima eſt) indagatus eſt Victorius, eum ſecuti, Lambinus aliique, diſſimulant. Vulgo peſſime, *nempe ſtudium meum non deſinit*. Gebhard. In Grævii primo liquido & aperte ſcriptum: *Nuper ſtudium non defuit*. In Amſtelodam. *Nuper nuper ſtudium non defuit*. Mentel. *Nuper non defuit ſtudium*. Græv.

Declarandorum) Promittendorum in funere patris tui. Corrad.

Munerum) Hoc eſt, *ludorum gladiatoriorum*; vid. P. Manut. Hos erat editurus in funere patris; vid. Plin. XXXVI. 15. Græv.

Equidem quid ſentiam) Sic optimus cod. Med. Sic Vatic. ſic Victorius edidit. Grut. Pal. tert. *equidem ſententiam*. Stewech. *equidem ſentiam*. Notat præterea in aliis binis ſuis legi Guilielmius, *equidem meam ſententiam*. Vulgo, *meam quidem ſententiam aut ſcribam*. Gebhard.

Ne ad eam meditere) Legendum *aut ne ad te*, ſcilicet plura, quæ ſcribere poteram, quæque ſcripturus eſſem, ſi ſcriberem, quæ nunc non ſcribam, ne habeas quidquam cogitare, cum veneris, quo ſententiam meam oppugnes. Hæc eſt I. Fr. Gronovii ſententia de hoc loco. Græv. Ad *eam*, para *ſententiam*, quod ex *quid ſentiam* per haud protritam Syllepſin repetendum eſt. Et peſſime quidam habent *ad id*, vel *ad ea*; cum hæc elegantia in cauſa fuerit, ubi priori loco pro *quid ſentiam*, quidam reſcripſerint *ſententiam*. Sed hæc eſt fortuna illorum dicendi generum, quæ a vulgo aliquantulum ſunt remota. Cort. Ne argumenta conquiras ad ea refellenda, quæ ego ſcripſiſſem. Ita legit Fr. Gronovius. Mendoſa lectio vulgata *ut ad eam meditere*, in qua prima litera vocis ultimæ adhæſit præcedenti. Lallem.

Coramque contra iſtam rationem meam dicam) Conſenſio codicum meliorum & hanc lectionem Victorio, ac Lambino perſuaſit; & ſic quoque eſt in Pall. pr. ſec. tert. Gruter. nam quart. *contra iſtam tuam rationem dicam; ut aut te in meam ſent.* quint. *coramque te contra iſtam rationem dicam*, vulgo, *contra iſtam tuam rat.* Iosm. Pro meliore lectione liber etiam vetus Amſtelodam. ſtat. & Grævii duo, & Mentel. Græv. *Contra iſtam rationem*) Iſtud genus ambitionis, plebem muneribus demulcendi quid mihi videatur, tibi exponam. J. Fr. Gron.

Ut iis bonis, quæ tibi natura, ſtudio, fortuna data ſunt) Ingenium natura, doctrinam ſtudio, amicitiam, auctoritatem, dignitatem, divitias fortuna conſequimur. N. Scal.

grediar ad explicandam rationem sententiæ meæ. Quare omnem hanc disputationem in adventum tuum differo. Summa scito in exspectatione te esse, eaque a te exspectari, quæ a summa virtute summoque ingenio exspectanda sunt: ad quæ si es, ut debes, paratus (quod ita esse confido), plurimis maximisque muneribus & nos amicos, & cives tuos universos, & remp. afficies. Illud cognosces profecto, mihi te neque cariorem, neque jucundiorem esse quemquam.

EPISTOLA IV.

ARGUMENTUM.

Epistolarum genera tria ponit; unum, negotiale; alterum, jocosum; tertium, severum: quorum nullo sibi nunc uti licere demonstrat, ut ostendat se, cum nullum scribendi suppetat argumentum, facere coactum, quod fecit etiam in superioribus litteris, ut eum hortetur ad amplectendam remp. in magnis difficultatibus constitutam: cujus officii causam confert in benevolentiam suam. Nihil habet epistola, quod morale non sit. Eodem anno.

M. T. C. C. CVRIONI S. D.

EPistolarum genera multa esse non ignoras: sed unum illud certissimum, cujus causa inventa res ipsa est, ut cer-

Alitne atque ostenderam) Significaveram, atque dictitaveram. Terent. Heaut. A. II. Sc. 1. Vellei. Pat. II. c. 74. Hinc *ostentui*, *ostentui esse* & *obstentare*. Cic. de L. Agrar. CORT.

In exspectatione esse) Proprie passive dicitur. Est enim idem ut *exspectatum esse*, vel *exspectari*; uti *esse in vitio*, pro vitiosum. Cic. I. de Offic. c. 7. *in honore* pro honoratum. V. ep. 9. *in armis* pro armatum. Sall. Livius alii. Sic *in laude*, *probro*, *propatulo esse*. & multo plura dicuntur; addidit vero pro interpretatione *a te exspectari*, uti supra, & Spartianus Adriano c. 23. cum posuisset *in summa detestatione habuit*, mox tamen addidit: *detestatus est*; quæ de Figura Dicendi videas ad Ter. Andr. A. IV. Sc. 2. & 4. CORT.

EPISTOLA IV.

EPistolarum genera multa esse) Similis exordium in ep. ad Att. V. 5. GVILIELM.

Sed unum illud certissimum) Certum cum sit, quod Græcis dicitur [illegible], non dubium est, quin hoc loco *certissimum genus sit*, de quo minime est ambigendum; sed illud pertineat ad epistolarum genera. Ita prope explicat H. Steph. Schediasm. Lib. II c. 5. VRSINVS. *Vn. certis.* quasi proprium, & primum. Nam & Aug. II. de Ord. c. 12. scripsit: *Sed oratori obsfrationum* per-

certiores faceremus absentes, si quid esset quod eos scire aut nostra, aut ipsorum interesset. Hujus generis litteras a me profecto non expetis. Tuarum enim rerum domesticarum habes & scriptores, & nuntios. In meis autem rebus nihil est sane novi. Reliqua sunt epistolarum genera duo, quæ me magnopere delectant; unum familiare, & jocosum: alterum severum, & grave. Utro me minus deceat uti, non intelligo. Jocerne tecum per litteras? civem mehercule non puto esse, qui temporibus his ridere possit. An gravius aliquid scribam? Quid est quod possit graviter a Cicerone scribi ad Curionem, nisi de rep.? Atque in hoc genere hæc mea causa est, ut neque ea, quæ non sentio, velim scribere. Quamobrem, quoniam mihi nullum scribendi argumentum relictum est, utar ea clausula, qua soleo, teque ad studium summæ laudis cohortabor. Est enim tibi gravis adver-

verbo non primari, ergo illa ratio peperit litteras: quare potius epistolam, quam ita Lipsius Instit. epist. c. 11. definit: *Est scriptum animi nuncium ad absentes, aut quasi absentes*. Corr.

Hujus generis litteras a me profecto non expetis) Sic habetur in Pall. tert. quint. eratque item in sec. et quarto, præ ceteris manus corruptrices expertis: pro quo in hoc *exspectes*, in illo *exspectis*, sed *expetis* quoque adnotat ex Stewech. Gulielmius, benèque Pal. pr. exhibendo *expetas*. Vulgo *exspectas*, alii *exspectabis*. Gebhard.

Tuarum enim rerum domesticarum habes scriptores) *Domesticorum* habet antiquus liber, pro *domesticarum*: & ita opinor ex loco simili legendum esse. F. Ursin. Liber Italicus: *Domesticorum enim rerum tuarum domesticos habes scriptores & nuncios*. Grav. *Domesticarum*) Notat privatarum, in quibus *Tua* interest, & est opposita rei publicæ; neque ob id suspectum esse debet. Sic Terent. Eunuch. A. IV. Sc. 2. *Soli sur illa*. Conf. III. ep. 4. G. Cortius.

Hæc mea causa est) Mea & rerum meanum conditio ea est. Hæc etiam Manutius: *hic status meus est*. Similiter fere Petron. c. 14. & aperte Cic. I. de Off. c. 31. Corr.

Quæ non sentio) Nedum quæ sentio ra puto. Corrad. *Ut neque ea quæ non sentio*) Recte hæc Manutius ex suis libris, ac Medic. Exstat quoque hæc lectio in quinque Pall. Grut. Stewech. vulgo: *quæ non sentio*. Gebhard. *Ut neque ea quæ non sentio velim scribere*) Non injuria quis existimet hunc esse mutilum locum. Equidem hoc fere modo scripsisse Ciceronem ausim dicere: *Atque hoc in genere hæc mea causa est, ut neque ea, quæ cupio, possim, neque ea, quæ non sentio, velim scribere*. Videtur enim quo repetitio librariis peccandi causam præbuisse. Ac similiter fere libro primo ante ultimam epistola III. ad Cassium dicit: *De rep. enim nihil scribere possum, neque enim quod sentio libere scribere*. G. Cortius. Scripturam, quam Manutio, & Grævio probatur, reperitur in omnibus quatuor Mss, quibus usus est Grævius. Graev. *Ut neque ea, quæ sent. ... scrib.* Ita regium optimum. Alter cum vulgatis, *ut neque ea, quæ non sent. v. scr.* omissis per incuriam librarii ceteris. Lamb.

adversaria constituta, & parata, incredibilis quædam exspectatio: quam tu una re facillime vinces, si hoc statueris: Quarum laudum gloriam adamaris, quibus artibus eæ laudes comparantur, in iis esse laborandum. In hanc sententiam scriberem plura, nisi te tua sponte satis incitatum esse considerem: & hoc quidquid attigi, non feci inflammandi tui causa, sed testificandi amoris mei. Vale.

EPISTOLA V.

ARGVMENTVM.

Remp. domesticis malis laborare significat: Curioni gratulatur, quod absit, vel quia civiles miserias non videat, vel quod ibi sit, ubi magnam ex recte factis laudem consequatur. Postremo hortatur eum ad suspiciendam remp. ejus maxime patrocinio indigentem. Eodem anno.

M. T. C. C. CVRIONI S. P. D.

HÆc negotia quomodo se habeant, ne epistola quidem narrare audeo. Tibi, etsi ubicumque es (ut scripsi ad te antea) in eadem es navi, tamen quod abes gratulor: vel quia non vides ea, quæ nos: vel quod excelso & illu-

stri

Incredibilis exspectatio) Uti Tullius exspectationem Adversariam in hostem vocat: ita Plinius VIII. ep. ult. adde eundem III. ep. 3. & Quinctil. Declam. 269. CORT.

Quarum laud. gl. adamaris) Al. *Adamaris*. CONRAD. *Quarum laudum gloriam adamaris*) Sic edidit P. Victorius: sic habent codices Memmiani; vulgati autem plerique, quibuscum consentiunt tamen nonnulli veteres, *adamaveris*. LAMB. Cave credas Viro doctissimo, qui Var. Lect. lib. III. c 3. *adhamaveris* legendum esse nobis persuadere studet. GRAEV. Ordo hic est: *in iis artibus esse laborandum, quibus eæ laudes, quarum gloriam valde amaveris, comparentur*. *Laudum gloriam* si respexeris ad I. ep. 7. minus insolens tibi erit, quam Livii VIII. c. 24. Sueton. Cal. c. 67. De eo, quod præterit *laudum* & *laudes*, & prius quibus scripserit, quam iis, dico alibi. G. CORTIUS.

EPISTOLA V.

HÆc negotia) Idest *his locis*, & hoc tempore: prius certe respondere illi, quod excipit, *ubicumque*. Sic Liv. VII. c. 25. Plaut. Trinummo A. II. Sc. IV. 83. Cic. X ad Att ep. 11. Et cum Adverbia *hic*, *hoc* a Pronominibus istis veniant, nihil prohibet, quin hæc per Enallagen pro illis ponantur, ut Ovid. II. Fast. v. 573. Cæsar I. B. G. c. 36. Sicut *nullus* pro *nemo*, *ille* pro *illic* & *ibi*, & infinita talia dicuntur. CORT.

Etsi ubicumque es, (ut scripsi ad te antea) in eadem es navi) In communi periculo. CONRAD.

Tamen quod abes) In Asia. LAMB.

Nec

ſtri loco ſita ſit laus tua, in plurimorum & ſociorum, & civium conſpectu: quæ ad nos nec obſcuro, nec vario ſermone, ſed & clariſsima & una omnium voce perfertur. Vnum illud neſcio, gratuler ne tibi, an timeam, quod mirabilis eſt exſpectatio reditus tui: non quo verear, ne tua virtus opinioni hominum non reſpondeat: ſed, mehercule, ne, cum veneris, non habeas jam, quod cures: ita ſunt omnia debilitata jam prope & extincta. Sed hæc ipsa neſcio, recte ne ſint litteris commiſſa: quare cetera cognoſces ex aliis. Tu tamen ſive habes aliquam ſpem de rep. ſive deſperas, ea para, meditare, cogita, quæ eſſe in eo civi ac viro debent, qui ſit remp. afflictam & oppreſſam miſeris temporibus ac perditis moribus, in veterem dignitatem ac libertatem vindicaturus.

EPISTOLA VI.

ARGVMENTVM.

Artificioſa commendatio, a ſummo erga Milonem ſtudio deprompta. Partes multæ ſunt, omnes ad impetrandum accommodatæ. Rei magnitudinem oſtendit: in Curionem officia modeſte commemorat; Curionis in ſe amplificat, & in referenda gratia parem voluntatem pollicetur. Atque hæc quaſi proœmii loco ſunt. Narratio autem, quæcumque ad impetran-

Nec obſcuro, nec vario ſermone] Vt alii aliter de tua laude loquantur. Omnes enim una voce te laudant. Italicus tamen MStus: *Nec obſcuro, nec vano ſermone*. GRAEV.

Sed & clariſſima & una omnium voce perfertur] Sic cum Lambin. & plerisque MSis volui. Victorius tamen edidit: *ſed & clariſſima & una, una omnium voce perfertur*; cui fere in omnibus accedit Pal. prim. *ſed & clariſſima & una & una omnium voce perf.* quart. *& clariſſima & una omnium & vice una perf.* GRUTER. Lectionem editam firmant Amſtelodam. Mentel. Graevii duo libri. GRAEV.

Ita ſunt omnia deb. jam prope & exſt.] Primæ impreſſionis lectionem exhibui inventam quoque in Pall. ſec. tert. quart. Peck. Gruter. Strevech. tamen ut Lamb. ediderat, *debilitata jam, & prope & extincta*. Pal. prim. quint. ſic quoque, niſi quod copulam & ignorant; vulgo, *debilitata, & jam prope extincta*. GRUTER. Lectionem, quam expreſſit Gebhardus, afferunt Amſtelodam. Mentel. Gravianl, niſi quod in Mentel. omiſſum eſt *jam*, in Graevii primo vero *&*. GRAEV.

In libertatem vindicaturus] Amant hoc verbum quaſi proprium huic rei, ubi de libertate adſerenda loquuntur. Cic. Parad. V. item pro Flacco c. 11. Iuſtin. XXXVI. c. 1. vid. Sall. Cat. c. 20. CORT.

trandum valent, *omnia comprehendit*: *summa petentis cupiditas ostenditur in eo*: Ego omnia studia: *cupiditas autem honestae rei, quia subjungitur*: Non officii solum fructum, sed etiam pietatis laudem. *Et quoniam aliena minus*, *quam nostra nobis curae sunt*, *occurrit huic suspicioni*, *cum inquit*: Neque vero cuiquam salutem ac fortunas suas *. Petimus interdum, quae fieri vix possunt*: *at Cicero*, *cum dixerit jam*: Peto id quod maxime cupio, quod cupere debeo, quod mihi tanti est, ut in eo omnia mea posita esse decreverim, *subjungit*: Posse te intelligo id quod tantopere cupio... *Auget etiam commendationem*, *cum de consensu studioque bonorum adjungit*; *ideo dixit illa*: Habemus haec omnia, bonorum studium, *& quae sequuntur*. *Postremo loco neque nos immemores*, *neque eum cui petimus*, *aut ingratum fore promittimus*, *adjuncta ejus laude*, *ut non solum velle amicorum causa*, *sed etiam posse videatur*: *quod utrumque attigit Cicero*; *nam de se ipso cum dixisset*: Si me memorem, si gratum, *deinde posuit*: De ipso T. Annio. *Quod si res non amico tantum*, *sed nobis etiam dignitatem aut commodum afferat*, *plus omnino habet ponderis commendatio*; *dixit igitur*: Mihi vero tantum decoris, tantum dignitatis adjunxeris. *Conclusio optima*, *id nobis fore gratissimum*, *& id eum a quo petimus praestare posse*. *Quae qui omnia diligenter attendet*, *profecto artem sibi aliquam ad commendandum componet*; *quando haec*, *si non omnia*, *pleraque certe*, *mutatione levissima*, *ad varios usus transferri facile possunt*. *Eodem anno*.

M. T. C. C. CURIONI S. P. D.

NOndum erat auditum, te ad Italiam adventare, cum Sextum Villium, Milonis mei familiarem, cum his ad te

EPISTOLA VI.

SExt. *Julium*) *Servilium* plures habent libri. CORRAD. *Cum Sex. Villium*, *Milonis mei familiarem*) Ita est in manuscripto. Manutius autem ferit *Sex. Julium*; mihi placeret *Servilium*. VASIN. *Sext. Vill.*) Hoc nomen praeferunt editionum optimae Vict. et Manut. exstatque ea lectio in Pal pr. Var. alii hic mihi *Sextum Julium*, alii *Servilium* citant, quae nomina tantum a magno radente responderent in libris nostris. GEBHARD. Amstelodam. *Cum Servilium Julium Milonis fam*. Mentel. *Cum Servilium Milonis mei fam*. Grav. sec. *Cum Sextum Julium Milonis mei fam*.

ad te litteris misi. Sed tamen cum appropinquare tuus adventus putaretur, & te jam ex Asia Romam versus profectum esse constaret, magnitudo rei fecit, ut non vereremur, ne nimis cito mitteremus, cum has quam primum ad te perferri litteras magnopere vellemus. Ego si mea in te essent officia solum, Curio, tanta quanta magis a teipso prædicari, quam a me ponderari solent, verecundius a te si qua magna res mihi petenda esset, contenderem. Grave est enim homini pudenti, petere aliquid magnum ab eo, de quo se bene meritum putet: ne id quod petat exigere magis, quam rogare, & in mercedis potius, quam beneficii loco numerare videatur. Sed quia tua in me vel nota omnibus, vel ipsa novitate meorum temporum clarissima & maxima beneficia exstiterunt: estque animi ingenui, cui multum debeas, eidem plurimum velle debere: non dubitavi id a te per litteras petere, quod mihi omnium esset maximum, maximeque necessarium. Neque enim sum veritus, ne sustinere tua in me vel innumerabilia non possem: cum præ-

sum. Grav. prim. *Cum Servium Iulium*: sic & in aliis libris fuisse videtur: unde natum *Sextum Iulium*, & *Sextum Villium*. Rectum autem puto esse *Servilium*, quod & in codice Nic. Scelfi, & in pluribus aliis invenit Corradus testatur. Grav. *Sextum Villium*) Quid certius esse potest, quam si *Servilium* scripsisset Cicero, nullam causam fore, cur notissimum illud nomen corrumperetur? Cum vero ille Sex. Villius, etsi præconem, & nomen clarissimum in comitiis Romanis, vix ex paucis MSis nec pluribus, quam duobus apud Gebhardum restituatur, corrigantur vero plurimi in *Servilium*, multis in dubio hærentibus; ego non ambigo, quin scripserit *Ser. Villium*, hoc est, Servium Villium. Iac. Gron. *Cum Servilium*. Ita Corradus & Grævius, præeunte Vrsino, & sic duo regii codices, pro vulgato, *cum Ser. Villium*. Lall.

Si mea in te) Si mea in te officia *solum* exstarent, neque tu ipse majora mihi exhibuisses; nam hoc est, quod mox redditur, *sed*, qui malles *solum*: sed præter necessitatem juxta ac librorum auctoritatem. Capitolin. in Marco c. 17. Volcatius in Cassio. Cic. Tusc. III. Cort.

Exigere magis) Repetere tamquam ex debito. Nam ubi a viro, cui benefecisti, *beneficium petas, ipse te recepisse intelliges*, inquit Seneca V. de Benef. c. 22. adde Cic. de Amicit. c. 9. Iann.

Vel ipsa novitate meorum temporum) Tempore exsilii. Grav. *Insolita mea calamitate*, nempe exsilio. Nam *novus* non *recens* semper, sed etiam insolitum, & quod antea non accidit. Adeo indignum & inauditum Cicero exsilium suum semper existimavit. Quare cave accedas Callerii *recenti memoriæ*. Sic supra I. Ep. 12. *novus hic reus Caesaris* memoravit. Sueton. Calig. c. 40. & Sallust. Cat. c. 4. facinus Catilinæ in primis memorabile existimat *sceleris, atque periculi novitate*. G. Cort.

Ne sustinere tua in me vel innumerabilia non p.) Ablegant ex beneficiis in charmium quinque Pall. Grut. editio Victo-

præsertim confiderem, nullam esse gratiam, quam non vel capere animus meus in accipiendo, vel in remunerando, cumulandoque illustrare posset. Ego omnia mea studia, omnem operam, curam, industriam, cogitationem, mentem denique omnem in Milonis consulatu fixi, & locavi: statuique in eo me non officii solum fructum, sed etiam pietatis laudem debere quærere. Neque vero cuiquam salutem ac fortunas suas tantæ curæ fuisse umquam puto, quantæ mihi sit honos ejus, in quo omnia mea posita esse decrevi. Huic te unum tanto adjumento esse, si volueris, posse intelligo, ut nihil sit præterea nobis requirendum.

Ha-

Victorii: Grut. paullo post ex tantum. Gebhard. Amstelodamensis & Grav. primus liber utramque scripturam habent; nisi quod Gravii liber pro tantum legit tam. Graev.

Quam non vel capere animus meus in accipf. vel in rem., cumul. que ill. p.) Reddiderunt hæc suo vigori Vict. & Lamb. sic mihi quoque conspecta in omnibus Pall. Grut. Vatic. Stewech. vulgo totus complexus sic edebatur: *Neque enim sum veritus, ne sustinere tua in me vel innumerabilia beneficia non possem: cum præsertim confiderem, nullam esse gratiam tantam, quam vel non capere animus meus accipiendo: vel remunerando cumulandoque illustrari posset.* Nihil, ne latum quidem unguem a MSSis discessimus. Gebhardus. Amstelodamensis & hic assentitur melioribus libris, nisi quod omiserat *quam*, & transponat *non vel*, scribatque *vel non*. Gravii vero primus: *Quam non vel capere animus meus in accipiendo, vel in remunerando cumulare atque illustrare posset*; quod mihi valde blanditur, & Cicero sic scripsisse videtur. Sententia est, quam non possim cumulatius referre, & omnibus testatam facere. Bernardus Rutilius legit, *vel in remunerando cumulando illustrare posset*. Graev. *Capere animus m.*, ad quam non *aptus* sit animus meus. Non enim omnes omnia sustinere possunt. Sic Curt. X. c. 5. Spartian. in Ælian. Vero c. 4. G. Cort.

Cumulandoque) Cumulatur gratia, quando *magna fit*, & laudatur ab accipiente. Sallust. B. Iug. c. 86. uritur hoc significare *augere*. Idem.

In Milonis consulatu) Quem tunc cum P. Plautio Hipsæo, & Q. Metello Scipione petebat. Corrad.

In quo omnia mea studia posita esse decrevi) Nos dictionem illam *studia* ex vetustis codicibus & ipsis, vacare judicavimus, idemque delevimus. Dicit autem omnia sua se in Milone decrevisse posita esse, id est, omnes suas fortunas, & omnem vitæ suæ statum ita voluisse in illo posita esse, ut ex illo penderent, quemadmodum in Tusculanarum lib. V. *Qui enim potest esse celsus, & erectus, & ea, quæ homini accidere possunt, omnia parva ducere (qualem sapientem esse volumus) nisi omnia sibi in se posita esse crediderit?* Eadem ratio est vocis illius *beneficia*, quam paucis supra verbibus non necessario in oratione sitam (intelligebatur enim) omisimus; sed nec ea etiam in veteribus libris erat: verum multa his similia, quæ per se patebunt, si quis acute attendere volet, transibimus, ne videamur ex minutis omnibus animadversionibus ambitiose laudem velle aucupari, & lectorum ingeniis penitus diffidere, quorum speramus majorem partem, indicata tantum antiqua & incorrupta lectione, reliqua per se cogniturum, ambarum saltem lectionum collatione facta. Victorius.

Te unum) Tamquam juventutis principem. Corrad.

Helo-

Habemus hæc omnia: bonorum studium conciliatum ex tribunatu, propter nostram (ut spero te intelligere) causam: vulgi ac multitudinis, propter magnificentiam munerum, liberalitatemque naturæ: juventutis & gratiosorum in suffragiis studia, propter ipsius excellentem in eo genere vel gratiam, vel diligentiam: nostram suffragationem, si minus potentem, at probatam tamen, & justam, & debitam, & propterea fortasse etiam gratiosam. Dux nobis & auctor opus est, & eorum ventorum, quos proposui, moderator quidam, & quasi gubernator: qui si ex omnibus unus optandus esset, quem tecum conferre possemus, non haberemus. Quamobrem, si me memorem, si gratum, si bonum virum, vel ex hoc ipso, quod tam vehementer de Milone laborem, existimare potes: si dignum denique tuis beneficiis judicas: hoc a te peto, ut subvenias huic meæ sollicitudini, ut huic meæ laudi, vel (ut verius dicam) prope saluti tuum studium dices. De ipso T. Annio tantum tibi pol-

Habemus hæc omnia) Illa omnia non enumerat, nempe & bonorum, & vulgi, & juventutis, & Ciceronis studia. Livius I. c. 5. Sallust. Iug. c. 65. adde B. Cat. c. 9. & supra L. ep. VII. G. Cort.

Ex tribunatu) Ipsius Milonis. Garatonus.

Causam) Restitutionis. Idem.

Propter magnificentiam munerum) In quæ Milo tria effudisse patrimonia dicitur, ut plebem & infimam multitudinem deliniret. Idem. *Propter magnificentiam munerum, liberalitatemque naturæ*) Sic Grut. Pall. sec. tert. quart. ad marginem; quint. edit. prima, Stewech. Perhii *libertatem*; alius quart. in textu, *liberalitatemque necessariis juventutis*. Garaton.

Juventutis & gratiosorum in suffragiis studia) Non est hæc vulgarium edit. lectio sed omnium MSorum, editionisque Vict. ipsiusque cod. Medic. cui parcere debebat Manut. neque *studia* sine consilio ac sensu librorum temere ejicere ut glossema. Garatonus. *Studia* etiam agnoscunt Amstelodam. Mentel. Grævian. nisi quod in altero *studiorum*. Graev.

Si minus potentem, at probatam) In Pall. sec. tert. ceterisque omnibus, sicut & editione vetustissima *at probat*; placuit tamen Stewechiani cod. scriptura, quam præceperunt Vict. Lambin. Manut. vulgo, *adprobatam*. Gebhard. Mentelianus *at probatam*. Grav. pr. *ad probatam*; secund. & Amstelodam. *at probatam*. Graev.

Eorum ventorum) Ventus cum *medium* sit vocabulum, & tam *adversa*, quam *prospera* studia denotet. Cicero tamen sæpius pro *favore* sumit. Alibi *autem* ita adhibet cum aliis, ut Liv. 22. c. 26. Lucretius I. v. 133. Ovid. Trist. IV. eleg. V. v. 19. Virgil. VI. Æn. v. 817. Cort.

Qui si ex omnibus unus optandus esset) Licet rejecerit hanc lectionem Guilielm. tamen probatam Victor. ex Medic. cod. (et eam adoptat prima edit. Ignatius) mihi vero deprehensam in Pall. pr. quint. Vatic. religio fuit postponere, certe elegantiorem ac meliorem mihi visam vulgata *exoptandus*. Garatonus. Amstelodam. Grav. prim. Mentel. *optandus*. Garatonus.

Vel (ut verius dicam) prope saluti

tuum

pollicetur, te maioris animi, gravitatis, constantiæ, benevolentiæque erga te, si complecti hominem volueris, habiturum esse neminem. Mihi vero tantum decoris, tantum dignitatis adjunxeris, ut eumdem te facile agnoscam fuisse in laude mea, qui fueris in salute. Ego, ni te videre scirem, cum ad te hæc scriberem, quantum officii sustinerem, quantopere mihi esset in hac petitione Milonis omni non modo contentione sed etiam dimicatione elaborandum, plura scriberem. Nunc tibi omnem rem, atque causam, meque totum commendo atque trado. Vnum hoc sic habeto: si a te hanc rem impetraro, me pæne plus tibi quam ipsi Miloni debiturum: non enim mihi tam mea salus cara fuit, in qua præcipue sum ab illo adjutus, quam pietas erit in referenda gratia jucunda: eam autem unius tui studio me assequi posse confido. Vale.

EPI-

tuum studium dices) Arrisit hoc nobis ex antiquissima editione; dein Vict. Lambin. Manus. denique MSi Pal. pr. Vat. Peck. vulgo, *proprie solum*. GEBHARD.

In laude mea) *Promovenda* sensu addendum. Nam talia, cum in proclivi sunt, omittunt. Columella L. c. VII. Ovid. Fast. I. v. 17. Cic. in Bruto ineunte. CORT.

Cum hæc ad te scriberem) Miror quid acciderit Pal. pr. tec. referentibus, *cum in te hæc scriberem*; & tert. Grut. *quem in te hæc scriberem*. GEBHARDVS.

Eam autem unius tui studio) Sic in oratione pro Marcello loquitur: *Quis non intelligit, ex unius tui vitam pendere omnium?* Etsi *tuo unius studio* in veteribus etiam libris invenio. GRONOV. Affirmat audacter Laurentius Vallensis, legi debere *tuo unius*, quod ita ratio Grammaticæ postulet. Ego autem video Varronem libro III. Rei Rusticæ dixisse de villa: *At, cum hæc sit communis universi populi, illa solius tui*. BVRM. RVTIL. *Tui unius studio*. Difficile magis est dissentire a summo viro I. Fr. Gronovio, quam ab editione illa Veneta, contra quam vetustissimæ membranæ & codices optimæ fidei nituntur. Attamen statuamus omnibus illis, quæ vir doctissimus ad Plauti Pseudol. A. I. Sc. V. 4. (unde enim Cellonius hanc emendationem sumsit) adferre potuit, nondum a me impetrare potui, ut veterem lectionem repudiarem. Fateor pleraque illorum, quæ adduxerunt pro confirmanda lectione Plautina, importuna prorsus esse, & ob id Gronovium in eam opinionem pertraxisse. Verum magis opportunum erit, quod ad Ciceronem laudat Corradus ex Or. pro Marc. c. VII. *Quis non intelligit, ex unius tui vitam pendere omnium*: at ut alii locum corruperint; & Burm. Rutilius ex Varrone III. de R. R. c. II. *Cum hæc (villa) sit communis universi populi, illa solius tui*; ubi nunc pariter elidarunt *tua*. Cf. denique Bengelius ex Cic. in Vatin. c. III. (quem, ut ceteros, suppeditat Sanctius in Minerv. Lib. II. c. 3.) *unius mei salute*, qui nec ipse locus mansit intemeratus, quod non amplius mirum, cum & Plauti illa d. l. *duorum hominum labori perfissem mei & tui*, quæ tamen Gellius defendit XX. c. 6. & recte dici *labor mei* a substantivo *Ego* pro *meus* adfirmat, mutationi fuere obnoxia. Mihi sic videtur: Cum nomina, quæ vocant Substantiva priora sint Adjectivis, & natura magis convenien-

EPISTOLA VII.

ARGUMENTUM.

Cum esset Cicero proconsul in Cilicia, ex M. Cælii, aliorumque litteris, tribunum pl. designatum esse Curionem cognovit, eique hac epistola, tribunatum pl. jam ingresso, gratulatus est: post gratulationem sequitur cohortatio, tum reip. tum etiam amicitiæ debita: timebat enim Cicero, quod evenit, ne Curio, mutata sententia, ab optimatibus deficeret: proponit igitur ei temporum vim, rerum varietatem, incertos exitus, flexibiles hominum voluntates: suadet, ne cujus consilium sequatur, se ipsum audiat, sibi obtemperet. Postremo rogat, ne quid sibi temporis prorogari in provinciæ administratione patiatur. Serv. Sulpicio, M. Marcello Coss.

M. T. C. PROCONSUL C. CURIONI TRIBUNO PL. S. D.

SEra gratulatio reprehendi non solet, præsertim si nulla negligentia prætermissa est: longe enim absum, audio sero. Sed tibi & gratulor, & ut sempiternæ laudi tibi sit iste tribunatus, exopto: teque hortor ut omnia gubernes & moderere prudentia tua, ne te auferant aliorum consilia. Nemo est qui tibi sapientius suadere possit teipso: numquam labere, si te audies. Non scribo hoc temere: cui scribam, video: novi animum, novi consilium tuum: non verear ne quid timide, ne quid stulte facias, si ea defendes quæ ipse recta esse senties. Quod in id reip. tempus non inci-

venienter dicatur *Patriæ studium*, quum patrium: eadem ratione *tui studium* pro *tuum* optimo jure dici posse. CORTIUS.

EPISTOLA VII.

A *Livorum*) Vi M. Antonii. CORRADUS. *Ne te auferant aliorum consilia*) Ne te patiaris a recta sententia dimoveri & corrumpi ab Antonio, sequere tuam sententiam. *Auferre* est corrumpere, deducere, pro quo barbari *seducere* dicunt. Ovid.

Auferimur cultu, gemmis, auroque teguntur
Corpora, pars minima est ipsa puella sui.

GRAEVIUS. *Ne te auferant*) Abstrahant in alias partes. De mari dicunt, quod præcedit, gubernare, moderari. Curt. VIII. c. 13. Flor. II. c. 6. Stat. Theb. VI. v. 668. Lege Gronov. ad Liv. 35. c. 31. qui inter alia & hunc Ciceronis, & Curtii, & a Grævio laudati Ovidii locum producit. CORT.

Ista

incideris, sed veneris (judicio enim tuo, non casu in ipsum discrimen rerum contulisti tribunatum tuum), profecto vides, quanta vis in rep. temporum sit, quanta varietas rerum, quam incerti exitus, quam flexibiles hominum voluntates: quid insidiarum, quid vanitatis in vita, non dubito quin cogites. Sed, amabo te, cura & cogita nihil novi, sed illud idem quod initio scripsi: tecum loquere & te adhibe in consilium, te audi, tibi obtempera: alteri, qui melius dare consilium possit, quam tu, non facile inveniri potest: tibi vero ipsi certe nemo melius dabit. Dii immortales! cur ego non adsum vel spectator laudum tuarum, vel particeps, vel socius, vel minister consiliorum? jam etsi hoc minime tibi deest, sed tamen efficeret magnitudo, vis amoris mei, consilio te ut possem juvare. Scribam ad te plura alias: paucis enim diebus eram missurus domesticos tabellarios: ut quoniam sane feliciter, & ex mea sententia remp. gessimus, unis litteris totius æstatis res gestas ad Senatum perscriberem. De sacerdotio tuo quantam curam

Judicio enim tuo) Quoniam his temporibus Tribunatum petiisti. CORRADUS.

In ipsum discrimen rerum) Quod ex Pompeii & Cæsaris dissensione imminebat. IDEM.

Alteri qui melius dare consilium possit) Sic habent plerique libri & editiones. Pall. tamen tert. quart. quint. totidemque Guilielmii *alter qui melius*, quod exhibet quoque editio prima. GEBHARD.

Socius vel minister) Quorum consilia capiuntur, & cujus opera perficiuntur. Plautus Mil. A. IV. Sc. II. v. 12. Sallust. Jug. c. 29. adde I. ep. 11. CORT.

Jam etsi hoc minime tibi deest) Sic præferunt Pall. pr. sec. quint. totidem Guilielmii: vulgo *tametsi*; supra agnoscunt Pall. pr. sec. tert. Grut. *cur ego absum*: sicut lec. non *minister* sed *magister*. GEBHARD. Alii *tametsi hoc*. Sed Cic. particula *Jam* ita eleganter utitur h. l. ep. VIII. & alibi. Si tamen quid corruptum abest, potiorem pronomen *tuarum* in illo *jam* latere: etsi jam nihil affirmo. *Hoc* vero ad totam orationem referendum, uti *quod* ita sæpissime referri solet, ut significet nec *spectatorem laudum*, nec *socium* & *ministrum* consiliorum illi deesse. Sic Cic. Divinat. in Q. Cæcil. CORT.

Paucis diebus) Omittitur *In* pro *Intra*; vel *Ex* pro *Post*, quod tamen etiam per *In* denotari solet. Terent. Andr. A. I. Sc. I. v. 77. Sall. B. Jug. c. 13. Posses etiam Ellipsin Participii agnoscere, cum Justinus sæpe dicat *interjectis diebus*, *interjectis mensibus*, *interjecto tempore*. Cæsar VI. B. G. c. 9. Phædr. III. Fab. II. v. 12. IDEM.

Ex mea sententia Remp. gessimus) *Rem gessimus* magis placet, ut est in antiquo. F. URSINUS.

De sacerdotio tuo) Augurata, sive Pontificatu. Nam utrumque legimus. CORRADUS. De pontificatu quem ambiit, rogans ut patri surrogaretur. GRÆV.

Quam-

curam adhibuerim, quamquam difficili in re atque causa, cognosces ex iis litteris, quas Thrasoni, liberto tuo, dedi. Te, mi Curio, pro tua incredibili in me benevolentia, meaque item in te singulari, rogo atque oro, ne patiare quidquam mihi ad hanc provincialem molestiam temporis prorogari. Præsens tecum egi, cum te tribunum pleb. isto anno fore non putarem: itemque petivi sæpius per litteras: sed tum quasi a Senatore nobilissimo, tum adolescente gratiosissimo: nunc a tribuno pleb. & a Curione tribuno: non ut decernatur aliquid novi, quod solet esse difficilius: sed ut ne quid novi decernatur: & ut senaticonsultum, & leges defendas: eaque mihi conditio maneat, qua profectus sum. Hoc te vehementer etiam, atque etiam rogo. Vale.

EPISTOLA VIII.

ARGVMENTVM.

Acceptis Cælii litteris, quæ lib. VIII. primæ leguntur, & cum litteris commentario rerum urbanarum, in quem omnia sine delectu operarius nescio qui, a Cælio conductus, retulerat, ineptam Cicero sedulitatem reprehendit in colligendis levissimis rebus. Tum de sermonibus cum Pompeio habitis, quod Cælius quæsierat, cum Pompeii laude res-

Quamquam difficili in re) Recte sic Victor. Pall. pr. tert. quint. Mead. Stewech. alias *quamquam difficili*. GEBHARDVS.

Quas Thrasoni liberto tuo dedi) Hoc nomen liberto Curionis indidit editio primitus cusa; Pal. ter. Gruter. duo Guilielm. Pal. pr. *Thorasoni*, quint. *Tassoni*; vulgo *Thrasoni*. GEBHARDVS.

Et ut S. C.) De obtinenda Cilicia provincia per annum. CORRADVS. *Ut senaticonsultum*) Frementibus Magistellis produxi hanc lectionem ex editione Victor. ac Pal. prim. Vatic. ut sæpe Livius; vulgo *Senatus consultum*. GEBHARD. *Senati consultum*. Frementibus magistellis genuinam lectionem Ciceroni ex optimis libris restituisse Gebhardus præ se fert: ea est *senaticonsultum*. Quam cum Grævius, & alii secuti sint, nescio quid Cellarium in diversa abstraxerit, qui tamen alias Vulgato usui gratificari non solet. Interest vero adolescentium & hæc antiqua nosse, ne cum Terentium, Sallust. Liv. & alios primæ Classis auctores evolverint, novitate verborum attoniti stupeant. Nam illi *tumulti*, *quæsti*, *fructi*, *senati*, & pleraque talia protulerunt, quæ cumulando, ne latius evagari cogar, remitto ad *Nonii Marcelli* c. 8. de mutata declinatione. CORT.

Leges) Forte, Semproniam, Curiatam, & Corneliam. CORRAD.

respondet; atque ut ei se det, hortatur. Addit de suo in provinciam itinere. Clausula commendatio est rerum suarum; in quibus hoc praecipue laborat, ne sibi annuum provinciae tempus prorogetur, sed ea conditio maneat, qua profectus est.

M. T. C. PROCONSUL M. CŒLIO S. D.

QVid? tu me hoc tibi mandasse existimas, ut mihi gladiatorum compositiones, ut vadimonia dilata, & Chresti compilationem mitteres, & ea, quae nobis, cum Romae sumus, narrare nemo audeat? Vide quantum tibi meo judicio tribuam (nec mehercule injuria: πολιτικώτερον enim te adhuc neminem cognovi): ne illa quidem curo mihi scribas, quae maximis in rebus reip. geruntur quotidie, nisi quid ad me ipsum pertinebit: scribent alii: multi nuntiabunt: perferet multa etiam ipse rumor. Quare ego nec praeterita, nec praesentia abs te, sed ut ab homine longe in posterum prospiciente, futura exspecto; ut ex tuis litteris cum formam reip. viderim, quale aedificium futurum

EPISTOLA VIII.

G*ladiatorum compositiones*) Quae paria gladiatorum pugnaverint. *Componi* & *comparari* gladiatores dicuntur, cum pares robore, aetate, & usu armorum eliguntur a muneris editore, qui in illo spectaculo committantur. Hinc *per brevi compositum*, sibi *brevi comparatum*, duo adversarii qui sibi maxime pares sunt. Vid. P. Manut. Graev.

Vadimonia dilata) Constitutum ad sistendum diem productum. Corrad. *Vadimonii* significat, quos vulgo nunc in judicio *terminos* vocant. Cum enim antiquitus satisdarent, certa die judicio sisti, Praetor interdum diem judicio destinatum prorogabat: indeque dicta *dilata vadimonia*. Hadr. Revilius.

Chresti compilationem) Vel ut Chrestum compilaverint, id est, fraudaverint fures: vel ut Chrestus fur alios compilaverit. *Compilare aliquem*, l. de N.t. D. 31. *Alii omnia, quae possunt, fama compilant*. Io. Fr. Gron.

Πολιτικώτερον) Civilis regiminis peritiorem, in ratione rerum pub. oculatiorem. Lamb.

Max. in rebus reip.) Aut fallor, aut Cicero scripsit *maximis in rebuspublicis*, ut Cato apud A. Gell. XIII. c. 23. Nam *in rebus rei* odiosum nimis est; quamquam Livius 42. dixerit *quidquam reip.* Alii vero etiam *summa reip.* quod pro *summa re* quidam capiunt. Cort.

Et ea quae nobis cum Romae sumus nemo narrare audeat) Quod levia sint, & viro gravi indigna. Corrad.

Cum formam reip. viderim) Id est, statum reipublicae descriptum. *Forma* proprie dicitur architectis descriptio futuri aedificii, vulgo *ichnographia*, *delineatio*. Hinc *deformare*, est delineare. Vitruv. lib. I. cap. I. *Architectus graphidis peritus sit, ut deformationibus possit faciliter, quam velit operis speciem*. Vid. P. Manut. ad h. l. & Buchner. ad Plin. lib. IX. ep. 39. Graev.

Cum

rum sit, scire possim. Neque tamen adhuc habeo, quod te accusem: neque enim fuit quod tu plus providere posses, quam quivis nostrum, in primisque ego, qui cum Pompeio complures dies nullis in aliis, nisi de rep. sermonibus versatus sum: quæ nec possunt scribi, nec scribenda sunt. Tantum habeto, civem egregium esse Pompeium, & ad omnia, quæ providenda sunt in rep. & animo, & consilio paratum. Quare da te homini: complectetur, mihi crede. Iam eidem illi & boni, & mali cives videntur, qui nobis videri solent. Ego cum Athenis decem ipsos dies fuissem, multumque mecum Gallus noster Caninius, proficiscebar inde prid. Nonas Quint. cum hoc ad te litterarum dedi. Tibi cum omnia mea commendatissima esse cupio, tum nihil magis, quam ne tempus nobis provinciæ prorogetur: in eo mihi sunt omnia. Quod quando, & quomodo, & per quos agendum sit, tu optime constitues. Vale.

EPISTOLA IX.

ARGUMENTUM.

Gratulatur de parta ædilitate, Hirro dejecto: in quem facete jocatur; suam in Cælium benevolentiam, ejus in se merita demonstrat. Moralis epistola. Eodem anno.

M. T.

Cum Pompeio] Quintum Tarenti triduum mirum de Rep. [illegible] habui. Corrad.

Sermonibus versatus sum, quæ] Generis mutatio, per intellectum vox de negotiis, quæ. Vide Observ. III. 3. 1. Fr. Gron.

Tantum habeto] Persuade tibi, sit tibi persuasissimum, veluti sic existimes, ut alibi Cicero loquitur. Graevius.

Ad omnia quæ providenda sunt in rep. & animo & consilio paratum] Qui & animosus ad propulsanda, & prudens ad providenda pericula. Id.

Da te homini] Ad ejus rationem te & voluntatem adjunge, ejus animo & voluntati obtempera. Vid. P. Manut. In meo primo legitur, *da te homini complectendum*. In Italico vero: *Quare da te homini: complectetur te, mihi crede*, quod longe venustius, quam in aliis nostris reperire. Idem.

Iam iidem illi & boni, & mali cives videntur] Duo mei libri, & Mentelianus: *Idem illi & boni, & mali cives videntur*. Omnino Antonio credendum Augustino, & Fulvio Ursino emendantibus: *Eidem illi & boni & mali cives videntur*. Grav.

Decem ipsos dies] Decem totos dies sive plenos, ut vulgo loquuntur barbari. Cic. ad Att. *Ego hoc prid. Non. Quint. proficiscens Athenis dedi, cum ibi decem ipsos fuissem dies*. Ut alibi: *Detraxit viginti ipsos dies etiam* [illegible]. Barn. Rutil.

M. T. C. CŒLIO RUFO ÆDILI CURULI DESIGNATO S. D.

PRimum tibi, ut debeo, gratulor, lætorque cum præsenti, tum etiam sperata tua dignitate, serius, non negligentia mea, sed ignoratione rerum omnium: in his enim sum locis, quo & propter longinquitatem, & propter latrocinia, tardissime omnia perferuntur. Et cum gratulor, tum vero quibus verbis tibi gratias agam non reperio, quod ita factus sis, ut dederis nobis, quemadmodum scripseras ad me, quem semper ridere possemus. Itaque cum primum audivi, ego ille ipse factus sum, scis quem dicam: egique omnes illos adolescentes, quos ille jactitat: diffi-

EPISTOLA IX.

Plurimam tibi, ut) *Primum* in omnibus fere libris veteribus legas, nec enim semper sequitur *deinde*, ut etiam in fine sequentis epistolæ. CONRAD. Vid. P. MANUT.

Sed ignorantia r. o.) Invenit hoc vocabuli in novem MSis Manut. ipse in Pall. quatuor posterioribus ac Grut. notatque sic Egnatius ad primam editionem, ex Medic. item Guilielm. ex tribus; sed *ignoratione* tuetur Victorius, & Pal. pr. quem codicem ut minime hucusque sublestæ fidei ac manus expertus sum. GEBHARD. Victorii & Palatini primi scripturam asserit liber meus primus; alii, *ignorantia*. GRÆV.

Quod ita factus sis) E veteribus libris erutum est, & sane ita legi debet: quemadmodum enim supra ei gratulatus erat, quod ædilitatem adeptus esset, ita nunc ipsi gratias agit Cicero, quod *ita Ædilis factus sit*, id est, cum inimici sui ignominia: dejecerat enim Hirrum Cœlius ædilitate, & industria sua, ut ille repulsam pateretur, effecerat: ita frequenter loquitur Cicero, ut in Pisonem: *Sed omitto, ut sit factus uterque nostrum*. VICTORIUS. *Quod ita factus sis*) Ædilis Curulis; quamvis passim *factum sit*, legitur. CONRAD. *Quod ita factus sis*) Debetur hoc quoque editionum vetustissimæ, atque Victorio: testorque sic exstare in Pall. pr. tert. Vatic. Grut. Stewech. Peck. Vulgo, *quod ita factum sit*. GEBHARD.

Quemadmodum scripseras) Epist. III. lib. VIII. cum scripsisti: *Si sic tota vita risus nobis deesse non poterit*. CONRAD.

Quem semper ridere possemus) Hirrum. IDEM.

Primum audivi) Fama te Ædilem factum accepi. IDEM.

Ille ipse factus sum) Ille Cæcilianus; ut *ille* hoc loco sit quasi persona Comica. IDEM.

Egi omnes illos adolesc.) Ipse mihi repræsentavi. GRÆV. Verbum *agere* consulto a Comœdiis hic petiit, quia mox poetæ verbis utitur. Sic VIII. ep. 11. Sueton. Cæsar. c. 39. Ceterum de Hirro, & adolescentibus illi faventibus hæc intelligenda puto: multi erant, qui flagitarent, an non Hirrus ædilis faciendus, lege VIII. ep. IV. alias. Postquam illos egisset (ubi ipsi difficile erat loqui præ assumta ab illis fautoribus iracundia) tum Cœlio agere incipit, & loquitur verbis Poetæ, cui quidam ea tantum tribuunt, quæ diverso charactere nunc curavi exprimenda. CORT.

Quos ille jactitat) In ambabus suis editionibus Manutii *jactitabat*; in iis tamen, qui antea excusi erant, & in manu scriptis, quos vidimus, *jactitat* legitur. Quid illi secuti sint, non video, nec ipsi exposuerunt: cupio a doctioribus cogitari, an melius legi posse

difficile est loqui. Te autem contemplans absentem, & quasi tecum coram loquerer: Non, ædepol, quantam egeris rem, neque quantum facinus feceris. Quod quia præter opinionem mihi acciderat, referebam me ad illud: Incredibile hoc factu objicitur: repente vero incessi omnibus lætitiis. In quo cum objurgarer, quod nimio gaudio pæne desiperem, ita me defendebam: Ego voluptatem animi nimiam.

possit *elliciat*, ut in eodem pene verbo ludat. Mihi sane hæc lectio vehementer placet, quamvis in nullo manuscripto codice eam invenerim. VICTORIVS. *Quos ille jactitat*) In Cæcilii, ut nos arbitramur, Synephebis. CORR. Aliter Manutius, quem vide. GRAEV. *Quem ille jactitat*) Hoc præferunt quatuor Pall. (nam lec. *jactat*) Grut. Vict. edit. ac prima: alii *actitat*: quod in nullo nostrorum extat; vulgo, *jactitabat*. Sed hæc minuta sunt; indicanda tamen, ne aliquid sine libris tentasse videamur: sicut & illud, *scis quem dicam*, reposui ex Victorio, Pal. pr. Vatic. Stewech. non *dico*. GRAEVIVS.

Difficile est loqui) Præ lætitia. CORRAD. Vid. Manut.

Te autem contemplans) Hos tres versus e vetere libro ita descriptos, ubi puto suis numeris non esse prorsus redditos, ita contendo de Cæcilii, vel alterius Poetæ fabula sumptos:

Te autem contemplans absentem, & quasi tecum coram loquerer:
Non ædepol quantam egeris rem, neque quantum facinus
Feceris, sed quia præter opinionem id mihi acciderat, referebam me ad illud:
Incredibile hoc factu' objicitur.
Repente vero incessi omnibus lætitiis.
In quo cum objurgarer, quod nimio gaudio pene desiperem, ita me defendebam:
Ego voluptatem animi nimiam.
Quid quæris?

& quæ sequuntur: ita enim totus locus describendus videtur. CORRAD.

Facinus feceris) Pro more ejus ætatis. Lucilius apud Don. ad Ter. Adelph. A. V. Sc. III. Plura ad Sall. Cat. c. 19. Qui in laudabilem partem adhibuit, *præclari facinoris famam quæris*. CORT.

Præter opinionem) In comœdia fortasse aliter; hic, quia de Hirtio, quod non putaram: unde addit id carminis,

Incredibile hoc factu' objicitur. CORRADVS.

Lætitiis) Ex Cæcilio. IDEM. Verbum *incessi* passive accipiendum contra ac censuit Manutius. De quo elegantiæ genere, ita enim Aulus audit, Gellius videndus 18. c. 12. Confirmat Cic. II. de Fin. Livius XXXVI. c. 16. *timor incessit*. CORT.

Ego voluptatem homini nimiam) Hic locus varie legitur: alii enim pro *homini*, *hilari* legunt; alii etiam aliis modis, quos non necesse est omnes enumerare. In antiquis exemplaribus fane *homini* est: *animi* tamen legendum puto. Est autem versiculus non notus Trabeæ Poetæ Comici: in Tuscul. vero integer est, sententia certe ejus non desideratur: *Ut ille, qui voluptatem animi nimiam summum errorem esse arbitratur*. Item lib. II. de Finibus: *Nam & ille apud Trabeam voluptatem animi nimiam lætitiam dicit, eamdem quam ille Cæcilianus, qui omnibus lætitiis lætum esse se narrat*. Facillimo autem hoc loco versiculum Cæcilii intelligere, quem Cicero in hac ipsa epistola integrum ponit, hunc scilicet:

Repente vero incessi omnibus lætitiis.

Hæc autem tota pene versibus epistola contexta est: nam illa etiam verba: *Non ædepol quantam egeris rem, neque quantum facinus feceris*; arbitror esse ex aliquo Poeta: sed quia confusa citantur, non facile numeros in illis

miam. Quid quæris? dum illum rideo, pæne sum factus ille. Sed hæc pluribus: multaque alia & de te, & ad te, cum primum ero aliquid otii nactus. Te vero, mi Rufe, diligo, quem mihi fortuna dedit amplificatorem dignitatis meæ, ultorem non modo inimicorum, sed etiam invidorum meorum: ut eos partim scelerum suorum, partim etiam ineptiarum pœniteret. Vale.

EPISTOLA X.

ARGVMENTVM.

Queri videtur de tabellariis litteras non perferentibus, revera Cælium negligentiæ leviter accusat: deinde res a se in Amano monte gestas, & Pindenissi oppugnationem exponit: rogat, ne quid sibi temporis ad provinciale munus prorogetur.

illis invenias: verba tamen ipsa diversa a pedestri sermone videntur. VICTORIVS. *Nimiam*) Dico, vel aliquod verbum simile, quo usus videri possit Chares apud Trabeam, cujus hæc sunt verba. CORRAD. *Ego voluptatem animi nimiam*) Versus Trabeæ:

Ego voluptatem animi nimiam, summum errorem esse puto.

Errat autem Rivius, qui ex nescio quo vetere codice sic legendum censet, *Ego voluptatem hominum nimiam*; quamvis me quoque in uno codice Memmiano ita scriptum reperisse non negem: *hominum*, inquam, pro *animi*. Errant æque, qui vel *hominis*, vel *habui* legunt. LAMBIN. Addidi meam credulitatem hic Vict. Lamb. Manut. Vatic. abeuntibus ab omnibus nostris: nam pr. *homini*, sicut vulgo, sec. *hominem*, tert. *hominibus*, quart. Grut. *habui*, quint. *animum* repræsentat: sicut in illo, *incredibile hoc factu objicitur*; ubi nullus non discessionem facit, pr. *Incredibile, hoc factum objicitur*, sec. *incredibile hoc factum abjicitur*; præsertim dispunctione, quam adnotare non operæ est. GEBHARDVS. Integrum versum Trabeæ ex IV. Tuscul. Qu. Vict. Manut. & Lambinus adduxere. Sollemne autem veteribus notos versus non integros dicere, ut noster sæpe alibi, & cum aliis Plinius I. ep. II. Conr. Supple, summum esse errorem puto. Vide Fin. II. 4. & Tuscul. IV. 15. LALL.

Quid quæris) Hoc est, quid pluribus verbis opus? Ut paucis dicam, Uno verbo, Noli quærere; ut alibi loquitur Tullius. GRÆV.

Dum illum rideo) Hirrum, quem Cicero, & Cælius nota quadam soliti erant *illum* appellare: ut non-desit jocus in *illo*, pro Hirro; & in *ille*, pro illo Cæciliano. CORRAD.

Pæne sum factus ille) Cæcilianus. IDEM.

Ultorem inimicorum) Clodianorum. In Tribunatu tuo, & in causa Milonis. IDEM.

Invidorum meorum) C. Hirri, & aliorum. CORRAD.

Scelerum) Hoc ad inimicos pertinet. IDEM.

Ineptiarum) Hoc ad Hirrum. IDEM. Ob Hirrum Ciceronis in auguratu competitorem. Vid. P. Manut. GRÆV.

EPI-

tur: de rep. tum praesentia, tum futura etiam exspectare se dicit. Eodem anno.

M. T. C. IMP. M. CŒLIO RVFO ÆDILI CVRVLI DESIGN. S. D.

TV vide, quam ad me litterae non perferantur: non enim possum adduci, ut abs te postea quam aedilis es factus, nullas putem datas: praesertim cum esset tanta res, tantae gratulationis: de te, quia quod sperabam; de Hillo, balbus enim sum, quod non putaram. Atqui sic habeto, nullam

EPISTOLA X.

TV *vide, quam ad me litterae non perferantur*) Quidam emendarunt: *Tu vide quam temere, cum ad me litterae non perferantur*: secus prorsus, quam in antiquis exemplaribus est. Cum autem lectionem illam vulgatam contemnerent, aliam commenti sunt, ut sibi videbantur, commodiorem. Nos nihil ab optimis libris declinavimus; est autem in illis: *Tu vide, quam ad me litterae non perferantur*: quam lectionem certe sequendam esse. Vide quam non perferantur litterae, negligentia scilicet tabellariorum, aut aliquo casu; non enim persuaderi se posse dicit, nullas a Caelio litteras datas, postquam Aedilis declaratus est; docetque interim tempus, quod sine ejus litteris egit. Miratur igitur non mediocriter cur hoc accidat, quasique attentiorem & diligentiorem vult facere Caelium in dandis litteris, cum nulla ad eum perferantur. VICTORIUS. Ut mittam in aliis libris aliter legi, in vetustissimo Pauli Boii Regiensis nostri libro ita erat scriptum: *Tu vide quamobrem ad me*. CORRAD. *Tu vide, quam ad me litterae non*) Man. ex vet. *Quamobrem ipse ait se nescire, quare*; potius videtur delenda negatio. *Vide quam perferantur*, est, vide, ut non perferantur, vel quam non perferantur, id est, quam male perferantur. JO. FR. GRON. Quam intendit negationem pro quantum, nec opus, ut Adjectivum vel adverbium illi jungatur. Sic IX. ad Att. ep. 11. Liv. 39. c. 36. Sidonius Carm. II. v. 541. CORT.

De te quia quod sperabam, de Hillo, balbus enim sum) Hic locus valde mihi semper obscurus visus est: quare fieri etiam potest, ut mendo non vacet. Id ego neque negare neque affirmare ausim: cum tamen omnes fere impressos codices, cunctos certe etiam scriptos eamdem lectionem retinere videam, nolui aliquid contra tot librorum consensum statuere; aliisque eruditioribus de hoc decernendum relinquere satius esse duxi. Qui nuper Venetiis has epistolas ediderunt, *de Hillo* emendarunt, hanc secuti rationem & conjecturam, ut puto, ut de *Hirri* repulsa agat, qui cum Ciceronis quondam competitor fuisset, graves cum illo postea inimicitias gessit, de quo est in epistolis Caelii, ut magnam laetitiam Cicero ceperit, illum etiam a Caelio victum, & aedilitate dejectum esse, appellatque nunc eum *Hillum* more balbutorum, qui linguae vitio *r* literam exprimere nequeant, & pro illa *l* proferunt; quemadmodum apud Aristophanem Alcibiades inducitur, qui naturae vitio in hoc peccabat; adjungit enim statim Cicero: *Balbus sum, quod non putaram*. Lepidum sane commentum, nec inepte excogitatum; quibus placuerit, poterunt ita intelligere & emendare. Nobis magis arcte, quam vere expositum videtur: fit enim nimis multarum litterarum immutatione, vel potius totius vocis perversione. Quod si li-

nullam me epistolam accepisse tuam post comitia ista praeclara, quae me laetitia extulerunt: ex quo vereor, ne idem eveniat in meas litteras. Equidem numquam domum misi unam epistolam, quin esset ad te altera: nec mihi est te jucundius quidquam, nec carius. Sed balbi non sumus: ad rem redeamus. Ut optasti, ita est: velles enim, ais, tantummodo, ut haberem negotii, quod esset ad laureolam satis. Parthos times, quia diffidis copiis nostris: ergo ita accidit. Nam Parthico bello nuntiato, locorum quibusdam angustiis & natura montium fretus, ad Amanum exercitum addu-

si liceret tantum sibi in corrigendis libris permittere, nihil tam depravatum esset, quod non ita posset concinnari, ut ex eo aliquid commode sententiae eliceretur; sed id parum tutum est, saepiusque in malum versit. Nonnullas quoque conjecturas, quae hanc emendationem ut violentam, ita etiam non veram esse arguerent, adferre possem: quas tamen omittam, ne videar aliorum industriam velle insectari, cum nihil ego quod magis sensum hujus loci illustret, maculasque, si quae sunt, abluat, adferam. Victorius. *Sperabam*) Respondet illis verbis epist. 4. lib. VIII. *Spero te celeriter & de nobis, quod sperasti, & de illo, quod vix sperare ausus es, auditurum.* Corrad. *De Hillo*) *Hirro*. Sic enim legam, donec melius inveniam, si modo melius inveniri potest. Idem. Sic emendavit P. Manutius, quem vide. *Balbus enim sum*) Quippe qui *Hillum*, non Hirrum dicam. Corradus. *De nihilo. Balbus enim sum, quod non poteram*) Haec est omnium MSorum lectio; quam ut integram affirmare non audemus, ita aliorum conjectura codicum scripturam praeferre tutius visum. Emendarunt alii: *De Hillo (Balbus enim sum) quid.* Guilielm. ariolabatur, *dein*, *Hillo*. Gronov. Nihil tamen certius est conjectura Manutii, quam rationibus munivit firmissimis, quas convellere adhuc nemo potuit. Apparet enim liquidissime Ciceronem respondere illis verbis Coelii, quae ex lib. VIII. adduxit h. l. Manutius. Itaque cum & Venetae, & Gallicae editiones receperint hanc conjecturam Manutii, ego quoque malui rationi obtemperare & doctorum virorum auctoritati, quam nimis superstitiosus esse in vitiosa veterum librorum scriptura sine ullo sensu exprimenda: quamvis ab ea nisi ratio jubeat certa, non facile sit deflectendum. Meus primus codex habet *de nihilo*. Graev. *Nihilo*. Nam inepte Guilielmius, *dein Hillo* legendum conjiciebat. Graev.

Comitia ista) Aedilitia. Corrad.

Eveniat in meas litteras) Accidat meis. Sic *evenire in aliquem* Plaut. Amph. III. sc. 5. I. Fr. Gron.

Sed balbi non sumus) Expedite jam loquimur, quod volumus. Corrad.

Sed balbi non sumus) Sic ludit, quia sequitur *rem*, & *redire*: quasi balbi ad rem redire metuant, quod pronunciare non possunt. Terent. Adelph. II. c. 3. *Mitte ista, atque ad rem redi*. Io. Fr. Gron.

Ad rem redeamus) Quam scribere institueram. Corr.

Ut optasti, ita est) In epist. 5. lib. VIII. Idem.

Laureolam) Triumphum. Idem.

Copiis nostris) Quas vix unum saltum tueri posse scribis. Idem.

Nam Parthico bello) Epist. 4. lib. XV. Idem.

Cum

adduxi, satis probe ornatum auxiliis, & quadam auctoritate apud eos, qui me non norant, nominis nostri. Multum est enim in his locis: Hiccine est ille qui urbem? quem Senatus? nosti cetera. Cum venissem ad Amanum, qui mons mihi cum Bibulo communis est, divisus aquarum divortiis, Cassius noster, quod mihi magnae voluptati fuit, feliciter ab Antiochea hostem rejecerat. Bibulus provinciam acceperat. Interea cum meis copiis omnibus vexavi Amanienses, hostes sempiternos: multi occisi, capti, reliqui dissipati, castella munita, improviso adventu capta & incensa. Ita victoria justa imperator appellatus apud Issum (quo in loco saepe, ut ex te audivi, Clitarchus tibi narravit,) Dareum

Cum Bibulo) Qui Syriam sortitus erat. Idem.

Aquarum divortiis) Aquae, quae primo conjunctae sunt & postea dividuntur in *brachia*, divortium facere dicuntur. Curt. IV c. 1. Vide Manutium. Sed omnium rerum separatio *divortium* solet appellari, cum sit a *divertendo*. Vide A. Gell. IV. c. 3. G. Cort.

Cassius noster) Epist. 5. lib. VIII. Corrad.

Antiochia) *Antiochea* est in veteribus libris, quomodo in antiquis quoque monumentis scriptum reperitur, atque eadem ratione, qua *Alexandrea* pro *Alexandria*: exstat etiam apud me aereus nummus, in quo incisum est, Genio Antiochen. F. Urs.

Victoria justa Imperator appellatus ad Issum) Ad Att. de eadem re scripsit, uberiusque aliquanto totum hoc negotium narravit: quo in loco seipsum quoque lusit facetissime, est autem lib. V. epist. 20. Antipater poeta scripsit Epigramma, quod incidi voluit in sepulcro Persarum, qui in eo praelio pro Rege suo pugnantes ab Alexandro caesi sunt, in quo etiam *Issum* appellavit: quia autem id elegantissimum est, placuit mihi hic illud scribere:

Ισσου και προβλητες αλος παρα Κιλικιαν
Αγρων, αι Περσων κειμεθα μυριαδες,
Εργον Αλεξανδρου Μακεδονος, οι ποτ' ανακτι
Δαρειῳ πυματην οιμον επεσπομεθα.

Issi circa propugnacula, non longe a fluctibus Maris Cilicii
Servi, nos Persae innumeri sepulti quiescimus.
Ab Alexandro Macedone devicti, quando Regem
Darium postremo hac via sumus secuti.

Victorius. *Imperator*) Imperatores, qui libera in republica creabantur a Graecis etiam αυτοκρατορες appellati sunt, ut videre est apud Themistium Orat. IX. p. 194. & ita αυτοκρατορες Χαλκιδεων, pro ducibus Chalcidensium apud Theonem Sophistam c. 11. p. 15. Non bene de hac voce agit Isidor. Orig. lib. IX. c. 3. nec Petr. de la Sena in Gymn. Neapol. p. 125. Cortius.

Issum) Urbem non procul ab Amanicis pylis positam: ep. 4. lib. XV. & Curtius, & Strabo. Cram. Ciliciae urbem non ignobilem. Cic. V. ad Att. ep. 20. De quo videas Diodor. Sic. 17. c. 32. & seqq. G. Cort.

Clitarchus) Historicum. Idem. Vid. Voss. de Historicis Graecis. Graev.

Tibi narravit) Ita tibi saepe legenti exposuit, ut praesens praesenti narrare sit visus. Corr. Argute: pro *legisti apud Clitarchum*, Manut. *Legisti apud narrantem*: nam ita de *Auctoribus* loquuntur. Sic Iul. Obseq. de Prod. c. 67. Quo pertinet illud genus elegantiae, cujus exemplum ex solo Minucio Fel. c. 22. proponam: *Homerus Deorum proelia composuit, sauciavit Venerem, Martem vinxit, vulneravit, fugavit*: qui scri-

reum ab Alexandro esse superatum) adduxi exercitum ad infestissimam Ciliciæ partem. Ibi quintum vicesimum jam diem aggeribus, vineis, turribus oppugnabam oppidum munitissimum Pindenissum, tantis opibus tantoque negotio, ut mihi ad summam gloriam nihil desit, nisi nomen oppidi: quod si, ut spero, cepero, tum vero litteras publice mittam. Hæc ad te in præsenti scripsi, ut speres, te assequi id, quod optasses. Sed, ut redeam ad Parthos, hæc æstas habuit hunc exitum satis felicem: ea quæ sequitur magno est in timore. Quare, mi Rufe, vigila, primum ut mihi succedatur: sin id erit, ut scribis, & ut ego arbitror, spissius, illud, quod facile est, ne quid mihi temporis prorogetur.

scripsit de illis, eorumque rebus: ibi ex Iac. Gronovii iudicio discere poteris, qui primi talis exposuerint. CORT.

Adduxi exercitum ad infestissimam Ciliciæ partem) Probabat hanc Lambini lectionem Guilielm. ex Stewech. & Peck quæ quia exstabat in Pall. tertio, quart. quinto, non contemnenda (cum sit melior vulgata) in hac editione videbatur. Pal. sec. *deduxi*. Vulgo *abduxi*. GEB. *Adduxi* agnoscunt Amstelodam. Mentel. GRÆV.

Tantis opibus) Sic est in omnibus MSis Pall. duobus Guilielm. editione prima, atque Victorii: praesertque Manut. ex illo Virgilii,

—— *tantis pugnatis opibus* ...

vulgo, *operibus*. GEB. *Opibus* præferunt etiam Amstelodam. Mentel. duo Grævii. I. Fr. Gron. tamen tuetur vulgatum, *operibus*, ut apud Sueton. Iul. 37. *Maximis obsessum operibus*. GRÆV.

Nisi nomen oppidi) Magnum, & celebre; hinc ad Atticum scribens ita queritur: *Qui malum, isti Pindenissæ? qui sunt? inquies: nomen audivi nunquam. Quid ego faciam? non potui Ciliciam, Ætoliam, aut Macedoniam reddere*. CORRAD. Putat Brodæus lib. III. Miscell. c. 6. totum hoc esse ioco scriptum, quasi Cicero per *summam gloriam* intellexerit, ut *Pindenissenus* appellaretur, quemadmodum alii nomen invenere ob oppidis captis. Mihi non placet. VAND.

Publice mittam) Ad Senatum, populumque Romanum. GRÆV.

In præsenti) Hoc tempore. Vid. Manut. IDEM.

Ut speres te assequi quod optasses) Ut, quantum gloria triumphoque opus esset, assequeremur. CORR. *Sperare* autem *assequi* est ut apud Terent. *Sperat se a me avellere*. GRÆVIUS.

Ut scribis) Epist. 5. lib. VIII. *Successorem futurum, propter Galliarum controversiam, non video*. CORR.

Ut ego arbitror) Non otiosum hic est Pronomen, quod adsensum Ciceronis ad ea, quæ scripserat Cælius, & præterea illius ipsius iudicium de difficultate, etsi non litteris cognovisset, bene exprimit. Sic. IX. ep. 7. Sallust. Cat. c. 52. G. CORT.

Spissius) Sic editio Vict. habetque Vatic. Pal. sec. Grut. *serius spissius* coniunxit; in Pal. ter. (ut & in V. C. Nic. Scelsi) est *spius* proxime conveniens; vulgo *serius*. GEB. *Spissius* scribitur in duobus Grævianis, in aliis *serius*. Est autem *spissius*, serius Cic. III de Orat. *Sed etiam si est aliquando spissius, aut si ego sum tardior, profecto aliquando comprehendam*. Vide Manut. GRÆVIUS. Alii legunt *serius*: sed nihil mutandum. Nam *spiss.* præter densitatis notionem, etiam tarditatis est, & quoniam *spissa* liquida opponuntur, factum est, ut *liquido* pro facile usurpetur. LAMB.

Dr

tur. De rep. ex tuis, ut antea tibi scripsi, cum præsentia, tum etiam futura magis exspecto. Quare, ut ad me omnia quam diligentissime perscribas, te vehementer rogo. Vale.

EPISTOLA XI.

ARGUMENTUM.

Ita sollicitus est, quidnam de successione provinciarum Romæ decernatur, ut omnino sibi deesse verba confirmet: miro enim urbis desiderio tenetur. Pantheras ludorum causa promittit. De statu reip. diligentissimas a Cælio litteras postulat. L. Paullo, C. Marcello Coss.

M. T. C. IMP. M. CŒLIO ÆDILI CURULI S. D.

PUtares ne umquam accidere posse, ut mihi verba deessent, neque solum ista vestra oratoria, sed hæc etiam levia, nostratia? Desunt autem propter hanc causam, quod mirifice sum sollicitus, quidnam de provinciis decernatur. Mirum me desiderium tenet urbis, incredibile meorum, atque in primis tui, satietas autem provinciæ: vel quia videmur

De rep. ex tuis) Glossam *litteris* expungi fide cod. Grut. Pal. tert. Siewech. Gra.

Præsentia) Atqui scripsit se futura tantum exspectare, nisi quid ad ipsum pertineret; quare sic exponendum est: *Præsentia*, quæ ad me pertinent. Corr.

EPISTOLA XI.

Levia nostratia) Sic Cor. Nepos Præf. Sed delibero adhuc, an ne *levia* melius opponantur *oratoriis* verbis Cic. I. de Leg. c. 4. II. de Orat. c. 15. Nihil tamen adfirmo. Qui vero statuit quacumque ex parte, videat R. Bentleium ad Hor. Art. P. v. 26. p. 407. G. Cort.

Satietas autem provinciæ) Hæc lectio ut mihi non satis placet, ita nullam habeo quam magis probem: nisi ex vetere libro *ante*, non *autem* legamus, ut sit: *Satietas provinciæ me tenet ante omnia*. Quidam describunt, *Ætas*: quam bene, ipsi viderint. In alio libro vetere totus hic locus sic legebatur: *Atque in primis satietas provinciæ*. Corr. Politiani liber habet pro *autem*, *esse*; mirum ego satietatem imo nauseam cepi ex corruptelis ac varietatibus hujus loci, quas objecerunt mihi ipsæ inspecti MSS. Pall. prim. sic habet, *incredibile meorum; atque in primis satietasq autem provinciæ*; sec. tert. *atque in primis satietas provinciæ*. Pal. quart. Grut. *atque in primis satietas autem provinciæ*. Mihi quam primam adduxi, liquidissime apparet: ut sub appellatione autem quoque Cœlium claudat, se dudum se tædio subactum provincia queratur. Gra. Meus liber primus sic plane ut editum est, nec longe abhorrent reliqui. Vid. Var. lect. libell. Graev.

Non

demur eam famam consecuti, ut non tam accessio quaerenda, quam fortuna metuenda sit: vel quia totum negotium non est dignum viribus nostris, qui majora onera in rep. sustinere & possim, & soleam: vel quia belli magni timor impendet, quod videmur effugere, si ad constitutam diem decedemus. De pantheris, per eos qui venari solent, agitur mandato meo diligenter: sed mira paucitas est: & eas quae sunt, valde ajunt queri, quod nihil cuiquam insidiarum in mea provincia, nisi sibi fiat; itaque constituisse dicuntur in Cariam ex nostra provincia decedere. Sed tamen sedulo fit, & in primis a Patisco. Quidquid erit, tibi erit: sed quid esset plane nesciebamus. Mihi, mehercule, magnae curae est aedilitas tua, ipse dies me admonebat: scripsi enim haec ipsis Megalensibus. Tu velim ad me de omni reip. statu

Non tam accessio) Hoc est, quod Scipionem monet Hannibal apud Liv. XXX. 30. *Non tantum ad id, quod de te pace habere jam potes, si pretio vincas, gloriae adjeceris, quantum ademeris, si quid adversi eveniat*. Vide & Orat. II de Provinc. Cons. 14. I. Fr. Gron.

Quam fortuna metuenda) Ne scilicet pro more suo iterum aliquid demat de cumulo partae gloriae. Hinc sapientes minime sibi sollicitandam *fortunam* existimarunt, sed eam reverenter habendam. Graev.

Qui majora onera in rep. sustinere & possim, & soleam) Ita passim omnes libri, tum editio princeps, itemque Victorii. Vulgo, *majora in rep. onera sustinere & possimus, & solemus*. Gen.

Et possimus & soleamus) Ita regii codices. Vulgo *possim & soleam*. Lall.

Si ad constitutam diem) Prid. Kal. Sextiles. Vid. Manut. Graev.

De Pantheris) De quibus toties ad me scribis, lib. VIII. Corr. *Pantheris*) Quibus uteretur in edendis ludis. Gra.

Cuiquam insidiarum) Ludit eleganter, & suae laudis aliquid admiscet, quasi hae ferae doleant se non sentire solas felicitatem provinciae suae praeside Cicerone, & cum latronem aut insidiatorem nemo ibi metuat ob vigilantiam, & justitiam proconsulis, sibi tranquillis esse non licere, sed insidiis petere venantium. I. Fr. Gron.

In Cariam) Quae extra Ciceronis jurisdictionem esset. Corr.

Sedulo fit) Formula excusandi negligentiam. Plaut. Merc. II. 3. 126. *At tu causato te fuisse sedulo*. Cato de R. R. 2. *Si domino opus non apparet, dicit vilicus sedulo se fecisse*. X. Att. ep. 6. I. Fr. Gron.

A Patisco) Epist. 5. lib. VIII. Corr.

Sed quid esset, plane nesciebamus) Sic est in omnibus antiquioribus editionibus, ac melioribus codicibus; vulgo: *Sed quid plane esset, nesciebamus*. Gen.

Aedilitas tua) Propter ludos. Corr.

Admonebat) Quoniam majores nostri ludos in Palatio ante templum, in ipso Matris magnae conspectu, *Megalensibus* fieri celebrarique voluerunt. Io.

Ipse dies me admonebat) Qui non intellexerunt hunc locum, interpolarunt; sed ita habetur in edit. principe, Vict. Vatican. Peck. Pal. pr. *ipse dies me admonebat*; sec. ut vulgo, *ipsa dies me admonebit*. Pal. tert. quart. quint. *ipsa res me admon*. Gen.

Scripsi enim haec ipsis Megalensibus) Non. Aprilis, quo die Matri deum sacra fiebant, quae *Megalensia* dicebantur. Corr. *Ipsis Megalesibus*) Sic reposui, libris omnibus repugnantibus atque invitis, sola ratione & veritate fretus. Nam *Megalenses* & *Megalensia* & Me-

statu quam diligentissime perscribas: ea enim certissima putabo, quæ ex te cognoro. Vale.

EPISTOLA XII.

ARGUMENTUM.

Sollicitudinem suam demonstrat ob res urbanas. Litteras a Cælio petit de omni statu reip. addit de Diogenis & Philonis itinere: hortatur, ne provinciales honores urbanis magistratibus præferat; suam indicat ad urbem redeundi cupiditatem. Eodem anno.

M. T. C. IMP. M. CŒLIO ÆDILI CURULI S. D.

SOllicitus equidem eram de rebus urbanis: ita tumultuosæ conciones, ita molestæ Quinquatrus afferebantur: nam cite-

& *Megalesibus*, neque Græce, neque Latine dici potest. Lamb.

EPISTOLA XII.

IT *tumultuosæ conciones, ita molestæ Quinquatrius afferebantur*) Vetusti codices Quinquatriis, generandi casu: si enim Quinquatriis esset, significaret (ut puto) diem, quo allatæ essent ad se, non quo gestæ illæ res. Intelligere autem eum diem, quo *conciones* illæ *tumultuosæ* habitæ sunt, declarat vox illa *citeriora*: dicit enim se nondum audisse, quæ post eum diem in urbe gesta sunt. Præterea potius apud bonos auctores *Quinquatrus* invenias quam *Quinquatria*, sic enim semper apud Sext. Pompeium, & Nonium Marcellum, qui hanc vocem diligenter interpretantur, scriptum est. Nonius etiam de forma vocabuli accurate disputat. Nam quod apud Tacitum lib. XIV. *Miro tamen certamine procerum decernuntur supplicationes apud omnia pulvinaria, utque Quinquatria, quibus apertæ insidiæ essent, ludis annuis celebrarentur*; mendum est: nam in vetusto codice qui in divi Marci Bibliotheca est, *Quinquatrus* est, non *Quinquatria*. Idem quoque non multo ante etiam in vulgatis libris: *Placuit solertia tempore relicti adjuta, quando Quinquatruum festos dies apud Baias frequentabant*. Victor.

Ita t. c. i. m. Quinquatrus) Sive *conciones molestæ* & non tantum *tumultuosæ* a Cicerone appellatæ sunt, sive *Quinquatrus* ipsæ *molestæ* appellatæ sint, quod eo potissimum die turbidæ & nefariæ conciones habitæ sint, necessario intelligimus diem, quo res illæ Romæ gestæ sunt, non quo Ciceroni in provinciam allatæ. Non enim lectionem illam ullo pacto probamus quæ in impressis antea erat. Docuimus enim olim bonos scriptores potius hoc genere in hoc nomine usos esse quam neutro; castigavimusque locum Taciti, qui in hac voce corruptus erat. Cicero etiam ad Cornificium inquit: *Quinquatribus frequenti senatu causam tuam egi*. Item in posterioribus. *Tumultuosæ conciones*) C. Curionis, L. Æmilii Pauli. Coss. *Quinquatriis*) XIII. Kal. April. habitæ; vel *molestæ Quinquatrus*, ut etiam legitur. In. *Quinquatrus*) Nihil muto; verumtamen non pigebit me lectorem admonere, ex Charisio libro I. Instit. Gramm. licere cognoscere, etiam *Quinquatres* dici a Latinis genere masculino. Sic enim ille, *Quinquatres*, [illegible], &c. Quin ego ita in uno libro manuscr. ex nostris reperi. Lamb. *Ita molestæ Quinquatrus* esse-

citeriora nondum audiebamus. Sed tamen nihil me magis sollicitabat, quam in his molestiis non me, si quæ ridenda essent, ridere tecum: sunt enim multa, sed ea non audeo scribere. Illud moleste fero, nihil me adhuc his de rebus habere tuarum litterarum. Quare etsi, cum tu hæc leges, ego jam annuum munus confecero, tamen obviæ mihi velim sint litteræ tuæ, quæ me erudiant de omni rep. ne hospes plane veniam; hoc melius, quam tu, facere nemo potest. Diogenes tuus, homo modestus, a me cum Philone Pessinunte discessit: iter habebant ad Deiotarum regem: quamquam omnia nec benigna nec copiosa cognorant. Vrbem, urbem, mi Rufe, cole, & in ista luce vive. Omnis pere-

afferebantur] Ita Victor. & post eum Lamb. (qui tamen uno in suo reperiri testatur *Quinquennes*) Pal. prim. Vaticanus; nam cetera *Quinquatriis*. Gen. Grævii primus: *Quinquatrea*; secundus vero & Mentel. *Quinquatrus*. Recte autem Manutius ostendit *Quinquatrus* non tam generandi, quam nominandi casu positum esse, Vid. ejus notas. GRÆV. Molestiæ res, quæ quinquatribus acciderant, nunciabantur: nam tempus & dies frequenter pro rebus, quæ in illis fiunt, ponuntur. Plin. VI. ep. 31. Lucan. III. v. 70. Sen. III. de Ira c. 36. ubi plura Gronovius: adde IX. ep. 6. G. CORT.

Citeriora) Quæ post quinquatrus acta sunt. De tempore etiam Velleius I. c.17. dixit: *Nec posteriorum in antiquius citeriusve (annum) processit ubertas*. ID.

Annuum munus confecero] Annuam provinciæ administrationem. GRÆV.

Diogenes] Græcus: ep. 8. lib. VIII. CORRAD.

Philone] Liberto. ID.

Deiotarum] Regem Armeniæ quidem Minoris ab Senatu appellatum, sed Gallogræciæ Tetrarcham. Ceterum cum hoc loco, & *Deiotarum*, & *Leium*, & *Hyelam*, & *Iebanum*, atque *Latevegem* legamus, videndum forte sit, an possimus legere *Brogitarum*, cui per syngrapham a nonnullis Romanis pecuniæ fuerint creditæ. Cicero præterea de suo Deiotaro numquam illa scripsisset verba: *Quamquam omnia nec benigna, nec copiosa cognorant*. Quid si *Lathurum* legamus, ut Ptolemæum, sic a patre, qui *Lathurus* dicebatur, vocatum interpretemur: cum quo Cælius nescio quid negotii, ex epist. 4. lib. VIII habuisse videtur? ID. Quia quasi Cynosura est nobis editio Victorii in plerisque, & eam respicere hoc loco voluimus: cum portentosa salitione MSorum diversitas concurrerit; alii *Lathurum Reg.* alii *Leium*, alii *Latarum*. Malc. vero, ut adnotat Ignatius, *Diotarum*. Pal. pr. tert. *Fata regem*, secund. *Fatoregem*, quart. *Fatum regem*; quint. vero, sicut & Peck. & editio vetusta, *Fatum*. Iacob. Cujacius ex conjectura, referente P. Manutio, *Adiatorigem*: quod eum Comanorum Regem tunc temporis fuisse scribit Strabo lib. X. Varie. tamen, ut nos, *Deiotarum*. GEB. *Ad Lathurum regem*. Mendose vulgati *ad Deiotarum regem*. Corrigimus e vestigiis regii MSi in quo scribitur *ad latum regem*, & ex conjectura Corradi. Designatur autem rex Ptolemæus, Lathuri filius, cum quo Cælius nescio quid habuisse negotii videtur ex ep. 4. lib. VIII. LALL.

Urbem, mi Rufe, cole] In antiquis exemplaribus repetita est vox illa *Urbem*, eleganter profecto, majore eorum verborum vi. Quam figuram, cum multis locis ea Cicero usus sit, imperitia librariorum sæpe sustulit: alteram enim earum dictionum vacare arbitrantes, erroremque priorum (ut puta-

peregrinatio (quod ego ab adolescentia judicavi) obscura & sordida iis, quorum industria Romae potest illustris esse. Quod cum probe scirem, utinam in sententia permansissem. Cum una, mehercule, ambulatiuncula atque uno sermone nostro omnes fructus provinciae non confero. Spero, me integritatis laudem consecutum: non erat minor ex contemnenda, quam ex conservata provincia. Spem triumphi? inquis. Satis gloriose triumpharem, si non essem quidem tamdiu in desiderio rerum mihi carissimarum. Sed (ut spero) propediem te videbo; tu mihi obviam mitte epistolas te dignas. Vale.

EPISTOLA XIII.

ARGVMENTVM.

De litterarum infrequentia quasi molli brachio Caelium re- pre-

putabant) corrigere studentes, graviter ipsi peccaverunt. Victor. Emaculatissimus locus primum a Victorio; qui ex Mediceo primores voces geminabat: deinde a me asserta eadem iteratio & huc traducta, quod exstare didiceram in aliquo codice Vaticanae Bibliothecae: deleto quoque *enim* ex omnibus MSis & *est*, ex iisdem. Gas. Mediceo, & Vaticano codici subscribit Gravii primus: qui & ipse *Urbem*, *urbem*. Graev.

Sordida) Humilis & abjecta. Cort. VIII. c. 8. Plancus X. ep. VIII. Tacit. Agric. c. 9. G. Cort.

Cum una mehercule ambulatiuncula atque uno sermone nostro omnes fructus provinciae non confero) Sic & mei libri, & sic potuit Cicero scribere: non nego; nam & in aliis locis sic loquitur. Neque tamen improbanda V. C. N. Sextii lectio: *Cum uno sermone nostro omnes fructus provinciae non confero*. Graev.

Non erat minor ex contemnenda) Contemta habent aliquot veteres libri, quamvis *contemnenda* ferri etiam possit. Vat. *Non eram minor*) Ita Pal. optimus primus & Peck. Vulgo *erat*; quo referatur, cum ignarissimis scio. Gas. Quatuor MSi, quos ego evolvi, *erat*, non *eram*, ut perperam reposuit ex suis Gebhardus. Referendum autem ad *laudem integritatis*, jam vidit Manutius. Itaque Ciceroni tot codicum lectionem restitui. Altera enim paucorum librorum friget: sed & ex libro Italico, & primo meo addidi *est*, quod in omnibus editis desideratur, cum tamen sententia hanc voculam postulet. Graev.

Spem triumphi) Est codicis Medicei lectio, quam allevit ora sui codicis signatius, introduxitque diligentissimus Victorius: quam & in Vatic. haberi gaudeo. Nec longe desistit Pal. pr. *Spem triumphi, inquis, satis gloriose triumpharem; non essem quidem*, &c. Gas. Intellige *consecutum esse ante nomen*. Sic Tullius Orat. ad Brut. p. 200. Sic. III. de Offic. c. 26. Liv. 43. c. 17. Verum in Interrogationibus, Increpationibus, Disputationibus, & omni sermone, quem quidam animi motus comitatur, nihil hac figura & nuda etiam *Ellipsi* frequentius. G. Cort.

Satis gloriose) Pro omni triumpho duco, non tam diu abesse a meis; *esse in desiderio suorum*, abesse a suis. Desiderium, absentia. Petron. 70. *Desiderium tui ulli non posse feminam pati*. Io. Fr. Gron.

Ev-

prehendit: eumdem excusat, culpa in tabellarios translata: laudat etiam ob earum, quas proxime accepit, prudentiam & humanitatem. Amicitiam cum Ap. Claudio, & amicitiæ caussas commemorat. Quod Cæsarem Curio, qui cum optimatibus antea sentire videbatur, cœpit defendere, exitum agnoscit conjecturæ suæ. Decedere e provincia, expleto anno, sibi ait esse constitutum; miroque se teneri desiderio urbis, suorum, Cœlii potissimum; quem ædilem videre cupiebat. Negotialis fere tota est epistola: morale principium, & quod concludit; nam quæ narrat de Appii erga se suaque in illum benevolentia, propter occasionem inducta sunt Appii a Dolabella accusati: de quo vide epist. 9. lib. VIII. cui Cicero respondet. Eodem anno.

M. T. C. IMP. M. CŒLIO ÆDILI CURULI S. D.

RAras tuas quidem (fortasse enim non perferuntur) sed suaves accipio litteras: vel quas proxime acceperam, quam prudentis, quam multi & officii, & consilii! Etsi omnia sic constitueram mihi agenda, ut tu admonebas; tamen confirmantur nostra consilia, cum sentimus prudentibus fideliterque suadentibus idem videri. Ego Appium (ut sæpe tecum locutus sum) valde diligo: meque ab eo diligi statim coeptum esse, ut simultatem deposuimus, sensi. Nam & honorificus in me consul fuit, & suavis amicus, & studiosus studiorum etiam meorum. Mea vero officia ei non defuisse, tu es testis: quoniam κωμικος μαρτυς (ut opinor

EPISTOLA XIII.

A Cœlio litteras] Epist. 6. lib. VIII. CORRADUS.

Vel quas proxime) Usus elegans particulæ, hac vi, ut de aliis dicam; ut alia taceam. Ter. Andr. III. 2. 9. *Vel hoc quis non credat, qui te norit, ab te esse ortum.* Virg. II. Æn. 406. *Vel cum se pavidum contra mea jurgia fingit.* Io. FR. GRON.

Prudentes . . . multi officii) Per secundum & sextum casum nominis substantivi circumscribunt Adjectiva, & non raro cum illis conjungunt; quod cum ubivis obvium, monendum fuit, ne amplius in errore versentur, qui semper æqualitatem, ut dicunt, partium & vocum sectantur. Ovid. II. Am. El. X. v. 28. Sall. Cat. c. 18. Nec, si quid video, opus est cum Salmasio inferioris rescribere. G. CORT.

Simultatem deposuimus) Auctore Cn. Pompeio. CORR.

Consul) Cum L. Domitio Ænobarbo. IOAN.

Mea vero officia ei non defuisse tu es testis: quoniam κωμικος μαρτυς, ut opinor, accidit Phania) Erasmus vir doctissimus nostris temporibus, & vetera γραφαρατες, locum hunc corruptum esse

opinor) occidit Phania : & mehercule etiam pluris eum feci,

esse censet, corrigitque, *[illegible]*, vel *[illegible]*, id est, *domesticus testis*, cum nullibi apud Graecos auctores (ut videtur) hoc proverbium legisset. Nos in antiquis exemplaribus Graecas has voces nulla varietate scriptas animadvertimus, sed recte admodum & integerrime, quod vero accidit in Latinis vetustis codicibus. Vix enim poterant, qui linguae illius rudes essent, ut erant illorum aetatum librarii, tam accurate characteres illos effingere, ut non aliquid peccarent: Proverbiumque hoc apud Suidam reperimus in dictione, *[illegible]*. Cum enim locum ex historia Polybii adduceret, haec verba ipsius posuit: [illegible]. *Ille ut suis consiliis & reliquae impudentiae fidem adstrueret, etiam mendacio virum aggressus est, Comicum quendam testem adducens incomitatum*. Nihil igitur amplius de horum verborum integritate dubitandum est, cum apud Graecos etiam auctores hoc proverbium inveniatur: potius quaerenda est sententia & vis ipsius: etsi ex verbis Polybii, quae a Suida accepimus (nec enim integram historiam praeclarissimi illius viri habemus) videtur de his proferri solitum, qui aliquod mendacium ficto aliquo teste confirmare volebant. Nam quod alii *comicum testem* opportunum intelligant, & in tempore advenientem, alii autem aliter exponunt, cum nullo hoc auctore dicant, mirari non debent, si paucos admodum suae sententiae comites habent. VICTOR. *Toties testis*) Firmus & perpetuus. CORRAD. *[illegible]*) Fictus, vel repentinus, & ultro citroque currens, quales in comoediis inducuntur. Voce etiam dixit, *accidit*; sicut in omnibus fere libris veteribus legitur. ID. *[illegible]*) Testis. ID. *Phania*) Appii libertus, epist. 1. lib. III. ID. *Accidit Phania*) Secutus sum codices quosdam vulgatos: in his, Lugdunenses. Nam omnes manuscr. quos quidem viderim, habent *accidit*, praeter unum, in quo scriptum est *accidit*: & supra scriptum, *id est mortuus est*; sed ita ut facile appareat ex *a* vocali factum esse *o*, recentiore manu. Erat autem hic *Phania* Appii libertus, ut intelligere licet ex epist. 1. & 5. libri III. Iam *[illegible]* lego, non *[illegible]*, neque *[illegible]*. LAMB. *Quoniam [illegible] (ut opinor) accidit Phania*) Hanc scripturam a se inventam in vete. libris asserit Victor. eamque eam in Pall. ser. quint. nec abit longe quartus. Guilielm. pro *quoniam* putabat legendum *quae jam*, vulgo *[illegible]* desit, & *[illegible]* excuditur. GRU. *[illegible]* etiam & *quoniam* legunt libri Gravii, & Amstelodamensis. Mentelianus vero habet *excedit* pro *accidit*. GRAEV. *Quoniam [illegible] accidit Phania*) Hunc locum parum assecuti sunt viri docti. Erasmus legendum suspicatus est *[illegible]*, vel *[illegible]*. Scaliger sub nomine Villomari vulgatum retinet, sed pro eodem illo domestico recte accipit. Victorius auctoritate Polybii fictum, & mendacii exponit auctorem. Sed Polybius illic proprie & simpliciter Comicum Archedicum testem adducit criminum vulgo in Democharem confictorum, ut liquet ex lib. XXII. Excerptis. Camerarius praeclare omnino *accidit* pro *accedit*, vel *accidit*, quod vulgo habebatur: praeclare idem fieri posse, ut Cicero in nomine Appiani liberti luserit: nam *Phanias*, ut Sosias, Comicarum personarum fuerunt usitata nomina. Quae adjungit comprendi fieri potuissent: vel de glorioso teste usum velut proverbio esse, vel qui ad testificationes esset promtus, vel de furto accipiendum. Manutius ita interpretatur: libertum Appii *Phaniam* praeter ceteros cognosse, ut Comicum testem ea, quibus in Comoediis lites discordiaeque tolluntur: quando casu fingitur aliquis adveniens involutarum rerum notitiam explicare, patefactaque veritate sedare turbas. Ecce alii opportunum, alii levem, alii contrarium; & fuit vir doctus qui non levem, sed *[illegible]*, majoris fidei ergo Plutarchum appellitasse diceret. Sed haec omnia quibuscumque demum rationibus

feci, quod te amari ab eo sensi. Iam me Pompeii totum esse scis. Brutum a me amari intelligis. Quid est caussae, cur mihi non in optatis sit complecti hominem, florentem aetate, opibus, honoribus, ingenio, liberis, propinquis, affinibus, amicis, collegam meum praesertim, & in ipsa collegii laude & scientia studiosum mei? Haec eo pluribus scripsi, quod mihi significabant tuae litterae, subdubitare, qua essem erga illum voluntate. Credo te audisse aliquid: falsum est, mihi crede, si quid audisti. Genus institutorum & rationum mearum dissimilitudinem nonnullam habet cum illius administratione provinciae: ex eo quidam suspicati fortasse sunt, animorum contentione, non opinionum dissensione, me ab eo discrepare. Nihil autem feci umquam, neque dixi, quod contra illius existimationem esse vellem. Post

bus nitegantur, praeter mentem suam Tullii. Mea, inquit ille, officia in Appium constitisse testem dare poteram ante omnes libertum eius Phaniam. Nam sic lib. III. ep. 1. ad ipsum Appium: *De mea autem benevolentia erga te, etsi poteras ex eodem Phania cognoscere, tamen videbare etiam aliquas meas partes.* Nunc te potius appellabo ipsum, quando ille, ni fallor, fecit quod sibi faciundum fuit, & Acheronti potius quam inter superos testimonium posset perhibere. Nunc vocat [illegible] nullam aliam ob caussam, quam ob nomen [illegible] imponi solitum. Graev.

Iam me Pompeii totum esse) Cuius filius filiam Appii habebat uxorem. Conrad.

Brutum a me amari) M. Brutum Appii item generum. Id.

Collegam meum) In auguratu. Id.

Et in ipsa collegii laude & scientia studiosum mei) Quippe qui libros augurales suos mihi dicarit. Id.

Quod mihi significabant tuae litterae, subdubitare) Medicaeus codex, *Quod nihil significabant*. Quare animadvertendum est, an melius legi possit, *Quod nominihil significabant*: hoc intellectu, ut dicat Cicero, in Caelii epistolis quaedam verba esse, quae oblique significent hanc suspicionem in animo illius residere, de alienata voluntate ipsius erga Appium. Dictio illa *nihil* non magnam ullam vim habere videtur eo in loco: nam si id significabant literae Caelii, non magis Ciceroni, quam omnibus aliis, qui eas legissent, significabant; nec tamen firmitudinem aliquam hoc argumentum habet: quare de tota re nihil affirmamus. Victor. Liber prim. Graevii eamdem, quam Medicaeus scripturam prae se fert. Graevius: Scribitur in Mediceo codice, *quod nihil significabant*: unde Victorius suspicatur legendum, *quod nominihil significabant*. Lallem.

Te audisse aliquid) Quasi acta eius in provincia successor rescidissem, & sic ei me parum aequum & benevolum demonstrassem. Io. Fr. Gron.

Genus institutorum) Est quaedam diversitas inter meum, & illius propositum atque institutum in regenda provincia. Ioan.

Illius administratione provinciae) Casuum patriorum alter subiectivus, ut dicunt, alter quasi obiectivus ab uno nomine pendentes, ut I. de Off. c. 14. Phil. XII. Florus III. c. 5. Cort.

Me ab eo discrepare) Me bonum esse in illius invidiam, & aliter facere, quam ille fecit, non quod ita faciendum putem, sed quod cupiam illi

Post hoc negotium autem & temeritatem nostri Dolabellæ, deprecatorem me pro illius periculo præbeo. Erat in eadem epistola veternus civitatis: gaudebam sane, & congelasse nostrum amicum lætabar otio. Extrema pagella pupugit me tuo chirographo. Quid ais? Cæsarem nunc defendit Curio? quis hoc putaret præter me? nam, ita vivam, putavi. Dii immortales, quam ego risum nostrum desidero! Mihi erat in animo, quoniam jurisdictionem confeceram, civitates locupletaram, publicanis etiam superioris lustri reliqua,

illi dare dolorem. Io. Fr. Gron.

Temeritatem nostri Dolabellæ) Qui reum fecit Appium. Conrad. *Dolabellæ*. Qui, futurus mox gener Ciceronis, Appium ex Cilicia decedentem reum fecerat. Lall.

Veternus) Nimium quoddam otium, & negotiorum intermissio, lib. VIII. ep. 6. Conrad.

Amicum nostrum congelasse) Curionem tribunum pl. adeo nihil movere, nullas rogationes novas ferre, nihil certaminis suscipere adversus potentes, ut videatur defixus vel immobilis factus, instar aquæ congelatæ vel conglaciatæ. Io. Fr. Gron.

Nostrum amicum lætabar) C. Curionem Trib. pleb. Conrad. Vide Manut. Grav.

Extrema pagella pupugit me tuo chirographo) Cum tua manu in extrema epistola illud addidisti: *Curio transfugit ad populum, & pro Cæsare loqui cœpit*; vel illud: *Turpe tibi erit, pantherarum greges me non habere*. Idem.

Cæsarem nunc defendit Curio) Pro nunc reponi potest vel *jam*, vel, quod magis puto, *nunc*; ut sit cum interrogatione admirationeque, *Cæsarem nunc defendit Curio?* Hanc Rutg. *Cæsarem nunc defendit Curio*) Secutus sum libros vulgatos, & historiæ rationem. Nam ex libro VIII. epist. licet intelligere, Curionem defendisse Cæsarem, & iis acriter restitisse, qui Cæsarem ex provincia retrahere conarentur. Hæc eo scripsi, quod quidem lectum nonnullos codices manuscriptos mendosos legunt, *Cæsarem non defendit Curio*? Lambin.

Nam, ita vivam, putavi) Hanc scripturam in solo quarto deprehendi, ceteris vitii pertinacissimis in *via*, sed cum esset in editionum prima, probaritque Victor. ac Lamb. denique & Vatican. & Peck. & ipsa veritas asserat, quis ambigat? Graev. Cic. *sollicitat me, ita vivam, tua, mi Tiro, valetudo*. Grav.

Quoniam jurisdictionem confeceram, civitates locupletaram, publicanis etiam superioris lustri reliqua sine sociorum ulla querela conservaram, &c. Huius loci in omnibus libris scriptis corrupti restitutio debetur Ioanni Petro Crasso, ut testatur Bern. Rutil. in Decur. his verbis: Ioan. Petrus Crassus, civis, ac præceptor meus, quod ante legebatur, legiturque etiamnum vulgo: *Mihi erat in animo, quoniam jurisdictionem confeceram, civitates locupletare, in publicanis etiam superioribus lustris reliqua sine sociorum ulla querela conservata in privatis, summis, infimis fuerim jucundus, proficisci in Ciliciam*; ita legi oportere: *Mihi erat in animo, quoniam jurisdictionem confeceram, civitates locupletaram, &c.* quod & sensus ipse, alioqui nullus, ostendit, & similis in epistolis ad Atticum sententiæ expressio. Plutarchus de locupletatione civitatum mira prodidit. Graevius.

Jurisdictionem) Forum Laodicense. Conrad.

Civitates) Multas omni ære alieno liberatas, multas valde levatas: omnes αὐτονομίαν adeptas. Idem. *Civitates locupletaram*) Nihil ipse ab iis accipiendo, meos accipere vetando, quæ decem proximis annis sustentari fuerant Græculi magistratus; reddere

liqua, sine sociorum ulla querela, conservaram, privatis, summis, infimis fueram jucundus, profecisci in Ciliciam Nonis Maii: &, cum prima æstiva attigissem militaremque rem collocassem, decedere ex senatusconsulto. Cupio te ædilem videre, miroque desiderio me urbs afficit, & omnes mei, tuque in primis. Vale.

EPISTOLA XIV.

ARGUMENTUM.

Commendat Fabium a quinque rebus, probitate, doctrina, ingenio, modestia, amicitia sua. De rebus Romanis litteras exspectat. Eodem anno.

M. T. C. IMP. M. CŒLIO ÆDILI CURULI S. D.

M. Fabio, viro optimo & homine doctissimo, familiarissime utor, mirificeque eum diligo cum propter summum ingenium ejus summamque doctrinam, tum propter singularem modestiam. Ejus negotium sic velim suscipias, ut si esset res mea. Novi ego vos magnos patronos: hominem occidat oportet, qui vestra opera uti velit: sed in hoc

cogendo, ære alieno liberando, V. Att. ep. 21. VI. Att. 2. I. Fr. Gron.

Publicanis) Nam populi, nullo gemitu, publicanis, quibus hoc ipso lustro nihil solverant, etiam superioris lustri reliqua reddiderant. Conr.

Reliqua) Quæ debebant. Idem. *Reliqua*: reliquæ partes solvendæ Plin. III ep. 19. Confer Salm. & Casaub. ad Spart. Adrian. c. 7. p. 65. Cort.

Profecisci in Ciliciam) Laodicea, quæ erat inter urbes dioecesis Asiaticas, provinciæ Ciliciensi attributas. Connadus.

Et cum prima æstiva attigissem) Alias, *primum*; sed pro nostra pugnant & editionum antiquissimæ & optimæ; & omnes fere MSi, solus quippe Pal. quint. *prius*. Gebhard. Grav. Initium æstivorum fecissem. Vide I. Obs. 7. Io. Fr. Gron.

Militaremque rem collocassem) Vulgatum restitui & in antiquo libro, *militaremque in re collocassem*. F. Victor. Collocare præsidia, milites multi dixerunt, quod fortasse Ursinum impulit, ut rectius hic videri vellet *militemque collocasset*. Hist. B. Alex. c. 33. G. Cortius.

EPISTOLA XIV.

M. *Fabio*) M. Fabio Gallo, ad quem libro VII. scribit. Conradus.

Ejus negotium) De Herculanensi fundo a Q. Fabio fratre proscripto, ep. 25. lib. IX. Idem.

Hominem occidat oportet) Passeratius in Prælectionibus in Prop. Lib. II. Eleg. 17. hujus loci sensum non videtur cepisse, cum componat eum cum aliis a Cicerone petitis locis, sed alium sensum constituentibus. Dicit autem Cicero, magnos patronos nil curare præter magnas caussas, reliquas

hoc homine nullam accipio excusationem. Omnia relinques, si me amabis, cum tua opera Fabius uti volet. Ego res Romanas vehementer exspecto, & desidero: in primisque, quid agas, scire cupio: nam jamdiu, propter hiemis magnitudinem, nihil novi ad nos afferebatur. Vale.

EPISTOLA XV.

ARGVMENTVM.

Si quis Cœlii tres epistolas legerit, quibus Cicero respondet, undecimam, tertiam decimam, decimam septimam libri octavi, is magnopere nostram interpretationem non desiderabit. Epistolæ capita sunt hæc, de supplicationibus suis, de filiæ & Dolabellæ nuptiis, de sua sollicitudine ob civiles discordias, de rationibus, quibus adductus C. Cœlium, quæstorem suum, provinciæ præposuerit, de Ser. Ocella in adulteriis deprehenso, de rebus ab ædili Cœlio gestis, de suo ad urbem reditu. Tota negotialis epistola: respondet enim ad ea, quæ Cœlii litteræ significaverant: nam rationes de quæstore provinciæ præposito, quis non videt ad negotiale genus pertinere?

M. T. C. IMP. M. CŒLIO CVRVLI ÆDILI S. P. D.

NOn potuit accuratius agi, nec prudentius, quam actum est a te cum Curione de supplicatione: &, mehercule, confecta res ex sententia mea est, cum celeritate, cum

quæ secum deque habere, quare sustinendum esse, ne Fabii commoda postponantur rebus aliis majoris momenti. Verum nihil esse, quod Cœlius diffisurus esset, se gravioribus negotiis impeditum fuisse, ac propterea Fabium neglexisse, quoniam Cicero nullam esset accepturus excusationem. VRSINVS.

Omnia relinques] Quidquid aliud erit negotii, seponas, & in alium diem differes: ut ap. Terent. *omnes relictis*. Andr. II. iv. 11. Plaut. Epid. IV. ii. 33. *aliis omnibus rebus*. Virg. VIII. Æneid.

Tullius omnia, inquit, *reliquerat susceptis laboribus*. Io. FR. GRON.

Vt expeditus rebus Fabii vacare possis. Ex formula, *relictis rebus omnibus*, quam apud Lucr. Plaut. & Terent. legimus: vide Donat. ad eam Ter. Andr. A. II. Sc. 5. CORT.

EPISTOLA XV.

DE *supplicatione*] Supplicatio est tum, publica re bene gesta, Diis in omnibus templis victimas cædunt & gratias agunt: vide P. Manutium. GRÆVIVS.

tum quod is, qui erat iratus, competitor tuus & idem meus, assensus est ei, qui ornavit res nostras divinis laudibus. Quare scito me sperare ea, quae sequantur: ad quae tu te para. Dolabellam a te gaudeo primum laudari, deinde etiam amari. Nam ea quae speras Tulliae meae prudentia temperari posse, scio, cui tuae epistolae respondeant. Quid si meam legas, quam ego tum ex tuis litteris misi ad Appium? Sed quid agas? sic vivitur. Quod actum est dii adprobent. Spero fore jucundum generum nobis: multumque in eo tua nos humanitas adjuvabit. Resp. me valde sollicitat: faveo Curioni: Caesarem honestum esse cupio: pro Pompeio emori pos-

Competitor tuus & idem meus) Hirrus, ep. 9. lib. VIII. Corrad.

Assensus est ei) M. Catoni. Idem.

Divinis) A M. Catone viro sanctissimo, & prope divino profectis. Idem.

Sperare ea quae sequantur) Triumphum, qui supplicationem solet sequi. Idem. Supplicatio enim est praerogativa triumphi. Graev.

Dolabellam a te gaudeo primum laudari) Ep. 13. lib. VIII. Corrad.

Temperari) Imminui & mutari. Sidonius V. 7. *Temperat Lucumonem nostrum Tanaquil sua*. Jo. Fr. Gron.

Cui tuae epistolae respondeant) Ep. 6. lib. VIII. Corrad.

Quid si meam legas) Ep. 10. lib. III. Idem.

Quam ego tum ex tuis misi ad Appium) Iterum delevi glossam *litteris* ex Pal. tert. & Stewechiano. Gebhard. *Ex tuis litteris misi*) *Litteris* delevit Gebhardus secutus fidem duorum codicum Palatini tertii, & Stewechiani. Nec exstat ea vox etiam in Mentelliano: sed reliqui & quidem meliores illam agnoscunt. Hinc non ausus sum eam expungere, praecipue cum non *litterae*, sed *epistola* semper praecesserit. Sensus autem est: Cujus argumentum petii, & hausi ex tuis litteris. Graev. *Ex tuis litteris*. Post & *secundum* tuas litteras, ita ut conveniret meum cum tuo judicio de illo. Sall. Cat. c. 49. Ita dicitur *Ex animi sententia*: vide Sall. IV. c. 20. G. Cortius.

Sic vivitur) Ut modo oderimus aliquem, modo amemus. Petron. *Quod hodie non est, cras erit, sic vita truditur*. Jo. Fr. Gron.

Caesarem honestum esse cupio) Sic vetusti codices, ut nos emendavimus, eadem sententia & significatione, qua Brutus & Cassius de Antonio in epistola ad eum missa dicunt: *Nos in hac sententia sumus, ut te cupiamus in libera rep. magnum & honestum esse*. Victorius. *Caesari honestissime cupio*) In pluribus libris leges: *Caesarem honestum esse cupio*. Corrad. Quidam libri habent, *Caesarem honestum esse cupio*, quae scriptura non est rejicienda: sed *Caesari honestissime cupio* (quae similiter in nonnullis libris reperitur) magis probo. Mendose autem operae olim fecerant, *honestissime esse cupio*, cum in exemplo esset, *honestissime cupio*, sine verbo *esse*. Lambin. *Caesarem honestum esse cupio*) Sic Med. codex, Victorii editio, Pal. pr. At reliqui quatuor, sicut & Grut. & Pet. cum prima impressione: *Caesarem honestissime cupio*. Alias (quod Lambino non aspernandum videtur) *Caesari honestissime cupio*. Gebhard. Codicis Medicei scripturam confirmant Palat. prim. & prim. Graevii. Reliqui: *Caesarem honestissime esse cupio*, alii omittunt *esse*. *Caesarem honestum esse cupio*; est: Volo Caesaris dignitatem salvam & inviolatam manere. Sic alibi quoque loquitur, ut pridem docti monuerunt. Graev. Honoratum in dignitate sua: nam erant jam tum, qui Caesari inviderent, eum-

que

ri possim: sed tamen ipsa rep. nihil mihi est carius, in qua tu non valde te jactas: districtus enim mihi videris esse, quod & bonus civis, & bonus amicus es. Ego de provincia decedens quæstorem Cœlium præposui provinciæ. Puerum? inquies. At quæstorem, at nobilem adolescentem, at omnium fere exemplo: neque erat superiore honore usus, quem præficerem. Pontinius multo ante discesserat: a Quinto Fratre impetrari non poterat: quem tamen si reliquissem,

que gradu suo pellere turpiter volebant. Plaut. Capt. A. II. Sc. III. v. 32. Sic *igne honestus* Papin. Stat. III. Sylv. 1. v. 6. *In divitiis honeste*. Sall. Cat. c. 7. Cort.

Pro Pompeio emori possum) Emori digni erant, qui hoc inculcarunt simplex *mori*, contra omnes libros ac editiones. Gebhard.

In qua tu non valde te jactas) In qua tu non multum laboras, & contendis, non multum eius rebus & negotiis te immisces, sed quiescis quasi. Cælius ad Ciceronem VIII. ad fam. 10. *Curionem video duplici iter se jactaturum: primum ut aliquid Cæsari adimat; deinde ut aliquid Pompeio tribuat.* Cic. IV. Catil. *Damnet in posterum, ne quis hujus supplicii levando se jactare, & in perniciem reip. popularis esse possit.* Græv.

Et bonus civis) Et ob id nolles patriam, & Pompeianos deserere. Corrad.

Et bonus amicus) Curionis, & Cæsaris, a quibus nolles abesse. Idem.

Præposui provinciæ) V. C. Nic. Scultsi, meus prim. & Mentel. *præposui provinciæ*, non male. De hoc loquendi genere pluribus egi ad Justinum. Grævius.

At omnium fere exemplo) Emendavimus *exemplo*, ut est in antiquis codicibus. Ad Attic. lib. VII. de hac eadem re agens sic inquit: *Hoc meliore, & hujus rei plura exempla*. Item in eadem hac epistola: *Postremo non tam mea sponte, quam potentissimorum duorum exemplo*. Intelligit autem Pompeium & Cæsarem, ut ex epistola ad Atticum supra citata declaratur: *Pompeius eo robore vir, iis radicibus, Q. Cassium sine sorte delegit, Cæsar Antonium*. Quod autem hic, *at quæstorem, &c.* in vetusto codice *ad quæstorem, ad nobilem, ad omnium, &c.* legitur secundum veterem scripturam propter affinitatem harum literarum: sic enim in hoc exemplari pluribus locis reperias, ut contra *at* pro *ad* in epistola ad Sallustium, in hoc eodem volumine: *At quem intelligebat eius belli periculum spectare*, & aliis infinitis locis. Victor.

Exemplo) Nonnulli se ita hunc locum, qui mendosus erat, castigasse aiunt: de quo cum illis non pugnamus: neque tamen furti nos reos agere statim oportebat, præsertim cum in omnibus manuscriptis nullo discrimine, quemadmodum legi debet, scriptum invenerimus. Præter antiquorum codicum fidem ita illum tractavimus, ut diu ante diligenterque de ea quæsivisse planum omnibus fecerimus. Idem.

Neque erat superiore honore usus) Sic habent omnes libri veteres, quos quidem viderim: nisi quod in nonnullis legitur *ullo*: unde conjicere quis possit, legendum esse, *neque erat superiore honore ullo, &c.* quo modo locutus est epist. 18. ejusdem libri: *Hujus enim omnium honoris gradu superiorem*. Lambin. *Neque erat superiore honore usus*) Sic omnes tum Pall. tum Lambin. Vatic. Gruter. Pech. vulgo: *Neque erat superiore honore ullus*: unde Lambin. *superiore honore ullo*, quod statim imitari in hac editione alter hominis non solum temeritatis, sed etiam dementiæ. Gebhard. *Superiore honore usus* habent quoque libri Grævii, & Amstelodam. Græv.

Pontinius) C. Pontinius legatus. Corrad.

Multo ante discesserat) Ex pacto & conventu, nam ea lege exierat [illegible]

A Q. Fratre impetrari non poterat)

ſem, dicerent iniqui, non me plane poſt annum, ut Senatus voluiſſet, de provincia deceſsiſſe: quoniam alterum me reliquiſſem. Fortaſſe etiam illud adderent, Senatum eos voluiſſe provinciis præeſſe, qui antea non præfuiſſent: fratrem meum triennium Aſiæ præfuiſſe. Denique nunc ſollicitus non ſum: ſi fratrem reliquiſſem, omnia timerem. Poſtremo non tam mea ſponte, quam potentiſsimorum deorum exemplo, qui omnes Caſsios, Antoniosque complexi ſunt, hominem adoleſcentem non tam allicere volui, quam alienare nolui. Hoc tu meum conſilium laudes neceſſe eſt: mutari

Quoniam oderat provinciam. IDEM. In libello *Variarum Lectionum*, qui additus eſt editioni Grævii, reperitur in codice quodam veteri ita haberi: *Diſceſſerat a Quinto Fratre, male imperari non poterat*. Quod mihi de nihilo videtur. VARERUS.

Alterum me) Quod de ſumma animorum conjunctione, quæ in fratribus & amicis eſt, dicitur. De amico infra VII. ep. 5. De fratribus opportune Manutius laudat Nigidium apud Nonium Marc. c. 1. Neque in derivatione iſta multum diverſus abit F. Feſtus p. 291. CORT.

Aſiæ præfuiſſe) Prætorem. Lege primam ad ipſum Q. Fratrem epiſtolam. CORRAD.

Omnia timerem) Cum bellum eſſe in *Syria* magnum putaretur, & id videretur in Ciliciam erupturum. IDEM.

Potentiſſimorum deorum) Cn. Pompeii & C. Cæſaris. IDEM.

Qui omnes Caſſios Antoniosque complexi ſunt) Sunt, qui in ſenſu horum verborum tradendo non parum decepti ſunt: non enim narrat Cicero, ſe idcirco Cœlium præpoſuiſſe provinciæ, quod vellet ſibi gratiam reliquorum ejuſdem familiæ conciliare, neque arbitratur Pompeium, & Cæſarem id conſilium in præficiendis Quæſtoribus ſequutos fuiſſe. ſed inquit ſe id propterea feciſſe conſtum exemplo potentiſſimorum virorum, qui Quæſtores ſuos omni ratione qua potuerunt, ornarunt, & illorum gratiam omni benevolentiæ genere inierunt: id enim eſt *complexi ſunt*, ut paullo ante cum de Appio Claudio ſermo eſſet: *Quid eſt cauſæ, cur mihi non ſit in optatis, complecti hominem florentem ætate, opibus, &c.* Niſi enim Quæſtorem & ipſe præpoſuiſſet, timebat illum iratum, qui iniquo animo tuliſſet ſe honorem illum a Cicerone impetrare non potuiſſe, quem antea Quæſtores Caſſius & Antonius a ſuis Proconſulibus & Impp. accepiſſent. Quod autem Caſſios, & Antonios numero multitudinis dixit, non novum eſt apud Ciceronem, ſed uſitatum & elegans: ut in epiſt. ad Pætum 127. *Itaque te cum video, omnes mihi Granios, omnes Lucilios, vere ut dicam, Craſſos quoque, & Lælios videre videor*. Sed etiam doctiſſimus & politiſſimus ſcriptor Plato in Symp. Καὶ ἦσαν οἱ Φαῖδροι, Ἀγάθωνες, Ἐρυξίμαχοι, Παυσανίαι, Ἀριστόδημοι, Σωκράτης δὲ αὐτὸς εἰς δεῖ λέγειν; *Aderant iterum Phædrus, Agathones, Eryximachos, Pauſanias, Ariſtodemos, Socratem autem ipſum quid opus memorare?* Hanc eſſe ſententiam hujus loci inde etiam intelligi poteſt, quod epiſtola ad Q. Thermum Prop. quæ penultima hujus libri eſt, Cicero magnopere ei ſuaſit, ut provinciæ præficeret Quæſtorem, docens, id rectum eſſe & fieri debere: oſtendenſque, niſi ita feciſſet, multas fortaſſe moleſtias ac pericula illum ſibi conciliaturum eſſe: quod Quæſtor ignominia affectus merito illi ſemper iratus erit, & nactus aliquam occaſionem nocendi, cum ſibi id jure poſſe facere videatur, numquam illam dimittet. VICTORIUS.

(*Omnes Caſſ. Anton. &c.*) Q. Caſſium Longinum,

tari enim non potest. De Ocella parum ad me plane scripseras: & in actis non erat. Tuæ res gestæ ita notæ sunt, ut trans montem Taurum etiam de Matrinio sit auditum. Ego, nisi quid me Etesiæ morabuntur, celeriter (ut spero) vos videbo. Vale.

EPISTOLA XVI.

ARGVMENTVM.

Tribus annis epistolæ Ciceronis ad Cælium datæ sunt: prima, secunda, tertia, M. Marcello, Ser. Sulpicio Coss. quarta, quinta, sexta, septima, octava, L. Paullo, C. Marcello Coss. nona, L. Lentulo, C. Marcello Coss. Hæc ultima respondet iis litteris, quibus eum Cælius obsecraverat, ne se cum Pompeio conjungeret, sed in oppidum aliquod bello vacuum recederet donec armis civilis contentio dijudicaretur: earum litterarum initium est: Exanimatus sum tuis litteris, *lib.* 8. Magnum, *inquit Cicero*, dolorem ex litteris tuis accepissem, nisi diuturna mihi rerum desperatio pæne omnem jam doloris sensum ademisset. Nec vero consilium meum

gium, Pompeii in Hispania Quæstorem intelligit, & M. Antonium in Hispania Cæsaris Quæstorem: auctore Dione lib. XLV. CORRAD. *Omnes Cassios*) Quidam legunt, *juvenes Cassios*. LAMBIN.

De Ocella) Servio Ocella. CORRAD.

Parum plane ad me scripseras) Ep. 7. lib. VIII. IDEM.

Et in actis non erat) Et in actis urbanis ad me missis. IDEM.

De matrimonio sit auditum) Vetusti codices omnes *de matrinio*, quam lectionem magis probo: præter enim vetustiorum codicum auctoritatem, quomodo potest conjugium inter res gestas numerari? Quod si de nuptiis illius ageret, non tam frigide hanc rem tetigisset: nam & clarius totam rem narrasset, & quod moris erat, ei gratulatus fuisset. Innuit autem (ut puto) negotium ipsius quoddam, de quo etsi tunc aliquis sermo fuit, postea tamen situ obscuratum est; cum dignum non esset quod in historiis traderetur. De C. *Matrinio* quodam equite Rom. meminit Cicero in Oratione VII. in Verrem. VICTOR.

Matrimonio) Dolabellæ & Tulliæ, te auctore confecto, etsi *matrinio* male quidem legunt. CORRAD.

De Matrinio sit auditum) Invenit hoc in Mediceo, adnotavitque Egnatius, sequuti post Victorium, Lambin. Manut. Nam vulgo *de matrimonio*, lectio non est [illegible]. Gebhard. Reigers. Var. lect. III. cap. 3. legit *M. Atrinio*, adde & Manutium. GRAEV.

De matrim.) De nuptiis Tulliæ Ciceronis filiæ cum Dolabella, conciliante Cælio: quam rem Cicero jocose reponit in rebus gestis Cælii. Vulgo editur *de Matrinio*: sed quis sit ille Matrinius, & qua de re agatur, nemo docet. Regii codices id habent, quod dedimus. LALLEM.

Etesiæ) Venti. CORRAD.

Epi-

meum hoc fuit, ut pro Pompeio contra Cæsarem pugnarem, sed ut in aliquas fortasse solitudines discederem: nihil enim civilibus armis odiosius. Cæsaris ira non me movet, cum eadem omnibus calamitas impendere videatur. Filius meus, cuius causa vis me mihi carum esse ac de mea calamitate laborare, si erit aliqua resp. sustentabitur memoria nominis mei, si nulla, cum reliquis civibus concidet. De genero meo Dolabella, noli dubitare, quin eam quam debeo curam sustineam. Hispaniensis belli exitum non exspecto: quorsum enim? aut mihi, incolumi civitate, locus erit: aut perdita, quod reliquum est vitæ in solitudine traducere deliberatum est. Verum hæc fortasse meliorem exitum habebunt. Tu tamen, ubicumque ero, me liberosque meos, ut nostra postulat amicitia, diliges ac tuebere. *Negotialis est epistola, quia de itione ad Pompeium disserit, quod Cælius dissuaserat. C. Marcello, L. Lentulo Coss.*

M. T. C. IMP. M. CÆLIO ÆDILI CURULI S. P. D.

MAgno dolore me affecissent tuæ litteræ, nisi jam & ratio ipsa depulisset omnes molestias, & diuturna desperatione rerum obduruisset animus ad dolorem novum. Sed tamen quare acciderit, ut ex meis superioribus litteris id suspicarere, quod scribis, nescio: quid enim fuit in illis præter querelam temporum, quæ non animum meum magis sollicitum haberet, quam tuum? Nam non eam cognovi aciem ingenii tui, quod ipse videam, te id ut non putem videre. Illud miror, adduci potuisse te, qui me penitus nosse deberes, ut me existimares aut tam improvidum, qui ab excitata fortuna ad inclinatam & prope jacentem descisceram: aut tam inconstantem, ut collectam gratiam florentissimi hominis effunderem, a meque ipse deficerem, &

quod

EPISTOLA XVI

Desperatione rerum) Bene addidit rerum, ut Cæsar I. B. C. c. 19. Gellius III. c. 16. P. Syrus v. 95. G. CORTIUS.

Quod scribis) Epist. 16. lib. VIII. CONRAD.

Ab excitata fortuna) Cæsaris, ad inclinatam Pompeii. Idem.

Et prope jacentem desciscerem) Pall. sec. tert. quart. Pet. *desciscerem*. Pall. [illegible] *discederem*. [illegible]

(*Florentissimi hominis*) Cæsaris. CONRADUS.

Quod

quod initio semperque fugi, civili bello interessem. Quod est igitur meum triste consilium? ut discederem fortasse in aliquas solitudines? nosti enim non modo stomachi mei, cujus tu similem quondam habebas, sed etiam oculorum, in hominum insolentium indignitate, fastidium. Accedit etiam molesta hæc pompa lictorum meorum, nomenque imperii quo appellor. Eo si onere carerem, quamvis parvis, Italiæ latebris contentus essem. Sed incurrit hæc nostra laurus non solum in oculos, sed jam etiam in voculas malevolorum. Quod cum ita esset, nil tamen umquam de profectione, nisi vobis adprobantibus, cogitavi. Sed mea prædiola tibi nota sunt: in his mihi necesse est esse, ne amicis molestus sim. Quod autem in maritimis facillime sum, moveo nonnullis suspicionem, velle me navigare: quod tamen for-

Quod initio semperque fugi) Guilielmius attendere non jubebat, an legend. quod in otio. GEBHARD.

Nomenque imperii) Apposite Sallust. Cat. c. 6. *Imperium legitimum, nomen imperii regium habebant*. Et Liv. Lib. VII. Tac. I. Ann. c. 3. G. CORTIUS. Nomen Imperatoris, quod victoria meruerat; lictoresque & fasces laureati. GRAEV.

Eo si onere carerem) Duo libri Memm. habent, *eo si honore carerem*. Voluit scilicet scriptor librarius, aut certe debuit, scribere *honere*, quo modo sæpe scriptum reperitur hoc nomen in libris MSis. LAMBIN.

Sed incurrit hæc nostra laurus non solum in oculos, sed jam etiam in voculas malevolorum) Quid si legatur, *sed & incurrit*, quasi duabus jam allatis rationibus, tertiam hanc adjiciat, quod honorem suum, ac gloriam invisam esse civibus sentiat? *Laurum* vero dici propter laureatos fasces, qui imperatoribus eisque quibus esset (ut Ciceroni) decretus triumphus, dabantur; quos ipse per Campaniam diu gestavit: auctores Plutarchus, aliique. BENE. AVELL. *Laurus*) Laureati lictores. CORRAD. *In voculas*) Sermones. Unde illud ad Atticum: *Subito consilium cepi, ut antequam luceret exirem, ne qui conspectus fieret, aut sermo, lictoribus præsertim laureatis*. Idem.

Quod autem in maritimis facillime sum, moveo nonnullis suspicionem) Sic in meo libro scribi volui, quia in antiquis codicibus ita scriptum inveni, & eum sensum, quem ita collocata verba præ se ferrent, meliorem judicavi. In aliis excusis impressis; *Quod autem in maritimis, sum, facile moveo*. *Quod in maritimis facillime sum*, id est, quod in maritimis prædiis libenter maneo, quod valde delector villis meis, quæ mari propinquæ sunt: id enim significat *facillime sum*, lib. II. de Orat. 209. *Quod & dici commodissime possunt, & audiri facillime*, id est, cum delectatione & suavitate; lib. XIII. ad Atticum: *Locum habeo nullum, ubi facilius esse possim, quam Asturæ*. Qui autem me vident in maritimis esse, non existimantes me id facere inductione animi, neque scientes me mirificam capere voluptatem ex his meis villulis, suspicantur me id facere, quod navigationem exspectem, & hinc avolare cupiam; nec tamen illi hoc stulte cogitabant, & rationem habebat hæc ipsorum suspicio. Quod autem facillime in maritimis esse consueverat Cicero, cum causa etiam ipse faciebat; nam juxta mare villæ in mediterraneis hortis potius præponebantur, & ut Græci dicunt,

[illegible]

fortasse non nollem, si possem ad otium: nam ad bellum quidem qui convenit? praesertim contra eum, cui spero me satisfecisse: ab eo, cui tamen satisfieri nullo modo potest? Deinde sententiam meam tu facillime perspicere potuisti jam ab illo tempore, cum in Cumanum mihi obviam venisti: non enim te celavi sermonem T. Ampii: vidisti, quam abhor-

περιπάτησιν, vel παράλιοι χώραι magni aestimabantur. Id etiam confirmat Plutarchus, gravissimus scriptor, in Sympos. lib. I. cap. 4. qui inquit usurpari a multis in sermone hanc sententiam, Ambulationem juxta mare & navigationem juxta terram suavissimam esse: cujus rei ipse caussam quoque reddit: Ἀκούω ἐν πολλοῖς λεγόμενον, ὅτι πλοῦς μὲν ὁ παρὰ γῆν, περίπατος δὲ ὁ παρὰ θάλασσαν ἥδιστός ἐστι. *Audio igitur plerosque dicere, navigationem quidem juxta terram, ambulationem vero juxta mare esse jucundissimam.* Ad quam sententiam arbitramur non respexisse doctissimum poetam Virgilium lib. II. Georgicorum, cum inquit, *sermonem cum Maecenate habens*:

Adsis, & primi lege littoris oram.

Declaravit enim iis verbis, se illum ad rem jucundam invitare. Astura autem Ciceroni villa maritima erat, ut Plutarch. quoque in Cicerone his verbis docet: Πυθόμενος δὲ τὴν προγραφὴν εἰς Ἄστυρα μεταθέμενος χωρίον παράλιον τοῦ Κικέρωνος. *Nuntiata proscriptione flatum venit Asturam prope villam maritimam Ciceronis.* VICTOR.

In maritimis sum) Campaniae, & maritimae orae ... GEBHARD. Codices tres Mentel. habent: *Quod autem in mar. sum, submoveo facillime nunt. susp. &c.* Victorius edidit: *Quod autem in mar. sum facillime, moveo nonnullis susp. &c.* in quo mutata dominat distinctio est, detracta syllaba *sub*, quae mea sententia, inanis est, nisi forte pro *submoveo*, legendum est *commoveo*. LAMB. Perperam: vide quae notamus ad lib. III. ep. 12. GRAEV. *Facillime sum, moveo n. s.*) *Facillime esse* quid sit norunt, qui Plautum legerunt: & sic edidit Lambin. cum Mentel. eastaque in Vatic. in Pall. aliis omnibus fere, *sum facillime*. At in quart. tert. sec. Steward. Mitall. *moveo*; alias: *Quod autem in maritimis sum, facile moveo nonnullis suspic.* GEBHARD.

Qui convenit) Quam consultum? quam credibile est? supple, *ad bellum*, in quo me stare oporteret contra eum. Io. FR. GRON.

Contra eum) Caesarem. CORRAD.

Ab eo) Ab eodem Caesare. IDEM.

Ab eo cui) Et in quo standum mihi esset ab eo, vel ab ejus partibus, nempe Pompeio, apud quem tamen veniendo nullam gratiam inibo, quia serius veni. I. Inv. 3. *A mendacio contra verum stare*. Brut. 79. *Nemo contra civium perditorum popularem turbulentamque dementiam a senatu, & bonorum causa stetit constantius*. I.FR.GRON.

Cui tamen satisfieri nullo modo potest) Vel quod illi tantum debeam: vel potius, quod in Senatum, ut volebat, non venerim: cui ego spero me satisfecisse. CORRAD. *Ab eo, cui tamen*) *Ab eo*, scilicet Pompeio, non Caesare, ut Corradus sentit, cui satisfacere nunc non possum, quia nimis sero venio. *Ab eo* subaudiendum ad bellum, in quo mihi standum ab eo, nimirum Pompeio. Sic explicat hunc locum I. Fr. Gronovius, & illustrat bis exemplis I. de Invent. 3. *A mendacio contra veritatem stare*. Brut. 79. *Ut nemo contra civium perditorum popularem turbulentamque dementiam a senatu, & a bonorum causa steterit constantius*. GRAEV.

Non enim te celavi sermonem T. Ampii) Cum hic locus antea manifesto corruptus esset, a me est, quemadmodum in nostris vides, restitutus, quod tamen diligentia potius, quam industria nostra factum est: veterem enim scripturam reposui, quam ne par-

abhorrerem ab urbe relinquenda? Cum audissem, nonne tibi affirmavi, quidvis me potius perpessurum, quam ex Italia ad bellum civile exiturum? Quid ergo accidit, cur consilium mutarem? nonne omnia potius, ut in sententia permanerem? Credas hoc mihi velim, quod puto te existimare, me ex his miseriis nihil aliud quærere, nisi ut homines aliquando intelligant, me nihil maluisse, quam pacem: ea desperata, nihil tam fugisse, quam arma civilia. Hujus me con-

ea parva quidem immutatione facta, in Mediceo reperi: illam cur rejicerem nihil erat. Si qua in hoc loco obscuritas est, ea ab historia nascitur, quam ignorari mirum videri non debet. VICTOR. *Non enim te celavi sermonem T. Ampii: vidisti quam abhorrerem*) Sic recte ex Med. edidit Victor. nec longe dissentit liber Paduani: in Pal. sex. erat *sermonem tam pii vidisti*, sicut ex Med. notat Manut. sed cum sic visatur in Stewech. & Vat. non amplius de veritate periclitandum est. T. Ampium sit idem Tull. lib. VI. epist. 12. *belli civilis tubam appellatum fuisse*. Vulgo insubide nimis: *Celavi*, *sed sermonem tam pie vidisti quam abh.* in qua tamen conjectura quam sibi placet Manutius! GEBHARD. Primus etiam Gravii, *sermonem tam pii vidisti*. Mentel. & Nic. Scelli, *sermonem tam pium vidisti*. GRAVIUS. *Non enim te celavi sermonem T. Ampii*) Balbi, ad quem scribit lib. VI. ep. 12. haud dubie minacem, & immoderatum de bello utique gerendo: unde Cæsariani hunc T. Ampium *Tubam belli civilis post victoriam* appellabant. Io. FR. GRON.

Vidisti quam abhorrerem ab urbe relinquenda, cum audissem. Nonne tibi &c.) Sic distinguendum. IDEM.

Cum audissem, nonne tibi affirmavi) Pompeium de urbe relinquenda cogitare. CORRAD. *Cum audissem*) Repugnavi quod ante eum fusis omnium Pall. Grut. quatuor Guilielmianorum. GEBHARD. Abest etiam *quod* ab Amstelodamens. Mentel. Nic. Scelli, duobus Gravii. Distinguendum cum Gronovio videtur: *Vidisti quam abhorrerem ab urbe relinquenda, cum audissem. Nonne tibi affirmavi*, & quæ sequuntur. GRAVIUS.

Nonne omnia potius, ut in sententia permanerem) Sic legendum, cur in sent. perm. non, ut vulgo, ut in sent. permanerem; quamvis omnes libri reclament; sic enim loquimur: *Omnia acciderunt, cur hoc vel illud facerem*. Et supra proxime sic loquitur, *quid ergo accidit, cur consil. mut.* LAMBIN. Miror quid Lambinum permoverit, ut hic contra omnium librorum fidem pro *ut* voluerit scribi *cur*. Non enim libri soli, sed & ratio ei adversatur. Quomodo enim aliter loqueretur Cicero: *Quid ergo accidit, cur consilium mutarem? Nonne omnia potius acciderunt, ut in sententia permanerem?* GRAVIUS.

Ex his miseriis nihil aliud quærere) Vulgo, *aliud me quærere*; sed provocabulum præterunt quinque Pall. Grut. editio princeps. Victorius, sicut est in Vaticano, edidit: *Existimare, me ex his miseriis nihil aliud quærere*. GEBHARD. *Me ex his miseriis nihil aliud quærere*) Sic recte ex Vaticano scripsit P. Victorius, adstipulante Amstelodamensi. Non potest enim *me* abesse sine detrimento sententiæ; quamvis nec in meis duobus, nec in Menteliano legatur. Absorptum est a præcedentis vocabuli ultima syllaba. Inde illa librorum labes, quæ Gebhardus suam editionem non debebat fœdare. GRAV. *Nihil aliud me quærere*) Harum ærumnarum unum me fructum putare. Suspectum tamen, quia in MSis deest το *me*. Forte: *me his in miseriis*, id est, me sic afflictando me, & quærendo, & subducendo non quærere occasionem elabendi ex Italia, sed hoc unum. Io. FR. GRON.

Ea desperata) Postquam pacis nulla spes reliqua: *desperare* active usurpat, ut III.

fortasse non nollem, si possem ad otium: nam ad bellum quidem qui convenit? praesertim contra eum, cui spero me satisfecisse: ab eo, cui tamen satisfieri nullo modo potest? Deinde sententiam meam tu facillime perspicere potuisti jam ab illo tempore, cum in Cumanum mihi obviam venisti: non enim te celavi sermonem T. Ampii: vidisti, quam abhor-

[illegible], vel [illegible] magni aestimabantur. Id etiam confirmat Plutarchus, gravissimus scriptor, in Sympos. lib. I. cap. 4. qui inquit usurpari a multis in sermone hanc sententiam, Ambulationem juxta mare & navigationem juxta terram suavissimam esse; cujus rei ipse caussam quoque reddit: [illegible]. *Audio igitur plerosque dicere, navigationem quidem juxta terram, ambulationem vero juxta mare esse jucundissimam.* Ad quam sententiam arbitramur non respexisse doctissimum poetam Virgilium lib. II. Georgicorum, cum inquit, sermonem cum Maecenate habens:

Ades, & primi lege littoris oram.

Declaravit enim his verbis, se illum ad rem jucundam invitare. Astura autem Ciceroni villa maritima erat, ut Plutarch. quoque in Cicerone his verbis docet: [illegible]. *Nuntio proscriptionis allato navigavit Asturam petens villam maritimam Ciceronis.* Victor.

In maritimis sum] Campaniae, in maritima ora versantes. Corrad. Codices tres Memm. habent: *Quod autem in mar. sum, subnovere facillime nam. susp. &c.* Victorius edidit: *Quod autem in mar. sum facillime, movere non. nullis susp. &c.* in quo multa dormitans distinctio est, detracta syllaba *sub*, quae mea sententia, inanis est, nisi forte pro *submovere*, legendum est *commovere*. Lamb. Perperam: vide quae notamus ad lib. III. ep. 12. Graev. *Facillime sum, movere n. s.*] *Facillime esse* quid sit norunt, qui Plancum legerunt: & sic edidit Lambin. cum Manut. eademque in Vatic. in Pall. aliis omnibus fere, *sum facillime*. At in quart. tert. sec. Stewech. Mitall. *movere*; alias: *Quod autem in maritimis sum; facile movere nonnullis suspic.* Gebhard.

Qui convenit] Quam consultum? quam credibile est? supple, *ad bellum*, in quo me stare oporteret contra eum. Io. Fr. Gron.

Contra eum] Caesarem. Corrad.

Ab eo] Ab eodem Caesare. Idem.

Ab eo cui] Et in quo standum mihi esset ab eo, vel ab ejus partibus, nempe Pompeio, apud quem tamen veniendo nullam gratiam inibo, quia serius veni. I. Inv. 3. *A mendacio contra verum stare.* Brut. 79. *Nemo contra civium perditorum popularem turbulentamque dementiam a Senatu, & bonorum causa stetit constantius.* I. Fr. Gron.

Cui tamen satisfieri nullo modo potest] Vel quod illi tantum debeam: vel potius, quod in Senatum, ut volebat, non venerim: etsi ego spero me satisfecisse. Corrad. *Ab eo, cui tamen*] *Ab eo*, scilicet Pompeio, non Caesare, ut Corradus sentit, cui satisfacere nunc non possum, quia nimis sero venio. *Ab eo* subaudiendum ad bellum, in quo mihi standum ab eo, nimirum Pompeio. Sic explicat hunc locum I. Fr. Gronovius, & illustrat his exemplis I. de Invent. 3. *A mendacio contra veritatem stare.* Brut. 79. *Ut nemo contra civium perditorum popularem turbulentamque dementiam a senatu, & a bonorum causa steterit constantius.* Graev.

Non enim te celavi sermonem T. Ampii] Cum hic locus antea manifesto corruptus esset, a me est, quemadmodum in nostris vides, restitutus, quod tamen diligentia potius, quam industria illa mea factum est: verorum enim scripturam reposui, quam ut par-

abhorrerem ab urbe relinquenda? Cum audissem, nonne tibi affirmavi, quidvis me potius perpessurum, quam ex Italia ad bellum civile exiturum? Quid ergo accidit, cur consilium mutarem? nonne omnia potius, ut in sententia permanerem? Credas hoc mihi velim, quod puto te existimare, me ex his miseriis nihil aliud quærere, nisi ut homines aliquando intelligant, me nihil maluisse, quam pacem: ea desperata, nihil tam fugisse, quam arma civilia. Hujus me con-

ne parva quidem immutatione facta, in Mediceo reperi: illam cur rejicerem nihil erat. Si qua in hoc loco obscuritas est, ea ab historia nascitur, quam ignorari mirum videri non debet. VICTOR. *Non enim te celavi sermonem T. Ampii: vidisti quam abhorrerem*) Sic recte ex Med. edidit Victor. nec longe dissentit liber Pa. dani: in Pal. sec. erat *sermonem tam pii vidisti*; sicut ex Med. notat Manut. sed cum sic visatur in Stewech. & Vat. non amplius de veritate periclitandum est. T. Ampium sic idem Tull. lib. VI. epist. 12. *belli civilis tubam appellatum fuisse*. Vulgo insubide nimis: *Celavi*, *sed nunc tam pro vidisti quam abh.* in qua tamen conjectura quam sibi placet Manutius! GRUTERUS. Primus etiam Graevii, *sermonem tam pii vidisti*. Mentel. & Nic. Scelss: *sermonem tam pium vidisti*. GRAEVIUS. *Non enim te celavi sermonem T. Ampii*) Balbi, ad quem scribit lib. VI. ep. 12. haud dubie minacem, & immoderatum de bello utique gerendo: unde Cæsariani hunc T. Ampium *Tubam belli civilis post victoriam* appellabant. Io. FR. GRON.

Vidisti quam abhorrerem ab urbe relinquenda, cum audissem. Nonne tibi &c.) Sic distinguendum. IDEM.

Cum audissem, nonne tibi affirmavi) Pompeium de urbe relinquenda cogitare. CORRAD. *Cum audissem*) Expunxi quod ante *cum* suasu omnium Pall. Grut. quatuor Guilielmianorum. GRUTERUS. Abest etiam *quod* ab Amstelodamens. Mentel. Nic. Scelss, duobus Graevii. Distinguendum cum Gronovio videtur: *Vidisti quam abhorrerem ab urbe relinquenda, cum audissem. Nonne tibi affirmavi*, & quæ sequuntur. GRAEVIUS.

Nonne omnia potius, ut in sententia permanerem) Sic legendum, cur in sent. perm. non, ut vulgo, *ut in sent. permanerem*; quamvis omnes libri reclament; sic enim loquimur: *Omnia acciderunt, cur hoc vel illud facerem*. Et supra proxime sic loquitur, *quid ergo accidit, cur consil. mut.* LAMBIN. Miror quid Lambinum permoverit, ut hic contra omnium librorum fidem pro *ut* voluerit scribi *cur*. Non enim libri soli, sed & ratio ei adversatur. Quomodo enim aliter loqueretur Cicero: *Quid ergo accidit, cur consilium mutarem? Nonne omnia potius acciderunt, ut in sententia permanerem?* GRAEVIUS.

Ex his miseriis nihil aliud quærere) Vulgo, *aliud me quærere*; sed provocabulum prætereunt quinque Pall. Grut. editio princeps. Victorius, sicut est in Vaticano, edidit: *Existimare, me ex his miseriis nihil aliud quærere*. GRUTERUS. *Me ex his miseriis nihil aliud quærere*) Sic recte ex Vaticano scripsit P. Victorius, adstipulatore Amstelodamensi. Non potest enim *me* abesse sine detrimento sententiæ; quamvis nec in meis duobus, nec in Mentelianno legatur. Absorptum est a præcedentis vocabuli ultima syllaba. Inde illa librorum labes, qua Gebhardus suam editionem non debebat fœdare. GRAEV. *Nihil aliud me quærere*) Harum ærumnarum unum me fructum putare. Suspectum tamen, quia in MSis deest *ex me*. Forte: *me his in miseriis*, id est, me sic afflictando me, & querendo, & subdocendo non quærere occasionem elabendi ex Italia, sed hoc unum. Io. FR. GRON.

Ea desperata) Postquam pacis nulla spes reliqua: *desperare* active usurpat, ut III.

constantiæ puto fore, et numquam pœniteat. Etenim memini, in hoc genere gloriari solitum esse familiarem nostrum Q. Hortensium, quod numquam bello civili interfuisset. Hoc nostra laus erit illustrior, quod illi tribuebatur ignaviæ: de nobis id existimari posse non arbitror. Nec me ista terrent, quæ mihi a te ad timorem fidissime atque amantissime proponuntur. Nulla est enim acerbitas, quæ non omnibus, hac orbis terrarum perturbatione, impendere videatur: quam quidem ego a rep. meis privatis & domesticis incommodis libentissime, vel istis ipsis, quæ tu me mones ut caveam, redemissem. Filio meo, quem tibi carum esse gaudeo, si erit ulla resp. satis amplum patrimonium relinquam in memoria nominis mei: sin autem nulla erit, nihil accidet ei separatim a reliquis civibus. Nam quod rogas, ut respiciam generum meum, adolescentem optimum mihique carissimum: an dubitas, cum scias quanti cum illum, tum vero Tulliam meam faciam, quin ea me cura vehementissime sollicitet? & eo

et III. ep. 13. Martial. Spectac. ep. 22. G. CORTIVS.

Hoc nostra laus) Ita regius codex utterque pro vulgato *hoc nostra laus*. LAMBIN.

De nobis id existimari posse non arbitror) Qui bellum in Cilicia fortiter gessimus. CORRAD.

A te ad timorem fidissime atque amantissime proponuntur) In ep. 16. lib. VIII. IDEM.

Orbis terrarum) Qui nempe subjectus Rom. Imperio in sacris etiam Literis, terra Romana ditionis τὴν οἰκουμένην nomine salutatur, Luc. c. II. quod Syrus eleganter vertit per omnem populum possessionis suæ. CORT.

Redemissem) A rep. acerbitatem redimere ea lege propriæ significationis hujus verbi ita dicitur, quasi a rep. in se derivare, & remp. ea liberare. Quomodo Petron. c. 72. Quod igitur pro tollere & compensare dicatur, exponam ad X. ep. VIII. Hic vero Cic. pro animo boni civis loquitur, ut L. Lentulus apud Liv. IX. Quod & Cassius & Brutus de se testati sunt, uti vidimus ad I. ep. IX. IDEM.

Satis amplum patrimonium relinquam in memoria nominis mei) Omnes fere libri MSi habent *in memoriam*. Vide forsasse P. Victorius addidit in memoria; ego nihil muto & retineo vulgatum: *satis amplum patrimonium relinquam memoriam nominis mei*. LAMBINVS. *Relinquam in memoria nominis mei*) Non debui attendere fastidio Lambini, hanc lectionem a Victor. editam rejicientis, cum eam præstari videam a Pall. pr. tert. quint. Grut. nam reliqui duo, *in memoriam*, sicut & editionem primam, præferunt; vulgo: *Satis amplum patrimonium relinquam memoriam*. GRVTERVS. Fallitur Lambinus de MSis. Tres enim Palatini, unus Graevianus, Amstelodamensis meus primus lectionem editionis Victorianæ repræsentant. In Mentelio desideratur *in*, legitur tamen *memoria*. Hanc merito cum Gebhardo secutus sum Victorii scripturam. GRAEVIVS.

Ea me cura) Pro *Cura curam*, quod per vulgatissimum usum omnium linguarum vix amplius capitur. Sed non aliter dixit Claud. II. in Eutrop v. 480. Spart. Vero II. quæ ex innumeris ostendunt morem Latinæ linguæ specian-

& eo magis, quod in communibus miseriis hac tantum oblectabar specula, Dolabellam meum, vel potius nostrum, fore ab iis molestiis, quas liberalitate sua contraxerat, liberum. Velim quaeras, quos ille dies sustinuerit in urbe dum fuit, quam acerbos sibi, quam mihi ipsi socero non honestos: itaque neque ego hunc Hispaniensem casum exspecto, de quo mihi exploratum est ita esse, ut tu scribis: nec quidquam astute cogito. Si quando erit civitas, erit profecto nobis locus: sin autem non erit, in easdem solitudines tu ipse (ut arbitror) venies, in quibus nos consedisse audies. Sed ego fortasse vaticinor, & haec omnia meliores habebunt exitus. Recordor enim desperationes eorum, qui senes

rianique intellectum. Ceterum cura propria de rebus carissimis. Prop. l. 8. VIII. v. 1. Cort.

Hac tamen oblectabar specula) Sic habent codices Memmian. & recte: quamvis aliter ediderit P. Victorius, nempe, *hac tantum*, &c. Lambinus. Sed meus primus liber & Pall. firmant lectionem Medicei codicis, ex quo eam hausit Victorius, cui sensu postulante, merito subscribimus. Graev.

Nostrum fore ab iis molestiis, quas liberalitate sua contr. liberum) Vulgo, *nostram*, *videbam ab illis*; quod verbi in nullo praeterquam tert. deprehendi: & recte relegatur, vereque arcetur a finibus Tullianis. Gebhardus. *Ab iis molestiis quas liberalitate sua contraxerat*) Quas in pace ab Appio & reliquis adversariis patiebatur. Corradus. *Liberum*) Quod Caesarem sequeretur. Idem. *Quas liberalitate sua contraxerat*) Sic legendum censent viri docti, rejecta vulgata lectione *liberalitate*: referentes hoc ad accusationem Appii, qua Dolabella, ejus accusator, Pompeium, Brutum, Lentulum offenderat; quibus amicior. Et vero sic habet codex unus manuscr. longe omnium optimus. Lamb. *Quas liberalitate sua contraxerat*. Merito hoc tuetur Manutius: *Liberalitas* sunt sumtus nimii, quos fecerat Dolabella, & aes alienum contraxerat, quod non poterat exigi belli civilis tempore, quo silebant leges. Graev. *Ab iis molestiis*) A vexantibus creditoribus, propter aes alienum, cui eum immodici sumtus illigarent; cessabant enim judicia bello civili. Io. Fr. Gron. *Quas liberalitate sua contr.*) Ita regii codices cum Manutio, & Frid. Gronovio, hoc est, Dolabellam intermissis ob civile bellum judiciis, fore liberum a vexantibus creditoribus ob aes alienum, quod profusis sumtibus contraxerat. Lambinus ex unico, quem appellat, codice, maluit *libertatem*, hoc est, inquit, accusatione Appii, quem in judicium vocaverat, Pompeio, Bruto, aliisque indignantibus. Lall.

Neque ego hunc Hispaniensem casum exspecto) Finem belli contra Petreium & Afranium. Corrado.

Sed ego fortasse vaticinor) Hoc est insanio, deliro. Vid. P. Manut. *Vaticinor*) Recte hoc verbum declarat Paullus, eodemque & ipse intellectu accipiendum puto: quam autem vim hic habet *vaticinor*, eamdem in Phormione par huic assimileque verbum habet *hariolor*. Potuisset hoc aliquem fallere, quod & rarior est hic significatus hujus verbi, & senes etiam oraculis divinationibusque gaudent, & ipsi res futuras divinare libenter solent, quod lepidissimus poeta Aristophanes in sua Comoedia docuit, cum inquit, ὁ δὲ γέρων ὀρνιθεύεται. Sed ut diximus verus ille sensus est: nam inquit statim: *Recordor enim desperationes*

nes erant, adolescente me. Eos ego fortasse nunc imitor, & utor ætatis vitio. Velim ita sit. Sed tamen togam prætextam texi Oppio, puto te audisse: nam Curtius noster dibaphum cogitat: sed eum infector moratur. Hoc adspersi, ut scires, me tamen in stomacho solere ridere. Dolabellæ, quod scripsi, suadeo videas, tamquam si tua res agatur. Extremum illud erit: nos nihil turbulenter, nihil temere faciemus. Te tamen oramus, quibuscumque erimus in terris, ut nos, liberosque nostros ita tuare, ut amicitia nostra, & tua fides postulabit. Vale.

EPISTOLA XVII.

ARGVMENTVM.

Sallustius Bibulo Proconsuli quæstor erat in Syria: ejus binis

nimis eorum, qui fuere erant adolescente me; & quæ sequuntur. Arist. autem lib. II. de Arte dicendi, quo loco mores & studia omnium ætatum refert, appellat ipsos *[illegible]*, quod nihil umquam boni sperent, aut vix omnino *egregie sperent*, quod duabus de caussis fieri affirmat, quas ipse acutissime, quemadmodum alia omnia, excogitavit. VICTOR.

Utor ætatis vitio) Desipio senectute: vide I. ep. 9. quod honeste hic protulit, uti Lampr. Elagab. c. 30. CORT.

Togam prætextam texi Oppio) Magistratum aliquem, quemadmodum idem Appius fuerat adeptus Cæsare Consule. CORRADVS. Vellem consularem; paravi consulatum Appio uni comitum Cæsaris: quem salva rep. non erat habiturus. Io. FR. GRON.

Texi) Parari, ut in Italia maneret: quod facturus videbatur, sed recentes inimicitias metuebat. CORR.

Curtius) Posthumus Curtius, a me Cæsari olim commendatus, sed nunc prorsus Cæsarianus. IDEM.

Dibaphum cogitat) Auguratum, præsertim Q. Hortensio augure jam mortuo. IDEM. Optime hoc explicat Rubens lib. II. de Re Vestiar. c. 14. Vide etiam Stat. lib. III. in Propemptico Metii Celeris vs. 140. CORRA.

Infector) Cæsar. CORRAD. Proprie qui tingit, ut ad Dibaphum respiciat, de quo genere Trabeatum Servius ad VII. Æn. v. 612. videndus: *Inficere* pro tingere Sueton. etiam dixit Calig. c. 44. Ovid. III. Art. Am. V. 163. CORT.

Stomacho) Bili sim iratus. Vid. Manut. GRÆV.

Dolabellæ, quod scripsi, suadeo videas) Cur hæc scriptura exsulet non video adprobata & custodita tot optimis codicibus; sic enim Med. sic Pall. sec. tert. quart. Grut. Politiani cod. Steweeb. Vulgo, *de Dolabella*; pr. quoque ex *de* inficiatur; duo Guilielm. libri *de Dolabella*. GRONAVO. Sic & Mentel. alii, *Dolabella*. GRÆV. *Suadeo videas*) Velim cures præberi, vel dari numorum quod scripsi: nam his sine dubio egebat: ut Terent. Heaut. III. 1. 51. *Aliud lenius, sodes, vide*. V. Att. 1. *Ut prandium nobis videret*. Io. FR. GRON. Alii ex deteriori classe *De Dolabella*. Sed videre hic est *providere*, *curare*. Sic interpretatur Donatus ex Ter. Phorm. A. 1. Sc. IV. v. 13. *Recte ego mihi vidissem*. CORT.

Te tamen oramus) Codex unus Memmian. habet *te tantum oramus*, quæ scriptura non est respuenda. LAMB.

Bru-

binis litteris Cicero respondet, prioribus multa, eodem ordine, quo scripserat Sallustius, posterioribus caussas exponit, cur eum Bibulo commendare non debeat; se tamen ejus voluntati morem gessisse significat. L. Paullo, & C. Marcello Coss.

M. T. C. IMP. CANINIO SALLUSTIO PROQUÆSTORI S. D.

Litteras a te mihi stator tuus reddidit Tarsi a. d. XVI. Kal. Sextiles. His ergo ordine, ut videris velle, respondebo. De successore meo nihil audivi, nec quemquam fore arbitror. Quin ad diem decedam, nulla caussa est, præsertim sublato metu Parthico. Commoraturum me nusquam

EPISTOLA XVII.

C*Aninio Sallustio Proquæstori*) *Canio Sallustio* in veteribus libris scriptum est, ut quin *Caio Sallustio* scribendum sit, dubitari non possit. F. URSIN. *Caninio Sallustio Proquæstori*) Non erat Manutii pro arbitratu suo immutare Epistolarum inscriptionem: omnes quippe libri MSi *Sallustio* non *Sallustiano* inscribunt; deinde quod *proconsulem* quoque salutat, ejusdem ratio & frivola, & credulitas stulta est; sic quoque eum appellant quinque Pall. Grut. tres Guilielmii: valuit tamen pluris apud me unius codicis Medicei sinceritas, in quo sic fuisse monet Egnatius; & Victorii auctoritas, a quo sic excudere jussus est Rob. Stephanus. Sed ne denominaverim: Pal. pr. *C. Sallustio*; sec. *Canio*; tert. Grut. *Canio*; quart. *Canio Salustio*; soles quint. *Caninio*; in Vetic. Ictor quoque esse nostram lectionem. GRAEVIUS. In meo primo exstant vestigia Medicei, & Vaticani: *Canini Salustio*. *Pro C. Q.* Expungendum est illud *C*, quod a sciolo, qui Proquæstores ignorabat, insertum est, retenta tamen etiam vera lectione, quam non intelligebat. Recte repositum fuit a Victorio: *Caninio Sallustio proquæstori*. Cum Manutio tamen legendum videtur *Caninio Sallustiano*. Nam & *Sallustius* & *Caninius* gentilia sunt nomina. Sed nemo duo habet gentilia nomina, nisi sit ab alio adoptatus; sed tum prius immutatur, ut qui fuerat *Æmilius*, dicatur *Æmilianus*, qui Octavius, Octavianus, quod tirones non ignorant. GRAEVIUS. In inscriptione legendum vel *Caninio Sallustiano*, vel *Sallustio Caniniano*, vel alterum nomen delendum, cum utrumque sit gentile; tum *Proquæstori*, non *Proconf.* Io. FR. GRON.

Stator) Qui prope herum, ut paratum ... stat (id παραμένων Græcis dicitur) eique præsto est ad arcessendum sistendumque, quem quærit, Turneb. Advers. IV, c. 10. Latius de illis agunt Salmas. ad Vulcat. Cassium c. 9. Kenum; ad Inscrip. 19. Class. I. p. 45. CORT.

A. d. XVI. Kalendas) Sic recte edidit Cellarius, et ut Graevium cum aliis *ad* praferat. Sed non permittam hallucinari juventutem, quam Lambin. ad Cic. pro Quinct. c. 6. jam docuit, corruptos esse libros, qui *ad* pro *a d.* legerunt. Hic vero *ad* notaret *circiter*, quo dicto certus dies non statueretur, quod contra est per *a. d.* Et ut dicam, quod res est *a. d. XVI. Kal.* denotat proprie diem vel die XVI. ante Kal. vel *ante* Kal. *diem* XVI. ita ut *ante* cum Nomine & Mense; *dies* vero solum cum numero conjungatur. Sic & constructio & significatio imperitis erit magis perspicua, quam si l. 132. & 233. de V. S. &

quam ſane arbitror. Rhodum, Ciceronum cauſa puerorum, acceſſurum puto: neque id tamen certum. Ad urbem volo quam primum venire: ſed tamen iter meum, reip. & rerum urbanarum ratio gubernabit. Succeſſor tuus non poteſt ita maturare ullo modo, ut tu me in Aſia poſſis convenire. De rationibus referendis, non erat incommodum te nullam referre, quam tibi ſcribis a Bibulo fieri poteſtatem. Sed id vix mihi videris per legem Iuliam facere poſſe, quam Bibulus certa quadam ratione non ſervat: tibi magnopere ſervandam cenſeo. Quod ſcribis, Apamea præſidium deduci non oportuiſſe, videbam idem ceteros exiſtimare: moleſteque ferebam de ea re minus commodos ſermones malevolorum fuiſſe. Parthi tranſierint, nec ne, præter te video dubitare neminem: itaque omnia præſidia, quæ magna & firma paraveram, commotus hominum non dubio ſermone dimiſi. Rationes mei quæſtoris, nec verum fuit me tibi mittere, nec tamen erant confectæ: eas nos Apameæ deponere

l. 13. ac 56. §. 5. D. de V. Oblig. ibique Cuiacium & Gothofredum legerint, qui oſtendunt, quomodo is qui ante Kal. ſtipulatur ſimilis ſit illi, qui ipſis Kalendis. IDEM.

Cic. cauſa puer.) Sunt, qui reprehendant quoſdam elegantes, qui inter duos genitivos aliquid interponunt: at ſic Cicero etiam alibi, & Liv. XL. c. 13. Sall. Cat. c. 51. Senec. 1. de Clement. c. 4. Sid. III. ep. 9 qui talia, ut multa, nimium adfectat. Io.

Non erat incommodum te nullam referre) Alii, *non erat incommodum te nullas referre*, auctoribus libris veteribus. Paulo poſt: *Praeter Quaeſtores urbanos, id eſt, populum Romanum*, habet vetus liber: *Praeter Quaeſtores, & Praefectos*. F. VRSIN.

Per legem Iuliam) Qua rationes confectas in provincia apud duas civitates relinquere neceſſe erat, eaſdemque totidem verbis ad ærarium referre. CORRAD.

Certa quadam ratione) Publica, quia leges Cæſaris leges non putat, tamquam contra auſpicia, & ſe collega obnunciante latas; dein privata, quia inimicus Cæſaris erat, ex ædilitate Caroli, & Conſulatu. Io. FR. GRONOVIVS.

Non ſervat) Vt Iulii Cæſaris inimicum. CORRAD.

Videbam idem ceteros exiſtimare) *Ceteros* habet vetus liber: & fortaſſe non male. F. VRSIN.

Firma) Fortia & valida. Ovid. VII. Met. v. 457. Frontinus II. Strateg. c. 3. Hinc *firmare praeſidia* ſæpiſſime apud Livium & alios: ad multitudinem interdum, ut III. ep. 3. CORT.

Mei Quaeſtoris) L. Meſcinii Rufi. CORRAD.

Nec verum fuit me tibi mittere) Non æquum, juſtum erat. Horat.

Metiri ſe quemque ſuo modulo ac pede, verum eſt.

Nec tum erant confecta) Omnes libri veteres habent, *nec tamen erant confectae*: atque ita edidit P. Victorius. Porro non celabo lectorem, principium hujus epiſtolæ mihi non videri integrum; nam cum infra aliquot poſt verſibus dicat, ſe uni epiſtolæ reſpondiſſe, venire ad alteram, videtur eſſe legendum, *binas litteras*, ita *litteras binas*. LAMBIN.

De

nere cogitabamus. De præda mea, præter quæstores urbanos, id est, populum Roman. teruncium nec attigit, nec tacturus est quisquam. Laodiceæ me prædes accepturum, arbitror omnis pecuniæ publicæ, ut & mihi, & populo cautum sit sine vecturæ periculo. Quod scribis ad me, de drachmis ccciↃↃↃ. nihil est, quod in isto genere cuiquam possim commodare. Omnis enim pecunia ita tractatur, ut præda a præfectis: quæ autem mihi attributa est, a quæstore curetur. Quod quæris, quid existimem de legionibus, quæ decretæ sunt in Syriam, antea dubitabam, venturæ ne essent: nunc mihi non est dubium, quin si antea auditum erit otium esse in Syria, venturæ non sint. Marium quidem successorem tandem video esse venturum, propterea quod Senatus ita decrevit, ut cum legionibus iret. Uni epistolæ respondi: venio ad alteram. Petis, ut Bibulo te quam diligentissime commendem: in quo mihi voluntas non deest: sed locus esse videtur tecum expostulandi. Soles enim tu ex omnibus, qui cum Bibulo sunt, certiorem me numquam fecisti, quam valde Bibuli voluntas a me sine causa abhorreret. Permulti enim ad me detulerunt, cum magnus Antiochiæ metus esset, & magna spes in me, atque in exercitu meo, solitum dicere, quidvis se perpeti malle, quam videri eguisse auxilio meo: quod ego officio quæstorio te adductum reticere de prætore tuo, non molestie ferebam: quamquam, quem-

De præda mea] Manubiis, manubiali pecunia, quæ ex præda vendita redacta erat. Io. Fr. Gron.

A Quæstore curetur] Ita recte regii codices. Minus bene vulgati, *a quæstore curentur*. Lamb.

Otium esse] Pacem & quietem, nec ullum periculum. XII. ep. 1. Sic Ter. Adelph. A. II. Sc. 1. *Otiose consiste*, *nihil pericli est*. Sic Livius: *Otiosam provinciam habere*. Cort.

Marium quidem successorem tandem vid.] Elegantissimam lectionem unica ista vocula reddidi ex Pall. sec. tert. Grut. Stew. vulgo interpretamento contenti sunt, *tarde video*; sicut & paulo post: *petis a me, ut Bibulo*, etiam illud *a me* proscriptum sic Pall. sec. tert. Grut. Stewech. Graevius. Priorem lectionem firmant Amstelodamensis, Mentel. & V. C. Nic. Heinsii. Sed *petis a me* restat in omnibus quatuor libris, quos vidi. Graevius.

Locus] Opportunitas, occasio. Hor. I. Sat. IX. v. 36. Senec. Ep. 16. Cort.

Quod ego officio quæstorio te adductum] Nam a majoribus accepimus, Prætorem Quæstori parentis loco esse oportere. Corrad.

De prætore tuo] Atqui M. Bibulum Procos. vocat ep. 1. & 3. lib. XIII. sed, auctore Asconio, Veteres omnem magistratum, cui pareret exercitus, Prætorem appellarunt. Idem.

quemadmodum tractares, audiebam. Ille autem cum ad Thermum de Parthico bello scriberet, ad me litteram numquam misit: ad quem intelligebat ejus belli periculum pertinere. Tantum de auguratu filii sui scripsit ad me: in quo ego misericordia commotus, & quod semper amicissimus Bibulo fui, dedi operam, ut ei quam humanissime scriberem. Ille si omnibus est malevolus (quod numquam existimavi) minus offendor in me: sin autem a me est alienior, nihil tibi meæ litteræ proderunt. Nam ad Senatum quas Bibulus litteras misit, in iis, quod mihi cum illo erat commune, sibi soli attribuit: se ait curasse, ut cum quæstu populi pecunia permutaretur; quod autem meum erat proprium, ut alariis Transpadanis uti negarem, id etiam populo se remisisse scribit; quod vero illius erat solius, id mecum communicat:

Tractares) Quemadmodum secum ageretur. Terent. Heaut. A. II. Sc. II. v. 125. Medium est alioquin, vide XIII. ep. 26. CORT.

Ad Thermum) De quo sequenti epist. & lib. XIII. CORRAD.

Commune) Quod ego æque ac ille curaveram, feceram. Ovid II Pont. ep. 1x. v. 21. adde Sall. Cat. c. 1. CORT.

Alariis Transpadanis) *Alarii* his temporibus dicebantur alæ equitum ex Italia & provinciis collectæ, quæ loco triginta turmarum, quæ olim conscribebantur ex equestri ordine, addebantur legionibus singulis. Equester enim ordo tum non sufficiebat tot legionibus, quot gerebatur respublica. *Alæ* igitur veteri republica socii Latini nominis, tam pedites quam equites: qua significatione alæ, pedites, equitesque alarii, item cohortes alariæ distinguuntur a legionariis. Deinde ubi socii civitate donati decere æque ac Romani legiones, alariorum quidem peditum nomen ab illis ad auxiliares & externos transiit, at equitum alariorum penes illos mansit, sed cum externis, opinor, commune: mansit certe: legionibus enim in Italia aut provinciis scriptis alæ equitum adjungebantur Italici, provincialis aut etiam externi *sanguinis*, non vero Romani aut equestris. Sub primis deinde Imperatoribus *alæ* iterum & *alarii equites* distinguebantur a prætorianis, singularibus, & cohortibus equestribus. *Alariorum peditum* aliquantum sed varior memoria, cohortes appellabantur. *Alarum* autem vocabulum ut proprium & suum eques tum vindicavit, non quidem legionarius aut Romanus, sed tamen honestissimus provincialium, & qui in vicem legionarii addebantur fere legionibus. H. RUSSON. SCHEELIUS Notis ad Hyginum Gromaticum de Castrametat. Rom. p. 66. & sequentibus. Ubi prolixius hanc rem exsequitur, & primus docuit alarum veteris reipublicæ, & quæ post Marium, quæque deinde sub Cæsaribus primis fuerunt discrimen. Is enim vir illustrissimus & summi ingenii ac doctrinæ, has Notas suppresso nomine, aut notis tantum indicato edidit. Qui nisi acerbo fato & patriæ, cujus præcipuum columen erat, & litteris esset præreptus, antequam duobus tomis de omni Re militari Romanorum, quos adornabat, posset ultimam manum imponere, nihil in hoc argumento desideraremus amplius. Infinita enim eruerat, quæ & Salmasium, & Lipsium, & quicumque alii in hoc circo sudaverant, fugere; nunc vero ignoramus

nicat: Equitibus auxiliariis, inquit, cum amplius frumenti postularemus. Illud vero pusilli animi, & ipsa malevolentia jejuni atque inanis, quod Ariobarzanem, quia Senatus per me regem appellavit, mihique commendavit; iste in litteris non regem, sed regis Ariobarzanis filium appellat. Hoc animo qui sunt, deteriores fiunt rogati. Sed tibi morem gessi: litteras ad eum scripsi, quas cum acceperis, facies, quod voles. Vale.

EPISTOLA XVIII.

ARGUMENTUM.

Lætitiam suam exponit, quod ei grata esse intelligat officia sua: laudat ejus in administranda provincia clementiam & integritatem: suadet ut decedens præficiat provinciæ quæstorem potius, quam legatos. L. Paullo, C. Marcello Coss.

M. T.

men omnes; nec hæc tantum, sed & plurima alia, quæ in omni scientiarum genere meditabatur. Grav.

Equitibus auxiliariis egere se, inquit, cum amplius frumenti postularemus) In nullis vidi antiquis codicibus duas has dictiones *egere se*, quæ in excusis omnibus visuntur; & sane puto additas esse temere ab aliquo, qui non intelligeret verba esse ex epistola Bibuli ad Senatum; ea autem totum hunc locum pervertunt, si accurate attenteque legas. Hæc enim sunt illa verba, quibus quod suum erat cum Cicerone ille communicaverat, de quo nunc Cicero queritur. Cum scripsisset enim Bibulus *postularemus*, indicabat se in eo desiderio non solum fuisse; vox autem illa *inquit* declarat esse, quæ circa sunt verba, Bibuli; quæ majoribus litteris scripsimus, ut distincta a sermone Cic. facilius intelligerentur, nec amplius quemquam fallerent. Victor. *Postularemus*) Perinde ac si dicat, Ego, & Cicero; sunt enim Bibuli verba: sed pænitentia, ne plura describeret. Corrad. Pro *frumenti* scriptum est in vetere libro *supplementi*; & ita necessario videtur scribendum ex loco simili in epist. 3. lib. III. ad Appium: *Confidebam enim exercitum fore ut in Italia supplementum meis & Bibuli legionibus scriberetur.* F. Vrsin. *Postularemus.* Quod suo, & Ciceronis nomine loquebatur Bibulus, id Ciceroni displicet, qui commeatum suis militibus suppeditarat. Quartarius. *Amplius frumenti.* Vetus liber, Vrsino teste, habet *amplius supplementi*. Lall.

Inanis) Pertinet ad egregiam hominis vani descriptionem, & [illegible] simul exprimit. Cic. in Bruto, Sallust. Iug. c. 64. Cort.

Ariobarzanem) Regem Cappadociæ, Cicerone Consule referente, appellatum. Quart.

Ariobarzanis) Quem Mithridates regno bis expulit; quem Romani bis restituerunt; semel Sulla, iterum Pompeius. Idem.

M. T. C. IMPERATOR Q. THERMO PROPRÆTORI S. D.

OFficium meum erga Rhodonem, ceteraque mea studia, quæ tibi ac tuis præstiti, tibi homini gratissimo grata esse, vehementer gaudeo: mihique scito in dies majori curæ esse dignitatem tuam: quæ quidem a te ipso integritate & clementia tua sic amplificata est, ut nihil addi posse videatur. Sed mihi magis magisque quotidie de rationibus tuis cogitanti placet illud meum consilium, quod initio Aristoni nostro, ut ad me venit, ostendi: graves te suscepturum inimicitias, si adolescens potens & nobilis a te ignominia affectus esset; & hercle sine dubio erit ignominia; habes enim neminem honoris gradu superiorem. Ille autem, ut omittam nobilitatem, hoc ipso vincit viros optimos hominesque innocentissimos, legatos tuos, quod & quæstor est, & quæstor tuus. Nocere tibi iratum neminem posse perspicio: sed tamen tres fratres summo loco natos, promtos, non indisertos, te nolo habere iratos, jure præsertim, quos video deinceps tribunos pl. per triennium fore. Tempora autem reip. qualia futura sint, quis scit? mihi quidem turbulenta videntur fore. Cur ego te velim incidere in terrores tribunitios, præsertim cum sine cujusquam reprehensione quæ-

EPISTOLA XVIII.

Q. *Thermo proprætori*) Non Bithyniæ, sed Asiæ; Hellesponti certe quidem, & Ephesi, atque reliquarum urbium, de quibus Cicero ad ipsum scribens lib. XIII. meminit; sed & *prætorem Ephesinum* vocat alibi. CORRAD. Nescio cur Gebhardus edi jusserit *Præpetori*, contra omnium codicum antiquorum, & editionum auctoritatem. GRÆV.

Suscepturum inimicit.) Unde ductum *inimicitias deponere*, inquit Manutius Cor. Nepos Pelop. c. 1. Idem Caton. c. 2. CORT.

Habes enim neminem honoris gradu superiorem) Honoris in urbe dati; nam Quæstura primus est honoris gradus, & in urbe datur; legatio vero hujusmodi, in provincia sæpius, nec ad honorum gradus pertinet. CORRAD.

Neminem) Legatorum. CELL.

Quos video deinceps) *Videre videor* est in antiquo libro, quomodo legendum opinor. F. VASSæ.

Quæstoriis legatis quæstorem p. r.) Ita est in Med. Vatic. ita restituit optim. Victorius; in Pall. omn. est *quæstoris*; sicut in Gruteriano, Peck. & Polit. libro; ut facile alterum ab propter alterum evoluerit. GERNARD.

Legatis Quæstoriis) Qui antehac quidem Quæstorem fuere, nunc tamen sunt tantummodo legati: ut merito Cos. præcedat, qui in præsens Quæstor est. Sic Legatus Quæstorius Cic. I. Verr. 21. Io. Fr. GRON.

Qui

ne quæstoriis legatis quæstorem possis anteferre? Qui si dignum se majoribus suis præbuerit (ut spero & opto) tua laus ex aliqua parte fuerit: sin quid offenderit, sibi totum, nihil tibi offenderit. Quæ mihi veniebant in mentem, quæ ad te pertinere arbitrabar, quod in Ciliciam proficiscebar, existimavi me ad te oportere scribere. Tu quod egeris, id velim dii adprobent. Sed, si me audies, vitabis inimicitias, & posteritatis otio consules. Vale.

EPISTOLA XIX.

ARGUMENTUM.

Ostendit aptiorem sibi quæstorem obtingere non potuisse; & hortatur ut maturet in provinciam venire, antequam ipse decedat: pollicetur autem, quæcunque ad eum ornandum conferre poterit. Paullo, & Marcello Coss.

M. T. C. IMP. C. CŒLIO L. F. C. N. CALDO QVÆSTORI DES. S. D.

CUm optatissimum nuntium accepissem, te mihi quæstorem obtigisse, eo jucundiorem mihi eam sortem sperabam fore, quo diutius in provincia mecum fuisses. Magni enim

Qui si dignum majoribus suis præbuerit) Sic omnes MSi Palat. & Grut. nec non Amstelodam. & meus primus, omisso *se*, quod tamen ratio & consuetudo recte loquentium desiderat; sic & Gebhard. edidit. Ment. & meus secund. & edd. *qui si dignum se majoribus suis præbuerit*. Nullus tamen dubito, Ciceronem scripsisse: *Qui si se dignum majoribus suis præbuerit*; præcedens *si* subsequens absorsit *se*, ut, sæpe affinitas & similitudo syllabarum hunc errorem in antiquis libris peperit. GRÆV.

Sibi offenderit) Suo malo & in suum damnum, non tuum: vide ad II. ep. 11. CORT.

Dii adprobent) Simili precatione Orationes suas concludunt Appius apud Liv. VI. c. 41. Cato XXXIV. c. 4. & hoc ea formula volunt majores, sive illa, quæ ipsi censuerint, sive alia sequantur: ipsos tamen optare, ut omnia prospere eveniant. Sic & Sall. I. de Rep. Ord. Ioan.

EPISTOLA XIX.

C. *Cœlio L. F. C. N. Caldo*) Sic recte Manutius edidit, cujus vestigia invenio in antiquis libris. Meus primus: *Consuli Cælio Lucio Figulo Q. N. Caldo Quinto*. Portenta hæc lectionum orta sunt ex ignoratione Notarum, ex C. enim fecerunt *Consuli*, ex L. F. Lucio Figulo, ex Q. Quinto. Contra Amstelodamensis corrupit illas notas C. N. Nam sic in eo scribitur: *M. Tullius M. T. Cicero Imperator salutem dicit Consuli Cælio L. F. Q.uinto Caldo*; ex G. N. fecit *Gneus*. Gebhardus omisit C. N. perperam. GRÆV.

enim videbatur interesse, ad eam necessitudinem, quam nobis sors tribuisset, consuetudinem quoque accedere. Postea quam mihi nihil neque a te ipso, neque ab ullo alio de adventu tuo scriberetur, verebar, ne id ita caderet (quod etiam nunc vereor), ne ante quam tu in provinciam venisses, ego de provincia decederem. Accepi autem a te missas litteras in Cilicia, cum essem in castris, a. d. x. Kal. Quintiles, scriptas humanissime, quibus facile & officium, & ingenium tuum perspici posset; sed neque unde, neque quo die datæ essent, atque quo tempore te exspectarem, significabant: nec is qui attulerat, a te acceperat, ut ex eo scirem, quo ex loco, & quo tempore essent datæ. Quæ cum essent incerta, existimavi tamen esse faciundum, ut ad

Necessitudinem . . . consuetudinem) De necessitudine lege Tullium XIII. ep. 10. C. Nepos Caton. c. 1. ubi Bosius plura Ciceronis citavit: quibus adde Gronov. I. Observ. c. 12. G. Cort.

Quam nobis fors) Hanc lectionem longe optimam tradidit nobis Pal. pr. Vatic. Victorii editio; vulgo *fors*; sed Pall. pr. sec. tert. Grut. *accidere*, non *accedere*, quod mihi ob caussam intimam placebat magis. Paullo post legendum, *postea quam mihi* ex Pall. omn. Grut. editionum antiquissimis optimisque Ven. & Vict. vulgo *postea cum*. Gra. *Quam nobis fors tribuisset*) Non possum probare librorum illorum lectionem, qui pro *fors* substituunt *fere*, quamvis eam tueatur etiam Mentelianus. Sed meus primus, & Amstelodamensis stant pro altera scriptura. Nam sors, inquit Cicero, quæ tibi assignavit quæsturam Ciliciæ, me proconsule, conjunxit; conjunctiores erimus, si mutua consuetudine licuerit nobis frui. Sic scripsisse Ciceronem illa quoque significant, quæ paullo antecesserunt: *Eo jucundiorem mihi eam sortem sperabam fore, quo diutius in provincia mecum fuisses*. Cic. lib. I. act. 2. in Verr. c. 15. *Si nullam religionem sors habebit, nullam societatem conjunctio secunda dubiaque fortunæ, nullam auctoritatem mores atque instituta majorum*. Docet Gronovius I. Observ. 12. quanta fuerit necessitudo inter Prætorem, & Quæstorem, qui eamdem provinciam erant sortiti. *Sors* sæpe est provincia, sive sorte, sive sine sorte illam obtinuissent. Graev.

Ne id ita caderet . . . ne) Nobile *παρεμβολῆς* Tullianæ exemplum, cujus fere geminum ep. 4. pro Rosc. Amer. c. 1. Somn. Scipion. c. 8. Cæsar. I. B. G. c. 31. C. Nepos Hannib. c. 12. Sall. Cat. c. 52. Quibus consideratis posse alterum *ne* in *ut* mutandum videri; nisi *Epanalepses* Ciceronis cognitæ satis essent. Nam si *nempe* vel *nimirum* sensu addideris, æque plana erunt omnia, ut in Senec. III. de Ira c. 22. post egregiam curam Gronovii: *Patiebatur, quod homines facerent* (nimirum) *de rege suo male existimabant*. G. Cort.

Missas litteras in Cilicia) Sic codex Med. editio Vict. Pall. pr. tert. quint. nam bini reliqui, sicut & editio princeps & Pock. *in Ciliciam*. Vulgo *in provincia*. Gru. *In Cilicia* legitur etiam in Amstelodamensi, & primo Grævii; in secundo vero: *in Ciliciam*. Graevius.

Quo ex loco & quo tempore) Gebhardus secutus codicem Stewechii, edit. Venetam, nonnullosque alios veteres codices, edidit *atque tempore*. Sic etiam

ut ad te statores meos, & lictores cum litteris mitterem: quas si satis opportuno tempore accepisti, gratissimum mihi feceris, si ad me in Ciliciam quam primum veneris. Nam quod ad me Curius, consobrinus tuus, mihi (ut scis) maxime necessarius, quod item C. Virgilius propinquus tuus, familiarissimus noster, de te accuratissime scripsit, valet id quidem apud me multum, sicuti debet hominum amicissimorum diligens commendatio: sed tuæ litteræ, de tua præsertim dignitate, & de nostra conjunctione, maximi sunt apud me ponderis. Mihi quæstor optatior obtingere nemo potuit. Quamobrem quæcumque a me ornamenta ad te proficiscentur, ut omnes intelligant, a me habitam esse rationem

ium Mentelianus. Vulgo editur, *aut quo tempore*. Alii libri: *atque quo tempore*. Optime Amstelodamensis, *& quo tempore*; ex *&* ortum est *aut*. GRÆV. *Atque tempore*) Sic malui optimos & plurimos codices sequi, quam unum Grævii: *& quo tempore*, aut vulgatos: *aut quo*, vel *atque quo*; quibus sine causa durum visum illud *quo* ante nomen sine Præpositione reperire. G. CORTIUS.

Quod ad me Curius) Is M. Curius esse videtur, ad quem lib. VII. scribit, & quem lib. XIII. amicis commendat. CORR.

Mihi necessarius) Ex nostra lingua *meus necessarius*. Sed amant maximopere tertium casum in ejusmodi dictionibus, qui non semper ab ipso nomine, sed a verbo vel expresso, vel intellecto pendet. Sallust. Iug. c. 7. Liv. 30. c. 1. Seneca I. de Ira c. 9. Iustin. I. c. 1. Gellius XIX. c. 9. C. Nep. Attic. c. 9. Sed quid *necessarius* commiscere aliquantenus poteris ex illis Sall. Iug. c. 14. Nam de *necessitudine* jam modo dictum est. G. CORT.

Quod item C. Virgilius) Quicum Ciceroni vetusta fuit amicitia. CORR. *Quod item C. Virgilius*) Præivit mihi hanc lectionem Pal. sec. in quem illata est a manu secunda; recepi eo libentius, quod vidi eamdem allibuisse Lambino: atque exstare in omnibus Pall. Grut. ipsisque Guilielminis, cum Virginius, sed *Virgilius*. Vatic. *quod idem C. Virginius*. GRU.

Quæcumque a me ornamenta in te proficiscentur, elaborabo, ut omnes) Non a veteribus codicibus nostram accepimus scripturam, quam castiorem putamus sine *elaborabo*; ut si intellexeris *quæcumque*, id est, omnia, nullus scrupulus restet; pollicetur enim Cicero universa se in illum effusurum esse ornamenta, sic enim postularet, & illius & majorum suorum dignitatem. VICTOR. *Quæcumque in te proficiscentur*) Omnes libri manuscript. & Mentel. & alii nostri habent, *ad te proficiscentur* nihil muto tamen. Nam sic locutus est epist. 1. lib. III. Intelligo, omnia quæ a me profecta sunt in te, tibi accidisse gratissima. Præterea nulli habent *elaborabo*, nec ullum aliud verbum in ejus locum; unde suspicor legendum *quæque*, pro *quæcumque*. Nam sublato verbo *elaborabo*, ferri non potest *quæcumque*. LAMB. *Quæcumque a me ornamenta ad te proficiscentur; ut omnes*) Sic castigavit Victorius ex suis, adstipulantibus nostris omnibus; & ut omnes intelligant illud *elaborabo* esse supposititium: Grut. ad marginem pro illo subjicit *faciam*. GRU. Adstipulatur emendationi Victorii Amstelodamensis, Mentel. primus Grævii. GRÆV. *Elaborabo*) Veteres editores inde a Victorio ejecerunt hanc vocem, quod in nullis veteribus libris compareret: Cel-

nem tuæ, majorumque tuorum dignitatis. Sed id facilius consequar, si ad me in Ciliciam veneris: quod ego & mea, & reipub. & maxime tua interesse arbitror. Vale.

Cellarii rationes*, quibus revocaverit, nemini occultæ sunt, qui id negotii sibi credidit datum, pueris ut faciles intellectu essent, quas elegisset epistolas. Nec improbo. Vocinis includo & moneo tantum, ceteros quocumque capere pro *omnia*, ut sensus constet. Mihi vero aliquando in mentem venit tollere majorem distinctionem, & excipientes particulas *sed id jam mutare in animo*. Sic profecto probe cohærent omnia. G. CORT.

M. T. CICERONIS EPISTOLARVM AD APPIVM CLAVDIVM PVLCRVM

LIBER TERTIVS

EPISTOLA I.

ARGVMENTVM.

Otus hic ad Appium, P. Clodii fratrem, scriptus liber est. Primæ sex epistolæ Ser. Sulpicio, M. Marcello Coss. septima L. Paullo, C. Marcello; octava ante septimam collocari debuit, cum scripta sit Octobri mense ante devictos Amanienses: quod in extremo significatur; ex quo patet, scriptam esse Sulpicio & Marcello Coss. quinque reliquæ scriptæ sunt consulatum gerentibus Paullo & Marcello. Primam epistolam Phaniæ, Appii liberto, dedit: eoque brevitatem excusat, quod a Liberto prudentissimo ac diligentissimo posset Appius omnem reip. statum optime cognoscere. Suam in Appium benevolentiam declarat: eumque tacite hortatur, ut Clodiam gentem, sibi adhuc, propter contentiones P. Clodii, non amicam, secum in gratiam reducat. Laudat alterum ejus libertum Cilicem, ut Phaniam tamen pluris facere videatur. Valerium jurisconsultum non sine joco commendat.

M. T. C. APPIO PVLCRO IMP. S. D.

SI ipsa resp. tibi narrare posset, quomodo sese haberet, non facilius ex ea cognoscere posses, quam ex liberto tuo

tuo Phania: ita est homo non modo prudens, verum etiam (quod juvet) curiosus. Quapropter ille tibi omnia explanabit. Id & ad brevitatem est aptius, & ad reliquas res providentius. De mea autem benevolentia erga te, etsi pot-es

EPISTOLA I.

VErum, quod vidi, etiam curiosus) Nos ex vetustis codicibus: *Verum etiam (quod juvet) curiosus* legimus: saepe enim malum ingenium indicat curiositas. Non igitur sic curiosum Phaniam vult accipi, sed ea curiositate praeditum, quae delectet, & ametur. Puto autem hujus erroris quasi ansam dedisse antiquam scripturam; hic enim & fere omnibus locis hoc verbum per unum tantum v scriptum est in veteribus his codicibus: quod cum librarii non intelligerent, mendum inesse suspicantes, locum hunc inquinarunt. Legitur autem in epistola ad Mescinium in Medicaeo codice sic etiam locus ille: *Ivitque me tibi cum summam humanitatem, tum etiam tuas litteras profuisse*. Item ad A. Torquatum: *Nec eos quos adiuvisti*; sicque infinitis aliis locis. Ne longior sim, rationem hujus orthographiae nunc non est operae pretium perquirere, & fortasse totum hoc culpae librariorum assignandum est: tantum admonere placuit, ne ea quemquam amplius falleret in erroremque induceret, qui hoc non animadvertisset. Sed quodnam hujus loci fatum est? nunc enim vidimus in nostro etiam, vitio librariorum corruptam dictionem esse, quam restituimus, & vicem ejus loco temere positum. Quis igitur posset amplius perditam horum negligentiam ferre? VICTOR. In pervetere libro ita erat scriptum: *Ita est homo non modo prudens, verum etiam aeque, & (quod vidi) curiosus*. Nonnulli vero *quod juvet*, legunt, non *quod vidi*. CORR. *Verum etiam, quod juvet, curiosus*) Sic habent omnes fere libri manusc. atque hanc scripturam pluribus verbis confirmat P. Victorius: vulgati autem, & pauci veterum, *quod vidi*. LAMB. Debetur hujus loci restitutio accuratissimo Victorio, licet eam praecipue satagat Dionysius: exstat ea quoque in Stewech. ac Vatic. fuitque in Pal. sec. & Grut. persuadent valuta: in pr. *verum etiam quodin & curiosus*: ceteri indigni sunt, qui hic nominentur. GEB. Vestigia emendationis Victorii sunt quoque in meo primo, in quo legitur: *Verum etiam quod juget*. Duae vetustiores editiones addunt ea vie. Sic enim in illis habetur: *Verum etiam vie aeque, & quod vidi, curiosus*. Vetus codex N. Scelsi: *Ita est homo non modo prudens, verum etiam, quod vidi, aeque curiosus*. Sed non est recedendum a scriptura veterum meliorum codicum, quos Victorius, Lambinus, & Gebhardus inspexerunt, accedente meo optimo. Est autem, *quod juvet, curiosus*, in rebus utilibus & dignis homine prudente curiosus. GRAEV. *Quod juvet*) Utiliter & in rebus dignis curiosus; est enim id verbum ambiguum, & saepe in vitio ponitur, & ambigue. Or. pro Dom. 13. Suet. Oct. 27. Io. Fr. GRON. *Curiosus* est, qui multa curat nosse. Apulejus I Metam. vide Pricaeum ad Apulej. V. Miles. p. 286. Burman. ad Petron. c. 46. p. 231. Quod cum vitio verteretur, Cicero addidit, *quod juvet*: quatenus gratum & jucundum Ciceroni, uti illud *juvare* explicat II. de Fin. c. 4. Gratum erat Ciceroni, quod Phanias in statum reip. cum cura inquireret, quem propterea confidebat omnia Appio explanaturum. G. CORT.

Id & ad brevitatem est aptius) Ubique scatet Tullius vomicis ac noxiis Magistellorum tumoribus: qui ne ipsis aliquid deesse videretur, inculcarunt, *id enim mihi & ad brevitatem est*; abnuente Pall. sec. tert. Gruteriano, Stewech. & cui quaeso sentui ista voces, non quisquiliae? GEB.

Providentius) Ut quo simul providere reliquis rebus perscribendis, ne alia narrando his locum praeripiam: *cautius* dicerem; nam & hac notione verbum

es ex eodem Phania cognoscere, tamen videntur etiam aliquæ meæ partes. Sic est, tibi persuade, carissimum te mihi esse, cum propter multas suavitates ingenii, officii, humanitatis tuæ; tum quod ex tuis litteris, & ex multorum sermonibus intelligo, omnia quæ a me profecta sunt in te, tibi accidisse gratissima. Quod cum ita sit, perficiam profecto, ut longi temporis usuram, qua caruimus, intermissa nostra consuetudine & gratia, & celebritate & magnitudine officiorum meorum sarciam: idque me (quoniam tu ita vis) puto, non invita Minerva, esse facturum: quam quidem ego, si for-

bum apud Terentium, Ciceronem, Horatium, alios occurrit. G. Cuny.

Sic est, tibi persuade] Animosissimam hanc lectionem produco ex Pall. tert. quint. cui si displicet, mentem certe habet languidiorem habet; vulgo, *sic e. tibi persuade*. Gab. Non est ex uno codice reponendum: *Sic est, tibi persuade*. Rectius in Italico meo primo, cæterisque: *Sic enim tibi persuade*. Sic millies Cicero loquitur. Grav.

Audisse] Significantius quam *scisse*, quod aliis verbis liberter invenimus. Lucan. III. v. 33. Auson. Epigr. 88. Lamprid. Severo c. 59. Noster persæpe: *Nihil gratius audire potuit*. G. Cortius.

Intermissa nostra] Propter simultatem. Corr. *Intermissa nostra consuetudine & gratia*] Optimi codices Pall. sec. tert. Grut. ne vestigium habent duarum vocum *& gratia*: quas tamen necessarias esse res movet. Verum illud *celebritate* longius præferrem illi *crebritate*, si melioris commatis codex accederet: solis Pech. Pal. quint. editione prima, ejus lectionis patronis. Cæterum miror cur Victorius aut Robertus Stephanus ediderit *non invita Minerva*. Gebhard. *Intermissa nostra consuetudine & gratia*] Qua non coluimus, ut ante, amicitiam, & fuimus una: qua fugimus mutuos congressus, & sermones. *Gratia* hic accipitur, ut in illo trito loquendi genere: *redire in gratiam*. Phædrus in lib. IV. de Simonide: *Ne male commissam gratiam dirumperet*. Sic locus ille legendus. Vulgati sine sententia: *Ne male dimissam gratiam corrumperet*. Duæ syllabæ di & com fuerunt a librariis pessime immutatæ. *Male commissa gratia*, est *gratia male facta*. Grav.

Non invita Minerva] Haud imperite, cum benevolentibus Diis; atque adeo non infeliciter: simul alludit ad vulgare proverbium, quo, & utitur I. Offic. 31. & XII. Ep. fam. 25. & quod ipse Minerva, ut patrona ac peculiaris Deæ consilio Catilinariam conjurationem extinxisse videri volebat, dedicaveratque in Capitolino signum: ΑΘΗΝΑ ΡΩΜΗΣ ΦΥΛΑΚΙ. Vide Plutarch. in Cic. vit. Unde, & inimici objiciebant, quasi gloriaretur Minervam omnes eum artes docuisse, ut apparet ex Declam. sub nomine Sallustii. Sed latet ἀλληγορικῶς τι. Nam si priora inspicias, *Non invita Minerva*, est approbante ipsa rep. quasi adderet, quod prius non poteram, cum tu hostem reip. & bonorum fratrem tuum foveres. Ille autem tum, cum hæc scribebantur, jam perierat, quippe A. U. C. DCCI. Pompeio III. sine collega, a Milone occisus. Sed hoc ne nimium pateret, offenderetque Appium, subjungit, quæ sequuntur: ad quæ si referas τὸ *non invita Minerva*, explicari potest; non sine litteris nostris, & tacite promiserit, se eum honoraturum dedicatione alicujus scripti, perinde ut Appius ad Ciceronem de Auguratu scripserat. Io. Fr. Gron.

Quam quidem] Minervam: & videtur suam illam urbis custodem significare: sit tamen conjectura, non judicium. Corr.

Si for-

si forte de tuis sumsero, non solum Pallada, sed etiam Appiada nominabo. Cilix libertus tuus, antea mihi minus fuit notus: sed ut mihi reddidit a te litteras plenas & amoris & officii, mirifice ipse suo sermone subsecutus est humanitatem litterarum tuarum. Iucunda mihi ejus oratio fuit cum de animo tuo, de sermonibus, quos de me haberes quotidie, mihi narraret. Quid quæris? Biduo factus est mihi familiaris: ita tamen, ut Phaniam valde sim desideraturus: quem cum Romam remittes, quod (ut putabamus) celeriter eras facturus, omnibus ei de rebus, quas agi, quas curari a me voles, mandata des velim. L. Valerium jurisconsultum valde tibi commendo: sed ita etiam, si non est jureconsultus. Melius enim ei cavere volo, quam ipse aliis solet. Valde hominem diligo; est ex meis domesticis atque intimis familiaribus; omnino tibi agit gratias: sed idem scribit, meas litteras maximum apud te pondus habituras. Id eum ne fallat, te etiam atque etiam rogo. Vale.

E P I S T O L A II.

A R G V M E N T V M.

Ciliciam provinciam sortitus rogat Appium, ut eam sibi quam

Si forte de tuis sumsero) Clodiis: & de Pallade custode loquitur. Corrad. *De tuis sumsero*) Ambiguum reliquit, monumentis intelligi velit, an litteris vel scriptis. Erat monumentum Claudiorum in foro, in quo essent signa Dearum, &, ut videtur, inter illas Minerva, quæ *Appiades* dicebantur. Ovidius III. de Arte v. 452. *Appiadesque Deæ*, & I. de Arte v. 81. de Remedio v. 660. Convenit etiam intelligere litteris. Quasi enim sibi domi non esset Minerva, sed contra curta scribendi supellex dicit se ab Appio Minervam mutuam sumturum, hoc est, ex illius scriptis animum, & facultatem scribendi (ut Poetæ ex Homero, quasi quodam Helicone) accepturum, & deinde Deam, quæ subministraverit ingenium sibi, non Pallada, sed Appiada vocaturum, quippe quam Appio deberet. Io. Fr. Gron.

Si non JCtus) Si forte non amplius respondeat, aut tibi non JCtus appareat: nam jurisprudentiæ ejus non multum tribuebat Cicero, ut ex l. ep. 10. apparet. Ceterum utrobique Cellarius *Iureconsultum* edidit, cum alii primo loco *Iurisconf.* legerent, secutus in eo Iac. Gronovium, qui ex vetustioribus, &, ut rebar, sanctioribus ita exprimi curaverat. G. Cort.

Melius enim ei cavere] *Caveri* legitur in lib. MSo, & fortasse melius quam in vulgatis. F. Vasv. Sed male. Hoc enim Cicero dicit: ego volo ei cavere, ne si non Iurisconsultus esse appareas, hoc ei sit fraudi apud te & dedecori. Notissimum enim est proprie Iurisconsultos dici *cavere aliis*, cum provideant consilio scriptove, sollemnibusque formulis instruendo, ne quis in contrahendo decipiatur. Ovid. lib. de Arte am.

Iste sæpe loco capitur consultus amore,
Quique aliis cavit, non cavet ipse sibi.

Graevius.

Epi-

quam maxime aptam explicatamque tradat, quo sit ei, cum successerit, facilior & commodior administratio.

M. T. C. PROCONSUL APPIO PULCRO IMP. S. D.

CUm & contra voluntatem meam, & præter opinionem accidisset, ut mihi cum imperio in provinciam proficisci necesse esset, in multis & variis molestiis, cogitationibusque meis, hæc una consolatio occurrebat, quod neque tibi amicior, quam ego sum, quisquam posset succedere; neque ego ab ullo provinciam accipere, qui mallet eam mihi quam maxime aptam explicatamque tradere. Quod si tu quoque eamdem de mea voluntate erga te spem habes, ea te profecto numquam fallet. A te maximo opere, pro nostra summa conjunctione tuaque singulari humanitate, etiam atque etiam quæso & peto, ut quibuscumque rebus poteris (poteris autem plurimis) prospicias, consulas rationibus meis. Vides, ex senatusconsulto provinciam esse habendam; si eam (quoad ejus facere potueris) quam expeditissimam mihi tradideris, facilior erit mihi quasi decursus mei temporis. Quid in eo genere efficere possis, tui consilii est. Ego te, quod tibi veniet in mentem, mea interesse, valde rogo. Pluribus verbis ad te scriberem, si aut tua humanitas longiorem orationem exspectaret; aut id fieri nostra amicitia pateretur; aut res verba desideraret, ac non pro se ipsa loque-

EPISTOLA II.

IN *provinciam*) Ciliciam. Corr.

Cogitationibus) Id, e. meditationibus & consiliis, quæ animum meum occupaverant. Cic. I. Offic. c. 8. Iustin. 36. c. 7. G. Cort.

Neque tibi amicior) Nugæ sunt, quæ de *amicitiæ*, quod in veteribus libris exstat, docti viri scribunt; librariorum errata amplectuntur. Graev.

Aptam) Connexam & colligatam proprie, hoc est, compositam & paratam: ab exercitu translatum, qui sæpe aptus dicitur Livio X. c. 25. 33. & alibi. G. Cort.

Quoad ejus facere potueris) Quid sequar hic, hæreo. Pal. pr. *quod me facere potueris*: sec. a manu secunda, quart. quint. *quod quidem fac. p.* a quibus paululum mutant Pech. edit. prima, *quod quidem fac.* tert. *quod eque fac.* Grut. *quoad ejus fac.* quæ mihi omnium videtur sincerissima: nam *quoad ejus* glossema est. Gas. Ciceronianam esse hanc formulam vel frequens usus Ciceronianorum docuit. Sed quod *ejus* turbare quibusdam videtur, in eo falsi sunt. Nam non modo ut *hoc loci*, *tunc temporis* dicitur, sed etiam ad formam *eo dementiæ*, *quo ejus*, vel *quoad ejus* dici potest, hoc est *usque ad* (*id vel*) *quod ejus rei*, ut ita dicam. Sic nulla apparet insolentia. G. Cort.

Per se ipsa loqu.) *Ipsa* addidit, ut in Bru-

loqueretur. Hoc velim tibi persuadeas, si rationibus meis provisum esse intellexero, magnam te ex eo & perpetuam voluptatem esse capturum. Vale.

EPISTOLA III.

ARGUMENTUM,

Significat, se Brundisium venisse: cum Fabio, Appii legato, locutum esse: antequam ab urbe discederet: nihil a Senatu decretum, Sulpicio consule repugnante, ut suis Bibulique legionibus in Italia supplementum scriberetur. Petit idem, quod in proxima epistola, ut Appius in tradenda provincia commodet sibi quam maxime potest, praecipue, ne numerum militum imminuat.

M. T. C. APPIO PULCRO S. D.

A D. XI. Kalendas Iunias Brundisium cum venissem, Q. Fabius, legatus tuus, mihi præsto fuit, eaque me ex tuis mandatis monuit, quæ non modo mihi, ad quem pertinebant, sed universo Senatui venerant in mentem, præsidio firmiori opus esse ad istam provinciam; censebant enim

in Bruto c. 31. Livius 36. c. 35. Nescio quidem, unde Cellarius hoc loco acceperit hoc *per se*, cum omnes quos viderim, dederint *pro se*. Sed sive casu, sive consilio factum sit, bonum certe est factum: neque Tullius facile *pro se ipse* conjungit: facilius *pro se quisque*. Et error in manibus fuit; cum in MSis *per* & *pro* eadem sæpe nota scribantur. Denique *res loquitur*, ut II. in Verr. c. 55. Sall. Cat. c. 20. G. CORT.

Si rationibus meis provisum esse intellexero) Vulgo, *rationibus meis a te provisum*. Lamb. *provisum a te esse intellex.* Sed quis (malum) tolerat superflua excerptionibus MSis Pall. sec. tert. Grut. Stewechiano? GRÆV. Quatuor tamen codices, quibus usum sum, omnes agnoscunt illa a Gebhardo recisa *a te*. GRÆVIUS.

EPISTOLA III.

Q. *Fabius legatus tuus*) Nolui immutare hanc lectionem: licet pr. edit. Vict. Pall pr. tert. Grut. Vatic. iidemque Guilielm. ingerant Q. *Fabianus*: illud Q. *Fabius* propugnant Pall. sec. quart. quint. ipse Cicero epistola sequenti: ubi Q. *Fabii Virgiliani* meminerit; paullo post omnes MSi nostri, ut & Stewech. asseverant, *quæ non mihi, ad quem pertinebant*; emoto illo *modo*, contra vulgi opiniones. GRÆVIUS. Q. *Fabianus* habent etiam Amstelodam. & duo Graviani, Mentelianus vero Q. *Fabius*. Illud *modo* vero omittunt quoque Amstelodamensis, Mentel. duo Gravii. GRÆV. Quæ te ei mandaveras, & commiseras, ut mihi exponeret. Sic. ep. 4. Plancus X. epist. 8. Sall. Cat. c. 32. G. CORT.

Sub

nim omnes fere, ut in Italia supplementum meis, & Bibuli legionibus scriberetur. Id cum Sulpicius consul passurum se negaret, multa nos quidem questi sumus: sed tantus consensus Senatus fuit, ut mature proficisceremur, parendum ut fuerit: itaque fecimus. Nunc, quod a te petii litteris iis, quas Romæ tabellariis tuis dedi, velim tibi curæ sit, ut quæ successori conjunctissimo & amicissimo commodare potest is, qui provinciam tradit, ea pro nostra consociatissima voluntate, cura ac diligentia tua complectare; ut omnes intel-

Sulpicius consul) Servius Sulpicius Rufus, tunc cum M. Claudio Marcello Cos. Corr. *Multa questi*) Nomen, si veteres Grammatici audiendi, pro Adverbio. Sall. Cat. c. 27. *Multa de ignavia eorum questus*; ubi genus dicendi plane illustrabimus. G. Cort.

Commodare) In commodum eius facere, hinc *accommodate* n. 6. Senec. ad Helv. c. 14. Auson. Epigr. 125. Cic. II. ep. 17. Id.

Pro nostra constantissima voluntate erga te) Diversam ab hac lectionem habent veteres codices: quam scilicet in nostris libris vides elegantiorem profecto & veriorem. Nescio enim, quomodo constantissimam voluntatem erga Appium dicere possit, quæ magnis simultatibus interrupta sit. Nam *consociatas* eorum inter se *voluntates* post reconciliatam gratiam recte potest appellare. Quidam totum hunc locum immutaverunt, rati fortasse parum Latinam vocem esse *consociatus*; qui quantum decepti sint, nihil attinet dicere. Victor. Hanc lectionem contra Manutium sic defendit id. in posterioribus: Multis modis probari potest, veriorem, melioremque esse antiquam lectionem a nobis restitutam: non enim loquitur tantum Cicero de voluntate sua erga Appium, sed de mutuis animis: & hoc maiorem vim habet ad persuadendum Appio quod vult, si ostendat animos ipsorum inter se conjunctos esse, nec se ullo pacto dubitare de voluntate ipsius & animi propensione erga se: nam respondet hæc vox superiori *conjunctissimo*. Et aliis etiam in locis Cic. hæc verba copulavit tertio libro de Finib. *Ad civilem communitatem conjuncti & consociati sumus*. Si acute perpendantur superiora verba, declarabunt *consociatissime* legi debere: nam & *conjunctissimo* & *amicissimo* conveniunt animis mutuis, ac paribus voluntatibus: quod inclusum quoque est in ea voce *consociatissima*, minime vero in *constantissima*: nam in vulgata lectione est *erga te*, ut de voluntate tantum Ciceronis erga Appium intelligi oporteat, non de Appii quoque erga Ciceronem: nam si sine verbis illis *erga te* legatur, falsum omnino esset: quamvis ita quoque non valde verum sit: nam dubitari non potest, quin graves inter illos inimicitiæ fuerint. Quamvis autem Cicero ostendere posset conetur voluntatem suam erga illum imminutam non esse, parcius tamen loquitur, neque, quemadmodum hic facit, constantissimam illam appellat, sed *constantem*, & adjungit *consilentia*: aliis enim aliter videbatur. In veteri lectione *nostra* complectitur etiam voluntatem Appii: in vulgata vero Ciceronis tantum: Quanto magis hæc officia exspectari debeant ab illis quorum voluntates tuis respondent, & cum tuis consociatæ, & conjunctæ sunt, quam ab illis, qui, quamvis tu illos diligas, parem erga te animum non habeant, apertum est. Addo etiam minime hic accommodatum fuisse verbum *constantissima*, & prius quam Appium hortari aut impellere posset (si ita locutus esset) ad id, quod studebat, laturum fuisse: cum negare non posset simultates inter eos intercessisse: nam exprobrasset culpa illius factum fuisse, quod amicitia interrupta esset, si af-

Ad Cic. Op. T. XIV. Epist. Fam. T. I.

 af-

telligant, nec me benevolentiori cuiquam succedere, nec te amiciori potuisse provinciam tradere. Ex iis litteris, quarum ad me exemplum misisti, quas in Senatu recitari voluisti, sic intellexeram permultos a te milites esse dimissos: sed mihi Fabius idem demonstravit, id te cogitasse facere, sed, cum ipse a te discederet, integrum militum numerum fuisse. Id si ita est, pergratum mihi feceris, si istas exiguas copias, quas habuisti, quam minime imminueris: qua de re senatusconsulta quæ facta sunt, ad te missa esse arbitror. Equidem pro eo quanti te facio, quidquid feceris, adprobabo. Sed

significasset voluntatem suam erga illum constantissimam fuisse. Infra autem, ubi ita loquitur, se purgat, & aperte culpam hujus incommodi in illum transfert; inquit enim: *Itaque conscientia mea constantia erga te voluntatis respirasti tibi fabricatus*. Vox autem ipsa *conscientissima* nemini molesta aut suspecta esse debet, qua Cicero multis in locis usus est. Horatius *diffoderi* eodem sensu dixit in epistola ad Quintium:

Cominui mentre nisi diffoderetur opaca Valle.

Quare cum in optimis ex exemplaribus reperiatur, & huic sententiæ valde accommodata sit, non video, cur debeat repudiari. In *Constantissima*) Alias *conscientissima*. Corr. *Pro nostra constantissima voluntate*) Codices Memm. habent *conscientissima*, & ita P. Victorius edidit; non nihil mutavimus: neque tamen antiquam scripturam damnamus. Lamb. *Pro nostra conscientissima voluntate, caro ac d. c.*) Sic meliores codices nostri, Medic. Vict. Pall. pr. sec. quart. quint. Vatic. Cur Lambinus, ac Manutius antiquissimæ huic lectioni vulgatam, *constantissima voluntate erga te, caro &c.* præferant, velim scire causam. Gro. Primus meus suffragatur lectioni, quam P. Victorius ex Mediceo reduxit bonis auspiciis: reliqui tres quibus usus sum habent quidem *constantissima*, sed respuunt illud vulgatum *erga te*, excepto recentissimo papyraceo meo. Graev.

Qua de re Senatusconsulta quæ facta sunt) Ita quatuor Pall. Grut. Sirench. ita tamen ut auribus meis non ingrata accidat primi Palat. collocatio: *Qua de re quæ facta sunt senatusconsulta, ad te missa esse arbitror*: vulgo, *Senatusconsulta*, in quam lectionem Pall. quart. interpolatus est. Gru. Adstipulantur Amstelod. Mentel. meus secundus Palatinis, aliisque codicibus antiquis. Primus tamen meus, *Senatusconsulto*, ut pleræque omnes editiones ante Gebhardum, etiam Victorii, quas potius sequor. Hoc loquendi genus enim; *Qua de hac re facta sunt Senatusconsulta, ad te missa esse arbitror*, quis probet? nemo sane, qui Latine doctus est. Reposui itaque *Senatusconsulto*; in qua lectione nihil salebrarum, nihil quod ullius aures possit offendere. Solitum enim Senatum Romanum sæpius de una re decernere, sive plura Senatusconsulta facere, pridem eruditi præceperunt. Graevius.

Qua de re senatus consulta quæ f. s.) Non fui ausus hanc scripturam ita communi doctorum suffragio, & plurimorum MSorum consensu probatam mutare. Utique cum & in Juntina, & in Stephanica edatur, *qua de re SC.* quamquam opinor Victorium intellexisse *Senatus consulta*, sed uno *Senatus consulto*. Non autem quæritur, an plura senatus consulta de una re soliti fuerint facere Romani; sed an non senatus consultum, in quo agebatur de copiis Ciceronis in provincia, missum fuerit Appio, ut quæ ad hanc rem facta sunt, ex eo senatus consulto intellexerit. Utique senatus consulto Consules magistratibus provincialibus præcipe-

Sed te quoque confido ea factùrum, quæ mihi intelliges maxime esse accommodata. Ego C. Pontinium, legatum meum, Brundisii exspectabam: cumque ante Kalendas Iun. Brundisium venturum arbitror. Qui cum venerit, quæ primum navigandi nobis facultas data erit, utemur. Vale.

EPISTOLA IV.

ARGUMENTUM.

Exspectari a se scribit L. Clodium cum Appii mandatis; suum studium atque officium in omnibus rebus pollicetur; causas, quibus ad eum diligendum adducatur, commemorat. Negotiale principium, reliqua fere moralia.

M. T.

cipere solitos, quid facerent, discimus ex lib. X. ep. 31. ubi Asinius Pollio prorsus ad hunc modum scribit: *Sed consules neque senatus consulto, neque litteris præceperant mihi, quid facerem*, nimirum mittendo ad eos illud, quod factum erat, & in quo occurrebat, quid in senatu contigisset; ad quam rationem & Cælius lib. VIII. ep. 8. ut cognosceret Cicero, quæ ad remp. pertinentia contigissent in Senatu de Gallia, non ipsis particulatim scribit, sed ait: *Senatus consultum, quod tibi misi, factum est*. Ita in senatus consulto mittebantur ea, quæ de aliqua re in senatu facta erant. Facere enim hic usurpat, ubi proprie dicebant *agere*, ut ostendit Manutius ad verba illa libri VIII. ep. 4. *Nam Ariminum ad exercitum Pompeius erat iturus: & statim id. Puto idibus Sextilibus de ea re factum iri.* Loc. Grov. Neque hic recedendum esse putavi a pluribus scriptis, dum sublata minori distinctione nihil durum latinis auribus remaneat. *Senatus-consulto* aliquid *fieri* de aliqua re dicitur, cum aliquid ab Senatu decernitur. *Facere*, ut *agere* de Senatu dixit etiam Cælius VIII. ep. 4. Et alioquin haud novum *facere* pro *statuere, decernere* Livius XXVII. c. 8. Nec, si tibi SCtum *factum* obstat, insolita sunt, *multa differre & multis, pauca respondere, & paucis*, & quæ similia. Igitur hanc lectionem hoc sensu: *quæ per senatusconsultum de ea re decreta sunt* (acta puta II. ep. 13. aut ipsum SCtum ut X. ep. 31.) *ad te missa esse arbitror*, nec absurdam, nec barbaram, nec impeditam esse apparet; adeo ut vix audeam conjecturam meam, quam olim feci, proferre: *Quæ de re, senatus consulto quæ facta sunt*. G. Cort.

C. *Pomptinum*] Ita nomen constanter scribitur in regiis codicibus. Magna in eo varietas est in Gruteriana, & Graviana editione. Modo enim dicitur *Pontinius*, modo *Pomtinius*, aut *Pontinus*. Lall.

Quæ primum navigandi nobis facultas data erit, utemur] Liquidissima lectio hæc erat in Pall. prioribus quatuor; in Petr. Grut. ac Stewech. item Vaticano: quam a Victorio quoque inventam atque editam video; vulgatam alias: *Qui cum venerit, cum primum navigandi nobis facultas data erit, ea utemur*. Aliqui MSti, *quam primum*: neque male. Gra. Codex Amstelodam. Mentel. Gravii primus stant etiam pro lectione, quæ hic est reposita. Graevius.

M. T. C. APPIO PULCRO S. D.

PRidie Nonas Iunias, cum essem Brundisii, litteras tuas accepi, quibus erat scriptum, te L. Clodio mandasse, quæ illum mecum loqui velles. Eum sane exspectabam, ut ea, quæ a te afferret, quam primum cognoscerem. Meum studium erga te & officium tametsi multis jam rebus spero tibi esse cognitum, tamen in iis maxime declarabo, quibus plurimum significare potuero, tuam mihi existimationem & dignitatem carissimam esse. Mihi & Q. Fabius Virgilianus, & C. Flaccus L. F. & diligentissime M. Octavius Cn. F. demonstravit, me a te plurimi fieri: quod egomet multis argumentis jam antea judicaram, maximeque illo libro augurali, quem ad me amantissime scriptum, suavissimum misisti. Mea in te omnia summa necessitudinis officia constabunt. Nam cum te ipse, ex quo tempore tu me diligere cœpisti, quotidie pluris feci; tum accesserunt etiam conjunctio-

EPISTOLA IV.

TE L. Clodio mandasse quæ illum mecum loqui velles] In vetere libro totus hic locus sic legitur: *Te Lentulo & Clodio mandasse, quæ illos mecum loqui velles: eos sane exspectabam*, &c. de Lentulo epist. 8. hujus libri. CORR.

Tuam mihi existimationem] Merito hoc promittit: erat enim in potestate successoris, si vellet, decessorem graviter onerare ac lædere, acta ejus rescindendo, quod & fecit Cicero, dum justitiæ studet, sed quam lenissime poterat. Io. F. GRON.

Illo libro augurali] Vno, nam reliquos nondum absolverat, ep. 9. CORR.

Mea in te omnia summa necessitudinis officia constabunt) Omnia tibi officia præstabo, quæ præstari poterunt ab amicissimo homine. Sic sæpe Cicero. Sermo a ratiociniis petitus est. Nam cum redduntur ac excutiuntur rationes, in singula era ac titulos inquiritur: quod si accepta, & expensa recte congruerint, *constare ratio* dicitur. Nam si res secus se habet, tum quasi labat ac corruit. A. BUCHNERUS; quem vide ad lib. X. Plin. epist. 20. & I. Lips. ad Tacit. 1. Ann. c. 26. Malim quod in marginibus nonnullis conspicitur: *Mea in te omnia summa necessitudinis officia constabunt*. *Summa necessitudo*, ut *summus amicus*, *summa amicitia*, *summa conjunctio*, sæp. epist. 2. hujus libri, Tullio sunt familiaris. GRÆV. Offenderunt hæc summum Gravium, qui *summæ necessitudinis* legendum statuit: quæ ne quidem memorassem, nisi satis Tulliana viderentur. Attamen non refugit plura Adjectiva conjungere, prout I. ep. 9. & II. ep. 4. jam vidimus; Sic VI. ep. 6. VII. ep. 23. Lege plura apud Sanct. II. Minerv. c. 8. & Perizonium p. 222. Vopisc. Aurelian. c. 29. ex qua classe Auctores libenter huc vocare soleo, quippe qui perpetuum linguæ tenorem optime demonstrant. G. CORT.

Nam cum te ipsum ex quo tempore tu me diligere cœpisti) Pech. cod. *Nam cum te ipse, ex quo tempore me diligere cœpisti*. Sic Ciceronem scripsisse credo. Hæc loquendi genera frequenter corrupta sunt. Nam quod vulgo nunc dicunt, *sibi ipsi injuriam facit*, veteres dixerunt, *sibi ipse injuriam facit*: uti olim viri docti animadverterunt. GRÆVIUS.

Deos

ctiones necessariorum tuorum; duo enim duarum aetatum plurimi facio, Cn. Pompeium, filiae tuae socerum, & M. Brutum, generum tuum: Collegiique conjunctio, praesertim tam honorifice a te adprobata, non mediocre vinculum mihi quidem attulisse videtur ad voluntates nostras copulandas. Sed & si Clodium convenero, ex illius sermone ad te scribam plura: & ipse operam dabo, te ut quam primum videam. Quod scribis, tibi manendi causam eam fuisse, ut me convenires, id mihi, ne mentiar, gratum est. Vale.

EPISTOLA V.

ARGUMENTUM.

Agit Appio gratias, quod operam dederit, ut sibi quam maxime expeditam provinciam traderet: deinde rationem exponit

Duo enim) P. Victorius ex Florentino cod. edendum curavit, *duo enim*, quod probo; sic enim saepe veteres loquebantur. Nostri nihil a vulgatis discrepant. Lamb. *Duo enim*) Sic ex Florentino Victorius, quod probat Lambinus, quidni & ego, cum repererim in Pal. pr. libro omnium elegantissimo, castigatissimo, quo omnes omnium Italorum in hoc volumen copias inconciliare possumus, ut ait Plautus. Vulgo, *duos*. Gru. Probat *duo* primus etiam Gravii. Graev.

Duarum aetatum) *Duarum aetatum* dicit, quoniam Pompeius tum provectioris aetatis erat, Brutus autem longe junior. Glandorp.

Et M. Brutum, generum tuum, Collegiique conjunctio, &c.) Quinque Pall. Gruter. *& meum Brutum*: quod ut non damnem, sic quoque temere non admittam; nam illud *meum* potest ex divinatione litterae *m* ortum & propagatum esse a sciolis librariis; vulgo paullo post, *Collegii quoque conjunctio*: sed ut castigavi, omn. MSi Vict. paullo post, omnes MSi, *attulisse videtur*, sicut & prisc. edit. non *videtur*; & iterum: *sed & si Clod.* vulgo excusum est *&*. Gru. Has omnes lectiones afferunt, & Amstelodam., & Gravii primum; pro *videbatur* tamen Montelianus, *videtur*, quod & in aliis extat editionibus. Nec est unde pendeat *videatur*; praestat igitur hic editionum quam exaratorum manu scripturam sequi; aut forte Cicero scripsit, *videbatur*. Graev. *Collegii*) Auguratus. Corradus.

Tam honorifice a te adprobata) Cui praesertim tuum, honorificum, & luculentum testimonium dederis, libro de Augurali disciplina mihi dicato. Io. F. Gron.

Clodium) L. Clodium. Corrad.

Id mihi ne mentiar gratum est) Ex libri manuscripti corrupta scriptura legendum puto: *Id mihi vehementer gratum est*. F. Ursinus. *Ne mentiar*) Aut *ne* valet hic *non*, ut in illa adseverandi formula VII. ep. 23. *ne vivam*, & *ne* per *non* explicat cum aliis Donat. ad Ter. Eun. A. II. Sc. 3. aut sumsit pro *ut non*, & respexit ad morem vulgarem, ex quo semper audias *gratissimum* de quibuscumque rebus; cum tamen unum tantum possit esse *gratissimum*. Quamobrem dixit *gratum*, quod vere dixisse, & facile credebatur, & ea formula persuadere intendebat. Cort.

ponit itineris sui, quo certius de congressu statuere Appius possit.

M. T. C. APPIO PULCRO S. D.

TRallis veni a. d. VI. Kalend. Sextiles; ibi mihi præsto fuit L. Lucilius cum litteris mandatisque tuis, quo quidem hominem neminem potuisti nec mihi amiciorem, nec (ut arbitror) ad ea cognoscenda, quæ scire volebam, aptiorem prudentioremve mittere. Ego autem & tuas litteras legi libenter, & audivi Lucilium diligenter. Nunc quoniam & tu ita sentis, (scribis enim, quæ de nostris officiis ego ad te scripserim, etsi tibi jucunda fuerint, tamen, quoniam ex alto repetita sint, non necessaria te putasse) & re vera, confirmata amicitia & perspecta fide commemoratio officiorum supervacanea est, eam partem orationis prætermittam; tibi tamen agam, ut debeo, gratias. Animadverti enim & didici ex tuis litteris, te omnibus in rebus habuisse rationem, ut mihi consuleres, restitueresque & præ-

EPISTOLA V.

TRallis veni) Sic rescripsi ex his libris quatuor, quibus usus sum. Iis vero subscribunt Stewech. Perk. aliorumque. Est ut superius *tuis*, Sallust. *omnis*, & infinitis aliis. GRÆV.

Quo quidem hominem neminem potuisti) Repræsento hanc lectionem ex Pall. quatuor prioribus, Grut. Stewech. vulgo, *hominem neminem*, sed sic quoque Plautus, *homo nemo*, *nemo homo*. GEBH. *Hominem neminem* habent quoque MSS Amstelodam. Menteliii, & primus Grævii: vide quæ de hoc loquendi genere notavit Sanctius de causis Latinæ linguæ lib. IV. & quæ ad illum observavit vir doctissimus, & amicissimus Jacobus Perizonius. GRÆV. *Quo quidem homine neminem*. Ita regius codex uterque. Vulgati minus recte *quo quidem hominem neminem*. LALLEM.

Quoniam ex alto repetita sint) Omnes MSS, & edit. istud habent: vulgo, *sunt*; paullo ante Pall. quatuor. Grut. *quæ nostris officiis ego ad te scripsi*. omisso *de*, sicut & paullo post: sec. tert. Gruter. *prætermittam*; *tamen agam, ut debeo, gratias*, abrupto illo *tibi*, quorum consensus mihi non spernendus videtur: scripsi quoque *supervacua* non *supervacanea* ex Pall. sec. tert. quart. Gruteriano. GEBHARD.

Supervacanea est) Receperat Gebhardus ex quatuor Palatinis, *supervacua est*, sed cum Amstelodamensis, Mentel. & meus optimus tueatur lectionem omnium editionum, non video, cur ab illa sit recedendum. *Tibi* etiam quod expunxerat Gebhard. in sequentibus, omnes libri veteres, quibus usus sum, agnoscunt, nec debet abesse. GRÆV.

Partem orationis) Id argumentum, eam partem *sententiæ* mearum litterarum. *Oratio* enim ad multa pertinet, & de epistolis æque ac fabulis dicitur. Terent. Andr. Prol. v. 12. & Cic. VI. ep. 2. de eis, quæ epistola docuerat: *Huc eo pertinet oratio*. CORT.

Animadverti enim, & didici ex tuis litteris, te omnibus in rebus habuisse rationem) Non hic recenda est lectio veteris libri N. Seelii, quæ auctior omnibus editionibus, & exstatis manu co-

praeparares quodammodo omnia, quo mea ratio facilior & solutior esse posset. Hoc tuum officium cum mihi gratissimum esse dicam, sequitur illud, ut te existimare velim, mihi magnae curae fore, atque esse jam, primum ut ipse tu tuique omnes, deinde ut etiam reliqui scire possint, me tibi esse amicissimum. Quod quibus adhuc non satis est perspectum, ii mihi nolle magis, nos hoc animo esse, quam non intelligere videntur. Sed profecto intelligent; neque enim obscuris personis, nec parvis in caussis res agetur. Sed haec fieri melius, quam dici aut scribi volo. Quod itinerum meorum ratio te nonnullam in dubitationem videtur adducere, visurus ne me sis in provincia: ea res sic se habet: Brundisii cum loquerer cum Phania, liberto tuo, veni in eum sermonem ut dicerem, me libenter ad eam partem provinciae primum esse venturum, quo te maxime velle arbitrarer; tunc mihi ille dixit, quod classe tu velles decedere,

ms codicibus, quos ego vidi: *Animadverti enim & didici ex tuis litteris, & per alios, te omnibus in rebus habuisse rationem*. Quam scripturam, si & ab aliis offerretur membranis, non rejicerem; rectius autem legeretur: *Animadverti enim, & didici & ex tuis litteris, & per alios*. Graev.

Ut mihi consuleres, restituerasque, & praeparares) Legendum fortasse est, *& separares*, &c. Lambin. *Ut m. consul. rest. q. & prep.*) Haud secus est in omnibus & MSis, & editionibus. Lambin. ex conjectura *separares*; at Guilielm. *consuleresque staueresque & prep.* neutrum audio. Gebhardus. Graevii primus: *Ut mihi consuleres statueresque & parares*. Graev.

Neque enim obscuris personis) Proprie *obscuris personis*. In theatrum enim veniunt histriones larvas induti, quae quos significent, ignorant spectatores. Ubi occasio erit demonstrandi, quis tibi vere faveat, quis simulet: partes geremus, quas omnes facile intelligent esse amici. Io. Fr. Gron.

Ea res sic se habet) Sic omnes MSi Gruter. Stewech. prima editio. Alias non male, *ea res sic habet*. Gebhardus.

Quo te velle) Adverbium posuit, ut habetur, pro *ad quam*, non insolenter. Sic Sall. Iug. c. 18. Idem c. 38. Neque vero, si rem ex vero aestimes, deterreat te, quod ita aliud quasi Nomen addendum sit, nam nec Tullius abhorruit dicere: *Data Lupercalibus, quo die Antonius Caesari*; cum potuisset *Lupercalium die, quo*, vel *Lupercalibus, quibus*. Cort.

Quod classe tu velles decedere) Cur haec lectio exsulet vulgatis, nescio: ea certe conspicitur in editione prima, Victorii, Pall. quatuor, Gruter. nam in Pal. pr. haec omissa sunt: vulgo, ex arbitratu alicujus paedagogi, excusum est, *dixit classe te velle decedere*; sed illum cum sua audacia cuminum bibere & rape edere jubeo. Gebhard. *Quod classe tu velles decedere prefero*) Id est, quoniam classe tu velis decedere. Sed [illegible], nam *dixit quod velles*, pro *dixit te velle*, Latinum non est. Sensus est, dixit me serviturum commodo tuo, si accessissem ad maritimam provinciae partem, quoniam tibi constitutum esset mare transire. *Per fore accommodatum tibi* eleganti tmesi, pro *Peraccommodatum*, ut 1. Orat. 47. *Nobis vero iste*

re, perfore accommodatum tibi, si ad illam maritimam partem provinciæ navibus accessissem. Dixi me esse facturum: itaque fecissem, nisi mihi L. Clodius noster Corcyræ dixisset, minime id esse faciendum, te Laodiceæ fore ad meum adventum. Erat id mihi multo brevius multoque commodius, cum præsertim te ita malle arbitrarer. Tua ratio postea est commutata. Nunc quid fieri possit, tu facillime statues; ego tibi meum consilium exponam. Prope Kal. Sextil. puto me Laodiceæ fore: perpaucos dies, dum pecunia accipitur, quæ mihi ex publica permutatione debetur,

pergrata sunt propter jucunda. Io. Fr. Gronov.

Si ad Sidam, maritimam partem] *Ad Sidam* ex sequenti epistola; etsi in omnibus fere libris veteribus *ad illam* legimus. Corrad. *Fe perfore accommodatum, si ad illam maritimam partem provinciæ navibus accessissem*] Sic hunc locum reperio in Pall. quatuor, Gruter. edit. prima & Victor. tribus Guilielmianis; pro *illam*, conjectura, ex sequenti epistola ductus, quispiam emendavit *Sidam*. Pall. pr. *eam*. Cæterum Guilielm. *maritimam partem provinciæ* pro glossa ducebat; volebatque trigam illam vocabulorum ab hoc eloquentiæ corvo abjugatam: sed & eo nomine ignorarunt Pall. tert. quart. et Grut. in *navibus*. Gebhard.

Quod classe tu velles decedere, perfore accommodatum tibi, si ad illam maritimam partem provinciæ] Optime Gebhardus ex Palatinis codicibus, aliisque probatis libris, & editionibus restituit, *quod classe tu velles decedere*; cum in Lambinianis ac aliis vulgatis editionibus legeretur, *classe te velle decedere*. Mei quoque libri duo, tum Amstelodam. & Mentel. adstipulantur. Verum post hæc verba non intrudenda fuit copula *&*, quod nec in Manutii, nec in Lambini, nec in Stephanianis editionibus, nec in meis optimis membranis conspicitur, quamvis alii tres libri, ut & Palatini codd. id agnoscant. Utriusque mutationis caussa fuit ignoratio locutionis: *dixit, quod classe tu velles decedere*; quam cum Latinam non esse putarent, eam mutarunt in hanc, *dixit classe te velle decedere*. Alii cum retinerent lectionem vetustiorum librorum, sed hoc sensu interpretarentur, quem ei attribuerant qui mutarant, necessario inserenda fuit copula, alioquin hiulca fuisset oratio. Verum alius longe sensus est. *Quod* hic est *quia*, ut in multis aliis locis: utque Manutius etiam habet, *dixit quia tu velles classe decedere, perfore accommodatum tibi*. Vides nunc nihil esse quod ullius aures posset offendere. Graev.

Multo brevius) Quippe propius & brevioris viæ. *Via* in his omittitur ut etiam, quomodo Poetæ dicunt, *breve flores, breve lilium*. Corr.

Prope Kal. Sextil. puto me Laodiceæ fore] Miror quibus fiduciis alii fecerint *pridie*, cum hoc exstet in editionum primaria, Victorii, Pall. tribus, Gruter. Peck. propono tamen perpensitandam optimi codicis primi lectionem cordatioribus, *propter Kal. Sextil.* nam mihi salivam movet. Gebhard. MStus *propter Kalend. Sextiles*, id est, circiter, vel prope. Io. Fr. Gron.

Perpaucos dies, dum pecunia accipitur) Sic Victorius. Palat. tres, Grut. Peck. Amstelodam. Mentel. meus primus. Vulgati libri, *ubi perpaucos dies*, secundus autem meus, *& tibi perpaucos dies*: forte, *ibi perpaucos dies*. Graevius.

Ex publica permutatione debetur) lacent hic omnes interpretes, saltem recentiores; nam Hubertinus, & Ascensius nescio quid habent de litteris cambii

tur, commorabor. Deinde iter faciam ad exercitum, ut circiter Idus Sextil. putem me ad Iconium fore. Sed si quid nunc me fallit in scribendo (procul enim aberam ab re ipsa, & a locis), simul ac progredi cœpero, quam celerrime potero & quam creberrimis litteris faciam, ut tibi nota sit omnis ratio dierum atque itinerum meorum. Oneris tibi imponere nec audeo quidquam, nec debeo. Sed, quod tuo commodo fieri posit, utriusque nostrum magni interest, ut te videam antequam decedas. Quam facultatem si quis

bii Ciceroni a Senatu datis. Videtur, ne longis ambagibus differam sententiam, Cicero non tantum Laodiceæ pecuniam e permutatione, sed e publica quidem permutatione accepisse. Id est, cum Laodicenses tributi aut vectigalis nomine Pop. Rom. debuerint pecuniam, permutatio est facta nomine publico, atque ex ea pecunia tantum Ciceroni in provinciam proficiscenti datum est, quantum ei debebatur ad instrumenta itineris, aut quamcumque aliam ob caussam. Argentum de publico dari docet, præter alios, ipse Cicero Verr. IV. c. 5. *Nemini enim, qui cum potestate aut legatione in provinciam esset profectus, tam amentem fore putaverunt, ut emeret argentum; dabatur enim de publico, &c.* VERBURG.

Ad Iconium) Lycaoniæ urbem, ubi erant castra. CORRAD.

Procul enim aberam ab re ipsa, & a locis) Sic ex Mediceo Victorius: sic quoque o. Pall. præter tert. Gruter. Stewech. vulgo: *Procul enim absum ab re ipsa, & locis.* GEBHARD.

Quam celerrime potero, & quam creberrimis litteris faciam) Prætuli hanc lectionem, quam obtulit Pal. quint. benignitas, eo magis quod eam certam ex Medic. cod. primæ editionis ora ab Egnatio adjectam: nam ceteri miras turbellas mihi hic dant. Pall. sec. tert. Stewech. *& quam creberrimis* non habent; quart. vero, *quam celerius pot.* Grut. & prima edit. Vict. & Pall. pr. suffragatur vulgatæ: *Quam celerrimis potero & quam creberrimis litteris f.* GEBHARD. Amstelodam. *quam celerrimus potero.* Grævii secundus, *quam celerius.* GRÆV.

Utriusque nostrum magni interest, prius ut te conveniam quam decedas) Locus in antiquis omnibus, quos vidi codicibus mancus est: sic enim in illis legitur *magni in te quam decedas*: nos tamen, quia satis commode restitutus est (etsi fortasse non vere) nihil a vulgatis permutavimus: officio tamen nostro convenire putavimus rem silentio non præterire. Suspiciones, quibus ducti non esse hanc legitimam hujus loci lectionem putavimus (præter antiquorum exemplariorum fidem & auctoritatem) quia minutæ sunt, silebimus: unusquisque in hoc suum judicium sequatur. VICTOR. In antiquis libris hæc verba: *Interest prius ut te conveniam*, non sunt, sed in unius perveteris libri margine ita scriptum invenimus: *Interest, ut te videam antequam decedas*; quæ lectio ita placet ut eam pene legitimam putem. CORRADUS. *Utriusque nostrum magni inter" quam decedas*) Præstat mutilatum Ciceronis mutum tenere, quam aliorum male sarcitum, ac cohærens lutum: sic Victorius in suo invenit: sic ego in Pal. pr. numquam satis laudatæ fidei codice: germana littera auctior est quint. *interest*, neque mutat multum tert. In quo, *utriusque nostrum magis interest quam decedas*, cujus tamen [illegible] ora impegit, *ut me videam*; cum sit in sec. *interest ut te videam antequam decedas*; in quarto: *magni interest, quando decedas*: vulgo ex mangonio ingeniosissimorum capitum, *interest, prius ut te conveniam, quam decedas.* Mihi fixum determinatumque est, quidquid potero, ductu codicum MSo-

si quis casus eripuerit, mea tamen in te omnia officia constabunt, non secus ac si te vidissem. Tibi de nostris rebus nihil sum ante mandaturus per litteras, quam desperaro coram me tecum agere posse. Quod te a Scævola petiisse dicis, ut, dum tu abesses, ante adventum meum provinciæ præesset, eum ego Ephesi vidi, fuitque mecum familiariter triduum illud, quod ego Ephesi commoratus sum; nec ex eo quidquam audivi, quod sibi a te mandatum diceret. Sane vellem potuisset obsequi voluntati tuæ: non enim arbitror noluisse. Vale.

EPI-

MSorum aliqui deprehendere, excogitare: non enim Cicero is est, in quem omnes putidi homunciones sui cerebri foricas deducere debeant. Garmann. Antiquissimi duo libri Amstelodam. & meus primus & ipsi accedunt alii vetustis membranis, in quibus scribitur, in te quam decedas. Menteliani vero, ut tibi usque meorum magis interest, ut te videam antequam decedas. Secundus autem meus: utriusque nostrum interest, ut te videam ante quam decedas. Et hoc in pervetusti codicis margine se invenisse testatur Corradus. Quod ferendum puto cum Victorio donec tempus docuerit Ciceronem aliter scripsisse, si aliter umquam scripsit. Graev. *Prius conveniamus, quam dec.* Ita regius codex optimus. In aliis MSis locus est, teste Victorio, mutilus. Legitur in vulgatis, *prius ut te conveniam*. Lallem.

Mea tamen in te omnia officia constabunt] Certant invicem MSi: meliorum consensum prætuli: pro hac enim lectione sunt Pall. prim. quint. Grut. Steewech. edit. prima ac Victorina: pro illo *mea tamen in te officia constabunt*, Pall. secund. tert. Lambin. vulgo *officia* deest. Garmann. Præstabo tibi: nec a *constantibus*, quæ *constare* itidem dicantur, tamquam a fonte peti debet significatio. Amplius quidem quid significat quam *Habeo*, *Sum*, *Sto*; sed nulla alia ratione, quam ea verba, quorum ad ep. I. mentionem fecimus. Hinc pro *Acri* dixit Plaut. Amph. A. I. Sc. I. v. 77. Cort.

Sane vellem potuisset obsequi] Nihil ego muto, cum hæc scriptura sit cod. Medic. nec longe abest Pal. pr. *potuisses*, facilis enim mixtura seu mutatio *e* pro *t*, licet omnes reliqui, sicut & Victor. *potuisse*; nam & Vaticano nostra nititur. Garmann. *Sane vellem potuisse obsequi*) Sic libri optimi & vetustissimi, editionesque emendatissimæ Victorii, Manutii, & aliorum. Illis accedunt Amstelodamenses, Mentelii, & meus secundus. Primus autem cum Medicæo, Vaticano, & vulgatis editionibus, *sane vellem potuisses obsequi*: quod omnino retinendum. Mentel. *Sane aut vellem*: unde legendum conjicio, *sane eum vellem*. Sin, retinenda vulgata. Nihil enim hoc faciunt, quæ affert Manutius. Nemo de alio loquitur *vellem potuisse obsequi*, sed *vellem eum potuisse obsequi*. Cum vero de nobis ipsis loquimur, recte illo dicendi genere utimur. Graevius. Puta *eum*, nempe Scævolam: ad hunc referenda hæc esse, sequentia clamant. Nec inaudita ellipsis Pronominis *is*, modo rarior penes Verbum infinitum, ubi tamen *se* sæpe omittitur: v. II. ep. 18. Nec vero displicet coniectura Graevii addentis *eum*, quod post *vellem* positum per hoc periisse potest. Sed cum XII. ad Att. ep. 7. scripserit Cicero: *Velim magis liberalitate uti mea, quam sua liberalitate*; & ibi a vulgata ut recedatur, ipse Graevius nihil videt, quod suadeat: idem & hic tenendum esse censeo. Cort.

Epi-

EPISTOLA VI.

ARGVMENTVM.

Ostendit congressum a se expetitum, ab Appio vitatum: se tamen ei fore amicissimum; quaedam addit de suo itinere, ut Appius constituat, quo loco cum convenire possit.

M. T. C. APPIO PVLCRO S. D.

CVm meum factum cum tuo comparo, etsi non magis mihi faveo in nostra amicitia tuenda, quam tibi; tamen multo magis meo facto delector, quam tuo. Ego enim Brundisii quaesivi ex Phania, cujus mihi videbar & fidelitatem erga te perspexisse, & nosse locum, quem apud te is teneret, quam in partem provinciae maxime putaret te velle, ut in succedendo primum venirem. Cum ille mihi respondisset, nihil me tibi gratius facere posse, quam si ad Sidam navigassem: etsi minus dignitatis habebat ille adventus & ad multas res mihi minus erat aptus, tamen ita me dixi facturum. Idem ego cum L. Clodium Corcyrae convenissem, hominem ita tibi conjunctum, ut mihi cum illo cum loquerer tecum loqui viderer, dixi ei, me ita facturum esse, ut in eam partem quam Phania rogasset, primum venirem. Tunc ille, mihi cum gratias egisset, magnopere a me petivit, ut Laodiceam protinus irem: te in prima provincia velle esse, ut quam primum decederes. quin

EPISTOLA VI.

APpio Pulcro) MSi Peck. tert. Palat. Mentel. *Appio Pulcro Imperatori*. Graev.

Cum meum factum cum tuo comparo) Haud longo post tempore scripta est haec epist. quo superior: quod ex clausula hujus, & illius verbis, *Circiter Id. Sextil. puto me ad Iconium fore* colligas. Graev.

Tunc) Statum gratiae hic denotat. Ductum a *locis* in Rep. Spartan. Gera c. 1. Tacit. II. Ann. c 33. Cort.

Phania rogasset) Eregisset & statuisset, cum rogatione quasi, an mihi placeret: a Rogationibus Romanis, ut *jubere*, *consulere* pro *facere*, *Deprecari* pro *amittere*: vide I. Fr. Gron. ad A. Gell. VI. c. 16. adde Sall. Iug. c. 40. Constructio eadem, quae Curt. V. c. 5. [illegible].

In prima provincia) Hoc est in prima regione provinciae. Sic *ultima provincia* est extrema regio provinciae. Cic. V ad Att. ep. 16. *Appius, ut audivit nos venire, in ultimam provinciam se conjecit*. Graev.

Ite-

quin nisi ego successor essem, quem tu cuperes videre, te antea quam tibi successum esset, decessurum fuisse: quod quidem erat consentaneum cum iis litteris, quas ego Romæ acceperam, ex quibus perspexisse mihi videbar, quam festinares decedere. Respondi Clodio me ita esse facturum, ac multo quidem libentius, quam si illud esset faciendum, quod promiseram Phaniæ. Itaque & consilium mutavi, & ad te statim mea manu scriptas litteras misi: quas quidem ex tuis litteris intellexi satis mature ad te esse perlatas. Hoc ego meo facto valde delector: nihil enim potuit fieri amantius. Considera nunc vicissim tuum. Non modo ibi non fuisti, ubi me quam primum videre posses; sed eo discessisti, quo ego te ne persequi quidem possem triginta diebus, qui tibi ad decedendum lege (ut opinor) Cornelia constituti essent: ut tuum factum, qui, quo animo inter nos simus, ignorant, alieni hominis (ut levissime dicam) & fugientis congressum, meum vero conjunctissimi & amicissimi, esse videatur. Ac mihi tamen ante quam in provinciam venirem, redditæ sunt a te litteræ, quibus etsi te Tarsum proficisci demonstrabas, tamen mihi non dubiam spem mei conveniendi afferebas: cum interea, credo equidem, malevoli homines (late enim patet hoc vitium, & est in multis) sed tamen probabilem materiam nacti sermonis, ignari meæ constantiæ, conabantur alienare a te voluntatem meam:

Itaque & consilium mutavi) Sic MSi omnes, quos vidi. Gebhardus edidit *ita & consilium mutavi* ex uno Palatino, & Stewechiano, quibus cur plus tribuamus, quam aliis, non video. Idem.

Quas quidem ex tuis litteris) Vocem *litteris*, & quia eam non habent codices Memm. & quia supervacanea videtur, sustuli: quamvis eam P. Victorius retinuerit. LAMBIN.

Qui tibi ad decedendum lege, ut opinor, Cornelia constituti essent) Postquam successor in provinciam venisset. CORRAD.

Spem mei conveniendi) Sicut lib. V. ep. 21. & hoc libro ep. 10. Sic dicitur ut Varro II. de R. R. c. 1. *Aliquod fuit principium generandi animalium*; hoc est, Verbum Gerundio pro Substantivo habetur, prout docet Sanctius III. Min. c. 8. cui adde Sciopp. Paradox. Liter. Ep. II. p. 7. CORT.

Et est enim in multis) Non ausus sum discedere a Victorio, Pall. sec. quart. quint. Primus, *vitium est enim in multis*: non tamen improbandam judico lectionem cod. Peck. *late enim patet hoc vitium, & in multis*. GEBHARD.

Late enim patet hoc vitium, & est enim in multis) Sic edidit Victorius, & Gebhardus. Sic & tres Palatini, qui tamen non erant sequendi. Nam etsi omnes consentiant veteres codices, in quos ab uno potuit quædam labes proficisci, num propterea ferenda sunt ine-

meam: qui te forum Tarsi agere, statuere multa, decernere, judicare dicerent; cum posses jam suspicari, tibi esse successum: quæ ne ab iis quidem fieri solerent, qui brevi tempore sibi succedi putarent. Horum ego sermone non movebar; quin etiam (credas mihi velim) si quid tu ageres, levari me putabam molestia; & ex annua provincia, quæ mihi longa videtur, prope jam undecim mensium provinciam

ineptiis? Quis sanus bis ea *enim* hic a Cicerone, & non potius ab imo magistello positum esse credat? In Palatino primo, & Amstelodamensi optimæ notæ libro omissa est copula: *Late enim patet hoc vitium, est enim in multis*. Hæc scriptura fontem erroris aperit. Nimirum, *est enim in multis*, est interpretatio illorum, quæ præcedunt: *late enim patet hoc vitium*. Quæ cum margini fuerint adscripta, postea in ipsum contextum irrepserunt, additumque deinceps, ut cohæreret oratio, *&*, deleta quoque, cum ei locus hic esse nullus plane posset, a posterioribus descriptoribus *enim*. Nam & uterque meus, & Mentelianus habent: *late patet hoc vitium & est in multis*. Quam lectionem feramus cum Manutio, aliisque, donec sententia nostra ab aliquo antiquo codice confirmetur, sine cujus auctoritate non nisi summus hæc eradere; quamquam pro certo habeam, illa verba esse glossemata. Alioquin cum Peckiano codice legi posset non inepte, quod & Gebhardo non displicet: *late enim patet hoc vitium, & in multis*. Hæc cum scripsissem deprehendi Manutium *& est in multis*, non invenisse in vetere libro, & posuisse ea esse glossema verborum antecedentium, quæ vehementer meam sententiam firmant. Graevius. *Late patet*. Diffusum est & pervulgatum, sive, ut addita genuina Glossa explicat, est in multis. Seneca de Otio Sapient. c. 30. *Causa autem illa late patet*: & antiquus Scholiastes Horatii III. Od. 17. *Late tyrannus*, exponit per *diffuse*. Patet autem denotat *deprehenditur*, utpote quod de iis, quæ facilia & in promtu sunt, eleganter dicitur, ut XIII. ep. 29. *Presto fuit & patuit*. Cort.

Forum Tarsi agere) *Forum agere* est conventum in provincia juris dicundi gratia habere. *Fora* enim fuerunt loca in quibus jus dicebatur, teste Gronovio. Graev. Dicebantur Magistratus Romani in provinciis *forum agere*, cum certo anni tempore, plerumque hiberno in certum locum evocassent ex omni provincia homines juris dicundi, & controversiarum dirimendarum causa. Sic Lib. V. ad Att. ep. 16. & Lib. VI. ep. 2. Lib. V. in Verrem. Liv. lib. XXXI. c. 29. Jo. Fr. Gron. Adde Festum in voce *Conventus*. Quemadmodum autem Romani hiberno tempore forum agebant, ita apud Athenienses a mense Boedromione usque ad Munichionem lege agendi tempus mercatores habebant, quia per illud spatium domi manebant ut plurimum, nec navigabant. Vid. Salmas. de Mod. Usur. pag. 691. Apud Grut. in Inscript. XXII. cl. 3. legitur: *Conventus Carthaginiensis*. Immo postea conventum nonnumquam agere Imperatores. Spartian. in Hadriano: *Tarracone hiemavit, ubi sumtu suo ædem Augusti restituit, omnibus Hispanis Tarraconem in conventum vocatis*. De conventibus quoque intelligendus Velleius lib. II. c. 117. *Jurisdictionibus agendoque pro tribunali ordine trahebat æstivam*. Corte.

Sibi succedi putarent) Sic omnes Pall. Grut. Victorius: alias, *successum iri putarent*. Graevius. Amstelodamensis, etiam Mentel. & Graevii primus stant pro lectione quam Victorius probavit, nisi quod pro *sibi* corrupte *tibi* legunt. Graev.

Quæ mihi longa videtur, prope jam undecim mensium provinciam) Sic edendum curavi *prope jam und. mensium*, nostros libros veteres secutus. Sic

autem

vinciam factam esse gaudebam, si absenti mihi unius mensis labor detractus esset. Illud (vere dicam) me movet, in tanta militum paucitate abesse tres cohortes, quae sint plenissimae, nec me scire ubi sint. Molestissime autem fero, quod te ubi visurus sim, nescio: eoque ad te tardius scripsi, quod quotidie te ipsum exspectabam: cum interea ne litteras quidem ullas accepi, quae me docerent, quid ageres, aut ubi te visurus essem. Itaque virum fortem mihique in primis probatum, Antonium, praefectum evocatorum, misi ad te, cui, si tibi videretur, cohortes traderes: ut, dum tempus anni esset idoneum, aliquid negotii gerere possem. In quo, tuo consilio ut me sperarem esse usurum, & amicitia nostra & litterae tuae fecerant: quod ne nunc quidem despero. Sed plane quando, aut ubi te visurus sim, nisi ad me scripseris, ne suspicari quidem possum. Ego, ut me tibi amicissimum esse & aequi & iniqui intelligant, curabo. De tuo in me animo iniquis secus existimandi videris nonnihil loci

autem locutos esse interdum veteres scriptores, testantur Grammatici. Lambin. Bene Lambin. [illegible] *mensium*, quod tamen in nullo omnino nostrorum reperi; at *videtur non videretur* ostentatur a Victorii & prima edit. Pall. pr. sec. quart. quint. Vatic. Gebhard. In codicibus & editionibus varie scribitur: alii *viderentur*, alii *videntur*. Sed mihi videtur commodissima Mentelian. lectio: *Quae mihi jam longe videtur*. Graev.

Ne litteras quidem ullas) Reposuimus ante libris omnibus invitis, levi immutatione facta: cum in illis legatur *ullas*, plane mendose. Quin doctus quidam existimat ita esse legendum, & sit lectionem longe fore venustiorem, *ut unam quidem litteram accepi, quae me doceret*, &c. Ego non sum ausus ita excudi jubere, tametsi non improbem. Sed vellem tamen excusum esset, ordine mutato, *ne unas quidem litteras*, &c. Lambin.

Praefectum evocatorum) *Evocati* erant emeriti maximam partem, qui expletis stipendiis in gratiam Ducum aut Consulum militiam sumebant, & ut auctor est Dio, vitem instar Centurionum gerebant: erant immunes operum & munium; iis praeerat *Praefectus*, ut ex hoc loco apparet; vid. Lips. de Milit. Rom. lib. 1. dial. 8. Graev.

Cui, si tibi videretur, traderes) Hic iterum Victorio & Gebhardo, iisque codicibus qui *videtur* prae se ferunt, non obsequendum duco. Sensus enim postulat *videretur*, nec aliter quatuor MSi, quos consului. Idem.

Quod ne nunc quidem despero) Ita quinque Pall. cod. Gruteri, Victorii editio: quibus accedunt Amstelodamensis, Mentel. Graevii primus; Guilielmius tamen in codicis Pechiani scripturam, quam & ego in editione prima animadverto, propendebat, quod ut, (pro ne) *ego nunc quidem despero*, ut confirmet desperare se de consilio Appii, quod prima fronte aliquid apparet, sed si perpendas & compones cum sequentibus, frivolum invenies. Gebhard.

Ego ut me tibi amicissimum esse) MSus Amstelodamensis: *Ego ubi me tibi amicissimum esse*: leg. *Ego uti me tibi amicissimum esse*. Graev.

Et ut

loci dedisse: id si correxeris, mihi valde gratum erit. Et ut habere rationem posis, quo loco me, salva lege Cornelia, convenias; ego in provinciam veni pridie Kal. Sext. iter in Ciliciam facio per Cappadociam: castra movi ab Iconio pridie Kalendas Septembris. Nunc tu & ex diebus, & ex ratione itineris, si putabis me esse conveniendum, constitues, quo loco id commodissime fieri posit, & quo die. Vale.

EPISTOLA VII.

ARGUMENTUM.

Querelam Appii refellit; contraque ipse queritur, & extollit virtutem contra inanem arrogantiam nobilitatis; se tamen ei fore amicissimum confirmat.

M. T. C. IMP. S. D. APPIO PULCRO.

PLuribus verbis ad te scribam, cum plus otii nactus ero. Hæc scripsi subito, cum Bruti pueri Laodiceæ me con-

Et ut te habere rationem posses) Te in nullo librorum exstat, quos ego vidi, nec in Stewechiano, quem Gulielmius consuluit, nec in illis quos Lambinus vidit. Quod cur non sequamur? Idem. Computare & ratiocinari, sicut ex omnibus fere Nominibus per hoc *habere* Verba facere solent. Noster ita sæpissime & in his II. ad Att. ep. 5. Sic *consilium habere* & Tacit. III. Ann. & Sall. Iug. c. 62. & Livius XXXVI. c. 43. dixere. G. CORTIUS.

Ego in provinciam veni pridie Kal. Sext.) Laodiceam quæ non erat in Appii provincia, sed inter *tres diœceses* Asiaticas Ciceroni attributas: & ideo Ciceronem Appius, salva lege Cornelia, poterat convenire. CORRAD.

Castra movi ab Iconio) *Movere castra* dicuntur Imperatores, cum locum mutant alioque proficiscuntur. Hinc sumta metaphora Virgil. III.

Dat clarum e puppi signum, nos castra movemus,
Tentamusque viam.

pro hoc & simpliciter *movere* dicitur. Flor. II. 7. (Antiochus) *Cum ingenti strepitu, & tumultu movisset ex Asia.* GLANDORP.

EPISTOLA VII.

PLuribus verbis) Hæc epistola scripta est dum Cicero esset Laodiceæ: ubi moratus est a III. Id. Febr. usque ad Non. Maii, ep. 2. lib. V. ad Att. inquit enim in hac epistola: *Hæc scripsi subito, cum Bruti pueri Laodiceæ me convenissent, & se Romam properare dixissent.* Item scripta est post Brumam, quia ait: *Tametsi id quidem fuit ridiculum: quæ enim literæ afferebant, ut opus æstate facere possent, eas mihi post brumam reddiderunt.* Ex quo intelligi potest, imperatorem, non proconsulem esse appellandum in titulo epistolæ, cum priore anno Imperator sit appellatus. GRÆV.

Lega-

convenissent, & se Romam properare dixissent: itaque nullas iis præterquam ad te, & ad Brutum dedi litteras. Legati Appiani mihi volumen a te, plenum querelæ iniquissimæ, reddiderunt, quod eorum ædificationem litteris meis impedissem. Eadem autem epistola petebas, ut eos quam primum, ne in hiemem inciderent, ad facultatem ædificandi liberarem: & simul peracute querebare, quod eos tributa exigere vetarem, prius quam ego re cognita permisissem: genus enim quoddam fuisse impediendi, cum ego cognoscere non possem, nisi cum ad hiemem me ex Cilicia recepissem. Ad omnia accipe, & cognosce æquitatem expostulationis tuæ. Primum, cum ad me aditum esset ab iis, qui

Legati Appiani mihi volumen, &c.] Magna semper varietate scriptus est hic locus, cum nonnulli *Apamensi* pro *Appiani* legerent: sed falso, ut puto: nam & *Appiani* ubique habent veteres codices, & hos populos esse provinciæ, cui Cicero præerat, docet Plinius lib. V cap. 29. his verbis: *Alter conventus a Synnada accipit nomen: conveniunt Lycaones, Appiani, Corycaeni, Dorylai, Midai, Iulienses, & reliqui ignobiles populi XV.* Cum igitur vetustissimorum codicum lectio ratione & optimorum auctorum testimonio confirmetur, non video cur temere mutanda sit. VICTOR. *Legati Apamensi*) Al. *Appiani* hic & paullo post: quæ lectio viris doctis magis probatur; etsi utraque defendi potest: quod in Ciceronis provincia utrique essent populi. CORRAD. *Legati Apamensi*) Sic legendum videtur, libris quibusdam MSis invitis, aliis adprobantibus: non, *legati Appiani*, ut scriptum est in nonnullis antiquis. Quamquam *Appianos* quoque in eadem provincia fuisse, ex Plinio intelligere licet, lib. V. cap. 29. LAMBIN. Recte Victorius hunc locum ex MSis emendavit, & ex Plinio asseruit, meis MSis, & duabus editionibus vetustis, nec non Italico libro suffragantibus. Cum ergo *Appia* fuerit in provincia Ciceronis, quid est, cur de Apamæa cogitemus, invitis plurimis iisque optimis codicibus? Nimirum qui Appiam ignorabant, substituerunt Apamæam, cujus nominis plures urbes reperiebantur. Fuit Urbs Episcopalis Appia uti docet ex Concilio VI. Generali, & Notitia Eccles. antiqu. vir eruditissimus, & mihi peramicus Ioannes Harduinus ad illum Plinii locum, quem Victorius laudavit. GRÆV.

Quod eorum ædificationem) Alicujus statuæ in Appii honorem. Sed Manutius rectius templum intelligit: vid. ejus not. IOAN. *Ædificationem*) Monumenti vel templi in honorem Appii, quasi Appius quidam servator, & Deus provinciæ, fuisset, ut fieri solebat. V. Att. 21. *Nullos honores mihi, nisi verborum, decerni sino, statuas, fana, τέθριππα prohibeo*. Suet. Tib. 26. Oct. 52. I. FR. GRON.

Et simul peracute querebare) Non temerarius consensus Pall. sec. tert. quart. Gruter. Stewech. Pech. cum editionum prima, *& simul peracute querebare*: sed mihi nunc hoc tamen placet *pressius*. GEBHARD. Amstelodam. & Græv. sec. *pera.cuta*. Grævii prim. *procante*; sed recte Mentel. *peracute*. GRÆV.

Ex Cilicia recepissem) In Asiam. CORRAD.

Ad me aditum esset) Cum me convenissent, cum apud me nonnulli questi essent. Cæsar I. Civ. 87. *Quæsiumque postea controversias inter se milites habuerunt, sponte ad Cæsarem in jus adierunt*. Sen. Hercul. Fur. 733. *Aditur*

qui dicerent, a se intolerabilia tributa exigi, quid habuit iniquitatis, me scribere, ne facerent, antequam ego rem caussamque cognossem? Non poteram, credo, ante hiemem: sic enim scribis. Quasi vero ad cognoscendum ego ad illos, non illi ad me venire debuerint. Tam longe? inquis. Quid? cum dabas iis litteras, per quas mecum agebas, ne eos impedirem, quo minus ante hiemem aedificarent, non eos ad me venturos arbitrabare? Tametsi id quidem fecerunt ridicule: quas enim litteras afferebant, ut opus aestate facere possent, eas mihi post brumam reddiderunt. Sed scito & multo plures esse, qui de tributis recusent, quam qui exigi velint; & me tamen, quod te velle existimem, esse facturum. De Appianis hactenus. A Pausania, Lentuli liberto, accenso meo audivi cum diceret, te secum esse questum quod tibi obviam non prodissem. Scilicet contempsi te; nec potest

er ille *Consessus Milone fere*. I. Fr. Gron.

Ne facerent] Ne conferrent tributa: pro cursu orationis, & nata materia saepe diversam hoc verbum sustinet notionem. Corr.

Tam longe inquis] Ex Phrygia, sive Lycaonia in Ciliciam. Corrad.

A Pausania Lentuli liberto, accenso meo] Nos scripsimus, *accenso meo*; non tamen sic penitus est in antiquis: nam nihil enim mendi hunc locum occupavit; ibi enim: *a Pausania Lentuli Liberto accesso meo* scriptum est; vulgata lectio omnino depravata est ac *Cujacii*: de uno enim tantum loquitur, ut ex sequentibus verbis manifeste colligitur. Volui antiquam scripturam omnibus proponere, ut si quis nostram non probaret, comminisceretur aliam, si potest, meliorem: nullius enim industriae invidemus; pollicemurque semper notum facturos, si quando ab antiqua scriptura discesserimus. Cupio enim si minus ingenium, at fidem & ingenuitatem nostram commendari. Alii *in accessu meo* legunt: quod minus placet. Nisi enim *Pausanias* aliquo Ciceroni ministerio conjunctus esset, vix mihi verisimile videtur, Appium cum eo tam libere questum esse de Ciceronis injuriis: sed quia hae tenues conjecturae sunt, totam hanc rem eruditiori judicio relinquemus. Quod autem *Accensi* Consules, & Praetores sequi soliti essent in castra; & cur sic appellati, quia ab antiquis Grammaticis docte & diligenter declaratum est, nihil attinet repetere. Victor. *A Pausania, Lentuli liberto, accenso meo, audivi, cum diceret, te secum esse questum*] Certe verba ista *cum diceret* non sunt ad stilum Ciceronis, aut cujusquam ex elegantioribus, qui hic mallent breves esse, quam supervacue copiosi ut ipse noster hoc libro, Ep. 9. *Te adesse fere omnes, si quid velis*, per intellectum tacite verbum, rogantem, aut simile. De qua loquendi consuetudine notavi ad Livium L. IV. c. 20. Certe in primis gemina sunt verba Petronii c. 33. *Deinde ut audivi veterem convivam, hic nescio quid boni debet esse*, scil. dicentem. Iac. Gron. *Accenso meo*. In ministris & apparitoribus consulum, ac praetorum, etiam *accensi* erant, ita dicti quod saepe ad res necessarias *accirentur*. Varrone auctore apud Nonium, & Lib. V. de L. L. Adde Suet. Caes. c. 20. Accensi plures ex libertis erant, ad Att. IV. 16. ad Qu. Fr. I. 1. Graev.

est fieri me quidquam superbius. Cum puer tuus ad me secunda fere vigilia venisset, isque te ante lucem Iconium mihi venturum nuntiasset; incertumque utra via, cum essent duae, altera Varronem, tuum familiarissimum, altera Q. Leptam, praefectum fabrum meum, tibi obviam misi; mandavi utrique eorum, ut ante ad me excurrerent, ut tibi obviam prodire possem. Currens Lepta venit mihique nuntiavit, te jam castra praetergressum esse; confestim Iconium veni: cetera jam tibi nota sunt. An ego tibi obviam non prodirem? primum Appio Claudio? deinde, imperatori? deinde, more majorum? deinde, quod caput est, amico? praesertim cum in isto genere multo etiam ambitiosius facere soleam, quam honos meus & dignitas postulat. Sed haec hactenus. Illud idem Pausania dicebat, te dixisse: Quidni? Appius Lentulo, Lentulus Appio processit obviam: Cicero Appio noluit? Quaeso, etiam ne tu has ineptias, homo (mea sententia) summa prudentia, multa etiam doctrina, plurimo rerum usu, addo urbanitate, quae est virtus, ut Stoici rectissime putant, ullam Appietatem, aut Lentulitatem valere apud me plus, quam ornamen-

Praefectum fabrum) *Fabrum* cur placuerit Ciceroni prae *fabrorum*, lege ipsum disputantem in Orat. c. 46. Qui autem *Praefecti*, & qui *Fabri*, quotque generum fuerint, qui exercitum secuti, ut nihil illi deesset, vide apud Veget. II. de Re Mil. c. 11. Corr.

Multo etiam ambitiosius facere soleam) Lege, *multo etiam ambitiosius facere soleam*. Gret. *Ambitiosius* autem non est studiosius, ut Manutius exponit, sed humilius, indecentius, ut apud Sueton. Aug. c. 25. *Neque post bella civilia, aut in concione, aut per edictum, ullos militum commilitones appellabat, sed milites. At ne a filiis quidem, aut privignis suis, imperio praeditis, aliter appellari passus est: ambitiosius id existimans, quam aut ratio militaris, aut temporum quies, aut sua domusque suae majestas postularet*. Ambitiosa enim sunt, quae favoris parandi causa fiunt. Sallust. Jugurth. *Neque facto ullo neque dicto abstinere, quod modo ambitiosum foret*. Haec quoniam plerumque sunt blanda nimis & humilia, inde *ambitiosus* est humilis, blandus, adulatorius: ut apud Iustin. XII. 15. *ambitio vulgi* est, quod lib. XIII. 3. dicit *adulationem vulgi*. Graev.

Addo urbanitate, quae est virtus, ut Stoici rectissime putant) Multum huic nomini tribuisse Stoicos ostendit etiam Plutarchus in commentario, quo declaravit, quomodo deceat adolescentes legere poetas: diversam enim & penitus contrariam vim apud illos habere ἀστεῖον nomen alteri quod est φαῦλον, intelligitur ab eo, qui locum eum Plutarchi accurate animadvertit. Disserit autem quemadmodum Stoici nihil commune esse judicarent virtuti ac vitio; & quemadmodum Urbanus apud illos (ita autem vocabant virtute praeditum) omni culpa vacaret, & omnes res recte facere posset. Imperitus autem (id erat apud illos vitio-

menta virtutis, existimas? Cum ea consecutus nondum eram, quæ sunt hominum opinionibus amplissima, tamen ista vestra nomina numquam sum admiratus: viros esse, qui ea vobis reliquissent, magnos arbitrabar. Postea vero quam ita & cepi & gessi maxima imperia, ut mihi nihil neque ad gloriam adquirendum putarem, superiorem quidem numquam, sed parem vobis me speravi esse factum. Nec, mehercule, aliter vidi existimare vel Cn. Pompeium, quem omni-

tiosus) omnibus criminibus obnoxius esset, & in omni semper negotio laberetur. Verba ipsius hæc sunt: [illegible] *Multa quidem a Scipione [illegible], neque aliquid [illegible] virtuti [illegible], neque male [illegible] existimans, sed [illegible], & in omnibus [illegible]. Imprimis, [illegible] vero in [illegible] [illegible].* Hæc adnotasse mirifice utile esse credo ad hujus loci perspicuitatem, qui aliter obscurissimus esset. VICTOR. *Urbanitatem*) In vetere libro *humanitatem* legimus. CORRAD. *Addo urbanitate*) *Urbanitatem* omnes Pall. prætuli tamen lectionem Victorianæ impressionis & Vatic. cod. ut maxime concinnam, atque elegantem. GRUT.

Tamen ista vestra nomina numquam sum admiratus) Hoc est, vestram nobilitatem. Cic. pro Planc. *Qui fuerunt nobilitati, qui id putant esse pulcherrimum, qui imaginibus, qui [illegible] ducuntur.* Plin. lib. III. epist. 3. *Quibus imaginibus oneretur, quæ nomina & quanta sustineat.* Ovid. ep. Phyllidos ad Demophoonta:

> *Credidimus blandis, quorum tibi copia, verbis,*
> *Credidimus generi, nominibusque tuis.*

Sic enim hunc locum emendat Gronovius, quem vide IV. Observ. 15. & N. Heinsium in notis ad hunc locum Ovidii. GRÆV. Appii, Lentuli, quibus me ceteri: respicit ad nobilitatem, ut Lucanus I. v. 314. Cic. pro Flacco c. 24. Juven. Sat. VIII. v. 131. quem hic vidisse, non absurdum erit. CORT.

Viros esse, qui ea vobis reliquissent) Ita regii codices cum Grævianis, pro vulgato, *viros esse, qui &c.* LALL.

Postea vero quam ita & cepi & gessi maxima imperia) Amstelodamensis: *Postea vero quam mihi & cepi & gessi maxima imperia.* Et nec Pecki nec duo Palatini codices agnoscunt. Mihi sane blanditur, *postea vero quam cepi & gessi maxima imperia.* GRÆV.

Ut mihi nihil neque ad honorem, neque ad gloriam adquirendum putarem) Nostram hanc lectionem magis probatum iri puto eamdem cum antiqua: *nihil esse adquirendum*, id est me omnia jam adeptum esse & consecutum, ut nihil amplius ad honorem & gloriam adquirere debeam. Illis enim aliquid *ad honorem & gloriam* adhuc adquirendum est, qui nondum plene & honorem & gloriam adepti sunt, quamvis multum in eis processerint. Communis lectio ut m. n. n. *ad h. n. ad g. adquirendum desse put.* durior & confusior. VICTOR. *Adquirendum putarem*) Prætuli & hanc lectionem ex Vatic. atque editione Victorii, cum in quatuor Pall. & Stewech. exstet *adquirendum put.* GRUT. Firmant Victorii emendationem Amstelodam. prim. Græv. & Mentel. nisi quod in his duobus *adquirendum*. GRÆV. *Adquirendum*. *Desiderandum* esse putarem, dum tanta virtute sustinueram imperia, ut satis honoris & gloriæ adeptus non multum imagines & vetusta nomina curare deberem. Nam hæc verba *desiderare*, *privare*, *quærere*, *adquirere* defectum denotant, propter quem *desiderare*

omnibus, qui umquam fuerunt, vel P. Lentulum, quem mihi ipse antepono. Tu, si aliter existimas, nihil errabis, si paullo diligentius (ut quid sit ευγενεια, quid sit nobilitas, intelligas) Athenodorus, Sandonis filius, quid de his rebus dicat, attenderis. Sed, ut ad rem redeam, me tibi non amicum, modo verum etiam amicissimum existimes velim; pro-

deterulum, quaerendum quid est. Corr. *Ut mihi nihil . . . . ad gloriam putarem deesse*. Ita regius optimus, sine voce *adquirendum*, quam servant vulgati, omisso verbo *deesse*. Lall.

Si paullo diligentius, & quid sit εξοχη, quid sit ευγενεια intelligas, &c.) Non nostram lectionem *ut q. s. ευγ. q. s. nob.* a veteribus libris accepimus, ne parva quidem immutatione facta: existimamus autem hanc esse non paullo meliorem: certe locus planus est & clarus, cum ante obscurissimus plurimis mendis esset. Vocis illius Graecae εξοχη nullum vestigium est in antiquis codicibus. Usurpat eam sane Cicero ad Attic. lib. IV. *εξοχη in nullo est: pecunia omnium dignitatem exaequat*. Non tamen nobilitatem intelligit; dicit enim candidatos ita inter se pares, ut nulla re alii alios excedant: si enim ulla erat generis inaequalitas, eam pecunia adaequabat. Credebat Appius nobilitatem esse non posse, ubi non esset *ευγενεια*, qui familiae suae antiquitatem & splendorem jactaret in contemtum Ciceronis novitatis. Aliter sentit Cicero, qui sibi licet obscuris parentibus orto, postquam honores adeptus esset & gessisset summa imperia, nihil neque ad honorem neque ad gloriam deesse putabat, ut nobilissimis hominibus par esset dignitate: de qua re si ille aliter existimet, recte facturum illum dicit, si paullo diligentius animadverterit, quid *Athenodorus* Stoicus de his rebus judicet. Potest enim aliquis *ευγενειαν* habere, nec tamen nobilis esse, cum plerique ex bonis & illustribus parentibus nati, inertissimi flagitiosissimique reperiantur, quos vere nemo *nobiles* appellare posset. Qui enim recte intelligunt, & non vulgi opinionibus ducuntur, virtutem esse, quae veram *nobilitatem* faciat, & non claros natales, putant: multitudo autem decipitur, quae credat omnes ex clarissimis familiis ortos debere *nobiles* dici, cum potius *ευγενεις* appellandi sint: *nobiles* autem solum illos esse existimandum est, qui egregiis suis factis, dignitatem gloriamque sibi paravissent, etiamsi eorum majores ignoti fuissent. Meminit autem *Athenodori Sandonis* Plutarchus in vita Publicolae his verbis: *Τουτον δε ανδρα Μαρκον οι πολλοι καλουσιν Αθηνοδωρος ο Σανδων εν τω προς Οκταουιαν την Καισαρος αδελφην και Οπισιγονον ονομασθηναι φησι. Hunc virum etsi plerique nomine & Marcum, & Scaevolam nominent Athenodorus tamen Sandonis filius in libro, quem ad Octaviam scripsit Caesaris sororem, fuisse etiam dictum Posthumium scribit*. Quem puto eumdem esse cum hoc de quo hic Cicero. Praeterea Strabo lib. XIV. qui *Athenodoros* duos Tarsenses fuisse tradit in Stoicorum disciplina claros, quorum unus Cordylion appellatus sit, qui cum M. Catone vixit domique ejus obiit, alter vero *Sandonis*, quem etiam Cananitam vocatum esse docet a pago quodam; hunc autem Caesarem Augustum erudivisse, magnosque honores apud eum consecutum esse. Vixit ad extremam usque senectutem. Plura autem de hoc narrat, quae cum ad hunc locum nihil faciant, omittemus. Victor. Εξοχη) Est *excellentia, ευγενεια* vulgo *nobilitas*. Alii legunt, *ut quid sit ευγενεια, quid sit nobilitas intelligas*. Corr. *Athenodorus*) Fuit Philosophus Stoicus, cognomine Cananites. Idem. *Ut quid sit εξοχη, quid sit ευγενεια*, &c.) Nihil muto, quamvis in editione Florentina non sit hoc membrum *quid sit εξοχη*; quod puto esse necessarium; & credibile est ab ope-

profecto omnibus meis officiis efficiam, ut ita vere possis judicare. Tu autem si id agis, ut minus mea causa, dum ego absim, debere videaris, quam ego tua laborarim: libero te ista cura:

— παρ' ἐμοίγε καὶ ἄλλοι,
Οἵ κέ με τιμήσουσι, μάλιστα δὲ μητίετα Ζεύς.

Si autem natura es φιλαίτιος, illud non perficies, quo minus tua causa velim: hoc assequere, ut quam in partem tu accipias, minus laborem. Haec ad te scripsi liberius, fretus conscientia officii mei benevolentiaeque: quam a me certo judicio susceptam, quoad tu voles, conservabo. Vale.

EPISTOLA VIII.

ARGUMENTUM.

Refellit ea, quae Appius objecerat; probatque, si quid fecerit, quod Appius inique factum suique deformandi consilio interpretaretur; ipsumque Appium aut imprudentem significat, qui sermonibus non proborum hominum crediderit, aut nimis astutum, qui ea, quae ipsi in mentem veniant, aliis attribuat. Agit gratias, quod scripserit diligenter de rebus urbanis, seque omnia Ciceronis mandata curaturum promiserit; in quibus id praecipue rogat, ne sibi provincia prorogetur; addit de suis rebus, de itinere Amanum versus; item de Parthis, falsum fuisse; de rebus Appii, de suis, de tota repub. creberrimas litteras poscit.

M. T.

operis esse praetermissam. LAMB. Sed Victorii emendationem firmant MSi duo optimi, Amstelodam. & Graevii primus. Eam etiam dudum probavit Manutius, cujus notas vide. GRAEVIUS.

Id agis ut) Propter id talia agis, eo laboras, eo consilia tua tendunt. C. Nepos Themist. c. 5. Caesar l. de B. G. c. 41. Sall. B. Iug. cap. 27. CORT.

Debere) Non tam *debere mea causa* per se intelligendum, uti I. ep. 1. Item.

Fretus conscientia) Scientia & notitia, seu, quod mihi conscius essem officii mei. Sic VI. ep. 10. Iust. I. c. 7. Sulpic. Sev. Hist. V. c. 29. In.

M. T. C. PROCONS. S. D. APPIO PULCRO.

ETsi, quantum ex tuis litteris intelligere potui, videbam te hanc epistolam, cum ad urbem esses, esse lecturum, refrigerato jam levissimo sermone hominum provincialium: tamen cum tu tam multis verbis ad me de improborum oratione scripsisses, faciendum mihi putavi, ut tuis litteris brevi responderem. Sed prima duo capita epistolæ tuæ tacita mihi quodammodo relinquenda sunt. Nihil enim habeat, quod aut definitum sit, aut certum, nisi me vultu & taciturnitate significasse, tibi non esse amicum; idque

EPISTOLA VIII.

APpio Pulcro) Vulgo addunt *Imperatori*: quod ego in solo tertio Pal. inveni: ceteri omnes ignorant hunc titulum. Gruter. Nec exstat in Amstelodam. & Grævii duobus. Græv.

Etsi quantum) Cicero Tarsum venit Ciliciæ urbem III. Nonas Octob. epist. 21. lib. V. ad Attic. Tarso Amanum profectus est Non. Octob. ex hac epistola. Postridie ejus diei hanc epistolam scripsit, ut in hac ait. Idem.

Cum ad urbem esses) Hoc est, cum ante Urbem in Campo Martio exspectares, ut tibi decerneretur cum triumpho urbem ingrediendi facultas a Senatu. Vid. Manut. Id.

Refrigerato) Hoc est, imminuto. Vid. Manut. Id.

De improborum oratione, &c.) Quidam libri veteres habent, *de improborum moderatione*, &c. alii nonnulli, *de impr. hortatione*, &c. alii aliter; unde suspicari possit aliquis hic esse legendum *de improborum moratione*, &c. ut intelligamus, hos improbos significari triumphum Appii morari: ut in Divinatione quosdam oratores, *moratores* appellat. Veruntamen quia hic de triumpho non agitur, puto nihil esse mutandum, & conjecturam hanc esse inanem. Lamb. *De improborum oratione scripsisses*) In optimo codice Pal. pr. & Grut. quemadmodum Lambinus conjecerat, *moratione*: sed ideo ego non referrem ad triumphi moratores, quos somniat Lamb. Gron. Amstelodam. quoque, *improborum moratione*. Grævii vero primus, *improborum adhortatione*. Mentel. *improborum moderatione*; forsan legendum, *de improborum ratione*, hoc est consiliis, rebus, quæ agunt. Lib. I. epist. 9. *mea ratio fuit alia*: ibid. epist. 8. *Hæc ad te scribo ut de tua ratione quoque meditere*. Illud *mo* ex præcedenti voce *improborum* vitio librarii adhæsit sequenti *ratione*, hinc in nonnullis etiam *m* superest, indeque natæ tot monstrosæ lectiones. Græv.

Tacita) Passive, pro iis, *quæ tacentur* & omittuntur, nihil impediente eo, quod interdum active ponitur pro eo, *qui tacet*: sunt enim multa, quæ ita in utramque partem dicuntur, *falsus*, *surdus*, *lucrius*, *ignarus*, *infestus*, & quæ alia nominavit A. Gell. IX. c. 12. Nos eam rem latius paullo illustrabimus ad Sall. Cat. c. 39. *Capita* sunt *partes epistolæ*, ut infra: *diligentissime scriptum caput* & sæpe ita III. ad Att. ep. 23. Corrætus.

Brevi responderem) Brevi, subintellige, sermone, βραχεῖ λόγῳ. Lamb.

Prima duo capita epistolæ tuæ) Hoc est duas priores partes, quæ de diversis rebus agunt. Sueton. Claud. cap. 3. *Quæ certius cognoscantur, capita ex ipsius epistolis posui*. Sic sæpius legem sunt paragraphi de alia re ad idem negotium pertinentes. Inferius in hac epistola: *diligentissime scriptum caput est*: hoc est, illa pars edicti tui de inminuendis sumtibus. Græv.

Vultu & taciturnitate) *Vultu taciturnitate*

idque pro tribunali, cum aliquid ageretur, & nonnullis in conviviis intelligi potuisse. Hoc totum nihil esse, possum intelligere: sed cum sit nihil, ne quid dicatur quidem intelligo. Illud quidem scio, meos multos & illustres, & ex superiore & ex aequo loco sermones habitos cum tua summa laude, & cum magna sollicitudine, significatione nostrae familiaritatis, ad te vere potuisse deferri. Nam, quod ad legatos attinet, quid a me fieri potuit aut elegantius aut justius, quam ut sumtus egentissimarum civitatum minuerem, sine ulla imminutione dignitatis tuae, praesertim ipsis civitatibus postulantibus? Nam mihi totum genus legationum tuo nomine proficiscentium notum non erat. Apameae cum essem, multarum civitatum principes ad me detulerunt, sumtus decerni legatis nimis magnos, cum solvendo

nitatis in duobus libris veteribus legimus. Corrad. *Nisi me vultu & taciturnitate*) Sic reposui ex meo primo codice ac tribus Palatinis. & Manutii, ac Lambini, aliisque vetustioribus editionibus. *Et* in recentioribus expunctum est, nec exstat in Menteliano. Amstelodamensi. Meus secundus, Nic. Scell. nec non duo alii, quos Sebastianus Corradus consuluit, *vultu taciturnitatis*: haec menda ex illorum codicum corruptione manavit, in quibus copula est omissa. Graev.

Et cum magna sollicitudine, significatione nostrae familiaritatis) Ea est lectio primarum editionum, Pall. quatuor, totidemque Guilielmianorum, ac Gruteriani. Pal. tert. *sollicitudine significationis*, quam scripturam nescio unde aliquis ora Venetae editionis adposuit. Vulgo, *cum magna significatione nostrae f.* Graevius. Exstat haec lectio, quam in tot codicibus invenerunt Gebhardus & Guilielmius, etiam in iis quatuor MSS, quos ego evolvi, nec non in V. C. Nic. Scell. Nec tamen ferri potest nisi legatur, *cum magna sollicitudine & significatione nostrae familiaritatis*. Cum magna sollicitudine scilicet ne quid dicerem, quod te possit offendere. Sic quidem potest explicari commode, non nego; vehementer tamen mihi suspectum est *ea sollicitudine*, & vereor ne ex proxima voce *significatione* descriptoris errore sit ortum, quod videtur innuere omissa copula. Sane friget hic *sollicitudine*: Qui in Ciceronis lectione non fuerunt indiligentes, norunt quam non accommodatum sit hujus sensus sententiae. Sunt & qui testantur in nonnullis libris legi, *cum tua summa laudis sollicitudine*; sed hoc ineptum est & inficetum. Mihi fere persuasi, Ciceronem scripsisse, *cum tua summa laude, & magna significatione nostrae familiaritatis*: sic nunc demum ab aliis emendatum deprehendi, quos hic lubens sequor. I. Fr. Gronovius suspicabatur, Tullium dedisse: *cum magna, sollicitaque significatione*. Graev. *Cum magna sollicitudine significatione*) Sic MSS: lege, *sollicitaque*, in quibus & luculente, & diligenter significaretur sic apud Senecam, *vir cum cura dicendus*, de Prov. c. 5. I. Fr. Gron.

Quid a me fieri potuit aut elegantius) Hoc est majore cum judicio, sive, ut nunc loquuntur barbare, majore cum discretione. Cic. *Quid facere potuit elegantius ad hominum existimationem*? Id. *Vos qui cum summa elegantia atque integritate vixistis*. Nimirum *elegantia* ab eligendo dicta est, quasi delectus, & discrimen. Unde *elegans* saepe pro homine fastidiosi judicii accipitur, cui

vendo civitates non essent. Hic ego multa simul cogitavi; primum, te hominem non solum sapientem, verum etiam (ut nunc loquimur) urbanum non arbitrabar genere isto legationum delectari: idque me arbitror Synnadis pro tribunali multis verbis disputavisse: primum, Appium Claudium, Senatui populoque R. non Myndensium testimonio (in ea enim civitate mentio facta est), sed sua sponte esse laudatum: deinde, me ista vidisse multis accidere, ut eorum caussa legationes Romam venirent, sed his legationibus non meminisse ullum tempus laudandi aut locum dari: studia mihi eorum placere, quod in te bene merito grati essent: consilium totum videri minime necessarium. Si autem vellent declarare in eo officium suum, laudaturum me

tui quid non facile placet. G. Schorrius.

Verum etiam ut nunc loquimur, urbanum) *Favorem* & *urbanum* Cicero nova credit, inquit Quinctil. lib. VIII. cap. 3. Corrad. Vid. Manut.

Senatui populoque Romano non Myndensium testimonio) *Myndensium* hic nullus locus est. Sunt enim Myndenses in Caria, quæ satis longe remota est a provincia imperii Ciceronis, interjecta Lycia & Pamphylia. Msus meus primus, *Senatui populoque Romano non mihi de esum testimonio*. Meus secundus, cum tribus optimis codicibus bibliothecæ Regis Christianissimi: *Senatui populoque Romano non Midensium testimonio*. Italicus: *Mydedisum*; unde conjicit sagaciter vir politissimus & eruditissimus Nicolaus Rubenius, qui est Regi Sueciæ a bibliotheca: *Senatui populoque Romano, non Midæensium testimonio*. *Midæenses*, qui Plinio *Midæi*, sunt populi istius conventus, qui a Synnadis nomen accepit, teste Plinio V. 29. *Alter conventus a Synnada accepit nomen: conveniunt Lycaones, Appiani, Corsopeni, Doriæi, Midæi, Iulienses, & reliqui ignobiles populi*; dicti sunt Midæi ab oppido Midæo, de quo Plin. V. 32. & vir summus, cujus amicitiam mihi semper ornamento esse duxi, Ezechiel Spanhemius dissertatione IX. de præstantia Numismatum antiquorum. *Midæi* & *Midæenses* Græcis sunt Μιδαεῖς, & Μιδαεύς, ut constat ex veteribus nummis, & Stephano. Fuisse autem Ciceronem tum in illius tractus conventu, præcedentibus ea verbis liquet: *idque me arbitror Synnadis pro tribunali multis verbis disputasse*. Hunc quoque locum vitiavit ignorantia. Aut editores, aut correctores nesciebant *Midæum*, hinc substituerunt notissimam Cariæ Urbem Myndum. Firmat eo *Midæensium*, etiam codex celeberrimi Borrichii, quem nuper in itinere inspexit idem Rubenius, ut, dum hæc typis mandantur, mihi significavit; in illo enim scribitur *Mideosum*. V. Cl. Iacobus Gronovius in notis ad Stephanum conjiciebat: *Ipsadensium*. Graev.

Myndensium) *Midensium* legi oportuit, ab oppido Phrygiæ Midaio; quod Græci Μιδάειον scribunt. Fuit enim pars ea Phrygiæ sub proconsulis Ciliciæ administratione, a qua longe Myndos Cariæ fuit. Quart.

Legationibus) Sæpe rejiciebantur legationes, cum illis audiendis certum tempus præstitutum esset; quod cum de omnibus legationibus Cicero I. ad Att. ep. 14. & 18. tum alibi refertur, accidit multo magis istis legationibus, quæ *laudandi Præsidem caussa Romam* missi essent. Cort.

Non

me, si qui suo sumtu functus esset officio; concessurum, si legitimo; non permissurum, si infinito. Quid enim reprehendi potest, nisi quod addis, visum esse quibusdam edictum meum quasi consulto ad istas legationes impediendas esse accommodatum? Jam non tam mihi videntur injuriam facere hi, qui haec disputant, quam si cujus aures ad hanc disputationem patent. Romae composui edictum: nihil addidi, nisi quod publicani me rogarunt, cum Samum ad me venissent, ut de tuo edicto totidem verbis transferrem in meum. Diligentissime scriptum caput est, quod pertinet ad minuendos sumtus civitatum: quo in capite sunt quaedam nova, salutaria civitatibus, quibus ego magnopere delector. Hoc vero ex quo suspicio nata est, me exquisisse aliquid, in quo te offenderem, translatitium est. Neque enim eram tam desipiens, ut privatae rei causa legari putarem, qui & tibi non privato, & pro re non privata sim, sed publica, non in privato, sed in publico orbis terrae consilio, id est, in Senatu, ut gratias agerent, mittebantur: neque cum edixi, ne quis

Non tam mihi videntur injuriam facere hi) Recepi hoc ex omnibus meis libris, ut & Stewechiano. Mox Nic. Svell. vetus, *quam si cujus aures*; quod non spernendum. GRAEV.

Diligentissime scriptum caput est) In tuo edicto. CORRAD.

Si cujus) Quamquam a veteribus in primis Servio aliquoties observatum sit, alteram ex his vocula saepe redundare; adnotavi tamen τὸ *Si* saepe respondere Pronomini Demonstrativo, ut hoc loco, ubi antea posuerat *hi*, qui; ex eo vero integro *si quis est*, *cujus*, ortum esse usum, qui est in his dictionibus. IX. ep. 16. *Ut si qui mihi obtrectent*, *a te refutarentur*. Non dico in ipsa Particula latere istud Pronomen, quod alias etiam omitti solet, ut supra vidimus; sed ex eis, quae circa Conjunctionem intelligenda sunt, notionem provenire pronomini respondentem. CORT.

Translatitium est) De tuo edicto in meum: tantum abest ut a me sit compositum, ut te offenderem. Erit scimus *translatitium* aliter exponi posse. CORR. Latini sensu *translaticium* usurpant, quod Graeci Ἐγκύκλιον. Hesychius: Ἐγκύκλιον τὸ πανταχοῦ κοινόν. Idem: Ἐγκύκλια τὰ ἐγκαλούμενα ... *ἀνάγνωσις*; ad verbum *translaticia*. Hinc *ἐγκύκλιοι ἐπιστολαί*, quae eadem forma ad plures scribuntur, quas & *formales* Latini vocant: *translaticias* etiam licet dicere. SALMASIUS. Id in primis usurpant de capitibus edictorum, quae ex uno transferuntur in aliud. Gell. III. cap. ult. *Edicto quo nunc quoque Consules, cum in curiam vocant, servandae consuetudinis causa translaticio utuntur*. Est igitur hoc loco *translatitium*, quod ex aliis antiquioribus edictis sumtum est, & in hoc Ciceronis translatum. GRAEVIUS.

Neque enim eram tam desipiens) Desipiens enim fuissem, si edictum meum composuissem ad legationes impediendas accommodatum; quas scirem non privatae rei causa, sed publicae mitti. CORRAD.

Neque cum edixi) Duo videtur Appius objecisse Ciceroni: primum edixisse, ne quis injussu suo e provin-

cia

ne quis injussu meo proficisceretur, exclusi eos, qui me in castra, & qui trans Taurum persequi non possent. Nam id est maxime in tuis litteris irridendum. Quid enim erat, quod me persequerentur in castra, Taurumve transirent, cum ego Laodicea usque ad Iconium iter ita fecerim, ut me omnium illarum dioecesium, quae cis Taurum sunt, omniumque earum civitatum magistratus legationesque convenirent? Nisi forte postea coeperunt legare, quam ego Taurum transgressus sum, quod certe non ita est. Cum enim Laodiceae, cum Apameae, cum Synnadis, cum Philomeli, cum Iconii essem, quibus in oppidis omnibus commoratus sum, omnes jam istius generis legationes erant constitutae. Atque hoc tamen te scire volo, me de isto sumtu legationum aut minuendo aut remittendo decrevisse nihil, nisi quod principes civitatum a me postulassent: ne in venditionem tributorum, & illam acerbissimam exactionem

eis discederet: secundum, trans Taurum abiisse, quo civitatum legati eum persequi non possent, ut facultatem eundi Romam peterent. Quo facto videbantur excludi, id est, omni eundi Romam potestate privari. Hoc ultimum confutat Cicero, dum ostendit nihil fuisse opus, ut eum legati extra Taurum persequerentur, siquidem prius quam Taurum transiret, istius generis legationes jam audierat. QUART.

Injussu meo proficisceretur) Aliquo legatus. CORRAD.

Persequi non possent) Nisi veteres libri omnes ita haberent, crederem legendum esse, *persequi possent*. IDEM.

Id maxime in tuis litt. irridendum) Quod scribis, me eos exclusisse. ID.

Convenirent) Proficiscenti igitur mihi non fuerunt necessariae legationes illae. IDEM.

Nisi forte postea coeperunt legare) Nisi post discessum decretae sunt legationes: quod prorsus est falsum, cum multo ante decretae fuissent, ut ita sit concludendum: Ante meum discessum legationes fuerunt decretae, me proficiscentem non jam secutae, non igitur causa nulla hujusmodi legationes sunt decretae. IDEM. Hoc non sensit Cicero; sed sic argumentatur: Nullam habuerunt causam me sequendi in castra magistratus urbium & dioecesium, qui tibi legationem decreverant, cum ego per illorum fines iter fecerim, in iisque tam diu sim commoratus, ut possent me omnes commodissime convenire, & de illis legationibus mecum agere, quippe quae jam ante adventum meum constiterant. Ergo non necesse fuit quemquam hoc nomine me sequi in castra & trans Taurum, & nec ego quemquam edicto meo exclusi legatione, quod tu scribebas. GRAEV.

Me de isto sumtu legationum aut minuendo, aut remittendo decrevisse nihil) Miror sane sic in omnibus Edd. me invenire, cum in solis Lambini, & Stephanica sit *decrevisse ait*; quod quid aliud, quam innuit *decrevisse nihil*? JAC. GRON.

Venditionem tributorum) Est locationem, & redemptionem, cum universa summa tributi praesens sumitur a publicanis ad hastam invitatis. JO. FR. GRON.

Acer-

nem (quam tu non ignoras) capitum, atque ostiorum inducerentur sumtus minime necessarii. Ego autem cum hoc suscepissem, non solum justitia, sed etiam misericordia adductus, ut levarem miseriis perditas civitates, & perditas maxime per magistratus suos, non potui in illo sumtu non necessario negligens esse. Tu cum istiusmodi sermones ad te delati de me sunt, non debuisti credere. Si autem hoc genere delectaris, ut quae tibi in mentem veniant, aliis attribuas, genus sermonis inducis in amicitiam minime liberale. Ego si in provincia detrahere de tua fama umquam cogitassem, non ad generum tuum Lentulum, neque ad liber-

Acerbissimam exactionem capitum) Hinc ad Atticum ita scribit V. 16. *Audivimus nihil aliud, nisi imperata ἐπικεφάλια solvere non posse*. CORRAD. Nimis intensa, accurata, & sine ulla remissione, & ob id dura. Hae enim *acerbae*, *acria* Ciceroni denotant: pro Balbo c. 5. II. de Offic. c. 18. III. de Offic. c. 31. CORT.

Ne in illam inducerentur sumtus) Ne propter sumtus minime necessarios ille per se satis gravibus exactionibus oneraretur; ne in eas sumtus inutiles imputarentur. II. Agrar. 26. *His agri omnis, quaeque portio vestra erit, tamen ingens pecunia vobis inducetur*. I. Verr. 41. *Praemium grandem, quemadmodum in rationem inducerent*; infr. ep. 10. Io. FR. GRON.

Non potui in illo sumtu non necessario negligens esse) Non potui esse facilis ac liberalis in decernendo hoc sumtu, sive permittendo, ut hunc, qui minime necessarius est, sumtum facerent. *Negligens* hic rara & exquisita significatione accipitur pro prodigus, effusus in sumtum, cui opponitur *diligens*, hoc est, frugalis, parcus. Suet. Galb. 14. *Hic diversa vitiorum genera gessit: nam cum se ducendum permisisset & tradidisset, ut vix sibi ipse constaret; modo acerbior parciorque, modo remissior ac negligentior, quam conveniret principi electo, atque illius aetatis*. Sicut *acerbior* hic opponitur *remissior*, sic pariter opponitur *negligentior*. Horum vitiorum sibi contrariorum exempla statim subjicit; negligentiae quidem quod a comitibus donari gratias, vectigalia, & immunitates passus sit. Ibid. cap. praecedenti: *Ordinario dispensatori breviarium rationum offerenti paropsidem leguminis pro sedulitate ac diligentia porrexisse*; diligentia hic est frugalitas, parsimonia, propria patrumfamilias virtus, qui *diligentes* dicuntur, hoc est frugi. Cic. IV. in Verr. *Diodorus homo frugi ac diligens, qui sua servare vellet*. Plaut. Amphitr. III. 3.

Recte loquere, & proinde ut diligentem decet uxorem.

GRAEVIUS.

Non ad generum tuum Lentulum) Epistola 4. hujus libri. CORRAD. Vetus liber non habet *Lentulum*: & certe potest esse glossema. URSIN. Assentior Ursino. Nam nec mei MSS agnoscunt *Lentulum*; & rationes Manutii satis ostendunt hic ulcus esse, quod posset tolli hac, quam initi Fabvius, ratione. IDEM. *Aut ad generum tuum libertum Brundisii*) Sic MSS. Videntur leg. *aut ad Phaniam tuum libertum Brundisii*, supra ep. 6. Nam Lentulus ille gener Appii nusquam alibi commemoratur. Vide & Manutium. Io. FR. GRON. Pompeius filius, & M. Brutus, generi hujus Appii laudantur ep. 4. & alibi: Lentuli nusquam mentio: neque id nomen codices Graeviani habent, estque suspectum Manutio, glossema Ursino, cui Graevius ad subscribendum pronus est. CELLAR.

Liberbertum tuum Brundisii, neque ad præfectum fabrum Corcyræ, quem in locum me venire velles, retulissem. Quare potes doctissimis hominibus auctoribus, quorum sunt de amicitia gerenda præclarissime scripti libri, genus hoc totum orationis tollere, Disputabant: Ego contra disserebam: Dicebant: Ego negabam. An mihi de te nihil esse dictum umquam putas? ne hoc quidem, quod cum me Laodiceam venire voluisses, Taurum ipse transisti? Quod iisdem diebus meus conventus erat Apameæ, Synnadis, Philomeli, tuus Tarsi? Non dicam plura, ne, in quo te objurgem, id ipsum videar imitari. Illud dicam ut sentio: Si ista, quæ alios loqui dicis, ipse sentis, tua summa culpa est; sin autem alii tecum hæc loquuntur, tua tamen, quod audis, culpa nonnulla est. Mea ratio in tota amicitia nostra constans & gravis reperietur. Quod si qui me astutiorem fingit, quid potest esse callidius, quam cum te absentem semper

Libertum tuum) Phaniam. Conradus.

Præfectum fabrum) Clodium. Idem.

De amicitia gerenda) Colenda, ut *graves inimicitias gessisse*, dixit in Cæcil. 20. pro Dejot. II. *Inimicitias barbarorum more gerere potes*. Io. Fr. Gronovius.

Quod iisdem diebus meus conventus erat Apameæ) Hoc est, quod iisdem diebus ego jus dicerem Apameæ. Cellar.

Synnadis) *Synnade*, in duobus veteribus libris legitur. Sicut & lib. V. ad Atticum. Conrad.

Mea ratio in tota amicitia constans & gravis reperietur) Hoc est in amicitia tuenda sic me gessi semper, ut levitatis a nemine possim accusari. *Ratio alicujus* Ciceroni dicitur, quod quis agit, aut agere solet. Vid. Manut. Græv.

Quod si qui me astutiorem fingit) Non opinor hanc tertiam personam huic loco congruam esse, ubi Cicero tantum ratiocinatur de se, & de Appio, præsertim cum quæ de alio dicere habuit, præmiserit in plurali numero. Lege, *Quod si qui me astutiorem fingis*: Qui est, aliquomodo, vel causa, ut sæpe Tullius. Iac. Gron. *Quod si qui*. Inter *quis* & *qui* nullam olim differentiam fuisse, promiscuus usus veterum satis evincit & docuit P. Nannius ad Cic. II. Verr. c. 59. quid & quod operose tamen cum aliis distinguit Malaspina in I. ad Att. ep. 13. Nemo tamen facile contra usum aliquid profecerit: neque si ad *aliquis* hæc non extendenda putet, officiet, cum provisum nobis sit a Plauto Capt. A. I. Sc. II. v. 76., & ne plures nunc morer, ipse Tullius tam n. 9. tam alibi: ad Sall. Cat. c. 44. quædam etiam hujus generis adferre constitui. Sed revolve, quæso, quæ supra modo pro interpretatione scripsi, & qui hic erit salvum. Cort.

Quid potest esse callidius) Sic habent omnes libri manuscripti, & nonnulli vulgati. Quidam legi volunt *incallidius*, quo modo scriptum est in aliis vulgatis. ego nihil muto, & sic accipio, ut sit *εἰρωνεία*. Lamb. *Quod si qui me astutiorem fingis, quid potest esse callidius*) Sic ante Lambinum prima editio ac Victorii, qui pro *quis* ut paullo supra, *si qui suo jumento fractus esset officio*, ex Pall. sec. Grut. Vatic. jam *callidius* est in primo, quart. quint.

per defenderim, cum præsertim mihi usu venturum non arbitrarer, ut ego quoque absens a te defendendus essem, nunc committere, ut tu jure optimo me absentem deserere posses? Unum genus excipio sermonis, in quo persæpe aliquid dicitur, quod te putem nolle dici, si aut legatorum tuorum cuipiam, aut præfectorum, aut tribunorum militum male

quint. in Peck. Grut. in sec. tert. *calidius* puto utrique scriptura non geminante liquidas has sæpius; vulgo *insollidius* nimis frivolum. Ceterum paullo post est in Pall. sec. *cum præsertim mihi usum venturum non arbitrarer*; quod valde probo: sic Plaut. Cistell. *si quis usus venerit*. Item Bacch. *Aufugere bvile, si magis usu venerit*. Terent. Heaut. *Nam usus veniet spero*: aut si nolis sic accipere, accipe ut idem Afer Phorm. *Nos cum hujusmodi unquam usus venit, ut conflictares malo*. Pal. tert. *usui venturum*. Gebhardus. Non tamen ausus sum hoc *usum venturum* recipere unius codicis auctoritate, præsertim cum, quibus ego sum usus, libri refragentur, Ciceroni vero hoc loquendi genus *usu venire* sit frequentissimum. Graev. *Calidius*. Non damno hujus loci ironiam, per quam Terentius etiam *virtutes* pro *vitiis* posuit, notante Donato ad Eun. A. V. Sc. 8. Videndum tamen arbitror, an ne Cicero scripserit *calidius*; immo non videndum amplius, visitur plane in MSis aliquot, quod Gebhardus non statim antiquæ scripturæ tribuere debuisset. Ter. Eun. A. II. Sc. 3. v. 84. *Vide ne nimium calidum hoc sit modo*: id est præceps & inconsultum ex animi libidine. Et ipse Cic. I. de Offic. c. 24. XV. ad Att. ep. 6. qui & II. de Inv. c. 9. *Calidi* nomen interpretatur, *quod temerario & repentino consilio fit*; ut propterea vix opus existimem addere his Nonium Marcell. c. 4. ex ipso Cic. docentem *Calidum* notare *ferox* & *inconsultum*, quod hic egregie *astutia*, quæ circumspicit & considerat omnia, opponitur. Quibus perspectis sustinui Ciceroni unam litterulam demere, ratus hoc modo illum optime & bona pace a me augeri posse. Cort.

Quod te putem nolle dici) Legendum esse, *quod te putem non nolle dici* declarat id quod sequitur non longe admodum, ibi: *Hos ego sermones, quod & multi sunt, & tuam existimationem, ut ego sentio, non offendunt, lacessivi numquam*, &c. Nam hæc verba, *quod te putem non nolle dici*, hanc vim habent, de quo te putem non laborare, si dicatur: quia scilicet existimationem tuam non lædat. Quod si liceret libris contentientibus reponere, *quod te putem non valde nolle dici*, vel sic, *quod te putem non nimium nolle dici*, &c. multo magis probarem. Lambin.

Si aut legatorum) Si pendet ab *nolle dici*. Nec Lambinus audiendus, qui *non* intrudit; *non nolle dici*. Hoc vult Cicero: Nihil in sermonibus male de Appio dici; unum tamen esse, quod forte ingratum sit Appio, quod sæpe de legatis, præfectis, & tribunis ejus ab aliis male dicatur, quod tamen ipsum mox purgat: de hominibus his militaribus vide Sall. Cat. c. 59. de *male dicere cui*; quod sit *probra de aliquo dicere*, & *conviciis increpare*, dicam ad ea Crispi Cat. cap. 21. *male dictis increpabat omnes bonos*. Cort.

Aut præfectorum) Quorum unus Scaptius habuit turmas equitum, quibus inclusum in curia Senatum Salamine obsedit, ut fame Senatores quinque necarentur. Carradus. *Si aut legatorum tuorum cuipiam a. præf. a. tr. mil. maledicitur*) Heic potius aliis credidi quam mihi; puta Victorio, Manutio, Lambino hanc lectionem exhibentibus, accedente Vaticano cod. in quo talis scriptura restat: ceterum nullus nostrorum huic lectioni favet; quorum tert. & Graiev. *quidpiam aut præf. aut trib. militum male di...* quod ego non spernere rationibus mihi demil

male dicitur: quod tamen ipsum non mehercule adhuc accidit, me audiente, ut aut gravius diceretur, aut in plures, quam mecum Corcyræ Clodius est locutus: cum in eo genere maxime quereretur, te aliorum improbitate minus felicem fuisse. Hos ego sermones, quod & multi sunt, & tuam existimationem, ut ego sentio, non offendunt, lacessivi numquam, sed non valde repressi. Si quis est, qui neminem bona fide in gratiam putet redire posse, non nostram is perfidiam coarguit, sed indicat suam; simulque non de me is pejus, quam de te existimat. Sin autem quem mea instituta in provincia non delectant, & quadam dissimilitudine institutorum meorum ac tuorum lædi se putat, cum uterque nostrum recte fecerit, sed non idem uterque secutus sit, hunc ego amicum habere non curo. Liberalitas tua, ut hominis nobilissimi, latius in provincia patuit: nostra si angustior (etsi de tua prolixa beneficaque natura limavit aliquid posterior annus, propter quamdam tristitiam

mi conductio posses; primus vero accedit ad Victorianam lect. quippe *pipiam* & *quipiam*: jam vero *aut*, saepe ea brevitatis ignorantia prateritur, ut modo supra. Illud vero recte est ex Palat. pr. sec. Grut. Medic. Varic. emendatum, *aut in pluris*; vulgo inepte, *aut imperius*, quod tamen velut legitimum nonnullos codices invasit & infecit. Gebhard.

Sin autem quem mea instituta in provincia non delectant) Qua, inquit ad Atticum scribens, *nonnulli amici Appii ita interpretantur, ut me idcirco putent bene audire velle, ut ille male audiat: & recte facere, non mea laudis, sed illius contumelia causa*. Coner.

Et quadam dissimilitudine institutorum meorum ac tuorum lædi se putat) Si accurate perspicies, bone lector, hunc locum, videbis *te putat* legi debere, te, inquam, o Appi: de illo enim agitur: & quidam suspicabantur, nullam aliam ob rem tanta continentia & æquitate uti in provincia Ciceronem, nisi ut Appii furta & improbitatem argueret, demumque et existimationem illius violaret; quos tamen Cicero ipse diligenter refellit & in his epistolis, & ad Atticum. Nihil enim aliud significat totus ille locus ad Cælium, lib. II. ep. 13. *Grave institutorum, & rationum meorum*, &c. & ille ad Atticum, lib. VI. epist. 1. *Hæc nonnulli amici Appii ridicule interpretantur, qui me idcirco putant bene audire velle, ut ille male audiat, & recte facere non mea laudis, sed illius contumelia causa*. Vecter. *Te putat* legendum suspicor, ita postulante sententia. F. Vasis. *Lædi se putat*) Sic habent omnes libri & MSi & vulgati; puto autem, obscure, & (ut ita dicam) oblique significari Appium ipsum. Atque idcirco quidam legendum putant, *lædi te putat*, qua lectio multo planior ac facilior esset. Lambinus.

Ut hominis nobilissimi) Codex unus Memm. post vocem *nobilissimi*, habet *liberalissimi*, sine copulatione. Unde quidam suspicantur, ejecta voce *nobilissimi*, legendum, *ut hominis liberalissimi*: quod mihi quoque videtur. Lamb.

Nostra si angustior, etsi de tua prolixa beneficaque natura limavit aliquid posterior annus) Pro *limavit* alii habent *rima-*

tiam temporum) non debent mirari homines, cum & natura semper ad largiendum ex alieno fuerim restrictior, & temporibus, quibus alii moventur, iisdem ego movear, me esse acerbum sibi, ut sim dulcis mihi. De rebus urbanis, quod me certiorem fecisti, cum per se mihi gratum fuit, tum quod significasti, tibi omnia mea mandata curæ fore. In quibus unum illud te præcipue rogo, ut cures, ne quid mihi ad hoc negotii aut oneris accedat, aut temporis: Hortensiumque nostrum collegam, & familiarem roges, ut si umquam mea causa quidquam aut sensit, aut fecit, de hac quoque sententia bima decedat: qua mihi nihil potest esse inimicius. De nostris rebus quod scire vis, Tarso Nonis Octobr.

elimabit, alii *limitavit*. Vetusti hic codices nonnihil mendi continent; quod tamen, ut puto, facile tolli potest: sic enim in illis legitur, *limavit abit*, &c. Sunt autem, ni fallor, quatuor ultimæ litteræ bis repetitæ; cum fortasse librarius eamdem dictionem ut diversam imperite bis scripsisset; credo enim in aliquo exemplari *limabit* scriptum fuisse: olim autem (nam sæpe b pro u ponebant, ut ex vetustis lapidibus colligitur) quempiam fortasse, ne id aliquem falleret putaretque esse futuri temporis, supra extremam partem illius dictionis *limabit*, *avit* scripsisse; quod librarius qui inde descripsit, ut restituturum & necessarium verbum accepit, prioremque dictionem integram scripsit: ita nimia & curiosa diligentia non parum peccati admisit. *Limitavit* autem omnino puto mendosum esse. *Limitare* enim esse existimo limites & terminos collocare; *limavit* autem hic minuit παραφορικῶς omnes inutiles sumptus quasi conterendo. Victor. *Nostra sit angustior esse*) Vulgo, *angustior erit*; sed istud verbi neque in melioribus editionibus, neque in ullis MSis conspicitur; emendavi ergo ἐκ τῶν κορυφῶν. Ceterum in omnibus nostris, ut & tribus Guilielm. est *limitabit* non *limavit*. Ignatius quis invenerat in Medicæo *limitabit* legit *elimavit*, quod verbum est Latinum & proprium hujus sensus, ductum a *lima*, quæ atterit quod superfluit. Mihi in illo *limitabit* subesse aliquid suspicio est; alciusque tot codicum fides apud me fundata est, quam vel momenta sagacissimæ conjecturæ seu acuminis. Gron. *Limavit*: atterendo detraxit. Horat. I. ep 14. v. 38. Non alium, nisi a *lima* deductum, unde & Turnebus Plauti *limare caput* explicavit. Cort.

Me esse acerbum sibi ut sim dulcis mihi) Hoc est, me non esse liberalem erga alios, ut tanto magis laudar, & meis studeam commodis. Grav. Credo ea dixi referendum esse ad illos homines, quos dixit mirari. Erant enim ex provincia quidam, qui cum Appio de Cicerone querebantur; vide ep. X. Cort.

Nostrum collegam) In auguratu, Corradus.

Mea causa quidquam aut sensit) In meam gratiam statuit; animo suo probavit, aut censuit in senatu. J. Fr. Gron.

De hac quoque sententia bima) Duorum annorum. *Nam Sestius ad me scripsit. Hortensium de prorogandis nostra provincia dixisse nescio quid: qui mihi tamen in Cumano diligentissime se, ut animi essemus, defensurum receperat.* Corrad.

Nihil potest esse inimicitius) Et hoc quatuor Pall. priorum scriptura est, ac Grav.

Octobr. Amanum versus profecti sumus. Hæc scripsi postridie ejus diei cum castra haberem in agro Mopsiuhestiæ. Si quid egero scribam ad te; neque domum umquam ad me litteras mittam, quin adjungam eas, quas tibi reddi velim. De Parthis quod quæris, fuisse nullos puto. Arabes qui fuerunt, admisto Parthico ornatu, dicuntur omnes revertisse. Hostem esse in Syria negant ullum. Tu velim ad me quam sæpissime, & de tuis rebus scribas, & de meis, & de omni reipublicæ statu: de quo sum sollicitus eo magis, quod ex tuis litteris cognovi, Pompeium nostrum in Hispaniam iturum. Vale.

EPISTOLA IX.

ARGUMENTUM.

Appii litteris, humanissime scriptis, humanissime & ipse respondet: gratulatur de triumphi spe: hortatur ad absolutio-

ex Gruteriani; vulgo *inimicias*. Grut. Sed videsis, quæ supra ep. 2. de *amicitiæ*. Graev.

In agro Mopsuhestiæ) Græci hanc urbem Μόψου ἑστίαν appellant; hanc intelligit Cicero lib. 1. de Divinatione: *Amphilochus & Mopsus Argivorum Reges fuerunt, sed iidem augures, iique urbes in ora maritima Ciliciæ Græcas condiderunt*. Appianus in Syriacis Ἑστίαν Μόψου appellat: [illegible]. *Nam quoque Seleucus, Antiochi Gryphi filius, quamvis paternum omnis regno ejecit: qui quoniam violentus, & supra modum tyrannicus fuit, Mopsuhestiæ, quod est oppidum Ciliciæ, in gymnasio crematus est*. Nos quia scimus sæpe Romanos Græca nomina locorum aliquantulum diverse a Græca voce appellasse, & cum sic in antiquis codicibus inveniremus, ne tantulum quidem ab illis deflectere voluimus. Victor. *Mopsuhestiæ*) Urbis a Mopso vate condita, etsi *Mopsuhestia* etiam legitur. Cor. *In agro Mopsuhestiæ*) Ita Victorius, Med. Pal. pr. secundus vero & Pech. *Mopsuhestiæ*. tert. *Mopsestiæ*. quart. quint. *Mopsyestiæ*: alii ut Victor. & Lambin. *Mopsuhestiæ*; sicut dudum ante illos natos emendarat Egnatius. Grut. Cum sic libri vetusti varient, inque meo primo legatur *in agro hestiæ*, cur non restituamus cum Egnatio, Manutio, Lambino verum urbis nomen *Mopsuhestiæ*, quod corruptum est in membranis? Graev.

Neque domum umquam ad me litteras mittam) Elegantissime & omnimodo Tulliane: ex Victorio, ac Vaticano, in Pall. erat *ad meas lit*. qui hujus venustatis vim non ceperunt, legerunt *ad meos litteras mittam*. Grut. Grevii primus non longe abit a vera lectione, in quo scribitur, *neque domum umquam ad te litteras dabo*, *Ad meos litteras mittam*. Ita regii codices, pro vulgato, *ad me litteras mittam*. Lall.

In Hispaniam) Provinciam suam, quam Petreius, Afranius, & Varro administrabant. Cors.

Epi-

bitionem librorum auguralium: petit, ut supplicationem sibi decernendam curet.

M. T. C. APPIO PULCRO S. D.

VIx tandem legi litteras dignas Appio Clodio, plenas humanitatis, officii, diligentiæ. Adspectus videlicet urbis tibi tuam pristinam urbanitatem reddidit. Nam quas ex itinere, ante quam ex Asia egressus es, ad me litteras misisti, unas de legatis a me prohibitis proficisci, alteras de Appianorum ædificatione impedita, legi perinvitus. Itaque conscientia meæ constantis erga te voluntatis, rescripsi tibi subiratus. Iis vero litteris lectis, quas Philotimo, liberto meo, dedisti, cognovi intellexique, in provincia multos fuisse, qui nos, quo animo inter nos sumus, esse nollent: ad urbem vero ut accesseris, vel potius ut primum tuos videris, cognosse te ex iis, qua in te absentem fide, qua in omnibus officiis tuendis erga te observantia & constantia fuissem. Itaque quanti illud me æstimare putas, quod est in tuis litteris scriptum: Si quid inciderit, quod ad meam dignitatem pertineat, etsi vix fieri possit, tamen te parem mihi gratiam relaturum? Tu vero facile facies: Nihil est enim, quod studio, & benevolentia, vel amore potius effici non possit. Ego etsi & ipse ita judicabam, & fiebam crebro a meis per litteras certior, tamen maximam lætitiam cepi ex tuis litteris de spe minime dubia & plane explorata triumphi tui: neque vero ob eam causam, quo ipse facilius consequerer (nam id quidem Ἐπικούρειον est), sed, mehercule, quod tua dignitas atque amplitudo mihi est ipsa cara per se. Quare quoniam pluris tu habes, quam ceteri, quos scias in hanc provinciam proficisci, quod te adeunt fere omnes, si quid velis, gratissimum mihi feceris, si ad

EPISTOLA IX.

ETsi vix fieri possit, tamen, &c.) Ita scripserat Appius. Cor. *Tamen te parem mihi gratiam relaturum*) Non illepida est prima codicis Graeviani scriptura, *Perbeani mihi gratia relaturum*. Graev.

Ἐπικούρειον) Epicureum. Cornel. Cic. Op T. XIV. Epist. Tom. T. I.

Te adeunt fere omnes, si quid velis) Te rogent quæsitum, num quid velis, numquid habeas ibi, quod nunciari confieri velis. Erat propria & solemnis formula, qua utebantur abituri offerentes suam operam & ministerium ad quævis officia. Nihil frequentius apud Comicos. Vid. *Non*

M quid

ſi ad me ſimul atque adeptus eris, quod & tu confidis, & ego opto, litteras miſeris. Longi ſubſellii (ut noſter Pompeius appellat) judicatio & mora, ſi quem tibi item unum alterumve diem abſtulerit (quid enim poteſt amplius?) tua tamen dignitas ſuum locum obtinebit. Sed, ſi me diligis, ſi a me diligi vis, ad me litteras, ut quam primum lætitia afficiar, mittito. Et velim, reliquum quod eſt promiſſi ac muneris, tui mihi perſolvas. Cum ipſam cognitionem juris augurii conſequi cupio, tum mehercule tuis incredibiliter ſtudiis erga me muneribusque delector. Quod autem a me tale quiddam deſideras, ſane mihi conſiderandum eſt, quonam te remunerer potiſſimum genere: nam profecto non eſt meum, qui in ſcribendo (ut ſoles admirari) tantum induſtriæ ponam, committere, ut negligens ſcribendo fuiſſe videar: præſertim cum id non modo negligentiæ, ſed etiam ingrati animi crimen futurum ſit. Verum hæc videbimus. Illud, quod polliceris, velim pro tua fide diligentiaque, & pro noſtra non inſtituta, ſed jam inveterata amicitia cures, enitare, ut ſupplicatio nobis quam honorificentiſſime quam primumque decernatur. Omnino ſerius miſi litteras, quam vellem: in quo cum navigandi difficul-

quid vis? Si vero idem eſt quod nam. Flor. III. 3. Conſulentes ſi quid ad uxores ſuas mandarent, Terent. Heaut. III. 4. 5. Viſam ſi domi ſit. Sic & a Græcis εἰ ſæpe accipitur, ut multis exemplis pridem docti viri oſtenderunt. GRÆV. De ea formula obeuntium monui ad I. ep. 9. adire autem oracula, ſiſcitantes Sueton. Tiber. & Rhetor. c. 1. dixit pro conſulere, requirere, quomodo & alii. Et cum hoc ex iis verbis ſit, cui aliud ſenſu adhæreat, facile aliquod addere poteris, cui particula Si reſpondeat: v. g. parati ad expediendum, præſtitori, aut ſimile. Grævius accipit ſi pro Num & confert Flor. III. c. 3. Ita intelligere poſſes adeunt & quærunt. Sed ut poſuit Cicero, ea particula ſua notione bene reſpondet; & intellectui tuo reſpondebit, ſi conſideraveris, quæ de illa jam monuimus. CORT.

Longi ſubſellii) Senatus, ut quidem ego ſentio. Nam, ut ſenatores omnes ſedere poſſent in ſenatu, neceſſe erat ut longa eſſent ſubſellia, qualia in ſenatu Veneto conſpicimus. CORR. *Longi ſubſellii judicatio*, eſt res ad quam decernendam multi requiruntur, qui judices ſedeant, quæ a magno judicum conſeſſu definienda eſt, ut hic ſenatus, qui de triumphis judicabat. GRÆV.

Reliquum quod eſt promiſſi ac muneris) De libris auguralibus. CORR.

Hæc videbimus) Providebimus, ac cavebimus, II. ep. 14. Et eſt elegans formula aliquid ſeponendi, unde illa: Viderit, Videris. Ovid. II. At. Am. vide Heins. ad Ovid. I. Pont. ep. 2. v. 9. Nec aliter Seneca de morte Claudii c. 13. Sæpe ſimul negationem involvit & ſignificationem, quod rei vix fieri poſſit, quæ ita videri jubetur, quod clarum erit, collatis XIV. ep. 14. XVI. ep. 26. CORT.

Ipſum

ficultas fuit odiosa, tum ipsum discessum Senatus incidisse credo litteras meas. Sed id feci adductus auctoritate, & consilio tuo: idque a me recte factum puto, quod non statim ut appellatus imperator sim, sed aliis rebus additis, æstivisque confectis, litteras miserim. Hæc igitur tibi erunt curæ, quemadmodum ostendis: meque totum, & mea, & meos commendatos habebis. Vale.

EPISTOLA X.

ARGVMENTVM.

Appium Dolabella reversum e Cilicia de majestate, & de ambitu accusaverat, eodemque tempore Tulliam, Ciceronis filiam, uxorem duxerat, M. Cælio, Ciceronis, & Dolabellæ amicissimo eas nuptias conciliante; de quibus libro octavo epist. 6. 13. Id factum a suis insciente se, conatur Cicero probare, & in hanc sententiam multa colligit. Præterea, suspicante Appio impeditas a Cicerone legationes, quæ Romam ad suam laudem ire decrevissent, multis verbis hanc ei suspicionem studet adimere. Mittit etiam commentarium de rebus a se perfectis atque institutis in provincia, quæ ad Appii absolutionem pertinerent. Auguratur in extremo, censuram ei delatum iri; quod evenit.

M. T. C. APPIO PVLCRO S. D.

CVm est ad nos allatum de temeritate eorum, qui tibi negotium facesserent, etsi graviter primo nuntio commotus

Ipsum discessum senatus) Ex certis diebus comitialibus, per quos lege Pupia haberi Senatus non poterat, epist. 3. lib. I. Corr. *Tum ipsum discessum senatus incidisse credo litteras meas*) Sic est elegantius ex tribus posterioribus Pall. & Stewech. vulgus subjecit *in*, ne horrendum esset circa quæstionem, quo procederet oratio regimine. Gruter. Sic & Grævii primus, & Mentelianus codex. Græv.

Consilio tuo) Ne statim post primam victoriam litteras mitterem. Corrad.

Vt appellatus imperator sim) Apud illum, epist. 10. lib. II. Idem.

Aliis rebus additis) Victis præsertim Pindenissis, qui Saturnalibus mihi se dediderunt. Idem.

Æstivisque confectis) *Hiems*, inquit alibi, *exercitum in hybernis agri male pacati deducendum Q. fratri dabam*. Idem. Æstivo tempore, quo res maxime aguntur, finito. Livius XXXVII. Sall. Jug. c. 44. Hirt. VIII. B. G. c. 6. Vellei. II. c. 105. De *confectis* vide ad II. p. 13. Gebr.

EPISTOLA X.

DE *temeritate eorum*) Dolabella. Epist. 6. lib. VIII. Corrad.

Ipsum

motus sum, quod nihil tam praeter opinionem meam accidere potuit: tamen ut me collegi, cetera mihi facillima videbantur, quod & in te ipso maximam spem, & in tuis magnam habebam: multaque mihi veniebant in mentem, quamobrem istum laborem tibi etiam honori putarem fore. Illud plane moleste tuli, quod certissimum & justissimum triumphum hoc invidorum consilio esse tibi ereptum videbam. Quod tu si tanti facies, quanti ego semper judicavi faciendum esse, facies sapienter, & ages victor ex inimicorum dolore triumphum justissimum. Ego enim plane video fore nervis, opibus, sapientia tua, vehementer ut inimicos tuos poeniteat intemperantiae suae. De me tibi sic, contestans omnes deos, promitto atque confirmo, me pro tua

Istum laborem) Hoc est hanc injuriam, molestiam. Terent. And. V. 2. 29. *Nonne te miseret mei tantum laborem capere ob talem filium*; hoc est, tantam molestiam, ut Donatus exponit. Plura notavi ad Justinum. GRAEVIUS.

Hoc invidorum consilio esse tibi ereptum videbam] Appius enim introierat in urbem, triumphique postulationem abjecerat. Cum Dolabellae accusatione factum, ut triumphi spem abjiceret, urbem ingressus ad defensionem. Vide Lib. VIII. ep. 6. GEBHAR.

Tanti facies) Minimi. CORRAD.

Ex inimicorum dolore) Si vinces dolorem, quem tibi inimici creare voluerunt, illi dolebunt, & ita eorum victor eris. Multa in hanc sententiam Seneca de Constant. Sap. CORT.

Ego enim plane video fore nervis opibus sapientiaque tua) Nostra lectio accepta est ex vetustis codicibus, quam non longe meliorem putamus: id enim vulgata verba mihi videntur significare, quod non esse satis accommodatum sensui arbitror. *Video tibi opus fore nervis sapientiaque tua*, id est, judico te omne studium tuum, & laborem ponere debere, ut inimici tui doleant se tibi molestos fuisse; quasi dicat, nisi enim omnibus viribus conatere, non eos poeniteret, id est, non posses illos ulcisci: quod nullo modo mihi placet. Nos sic hunc locum intelligimus. Ego plane & perspicue video fore, ut vehementer doleant inimici tui, se in te tam petulantes fuisse: atque id quidem existimo fretus potentia, copiis, & *sapientia tua*: eos enim in te *nervos* & *opes* video, ut posse dignitatem tuam tueri, & illos, quod tibi molestiae fuerint, facile ad poenitentiam reducere. VICTORIUS.

Contestans omnes deos] E vetustis pariter exemplaribus eruimus, meliore profecto sententia. Metaphora a litibus sumta, quae *contestatae* dicebantur cum verba illa pronunciata essent, *testes estote*. *Contestans* citansque testes cunctos deos, nec enim deus orare, sed potius in testimonium vocare oportebat. VICTOR. *Contestans omnes deos*] Sic est in editionum principe, invenitque Victorius in suis: ceterum sic expresse Grut. Pall. sec. tert. quint. ob compendium scriptionis *consfans*: alii *obtestans*, alii *testans*: utrique male: sic Cicero alibi in Verrem: *Deos hominesque contestans clamore coepit*. Idem pro Flacco: *Cum ego te, Flacce, caelum terramque contestans flens flentem obtestabar*. GRAEV. Clare Amstelodam. *constans*. Mentel. *constans*. GRAEV.

Promitto atque confirmo) Sic etiam ad Atticum: *Pro Appio nos hic omnia facimus, honeste tamen, sed plane libenter: nec enim ipsum odimus, & Bru-*

tua dignitate (malo enim dicere, quam pro salute) in hac provincia, cui tu præfuisti, rogando deprecatoris, laborando propinqui, auctoritate cari hominis (ut spero) apud civitates, gravitate imperatoris susceptarum officia atque partes. Omnia volo a me & postules, & exspectes, vincam meis officiis cogitationes tuas. Q. Servilius perbreves mihi a te litteras reddidit, quæ mihi tamen nimis longæ visæ sunt. Injuriam enim mihi fieri putabam cum rogabar. Nollem accidisset tempus, in quo perspicere posses quanti te, quanti Pompeium, quem unum ex omnibus facio, ut debeo, plurimi, quanti Brutum facerem: quamquam in consuetudine quotidiana perspexisses, sicut perspicies: sed quoniam accidit, si quid a me prætermissum erit, commissum facinus & admissum dedecus confitebor. Pontinius, qui a te tractatus est præstanti ac singulari fide, cujus tui beneficii sum ego testis, præstat tibi memoriam benevolentiamque, quam debet: qui cum maximis rebus

tum amantur; & Pompeius a me mirifice contendit. Corr.

Deprecatoris) Intercessoris, qui causam tuam agat. Sic Lib. II. ep. 13. *Deprecatorem me pro illius periculo prebeo*. Plautus Pseudol. A. II. Sc. II. v. 12. vide eumdem Captiv. III. Sc. III. v. 7. & Terent. Heaut. A. V. Sc. II. v. 21. Corr.

Cari hominis (ut sp.) apud civitates, &c.) Sic habent quidem omnes, quos vidi, libri, excepto uno, in quo est *chari*, & altero, in quo, *clari*: verumtamen legendum putarim potius *gratiosi*: sic enim loquuntur Latini, Gratiosus apud civitates: Carus apud civitates vero, non item: diceretur enim potius, Carus civitatibus. Lamb. *Auctoritate cari hominis*) Sic est in omnibus nostris MSis, & editionibus; solum in Pal. secundo est a manu secunda *clari hominis*, quod improbandum non ducerem, modo numerosiore & firmiore se teste tueretur. Clarum apud suos provinciales se fuisse, jactat Cælio lib. II. epist. 10. *Quadam auctoritate apud eos, qui me non norant, nominis nostri. Multum est enim in his locis: Hiccine est ille, qui urbem? quem Senatus? nosti cetera*. Gron. Guilielmius probat *clari* (quod in Palatino secundo est a secunda manu), quia clarum apud provinciales se fuisse scripserit Cælio libro secundo, epistola decima. Omnes tamen codices antiqui, *cari*. Ad persuadendum valet plurimum amor. Quamvis enim sis clarissimus, nisi ameris & carus sis, non faciles aures invenies tuis persuasionibus. Graev.

Nimis longæ) Quia diu me pungunt, & longum dolorem reliquerunt. Sic *multus* pro eo, qui multum negotii facessit. Plaut. Menæchm. A. II. Sc. II. v. 41. Corr.

Pontinius) Legatus meus. Corr.

Qui a te tractatus est præstanti ac singulari fide) Cum tu Cos. illi in petitione triumphi ex Allobrogibus victis, contra Catonem & Servilium prætores favisti. Corr.

Cujus tui beneficii sum ego testis) Nam Pontinio ad triumphum volui adesse. Corr.

Præstat tibi) Præbet, & re ipsa exhibet: cogita de *constare* Ep. 5. ad de Marat. ad IV. ep. 8. Corr.

bus suis confectus a me invitissimo decessisset, tamen ut vidit interesse tua, conscendens jam navem, Epheso Laodiceam revertit. Talia te cum studia videam habiturum esse innumerabilia, plane dubitare non possum, quin tibi amplitudo ista sollicitudo futura sit. Si vero efficis, ut censores creentur, & si ita gesseris censuram, ut & debes, & potes, non tibi solum, sed tuis omnibus video in perpetuum summo te praesidio futurum. Illud pugna & enitere, ne quid nobis temporis prorogetur; ut cum hic tibi satisfecerimus, istic quoque nostram in te benevolentiam navare possimus. Quae de hominum atque ordinum omnium erga te studiis scribis ad me, minime mihi miranda & maxime jucunda acciderunt: eademque ad me perscripta sunt a familiaribus meis. Itaque capio magnam voluptatem, cum tibi, cujus mihi

A me invitissimo decessisset) Al. *a me invitissime discessisset*, ep. 5. lib. II. CONR.

Laodiceam revertit) Ut tibi memoriam benevolentiamque praestare posset. IDEM.

Quin tibi amplitudo ista sollicitudo futura sit) Qui mutarunt, *quin tibi amplitudini ista sollicitudo*, audaciae suae ac temeritatis specimen dederunt; quasi haec omnium librorum, ac MSorum lectio minus liqueret, aut parum integra foret. Eam certe conspicio in Pall. omnibus, Grut. Stewech. Vatic. denique editione prima, ac Victorii. GERMANN. Sic & vetus codex N. Heinsii, & omnes quatuor quibus usus sum. GRAEV. Sensum facilius percipies, qui voces sic ordinabit: *Quin sollicitudo ista sit futura tibi amplitudo*. Quia ista sollicitudo incrementum tibi allatura sit amplitudinis, ac dignitatis. Hoc ipsum est, quod ante dixit, putare se, Appio hunc *laborem etiam honori fore*. OLIV. Plenum hoc & simile, non adeo exosum fuit Romanis, ut in sermone suo plane usurparent. Tullius in Bruto p. 169. Liv. XLII. c. 17. Claud. III. Rapt. Pros. v. 145. CORT.

Si vero effeceris, ut censor creeris) Libri fere omnes MSi habent: *Si vero effeceris ut censores creentur*, &c. quo modo P. Victorius edendum curavit; quod non probo. Neque vero alio modo ferri potest, ut declarant ea, quae sunt in hac epistola extrema, & in 16. & 17. Supra autem, ubi complures editiones habent *invitissimo*, legendum *invitissime*, ut habent alii libri & vulgari, & manuscripti. LAMBINUS. *Si vero efficis, ut censores creentur*) Nondum apud me pervicit auctoritas Lambini, ut hanc scripturam Victorii (quae est in omn. Pall. Grut. tribus Guilielmianis, editionum prima) cum ipso rejicerem; quid causae? certe vulgatae neque volam neque vestigium invenio; sicut & illud *invitissime* in solo quarto Pall. exstat, quod antepeuit longe nostro; in quo, spero, doctiorum neminem rivalem habiturus est. Prior lectio vulgo sic concepta est: *si vero effeceris ut censor creeris*. GERMANN. Adprobant lectionem hanc, quam Victorius & Gebhardus asseruerunt, illi quoque quatuor MSi, quos Graevius evolvit. Vid. P. Manut. GRAEV.

Si ita gesseris censuram) Eam sane quidem postea gessit cum L. Pisone. CONRAD.

Navare) *Novare* habent libri veteres. IDEM.

A familiaribus meis) A M. Caelio; prae-

mihi amicitia non solum ampla, sed etiam jucunda est, ea tribui, quæ debeantur: tum vero remanere etiam nunc in civitate nostra studia prope omnium consensu erga fortes & industrios viros, quæ mihi ipsi una semper tributa merces est laborum & vigiliarum mearum. Illud vero mihi permirum accidit, tantam temeritatem fuisse in eo adolescente, cujus ego salutem duobus capitis judiciis summa contentione defendi, ut tuis inimicitiis suscipiendis oblivisceretur patroni omnium fortunarum ac rationum suarum: præsertim cum tu omnibus vel ornamentis, vel præsidiis redundares, illi (ut levissime dicam) multa deessent: cujus sermo stultus & puerilis erat jam antea ad me a M. Cælio, familiari nostro, perscriptus: de quo item sermone multa

præsertim illud: Appium hic nos omnes absolvimus. Id.

Ea tribui quæ deberentur) Al. *ea videam tribui*. Corrad. *Cum tibi, cujus mihi am.* &c.) Celare lectorem non possum, nullo in codice antiquo, quem quidem viderim, a me repertum esse verbum *video*, ibi, *ea tribui video*; ex quo mihi orta suspicio est, esse alienum & aliunde invectum: totumque hunc locum sic esse legendum: *Cum tibi, cujus mihi amicitia non solum ampla, sed etiam jucunda est, ea tribui, quæ deb.* &c. ut *cum* & *tum*, hic intelligantur esse non adverbia temporis, sed copulationes: & infinitivus *tribui* regatur ab illo toto, *cepi magnam voluptatem*. Lambinus.

Ea tribui, quæ debeantur: tum vero remanere etiam nunc) Vulgo *tribui video*; sed posterius recte abigunt quatuor Pall. Grut. Pech. editio prima & Victorii: deinde iterum vulgarunt, *tum vero etiamnum remanere*: sed illud *etiamnum* exturbarunt quoque Pal. tert. Grut. Stewech. pro nostra vero lectione pugnant quatuor Pall. Victorii editio: sed eque transposuit in prima impressione Ignatius. Gebhard. Addunt quidam verbum *video*, sed in... codicibus, nec sententia postulante. Lamb.

Erga fortes & industrios viros) Pall. tert. Grut. Stewech. *erga fortes & industriosos viros*; qui codices tamen non postremo apud me sint numero, tamen non ausus sum hanc novitatem ac licentiam admittendi quodvis in Cicerone assumere atque usurpare. Porro item Pal. tert. ac Stew. *tantam temeritatem fuisse adolescenti*. Gebh. MSi tres & coll. N. Scelsii: *erga fortes & industriosos viros*; meus vero optimus, *erga fortes & industres viros*; legendum, *erga fortes & industres viros*; illustres nimirum natalibus & meritis in rempublicam: Cicero I. Verr. *Homines maxime illustres, qui & ipsi nati sunt, & alios maxime ornant*. Veteres autem sæpius scripsisse *industris* pro *illustris* testantur inscriptiones antiquæ; dein mallem ex Stewechiano: *Quæ mihi ipsi una semper tributa merces est*. Graev.

Tantam temeritatem fuisse in eo adolescente) P. Dolabella. Corr.

Salutem duobus capitis judiciis summa contentione defendi) Hinc epist. 2. lib. VI. ita scribit: *Dolabella mihi debebat quod non defueram ejus periculis*. Id.

Inimicitiis suscipiendis) Phrasin jam illustravimus, & nunc recurrit. Est autem dictum pro *inimicitias suscipiendo*, ut Liv. XXXIV. c. 31. ubi Gronovium videas. Plura ad Sall. Cat. c. 18. Cort.

A M. Cælio familiari nostro, perscriptus) Cic. VIII. ad Famil. epist. 6. Lamb.

multa scripta sunt abs te. Ego autem citius cum eo, qui tuas inimicitias suscepisset, veterem conjunctionem diremissem, quam novam conciliassem. Neque enim de meo erga te studio dubitare debes, neque id est obscurum cuiquam in provincia, nec Romæ fuit. Sed tamen significatur in tuis litteris suspicio quædam & dubitatio tua, de qua alienum tempus est mihi tecum expostulandi, purgandi autem mei necessarium. Vbi enim ego cuiquam legationi fui impedimento, quo minus Romam ad laudem tuam mitteretur? aut in quo potui si te palam odissem, minus, quod tibi obesset, facere? si clam, magis aperte inimicus esse? Quod si essem ea perfidia, qua sunt ii, qui in nos hæc conferunt, tamen ea stultitia certe non fuissem, ut aut in obscuro odio apertas inimicitias, aut in quo tibi nihil nocerem, summam ostenderem voluntatem nocendi. Ad me adire quosdam memini, nimirum ex Epicteto, qui dicerent, nimis magnos

Ego autem citius cum eo, qui] Vulgo *ac eo*: sic est in omnibus MSis, & editionibus vetustioribus. Porro omnes MSi ut & prisca editio, *essem ex perfidia*; forte, ut Plautus *ex paupertate*; sed crebro permutantur *a* & *e*. GRONOV.

Quam novam conciliassem] Ex Tulliæ nuptiis. Eam ob rem Cicero certos homines ad mulieres misit, qui Romam venerunt factis sponsalibus. CORRAD.

In nos conferunt] Nobis imputant. Cic. de Sen. c. 5. Quo cum optime contuleris Sall. Iug. c. 1. CORT.

Ad me adire quosdam memini, nimirum ex Epicteto, qui dicerent] Tres hæ dictiones, *nimirum ex Epicteto*, quas nos reposuimus, in omnibus sunt antiquis exemplaribus, etsi eas nonnulli conati sunt delere lineis circumductis, tamquam vacent: quod semper nonnulli facere consueverunt, ut omnia a se non intellecta improbent, & expungant, homines parva eruditione, & nullo judicio præditi. Verba omnino hæc incorrupta sunt, & sententiam etiam Ciceronis non parum adjuvant; cum enim totam rem diligentius explicet, & locum etiam ipsum, unde ad se venerant, narrent, majorem fidem verbis suis comparat: & cum tam longe domo venisse ostendit, arguit rem de qua questum venerant, non parvum ipsis detrimentum attulisse, quæ coegerit eos tam longe a suis finibus ad proconsulem adire. Est autem *Epictetus* Phrygia minor, quasi posterius justo & antiquo regno adjecta. Strabo lib. XII. *Φρυγία τε γὰρ ἡ μὲν καλεῖται μεγάλη, ἧς ὁ Μίδας ἐβασίλευσεν, ἧς μέρος οἱ Γαλάται κατέσχον, ἡ δὲ μικρὰ ἡ ἐφ᾽ Ἑλλησπόντῳ, καὶ ἡ περὶ τὸν Ὄλυμπον, ἡ καὶ Ἐπίκτητος καλουμένη.* *Nam Phrygia, quæ quidem dicitur Magna, in qua Midas regnavit, cujus partem incolunt Galatæ; quæ autem Parva, quæ prope Hellespontum, & circa Olympum, quæ & Epictetus appellatur.* Quo nomine alibi etiam idem auctor eamdem provinciam appellat: sed certam rem non oportet pluribus testibus confirmare. VICTOR. *Quosdam memini*] Al. *quosdam memini, nimirum ex Epicteto*. Epictetus autem Phrygia minor dicitur a Strabone. Casaubon. Post *memini*, quidam libri veteres habent, *nimirum ex Epicteto*, ut testatur P. Victorius, non in nullo ea

magnos sumtus legatis decerni: quibus ego non tam imperavi, quam censui, sumtus legatis quam maxime ad legem Corneliam decernendos. Atque in eo ipso me non perseverasse testes sunt rationes civitatum, in quibus quantum quae-

lo ex nostris reperimus, neque existimamus esse Ciceronis, Paullo Manutio assentientes: miror que Petro Victorio aliter videri, nam haec verba clamant se esse aliena, & foris profecta. LAMB. Verba illa, quae ex suis vetustis libris affert Victorius, *nimirum ex Epicteto*, cum neque in Pall. Grut. Guilielm. e.l. pr. neque Lambini libris compareant, nolui deni inducere huc; cum re vera videantur pannum in purpura. GRONAVIUS Italicus clare, *nimirum ex Epicteto*. Amstelodamensis tamen, *Nimirum ex epicteto*, & Graevii primus, *Nimirum ex epictete*. Literae scilicet sunt transpositae. Non frustra haec in antiquis codicibus conspiciuntur, & magno suo judicio reposita sunt a Victorio, frustra Lambino, & Gebhardo repugnante. GRAEV. *Ad me adire quosdam memini*) Quid mihi mentis fuerit in sequendo Gebhardo, & omittendis verbis, quae ab Victorio his subnectuntur *nimirum ex Epicteto*, placet edere post Manutium, & Lambinum. Primo erat aliquod certe monumentum tanta concordia tot Germanicorum Codd. praeter Lambinianos, & ipsos octo Manutianos. Secundo ipsa vocula praemissa *nimirum*, faciens mihi ad sententiam quid nisi clamat, haec inserta esse, cum nulpiam sic collocetur in Cicerone; cur enim non Cicero simpliciter scripsisset *ad me adire quosdam memini ex Epicteto?* non potest tolerari vocula, quae immittitur. Tertio cum unus Strabo hanc Επίκτητον Φρυγίαν inter Graecos nominet, nullus vero alius, unde probabitur Romanis ita fuisse quoque appellatam? cur enim non vocat Olympenen? cur non Phrygiam minorem, vel ad Hellespontum? Quarto, quod palmarium videtur omnino devidere rem totam, an Ciceronis juridictio pertinuit ad montem Olympum, aut ad Hellespontum? Usque Hellespontus pertinuit ad Asiae administrationem, ut ex Patio verissime colligit Manutius ad XIII, 53. & si quid Phrygiae pertinuit ad Dioeceses Ciceronis, fuit Phrygia ultra Maeandrum & majoris, ut multis partibus discitur ex ejusdem Manutii citationibus ad L. V. ad Att. Ep. 1. Quinto, quia ex Strabone patet, Epictetum adjacuisse Bithyniae, & Galatis Tolistoboiis: an & huc usque ampliabitur imperium Tullii? Quid igitur est, quod in optimae fidei codicibus ea verba exstent? Videlicet non potuit id adscribi ab homine τῆς γεωγραφίας imperito, sed qui & Strabonem legerat, & de rariore istius partis Phrygiae appellatione audierat, sed inconsulte tamen adscripsit, neque illa Strabonis Ἐπίκτητος Phrygia ad Ciceronem, vel Appium pertinere potuit. Itaque potius Midaenses Ciceroni in Ep. 8. attribuerim, utpote qui in Phrygia majori. Sed & ibi difficultas. Nam licet de eorum testimonio ibi scribit Cicero, se Synnadis pro tribunali disputavisse, tamen admonitio Manutii audienda est, non ideo sequi eos fuisse sub Synnadico conventu, etsi & eum magnum fuisse constet, & Plinius in loco quem citat etiam Victorius ad hunc librum, ita referat, Ciceronis quoque aetate inter quod tempus magnopere omnia sunt mutata. Quin etiam eum deferent ad eum principes multarum civitatum, legatos tales, & sumtum his nimium magnos decerni, non erat Synnadis, sed Apameae; ut sub hoc conventu civitatum principem ad eum detulisse oporteat, & in his singulatim ejus parvae & ingloriae urbis, quam postea nominavit tantum in Synnadico conventu. Sed statuat quisque suo arbitrio. JAC. GRON.

Ad legem Corneliam) Qua L. Sulla in decernendis sumtibus omnes Asiae civitates pro portione in provincias descripsit, CORRAD.

lega-

quaeque voluit legatis tuis datum induxit. Te autem quibus mendaciis homines levissimi onerarunt? non modo sublatos sumtus, sed etiam a procuratoribus eorum, qui jam profecti essent, repetitos & ablatos, eamque caussam multis omnino non eundi fuisse. Quererer tecum atque expostularem, ni (ut supra scripsi) purgare me tibi hoc tuo tempore, quam accusare te mallem, idque putarem esse rectius. Itaque nihil de te, quod credideris de me: quamobrem non debueris credere, pauca dicam. Nam si me virum bonum, si dignum his studiis eaque doctrina, cui me a pueritia dedi, si satis magni animi, non minimi consilii in maximis rebus perspectum habes, nihil in me non modo perfidiosum, & insidiosum, & fallax in amicitia; sed ne humile quidem aut jejunum debes agnoscere. Sin autem me astutum & occultum juvat fingere, quid est quod minus cadere in ejusmodi naturam possit, quam aut florentissimi hominis asper-nari

Legatis tuis datum, indixit] Al. *induxit*: quod est verbum ad rationes magis accommodatum. Lamb. *Datum induxit*] Sic videtur legendum, atque interpungendum, sententia optima, *Quantum quoque divitiarum voluit legatis tuis datum, tantum in rationes induxit*, id est, tantum in tabulas publicas expensum retulit. Sic loquitur lib. I. Accus. *Tutores pecuniam praetori si pupilli nomine dedissent, grandem praesertim, quemadmodum in rationem inducerent, quemadmodum sine periculo suo dare possent, non videbant*. Non dissimulabo tamen, plerosque libros veteres habere *indixit*: quod si probabimus, distinctionis nota post *datum* erit locanda, hoc modo: *Quantum quoque voluit leg. tuis datum, indixit*. Atque hanc lectionem aeque probo atque superiorem: & fortasse recta & vera est. *Indicere* autem positum pro imperare, quo modo saepe usurpant Latini, cum dicunt *indicere tributum*. LAMBINUS. Vid. Manut. Pall. tres quatuorve, Grut. Stewech. Victorii editio, quantum *quoque voluit, legatis tuis datum induxit*; quamquam magis probem Pal. pr. & Petk. scripturam: *Quantum quoque voluit legatis tuis datum, indixit*. Pal. quint. non absurde, *quantum quoque voluit legatis tuis, mandatum induxit*. GRAEVIUS. *In quibus . . . . induxit*; in quas retulit, vel quibus intulit, quomodo loquitur Sueton. in Caesar. c. 47. & Colum. I. c. 7. Cicero alibi: *populo R. inducere*, & *in rationem inducere*; quae loca apud Manutium videre potes. Hic vero *in quibus induxit* posuit pro *quibus*, vel *in quas*, uti Terent. Andr. A. IV. Sc. 4. Sall. Cat. c. 57. Liv. XXXII. c. 15 & quae sunt similia per se potius quoque sumto intelligenda, quam si verbo tale regimen adscriberem. Tunc vero in eam sustinent notionem, quam supra illustravimus. CORT.

Sin a. me astutum, & occultum lubet fingere] Sic Medicaeus codex: & ex eo Victorius: vulgo *libet*; sicut plerique MSi. Pal. pr. *juvet*, quint. *juverit*, quart. vero, *occultum ut juvat libet fingere*. Mihi illud *juvat* displicere non potest. GRAEVIUS. *Occultum juvat fingere*] Recepi *juvit* ex tribus Palatinis, quamquam in primo eoque optimo *juvet* scriptum sit. Non longe abit auctorem vetustissimus, qui & fontem depravatae scripturae aperit, in eo enim *jubet* legitur utique scri-

bendi

tueri benevolentiam, aut ejus existimationem oppugnare in provincia, cujus laudem domi defenderis? aut in ea re animum ostendere inimicum, in qua nihil obsis? aut id eligere ad perfidiam, quod ad indicandum odium apertissimum sit, ad nocendum levissimum? Quid erat autem, cur ego in te tam implacabilis essem, cum te ex fratre meo ne tunc quidem cum tibi prope necesse esset eas agere partes, inimicum mihi fuisse cognossem? Cum vero reditum nostrum in gratiam uterque expetisset, quid in consulatu tuo frustra mecum egisti, quod me aut facere, aut sentire voluisses? Quid mihi mandasti, cum te Puteolis prosequerer, in quo non exspectationem tuam diligentia mea vicerim? Quod si id est maxime astuti, omnia ad suam utilitatem referre, quid mihi tandem erat utilius, quid commodis meis aptius, quam hominis nobilissimi atque honoratissimi conjunctio, cujus opes, ingenium, liberi, affines, propinqui mihi magno vel ornamento vel præsidio esse possent? Quæ tamen ego omnia in expetenda amicitia tua non astutia quadam, sed aliqua potius sapientia, secutus sum. Quid? illa vincula, quibus quidem libentissime adstringor, quanta sunt, studiorum similitudo, suavitas consuetudinis, delectatio vitæ atque victus, sermonis societas, litteræ interiores? atque hæc domestica. Quid illa tandem popularia? reditus illustris in gratiam? in quo ne per imprudentiam quidem errari potest sine suspicione perfidiæ: amplissimi sacerdotii collegium? in quo non modo amicitiam violari apud majores nostros

fas

bendi ratione, qua sæpe pro u ponitur e tam in membranis, quam lapidibus antiquis. Ex hoc ignarus prisci moris fecit *labet*, alii *libet*. Liv. præfat. lib. I. *Utcunque erit, juvabit tamen rerum gestarum memoriæ principis terrarum populi pro virili parte, & me ipsum consuluisse*. Senec. ep. 6. *Quæ scire magis juvat, quam prodest*. Nec Ciceroni infrequens hæc vox in ista notione. Graev. *Occultum*: fictum & in quo *latebræ et recessus*, Ciceronis verbis pro M. Marc. c. 7. qui aliud in pectore clausum, aliud in lingua promtum habeat, uti dixit Sall. Cat. c. 10. Tac. II. Hist. c. 38. Corr.

Quod ad indicandum odium apertissimum sit) Pall. tert. quarta Gruter. *quod ad indicandum odium*; quod non frustra admoneo. Graevius.

Cum tibi prope necesse esset eas agere partes) Propter Clodium fratrem. Corrad.

Inimicum mihi cognovissem) In exsilio. Idem.

Reditum nostrum in gratiam uterque expetisset) Auctore Pompeio, ut scribit Quintilianus. Cicero ad Q. Fratrem sic scribit: *Non faciam, ut Appium offendam, ut imploret fidem*

Vespi-

fas non erat, sed ne cooptari quidem sacerdotem licebat, qui cuiquam ex collegio esset inimicus. Quæ ut omittam tam multa, atque tanta, quis umquam tanti quemquam fecit, aut facere potuit, aut debuit, quanti ego Cn. Pompeium, socerum tuæ filiæ? Etenim si merita valent, patriam, liberos, salutem, dignitatem, memetipsum mihi per illum restitutum puto: si consuetudinis jucunditas, quæ fuit umquam amicitia consularium in nostra civitate conjunctior? si illa amoris atque officii signa, quid mihi ille non commisit? quid non mecum communicavit? quid de se in Senatu, cum ipse abesset, per quemquam agi maluit? quibus ille me rebus non ornatissimum voluit amplissime? qua denique ille facilitate, qua humanitate tulit contentionem meam pro Milone, adversante interdum actionibus suis? quo

Hospitalis, *Oratione omnia conservavit*, *per quam mecum in gratiam rediit*. IDEM.

Sed ne optari quidem sacerdotem licebat) Sic quinque Palatini, Grut. prima editio, qui non intellexerunt vim verbi *optari* fecerunt pro fronte sua duriter *cooptari*. GRÆVIUS. In meis duobus libris optimis est, *ne optari*, quod nullus dubito, quin corruptum sit ex *ne cooptari*, ut facile videre est. Mentelianus vero clare, *ne cooptari*; quod cum ex hoc libro, tum ex melioribus editionibus hic reposui, poscente quoque usu Latinæ linguæ. Novi quidem *optare locum* Virgilio esse eligere, sed *optare* sacerdotem pro *cooptare* quis dixit? GRÆV. Quod Aldus, Lambinus, & post eos celeb. Grævius in MSis repererunt, hic merito Ciceroni reddidi, contra injustam Gebhardi censuram. Quis enim nescit *cooptare* proprium esse verbum in eligendis sacerdotibus, atque auguribus, qui in demortui sacerdotis aut auguris locum alium in collegium suum assumebant, sive cooptabant? ep. 5. ad Brutum: *Ciceronem nostrum in vestrum collegium cooptari volo*. Quem locum, & alia hanc loquendi consuetudinem illustrantia, adducit Illustriss. Spanhemius Diss. XII. de Præst. & Usu Numism. p.367. editionis meæ. VERBURG.

Quibus ille me rebus non ornatissimum voluit amplissime) Sic editionum veterrima, ac Victor. Pall. quinque Grut. vulgo: *Quibus ille me in rebus non ornatum voluit*, GRÆVIUS.

Adversantem interdum) M. Cælio Tribuno plebis intercessore. CORRADUS. *Actionibus suis*) Legibus, & suspicionibus de Milone. IDEM. *Adversante interdum actionibus suis*) Sic vet. cod. sic quinq. Pal. at Vict. editio. Grut. tamen *adversitante*, quasi esset *adversitari*, adversari & occurrere cupere, atque affectare, sicut apud Plautum *dormitare*, aliaque multa, ut Milonis intentio potius in conatu fuerit, quam effectu. Multa elegantia, & antiqua exciderunt, imo præcipitarunt ex Ciceronis sublimata facundia, pro quibus nunc humilia, jejuna, sordida substituimus, ut paullo post est in Pal. tertio, *ornis denique detexit suis*, cum sit in antiquioribus, hoc est, Latinæ puritatis genuinis auctoribus, *detegere* æque intense & accurate tegere, ac *deamare* impense amare, & cetera. In ier. conspicitur *attexit*: vulgo *texit*, sicut supra *adversantem*. GRUTERUS. *Adversantem*. Ita codices, & plerique editi, & vox ex mente Ciceronis refertur ad *contentionem*. Lambinus dedit *adversante*. LALLEM. *Qua adversabantur*: pertinet non minus ad *fa-*

cilita-

quo studio providit, ne quæ me illius temporis invidia attingeret, cum me consilio tum auctoritate, cum armis denique texit suis? quibus quidem temporibus hæc in eo gravitas, hæc animi altitudo fuit, non modo ut Phrygi alicui, aut Lycaoni, quod tu in legatis fecisti, sed ne summorum quidem hominum malevolis de me sermonibus crederet. Hujus igitur filius cum sit gener tuus, cumque, præter hanc conjunctionem affinitatis, quam sis Cn. Pompeio carus quamque jucundus, intelligam, quo tandem animo in te esse debeo? cum præsertim eas ad me is litteras miserit quibus etiamsi tibi, cui sum amicissimus, hostis essem, placarer tamen, totumque me ad ejus viri ita de me meriti voluntatem nutumque converterem. Sed hæc hactenus: pluribus enim etiam fortasse verbis, quam necesse fuit, scripta sunt. Nunc ea, quæ a me profecta, quæque instituta sunt, cognosce.

* *Non pauca desiderantur: quæ fortassis ab ipso Cic. detracta sunt.* *

Atque hæc agimus, & agemus magis pro dignitate, quam pro

illiteratum, quam ad *humanitatem*. Sic ep. IV. 10. ep. 28. Sall. Cat. c. 12. G. Cortius.

Ne qua me illius temporis invidia attingeret) Cum nonnulli P. Clodium meo consilio interfectum dicerent, & T. Munatius Plancus, Quintusque Pompeius se mihi diem dicturos minarentur. Corrad.

Armis denique texit suis) Exercitu in foro, & in omnibus templis collocato. Idem.

Ne summorum quidem hominum malevolis de me sermonibus crederet) Fortasse & Q. Pompeii, C. Sallustii, & T. Munatii Planci. Idem.

Litteras miserit) Quibus a me mirifice contendit, ut hic omnia pro te faciam. Idem.

Pluribus enim etiam) Hic vocabulum excidisse arbitror, quodcumque demum fuerit. Forte scripserit Cicero: *Pluribus enim apertis etiam fortasse verbis*: & insolentia vocis *apertis* adduxit librarios in eam temeritatem, ut, quod non intelligebant, eliminarent. Sed *apertis* idem esset ac *apertioribus*, ita ut vel extrinsecus, vel ex proximo Comparativo magis adsumatur. Pariter Seneca de Constan. Sap. c. 11. Liv. I. c. 25. Simile mendum obsidet Sall. Iug. c. 16. Hæc posui, libertate aliter sentiendi relicta. Cort.

Quæ a me profecta, quæque instituta sunt, cognosce. Atque hæc agimus) Ante hæc verba, *Atque hæc agimus*, scripsimus *multa desunt*: quis enim non videat hunc locum esse mutilatum, & decurtatum; desiderarique explicationem eorum, omnium beneficiorum, quæ Cicero in Appium contulerit, quæque conferre instituisset? Non erimus in hoc longiores, satis enim rem signasse fuit: Si quis nobis feliciter locum hunc ex antiquiore & minus lacero exemplari restituere potuerit, is a me, & studiosis omnibus magnam gratiam inierit. Victorius. *Cognosce*) Nisi

pro periculo tuo. Te enim (ut spero) propediem censorem audiemus: cujus magistratus officia, quae sunt maximi animi summique consilii, tibi diligentius & accuratius, quam haec, quae nos de te agimus, cogitanda esse censeo. Vale.

EPISTOLA XI.

ARGUMENTUM.

Gratulatur Appio, quod absolutus esset de majestate, eundemque fore exitum judicii de ambitu confirmat. Cn. Pompeium & M. Brutum effert laudibus, quod egregiam Appio fidem ac benevolentiam praestitissent: suam operam pollicetur ad eos notandos, qui testimonium in Appium pretio dixerant. Subjungit de statu reip. de auguralibus Appii libris, de suis litteris cum aliqua benevolentiae significatione. Postremo adhortatur, ut in censura gentilem suum imitetur App. Claudium Caecum. Mista est epistola: moralis, ubi gratulatur & hortatur; negotialis, ubi de testibus, de auguralibus libris, de Tullio, de litteris agit.

M. T.

Nisi *cognoscere* legas, multa hic desunt necesse est; vel certe, *cognosce ex commentariis*, vel *mandatis*, *quae misi*. CONRAD. *Quae a me profecta atque inst.*) Mediceus codex *profecta* habet, & alter etiam non melior, quorum auctoritatem secuti ita & nos legimus. Hujus autem nominis in hoc loco vis aperta est; quo etiam sensu accepit in epistola ad Catonem, cum inquit: *A me autem haec sunt profecta, quae ego in beneficii loco non pono, sed in veri testimonii ac judicii.* Instituta autem illud in se habet alterius verbi vim, quod quidam malunt: nam nisi perfecta, & absoluta essent, non recte dici possent *profecta*; sed adhuc essent *instituta*, & inchoata. Sed haec minuta, & pusilla sunt: illud momenti majoris, quod nostram animadversionem iidem non probant, qua judicavimus, quandam pagellam post deesse. Ille autem mirifice nobis placet, & (ut audio) aliis doctis & ingeniosis viris: nam quod illi arbitrantur in commentario de iis rebus egisse Ciceronem quem ad Appium miserit, hoc verum esse nullo pacto credere possum: non statim inquit. *atque haec agimus, & agemus &c.* quasi commentarius inter haec & superiora verba inculcari posset, aut de commentario in his epistolis umquam Cicero locutus sit. VICTOR. *in posteriorib.*

Pro dignitate) Magis *propter* dignitatem tuam, quam *propter* periculum, quod tibi non adeo magnum est. Sic ep. 3. & lib. V. ep. 1. Sulpic. Sev. II. c. 29. Sall. Iug. c. 14. CORT.

M. T. C. APPIO PVLCRO (ut spero) CENSORI S. D.

CVm essem in castris ad fluvium Pyramum redditae mihi sunt uno tempore a te epistolae duae, quas ad me Q. Servilius Tarso miserat. Earum in altera dies erat adscripta Nonarum Aprilium, in altera, quae mihi recentior videbatur, dies non erat. Respondebo igitur superiori prius, in qua scribis ad me de absolutione majestatis: de qua, etsi permultum ante certior factus eram litteris, nuntiis, fama denique ipsa (nihil enim fuit clarius; non quo quisquam aliter putasset; sed nihil de insignibus ad laudem viris obscure nuntiari solet), tamen eadem illa laetiora fecerunt mihi tuae litterae, non solum quia planius loquebantur & uberius, quam vulgi sermo; sed etiam quia magis videbar tibi gratulari, cum de te ex teipso audiebam. Complexus igitur sum cogitatione te absentem, epistolam vero osculatus etiam ipse mihi gratulatus sum. Quae enim a cuncto populo, a Senatu, a judicibus, ingenio, industriae, virtuti tribuuntur; quia mihi ipse assentor fortasse, cum ea esse in me fingo; mihi quoque ipsi tribui puto. Nec tam gloriosum exitum tui judicii exstitisse, sed tam pravam inimicorum tuorum mentem fuisse mirabar. De ambitu vero quid interest, inquies, an de majestate? Ad rem nihil: al-

terum

EPISTOLA XI.

APpio Pulcro, ut spero, Cens.) Cum L. Pisone. Corrad.

Ad fluvium Pyramum) Fluvium Ciliciae, qui ex Tauro monte in mare Pamphylium profluit. Grav.

De absolutione majestatis) Q. Hortensio paucis ante mortem diebus, cum M. Bruto defendente. Corrad.

Obscure nuntiari solet) Pork. *nuntiere*, quod probabat Guilielm. referebatque ad *famam*, quod in nullo omnium nostrorum MSorum reperi; prima editio illud agnoscit. Graevius.

Complexus . . . cogitatione) Uti optimi quique auctores dicunt *invadere animo*, Sall. Liv. Claud. etiam Bello Getico v. 85. adde III. Rap. v. 98. *animo peragere*, Virgil. Gell. *praesumere animo*, Horat. Cic. *cernere animo*, & multa talia: sic etiam *complecti cogitatione*, quod praeterea mire illustrabis J. caput Minucii Felicis, quem adeas. Cort.

Inimicorum tuorum) Dolabellae. Corrad.

De ambitu vero) Dicas forsan: majestatis absolutus sum, sed adhuc de ambitu periclitor: quid interest, in ambitu haeream, an in majestatis crimine? Respondet Cicero [illegible]: Ad summam rei nihil interest; nam utrinque idem erit exitus: absolveris ambitus perinde, ac absolutus es majestatis. Io. Fr. Gron.

An de majestate) Absolutus sim? Corradus. Puta *interrogari*, *accusari*. Fingit enim Appium sibi opponentem,

quod

terum enim non attigisti, alteram auxisti. Verumtamen est majestas (& sic Sulla voluit) ne in quemvis impune declamari liceret. Ambitus vero ita apertam vim habet, ut aut accusetur improbe, aut defendatur: qui enim facta, aut non

quod eisi *de majestate* absolutus sis, superare tanto crimen *ambitus*, quo accusatus esses. Quid sit *ambitus*, & qua eo pertineant, dicam in commodum juventutis ad Sall. Cat. c. 18. G. CORTIUS.

Ad rem nihil: alterum enim non attigisti, alteram auxisti] *Alterum*, ambitum, de quo nondum absolutus es. *Alteram*, majestatem, de qua te absolutum scribis. *Auxisti*, tantum abest ut minueris. CORRAD. Reposui libris omnibus reclamantibus *ad rem nihil*, pro *ad rem*. Hoc enim significat, quod ad Appium attinet, nihil referre, utrum sit absolutus majestatis, an de ambitu: quia utrumque crimen æque falso ei illatum sit, cum majestatem populi R. auxerit, crimen ambitus non attigerit: sed, quod ad rem & criminum ipsa actiones, interesse: quia crimen majestatis sit obscurum, ambitus vero ita apertum, ut aut accusetur reus improbe, aut defendatur. LAMBIN. *Alteram auxisti*, Majestatem vero P. R. adeo non minuisti, ut etiam auxeris; vel: Tuam ipsius majestatem auxisti, postquam judicio majestatis absolutus es. Io. FR. GRONOV.

Verumtamen est majestas (*& sic Sulla voluit*) *ne in quemvis impune declamari liceret*] *Sulla vol.* lege Cornelia majestatis. *Ne in quemvis*, eruditi ut i. q. legunt. *Impune*, quoniam in ambitu illa est quasi pœna, ut aut accusetur improbe, aut defendatur. CORR. *Verumtamen ea est majestas* (*ut Sulla voluit*) *ut*, &c.] Majestatis crimen (inquit) ita obscurum est; ut cuivis liceat in alterum declamare, id est, ut cuivis liceat alterum, quasi declamandi & exercendi ingenii causa accusare *impune*, id est, sine metu pœnæ. LAMB. Sic ante Lambinum hunc locum exposuit, & emendandum censuit Bernard. Ruti. *Verumtamen est m. ut S. v. ut* &c. sed perperam: legendum enim, *Sulla vol. ne in quemvis impune declamari liceret*, ut qui ipse majestatis reus sit, qui in aliquem intemere declamat. Vid. Manut. Ceterum tres Pall. unus Gruteri, omnes quatuor quibus ego usus sum, non *declamare*, sed *declamari*; quod cur reponamus non est. In nonnullis etiam desideratur *in*, legiturque *ne quemvis impune declamari*. Meus optimus & antiquissimus codex hic prodigiose corruptus est, quod non possum non indicare, ut argumento sit, quomodo glossemata, & si quæ alia notata in marginibus fuerunt, possint irrepere in verba scriptorum, sæcque omnia contaminare. Sic vero in illo legitur: *Verumtamen est majestas, & si si illa proprium nomen fuit illa voluit, ne in quemvis*. Scriptum fuit in antiquis exemplaribus, ut semper scribitur, *Sylla*; quod corruptum fuit in *si illa*. Hoc cum quis deprehendisset, & nomen proprium fuisse subodoratus esset, cujus vero fuerit, ignoraret, margini adscripsit, *fuit nomen proprium*, quod postea alii receperunt in ipsum contextum. Ex vestigiis autem hujus libri, ut & aliorum, in quibus legitur, *& si illa voluit*, rescribendum est, *& sic Sulla voluit*. GRÆV. *Verumtamen est majestas*) Videat adversarius tuus, ne ipse majestatis reus sit: nam hujus legis caput est, ne viros honestos liceat contumeliose compellare: atque in ea re Augustus discipulus Sullæ fuit. Tac. I. A. 72. *Primus Augustus cognitionem de famosis libellis specie legis ejus tractavit: tum tenui principio dicta ille postis irrepsit*. Io. F. GRON.

Apertam vim) *Naturam* bene *vim* interpretatur Manutius. Respicit ad argumenta & seriem legum de ambitu latarum, quæ non æque obscuræ, ac leges de majestate. Tum & ipsum ambitum nimis manifestum sua vi, & natura esse. Cic. I. de Offic. c. 5. Varro III. de R. R. c. 2. A. Gellius II. c. 7. CORT.

Ut aut accusetur improbe, aut defendatur) Sc. *impune*; namque aut reus aut accu-

non facta largitio ignorari potest? Tuorum autem honorum cursus cui suspectus umquam fuit? Me miserum, qui non adfuerim! quos ego risus excitassem? Sed de majestatis judicio duo mihi illa ex tuis litteris jucundissima fuerunt: unum, quod te ab ipsa rep. defensum scribis; quæ quidem, etiam in summa bonorum & fortium civium copia, tueri tales viros deberet; nunc vero eo magis, quod tanta penuria est in omni vel honoris vel ætatis gradu, ut tam orba civitas tales tutores complecti debeat: alterum, quod Pompeii & Bruti fidem benevolentiamque mirifice laudas. Lætor virtute & officio cum tuorum necessariorum, meorum amicissimorum; tum alterius, omnium seculorum & gentium principis; alterius, jampridem juventutis, celeriter (ut spero) civitatis. De mercenariis testibus a suis civitatibus notandis, nisi jam factum aliquid est per Flaccum, fiet a me, cum per Asiam decedam. Nunc ad alteram epistolam venio. Quod ad me quasi formam communium temporum & totius reip. misisti expressam, prudentia litterarum tuarum valde mihi est grata. Video enim & pericula leviora, quam timebam, & majora præsidia, si quidem (ut scribis) omnes vires civitatis se ad Pompeii ductum applicaverunt:

accusator, uter eorum succubuerit, notatur ut improbus: quod enim rem aperte fieri convenit, non, ut majestatis crimen plerumque, occultissime. Brau Kytta.

Facta) Largitio: hæc defenditur improbe. Corrad.

Non facta largitio) Hæc accusatur improbe. Id.

Tuorum autem honorum cursus cui suspectus umquam fuit) Ergo dubitandum non est, quin etiam de ambitu absolvendus sit, cum improbe fuerit accusatus. Id.

Ab ipsa rep.) Ab omnibus magistratibus & bonis; hi enim Remp. & patriam præsentant. Liv. V. 4. *At nos tamquam cum civibus agere volumus, agique tamquam cum patria ambitiam æquum censemus.* Io. F. Gronov.

Quod Pompeii) Qui sibi favit. Corr.

Bruti fidem) Qui te cum Hortensio defendit. Id.

Tum alterius omnium seculorum) Dudum adnotatum est, superfluere vocem *omnium*, qua carere video omnes libros. Gre. Vide Var. Lect.

De mercenariis testibus) Mercede a tuis adversariis contra te conductis. Corrad. MSi antiquissimi *mercemoriis*.

Notandis) Infamia, psephismate, vel SC. aut decreto civitatum. Vide me ad Liv. XXVII. 25. I. F. Gron.

Per Flaccum) Videtur esse is L. Flaccus, qui Cicerone Cos. cum C. Pontinio Prætor fuit. Corrad. Sed vid. Manut.

Et majora præsidia) Videtur hic aliquid deesse, quod respondeat superiori illi, *quam timebam*; ut hoc totum sic legi debere videatur: *Video enim & pericula leviora quam timebam, & majora præsidia quam sperabam.* Lamb.

Cic. Op. T. XIV. Epist. Fam. T. I.

verunt: tuumque simul promtum animum & alacrem perspexi ad defendendam remp. mirificamque cepi voluptatem ex hac tua diligentia, quod in summis tuis occupationibus, mihi tamen reip. statum per te notum esse voluisti. Nam augurales libros ad commune utriusque nostrum otium serva. Ego enim a te cum tua promissa per litteras flagitabam, ad urbem te otiosissimum esse arbitrabar: nunc tamen, ut ipse polliceris, pro auguralibus libris, orationes tuas confectus omnes exspectabo. Tullius, cui mandata ad me dedisti, non convenerat me: nec erat jam quisquam mecum tuorum, præter omnes meos, qui sunt omnes tui. Stomachosiores meas litteras quas dicas esse, non intelligo. Bis ad te scripsi me purgans diligenter, te leviter accusans in eo, quod de me cito credidisses: quod genus querelæ mihi quidem videbatur esse amici. Sin tibi displicet, non utar eo posthac. Sed si, ut scribis, eæ litteræ non fuerunt disertæ, scito meas non fuisse. Vt enim Aristarchus Homeri versum negat, quem non probat: sic tu (libet enim mihi jocari) quod disertum non erit, ne putaris meum. Vale, & in censura, si jam es censor (ut spero), de proavo multum cogitato tuo.

EPISTOLA XII.

ARGVMENTVM.

Gratulatur Appio de absolutione ambitus: excusat filiæ nuptias, quam accusator Appii Dolabella uxorem duxerat: *seque*

Tullius, cui mandata ad me dedisti] Cum Cicerone quidem erat M. Tullius scriba, & L. Tullius legatus; sed hic neuter ex amicis Appii esse videtur. CORRAD.

Præter omnes meos] Contubernales, vel de cohorte mea. I. F. GRONOV.

Sed si, ut scribis, hæ litteræ non fuerunt disertæ] MSS. *Sed si ut scribis esse, litteræ non fuerunt disertæ.* Amstel. ed. *Sed si, ut scribis, hæ litteræ non f. d.* Stevech. *Sed si ut scribis hæ l. n. f. d.* lege: *Sed si ut scribis eæ litteræ non fuerunt disertæ.* GRAEV. *Fuerunt disertæ*] Ludit in hoc vocabulo, quod & facundos, & expressos apertosque, & simplices significat. Liv. XXXIV. 59. *diserte leges conditionum.* IO. FR. GRONOV.

De proavo multum cogitato] Appio Claudio Cæco, qui solus toto quinquennio censor fuit, quoniam C. Plautius Venox collega intra annum & sex menses se magistratu abdicavit. CORR.

Ex-

seque ait ea causa diligentiorem ad benevolentiam declarandam esse factum.

M. T. C. APPIO PULCRO S. D.

GRatulabor tibi prius (ita enim rerum ordo postulat): deinde ad me convertar. Ego vero vehementer gratulor de judicio ambitus: neque id, quod nemini dubium fuit, absolutum esse te: sed illud, quod quo melior civis, quo vir clarior, quo fortior amicus es, quoque plura virtutis & industriae ornamenta in te sunt, eo mirandum est magis, nullam ne in tabellae quidem latebra fuisse absconditam malevolentiam, quae te impugnare auderet: non horum temporum, non horum hominum, atque morum negotium: nihil jam sum pridem admiratus magis. De me autem, suscipe paullisper meas partes, & eum te esse finge, qui sum ego: si facile inveneris, quod dicas, noli ignoscere haesitationi meae. Ego vero velim mihi, Tulliaeque meae (sicut tu amicissime & suavissime optas) prospere evenire ea, quae, me insciente, facta sunt a meis: sed ita cecidisse,

EPISTOLA XII.

GRatulabor tibi prius] Optime meus liber primus, *Gratulor tibi primum*: cui subscribunt duo Pall. nisi quod eum vulgaris prius legant. Graev.

Quo vir clarior] Perkis liber (quo cum contulisse Pal. pr. videre videor ex falsis) *industrior*: male Guilielmius volebat *industrior*. Graev.

Eo mirandum est magis] Quoniam talibus viris, qualis es tu, multi solent invidere, propterea que his in suffragiis praesertim occulte adversari. Corr.

Nullam ne in tabellae quidem latebra fuisse absconditam] Cum plerique invidere optimis viris soleant, eo magis miror, te omnibus suffragiis absolutum, neque quemquam extitisse, qui suum erga te odium vel in *tabella judiciaria*, in qua occulte poterat impugnare dignitatem tuam ac salutem, ausus sit ostendere. Solent enim qui oderunt, neque tamen apertas gerere inimicitias audent, in suffragiis plerumque absolutoriisque judicum inimicis obesse. De tabellis judiciariis multis locis Cicero, aliique, in quibus aut condemnarent, aut absolverent, aut ampliarent. Bern. Rutil. *Tabellae quidem latebra*] L. Cassius Longinus Trib. pleb. C. Mario & C. Flacco Coss. legem tulit, ut populus per tabellam suffragium ferret: qua in re *latebra* data est populo, in qua bonis ignorantibus, quid quisque sentiret, tabella vitiosum in judiciis occultaret suffragium. Corr.

Negotium] *Res*, quae his temporibus raro evenire solent. Sall. Jug. c. 6. ubi videas, quae I. Wasse attulit. Cort.

Quae me insciente facta sunt] Nam cum primum intellexisset id agi, certos homines ad mulierem miserat, qui Romam venerunt factis sponsalibus. Corr.

Sed ita cecidisse] Scribendum censeo:

disse, ut agerentur eo tempore, spero omnino cum aliqua felicitate, & opto: verumtamen plus me in hac spe tua sapientia & humanitas consolatur, quam opportunitas temporis. Itaque, quemadmodum expediam exitum hujus institutæ orationis, non reperio: neque enim tristius dicere quidquam debeo ea de re, quam tu ipse ominibus optimis prosequeris: neque non me tamen mordet aliquid; in quo unum vereor, ne tu parum perspicias ea, quæ gesta sint ab aliis

seo: *& ita cecidisse*. Sic enim cohæret oratio, prospere ea evenire volo, & sic cecidisse spero & opto; ubi adversativa particula locum non habet. Io. F. Gron.

Facta sunt a meis) Terentia, & M. Cælio. Corr.

Agerentur eo tempore) Quo tu cum illo collisus es, ita ut viceris, quo facilius fore spero, ut me medio & interprete redeatis in gratiam. Io. F. Gron. *Eo tempore*) Quo te Dolabella accusabat. Corr.

Spero omnino cum aliqua) MSus membr. *omnimodis* eleganter. Lucr. I. 683. *Ignis enim foret omnimodis, quodcumque crearet*. lib. II. 493. *Omnimodis experiundo erit*; & 704. *Nec tamen omnimodis connecti posse putandum est, Omnia*. Sic Cic. II. Fin. 26. *Hæc esse multimodis reprehendi posse*. Io. F. Gron.

Cum aliqua felicitate) Ex spe te, & Dolabellam reconciliandi. Corr. Non hoc solum Cicero dicit, sed latius felicitatem vult patere. Spero felix futurum hoc conjugium cum in aliis rebus, tum in hoc etiam, ut in gratiam redeas cum Dolabella. Stewech. cod. habet *facilitate*, quod exponi potest, ut facile & suaviter vivant in hoc conjugio. *Facile* enim *vivere* dicebantur, qui ex animi sententia sine molestiis cum sermonum tolerandorum, tum aliarum rerum vivebant. Terent. Adelph. III. 4.

Quem vos facillime agitis, quem esse maxime

Potentes, ditiores, fortunati, nobiles.

Tert. apud Ælium Donatum in vita Terentii:

Tres per idem tempus qui agitabant nobiles facillime.

Cic. VI. ad Fam. 5. *Res & fortunæ tuæ mihi maxime curæ sunt, quæ quidem quomodo facilliores mihi & meliores videntur*; hoc est, magis magisque ex sententia procedunt. Idem II. ad Fam. 15. *Quod autem in maritimis sum facillime, moveo nonnullis suspicionem, velle me navigare*; hoc est, quod ibi libentissime, & maxime ex animi sententia vivam. Sic recte hunc locum correxit Victorius, cui male repugnat Lambinus. Liv. XXIII. 11. *Res vestræ meliores facilioresque erunt, magisque ex sententia*: optime ex MSis sic emendat Gronov. quem ibi vide: vulgo legitur *feliciores*. Hic tamen vulgata lectio videtur præferenda. Meus primus quoque pro vulgato, *spero omnino cum aliqua felicitate*, scribit, *spero omnimodis cum aliqua felicitate*, quod merito probavit Gronovius, cujus notas vide. Graev.

Plus me in hac spe) Reconciliandi. Corrad.

Opportunitas) Quæ fit, ut ego alterius amicus, alterius socer, hoc tuo tempore sim inter vos quasi interpres. Idem.

Expediam exitum) Implicatam & difficilem rem extricare, & ad finem perducere possim. IX. ad Att. ep. 15. II. de Offic. c. 9. Virg. II. Æn. v. 632. Sall. Cat. c. 20. Corr.

In quo unum modo vereor) Veterum librorum, quos ego vidi, consensus movet me, ut de manuscripta lectione non dubitem, quæ *modo vereor* habet, pro eo quod est in vulgatis *non vereor*. Vas. *Unum non vereor, ne tu parum*)

aliis esse gesta, quibus ego ita mandaram, ut cum tam longe absuturus essem, ad me ne referrent, agerent, quod probassent. In hoc autem mihi illud occurrit: Quid tu igitur si adfuisses? Rem probassem: de tempore nihil, te invito, nihil sine consilio egissem tuo. Vides sudare me, jamdudum laborantem, quomodo ea tuear, quæ mihi tuenda sunt, & te non offendam. Leva me igitur hoc onere: numquam enim mihi videor tractasse caussam difficiliorem. Sic habeto tamen: nisi jam tunc omnia negotia cum summa tua dignitate diligentissime confecissem, tametsi nihil videbatur ad meum erga te pristinum studium addi posse: tamen, hac mihi affinitate nuntiata, non majore equidem studio, sed acrius, apertius, significantius dignitatem tuam defendissem. Decedenti mihi, & jam imperio annuo terminato, ante diem III. Nonas Sextiles, cum ad Sidam navi accederem, & mecum Q. Servilius esset, litteræ a meis sunt redditæ: dixi statim Servilio (etenim videbatur esse commotus), ut omnia a me majora exspectaret: quid multa? benevolentior tibi, quam fui, nihilo sum factus, diligentior ad declarandam benevolentiam multo. Nam ut vetus nostra simultas antea stimulabat me, ut caverem, ne cui suspicionem ficte reconciliatæ gratiæ darem: sic affinitas novam curam mihi affert cavendi, ne quid de summo meo erga te amore detractum esse videatur. Vale.

EPI-

parum] Una res leviorem curam meam facit, quod non dubito, quin satis intelligas, Tulliam esse desponsatam Dolabellæ, me absente, & ignorante, cum ut id fieret reperto commodo genero, Terentiæ & amicis Romæ relictis permisissem. Io. F. Gron.

Ab aliis esse gesta] Ita Pall. sec. quart. quint. Vatic. Victor. vulgo, *ab illis esse*. Gro.

Sic habeto tamen] Sic est in melioribus editionibus, & Victorii, item in Pall. Grut. vulgo: *sed tamen sic habeto*. Io. Sic & MSi quatuor, quos Gravius evolvit. Graev.

Tamen hac mihi affinitate nuntiata] Sic reposui ex quatuor libris illis antiquis, quibus usus sum; quibus subscribit primus Palatinus, & Stewech. vulgo *nuntiata*. Ioan.

Videbatur esse commotus] Ex his meorum litteris de nuptiis. Corr.

EPISTOLA XIII.

ARGVMENTVM.

Agit Appio gratias, quod supplicationem sibi decernendam studiose curaverit. Gratulationem autem dividit in quatuor partes; in officia sua, quibus meritum se esse ostendit, ut Appius in re simili parem operam benevolentiamque navaret; in Appii benignitatem, qui acceptam gratiam quasi cum foenore reddiderit; in ejusdem laudem, quod ea studia quae a talibus viris proficiscantur, virtuti tantum tribui solita sint, ideoque rebus omnibus anteponenda videantur; in remunerandi voluntatem, sive possit in publicis rebus, sive in privatis gratum animum ostendere. Absoluto gratulationis officio, pauca subjungit de dolore suo ex inimicitiis Appii & Dolabellae: se tamen eos reconciliandi curam suscepisse, nihilque de suo pristino in Appium studio, ob novam Dolabellae affinitatem, detractum esse confirmat. Postremo loco, epistolae brevitatem cum Appii laude excusat.

M. T. C. APPIO PVLCRO S. D.

QVasi divinarem, tali in officio fore mihi aliquando expetendum studium tuum, sic, cum de tuis rebus gestis agebatur, inserviebam honori tuo. Dicam tamen vere: plus, quam acceperas, reddidisti. Quis enim ad me non perscripsit, te non solum auctoritate orationis, sententia tua, quibus ego a tali viro contentus eram, sed etiam

EPISTOLA XIII.

EXpetendum studium tuum) Ad obtinendam supplicationem. Corr.

Te non solum auctoritate orationis, sententia tua) Videtur Cicero scripsisse, *auctoritate, oratione, sententia tua*. Iuvit enim Ciceronem Appius & ipsa auctoritate, sive gravitate ac dignitate sua, qua quosdam commovit, & oratione, id est multis verbis disputando, & denique sententia, hoc est, censendo & decernendo. II. de Orat. 37. *Imminuis enim, & oratoris auctoritatem, & orationis fidem*. Literis IV. ep. 6. *Non oratio solum tua, & societas paene aegritudinis, sed etiam auctoritas consolatur*. Haec est I. Fr. Gronovii de hoc loco sententia, cui subscribo. Graev.

Quibus ... a tali viro) Ita facili & plane intellige *auctoritatem orationis & sententiam a tali viro* pro *talis viri*, ut Liv. VI. c. 10. Sall. Hist. I. Nec aliter

iam opera, consilio, domum veniendo, conveniendis meis, nullum munus officii cuiquam reliquum fecisse? Hæc mihi ampliora multo sunt, quam illa ipsa, propter quæ hæc laborantur. Insignia enim virtutis multi etiam sine virtute adsecuti sunt: talium virorum tanta studia adsequi sola virtus potest. Itaque mihi propono fructum amicitiæ nostræ ipsam amicitiam, qua nihil est uberius, præsertim in iis studiis, quibus uterque nostrum devinctus est. Nam tibi me profiteor & in rep. socium, de qua idem sentimus, & in quotidiana vita conjunctum cum iis artibus studiisque, quæ colimus. Velim, ita fortuna tulisset, quanti ego omnes tuos facio, uti tu meos facere posses: quod tamen ipsum, nescio qua

rae interpretatur Donatus illud Eunuch. A. III. Sc. V. *gratiam ob eo pro ejus*. Valer. Flaccus V. v. 343. *ob auro fulgent*, & v. 369. *ob hoste mine*, quæ fusius tractat Gifanius ad Lucretium p. 299. Deest autem Participium, quod vocant, vel verbum, a quo ille sextus casus pendet, ut patet ex illis Ausonii ep. 6. & Vopisc. Numerian. c. 15. id quod æque in aliarum Præpositionum structura usu venire solet. Cortius.

Nullum enim officii cuiquam reliquum fecisse) Optimus codex: *Nullum munus officii cuiquam reliquum fecisse*; quod etiam exstat in margine Lambinianæ; sic scripsit Tullius. Inferius in lib. V. ep. 14. *Tum fratrem tuorum, quos equidem atque te summa benevolentia sum complexus, singularis pietas amorque fraternus, nullum me patitur officii erga te, studiique munus aut tempus prætermittere*. Ep. ult. ejusdem lib. *Si te intelligerem plus conatum esse suscipere reip. causa muneris, quam quantum præstare potuisses*. Item de Senectute: *Ad omne officii munus instruere*. Ibid. *Quidam sunt nullum officii, aut omnino vitæ munus exsequi possunt*. Id. de Am. *Malunt medici solis simul edendos esse, ut amicitiæ munus expletum sit*. Error inde ortus: Primam litteram absorpserat præcedens vox *nullum*; unde *munus* in *unus* transiit. Graev. *Reliquum facere* dixit Tullius, pro æquo & vero: neque enim semper *reliqui facere* obtrudendum est, ubi nihil præteritis est, quod illum patrium casum postulet; secus ac fecerunt lutea tempora. Cort.

Hæc mihi ampliora) Hujusmodi studia. Corrad.

Quam illa ipsa) Supplicationes. Id.

Propter quæ hæc elaborantur) Codices veteres habent *laborantur*; & ita P. Victorius e'en lam curavit; ego nihil muto, & tamen antiquam scripturam probo. Lamb. Eliti ante Victorium, *elabor*. sed *laborantur* etiam vett. libri quos inspexi. Meus primus, *quam his artibus studiisque colimus*: quod & mire mihi blanditur, & probatur illustri viro Gronovio, qui longe id elegantius esse vulgato censet, quia bonis artibus & studiis vita colatur, & ornetur. Graev.

Quam his artibus studiisque colimus) Sic MSus Graevii; & videtur multo elegantius. Quis enim nescit, bonis artibus, & studiis vitam coli, & ornari? Io. F. Gron.

Velim ita fortuna tulisset) Magis placeret, *vellem ita fortuna tulisset*, est enim usitatior forma aliquid optandi. F. Vasis.

Uti tu meos facere posses) Quod facere tamen posses, nisi unus esset Dolabella, quem odisses. Corr.

qua permotus animi divinatione, non despero. Sed hoc nihil ad te: nostrum est onus. Illud velim sic habeas, quod intelliges, hac re novata, additum potius aliquid ad meum erga te studium, cui nihil videbatur addi posse, quam quidquam esse detractum. Cum hæc scribebam, censorem te jam esse sperabam: eo brevior est hæc epistola, &, ut adversus magistrum morum, modestior. Vale.

Nostrum est onus) Reconciliandi, scilicet. *Modestior*) Nam severitatem Censoriam Cicero in Pison. c. 4. *magistram pudoris & modestiæ* vocat. Corr.

M. T.

M. T. CICERONIS EPISTOLARUM AD SER. SULPICIUM ET CETEROS, LIBER QUARTUS

EPISTOLA I.

ARGUMENTUM.

Satis patebit hujus epistolæ argumentum, si lector sciat scriptam esse, cum Cæsar, pulso ex Italia Pompeio, bellum contra legatos ejus in Hispaniam pararet, L. Lentulo, C. Marcello Coss. ante mensem Majum, quod sequenti cognoscitur epistola. Respondet Sulpicio congressum petenti: in quo suam voluntatem cum ejus voluntate consentire demonstrat; sed eam esse rationem temporum, ut remedium extinctæ reipub. nullum afferre possint. Negotiale argumentum: moralia quædam interjecta, ut de Sulpicii laude, de utriusque in patriam studio, de dolore ex amissa reip. salute.

M. T. C. SER. SULPICIO S. D.

CAius Trebatius, familiaris meus, ad me scripsit, te ex se quæsisse, quibus in locis essem: molesteque te ferre, quod me propter valetudinem tuam, cum ad urbem accessissem, non vidisses: & hoc tempore velle te mecum, si propius accessissem, de officio utriusque nostrum communica-

EPISTOLA I.

CVm ad urbem accessissem) Ex Cilicia rediens prid. Non. Ianuar. CORRADVS.

Si propius accessissem) Non introiissem, ut triumphum ex rebus in Cilicia gestis exspectans. Iann.

Te hoc

nicare. Vtinam, Servi, salvis rebus (sic enim est dicendum) colloqui potuissemus inter nos: profecto aliquid opis occidenti reip. tulissemus. Cognoram enim jam absens, te hæc mala multo ante providentem, defensorem pacis & in consulatu tuo & post consulatum fuisse. Ego autem cum consilium tuum probarem, & idem ipse sentirem, nihil proficiebam. Sero enim veneram; solus eram, rudis esse videbar in causa, incideram in hominum pugnandi cupidorum insanias. Nunc, quoniam nihil jam videbimur opitulari posse reip. si quid est, in quo nobismetipsis consulere possimus, non ut aliquid ex pristino statu nostro retineamus, sed ut quam honestissime lugeamus, nemo est omnium, quicum potius mihi, quam tecum communicandum putem. Nec enim clarissimorum virorum, quorum similes esse debemus, exempla, neque doctissimorum, quos semper coluisti, præcepta te fugiunt. Atque ipse antea ad te scripsissem, te frustra in Senatum, sive potius in conventum Senatorum esse venturum; ni veritus essem, ne ejus animum offen-

Te hæc mala) Bellum civile inter Pompeium, & Cæsarem. Io.

In consulatu tuo) Quod cum M. Claudio Marcello gessisti. Io.

Sero enim veneram) Ep. 10. lib. XVI. Idem.

Rudis (*esse videbar*) *in causa*) Sic scripsi, quia in quinque Pall. *esse*, non *esse*: distinctionem vero præivit Pall. tert. haud secus prima editio; vulgatur, *rudis esse videbar*. Gru. Sic quidem ex quinque Palatinis edidit Gebhardus, invito Cicerone: quem quis hæc scripsisse credat, qui eum quidem sermone parum habet imbutum? ne dicam & in vetustissimis meis membranis clare legi, *rudis esse videbar*, & sensum hanc scripturam postulare. Illi, inquit, qui bellum volunt, me dicunt esse rudem in causa, nescire veras causas hujus rei ac dissidii inter Pompeium & Cæsarem, quia ignorem, quid interea temporis, dum Ciliciæ præfui, Romæ gestum sit. Græv.

Incideram in hominum pugnandi cupidorum insanias) Cum ego clamarem, nihil esse bello civili miserius. Conradus.

Quoniam nihil jam videbimur opitulari posse) Sic ex quatuor Pall. Grut. Sigwech. Pech. emendavi (quibus accedunt Amstelodam. duo Græv. N. Scel. & Meutellianus vero videmur) cum editum sit, *videmur posse opitulari*. Gru. *Nihil autem videbimur posse opitulari*, jam Pompeio ex Italia pulso, & Cæsare in Hispania contra Petreium, & Afranium bellum gerente. Conr.

Nemo est omnium) *Nemo est hominum* legunt Pall. tec ac quint. Gru.

Præcepta te fugiunt) Quinque Pall. ac Gruter. *præcepta fugiunt*, omisso *te*; quod non temerarium est; ut hic *fugere*, esset evanuisse atque inutile esse, a viro fugiente atque everso, quod omnem suam virtutem, & terminum exspiravit. Sed nihil propter mansuetiorem morem. Gaes.

In conventum Senatorum) Nam plurimi, & optimi quique cum Pompeio erant profecti. Conr.

Vt te

offenderem, qui a me, ut te imitarer, petebat. Cui quidem ego, me cum rogaret ut adessem in Senatu, eadem omnia quae a te de pace, & de Hispaniis dicta sunt, ostendi me esse dicturum. Res vides quo modo se habeat: orbem terrarum, imperiis distributis, ardere bello: urbem sine legibus, sine judiciis, sine jure, sine fide, relictam direptioni & incendiis. Itaque mihi venire in mentem nihil potest non modo quid sperem, sed vix jam quid audeam optare. Sin autem tibi, homini prudentissimo, videtur utile esse nos colloqui, quamquam longius etiam cogitabam ab urbe discedere, cujus jam etiam nomen invitus audio; tamen propius accedam:

Ut te) Qui Romae esses, & in Senatum ires. Io.

Imitarer) Romam redirem, & in Senatum venirem. Io. Cicero pluribus in locis ad Atticum (id quod & epistola haec satis arguit) ad Caesaris priorem Romam adventum in Senatum ab ipso habitum venisse *Servium Sulpicium* ostendit; &, quod Cicero non leviter queritur, filium ad circumsedendum Pompeium Brundisii misisse; ad Atticum: *Quid S. Servii filius? quod in his castris fuerint, quibus Pompeius circumsederetur?* Et subjecta epistola: *Sed enim iniquissimus Servius, qui filium misit ad affligendum Cn. Pompeium, aut certe capiendum.* Et lib. X. *Caesar mihi ignoscit per litteras, quod non venerim, seseque in optimam partem id accipere dicit; facile patior, quod scribit, secum Tullum, & Servium questos esse, quia non idem quoque sibi, quod mihi, remisisset; homines ridiculos, qui cum filios misissent ad Cn. Pompeium circumsedendum, ipsi in senatum venire dubitarent.* Bern. Rutil.

Petebat) Ex praesens a praesente, & litteris. Corr.

Me cum rogaret, ut adessem in senatu, eadem omnia, quae a te de pace dicta sunt, ostendi me esse dicturum) *Ostendi m. e. d.* Senatui non placere in Hispanias iri, nec exercitus in Graeciam transportari. Corr. Colloquium suum Formianum cum Caesare tum primum viso post motum civile bellum ita scribit: *Veni igitur, & age de pace; meo ne, inquam, arbitratu? an tibi, inquit, ego praescribam? Sic, inquam, agam, senatui non placere in Hispanias iri, nec exercitus in Graeciam transportari; multaque, inquam, de Cn. deplorabo; tum ille. Ego vero ista dici nolo; ita putabam, inquam, &c.* Litterarum harum meminit eodem libro: *Injecta autem mihi spes quaedam est, velle mecum S. Sulpicium colloqui; ad eum misi Philotimum libertum cum litteris. Si vir esse volet, praeclara synodia; sin autem, erimus nos, qui solemus.* Et non multo post: *Hic ego Servium exspecto; rogor enim ab ejus uxore & filio, & puto opus esse.* Bern. Rutil.

Res vides, quomodo se habeat) Ita Victorius; Pall. prim. sec. quart. quint. (sic & Amstelod. Graev. Mentel.) licet non damnem vulgatam, *res vides quomodo se habeant*: unde cert. *res vides quomodo se habeant*. Gul. Tertii Palatini scripturam firmat & vetus N. Scel. liber; & sic omnino Ciceronem scripsisse censeo. Graev. *Res vides quomodo*) Antiptosis. Vid. not. ad Senec. IV. de Benef. 32. I. F. Gron.

Cujus jam etiam) Posterioris particulae usus hoc loco est in promtu, sed compositio cum altera *jam* rarior, non tamen insolens. Cic. de Cl. Or. *Commune probabilis, jam vero etiam probatus.* Apuleius IV. Miles p. 84. Sic alibi & *etiam*: nec abit, quod Servius ex Tullio observavit, *Equidem ego*, & quae plura obiter deprehendere licet. Nam de *iam non* Terentii, aliorumque, nec Sallustii *atque etiam nunc*, hic n. loc memorandi locus. Corr.

Tamen

dam: Trebatioque mandavi, ut, si quid tu eum velles ad me mittere, ne recusaret: idque ut facias velim, aut si quem tuorum fidelium voles, ad me mittas; ne aut tibi exire ex urbe necesse sit, aut mihi accedere. Ego tantum tibi tribuo, quantum mihi fortasse arrogo, ut exploratum habeam, quidquid nos communi sententia statuerimus, id omnes homines probaturos. Vale.

EPISTOLA II.

ARGUMENTUM.

Relicta urbe a Pompeio, occupata jam a Cæsare Italia, quæsierat a Cicerone per litteras Sulpicius, quid agendum censeret in tanta rerum omnium perturbatione. Modeste Cicero respondet cum Sulpicii laude; explicatque sententiam suam, hoc modo: Si recta quærantur, satis patere, quid agendum sit: si utilia, non item; nam cum rectum videretur, pro communi libertate contra Cæsarem arma capere; tamen id quam expediret, obscurum erat: cum Cæsaris caussa firmior, Pompeii esset honestior. Concludit, esse longius ab urbe discedendum, in qua manere vel turpe sit, si probentur

Tamen propius accedam) E Campania & maritima ora, quæ me, ut voluit Pompeius, habet ἐπίσκοπον. Corr.

Si quem tuorum fidelium voles) Delendum videtur Guilielmio vox *fidelium*, quo nullus nostrorum destituitur: soli duo postremi Pall. transmutant *fidelium tuorum*. Mihi secus videtur; non enim omnes quos putamus nostros, fideles sunt. Paullo post, idem in MSis admonet legi, *tantum mihi fortasse arrogo*, quod rectissimum pronuntiat: mihi sollicite de illo inquirendum non occurrit, vel ejus rei vestigium, aut caussa. Gr.

Quantum mihi fortasse) Tantum pro quantum multi legunt. Corr.

Quidquid nos communi sententia statuerimus) Probatur mihi lectio, quæ in margine Lambinianæ editionis notatur ex veteribus codicibus, *quidquid nos de communi sententia statuerimus*; nec improbabunt, qui Latine sciunt. Graev. Nimia est facilitas Cl. Cellarii, quod Graevii opinioni nullis monumentis, nisi latinitate stabilitæ statim accedat: nam Lambini margines dudum perdiderunt fidem. Potior est consensus omnium librorum, cui adstipulatur non minus Latinorum lingua. Noster lib. X. ep. 31. *Quæ mea sententia gerere mihi licuit*. Et Terentius, qui Phorm. A. III. Sc. I. v. 17. *Ne nimis consilio velle sese facere, quod ad hanc rem attineat*, dixit; in Hecyr. A. IV. Sc. I. v. 46. dicit: *Cujus consilio ea par fuerat prospici*: uti Cor. Nepos Pelop. c. 1. quomodo Virg. Eclog. V. v. 16. Nec aliter dictum quam Sallustii Cat. c. 36. ubi homines male feriati æque intercedere voluerunt propositionem *Ex re male*, & intercedentibus omnibus bonis. Cortius.

tur ea, quæ fiunt; vel, si non probentur, periculosum; ac sibi captum jam consilium esse de itione ad Pompeium, ostendit. Eodem anno.

M. T. C. SER. SULPICIO S. D.

AD. III. Kal. Majas cum essem in Cumano; accepi tuas litteras: quibus lectis, cognovi non satis prudenter fecisse Philotimum, qui, cum abs te mandata haberet, ut scribis, de omnibus rebus, ipse ad me non venisset, litteras tuas misisset: quas intellexi breviores fuisse, quod eum perlaturum putasses. Sed tamen postquam litteras tuas legi, Postumia tua me convenit, & Servius noster. His placuit, ut tu in Cumanum venires: quod etiam mecum ut ad te scriberem egerunt. Quod meum consilium exquiris, id est tale, ut capere facilius ipse possim, quam alteri dare. Quid enim est, quod audeam suadere tibi, homini summa auctoritate summaque prudentia? Si quid rectissimum sit, quærimus, perspicuum est; si quid maxime expediat, obscurum; sin ii sumus, qui profecto esse debemus, ut nihil arbitremur expedire, nisi quod rectum honestumque sit, non potest esse dubium, quid faciendum nobis sit. Quod existimas meam causam conjunctam esse cum tua, certe similis in utroque nostrum, cum optime sentiremus, error fuit. Nam omnia utriusque consilia ad concordiam spectaverunt: qua cum ipsi Cæsari nihil esset utilius, gratiam quoque nos inire

EPISTOLA II.

NOn satis prudenter fecisse Philotimum) Libertum meum, quem ad te cum superioribus litteris miseram. CORRAD.

Quod etiam mecum, ut ad te scriberem, egerunt) Recte sic Victorii editio, in Pal. pr. fueratque sic quoque in quarto, ut ex litura constat; nec aliter Grut. Pech. Vatic. nempe *quod mecum egerunt*, notat, *quod me oravent*; ut Terent. Adelph. *quid, quod tecum egi, Syre*. GRÆ. Confirmant hanc lectionem meus optimus liber, & Amstelodamensis. Exemplum vero quo utitur Gebhardus ab hoc loco alienum plane est. *Quod* non pertinet ad *egerunt mecum*, sed ad *scriberem*; hic enim ordo est, *quod etiam ut ad te scriberem mecum egerunt*. GRÆV.

Perspicuum est) Rectissimum id esse ab eo stare, qui Remp. tuetur. CORR.

Obscurum) Cum nihil sit incertius belli exitu: & propterea nesciamus, uter sit victurus. ID.

Nisi quod rectum) Lege tertium librum de Officiis. ID.

Quid faciendum nobis sit) Quia ad Pompeium sit eundum. ID.

Cum optime sentiremus) Ego quidem in Campania, tu vero Romæ in Senatu. ID.

Qua cum ipsi Cæsari nihil esset utilius) Pall. quamquam, quamquam ipsi Cæsari: Grut.

inire ab eo, defendenda pace, arbitrabamur. Quantum nos fefellerit, & quem in locum res deducta sit, vides. Neque solum ea perspicis, quae geruntur, quaeque jam gesta sunt; sed etiam qui cursus rerum, qui exitus futurus sit. Ergo aut probare oportet ea, quae fiunt: aut interesse, etiamsi non probes: quorum altera mihi turpis, altera etiam periculosa ratio videtur. Restat ut discedendum putem: in quo reliqua videtur esse deliberatio, quod consilium in discessu, quae loca sequamur. Omnino cum miserior res numquam accidit, tum ne deliberatio quidem difficilior. Nihil enim constitui potest, quod non incurrat in magnam aliquam difficultatem. Tu, si videbitur, ita censeo facias: ut, si habes jam statutum, quid tibi agendum putes, in quo non sit conjunctum consilium tuum cum meo, supersedeas hoc labore itineris: sin autem est, quod mecum communicare velis, ego te exspectabo. Tu, quod tuo commodo fiat, quam primum velim venias, sicut intellexi & Servio, & Postumiae placere. Vale.

EPI-

Grut. a manu secunda *tempore*; unde vulgata lectio nata sit, ignoro. GRAE. In libro meo mendose scribitur *quam cum ipse C.* ex hoc ortum est illud *quamquam* in aliis libris. Vulgata vero est ab ipso, si quid video, Cicerone. GRAEV.

Quem in locum res deducta sit) Hispania, & toto pene orbe terrarum bellis ardente. CORR. Statum & conditionem. Plaut. Epidic. A. I. Sc. I. v. 75. Caesar II. B. G. c. 26. Sic Cicero ad Atticum *meliore loco*, item *perbene loco res fuit*; adde Sall. Cat. c. 57. CORTIVS.

Qui exitus) Quam funestus. CORR.

Ergo aut probare oportet ea) Te, & reliquos, qui Romae sunt. ID.

Quorum altera mihi turpis) Probare, quae fiunt, etiamsi non sunt probanda. ID. Manutius non nisi de scriptura & fonte corruptionis judicium professus est, exempla igitur hac habeas. Supra lib. II. ep. 7. & 8. infra XI. ep. 27. Ovid. Heroid. ep. 3. v. 7. Justin. XXX. c. 1. Virgil. III. Aeneid. v. 573. Livius XXXII. c. 29. nam hae scripturam veterem confirmant, uti & quae ad XVI. ep. 4. notanda veniunt. CORTIVS.

Altera etiam periculosa ratio videtur) Interesse & non probare; quoniam Caesarem offendere necesse est. CORR.

Quod non incurrat in magnam aliquam difficultatem) Adriatico mari occupato a Dolabella, Cretensi a Curione, Sardinia a Valerio, tota pene Italia a M. Antonio. ID.

Si habes jam statutum) Non absurde duo Pall. postremi, *si habes jam factum*, de quo cogitent qui vive sapiunt. MATT. *Rem jactam Pompillos habet.* Paullo post ex omnibus MSis, & editionibus editi, *consilium tuum cum meo*, cum vulgo invertant. Denique notatum est, particulam *hoc* deesse in aliquo vet. libro in illo *supersedeas hoc labore*; legitima tamen in libris nostris omnibus: nisi quod tert. Pal. *supersedeas eo labore it.* GEB.

Labore itineris) Incommodo & difficultate. Curtius IV. c. 10. Idem IX. c. 10. CORT.

EPISTOLA III.

ARGVMENTVM.

Sulpicium, Achaiae, post victum in Pharsalia Pompeium, a Caesare praepositum, consolatur in dolore, quem ex reipub. calamitate capiebat. Quid autem ad consolandum valet? primum illud, cum ostendimus, communem fortunam esse, nec decere eum, qui praecipuis non affligatur incommodis, praecipuo dolore angi. Alterum est, cum in alienis malis nostra bona recordamur, id est, cum ea, quae vitandi communis exitii gratia recte ac sapienter acta, dicta, cogitata sunt a nobis, animo ac mente contemplamur: nam ad levandas miserias magnam habet vim bene actae vitae conscientia. Tertio loco, si minuit sollicitudinem ipsa per se conscientia; quanto magis, cum ad eam accedit hominum opinio, qui nihil a nobis non sancte, nihil imprudenter aut indecore actum existiment? atque haec ratio, a generali quodam judicio ducta, tum est firmior, si ad clarorum virorum exempla confugimus: ideo Caesarem quoque ipsum idem, quod ceteros omnes de Sulpicio judicare dixit. Quid, cum illud adjungimus, in eo ipso, quod, quasi malum sit, graviter dolemus, aliquid inesse, cur dolendum omnino non sit? facit hoc Cicero, cum ait: Quod autem a tuis abes. *Lenitur etiam studio litterarum, praesertim Philosophiae, doloris acerbitas; quod in Sulpicii cura Cicero non neglexit; quamquam hanc partem considerate attingit: nec monendum aperte talem virum putat, quod esset arrogantiae: sed cum ait:* Mihi ita persuasi, te quoque in iisdem versari rebus, *plane indicat, quid tum facere tam adversis temporibus oporteat. Nec vero levis est ex eorum, quos diligimus, probitate ac virtute consolatio; ergo hic laudatur Servius adolescens, ut afflictum patris animum grata filii mentio recrearet. Haec & similia in ceteris epistolis observanda: quae si colligantur, adhibito ordine, sine quo praeceptorum copia propemodum inanis est, artem inventionis, alioqui difficillimam, in promtu habebimus. Scripta est post bellum Africanum. Apparet enim, Caesarem in urbe commorari, Pompeianarum partium metu libe-*

liberatum; quod certe non ante bellum in Africa gestum consecutus est; perpetuo enim victoriæ cursu Pompeium, Ægyptios, Pharnacem superavit: inde Romam profectus, paullo post in Africam contra Scipionem & M. Catonem contendit: quibus devictis, ad urbem rediit, cum tertium consul esset; ibique tam diu permansit, donec in Hispaniam, ubi magnas copias a Pompeii liberis contractas esse audiebat, eundum necessario judicavit. Videtur autem Sulpicius in Achaia permansisse usque ad exitum Hispaniensis belli: quod ex eo suspicor, quia quo tempore ad Ciceronem litteras consolatorias misit, quæ infra leguntur, eodem Cæsar ex Hispania lenire Ciceronis dolorem ex interitu filiæ susceptum, per litteras conatus est, epist. 22. lib. XIII.

M. T. C. SER. SVLPICIO S. D.

VEhementer te esse sollicitum, & in communibus miseriis præcipuo quodam dolore angi, multi ad nos quotidie deferunt. Quod quamquam minime miror, & meum quodammodo agnosco: doleo tamen, te sapientia præditum prope singulari, non tuis bonis delectari potius, quam alienis malis laborare. Me quidem, etsi nemini concedo, qui majorem ex pernicie & peste reip. molestiam traxerit, tamen multa jam consolantur, maximeque conscientia consiliorum meorum. Multo enim ante tamquam ex aliqua specula prospexi tempestatem futuram: neque id solum mea sponte, sed multo etiam magis monente & denuntiante te. Etsi enim absfui magnam partem consulatus tui, tamen & absens

ET *meum quodammodo agnosco*) Accipio non masculino genere, ut intelligatur *dolorem*, quod vult Manutius; sed neutro, ut sit aliquid mei moris. Plaut. Trin. III. 3. 5. *Neque meum est, neque facere didici*. Bacch. V. 2. 34. *Tu tuum facito, ego quod dixi, haud mutabo*. Io. F. Gron.

Nemini concedo, qui) Sic lib. X. ep. 3. Vbi ne ad peregrinas notiones recurrere debeas, qui valde per ut: sic VII. ep. 23. & ita aliis locis. Quod vero hic, quod reddendum esset, quam ego omittit, facit pro more linguæ, uti Sidonius II. ep. 8. *Perpetuis foliibus dormienti similior illata est*: ubi recte Io. Savaro subintelligit *quam mortuæ*, quem vide. Cort.

Ex aliqua specula) Vnde late omnia prospici possunt. Virg III. Æn. v. 239. Sidonius IV. ep. 1. Boetius IV. Cons. Ph. Pros. VI. Quæ vox quam sit accommodata rebus *maritimis* (*tempestatem* inde sumsit Tullius) discen optime ex Rutilii Itinerar. I. v. 403. seq. Iserm.

Consulatus tui) *Venimus enim*, loquitur ad Atticum scribens, *in provinciam laudicaam*,

absens cognoscebam, quæ esset tua in hoc pestifero bello cavendo & prædicendo sententia: & ipse adfui primis temporibus tui consulatus, cum accuratissime monuisti Senatum, collectis omnibus bellis civilibus, ut & illa timerent, quæ meminissent: & scirent, cum superiores, nullo tali exemplo antea in rep. cognito, tam crudeles fuissent, quicumque postea remp. oppressisset armis, multo intolerabiliorem futurum. Nam quod exemplo fit, id etiam jure fieri putant: sed aliquid, atque adeo multa addunt & afferunt de suo. Quare meminisse debes, eos, qui auctoritatem & consilium tuum non sunt secuti, sua stultitia occidisse, cum tua prudentia salvi esse potuissent. Dices: Quid me ista res consolatur in tantis tenebris, & quasi parietinis reip.? Est omni-

dictum, Sulpitio & Marcello Coss. prid. Kal. Sex. Corr.

Et prædicendo) *Prædicendo* hic locum habere non posse, facile assentiaris, animum si recte advertas. Non vereor, ne errem, si rescribam: *prævidendo*. *Providere bellum* eadem elegantia dicitur, qua *providere amicitiam*. Cicero noster lib. 1. de Offic. c. 33. *Amicitias, quæ minus delectent, & minus probentur, magis decere censent sapientes sensim dissuere, quam repente præcidere*. Plinius lib. IX. epist. 1. *Cujus emendationem ante rem ipse defuderit, & ratio præsidit*. Sæpius Cicero hoc verbo eadem potestate usus est. Nevmannvs in Parerg. Critic.

Cum superiores &c. tam crudeles fuissent) Marius, Sulla, & reliqui. Corr.

Quod exemplo fit) Verissima sententia, & probata in causa Verrina. Cic. II. in eam c. 42. adde Eumdem pro Flacco c. 11. & 1. pro Cornelio apud Asconium, & multos præterea. Corr.

Atque multa addunt, & afferunt de suo) Pal. sec. *efferunt*. Vatic. tamen *multa addunt, ut afferant de suo*; in qua lectione occultam odoror elegantiam. Graevanvs.

Quare meminisse debes eos) Pompeium, Domitium, Scipionem, & Catonem. Corr.

Tuum consilium) Ne, agentes de successore ante tempus mittendo, Cæsarem irritarent. Id.

Salvi esse potuissent) Nisi bellum, Cæsarem provocantes, excitassent. Lamb.

In tantis tenebris, & quasi perpetuis reipublicæ) Nos emendavimus *parietinis*: sunt autem *parietinæ*, parietum ruinæ, muri semiconsumti, ut in epistola ad C. Memmium: *Peteremque ut ei sineres quid illud Epicuri parietinarum sibi concederes*. In tertio libro Tuscul. *Magisque me moverunt Corinthi subito adspectæ parietinæ, quam ipsos Corinthios*. Etsi eo quoque loco mendosi sunt vulgati codices: habent enim *parietum ruinæ*, pro *parietinæ*: manu tamen scripti antiquiores veram lectionem retinent. N. Marcellus Silenna hunc locum adducit ex hist. lib. III. *Post militarem maceriam, & parietinas quinque cohortes in insidiis reliquit*. Appellat autem *parietinas* Cic. Reipub. [illegible] quasi ruinas & reliquias; quæ ne videretur dura, & parum verecunda translatio, particula illa *quasi* mitigat; verecundior est certe ea ipsa quam protulit Servius, qui dixit *cadavera oppidum*. Est autem in antiquo illo, quem omnium optimum invenimus, *parietinis*, ut si r in i permutes, nihil desideretur: quia rarior est vox ideo tam facilem lapsum, & tam parvum errorem nulli hactenus animadverterunt. Quidam autem *perfidiis* reponere ausi sunt: quam recte, judicent doctiores. Victorivs. *Perpetuis*

omnino vix consolabilis dolor: tanta est omnium rerum amissio, & desperatio recuperandi. Sed tamen & Cæsar ipse ita de te judicat, & omnes cives sic existimant, quasi lumen aliquod, extinctis ceteris, elucere sanctitatem, & prudentiam, & dignitatem tuam. Hæc tibi ad levandas molestias magna esse debent. Quod autem a tuis abes, id eo levius ferendum est, quod eodem tempore a multis & magnis molestiis abes: quas ad te omnes perscriberem, nisi vererer, ne ea cognosceres absens; quæ quia non vides, mihi videris meliore esse conditione, quam nos, qui videmus. Hactenus existimo nostram consolationem recte adhibitam esse, quoad certior ab homine amicissimo fieres iis de rebus, quibus levari possent molestiæ tuæ. Reliqua sunt in te ipso, neque mihi ignota, nec minima solatia, & ut quidem ego sentio, multo maxima: quæ ego experiens quotidie sic probo, ut ea mihi salutem afferre videantur. Te autem ab initio ætatis memoria teneo summe omnium doctrinarum studiosum fuisse, omniaque, quæ a sapientissimis ad bene vivendum tradita essent, summo studio curaque didicisse; quæ quidem vel optimis rebus & usui, & delectationi esse possent; his vero temporibus habemus aliud nihil, in quo acquiescamus. Nihil faciam insolenter, neque te tali vel scientia vel natura præditum hortabor, ut ad eas te referas artes, quibus a primis temporibus ætatis studium tuum dedisti: tantum dicam, quod te spero adprobaturum, me, posteaquam illi arti, cui studueram, nihil esse loci neque in curia,

Alii *perniciditis*, alii *parietinis* legunt. CORRAD. *In tantis tenebris, & quasi parietinis Reip.*) Elusi jam destituti sumus jam hic a manuscriptis nostris libris, omnibus aut sua indole, aut correctorum incurata cura depravatis, quorum primus, *porte tinies*; alii duo, quod & Manut. notat, *perditis vis*; alii pejus. Quis vero primus proxime adambulat Mediceo, probavitque ac recepit Victorii emendationem cum Manut. Lambin. quid fastidiamus tantorum virorum concordia nomen adjungere? Vulgo pessime, *& quasi prospiciis Reip.* GEB. Gravis tamen primus liquido, *in tantis tenebris & quasi parietinis reip.* Reliqui omnes corruptissimi. In Amstelodamensi tamen vestigia veræ lectionis apparent: *Tantis tenebris & quasi per te tinis*. GEBV.

A tuis abes) In Achaia. CORR.

Nec minima solatia) Ut bonarum artium studia. ID.

Quæ ego experiens) Applicans quasi statui nostro. Vide & lib. I. ep. 5. a re medica petitum, uti apud Ausonium Parent. Epig. VI. CORT.

Illi arti, cui studueram) Oratoriæ. CORRAD.

Tuo

curia, neque in foro viderem, omnem meam curam atque operam ad philosophiam contulisse. Tuæ scientiæ excellenti ac singulari non multo plus, quam nostræ relictum est loci. Quare non equidem te moneo, sed mihi ita persuasi, te quoque in iisdem versari rebus, quæ etiam si minus prodessent, animum tamen a sollicitudine abducerent. Servius quidem tuus in omnibus ingenuis artibus, in primisque hac, in qua ego me scripsi acquiescere, ita versatur, ut excellat. A me vero sic diligitur, ut tibi uni concedam, præterea nemini; mihique ab eo gratia refertur: in quo ille existimat, quod facile appareat, cum me colat & observet, tibi quoque in eo se facere gratissimum. Vale.

EPISTOLA IV.

ARGVMENTVM.

Excusanti Sulpicio, quod sæpius uno exemplo litteras misisset, culpamque conferenti tum in eorum, qui eas acciperent, negligentiam aut improbitatem, tum in orationis inopiam, qua ipse laboraret, respondet Cicero, primam sibi excusationis partem probari, alteram omnino falsam videri: se enim ipsum non admodum esse verborum inopem, qui tamen sibi & subtilitate & elegantia scribendi Sulpicium anteponat. Caussas probat, quibus Achaia administrationem Sulpicius recusandam non putaverat. Narrat Senatus officium, suppliciter de reditu M. Marcelli Cæsarem rogantis: quo impetrato, gratias a se Cæsari actas esse demonstrat. De suo Philosophiæ studio ejusque fructu, de Servii filii probitate ac doctrina quædam addit. Concludit, cum esse statum reip. ut ea, quæ Romæ fiant, audire sit optabilius, quam videre.

i Nego-

Tuæ scientiæ) Iuri civili, & pontificio. Inaq.

In iisdem versari rebus) Philosophicis. Idem.

A sollicitudine) Nam aliis quibuscumque rebus intentus animus adversa interim obliviscitur: lege V. ep. 13. & VI. ep. 13. Grav.

In quo . . . tibi quoque in eo) *In eo* πλεονάζει; sed ita, ut ab ipsa structura parenthetica quasi necessarium reddatur, cui simile habes supra I ep 9. & Cato apud A. Gellium XV. c. 11. Livius XXXVI. c. 2. Sed in expositione post verbum *appareat* subintellige [illegible], uti II. ep. 19. Io.

Negotialis est epistola, tum alias ob causas, tum quia reditum Marcello Cæsaris liberalitate concessum significat. Cæsare III. M. Æmilio Lepido Coss. devictis in Africa Pompeii partibus.

M. T. C. SER. SULPICIO S. D.

ACcipio excusationem tuam qua usus es, cur sæpius ad me litteras uno exemplo dedisses: sed accipio ex ea parte, quatenus aut negligentia, aut improbitate eorum, qui epistolas accipiant, fieri scribis, ne ad nos perferantur. Illam partem excusationis, qua te scribis orationis paupertate (sic enim appellas) iisdem verbis epistolas sæpius mittere, nec nosco, nec probo. Et ego ipse, quem tu per jocum (sic enim accipio) divitias orationis habere dicis, me non esse verborum admodum inopem agnosco: εἰρωνεύεσθαι enim non necesse est: sed tamen idem (nec hoc εἰρωνευόμενος) facile cedo tuorum scriptorum subtilitati & elegantiæ. Consilium tuum, quo te usum scribis hoc Achaicum negotium non recusavisse, cum semper probavissem, tum multo magis probavi, lectis tuis proximis litteris. Omnes enim

EPISTOLA IV.

Litteras uno exemplo dedisses) Iisdem verbis scriptas. Exemplum veteribus est, quod nos copiam dicimus. Cic. in epistolis sæpe dixit: *Ex litteris cognosces quarum exemplum ad te misi*. Salmas. Confutat. animadv. Herald. cap. 4. quem vide. GRÆV.

Illam partem excusationis &c. nec nosco, nec probo) Cur hæc lectio cedere debuerit vulgatæ, *nec agnosco nec probo*, ignoro. Sic certe præter omn. Pall. editio princeps & Victorii. Ursin. Accedunt his Grævii, & Amstelodam. quoque membranæ. *Noscere excusationem* est admittere, accipere excusationem, pro quo *noscere causam* dixit XI. ad Att. 7. *Quod te excusas, ego vero & tuas causas nosco, & mea interesse puto, te istic esse*. De hoc loquendi genere vid. Gronov. IV. de Pec. Vet. c. 3. IDEM.

Orationis paupertate) Est enim orationis quædam vel *copia*, vel *inopia*. Sic Quintil. VIII. c. 3. *sermonis paupertatem*. Sidon. III. ep. 7. Tac. III. Ann. c. 30. *Oratorum uberrimus*: adde Dialog. de Orator. c. 23. 25. aliis. Senec. ep. 58. CORT.

Εἰρωνεύεσθαι) Dissimulare, *εἰρωνευόμενος* dissimulans. CORRAD.

Hoc Achaicum negotium non recusavisses) Præfecturam Achaiæ, hoc est Græciæ. Nam post Achæorum rempublicam eversam, quæ olim dicebatur Hellas, tum a Romanis dicta est *Achaia*, nimirum Græcia proprie dicta. GRÆV.

Consilium tuum . . . non recus.) Reticetur Sulpicii pro *consiliariis* habet, qui ex totius consilii sententia, hoc est, omnes probe perspecta, non recusaverint Achaicum negotium. Sic *facere* dicuntur *nostre*, Senecæ ad Marc. c. 1. & Plin. VIII. ep. 18. *pirus scripsit*. Tale est illud Sall. Jug. c. 15. *Veritus, ne polluta licentia invidiam accenderet*, & male laborant interpretes. CORT.

enim causæ, quas commemoras, justissimæ sunt, tuaque & auctoritate & prudentia dignissimæ. Quod aliter cecidisse rem existimas, atque opinatus sis, id tibi nullo modo assentior. Sed quia tanta perturbatio & confusio est rerum, ita perculsa & prostrata fœdissimo bello jacent omnia, ut is cuique locus ubi ipse sit, ut sibi quisque, miserrimus esse videatur: propterea & tui te consilii pœnitet: & nos, qui domi sumus, tibi beati videmur. At contra nobis non tu quidem vacuus molestiis, sed præ nobis beatus. Atque hoc ipso melior est tua, quam nostra conditio, quod tu, quid doleat, scribere audes; nos ne id quidem tuto possumus: nec id victoris vitio, quo nihil moderatius, sed ipsius victoriæ, quæ civilibus bellis semper est insolens. Vno te vicimus, quod de Marcelli, collegæ tui, salute paullo ante, quam tu, cognovimus: etiam, mehercule, quod, quemadmodum ea res ageretur, vidimus. Nam sic fac existimes: post has miserias, id est, postquam armis disceptari cœptum est de jure publico, nihil esse actum aliud cum dignitate. Nam & ipse Cæsar accusata acerbitate Marcelli (sic enim appellabat), laudataque honorificentissime & æquitate tua & prudentia, repente præter spem dixit, se Senatui roganti de Marcello ne hominis quidem causa negaturum. Fecerat autem hoc Sena-

Vt is cuique locus, ubi ipse sit, ut sibi quisque miserrimus esse videatur) Ita editio princeps ac Victorii: sic Pall. pr. sec. tert. paullulum abit quint. nam pro ut, ac habet. Sieweck. Vatic. vulgo, *ubi ipse sit, miserrimus esse videatur*. Gae. Stant pro lectione a Victorio probata, & Amstelod. & Grævii prim. nec non Mentel. nisi quod Grav. pro *quisque* scribat, *quisquis*; Mentel. pro ut, ac. Graev. *Vt is cuique locus, ubi ipse sit, ut sibi quisque miserrimus esse videatur*) Sic MSS. Lege, *& sibi*: ita *miserrimus* & ad locum & ad hominem eleganter refertur. I. F. Grov.

Quod tu quid doleat scribere audes) Melius sic Victorius. Pal. pr. Vatic. sicque ex Mediceo, ad primam impressionem emendavit Egnatius; ceteri omn. *doleas*. Gae. *Doleat* habet etiam Grav. primus, Amstelod. vero *debeas*, sicut Mentel. *debeas*. Graev.

Quo nihil moderatius) Nemo moderatior. Sed *nihil* in Neutrum etiam de personis dicunt: infra: *nihil mitius ipso est*. Sulpic. Sever. de vita Mart. c. 26. Liv. lib. II. Terent. Andr. A. IV. Sc. V. Cort.

Collegæ tui) In consulatu. Corr.

Accusata acerbitate Marcelli) Qua in consulatu adversus Cæsarem ipsum usus fuerat: atque in primis, cum mittendum illi successorem censuit. Conradus.

Æquitate tua) Qui iniquum esse censuisti, mittere successorem, nondum finito tempore. Id.

Ne hominis quidem causa negaturum) P. Victorius edidit *ne ominis quidem causa neg*. Eam editionem secuti sumus, ne optimo codici, quem ille secutus est, fidem derogasse videremur. Sed quam-

Senatus, ut, cum a L. Pisone mentio esset facta de Marcello, & cum C. Marcellus se ad Cæsaris pedes abjecisset, cunctus consurgeret, & ad Cæsarem supplex accederet. Noli quærere: ita mihi pulcher hic dies visus est, ut speciem aliquam viderer videre quasi reviviscentis reip. Itaque cum omnes ante me rogati Cæsari gratias egissent, præter Volcatium (is enim, si eo loco esset, negavit se facturum fuisse), ego rogatus, mutavi meum consilium. Nam statueram, non mehercule inertia, sed desiderio pristinæ dignitatis, in perpetuum tacere. Fregit hoc meum consilium & Cæsaris magnitudo animi, & Senatus officium. Itaque plu-

quamvis & ea omnia probemus, quæ scribuntur a viro illo doctissimo, & ita habeant libri aliquot manuscripti, ut vidimus: hanc lectionem tamen non probo, cum multas alias ob caussas, tum maxime quod ea sententia, quæ huic loco accommodata est, ex his verbis elici, atque exprimi non potest; dicebat enim Cæsar se senatui pro Marcello deprecanti non negaturum, non solum ne negando Marcellum patria privaret, sed ne male ominaretur. Quare sic potius legendum videtur: *Dixit se senatui, rogauti de Marcello, ne ominis quidem caussa, non negaturum*; quo modo loquitur in orat. pro Roscio Am. *Nolo in eos gravius quidquam ne ominis quidem caussa dicere*. Liceret etiam sic legere, & fortassis rectissime: *Dixit se senatui, rogauti de Marcello, vel ominis quidem caussa non negaturum*. LAMB. *Ne hominis quidem caussa negaturum*) Hanc lectionem tuentur quatuor Pal. Grut. cum Guilielmio consulti: neque aliter prisca editio: particulam immiscuit quintus, ex qua tamen potius nostræ lectioni pondus accedit; hoc modo: *ne de hominis quidem caussa*. Victorii emendatio plus acuminis primo intuitu ostendit, quam veritas excussa præstet: quippe volebat, *ne ominis quidem caussa*; sed in illo vetustissimo cod. solens aspiratio neglecta erat, ut in innumeris. Lambinus ne esset ἀσύνδετον, multos futiles logos attulit. Videatur quoque Manutius: nam quæ volebamus contra Lambinum, ille præce-pit. GRA. Sic & Grævii duo, Amstelodam. Mentel. *ne hominis quidem caussa*. GRÆV. *Ne ominis quidem caussa*) Sic legendum. Ne malum omen daret futuris actionibus, si quid Senatui roganti negavisset. J. F. GRON. *Ne hominis q. c.* Ne ipsius quidem Marcelli causa, acerbi antea & in se iniurii, ut putabat Cæsar. Hoc est, se non tanti facere Marcelli injurias, ut propterea senatui roganti negaturus sit. CELL.

A L. Pisone) Cæsaris socero. CORN.

C. Marcellus) Ipsius M. Marcelli frater. IDEM.

Et ad Cæsarem supplex accederet) Quidam legi volunt *accideret*, quod probo. LAMB. Perperam. Vid. P. Manut.

Præter Volcatium) L. Volcatium Tullium. LAMB.

Si eo loco esset) In Senatu, ubi Senatoris dignitas est servanda. In Male; *eo loco* est eo in statu, quo Marcellus erat; si Marcelli personam gereret; vide P. Manut. GRÆV.

Negavit se facturum fuisse) Ut ad Cæsarem supplex accederet, & gratias ageret. CORN. *Neg. se fact. f.* Hoc est, facturum fuisse. GRÆV.

Senatus officium) *Factum* Senatus ex officio quasi Terent. Andr. A. II. Sc. I. v. 32. Tertull. de anima c. 27. Sidon. V. ep. 5. *Obsequium alloquii impudentia iteramus*. Aut intellige *officium senatus*, quod *senatui debetur* obsequium, qui supplex ad Cæsarem accesserat, & sententiam rogaverat. Notiores enim sunt locutiones Sueton. Cæsar. c. 15.

nova-

pluribus verbis egi Cæsari gratias: meque metuo ne etiam in ceteris rebus honesto otio privarim: quod erat unum solatium in malis. Sed tamen quoniam effugi ejus offensionem, qui fortasse arbitraretur, me hanc remp. non putare, si perpetuo tacerem, modice hoc faciam, aut etiam intra modum: ut & illius voluntati, & meis studiis serviam. Nam etsi a prima ætate me omnis ars & doctrina liberalis, & maxime philosophia delectavit: tamen hoc studium quotidie ingravescit, credo & ætatis maturitate ad prudentiam, & his temporum vitiis, ut nulla res alia levare animum molestiis possit. A quo studio te abduci negotiis, intelligo ex tuis litteris: sed tamen aliquid jam noctes te adjuvabunt. Servius tuus, vel potius noster, summa me observantia colit: cujus ego cum omni probitate summaque virtute, tum studiis doctrinaque delector. Is mecum sæpe de tua mansione, aut decessione communicat. Adhuc in hac sum sententia, nihil ut faciamus, nisi quod maxime Cæsar velle videatur. Res sunt ejusmodi, ut si Romæ sis, nihil, præter tuos, delectare possit. De reliquis, nihil melius ipso

novorum consulum officium, gratulatio, quæ fit novis consulibus: Plinii I. ep. 5. officium togæ virilis. Cort.

Egi Cæsari gratias] In oratione pro M. Marcello. Corr.

Honesto otio privarim] Mutato semel tacendi consilio. Id.

Me hanc remp. non putare] Me hanc remp. quæ nunc est in illius manibus, non habere pro rep. me præsentem statum aversari & abominari. Vide notas ad Senec. de Tranq. animi c. 10. J. F. Gron.

Modice hoc faciam, aut etiam intra modum] Aulus Gellius lib. XII. c. 13. mentionem hujus loci facit his verbis: *Sed postea in libro M. Tullii epistolarum ad Ser. Sulpicium, sic dictum esse invenimus intra modum, ut intra Kal. dicunt, qui dicere citra Kal. volunt.* Quem locum eo libentius adduxi, quia ostendit, quomodo veteres citare soliti sint testimonia horum librorum: neque enim tunc Primus, Secundus, Tertius appellabatur: sed liber nomen sumebat ab eo, ad quem prima epistola scripta esset; quod nos vetustatis amatores observavimus. Victor. *Intra modum*] Minus quam modice: parcius, quam licet etiam cum modo facientibus. Vid. Obs. I. 10. J. F. Gronov. Vopiscus in Tacito: *Ipse fuit vitæ parcissimæ, ita ut sextarium vini tota die nunquam potaverit, sæpe intra heminam*, id est minus, quam heminam. Cellar.

Ingravescit] Hoc est crescit & augetur: non, ut putant nonnulli, fit molestius. Facciol.

De reliquis] Post *reliquis* distinctionem posui cum editionibus optimis. Est autem dictum pro *quod ad reliqua*, quomodo alibi *de reliquo* dicitur, quod vulgo docent idem esse ac *ceterum* Adverbium. Quæ vero sint firmandæ distinctioni & interpretationi, vide allata ad II. ep. 17. Cort.

Nihil melius ipso est] Cæsare. Corradus.

ipso est. Ceteri, & cetera ejusmodi, ut si alterutrum necesse sit, audire ea malis, quam videre. Hoc nostrum consilium nobis minime jucundum est, qui te videre cupimus: sed consulimus tibi. Vale.

EPISTOLA V.

ARGVMENTVM.

Est & hæc Sulpicii epistola si non perfectæ, certe admodum diligentis & elaboratæ consolationis exemplum. Nam cum officium consolandi minime deceat eos, qui prorsus dolore vacant; siquidem qui vere amat, doloris expers in amici casu esse non potest: ut hanc suspicionem tolleret, a molestia sua Sulpicius exordiendum putavit. Rursus, quia consolatio nihil omnino aliud est, quam ægroti animi remedium a ratione prudentiaque sumtum; quo si caret is, quem consolamur, ratione simul ac prudentia careat, necesse est: propterea culpam Sulpicius temeritatis a se voluit avertere, retulitque suæ consolationis causam non ad ullam Ciceronis inscitiam, aut imprudentiam, sed ad dolorem, quo impeditus minus ea perspiceret, quæ patere sibi possent paullo moderatius dolenti. Hæc quasi proœmii loco proponuntur. Sequitur narratio, in qua maxime colliguntur exempla calamitatum, ne quis dolori novo relinqui videatur locus. Prima consolandi ratio ducitur a conditione temporum; quæ sunt ejusmodi, ut optanda minime vita videatur: altera ab exitio florentissimarum urbium, quas perpetuo mansuræ videbantur: tertia ab interitu virorum clarissimorum; qui cum & multi & uno tempore perierint, una muliercula amissa dolendum multo levius est. Accedit imperii diminutio, provinciarum devastatio: quæ ipsa quoque non mediocrem in privatæ rei jactura consolationem afferunt. Quid moriendi necessitas? nonne ad levandum sollicitudinem plurimum valet?

Si alterutrum necesse sit] Sic libri, quos inspexi. Corrupte Vatic. *alterum utrum*, quod miror Victorium & Gebhardum recepisse. GRAEV.

En-

let? Quid vita jucunde feliciterque traducta? Quid mortis opportunitas, appropinquantibus malis? Hæc omnia commemorat Sulpicius in Tulliæ morte: mox ad ipsum Ciceronem orationem convertit. Non debet, inquit, is, a quo multi consilium petere soliti sunt, committere, ut æquisse consilio & ea, quæ aliis præceperit, ignorasse videatur. Nec vero clarum sapientia civem exspectare decet beneficium temporis, quo dolor extinguitur, sed a ratione ac sapientia contra qualibet fortunæ tela præsidium petere. Adduntur preces. Si hoc a te ratio ipsa non impetrat, certe non negabis patriæ roganti, non amicis, & familiaribus, non filiæ mortuæ, quæ carissimum sibi patrem mærore angi non vult. Incommodum proponitur. Vide, ne tuo luctu offendantur ii, qui rerum potiuntur, interpretantes doloris tibi causam esse dominationem suam. Postremo, ne tuam gloriam contemnas, quæ ex multis collecta virtutibus, addita fortitudinis & constantiæ fama cumulabitur. Scripta est, Cæsare Consule IV. sine collega, devictis jam in Hispania Pompeii liberis: quod ex duabus ad Att. epistolis 19. & 21. lib. XII. licet conjicere: quod illa fere postrema hujus epistolæ verba declarant: Noli committere, ut quisquam te putet non tam filiam, quam Reip. tempora, & aliorum victoriam lugere. *Id confirmatur epistola 21. lib. XII. ad Att. cujus initium est:* A Cæsare litteras accepi consolatorias, datas Hispali. *Nam Hispalim Cæsar ivit post interfectum Cn. Pompeium, Magni filium, ut in libro de bello Hispaniensi scriptum est.*

SER. SVLPICIVS M. T. CICERONI S. D.

POstea quam mihi renuntiatum est de obitu Tulliæ, filiæ tuæ, sane quam, pro eo, ac debui, graviter molesteque tuli, communemque eam calamitatem existimavi; qui si istic adfuissem, neque tibi defuissem, coramque meum dolo-

EPISTOLA V.

SAnt quam) Sæpe hæ particulæ conjunguntur, ubi *affirmare* simul, & *intendere* adfertum volunt. Noster II. ad Qu. Fr. ep. 10. A. Gellius veterum elegantiarum sane quam sectator V. c. 14. ubi plura Tullii laudat Gronovius. Item X. c. 24. Igitur post *quam* distinxi, ut simul appareret nihil insolentius hic esse, ubi *quam graviter* conjungitur: neque sane si ad modum verbum refertur, ubi consoluerit, quæ ad II. ep. 10. scripta sunt. Cear.

Fr f

dolorem tibi declarassem. Etsi genus hoc consolationis miserum atque acerbum est: propterea quia per quos ea confieri debet, propinquos ac familiares, ipsi pari molestia afficiun-

Etsi genus hoc consolationis minimum atque acerbum est] Nos, *miserum* scripsimus, nonnihil a vetusto codice adjuti: sed tamen in illo hæc vox luxata est, *mirum* enim legitur: nos mediam syllabam a librariis relictam putamus. Hanc etiam lectionem aut invenerunt in antiquo exemplari, aut certe excogitaverunt Germani; habent enim eam illorum codices Basileæ anno MDXXVIII. impressi. Ut enim apparet ex multis lectionibus, quas in margine libri collocaverunt, unum quoddam egregium omnium epistolarum exemplar videntur illi habuisse, quodque plurimis locis cum nostro concordet: & ut rem, ut est, exponamus, a nullo fere alio formis excuso, eo excepto, ullam opem accepimus. Cum autem ejus sæpe castigationes cum nostra antiqua lectione congruere animadvertimus, fidentius ita emendare ausi sumus. Eo autem studio & diligentia illi optimis libris perquirendis se multos annos dediderunt, ut e tenebris non paucos eruerint, eaque liberalitate eruditos, & ingeniosos viros, quorum opera in corrigendis libris uterentur, prosecuti sunt, ut magnam utilitatem latinæ linguæ attulerint: & si verum fateri volunt humaniorum studiorum amatores, non aliunde tantum auxilii ipsorum studiis suppeditatum est. Quidquid enim fere his temporibus aut emendatum exiit, aut reconditum latensque in lucem prodiit, inde profectum est. Alii *durum* emendarunt: quod quia tam longe ab antiquis exemplaribus discedit, negligimus. Nostra lectio valde sententiæ congruit. Est enim *miserum* sane, cum ipse consolatione egeas, parique in luctu verseris, officio quasi cogi, aliorum lacrymas abstergere. Quod autem nos emendaveramus, *conficere* librariorum incuria in *confieri* turpiter commutavit: sed hic, & hujusmodi errores, quæso ne nobis vitio dentur: nec enim præsentes impressioni adfuimus, & tanta est horum operariorum negligentia, ut nulla sedulitas satis esse possit ad eorum peccata corrigenda. VICTOR. *Genus hoc consolationis miserum atque acerbum est*] Sic editio Victorii, Vatic. Pal. quintus ad marginem: quartus vero *miserrimum*; ceteri omnes *minimum*. Mihi tamen placet inventum aliis *mirum*. Ceterum post statim legit Pal. pr. *per quos ea confieri debet* sicut in Mediceo reperit Victorius: ceteri, sicut & tres Guilielmiani, *ea fieri deb.* Steweck. Pall. quart. quint. *deberet*. GEBHARD. Gravii primus, & Amstelodam. scribunt *mirum*: & post Gravii primus *confieri*. GRÆV. *Etsi genus hoc consolationis miserum, atque acerbum*] Cum speciem habeat hæc emendatio Victorii, non miror in editionibus eam ut probabilem circumferri. Cum vero constet in optimo Mediceo esse *mirum*, eique nunc accedere Gravianum primum, & reliquos omnes alicuius pretii huc vergere, puter intolerabile esse quod vulgatur, præsertim cum commodius possit esse ad manum leviter attendenti. Nempe exstitit illud *mirum* ex lineis, aut junctis male, aut separatis, et quibus quatuor primam syllabam faciant, cum debuissent eas religere *iniquum*, pro *iniquum*. Similis est conjectura paterna L. VIII. Ep. 14. lec. GRON.

Per quos ea confieri debet] Sic MSus: hoc est confici. Virg. IV. Æn. 116. *Nunc qua ratione quod instat, Confieri possit*. Cæs. VII. de B. G. 58. *Postquam id difficilius confieri animum vidit*. Plaut. Trin. II. iv. 7. Io. Fr. GRON.

Per quos . . . . propinquos] Genus dicendi passim obvium, cum radioribus plenum magis videatur: *Propinqui ac familiares ipsi, per quos*. Virg. I. Æneid. 577. *Urbem quam statuo, vestra est*: ubi Servius P. Danielis confert Catonem, & Terent. Integrum esset: *Quam urbem statuo, vestra urbs est*, ut sit Syncategorema. Plautus Amphitr. A. IV. Sc. 1. v. 1. Idem Captiv. A. I. Sc. 11. v. 1. & 3. Sed in aliis

ficiuntur, neque sine lacrymis multis id conari possunt, uti magis ipsi videantur aliorum consolatione indigere, quam aliis posse suum officium praestare: tamen quae in praesentia in mentem mihi venerunt, decrevi brevi ad te perscribere, non quo ea te fugere existimem, sed quod forsitan dolore impeditus minus ea perspicias. Quid est, quod tanto opere te commoveat tuus dolor intestinus? cogita quemadmodum adhuc fortuna nobiscum egerit, ea nobis erepta esse, quae hominibus non minus, quam liberi, cara esse debent, patriam, honestatem, dignitatem, honores omnes. Hoc uno incommodo addito, quid ad dolorem adjungi potuit? aut qui non in illis rebus exercitatus animus callere jam debet, atque omnia minoris existimare? An illius vicem, credo, doles? Quoties in eam cogitationem necesse est & tu veneris, & nos saepe incidimus, hisce temporibus non

in aliis etiam casibus quod primario respicitur Substantivum Relativo accommodatur. Sall. Iug. c. 79. Ovid. II. Amor. eleg. 11. v. 4. Idem IV. Fast. v. 143. Auson. Epig. 111. Cort.

Ipsi pari molestia afficiuntur) Vatic. cod. Victorii, & Gebhardi editiones, *id ipsi pari molestia afficiuntur*. Sed nec meus optimus, nec Amstelodam. nec Mentel. eo id agnoscunt, & abest merito. Graev.

Decrevi brevi ad te perscribere) Vel repetendum *breviter*, vel subintelligendum sermone, aut oratione, aut tale quiddam, quod mihi durum videtur, tametsi Charisius doceat ita locutos esse veteres. Lambin. Vid. Not. P. Manut.

Animus callere jam debet) Hoc est induruisse, occalluisse, ut nullum amplius dolorem sentiat, omnia ferre possit ac concoquere. Vid. Not. P. Manut. Graev. *Callere* idem est, quod obduxisse callum, durare in re molesta, & imperare tibi, ut patiaris. Diversum huic *fastidire*, videlicet non durare, nec sustinere quod molestum est, sed repellere, delicatum esse. I. Fr. Gronov. in *Observ.*

Atque omnia minoris existimare) Sic rescripsi ex his quatuor libris antiquis, quibus usus sum; vulgo *aestimare*. Graev.

An illius vicem, credo, doles) Non video, cur immutari scriptura debeat; habet enim recepta, quae eadem est cum antiqua, idoneum, & accommodatum sensum. Cum supra exposuisset nihil esse, quod magnopere lugere deberet, quod filiam amisisset, ex persona ipsius, quia majora commoda amiserit, & tanta, ut hoc additum non magnam vim ad dolorem afferre possit: nunc declarat ex persona filiae nihil etiam esse, cur tantum dolorem suscipiat. Nihil enim illa, aut non multum damni fecit, quod tam miseris temporibus e vita discesserit. Victor. *An illius vicem, credo, doles*) Sic est legendum, omnibus libris suffragantibus, atque approbantibus: quamvis olim, Manutio assentiens (qui mavult legi, *at illius vicem, credo, doles*, sine interrogatione) aliter censuerim, libris omnibus reclamantibus. Sic autem loquitur Lucretius lib. V.

An, credo, in tenebris vita, & moerore jacebat,
Donec diluxit rerum genitalis origo?

Lambin.

Vt cum

non pessime cum iis esse actum, quibus sine dolore licitum est mortem cum vita commutare? Quid autem fuit, quod illam hoc tempore ad vivendum magnopere invitare posset? quae res? quae spes? quod animi solatium? Vt cum aliquo adolescente primario conjuncta aetatem gereret? Licitum est tibi (credo) pro tua dignitate ex hac juventute generum diligere, cujus fidei liberos tuos, te tuto committere putares. An ut ea liberos ex sese pareret: quos cum florentes vide-

Vt cum aliquo adolescente primario conjuncta aetatem gereret) Sic prima editio: sic Victorius, omnes Pall. Grut. Vatic. itaque miror, qui illud ageret adegerunt per tot obstantes MSorum quasi cuneos. GEBHARD. Hanc lectionem merito revocarunt ex antiquissimis membranis P. Victorius & Gebhardus, quam & quatuor codices illi, quibus usus sum, firmant. Sic apud Sueton. in Dom. cap. 1. Pubertatis ac primae adolescentiae tempus, tanta inopia, tantaque infamia gessisse fertur; quod perperam sollicitat vir summus, malitque mutatum in egisse. Et in Vespas. cap. ult. recte quoque MSti Annum gerens aetatis sexagesimum nonum, pro quo a sciolis substitutum agens, aeque ut in hoc Ciceronis loco. In omnibus enim aliis editionibus, praeter has, quas dixi, legitur aetatem ageret contra fidem antiquorum librorum. GRAEVIUS.

Licitum est tibi credo ex hac juventute, &c.) Cui necesse pene fuerit Dolabellam juvenem perditum diligere. CORRAD. Ex hac juv. generum diligere) Praetuli hanc lectionem ex quatuor Pall. vulgo nimis vulgariter deligere: in Grut. d erasum est, ut esset eligere, Ven. delegere, quod adnoto (ut plurima) ob curiosos. Aliud est diligere videlicet ex copia, ac multitudine: aliud deligere, sicut apud Propertium deligere astra manu. Videantur nostra Iuvenilia, si cui tanti sunt. GEBHARD.

An ut ea ex sese liberos pareret) Hanc verissimam Medicei codicis lectionem sequutus & ipse sum post Victorium, & Gebhardum, cum latine dici posse non opinarer mulier ex sese parere, aut propriis liberos, nec umquam ex alia pariat, ut in illa locutione abjici necessario debeat ex sese. Sed recte dicitur mulier parere ex sese liberos, ut opponantur adoptatis, pro quo verbo solebant alias Romani usurpare quaerere. Utique Manutius palam se ipse condemnat, dum παραφράζει (optandum videtur, ut filios pareret, quos aliquando cum florentes cerneret, laetaretur;) cur in suis his vocibus omisit ea ex sese, quae volunt Ciceroni impingere? Mox distinguendum videtur: Honores ordinatim petituri essent? in republica, in amicorum negotiis libertate sua uti? IA. GRON.

Ea liberos ex se pararet) Haec est codicum Pall. pr. quart. Medic. Vatic. Politiani, atque adeo editionis primae, ac Victorii scriptura, quam cum quidam, opinionibus vanissimis infecti, concoquere non possent, mutarunt in pareret. GEBHARD. Lib. ex se pararet) Non potui hic sequi auctoritatem Victorii, cui tribuo plurimum. Is enim ex vitiosa Medicei, aliorumque aliquot librorum scriptura hic pararet, reposuit. Cui subscripsit Gebhardus, praefatus hanc lectionem prae se ferre duos Palatinos, & primam editionem. Sed cum ea tam usui adversetur Latinae linguae, quam codices alii plurimi: illis enim septemdecim, quos Manutius inspexit, mei quatuor accedunt, qui omnes habent pareret, nisi quod Amstelodam. corrupte pareretur: non video cur paucis illis codicibus contra rationem certam & liquidam sit adstipulandum. GRAEVIUS. Recte hic Cellarius cum Graevio & Manutio, cui vel propter septemdecim codices, & judicium Cicero-

videret, lætaretur? qui rem a parente traditam per se tenere possent? honores ordinatim petituri essent in rep.? in amicorum negotiis libertate sua uti? Quid horum fuit, quod non prius, quam datum est, ademtum sit? At vero malum est liberos amittere. Malum, nisi hoc pejus sit, hæc sufferre & perpeti. Quæ res mihi non mediocrem consolationem attulit, volo tibi commemorare, si forte eadem res tibi minuere dolorem possit. Ex Asia rediens, cum ab Ægina Megaram versus navigarem, cœpi regiones circumcirca prospicere: post me erat Ægina, ante Megara, dextra Piræeus, sinistra Corinthus: quæ oppida quodam tempore florentissima fuerunt, nunc prostrata & diruta ante oculos jacent:

ceronis assidua lectione bene subactum inprimis hic plurimum tribuendum censeo. Et quod Iac. Gronovius illi solum opponit, non potuisse verba *ex sese* interpretationi immiscere, non est tanti, sed manifestat linguam elegantissimi Sulpicii, qui cum illis loquitur, qui *inter se*, *sermo* ita abundanter verbis addunt; qui proxime accedit Sallustio B. Iug. c. 5. Et miror viros doctos pro *petere* adeo militare, pro quo tamen Tullius etiam in propriis notionibus *petere* dixit Lib. II. de Fin. Nec Cic. tantum, sed & Terent. Sallust. reliqui. Et erit ubi latius doceri poterit, quam male, quam sine ulla caussa lites hoc loco sint exortæ. CORT.

Quos tam florentes videret) Mira, nec tamen inepta lectio est libri secundi Grævii, qui vix fere ducentos annos: *Quos cum florentia omnia videret*. GRÆV.

Libertate sua uti) Sic pr. editio ac Victorii, omn. Pall. Grut. Stewech. Peck Vatic. Vnde Guilielm. *absuri* ex conjectura reponi volebat: vulgo *aperiretur*. GEBHARD. *Vti* habent & libri quatuor, quibus Grævius usus est. GRÆV. *Libertate sua uti*) Sic MSus; lege, *Vsuri*, asturi, ut ingenuum, & civem Romanum decet. Io. FR. GRON.

At vero malum est liberos amittere. Malum, nisi) Plura est apud me Pal primi auctoritas, quam ceterorum omnium: qui hic solus ex *malum* retinet, ceteris omnibus illud (quod & de Gruteriano, & Stewech. editione primis intelligi volo) aspernantibus. GEBHARD. Retinet *malum* etiam Grævii primus, & Amstelod. GRÆV.

Consolationem attulit) Lege: *attulerit*. Io. FR. GRON.

Regiones circumcirca prospicere) Plaut. Aulul.

Cœpit ibi scalpturire ungulis circumcirca.

loquitur de gallo gallinaceo. GEBHARDVS.

Ante Megara) Pall. pr. tert. quint. Stewech. *Megaram* & *Megare*: reliqui duo *Megaram*. GEBHARD. Tres Palat. Grut. Stewech. Græv. prim. Amstelodam. *Megare*: sicut & paullo ante iidem codices *Megaram*, terminatione Græca, pro *Megaram*, quamvis *Megaram* habeant scripti. Sic *Glyceran* pro *Glyceram* apud Martial. XI. ep. 41.

Formosam Glyceran amat Lupercus.

Europen apud Horat. III. Carm. 3. pro *Europam*. Plura notavi nuper hujus generis exempla ad Sueton. GRÆV.

Pyræeus) Pall quart. quint. Stewech. *Pyreus*, unde Guilielmius *Pylus*, ex coniectura. GEBHARD.

Diruta jacent) Aliis adnotatum est in vet cod. reperiri *diruptæ*: quod ego in Pal. quarto ac Grut. æque reperi; non tamen placet: sicut & quod in Pall. quatuor, Gruter. Stewech. visitur: *En*, *vos homunculi indignamur*, cum Victorii editio, ac Pal. prim. com-

cent: cœpi egomet mecum sic cogitare: Hem, nos homunculi indignamur, si quis nostrum interiit, aut occisus est, quorum vita brevior esse debet, cum uno loco tot oppidum cadavera projecta jaceant? Vis ne tu te, Servi, cohibere & meminisse hominem te esse natum? Crede mihi, cogitatione ea non mediocriter sum confirmatus. Hoc idem, si tibi videtur, fac ante oculos tibi proponas. Modo uno tempore tot viri clarissimi interierunt: de imperio præterea tanta deminutio facta est: omnes provinciæ conquassatæ sunt: in unius mulierculæ animula si jactura facta est, tanto opere commoveris? quæ si hoc tempore non diem suum obisset, paucis post annis tamen ei moriendum fuit: quoniam homo nata fuerat. Etiam ab hisce tu rebus animum ac co-

contra defendat, *Hem, nos homunculi.* Graevius.

Si quis nostrum interiit) Legendum fortasse est, *nostrorum*. Lambin. Sed vide Not. Manut.

Cum uno loco tot oppidum cadavera projecta jaceant) Omnes Pall. codices MSi, sicut & Gruteri, & Stewechii *jacent*, quod sequuta quoque est prima impressio. Mihi ut tot codicum conspiratio nihili putanda non esse videtur, ita non præcipitanda correctio: ceterum *oppidum*, ex quo vulgo *oppidorum*, præter Medicæum codicem, & Victorianam editionem, fatentur quoque Pal. pr. quint. superlinearem: Vatic. Graevian. Omn. Pall. Stewech. Grut. Amstelod. Mentel. editio prima *jacent*: unde posses fingere *jaceant*, sed non frustra est tot codicum consensus: *jacent* nimirum scriptum est pro *jacerent*, quod liquido meus primus optimus & fidissimus codex præ se fert. Una syllaba in vetusto exemplari, ex quo reliqua propagata sunt, exciderat: hinc illa labes: *oppidum* habet juxta Medic. & alios, etiam meus prim. Graev. Ita solent Scriptores tam Græci quam Latini adsimilare urbes corporibus humanis, & ea ratione dicuntur illæ *nasci*, *ægrotare*, *adolescere*, *senescere*, *mori*, &c. Plura huc facientia collegit Faber lib. I. Semestr. c. 9. Verum & *Cadavera* urbium dixit, quia, quod jam alibi dictum, Seneca verbis *tam hominum, quam urbium fata volvuntur*, Ep. 101. Ceterum ita de urbibus loquitur, uti alii, qui *vitam*, *mortem*, *animam*, & similia illis aliisque monumentis tribuunt, Ausonius epist. 24. Graev.

Vis ne tu te Servi) Ita leg. non *me*. An non debes compescere, & auferre querelas? Vide not. ad Sen. III. de Ira 38. I. Fr. Gron.

Crede) Hoc verbum habet [illegible]. Graev.

Deminutio facta est) Sic rectius alii, ex vetusto codice adnotarunt; exstatque hoc in Pal. pr. codice omnium emendatissimo, qui & pro *clarissimi* repræsentat *carissimi*, quod non absque ratione; quamquam vulgatum malim. Paullo post, *quoniam homo nata erat*, exstat in omnibus MSis & impressis; Lindebruchius tamen corrigebat, *hoc modo nata erat*. Graevius.

Homo nata fuerat) Satis quidem eleganter, quo vix penetrat excogitatum Lindebruchii: *hoc modo nata erat*. Ennius apud Nonium & Gellium: *Ne ego ingenio natus sum, amicitiam atque inimicitiam in fronte gero*. Et quam sæpe hæc vox in numeris vitæ [illegible]? quam sæpe illi similes ex abundanti adduntur. At vero antiquus Scholiastes Juvenalis Sat. VI. v. 184. *Homo sum* non aliter interpretatur, quam: *Nata sum, ut pereo*. Phædrus III. fab. VIII. v. 11. Et Cicero

ac cogitationem tuam avoca, atque ea potius reminiscere, quæ digna tua persona sunt: illam, quamdiu fuerit opus ei, vixisse, una cum rep. fuisse, te patrem suum, prætorem, consulem, augurem vidisse, adolescentibus primariis nuptam fuisse, omnibus bonis prope perfunctam esse, cum resp. occideret, vita excessisse. Quid est, quod tu, aut illa cum fortuna hoc nomine queri possitis? Denique noli te oblivisci Ciceronem esse, & eum, qui aliis consueris præcipere & dare consilium: neque imitare malos medicos, qui in alienis morbis profitentur tenere se medicinæ scientiam, ipsi se curare non possunt: sed potius, quæ aliis tute præcipere soles, ea tute tibi subjice atque apud animum propone. Nullus dolor est, quem non longinquitas temporis minuat ac molliat. Hoc te exspectare tempus, tibi turpe est, ac non ei rei sapientia tua te occurrere. Quod si qui etiam inferis sensus est, qui illius in te amor fuit pietasque in o-

cero se satis ipse defendit III. Tuscul. Qu. c. 17. *Qui mortalis natos conditionem postulas immortalium*. Cort.

Etiam tu ab hisce rebus animum ad cogitationem tuam avoca) Omnes libri veteres, quos ego in manibus habui, ita habent, *ad cogitationem tuam advoca*; præter unum, in quo *cogitationem*, non autem *cogitationem* legimus. Gebhard. *Ad cogitationem tuam avoca*) Sic Palat. pr. Victorii editio. Pall. tres: *ad cogitationem tuam advoca*: Pal. quart. *ad cogitationem tuam advoca*; vulgati, quod & ex alio vetustiore libro ad primam impressionem notavit Egnatius, habeturque in Vatic. *ac cogitationem tuam avoca*. Gebhardus. Locus dubio procul corruptus. Meus perantiquus liber, *animum a cogitatione tua voca*. Mihi videtur *cogitationem* esse interpretationem τῷ *animum*, quæ cum in contextum verborum Sulpicii irrepsisset, adjectum esse, ut aliquis sensus sit, τὸ *ad*. Sic vero Sulpicium scripsisse censeo: *Etiam tu ab hisce rebus animum tuum avoca*. Imo verior est Vaticani libri scriptura: *Etiam tu ab hisce rebus animum, ac cogitationem tuam avoca*. Graev.

Una cum rep. fuisse) Quidam legi volunt, *una cum rep. floruisse*. Lambin. Sed hos ratio fallit, qui *floruisse* hic malunt: *fuisse* est occidisse, ut: *Fuit Ilium, fuimus Troes*. Graev.

Adolescentibus primariis nuptam fuisse) C. Pisoni Crassipedi, & Dolabellæ, ut in Quæstura ostendimus. Corradus.

Ipsi se curare non p.) Lege omnino Erasmum explicantem Proverbium: *Aliorum medicus*, Chil. II. Cent. 5. & Chil. IV. Cent. 4. Cort.

Quæ aliis tute præcipere soles, ea tute tibi subjice) Sic Pall. quat. Stewech. vulgo *ea tute tibi subjice*. Gebhard. *Q. a. t. p. soles ea tute t. s.*) Sic Graev. primus. Amstelodam. & omnes editiones ante Gruterianam, quæ *ea* omisit, fide quatuor Palatinorum & Stewechiani, quibus accedit Mentelianus, sed hic recentior est. Graev.

Si qui inferis sensus est) Quia dubitabant veteres, an sensus rerum humanarum ad defunctos perveniret, creberrime his utebantur & similibus formulis: *Si quis manium sensus est*; *si quis in morte sensus est*; *si quis etiam inferis sensus*; *si quis defunctis sensus est*; *si quid inferi sentiunt*;

Si quis post funera sensus;

si quid

in omnes fixos, hoc certe illa te facere non vult. Da hoc illi mortuae: da ceteris amicis ac familiaribus, qui tuo dolore maerent: da patriae, ut, si qua in re opus sit, opera & consilio tuo uti possit. Denique, quoniam in eam fortunam devenimus, ut etiam huic rei nobis serviendum sit, noli committere, ut quisquam te putet non tam filiam, quam reip. tempora, & aliorum victoriam lugere. Plura me ad te de hac re scribere pudet, ne videar prudentiae tuae diffidere. Quare, si hoc unum proposuero, finem faciam scribendi. Vidimus aliquoties secundam pulcherrime te ferre fortunam, magnamque ex ea re te laudem apisci: fac aliquando intelligamus, adversam quoque te aeque ferre posse, neque id majus, quam debeat, tibi onus videri: ne ex omnibus virtutibus haec una tibi videatur deesse. Quod ad me attinet, cum te tranquilliorem animo esse cognoro, de iis rebus, quae hic geruntur, quemadmodumque se provincia habeat, certiorem faciam. Vale.

EPISTOLA VI.

Argumentum.

Respondet Sulpicio consolanti, dolorem suum lectis illius litteris aliqua ex parte lenitum: sed nemini umquam in ejusmodi casu aut plures, quam sibi dolendi causas, aut gravio-

si quid habet sensus umbra: si manes post fata aliquid sentiunt:
Nigras si quid sapis inter aquas. Propert.
At sentire datur post fata quietis. Nemes. Eclog. I. Eurip. in Herc. Fur.
[illegible]
[illegible]
O amice, si quae vox mortalium auditur apud inferos, tibi haec, Hercules, dico. Kittanmusius. Vid. Brisson VIII. de Form. *si qui habet* Vatic. Graev. pr. & Victor. ed. vulgo *si quis*. Graev.
Qui illius in te amor) Bene Perizonius hoc genus dicendi ita expediendum judicat: *pro eo amore, qui illius in te fuit, non vult*: vide ad Minerv. II. c. 9. p. 233. Sic & Plin. I. ep. 15. Cortius.
Da hoc mortuae) Hoc est *gratificare, fac propter mortuam*. Senec. de Tranquill. c. 15. Idem V. Benef. c. 20. Idem.
Quoniam . . . serviendum sit) Haec in explicatione post *dolere* demum suum habent locum: aliter non habebis, quo referas *huic rei*. Solent autem rationes praeponere factis. Sic Sall. Jug. c. 7. adde B. Cat. c. 15. Idem.
Ut quisquam) Catiarismos. Corradus.

Ep.

viores fuiſſe: levationem tamen ſibi fore maximam, ſi ejus conſuetudine, ſermonibuſque frui liceat.

M. T. C. SER. SULPICIO S. D.

EGo vero, Servi, vellem, ut ſcribis, in meo graviſſimo caſu adfuiſſes. Quantum enim præsens me adjuvare potueris & conſolando, & prope æque dolendo, facile ex eo intelligo, quod, litteris lectis, aliquantum adquievi. Nam & ea ſcripſiſti, quæ levare luctum poſſent, & in me conſolando non mediocrem ipſe animi dolorem adhibuiſti. Servius tamen tuus omnibus officiis, quæ illi tempori tribui potuerunt, declaravit, & quanti ipſe me faceret, & quam ſuum talem erga me animum tibi gratum putaret fore: cujus officia jucundiora ſcilicet ſæpe mihi fuerint, numquam tamen gratiora. Me autem non oratio tua ſolum & ſocietas pæne ægritudinis, ſed etiam auctoritas conſolatur. Turpe enim eſſe exiſtimo, me non ita ferre caſum meum, ut tu tali ſapientia præditus, ferendum putas. Sed opprimor interdum, & vix reſiſto dolori, quod ea me ſolatia deficiunt, quæ ceteris, quorum mihi exempla propono, ſimili in fortuna non defuerunt. Nam & Q. Maximus, qui filium consularem, clarum virum & magnis rebus geſtis amiſit; & L.

EPISTOLA VI.

EGo vero, Servi, vellem) Elegantiſſima forma reſpondendi eſt, quæ a *vero* adverſative incipit, cum pronomine conjuncta. Lib. VII. ep. 30. Lib. XVI. ep. 10. & ibid. ep. 23. Et obliquo caſu lib. IX. ep. 5. Etiam cum poſſeſſivo: Plinius lib. IX. ep. 10. Cort.

Cujus officia jucundiora ſcilicet ſæpe mihi fuerint) Ita editio Victorii, ac plerique Pall. niſi quod tertius, & Gruterianus, *jucundiora ſ. ſæpe mihi fuerint*: duo item Gulielmio conſulti *jucundiora licet ſæpe*: vulgo *fuerunt*. Graevius. Hæc diverſitas lectionum, quæ in veteribus libris habetur, fidem mihi faciat, *ſcilicet*, *ſ.*, *licet*, eſſe librariorum commenta, & hinc omnia, unde malum pedem intulerunt, ejicienda. Ciceronem vero ſcripſiſſe, ut plane per ſe ſeri Am-

ſtelodamenſis: *Cujus officia jucundiora ſæpe mihi fuerint*. Videtur mihi erroris fontem aperire Mentelianus, in quo ſcribitur, *cujus officia jucundiora ſ. ſæpe mihi fuerint*. Illud *ſ.* in antiquo libro bis ſcriptum fuit culpa librarii, inde natum *ſ.*, quod non nemo expoſuit *licet*; nam *ſ.* interdum ponitur pro *ſcil*, *licet*: hinc ortum iſtud *ſcilicet*. Graev.

Q. *Maximus*) Q. Fabius Max. Verrucoſus, Ovicula, Cunctator, V. Coſ. & Dictator, qui filio mortuo laudationem in foro dixit, & poſtea ſcriptam edidit: adeo forti animo filii mortem tulit. Corrad.

Filium conſularem) Q. Fabium Max. vel, ut Cic. vocat, Marcum, qui cum T. Sempronio Gracch. Coſ. fuit. Idem.

Magnis rebus geſtis) Arpis in Apulia captis. Idem.

& L. Paulus, qui duo septem diebus, & vester Gallus, & M. Cato, qui summo ingenio, summa virtute filium perdidit, iis temporibus fuerunt, ut eorum luctum ipsorum dignitas consolaretur ea, quam ex rep. consequebantur. Mihi autem, amissis ornamentis iis, quæ ipse commemoras, quæque eram maximis laboribus adeptus, unum manebat illud solatium, quod ereptum est. Non amicorum negotiis, non reip. procuratione impediebantur cogitationes meæ: nihil in foro

Et L. Paullus] Lege Livium lib. XLV. ac Val. Maximum, & alios mittam. IDEM.

Qui duo septem diebus] Ita Pall pr. sec. Stewech. Vatican. Victorii editio, vulgo *duos*, statim *vester* scripsi auctoritate editionis Victorianæ, Pall. pr. quart. quint. Grut. Stewech. Vatic. alias *noster*. GEBHARD.

Et vester] Ex vestra gente Sulpicia. CORRAD.

Gallus] C. Sulpicius Gallus, qui cum M. Claudio Marcello Cos. fuit, de quo in Quæst. plura diximus. IDEM.

M. Cato] Censorius. IDEM.

Summo ingenio, summa virtute filium] Marcum, Prætorem designatum. IDEM.

Iis temporibus fuerunt, ut eos tum ipsorum dignitas consolaretur] Non emendavimus, ut *eorum luctum*; nec tamen hæc integra est lectio in antiquo exemplari, etsi ejus non parva vestigia sint. Sic enim ibi scriptum reperias, *ut eorumluctum, ipsorum dignitas consolaretur*, omnino corrupte, nisi eam aliquantulum adjuves. Nos hanc veram esse hujus loci lectionem arbitrati sumus. Quia tamen parva quadam licentia usi sumus, cellum nobis visum est lectorem admonere, ut si hanc nostram opinionem non probaverit, possit ipse meliorem excogitare. Nos raro admodum tantum nobis tribuimus, ut aliquid, quod non in vetustis codicibus invenerimus, reciperimus: si quando tamen id accidat, ut aliquantulum, non longe tamen a vetustis vestigiis discesserimus, semper ingenue fatebimur: sæpe autem in optimis etiam & vetustissimis exemplaribus dictiones nonnullæ luxatæ & debilitatæ reperiuntur, ut infra etiam in hac ipsa epistola locus hic, quem nos non tamen soli sic legimus, *Maior mihi levatio afferri nulla potest*. Prior syllaba dictionis illius *levatio* defecerat, ut *vatio* tantum esset in bonis codicibus: hincque fortasse natus erat error, ut fere in omnibus impressis codicibus *ratio* legeretur. Sed quia hæc clara existimavimus, rationemque omnem nostram, qua usi sumus, exposuimus, non erimus longiores. VICTOR. *Eos tum*] Alii malunt ex antiquis libris legere, *eorum luctum*. CORRAD. *Ut eorum luct. ips. d. c.*] Hæc est editionis Victorianæ lectio, recepta postea Lamb. Pall. hic omnes corrupti sunt; quorum pr. quint. editio prima, *ut eorum tum ipsorum*; sec. *ut eorum ipsorum*; tert. *ut eorum tamen ipsorum dignitas*; quart. ac Grut. *ut eorum tum ipsorum dignitas*; vulgo *ut eos tum ipsorum dign.* sed ut edidi, reperitur quoque in codice Vaticanæ Bibliothecæ. GEBHARD. Et totidem litteris exstat hæc lectio, quam probarunt Victorius & Gebhardus, in primo Grævii libro. GRÆV. *Ut eorum luctum ipsorum dignitas consolaretur*] Videtur sibi placuisse Victorius in restituenda voce *luctum*; unde cum putaret hoc loco rem bene provenisse, etiam VII. 9. supplere cogitavit, *ad eum propter ejus luctum nihil sum ausus scribere*. Etiam post tot suffragia summorum virorum probare videtur eam cogitationem primus codex Cl. Grævii, in quo *luctum*. Quod quidquid sit, ego istam duarum pronominum elegantiam non intelligo, quasi non tam luctus fuisset æque ipsorum, ac digni-

foro agere libebat: adspicere curiam non poteram: existimabam, id quod erat, omnes me & industriæ meæ fructus, & fortunæ perdidisse. Sed, cum cogitarem, hæc mihi tecum, & cum quibusdam esse communia: & cum frangerem jam ipse me cogeremque illa ferre toleranter, habebam, quo confugerem, ubi conquiescerem, cujus in sermone & suavitate omnes curas doloresque deponerem. Nunc autem hoc tam gravi vulnere etiam illa, quæ consanuisse videbantur, recrudescunt. Non enim ut tum me a rep. mœstum domus excipiebat, quæ levaret: sic nunc domo mœrens ad remp. confugere possum, ut in ejus bonis adquiescam: itaque & domo absum, & foro, quod nec eum dolorem quem a rep. capio, domus jam consolari potest, nec domesticum resp. Quo magis te exspecto, teque videre quam primum cupio. Major mihi levatio afferri nulla potest, quam conjunctio con-

dignitas, nec dignitas æque eorum, ac luctus. Cur ea sic variari debeant, non video. Hinc animadvertens Mediceum *mærorem ipsorum*, colligebam Ciceronem dedisse *ut mærorem eum ipsorum dignitas*. Certe non ita facit Tullius XIII. 63. *Te rogo, ut eum solutum, liberum, confectis ejus negotiis, remittas*. Iac. Gron.

Frangerem me] Vincerem & cohiberem: quam verbi notionem explicavi ad I. ep. 4. Lucanus I. v. 364. Cic. I. Cat. c. 9. & pro Sulla c. 6. Sen. Herc. Fur. v. 31. Cort.

Hoc tam gravi vulnere] Plus quam accepti, cui hoc additio facilius interpretaberis, quod etiam ita obtines, si dicas, *per hoc vulnus*. Sic pro Archia c. 3. Tacit. XIII. Ann. c. 17. Confer III. ep. 13. Ioann.

Quæ consanuisse videbantur) Nos scripsimus cum antiquis exemplaribus *consanuisse*, quæ omnino elegantior est locutio, ut maneat in translatione *vulnerum*, quod facit etiam in verbo *recrudescunt*. Victor. *Consanuisse*] Legitur etiam *consenuisse*. Corrad. *Quæ consenuisse videbantur, recrudescunt*] Ita ex Mediceo Victorius: neque aliter quoque Politiani liber, & Vat. omnes tamen Pall. sicut & Grut. *consenuisse*, quod quantas est defendit Manutius. Mihi tamen, pace ejus, vetustissimis libris adhærescere & bonis rationibus præferre hæc libuit. Vetustiora enim vulnera pejoris conditionis sunt, atque adeo desperatæ salutis. Gifanius in Observationibus suis Linguæ Latinæ citat *consanuisse*, positumque vult pro simplici. Gron. *Quæ consanuisse videbantur*) Duxisse cicatricem ac desiisse dolere. Ulpian. l. X. pr. D. de Ædil. edicto: *si homini digitus sit abscissus, membrumve quid laceratum, quamvis consanuerit*. Sic *consanescere* ap. Ovid. vid. II. Obs. 21. Io. Fr. Gron. *Consenuisse*) Manutius legit *consenuisse*. Metaphora est, inquit, ab illis morbis, qui licet vetustate non omnino tollantur, quotidie tamen ex consuetudine leviores fieri videntur. Non enim sublata ea mala Cicero significat, sed animum suum diuturnitate tamquam occalluisse, ut aliquanto minus ea sentiret: nunc autem veterem sibi acerbitatem novo esse vulnere renovatam. Gruteriani codices Manutio favent, sed Victorium sequimur. Oliv.

Domo absum] In prædiis manens; Corrad.

Major mihi levatio afferri nulla potest] Princeps hujus lectionis auctor est Bogartius, qui eam ore primæ editio-

 nis

consuetudinis sermonumque nostrorum: quamquam sperabam tuum adventum (sic enim audiebam) appropinquare. Ego autem cum multis de causis te exopto quam primum videre, tum etiam, ut ante commentemur inter nos, qua ratione nobis traducendum sit hoc tempus: quod est totum ad unius voluntatem accommodandum, & prudentis, & liberalis, & (ut perspexisse videor) nec a me alieni, & tibi amicissimi. Quod cum ita sit, magnae est tamen deliberationis, quae ratio sit ineunda nobis, non agendi aliquid, sed illius concessu & beneficio quiescendi. Vale.

EPISTOLA VII.

ARGVMENTVM.

Victis in Thessalia Pompeii partibus, diversum a reliquis Pompeianis M. Marcellus consilium cepit: nam neque ad Caesarem victorem supplex voluit accedere; quod fortis animi fuit: neque se ad eos adjunxit, qui bellum in Africa renovandum putarunt, arbitratus, cum integri pares non fuissent, fractos superiores esse non posse; quod ab eo factum sapienter, belli exitus declaravit. Locum igitur bello vacuum Marcellus delegit, ubi, tamquam in exsilio, procul a patria serviente (in qua nihil jam leges, nihil mos majorum valeret), procul ab armis (in quibus victoriae spes nulla, exitium esset exploratum) sibi ipse viveret: quod consilium in hac epistola nec probat Cicero, cum ipse, profligatis Pompeii partibus, in Italiam statim redierit; neque reprehendit, ne virum gravem, hominem sibi amicissimum, imprudentiae damnare videatur. Vtitur igitur via quadam, & ita Marcelli factum laudat, ut modum in eo requirat; ad per-

nis adjecit; potuit tamen eadem optimo Victorio in mentem fuisse; imo eam quoque esse codicis Vaticani, video ex excerptis And. Schotti: sed Pall. omn. sicut & Grut. & Stewech. *ratio*; nisi quod praeterea Pal. pr. *ratio afferre nulla potest*; quod non dispiciendum videbitur, si quis sagacius indiget. Gron. Amstelodam. *ratio ferre nulla*; sed Grav. primus, *majus mihi solatium afferre ratio nulla potest*; non inepte. Graev.

Vale) Coeteris. Conn.

Reiq

ad persuadendum colligit hæc : posse Marcellum, si Romam redeat, nullo negotio fortunas suas obtinere : se quoque cum in eadem esset causa, ad Cæsaris clementiam confugisse, veniamque impetrasse: inimico Cæsare, Marcellum nusquam fore tutum; amico, debere illum Rhodo & Mitylenis Romam anteponere: idem omnes qui eum diligant sentire : habendam etiam rei familiaris rationem, quæ, ut ipso præsente facile conservari, sic absente diripi ac dissipari possit. Commemorat Marcelli fratris lacrymas, & dolorem suum : gratia se non abundare, sed ad omnia, quæ possit, paratum esse demonstrat. Tota moralis est epistola. C. Cæsare III. M. Lepido Coss. post bellum Africanum.

M. T. C. M. MARCELLO S. D.

ETsi eo te adhuc consilio usum intelligo, ut id reprehendere non audeam, non quin ab eo ipse dissentiam, sed quod ea te sapientia esse judicem, ut meum consilium non anteponam tuo: tamen & amicitiæ nostræ vetustas, & tua summa erga me benevolentia, quæ mihi jam a pueritia tua cognita est, me hortata est, ut ea scriberem ad te, quæ & saluti tuæ conducere arbitrarer, & non aliena esse ducerem a dignitate. Ego eum te esse, qui horum malorum initia multo ante videris, consulatum magnificentissime atque optime gesseris, præclare memini: sed idem etiam illa vidi, neque te consilium civilis belli ita gerendi, neque copias Cn. Pompeii, nec genus exercitus probare, semperque summe diffidere. Qua in sententia me quoque fuisse, memoria

EPISTOLA VII.

GEsseris) Cum Servio Sulpicio. II. Coss.

Præclare memini) Non ita infirmum hoc loco est Adverbium, ut vulgo videtur, sed significat *cum laude tua*, *in gloriam tuam*. Solent enim ita prægnanter illis particulis uti. Spartian. Adrian. c. 10. idem Niger c. 10. adde Sallust. Cat. c. 11. & Ovid. III. Fast. v. 190. Item *juste habere*, *perinde accidere*, *frustra evenit*, alia, de quibus ad VI. ep. 23. Cort.

Neque te consilium civilis belli ita gerendi) Qui bellum ducendum censebas. Io. Vide Manut.

Copias Cn. Pompeii) Neque magnas, neque bellicosas. Io.

Nec genus exercitus) Collectitii. Idem.

Semperque summe diffidere) Desperatam victoriam. Idem. *Semperque summe diffidere*) Parum abfuit, quin reciperem conjecturam Jani Guilielmii & Gruteri nostri *summe*, quandoquidem & eam ex vetusto cod. notaris

ad

moria tenere te arbitror. Itaque neque tu multum interfuisti rebus gerendis: & ego id semper egi, ne interessem. Non enim iis rebus pugnabamus, quibus valere poteramus, consilio, auctoritate, causa, quæ erant in nobis superiora: sed lacertis & viribus, quibus pares non eramus. Victi sumus igitur: aut, si vinci dignitas non potest, fracti certe & abjecti. In quo tuum consilium nemo potest, non maxime laudare, quod cum spe vincendi simul abjecisti certandi etiam cupiditatem: ostendistique, sapientem & bonum civem initia belli civilis invitum suscipere, extrema libenter non persequi. Qui non idem consilium, quod tu, secuti sunt, eos video in duo genera esse distractos. Aut enim renovare bellum conati sunt ii, qui se in Africam contulerunt: aut, quemadmodum nos, victori sese crediderunt. Me-

ad oram primæ editionis Baptista Egnatius. Grut. Nihil hic loci conjecturis est, nec ejus summe. Recte veteres libri omnes, quos docti viri consuluerunt, excepto Vaticano, habent *summe dissidere*: sicut alibi *summa dissensio*. Graev.

Summe dissidere) Vehementer, admodum. II. de Orat. 72. *Quod me sollicitare summe solet*. Sic alibi: *summe contendere concupisse*. Io. Fr. Gronov.

Me quoque fuisse) Epist. 3. lib. VII. Corr.

Ne interessem) Epist. 18. lib. IX. Idem.

Tuum consilium) Mitylenas secedendi. Idem.

Extrema libenter non persequi) Secutus hic sum fidem quatuor antiquorum librorum, quibus usus sum, subscribentibus & aliis, quos eruditi viderunt, ut margines Lambinianæ docent, nec non editionis Victorianæ. Vulgati, *extrema non libenter persequi*. Graev.

Et hi se in Africam contulerunt) Ut Cato & Scipio. Corr. Probo scripturam mei pervetusti codicis, *ii qui se in Africam contulerunt*, cui & alii subscribunt: vulg. *& hi*. Gebh. [illegible]. Graev.

Se victos esse crediderunt) Nos legimus *victori sese crediderunt*, alio verbi illius significatu, & a Grammaticis notato, & ab optimis auctoribus usurpato. *Est enim*, inquiunt, *credere, fidei se committere*: credunt enim se alicui qui in illius potestatem se tradunt, & in ea loca deveniunt ut in eorum arbitrio sint: sicut ii qui aut in Italiam redierant, aut in iis locis manserant, quæ Cæsaris præsidiis tenebantur. Simili vel eadem potius sententia usus est ad Marium scribens: quamvis ibi *committere*, non *credere* dixerit: *Certe nihil fuit præstabilius, si te victori nolles, aut non auderes committere*. Nam eamdem fere significationem esse utriusque verbi hoc præcipue Terentii loco in Eunuch. declaratur. Cum enim Pythias dixisset de virgine vitiata: *Quid fuerit? ita ut jussisti, soli credita est*: respondet Thais: *Scelesta, ovem lupo commisisti*. Est autem hoc loco unius tantum litteræ peccatum in antiquis codicibus: *victore* enim, cum *victori* legi debeat, in illis est. Sæpe autem hæ vocales immutatæ in antiquis exemplaribus inveniuntur, ut nos alibi accuratius notabimus. Victor. *Se victos esse*) Nonnulli legunt, *victori sese*. Corr. *Victori sese crediderunt*) Ita ex suis Victorius; quod receperunt Lambinus et Manutius: restatque item in Vaticano: nec longe abeunt Pal. quint. & Grut.

Medium quoddam tuum consilium fuit, qui hoc fortasse humilis animi duceres, illud pertinacis. Fateor, a plerisque, vel dicam ab omnibus, sapiens tuum consilium, a multis, etiam magni ac fortis animi judicatum. Sed habet ista ratio, ut mihi quidem videtur, quemdam modum: praesertim cum tibi nihil deesse arbitrer ad tuas fortunas omnes obtinendas, praeter voluntatem. Sic enim intellexi, nihil aliud esse, quod dubitationem afferret ei, penes quem est potestas, nisi quod vereretur, ne tu illud beneficium omnino non putares. De quo quid sentiam, nihil attinet dicere: cum appareat, ipse quid fecerim. Sed tamen si jam ita constituisses, ut abesse perpetuo malles, quam ea, quae nolles videre: tamen id cogitare deberes, ubicumque esses, te fore in ejus ipsius, quem fugeres, potestate: qui si facile passurus esset, te carentem patria & fortunis tuis, quiete & libere vivere, cogitandum tibi tamen esset, Romae ne & domi tuae, cujusmodi res esset, an Mytilenis aut Rhodi malles vivere. Sed cum ita late pateat ejus potestas, quem veremur, ut ter-

Grut. qui *victores esse considerarunt*: ceteri omnes cum vulgatis, *se victos esse considerarunt*. Gebh.

Dubitationem afferret ei) Caesari. Corrad.

Ne tu illud) Restitutionem. Io.

Ipse quid fecerim) Qui me Victori commiserim. Io.

Tamen si) Al. *sed tamen si*. Io.

Cujusmodi) Alii reponunt, *cujuscujusmodi*. Io. *Cujusmodi res esset*) Quid si, *cujuscujusmodi*, vel *cujuscumque modi res esset*? nam alioqui nullus sensus. Benv. Rutill. *Cujusmodi res esset*) Qualiscumque status esset reip. Censeo autem Ciceronem scripsisse: *cuicuimodi res esset*. Ut pro Sex. Roscio 34. *Vereor enim cuicuimodi es, T. Rosci, ne ita hunc videar voluisse servare, ut tibi omnino non pepercerim*. Sic advocat Priscian. l. 13. lib. III de fin. 9. *His tamen omnibus est exemplum, cuicuimodi sunt, qui summum bonum in animo atque in virtute posuerunt*. Nam in membranis *cuimodi*: vulgo *cujusmodi*. Io. Fr. Gron. Via inducor ut credam sanum esse hoc *cujusmodi*, etsi consideraverim bene, quae Gifanius in Observationibus L. L. de *cuimodi* protulerit. Genuinum judico *cujusquemodi*, quod apud multos non tam in *cujuscumquemodi*, quam *cujusmodi* mutatum a librariis ostendi. *Cujusquemodi* tamen intentatum reliquere Ciceroni II. de Finib. item pro Flacco & VI. in Verr. Habes praeterea apud Sall. Cat. c. 39. ubi plures adduxit I. Wasse. Sic *quisque*, *ubique*, *quandoque* pro *quandocumque* dicuntur, de quibus Gronov. ad Liv. I. c. 24. Et quamquam etiam apud Tullium *cujusmodi* hoc sensu legi videatur; etiam tamen atque etiam recensendum ea in re arbitror, quod de *cuimodi*, & *cuicuimodi* erudite disputat idem ille Gronov. ad Gell. II. c. 8. p. 143. quem vide. Cort.

An Mitylenis) Ubi manet, a Cratippo instructus omni copia. Corrad.

Quem veremur) Legas etiam *quam*, ut ad potestatem referas. Io m.

terrarum orbem complexa sit; nonne mavis sine periculo domi tuæ esse, quam cum periculo alienæ? Equidem, etiam si opperenda mors esset, domi atque in patria mallem, quam in externis atque alienis locis. Hoc idem omnes, qui te diligunt, sentiunt: quorum est magna, pro tuis maximis clarissimisque virtutibus, multitudo. Habemus etiam rationem rei familiaris tuæ, quam dissipari nolumus. Nam etsi nullam potest accipere injuriam, quæ futura perpetua sit: propterea quod neque is, qui tenet remp. patietur, neque ipsa resp. tamen impetum prædonum in tuas fortunas fieri nolo. Hi autem qui essent, auderem scribere, nisi te intelligere confiderem. Hic te unius sollicitudines, unius etiam multæ & assiduæ lacrymæ C. Marcelli, fratris optimi, deprecantur: nos cura & dolore proximi sumus: precibus tardiores, quod jus adeundi, cum ipsi deprecatione eguerimus, non habemus. Gratia tantum possumus, quantum victi. Sed tamen consilio, studio, Marcello non desumus. A tuis reliquis non adhibemur: ad omnia parati sumus. Vale.

EPI-

Impetum prædonum in fortunas tuas fieri nolo) An de se non satis aperte dixit in præcedentibus: *Habemus etiam rationem rei familiaris tuæ, quam dissipari nolumus*? Id quod nunc interpretaturus transferre videtur ad ipsum Marcellum, & scripsisse soli. Iac. Gron.

Hi autem qui essent) M. Antonius, & alii Cæsariani. Conrad.

Hic te unius sollicitudines) Legendum esse *hic pro te unius sollicitudines*, intelliget, qui hæc attente leget. Hoc enim dicit M. Tullius, C. Marcellum fratrem, se pro M. Marcello deprecari, non autem precibus a M. Marcello contendere ut aliquid agat. Quod ita esse, argumento id est, quod proxime sequitur; *Nos cura & dolore proximi sumus, precibus tardiores: quod jus adeundi, cum ipsi deprecatione eguerimus, non habemus*. Lamb. Sed vide Manut.

Nos cura & dolore proximi sumus) C. Marcel. fratri, cui uni cedimus, præterea nemini. Conrad.

Adeundi) Ad Cæsarem. Idem.

Cum ipsi deprecatione eguerimus) Dolabellæ, Trebatii, Pansæ, Hirtii, Balbi, & Oppii. Legitur & *deprecatore*. Idem. *Cum i. deprecatione e.*) Sic est in omnibus Pall. Grut. Peck. editione omnium vetustissima: neque aliter edidit Victorius: vulgo *deprecatore*. Gron.

A tuis reliquis non adhibemur) *Adhibere* pro *consulere* poni hic notavit Manutius, sic & Græci χρῆσθαι usurpant; vide, si tanti, quæ notavi ad Luciani Pseudosophistam nota 40. Graev.

SOL-

EPISTOLA VIII.

ARGVMENTVM.

Partes hujus epistolae sunt tres. In prima laudat Cicero Marcelli prudentiam & fortitudinem, ut ejus vel monendi vel confirmandi officium ideo videatur omittere, quia necessarium non putet: in secunda se paratum ad omnia pollicetur: in tertia studet ei persuadere, ut omnino, quicunque status reipub. sit, in patria vivat. Eodem anno.

M. T. C. M. MARCELLO S. D.

NEque monere te audeo praestanti prudentia virum, nec confirmare, maximi animi hominem unumque fortissimum; consolari vero nullo modo. Nam si ea, quae acciderunt ita fers, ut audio, gratulari magis virtuti debeo, quam consolari dolorem tuum: sin te tanta mala reip. frangunt, non ita abundo ingenio, ut te consoler, cum ipse me non possim. Reliquum est igitur, ut tibi me in omni re eum praebeam praestemque, ut ad omnia, quae tui velint, ita adsim praesto, ut me non solum omnia debere tua causa, sed ea quoque etiam, quae non possim, putent. Illud tamen

EPISTOLA VIII.

VNumque fortissimum) P. Victorius edidit unumque fortissimum; nos virum fortissimum scribemus: quod hanc lectionem comprobent nostri fere omnes libri manuscr. LAMB. *Vnumque fortissimum*) Ita Victorii editio, ita Pal. pr. idque item ex aliquo vet. cod. adnotat Guilielm. certe unico Palat. plus tribuo, quam omnibus Lambinianis: vulgo *virumque fortissimum*. GRUT. Amstelodamensis tuetur quoque *unum*. GRAEV. *Vnumque fortissimum*) Sic l. XV. ep. 16. *Quemquam putem loqui? cum uno fortissimo viro*. Philipp. II. 3. *Tanquam mihi cum M. Crasso contentio esset, non cum uno gladiatore nequissimo*. Io. FR. GRON.

Vt audio) Te a Cratippo instructum ferre. CORR.

Praebeam praestemque) Non modo verbo, sed re ipsa ostendam. Ovid. II. Trist. v. 169. Vellei. Paterc. II. c.76. CORT.

Adsim praesto) *Sim praesto* satis erat: sed *praesentiam* auxilii *adsim* magis exprimit. Sall. Iug. c. 85. Io.

Vt me non solum omnia debere tua causa, sed ea quoque etiam quae non possim putent) Pro *putent* etiam *putant* legunt. CORR. Cunctis in exemplaribus, quae quidem ipse viderim, verba quaedam desunt. Locum subjiciam, ut est in manuscripto exemplari: *Vt ad omnia quae tui velint, ita adsim praesto, ut me non solum omnia debere tua causa quae possim, sed ea etiam, quae non possim, putent*. Vbi sane perperam in recentioribus omissa sunt illa verba *quae possim*: sine quibus sententia minus apte cohaeret. Et mehercule miror Aldum ista hominem diligentissimum,

tamen vel tu me monuisse, vel censuisse puta, vel propter benevolentiam tacere non potuisse: ut quod ego facio, tu quoque animum inducas: si sit aliqua resp. in ea te esse oportere, judicio hominum, reque principem, necessitate cedentem tempori: sin autem nulla sit, hunc tamen aptissimum esse etiam ad exsulandum locum. Si enim libertatem sequimur, qui locus hoc dominatu vacat? sin qualemcumque locum, quæ est domestica sede jucundior? Sed mihi crede, etiam is, qui omnia tenet, favet ingeniis: nobilitatem vero & dignitates hominum, quantum ei res & ipsius causa concedit, amplectitur. Sed plura, quam statueram. Redeo ergo ad unum illud, me tuum esse, fore cum tuis, si mo-

mum non observasse, cum hosce Epistolarum libros ederet. Quamquam ne quid hic dissimulem, multa ille quoque perperam (pace viri dixerim) cum in his, tum in illis ad Atticum epistolis excudit; quale est, quod adnotavimus, illud ad Plancum: *Ut hoc, quod te tua sponte facturum esse certo scio, brevis nostri causa libenter, non prolixe, sed celeriter facias*: cum legendum sit, *libenter, prolixe, celeriter facias*. Qua de re diligenter in castigationibus nostris. Tale illud quoque: *Nemo doctus umquam (multa autem de hoc genere scripta sunt) mutationem consilii inconstantiam dixit esse*. Hæc vera lectio. Sed quam sit apud illum hic locus male distinctus, constat. Io. Riv. Arvern. Secuti sunt hujus exemplaris, quod Riviue evolvit, scripturam Paullus Manutius, & Lambinus, aliique recentiores. Sed codices alii omnes Medic. Vatic. Palatini, Amstelodam. Mentel. Gravii omittunt, quæ possum, quos expressit cum antiquis editionibus Victorius, & Gebhardus. Inseruerunt iidem, etiam, quod vulgo omissum: legendum etiam possem ex Mentel. V. C. N. Scelti, edd. Manut. Castel. Steph. Male Gebhardus aliique possum. GRAV. *Ut adsim præsto, ut me non solum omnia debere tua; sed ea quoque etiam, quæ non possim, putem*] Emaculavi hunc locum, in vulgatis male acceptum ope quinque Pall. Gruter. editionum primæ ac Victorianæ: nam *adsim* non *sim* Pall. quatuor: prima editio *assim*: deinde *quæ possim* nullibi comparent, cum vulgo sequi amant post *tua causa*: denique finis eorumdem omnium *etiam* inmisit, accedente quoque Stewechiano; cum vulgo omissum sit. GRUT.

Illud tamen multum me monuisse, &c.] Ego non longe ab antiquis codicibus pro *multum*, *vel tu* scripsi. Non enim est ut in illis quidem integra & incorrupta hæc lectio: in una enim littera lapsus est librarius, duoque monosyllaba in unam dictionem conjunxit: *vultu* enim scripsit, cum *vel tu* foret scribendum: sed hæc minuta; quæ tamen restituta, in tanto scriptore non ingrata fore arbitror. VICTOR. *Censuisse puta*] Quamvis ego non audeam. CORR. *Illud tamen multum me monuisse*] Vide, num malis: *Illud tamen etiam me non monuisse, sed censuisse puta*: quia dixit initio: *Neque monere te audeo, præstanti prudentia virum*. BEAU. RUTIL. *Vel tu* notavit ex veteri quoque libro Guilielmius. Amstelod. Mentel. Grav. *multum*. GRÆV.

Me tuum esse, fore cum tuis] Eleganter sic edidit Victorius, exstatque ea lectio in Pall. omn. Grut Vatic. Stewech. vulgo *me tuum fore cum tuis*: in Pal. tamen quarto, *me tuum esse &* *fore*. Sed illud *et* est a sequiore manu. GRUT. Subscribunt lectioni editæ Amstelod. Mentel. Gravii libri GRÆV.

Me tuum

si modo erunt tui: si minus, me certe in omnibus rebus satis nostræ conjunctioni amorique facturum. Vale.

EPISTOLA IX.

ARGUMENTUM.

Et hic refellere omnia conatur, quæ reditum in patriam dissuadere Marcello videbantur. Non libenter vides ea, quæ fiunt: at eadem audis quotidie, quæ majora etiam videri solent. Acerbum putas, si cogaris vel dicere, quod non sentias, vel facere, quod non probes; esto: necessitas excusat; verum nec loqui contra sententiam suam quisquam cogitur: & tacere plane licet. At unus omnia tenet: idem accidisset, victore Pompeio; qui etiam crudelior fuisset; ut ex præteritis intelligitur. Laudem ex consilio tuo consecutus es, fateor: sed hujus quidem laudis partem sibi aliquam fortuna vindicat; cujus beneficio factum est, ut honesto otio tenueris & statum & famam dignitatis tuæ: quod cum ita sit, qui tibi secundam perpetuo fortunam præstare potes? habet igitur ista ratio modum quemdam. Si jucunditatem quæris; qui locus domestica sede jucundior aut dulcior? Adspectum patriæ fugis, quia deformior est; miserere potius, nec auge miseriam ejus absentia tua. Magni animi laus te delectat: ideo supplex ad Cæsarem ire noluisti: potest adscribi superbiæ, si aspernaris ejusdem liberalitatem. Nec tam sapientia videtur, carere patria serviente, quam inhumanitas quædam, non ejus desiderio teneri. Publica (inquis) re non fruar, cum ad unum delata omnia sint: an ideo privatam quoque contemnas? Quæ si te non movent, aut si tibi vita ista videtur esse commodior, suscipe curam salutis tuæ, nec eadem quæ commoda, simul tuta esse existima. Moralis tota. Iisdem consulibus.

M. T.

Me tecum esse, fore cum tuis) Sic MSS. & elegans putant; ego corruptissimum & nihili. Sensus Marci, fuit, me ad nutum præsto fore etiam tuis: alludit enim ad id quod supra dixerat; ut ad omnia, quæ tui velint, ita sim præsto; ad nutum, ut Or. de Haruspic. resp. 28. *[illegible] animus ad nutum [illegible] expeditus jam non erit.* Io. Fr. Gron.

Epi-

M. T. C. M. MARCELLO S. D.

Etsi perpaucis ante diebus dederam Q. Mucio litteras ad te pluribus verbis scriptas, quibus declaraveram, quo te animo censerem esse oportere, & quid tibi faciendum arbitrarer: tamen cum Theophilus, libertus tuus, proficisceretur, cujus ego fidem erga te benevolentiamque perspexeram, sine meis litteris eum ad te venire nolui. Iisdem igitur de rebus etiam atque etiam hortor, quibus superioribus litteris hortatus sum, ut in ea rep. quæcumque est, quam primum velis esse. Multa videbis fortasse, quæ nolis; non plura tamen, quam audis quotidie. Non est porro tuum uno sensu solum oculorum moveri: cum idem illud auribus percipias, quod etiam majus videri solet, minus laborare. At tibi ipsi dicendum erit aliquid, quod non sentias, aut faciendum, quod non probes. Primum tempori cedere, id est, necessitati parere, semper sapientis est habitum: deinde non habet, ut nunc quidem est, id vitii res. Dicere fortasse, quæ sentias, non licet: tacere plane licet. Omnia enim delata ad unum sunt. Is utitur consilio ne suorum quidem, sed suo. Quod non multo secus fieret, si is remp.

EPISTOLA IX.

Q. Mucio) Multi veteres libri habent *nuntio*. Corr. *Q. Mucio*) Cum audiam multos MSos legere Q. *Nuncio*, alios *Nuncio*, & appareat confusionem eam ortam ex prava literarum consideratione in priore syllaba, fors fuat, ut Cicero dederit Q. *Minucio* l. Graev.

Iisdem igitur de rebus) Cum in uno codice manuscripto reperissem scriptum, *Iisdem igitur de te rebus*, ego te *de rebus* legendum esse judicavi. Iam *isdem* pro *iisdem* usitatum fuisse veteribus scriptoribus, non semel admonuimus. Lamb. *Iisdem igitur de rebus etiam*) Sic MSi sine ego te inter *rebus* & *etiam*. Lege: *Iisdem igitur te rebus*: rationibus, argumentis. Io. Fr. Gron. H. e. iisdem momentis, rationibus. Ita Fr. Gron. e MSis, in quibus scribitur, *iisdem igitur de te rebus*. Abundat præpositio *de*, quam tamen servant regii. Lall.

Non habet id vitii res) Ut dicendum sit aliquid quod non sentias, aut faciendum quod non probes. Corr.

Ut nunc quidem est) Sic veteres eleganter loquuntur, pro quo barbari hodie dicunt, *rebus sic stantibus*: exempla vide apud Manut. Graev.

Is utitur consilio) Cæsar. Imm.

Ne suorum quidem sed suo) Sic legendum, *ne suorum quidem, sed suo*, ut habent omnes libri; non (ut olim editum est) *ne suo quidem, sed suorum*. Quod autem sic olim editum est, mea nonnulla culpa est, qui cum amici cujusdam mei, viri docti, conjecturam adscripsissem ad marginem exempli, quod typographus secuturus esset, operis ansam peccandi præbuerim. Docti quidam tamen hanc lectionem probant, me dissentiente. Lamb.

Quod non multo secus fieret) In perveteribus lib. sic legimus: *Quod multo secus fieret, secus autem fieret, quoniam Pompeius, si Rempub. teneret, non suo, ut Ca-*

in remp. teneret, quem secuti sumus. An, qui in bello, cum omnium nostrum conjunctum esse periculum suo cerneret, certorum hominum minime prudentium consilio uteretur, eum magis communem censemus in victoria futurum

ut Caesar, sed certorum hominum, ut consueverat, consilio uteretur. Corr.

Si in Rempublicam venerit) Pompeius. Ioan.

An qui in bello cum omnium nostrum conjunctum esset periculum suo) Nonnulli emendarunt, *conjunctum esse periculum suo cerneret*. Nos quamvis hanc lectionem secuti simus, fatemur tamen, etsi quaedam ejus vestigia sint in antiquissimo & probatissimo illo codice, non tamen sic omnino ibi legi. Ut autem eruditi possint, huic ne, an vulgatae magis credendum sit, statuere, hic eum hic antiquam exponemus. Sciant igitur, e duabus dictionibus, quae immutatae sunt, priorem, *esse* inquam, ita in antiquis legi, posteriorem autem *cerneret* non integram in illis esse, sed ejus tantum postremam syllabam, scilicet *et*: debeat ne igitur ex hac syllaba divinari totam illam dictionem deesse; an hanc particulam abundare existimandum sit, suum unusquisque judicium consulat. Nos, etsi hanc magis probaverimus (nec enim illam recepissemus, nisi meliorem credidissemus) non tamen eam pertinaciter defendimus: in rebus enim incertis, nihil pro certo afferimus. Quod autem in antiquis *esse* legitur, non *esset*, adjuvat hanc recentiorem lectionem. Victor. Rivius sic legendum censet, ex quodam codice MSo; *Cum omnium nostrum conjunctum esset periculum certorum hominum*, &c. Quo quidem modo ego in duobus etiam libris Memmianis scriptum vidi. Lamb. Meus primus liber plane respondet Mediceo, nisi quod pro *esse* habeat *esset*. Sic in illo scribitur, *cum omnium nostrum conjunctum esset periculum suo et*. Ucus & is quo Rivius usus est & Mentelianus. At Amstelod. *Cum omnium nostrum conjunctum esse periculum suo cerneret*. Censeo scribendum esse, ut veteres prae se ferunt editiones: *Cum omnium nostrum conjunctum esset periculum suo*. Illud *cerneret* ortum ex sequente vocabulo *certorum*. Graev. *Cum omnium nostrum conjunctum esse periculum suo cerneret*) Aegre video viros in aliis accuratissimos sustinuisse aut tam illepido modo augendis vocibus retractare Ciceronem, aut ita infamare Pompeium, quasi omnia dederit hominum minime prudentium consilio, nisi sibi; quasi non in hac ipsa historia eum nexuisse moras, et tergiversatum fuisse, idque ob duas justissimas causas notet Florus, donec illi homines minime prudentes non passi fuerant diutius ei prodesse salutare consilium: sed ab illis vulgatarum lectionum auctoribus et hominum omnium futilissimus vituperatur Pompeius, & futilior certe eo, quem extremi ingenii esse fatetur apud Livium XXII. 29. Minucius, ut nec ipse consulere, nec alteri bene monenti obedire didicerit. Oratio autem ex bonis MSis integerrima procedit, si ita eam distinguendo adjuves; *An qui in bello, cum omnium nostrum conjunctum esset periculum, suo & certorum hominum minime prudentium consilio uteretur* &c. Vides, quam vere illud *&* extet in Mediceo, & primo Cl. Graevii, haud dubie optimis codicibus. Partim idem, partim contrarium in sese ipso deplorat Cicero ad Terentiam suam XIV. 1. *Quod si nostris consiliis usi essemus, neque apud nos tantum valuisset sermo aut stultorum amicorum, aut improborum, beatissimi viveremus*. Iac. Gron.

Certorum hominum minime prudentium consilio) Libonis, L. Lucii, & Theophanis, atque Labieni. Corr.

Eum magis communem censemus in victoria futurum) *Comem* pro *communem* legebat amicus meus homo doctissimus, qui se hanc lectionem in antiquo libro reperisse affirmabat. F. Urs. Probat ex fide cujusdam asserentis ex V. C. *eum magis comem censemus in victoria f. f.* Ursinus; quam eandem Guiliel-

mii

rum fuisse, quam incertis rebus fuisset? & qui nec te consule tuum sapientissimum consilium secutus esset, nec fratre tuo consulatum ex auctoritate tua gerente, vobis auctoribus

mii coniectura erat; sed homines non poterant scire, quid esset *communem esse*. Ego marginatum non multo gloriae. GRON. Amicus ille Vrsini non est audiendus, nec Guilielmius. *Communes* Latinis dicuntur *cives*, aliter *civiles*, qui nihil singulare ac praecipuum sibi tribuunt prae aliis, qui non supra alios cives se extollunt, qui sunt populares, modesti, patientes juris legisque communium, qui non suo in omnibus utuntur consilio, sed & aliorum civium, hominumve. Cic. de Senectute c. 17. *Et ceteris in rebus communem ergo Lysandrum atque humanum fuisse*; ut ex MSo ibi restitui: editi: *Comem ergo Lysandrum atque humanum fuisse*. Sueton. Claud. 21. *Nec ullo spectaculi genere communior aut remissior erat*. C. Nep. Attic. 3. *Hic autem sic se gerebat, ut communis infimis, par principibus videretur*. Plin. Paneg. c. 2. *Enim vero quam commune, & ex aequo, quod feliciter felicem illum praedicamus?* Hoc est, *civile* ut paullo ante idem loquitur, alienum a fastu, populare. Idem cap. 24. *Ante te Principes, fastidio nostri & quodam aequalitatis metu, usum pedum amiserant. Illos ergo humeri cervicesque servorum super ora nostra, te fama, te gloria, te civium pietas, te libertas super ipsos principes vehunt: te ad sidera tollit humus: ita communia & confusa principis vestigia*: hoc est, incedis ut alii cives pedibus nimirum, non equo, aut in lectica vectus. Terent. *Quemquamne animo tam communi esse aut leni putas?* GRAEV. Sueton. Claud. *Sine ullo spectaculi genere communior, aut remissior erat*. I. FR. GRON. Adde Nepotem in vita Attici, & Mamertinum in Paneg. ad Iulianum. Qui huic opponitur a Graecis *duskolos* dicitur. Themist. Orat. I. p. 13. CRAT. Sic Graeci suum *koinon* dicunt, & viris doctis dudum ea notio ita adserta est, ut vix nunc F. Vrsini amici errore hoc loco aliquis arrepturus sit. Inprimis Gravius tum hic, tum ad Offic. III. c. 5. de Senect. c. 17. & alibi defendendum suscepit: cui addas Lindenbrog. ad Ter. Heauton. A. V. Sc. I. p. 612. Gifan. in Observ. L. L. Bosium ad C. Nepot. Miltia. C. 8. alios alibi: addo etiam Eutrop. VIII. c. 11. CORT.

Incertis in rebus fuisset) *Ceteris in rebus* habet vetus liber. GRONOVIUS.

Quam incertis in rebus fuisset) Sic emendavit P. Victorius, cum antea vulgo legeretur, *quam in ceteris rebus fuisset*: quae tamen lectio reperitur in uno cod. Memmiano. Alii cum editione Florentina & Victoriana consentiunt, habentque *incertis in rebus*: nisi quod in uno hoc dissimilitudinis inesse animadverti, quod habet *incertis in rebus dubiis fuisset*. Quae in scriptura, vocem *dubiis*, natam esse ex glossa, quam vocant, in promptu est. LAMBIN.

Quam incertis rebus fuisset) Ubi perperam alii *ceteris in rebus fuisset*: cum esse debeat, *incertis*, pro adhuc dubiis, videlicet nondum parta atque explorata victoria. Est enim sensus: Qui incerta victoria nihil consilia nostra moratus est, quid eum, dijudicata jam belli fortuna, facturum fuisse credimus? Facit nobiscum exemplar in pergameniis descriptum, cujus nobis copiam fecit clariss. Equ. Guntherus a Bunaw. Est etiam perperam hic locus in codicibus aliis distinctus, non absque perturbatione sensus. Io. RIV. AVRAN.

Quam incertis rebus fuisset) Hanc scripturam praetuli ex Vaticano; cum Victorius ediderit, *quam incertis in rebus fuisset*. Pall. vero pr. quart. *quam certis in rebus f.* reliqui *ceteris in rebus*. GRONAEB.

Tuum sapientissimum consilium secutus esset) Quando tibi Cos. suadenti provincias Gallicas M. Marc. restitit. CORRAD.

Fratre tuo) C. Marcello. IO.

Gerente) Cum L. Lentulo Crassello, vel, ut alii volunt, cum L. Paullo. IO.

Vobis auctoribus uti voluerit) Suadentibus

ribus uti volueris, nunc omnia tenentem, nostras sententias desideraturum censes fuisse? Omnia sunt misera in bellis civilibus: quae majores nostri ne semel quidem, nostra aetas saepe jam sensit: sed miserius nihil, quam ipsa victoria; quae etiamsi ad meliores venit, tamen eos ipsos ferociores, impotentioresque reddit: ut etiamsi natura tales non sint, necessitate esse cogantur. Multa enim victori eorum arbitrio, per quos vicit, etiam invito facienda sunt. An tu non videbas mecum simul, quam illa crudelis esset futura victoria? igitur tunc quoque patria careres, ne, quae nolles, videres? Non, inquies: ego enim ipse tenerem opes & dignitatem meam. At erat tuae virtutis, in minimis tuas res ponere, de rep. vehementius laborare. Deinde, qui finis istius consilii est? nam adhuc & factum tuum probatur, &, ut in tali re, etiam fortuna laudatur: factum, quod & initium belli necessario secutus sis, & extrema sapienter persequi nolueris: fortuna, quod honesto otio tenueris & statum, & famam dignitatis tuae. Nunc vero nec locus tibi ullus dulcior esse debet patria: nec eam diligere minus debes, quod deformior est; sed misereri potius; nec eam multis claris viris orbatam, privare etiam adspectu tuo. Denique, si fuit magni animi, non isse supplicem victori: vide ne superbi sit, aspernari ejusdem liberalitatem: &, si sapientis est carere patria, duri non desiderare: & si rep.

tibus vel iniquissimam pacem justissimo bello anteferendam, & ob id Caesari Cisalpinam Galliam, Illyricumque, & tres militum millia atque ad secundi consulatus petitionem concedenda. Id.

Quam illa crudelis esset futura victoria) Iam tum in bello, Domitio, Scipione, Lentuloque Spinthere de Caesaris sacerdotio contendentibus: aliis quoque domos, bonaque eorum, qui in castris erant Caesaris, petentibus. Lege etiam epist. 3. lib. VII. Idem.

In minimis . . . ponere) Ultimo loco habere, minimi facere, ut C. Nepos Epaminond. c. 1. *in vitiis ponere*. Corr.

Extrema sapienter persequi nolueris) Non cum Catone, & Scipione profectus sis in Africam ad instaurandum bellum, sed secesseris Mitylenas. Graevius.

Honesto otio) Mitylenis usurpatione & renovatione doctrinae. Corradus.

Non isse supplicem victori) Al. *fuisse*. Corrad. *Non isse supplicem victori*) Sic recte ex Medicea Victorius (nam in eo ita esse, adnotat ad primam impressionem Egnatius) eumque secutus Lambin. Itaque reperitur in Vaticano. Propertius: *Regnando ire tibi liber sunt visa?* Pall. omn. *esse*, praeter sec. in quo *fuisse*. Graevius. Pertinet ad eam elegantiam, de qua ad III. ep. 8.

si rep. non possis frui, stultum est nolle privata. Caput est illud, ut, si ista vita tibi commodior esse videatur, cogitandum tamen sit, ne tutior non sit. Magna gladiorum est licentia: sed in externis locis minor etiam ad facinus verecundia. Mihi salus tua tantæ curæ est, ut Marcello fratri tuo aut par, aut certe proximus sim. Tuum est consulere temporibus, & incolumitati, & vitæ, & fortunis tuis. Vale.

EPISTOLA X.

ARGVMENTVM.

Desiderari aliquot ad Marcellum epistolas, vel unam certe, quæ reditum impetratum significet, facile possum suspicari: gratulatum enim Marcello Ciceronem, quod ei Cæsar ignovisset, atque ostendisse quemadmodum acta res esset, indicat ipsius Marcelli, quæ proxime sequitur, epistola. Hic hortatur, ut reditum maturet; cum id ad rem ejus familiarem valde pertineat. Cæsare IV. *Cos. sine collega.*

M. T. C. M. MARCELLO S. D.

ETsi nihil erat novi, quod ad te scriberem, magisque litteras tuas jam exspectare incipiebam, vel te potius ipsum:

ep. 1. quædam dicta sunt. Locum Propertii, quem unicum adduxit Gebhardus ex II. El. VII. v. 39. plurimis in libris longe aliter conceptum est: at Tibullus I. El. X. v. 35. huc pertinet, ut est emendatus a Brockhusio: *Illic eripere urbis mihi, si dare solo Lanere, & peras fluminis ire vias*: ubi alii *esse*. Et Servius quidem ad ea I. Georg. v. 29. *An Deus immensi venias maris*, doctissime notavit: *ire veteres pro esse dicebant*. CORT.

Et si rep. non possis frui, stultum est nolle privata) *stulti sit*, est in vetere libro; quæ lectio melius cum superioribus conjungitur. F. VRSIN.

Magna gladiorum est licentia) Ita omn. MSS. Vulgati tamen *gladiatorum*, nescio quibus fidecliis. GEBHARDVS. *Gladiatorum* tamen exstat in primo Gravii & Mentelliano; *gladiorum* in Amstelodamensi. GRÆV. Non est sollicitanda *gladiorum*, cujus *gladiatorum* mera expositio videtur: ut ut sciam, ubi *facinorum* pro *facinorosorum* ita obrepserit, ut posterius sanioris longe videretur coloris. Sed Cic. ipse pro Milone c. 1. *Sunt tantum vim armorum non tristissimorum oratori locum esse*, pro *armatis* dixisse videtur. Hujus vero & aliorum *nobilitas*, *servitia*, *consilium*, *custodia*, *opera*, & plura, quæ eodem modo dicuntur, alibi memorabimus. CORT.

EPISTOLA X.

ETsi nihil novi, quod ad te scriberem, *& debebam*) In Mediceo, quæ extrema hic est dictio, non legitur, nec alia pro illa restituitur; quod vitio librarii factum est, qui in exscribenda epi-

ipsum: tamen cum Theophilus proficisceretur, non potui nihil ei litterarum dare. Cura igitur, ut quam primum venias; venies enim, mihi crede, exspectatus, neque solum nobis, id est, tuis, sed prorsus omnibus. Venit enim mihi in mentem, subvereri interdum, ne te delectet tarda decessio. Quod si nullum haberes sensum, nisi oculorum, prorsus tibi ignoscerem, si quosdam nolles videre; sed cum leviora non multo essent, quae audirentur, quam quae viderentur; suspicarer autem multum interesse rei familiaris tuae, te quam primum venire, idque in omnes partes valeret; putavi ea de re te esse admonendum. Sed quoniam, quod mihi placeret, ostendi, reliqua tu pro tua prudentia considerabis. Me tamen velim, quod ad tempus te exspectemus, certiorem facias. Vale.

EPISTOLA XI.

ARGVMENTVM.

De suo reditu a Caesare impetrato Marcellus Ciceronis litteris cognoverat; nunc se commotum Ciceronis auctoritate, ad reditum magnopere cohortantis, exsulandi consilium abjecisse demonstrat: quando tamen se daturus in viam sit, non significat. Videtur haec epistola ante superiorem fuisse collocanda: in hac enim scribit Marcellus, commotum se Ciceronis litteris in patriam esse rediturum: in illa Cicero cer-

de epistola omisit, quod ante in capite libri, dum indicem faceret, posuerat; ita enim legendum est: *Nihil erat novi, quod ad te scriberem, magisque litteras meas*: & quae sequuntur. VICTORIVS. Sic clare Gravii primus liber, in aliis omittebantur *erat*. GRAEV.

Ne te delectet tarda discessio) *Decessio* magis placet, ut in veteribus libris legitur. CORRADVS. *Ne te del. t. dec.*) Ut qui non libenter venias. GRAEV.

Si quosdam nolles videre) Caesarianos, in victoria nimis insolentes. CORRAD.

In omnes partes valeret) Hoc est, omnino, & prorsus tuum adventum exigeret. Sic XI. ad Att. ep. 6. & alibi. Velleius Paterculus pro eo amat *in omnia*, ut II. c. 97. & sic aliis locis: adde supra I. ep. 2. Verbum *valere* tam Cicero, quam Sallustius saepe ita adhibent, ut *praevalere*, aut *valere ad efficiendum* denotet. CORTIVS.

certiorem se de hoc Marcelli consilio jam esse factum, ostendit.

M. MARCELLUS M. CICERONI S. D.

PLurimum valuisse apud me tuam semper auctoritatem, cum in re, tum in hoc maxime negotio, potes existimare. Cum mihi C. Marcellus, frater amantissimus mei, non solum consilium daret, sed precibus quoque me obsecraret, non prius mihi persuadere potuit, quam tuis est effectum litteris, ut uterer vestro potissimum consilio. Res quemadmodum sit acta, vestræ litteræ mihi declarant. Gratulatio tua etsi est mihi probatissima, quod ab optimo sit animo; tamen hoc mihi multo jucundius est & gratius, quod in summa paucitate amicorum, propinquorum ac necessariorum, qui vere meæ saluti faverent, te cupidissimum mei, singularemque mihi benevolentiam præstitisse cognovi. Reliqua sunt ejusmodi, quibus ego, quoniam hæc erant tempora, facile & æquo animo carebam: hoc vero ejusmodi esse statuo, ut sine talium virorum & amicorum benevolentia, neque in adversa, neque in secunda fortuna quisquam vivere possit. Itaque in hoc ego mihi gratulor. Tu vero ut intelligas, homini amicissimo te tribuisse officium, re tibi præstabo. Vale.

EPI-

EPISTOLA XI.

SEd precibus quoque me obsecraret) Non contemnenda est lectio veteris codicis N. Scelti, *sed precibus quoque me obtereret*, i. e. fatigaret. Sic *obterere promissa*, Sallust. *obterere laudibus*, Cic. II. Philipp. GRAEV.

Consilio) Ut domum redirem. CORRADUS.

Res quemadmodum sit acta) Epist. 4. hujus libri. Id.

Quod optimo sit animo) Libri veteres omnes habent, *quod ab optimo sit animo*, &c. ex quo suspicari possis aliquis legendum, *quod ab optimo proficiscitur animo*. LAMB.

Hoc mihi gratulor) Libri MSi habent, *in hoc mihi gratulor*. LAMBIN. Sic & omnes Palatini, & quibus ipse usus sum quatuor libri. Est autem gratulari *in aliquo*, de aliqua re gratulari. Sic *excusari*, & *excusari se in aliquo*, est de aliqua re. Cic. II. ad Q. Fratr. ep. 1. *Primum me tibi excuso in eo ipso, in quo te accuso*. Sic, *qui in hac re disputant*, apud Terent. in prol. Andr. GRAEV. *in hoc gratulor*. Tu vero *in hoc* accipe quasi per se positum, ut significet *cum hoc considero*, vel, *quod ad hoc*: & sic Cic. II ad Qu. Fr. ep. 11. & reliqui a Graevio adducti explicandi sunt, ut monui ad I. ep. 9. CORTIUS.

EPI-

EPISTOLA XII.

ARGUMENTUM.

Marcellum a Magio interfectum, suaque erga mortuum officia significat.

SER. SULPICIUS M. CICERONI S. D.

Etsi scio non jucundissimum nuntium me vobis allaturum; tamen quoniam casus, & natura in nobis dominatur,

EPISTOLA XII.

Servius Sulpitius M. Cic. S. D.] Inscriptio posterioris epistolæ Sulpicii hæc est in prisco illo codice. *Servius Ciceroni salutem pluribus verbis.* Considerent eruditi & ingeniosi viri, vacent ne hæc verba, quæ ipsi non accepimus, & ut parvi omnino momenti, & ut suspecta, qui in nullis aliis epistolis hujusmodi aliquid vidimus: adnotavimus tamen, ut si quis ea probarit, possit in suum codicem restituere. VICTOR. *Servius Ciceroni salutem pluribus verbis*) Hanc scripturam cum ex optimo libro notet Victorius, (non temere in varias lectiones ab Cl. Grævio collectas irrepsit SULPITIUS) non potest considerari nisi ut suppletio ejusdem generis, qualis ab aliis nobisque notata est lib. I. Ep. 9. *Cum cognovimus Publio Lentulo*: quam & ex illo ipso Mediceo notavit Victorius ad X. 33. Sic & tunc Sulpicius scripserat *Salutem pl. v.* intelligimus, plurimam vovet, neque enim semper eadem quasi formula usi sunt. Sic τὸ *plurimam* omittunt & VI. 12. ubi MSs multi & boni habent. J. GRON.

Me vobis] Al. *me tibi*: quod mihi minime placet; nisi forte Servius pluribus scribat: id quod judicari potest ex inscriptione, quæ est in veteribus libris hujusmodi, *Servius Sulpicius S. D. pluribus verbis*. Etsi ita perturbata est, ut difficilis sit conjectura. CORRAD.

Quoniam casus & natura in bonis dominatur) *Casus* in multis, ut nunc in Marcello: *Natura*, in omnibus, quoniam hujus finem mortem esse dicunt. *In bonis*, imo etiam in malis: at forte legendum sit, *in nobis*. CORRADUS. *Quoniam casus & natura* (quæ se recte habent verba, & fere in omnibus impressis eodem modo leguntur) quia nonnulli labefactare & pervertere ausi sunt, non possumus dissimulare: hi enim pro *natura*, *fortunam* reposuerunt, & contra veterum codicum fidem facientes, & nulla necessitate receptam lectionem immutantes. Loquitur enim ex opinione illorum, qui *naturam* non alicujus gratia, & certo proposito sibi fine, neque quod melius ita sit, sed temere & fortuito agere putabant: quam Aristoteles lib. II. Naturalis Auscultationis diligenter oppugnat. Qui fuerint hujus opinionis auctores & defensores, Simplicius eo loco his verbis docet: *Ταύτης δὲ δοκοῦσι τῆς δόξης τῶν μὲν ἀρχαίων φυσικῶν ὅσοι τὴν ὑλικὴν ἀνάγκην αἰτίαν εἶναι τῶν γινομένων φασί, καὶ τῶν ὕστερον οἱ Ἐπικούρειοι. In hac fuerunt sententia inter veteres Physicos quicumque brutam necessitatem causam earum, quæ fiunt, esse dixerunt, atque inter postremos Epicurei.* Sic etiam loquitur Auctor Rhetoricorum ad Herennium, quisquis fuerit, libro tertio: *In vituperatione si erunt hæc corporis commoda, male his usum dicemus, quæ casu, & natura tamquam quilibet gladiator habuerit.* Etsi illinc quoque eam dictionem delere conati sunt, & in ejus locum *fortunam* ponere: verumtamen in anti-

natur, visum est faciendum, quoquo modo res se haberet, vos certiores facere. A. d. x. Kal. Iun. cum ab Epidauro Piræeum navi advectus essem, ibi Marcellum, collegam nostrum, conveni, eumque diem ibi consumsi, ut cum eo essem. Postero die cum ab eo digressus essem, eo consilio ut ab Athenis in Bœotiam irem, reliquamque jurisdictionem absol-

quis, & in Aldinis etiam codicibus melius legas. VICTOR. *In bonis dominatur*) Melicæus quoque liber *in bonis* habet. Nulla certa afferri possunt argumenta, quæ doceant hoc, aut illo modo necessario legi debere: & utraque, quantum ego intelligo, lectio defendi potest. IDEM. *Cas. & nat. in bon. d.*) Ant. Augustin. *in amore bonis* legendum existimat: mihi tamen *nobis* pro *bonis* magis placet, deleta scilicet macula, quæ ex transpositione (ut videtur) litterarum inhæsit. F. URSIN. *In nobis*) Reperta est postea hæc lectio in antiquis libris, & recepta a Grutero, aliisque. Libri tamen Grævii, Amstelod. & Mentel. omnes *in bonis*. GRAEVIUS.

Casus & natura in nobis dominatur) Obnoxius profecto locus, quem cum in hunc modum presserint plerique postremus exstitit Pricæus, qui in longa congerie confessionum de causis in vita humana dominantibus ad Apuleii Milesia Lib. XI. pag. 251. hunc locum exponendum proponens, quia impetum casus non boni tantum, sed & mali experiuntur, imo singuli & universi sentiunt, respondet reponendum, *in omnibus*. Quæ etsi vera sint, & plane ante ipsum dixit Manutius; & vera quoque sint, quæ attulerunt alii; ego tamen minimum mihi licere volui, & cum Manutio scriptam lectionem exhibui. Nec in his agnosco quamdam indignationem Sulpicii (quæ si esset, minime eum philosophum posset induere, quem passim ostendit) sed simplicem præfationem ad Tullium præparandum, qui interitum optimi viri & amici robuste exciperet. Scilicet quia casus & natura in bonis dominatur, atque adeo videamus bonos perire, hos naturali morte, alios latrocinio, necesse est minus sibi, & reliquis ejus Romæ amicis videri injucundum nuncium de nece Marcelli nec conturbari in eo, quod virorum præstantissimo accidit. IAC. GRON.

Vos certiores ut facerem) Secutus sum libros plerosque vulgatos; nam scripti omnes habent, *vos certiores facere*: quomodo edidit P. Victorius. Sed hoc loquendi genus ferri non potest, meo quidem judicio, *visum est faciendum, vos facere certiores*. Itaque vel ita legendum ut habent illi vulgati libri; vel si *vos certiores facere* legi volumus, delenda vox *faciendum*: ut ita legatur: *Visum est, quoquo modo res se haberet, certiores vos facere*. LAMBIN. *Faciendum vos facere certiores*. Sic libri scripti. Vulgati *ut facerem*; quod Lambinus magis arriperet, quam illud verum probaret. Duplex vero adest elegantia, quæ illum in transversum egit. Altera, qua *faciendum* superadditur, uti alibi *fit, ut fiat*; *faciam ut transmittam*, cetera: quam illustratam jam vide supra ad II. ep. 19. III. ep. 8. Altera, qua *facere* pro *ut facerem*, positum est, uti Ovid. I. Am. el. 5. v. 14. Sall. Cat. c. 52. Virg. II. Eclog. v. 43. Sed & illæ formulæ maxime huc pertinent, & hinc sunt illustrandæ, *fortis delere Saguntum*, *Exsuperare Alpes*, apud Silium; *fortis decernere manus*, apud Virg. quas interpretor apud Sall. Jug. c. 110. CORT.

Collegam nostrum) In consulatu. CONRADUS.

Reliquamque jurisdictionem absolverem) Conventus agerem juris dicendi causa in illis locis, in quibus nondum egeram. GRAV.

Supra

absolverem, ille, uti ajebat, supra Maleas in Italiam versus navigaturus erat. Postridie ejus diei, cum ab Athenis pro-

Supra Majas) Varie legunt docti, *supremo aestate*, *supremo Majo*, *supra Maleam*, *ὑπὲρ Μαλέας*. Eligat quisque, quod magis probat, donec melius invenitur. CORRAD. *Supra Maleas*) Sic legendum esse, jampridem indicavit P. Victorius; est autem Malea, ἄκρα πρὸς Πελοποννήσῳ, ut docet Stephanus. Itaque male hic legi *supra Maleam*, &c. LAMBINVS. *Sub Kal. Junias* emendabat Octavius Pantagathus ex antiquae scripturae vestigiis, ut dicebat. F. VRSINVS. *Supra Majas in Italiam versus*) Sic omnes MSi tam nostri, quam aliorum; conjectura emendabat Victorius *supra Maleas*. Lambinus, ne nihil novi ipse invenisse videretur *Maleam*; Pantagathus ex vestigiis veteris, ut refert Ursinus, scripturae *sub Kalend. Junias*, quod mihi non placet; vulgo, nimis licenter, *supremo Majo*. GRAEVIVS. Meus liber prim. *supra Kal. Majas*) Receperunt conjecturam Victorii omnes fere editiones, & id quidem merito. Nihil enim est certius, & liquidius, si quis Plutarchi Pliniique loca consideret, quae affert Victorius, quibus accedit Livius XXXI. 47. *Apustius triginta navibus ubi relictis super Maleam navigat Corcyram*. Sic & Lucian. in [illegible], [illegible]: Ὅτε ἐδὲ ἐπι Πέρραν δέξιαν [illegible] ὑπὲρ τὰς Μαλέας [illegible] [illegible]. *Quos docebat Creta ad dexteram relicta supra Maleam navigantes jam in Italia esse*. Videtur autem locutio fuisse trita Graecis, Latinisque, qua significabant cursum ex Asia & Graecia in Italiam per Maleam, sive ad Maleam appellerent naves, sive illic conscenderent ex Graecia in Italiam profecturi, sive ita cursum dirigerent, ut illud promontorium praeterveherentur non longe. Similis idiotismus est linguae Germanicae, & Belgicae, *over Brabant*, *over Engelland* in *Vrankrijck gaen*. Sed vide de hoc loco accuratam disputationem P. Victorii, qua quia longior erat, quam ut hic commode posset legi, subjecimus eam commentario Manutii. GRAEVIVS. *Supra Majas in Italiam versus navigaturus erat*) Ut ingenium & doctrinam Victorii hic suspicio, ita judicium & religionis erga priscum codicem negligentiam non laudo. Nam etsi quae notat de Malea, docte sunt conquisita; tamen ut Athenis in Italiam navigatio sit dicta *ὑπὲρ Μαλέας*, unde tradet? Ita vero usitata fuit inter Graecos, non sane tantum inter Romanos, cum Peloponnesum circumirent, ut Aratus ab Methona flectens in Adriaticum, & Plinius vitae navitae: etsi unde conscenderit tacens: qui quod Graecis verbis eam navigationem expresserit, clare allusit ad jactatam Graeco proverbio suspicionem periculi in eo promontorio circumeundo; & si ex Italia conscendit, significat totum iter suum fuisse navale; non ut ex Italia Epirum petierit: & sic terra perrexit ad Aegaeum, vel Hellespontum, ut aliae solebant. In qua tamen navigatione aut locutione nihil est, quod sapit per Maleam, vel ad Maleam appellere naves; sed quod debuerint id promontorium flectendo circumire, unde alias id vocabant *superare Maleam*. Livius XXXI. 44. *Classis a Corcyra profecta, Malea superata, circa Scyllaeum agri Hermionici Attalo conjuncta est*. Atque ut idem XXXIII. 41. *Cyprum sibi illam tradens ab Pataris, cum Chelidonium promontorium superasset*. Ut saepius ille ipse auctor. Iam quaeso cur illam navigationem potius diceret se elegisse periculosam, & incipientem, quasi ex fumo in flammam, & tedio vitae ageretur; quam circa quod tempus constituisset mei beneficio Caesaris, & se trajicere in Italiam versus, ut omnis consuetudo fert? Hinc cum in omnibus omnino libris antiquis legatur *supra Majas*, ego hanc scripturam inspiciens collegi scripsisse, *sub Kalend. Sextil.* Macrobius Lib. I. Saturnal. 12. *Nam & Kalendae Juniae fa-*

baria

proficisci in animo haberem, circiter hora decima noctis P. Postumius, familiaris ejus, ad me venit, & mihi nuntiavit, M. Marcellum, collegam nostrum, post cœnæ tempus a P. Magio Cilone, familiare ejus, pugione percussum esse, & duo vulnera accepisse, unum in stomacho, alterum in capite secundum aurem: sperare tamen eum vivere

[illegible] vulgo [illegible], quia hoc mense [illegible] dulcia [illegible] divinis rebus adhibentur. Quo alludit Varro de Vita pop. Rom. *Quod Kalendis Iuniis & publice, & privatim fabatam pultem diis mactat*, apud Nonium in V. *Mactare*. Utique locutio est ipsa lib. II. ad Q. Frat. Ep. 1. *Senatus fuit frequentior, quam putabamus esse posse mense Decembri sub dies festos.* Et videntur ad talia exprimenda placuisse quadam ex sacris sumta, ut apud Theophrastum in Charact. dicitur [illegible], *mox post Bacchanalia navigationi aptum esse*: & quod ad illum locum citat Casaubonus ex Aristotele, [illegible], *post Panathenæa navigatio.* Itaque & ab Diogene Laertio, etsi non in navigatione, dicitur Aristoteles [illegible], *usque ad unctionem deambulando cum discipulis philosophari consuevisse*: etiam ad definiendum tempus, ut ostenderunt viri docti. Unde & Lucas ad ostendendum tempus navigationis Pauline, & causam, cur periculosa esset [illegible], *cum jam non esset tuta navigatio, eo quod & jejunium jam præteriisset.* Sic talia maluerunt definire solemnitate aliqua, quam locutionis ex communi Kalendario petitis, quod & Sulpicium ex ore Marcelli fecisse credo. Iac. Gron. *In Italiam versus navigaturus*) Est antiquum loquendi genus pro *in Italiam*. Vid. Manut. Graevius.

Circiter hora decima noctis) In XII. horas more Romano omnibus anni temporibus nox dividebatur. Cornar. *Circiter hora decima noctis*) Ita edidit Victorius; sicque exstat in Vatic. alam *circiter horam decimam n.* Gebhardus, Graevii primus & ipse tuetur scripturam Vaticani. Graev.

P. Postumius familiaris ejus) Nec in Lambinianis, nec in meis libris *P.* exstat; in Amstelodamensi. *C. Postumius*. *P.* vitio librarii qui bis primam istam litteram in *Postumius* scripserat, in libros irrepsit. Graevius. *P. Postumius*) A Manutio video omitti prænomen, quod tamen in Mediceo exstare persuadeor ab accurata Victorii recensione, etsi in multis aliis non reperiri, plane satis hoc nobis fiat ab illis, quam peuere illi reperiuntur. Hinc dubitatur, quæ manus fuerit Sulpicii. Ego non dubito, quin virum omni excellentia nobilem, ut erant ipse hic Marcellus, & Acidinus, (forte 13. 22. T. Manlius) solis cognominibus appellaverit, & ideo in præcedentibus: *Mihi nuntiavit M. Marcellum collegam nostrum*; opinor non magis prænomen ab Sulpicio adhibitum fuisse, quam in principio hujus epistolæ, ibi *Marcellum collegam nostrum*. Verum eos, qui honoribus gestis nondum eminebant, ut P. Magium Cilonem, ut hunc nomini familiaritate Marcelli clarum Postumiorum, addito prænomine citavisse opinor; & cum ita eveniat, ut verba hoc modo sequantur *noctis P. Postumius*, vel ut alii *noctis Postumius*, opinarer, verum prænomen intercidisse *noctis Sp. Postumius*. Spurius enim usitatissimum prænomen Postumiorum fuit. Iac. Gron.

A P. Magio Cilone famil.) Cliente mire ferente, alios quosdam amicos sibi a Marcello præferri. Corn. *Cilone familiare*) Sic omnes Pall. Grut. Steweeh. (etiam Graev.) vulgo *Chilone familiari*. Gron. Ita nomen scribitur

vere posse. Magium seipsum interfecisse: postea se a Marcello ad me missum esse, qui haec nuntiaret, & rogaret, uti cogerem medicos. Coegi, & e vestigio eo sum profectus prima luce. Cum non longe a Piraeo abessem, puer Acidini obviam mihi venit cum codicillis, in quibus erat scriptum, paullo ante lucem Marcellum diem suum obiisse. Ita

bitur in MSis etiam regiis, non, ut vulgo editur, Chium. Lall.

Et rogaret, uti cogerem medicos: coegi, &c.) Mediceus & quique optimi codices cogerem non habent, quare cum hanc vocem retinuerim, visum est mihi nunc antiquam lectionem notam facere, si forte ea melior esset, ut verbum illud potius intelligi hic debeat quam scribi. Animadverti enim aliis locis, cum idem verbum repetitur, quemadmodum hic *coegi*, semel tantum poni: & quamvis prior sententia sine verbo imperfecta videatur, tamen absolutam esse: intelligi enim idem verbum quod sequitur eo tempore, & persona conformatum, quod conveniat superiorum nominum structurae. Hujus sermonis elegantiae, ut arbitror, & familiaris plura exempla suppeterent, nisi ut deminutus, mancusque a recentioribus improbatus esset, & addito quod desiderari credebatur, suppletus atque corruptus: nisi tamen veteres libri & hic, & aliis non paucis locis depravati sunt, integer est sermo & usitatus. Nam si ipsis fides habenda est, sic locus ille libri XVI. epist. ad Atticum dictus fuit: *De duobus primis praeclare dissereris, de tertio polliceris te deinceps: sed nihil scripsisti*. Nec non ille etiam in lib. XIII. *Varroni scribis te, simul ac venerit: dati igitur jam sunt*, & non ut vulgo leguntur in excusis: prior enim ita suppletus est: *De tertio polliceris te deinceps scripturum, sed nihil scripsisti*. Alter vero sic: *Simul ac venerit, ei daturum: dati igitur jam sunt*. Qui hunc modum dicendi probarint, poterunt otiosam illam vocem delere, & ad fidem veterum codicum hunc etiam locum revocare: qui recepta lectione contenti sunt, eam etiam in nostro codice invenient. Victor.

Cogerem) Hoc verbum libri veteres non habent. Corr. Obsecutus sum ac doctae monitioni optimi P. Victorii, delevique vocem *cogerem* cum Pall. pr. quint. Grut. Videantur eruditissimae in hunc locum ejusdem Florentini castigationes. Gra. Primus meus liber, *uti medicos ei mitterem*: quod si a pluribus firmaretur, non adspernarer; sed quia *cogerem* in quinque libris invenit Manutius, non ausim cum Gebhardo id delere. Graev.

Puer Acidini mihi obviam venit cum codicillis) Pro *Acidini* fortasse legendum *Aeindyni*. *Piraeus*, unde puer veniebat, verum Graecum hominem fuisse suadet. At *Acidinus* Graece nihil est: *Aeindyni* vero nomen ex inscriptione Campana & aliis apud Gruterum compertum habeo. Tametsi ceteroqui apud eundem XXXI. 13. est ACIDIVS PERENNIS, ex quo potuit fieri *Acidinus*, si quidem Romanum sit id nomen apud Sulpicium. *Codicilli* proprie tabellae ceratae, stilo exaratae dicebantur. Sunt autem *tabulae*, sive *tabellae* non modo ligneae, qui error ad antiquitatem pernoscendam perniciosus invaluit; sed ex quavis materia sive dura, ut marmore, metallo, ebore, ligno: sive etiam molliore, ut papyro, membrana, rebus aliis. Scriptionis autem modus talis erat, qualem materia ferre poterat. Tabellae ceratae, sive codicilli, stilo exarabantur; tabellae vero membranaceae, aut papyraceae atramento aut rubrica illinebantur calami ministerio. Prior modus ferme in *αὐτοσχεδίοις* locum habebat, veluti in poematibus aut orationibus meditandis, quae postea *in mundum* (h. e. *χάρτην καθαρὸν*) *recipiebantur*; ut in re diversa loquitur Iustinianus. Id etiam in epistolis factita-

Ita vir clarissimus ab homine deterrimo acerbissima morte est affectus: & cui inimici propter dignitatem pepercerant, inventus est amicus, qui ei mortem afferret. Ego tamen ad tabernaculum eius perrexi: inveni duos libertos, & pauculos servos: reliquos ajebant profugisse, metu perterritos, quod dominus eorum ante tabernaculum interfectus esset. Coactus sum in eadem illa lectica, qua ipse delatus eram, meisque lecticariis in urbem eum referre: ibique pro ea copia, quæ Athenis erat, funus ei satis amplum faciendum curavi. Ab Atheniensibus locum sepulturæ intra urbem ut darent, impetrare non potui; quod religione se impediri dicerent: neque tamen id antea cuiquam concesserant. Quod proximum fuit, uti in quo vellemus eum gymnasio sepeliremus, nobis permiserunt. Nos in nobilissimo orbis terrarum gymnasio Academiæ, locum delegimus, ibique eum com-

rum indicat Cicero IX. Fam. ep. ult. At ubi charta, & atramentum deesset (ut in itinere, in senatu, in cœna, in re subita) ipsi codicilli stilo signati mittebantur, quemadmodum quos hic Sulpicius accepit. Mamach. in de Diptych. Quirin. pp. VIII. IX. & n 12.

Ita vir clarissimus) Aptum Epiphonema, cujus multa exempla adferam ad ea Sall. Cat. 55. *Ita ille patricius dignum moribus factisque suis exitum vitæ invenit*. CORT.

Inimici) Cæsar. CONRAD.

Qui ei mortem afferret) Meus liber primus, *qui ei mortem offerret*; quod in aliis libris vetustis inveniri testatur margo Lambiniana. Sic & Cic. loquitur Orat. in Vatin. *Mortem Cn. Pompeio summo & clarissimo civi suis manibus offerre voluisse*. Nam & sic ibi legi in antiquis membranis Gifanius auctor est, cum in vulgatis exstet *afferre*. GRÆV.

Metu perterritos) Ne quæstioni traderentur. CONR. Vide Manut. *Metu perterritos, quod dominus*) Tac. XIII. Ann. 72. *Factum ex S. C. ultioni juxta & securitati, ut si quis a suis interfectus esset, ii quoque, qui testamento manumissi sunt, eodem tecto mansissent, inter servos supplicia penderent*. Vide D. ad SC. Silanianum, quod sub Augusto, Dolabella, & Silano Coss. A. V. c. 762. factum: quodque sub Nerone repetitum & productum etiam ad servos manumissos testamento. Sed id jus ut servi, qui interfecto Domino iisdem in ædibus fuissent, plecterentur, antiquius fuisse ex hoc loco patet. Exemplum ap. Tac. XIV. 43. Io. F. GRON.

Lectica . . . lecticariis) Lecticæ initio vivi utebantur, cum iter facerent, & sub Iulii demum Cæsaris tempora ad desidiam in urbem introducta est. Sed ad mortuos efferendos usus antiquissimus; ipsamque jam Lucretiam lectica nigris vestibus instrata elatam esse, meminit Dionys. Hal. lib. IV. p. 270. Plin. Paneg. c. 24. Petron. Sat. c. 56. Conf. Lipsium I. Elect. c. 19. Singillatim posteriori ætate *Lecticarii* audierunt Vespillones, qui gratuito defunctos efferebant: lege Pancirol. ad Notit. Dignit. Imp. Or. c. 28. p. 51. Occid. c. 6. p. 19. CORT.

In urbem) Athenas. CONRAD.

Religione se impediri) Nam lex XII. tabularum de Solonis legibus translata ita habet: *In urbe ne sepelito, neve urito*. IDEM.

In nobilissimo orbis terrarum gymnasio) Propter Platonem. ID.

In eo-

combussimus; posteaque curavimus, ut iidem Athenienses in eodem loco monumentum ei marmoreum faciendum locarent. Ita, quæ nostra officia fuerunt, pro collegio & propinquitate, & vivo & mortuo omnia ei præstitimus. Vale. D. pr. Kal. Iun. Athenis.

EPISTOLA XIII.

ARGVMENTVM.

Primum causas exponit, cur antea non scripserit: secundo loco finem ei pollicetur exsilii sui, ducta conjectura e Cæsaris animo, ex eorum sermone & sensu, qui apud ipsum plurimum valent, ex vulgi voluntate, ex ipsa repub. vehementer ad ejus salutem propensa: tum ad officii partem, quam vetus amicitia mutuaque benevolentiæ jura postulant, conversus, voluntatem suam duplici promisso ostendit, in reditu primum ei conficiendo, deinde in re sua familiari communicanda. Postremo, ut secundam fortunam speret, adversam æquo animo ferat, & hortatur, & obsecrat. Tota moralis epistola, scripta C. Cæsare III. & M. Ælio Lepido Coss. anno DCCVII.

M. T. C. P. NIGIDIO FIGVLO S. D.

QVærenti mihi jamdiu, quid ad te potissimum scriberem, non modo certa res nulla, sed ne genus quidem litterarum usitatum veniebat in mentem. Vnam enim partem

In eodem loco monumentum ei) Haud putandum est licuisse olim in Amphitheatris, aliisve id genus locis publicis sepeliri. Sed posterioribus seculis ad novas ibi substructiones moliendas, quoscumque lapides ad manus habuissent, etiamsi tituli sepulcrales exstiterent, iis usi sunt. Quo quidem referendi sunt sepulcrales cippi in hujusmodi ædificiis inædificati, qui quandoque nunc reperiuntur. De statuarum vero, aliusve generis inscriptionibus aliud longe judicium esto. Clarissimorum enim virorum memorias in hujusmodi publicis locis poni nec apud Græcos, nec apud Romanos insolens fuit, quemadmodum Athenienses dicuntur hic locasse faciendum Marcello monumentum marmoreum in Academia. MAFFEIVS in Amph. Carop. p. 140. n. 8r.

Pro collegio) Consulatus, In.

EPISTOLA XIII.

NIgidio Figulo) De Nigidio ipso, quæ legendo animadvertimus, hæc sunt. Scripsit libros de Animalibus, ut ostendit lib. III. Macrobius; & Plinius his lib. XXIX. cap. 4. & 6. ejus

partem & consuetudinem earum epistolarum, quibus secundis rebus uti solebamus, tempus eripuerat: perfeceratque fortuna, ne quid tale scribere possem, aut omnino cogitare. Relinquebatur triste quoddam & miserum, & his temporibus conseutaneum genus litterarum: id quoque deficiebat me: in quo debebat esse aut promissio auxilii alicujus, aut consolatio doloris tui. Quod pollicerer, non erat: ipse enim pari fortuna abjectus, aliorum opibus casus meos sustentabam, sæpiusque mihi veniebat in mentem queri, quod ita viverem, quam gaudere, quod viverem. Quamquam enim nulla meipsum privatim pepulit insignis injuria: nec mihi quid-

ejus utitur testimonio: librum de Extis, ut in Gellio lib. XVI. cap 6. legimus: commentarios *Grammaticos*, ut idem Gellius lib. XIX. cap. 14. & Nonius prodidere: interpretatus est comœdias Terentii, teste Donato, videtur etiam scripsisse de Diis, quantum ex Arnobio licet conjicere. qui ejus testimonio in mentione Matris Deum, Neptuni, Apollinis, & Iovis utitur lib. III. *Hæc de scriptis*: de doctrina subjungam: Gellius Varronem & Nigidium *doctissimorum columina* lib. XIX. c. 14. appellat; & idem lib. XIII. cap. 24. *in disciplinis doctrinarum omnium præcellentem* nominat; & lib. IV. c. 9. *hominem juxta M. Varronem doctissimum*. Macrobius autem *maximum rerum naturalium indagatorem*, lib. III. Idem libro VI. *hominem omnium bonarum artium disciplinis egregium*. Servius quoque Honoratus hæc de eo tradidit. *Nigidius Figulus solus post Varronem*: *licet Varro præcellat in theologia*, *hic in communibus litteris*: *nam uterque utraque scripserunt*. Nonius quoque: *Nigidius*, inquit, *studiis bonarum artium præclarissimus*. Nemo tamen illum melioribus extulit laudibus, quam Cicero ipse idem ejus amicissimus; nam in proœmio libri de Vniversitate: *Fuit*, inquit, *vir ille cum ceteris artibus*, *quæ quidem digna libero essent*, *ornatus omnibus*; *tum acer investigator*, *& diligens earum rerum*, *quæ a natura involutæ videntur*; *denique sic judico*, *post illos nobiles Pythagoreos*, *quorum disciplina extincta est quodam modo*, *hunc extitisse*, *qui illam renovaret*. Suetonius ait illum, cognita hora, qua natus erat Augustus, affirmasse, dominum terrarum orbi natum. P. MANVTIVS in Arg. in. ep. Vide quæ de hoc *Nigidio Figulo* notavit Ian. Rutgersius Var. Lect. III. 15. ubi Fragmenta ejus collegit. GRÆV.

In quo debebat] Meus primus: *in quo deesset*, quod Gronovio merito probatur. Sententia est in quo hoc agendum sit mihi, ut aut opem aliquam tibi pollicear, aut solando minuam dolorem: & meus item: *pari fortuna afflictus*, pro vulgato *abjectus*: quia Cicero alibi quoque dicat, *magna desperatione afflictus*, *magna molestia adfectus*, *ac maximis difficultatibus afflictus*. IDEM.

Pari fortuna abjectus] Alii *afflictus*. Gruterianus codex *abiectus*, quasi esset quodam ictu depressus ac prostratus. Pal. quint. *adjectus*. Quid si *addictus*? nam illi plane suis exuti, ab alienis pendent opibus. GRU.

Casus meos sustentabam] Malam fortunam tolerabam. III. ad Attic. ep. 23. *Nihil enim restituitur præter Civitatem & ordinem*, *quod mihi pro meo sensu satis est*. Adde Sallust. Catil. c. 35. & 54. *Resp. magnitudine sua imperatorum atque magistratuum vitia sustentabat*. CORT.

Nulla me pepulit injuria] II. de Fin. 10. *Nec ullam habet ictum*, *quo pellat animum*, *status hic non dolendi*. Liv. XXX. 14. *Eo fœdiora hæc videbantur* Sci-

quidquam tali tempore in mentem venit optare, quod non ultro mihi Cæsar detulerit: tamen nihilominus eis conficior curis, ut ipsum quod maneam in vita, peccare me existimem: careo enim cum familiarissimis multis, quos aut mors eripuit nobis, aut distraxit fuga; tum omnibus amicis, quorum benevolentiam nobis conciliarat per me quondam, te socio, defensa resp. versorque in eorum naufragiis & bonorum direptionibus: nec audio solum, quod ipsum esset miserum, sed etiam video, quo nihil est acerbius, eorum fortunas dissipari, quibus nos olim adjutoribus illud incendium extinximus: & in qua urbe modo gratia, auctoritate, gloria floruimus, in ea nunc iis quidem omnibus caremus. Obtinemus ipsius Cæsaris summam erga nos humanitatem: sed ea plus non potest, quam vis & mutatio omnium rerum atque temporum. Itaque orbus iis rebus omnibus, quibus & natura me, & voluntas, & consuetudo assuefecerat, cum ceteris, ut quidem videor, tum mihi ipse displiceo. Natus enim ad agendum semper aliquid dignum viro, nunc non modo agendi rationem nullam habeo, sed ne cogitandi quidem: & qui antea aut obscuris hominibus, aut etiam sontibus opitulari poteram, nunc P. Nigidio, uni omnium doctissimo & sanctissimo, & maxima quondam gratia, & mihi

Scipioni, quod ipsum in Hispania melius forma pepulerat; hoc est, commoverat effecerat. Io. F. Gron. Pergit in figura tesse. Prudent. Psychom. v. 8d. Præfat. Noster pro Cæcina: *Qui armis fugatus pulsusque est, non est dejectus?* Corr.

Tamen nihilominus eis conficior curis) Dictio illa *nihilominus* in antiquis diminuta est: pro *nihilominus eis* ibi *nihil eis* scriptum. Unde ridicule nonnulli *Achilleis* legi debere putarunt. Nos communem & receptam lectionem secuti sumus, quia meliorem ipsi ex illis verbis excogitare non potuimus: rem tamen notare placuit, ut si quis velit, laboret in veritate requirenda, nec miretur, quare hic locus diversis modis legatur. Victor. In prim. Grævii eodem modo scribitur, ut in Mediceo *nihil eis*, Amstelodam. vero *nihilominus*. Mentel. *nihil minor*. Græv.

Te socio defensa resp.) Quippe qui judicium dicta, interrogata, responsa perscripseris. Corr.

Nec audio solum quod ipsum esset miserum, sed etiam id ipsum video) *Id ipsum* suspicor abundare. F. Ursin. *Sed etiam video*) Sic est in Stewech. et Pal. tert. Gruteriano: vulgo *sed etiam id ipsum video*. Victor. *sed etiam id video*, reliqui *id* tantummodo omittunt. Gr.

Eorum fortunas dissipari) A M. Antonio, & reliquis Cæsarianis. Corrad.

Illud incendium) Maximum reip. periculum. Valer. Max. IX. c. 2. Cic. pro Sext. c. 56. adde Sall. Cat. c. 31. Cortius.

Ea plus non potest) Quoniam multa Victori, eorum arbitrio, per quos vicit, etiam invito facienda sunt. Io.

Uni omnium d.) Vide ep. 8. Virg. II. Æn.

mihi certe amicissimo, ne benigne quidem polliceri possum. Ergo hoc ereptum est litterarum genus. Reliquum est ut consoler, & afferam rationes, quibus te a molestiis coner abducere. At ea quidem facultas vel tui, vel alterius consolandi, in te summa est, si umquam in ullo fuit. Itaque eam partem, quæ ab exquisita quadam ratione & doctrina proficiscitur, non attingam; tibi totam relinquam. Quid sit forti & sapienti homine dignum: quid gravitas, quid altitudo animi, quid acta tua vita, quid studia, quid artes, quibus a pueritia floruisti, a te flagitent, tu videbis. Ego, quod intelligere & sentire, quia sum Romæ, & quia curo attendoque, possum, id tibi affirmo, te in istis molestiis, in quibus es hoc tempore, non diutius futurum: in iis autem, in quibus etiam nos sumus, fortasse semper fore. Videor mihi perspicere primum ipsius animum, qui plurimum potest, propensum ad salutem tuam. Non scribo hoc temere. Quo minus familiaris sum, hoc sum ad investigandum curiosior. Quo facilius quibus est iratior respondere tristius possit, hoc est adhuc tardior ad te molestia liberandum. Familiares vero ejus, & ii quidem, qui illi jucundissimi sunt, mirabiliter de te & loquuntur, & sentiunt. Accedit eodem vulgi voluntas, vel potius consensus omnium: etiam illa, quæ minimum nunc quidem potest, sed possit necesse est, resp. quascumque vires habebit, ab iis ipsis

quibus

11. *Æn.* v. 426. Corn. Nepos Miltiad. init. Attico c. 3. *unus ei ante alios fuit carissimus*. Pro quo Noster infra V. ep. 16. *unus ex omnibus*, & pro Scauro: *unus ex omni memoria sceleratissimus & audacissimus*. Corr.

Facultas vel tui, vel alterius consolandi in te summa est) Qui nobilium Pythagoreorum disciplinam quodam modo extinctam renovasti. Corr.

Altitudo animi) Magnanimitas. Conjungit cum gravitate etiam III. ep. 10. Corr.

Fortasse semper fore) Al. *fortasse non semper fore*, ut sit quasi prognosticon de Cæsaris morte; ut illud ad Atticum: *Nullo modo posse video stare istum diutius, quin ipse per se, etiam languentibus nobis, concidat*. Inaw. In uno cod. manuscr. reperi scriptum *fortasse non semper fore*. Quod si quis probabit, intelligemus, M. Tullium divinare & prædicere interitum Cæsaris. Lamb.

Familiares vero ejus) Balbus, Oppius, Hirtius, & reliqui. Corr.

Quascumque vires habebit) Sic melius prisca editio ac Victorii, Vatic. Pall. omn. Grut. alias *quæcumque vires*. Garn. Subscribunt Victorio, & quos ille sequitur libris Graev. Amstelod. Mentel. Graev.

Qui-

quibus tenetur, de te propediem (mihi crede) impetrabit. Redeo igitur ad id, ut jam tibi etiam pollicear aliquid, quod primo omiseram: nam & complectar ejus familiarissimos, qui me admodum diligunt, multumque mecum sunt; & in ipsius consuetudinem, quam adhuc meus pudor mihi clausit, insinuabo: & certe omnes vias persequar, quibus putabo ad id, quod volumus, pervenire posse. In hoc toto genere plura faciam, quam scribere audeo. Cetera quae tibi a multis promta esse certo scio, a me sunt paratissima: nihil in re familiari mea est, quod ego meum malim esse, quam tuum. Hac de re & de hoc genere toto, hoc scribo parcius, quod te, id quod ipse confido, sperare malo esse usurum tuis. Extremum illud est, ut te orem & obsecrem, animo ut maximo sis: nec ea solum memineris, quae ab aliis magnis viris accepisti; sed illa etiam, quae ipse ingenio studioque peperisti: quae si colliges, & sperabis omnia opti-

Quibus tenetur) A quibus occupata est. Horat. I. Od. 1. v. 24. *Bellaque matribus detestata*. Cic. Divinat. in Verr. c. 13. *Mihi est elaboratum*. Iustin. I. c. 3. *acquisitas viro terminare*. Cort. *A quibus ten.* Ita regii. Vulgari praepositionem omittunt. Lall.

In ipsius consuetudinem insinuabo] Subaudiendum me. Hac ellipsi veteres saepe usi sunt. Vid. Manut. Graevius.

Extremum, est ut te horter & obsecrem] Nos emendavimus *orem & obsecrem*, sic enim fere est in antiquis exemplaribus, & est haec Ciceronis familiaris locutio. Victor. Ea est in Mediceo libro scriptura, ut inde utraque lectio duci possit: neutram enim ille integram habet, & utriusque non parva vestigia retinet; ita enim habet, *ut te horer & obsecrem*, quam olim veriorem esse censuerimus, quibusque argumentis usi, omnibus notum: nihil tamen decerno. Iosm. *Horter*) Alii legunt *Orem*. Corrad. *Ut te horter & obsecrem*] Victorius mavult legi *ut te orem & obsecrem*: cujus lectionis nullum reperi in nostris libris MSis vestigium. Eam tamen magis quam vulgatam probo. Lambin. *Ut te orem & obsecrem*] Ita Vaticanus, ut quoque Victorius ex suis antiquis: in Pall. omn. est *hortor*, ut vulgo, nisi quod Grut. & tert. omittant *te*. Gebhard. In meo tamen optimo & fidissimo libro, qui raro a Mediceo discredit, clare scribitur, *ut te orem & obsecrem*; ut posthac nullus dubitandi locus sit. Graev. *Orem & obsecrem*) Sic etiam MSus Gravianus, invito Manutio. Plus enim est *obsecrare*, quam *orare*. II. Verr. 17. *Quod ab eo pridie, multis lacrymis cum oraret atque obsecraret Heraclius, impetrare non potuerat*. Inferius X. 74. *Ego vos, P. C. oro, atque obsecro*. Io. Fr. Gron.

Magnis viris accepisti) Quae a magnis viris & *majoribus* accipi queant, & quae contra ingenio studioque paranda cuique. Vide in Orat. Marii apud Sall. Iug. c. 85. Cort.

Quae ipse ingenio, studioque tuo peperisti) Quae multa quidem fuerunt, sed propter obscuritatem, subtilitatemque in vulgus non proinde exierunt, ut scribit Gellius lib. XIX. cap. 14. Corrad. Pro *peperisti* alii leg. *repe-*

optime, & quæ accident, qualiacumque erunt, sapienter feres. Sed hæc tu melius, vel optime omnium. Ego quæ pertinere ad te intelligam, studiosissime omnia diligentissimeque curabo: tuorumque tristissimo meo tempore meritorum erga me memoriam conservabo. Vale.

EPISTOLA XIV.

ARGVMENTVM.

Victo in Pharsalia Pompeio, Cicero, desperata reip. causa, in Italiam revertit; veniaque a Cæsare impetrata, non illam quidem pristinam dignitatem ac libertatem loquendi recuperavit, sed humanissime tamen ac liberalissime cum ab ipso Cæsare, tum vero ab ejus maxime amicis ac familiaribus tractatus est. Eo tempore, dimissa Terentia, Publiam Virginem uxorem duxit. Vtrumque igitur binis litteris gratulatus erat Plancius, de dignitate recuperata, deque novis nuptiis. Iis litteris Cicero respondens nullam sibi pristinæ dignitatis relictam esse partem ostendit, eoque redactam esse rempub. ut vel servitus impendeat, si Cæsar in Africa Pompeianos vincat, vel cædes, si vincatur. De nuptiis autem, quod absente se rem domesticam Terentiæ male curasset, sibique a suis insidiæ tenderentur, ideo se cogitasse ait, ut novæ necessitudinis fidelitatem quasi præsidium haberet contra veterum perfidiam. Tertio loco, ut exsulantem consoletur, nihil ei præter communem fortunam timendum confirmat: se quidem opera, consilio, studio, ejus rei, famæ, saluti præsto futurum. Postulat in extremo, ut de suo statu suisque consiliis diligentissime significet. Moralis epistola, scripta Cæsare III. M. Lepido Coss. cum in Africa bellum gereretur.

M. T.

repperisti. Pall. duo postremi *percepisti* non infeliciter. GEBHARD.

Tristissimo meo tempore) Exsilii. CONRADVS.

Memoriam conservabo) Pal. primus, castigatissimæ membranæ legunt *reservabo*. GEBHARD.

M. T. C. CN. PLANCIO S. D.

Binas a te accepi litteras Corcyræ datas: quarum alteris mihi gratulabare, quod audisses me meam pristinam dignitatem obtinere; alteris dicebas, te velle, quæ egissem, bene & feliciter evenire. Ego autem si dignitas est bene de repub. sentire, & bonis viris probare quod sentias, obtineo dignitatem meam: sin autem in eo dignitas est, si quod sentias aut re efficere possis, aut denique libera oratione defendere, ne vestigium quidem ullum est reliquum nobis dignitatis: agiturque præclare si nosmetipsos regere possumus; ut ea quæ partim jam adsunt, partim impendent, moderate feramus: quod est difficile in ejusmodi bello, cuius exitus ex altera parte cædem ostentat, ex altera servitutem. Quo in periculo nonnihil me consolatur, cum recordor,

EPISTOLA XIV.

CN. Plancio] Pro quo exstat oratio. CORRAD.

Alteris . . . . alteris] Non adeo rara illatio harum vocum, ut Viro quidem docto visum, quin potius sit frequentissima: infra: *alteros jam placatos, alteros nunquam iratos*. Sal. Cat. c. 1. ubi vide CORT.

Dignitatem obtinere] Post impetratam a Cæsare veniam. CORRAD.

Quæ egissem] De novo matrimonio. IDEM.

Si quod sentias aut re efficere possis] Secutus sum in hoc loco restituendo veterem meum codicem, in quo sic legitur. Vulgo, suffragantibus duobus Palatinis, *quod sentias aut re efficere, si possis*: in [illegible]. Mentel. & Stewech est, *si quod sentias aut re efficere posse*; quæ lectio non minus commoda est ac illa altera, si vox *si* deleatur. Profecto rectius se haberent omnia, si delerentur *si* & *possis*, quæ videntur irrepsisse. Videtur enim Cicero scripsisse. *Sin autem in eo dignitas est, quod sentias aut re efficere, aut denique libera oratione defendere*. Sic saltem in præcedentibus verbis scripsit. Sed tamen libri mei scriptura potest ferri. Vulgata *si possis* est ineptissima. GRAEV.

Quod sentias, aut re efficere si possis] In hoc loco secutus sum Manutium: delenda nota aut commatis, quæ vulgo solet interjici post verbum *efficere*, aut parentheseos, ut in Jacobi Antonii exemplari editur *efficere* (*si possis*) *aut*. Non enim potui in ordine verborum non sequi tot codices, qui hic inspecti sunt, & Ciceronis genio obsequi, qui sæpe vocem in extremo collocat, cum in principio debeat intelligi, ut notabiliter & ad exemplum hujus loci lib. V. Ep. 14. *Non possum te non, si concedis quod sentimus ut liberius dicamus, accusare*, cum intelligi velit, ut liberius dicamus quod sentimus. Et utique sic agunt nonnulli lib. eodem ep. 17. *At maxime animi tui conscientia, cum tibi nihil merito accidisse reputabis si & illud adjunges &c.* In. GRON. *Quod sentias, aut re efficere possis, aut denique &c.* Ita regius optimus, cui consentit alter, addita tamen vocula *si* ante vocem, *quod sentias*, quam Graevius quoque deletam voluit. Vulgati a correctoris manu, *quod sentias, aut re efficere si possis &c.* LALLEM.

Ex altera parte] Pompeianam. CORRADUS.

Cædem ostentat] Sic quidem habent libri & vulg. & scripti manu: sed tamen nihilominus legendum videtur *intentat*. LALLEM.

Ex altera] Cæsarianam. CORRAD.

Per-

cordor, hæc me tum vidiſſe, cum ſecundas etiam res noſtras non modo adverſas pertimeſcebam: videbamque quanto periculo de jure publico diſceptaretur armis. Quibus ſi viciſſent ii, ad quos ego pacis ſpe, non belli cupiditate adductus acceſſeram, tamen intelligebam, & iratorum hominum, & cupidorum, & inſolentium quam crudelis eſſet futura victoria: ſin autem victi eſſent, quantus interitus eſſet futurus civium, partim ampliſsimorum, partim etiam optimorum; qui me hæc prædicentem atque optime conſulentem ſaluti ſuæ, malebant nimium timidum, quam ſatis prudentem exiſtimari. Quod autem mihi de eo quod egerim, gratularis: te ita velle certe ſcio: ſed ego tam miſero tempore nihil novi conſilii cepiſſem, niſi in reditu meo nihilo meliores res domeſticas, quam remp. offendiſſem. Quibus enim, pro meis immortalibus beneficiis, cariſsima mea ſalus & meæ fortunæ eſſe debebant: cum propter eorum ſcelus nihil mihi intra meos parietes tutum, nihil inſidiis vacuum viderem, novarum me neceſsitudinum fidelitate contra veterum perfidiam muniendum putavi. Sed de noſtris rebus ſatis, etiam nimium multa. De tuis velim ut eo ſis animo, quo debes eſſe, id eſt, ut ne quid tibi præcipue timendum putes. Si enim ſtatus erit aliquis civitatis, quicumque erit, te omnium periculorum video expertem fore. Nam alteros tibi jam placatos eſſe intelligo, alteros numquam iratos fuiſſe. De mea autem

Pertimeſcebam) Secundas æque, ac adverſas res malum aliquod *allaturas* eſſe. Sall. Iug. c. 25. Cat. c. 31. Et ſic alii. CORT.

Et iratorum) Cæſari, & omnibus, qui cum Cæſare erant. CONRAD.

Et cupidorum) Quippe qui jam tum bello nisi dum cœpto, honores, domos, bonaque eorum, qui in caſtris erant Cæſaris, peterent. IDEM. Aliter Manutius exponit, nimirum cupidorum bellandi: vid. eius not. GRAEV.

Et inſolentium) Qui ne de pace quidem quemquam loqui paterentur. CONRAD.

De eo quod egerim, gratularis) Accepta uxore Publia: quam tamen Pupilliam vocat Quinctil. lib. VI. c. 4. IDEM.

Novi conſilii) De accipienda uxore. IDEM.

In reditu meo) Ex caſtris Pompeianis. IDEM.

Eorum ſcelus) Terentiæ. IDEM.

Tutum . . . inſidiis . . . muniendum) Verba a re militari translata, quæ frequentiſſima Latinis. Tacit. IV. Hiſt. c. 5. Vopiscus Caro c. 2. Alcuinus Dialog. de Art. Rhet. Sic in Iure Feudali Vaſſallus dicitur *miles*, *militare*, & alia huiuſcemodi, vide Cujac. de Feud. II. Tit. 7. CORT.

Veterum) Neceſſitudinum. CONRAD.

Rei,

autem in te voluntate sic velim judices, me, quibuscumque rebus opus esse intelligam, quamquam videam qui sim hoc tempore, & quid possim, opera tamen & consilio, studio quidem certe, rei, famæ, saluti tuæ præsto futurum. Tu velim & quid agas, & quid acturum te putes, facias me quam diligentissime certiorem. Vale.

EPISTOLA XV.

ARGUMENTUM.

Hortatur, ut communem fortunam fortiter ferat: petit, ut veterem benevolentiam conservet; & quod petit idem de se ipso pollicetur. Moralis: eodem anno.

M. T. C. CN. PLANCIO S. D.

ACcepi perbreves tuas litteras, quibus id, quod scire cupiebam, cognoscere non potui: cognovi autem id, quod mihi dubium non fuit. Nam quam fortiter ferres communes miserias, non intellexi; quam me amares, facile perspexi: sed hoc scieram: illud si scissem, ad id meas litteras accommodavissem. Sed tamen etsi antea scripsi, quæ existimavi scribi oportere; tamen hoc tempore breviter commonendum putavi, ne quo periculo te proprio existimares esse: in magno

Rei, famæ, saluti) Guilielm. ex vestigiis codicis Stewech. conjectabatur, *rei familiari ac saluti*; ut supra ep. 7. *Habemus etiam rationem rei familiaris tuæ*: sed non video caussam, cur vulgata omnibus MSis patrocinantibus ejici debeat. GEBHARD. *Præsto esse* est *adesse*, *superesse*, tueri, operam ferre. GRAEV.

Præsto futurum) Adfuturus quasi *præsens* & curans singula. Varro III. de R. R. c. 2. Petron. Sat. c. 3. Cic. pro Muren. c. 9. CORT.

EPISTOLA XV.

S*Ed hoc scieram*) Vulgo *sciebam*, sed illud omn. Pall. Grut. Stewech. prisca editio, ac Victorii. GEBHARD. Sic & libri, quos Graevius vidit. GRAEV.

Sed tamen etsi) Adi Muret. Var. lect. lib. XI. c. 17. VERBURG. Abundat alterum *tamen*: nihil vero contra librorum tot MSorum fidem mutandum censemus. FUNCCIUS.

Quæ existimavi scribi oportere) Ita edidit Victorius, neque aliter est in editione principe, Pall. omn. Gruter. Lambinus ne videatur a Victorio accepisse, inlevit *tibi scribi*: vulgo *te scire*. GEBHARD.

Ne quo periculo ... proprio esse) Deest *in*; nisi potius ad notam illam periphrasin Adjectivorum pertinet, quæ per secundum & sextum casum fieri solet,

magno omnes, ſed tamen in communi ſumus. Quare non debes aut propriam fortunam & præcipuam poſtulare, aut communem recuſare. Quapropter eo animo ſimus inter nos, quo ſemper fuimus. Quod de te ſperare, de me præſtare poſſum. Vale.

ſoler. Infra VI. epiſt. 4. I. ad Att. epiſt. 12. V. epiſt. 14. Liv. XXXIV. Contive.

Quod de te) Quod, tempe ut eo animo ſimus inter nos, quo ſemper fuimus. Idem.

PAVL-

PAVLLI MANVTII
COMMENTARIVS
IN
M. T. CICERONIS
LIBROS I. II. III. ET IV.
EPISTOLARVM AD FAMILIARES.

PAULLI MANUTII COMMENTARIUS IN EPISTOLAM I. LIBRI I.

M. *Tullius Cicero*] Me puero, Romanorum nominum obscura doctrina, & perdifficilis habebatur. Nos fortasse primi nostris Commentariis adjumenti hoc in genere aliquid attulimus: sed proxime, quæ ad hanc notitiam pertinent, præclare omnia collegit, auctor optimus antiquitatis, Carolus Sigonius. Hic si dixerim, Marcus, prænomen esse; Tullius, nomen; Cicero, cognomen; & hæc tamen omnia, sine discrimine, a veteribus nomina interdum appellari; tribusque fere nominibus Romanos uti solitos esse, ut, M. Tullius Cicero, C. Iulius Cæsar, Ser. Sulpicius Rufus; nonnumquam quatuor, ut, C. Calpurnius Piso Frugi, Cn. Cornelius Scipio Nasica; duobus interdum, ut C. Marius, L. Gellius, Q. Hortensius, M. Antonius: numquam uno, cum nec prænomine quisquam, nec gentilicio nomine careret; licet multos ipso tantum prænomine, ut, Appius, Manius, Servius, notos fuisse non ignorem: hæc, inquam, & similia si dixerim, putem me dicere, quæ nota sunt. Quod ad Tullios attinet, patricii primum, deinde plebeii generis fuere. Auctor ipse Cicero in Bruto: *Ut si me*, inquit, *a M. Tullio esse dicerem; qui patricius cum decimo post reges exactos anno cum Ser. Sulpicio consul fuit*. Plebeia vero gente natum illum M. Tullium, qui cum Cn. Cornelio Dolabella anno urbis DCLXXII consulatum gessit, nemo, opinor, inficiabitur, qui & Dolabellas patricios fuisse, & duos patricios veteri lege simul esse consules non potuisse cognoverit. Hoc nomen a Tullo prænomine, quo rex Hostilius usus est, derivatum nonnulli crediderre. Cicerones dicti a cicere serendo, ut Lentuli a lente, Fabii a faba, ut ait Plin. lib. XVIII. cap. 3. quamquam Priscianus lib II. tradidit, qui primus Cicero dictus est, eum ab habitu faciei ita nominatum; &, quod agnomen in illo fuit, cognomen in posteris fuisse: similiter, Cæsar, Scipio, quæ primum agnomina fuere, in cognomina transisse.

P. Lentulo] Corneliæ gentis patriciæ; nam & Cornelii plebeji fuere, ut ille C. Cornelius, qui, post tribunatum plebis, a Cicerone defensus est: & P. Cornelius tribunus pleb. in epist. 7. lib. VIII. & patricii distinguuntur a plebejis lib. II. de Leg. in eo loco: *Sullæ primus e patriciis Corneliis igni voluit cremari*. Ex ipsa autem gente patricia profluxere familiæ multæ, diversis distinctæ cognominibus, ut Maluginenses, Cossi, Rufi, Scipiones, Blasiones, Sullæ, Merulæ, Lentuli, Cethegi, Cinnæ, Dolabellæ; qui cum essent ejusdem gentis, ejusdem tamen familiæ non erant: ut in Claudia gente Nerones, & Pulcri, patricii; at Marcelli, plebeji; qui omnes recte gentiles dicuntur, ejusdem familiæ non recte: quod ipsa cognominum varietas declarat. Hic Lentulus eximiam in ædilitate liberalitatis, & magnificentiæ laudem est adeptus: unde illud ep. 7. *Magna est hominum opinio de te, magna commendatio liberalitatis*. Et lib. II. Off. *Omnes P. Lentulus, me consule, vicit superiores*. Et Valerius Max. lib. II. c. 4. *Claudius Pulcher scenam*

PAULLI MANUTII COMMENTARIUS IN EPISTOLAM I. LIBRI I.

M. *Tullius Cicero*) Ne puero, Romanorum nominum obscura doctrina, & perdifficilis habebatur. Nos fortasse primi nostris Commentariis adjumenti hoc in genere aliquid attulimus: sed proxime, quæ ad hanc notitiam pertinent, præclare omnia collegit, auctor optimus antiquitatis, Carolus Sigonius. Hic si dixerim, Marcus, prænomen esse; Tullius, nomen; Cicero, cognomen; & hæc tamen omnia, sine discrimine, a veteribus nomina interdum appellari; tribusque fere nominibus Romanos uti solitos esse, ut, M. Tullius Cicero, C. Iulius Cæsar, Ser. Sulpicius Rufus; nonnumquam quatuor, ut, C. Calpurnius Piso Frugi, Cn. Cornelius Scipio Nasica; duobus interdum, ut C. Marius, L. Gellius, Q. Hortensius, M. Antonius: numquam uno, cum nec prænomine quisquam, nec gentilicio nomine careret; licet multos ipso tantum prænomine, ut, Appius, Manius, Servius, notos fuisse non ignorem: hæc, inquam, & similia si dixerim, putem me dicere, quæ nota sunt. Quod ad Tullios attinet, patricii primum, deinde plebeii generis fuere. Auctor ipse Cicero in Bruto: *Ut si ego me*, inquit, *a M. Tullio esse dicerem; qui patricius cum Ser. Sulpicio consul anno decimo post reges exactos fuit*. Plebeio vero genere natum illum M. Tullium, qui cum Cn. Cornelio Dolabella anno urbis DCLXXII consulatum gessit, nemo, opinor, inficiabitur, qui & Dolabellas patricios fuisse, & duos patricios veteri lege simul esse consules non potuisse cognoverit. Hoc nomen a Tullo prænomine, quo rex Hostilius usus est, derivatum nonnulli crediderunt. Cicerones dicti a cicere serendo, ut Lentuli a lente, Fabii a faba, ut ait Plin. lib. XVIII. cap. 3. quamquam Priscianus lib. II. tradidit, qui primus Cicero dictus est, eum ab habitu faciei ita nominatum; &, quod agnomen in illo fuit, cognomen in posteris fuisse: similiter, Cæsar, Scipio, quæ primum agnomina fuere, in cognomina transisse.

P. Lentulo) Corneliæ gentis patriciæ; nam & Cornelii plebeji fuere, ut ille C. Cornelius, qui, post tribunatum plebis, a Cicerone defensus est: & P. Cornelius tribunus pleb. in epist. 7. lib. VIII. & patricii distinguuntur a plebejis lib. II. de Leg. in eo loco: *Sulla primus e patriciis Corneliis igni voluit cremari*. Ex ipsa autem gente patricia produxere familiæ multæ, diversis distinctæ cognominibus, ut Maluginenses, Cossi, Rufi, Scipiones, Blasiones, Sullæ, Merulæ, Lentuli, Cethegi, Cinnæ, Dolabellæ: qui cum essent ejusdem gentis, ejusdem tamen familiæ non erant: ut in Claudia gente Nerones, & Pulcri, patricii; at Marcelli, plebeji; qui omnes recte gentiles dicuntur, ejusdem familiæ non recte: quod ipsa cognominum varietas declarat. Hic Lentulus eximiam in ædilitate liberalitatis, & magnificentiæ laudem est adeptus: unde illud ep. 7. *Magna est hominum opinio de te, magna commendatio liberalitatis*. Et lib. II. Off. *Omnes P. Lentulus, me consule, vicit superiores*. Et Valerius Max. lib. II. c. 4. *Claudius Pulcher scenam* varietate colorum adumbravit, vacuis ante picturam tabulis extentam; quam totam argento C. Antonius, auro Petreius, ebore Q. Catulus praetexit; versatilem fecerunt Luculli, argentatis choragiis P. Lentulus Spinther adornavit. Numeratur inter Oratores in Bruto, his verbis: *Publius ille, nostrarum injuriarum ultor, auctor salutis, quicquid habuit, quantumcumque fuit, illud totum habuit e disciplina: instrumenta naturae deerant: sed tantus animi splendor, & tanta magnitudo, ut sibi omnia, quae clarorum virorum essent, non dubitaret adsciscere, eaque omni dignitate obtineret.* Cognomen Spintheris, ut Valerius Max. lib. IX. cap. 15. docet, a quodam affectatum accepit. Plinius autem lib VII. cap. 12. eum Spintherem secundarum partium histrionem vocat. A similitudine certe cognomen hoc ortum est; nam Quintilianus lib. VI. c. 3. de risu: *Acriora, inquit, sunt, & elegantiora, quae trahuntur ex vi rerum: in his maxime valet similitudo, si tamen ad aliquid inferius, leviusque referatur; quo jam veteres illi jocabantur, qui Lentulum Spintherem, & Scipionem Serapionem esse dixerunt.* Spintherem tamen Cicero nunquam Lentulum appellat, opinor, quia contumelia videretur. Caesar ab eo laesus, quia fuit in praesidiis Pompeii, Spintherem vocat lib. I. de Bell. Civ. item Sallustius in Conjuratione Catilinae: veteres tamen nummi, Spinther, habent. Hoc ad filium ejus transiisse cognomen Cicero ostendit epist. 52. lib. XII. ad Att. & 10. lib. XVI. ad eundem: Appianus lib. III. Bell. Civ. Plutarchus in Caesare, Dio lib. XXXIX.

Procos.) Cum Suetonius, & Plinius, *Proconsulem*, Gellius, & Valerius Max. *Proconsulari*, unico verbo, dixerint; videtur, *proconsul*, dicendum esse; & conjuncte semper scribendum, ut varietur cum antecedente nomine, hoc modo: *Lentuli proconsulis*, *Lentulo proconsuli*, *Lentulum proconsulem*; veteres contrahebant. *Pro. cos.* itaque scriptum in lapidibus Capitolinis animadverti; librarii postea vel unico verbo, *Proconsul*, *proconsulis*, *proconsuli*, varietatis cultu scripsere; vel disjuncte, in omni casu, *Pro consule*. Ego, si liceat utrumvis, malim scribere, *Proconsul*, *proconsulis*, *proconsuli*, quam, *Pro consule*: in quo me valde movet similitudo, cum dicatur, *Pronepos*, *pronepotis*, *pronepoti*, & *Proavus*, *proavi*, non *Pro nepote*, & *Pro avo*: quod si conceditur, (nec differentiae quemquam video) valeat eadem ratio in *Proconsul*, *Propraetor*, *Proquaestor*, & similibus. Nec moveor, quod in oratione pro Lege Manilia dicatur, mitti Pompeium ad bellum Mithridaticum non pro consule, sed pro consulibus, respexit enim, cum ita loqueretur, L. Philippus ad originem, & significationem nominis compositi, non ad morem scribendi, aut loquendi. Non negaverim, in antiquis quorundam lapidum inscriptionibus inveniri, *Pro praet.* pro, *Propraetori*, sed in iisdem lapidibus, *Proconsuli*, licet videre, non *Pro consule*, exempla subjungam.

POPVLONII

L. ARADIO . VAL. PROCVLO . V. C.
LEGATO . PRO PRÆTORE . PROVINCIÆ . NVMIDIÆ
PROCONSVLI . PROVINCIÆ . AFRICÆ . VICE
SACRA . IVDICANTI . EIDEMQ IVDICIO . SACRO
PER . PROVINCIAS . PROCONSVLAREM &c.

In aliis vero inscriptionibus opinio nostra plane comprobatur, ut in his:

HONORI

MEMMIO . VITRASIO . ORFITO . V. C.
NOBILITATE . ACTIBVSQ AD EXEM-
PLVM . PRÆCIPVO . PRÆFECTO . VRBI
ET . ITERVM . PRÆFECTO . VRBI . PROCON.
SVLI . AFRICÆ

SEXTO

SEXTO . PETRONIO . PROBO
ANICIANÆ . DOMVS
CVLMINI . PROCONSVLI
AFRICÆ

FABIO . TITIANO . V. C.
CORRECTORI . FLAMINIÆ
ET . PICENI . CONSVLARI
SICILIÆ . PROCONSVLI
PROVINCIÆ . ASIÆ

C. CEIONIO . RVFIO . VOLVSIANO . V. C.
CORRECTORI . ITALIÆ . PER . ANNOS . OCTO
PROCONSVLI . AFRICÆ

Habemus aliorum quoque lapidum testimonia: sed hæc sufficiant, ne satietatem afferat copia. Divus Augustinus in libro de Grammatica auctor est, ætate sua non, *Proconsul*, sed *Proconsule*, nominandi casu, usitatum fuisse; veteres autem non, *Pro consule*, sed *Proconsul*, unico verbo, dixisse. Ab E litera vocali, inquit, nullum Latinum, nisi juncta præpositione, masculinum invenitur, ut *Pro consule*, *Pro prætore*: ergo, juncta præpositione, sunt Latina, ut dixi, *Pro prætore*, *Pro quæstore*; nam veteres nominativo casu, *Proconsul*, dicebant, attendentes nullum nomen apud Latinos virilis generis in E exire. Antiquam consuetudinem & Priscianus lib. II. comprobavit his verbis: *Præpositionis est, vel separatim casualibus præponi, ut, de rege, apud amicum; vel conjunctim, ut interimo, indictus, proconsul, inspirans*. Venio nunc ad significationem nominis. *Proconsul* erat, qui, gesto consulatu, ibat in provinciam. Hoc vulgo notum est: illud fortasse non item, de quo doctos olim viros memini dubitare, Proconsules æque dici interdum solitos esse, qui ex prætura in provinciam profecti essent. Ne longe abeam, Q. Metellus Celer epist. 1. & 2. lib. V. proconsul appellatur; quod ne quis in dubium revocet, quasi suspecta epistolarum inscriptione, Tironis, qui eas collegit, arbitratu facta; reciteimus, ut scrupulus dubitantibus omnis eximatur, verba Plinii ex lib. II. cap. 67. *Nepos*, inquit, *de septemtrionali circuitu tradit, Q. Metello Celeri, C. Afranii in consulatu collegæ, sed tum Galliæ proconsuli, Indos a rege Suevorum dono datos*. Et ep. 11 lib. XII. Cassius proconsul vocatur, qui tamen consulatum non gesserat. Jam lib. I. de Leg. ita scriptum est: *Gellius, cum proconsul ex prætura in Græciam venisset, philosophos in locum unum convocavit*. Et in oratione in Vatinium C. Cosconium proconsulem vocat ulterioris Hispaniæ, qui consulatum non gesserat. Et in oratione pro Ligario, *C. Considius prætorius, proconsul*. Item M. Antonius libro primo de Oratore. Et Livius lib. XXXVII. L. Æmilium Paullum proconsulem appellat, qui prætor in ulteriorem Hispaniam ierat. Suetonius etiam de C. Cæsare proprætore: *In Hispania*, inquit, *proconsul a sociis pecunias accepit, emendicatas in auxilium æris alieni*. In Augusto, cum loquatur de Q. Cicerone prætorio: *Proconsulatum*, inquit, *Asiæ parum secunda fama administravit*. Addo C. Caninium Rebilum, C. Sallustium Crispum, quos, consulatu nondum gesto, proconsules Hirtius appellat in lib. de Bello Africo; & in eodem libro Allienum, qui Siciliam obtinebat, modo prætorem, modo proconsulem: ad quem Ciceronis epistolæ I. 13. inscribuntur, *Proconsuli*: item ad alios in eodem libro, qui consules non fuerant. Et in lapidibus Capitolinis anno DCLIV. nominatur L. Dolabella proconsul, consulatu nondum gesto. Neque solum, qui post præturam ibat in provinciam, *proconsul* vocabatur; sed contra, qui post consulatum, prætor. Itaque Cicero in epistola ad Sallustium lib. II. prætorem appellat Bibulum, post consulatum Syriam administrantem. Et epist. ult. lib. V.

 ad

ad Att. Quod praetori dare consuevisset, pro proconsuli. quia duo proconsules, Lentulus, & Appius ante Ciceronem, Ciliciam, Cyprumque rexerant. Et P. Rutilius, qui consul fuerat, praetor dicitur in Verrinis orationibus; & C. Caesar, cum Gallias post consulatum administraret. Praetorem etiam, cum in provincia consul bellum gereret, P. Scipionem a Livio appellari video. Pedianus autem, cum de Q. Mucio Scaevola, Asiam post consulatum regente, loqueretur, praetorem vocavit. Quodque miremur magis, *quaestores*, a decedentibus proconsulibus provinciae praefectos, animadverti *proconsules* interdum nominari, ut Sallustium, & Sextium lib. II. & V. Familiarium; quod epistolarum inscriptiones, veteribus in libris a me diligenter inspectae, significant. Nam si, proconsulum loco, provinciae curam susceperunt; consentaneum videtur, eadem eos potestate, eodem imperio fuisse; alioqui, si bellum aliquod exoriretur, rem militarem gerere qui licuisset? Itaque primo anno quaestores, secundo, & tertio, si proconsulum loco provinciae praeessent, proquaestores, & interdum, ob imperium in eos translatum, proconsules dicebantur, interdum etiam propraetores, nam Sallustius in Iugurthino A. Albinum a Spurio fratre consule, Romam, comitiorum caussa, decedente, propraetorem relictum demonstrat. Accepto igitur imperio, quod, hostibus propinquis, ratio temporis exigebat, & *proconsulum*, & *propraetorum* nomina *quaestores* assumebant. Proconsulem autem per triennium fuisse Lentulum in Cilicia, & haec prima epistola, scripta Marcellino, & Philippo Coss. & altera, Appio & Domitio, demonstrant: post triennium decessisse, cognoscitur ex eo, quod Appius ei statim post consulatum successit. Omnino lege Sempronia C. Gracchi, & Cornelia L. Sullae, provinciae erant annuae: tamen interdum prorogabatur imperium, ut Lentulo, cui successit Appius, & Appio, cui Cicero; praeterea Q. Ciceroni, cum Asiae praeesset, C. Antonio, Macedoniae proconsuli, C. Caesari, Gallias administranti, de quo epist. 7. *Et supra-dicam Caesari decretum est, & decem legati: & ne lege Sempronia succederetur, facile perfectum est*. Provincia Lentuli, Cilicia est appellata: quamquam Asiae quoque parti praeesset: ut ostendit epistola, *Perjucunde*; nec vero Ciliciam administrabat universam: quod ep. I. lib. XV. declarat: & in Ciliciae parte, regem fuisse Tarcondimotum, Dio lib. XLI. & LIV. & Strabo lib. XIV. significat.

Ego omni officio, ac potius pietate] Epistolarum omnium quae materia sit, quaeque nos horrentur saepe, interdum etiam impellant ad scribendum caussae, diu saepe, ac perattente cogitavi; artem enim quasi quamdam; quae viam ad inventionem patefaceret, invenire cupiebam. Atque in hoc meditandi studio cum occurrissent plurima, eaque admodum diversa; tandem aliquando, inspecta rei cujusque natura, atque vi, ad duo quaedam capita referri posse omnia visum est: quorum alterum grave *ethicon*; alterum *pragmaticon* vocatur, nos *morale*, & *negotiale* possumus appellare; omnium enim epistolarum argumenta vel a negotio, vel ab officio, tamquam a duobus fontibus, deducuntur. Negotiales, quo res in statu sit, sive nostra, sive aliena, sive privata, sive publica, significant. Nec si quae sunt, in quibus aliqua de re disputatur, ab hoc genere disiungo: nostrum enim negotium videtur esse, si altro scribimus; aliorum, si rogati; quamquam disputationes removet ab epistola scriptor egregius Demetrius, at non Latini; nam Varro quaestiones multas epistolis explicavit, ut Gellius, & Charisius docent: & Valgius Rufus, ut idem Charisius ostendit, scripsit de rebus per epistulam quaesitis. Morales officium potius, quam negotium, continent: quod genus late patet; hinc enim emergunt, quaecumque aut humanitatis, aut benevolentiae, aut alicuius omnino virtutis aliquam significationem habent: ut commendatitiae, & consolatoriae, laetitiam, aut dolorem indicantes, admonentes, hortantes, querentes, obiurgantes, gratias agentes, &, ut summatim complectar, quae materiam a negotio non sumunt. Tertium quoddam genus, ex
mixto-

utroque mistum, reperiri non negaverim: sed hoc ut æqualiter ex utroque constet, id est, ut eæ causæ, quæ ad scribendum adduxere, graves æque sint, nec morales negotialibus, aut negotiales moralibus vincantur, perquam raro solet evenire: quod si morale, aut negotiale in epistola mista excellet; (quod autem, ut ea scriberetur, vehementius impulit, id dico excellere) quis dubitet, quin, quæ res in ea plus habet ponderis, eadem ei nomen tribuat? Non enim in assignando genere vel partes numerandæ sunt, vel longitudinis habenda ratio est: possunt esse plures morales partes, quam negotiales; aut, si pauciores sint, vel una esse longior, quam negotiales omnes: Nec tamen ad morale genus epistola pertinebit, quo enim, ut jam dixi, præcipue adducimur ad scribendum, id sive multis, sive paucis verbis exponatur, epistolas facit aut negotiales, aut morales. Ac morales quidem in simplici plerumque versantur argumento, suisque quasi finibus contentæ negotialem materiam non attingunt: negotiales contra, non quia necesse sit, sed quia deceat, morale sæpe aliquid assumunt. Possem probare exemplis, possem auctoritate eorum, qui de epistolis præcepta tradiderunt: sed ipsa quoque in promtu ratio est. Quis enim, cum scribit, quod vel sua, vel ejus, ad quem scribit, interlit, aliquam rei perficiendæ cupiditatem non exponit? quis ad ea, quæ restant, curam, & diligentiam non pollicetur? quis aut, confecto negotio, non lætatur, aut desperato, non cadet? quæ interdum grati animi, humanitatis quidem semper signa sunt. Moveor etiam non leviter auctoritate Demetrii, scriptoris accurati in primis, & docti: Πλεῖστον, ait, *ἐχέτω τὸ ἠθικὸν ἡ ἐπιστολή, ὥσπερ καὶ ὁ διάλογος· σχεδὸν γὰρ εἰκόνα ἕκαστος τῆς ἑαυτοῦ ψυχῆς γράφει τὴν ἐπιστολήν.* *Maxime morale habeat epistola, quemadmodum & dialogus; sui enim animi quasi effigiem quisque exprimit, cum scribit epistolam.* Exempla vero, ne, quod adest, longe petamus, ad Lentulum scriptæ epistolæ suppeditant. Negotiales enim omnes fere sunt: & his tamen morales Cicero sententias libenter admiscet, nimirum officii causa; ut, in patriam opera, ac virtute Lentuli revocatus tanti beneficii memoriam, & remunerandi studium declaret: fortasse etiam, ut ingenio valebat, ad officium artem adhibuit; nam, quia morales in primis ad conciliandam benevolentiam idoneæ sententiæ sunt; idcirco, futurum intelligens, ut negotialem hujus primæ epistolæ partem, id est, narrationem, Lentulus non admodum libenter legeret, quippe quæ adversa pæne omnia, & inclinatam rem ostenderet; eam molestiam morali principio leniendam putavit. Ad leniendam autem, si cetera deficiant, ipsa tamen amoris, & grati animi significatio multum valet, & grata voluntas societate quadam ejusdem doloris ostenditur. Dolor autem Ciceronis, in Lentuli causa susceptus, quod singulari quodam studio valde tamen non proficiat, cum ex ipsa sententia, & ex hoc toto orationis ambitu, tum vero ex his maxime primis verbis, unde oritur sententia, colligitur: *Ego omni officio, ac potius pietate*; nam & in, *Ego*, vis est; & augetur in, *Omni officio*; & cumulatur demum correctione proxima, *Ac potius pietate*. Officium enim amoris expers esse potest, & communiter in omnes convenit: nomen autem *pietatis* quiddam etiam gravius, quam amor, significat: itaque non communiter in omnes, sed proprie convenit in deos, quibus omnia debemus: deinde in patriam, atque in parentes; quorum caritas proxime accedit ad deos: tertio loco, erga omnes propinquos: postremo, erga optime meritos, quos diligere ut propinquos, & colere parentum fere loco, æquum est. Quæ singula eodem, quo proposuimus, ordine probemus. Ac pietas quidem in deos multis cognoscitur exemplis, quorum pauca recitabo. De Nat. deor. libro primo: *Pietas, sanctitas, religio, pure & caste tribuenda sunt deorum numini*. Et infra, ibidem: *Pietas est justitia adversus deos*. Et lib. III. de Fin. *Nec vero pietas adversus deos, nec quanta iis gratia debeatur, sine explicatione naturæ intelligi potest*. Et pro Domo: *Nec est ulla erga deos pietas, nisi honesta de numine eorum, ac mente opinio*. Et libro secundo Officiorum: *Pie-*

tas

nes & sanctitas deum placatos efficit. Et in Topicis: *Æquitas tripertita dicitur esse, una ad superos deos, altera ad manes, tertia ad homines pertinere: prima Pietas, secunda Sanctitas, tertia Justitia, aut Æquitas nominatur*. Quæ vero ad parentes, propinquos etiam licet non bene meritos, pertineat, hæc sunt; libro II. de Invent. *Pietas est, quæ erga patriam, aut alios sanguine conjunctos officium conservare moneat*. Pro Flacco: *Nimia pietas, & summus amor in patriam*. De somnio Scipionis: *Justitiam cole, & pietatem; quæ cum sit magna in parentibus, & propinquis; tum in patria maxima est*. Et in Bruto: *Utinam C. Gracchus non tam fratri pietatem, quam patriæ, præstare voluisset*. Pro Cælio: *Pietas in parentes, indulgentia in liberos*. Pro Plancio: *Omitto illa; ut vivat cum suis, primum cum parente: nam pietas fundamentum est omnium virtutum*. Et Acad. lib. II. *Adolescens admodum cum fratre, pari pietate, & industria prædito, paternas inimicitias est persecutus*. Et ad Attic. epist. 3. libro sexto: *Cum bellum esse in Syria magnum putetur; videatur ne pietatis esse meæ, fratrem relinquere?* Pro Quintio: *Si pietate propinquitas colitur; qui officium prodit, impius sit, necesse est*. Et ad Toranium, epist. 20. libro sexto: *Hic mei omnes valent, summaque pietate te desiderant*. Atque hæc uno loco omnia in oratione pro Plancio comprehenduntur; pietas enim definitur, grata voluntas in parentes, in patriam, in deos, in amicos: eaque tribus modis laudatur, ut virtus, ut virtus maxima, ut virtutum reliquarum omnium mater. Exemplum pietatis etiam parentum in filios unum Ciceronis afferam ex epist. 36. lib. XIII. *Demo sui carendum propter matrem, plenam pietatis*. Alterum Catulli:

Egregium narras mira pietate parentem,
Qui ipse sui gnati minxerit in gremium.

Deorum in homines. Statius in Silv.

Vera Deum pietas.

Extremum restat de pietate in bene meritos, quo ex genere hoc ipsum est: *Ego omni officio, ac potius pietate erga te*. Et epist. 9. *Perjucundæ mihi fuerunt literæ tuæ: quibus intellexi te perspicere meam in te pietatem: quid enim dicam, benevolentiam? cum illud ipsum gravissimum, ac sanctissimum nomen Pietatis levius mihi meritis erga me tuis esse videatur*. Et in eadem, in extremo: *Sunt enim testes meritorum tuorum erga me, meæque in te pietatis*. Cur autem, cum id, quod diis, hominibusque debemus, proprie *Pietatis* nomine totum exprimatur, non eodem nomine erga Lentulum Cicero uteretur, quem in utraque post reditum oratione non modo parentem, verum etiam Deum suæ salutis, vitæ, fortunæ, memoriæ, nominisque vocat? sic in epist. ad Curionem libro secundo, cum Milonem commendat, bis nomen *Pietatis* usurpat; quod, eo adnitente, patriam recuperaverat. Et alibi sæpe. Quod autem in primis quatuor verbis: *Ego omni officio, ac*, vocales concurrere passus est; in eo etiam moralis virtus elucet; laborare enim videtur, quod amantissimi hominis est, *de re potius, quam de verbis*: itaque hanc indiligentiam non solum a reprehensione vindicat, verum etiam cum aliqua laude conjungit in Oratore: *Habet*, inquit, *ille tamquam hiatus, concursu vocalium, quasi molle quiddam, quod indicet non ingratam negligentiam de re hominis magis, quam de verbis, laborantis*. Et in eodem libro, infra: *Nemo est tam rusticus, qui vocales nolit conjungere, in quo quidam etiam Theopompum reprehendunt, quod eas literas tantopere fugerit: etsi id magister ejus Isocrates, at non Thucydides, ne ille quidem, haud paullo major scriptor, Plato. Demosthenes tamen magna ex parte concursionem vocalium, ut vitiosam, fugit; sed Græci viderint: nobis, ne si cupiamus quidem, distrahere vocales conceditur*. Hæc ille: qui tamen paullo post, non debere admodum crebro vocales vocalibus occurrere, indicat his verbis: *Hoc idem nostri sæpius non tulissent, quod Græci laudare etiam solent*. Gellius & in Poetis hoc probat libro septimo capite decimo, aitque suavius esse in Virgilio, *Vicina Vesevo ora jugo*, quam, *Vicina Vesevo Nola jugo*: & apud Catullum, *Ebriosa acina ebriosioris*. Dicendum est de generibus epistolarum, quibus demonstratis duplex occurrit animadversio, primum, quæ utrique sint apta generi

leosententiæ; deinde, quibusnam sententiæ verbis enuncientur. Ac licet, nisi fallor, simul utrumque complecti, & ita definire: Epistola consuetudinem fere quotidiani sermonis debet imitari: nam, si, quod inter longe remotos nequaquam vox & lingua præstare potest, id bono litterarum consequimur, ut iis de rebus, quæ vel nostra, vel amicorum intersint, communicemus; profecto nihil aliud, quam imago quædam sermonis, videtur epistola: idem sensit Artemon ille, qui descripsit epistolas Aristotelis: quem dixisse Demetrius ait oportere eodem stilo & dialogum scribi, & epistolas; esse enim epistolam dialogi partem; Sententias tamen interdum graviores, quam dialogus, & majorem elegantiam admittit epistola; non modo quia studio, curaque majore scribimus, quam loquimur; verum etiam, quia, cum ad principes viros, aut etiam ad civitates litteras mittimus, quod interdum evenire solet, habenda omnino videtur personarum ratio, & in eo paullum se tollat epistola, non modo licet, verum etiam necesse est. Quales enim putemus fuisse epistolas illas, quibus viri eloquentes, & docti, atque ipse in primis Aristoteles Alexandrum Magnum, incensum cupiditate verissimæ gloriæ, cohortabatur ad decus? jam vero, quæ leguntur Demosthenis ad Philippum, habere eas quiddam amplum, longeque distare a communi sermone, negari non potest. Nec desunt Ciceronis in hoc genere nonnullæ, ut illa ad Lucceium lib. V. de sui consulatus historia separatim componenda; & illa ad Dolabellam libro nono, qua ei de sublata columna, & iis, qui eam Cæsari mortuo, tamquam Deo in foro erexerant, supplicio affectis, gratulatur: in illa vero ad Lentulum, quæ incipit, *Perjucunda*, partes multæ sunt, in quibus aliquanto major vel verborum copia, vel sententiarum splendor apparet, quam dialogi ratio, & natura postulat. Age, quid in ea dialogo simile reperitur, in qua M. Brutus Ciceronem accusat, quod suppliciter nimis, ac demisse ad Octavium scripsisset? Verum hoc, quidquid est licentiæ, prudentia moderatur, tempus, personarum dignitas, res ipsa, quousque progredi liceat, ostendit. Propriæ vero & simplici argumento, & simplici stilo contentæ sunt epistolæ. Recte & festive Cicero ad Pætum: *Quid tibi ego videor in epistolis? nonne plebejo sermone agere tecum? nec enim semper eodem modo; quid enim simile habet epistola aut judicio, aut concioni? quin ipsa judicia non solemus omnia tractare uno modo: epistolas vero quotidianis verbis texere solemus.* Idem tamen, qui hoc præcipit, non usquequaque servat suam regulam: indulget enim ingenio nonnumquam, & epistolas exornat, atque ornat verbis aliquanto illustrioribus, quam quæ populo familiaria, & communi sermone trita sunt. Sed hoc ejusmodi est, ut immodice, ac temere si fiat, fastidium pariat, & in reprehensionem incurrat; si moderate, & loco, delectet sine satietate, & laudem assequatur. Decet igitur idem, & delectet, pro utriusque ingenio; quod aliis quoque rebus contingit. Hac virtute vel solus inter Latinos, ut mihi quidem videtur, vel certe maxime omnium Cicero excelluit: Demosthenem quidem ita vicit, ut comparatio nulla sit; quod Quinctilianus quoque vidit. Brevitas laudatur in epistolis: jure quidem; brevi enim sermone magis rapimur, quam producto. Verum in omni re modus est; & peccat eodem fere modo, qui multa paucis contrahit, & qui pauca diffundit in multa. Præclare Gregorius Nazianzenus, qui utroque vitio laborant, eos jaculantibus comparat, ita mittentibus telum, ut vel supra scopum, vel infra feratur; utrique enim errant pariter, licet contrario modo. Hic mihi committendum non puto, quando de epistolis agitur, ut fraudentur studiosi pulcherrima ipsius Gregorii, viri eloquentissimi, epistola, in qua prudenter, & ingeniose, quæ ad hoc ipsum scribendi genus attinent, omnia persequitur, sic, ut ne Demetrius quidem ille, quem supra appellavimus, vel plura, vel meliora tradiderit.

ΓΡΗΓΟΡΙΟΣ ΝΙΚΟΒΟΥΛΩ.

Τῶν γραφόντων ἐπιστολὰς, ἐπειδὴ καὶ τοῦτο αἰτεῖς, οἱ μὲν, μακρότερα γρ-

γραφοντων, ωσπερ ειπον· οἱ δε, και λιαν ενδεεστερα· και αμφοτεροι του μετρου διαμαρτανοντων, ωσπερ του σκοπου οἱ τοξευοντες, αντι τινων περιπαιοντων, αυτα υπερπαιοντων. το γαρ αποτυγχανειν ισον, και απο των εναντιων γινεται. εστι δε μετρον επιστολων ἡ χρεια, και ουτε μακροτερα γραπτεον, ει μη πολλα τα πραγματα· ουτε μικρολογητεον, ενθα πολλα. τι γαρ; η τη Περσικη σχοινῳ μετρεισθαι δει την σοφιαν, η παιδικοις πηχεσι, και ουτως ατελη γραφειν, ως μηδε γραφειν; αλλα μιμεισθαι των σκιων τας μεσημβρινας, η των κατ' ευθυ της κατα προσωπον διαστασεως, ὧν συνιζανει τα μακρα και παραφαινεται μαλλον, η φαινεται, των ακρων τοις γνωρισμασι· και ιν', ωσπερ αν ειποιμι, καιρου, τα ακροατων εικασματα, δεον αμφοτερων φευγοντα την αμετριαν, του μετρου καταστοχαζεσθαι. Περι μεν της συντομιας, ταυτα γινωσκω. Περι δε σαφηνειας, εκεινο γνωριμον, ὅτι χρη φευγοντα το λογοειδες, ὅσον ενδεχεται, μαλλον επι το λαλικωτερον αποκλινειν. και, ἱν' ουτως ειπω συντομως, αυτη των επιστολων αριστη, και καλλιστη, ἡ αν και τον ιδιωτην πειθη, και τον πεπαιδευμενον· τον μεν, ως κατα τους πολλους ουσα, τον δε, ὑπερ τους πολλους, και ἡ αυτοθεν γνωριμος. ὁμοιως γαρ ακαιρον, και γριφον νοεισθαι, και επιστολην ἑρμηνευεσθαι. Τριτον επι των επιστολων ἡ χαρις. ταυτην δε φυλαξομεν, ει μητε παντελως ξηρα, και αχαρι γραφοιμεν, και ακαλλωπιστα, ακοσμητα, και ακομψα, ἁ δη λεγεται· οιον δη γνωμων, και παροιμιων, και αποφθεγματων εκτος· ετι δε σκωμματων, και αινιγματων, οἱς ὁ λογος καταγλυκαινεται· μητε λιαν τουτοις φαινοιμεθα καταχρωμενοι. το μεν γαρ αγροικον, το δε απληστον. και τοσαυτα τουτοις χρηστεον, ὁσα και ταις πορφυραις εν τοις ὑφασμασι. τροπους δε παραδεξομεθα μεν, ολιγους δε, και τουτους ουκ αναισχυντους. αντιθετα δε, και παρισα, και ισοκωλα, τοις σοφισταις αποῤῥιψομεν, ει δε που και παραλαβοιμεν, ως αποπαιζοντες μαλλον τουτο ποιησομεν, η σπουδαζοντες. Περας του λογου (ὁπερ των κομψων τινος ηκουσα περι του αετου λεγοντος) ὁτε ηριζον περι βασιλειας οἱ ορνιθες· και αλλος αλλως ηκον ἑαυτον κοσμησαντες, ὁτι εκεινου καλλιστον ην το μη οιεσθαι καλον ειναι, τουτο και ταις επιστολαις μαλιστα πρεπειν, το ακαλλωπιστον, και ὁτι εγγυτατω του κατα φυσιν. Τουτων τα ουν περι επιστολων, ως δι' επιστολης, παρ' ἡμων· και ταυτα ισως ἡ προς ἡμας ἡ μικρα, ὡς τα μειζω συνδιαζεται. τ' αλλα δε, αυτος τε φιλοπονησεις, ὁπωσδη ευ· και οἱ περι ταυτα κομψοι διδαξουσι.

Ex iis, qui scribunt epistolas (quando quidem hoc etiam flagitas) alii longiores scribunt, quam par est: alii vero multo breviores, quam opus sit: horum utrique a mediocritate aberrant, ut a scopo qui dum jaculantur, vel citra, vel ultra mittunt. Nam utramvis faciant, perinde aberrant: etiamsi ex contrariis prodeant. Est enim modus Epistolarum usus: & neque longiores scribendae sunt, ubi multa non sunt negotia; neque jejunius conscribendo, ubi multae res suppetunt. Quid enim? An Persico funiculo sapientiam metiri oportet, aut puerilibus cubitis; & sic imperfecta scribere, ut ne scribere quidem sit: sed imitari potius meridianas umbras, aut e contrario profectas, quae adversus & e fronte occurrunt, quarum considunt longitudine; & efferunt se potius, quam apparent extremitatibus quibusdam notis: & sunt, ut apte satis dixerim conjecturarum conjectationes, cum par esset, immoderationem in utrinsque transversum fugiendo, mediocritatem assequi. De concisa certe conscribendi ratione, hoc censeo: de dilucidiate illud perspicuum est, oportere fugiendo verbosam futilitatem, quantum fieri possit, ad loquacitatem potius declinare; & ut summatim loquar, hoc optime, & pulcherrime scripta epistola est, quae & indocto persuadet, & erudito: atque illi quidem, ut ad vulgi consuetudinem accommodata; huic autem, ut vulgi sodalem & captum superans; item quae ex se quam primum cognita perspectaque est; nam aeque importunum est, & griphum intelligere, & epistolam interpretari. Tertia dos epistolarum est gratia: hanc sane observabimus, si non prorsus arida, & ingrata scribimus, & incomta & inornata, & satietatem ac taedium, ut dicitur, gignentia: quale nimirum est quod sententiis, & adagiis, ac memorabilibus dictis veterum est: itemque jocis, salse dictis & aenigmatis caret, quibus oratio lenitur. Neque admodum his abuti videamur: illud enim agreste, & rusticanum; hoc inexplebile: quare iis potius utendum est atque purpuris in textura; figuras autem admittamus, sed & has pau-

atque propemus & non inverecundas: oppositas vero, allusiones, & paria membra sophistica projicimus: quod si alicubi etiam adhibeamus, hoc ut ludentes potius faciemus, quam serio agentes. *Extremum sermonis erit, quod ab aliquo perito viro accepi de aquila dictum, quando aves de regno disceptabant, atque alia aliter se exornassent, aquilam pulcherrimam fuisse, quod non putaretur esse pulchra: hoc etiam in epistolis potissimum est observandum, quod incomtum est, & proxime ad naturam accedit. Hoc est quod de epistolis, ut per epistolam [illegible]: atque haec fortasse minime ad nos faciunt, quibus majora cura sunt: [illegible] ipse tuo tibi studio comparabis, cum docilitate valeas, &, qui in his clari sunt & minores, te doceant.*

PROVERBIA non excludit, sed crebra non probat: quod Ciceroni quoque placuit: itaque paucis utitur; at Demetrius: [illegible], inquit, [illegible]. *Epistolarum [illegible], crebra adagia. Adagium enim res est popularis, & communis.* Ego servo, & servabo Gregorii documentum, ut proverbiis neque nunquam, neque saepe utar, accedente praesertim Ciceronis exemplo; quem cum lego, nullius rhetoris praecepta desidero.

Ceteris) Meum in re tua studium, officiumque cernentibus.

Mihi) Qui tuam erga me benevolentiam imitor, merita non assequor; tu enim in re mea, quod agebas, perfecisti: mihi non idem contingit in tua.

Numquam satisfacio) Suavitate quadam fruuntur aures, geminato verbo, & negatione posteriori praeposita: ut hic: *Ceteris satisfacio omnibus, mihi ipse numquam satisfacio.* Simile illud pro Sextio: *Ademit Albino Socero omnem moestitiae; caritatem illius necessitudinis, & benevolentiam non ademit.* Et lib. II. de Leg. *Quid est enim verius, quam neminem esse oportere tam stulte arrogantem, ut in se rationem & mentem putet inesse, in caelo mundoque non putet?*

Magnitudo) Lentuli beneficium tribus modis auget, quod *Merita* vocat, vim quaerens & in ipso vocabulo, & in numero, quod addit, *Magnitudo*; quod, *Magnitudo tanta*,

Meritorum) Meritum Lentuli maximum erga Ciceronem fuit, cum eum, lege Clodia pulsum, quod cives Romanos, conjurationis in patriam convictos, capitali supplicio, contra veteres leges, moremque majorum, indicta causa affecisset, consul sextodecimo ejus exsilii mense revocavit. Hoc meritum significari, quae sequuntur, ostendunt: *Quoniam tu, nisi perfecta re, de me non conquiesti.* Merita vero quod appellat, non meritum, amplificatio quaedam est. Admonet enim Aristoteles, usurpari interdum ab oratore, ut rem augeat, multitudinis numerum pro singulari: quod saepe Cicero fecit, ut epist. 50. lib. 9. *Te cum video, omnes mihi Granios, omnes Lucilios, vere ut dicam, Crassos quoque, & Laelios videre videor.* Merita autem plus quam officia valent; ad Brutum lib. II. *Lamia uno omnium familiarissime utor: magna ejus non dico in me officia, sed merita.* Ad Cornificium lib. XII. *Ad haec officia, vel merita potius, jucundissime conferendo accedit.* Phil. 13. *Magna ejus in me merita, non quaedam officia in illum.*

Quoniam) Parvi refert, utro modo legas, vel, *Quia*, vel, *Quoniam*: nisi tamen hoc videtur plenius: & est in quatuor meis antiquis libris; quod ideo testatum volui, ne quasi commenticium rejiceretur, ex eorum scriptis, qui se in veteribus cunctis exemplaribus, *Quia*, vidisse confirmarunt. Non gravabor interdum ad haec humilia me demittere: ne quod ab industria nostra diligentiae genus jure quisquam desideret; quamquam, ut omnibus plane satisfiat, ulla diligentia vix, aut ne vix quidem, consequi me posse, non ignoro.

De me non conquiesti) Quia, cum primum consul est designatus, Ciceronis causam suscepit, & ejus de reditu sententiam, consulibus Pisone & Gabinio repugnantibus, praeclarissimam dixit: quo vero primum die magistratum iniit, eo ipso die, id est Kal. Jan. de Cicerone retulit, spreta lege Clodia, quae poenam referentibus irrogabat; cumque tribunus pl. Atilius Serranus, nocte ad deliberandum postulata, postridie S. C. intervenisset, numquam tamen Lentulus postea conquievit, donec, Senatus auctoritate, centuriatis comitiis

γράφουσιν, ὥσπερ εἰκός· οἱ δὲ, καὶ λίαν ἐνδεεστέρας· καὶ ἀμφότεροι τοῦ μέτρου διαμαρτάνουσιν, ὥσπερ τοῦ σκοποῦ οἱ τοξεύοντες, ἄν τ' εἴσω πίπτωσιν, ἄν τ' ὑπερπέμπωσι. τὸ γὰρ ἀποτυγχάνειν ἴσον, κἂν ἀπὸ τῶν ἐναντίων γίνηται. ἔστι δὲ μέτρον ἐπιστολῶν ἡ χρεία, καὶ οὔτε μακρότερα γραπτέον, εἰ μὴ πολλὰ τὰ πράγματα· οὔτε μικρολογητέον, ἔνθα πολλά. τί γὰρ ἢ τῇ Περσικῇ σχοίνῳ μετρεῖσθαι δεῖ τὴν σοφίαν, ἢ παιδικοῖς πήχεσι, καὶ οὕτως ἀτελῆ γράφειν, ὡς μηδὲ γράφειν; ἀλλὰ μιμεῖσθαι τῶν σκιῶν τὰς μεσημβρινὰς, ἢ τῶν γραμμῶν τὰς κατὰ πρόσωπον ἀπαντώσας, ὧν συνίζανει τὰ μήκη· καὶ παραφαίνεται μᾶλλον, ἢ φαίνεται, τοῖς ἄκροις τισὶ γνωριζόμενα· καὶ ἔστι, ὡς ἂν εἴποιμι ἀκριβῶς, εἰκασμάτων εἰκάσματα, δέον ἀμφοτέρων φεύγοντα τὴν ἀμετρίαν, τοῦ μέτρου κατατυγχάνειν. Περὶ μὲν τῆς συντομίας, ταῦτα γινώσκω. Περὶ δὲ σαφηνείας, ἐκεῖνο γνώριμον, ὅτι χρὴ φεύγοντα τὸ λογοειδὲς, ὅσον ἐνδέχεται, μᾶλλον εἰς τὸ λαλικώτερον ἀποκλίνειν. καὶ, ἵν' εἴπω συντόμως, αὕτη τῶν ἐπιστολῶν ἀρίστη, καὶ καλλίστη ἐστὶν, ἣ ἂν καὶ τὸν ἰδιώτην πείθῃ, καὶ τὸν πεπαιδευμένον· τὸν μὲν, ὡς κατὰ τοὺς πολλοὺς οὖσα, τὸν δὲ, ὑπὲρ τοὺς πολλοὺς, καὶ ἡ αὐτόθεν γνώριμος. ὁμοίως γὰρ ἄκαιρον, καὶ γρῖφον νοεῖσθαι, καὶ ἐπιστολὴν ἑρμηνεύεσθαι. Τρίτον ἐστὶ τῶν ἐπιστολῶν ἡ χάρις. ταύτην δὲ φυλάξομεν, εἰ μήτε παντάπασιν ξηρὰ, καὶ ἄχαρι γράφομεν, καὶ ἀκαλλώπιστα, ἀκόσμητα, καὶ ἄκουρα, ὃ δὴ λέγεται· οἷον δὴ γνωμῶν, καὶ παροιμιῶν, καὶ ἀποφθεγμάτων κενά· ἔτι δὲ σκωμμάτων, καὶ αἰνιγμάτων, οἷς ὁ λόγος καταγλυκαίνεται· μήτε λίαν τούτοις φαινοίμεθα καταχρώμενοι. τὸ μὲν γὰρ ἀγροῖκον, τὸ δὲ ἄπληστον. καὶ τοσαῦτα τούτοις χρηστέον, ὅσα καὶ ταῖς πορφύραις ἐν τοῖς ὑφάσμασι. τρόπους δὲ παραδεξόμεθα μὲν, ὀλίγους δὲ, καὶ τούτους οὐκ ἀναισχύντους. ἀντίθετα δὲ, καὶ πάρισα, καὶ ἰσόκωλα, τοῖς σοφισταῖς ἀπορρίψομεν. εἰ δέ που καὶ παραλάβοιμεν, ὡς καταπαίζοντες μᾶλλον τοῦτο ποιήσομεν, ἢ σπουδάζοντες. Πέρας τοῦ λόγου (ὅπερ τῶν ἀστείων τινὸς ἤκουσα περὶ τὰ τοιαῦτα λέγοντος) ἡνίκα ἐπρίζοντο περὶ βασιλείας οἱ ὄρνιθες· καὶ ἄλλοι ἄλλως ᾖσαν ἑαυτοὺς ἀγλαΐζοντες, ὅτι ἐκεῖνο κάλλιστον ἂν τὸ μὴ καλὸς μᾶλλον εἶναι. τοῦτο καὶ ταῖς ἐπιστολαῖς μάλιστα τηρητέον, τὸ ἀκαλλώπιστον, καὶ ὅτι ἐγγυτάτω τοῦ κατὰ φύσιν. Τοσαῦτά σοι περὶ ἐπιστολῶν, ὡς δι' ἐπιστολῆς παρ' ἡμῶν· καὶ ταῦτα ἴσως ἡ πρὸς ἡμᾶς εἰς τὰ μείζω συντάξεται. τ' ἄλλα δὲ, αὐτὸς τῇ φιλοπονίᾳ, σεμαθήσῃ ἄν· καὶ οἱ περὶ ταῦτα κομψοὶ διδάξουσι.

Ex iis, qui scribunt epistolas (quando quidem hoc etiam flagitas) alii longiores scribunt, quam par est: alii vero multo breviores, quam opus sit: hoc utrique a mediocritate aberrant, ut a scopo qui dum jaculantur, vel citra, vel ultra mittunt. Nam utrumvis faciant, perinde aberrant: etiamsi ex contrariis prodeat. Est autem modus Epistolarum usus: & neque longiores scribendae sunt, ubi multa non sunt negotia; neque jejunius conscribendo, ubi multae res suppetunt. Quid enim? An Persico funiculo sapientiam metiri oportet, aut puerilibus cubitis; & sic imperfecte scribere, ut ne scribere quidem sit; sed imitari potius meridianas umbras, aut e contrario protectas, quae adversae & a fronte occurrentes, quarum consident longitudines; & efferunt se potius, quam apparent extremitatibus quibusdam notis: & sunt, ut apte satis dixerim conjecturarum conjecturae, cum par esset, immoderatum in utrinsque tractum fugiendo, mediocritatem assequi. De concisa certe conscribendi ratione, haec censeo: de dilucidate illud perspicuum est, oportere fugiendo verbosam futilitatem, quantum fieri possit, ad loquacitatem potius declinare; & ut summatim loquar, haec optima, & pulcherrime scripta epistola est, quae & indocto persuadet, & erudito: atque illi quidem, ut ad vulgi consuetudinem accommodata: huic autem, ut vulgi loquelam & captum superans; item quae ex se quam primum cognita perspectaque est; nam aeque importunum est, & griphum intelligere, & epistolam interpretari. Tertia dos epistolarum est gratia: hanc sane observabimus, si non prorsus arida, & ingrata scribimus, & inornata & incomta, & jejunitatem ac taedium, ut dicitur, gignentia: quale nimirum est quod sententiis, & adagiis, ac memorabilibus dictis vacuum est: itemque iocis, salsis dictis & aenigmatis caret, quibus oratio lenitur. Neque admodum his abuti videamur: illud enim agreste, & rusticanum; hoc insatiabile: quare iis parcius utendum est atque purpuris in vestibus; figuras autem admittamus, sed & has quo-

atque perspicuus & non intorquendus; oppositæ vero, allusiones, & paria membra sophistis projiciuntur: quod si alicubi etiam adhibeamus, hoc ut ludentes potius faciamus, quam serio agentes. Extremum sermonis erit, quod ab aliquo perito viro accepi de aquila dicente, quando aves de regno disceptabant, atque aliæ aliter se exornassent, aquilæ pulcherrimum fuisse, quod non putaretur esse pulcra: hoc etiam in epistolis potissimum est observandum, quod inornatum est, & proxime ad naturam accedit. Hæc ad te dedimus de epistolis, ut per epistolam transmitteremus: atque hæc fortasse minus ad nos facimus, quibus majora cura sunt: at tu ipse tuo tibi studio comparabis, quum docilitate valeas, & qui in his docti sunt & celebres, te docebunt.

PROVERBIA non excludit, sed crebra non probat: quod Ciceroni quoque placuit: itaque paucis utitur; at Demetrius: Καλὸν, inquit, ἐντάξαι γνώμας παροιμίας· δημοτικὸν γάρ ἐστι ἡ παροιμία, καὶ κοινόν. *Epistolarum ornamentum, crebra adagia. Adagium enim res est popularis, & communis.* Ego servo, & servabo Gregorii documentum, ut proverbiis neque numquam, neque sæpe utar, accedente præsertim Ciceronis exemplo; quem cum lego, nullius rhetoris præcepta desidero.

Ceteris) Meum in re tua studium, officiumque cernentibus.

Mihi) Qui tuam erga me benevolentiam imitor, merita non assequor; tu enim in re mea, quod agebas, perfecisti: mihi non idem contingit in tua.

Numquam satisfacio) Suaviter quadam feriuntur aures, geminato verbo, & negatione posteriori præposita: ut hic: *Ceteris satisfacio omnibus, mihi ipse numquam satisfacio.* Simile illud pro Sextio: *Admiror Albium Scauri nomen more filio; rationem illius amplitudinis, & benevolentiam non admisit.* Et lib. II. de Leg. *Quid est enim verius, quam neminem esse oportere tam stulte arrogantem, ut in se rationem & mentem putet inesse, in cœlo mundoque non putet?*

Magnitudo) Lentuli beneficium tribus modis auget, quod *Merita* vocat, vim quærens & in ipso vocabulo, & in numero, quod addit, *Magnitudo*; quod, *Magnitudo tanta*,

Meritorum) Meritum Lentuli maximum erga Ciceronem fuit, cum eum, lege Clodia pulsum, quod cives Romanos, conjurationis in patriam convictos, capitali supplicio, contra veteres leges, moremque majorum, indicta causa affecisset, consul sextodecimo ejus exsilii mense revocavit. Hoc meritum significari, quæ sequuntur, ostendunt: *Quoniam tu, nisi perfecta re, de me non conquiesti.* Merita vero quod appellat, non meritum, amplificatio quædam est. Admonet enim Aristoteles, usurpari interdum ab oratore, ut rem augeat, multitudinis numerum pro singulari: quod sæpe Cicero fecit, ut epist. 50. lib. 9. *Te cum video, omnes mihi Granios, omnes Lucilios, vere ut dicam, Crassos quoque, & Lælios videre videor.* Merita autem plus quam officia valent; ad Brutum lib. II. *Lamia uno omnium familiarissime utor: magna ejus non dico in me officia, sed merita.* Ad Cornificium lib. XII. *Ad hæc officia, vel merita potius, jucundissime conservanda incendis.* Phil. 13. *Magna ejus in me merita, mea quædam officia in illum.*

Quoniam) Parvi refert, utro modo legas, vel, *Quia*, vel, *Quoniam*: nisi tamen hoc videtur plenius: & est in quatuor meis antiquis libris; quod ideo testatum volui, ne quasi commentitium rejiceretur, ex eorum scriptis, qui se in veteribus cunctis exemplaribus, *Quia*, vidisse confirmarunt. Non gravabor interdum ad hæc humilia me demittere: ne quod ab industria nostra diligentiæ genus jure quis[illegible] desideret; quamquam, ut omnibus plane satisfiat, nulla diligentia vix, ac ne vix quidem, consequi me posse, non ignoro.

De me non conquiesti) Quia, cum primum consul est designatus, Ciceronis causam suscepit, & ejus de reditu sententiam, consulibus Pisone & Gabinio repugnantibus, præclarissimam dixit: quo vero primum die magistratum iniit, eo ipso die, id est Kal. Jan. de Cicerone retulit, spreta lege Clodia, quæ pœnam referentibus irrogabat; cumque tribunus pl. Atilius Serranus, noctem ad deliberandum postulasset, postridie S. C. intervenisset, numquam tamen Lentulus postea conquievit, donec, Sextili mense, centuriatis comitiis ein perlata lege, rem perfecit; de quo sic in oratione pro Domo: *Nam tu, Publi Lentule, neque privatum, neque consul legem esse umquam putasti; nam, tribunis pl. referentibus, sententiam de me designatus consul dixisti: ex Kal. Ian. quoad perfecta res est, de me retulisti: legem promulgasti, tulisti.* Similia de Lentuli studio, atque constantia in aliis orationibus, pro Sextio, post Reditum, in Pisonem, alibi.

In tua causa) In tuo negotio, in reductione regis. Causa & hic, & aliis in locis pro eo sumitur, quod ad aliquem proprie pertinet, ut paulo post: *In causa haec sunt:* id est, in curanda tibi reductione regis. Et infra: *Haec regia causa excepta.* Et in extremo: *Nos in causa auctoritatem eo minorem habemus.* Differunt autem *Res*, & *Causa*, &, ut arbitror, in eo differunt, quod *Res*, patet aliquanto latius, quam *Causa*: ut *Res* totum negotium significet, *Causa* vero negotii partem illam, quae ad Lentulum pertinet, ut scilicet restitutio regis ad eum deferatur. Huic opinioni suffragantur potius, quam adversantur, exempla. Epist. 5. *De Alexandrina re, causaque regia.* Epist. 7. *Quid res, quid causa, quid tempus ferat.* Epist. 9. *Accepisti, quibus rebus adductus, quamque rem, causamque defenderim.* Epist. 6. lib. II. *Nunc tibi totam rem, atque causam commendo, atque trado.* Epist. 7. ibidem. *Quamquam curam adhibuerim, quamquam difficili in re, atque causa, cogitationes meas tamen ut vox libero tuo dedi.* Epist. 4. lib. XII. *Scribe[illegible] plura, si rem, causamque noscam.* In oratione pro Caecina: *Multa, quae sunt in re, quia remota sunt a causa, praetermittam.* Sed finis exemplorum sit; vitanda enim satietas est.

Acerbum) Insuavem, injucundum: translatione a fructibus immaturis. Epist. 8. lib. III. Ad Appium, antithesin posuit *Acerbum* & *Dulce*: *Non debeas mirari hominem, cum esse acerbum tibi, ut sim dulcis mihi.*

Putem) Quia re vera ipsum, vivere, nemini acerbum est, sed tum videtur, cum accedunt molestiae; ideo, *putem* dixit potius, quam *sentiam*.

In causa haec sunt) Haec sunt, quae tibi, quo in statu causa sit, significare possunt.

Hammonius) Nomen Aegyptiis usitatum, inde ductum, quod apud Libycos, ut ait Pausanias, Iuppiter Hammon coleretur.

Regis legatus) Nam rex aberat: quia, cum exercitum, Sibyllae versibus interdictum, desperaret, petiit, ut a Pompeio, duobus tantum lictoribus comitato, restitueretur; quod cum non impetrasset, verito senatu, ne Pompeii potentia nimium augeretur, abjecta spe, Ephesum se contulerat, relicto Hammonio legato; discessisse eum ab urbe, antequam tribuni pl. magistratum inirent, id est, ante IV. Idus Dec. apud Nonium Fenestellae verba significant. Dio, discessisse significat, non modo post initum a tribunis pl. magistratum, sed etiam consulatum gerentibus Marcellino & Philippo, id est post Kal. Ian. Ego assentior Fenestellae, & quod antiquior, quam Dio, (nam eum novissimo Tiberii principatu periisse Plinius ait) & quod in rebus Romanis major homini Romano, praesertim Romae viventi, habenda fides est. Ipse etiam Cicero, cum haec Idibus Ian. scriberet, regem ab urbe multo ante profectum ostendere videtur his verbis: *In rebus multo ante, quam profectus es, ab ipso rege, & ab intimis, ac domesticis Pompeii clam exulceratis.*

Aperte) Nulla legum metu: quae res infensum Ptolemaeo senatum reddidit.

Oppugnat) Adversatur vehementer. Translato verbo, quo magis Hammonii studium ostenderet, usus est.

Creditores) Qui non solum id agebant, ut rex restitueretur, quo creditas ei pecunias exigere possent: verum etiam aperte pecunias pro Pompeio contra Lentulum suppeditabant, quod regem cupere intelligebant; epist. 2. lib. II. ad Q. Fr. *Creditores regis aperte pecunias suppeditant contra Lentulum.* In oratione pro Posthumo, & apud Dionem lib. XXX.

Cum tu aderas) Inepte nonnulli, ut antiquitatem amare videantur, Quum pro cum scribunt: cum Priscianus obsolevisse jam consuetudinem illam ostendat lib. I. his verbis: *Apud antiquos frequentissime loco Cu syllabae Quo ponebatur, et & e contrario, ut arquus, coquus, equulus, pro arcus, cocus, eculus: quum pro cum, quor pro cor.*

Regis causa qui velint) Vel potius haec

hæc jam nota sunt, *Volo tua causa*, *Volo tibi*, pro faveo, studeo, amicus sum. In contraria sententia, *Cui qui nolunt*, dixit infra.

Qui pauci sunt) Et suavitatis quiddam habet, *Qui*, repetitum: & omnino hujusmodi additamentis non modo plenior, verum etiam paullo splendidior efficitur sententia; ut ep. 10. lib. II. *Quæ mihi veniebant in mentem, quæ ad te pertinere arbitrabar, existimavi, me ad te scribere oportere*. Ejusdem generis illud epist. 7. lib. IV. *Hoc idem omnes, qui te diligunt, sentiunt: quorum est magna pro tuis maximis, clarissimisque virtutibus multitudo*. Pauci autem regis causa volebant, vel ob apertam ejus largitionem, vel quia propter acerbissimam tributorum exactionem ejectum ab Alexandrinis audierant.

Ad Pompeium) Cujus ob Mithridatici belli gloriam longe major, quam ceterorum, apud omnes gentes erat auctoritas: quo futurum sperabat rex, ut Ægyptii nihil ei petenti denegarent.

Religionis calumniam) Sibyllæ versus Ægypti regem cum exercitu reduci vetabant; cujus oraculi verba apud Dionem lib. XXXIX. hæc sunt: Si rex Ægypti, auxilio indigens aliquo, venerit, amicitiam quidem ei ne denegaveritis; ne tamen eum multitudine aliqua juveritis. Sin aliter; & labores, & pericula habebitis. Eam sententiam Lucanus lib. VI. expressit his verbis:

Haud equidem immerito Cumanæ carminis vatis
Cautum, ne Nili Pelusia tangeret ora
Hesperius miles ripasque æstate tumentes.

Narrat Dio, C. Catonis tribuni pleb. opera, qui reductionem regis impedire conabatur, oraculum illud esse patefactum, senatu non invito, cui largitio illa *regis* odiosa erat. Nam quod ad Sibyllæ versus attinet, probabat eos quidem senatus, verum non tam religione, quam illius regiæ largitionis invidia. Et Cicero ipse, qui reductionem regis, Lentuli gratia, vehementer cuperet, *Calumniam religionis* appellat, id est, malitiosam & fictam de Sibyllinis versibus orationem: ut, exercitu ademto quasi jubente Sibylla, restituendi regis curam susciperet nemo vellet. Itaque religiosos homines cum ironia vocat epist. 7. quasi per speciem religionis alia cogitantes: *Esse, inquit, & me, & nostri imperii dignitatis, Ptolemaide, aut aliquo propinquo loco, rege collocato, te cum classe, atque exercitu profectum Alexandriam, ut, cum eam pace, præsidiisque firmaris, Ptolemæus redeat in regnum: ita fore, ut per te restituatur, quemadmodum senatus initio censuit; & sine multitudine reducatur, quemadmodum homines religiosi Sibyllæ placere dixerunt*. Eamdem calumniam notat epist. 4. cum ait: *Hæc tamen opinio est populi Romani, a tuis invidis, atque obtrectatoribus nomen inductum fictæ religionis; non tam ut te impedirent, quam ut ne quis propter exercitus cupiditatem Alexandriam vellet ire*. Est igitur *Calumnia*, versuta quædam, & callida fallendi ratio: & quamquam huic verbo proprium sit in accusatione domicilium, eidem tamen migrationes in alienum esse multas, exemplis intelligitur; epist. 4. *Res ab adversariis nostris extracta est variis calumniis*. Epist. 2. lib. II. ad Fr. *Per obtrectatores Lentuli res calumnia extracta est*. Epist. 3. lib. IV. ad Att. *Metellus calumnia dicendi tempus exemit*. Off. lib. I. *Existunt injuriæ sæpe calumnia quadam, & nimis callida, & malitiosa juris interpretatione*. Lib. II. de repub. apud Nonium: *Ut Carneadi respondeatis, qui sæpe optimas causas ingenii calumnia ludificari solet*. Et Valerius Max. lib. IX. cap. ult. *Illa tamen quæstione neque calumniæ petitoris, neque violentiæ plebis judicantium religio cessit*.

Malevolentia, & illius regiæ largitionis invidia) Duas causas affert, quare præceptum Sibyllæ de non reducendo cum exercitu rege senatui placeret; malevolentiam, quia de legatis Ægyptiis, mandato regis clam interfectis, percrebuisset; regiæ largitionis invidiam, quia, cum Hammonius quorumdam senatorum animos aperte pecunia corrumperet, ea largitio turpissimam infamiæ notam ordini inureret universo.

Invidia) Ambiguum verbum; nam & dolor est ex alienis bonis; quam Cicero *invidentiam*, ut anceps invidiæ vocabulum vitaret, in definiendis animi morbis appellare maluit: &, ut mihi quidem videtur, non odium: quod qui-

quibusdam placuisse video, *sed infamis* potius ex adversa fama, & publica pravitatis alicujus opinione: quam semper cum odio conjungi necesse non est. Nam si *odium*, & *invidia* idem esset, eadem utrique contraria opponerentur: nunc opponuntur diversa, odio quidem amor, invidiæ autem gratia. Accedit, ut omittam, quod invidia late diffunditur: numquam enim apud unum, sed apud multos in invidia sumus: odium vero interdum in angustum contrahitur: neque enim & uni, & multis odio esse possumus. Postremo, non eædem res invidiam, odiumque gignunt: nam *invidia* nascitur ex animi turpitudine, licet ea neminem lædat: ut si quis otio, desidiaque languescat, eo nomine male audit, quæ dicitur, invidia, nec tamen inde odium, sed inertiæ, ignaviæque hominis oritur contemtio; *odium* autem ex iis rebus existit, unde vel ipsi afficimur injuria, vel alios etiam lædi, præsertim injuste, videmus. *Invidia* dicta, quia non libenter videmus, neque qui fortuna meliore, quam vellemus, utuntur, neque qui sequuntur ea, quæ ipsi non probamus.

Comprobat) Jam enim S. C. factum erat, cum multitudine regem reduci, periculosum reip. videri. Hoc ego verius existimo, quam quod a Dione traditum est, perspectis Sibyllæ versibus, decreta omnia pro rege facta, esse inducta: valuisse enim S. C. quo reductio regis Lentulo mandabatur, indicant quæ infra sunt: *Ex illo S. C. quod te referente factum est, tibi decernit, ut regem reducas*. Et epist. 7. satis aperte: *Nullum S. C. exstat, quo reductio regis Alexandrini tibi ademta sit*. Sed ita Dio excusatur, quod senatus induci quidem voluit omnia decreta; sed intercedente tribuno pl. fieri S. C. non potuit, perscriptaque senatus voluntas: id quod, ubi S. C. impediretur, interdum fieri solitum animadvertimus, eaque *senatus auctoritas* dicebatur, de qua sic in eadem epistola: *Quæ de reductione regis scripta est auctoritas, cui scio intercessum esse, ut ne quis omnino regem reduceret, tantam vim habet, ut magis iratorum hominum studium, quam constantis senatus consilium esse videatur*.

Hortari, & orare) Hortantis movet auctoritas, orantis voluntas; & hortationi sæpe adduntur preces, ut si auctoritas pondus non habet, saltem voluntas valeat: utrumque conjunxit in proœmio lib. III. de Orat. *Tibi frater*, inquit, *neque hortanti deero, neque roganti; nam neque auctoritate quisquam apud me plus valere te potest, neque voluntate*. In ep. 18. lib. V. *Te non hortor solum, verum etiam pro nostro amore rogo, atque oro, ut te colligas, virumque præstes*.

Liberius accusare) Levius est, quam, libere accusare; nam interdum efficacitatis minus habent, quæ comparandi adverbia Grammatici appellant, quam quæ simpliciter, sine ulla comparatione, enunciantur. *Accusatio* autem extra judicium etiam in privatis rebus, atque adeo inter amore conjunctissimos locum habet; itaque lib. III. Off. *Accusabit patrem filius adversaria de patria cogitantem*, pro, reprehendet.

Monere) *Monere* & *Hortari*, idem sunt in eo, quod utrumque rationes habet ad persuadendum idoneas: in eo differunt, quod *hortatio*, quid eventurum boni sit, id si fiat, quod suademus; *monitio* autem, quid mali, nisi fiat, ostendit: & illa lenior, ac mitior; hæc severior, ac durior: non enim caret objurgatione quadam. Id ostendunt loca duo Ciceronis in Lælio: *Omnis*, inquit, *hæc in eo habenda ratio, & diligentia est, primum, ut monitio acerbitate, deinde objurgatio contumelia careat*. Quo loco sic usurpat, *Objurgatio*, pro, monitio, ut paullo post, *Objurgari*, pro, moneri. Subjungit enim: *Illud absurdum est, quod ii, qui monentur, eam molestiam, quam debent capere, non capiunt; eam capiunt, qua debent vacare; peccasse enim se, non anguntur; objurgari, moleste ferunt: quod contra oportebat, delicto dolere, objurgatione gaudere*. Recte igitur Cicero, cum hortatus Pompeium esset, monendum etiam putavit, ut ei magnam ex reductione regis infamiam proponeret.

Magnam infamiam) Triplicem; vel ingrati animi, qui Lentulo, cujus erga se officia cum in sermone quotidiano, tum in senatu palam commemoraverat, reductionem regis Alexandrini, præsertim ei jam a senatu decretam, conaretur eripere; vel immoderaderata ambitionis, qui summis jam perfunctus honoribus, triumpho triumphorum gloria circumfluens, frumentariæ etiam curatione, summa cum potestate, paullo ante ornatus, tamen, his non contentus, honorem præterea quicumque esset, Ægyptiæ legationis appeteret; vel etiam avaritiæ, quod regis muneribus, magnam ab ipso restituendi cupiditatem præ se ferentis, corruptum existimari posset.

Plane) Hic valet, omnino: ut ad Tironem lib. XVI. *Mihi placebat, si firmior esses, ut ad Leucadem deportarere, ut ibi te plane confirmares*. Alibi aperte, quia, quæ plana sunt, oculis patent: ut ad Cælium lib. II *De Oculis parum plane ad me scripseras*.

Nec precibus nostris, nec admonitionibus) Cur hæc duo tantum attingit, quatuor jam propositis, *hortari*, *orare*, *accusare*, *monere*? Quia, qui locum precibus, & admonitionibus non relinquit, multo minus hortationi, aut accusationi; magis enim & orando movemus, quam hortando, & monendo, quam accusando: idque vel ipse dispositionis ordo declarat; nam, ut orare post hortari, sic monere post accusare, augendi gratia, Cicero collocavit. Hic dubitantibus in verbo, *Admonitionibus*, & mendosum suspicantibus, quod tamen in omnibus legitur antiquis libris, aptamque, & peropportunam sententiam habet, scrupulum placet eximere. Dixerat Cicero, *Et monere*: debuit igitur, ut nomen cum verbo congrueret, inferre, *Monitionibus*, non, *Admonitionibus*: cum, *monere*, & *admonere*, significatione differant inter se. Objurgat enim is, qui monet, ut supra ostendimus: qui vero admonet, non objurgat, sed, quid faciendum sit, docet: ut exempla declarant. In hoc igitur prudentia Ciceronis agnoscitur: qui cum de principe civitatis, & præcipuo sui ab exsilio reditus auctore Pompeio loqueretur, asperiore verbo iterum uti noluit, sed mitigandam leniore verbo sententiam putavit: ut ostendat ita Pompeium erga Lentulum animatum esse, non modo ut eum a restituendi regis consilio verbis asperioribus abduci, necesse non sit, sed nec admoneri quidem, ac doceri; quo pacto & suspicionem vitet cupiditatis, & il-

jam reducendi regis curam cupienti Lentulo obsequatur.

Reliquit locum) *Non relinquere locum precibus*, duobus modis scribitur: vel cum is, cujus gratia & auctoritas prodesse nobis potest, ita se gerit, ut eum rogare non oporteat; ut in hoc loco: vel cum ita meriti sumus, ut precibus nihil proficere posse videamur: cujus generis habemus exemplum apud Terentium in And. *Quid causæ est, quin hinc in pistrinum recta proficiscar via? Nihil est preci loci relictum: jam perturbavi omnia*. Locum igitur precibus vel aliena humanitas, vel nostra adimit improbitas.

In sermone quotidiano) Varie loquitur in hac sententia: nam hic, *In sermone quotidiano*, dicit: epist. 9. *In sermonibus dictitare*: in eadem, *Dictitare* simpliciter.

In senatu) Hoc tempore Pompeius erat cum imperio, superiore anno rei frumentariæ, & S. C. & lege præpositus; qui autem cum imperio essent, iis urbem, nisi deposito imperio, ingredi non licuisse, notum est. Petiisse igitur a senatu Pompeium existimamus, ut introire in urbem, salvis legibus, posset; quod etiam postea, iisdem consulibus, ut accusatum de vi P. Sextium laudaret, impetravit; ep. 9.

Egit causam tuam) Cum hortaretur senatum, ut reductionem regis tibi demandaret.

Eloquentia, gravitate, studio, contentione) *Eloquentia*, ubertate & elegantia orationis; *Gravitate*, sententiarum pondere; *Studio*, propensa in Lentulum voluntate; *Contentione*, ope summa; plus enim est contentio, quam studium; nam, qui studet, cupit: qui contendit, in eo, quod cupit, intendit omnes nervos; quod integrum posuit in ep. 14. lib. XV. *Omnes tuos nervos in eo contendas, ut quid mihi ad hanc provinciam temporis prorogetur*. Inde *Contentio*, vehemens actio; infra: *Libentia, & studium non desinere contentionis, & contentio*. Ep. 9. *Cæsaris, ut illum defenderem, mira contentio est consecuta*. Ep. 2. lib. VIII. *In primis me delectavit, tantum studium bonorum in me exstitisse contra incredibilem contentionem clarissimi, & potentissimi viri*.

Tantum ut sit officium) Quod non

munisti, dixit in extrema fere epistola, præstantem etiam Lentuli in Pompeium liberalitatem nominat epist. 9. maximum autem in Pompeium officium fuit, potestas rei frumentariæ, per quinquennium ei toto orbe terrarum data; quod Lentulum consulem præcipue curasse, Plutarchus in Pompeio significat; quamquam, ut idem tradit, suspicio fuerit id Lentulum spectasse, ut Pompeio frumentaria curatione impedito, ipse Ptolemæum reduceret.

Marcellinus) Cn. Cornelium Lentulum Marcellinum, consulem hoc anno cum L. Marcio Philippo. Syriæ post præturam uterque præfuerat, Philippus Cæsare & Bibulo coss. Marcellinus anno sequenti, Gabinio & Pisone. Appianus in Syriaco, Josephus xiv. Antiq. De hoc Cicero in Bruto sic: *Nec unquam indisertus, & in consulatu pereloquens visus est, non tardus sententiis, non inops verbis, voce canora, facetus satis*. Marcellinus, cognomen gentis Corneliæ non est, sed ab adoptione derivatum, qui enim Claudianus appellari debuit, cum esset ex Claudiis Marcellis; Marcellinus potius, quam Claudianus, appellari voluit: puto, ne videretur ex Pulcris, aut Neronibus fuisse, quæ cognomina Claudiæ gentis erant, patriciæ: Marcelli autem, plebeiæ. Confirmat hanc opinionem Pedianus in commentario Divinationis, cum ait: *Marcelli, & Marcellini inter se gentiles fuere*. Non quod Marcellini essent Claudii, sed quod ex Claudia gente orti, indeque in Corneliam translati. Eodem cognomine filius ejus usus est, qui bello civili contra Pompeium quæstor pro Cæsare pugnavit, paterni videlicet heres odii: nam consul hujus anni Marcellinus quam infensus Pompeio fuerit, Cicero in epist. 5. lib. II ad Fratrem, & Plutarchus in Pompeio demonstrat.

Iratum) Quia te cupidum videat reducendi regis. Consulibus neque cum exercitu regem restitui placebat, neque ab iis, qui cum imperio essent, id est, nec a Lentulo, nec a Pompeio; epistola sequenti.

Tui defensorem) Tuarum omnium sententiarum, & voluntatum.

Ostendit) Verbis ep. 9. *In eo ipso, quod eis ostendis esse facturum*. Ad Sulpicium ep. 1. lib. IV. *Eadem omnia, quæ a te de pace, & de Hispaniis dicta sunt, ostendi me esse facturum*. Ad Varronem ep. 8. lib. IX. *Munus flagitare, quamvis quis ostenderit, ne populus quidem solet, nisi concitatus*.

Quod dat accipimus) Nihil dat in regia causa, in ceteris rebus omnia. Sic loquimur, cum nec id plane, quod volumus, nec tamen nihil impetramus. In Verrem lib. II. *Alio loco de aratorum animo, & injuriis videro: nunc quod mihi abs te datur, id accipio, eos tibi esse inimicissimos*. Ibidem paullo post: *Utar eo, quod datur*. Et lib. II. de Orat. *Si se judices dant, & sua sponte, quo impellimus, inclinant, atque propendent; accipio, quod datur; & ad id, unde aliquis flatus ostenditur, vela do*.

Referre) *Refertur* ad senatum, de quo sententiæ dicerentur. *Fertur* ad populum, de quo suffragia ferrentur, usitatum veteribus est. Cæsar tamen l. I. Bel. Civ. dixit: *De quorum imperio ad populum referretur*: si modo vulgati libri vacant mendo; nam, *Ferre ad populum*, usitatius esse, quam *Referre*, nemo, ut arbitror, negabit.

In religionem) De Sibyllinis versibus, reduci regem cum multitudine vetantibus.

Ab eo deduci non posse) Tuebatur obstinato animo sententiam suam, in quam, ut in Argumento jam diximus, factum erat S. C. regem cum multitudine reduci, periculosum reip. videri; ep. 2. lib. II. ad Q. Fratrem.

Idibus) Quo die senatus erat futurus, non dubito, quin edictus esset, cum hæc Cicero scripsit; nam & in epistola sequenti, cum ante lucem XVI. Kal. Febr. scriberet, subjunxit: *Eo die senatus erat futurus*; quo perspicuum est, non eo die, quo haberetur, sed superiore, senatum edici solitum.

Mane) Prima luce; sed ep. 30. lib. VII. cum dixit: *Quæ erant futura mane postridie*, aliter explanandum.

Hortensi) Declarata consulis voluntate, consularium sententias incipit exponere. Hic est ille, Q. Hortensius, oratoria laude clarus. Hoc loco mirari aliquis possit, cur Cicero de Marcellino consule locutus, ad consulares, omissa alterius consulis L. Philippi mentione, orationem traduxerit. Opinor, qui consul primo anni men-

se fase fasces sumeret, eumdem & senatum eo, quo mense habuisse, &, quæ de re deliberandum putaret, retulisse; secundo autem mense collegam fasces recepisse; eumdemque ordinem, ut alternis mensibus fasces haberent, usque ad extremum annum servatum esse; itaque non Philippus, sed, qui fasces prior sumserat, Marcellinus præcipuam mensis Ianuarii curam sustinuit, & de religione retulit, collega tamen assentiente: nam dissentientem Cicero nominasset. Vter autem fasces prior sumeret, docet Gellius lib. II. c. 15.

Luculli] Marci, non Lucii, qui perierat anno superiore; hic enim qui nominatur, sine dubio idem est, de quo hæc sunt in epist. 8. *Quo quidem tempore, ut perscripsi ad te antea, cognovi Hortensium percupidum tui, studiosum Lucullum*. Quam epistolam Pompeio & Crasso Coss. id est, post Marcellinum & Philippum, esse scriptam, satis constat, quo anno Lucius vivere non poterat; cum eum oratio de provinciis habita, ut ait Pedianus, Marcellino & Philippo Coss. jam vita excessisse demonstret. Marcum autem, ac Lucium, fratres fuisse, Cicero, Plutarchus, alii testantur. Eutropius lib. VI. consobrinos vocat: in quo ei non assentior; nisi si, duas sorores duobus Lucullis nupsisse, aliquis dixerit; quod mihi non fit verisimile: video enim, M. Lucullum simul cum Lucio fratre Servilio auguri diem dixisse, qui Lucii patrem accusaverat; quam rem iis verbis Cicero commemorat in proœmio Academicorum, ut Lucium, & Marcum, in ulciscendo Servilio, non consobrinos, sed plane germanos fratres agnoscere videatur: ait enim de Lucio: *Adolescens admodum cum fratre, pari pietate, & industria prædito, paternas inimicitias magna cum gloria est persecutus*. Verbum, *pietas*, eumdem utrique patrem fuisse ostendit. Plutarchus etiam, cum ait, vivo adhuc Lucio rem ejus domesticam a Marco fratre gubernatam, germanos potius fratres, quam consobrinos significat. Sed Marci prænomen ab adoptivo patre M. Terentio Varrone sumtum est: nam, a Terentio Varrone adoptatum, indicat Cicero in Verrem, cum legem Terentiam, & Cassiam nominat, latam a duobus ejusdem anni consulibus, M. Terentio Varrone, & C. Cassio Varo.

Cedit religioni de exercitu] Antea tamen, reducendum cum exercitu regem, Cicero censuerat: habuit enim orationem pro Ptolemæo reducendo; ex qua Aquila, Fortunatianus, & Capella recitant hæc verba: *Difficilis ratio belli gerendi, at plena fidei, plena pietatis*.

Teneri] Obtineri. Sic locutus est epist. 7. *Si res facultatem habitura videatur, ut Alexandriam, atque Ægyptum tenere possis*. Et epist. 9. *[illegible] tenere non queas*. Et ad Att. epist. 12. lib. XIV. *Tam claram, tamque testatam rem, tamque justam, Buthrotiam non tenebimus?* Et in oratione pro Sextio: *Non tenuit eum locum, in quem, nisi popularis esse voluisset, facillime pervenisset*.

Quod commode non fieri possit) *Commode*, pro *Commodo*, antique dictum; in quo dubitatum a nonnullis miror; quasi, *Commodo*, adverbium esse non possit; quod nisi diligens antiquitatis observator Charisius admonuisset, Cæsaris tamen ad Ciceronem epistola doceret: *Cum Furnium*, inquit, *nostrum tantum vidissem, neque alloqui, neque audire me commodo potuissem*. Mihi tamen olim placuit, neque nunc, quamquam repugnantibus antiquis libris, displicere potest, pro, *Rem*, legi, *Reip.* atque hanc ex antiqua Latini sermonis consuetudine conjecturam duxi: quo in studii genere, nec inficior, a prima adolescentia satis accurate me esse versatum, nec omnino poenitet. Erat autem in mandanda publica re exceptio quædam, ut id, quod mandaretur, ita fieret, si commodo reip. fieri posset; quo significabatur, eam rem non potestati magis, quam prudentiæ committi. Recitabo veterum exempla, quibus & eadem sententia, & iisdem enunciata verbis, agnoscetur; ut tum denique, utrum scriptis libris, id est, dubiæ librariorum fidei, an certissimis antiquorum testimoniis, credi oporteat, cum præterea nec a scriptis libris admodum discedat opinio nostra, doctiorum virorum arbitrio permittam. Cæsar lib. I. Bel. Civ. *Quoniam M. Messalla, M. Pisone Coss. senatus censuisset, uti, quicumque Galliam* pro-

provinciam obtineret, quod commodo reip. facere posset, Aeduos, ceterosque amicos populi Romani defenderet, se Aeduorum injurias non neglecturum. Item lib. V. scribit Labieno, si reip. commodo facere posset, cum legione ad fines Nerviorum veniat. Lib. VI. Labienum, Treboniumque si reip. commodo facere possent, ad eum diem revertantur. Cicero ad M. Brutum: Decrevi hoc amplius, ut tu, si arbitrarere utile fore, & e rep. esse, persequerere Dolabellam bello; si minus id commodo reip. facere posses, in iisdem locis exercitum contineres. Omitto illa similia, quae Ciceronem legentibus occurrunt: Quod tuo commodo fieri possit: quod sine molestia tua facere possis: quod tuo commodo fiat: quod sine molestia tua fiat. Hic opponitur a quibusdam, hoc loquendi genus huic Ciceronis loco nullo modo convenire: putant enim, senatus haec verba fuisse, cum S. C. faceret, vel eorum, qui provinciis cum imperio praeessent, cum aliquid legatis mandarent: non igitur ea cadere in sententiam Ciceronis, Hortensii, & Luculli, qui privati senatores erant. Haec ratio quid momenti habeat, examinando cognoscemus. Primum quaero: si senatus, cum decernit, utitur his verbis, ut reip. caveat: cur non iisdem senator, qui se ipse sua sententia decernit, uti possit? decet enim, ut senatum in publico decreto, ita senatores singulos in dicenda sententia reip. consulere. Quid est autem S. C. nisi multorum senatorum idem probantium consensus? Quod si, S. C. in alicujus sententiam senatoris esse factum, saepe legimus: nil aliud existimare licet, quam graviores ejus sententiae partes in S. C. esse translatas: gravius autem nihil, quam ut id, quod mandaretur, incommodo reip. ne fieret. Itaque non est, opinor, mandantis dumtaxat, hic loquendi modus, ut senatus, aut proconsulis, sed ejus etiam, qui suadet. Negabit hoc aliquis: at credat exemplo. Cicero in epist. ad Brutum: *Decrevi hoc amplius, ut tu, si arbitrarere utile fore, & e rep. esse, persequerere Dolabellam bello; si minus id commodo reip. facere posses, in iisdem locis exercitum contineres.* Haec neque senatus consulti verba sunt, neque proconsulis, sed privati Ciceronis, in senatu sententiam dicentis; cur igitur in hac etiam ad Lentulum epistola locum habere non possint? at libri veteres adversantur omnes. Dissimulamus in re nota; quam multa enim contra veterum librorum auctoritatem, adjuvante historia, sententia, ipsa etiam Latini sermonis regula, non modo sine reprehensione, verum etiam cum laude summa docti homines immutarunt. Mihi sane videtur, ut in omni re, sic in hoc industriae genere, modus quidam esse: ut libris quidem antiquis in corrigendo utamur, id quod ego diligenter servo, mutare tamen ex ingenio, doctrinave aliquid aliquando liceat, sed ita parce, & verecunde, ne corrigendi libertas ad temeritatem progressa videatur, quam ob causam veterem hic scripturam immutare noluimus: tantum fecimus, ut ostenderemus opinionem nostram: quam nec iis improbari, qui non temere, praeter sua, quidquam probant, ex eo possumus conjicere, quod, si qua laus conjecturae nostrae debetur, eam alio transferre conantur. Nimirum, ad istas artes confugere, & alienis laboribus honorem ereptum velle, pusilli animi est: non enim addam, *Ne ipse malevolentia jejuni*: quod Cicero addidit in re non dissimili. Neque nunc de meo jure litigabo. Malim causa cadere, quam iis de rebus in judicium, contentionemque venire, quarum studio si hoc assequor, ut bonis litteris opem feram, cetera non valde requiro: si dantur, accipio: si minus, uberrimum tamen, & suavissimum ex ipsa conscientia fructum capio.

Auctore) Ut restituti regis honor, & gloria penes te sit, quod jam senatus decreverat. Auctor is est, cujus auctoritate, & sententia aliquid fit; ep. 17. ad Att. lib. I. *Agraria lex a Flavio tribuno pl. vehementer agitabatur, auctore Pompejo; quae nihil populare habebat, praeter auctorem.* Scriptor autem alicujus libri, quam Latine *Auctor* dicatur, viderint ii, qui non dubitanter usurpant. Equidem neque Ciceronem, nec ejus aequales, aut omnino quemquam stante rep. ita locutum existimo. Et quoniam, cujus vel consilio, vel tacita auctoritate ad

te ad agendum impellimur, ut quasi origo quædam, & agendi principium est; inde factum ut, *Auctor nobilitatis* appelletur, a quo nobilitatis initia manarunt; *Auctor hujus sermonis*, a quo primum fluxit hic sermo; *Auctor meæ salutis*, cujus opera salutem adeptus sum. *Auctor* etiam vocatur is, cujus testimonio, ut aliquid credamus, adducimur: ut epist. 1. ad Attic. libro sexto: *Nec vero pauci sunt auctores, Cn. Flavium scribam fastos protulisse*. Addo illud, *Auctorem* dici, non qui hortatur, ne quid fiat, sed qui hortatur, ut fiat. Itaque, *Auctor*, & *Dissuasor*, Cicero opponit: cæteraque ejusdem, atque etiam aliorum exempla ad affirmationem semper, numquam ad negationem spectant; & ab *Augeo* quoque deductum *Auctor*, Charisius, & Servius ostendunt; idque probant antiqui lapides, & libri. *Auctorem* igitur dixit, ut auctoritate Lentuli potius, quam potestate, & armis, exercitum religione tollente, Alexandrini Ptolemæo reconcilientur. Eodem modo Phil. II. *Ille*, inquit, *vir fuit, nos quidem contemnendi, qui auctorem odimus, acta defendimus*. Auctorem vocat Cæsarem, a quo illa manaverint: tamquam enim ab illo scripta defendebantur.

Crassus) M. Licinius Crassus, nunc quidem in Pompeium male animatus; quod indicat epist. 3. libro secundo ad Q. Fr. sed anno sequenti, consules iterum creati, in gratiam redierunt. Plutarchus. Hunc Quiritium, post Sullam, ditissimum, Plinius fuisse tradit; possedisse in agris H-S. bis millies, id est, ad rationem nummi nostri, sexagies centena scutatorum millia. Plutarchus totam ejus rem, post decimam partem Herculi consecratam, epulumque publicum & congiarium trium mensium singulis civibus datum, septem millibus, & centum talentis æstimat: quæ sunt Romano nummo, millies septingenties, & aliquanto amplius: vel, ut more nostro loquamur, scutatorum quinquagies semel, eoque amplius: vulgo supra quinque milliones, dicerent.

Nec excludit Pompeium) Cui, frumentariæ curationis gratia, toto orbe terrarum & senatus, & populus imperium dederat; epist. 4. libro quarto ad Attic. Plutarchus, Dio, alii.

Cum imperio sunt) *Imperium* duplex fuit, *urbanum*, & *provinciale*. *Urbanum* aut a populo dabatur, aut a senatu: a populo, consulibus, prætoribus; qui centuriatis comitiis creati, majores magistratus vocabantur: a senatu, dictatori, interregi; qui, nullis comitiis, S. C. creabantur; nam censores, licet inter majores magistratus nominarentur, tamen nec imperium, nec ferendæ legis jus habebant, neque lictoribus, aut viatoribus utebantur; reliqui vero, quos nominavimus, & imperium, & legis ferendæ jus, præterea viatores, & lictores habebant. Minores magistratus, ædiles cur. ædiles pl., tribuni pl., quæstores, & alii inferioris ordinis, *potestatem habere*, non *imperium*, dicebantur. Imperium tribuno pl. non fuisse, Livius aperte ostendit exemplo Appii consulis, privatum tribunum pl. clamitantis, sine imperio, sine magistratu. *Imperium* igitur in urbe habebant ii tantum magistratus, qui vocationem, qua carebant minores magistratus. Hoc imperium sine armis erat: propterea centuriata comitia, quod a Lælio Felice scriptum Gellius libro decimo quinto capite decimo septimo recitat, intra pomerium fieri, nefas erat, quia exercitum extra urbem imperari oporteret, intra urbem imperari jus non esset. Urbani imperii tempus in annuis magistratibus annuum erat, in dictatore semestre ad summum, in interrege non ultra quinque dies: nam diuturnior is magistratus non erat. Consulis tamen imperium majus erat, quam prætoris: nam consul prætoris creandi jus habebat, non contra prætor consulis; & consul ab omnibus magistratibus avocare comitiatum, concionemque poterat: prætor a consule non poterat: quod apud Gellium lib. XIII. cap. 15. Messalla docet. Quamquam autem imperium esset in urbe, nemo tamen ex urbanis magistratibus imperator est appellatus: sed hoc nomen iis dumtaxat, qui exercitum haberent, tribui solitum est, etiam ante quam, re bene gesta, imperatores ab exercitu salutarentur. *Imperium provinciale* duplex fuit, unum a senatu datum, ex lege Cornelia, sine armis; alterum a populo, ex lege Curiata, cum armis; vide ep. 9. in extremo.

Bibulus) M. Calpurnius Bibulus, plebeji generis, Caesaris in aedilitate, praetura, consulatu collega, ejusdemque inimicissimus, Pompeio etiam, ob Caesaris affinitatem, hoc tempore infensus: ideo privatos decernebat, ut eum excluderet. Pompeii obtrectatores Bibulus, Curio, Crassus appellantur epist. 5. libro secundo ad Q. Fr.

Consulares) Atque etiam consulem: nam, ut est in epistola sequenti, Bibuli sententiam valere cupierant.

Servilium) E numero consularium, qui assentiantur Bibulo, tres excipit, Servilium, qui omnino reduci negat oportere, cujus probatam a senatu sententiam, sed a tribunis pl. intercessum, indicat epistola septima; Volcatium, qui Pompeium decernit; Afranium, qui assentitur Volcatio. Hic est P. Servilius Vatia Isauricus, qui cum Ap. Claudio, P. Clodii, Ciceronis inimici, patre, consulatum gessit anno urbis 674. triumphavit de Isauris ex Cilicia anno 679. unde Isaurici cognomen accepit; quo etiam filium ejus, qui cum Caesare consul fuit, usum esse video. Censor fuit cum L. Cotta, ut ex Valerio, & Plutarcho licet colligere; vixit ad annos LXXX. ut Philippica II. indicat: & Strabo, qui scripsit historiam suam imperante Tiberio, eum a se visum testatur libro duodecimo: obiit, ut libro quadragesimo quinto Dio docet, Antonio & Dolabella coss.

Volcatium) L. Volcatium Tullum, qui cum M. Aemilio Lepido anno urbis 687. consulatum gessit.

Lupo) P. Rutilio Lupo tribuno pl. quod ex epistola sequenti cognoscitur. Praetor anno primo civilis belli Pompeium secutus, Achaiam obtinuit: ad Atticum epist. 12. libro VIII. epist. 1. libro IX. Caesar libro II. & III. Bell. Civil.

Referrent) Non de reducendo rege tantum, sed ut a Pompeio reduceretur: quod patet ex epistola sequenti. Jus autem referendi in senatu tribunos pl. habuisse, vel hic locus ostendit: sed accedunt non modo epistolarum testimonia, 16. libro X. & 2. lib. II. ad Qu. Fr. verum etiam orationum; nam in ea pro Sextio, Numerii tribuni pl. relatio nominatur. Neque solum ea de re, de qua consul, sed etiam de diversa, eodem die, referre poterat tribunus pl. nam ex Phil. 7. consulem de Appia via, & de Moneta, tribunum pl. de Lupercis retulisse video. Retulerant igitur in eodem senatu de reductione regis duo magistratus, consul Marcellinus de religione, id est, ne rex, prohibente Sibylla, cum exercitu reduceretur; Lupus vero tribunus pl. ut a Pompeio reduceretur. De religione consuli omnes assenserunt; de reductione non idem omnibus placuit: Hortensius, Lucullus, Cicero Lentulum decernebant, Crassus, & Bibulus tres legatos, hic privatos, ille etiam eos, qui cum imperio essent; reliqui consulares Bibuli sententiam probarunt, tribus exceptis, quorum duo, Volcatius, & Afranius Lupi sententiam secuti sunt; tertius Servilius totum de rege reducendo consilium, vel quod inutile putaret esse reip., vel quod alienum a populi Romani dignitate, sua sententia damnabat.

Pompeio decernit) Plerique veteres libri habent, *Pompeio*: nonnulli, *Pompeium*: plerosque sum secutus; utroque tamen modo recte: est enim in hac ipsa epistola, *Tibi decernit*, & *Tres legatos decernit*.

Afranium) L. Afranium, qui quum triennio ante consul fuerat cum Metello Celere. Ne miremur eum studuisse Pompeio: nam & eo duce contra Sertorium, vivo Sulla dictatore, pugnaverat; & eidem Mithridatico bello fuerat legatus: & consulatum ejus praecipue studio, atque opera adeptus erat. Is civili bello a Caesare in Hispania victus, & liberatus, postea captus ab eodem in Africa, dissensione in exercitu orta, cum Fausto, Sullae dictatoris filio, est interfectus.

Assentitur) Non miror, Volcatium sententiam dixisse ante Afranium, cum triennio ante consulatum gessisset.

Suspicionem) Nam ipse dissimulabat cupiditatem suam, & favere Lentulo videbatur, cujus etiam in senatu causam diligenter in primis agebat. De hac

hac suspicione in epistola sequenti, & in 2. lib. II. ad Q. Fr.

Laboratur) Difficultas negotii non sine quadam animi sollicitudine ostenditur, ut in extremo, *Non laboraremus*.

Inclinata res est) Lepida translatio. Rerum status triplex est; aut enim ita se habent, ut volumus, & *stare* tunc dicuntur; aut aliter, ac volumus, & *inclinatae esse*; aut prorsus contra quam volumus, & *jacere*.

Libonis, & Hypsaei) Utrumque puto tribunum pl. esse; de Hypsaeo quidem affirmat Dio lib. XXXIX. Est autem L. Libo Scriboniae gentis, Pompeio primum amicitia, deinde etiam affinitate conjunctus; nam eum Sex. Pompeii, qui ex duobus Pompeii Magni filiis natu minor fuit, socerum nominat Dio l. XLVIII. ejusdemque alteram filiam, devictis Bruto, & Cassio, Caesar Octavianus uxorem duxit: quod in Augusto, & in libro de claris Grammaticis Suetonius ostendit: cujus auctoritate, & ipsa etiam temporum ratione moveor, ut in Dione non *Λίβωνος ἀδελφὴν*, sed *Λίβωνος θυγατέρα* legendum existimem, quod tamen Dionis mendum potius, quam librarii, oportet credere. In bello civili Pompeium secutus, primum Etruriae, mox, inde pulsus, navibus quinquaginta praefuit. Florus lib. IV. Dio lib. XLI. & Caesar lib. I. & III. Bel. Civ. *Crudelem fuisse, nec mediocri obstrictum aere alieno*, Cicero significat epist. 9. lib. IX. ad Att. *Quid tu*, inquit, *illos Scipiones, quid Faustum, quid Libonem praetermissurum sceleris putas? quorum creditores convenire dicuntur; quid eos autem, cum vicerint, in cives effecturos?* Consulatum anno 719. cum M. Antonio gessit. P. Plautius Hypsaeus jure pro Pompeio contendebat: fuerat enim ejus quaestor bello Mithridatico: id quod in commentario Milonianae significat Asconius; & quaesturae conjunctionem liberorum necessitudini proximam fuisse, patet ex epist. 10. libro XIII.

Concertatio) Prensantium propria. *Concertabant [illegible] jactare*, epist. 10. libro I. ad Att.

Contentio) Majus quiddam est, ut jam diximus in concertatione, quam in studio: itaque Liboni, & Hypsaeo tribuitur contentio, studium reliquis Pompeii familiaribus.

Familiarium) Iterum familiares appellat, & paullo post intimos, ac domesticos, ad augendam suspicionem Pompeii voluntatis: nam familiares, & intimos de alicujus honore, ipso invito, laborare, qui consentaneum est? Sed Cicero interdum, vel Pompeii adductus beneficio (nam, eo contendente, in patriam redierat) vel quod ita sentiret, liberare videtur eum omni suspicione cupiditatis: idque cum illa verba declarant: *In senatu sic egit causam tuam*; tum ea quae sunt in epistola sequenti: *Quem ego ipsum cum audio, prorsus eum libero omni suspicione cupiditatis*. Et epist. 7. *Qui mihi semper tuae laudi favere visus est, etiam ipso suspiciosissimo tempore Caniniano*. Quamquam, non omnino quod ita sentiat, sed ut officio fungatur boni viri, Ciceronem ea scribere crediderim; qui, cum utrique summe deberet, eorum amicitiam libenter conservaret: eoque sum in in hanc opinionem propensior, quod epist. 2. libro II. ad Q. Fratrem, apud quem simulatio necessaria non erat, ambigere se de Pompeii animo significat his verbis: *In ea re, Pompeius quid velit, non dispicio: familiares ejus quid cupiant, omnes vident*.

Cui qui nolunt) Qui amici non sunt. Similiter cum dandi casu, *Fundanio cupio*, dixit ad Q. Fr. Fratr. epist. 2. lib. I. *Favent, & cupiunt Helvetiis*, Caesar lib. I. Bell. Gall.

Quod eam ornasti) Cum ad eum consul frumentariam curationem detulisti.

Nos) Epistolae clausula mirum habet artificium; nam, quia rem inclinatam esse dixerat, veritus ne propterea Lentulo, cui omnia debebat, in aliquam negligentiae, aut etiam ingrati animi suspicionem veniret, avertit a se omnem culpam, excusatione quinquepartita: quod auctoritatis in regia causa minus habeat, quia pro bene de se merito contendat: quod gratiam suam Pompeii gratia major extinguat: quod multi ad Pompeium, ab ejus domesticis, & a rege ipso corrupti, rem deferri velint: quod consulares, ob regiam prapræcipue largitionem, totum consilium de restituendo rege improbent: postremo, quod nonnulli, quorum Lentulus auctoritatem, dignitatem, voluntatemque defenderat, non tam virtutis ejus memores essent, quam laudis inimici; quod perfidiæ vitium & hic perstringere notat, & in sequentibus epistolis 7. 8. 9.

Auctoritatem eo minorem habemus, quod tibi debemus) Epist. 7. *Nostra propugnatio, ac defensio dignitatis tuæ, propter magnitudinem beneficii tui, fortasse plerisque officii majorem auctoritatem habere videatur, quam sententiæ.*

Gratificari) In eo, quod a te causam regiam ad Pompeium transferant.

Multo ante, quam profectus es) Præstat in hac epistola Ciceronis ingenium, & oratoriam calliditatem agnosco; nam exulceratæ res post Lentuli profectionem, argumento esse poterant diligentiæ prætermissæ; id ne objici possit, occurrit his verbis: *Multo ante, quam profectus es*. Quod etiam iterat in epistola sequenti, cum ait: *Totam rem istam jampridem esse corruptam*.

Ab ipso rege) Cum tu hic esses; nam regem ante Lentuli profectionem ab urbe discessisse, Fenestella teste probavimus.

Exulceratis) Corruptis, male affectis: translatione ab ulceribus, quæ serpunt, illato ungue, dilatantur. His autem translationum quasi luminibus, si cujus inter Latinos, Ciceronis maxime splendet oratio. Translata porro verba plus habere jucunditatis, quam propria, quæ tamquam quotidiana fastidimus interdum, ac plus etiam ad significandum valere, satis constat; nam quia comparationes, & similitudines rem plane subjiciunt oculis; ideo translata, quæ nihil aliud, quam breves, & concisæ similitudines sunt, vigere magis in ostendenda re, quam propria, videntur. Sed de translatione Aristoteles, Cicero, Demetrius in primis in illo aureo περὶ ἑρμηνείας libello, quem pater meus, restituendæ cupidus antiquitatis, ante me natum edidit.

Exagitatis) Graviter vituperatis. Sic in Oratore: *Plato, exagitator omnium rhetorum, hunc miratur unum*. Et Cælius epist. 11. lib. 7. *Totus ejus secundus consulatus exagitatur*.

Invidiam) Infamiam, ob apertam regis largitionem; supra: *Senatus religionis calumniam, non religione, sed malevolentia, & illius regiæ largitionis invidia, comprobat*.

Ita versamur) Quasi dicat: Post discessum tuum nihil denuo factum est novi: ita versamur in causa, ut ante quam tu profectus es.

Nostram fidem) Negotiales epistolæ moralibus fere clauduntur sententiis; & vitandæ satietatis causa; quia fastidium parit a primo ad ultimum producta narratio; & quod amici, uti sumus, ita videri volumus.

Præsentes fere cognoscent) Sunt qui legant, *Præsentes tui*: recte fortasse; mihi tamen sententia non arridet; quæ enim hæc amoris, & fidei minime necessaria distinctio? cur non & amor simul cum fide ab omnibus, & fides item simul cum amore a præsentibus cognoscatur? Quanto & planius, & commodius: *Nostram fidem omnes, amorem tui absentis, præsentisque cognoscent*? quod est in duobus antiquis libris: in ceteris autem omnibus, quos quidem ego viderim diverse, non tamen ut sententia mutetur: *Tui absentis, præsentisque tui*. Potest enim servari pronomen iteratum: potest etiam, quod malim credere, iteratum videri scriptoris incuria. Nullo quidem in vetere libro, *Præsentes tui*, legimus; quod ideo testatum esse voluimus, ne quem conjectura minime necessaria delectaret, cum ex antiquis libris commodam elici sententiam videret.

Fides) Qui benevolentiam erga Lentulum consulem, tempori servientes, simulaverant, iidem, post consulatum, debitam ejus meritis fidem absenti non præstiterunt. Videtur consulares indicare, de quibus epist. 5. *Amicum ex consularibus neminem tibi esse video, præter Hortensium, & Lucullum*. Epist. 7. *Vehementer eosdem homines, & eos maxime, qui te & maxime debuerunt, & plurimum juvare potuerunt, invidisse dignitati tuæ*. Et paullo post apertius: *Præterea quidem de consularibus nemini possum aut studii erga te, aut officii, aut amici animi esse testis*. Et ibidem aliquanto post: *Poterat utrumque præclare,* dare, si esset fides, si gravitas in hominibus consularibus: Definitur Fides lib. I. Off. his verbis: *Fides est dictorum, conventorumque constantia, & veritas. ex quo, quamquam hoc videbitur fortasse cuipiam durius, tamen audeamus imitari Stoicos, qui studiose exquirunt, unde verba sint ducta; credamusque quia fiat quod dictum est, appellatam Fidem.* Et lib. IV. de Rep. apud Nonium: *Fides nomen ipsum mihi videtur habere, cum fit quod dicitur.* Hinc illud ad Tironem epist. 12. lib. XVI. *Tu Musis nostris para ut operas reddas: nostra ad diem dictam fient: docui enim te, Fides etymon quod haberet.*

Summa esse debebat) Quod eorum auctoritatem, dignitatem, voluntatemque defenderas.

EPISTOLA II.

A*Ltercatione*) De rege reducendo: cum Caninius Pompeio rem deferri vellet; consul regem neque cum exercitu reduci, neque ab iis, qui cum imperio essent: ita Pompeium excludebat, qui cum imperio erat.

Lentuli) *Marcellini*. Sic appellatur in epist. 2. lib. V. ad Atticum. In quibusdam libris, *Iulii*, non omnino absurde: potest enim intelligi de altero consule L. Philippo, qui sentiebat idem, quod collega. At, ne quem offendat unicum praenomen, exempla occurrunt similia non pauca, ut cum, *Cnaeus*, pro Pompeio Magno scribitur; *Publius*, pro Clodio, Ciceronis inimico; *Sextus*, pro Peducaeo, Attici familiarissimo: praeterea, cum consul nominatur, nonne satis, quis *Lucius* sit, ostenditur, & a ceteris Luciis distinguitur?

Caninii) Pro Pompeio contendentis. Consules autem vel non reduci regem volebant, vel non ab iis reduci, qui cum imperio essent, sed a privatis, ex Bibuli sententia: ita Pompeius, & Bibulus excludebantur. Infra: *Bibuli sententiam consules valere cupierunt.* Caninius hic potest esse Rebilus ille, qui mortuo pridie Kal. Ian. Q. Fabio consule, subrogatus est, ut in reliquas tantum eius diei horas consulatum gereret: epist. 30. lib. VII. *Meruit in Gallia Caesare imperatore.* Hirtius lib. VIII. Bel. Gal.

Tribuni pl.) Si cum consule altercatur, nimirum est in senatu: itaque falsa videri potest Valerii doctrina: cujus haec sunt lib. II. cap. 2. *Tribunis pl. intrare curiam non licebat: ante valvas, positis subselliis, decreta patrum examinabant.* Quod refellunt exempla prope innumerabilia: quorum unum afferam ex epist. 5. *In senatu a Catone aspere & acriter, summo magno silentio, est accusatus.* Verum ad prisca fortasse tempora Valerius respexit: cum praesertim dicat, *Non licebat*; &, *Examinabant*: tamquam consuetudine mutata. Nam, cum tribuni pl. senatores non erant, tunc iis non licuisse curiam intrare, ratio magis probat: postea, nisi senatorii essent ordinis, non videntur petiisse tribunatum, quod Suetonius in Augusto docet his verbis: *In locum demortui tribuni pl. candidatum se professum ostendit, quamquam patricius, necdum senator.* Et infra: *Comitiis tribuniciis, si deessent candidati senatores, ex equitibus Romanis creavit, ita ut, potestate transacta, in utro vellent ordine, manerent.* Id Gellius quoque comprobare videtur lib. XIV. cap. 8.

Tuae voluntatis) Auctoritatem senatus Lentulus consul acerrime defendit: unde illud epist. 9. *Sensus bonorum senatus abs te actus est.* Quibus enim consulibus nova quaedam, & extraordinaria imperia placerent, ii, contempto senatu, populi studium, & benevolentiam aucupabantur: qua via Caesar usus ad singularem potentiam pervenit.

Ordinum) Princeps ordo, summus, amplissimus a Cicerone Senatus vocatur, distinguendi gratia: tres enim erant ordines in civitate, primo loco senatus, secundo equites, postremo ii, qui neque senatores, neque equites erant, qui, de plebe, dicebantur. Sed quoniam Ordinis nomen honestatem quamdam significat; idcirco, plebeius ordo, de veteribus, quod sciam, nemo dixit; cum tamen, *tertius ordo*, aut *infimus ordo*, diceretur, plebem ipsam significantes; at senatorii ordinis, equestris ordinis creberrima mentio. Id puto caussae fuisse; quia plebs ex ingenuis tota non constabat; cum in ea libertini essent; quos Ordinem parum proprie vocari,

Pedia-

Pedianus ostendit; nam cum de iis, *O moderatum ordinem*, Cicero dixisset; subjungit hæc: *Libertinos significat; quorum non conditionem, sed mores suos, quasi honestiorum ordinum notat.*

[illegible]) Quam alienaverat regia largitio.

Appellandis) Nominandis.

Rogandisque) Vt sententiam dicerent, rogabantur enim & a privatis sententiæ: quod hic locus indicat; & infra: *Multi rogabantur, atque id ipsum consulibus invitis.* Mos quidem erat, ut sententias rogaret magistratus is, qui ad senatum retulerat. Exemplum habemus apud Ciceronem de Lupo tribuno pl. in ep. 1. ad Q. Fratrem.

Sententia prima Bibuli) Si ratio gesti consulatus haberetur, primus rogari sententiam debuit Hortensius, secundus Volcatius, tertius Bibulus: sed, quia consules Hortensium favere Lentulo, Volcatium Pompeio, Bibulum utrique infensum esse intelligebant, ideo vel primo loco Bibulum rogarunt: (nam, quem vellent, rogare primum poterant, ut Cicero epist. 11. lib. I. ad Att. & Suetonius in Iulio docet) vel certe cum ordinem in rogando servassent, primam tamen pronunciari Bibuli sententiam voluerunt: cujus exemplum beneficii habemus in epist. 12. lib. X. *Cum Servilius gratia effecisset, ut sua sententia prima pronunciaretur; frequens eum senatus reliquit, & in alia omnia discessit.* Erant autem ii, quorum sententiæ primæ pronunciarentur, ideo conditione meliore, quia, si plures in eorum sententiam transirent, fiebat S.C. neque reliquorum sententiis locus erat.

Tres legati) Ex iis, qui privati erant.

Hortensi) Cum quo Lucullus, & Cicero sentiebant.

Divideretur) Quia de religione, & de tribus legatis simul deliberandum censebat: quod si esset factum, utrumque simul rejici, aut utrumque simul probari necesse erat. quam consuetudinem egregie Pedianus expressit his verbis: *Cum aliquis in dicenda sententia duas pluresve res complectitur, ut si non omnes probentur, postulatur, ut dividatur, id est, de rebus singulis consulatur.* Et cum subjungit: *Multi secundum hoc verbum pronunciant, Divide*; ostendit jus postulandi, ut sententia divideretur, non consulibus tantum, sed senatoribus etiam fuisse. Festus etiam sic: *Numera senatum, ait quivis senator consuli, cum impedimento vult esse, quo minus faciat S. C. postulatque ut eas res, quæ afferuntur, dividantur; aut singuli consulantur; aut, si hi non sint senatores, quo numero liceat perscribi S.C.*

De religione) De Sibyllinis versibus regem reduci cum exercitu vetantibus.

Cuique rei jam obsisti non poterat) Satis implicata sententia videretur, sed, ut arbitror, explicabitur hoc modo. Quatenus de religione loquebatur, & in quo jam obsisti non poterat, Bibulo assensum est; epist. 1. *Hortensii, & mea, & Luculli sententia cedit religioni de exercitu: teneri enim res aliter non potest.* Obsisti autem ideo non poterat, quia factum jam erat S. C. regem cum multitudine reduci, periculosum reipubl. videri. Antiqui libri omnes, qui apud me sunt, *Clam*, habent, pro, *Iam*: quod mendosum esse constat.

Ierunt in alia omnia) *Ire in alia omnia*, & *Discedere*, & *Transire*, pro dissentire, veteres dicebant, de quo Festus his verbis: *Qui hoc censetis, illuc transite, qui alia omnia, in hanc partem: his verbis prætor videlicet consulit; ne dicat, qui non censetis*; sic loquutus est Cælius epist. 13. lib. VIII. *Cum primo M. Marcelli sententia pronunciata esset, qui agendum cum tribunis pl. censebat; frequens Senatus in alia omnia iit.* Et Cic. ep. 12. lib. X. *Cum gratia effecisset, ut sua sententia prima pronunciaretur; frequens eum senatus reliquit, & in alia omnia discessit.* Epist. 1. lib. XI. ad Att. *Ibatur in eam sententiam.* Hirtius lib. VIII. Bell. Gall. *Discessionem faciente Marcello, senatus frequens in alia omnia transit.*

Cum Lupus) Sive, *Cum*, sive, *Tum*, sive, *Cui*, legatur; in quo scripti libri dissentiunt, parvi refert; nihil enim aut additur ad sententiam, aut detrahitur.

Intenderet) Sic antiqui libri, quos viderim, omnes, non, *Contenderet*. Pro Quintio: *Qui sibi rem nuper edidit falsam, quam, quo modo non intenderit, ut in [illegible] quidem [illegible] [illegible]*

[illegible]

demonstraret fuisse. Hoc autem intendebat Lupus, cum ipse de Pompeio, sine controversia principe civitatis, retulisset, non se oportere discessionem facere, quam consules: quod verebatur, ne, si de Hortensii sententia, quae Lentulum decernebat, discessio fieret, major senatorum numerus eam probaret.

Discessionem facere) Aut, discedendi potestatem facere senatoribus de sua sententia: aut, discessionem ipsum facere; quia primus de sua sententia discessionem facere soleret is, qui retulisset; deinde senatores alii sequerentur. Quaeri potest, cur non idem Bibulo Lupus, quod Hortensio opposuisset, ut de sua sententia discessionem ipse faceret, ante quam consules. Quia senatoribus non admodum ejus probari sententiam, nec ab eo, sed ab Hortensio, timendum intelligeret.

Iniquum & novum) Iniquum, & novum est, ut in discessione facienda, quod tribunis pl. placeat, fiat potius, quam quod consulibus.

Multis partibus plures) Qui sic explanant, visisse consules in Hortensii sententiam plures ituros a multis partibus, id est, hinc illinc, parum omnino agnoscunt purissimam & ornatissimam locutionem, qua elegantissimi ejus aetatis viri suis in scriptis eleganter usi sunt. *Multis partibus plures*, Multo plures. Eodem modo Caelius epist. 9. lib. VIII. *Turpe tibi erit, Patiscum Curioni decem pantheras misisse, te non multis partibus plures*. In Academicis: *Quibus efficitur solem multis partibus majorem esse quam terram*. Lib. III. de Fin. *Multis partibus malis*, pro *multo malis*. Caesar lib. III. Bell. Civ. *Ea fama jam praecurrerat de praelio Dyrrachino, quod multis auxerat partibus*. Ibidem infra: *Exercitus numero multis partibus inferior*. Suetonius in Iulio: *Summotas adversariorum copias multis partibus ipse pauciores facile superaverunt*.

Aperte) Simulabant Pompeii caussa: sed consules, oratione Ciceronis reconciliatam Lentulo senatus voluntatem intelligentes, diem consumi passi sunt, ne discessio fieret: cum nec a Lentulo, nec a Pompeio regem reduci vellent, sed aut a privatis, ex Bibuli sententia, quam senatus jam improbaverat; aut omnino non reduci: quod factum est.

Rogabantur) A senatoribus, varie sentientibus: cum alii Pompeio, alii Lentulo faverent: alii aliter sentirent: ipse etiam Cicero rogaverat; dixit enim: *Quod tum dicendo, tum singulis appellandis, rogandisque perfeceram*.

Eo die) Cum de certo die loquimur, virili utimur genere: cum de tempore, muliebri: confirmarat exemplis, quo magis miror Nonium contra sentire; scripsit enim haec: *Diem veteres, cum feminino genere dicimus, tempus significare; masculino, diem ipsum: nos contra intelleximus*. Turpilius Pedio: *Quando equidem amorem intercepedine ipsa leniet dies*; id est, ipsum tempus. Pacuvius Dulorestes: *Certam despondit: nuptiis hanc dat diem*. Virg. Aeneid. lib. II. *Jamque dies infanda aderat, mihi sacra parari*. Haec Nonius: verum haec fortasse licentia tribuitur Poetis; quorum testimoniis usus est.

Apud Pompeium coenavi) *Coenare apud aliquem*, interdum est & ejus domi, & cum eo coenare; quod hic locus ostendit, & ille epist. 9. *Coenavit apud me in mei generi Crassipedis hortis*. Interdum autem, ejus quidem domi, non autem cum eo coenare; ut epist. 12. libro quarto ad Atticum: *Postridie Kal. coenat apud me cum Pilia*. *Apud me*, inquit, id est, domi meae: quamquam ipse abesset. Coenarum usus non idem semper apud veteres fuit. Primum, cibus meridie sumtus *coena* vocabatur, vesperi *vesperna*: postea meridianus cibus, quem non ordinarium fuisse e Celso constat, *prandium* appellatum, vespertinus autem *coena*, de quo sic Festus: *Coena apud antiquos dicebatur, quod nunc est prandium; vesperna, quam nunc coenam appellamus*. Et alio loco: *Vesperna apud Plautum coena intelligitur*. Et Isidorus lib. XX. cap. 2. *Est etiam coena vespertinus cibus, quam vesperninam antiqui dicebant; in usu enim non erant prandia*. *Merendam* veteres dixisse pro prandio, quod scilicet medio die caperetur, auctor est Festus. Nonius autem: *Merenda cibus est, qui post meridiem datur*. Idem Isidorus: *Merenda est cibus, qui declinante die sumitur*,

mitur, quasi post meridiem edenda, & proxima coenae: unde & antecena a quibusdam vocatur: item merendare, quasi meridie edere. Sed Festus de priscis temporibus loquitur, cum merenda scit pro prandio; Nonius de suis, cum inter prandium & coenam merenda in usu esset; qui mos hodieque retinetur. Quinquies igitur quotidie capi solitum esse cibum, quod a paucis tamen factum existimo, animadvertitur: mane, quod *jentaculum* dixere; meridie, *prandium*; post meridiem, *merendam*; vesperi, *coenam*; post coenam, *commissationem*. Sola coena quotidie in usu fuere: prandia nec, ut opinor, apud omnes, (de Romanis loquor) & aestate potius, quam hieme; quod Celsus lib. IV. & VII. docet.

Humanissimus) Eo enim die senatus voluntas Lentulo reconciliata videbatur. Itaque, quod in prosperis rebus plus habet auctoritatis oratio nostra, quam in adversis; propterea magis idoneum, quam unquam antea, tempus illud Cicero judicavit cum Pompeio colloquendi.

Cum ille tacuisset) Qui scribunt, *loquutus*, potius quam, *locutus*, contra Prisciani auctoritatem faciunt; is enim libro primo: *Q in quibusdam participiis transfertur in C, ut sequor secutus, loquor locutus.*

Hominis) Sic saepe veteres loquebantur, cum indicare vellent eum ipsum, quem antea nominarant: epist. 1. lib. III. *Valde hominem diligo*. Et in Verrem: *Nosti os hominis*.

Suspicione cupiditatis) Orta ex concursatione, & contentione Libonis, & Hypsaei, omniumque ejus familiarium studio, ep. 1.

Omnium ordinum) Dixi jam, constare civitatem e tribus ordinibus.

Jampridem) Multo ante, quam professus es, ep. 1.

Certis hominibus) Intimis, ac domesticis Pompeii.

Non invito rege ipso) *Ab ipso rege*, dixit, epist. 1.

Corruptum) Ne putemus, corruptum Pompeium significari, quem liberavit jam omni suspicione cupiditatis: sed hoc in ejus familiares confertur.

Ad XVI. Kal. Februar.) Ergo, pridie fuerat, XVII. Kal. quo die sententiam esse dictam ostendit; at enim qui dies in Januario mense post idus sequitur, est XIX. Kalend. Februar. non XVII. quo ne moveamur, sciendum est, Januarium tunc habuisse tantum XXIX. dies, Numae regis instituto, qui annum Lunae cursu dimetitus est. Caesar autem dictator annum ad cursum Solis accommodavit, binis diebus in Januarium, Sextilem, Decembrem insertis; ut tricenos singulos haberent dies, qui XXIX. tantum habuerant: Macrobius, Suetonius, alii.

Perfidia & iniquitate) Perfidia, invidorum; iniquitate, inimicorum.

Popularem actionem) A populo magis in regis causa, quam ab senatu, timendum erit; nam Cato, & Caninius, tribuni pleb. male erant erga Lentulum animati: & Cato rogationem postea promulgavit, ut imperium Lentulo abrogaretur: Caninius alteram legem, ut Pompeius cum duobus legatis regem reduceret: epist. 5. Plutarchus in Pompeio.

Agi cum populo) A tribunis pl. *Agere cum populo*, est, ut Messalla docet apud Gellium lib. XIII. cap. 15. *Rogare populum, quod suffragiis suis aut jubeat, aut vetet*. Festus autem: *Cum populo*, inquit, *agere est, populum ad concilium, aut comitia vocare*. Quod eodem spectat; non enim populus aut ad concilium, aut ad comitia vocabatur, nisi ut suffragiis vel juberet aliquid, vel vetaret.

Salvis auspiciis) Genus illud auspiciorum, quod, *servare de coelo*, dicebatur, significat; neque enim lex ferri, aut omnino agi cum populo poterat eo die, quo magistratus de coelo servaret: quae *spectio* vocabatur: eoque auspiciorum genere non augures, sed magistratus, non modo majores, verum etiam minores utebantur. Impedire actiones tribunicias vel ope magistratus, qui comitialibus diebus de coelo servaret, Cicero cogitabat; vel, si lex ferretur, alicujus tribuni pleb. intercessione: propterea subjungit, *Aut salvis legibus*: nam intercessioni parendum legibus erat. Nihil, inquit, a populo timendum, si modo auspicia, aut leges valebunt: quae stante rep. valeant, necesse est. Haec duo legis impediendae genera nominan-

nominantur in oratione pro Sextio: *Victa est causa reip. non auspiciis, non intercessione, non suffragiis; sed vi, manu, ferro.* Et Phil. I. *Quaeret, quid sit, quo aut ego, aut quisquam vestrum, P. C. bonis tribunis pl. leges malas metuat; paratos habemus, qui intercedant; paratos, qui remp. religione defendant.* Religionis enim nomine auspicia magistratuum significat. Habebat autem Cicero sui studiosissimos ex collegio tribunorum, quos vel ad servandum de caelo, vel ad intercedendum facile posset adducere, Racilium, & Plancium; epist. 1. libro secundo ad Qu. Fratrem.

Aut denique fiet vi) Cur hoc tertium addit? Ut ostendat, si tribunos pl. nec auspicia, nec intercessio deterreat, populum tamen ipsum novas leges non esse probaturum: itaque praeter vim, qua tribuni pl. nonnunquam in ferendis legibus utebantur, nihil timendum. De hac ipsa vi sic in epist. 2. lib. II. ad Qu. Fratr. *Suspicor Caninium per vim rogationem perlaturum.* De eadem, & simul de populi studio erga Lentulum, epist. 4. *Ego tibi a vi, hac praesertim imbecillitate magistratuum, praestare nihil possum: vi excepta possum confirmare, te, & senatus, & populi Romani summo studio amplitudinem tuam retenturum.* Vis autem illa significatur, cum seditiosi tribuni pl. ut suas rogationes perferrent, eam populi partem, quae bene de rep. sentire videbatur, armis foro excluderent, operas autem ad suffragia ferenda inducerent. Describitur haec vis cum in aliis orationibus, tum in Phil. I his verbis: *Forum saepietur: omnes claudentur aditus: armati in praesidiis collocabuntur, &c.*

De his rebus) Ut omnino tribuni pleb. nihil agere cum populo possent, quod Lentuli dignitatem imminueret.

Pridie) XVII. Kal. Febr. quo die breviter in senatu sententiae dictae sunt.

Auctoritas) Cum senatus legitimus, id est, quo loco, quo die, quo numero, a quo magistratu oporteret, habitus, aliquid vel de publica, vel de privata re decreverat; tum si ex collegio tribunorum pleb. nemo intercedebat, rata senatus voluntas erat, & S. C. dicebatur; eoque nomine inscriptum publicis tabulis consignabatur; sin autem vel senatus non legitimus aliquid decreverat, vel tribunus pl. intercesserat; infirmum, ac prorsus irritum decretum illud erat, nec S. C. sed senatus auctoritas vocabatur: propterea quod auctoritatem quandam publicis tabulis tantum senatus voluntas habere videbatur. Testis Livius libro quarto: *Si quis, inquit, intercedat, S. C. auctoritate se fore contentum.* Testis Dionis historia; nam cum Q. Cassius Longinus, & M. Antonius, tribuni pl. intercederent, quo minus fieret S. C. de Caesare ex Gallia revocando; cumque senatus Pompeio deditus, a Caesare alienus, propterea vestem, ut in adversa tristique re, mutasset; tamen ne sic quidem factum esse S. C. sed perscriptam sententiam esse, Dio lib. XLI. significat. Idemque lib. XLII. cum S. C. intercederent tribuni pleb. senatus tamen auctoritas perscripta est. Planissime autem lib LV. his fere verbis: Si quando aliquid senatus decrevisset, nec legitimus senatorum numerus adfuisset: non inerat in eo vis S. C. sed auctoritas senatus dicebatur, quae tantum consisteret eorum, qui tunc adfuissent, voluntas, & sententia: observatum idem est, cum vel senatus alieno loco, aut tempore, aut non legitimo edicto habitus esset, vel tribuni pleb. intercessissent, impedito enim S. C. exstare tamen senatus voluit sententiam suam. Accedit Ciceronis testimonium in epist. 7. *S. C. nullum exstat, quo reductio regis Alexandrini tibi adempta sit; eaque, quae de ea scripta est, auctoritas, cui scis intercessum esse, ut ne quis omnino regem reduceret, tantam vim habet, ut magis iratorum hominum studium, quam constantis senatus consilium esse videatur.* Et ibidem paullo post: *Offensionem esse periculosam propter interpositam auctoritatem, religionemque video.* Et epist. 2. lib. IV. ad Attic. *Nondum etiam erat allatum, quo modo Caesar ferret de auctoritate perscripta.* Loquitur ibi Cicero de S. C. ab intercedentibus Cassio, & Antonio, tribunis pl. impedito, quod ex Dione jam ostendimus. Nec dubito, quin de auctoritate perscripta, cum senatus decreto intercessum esset, Cicero significet libro tertio de Legi-

Legibus in eo loco: *Senatus decreta, quae fiunt; ubi ei potestas per majores prohibetur, perscripta servantur.* Quae licet exempla satis hunc morem ostendant; ut dubitatio tamen omnis auferatur, adscribemus verba S.C. quod Caelius inclusum epistolae ad Ciceronem misit: *Si quis huic S. C. intercesserit; senatui placere auctoritatem perscribi, & de ea re ad senatum, populumque referri.* Et in alio ejusdem S.C. capite: *Si quis huic S.C. intercessisset, auctoritas perscriberetur.* Huic opinioni locum adversari Ciceronis in oratione pro Dejotaro, aliquis fortasse dixerit: *Cum audisset Dejotarus*, inquit, *senatus consentientis auctoritate arma sumta, consulibus, praetoribus, tribunis pleb. nobis imperatoribus remp. defendendam datam.* Senatus auctoritatem vocat in ea re, de qua S. C. esse factum, Caesar ostendit lib. I. de Bello Civili: *Decurritur*, inquit, *ad illud extremum, atque ultimum S. C. quo nisi paene in ipso urbis incendio, atque desperatione omnium salutis, nunquam ante descensum est: Dent operam consules, praetores, tribuni pl. quique proconsules sunt ad urbem, ne quid resp. detrimenti capiat.* Haec S. C. perscribuntur ad VII. Id. Jan. Hoc argumentum duplici ratione refellitur; vel quod, cum S. C. illud contra Caesarem belli civilis initio factum esset; nec tribunis pleb. ad intercedendum paratis, locus esset; non auderet Cicero, ad Caesarem, jam omnia tenentem, pro Dejotaro rem suppliciter agens, S. C. appellare: praesertim cum sciat, a tribunis pleb. Antonio, & Cassio intercedere licuisset, quod Pompejanorum factione non licuit, S. C. esse non potuisse; itaque sapienter, tempori, causaeque serviens odiosum Caesari vocabulum Cicero vitavit, a quo salutem Dejotari regis impetrare cupiebat. Altera est ratio, mihi quidem valde probata, quod senatus auctoritas non semper decretum illud significat, quod ex senatusconsulti vim & nomen haberet, intercessione habet; sed ubi nulla intercessionis mentio fit, pro ipso accipitur S. C. ut in Oratione in Pisonem: *Quam provinciam P. Lentulus cum & senatus auctoritate, & sorte haberet, deposuisset.* Significat enim a Lentulo depositam Ptolemaei regis reductionem: quam ei senatusconsulto esse mandatam, supra demonstratum est; & in ea pro Domo: *Ex senatus auctoritate & senatum, & omnes bonos mutata veste vidi.* Senatus auctoritatem appellat, cum tamen S. C. de mutanda veste factum esset, quod ex oratione pro Sextio cognoscitur. In Vatinium: *Ne hoc quidem senatui relinquebas, ut legati ex ejus ordinis auctoritate legerentur?* Quis non intelligit, *Ex ejus ordinis auctoritate*, pro, ex S.C. dictum esse? cum paullo post sequatur: *Quis legatos unquam audivit sine S. C.? ante te nemo.* Ergo, senatus consentientis auctoritate arma sumta, idem valet, quod universo approbante senatu, decreto senatus universi.

Intercessissent) *Intercedere*, modo est impedire, ut infra: *Cui cum Cato, & Caninius intercessissent, tamen est perscripta*: modo intervenire, ut hic, & epist. 2. lib XV. *Cum vestra auctoritas intercessisset, ut ego regem Ariobarzanem tuerer.* & epistola quarta ejusdem libri: *Studii quam eram amplissima senatus, populique Romani de me judicia intercedere.* Eodem sensu dixit Caelius epist. 6. lib. VIII. *Significatio ullo si intercesserit; clarius, quam decet, aut expediet, fiet.* Et in Verrem libro secundo: *Cum Imperatoris populi Romani auctoritas legatorum decretis dignitas S. C. intercederent.*

Intercessissent) Impedivissent, ne S.C. fieret: ideo senatus auctoritas, S. C. impedito, perscripta est; intercedere enim, proprie tribunorum pl. fuit, quamquam participes ejus fuisse potestatis omnes, qui eadem potestate, qua ii, qui S. C. facere vellent, majoreve essent, docet Gellius ex Varrone lib. XIV. cap. 7.

De ceteris rebus) A negotio transit ad officium: id quod, absoluta narratione, vel ad augendam ejus, ad quem scribitur, spem, vel ad leniendum dolorem valere plurimum solet. *Ceteris rebus*; dixit, non quaecumque ad Lentulum, sed iis, quae ad regis reductionem pertinere viderentur.

Cura, opera, diligentia, gratia) Quia neque cura sine opera, nec opera sine diligentia sufficit, ideo conjungit haec tria: ratus, quod haec simul omnia,

nisi

nisi accedat gratia, valde non proficiunt; gratiam adjungit: æque ac si dicat: Quidquid gratia valebo, valebo tibi.

EPISTOLA III.

A *Trebonio*) Non dubito, quin fuerit equestris ordinis; nam negotiari senatoribus non modo turpe fuit, verum etiam veteri lege non licuit. Livius lib. XXI. Q. *Claudius tribunus pl. legem tulit, ne quis senator, cuive senator pater fuisset, maritimam navem, quæ plus, quam trecentarum amphorarum esset, haberet, id satis visum ad fructus ex agris vectandos.* Præterea, splendoris mentio pertinere ad equitem videtur.

Provincia) Cilicia.

Magna) Iure igitur a me commendatur.

Ampla) Multis in locis: nam, si uno loco essent, minus esset necessaria commendatio. Sæpe ad rei magnitudinem additur amplitudo, ut in epist. Cæcinæ lib. VI. *Quamquam id magnum & amplum est.* De Invent. Lib. I. *Magna, & ampla pars.* Pro Sextio: *Non adgrediar ad illa maxima, atque amplissima.*

Expedita) Impedita enim, ac tibi molestiam afferrent, haud libenter tibi commendarem.

Multos annos utor valde familiariter) Usus commendationis est causa; quo enim utimur, eum commendare debemus: sed, si hoc accedit, ut & multos annos, & valde familiariter utamur, officio non solum justo, verum etiam prope necessario ad commendandum impellimur.

Suo splendore) *Sæpe splendorem* Cicero tribuit equitibus Romanis, ut ep. 18. lib. XII. *Magnam ex eorum splendore & observantia capies voluptatem*: & epist. 27. ejusdem libri: *Sex. Aufidius splendore equitis Romani nemini cedit.* In oratione pro Roscio Amer. *Equestrem splendorem* nominat. Est autem splendor in equite, dignitas non ex aliquo magistratu parta, sed ex ipso ordine, qui fuit in civitate honestissimus; probatur ipso interprete Cicerone, cujus hæc sunt in oratione pro Cælio: *Objectus est pater varie, quod aut parum splendidus ipse, aut parum pie tractatus a filio diceretur. De dignitate, Cælius notis ac majoribus natu etiam sine mea oratione tacitus facile ipse respondeat.* De dignitate dixit, cum ad illud, *Parum splendidus*, responderet, ex quo apparet, splendorem, & dignitatem in equite idem esse.

Ceterorum) Bonus igitur vir, qui abundet amicis.

Gratissimus in provincia fuit) Ne me putes ignotum hominem tibi commendare. Malim, *Gratiosissimus*: cum sequatur, *se apud te gratiosum fore*, nec omnino loquendi modus placeat: Gratum esse aliquem in provincia. Significat autem, apud eos potius, qui provinciæ præfuerunt, gratiosissimum fuisse, quam apud provinciales, privatique juris homines.

Tuum in me amorem) Omnibus notissimum & beneficii tui magnitudine, & acerbitate meorum temporum.

Nostramque necessitudinem) Mutuus amor ostenditur, nec sine causa; hoc enim significat: Quia tu me amas, Trebonium futurum sperat, ut id, quod cupio, consequatur: quia vero ego te verissime amo, dignum esse me, qui hoc impetrem, arbitratur.

Libertos, procuratores, familiam) Apparet, id quod Cicero dixit, magna fuisse, & ampla Trebonii negotia: cum ea liberti, procuratores, servi tractarent: sic epist. 30. lib. XIII. *Tantum enim existimes, si negotia Lænia, procuratores, libertos, familiam quibuscumque rebus opus erit, defenderis, &c.* Liberti, ut meliore, quam servi, jure sunt, cum civitatem adipiscantur; sic deteriore, quam ingenui, cum honores non capiant. Sunt autem vel singulorum hominum, quibus antea serviebant, vel societatum, vel fanorum, vel oppidorum beneficio liberati: si singulorum, ab iis prænomen, & nomen sumebant, retento servili nomine, quod post manumissionem tertio loco quasi cognomen ponebatur, ut *M. Tullius Tiro*: si societatum, earum nominibus utebantur, *Asiatici*, similiter liberti vocati: si fanorum, ab iis appellabantur, ut *Venerii*, *Mercuriales*, *Capitolini*: si oppidorum, ab iis quoque, ut a *Faventia Faventini*, a *Reate Reatini*. Romæ mos antiquus immutatus est: nam cum liberti Romani dicti essent, ad

simili-

similitudinem libertorum municipalium, postea magistratus nomina, qui eos liberarent, acceperunt. In servis tamen publicis, quæ in libertis est amissa, vetus appellatio mansit: semper enim dicti sunt, publici servi Romani. *Hæc tota de re M. Varro*, sed obscure satis, nos tamquam interpretes, quam planissime fieri potuit, eius doctrinam studuimus explicare. *Possessivos* vocat, vicarios huius sui: *familiam*, servos, ut in Bruto: *Cum insimulavit eius familiam, partim visam liberi hominis societatis ejus*.

T. Ampius) Qui ante Lentulum Ciliciæ præfuerat, prætorius, non consularis. *T. Ampium* tribunum pl. nominat Velleius libro II. qui cum T. Labieno collega legem tulit, Cicerone consule, ut Pompeius, post Victoriam Mithridaticam ludis Circensibus corona aurea, & omni cultu triumphantium uteretur, scenicis autem prætexta, coronaque aurea. Inter tribunatum autem, & præturam cum anni quatuor intersint, prætor fuisse videtur Pisone & Gab. Coss. id est, quadriennio post Ciceronem consulem, & anno sequenti, Lentulo & Metello Coss. ivit in Ciliciam; eique postero anno Lentulus, Marcellino & Philippo Coss. successit. Itaque ratio temporum probare videtur, Ampium qui Ciliciæ præfuit ante Lentulum, eum esse, quem nominat Velleius. Nec tamen eum negaverim esse posse, qui civili bello delectum habuit pro Pompeio, ut epist. 11. lib. VIII. ad Att. & ad quem exsulem epistolæ Ciceronis exstant lib. VI. & lib. X. Cæsar quoque Pompeianum indicat fuisse lib. III. Bel. Civ. cum ait: *Reperiebat, T. Ampium conatum esse tollere pecunias Epheso ex fano Dianæ, ejusque rei causa senatores omnes ex provincia evocasse, ut, iis testibus, summæ pecuniæ uteretur; sed interpellatum adventu Cæsaris profugisse*. Legebatur olim in vulgatis libris, *T. Appius*, mendo manifesto: quia duo prænomina simul esse non possunt. ideo reposuimus, conjecturam secuti, *T. Ampius*: quam postea coniecturam veteres aliquot libri comprobarunt. Medicæus tamen, & alii nonnulli, *Tampius*; quod reprehendere non ausim, cum Tampiorum quoque familiam Romæ fuisse videam.

Non vulgarem) Non quo genere vulgo utimur in iis commendandis, quorum causa minimum laboramus; verum accuratam, exquisitam, amoris, ac studii plenam.

EPISTOLA IV.

A. d. XVI. *Kal. Febr.*) Continuo triduo, idibus, XVII. & XVI. Kal. actum est in senatu de reductione regis; comitialis dies fuit, quo hanc epistolam Cicero scripsit XV. Kal. ut ex ep. 2. lib. II. ad Qu. Fr. cognoscitur. Iis tribus diebus cur nihil sit confectum, variæ quidem obstitere causæ, sed uno nomine omnes, nimirum tribunorum pleb. iniquitate comprehenduntur, nam idibus Caninius tribunus pl. eousque cum Lentulo consule altercatus est, ut diem consumseri. XVII. Kal. ne discessio fieret in Hortensii sententiam, quæ Lentulo decernebat, ut regem reduceret; Lupi tribuni pl. iniqua, & nova prohibuit oratio. XVI. Kal. res ab adversariis Lentuli, id est, tribunis pl. extracta est variis calumniis.

Pulcherrime) Honestissime, perhonorifice.

Steteramus) Translatio a pugnantibus, qui *stare* tunc dicuntur, cum eum, quem cepere, locum obtinent; quod fortitudinis est.

De tribus legatis) Privatis; qua sententia Lentulus, & Pompeius excludebantur, qui erant cum imperio.

Pridie ejus diei, scilicet a. d. s. l. f.) Dicit quod supra in epistola 2. in qua ita scripsit: *De tribus legatis, frequentes ierunt in alia omnia*. Sed cum ibi factum id esse dicat, die qui consecutus est idus Ian. hic autem die, qui XVI. Kal. Febr. præcessit, fuere, qui dum arbitrarentur Ianuario mensi, ut nunc, ita tum alterum, & unum fuisse dies, corruptum esse locum crediderunt: videntes hanc diem, ut quidem ipsi numerabant, aliam esse ab ea, quæ est in epistola 2. cum tamen eamdem esse oporteret, quod ubique dubio locus hic alter de tribus legatis repetitio prioris esset; quod si ad rationem ejus anni, quo scripta est epistola, supputassent, & locum carere mendo, & eamdem quam in 2. epistola diem significari, cognovissent; suis

fuit enim tunc Ianuarius mensis tantummodo XXIX. dierum, postea Iulius Caesar annum corrigens, binos addidit, &, ut tricenos singulos haberet, qui antea tantummodo XXIX. habuerat, effecit; auctor Macrobius.

Frangeremus) Pergit in translatione; nam, frangere impetus adversarii, de pugnantibus usurpatur; significat, quod in ep. 2. dictum est: *De tribus legatis frequentes ierunt in alia omnia.*

Concideret) Tertium, & ultimum translationis verbum; longius autem producta, similitudo potius, quam translatio, videretur.

Sententia Volcatii) Ut Pompeius regem reduceret; de quo Lupus tribunus pl. retulerat.

Adversariis) Praesertim tribunis pl. de quibus infra: *Nemo est enim, qui nesciat, quo minus discessio fieret, per adversarios tuos esse factum: qui nunc, populi Romani nomine, re autem vera sceleratissimo latrocinio, si quae conabuntur agere, satis provisum est, &c.*

Variis calumniis) Senatores quam eam rem, de qua sententiam rogabantur, perfici nollent, longa oratione, ut diem consumerent, utebantur. Ius enim erat, ut sententiam rogati dicerent ante, quidquid vellent alius rei, & quoad vellent; quod in libro de Officio senatorum Capito scriptum reliquit. Hac igitur potestate, improbo, astutoque consilio rem extraxerunt Lentuli adversarii, cum alius alia diceret, ut diem eximerent: quod est factum. *Varias calumnias* vocat Cicero varias caussas fiste inductas, varia figmenta, cum nihil verum, nihil ex animo loquerentur, sed tantum ut rem ducerent, diemque dicendo extraherent. Sic 2. lib. II. ad Fratrem: *Per obtrectatores Lentuli res calumnia extracta est.*

Frequenti senatu) Cum adessent plurimi senatores. Plures quadringentis in senatu adfuisse, bis omnino, ut mea memoria est, legi; cum, in oratione post reditum in senatu, cum, ep. 10. lib. I. ad Att.

In magna varietate) Sic tres mei, sic & unus Alberti Ferri, optimi eruditique adolescentis, & duo praeterea Sigonii veteres libri. Varietatem autem sententiarum dicit; hoc enim in primis honorificum, in magna varietate, magnaque invidia, caussam tamen obtinere; in quo suum officium tacite Cicero commendat. Quis enim nescit, operam officiumque nostrum laudari magis, ubi quid obtinemus in magna sententiarum varietate, quam si varietas non magna sit? Sententias quinque varie decernentium exposuit in prima epistola; Hortensii, de reductione regis uni Lentulo mandanda; Crassi, de tribus legatis, etiam ex iis qui cum imperio essent; Bibuli, de tribus item legatis, sed ex iis tantum, qui privati essent; Servilii, ne rex reduceretur; Volcatii, ut reduceretur a Pompeio; ut magnam fuisse varietatem sententiarum necesse sit, ubi Lentulo consulares quatuor, Crassus, Bibulus, Servilius, Volcatius, adversarentur; in qua tamen varietate caussam Lentulus obtinuisset, nisi variis calumniis ab ejus adversariis extracta res esset. Ep. 2. lib. II. ad Qu. Fr. *Per obtrectatores Lentuli res calumnia extracta est.*

Invidia) Consularium: de quibus in ep. 1. *Si esset in iis fides*. In 2. *In summa hominum perfidia*. In 5. *Eandem fidem hominum*. Et ibidem: *Si quid hominum perfidia detraxerit*. Et in extremo: *Amicum ex consularibus neminem tibi esse video*. In 6. *Proditores appellat*. In 7. *Vehementer eosdem homines invidisse dignitati tuae*. Ibidem: *De consularibus nemini possum aut studii erga te, aut officii, aut amici animi esse testis*. Aliquanto post: *Esse ut in principibus facile possis sunt, noluere altius eum noluerunt.*

Aliis) Ad alios: cum quidam soli Pompeio caussam regiam deferri vellent; alii aliter sentirent.

Acrior) Acrem adversarium: quod ante eum diem non contigerat; non tamen uni Lentulo, sed Pompeio pariter acerbum fuisse arbitror: alterum enim pessime foverant Pompeii C. Caesarem, ut Suetonius ostendit, Quare Caesaris potentiam augentis quotidie Pompeio non amicum fuisse verisimile videtur, & enim Pompeius ipse suum esse obtrectatorem ajebat; ep. 3. lib. II. ad Q. Fr.

Curionem) C. Scribonium Curionem, consularem, & triumphalem, patrem ejus, ad quem epistolae mittuntur lib. II.

Inflatum, puer etiam amicum) Hu-

hujus mutationis illa Bibulo causa fuit, quod, cum ipse de tribus legatis obtinere non potuisset, malebat Lentulo rem deferri, quam Pompeio: quem Caesaris, inimicissimi sui, generum, fautoremque & amplificatorem dignitatis, ornari non libenter videbat.

Legem illam) Quod fautores Lentuli timebant; ideo subjungit: *Itaque provisum est, ne quid salvis auspiciis, aut legibus, aut jam sine vi agere possent.* Et ep. 2.

Ante comitia) Ante Sextilem mensem, quo designabantur magistratus, majores centuriatis comitiis, minores tributis.

Laturus) Cato tamen ferre conatus est: promulgavit enim, ut Lentulo Ciliciae imperium abrogaretur; ep. 5.

Legem Pupiam) Quae comitialibus diebus haberi senatum vetabat. Ad Q. Fr. ep. 2. lib. II. *Per obtrectatores Lentuli res calumnia extracta est; consecuti sunt dies comitiales, per quos senatus haberi non poterat.* Et ep. 12. *Comitialibus diebus Appius interpretatur, non impediri se lege Pupia, quo minus habeat senatum; &, quod Gabinia sanctum sit, etiam cogi, legatis quotidie senatum dari.*

Persolis) Auditis, &, dato responso, remissis.

Legationibus) Quibus dari senatum, lex Gabinia jubebat.

Falsa religionis) Non enim eos religio movebat: sed specie religionis malevolentiam suam tegebant. *Religionis calumnia* vocatur in ep. 1.

Velitis ire) Ademto enim exercitu, nemo ire vellet: cum Alexandrinos, nisi cogerentur armis, regem non esse recepturos constaret.

At senatu) Non enim senatus, sed adversariorum tuorum culpa, ne discessio fieret, commissum est.

Qui nunc) His comitialibus diebus: quorum primus erat XV *Kal. Febr.* quo die scripta est epistola. Quae enim acta erant in senatu, postero die significat, ut etiam ep. 2. & ad Fratrem ep. 2. lib. II.

Populi Romani nomine) Populi Romani causam tuam, tribunorum pleb. erat; sed eo saepe nomine abutentes, rogationes iniquissimas, malevolentiae & invidiae causa, ferebant.

Latrocinio) Quod per insidias, ut latrones, ficto populi Romani nomine, rempubl. laedebant. Sic in ep. 2. ad Q. Fr. *Quid futurum sit latrocinio tribunorum, non divino.*

Salvis auspiciis) Ne iteremus eadem. Vide quae diximus ep. 2.

Ego neque de meo studio) Modesta commemoratio studii sui; nam & dissimulat, & narrat; significandis autem aliorum injuriis, ex comparatione auget officium suum.

Profundam) Translatione ab aquis. ep. 5. lib. V. *Quae ego si non profunderem, ac perderem videbar.*

Assequimur) *Assequi merita*, est aequare, & paribus meritis remunerari: translatione a victoribus, vel a currentibus, cum assequuntur eos qui antelibant. Ep. 4. ad Torquatum: *Benevolentiam tuam imitabor, merita non assequar.*

Sine summo dolore) Artificiose: nam & benevolentiam suam declarat, & consolatur etiam societate doloris: lib. IV. ep. 4. 5.

A vi praestare nihil possum) Si vis erit, certi nihil promitto. Alibi, *Praestare*, est, re ipsa efficere; hic, certum polliceri, pro eius futurum affirmare, atque in se recipere. Epist. 31. lib. XII. ad Att. *Praestabo, nec Mustelam, nec Aidinum, quos Aebutius summo studio, majores summas fallere, quam quod ex eis recipietur.* Timebat, ne Tribunus aliquis per vim legem ferret, qua Ptolemaei regis restitutionem Lentulo eriperet. Ep. 2. lib. II. ad Q. fratrem eadem de re scribens: *Quid futurum sit*, inquit, *latrocinio Tribunorum, non divino: sed tamen suspicor per vim rogationem Caninium perlaturum.*

Imbecillitatem) Cum adversus vim fortitudo requiratur.

Populi Romani) Quem in Lentulum optime animatum esse, jam ostendit iis verbis: *Haec tamen opinio est populi Romani.*

Amplitudinem tuam) Latius patet *Amplitudo*, quam aut *Dignitas*, aut *Auctoritas*; nam & quantumcumque, & quacumque re valemus, totum id *Amplitudinis* nomine comprehenditur. Interdum tamen, ut in epistola sequenti, cum dignitatis mentione conjungitur; non ut aliquid addatur, sed ut id nominetur, quod in amplitudine praecipuum est. Utitur his verbis

bis lib. II. de Inventione : *Amplitudo, est potentiae, aut majestatis, aut aliquarum copiarum magna abundantia.*

EPISTOLA V.

Afficior summo dolore] Non enim tam laetor officio meo, quam angor incommodo rerum tuarum.

In tua dignitate] De qua agitur in regia causa.

In mea salute] Cum ab amicis proditus in exsilium abii.

Nos cum] Morali parte, quam brevitas decet, absoluta, negotialem aggreditur.

Factum est] Praeter exspectationem: quia Cato & Caninius negaverant se ullam legem ante comitia esse laturos.

Catonis] Quem Lentulus acerbissimum habuit ab initio tribunatus, turbulentum adolescentem, ut ait Fenestella, & audacem, nec imparatum ad dicendum. Cicero autem epistola secunda libro primo ad fratrem: *Catonem adolescentem, nullius consilii, sed tamen civem Romanum & Catonem, vix vivum effugerit.*

Promulgatio] Ut Lentulus e Cilicia revocaretur. Epistola tertia libro primo ad fratrem: *Cato legem promulgavit de imperio Lentulo abrogando; vestitum filius mutavit.* Promulgari leges solitae sunt per trinas nundinas antequam ferrentur; ut posset eas per otium, qui vellet, examinare; ne repente, quo die lex ferretur, de incognita re suffragium populus ferret; de quo diximus in libro de Legibus.

A minore cura ad summum timorem] Multo enim levius est, curare, ut aliquid accedat ad dignitatem, quod ex regia causa sperabatur; quam timere, ne tota dignitas amittatur, quod ex lege Catonis impendebat.

Praesidium] Si enim in officio manserint amici, qui suam nobis operam ad impediendas tribunorum pleb. rogationes polliciti sunt, nihil timemus. Epistola secunda: *Quod ad popularem rationem attinet, hoc videmur esse consecuti, ut ne quid agi cum populo, aut salvis auspiciis, aut salvis legibus, aut denique sine vi, possit.* Idem epist. 4.

Quoquo modo] Difficili enim loco res est.

Profecto] Conjunguntur, *Quidem profecto*, *Quidem certe*, cum id, quod cupimus, imminuitur; ut: *Ego te ista molestia si non liberabo, levabo quidem certe*; & hic: ex promulgata lege nihil magis, quam perditionem timemus: Catoni quidem interim, quamquam inclinata re profecto resistimus: enitimur enim, quantum in nobis est, ne lex a Catone promulgata perferatur.

De Alexandrino re, causaque regia] In quo Res, & *Causa* differant, satis ostendimus epist. 1. Infra quoque conjunguntur, epist. 7. *In hac ratione quid res, quid causa, quid tempus ferat, tu facillime optimeque perspicies.*

Eripiatur] Ut Pompeius regem reducat: sequitur enim paulo post: *Ad quem prope jam delatam esse existimatur.*

Eripiatur causa regia] Ante aliquot annos, *Causa regia*, sustuli, ut glossema.

Deferatur] Ne quis omnino regem reducat: quod & Servilio placebat, ut epist. 1. & postea decretum est a Senatu, ut epistola saprima.

Quiddam tertium] Quid hoc sit, plane non exponit: sed videtur significare: si Lentulus regem non reducat, neque sibi, neque Sulpicio displicere, ut a quovis alio potius, quam a Pompeio, reducatur. Minus autem est, non displicere, quam placere: non enim omnino placet, quod non displicet: placebat Ciceroni, ut Lentulus regem reduceret; id si obtineri non posset, a quovis alio potius, quam a Pompeio, reduci non displicebat.

Jacere] A nemine restitui, ne causa regia deferatur, proxime dixit: infra conjungit utrumque verbum, *Desertam se, atque abjectam fore.*

Nobis repugnantibus] Primum pugnabimus, ut ad te deferatur: sin id non poterit, ne deferatur ad Pompeium, repugnabimus.

Delatam esse] Ex Volcatii sententia, studio maxime duorum tribunorum, Lupi, & Caninii: epist. 1. 2.

Respondit] Pertinet ad illud tertium,

quod sibi non displicere dixit: rege enim ad Pompeium delato, Lentulus repulsam tulisse videretur; sin utroque rejecto, alia quapiam ratione reduceretur, jacturam existimationis suæ Lentulus in eo nullam faceret.

Tuæ sapientiæ) Hoc eo spectat, ne Lentulus admodum speret de rege reducendo. Est autem ea gratior consolatio, quæ cum laude conjungitur: itaque dat ei sapientiam & fortitudinem: quarum altera judicat, quanti quidque faciendum sit; altera, quidquid accidat adversi, facile fert, atque contemnit. Propterea, cum Nigidium quoque consolaretur, admonet eum utriusque virtutis: *Quid sit*, inquit, *forti, & sapienti homine dignum, tu videbis*. Eamdem Lentulo tribuit animi magnitudinem epist. 7. cum ait: *Magnitudinem animi tui, quam ego semper sum admiratus, semperque amavi, ne umquam inflecteas, cujusquam injuria*. Et epist. 9. *Novi animum tuum, eum magnum, & excelsum, tum etiam apertum, & simplicem*. Et in lib. de claris Orat. *Tantus in Lentulo splendor animi, & tanta magnitudo, ut sibi omnia, quæ clarorum virorum essent, non dubitaret adsciscere, eaque omnia dignitate obtineret*. Utramque simul nominavit epist. 11. libro VI. *Est tuæ sapientiæ, magnitudinisque animi, quid amiseris, oblivisci; quid reliqueris, cogitare*.

Amplitudinem & dignitatem tuam) Modo alteram pro altera ponit, ut epist. 4. *Te & Senatus, & populi Romani summo studio amplitudinem tuam retenturum*: modo conjungit utramque, quasi differant, ut hic, & epist. 9. in extremo: *Ad tuam summam amplitudinem, dignitatem, liberalitatem pertinere*. Videtur autem dignitas amplitudinis esse pars: ideo, qui amplitudinem vel solam nominat, dignitatem non excludit.

Rebus gestis) In consulatu, cum me contra legem Clodiam, patriæ compotem fecisti: epist. 7. *Magna est memoria consulatus tui*: & epist. 9. *Illius actionis amplitudinem, & gloriam*. Vel rebus gestis, quas in provincia geres, ut hæc adhortatio potius, quam laudatio sit; quod iis verbis confirmatur epist. 7. *Hæc profecto vides, quanto expressiora, quantoque illustriora futura sint, cum aliquantum ex provincia, atque ex imperio laudis accesserit*.

Gravitatem) Est enim levitatis, ea curare, quæ non veram solidamque laudem, sed fucatam inanemque pariant: tacite, quidquid eveniat in regia causa, non esse Lentulo vehementer laborandum significat.

Positam existimare) Non in reductione regis.

Ponitur) Non enim, quæ habes a te ipso, virtutem, & gravitatem tibi quisquam detrahet: cetera si amiseris, non tibi, sed iis, quorum admittetur culpa, vitio dabitur. Videtur in fortunæ bonis numerare speciem quamdam dignitatis, non a virtute, & gravitate, sed ab honoribus qui deferuntur, id est, a populari sensu profectam. Vide quæ diximus ep. 3. lib. II.

Largius est) Copia significatur; quo Lentulus æquiore animo ferat, si quibus rebus abundat, de iis aliquid detrahatur.

Fraudi) Culpæ; ad Att. ep. ult. l. V. *Fit gratia Avari S. C. ut neve Salaminiis, neve qui eis dedisset, fraudi esset*. Pro Murena: *Id erit ejus vitricæ fraudi ac crimini?*

Nullum tempus prætermittitur de tuis rebus & agendi & cogitandi) Ubicumque res postulat, & ago de te, & cogito. Simile illud ad Cassium epist. 1. lib. XII. *Finem nullum facio de te cogitandi*.

Prudentissime) Nominat, quæ tria maxime requiruntur in amico, consilium, fidem, benevolentiam.

His quæ aguntur) Disjungendam a superioribus, ut sit alia epistola; quod ex ipso cognoscitur argumento: dixit enim in superiore, prope delatum esse regem ad Pompeium: in hac, Alexandrinam causam ab eo depositam, significat: præterea, cur de Catone eadem iteraretur? cur ita concludat epistolam: *Tu fac animo forti, magnoque sis*: enim eum jam ad animi magnitudinem cohortatus in eo loco sit: *Tuæ sapientiæ, magnitudinisque animi est?* Et omnino cum tota res alia videtur: tum agnoscitur epistolæ principium in his verbis: *His quæ aguntur, quæque acta sunt, ea te, &c.*

&c. Aut hoc est alterius Epistolæ initium: aut quæ sequuntur, non eodem die scripta sunt, quo superior epistolæ pars. Sæpe autem accidit, ut litteras non continuo, sed crebro repetita scriptione conficiamus, singulis diebus novi aliquid appingentes: id quod in epistolis ad Atticum scriptis sæpissime factum videmus.

Quæ autem posita sunt in conjectura) Quæ conjectura licet assequi: quæ possunt e signis divinari. *Conjectura*, & *divinatio*, non idem sunt: nam conjectura ducitur e signis, divinatio sæpe signa non sequitur; ita fit, ut omnis conjectura divinatio sit, non contra.

Quæque mihi videntur fore) Transit a generali sententia ad particularem: nam generale illud est: *Quæ posita sunt in conjectura*: particulare hoc: *Quæ mihi videntur fore*. Ædilis autem hoc anno P. Clodius Milonem de vi ad populum accusavit: epistola tertia libro secundo ad fratrem, & in oratione pro Sextio.

Apud populum) Populus de reis judicabat, accusante tribuno pleb. aut ædili.

Convicio) Cum enim Clodius de loco superiore (ut ait Plutarchus) interrogaret suos in concione stantes, Quis esset, qui plebem fame necaret? respondebant operæ, Pompeius; Quis Alexandriam ire cuperet? Pompeius. Ad convicium impetus accessit: nam in oratione pro Milone: *Reo*, inquit, *Milone ad populum, accusante P. Clodio, cum in Cn. Pompeium pro Milone dicentem impetus factus esset, quæ tum non modo accessio, sed etiam causa illius opprimendi fuit?* Epistola tertia libro secundo ad fratrem: *Hora fere nona, quasi signo dato, Clodiani nostros consputare cœperunt; exarsit dolor; urgere illi, ut loco nos moverent.*

Iactatus est) Exagitatus, vehementer perculsus.

Catone) C. Catone tribuno pleb. de quo supra.

Vehementer esse perturbatum) Non tam, quod aspere & acerbe accusatus esset a Catone, quam quod Senatorum omnium magno silentio. Hac de re sic epistola tertia libro secundo ad Q. Fr. *Eo die Cato est vehementer in Pompeium invectus, & eum oratione perpetua, tanquam reum accusavit. De me multa, me invito, cum mea summa laude dixit; cum illius in me perfidiam increparet, auditus est magno silentio malevolorum.* Prudentiam Ciceronis licet in hoc animadvertere, quod, ad Lentulum cum scribit, se laudatum a Catone, non dicit, ne animum ejus offenderet; non enim æquo animo Lentulus ferre posset, ab eo laudatum esse Ciceronem in Senatu, qui rogationem de imperio sibi abrogando promulgaverat; in ea vero ad fratrem epistola, libere, ut res erat, ita scribit: quamquam addit, *Me invito*: ne videretur ejus hominis oratione delectari, qui suam laudem Pompeii cum infamia conjungeret. Alienatum a Pompeio Senatum Plutarchus ostendit, quia Ciceronem superiore anno a Clodio tribuno pleb. oppugnatum deseruerat: propterea, cum C. Cato perfidiam ejus in Ciceronem increparet, magno, omnium silentio auditus est.

Nihil enim tibi detraxit Senatus) Dederat tibi, ut regem reduceres: id postea non detraxit, sed exercitum; quem non tam tibi, quam omnino omnibus ademtum existimare debes. Duo S. C. facta esse jam dixi, unum ipso Lentulo consule referente, ut rex a Lentulo reduceretur; alterum referente Marcellino consule, ne cum exercitu reduceretur.

Per eamdem religionem) Per quam tibi detraxit exercitum. Itaque nihil tibi proprie est ademtum; sed quod habere prorsus nemo potest.

Id quod cogitabat) Faciliorem enim sibi reditum duce Pompeio, quam quovis alio, pro summa ejus apud omnes gentes auctoritate, rerumque gestarum gloria sperare poterat.

Proficiscatur ad te) Per suos creditores, & per eos, quorum sibi voluntatem largitione adjunxit, agat, operamque det, ut abs te reducatur.

Nosti hominis tarditatem, & taciturnitatem) Simulationem Pompeii, & consuetudinem in occultanda voluntate, modeste describit; non enim videri vult ejus ingenium & mores carpere, quem optime de se meritum negare non poterat. Præterea fungitur officio boni viri, cum inter amicissimos suos, Lentulum, & Pompeium, quantum in ipso est, amicitiam conservat. Itaque, cum ad Q. Fr. scriberet, libere suum sensum aperuit: *Pompeius*, inquit, *acrior in amicitia P. Lentuli vituperator*. Naturam eius ostendit epist. ult. lib. III ad eundem: *Velit, nolit, scire difficile est*. Et ad Att. epist. 10. libr. IV. *Nos hic cum Pompeio fuimus; multa mecum de rep. sane sibi displicens ut loquebatur; sic est enim in hoc homine dicendum*. Caelius autem epist. 1. lib. VIII. *Solet aliud sentire, & loqui*. Eiusdem tarditatem idem ostendit epist. 4. *Cum, ex Gallia conclusa esset dicere Pompeius, se legionem abducturum, sed non statim sub mentionem, & convicium obtrectatorum*.

A Catone) De cuius rogatione promulgata supra dixit.

Facile) Vel suspiciis, vel intercessione tribunicia; epist. 2. & 4.

Neminem) Idem scribit in epist. 7.

Obscurius) Iniquitas eorum apparet, sed paullo obscurius.

Iniqui) Levius est, quam inimici.

Fracto impetu) Rogatione eius impedita.

Levissimi) Qui facile ad omnem improbitatem feratur; ideo dixit epist. 2. lib. I ad fratrem: *Cato adolescens, nullius consilii*. Et Fenestella: *Cato adolescens, turbulentus, & audax*.

Pristinam) Quae fuit ante promulgatam Catonis rogationem: propterea subiunxit, *Consequerer*, ut amissam ex aliqua parte, & in discrimen adductam.

EPISTOLA VI.

Pollione) Duarum gratium, quod meminerim, cognomen fuit, Asiniae, & Veliae.

Sed prefuit) Auget sententiam, ut in oratione in Pisonem: *Omnibus consiliis, quae ad me opprimendum parabantur, non interfuisti solum, verum etiam crudelissime praefuisti*. Particula autem, *Sed*, interdum negat, ac tollit quod dictum est, *ut non dives, sed inops*: interdum auget, ut hic; nam qui praeest, etiam interest. Vsus Latinae linguae postulabat, *Sed etiam*: verum nuda particula, *Sed*, pro *Sed etiam*, nonnumquam Cicero contentus est.

Me in summo dolore, quem in tuis re- [illegible]

rebus capio, maxime scilicet consolatum spes) Contrarium illud ep. 8. lib. XXVI. *In magna consolatione ingens inest sollicitudo*. De hac figura diximus epist. 9. *In molestia gaudeo*.

Scilicet) Alibi per ironiam negat, ut in oratione pro Rabirio, perduellionis reo: *Scilicet tibi graviorem dolorem patrui tui mors attulit, quam C. Graccho fratris*. Et Terentius: *Id populus curat scilicet*. Et Virgilius: *Scilicet is superis labor est*. Hic affirmat, non negat, ut epist. 21. lib. IX. *Privatae causae, & eae tenues, agimus subtilius; capitis, aut famae, scilicet ornatius*. Epist. 15. lib. XV. *Ne interitus reip. nullam spem scilicet mihi proponebam, ex reliquiis magnam*. Epist. ult. lib. I. ad fratrem: *Si leniter potes communem casum misericordia hominum; scilicet incredibile quiddam assequeris*. Ep. 10. ad Att. lib. XIII. *Hoc nullam ad partem valet scilicet*.

Infringatur) Vbi difficultas est, ibi usurpatur hoc verbum; quo maior infringentis virtus appareat; epist. 4. *Sententiam Bibuli fregeramus*. Epist. 5. *Spero, fore, ut, fracto impetu levissimi hominis, tuam pristinam dignitatem, & gloriam consequare*. Epist. 4. lib. IV. *Fregit hoc meum consilium & Caesaris magnitudo animi, & Senatus officium*. Epist. 6. *Cum frangerem jam ipse me, cogeremque illa ferre toleranter; habebam quo confugerem*.

Debilitentur) Quia tempus omnia minuit.

Proditorum) De quibus dixit ep. 1. *Si esset in iis fides, in quibus summa esse debebat, non laboraremus*.

Secundo loco) Pro, deinde. Sic locutus Phil. 8. *Huius industriam, maxime quidem vellem, ut imitarentur ii, quos oportebat; secundo autem loco, ne alterius labori inviderent*. Secundo, simpliciter in oratione pro Plancio: *Equidem primum, ut honore dignus essem, maxime semper laboravi; secundo, ut existimarer*.

Imaginem) Quam expressit epist. 5. his verbis: *Te autem videre, & sentire eandem fidem hominum in tua dignitate, quam ego in mea salute sum expertus, ex tuis litteris intellexi*. Et ep. 7. *Simillimamque in re dissimili tui temporis nunc, & nostri quondam, fuisse rationem*. Ibidem infra: *Sic te, hominum admirationem* [illegible]

nobi-

tutissimum, *similia invidorum vitio perferri*.

Violatam tuam dignitatem) In explanando Ciceronem nihil duco fieri a me posse elegantius, aut etiam utilius, quam si conferam similia similibus; vel ut illustrentur obscuræ sententiæ: vel ut copia pareatur. Hic quid Cicero sibi velit, obscurum non est: hoc ipsum tamen quod intelligimus, ex comparatione quadam melius fiet apertius. Ostendit, & salutem pluris esse, quam dignitatem; &, affligi, gravius, quam violari: dixit idem aliis verbis, nec minus ornate, ep. sequenti: *Multum interest, utrum laus imminuatur, an salus deseratur*. Nec dissimile admodum illud ep. 5. *Te videre, & sentire eamdem fidem hominum in tua dignitate, quam ego in mea salute sum expertus, ex mis litteris intelligo*.

Similitudo) Ob amicorum infidelitatem.

Si ea non timeremus, quæ nos tu quidem numquam timenda duxisti) Promulgata Catonis rogatione de abrogando tibi Ciliciæ imperio, non timui: quia nec tu, me patria pulso, timueras; cum sperarem futurum, id quod evenit, ut ea mihi calamitas etiam honori esset: quæ me spes atque nunc in rebus tuis consolatur.

Præsta te eum) Fac ut te tui similem agnoscamus; fortem animum habe, quem semper habuisti. Significat id, quod in ep. sequenti: *Magnitudinem animi tui ne umquam inflectas cujusquam injuria*.

A teneris, ut Græci dicunt, unguiculis) A pueritia: dixit enim in epistola sequenti: *Ut eamdem gloriam, ad quam a pueritia inflammatus fuisti, omni cura, atque industria consequare*. Saepe hoc Cicero legerat in Græcis libris; non egemus exemplis. Plutarchus tamen εν τῳ περι παιδων αγωγης: ἐξ ἁπαλῶν, inquit, (sic enim est in antiquo libro nobilissimi, & eruditissimi Iuvenis Io. Vincentii Pinelli) ονυχων αγαπωσι τα τεκνα.

Illustrabit) Eluces enim virtus in adversis.

Studia officiaque) Recte conjunguntur: potest enim & sine officio studium, & sine studio officium esse: cum animi studium sit, officium opera probetur; & studium sine officio parum prosit, officium sine studio languet. Sic ep. sequenti: *De compluribus nemini possum aut studii erga te, aut officii esse testis*. Ep. 5. lib V. *Nemo umquam neque eam in te studiorum, & officiorum maximorum conscius*. Ad Att. ep. 14. lib. XV. *Ex omnibus, mi Dolabella, studiis in me, & officiis, quæ summa sunt, hoc scito mihi & amplissimum videri, & gratissimum esse*.

Non fallam opinionem tuam) Simile illud, quod augendæ copiæ gratia subjungam, ep. 10. lib. III. *Omnia [illegible] a me & postulare, & exspectare; vincam meis officiis cogitationes tuas*. Et apud Nonium in fragmento Ciceronis epistolæ ad Cæsarem juniorem: *Postha: quod voles a me fieri, scribito; vincam opinionem tuam*. Quæ scilicet eo pertinent, ut ostendatur, morale quiddam esse, & decere in primis, epistolas claudere significatione benevolentiæ.

EPISTOLA VII.

QVem tu me esse voluisti) Si valde dignum eo loco esse, in quem me, inimicorum injuria pulsum, tua virtus restituit.

Temporum) Biennium jam aberat Lentulus.

Quotiens) Antiqui & lapides, & libri, in his etiam Mediceus, Quotiens; quod si probamus, eadem ratione dicendum erit, *deciens*, *viciens*, *centiens*, *milliens*, & similia, me quidem non libenter assentiente.

Qua quisque in te fide sit, & voluntate) *Fide*, ad amicos pertinet: *voluntate*, ad omnes. Vel, de iisdem quærebat Lentulus, & qua fide, & qua voluntate essent; nam infra: *Ex fide, & animo in te singulari*. Nisi me fallit aurium judicium, suavior hic est numerus, quam, quod aliis placuit: *Qua fide quisque in te sit, & voluntate*. Opinioni nostræ cum alii non pauci, tum ille etiam insigni vetustate Mediceus liber suffragatur.

Maxime debuerunt) Perfidiam sæpe accusat Epistola prima: *Si esset in iis fides, in quibus maxima esse debebat, non laboraremus*. Epistola secunda: *Dignitatem nostram, ut potuit in tanta hominum perfidia, & iniquitate, retinebimus*. Ep. 5. *Te videre, & sentire eamdem fidem hominum in tua dignitate, quam ego in mea salute sum expertus, ex tuis litteris intellexi.*

Plurimum juvare potuerunt) Consulares videtur describere, de quibus infra: *De consularibus, nemini possum aut studii erga te, aut amici animi esse testis.* Et ep. quinta: *Amicum ex consularibus neminem esse video, praeter Hortensium, & Lucullum; ceteri sunt partim obscurius iniqui, partim non dissimulanter irati.*

Invidisse dignitati tuae) Infra: *Quem esse in principibus facile sunt passi, evolare altius certe noluerunt.*

In re dissimili) Infra: *Multum interest, utrum laus imminuatur, an salus deseratur.* Et ep. 6. *Minore in re violatur tua dignitas, quam mea salus afflicta sit.*

Nostri quondam) Cum ejectus patria sum, tum eorum odio, quos reip. causa laeseram; tum eorum invidia, quorum auctoritatem, dignitatem, voluntatemque defenderam: quod idem tibi, quamquam dissimili in re, contigit.

Ex magistratibus L. Racilium) Loquitur de magistratibus anni superioris; dixit enim, *Quo quidem tempore*: & infra, *Temporibus illis*, id est, Marcellino & Philippo coss. Racilius autem eodem anno, quo Lupus, tribunus pl. fuit, ut constat ex epistola prima libro secundo ad Q. Fratrem. Lupum vero tribunum pl. fuisse Marcellino & Philippo coss. plane cognoscitur ex epist. 1. lib. 1. Non potest igitur hoc anno Racilius tribunatum pl. gerere: cum epistola scripta sit Pompeio & Crasso II. coss. post decretum Caesari stipendium, & auctum legatorum numerum; quae facta esse Pompeii & Crassi secundo consulatu, Appianus & Dio docent. Tribunatum pl. Plutarchus in Probl. negat magistratum fuisse: idque multis argumentis probare conatur, nec dissentire videtur Livius; apud quem libro secundo Appius consul clamitat, privatum tribunum pl. esse, sine imperio, sine magistratu. Sed utrumque refellit Cicero & hic, & libro primo de Orat. cum ait: *Fuerunt cum Crasso adolescentes, C. Cotta, qui tum tribunatum pl. petebat, & P. Sulpicius, qui deinceps eum magistratum petiturus putabatur.* In Bruto: *Ita tacitus Crassi tribunatus, ut nisi in eo magistratu cenavisset apud praeconem Granium, idque nobis narravisset Lucilius, tribunum pl. nesciremus fuisse.* In oratione pro Quintio: *Per magistratum, qui auxilii causa constitutus est.* Sallustius in Jugurtha: *P. Lucullus, & L. Annius, tribuni pl. resistentibus collegis continuare magistratum nitebantur.* Apud Nonium Fenestella: *Ut magistratum inirent tribuni pl. C. Cato Ptolemaeo regi, & Lentulo consuli assiduis concionibus invidiam conciere coepit.* Asconius quoque: *Insuper tribus Gabinius egit, ut Trebellio magistratum abrogaret.* Mirari etiam aliquis fortasse possit, cur tribunis pl. purpuram adimat Plutarchus; cum in oratione pro Cluentio legamus haec de tribuno pl. Quintio: *Facite, ut non solum mores ejus, & arrogantiam; sed etiam vultum, atque amictum, & illam usque ad talos demissam purpuram recordemini.* Sed cogitare licet, vel de sua tantum aetate locutum esse Plutarchum, in qua tribuni pleb. imminuta jam potestate, purpura non uterentur; vel Ciceronem in Quintio notasse, quod ille sibi, neglecta consuetudine, per singularem arrogantiam assumserat. Nam, quod ait Plutarchus, lictoribus non usum esse tribunum pl. ideoque constare magistratum non fuisse; intelligitur exemplo censorum, qui lictores non habebant, & tamen non modo magistratus censura fuit, verum etiam, quod negare arbitror neminem, inter majores magistratus.

Et fide, & animo in te singulari) Multi enim favent, ac fidem praestant; animus tamen singularis non est. Respondet ad illud: *Qua quisque in te fide sit, & voluntate.*

Officii majorem auctoritatem habere videatur, quam sententiae) Favere me tibi, fortasse homines arbitrantur, non quod ita sentiam, sed quod beneficio tuo vinctus, ingratus esse non possim: id aperte significat in prima: *Nos in causa auctoritatem eo minorem habemus, quod tibi debemus.*

Videatur) Videri possit.

Aut studii erga te, aut officii, aut amici animi) Ostendi jam inter officium, & studium quid intersit; minus autem est, *Amici animi*, quam studii: cum in aliquem amico esse animo possimus, nec tamen ei studere, aut ejus causa laborare. Itaque hoc significat: In consularibus non modo studium erga te, aut officium, sed ne amicum quidem animum perspexi. Et ut hic, ami-

amicus animus, minus, quam amor, significat: sic, non amicus animus, minus, quam odium, valet; ut epistola tertia libro secundo ad fratrem: *Crassus aderat tum, Miloni animo non amico*, pro, leviter infensus.

Pompeium) Consulatum hoc anno cum Crasso gerentem: quod infra patet.

Non solum a me provocatus) Tribus modis legitur in antiquis libris: *Non solum a me provocatus*: recte: *Non solum me provocaret*: & hoc recte: *Non solum me provocatus*: ut in Medicaeo, & aliis mendose.

Sua sponte) Libenter Pompeium purgat: veretur enim, ne quā Lentulo de ejus cupiditate suspicio haereat. Epistola prima: *In senatu palam sic egit causam tuam, ut neque*, &c. Epistola secunda: *Ipsum cum audio, prorsus eum libero omni suspicione cupiditatis*.

Temporibus illis) Cum ageretur in senatu de Ptolemaeo reducendo, Marcellino & Philippo coss. scripta enim est haec epist. Pompeio & Crasso coss.

Non saepe in senatu fuisse) Quod esset cum imperio, curationi frumentariae praepositus; ingredi enim urbem, quod jam dixisse me arbitror, non licebat iis, qui cum imperio essent.

Non saepe) Interdum enim, qui erant cum imperio, petebant a senatu, ut ingredi urbem liceret. Itaque Pompeius, quod ep. 1. declarat, egit Lentuli causam in senatu: &, *ut laudaret P. Sextium eum, intraisse eum in urbem*, legitur in epist. 9. quod aliis quoque probatur exemplis.

Quod facile intellexerim) Nota erat Lentulo Pompeii taciturnitas, & simulatio; unde illud ep. 5. *Nosti hominis tarditatem, & taciturnitatem*: propterea Cicero, ne dubiam sequi conjecturam videatur, hoc addit: *Quod facile intellexerim*. Quasi dicat: Nec enim sua voluntatis, ut solet, obscura signa dedit. Infra: *Perspectus est a me, toto animo de te, ac de tuis ornamentis, & commodis cogitare*.

Aspiratio) Quis retinendam viri excellentis amicitiam sapientissime judicaverit.

Visa est) Proprie, admirabilis visa est: fortasse non item, jucunda visa est; nec tamen, *jucunda*, alio referri potest; sed interdum in scribendo ea, quae longius distant, ad proxima verba accommodamus.

Liberalitate) Significatur, quod in epistola prima scriptum est: *Cum summa testificatione tuorum in se officiorum*; & in eadem infra: *Quod eum ornasti*. Liberalis autem in Pompeium Lentulus fuerat, cum de frumentaria curatione ad eum deferenda & egerat consul, & obtinuerat.

Opinionem suae cupiditatis) Ortam ex eo, quod ejus familiares omnes de re Alexandrina ei mandanda vehementer contenderant; epist. 1. & 2.

Te ab se abalienatum) Moneo lectorem, in nullo vetere libro sic legi, sed aut abesse, *Te*, aut esse, *Tua*, non *Te*, ut in Medicaeo: quod mendi suspicionem auget. Praeterea, pro *Ab se*, antiqui omnes libri, ii quidem, quibus ego nunc utor, habent, *Abs te*; quod eruditorum judicio permodo relinquam. Tantum feci, ut veterem scripturam fideliter ostenderem: quod officii mei ratio postulare videbatur.

Epistola) Cum dicatur, *Epistolium*, & *Scola*, Graece autem *σχολή*, cur non dicam, *Epistola*, potius quam, *Epistula*? veteres quidem libri varie: & Medicaeus non minus saepe, *Epistola*, quam *Epistula*.

Retinuisti) Jam tibi tua liberalitate devinctum, illa epistola retinuisti. Pergit in translatione: quia dixerat, *Tibi devinctum*.

Suspiciosissimo) Quo suspicio maxima fuit, Caninium tribunum pl. inductum a Pompeio, rogationem ferre voluisse, ut Ptolemaeus ab eo, cum duobus tantum lictoribus, reduceretur: quod a Plutarcho litteris proditum legimus. Et hanc rogationem Cicero significat epist. 5. libro secundo ad Q. Fratr. *Quod de Pompeio Caninius agit, sane quam refrixit: neque enim res probatur: & Pompeius noster in amicitia P. Lentuli vituperatur*. Puer adsui, cum hunc locum Egnatius publice interpretaretur; probabat, *Caninium* potius, quam *Caninianum*, adductus in hanc opinionem ex his verbis epist. 5. *Exercita est nefaria Catonis promulgatio*; sed inde nulla potuit in Pompeium, quasi cum Catone sentientis, exsistere suspicio: cum Cato ipsi Pompeio, atque ac Lentulo, fuerit in-

fen-

senserim; itemque in eadem epist. *Pompeius a Catone aspere & acerbe est accusatus*. Et ad Q. Fr. epistola tertia libro secundo.

Perspectus est a me) Confirmat illud, *Quod facile intellexerim*; ut omnem prorsus de Pompeio suspicionem tollat.

Sententia, atque auctoritate) Et id sentit, quod scribam; & ut efficiat, auctor est.

Ademta sit) Quae tibi data est ex S. C. quod, te consule referente, factum est.

Auctoritate) Quae sit senatus auctoritas, ostendimus epist. 2.

Intercessum) A tribunis pl. ex quo fieri non potuit S. C. sed remansit senatus auctoritas.

Ne quis omnino regem reduceret) Quod Servilius Isauricus anno superiore censuerat: epistola prima.

Tantum enim habet) Verbum, *Tantum*, minuit hic potius, quam auget: ut in epist. 8. libro octavo: *Aut non erit istic bellum; aut tantum erit, ut vos, aut successores, parvis additis copiis, sustinere possint*. Et epist. 14. l. XV. *Si tanta sint nostra copia, ut ea sustinere possis*. Tusc. 2. *Vegetationibus asperis & odiosis doloribus, si tanti non sint, ut ferendi sint, quo sit confugiendum, vides*. Pro lege Manilia: *Ceterarum provinciarum vectigalia tanta sunt, ut his vel ad ipsas provincias tutandas vix contenti esse possimus*. Apud Caesarem libro sexto: *Perfidiae tantum est, ut ne minus quidem cingi possit*; libro tertio Belli Civilis: *Tantum navium reperit, ut anguste quindecim millia legionariorum militum transportare possent*.

Invidiam hominum) Ob regiam largitionem; epist. 1.

Studium) Recte, de iratis hominibus *Studium*; de constanti senatu *Consilium*, dixit; impellimur enim studio, consilio regimur.

Qui Ciliciam) Ciliciae Lentuli provincia vocabatur, cum tamen simul Asiae partem administraret. Argumento est illud in epist. 5. *De Quinti fratris negotio scribis, te priore aestate, quod, morbo impeditus, in Ciliciam non transieris, conficere non potuisse*. Partem autem illam Asiae Lycaoniam, Pamphyliam, Phrygiam fuisse crediderim, sed Phrygiae partem, non universam. Ad Appium epist. 10. lib. III. *Haec tu gravitas, haec animi altitudo fuit, non modo ut Phryges dioeci, aut Lycaonii, quod tu in legatis fecisti; sed ne summorum quidem hominum malevolis de me sermonibus crederes*. Cicero autem, qui, post Lentuli successorem Appium, Ciliciae praefuit, majorem utroque provinciam habuit; nam tres praeterea dioeceses Asiaticas sibi attributas esse, ait epist. 67. lib. XIII.

Cyprumque) Post legem Clodiam, Pisone & Gabinio coss. latam, Cyprus insula a Lentulo simul cum Cilicia est administrata; & quia Cyprus & Cilicia Aegypto propinquae sunt, ideo longe melius, quam Cicero, & Pompeius, qui Romae erant, perspicere Lentulus poterat, quid efficere, & quid confici posset.

Si res facultatem habitura videatur) Si res posse perfici, & exitum habere videatur.

Teneri) Obtinere, potiri, ut epist. 1. *Teneri enim res aliter non potest*. Infra idem aliis verbis: *Si exploratum tibi sit, posse te illius regni potiri*.

Ptolemaide) Oppido Alexandriae propinquo. Mediceus liber, & alii fere omnes, *Ptolemaide*, & infra *Ptolemaeum*: quod non probavi; nam & Graeci ε in secunda syllaba, non ο ponunt; & ita *Ptolemaeus* a πτόλεμος deducitur; ut Timaeus a τιμή: quod ostendit lib. II. Priscianus.

Aliquo) Recte; quamquam nonnulli veteres libri habent, *Alio*: quod inde natum est, quia scriptum videbant, *Alico*: sic enim & Mediceus liber habet.

Atque exercitu) Non ut Ptolemaeum cum exercitu reducas, sed ut, eo Ptolemaide aut aliquo propinquo loco collocato, ipse cum exercitu Alexandriam profectus, regem cum Alexandrinis in gratiam restituas. Ita nihil commiseris neque contra S. C. neque contra religionem: non enim regem cum multitudine reduces.

Pace) Te auctore facta inter Ptolemaeum, & Alexandrinos.

Praesidiisque) Ut Alexandrini, praesidii metu a te relicti, pacem teneant.

Temeritis) Ne nova consilia suscipiant; leves enim, & infidi Alexandrinorum animi, utpote qui bis jam Pto-

Ptolemaeum ejecerant.

Redeat in regnum) Non a te reducatur, ne contra senatus voluntatem committas, sed, Alexandria prius a te pace, praesidiisque firmata, ipse redeat.

Initio censuit) Facto S. C. te ipso consule referente; epist. 1.

Homines religiosi) Potest de quindecimviris, id est, de sacerdotibus Sibyllinos libros custodientibus, hoc dicere; qui a C. Catone tribuno pl. ad populum producti, oraculum exposuerant. Potest etiam de ipso Catone, qui eos produxit: cum ironia certe, *Homines religiosi*, dictum est: quasi de religione minimum laborarent, sed honesto nomine malevolentiam, invidiamque suam obtenderent; unde illud epist. 4. *A suis invidis, atque obtrectatoribus nomen inductum fictae religionis*. Et epist. 1. *Senatus religionis calumniam, non religione, sed malevolentia, & illius regiae largitionis invidia, comprobat*.

Sibyllae placere) Quod cum senatus aut credidisset, aut se credere simulasset, decrevit, ne quis regem cum multitudine reduceret.

Ex eventu) Eadem sententia in oratione pro Postumo: *Nos*, inquit, *plerumque facimus, ut consilia eventis ponderemus; &, cui bene quid processerit, multum illum providisse; cui secus, nihil sensisse dicamus*. Veteres libri mei, *Ex eventu*: Medicaeus, *Ex eventis*; utroque modo recte; infra: *Ut te ex nostris eventis communibus admonendum putarem*. In Partitionibus: *Ei cujusque facti, & eventi causa ponetur*.

De tuo consilio) Regis reducendi.

Existimaturos) Nova verbi significatio: sed interdum accipitur pro judicare, ut hic: nam infra subjungitur: *Redeo ad illud, quod initio scripsi, totius facti tui judicium non tam ex consilio tuo, quam ex eventu homines esse facturos*. In Bruto: *Quorum existimatio, ex quibus existimari de ingeniis oratorum potest*.

Si cecidisset, ut volumus) Infra iisdem aliis verbis: *Si rem istam ex sententia gesseris*; translatum videtur a talis, modo ut volumus, modo contra quam volumus cadentibus: ut volumus, cum jactus enim tali laetiorem efficit; vel, cum quatuor talorum jactus, diversa cujusque facie, Venerem facit: contra quam volumus, cum unus talus in jactu canem facit, aut cum quatuor numquam Venerem ferunt, simili facie duorum, aut trium, aut omnium talorum: nam, ut dixi, omnibus dissimilem faciem ostendentibus, felicissimus est jactus, qui vocatur Venus.

Sin aliquid) Libri veteres, etiam Medicaeus, *Si* pro *Sin*: unus, *Si quid*: quod placet.

Esset offensum) Si difficultatem res habuisset, & Alexandrinis regem recusantibus, ventum esset ad arma.

Cupide, & temere) Antitheta sunt, ad illa, *Sapienter, & fortiter*. *Cupide*, quasi reductionem regis, ambitione adductus, nimium appetisses; *temere*, quasi rei difficultatem parum considerasses.

Quid assequi possis) Posse ne rem conficere ex animi sententia.

Prope in conspectu) Non enim Cilicia longe admodum distat ab Aegypto.

Si exploratum tibi sit, posse te illius regni potiri) Quod paullo ante dixit: *Si res facultatem habitura videatur, ut Alexandriam, atque Aegyptum tenere possis*. Potiri autem non est hic, omnino expugnare: sequitur enim infra: *Ego ut ad certam laudem adhortor, sic a dimicatione deterreo*: sed est, obtinere, ut Alexandrini se tibi committant, voluntatique tuae, in recipiendo rege, obtemperent.

Sin dubium) Et hic veteres libri, simul cum Medicaeo, *Si dubium*.

Offensum) Si Alexandrini dimicare malint, quam tibi se committere, regem reducere cupienti; proxime: *Sin aliquid esset offensum*.

Auctoritatem) Senatus; decreverat enim, ne quis omnino regem reduceret.

Religionem) Quia vetabat Sibylla, regem cum multitudine restitui.

Certum) Si exploratum habes; posse te illius regni potiri.

Laudem) Omnes enim te ex eventu laudabunt.

Praeclara tibi videbitur) Visa est; non enim consilium illud Ciceronis, & Pompeii secutus est Lentulus.

Qui per provinciam, atque imperii tui provincias ei credidissent) Per provinciam etiam Ciliciam, cujus procemsul versabatur, & reliquas ejus imperii partes; nam præter Ciliciam, aliquot etiam imperio directiles Asiaticæ parebant, ut Lycaonia, Pamphylia, Phrygiæ majoris pars ultra Mæandrum. Cicero tres amplius habuit cum eamdem provinciam regeret: ut ipse scripsit ad Servilium epist. 67. lib. XIII. *Credidissent*, pro, *pecunias ei mutuas dedissent*; magnam enim pecuniæ vim Ptolemæus, a quibus potuerat, mutuatus erat; ut multorum deinde animos largitione ad suam causam adjungeret.

Fidem suam præstitisse) Non opinor hoc dici: pecuniam persolvisse. Non enim solvendo rex erat, prius quam in regnum reduceretur: sed, cavisse de fide sua: effecisset aliquo modo, ut ejus fides in dubium illis venire non posset; epist. 9. *Ut fidem fratris mei præstarem*. Epist. 11. l. V. *Quemcumque ei fidem dederis, præstabo*. De Divin. lib. II. *Spectare urbas fortunam virtus, dum præstetur fides*.

Adjuvare) Non, ut ipse cum classe, atque exercitu Alexandriam proficiscatur, ut eam pace, præsidiisque firmet: quæ ratio rei gerendæ periculosa videri potest; sed ut ipsum Ptolemæum, in regnum redeuntem, & auxiliis suis, copiis adjuvet. Est autem *Auxiliari*, afflicto atque ægroti subvenire; & in adversis tantum fortuna locum habet: *Adjuvare* autem de secundis etiam rebus usurpatur: nec aliud est, quam, simul agere, ut aliquid ad exitum perducatur, quod συνεργεῖν Græcis est.

Naturam & regionem) *Naturam*, quod multis rebus provincia tua reditum regis vel confirmare possit, vel impedire. *Regionem*, situm, quia non longe distat ab Ægypto. Paullo ante: *Cui prope in conspectu Ægyptus est*. Sic autem conjungit hic, *regionem*, & *naturam*, ut in Rullum, & in Verrem, *situm*, & *naturam*.

Quid res, quid causa) *Res* causam continet: totum enim Alexandrinum negotium significat: *Causa* vero partem negotii, quæ ad Lentulum, regemque pertinet: id est, ut Lentulus ipse regem reducat. Hoc satis probatum est epist. 1.

Tempus) Quo sæpe consilia recte mutantur: non enim licet nobis futura prospicere.

Facillime) Cui prope in conspectu Ægyptus est.

Optime) Non enim errare te tua prudentia patietur.

De nostro statu) Quod pristina fuisset dignitate, & gratia.

Milonis) Qui tribunus pl. cum Lentulo consule Ciceronem restituerat Clodii acerrimus inimicus.

Levitate) Cum aliquid quotidie contra leges, & bonos viros conetur.

Imbecillitate) Quia, quod conatur, efficere non possit; adverlabantur autem nefariis ejus conatibus Cicero in primis, & Milo, ille consilio, hic etiam manu.

Artificem) Opus enim meum est, quod ego meum statum recuperaverim, quod Milone familiariter utar, quod ita Clodii vires afflictæ sint, ut in summa nocendi voluntate, nocere tamen nihil possit.

Quamquam) Excusatio, quod se in tuenda republica ad Pompeii maxime voluntatem conformet, temporibus admonitus, & quorumdam invidia, qui tamen eum in reditu juverant, compulsus. Erant enim factiones in repub. duæ: in una Cæsar, Pompejus, Crassus, de sua potentia laborantes, a quibus dissentire, periculosum Cicero videbat; in altera optimates: qui licet de rep. optime sentirent, Ciceroni tamen, novo homini tantam gloriam, ac dignitatem adepto, invidebant, atque etiam obtrectabant; quos in epist. 9. significat his verbis: *Certorum hominum sermones referebantur ad me: qui, cum illa sentirent in rep. quæ ego agebam, semperque sensissent; me tamen non satisfacere Pompeio, Cæsaremque mihi inimicissimum futurum gaudere se ajebant*. Notat autem maxime Bibulum, Catonem, Domitium Ahenobarbum, Marcellinum, Cæsari Pompejoque infensos.

Perversitas) Minus est, quam improbitas; est enim quasi declinatio quædam a recta consilii via.

In communi causa) In eo, quod ad omnes pertinet, in repub. tuenda.

Invidendo) De quo sic epist. 3. lib. IV. ad Att. *Qui nos absentes defenderant, incipiunt præsentibus occulte irasci, aperte invidere*. Et epist. 4. ibidem: *Nonsu-*

Neceſſitatem mihi volui imponere hujus novæ conjunctionis ; *ne qua mihi liceret labi ad eos, qui etiam tum, cum miſereri mei deberent, non deſinebant invidere*.

Obtrectationibus) Quærit excuſationem ſui facti ; nam quia Cæſarem cœperat ornare, quod optimates non probabant, quibus nimia paucorum potentia merito ſuſpecta erat ; non ſe ſua ſponte a priſtina ſententia diſceſſiſſe, ſed quorumdam malevolentiſſimis obtrectationibus depulſum eſſe demonſtrat. Ornamenta autem, quæ Cicero in Cæſarem contulerat, ut ex oratione de provinciis cognoſcitur, hæc ſunt, ſupplicatio quindecim dierum, ſtipendium exercitus, decem legati ; quæ Cicero ſua ſententia decrevit.

Sententia) Cum in defendenda republ. dignitati potius meæ, quam ſaluti conſulebam : ex quo potentiorum animos offendi.

Prope) Non omnino : quia dignitatis adhuc rationem habeo.

Depulſus) Quaſi per vim, ab invidis, atque obtrectatoribus.

Aliquando) Sero quidem, (potentium enim conſpiratione in exſilium pulſus, nimis magna mercede didici, ſalutis quoque rationem eſſe habendam) aliquando tamen.

Conſularibus) Quos ſæpe carpit lib. IV. epiſt. ad Att.

Splendori) Vitæ ſpecies, ac dignitas ; epiſt. 9. *Hic meæ vitæ curſus offendit eos fortaſſe, qui ſplendorem, & ſpeciem hujus vitæ intuentur, ſollicitudinem autem, & laborem perſpicere non poſſunt*.

Temporibus iis) Quæ, in patriam reſtitutus, ſecunda ſum adeptus ; infra res adverſas, vocat tempora.

Naſcenti prope) A prima pene adoleſcentia.

Profuiſti) Hoc verbum abeſt ab omnibus antiquis libris ; in Mediceo additum eſt recenti manu, deleto alio verbo : quod ſuſpicor fuiſſe, *Virtutique* ; nam in omnibus meis ita ſcriptum video : *Laudi, dignitati, virtutique*. Mendoſus igitur locus : cum omnino verbum aliquod ſententia deſideret.

Novitati) Arpini enim natus, Romæ ſummos honores, victis in petitione nobiliſſimis viris, eloquentia, probitate, induſtria conſecutus eſt. Novitati nobilitas opponitur : ideo ſubjungit : *In te enim, homine omnium nobiliſſimo*. Et epiſt. 18. lib. V. *Adeptus es, quod non multi homines novi : amiſiſti, quod plurimi homines nobiliſſimi*. Et in Verr. *Ne iſta præclara nobilitas deſinat queri, populum Romanum hominibus novis, atque induſtriis libenter honores mandare*.

Homine omnium nobiliſſimo) Non quia Lentulus Cornelia gente patricia (fuit enim & Cornelia plebeja) natus eſſet ; verum quod ejus majores honoribus, & meritis in remp. præſtitiſſent ; non enim, *nobilis*, & *plebejus*, ſed *nobilis*, & *homo novus*, opponuntur ; neque Lentuli, Scipiones, Cæſares, ideo nobiles, quia patricii, ſed quia claris majoribus orti ; eademque de cauſa quanquam plebeii generis, nobiles tamen Antonii, Metelli, Marcelli ; itaque *nobiliſſimum adoleſcentem* vocat Cicero M. Antonium in oratione pro Milone L. Marcium Philippum, *ſumma nobilitate hominem*, in Bruto : quos plebejis gentibus natos eſſe, nemo, Romanarum gentium vel mediocriter peritus, ignorat ; quocirca nec omnes patricii nobiles, (multorum enim obſcuri majores) nec omnes plebeji ignobiles : cum plebeji multi parentibus, avis, majoribus clariſſimis orti ſint : non quidem ſemper, verum, a quo tempore plebejis etiam gentibus honores communicari cœpti ſunt. Eademque ratione nec ſenatores omnes nobiles, nec qui ſenatores non eſſent, omnes ignobiles ; ſiquidem nobilitas ita definitur, claritas nominis a parentibus, avis, majoribus accepta : quæ nec patriciis omnibus, nec ſenatoribus contigit, multis autem contigit non patriciis, & multis nondum ſenatorium ordinem adeptis. Propterea Plinius libro XXXIII. capite primo : *Annulos depoſitos a nobilitate, non a ſenatu univerſo, in annalibus relatum eſt*. Quibus verbis, quis non intelligit, diverſa eſſe, nobilitatem, & ſenatum univerſum ? quia ſcilicet non ſenatus univerſus e ſenatoribus nobilibus conſtaret. Quod autem ſæpe nobilitatis nomen pro ſenatu, in urbanarum turbarum mentione Livius uſurpaverit, in eo majorem ſenatus partem, parentibus, aut majoribus inſignem, pro toto ſenatu accepit.

Nobi-

etiam Ciliciam, cujus proconsul versabatur, & reliquas ejus imperii partes; nam praeter Ciliciam, aliquot ejus imperio dioeceses Asiaticae parebant, ut Lycaonia, Pamphylia, Phrygiae majoris pars ultra Maeandrum. Cicero tres amplius habuit cum eamdem provinciam regeret: ut ipse scripsit ad Servilium epist. 67. lib. XIII.

Credidissent, pro, *pecuniam ei mutuam dedissent*; magnam enim pecuniae vim Ptolemaeus, a quibus potuerat, mutuatus erat; ut multorum deinde animos largitione ad suam causam adjungeret.

Fidem suam praestitisse) Non opinor hoc dici, pecuniam persolvisset. Non enim solvendo rex erat, prius quam in regnum reduceretur: sed, cavisset de fide sua: effecisset aliquo modo, ut ejus fides in dubium illis venire non posset; epist. 9. *Ut fidem fratris mei praestarem*. Epist. 11. l. V. *Quaecumque ei fidem dederis, praestabo*. De Divin. lib. II. *Spectare vetat fortunam virtus, dum praestetur fides*.

Adjuvares) Non, ut ipse cum classe, atque exercitu Alexandriam proficiscereris, ut eam pace, praesidiisque firmes: quae ratio rei gerendae periculosa videri potest; sed ut ipsum Ptolemaeum, in regnum redeuntem, & auxiliis tuis, copiis adjuves. Est autem *Auxiliari*, afflicto atque aegroti subvenire; & in adversis tantum fortem locum habet: *Adjuvare* autem de secundis etiam rebus usurpatur: nec aliud est, quam, simul agere, ut aliquid ad exitum perducatur, quod *συνεργεῖν* Graecis est.

Naturam & regionem) *Naturam*, quod multis rebus provincia tua reditum regis vel confirmare possit, vel impedire. *Regionem*, situm, quia non longe distat ab *Ægypto*. Paullo ante: *Cui prope in conspectu Ægyptus est*. Sic autem conjungit hic, *regionem*, & *naturam*, ut in Rullum, & in Verrem, *situm*, & *naturam*.

Quid rei, quid causae) *Res* causam continet: totum enim Alexandrinum negotium significat: *Causa* vero partem negotii, quae ad Lentulum, regemque pertinet: id est, ut Lentulus ipse regem reducat. Hoc satis probatum est epist. 1.

Tempus) Quo saepe consilia recte mutantur: non enim licet nobis futura prospicere.

Facillime) Cui prope in conspectu Ægyptus est.

Optime) Non enim errare te tua prudentia patietur.

De nostro statu) Quod pristina fruar & dignitate, & gratia.

Milonis) Qui tribunus pl. cum Lentulo consule Ciceronem restituerat Clodii acerrimus inimicus.

Exultare) Cum aliquid quotidie contra leges, & bonos viros conetur.

Imbecillitate) Quia, quod conatur, efficere non possit; adversabantur autem nefariis ejus conatibus Cicero in primis, & Milo, ille consilio, hic etiam manu.

Artificem) Opus enim tuum est, quod ego meum statum recuperaverim, quod Milone familiariter utar, quod ita Clodii vires afflictae sint, ut in summa nocendi voluntate, nocere tamen nihil possit.

Quamquam) Excusatio, quod se in tuenda republica ad Pompeii maxime voluntatem conformet, temporibus admonitus, & quorumdam invidia, qui tamen eum in reditu juverant, compulsus. Erant enim factiones in repub. duae: in una Caesar, Pompeius, Crassus, de sua potentia laborantes, a quibus dissentire, periculosum Cicero videbat; in altera optimates: qui licet de rep. optime sentirent, Ciceroni tamen, novo homini tantam gloriam, ac dignitatem adepto, invidebant, atque etiam obtrectabant; quod in epist. 9. significat his verbis: *Certorum hominum sermones referebantur ad me: qui, cum illa sentirent in rep. quae ego agebam, semperque sensissent; me tamen non satisfacere Pompeio, Caesaremque mihi inimicissimum futurum gaudere se ajebant*. Notat autem maxime Bibulum, Catonem, Domitium Ahenobarbum, Marcellinum, Caesari Pompeioque infensos.

Perversitas) Minus est, quam improbitas; est enim quasi declinatio quaedam a recta consilii via.

In communi causa) In eo, quod ad omnes pertinet, in repub. tuenda.

Invidendo) De quo sic epist. 3. lib. IV. ad Att. *Qui nos absentes defenderunt, incipiunt praesentibus occulte irasci, aperte invidere*. Et epist. 4. ibidem:

Nescio

Necessitatem mihi volui imponere hujus novae conjunctionis; ne quae mihi liceret labi ad eos, qui etiam tum, cum misereri mei deberent, non desinunt invidere.

Obtrectationibus) Quarti excusationem sui facti; nam quia Caesarem coeperat ornare, quod optimates non probabant, quibus nimia paucorum potentia merito suspecta erat; non se sua sponte a pristina sententia discessisse, sed quorundam malevolentissimis obtrectationibus depulsum esse demonstrat. Ornamenta autem, quae Cicero in Caesarem contulerat, ut ex oratione de provinciis cognoscitur, haec sunt, supplicatio quindecim dierum, stipendium exercitus, decem legati; quae Cicero sua sententia decrevit.

Sententia) Cum in defendenda republ. dignitati potius meae, quam saluti consulebam: ex quo potentium animos offendi.

Prope) Non omnino: quia dignitatis adhuc rationem habeo.

Depulsus) Quasi per vim, ab invidis, atque obtrectatoribus.

Aliquando) Sero quidem, (potentium enim conspiratione in exilium pulsus, nimis magna mercede didici, salutis quoque rationem esse habendam) aliquando tamen.

Consularibus) Quos saepe carpit lib. IV. epist. ad Att.

Splendor) Vitae species, ac dignitas; epist. 9. *Nec mea vitae cursus offendit eos fortasse, qui splendorem, & speciem hujus vitae intuentur, sollicitudinem autem, & laborem perspicere non possunt.*

Temporibus illis) Quae, in patriam restitutus, secunda sum adeptus; infra res adversas, vocat *tempora*.

Nascenti prope) A prima paene adolescentia.

Praefuisti) Hoc verbum abest ab omnibus antiquis libris; in Mediceo additum est recenti manu, deleto alio verbo: quod suspicor fuisse, *Virtutique*; nam in omnibus meis ita scriptum video: *Laudi, dignitati, virtutique*. Mendosus igitur locus: nam omnino verbum aliquod sententia desideret.

Novitati) Arpini enim natus, Romae summos honores, victis in petitione nobilissimis viris, eloquentia, probitate, industria consecutus est. Novitati nobilitas opponitur: ideo subjungit: *In te enim, homine omnium nobilissimo.* Et epist. 18. lib. V. *Adeptus es, quod non multi homines novi; amisisti, quod plurimi homines nobilissimi.* Et in Verr. *Ne ista praeclara nobilitas desinat queri, populum Romanum hominibus novis, atque industriis libenter honores mandare.*

Homine omnium nobilissimo) Non quia Lentulus Cornelia gente patricia (fuit enim & Cornelia plebeja) natus esset; verum quod ejus majores honoribus, & meritis in remp. praestitissent; non enim, *nobilis*, & *plebejus*, sed *nobilis*, & *homo novus*, opponuntur; neque Lentuli, Scipiones, Caesares, ideo nobiles, quia patricii, sed quia claris majoribus orti; eademque de causa quamquam plebeii generis, nobiles tamen Antonii, Metelli, Marcelli; itaque *nobilissimum adolescentem* vocat Cicero M. Antonium in oratione pro Milone, L. Marcium Philippum, *summa nobilitate hominem*, in Bruto: quos plebeiis gentibus natos esse, nemo, Romanarum gentium vel mediocriter peritus, ignorat; quocirca nec omnes patricii nobiles, (multorum enim obscuri majores) nec omnes plebeji ignobiles: cum plebeji multi parentibus, avis, majoribus clarissimis orti sint: non quidem semper, verum, a quo tempore plebejis etiam gentibus honores communicari coepti sunt. Eademque ratione nec senatores omnes nobiles, nec qui senatores non essent, omnes ignobiles; siquidem nobilitas ita definitur, claritas nominis a parentibus, avis, majoribus accepta: quae nec patriciis omnibus, nec senatoribus contigit, multis autem contigit non patriciis, & multis nondum senatorium ordinem adeptis. Propterea Plinius libro XXXIII. capite primo; *Annulos depositos a nobilitate, non a senatu universo, in annales relatum*, ait. Quibus verbis, quis non intelligit, diversa esse, nobilitatem, & senatum universum? quia scilicet non senatus universus e senatoribus nobilibus constaret. Quod autem saepe nobilitatis nomen pro senatu, in urbanarum turbarum mentione Livius usurpaverit, in eo majorem senatus partem, parentibus, aut majoribus insignem, pro toto senatu accepit;

Nobi-

Nobilitas tamen interdum accipitur non pro nobilibus viris, id est, claro genere ortis, verum pro ea fama, quæ sequitur virtutem; ut in oratione pro Archia: *Philosophi in eo ipso, in quo prædicationem, nobilitatemque despiciunt, prædicari de se, ac nominari volunt.* Ad hanc significationem spectat illa definitio Ciceronis in epistola ad Hirtium: *Nobilitas nihil aliud est, quam cognita virtus.* Ex qua definitione, Cicero etiam ipse, nulla majorum claritate, nobilis tamen est; habet enim virtutem, quam semper consequitur: atque hanc solidam, & veram esse nobilitatem, illam vero, quæ a majoribus accipitur, & generis potius, quam hominis est, inanem & falsam, indicat epist. 7. lib. III. his verbis: *Tu si aliter existimas, nihil errabis, si paullo diligentius (ut, quid sit εὐγένεια, quid sit nobilitas, intelliges) Athenodorus, Sandonis filius, quid de his rebus dicat, attenderis.* Ex illa autem priore definitione, cum novus homo sit, nobilis esse non potest; posteris tamen suis fons, & origo nobilitatis est, adeptus illos magistratus, unde nobilitas nascitur.

Perspexi) Simile illud epist. 9. *Vidi ego quosdam in te tales, quales tu eosdem in me videre potuisti.*

Noluerunt) In eo maxime, quod abstiterunt, ne regem reduceres: id quod, te consule referente, senatus decreverat.

Verum lux imminuatur) Tantum enim de tua dignitate agitur, mea vero salus afflicta est. Epist. 6. *Minore in re violatur tua dignitas, quam mea salus afflicta sit.* Epist. 9. *In molestia gaudeo, eamdem fidem te cognoscere hominum, non ita magno mercede, quam ego maximo dolore cognoram.*

At salus desertur) In verbo, *Deseratur*, inest significatio perfidiæ: de qua sic epist. 9. *Ut jam sit in iis culpa, qui me non defenderunt; non minor est in iis, qui reliquerunt.*

Mea) Meæ fortunæ, quod ejectus sim.

Curasti) Cum ita me honorifice restituendum curasti, ut major esset in reditu gloria; quam calamitas in discessu.

De fortuna) Recte, *De fortuna*: tantum enim illa quæ fortunæ bona dicuntur, non simul virtutem; optimamque mentem eripere potuerant inimici; ex quo illud præclare in Clodium Parad. 4. *Nisi forte, cum parietes disturbabas, aut cum tectis sceleratas faces inferebas, meorum aliquid ruere, aut deflagrare arbitrabare. Nihil neque meum est, neque cujusquam, quod auferri, quod eripi, quod amitti potest. Si mihi eripuisses divinam animi mei constantiam, meas curas, vigilias, consilia, quibus respublica invitis stat; si hujus æterni beneficii immortalem memoriam delevisses; multo etiam magis, si illam mentem, unde hæc consilia manarunt, mihi eripuisses: tum ego accepisse me confiterer injuriam: sed, si hæc nec fecisti, nec facere potuisti; reditum mihi gloriosum tua dedit injuria, non exitum calamitosum.*

Te vero mœrore) Quia recte sentientes, adversa fortuna perturbati, consilium quandoque mutant; ideo, cum injuriam, Lentulo illatam, exposuit, cohortationem subjungit, veritus ne deficeret Lentulus a pristina causa, studiumque defendendæ reip. deponat. Hinc illud epist. 5. *Tuæ sapientiæ, magnitudinisque animi est, omnem amplitudinem, & dignitatem tuam in virtute, atque in rebus gestis tuis, atque in tua gravitate positam existimare.* Hic restatum esse volo, in uno tantum antiquo libro legi *Mœrore*, in ceteris omnibus, etiam in Mediceo, *Emœrore*; quod verbum quamquam usu parum cognitum est, omittendum tamen, consensu tanto veterum exemplarium, non putavi.

Omni cura, atque industria) Studio, atque opera.

Semper fuit admirator, semperque amavi) Quod & summa esset, & utilis reipub.

Inflectes) Inflexisse tamen Cicero ipse paullulum videtur; dixit enim: *Nos scito de vetere illa nostra, diuturnaque sententia prope jam esse depulsos.* Quamquam se non abjecisse curam reip. significat sequentibus verbis: *Non nos quidem, ut nostræ dignitatis simus obliti.* Et in extrema fere epistola Lentulum hortatur, ut ipse quoque ita rationem habeat dignitatis, ne salutis obliviscatur. Quare, *Ne numquam inflectas*, interpretemur, ne umquam ita mutes, ut reip. causa penitus nitas neglecta, cum improbis te, singularem potentiam cogitantibus, conjungas.

Atque) In hoc ornamentoq, quod fit eodem verbo ter usurpato amplificationis gratia, directe epistola videtur ab humilitate quotidiani sermonis, & ad similitudinem orationis accedere.

Hominum opinio) Cui non respondere turpe est.

Liberalitatis) Quod officia libenter in omnes conferas: ut supra, *Tua praestanti in eum liberalitate tibi devinctum.* Vel ad aedilitatem respexit, in qua Lentulus summam liberalitatem ostenderat; quam Cicero effert laudibus libro I. Off.

Consiliatus tui) Quo me ab exsilio, spreta Clodia rogatione, revocasti.

Expressiores, atque illustriora) Expressa parent oculis, quia eminent; illustria multo etiam magis, quia splendorem habent.

Ex imperio) Hoc addit, quia multis imperium, quod vel augendae, vel tuendae reip. causa dabatur, & ipsis, & reip. dedecori, damnoque fuit.

Quamquam) Et hic tacite monet, ut de Ptolemaeo cum exercitu reducendo diligenter consideret.

Quod quis semper sperasti) Sperasti fore, ut adipiscereris gradum civitatis altissimum: quem quando adeptus es, non dubito, quin intelligas, eum te facillime tueri, & conservare posse. Certe enim facilius nunc est, id retinere, quod adeptus es, quam fuit olim adipisci, quod sperabas.

Facillime) Cum adeptus jam sis, quod facillimum non fuit.

Obtinere) Tueri, & conservare: dixit enim, *Adeptus. Optinere*, quidem scribunt: quorum opinioni suffragatur hic Mediceus liber, conversa B in P, ut etiam ep. 5. lib. II. *Opsecrare, optestorque*.

Summum, atque altissimum) Exornatio quaedam est, *συνωνυμία* a Graecis appellata, cum iterantur verba, idem significantia; quo genere abundat Cicero, idque notat Quintilianus lib. IX.

Quae quidem mea cohortatio) Respicere oportet ad superiora; ut intelligamus, duas res ea cohortatione contineri, primum, ut elaboret Lentulus in gloria consequenda; deinde, ne cujusquam injuria debilitatus, a praestantibus curis ad humiles cogitationes animum dejiciat.

Ex nostris rebus communibus) Idem enim contingit utrique nostrum, ut eandem hominum perfidiam & iniquitatem experiremur; itaque putavi te admonendum, ne cuiquam posthac facile crederes, neque in aliis, sed in te ipso, & in cura, industriaque tua spem omnem collocares augendae dignitatis tuae; omnem, inquam, gloriam ab omni cura, omnique industria tua velim exspectes, minime pendens ab eorum officiis, in quos tua non vulgaria merita exstiterunt; id quod ego meis temporibus didici, quorum imaginem video in rebus tuis.

Quibus credere) Morale praeceptum, ut ex malo eliciatur bonum: cognita enim perfidia, non esse credendum, monet.

Qui plus opibus, armis, potentia valent) Caesar, qui Galliam cum exercitu administrabat; Pompeius, & Crassus, cum Caesare sentientes, qui consulatum gerebant.

Perfecisse tantum mihi videntur) Saepe mihi non placet Mediceus liber, ut hic: habet enim, *Perfrensse tantum*: & supra, *Sententiassque*, pro, *Sententiasque*.

Stultitia) Stulti enim, qui a senatu & ordinem equestrem, & Pompeium abalienaverint; ep. 8.

Inconstantia) Quod in gratiam redierint cum P. Clodio, quem oderant antea, ex quo Cicero ipse alienatus ab optimatum caussa, & stipendium Caesari, & decem legatos, & quaecumque potuit, Caesari ornamenta decrevit; ut in oratione de provinciis. Designat autem Catonem, Bibulum, Domitium Ahenobarbum, & universam eorum factionem, ita infensam Caesari, ut propterea cum Clodio, qui Caesaris potentiam oppugnare coeperat, in gratiam redierint; ita, dum Clodium ad suas partes adjungunt propter Caesarem, Ciceronem a publica caussa propter Clodium removerunt.

Adversariorum) Optimatum.

Auctoritate) In senatu: cum antea gratia valuerint apud populum.

Pro-

Perpaucis] Catone, Bibulo, Domitio, qui semper contra paucorum opes pro rep. pugnarunt. Plutarchus, Dio, & alii.

Ne per populum quidem] Quem sibi Caesar adnumerat, diviso pauperibus campo Stellate, & Campano.

Sine seditione] Non enim populus universus id Caesari tribuisset, quod senatus, qui ab eo fuerat, alienior, largitus est.

Se esse qui posse arbitrabantur] Verbum *posse*, nec in meis antiquis libris est, nec in Mediceo: itaque suspicor additum ex ingenio: cum sine eo tamen sententia consistat.

Confirmati sunt] Et quidem ipso decernente Cicerone, quod hic dissimulat, veritus fortasse, ne Lentulum offendat, aut ne famam subeat inconstantiae; cum optimatum caussam adversus paucorum opes antea defendisset, orat. de Provinciis.

Stipendium] Et stipendium, & legatorum numerum, & supplicationes senatus decernebat sine populi suffragio, quae Cicero significat in epistola tamen cum ait, *singularibus, & novis honoribus, ac judicio senatus ornatum esse Caesarem*; idque exponit aperte in oratione de Provinciis, his verbis: *Relatum est ad me ...e de stipendio exercitus: non decrevi solum, sed etiam, ut vos decerneretis, laboravi: multis dissentientibus respondi: scribendo adfui.* Stipendium autem a senatu impetrare, in tantis angustiis aerarii, non facillimum fuit, quod ex eadem oratione conjeci; dixit enim: *In his angustiis aerarii, publicanis tamen subveniatis, necesse est, crudelitate Gabinii paene afflictis jam, atque eversis.* Hac de re sic in or. pro Balbo: *C. Caesarem senatus & genere supplicationum amplissimo ornavit, & numero dierum novo; idem, in angustiis aerarii, victorem exercitum stipendio affecit: imperatori decem legatos decrevit: lege Sempronia succedendum non censuit; harum ego sententiarum & princeps, & auctor fui.*

Decem legati] Quorum opera in bello uteretur, quique singulis legionibus, singuli praeessent: id quod Caesaris Commentarii testantur; in oratione autem de provinciis hoc modo: *Actum est de decem legatis: quos alii omnino non dabant: alii exempla quaerebant: alii tempus differebant: alii sine ullis verborum ornamentis dabant. In eo quoque re si. sum locutus, ut omnes intelligerent, me id, quod reip. causa sentirem, facere uberius propter ipsius Caesaris dignitatem.* Decem autem fuisse Caesaris legiones in Gallia post prorogatam ei alterum in quinquennium provinciam, declarat ipse lib. VII. Bell. Gall. in extremo: *Novem enim assignat novem legatis: ipse unam secum, Bibracte hiemantem, retinuit.* Hirtius etiam lib. VIII. *Decem legiones anno Gallici imperii nono Caesari fuisse demonstrat, quarum duas Rangrio traditas esse, quatuor in Belgio, totidem in Aeduorum regione collocatas.* Idem plane confirmat Suetonius his verbis: *Cum adversariis pepigit, ut dimisisse octo legionibus, Transalpinaque Gallia, duae sibi legiones, & Cisalpina provincia, vel etiam una legio cum Illyrico concederetur.* Et Plutarchus in Pompeio decem Caesaris legiones nominat. Verum, his omnibus legionibus, si Suetonium audimus, non videtur a senatu stipendium esse decretum: *Perfecit*, inquit, *ut in quinquennium sibi imperium prorogaretur, quo fiducia, ad legiones, quas a rep. acceperat, alias publico, alias privato sumtu addidit.* Plutarchus non distinguit; tantum, prorogatam provinciam, suppeditataque in stipendia militum pecunias, demonstrat. Sed, ut redeam ad legatos; numerus a senatu decernebatur; deligendi, & nominandi potestas aut penes eum erat, qui provinciae praeerat; aut in eo certe senatus gratificari consuevit iis, quibus legati, reip. gerendae caussa, legabantur. Decretos a senatu, oratio pro Sextio docet his verbis: *Tu te ipse, Piso, unus ne vestitum mutaris, ut ipsi quidem, quos legatos non modo nullo S. C. sed etiam repugnante senatu, tute tibi legasti?* Et in Vatinium: *Quis legatos umquam audivit sine S.C.? ante te nemo: post continuo fecit idem in duobus prodigiis reip. Clodius.* Delectos autem, & nominatos ab iis, quibus imperium provinciae mandabatur, indicant exempla, quae subjungam de multis pauca, ne satietatem habeat prolixa narratio. Epist. 14. lib. II. ad Att. *A Caesare invitor in legatio-*

gationem istam, sive ut sim legatus. In oratione de Provinciis: *Ipse me, ut sibi essem legatus, non solum suasit, verum etiam rogavit*. Epist. 14. lib. IV. ad Att. *Messius defendebatur a nobis, e legatione revocatus: nam eum Caesari legarat App.* Ad Thermum autem scribens, ep. 54. lib. XIII. *Legationem ait a se delatam Anicio, cum multis eam petentibus denegasset*. Pertinet eodem illud Pompeio scriptum curationi frumentariae praeposito, epist. 1. lib. IV. ad Att. *Ille, cum quindecim legatos postularet, me principem nominavit*. Officium autem legati, si quis quaerat, quale fuerit, discat ex oratione in Vatinium, in qua legatos Cicero vocat, nuncios pacis ac belli, curatores, interpretes, bellici consilii auctores, ministros muneris provincialis. Quod, si quae fuerit apud Romanos legatorum dignitas, libet indagare, multa bella suscepta, multas urbes eorum caussa deletas esse reperiemus, de quo sic in oratione pro lege Manilia: *Legati quod erant appellati superbius, Corinthum patres vestri, totius Graeciae lumen, extinctum esse voluerunt: vos eum regem inultum esse patiemini, qui legatum populi Romani consularem, vinculis, ac verberibus, atque omni supplicio excruciatum necavit?* Quibus verbis etiam illud constat, quod ex Livio quoque, & aliis intelligitur, multis post consulatum legationis honorem esse delatum. In Verrem autem Actione secunda: *Video*, inquit, *& ex iis, quae legi, & audivi, intelligo; in qua civitate non modo legatus populi Romani circumsessus, non modo igni, ferro, manu, copiis oppugnatus, sed aliqua ex parte violatus sit* [illegible] *ri civitati bellum* [illegible] *inferri solere*. Q[illegible], ob legatos bell[illegible] illatumque esse Corinthiis [illegible].

Lege Sempronia [illegible] *parat*, qua fuerit [illegible] sententia; &, si ignoraret [illegible] ad intelligendum [illegible] quare primum de lege, deinde, qui locus requirit, diligenter exponam. C. Gracchus, Tiberii frater, in ea lege, quam de provinciis tulit (* [illegible]) comprehendit, cavit ut senatus consulares provincias decerneret, id est eas, in quas consules, magistratu functi, sorte proficiscerentur; alterum, ut quotannis; tertium, ut, cum decerneretur, intercedere nemini liceret. Prima duo capita ex oratione pro Domo cognoscuntur, in qua sunt haec: *Tu provincias consulares, quas C. Gracchus, qui unus maxime popularis fuit, non modo abstulit ab senatu; sed etiam, ut necesse esset quotannis per senatum decerni, lege sanxit, eas, lege Sempronia per Senatum decretas, rescidisti, extra ordinem, sine sorte, nominatim dedisti, non consulibus, sed reip. pestibus*. In ea pro Balbo: *Senatus in angustiis aerarii victorem exercitum stipendio affecit, imperatori decem legatos decrevit, lege Sempronia succedendum non censuit*. Tertium caput in oratione de Provinciis animadverti, in eo loco: *Faciam*, inquit, *illas praetorias, ut Pisoni, & Gabinio succedatur statim, si hic sinat: tum enim tribunus intercedere poterit, nunc non potest*. Nam id, *Nunc non potest*, ad legem Semproniam pertinet: qua non licebat intercedi, cum de successione provinciarum decerneretur: quod illa, quae paullo post consequuntur, verba demonstrant: *Mihi credite, numquam succedetur illis, nisi cum ea lege referetur, qua intercedi de provinciis non licebit*. Venio nunc ad Ciceronis verba. Proximo anno agitatum erat in senatu, ut consulares provinciae duae lege Sempronia a senatu decernerentur, non ejus anni consulibus, qui videntur provincias recusasse; sed iis, qui designati nondum erant, qui postea fuere Pompeius, & Crassus, ex interregno creati. Quatuor erant provinciae, quas obtinebant ii, qui consulatum gesserant, Galliae duae uno imperio coniunctae, quibus praeerat Caesar; Syria, quam Gabinius; Macedonia, quam Piso administrabat. De his quatuor, cum duas tantum lege Sempronia decerni oporteret, variae sententiae dicebantur. Erant, qui utramque Caesari Galliam eriperent, & a sequentis anni consulibus, ubi consulatum peregissent, administrari vellent. Alius neque utramque Galliam, neque Syriam cum Macedonia, sed vel Syriam, vel Macedoniam cum altera Gallia decernebat. Rursus erant duae sententiae, utraque

* Cic. Op. T. XIV. Epist. Fam. T. I.

Nobilitas tamen interdum accipitur non pro nobilibus viris, id est, claro genere ortis, verum pro ea fama, quæ sequitur virtutem; ut in oratione pro Archia: *Philosophi in eo ipso, in quo prædicationem, nobilitatemque despiciunt, prædicari de se, ac nominari volunt.* Ad hanc significationem spectat illa definitio Ciceronis in epistola ad Hirtium: *Nobilitas nihil aliud est, quam cognita virtus.* Ex qua definitione, Cicero etiam ipse, nulla majorum claritate, nobilis tamen est; habet enim virtutem, quam famam consequitur: atque hanc solidam, & veram esse nobilitatem, illam vero, quæ a majoribus accipitur, & generis potius, quam hominis est, inanem & falsam, indicat epist. 7. lib. III. his verbis: *Tu si aliter existimas, nihil errabis, si paullo diligentius, ut, quid sit εὐγένεια, quid sit nobilitas, intelliges; Athenodorus, Sandonis filius, quid de his rebus dicat, attenderis.* Ex illa autem priore definitione, cum novus homo sit, nobilis esse non potest: posteris tamen suis fons, & origo nobilitatis est, adeptus illos magistratus, unde nobilitas nascitur.

Perspexi) Simile illud epist. 9. *Vidi ego quosdam in te tales, quales tu eosdem in me videre potuisti.*

Noluerunt) In eo maxime, quod obstiterant, ne regem reduceres: id quod, te consule referente, senatus decreverat.

Utrum laus imminuatur) Tantum enim de tua dignitate agitur, mea vero salus afflicta est. Epist. 6. *Minore in te violata tua dignitas, quam mea salus afflicta sit.* Epist. 9. *In molestia gaudeo, eamdem fidem te cognoscere hominum, non ita magna mercede, quam ego maximo dolore cognoram.*

An salus defraudetur) In verbo, *Defraudetur*, inest significatio perfidiæ: de qua sic epist. 9. *Ut jam sit in iis culpa, qui me non defenderunt; non minor est in iis, qui reliquerunt.*

Mea) Meæ fortunæ, quod ejectus sim.

Curasti) Cum ita me honorifice restituendum curasti, ut major esset in reditu gloria; quam calamitas in discessu.

De fortuna) Recte, *De fortuna*: tantum enim illa quæ fortunæ bona dicuntur, non simul virtutem; optimamque mentem eripere potuerant inimici; ex quo illa præclara in Clodium Parad. 4. *Nisi forte, cum parietes disturbabas, aut cum tectis sceleratas faces inferebas, meorum aliquid ruere, aut deflagrare arbitrabare. Nihil neque meum est, neque cujusquam, quod auferri, quod eripi, quod amitti potest. Si mihi eripuisses divinam animi mei constantiam, meas curas, vigilias, consilia, quibus respublica invita stat: si hujus æterni beneficii immortalem memoriam delevisses: multo etiam magis, si illam mentem, unde hæc consilia manarunt, mihi eripuisses: tum ego accepisse me confiterer injuriam: sed, si hæc nec fecisti, nec facere potuisti; reditum mihi gloriosum tua dedit injuria, non exitum calamitosum.*

Te vero moneo) Quia recte sentientes, adversa fortuna perturbati, consilium quandoque mutant; ideo, cum injuriam, Lentulo illatam, exposuit, cohortationem subjungit, veritus ne deficiat Lentulus a pristina causa, studiumque defendendæ reip. deponat. Hinc illud epist. 5. *Tuæ sapientiæ, magnitudinisque animi est, omnem amplitudinem, & dignitatem tuam in virtute, atque in rebus gestis tuis, atque in tua gravitate positam existimare.* Hic testatum esse volo, in uno tantum antiquo libro legi *Manere*, in ceteris omnibus, etiam in Mediceo, *Existimare*; quod verbum quamquam usu parum cognitum est, omittendum tamen, consensu tanto veterum exemplarium, non putavi.

Omni cura, atque industria) Studio, atque opera.

Semper sum admiratus, semperque amavi) Quod & summus esset, & utilis reip.

Infractos) Infractum se tamen Cicero ipse paullulum videtur; dixit enim: *Nos scito de vetere illa nostra, diuturnaque sententia prope jam esse depulsos.* Quamquam se non abjecisse curam reip. significat sequentibus verbis: *Non nos quidem, ut nostræ dignitatis simus obliti.* Et in extrema fere epistola Lentulum hortatur, ut ipse quoque ita rationem habeat dignitatis, ne salutis obliviscatur. Quare, *Ne umquam infractos*, interpretemur, ne umquam ita mutes, ut reip. causa penitus nitum neglecta, cum improbis te, singularem potentiam cogitantibus, conjungas.

Magna) In hoc ornamento, quod fit eodem verbo ter usurpato amplificationis gratia, discedere epistola videtur ab humilitate quotidiani sermonis, & ad similitudinem orationis accedere.

Hominum opinio) Cui non respondere turpe est.

Liberalitatis) Quod officia libenter in omnes conferas: ut supra, *Tuo praeclaro in eum liberalitati tibi devinctum.* Vel ad aedilitatem respexit, in qua Lentulus summam liberalitatem ostenderat; quam Cicero effert laudibus libro I. Off.

Consulatus tui) Quo me ab exsilio, spreta Clodia rogatione, revocasti.

Expressiora, atque illustriora) Expressa patent oculis, quia eminent: illustria multo etiam magis, quia splendorem habent.

Ex imperio) Hoc addit, quia multis imperium, quod vel augendae, vel tuendae reip. causa dabatur, & ipsis, & reip. dedecori, damnoque fuit.

Quamquam) Et hic tacite monet, ut de Ptolemaeo cum exercitu reducendo diligenter consideret.

Quod quia semper sperasti) Sperasti fore, ut adipisceretis gradum civitatis altissimum: quem quando adeptus es, non dubito, quin intelligas, eum te facillime tueri, & conservare posse. Certe enim facilius nunc est, id retinere, quod adeptus es, quam fuit olim adipisci, quod sperabas.

Facillime) Cum adeptus jam sis, quod facillimum non fuit.

Obtinere) Tueri, & conservare: dixit enim, *Adeptus*. *Optinere*, quidem scribunt: quorum opinioni suffragatur hic Medicaeus liber, conversa B in P, ut etiam ep. 5. lib. II. *Opserare*, *opsflarique*.

Summum, atque altissimum) Exornatio quaedam est, *πλεονασμὸς* a Graecis appellata, cum iterantur verba, idem significantia; quo genere abundat Cicero, idque notat Quinctilianus lib. IX.

Quae quidem mea cohortatio) Respicere oportet ad superiora; ut intelligamus, duas res ea cohortatione contineri, primum, ut elaboret Lentulus in gloria consequenda; deinde, ne cujusquam injuria debilitatus, a praestantibus curis ad humiles cogitationes animum dejiciat.

Ex nostris eventis communibus) Idem enim contingit utrique nostrum, ut eandem hominum perfidiam & iniquitatem experiremur; itaque putavi te admonendum, ne cuiquam posthac facile crederes, neque in aliis, sed in te ipso, & in cura, industriaque tua spem omnem collocares augendae dignitatis tuae; omnem, inquam, gloriam ab omni cura, omnique industria tua velim exspectes, minime pendens ab eorum officiis, in quos tua non vulgaria merita exstiterunt; id quod ego meis temporibus didici, quorum imaginem video in rebus tuis.

Quibus crederes) Morale praeceptum, ut ex malo eliciatur bonum: cognita enim perfidia, non esse credendum, monet.

Qui plus opibus, armis, potentia valent) Caesar, qui Galliam cum exercitu administrabat; Pompeius, & Crassus, cum Caesare sentientes, qui consulatum gerebant.

Perfecisse tamen mihi videntur) Saepe mihi non placet Medicaeus liber, ut hic: habet enim, *Perfecisse tamen*: & supra, *Sentientiasque*, *pia*, *devotiosque*.

Stultitia) Stulti enim, qui a senatu & ordinem equestrem, & Pompeium abalienaverint; ep. 8.

Inconstantia) Quod in gratiam redierint cum P. Clodio, quem oderant antea, ex quo Cicero ipse alienatus ab optimatum caussa, & stipendium Caesari, & decem legatos, & quaecumque potuit, Caesari ornamenta decrevit: ut in oratione de provinciis. Designat autem Catonem, Bibulum, Domitium Ahenobarbum, & universam eorum factionem, ita infensam Caesari, ut propterea cum Clodio, qui Caesaris potentiam oppugnare coeperat, in gratiam redierint; ita, dum Clodium ad suas partes adjungunt propter Caesarem, Ciceronem a publica caussa propter Clodium removerunt.

Adversariorum) Optimatum.

Auctoritate) In senatu: cum antea gratia valuerint apud populum.

Pr-

gationem istam, sive ut sim legatus. In oratione de Provinciis: *Postea me, ut sibi essem legatus, non solum suasit, verum etiam rogavit.* Epist. 14. lib. IV. ad Att. *Messius defendebatur a nobis, e legatione revocatus: nam eum Cæsari legarat App.* Ad Thermum autem scribens, ep. 54. lib. XIII. *Legationem ait a se delatam Anneio, cum multis eam petentibus denegasset.* Pertinet eodem illud Pompeio scriptum curationi frumentariæ præposito, epist. 1. lib. IV. ad Att. *Ille, cum quindecim legatos postularet, me principem nominavit.* Officium autem legati, si quis quærat, quale fuerit, docet ex oratione in Vatinium, in qua legatos Cicero vocat, nuncios pacis ac belli, curatores, interpretes, bellici consilii auctores, ministros muneris provincialis. Quæ, si quæ fuerit apud Romanos legatorum dignitas, libet indagare, multa bella suscepta, multas urbes eorum caussa deletas esse reperiemus, de quo sic in oratione pro lege Manilia: *Legati quod erant appellati superbius, Corinthum patres vestri, totius Græciæ lumen, extinctum esse voluerunt: vos eum regem inultum esse patiemini, qui legatum populi Romani consularem, vinculis, ac verberibus, atque omni supplicio excruciatum necavit?* Quibus verbis etiam illud constat, quod ex Livio quoque, & aliis intelligitur, multis post consulatum legationis honorem esse delatum. In Verrem autem Actione secunda: *Video, inquit, & ex iis, quæ legi, & audivi, intelligo; in qua civitate non modo legatus populi Romani circumsessus, non modo igni, ferro, manu, copiis oppugnatus, sed aliqua ex parte violatus sit* [illegible] *ei civitati bellum indici* [illegible] *solere.* [illegible] ait, ob legatos bell[illegible] illasque esse Corinthum [illegible].

Lege Sempronia [illegible] patet, quæ fuerit [illegible] sententia, & , si ignor[illegible] erit ad intelligendum [illegible] difficilis; quare primum de lege, deinde, quid hic requirit, diligenter exponam. C. Gracchus, Tiberii frater, in ea lege, quam de provinciis tulit, tria comprehendit, unum ut senatus consulares provincias decerneret, id est eas, in quas consules, magistratu functi, forte proficiscerentur; alterum, ut quotannis; tertium, ut, cum decerneretur, intercedere nemini liceret. Prima duo capita ex oratione pro Domo cognoscuntur, in qua sunt hæc: *Tu provincias consulares, quas C. Gracchus, qui unus maxime popularis fuit, non modo abstulit ab senatu; sed etiam, ut necesse esset quotannis per senatum decerni, lege sanxit, eas, lege Sempronia per Senatum decretas, rescidisti, extra ordinem, sine sorte, nominatim dedisti, non consulibus, sed reip. pestibus.* In ea pro Balbo: *Senatus in angustiis ærarii victorem exercitum stipendio affecit, imperatori decem legatos decrevit, lege Sempronia succedendum non censuit.* Tertium caput in oratione de Provinciis animadverti, in eo loco: *Faciam, inquit, illas prætorias, ut Pisoni, & Gabinio succedatur statim, si hi sinet: tum enim tribunus intercedere poterit, nunc non potest.* Nam id, *Nunc non potest*, ad legem Semproniam pertinet: qua non licebat intercedi, cum de successione provinciarum decerneretur: quod illa, quæ paullo post consequuntur, verba demonstrant: *Mihi credite, numquam succedetur illis, nisi cum ea lege referetur, qua intercedi de provinciis non licebit.* Venio nunc ad Ciceronis verba. Proximo anno agitatum erat in senatu, ut consulares provinciæ duæ lege Sempronia a senatu decernerentur, non ejus anni consulibus, qui videntur provincias recusasse; sed iis, qui designati nondum erant, qui postea fuere Pompeius, & Crassus, ex interregno creati. Quatuor erant provinciæ, quas obtinebant ii, qui consulatum gesserant, Galliæ duæ uno imperio conjunctæ, quibus præerat Cæsar; Syria, quam Gabinius; Macedonia, quam Piso administrabat. De his quatuor, cum duas tantum lege Sempronia decerni oporteret, variæ sententiæ dicebantur. Erant, qui utramque Cæsari Galliam eriperent, & a sequentis anni consulibus, ubi consulatum peregissent, administrari vellent. Alios neque utramque Galliam, neque Syriam cum Macedonia, sed vel Syriam, vel Macedoniam cum altera Gallia decernebat. Rursus erant duæ sententiæ, utraque

Pisoni Macedoniam relinquens, utramque Gabinio Syriam auferens, sed altera ulteriorem Galliam, altera citeriorem cum Syria conjungens. Contra omnes Cicero sensit, dixit enim sententiam, ut Cæsar utramque Galliam usque ad exitum quinquennii, lege Vatinia datum, obtineret: Gabinius, & Piso decederent. Harum sententiarum nulla valuit. nec eo anno consulares provinciæ lege Sempronia decretæ. Id ex eo liquet, quod in utraque Gallia Cæsar permansit, in Macedoniam autem prætorius ivit, non consularis, Q. Ancharius, qui statim Pisoni successit: Gabinius in Syria mansit, opinor quod ei, qui prætorias Macedoniam, & Syriam faciebat, de Macedonia permissum, de Syria vel negatum a senatu, vel intercessum a tribuno pleb. Atque hæc duabus ex orationibus, de provinciis consularibus, & in Pisonem, fere omnia colliguntur: quæ putavimus explicanda, ut intelligatur, cum provinciæ consulares anno superiore, id est, Marcellino & Philippo Coss. ab senatu decretæ non essent, hoc saltem anno, Pompeio & Crasso consulatum gerentibus, decerni debuisse: quod tamen ne fieret, facile perfectum est, consulum videlicet opera, qui Cæsaris causam tuebantur, cum Pompeius ei gener esset, Crassi vero filii cum Cæsare, Marcus ejus quæstor, Publius legatus in Gallia militaretur: quod si de consularibus provinciis lege Sempronia decernendis actum esset, timendum erat consulibus, ne in eam sententiam plures irent, quæ Cæsari Gallias adimeret; itaque cupierunt, idque facile consecuti sunt, ne consulares provincias obtinentibus succederetur. Oritur quæstio, si consulares provinciæ lege Sempronia decretæ non sunt, quo modo Pompeius Hispanias, Crassus Syriam, utramque consularem accepit? Non S. C. sed lege tribunicia, quam tulit C. Trebonius, ut iis provinciis quinquennium uterque præesset; nam, si a senatu lege Sempronia provincias accepissent, annua tantum provinciarum fuisset administratio: quam ob causam, & simul quia verebantur, ne Galliæ sibi a Cæsaris adversariis decernerentur, petere provincias, omissa lege Sempronia a populo maluerunt, Cæsaris exemplum secuti, qui & ipse Galliam citeriorem invito senatu, lege Vatinia in quinquennium accepit. Restat illud, quod historiæ ordo postulat, ut ostendamus, hæc tria, de stipendio Cæsari decreto, de decem legatis, de prorogata provincia, quamquam a Cicerone continenti narratione demonstrentur, temporibus tamen distingui. Non enim facta eodem anno sunt omnia: sed stipendium cum decem legatis decretum Marcellino & Philippo Coss. quod indicat oratio de provinciis habita, ut ait Asconius, iis consulibus; in ea enim oratione de decem legatis mentio fit, de prorogata provincia verbum nullum. Prorogatam autem sequenti anno, Pompeio & Crasso Coss. Suetonius, Velleius, Plutarchus, Appianus, Dio, Cicero ipse ep. 3. lib. VIII. ad Att. declarat.

Quod ego ad te brevius scribo) Sic libri mei, sic Medicæus: & recte; mutare tamen nonnullis placuit, & pro, *Ego*, reponere, *Eo*.

Non delectat) Pluribus enim verbis, quæ non delectant, persequimur.

Litteris omnibus) Iuri civili, philosophiæ, historiæ, poeticæ etiam facultati: quæ ad oratoriam laudem cum pertineant, culta sunt a Cicerone diligenter: quod ipse suis in libris, & Plutarchus in ejus vita testatum reliquit.

Tu mis rebus integris dilatas) Me docuit calamitas: tu in re tua, non ita magna mercede, potes discere.

Neque salutis nostræ) Vt remp. quidem, sed simul cum ea nosmetipsos diligamus.

De filia, & de Crassipede) Ciceronis filia Tullia ter nupsit, contra quam Pedianus & Plutarchus videntur existimasse, L. Calparnio Pisoni Frugi, Furio Crassipedi, cujus nusquam prænomen inveni, P. Cornelio Dolabellæ. Piso periit exsulante Cicerone, Crassipedis interitus mentio nulla; ut dimissam ab eo putem: Dolabella divortium fecit: nec [illegible] post ex partu decessit: quæ colliguntur omnia ex his, & ad Atticum, & ad Q. Fratrem epistolis.

Sperasque te opus, nobis illam conjunctio-

Minorem voluptati fore) *Fore*, ad verbum, *Spero*, non ad, *Opto*, respicit; nam, *opto esse*, dicitur, non, *opto fore*: quo factum est, ut nonnulli, de mendo suspicati, legendum putaverint, *Optoque & spero*, ignari scilicet Ciceronianæ consuetudinis: cujus exempla possum afferre multa, sed uno contentus ero: quo satis probabitur, non ejus, quod prope adest, sed quod longius distat, nominis habitam esse rationem. Prima verba lib. I. de Leg. hæc sunt: *Lucus ille, & hæc Arpinatum quercus, agnoscitur sæpe a me lectus in Mario*.

Lentulum nostrum) Naturalem hujus P. Lentuli filium, adoptivum autem Manlii Torquati, ut lib. XXXIX. Dio narrat. Hunc ab Octaviano, victis reip. partibus, occisum ait Plutarchus, falso gloriatum, inani studio laudis, se quoque Cæsaris necis cum Bruto & Cassio participem fuisse; quod ipsemet fatetur ep. 14. lib XII. his verbis: *Ego me de rep. puto esse meritum, ut non provinciæ istius beneficium exspectare debeam, sed tantum, quantum Cassius, & Brutus, non solum illius facti, periculique societate, sed etiam hujus temporis studio, & virtute*.

Eximia spe summæ virtutis adolescentem) Eadem sententia de Curione dixit in Philippica II. *Summa spe adolescentem & animi & ingenii præditum*. In pueris autem, & adolescentibus laudari solet spes, facta non possunt. Huc pertinet Servii locus, ubi explanatur illud Virgilii ex lib. VI. Æn. *In tantum spe tollet avos*. *Rhetorice*, ait, *spem laudat in puero, quia facta non invenit*. Est autem Ciceronis in Dialogo: *Causa difficilis, laudare puerum; non enim res laudanda, sed spes est*.

Studiosissi) Scientiam litterarum Lentulo tribuere videtur Cicero in libro de Claris Oratoribus, cum ait: *Quidquid habuit, totum illud habuit e disciplina: instrumenta naturæ deerant*.

Imitatione tui fac erudias) Ut in tuam vitam, tamquam in speculum, intuens, tibi studeat esse quam simillimus; virtutis enim disciplinam meliorem reperies nullam, quam contemplationem, atque imitationem tui. Quibus verbis usus est Cicero de filio suo in epist. ad M. Brutum.

Nulla enim erit hac præstantior disciplina) Legerat accuratissime Cicero Xenophontis libros de Cyro majore conscriptos; quod ipse in epistola ad Papirium ostendit his verbis: *Κυρου παιδειαν, quam contriveram legendo, totam in hoc imperio explicavi*. Ex ea lectione hæc erant præclara multa in illius memoria, ut hoc fortasse de majorum imitatione; nam apud Xenophontem lib. VIII. sic Cyrus moriens filios alloquitur: *Ει μεν ουν εγω υμας ικανως διδασκω, οιους χρη προς αλληλους ειναι· ει δε μη, και παρα των προγεγενημενων μανθανετε, αυτη γαρ αριστη διδασκαλια. Si igitur ego apte vos doceo, quales invicem oporteat esse; sin autem; ab ipsis majoribus discite: hæc enim est præstantissima disciplina*.

Quia tuus) Amamus enim amicorum filios, qualescumque sunt, parentum causa: quam sententiam confirmant Trebonii verba epist. 16. lib. XII. *Tibi*, inquit, *quod vere facere possum, libenter gratulor, nec miror etiam nobis, quod eum, quem necesse erat diligere, qualiscumque esset, talem habemus, ut libenter quoque diligamus*.

Quia te dignus) Virtuti deditus, ac probitati: ut, etiam si tuus non sit filius, amandus tamen suopte merito videatur.

Quia nos diligit) *Nihil enim minus hominis videtur, quam non respondere in amore iis, a quibus provocere*: ut est in epist. 1. ad M. Brutum.

EPISTOLA VIII.

DE *omnibus rebus*) Non de regia tantum causa, sed omnino de omnibus rebus, quæ ad te pertinent.

Pompeius) Consul.

Susceperit) Agendam tua causa.

Ex Pamphilio) Non agnosco Romanam gentem; & malim, *Ex M. Plætorio*. Plætorii enim inter gentes Romanas noti; & M. Plætorius prætor in oratione pro Cluentio nominatur.

Præfuit) Præcipuam curam, dum ageretur, adhibuit.

Nec facile est scribere) Cum tota ratio senatus, judiciorum, rei totius publicæ commutata sit.

Quidem certe) Ita veteres loquebantur de re satis optata, cum eam, quæ erat optatior, assequi non licebat; res, inquit, communes optime se non habent. sunt tamen in amicorum nostrorum potestate; non habemus, quod volumus, ut sit optimus rerum communium status: id quidem certe habemus, quod secundo loco optandum erat, ut in amicorum nostrorum potestate sint. Ep. 9. *Consistorio me fortasse non imperitissimo, si doci quidem, & bene modo certe usu esse.* Quo loco separatim posuit, elegantiæ causa, *quidem*, & *certe*: quemadmodum, epist. 5. *Catoni quidem, quoquo modo se res habet, profecto resistimus.*

Amicorum) Pompeii & Cæsaris: addo etiam Crassum, cum quo, rogatus a Pompeio, & Cæsare, a Publio præterea, ipsius Crassi filio, redierat in gratiam, epist. sequenti, & epist. 8. libro V. & apud Plutarchum in Crasso.

Nullam mutationem) Vere: numquam enim postea respub. valuit.

Habiturae res esse videntur) Hic est ille numerus, quem in Cicerone obtrectatores ejus notabant; non quod optimus non esset; sed quod ei nimium familiaris, quasi de industria quæsitus. Tacitus in dialogo de Oratoribus: *Nolo irridere Rotam fortunæ, & Ius Verrinum, & illud, tertio quoque sensu in omnibus orationibus pro sententia positum, Esse videatur.* Quintilianus quoque lib. X. cap. 2. *Noveram*, inquit, *quosdam, qui se pulchre expressisse genus illud cælestis hujus in dicendo viri sibi viderentur, si in clausula posuissent, Esse videatur.* Sane & in ea, quæ proxima sequitur, idem iteratum est. Verum, ut mihi videtur, inique faciunt, qui vitiosum existimant, quod & a sententia postulatur, & aures ob numeri suavitatem oblectant, nec tamen, ut ait Tacitus, tertio quoque sensu, in omnibus pro sententia ponitur.

Ut debeo) Ob ejus in me merita.

Ut tute mihi præcepisti) Cum ejus in me beneficium, cujus ipse testis fueras, prædicares. In epist. sequenti: *Pompeio plurimum, & quidem ipso prædicatore, ac teste, debebam.*

Ut me pietas, utilitasque cogit) Pietas, erga optime de me meritum; utilitas, cum habendam mihi rationem aliquando etiam salutis intelligam. Epist. sequenti: *Nec mihi aliter potuisse videor hominum perditorum de me consilia frangere, nisi cum præsidiis iis, quæ semper habui, nunc etiam potentium benevolentiam conjunxissem.* Pietatis autem nomen erga eos etiam, qui summa in nos beneficia contulerunt, usurpari solere, diximus in epist. 1. Antiqui libri, vel, *Dietas*, vel *Dictas*, habent: ex quo nonnulli legunt, *Dignitas*, quod, ut opinor, diversam a Ciceronis mente sententiam habet; cogebatur enim utilitate, non dignitate; quæ revocare potius ab eorum amicitia videbatur, qui de sua potentia, non de rep. laborabant, & sibi non nihil, salutis causa, discedendum a dignitate, dixit in proxima epistola; idemque significat, cum subjungit; *Non libenter se vellem, & confirmationem a rep. sensum deponere.* Et infra: *Dignitatem illam consularem, fortis, & constantis senatoris, nihil est, quod cogitemus.* At enim, cum proxime dixerit, *ut debeo*, videtur abundare, *Pietas*. Non abundat, sed auget id, quod dixit: quod & oratorium est, & Ciceroni, oratorum omnium principi, frequentissimum. Sæpe enim ita debemus, ut officio moveamur potius, quam impellamur. Itaque Cicero, non se debere tantum, sed cogi etiam pietate demonstrat, cum Pompeium in recuperanda salute ita pæne sui studiosum senserit, ut erga liberos parentes: in quos nomen pietatis convenire, jam diximus.

Ad ejus rationes) Ad ea, quæ illi utilia sunt, quæque ille vult. Pompeium significari, satis constat.

Putasti) Cum de me ageres.

Quam sit difficile) Indicat, se coactum sua consilia ad potentium voluntatem accommodare cœpisse.

Præsertim veterem) Non enim facile boni cives a sententia dimoventur.

Confirmatam) Veterem, ac diuturnam sententiam appellavit in epistola superiore.

Ipse me conformo) Quasi rem novam: non tam ut saluti serviam, quod antea non feci: quam ut optime de me merito gratiam referam. Proxime dixit: *Ipse me ad ejus rationes adjungo.*

A quo

A quo honeste dissentire non possum) Cum is auctor fuerit salutis meae.

Simulatione) Quia Pompeius in civitate plurimum valeat.

Animi inductio) Excluditur simulatio, non tamen amor ostenditur, propterea subjungit: *Et mehercule amor.*

Videantur) Magni amoris argumentum, ut voluntatem sequatur opinio.

Adversarii) Qui optimates haberi volebant.

Concedant omnes) Cum intelligant honeste me a Pompeio, cui tantum debeam, dissentire non posse.

Vel tacere) Transit ad minora; nam si conceditur, ut ea defendat, quae Pompeius velit, multo magis, ut taceat; maxime vero, ut ad studia se referat litterarum: quo videri posset, ea, quae fierent, non probare, & multo magis consulere videretur dignitati suae, quam si vel defenderet in senatu, quae Pompeius vellet, vel etiam taceret.

Per ejusdem amicitiam) Cui roganti, ut in senatu adsim, ejusque voluntatem defendam, pro amicitia deesse non possum.

Perfuncti essemus) *Perfunctus esse* dicitur, qui ad exitum alicujus rei, sive optabilis ea sit, sive contra, jam pervenit. Prioris generis exemplum hoc est: *Perfungi honoribus amplissimis*; & lib. III. de Orator. *Qui omnes ei primus ab honorum perfunctione aditum omnium concessu ad summam auctoritatem dabat, is ejus omnem spem, atque omnia vitae consilia morte pervertit.* Et Sulpicius ep. 5. libro IV. *Omnibus bonis prope perfunctum esse.* Posterioris generis plura & apud hunc nostrum, & apud alios exempla suppeditant. *Defungi*, valet idem, sed hoc differt, quod in malam partem semper, ut mea memoria est, accipitur: quo modo Caelius epist. 1. lib. VIII. usus est: *Ne hoc mandato si qua pericula tibi impenderent, ut defungerentur, optarem.*

Dignitas) Quod erat praemium superiorum laborum.

Capessendae) Administrandae; id enim est *Capessere*: epist. sequenti: *Neque hortari te mihi ad consolandum, capessendam remp. implicitatis tractar.* Libro III. de republ. apud Augustinum de civitate Dei: *Non est respubl. cum tyrannorum factione capessita.* Libro IV. apud eumdem: *Aeschines Atheniensis, cum tragoedias actitavisset, remp. capessivit.*

Nulla cum gravitate) Assentiri enim iis, contra quos antea reipubl. causa senseris, levitatis est.

Paucis) Si pauci, quo modo ab iis frustra dissentitur? quia pauci quidem principes, Caesar, Pompeius, Crassus, sed factio eorum maxima.

Frustra) Cum etiam in senatu, qui alienior ab iis antea fuit, auctoritate plurimum valet.

De tua ratione) De eo, quod ad te pertinet, de regia causa.

Senatus) Per quem consecuti sunt, quae ne populum quidem sine seditione se assequi posse arbitrabantur. Populum non nominat, quia commutatus is non erat: semper enim Caesaris causam juvit.

Otium) Satis superque habebimus, si per eos, qui rerum potiuntur, nobis licebit esse otiosis.

Praestaturi) Permittent, nihil ut agamus, & otiosa, & tranquilla vita perfruamur.

Quidam homines) In primis M. Cato, ejusque sororum viri, M. Bibulus, & L. Domitius Ahenobarbus, Caesaris, & Pompeii veteres inimici.

Dignitatem consularem) Consularium enim sententiae magnum in senatu pondus habere debent; in quo dignitas est; nunc non habent: amissa igitur dignitas est.

Fortis, & constantis) Qui nullis periculis a tuenda republ. deterretur, cujus nunc fortitudinis atque constantiae neque praemium est ullum, paucis omnia tenentibus, neque fructus, quia frustra dissentitur.

Ordinem conjunctissimum) Equestrem ordinem, quem ipse Cicero consul cum senatu conjunxerat: alienatus autem est a senatu Catonis opera, qui, petentibus equitibus publicanis, ut induceretur locatio vectigalium, quae, cupiditate prolapsi, nimium magno conduxerant, remissionem dari passus non est. Itaque Caesar, anno sequenti consul, hanc occasionem arripuit conciliandi sibi, & a senatu disjungendi ordinis equestris: de quo Suetonius: *Publicanis, remissionem petentibus, tertiam mercedum partem relevavit, ac, ne in locatione novorum vectigalium immoderatius licerentur, propalam monuit.* Idem etiam mat Dio lib. XXXVIII. & Appianus lib. II. Bel. Civ. Cicero autem ep. 15. lib. I. ad Att. plane rem exponit: *Asiani, inquit, qui de censoribus conduxerant, questi sunt in senatu, se cupiditate prolapsos, nimium magno conduxisse: ut induceretur locatio, postulaverunt; ego princeps in adjutoribus.* Ibidem paullo post: *Ego conservans rationem, institutionemque nostram, tueor, ut possum, illam a me conglutinatam concordiam.* Epist. 16. *Alienati equites Romani. Sic ille autem duo firmamenta reip. per me unum constituta, evertit; nam & senatum auctoritate abjecit, & ordinum concordiam disjunxit.* In eadem: *Cato miseros publicanos tertium jam mensem vexat, neque iis a senatu responsum dari patitur.* Epist. 1. lib. II. ad eundem: *Cum equitatus ille, quem ego in clivo Capitolino collocaveram, senatum deseruerit.* Ibidem paullo post: *Quid impudentius publicanis renunciantibus? fuit tamen, retinendi ordinis causa, facienda jactura; restitit, & pervicit Cato.* In Catilinam autem oratione IV. ad conservandam senatus equitumque concordiam hortatur his verbis: *Quam conjunctionem si, in consulatu confirmatam meo, perpetuam in rep. tenuerimus, confirmo vobis, nullum posthac malum civile, ac domesticum ad ullam reip. partem esse venturum.*

Hominem clarissimum) Pompeium, quem abalienaverant a senatu, qui ea, quae ille, devicto Mithridate, regibus, dynastis, & civitatibus in Asia concesserat, confirmari a senatu non permiserant: quorum princeps fuit L. Lucullus, qui sororem M. Catonis Serviliam in matrimonio habebat, adjuvantibus Catone, & Metello Celere consule; ex quo Pompeius, uxore ducta Caesaris filia, facile impetravit, ut is consul acta sua confirmaret. Appianus lib. II. Bell. Civ. Dio lib. XXXVII. Suetonius.

Eo consule) Non, cum erit consul, sed, quoad erit: hoc enim anno, quod jam diximus, consulatum gerebat cum M. Crasso.

Affixus) Numquam ab eo discedam, haerebo illi, ut haerent ea, quae affixa sunt. epist. 2. lib. III. ad fratrem: *Dedit etiam alteram illam mihi, quae jubet eum mihi esse affixum, tamquam magistro.*

Etiam propter id ipsum) Non solum, quia te diligit, sed etiam propter id ipsum, quod me tibi de me optime merito, eam, quam debeo, praestare memoriam, ac benevolentiam intelligo: tum quia solet amabilis, & jucunda apud omnes esse grati animi significatio: tum eo praecipue nomine, quod Pompeius, qua in ipsum quoque voluntate sim, cui debeo plurimum, inde conjecturam capiet.

Maximum) Vide tibi, quo animo sim in maximis, licet conjicere.

Consequi possim) Sic ep. 4. *Si vitam pro tua dignitate profundam, nullam partem videar tuorum meritorum assecutus.*

Remotior erat) Verus, nam ep. sequenti: *Te esse imperatorem, provinciamque bene gestis rebus cum exercitu victore obtinere, ut debeo, laetor.* Quamquam explorata Lentuli victoria nondum erat: si enim certus bene gestae rei nuncius allatus esset, epistolam inscripsisset, *Lentulo Imperatori*, ut in epistola sequenti.

Pompeio) Ut, allatis tuis litteris, rem bene gestam significantibus, referat ad senatum de supplicationibus tibi decernendis.

Plus contendimus, quam possumus) Velle se plurimum Lentuli causa, ostendit, nec tamen praestare posse quantum debeat. Simile illud ep. 8. lib. IV. *Et me non solum omnia debere tuae causae, quae possum, sed ea quoque, quae non possim, putem.* Item Phil. 6. *Consilio, quantum potero, labore plus paene, quam potero, excubabo, vigilaboque pro vobis.*

Quam debemus) Nam, et omnia tua causa praestem, vincentur tamen meritis tuis officia mea. Quod autem hic, *Minus quam debemus*, in ep. 4. lib. VI. dixit, *Merita non assequor.*

EPISTOLA IX.

LEntulo Imp.) Re bene gesta, qui ab exercitu imperator erat appellatus, litteras suas imperatoris nomine inscribebat: quod Cicero fecit epist. x. libro secundo. Similiter, qui ad eum scribebant, imperatorem appellabant: propterea superiores litterae inscribuntur, *Lentulo proconsuli*, victoria nondum certa; hae vero, *imperatori*, cum plane cognita res esset.

Gra-

Gravissimum) Quod tamen sua gravitate tuorum in me meritorum pondera non aequat.

Sanctissimum) Proprie enim de diis usurpatur, inde transfertur in patriam, in parentes, in optime meritos; epistola 1.

Abundantia quadam amoris, ut etiam grata sint ea) Vera laus liberalitatis in eo sita est, cum ita beneficium damus, ut ab eo qui accipit, non modo fructum, aut mercedem ullam non exigamus, sed ne exspectemus quidem; hac laude Cicero ornat Lentulum. Sed adjungit alteram, humanitatis videlicet, cum studia sua non modo ab eo non exspectari significat, sed grata etiam esse, neque grata ob eam caussam, quod utilitatem, vel honorem pariant, sed propter quamdam amoris abundantiam, significat.

Sine nefario scelere) Peccat, qui gratiae referendae occasionem praetermittit: sed nec, quicumque peccat, sceleratus est; nec omnia scelera nefaria sunt. Ostendit igitur Cicero magnitudinem ejus beneficii, quod a Lentulo acceperit, cum ait: Ea studia ita a se deberi, ut praetermitti sine nefario scelere non possint.

Notior, atque illustrior) Geminatio verborum idem significantium ([illegible] rhetores appellant), modo virtus est, ubi sententiam auget, vel ornat; modo vitium, ubi neutrum: quo de utroque genere lib. VIII. & IX. disputat Quintilianus. Hic non est vitium, *Illustrior*: addit enim ad sententiam: quia nota multa sunt, nec tamen illustria; ornat autem, quia translata verba quiddam habent magnificentius, quam propria, & orationem (ut ait Cicero in Oratore) quasi stellae quaedam illustrant.

Hoc tempore anni) Triennium; nam ante biennium Lentulus, consulatu functus, iverat in Ciliciam, mansitque ad Calvinum, & Messallam consules: quo anno successit ei App. Claudius.

Ostendit) Verbis significat; sic ep. 2. *Ceteris in rebus se acerrimum tui defensorem fore ostendit*.

Patet) Ostendis, inquit, futurum, ut opiniones nostrae consentiant in capessenda republ. idque pates, quia me tuarum actionum, sententiarum, voluntatum socium, comitemque habebis. Hoc in extrema fere epistola.

Vehementer exspecto) Propter mutuam benevolentiam, & opinionum similitudinem.

In sententiis senatoriis) Omissa populi mentione, Senatum nominat: cujus caussam optimates tuebantur; cum leves, & improbi cives populi gratiam sectarentur.

Actione, atque administratione reip.) Latius patebat, *Actione*: contraxit igitur, & a toto actionum genere transiit ad eam partem, in qua Lentulo notior, & illustrior ejus animus esse potuisset; id autem erat, reip. administratio, cum qua sequens verbum, *Floruissemus*, apte congruit.

Floruissemus) Connexis enim duorum consularium sententiis, utrique dignitas comparatur.

Ostendam equidem) Ut intelligas, me non aliter, ac debeam, sentire; veruntamen, si tu adfuisses, nihil sine consilio tuo fecissem, te auctore prorsus in omnibus rebus usus essem.

Auctore) Secutus essem voluntatem tuam in reconciliando cum Caesare, Appio, Vatinio gratia.

Amicissimo ac sapientissimo) Cur ei non obtemperem, atque obsequar, qui & omnia mea causa vult, & ita excellit sapientia, ut errare non possit? hoc enim simul utrumque requiritur in eo, qui consilium dat.

Fideli quidem, & benevolo) Fides, & amor a consiliario postulantur; non enim praestare fidem, quod probitatis est, videtur satis: sed addere etiam oportet ea diligenter, quae ad rem pertinere ducimus; quod amoris est. Ita, cum benevolentiam, & sapientiam Lentulo tribuerit, ei se comparat in benevolentia: quod amabile potius, quam odiosum est: sapientiam vero nec eamdem sibi arrogat, nec tamen omnino detrahit, cum ait, *Fortasse non imperitissimo*.

Tua quidem caussa) Nam mea te adesse maluissem. Expressit egregie ep. 1. lib. II. eamdem sententiam his verbis: *Ego, te abfuisse tam diu a nobis, & doleo, quod carui fructu jucundissimae consuetudinis tuae; & laetor, quod absens omnia cum maxima dignitate et consensu tuo.*

Imperatorem) Appellatum ab exercitu; epist. 10. lib. II.

Bene gestis rebus) Materiam triumphandi rectores provinciarum ex finitimarum gentium bellis quaerebant. Triumphavit Lentulus ex Cilicia, non statim ad urbem reversus, sed post aliquot menses: id quod ex eo loco epistola 21. lib. V. ad Att. licet intelligere: *Acceperam satis celeriter Iconii per publicanorum tabellarios a Lentuli triumpho datas.*

Uberiores, & praestantiores) Apte post copiam subjungitur magnitudo: idque Cicero saepe facit. Cum igitur ad sententiam & Ciceronis consuetudinem, accedat veterum aliquot librorum auctoritas, verbum, *Praestantiores*, in *Praesentiores*, quod alii maluerunt, commutare visum non est.

Vicissim) Dicimus, *Ultus est inimicum*, ut hic, & *Ultus est sese*, ut paullo post, sensu eodem. Significat autem eos, qui se in reductione Ptolemaei regis adversarios Lentulo praebuerant.

Inimicos esse) Populares cives hic significat; optimates autem, cum subjungit, *Invidos*: quod utrumque genus saepe notat in his epistolis.

Propugnatorem) In consulatu.

Alienis) Cum me consul virtute, & constantia in patriam ab exilio reduxisti.

Perennis inimicus) Cum sequatur, *In te pessimum*. C. Catonem hunc esse, possit aliquis jure suspicari, qui biennio ante tribunus pl. rogationem tulerat, ut imperium Ciliciae Lentulo abrogaretur; epist. 5.

Fractam) A consequentibus nominantur multa: ut hic, *Fractam vim*, Cicero appellat, quia Lentulo non nocuit: exitus enim, quam infirma vis ejus esset, ostendit.

Debilitatam) Translatis illustratur oratio: haec autem duo, *Frangi*, & *Debilitari*, saepe Cicero conjungit, ut epist. 13. lib. V. *Circumspice omnia membra reip. nullum reperies profecto, quod non fractum, debilitatumve sit.* Et epist. 1. lib. I. ad fratrem: *Animum nostrum frangi, & debilitari molestia non oportet.* Et pro Flacco: *Quae urbs auctoritate tanta est, ut jam fractum prope, ac debilitatum Graeciae nomen hujus urbis laude nitatur.*

Nostrum munus) Quod ad nos pertinuit, quod ipsi facere debuimus. Sic, *Doleo tuam vicem*, veteres dicebant, pro, quod ad te pertinet: & Plautus in Captiv. *Neque ullum pol de hac re aegritudo est, Quia mihi occidam, oppetam pestem, heri vicem mei.*

Victus est ipse sese) Se ipse punivit, poenas ipse sibi eas intulit, quas inferre nos debuimus.

Ne libertatis quidem) Ut ei ne liberum quidem sit in publico versari; vel quod scelus aliquod insigne committere voluerit, vel quod revocatus in judicium sit; cum defendente Scauro, hoc ipso anno, ut Pedianus docet, Quintili mense absolutus esset. Certe cum propter alia flagitia, tum eo nomine invisum esse optimatibus oportuit, quod tribunus pleb. intercesserat, ne consules Marcellinus, & Philippus comitia consularia habere possent; ex quo Senatus, ad moerorem indicandum, vestem mutavit; epitome Liviana libro CV. Quo magis haec suspicor ad eum attinere; nam de P. Clodio quidem, Ciceronis, & Lentuli inimico, vix crediderim; non enim hoc in eum convenit: *Nullam sibi libertatis partem reliquit*: id enim quale esset, vel ipsius scripta Ciceronis, ad objiciendum parati, vel monumenta annalium ostenderent. Porro tantum abest, ut omnes libertatis partes Clodius amiserit, ut etiam pristinam dignitatem retinuerit, quippe qui de petenda suo anno praetura, id est, biennio post aedilitatem ab eo gestam, cogitaverat: quod Cicero in oratione pro Milone testatum reliquit.

In meis rebus expertum) Quod dixit epistola quinta: *Te videre, & sentire eandem fidem hominum in tua dignitate, quam ego in mea salute sum expertus, ex tuis litteris intellexi.*

In molestia gaudeo) Figura quaedam ex mistione contrariorum orationi venustatem conciliat: quae nisi pluribus ostenderetur exemplis, fortasse non facile daretur imitandi facultas. Nobis autem, hunc interpretandi laborem suscipientibus, id maxime propositum fuit, ut adolescentes, pro viribus ingenii nostri, commodiore qua-

quadam quasi via ad aliquam eloquentiæ laudem perduceremus. Duplex igitur hæc figura est: aut enim cum significatione doloris, & molestiæ, conjungitur gaudium, & consolatio: aut contra, gaudii consolationisque significationem dolor, & molestia sequitur. Primum genus hoc exemplo declaratur, *in molestiis gaudeo*. Et epist. 14. libro secundo ad Q. Fr. *Se effecturum, ut ego in medio dolore, ac desiderio tui, te, cum a me abesses, potissimum sensum esse lætarer.* Nec dissimile illud epist. 6. *Me in summo dolore, quem in tuis rebus capio, maxime scilicet consolatur spes, quod valde suspicor fore, ut infringatur hominum improbitas.* Aut illud epist. 15. libro primo ad Atticum: *In ista incommoditate alienati illius animi, & offensi illud inest tamen commodi.* Aut epist. 16. lib. XI. *In maximo meo dolore, hoc solatio utor.* Alterum genus agnoscitur epist. 21. lib. XV. *Sed tamen in ea voluptate, hunc accepi dolorem.* Epist. 8. lib. XVI. *In magna consolatione ingens inest sollicitudo.* Epist. 9. lib. II. ad Q. Fr. *Nunc mihi jucunditatis plena epistola hoc aspersit molestiæ.* Pertinere videtur ad hoc genus & illud epist. 16. lib. II. *Hoc aspersi, ut scires, me tamen in stomacho solere ridere.*

Non ita magna mercede) Quod explanavit epist. 6. *Minore in re violatur tua dignitas, quam mea salus afflicta sit*, & epist. 7. *Multum interest, utrum laus imminuatur, an salus deseratur.*

Maximo dolore) Afflicta salute, cum ejectus patria sum.

De qua ratione) Ut intelliges, quam incerta sit hominum fides: quæ me causa de vetere illa mea, diuturnaque sententia prope jam depulit, & cum inimicis in gratiam reduxit. Hoc Cicero significat, ut consilii sui mutationem, cujus causam Lentulus quæsierat, excuset.

Cum Cæsare, & cum Appio) Quos antea inimicos diversis nominibus habuerat, Appium, P. Clodii, fratris sui, gratia; Cæsarem, quod in quodam judicio, de statu temporum paullo liberius locutus, eum animum offenderat; de quo Suetonius hæc: *Cicerone in judicio quodam temporum statum deplorante, P. Clodium, inimicum ejus, frustra jam pridem a Patribus ad plebem transire nitentem, eadem die, horaque nona traduxit.* Idem ipse confirmat in oratione pro Domo: *Hora fortasse sexta diei questus sum in judicio, cum C. Antonium collegam meum defenderem, quædam de rep. quæ mihi visa sunt ad illius miseri causam pertinere, hoc homines improbi ad quosdam viros fortes, longe aliter, atque a me dicta erant, detulerunt; hora nona, illo ipso die, tu es adoptatus.* Et in oratione de Provinciis: *Traduxit ad plebem inimicum meum, sive iratus mihi, quod me secum ne beneficiis quidem videbat posse conjungi, sive exoratus.* Idem Plutarchus, Dio, alii.

Esse in gratia) Audierat Lentulus, Ciceronem de commodis, & ornamentis Cæsaris maxime omnium in Senatu laborasse; decreverat enim ei sua sententia supplicationes quindecim dierum, quod ante contigerat nemini, stipendium, & decem legatos: præterea, cum de successione Galliarum ageretur, luculentam habuerat de conservanda Cæsari utraque Gallia orationem, quæ nunc exstat, inscripta, *De provinciis consularibus*.

Neque id non reprehendere) Offensus Lentulus iisdem, quibus Cicero, vitiis optimatum, invidia scilicet, atque obtrectatione, novam Ciceronis cum inimicis conjunctionem, maximeque cum Cæsare, populi gratia florentissimo, non improbabat. Scripserat enim ad eum Cicero cum alia de amicorum perfidia, tum illud epistola septima: *In te homine omnium nobilissimo, similia invidorum vitia perspexi.*

Vatinium) Quem maxime oderat, & reip. causa, & sua; quod primum tribunus pleb. contra Senatus voluntatem multa commiserat; deinde testimonium dixerat in P. Sextium, cujus in primis opera Cicero in patriam redierat. Exstat in Vatinium oratio.

Defenderim) Defendit rogatu Cæsaris; ut infra. Ipse etiam Vatinius epist. 9. lib. V. *defensum se a Cicerone, ejusque patrocinio periculum evasisse* significat. Val. Maximus lib. IV. cap. 2. *Cicero P. Vatinium, dignitati suæ semper infestum, duobus publicis judiciis tutatus est.*

Laudarim) Defendebant reos patroni, laudabant viri nobiles, ut eorum aucto-

auctoritas ac testimonium quasi commendaret eos judicibus. Paullo post: *Cum Pompeius, ut laudaret P. Sextium, introisset in urbem*. Et M. Scaurum, quem Cicero defendit, laudatum a novem consularibus, in Asconio legimus.

Ego me) Haec tota narratio ad evitandam levitatis, & inconstantiae culpam pertinet. Ostendit enim Cicero, se in patriam rediisse ita animatum, ut & cum quibus, & contra quos antea, cum iisdem, & contra eosdem in capessenda repub. sentiret: sed eum sibi animum, eamque sententiam invidia, & obtrectatione quorumdam sibi esse ereptam: probat hoc exemplis, quod in Sextii judicio, sedente Cneo Pompeio, non reputans quid ille, aut quid Caesar vellet, contra utrumque suam pristinam dicendi libertatem retinuerit, maxime vero, quod de agro Campano dividendo sententiam dixerit eam, quae Caesarem, & Pompeium, eius generum, optime de se meritos offendit.

Initio rerum, atque actionum tuarum) Non quo primum tempore Lentulus de eo restituendo coepit agere, sed cum primum restitutus est; ut e sequentibus apparet: dicit enim, *Initio actionum tuarum*, pro, initio reditus mei, qui actio tua fuit.

Reip.) Ut in ea tuenda pristinam consuetudinem servarem.

Quemdam) Hoc verbo amoris magnitudo tanta declaratur, quantam verbis exprimere non licet; sic enim loquimur, ubi conceptam animo sententiam enunciare, atque ostendere pro voluntate non possumus. Epistola prima libro secundo: *Incredibilis quaedam exspectatio*; in hac, infra: *Commemoranda quaedam, & divina Caesaris liberalitas*.

In te ipsum) Non solum in remp.

Summa ac singularia) Possunt enim esse summa, nec tamen singularia. Sunt enim *summa*, quibus nulla majora; *singularia*, quae omnium maxima.

Studia) *Amorem*, & *studia* nominat, quia nec amorem semper studia comitantur, praesertim summa, & singularia, nec semper studiis amor, praesertim incredibilis, adjunctus est.

Deberem) Et hic augetur sententia; dixi, *amorem* interdum sine studiis esse, *studia* sine amore: jure igitur utrumque Cicero conjunxit. Nunc addo, eum, qui & amet incredibiliter, & ei, quem amat, summe faveat, interdum hoc facere sua sponte, non beneficio adductum: quo minor eum, si ab illa voluntate discedat, sequitur infamia; maior igitur ab eo exspectanda constantia, qui amat eum, cui plurimum debet, cum intelligat, sibi non inconstantiae malo famam, sed ingrati quoque animi crimen pertimescendum.

Multum adjuvisset) Cum enim omnes magistratus una cum Lentulo de salute Ciceronis promulgarint, in eoque omnes ordines, homines que contenderint, ideo restitutus ab ipsa repub. Cicero videtur.

Communi officio civium) Erga patriam, cui nascimur, ut dixit Plato.

Debitum praestitissem) Proprie conjungitur verbum, *Praesto*, cum iis rebus, quibus agendis aut fidei satisfacimus, ut cum aliquid promittitur; aut officio, ut cum patriae, amicis, bonis viris opitulamur.

Hac me mente fuisse) Idem erat, si copiam quaerimus, *hoc animo*, *hoc sensu*, *hac sententia*; idem etiam, ut varietur loquendi genus, *haec mihi mentem fuisse*: unde illud Sallustianum: *Longe mihi alia mens est*.

Te consule) Per quatuor menses, eoque amplius: rediit enim in patriam Cicero Sextili mense: quod ostendit epistola prima libro quarto ad Atticum.

Audivit) Cum sententiam dicerem, non enim reputarem, quid Pompeius vellet, aut socer eius Caesar, in omnibus meis sententiis de rep. pristinis permanebam.

Collocutio inter) *Collocutio* inter duos est, *sermo*, & inter duos esse, & patere latius potest: & *collocutio* sermonem ab arbitris remotum, privatim, & paullo secretiore loco habitum, videtur indicare; *sermo* autem, licet inter duos habeatur, celebri tamen esse loco potest: itaque maior quaedam in collocutione, quam in sermone, res videtur agi: secreto enim col-

colloquentes, intimum animi sensum liberius, quam in publico, patefaciunt.

Illis) Ante triennium: consules enim fuerant post reditum Ciceronis Marcellinus, & Philippus; Pompeius, & Crassus; Appius, & Domitius, quorum pæne peractum esse consulatum, significat in extrema epistola mentio Appii, Lentulo succedere cupientis.

Reliqua nostra dignitate) Pertinebat enim ad eius dignitatem, si & domum suam recuperaret; & post reditum suum domo pulsus a Clodio, ultorem eius injuriæ senatum haberet: & in damnis rei domesticæ sarciendis paullo liberaliorem optimatum voluntatem experiretur.

Nonnullorum) Eorum, qui de reditu eius laboraverant: quos ita offendit Ciceronis cum Pompeio, & Cæsare multis rebus declarata reconciliatio, ut alii pristinum studium magna ex parte deposuerint, alii odium etiam adversus Ciceronem susceperint: cum enim gravissimum, & acerrimum eius inimicum, P. Clodium amplecterentur, in manibus haberent, foverent, ipso præsente oscularentur, argumento id quidem erat, Ciceronem eis esse odio; licet palam non profiterentur. Nec dubium est, Catonem, & Bibulum in primis significari, qui non modo Cæsarem, sed Pompeium etiam, Cæsaris causa, vehementer oderant.

De monumentis meis) De domo: quæ cum Ciceroni sit restituta, quod multis locis constat, posset aliquis quærere, cur Lentulum dicat adjutum in ea non esse: tollitur dubitatio, si restitutam quidem Ciceroni domum intelligamus, partem tamen quamdam, in qua suum nomen Clodius inscripserat, non esse restitutam: quam opinionem adjuvant illa, quæ sequuntur aliquanto post: *Iidemque postea non meum monumentum, (non enim illæ manubiæ meæ, sed operis locatio mea fuerat, monumentum vero Senatus) hostili nomine, & cruentis inustum litteris esse passi sunt.*

Cum fratrem meum domo expulsum) Expulsi erant fabri de area, in qua domum Ciceronis ædificabant; qua tota de re sic epist. 3. libro quarto ad Att. *Armatis hominibus ante diem III. Non. Novemb. expulsi sunt fabri de area nostra, disturbata porticus Catuli, quæ ex S. C. consulum locatione reficiebatur, & ad tectum pæne pervenerat. Quinti fratris domus primo fracta coniectu lapidum ex area nostra, deinde inflammata iussu Clodii, inspectante urbe, coniectis ignibus, magna querela, & gemitu, non dicam bonorum, qui, nescio, an ulli sint, sed plane hominum omnium.*

Ex auctoritate Senatus) E S. C. Factum enim erat S. C. placere domum Ciceroni restitui, porticum Catuli locari; de quo in epistola secunda libro quarto ad Att. *Auctoritatem* autem *Senatus* pro S. C. interdum usurpari, diximus in epist. 1.

Resarciendis) Quod enim Clodius everterat, id cum Senatus publico sumtu ædificandum censuisset, æstimarunt consules de consilii sententia, quanti fuisset ædium superficies: neque hoc solum, sed quanti etiam fuissent villæ Tusculana, & Formiana, eversæ ab eodem Clodio; quam Cicero æstimationem in domo sua improbat, in villis accusat epist. 2. lib. IV. ad Attic. *Postridie*, inquit, *S. C. factum est, id, quod ad te misi: deinde consules porticum Catuli restituendam locarunt: illam porticum redemptores statim sunt demoliti, libentissimis omnibus; nobis superficiem ædium consules de consilii sententia æstimarunt HS vicies; cetera valde illiberaliter, Tusculanam villam quingentis millibus, Formianum HS. ducentis quinquaginta millibus: quæ æstimatio non modo vehementer ab optimo quoque, sed etiam a plebe reprehenditur.*

Quæ cum viderem; neque enim erant obscura) Similiter locutus in oratione pro Sestio: *Hæc ego cum viderem; neque enim erant occulta*. Et in Agraria 2. *Quæ cum ego non solum suspicarer, sed plane cernerem: neque enim erant obscura*. Imitatus est fortasse Demosthenem, qui sic in oratione περὶ στεφάνου: Ταῦτα ὁρῶν, (οὐ γὰρ ἦν ἀφανῆ).

Quam erant illa grata) Invitum se de pristina sententia depulsum esse, &, omissa optimatum causa, suam voluntatem ad popularium civium, optime de se meritorum, dignitatem aggregasse, probat hoc argumento, quod

quod licet in quibusdam non eam, quam exspectarat, voluntatem agnoverit; illico tamen de vetere suorum institutorum cursu ad nova consilia non deflexerit. Est enim boni viri, de repub. vehementius, quam de suis rebus, ac de se ipso, laborare.

Quae fecerant) Pro salute mea: decet enim, majorem haberi rationem beneficii, quam injuriae.

Testis) Qui studium illius in mea salute viderat.

Sed amore etiam) Non amamus pariter, quibus debemus, & quos, etiam si nullum ab iis beneficium acceperimus, amandos tamen esse judicamus. Amabam, inquit, Pompeium, ante quam ei obligatus essem, judicio meo, quod habui semper de illius virtute, permotus.

Quid ille vellet) Volebat idem, quod Caesar, vel affinitatis causa, quod ejus filiam in matrimonio habebat; vel quorumdam optimatum impulsus injuriis; de quo sic epist. 8. *Dignitas illa consularis amissa est culpa eorum, qui a Senatu & ordinem conjunctissimum, & hominem clarissimum abalienarunt.*

Pristinis) Quod ante exsilii mei calamitatem senseram, reversus in patriam idem sensi.

Ego) Tria ponit exempla, quibus probat libertatem suam in dicenda sententia.

Sedente Cn. Pompeio) In judicio, cum defenderet Sextium Cicero, de vi accusatum ab Albinovano: exstat oratio.

Sextium) Sextii plebeii, Sestii patricii; lapides Capitolini, & nummi veteres.

Introiisset in urbem) Quod ut ei salvis legibus liceret, a Senatu impetraverat; alioqui, cum esset cum imperio frumentariae curationis causa, urbem introire non poterat.

Testis Vatinius) Testis in Sextium; de quo in orationem, quam in eum Cicero habuit.

Amicum esse cepisse) Marcellino enim, & Philippo coss. quo anno Sextius de vi causam dixit, decrevit Cicero sua sententia Caesari supplicationes quindecim dierum, stipendium, decem legatos: ut in oratione de Provinciis.

Bibuli) Quem Vatinius tribunus pleb. & Caesar consul exire domo prohibuerant, ne Caesaris acta impediret. Cicero, Suetonius, Plutarchus, Appianus, Dio.

Omnium triumphis, victoriisque anteferre) Triumphis Pompeii, victoriis Caesaris.

Eodem teste) Pompeio.

Eosdem esse) His verbis nec ipsi Pompeio pepercit; is enim pro Caesare consule contra Bibulum, ejus collegam, omni non solum studio, sed etiam contentione dimicavit. Plutarchus, & alii.

Interrogatio) Oratio in Vatinium interrogatio est. Epist. 4 libro secundo ad fratrem: *Vatinium, a quo palam Sextius oppugnabatur, arbitratu nostro concidimus.* Videtur Vatinius respondisse Ciceroni; nam ejus oratio, in qua fratrem consularem Ciceronem vocavit, nominatur a Macrobio libro secundo Saturn

Illius tribunatus) Quem gessit Caesare consule.

De vi) Qua Bibulum observatorem foro expulit, atque etiam in vincula ducere conatus est. Cicero, Suetonius, Plutarchus, alii.

De auspiciis) Quibus neglectis, leges pro Caesare Vatinius tulit: plena omnis historia.

De donatione regnorum) Puto id significari, quod in oratione in Vatinium ita scriptum est: *Volo uti mihi respondeas, feceris ne foedera tribunus pl. cum civitatibus, cum regibus, cum tetrarchis?*

Hac in causa) P. Sextii.

In Senatu) Cum sententiam diceret.

Marcellino & Philippo coss.) Suspicor hoc abundare: cur enim annus nominibus consulum notetur, cum & haec proxima superiora eodem anno dicta sint?

Nonis Apr.) De quo sic epist. 5. libro secundo ad fratrem: *Nonis Apr. vehementer actum de agro Campano, clamore Senatus prope concionali.*

De agro Campano referretur) Hoc Caesari ac Pompeio vehementer displicuisse, ex iis, quae Cicero subjungit, licet intelligere: si causa quaeritur, haec est: Legem tulerat Caesar in consulatu de agro Campano dividendo, divi-

divisitque extra sortem viginti millibus civium, quibus terni, pluresve liberi essent, quod ex Tranquillo cognoscitur. Quid igitur de agro Campano, siquidem divisus jam erat, referri ad Senatum opus erat? dicam quod sentio. Duae partes erant agri Campani, una publica, de qua Suetonius: *Agrum*, inquit, *Campanum, ad subsidia reip. vectigalem relictum, Caesar divisit extra sortem viginti millibus civium, quibus terni pluresve liberi essent*. Altera, quae possidebatur a privatis, quam emi pecunia publica, & plebi item dividi Caesar voluerat; atque hanc agri Campani partem cum in oratione in Rullum Cicero significat, ubi de privatis agris, in publicum Campanum incurrentibus, loquitur; tum vero planissime in oratione pro domo his verbis: *Quis illam opimam, fertilemque Syriam, quis bellum pacatissimis gentibus, quis pecuniam, ad emendos agros constitutam, ereptam vi ex Caesaris rebus actis, quis imperium infinitum dedit?* Invehitur in Clodium, qui pecuniam illam, qua emi a privatis agri Campani partem lex Julia jubebat, ex aerario sumtam Gabinio dederat. Nec vero Gabinio tantum, sed ejus etiam collegae Pisoni partem ejus pecuniae Clodius largitus erat; qua de re sic in oratione in Pisonem: *Caverat sibi ille sceleratus adulter, ut, si tibi provinciam, si exercitum, si pecuniam, ereptam ex reip. visceribus, dedisset, omnium suorum scelerum socium te, adjutoremque praeberes*. Vocat ereptam ex reip. visceribus pecuniam, quam in oratione pro domo, ereptam vi ex Caesaris rebus actis. Eodem spectat illud in epistola quinta libro secundo ad Fratrem: *Acriorem causam faciebat inopia pecuniae*. Et ep. 17. libro secundo ad Atticum: *Quid ager Campanus, quid effusio pecuniae significant?* Erogandam enim fuisse pecuniam in agri Campani emtionem, utrobique ostendit. Haec igitur pars agri Campani, cujus divisio publicam pecuniam requirebat, Caesare consule, qui legem tulit, divisa non est: nec divisam puto ante civile bellum. Scribit enim haec Caelius Ciceroni, belli civilis initio: *Illud addo ad actiones C. Curionis, de agro Campano: de quo negant Caesarem laborare, sed Pompeium valde nolle; ne vacuus advenienti Caesari pateat*. Suspicor autem divisionem illam ante Caesaris necem non esse factam; sunt enim haec in epistola D. Bruti scripta Caesare mortuo: *Quatuor legionibus iis, quibus agros dandos censuistis, video facultatem fore ex agris Sullanis, & agro Campano*. Sed quaeritur, cur eo usque producta divisio sit. Quia, cum Caesar leges, Bibulo de caelo servante, contra auspicia tulisset, ejus acta non libenter Senatus comprobabat; nihil enim, cum de caelo servaretur, agi cum populo poterat: abundamus exemplis, vel ex ipso Cicerone, vel ex veterum annalibus. Dixerat igitur hanc sententiam Cicero, ut idibus Maji de agro Campano, frequenti Senatu, referretur; qua sententia Pompeio, & iis, qui Caesari studebant, injectus timor est, ne de infirmandis omnibus ejus actis in Senatu ageretur; quandoquidem salvis auspiciis nihil egerat, Bibulo de caelo servante. Nec vero primus Cicero post Caesarem consulem agrodans agri Campani causam commovit: nam P. Lentulo, & Q. Metello coss. in extremo anno, Lupus tribunus pl. de agro Campano retulerat; ut patet ex epistola prima libro secundo ad Q. Fr. Ejus autem agri divisionem duabus de causis improbabant boni viri; primum quia legem illam Caesar contra auspicia tulisset; deinde, quia pecunia publica, cujus inopia magna erat, emi agrum Campanum ex illa lege oportebat.

Frequenti Senatu] Ut S. C. fieri posset contra Caesaris legem de agro Campano dividendo. Certus enim erat senatorum numerus; qui si non adesset, S. C. fieri leges vetabant. Unde illud M. Fulvii contra M. Aemilium, libro tricesimo nono apud Livium: *Qui per infrequentiam S. C. factum ad aerarium detulerit*. Festus: *Numera Senatum, ait quivis Senator consuli, cum impedimento vult esse, quo minus faciat S. C. postuletque, ut aut ii, qui adsint, numerentur, aut dividantur, aut singuli consulantur; aut, si non una sint Senatores, quo numero liceat perscribi S. C.* Legimus etiam apud Pedianum, C. Cornelium tribun. pleb. legem tulisse, ne quis in Senatu legibus solveretur, nisi du-

cen-

centi adfuissent. Quod si quis necessarium S. C. conficiendo Senatorum numerum scire velit, Dionem consulat, cujus hæc sunt verba libro quinquagesimo quarto: *Augustus, cum videret, frequentes non semper convenire senatores, decrevit, ut a præsentibus, quam quadringentis S. C. fieri posset; cum antea nisi quadringenti adfuissent, rata non essent.*

Idibus Maji) Quo tamen die relatum non esse, scribit ipse ad Fratrem epist. 7. lib. II. *Quod, inquit, idibus, & postridie fuerat dictum, de agro Campano actum iri; non est actum.* Ideo autem eo die, ut Senatus decreverat, de agro Campano non est actum, quia sententiam Cicero mutavit: quod indicant ea, quæ sequuntur.

Num potui) Quis non videt, majorem in sententia vim esse, si a particula, *Num*, incipiat, periodum claudente interrogationis nota, quam si a, *Non*, sine eadem nota? & hæc vis hic maxime requiritur, ubi se Lentulo, tamquam bonum civem, nec exsilii motum calamitate, jactans, actiones pro rep. suas extollit. Eadem vis agnoscitur libro primo de Oratore: *Num quod eloquentiæ vestigium apparet?* pro, Nullum prorsus eloquentiæ vestigium apparet; quod idem erat in sententia, sed, ut patet, languidius. Hæc, in re satis nota, tamen dixi: quia nonnullos dubitare audio, utrum rectius, *Non*, an *Num*.

Magis in arcem illius causæ invaderem) Magis adversari Cæsaris, ac Pompeii voluntati. Translatione usus est, ad indicandam animi sui fortitudinem ac commodate: nemo enim, nisi fortis, & constans, in arcem invadit.

Temporum meorum) Quæ monere videbantur, ne quid contra potentium voluntatem agerem; quod cum antea fecissem, cum P. Clodio ad perniciem meam conspirarunt.

Actionum) Veterum actionum pro rep. cum quibus consentire videbatur sententia Ciceronis de agro Campano dicta, nulla eorum ratione habita, quorum ope restitutus erat ab exsilio.

Quorum numquam putaram) Pompeium significari, satis constat ex iis, quæ sequuntur.

Cum nihil mihi ostendisset se esse offensum) Nec enim, quid sentiret, Pompeius ostendere solitus est: ep. 5. *Nosti hominis tarditatem, & taciturnitatem.* Ep. 1. lib. VIII. *Solet aliud sentire, & loqui.*

In Sardiniam, & in Africam) Ut frumentum ad urbem convehendum curaret: quam potestatem ei S. C. & lege et mandatam esse, jam diximus ep. 1. lib. IV. ad Attic.

Lucam) Extremum oppidum Galliæ Cisalpinæ, quæ Cæsaris imperio cum Transalpina, & Illyrico regebatur: ad mare inferum Luca fuit, ad superum Ravenna. Ad utrumque igitur, salvis legibus, Cæsarem venisse constat; quod si citra Lucam, & Ravennam aliquod oppidum ejus provinciæ fuisset; quis dubitat, quin eo venturus fuerit, ut cum Crasso & Pompeio maximis de rebus loqueretur? Hæc qui ambigit, idem, ut meridie lucere neget, adducetur.

Venit) Antequam in Sardiniam proficisceretur; sic enim itineris ratio postulat; patet etiam in sequentibus.

A Crasso) Cujus defensionem pro Gabinio Cicero ferre non poterat. Infra: *Cum me dissuasisset, nam Lentulum fratrem, lacessisset, exarsi.*

In Sardiniam) Quæro, quid hoc tempore negotii gereret in Sardinia Q. Cicero: an proprætor eam regebat? non videtur, neque consentaneum est; cum Asiæ jam triennium præfuisset. Puto igitur eum ivisse in Sardiniam, ut frumentum curaret, missum a Pompeio legationis nomine; nam & Pompeius, annonæ præfectus, quindecim legatos, frumentariæ curationis causa, postulaverat a senatu; quod in ep. 1. lib. IV. ad Att. legimus; & eos confestim circa provincias, conquirendi frumenti gratia, dimisit: quod Appianus lib. II. Bell. Civ. scriptum reliquit. Veri autem simile videtur, cum Pompeius in his legatis principem nominaverit M. Ciceronem, id ab eo muneris recusatum esse, & in Quintum fratrem esse translatum: qui navigavit in Sardiniam Decembri mense: quod significat ep. 1. lib. II. ad eum in extremo: congruunt igitur tempora, dimissis hieme legatis a Pompeio ad regiones frumentarias, & Quinto Cicerone Decembri mense in Sardiniam profecto. Præterea videtur omnino cum ali-

aliqua potestate Quintus in Sardinia fuisse: quod ut teneam, facit illud ep. 5. lib. II. ad eundem: *Quum jam venisset Olbia, dixerat, qui te ante laudarent, plurimique in provincia fecit dixerunt*. Ea in eadem epistola verba sunt, quæ Lucceium Quinto successisse demonstrant, quod ea potestas, non, ut aliæ a senatu, vel a populo datæ, certum tempus ac definitum haberet, sed Pompeii tum daretur, tum auferretur arbitrio: *Interim*, inquit, *videre volebam, quod in Sardiniam iter habebat; hominem conveni, & ab eo petii, ut quam primum te nobis redderet*: Statim, dixit: *Tu, mi frater, simul ac ille venerit, primam navigationem, dummodo idonea tempestas sit, ne omiseris*.

Te, inquit, ipsum cupio] Lector admonendus, quod pertinet ad usum Latinæ linguæ, nec Ciceronem, nec Terentium, nec omnino quemquam reip. temporibus, *inquit*, usurpare, nisi præposito aliquo verbo; quod non attigissem, nisi peccare in hoc sæpe non obscuri nominis homines animadverterem.

Rependendum tibi est] Promissa persolvenda: ductum ab æris gravis rependendi, id est persolvendi, more prisco, antequam pecunia signaretur. Plinius lib. XXXIII. cap. 3.

Spopondisti] Receperat enim Pompeio Quintus Cicero, si Marcus frater in patriam ab exsilio revocaretur, operam eum daturum, ut Cæsaris acta a senatu confirmarentur, nec omnino quidquam, quod aut ipsi Pompeio, aut Cæsari displiceret, esse facturum: docent hoc ea, quæ sequuntur.

Quid multa] Cum rem conferre volumus in pauca, utimur hoc loquendi genere, *quid multa? quid plura? quid quæris? quid multis opus est? quid pluribus opus est? quid verbis opus est?* &, sine interrogandi nota, *ne multa, ne multis, ne plura, ne pluribus, ne te multis morer, ne te multis teneam, ne sim longior*; &, quod est in ep. 4. lib. IV. *Noli quærere*: quæque plerasque in suas Elegantias collegit Aldus filius.

Questus est gravius] Quod in Cæsaris injuria se quoque lædi putaret, vel propter affinitatem, vel communis potentiæ causa.

Sua merita] In Marcum quidem Ciceronem præcipue, quem in patriam cum Lentulo consule reduxerat; sed fortasse etiam in ipsum Quintum; quem fuisse tum ipsius Pompeii legatum in Sardinia suspicamur.

De actis Cæsaris] Ut ea, quæ consul Cæsar, adversante, ac de cælo servante collega Bibulo, egerat, Ciceronis reditu, sententia confirmarentur: quod cum Pompeio Quintus promisisset, non præstare fidem ejus Marcus frater in ea sententia de agro Campano visus est. Eadem causa Cæsarem adduxit, ut ejici a Clodio Ciceronem pateretur: de quo sic in Oratione pro Sextio: *Illi, aliquo tum timore perterriti, quod acta illa, atque omnes res superioris anni labefactari a prætoribus, infirmari a senatu, atque principibus civitatis putabant, tribunum popularem a se alienari nolebant, suaque sibi propiora pericula esse, quam mea, loquebantur*. Et in eadem de Provinciis: *Fuit illa, illa tempestas, caligo bonorum, & subita, atque improvisa formido, & terror injectus Cæsari de ejus actis, metus cædis bonis omnibus*.

Voluntate Cæsaris egisse] Hac de re sic in oratione de Provinciis: *Cneus Pompeius mihi testis de voluntate Cæsaris, & sponsor est illi de mea*.

Non possem] Quod sensum confirmatum deponere difficillimum esset.

Vibullium] Q. Vibullium, præfectum fabrum Pompeii civili bello, ejusdemque copiarum ductorem: ep. 2. libro VIII. ad Att. & ep. Pompeii ad Ciceronem eodem libro, & epist. Cæsaris lib. IX. ad Att. idemque lib. I. Bell. Civ.

Integrum] Ne quid agerem. Ubi enim cœpta res agi, non amplius integra videtur, sed tamquam imminuta, detracta scilicet ea parte, quæ confecta jam est. Cælius ep. 6. lib. VIII. *De Dolabella integrum tibi reserves, suadeo*.

Reservarem] Reservavit; ut epist. 7. lib. II. ad fratrem demonstrat: & hic in sequentibus non obscure cognoscitur.

Collegi ipse me] Ut accuratius de officio meo mecum ipse considerarem, quasi animum collegi. Hoc loquendi genus ipse interpretatur in Tuscul. 4. *Quid est*, inquit, *se ipsum colligere, nisi, dissipatas animi partes in suum locum cogere?* Sic ep. 10. lib. III. *Nisi gravi-*

ter

tet primo amcio commotus sum ; tamen , ut me collegi , cetera mihi facillima videbantur. Ep. 18. lib. V. *Rogo , atque oro , te colliges , virumque praebeas , & , qua conditione omnes homines , & quibus temporibus nati simus , cogites.* Et ad Att. ep. 34. lib. XII. *Eqs minus urgeor , neque ipse propemodum collegi : tamen indigeo tui consilii.* Ad eumdem epist. 21. lib. XV. *Tum me collegi , vereas ut quid mihi ille iratus , tibi amicers.* Ad M. Brutum ep. 13. *Iudicium tuum magni aestimans , idque veritus , me ipse collegi.*

Cum ipsa quasi repub. sum collocutus) Quasi sum collocutus cum ipsa repub. non enim revera colloquimur cum repub. sed ipsa cogitatio colloquii similitudinem habet.

Perfuncto) Sic ep. 8. *Perfuncti laboribus maximis.* Nec abhorret ab usu Latini sermonis , si , *Perfuncti* , referas ad , *Malis* ; cum Terentius quoque dixerit *Functus est officium boni adolescentis.*

Quem bonum civem semper habuisset , bonum virum esse pateretur) In optima repub. nihil inter bonum civem , & bonum virum interesse , docet Aristoteles pluribus verbis lib. III. Polit. nam in rep. optime instituta nihil est utile , quod non honestum : itaque bonus civis ab officio boni viri discedere non cogitur. Hic autem Cic. bonum civem a bono viro distinguit , quia patriae simul & amicitiis satisfacere non possit ; verum , duobus propositis honestis , minori majus praeferendum esse quis dubitet ? major igitur patriae , quam amicitiae , habenda ratio est ; quod ipse lib. III Off. declarat : *Quae videntur* , inquit , *utilia , honores , divitiae , voluptates , & cetera generis ejusdem , haec amicitiae numquam anteponenda sunt ; at neque contra remp. neque contra jusjurandum , ac fidem , amici sui causa vir bonus faciet.* Quamquam , cum dicat , *Bonum virum esse pateretur* , quasi gratiae loco postulat ab ipsa rep. quod ab ejus rationibus alienum esse , id est , quod officio boni civis adversari , non ignorat. Eamdem sententiam in oratione pro Plancio posuit his verbis : *Res vero ipsa publica si loqui posset , ageret mecum , ut , quod sibi servissem semper , numquam mihi , fructus autem ex sese , non , ut exoptavissem , laetos , & uberes , sed magna acerbitate permistos tulissem ; jam mihi servirem , consulerem meis.*

In illis autem meis actionibus) Hactenus ostendit , se in Pompeii causa , cui deberet plurimum , & fratris sui fide , quam Pompeio de se dederat , adductum esse , ne quid amplius contra Caesaris voluntatem moliretur : nunc alteram causam affert , cur a sententia discesserit , malevolentiam , & obtrectationem quorumdam optimatum.

Videretur) Quia , quod ad Caesarem attineret , simul ad Pompeium , Caesaris generum , attinere videretur.

Certorum hominum) Catonem in primis , Bibulum , L. Domitium , Caesaris inimicos , describit , de quibus infra ; *Quidam homines , & iidem illi , quos saepe nuto , significationeque appello , cum se maximum fructum cepisse dicerent ex libertate mea , meque tum denique sibi esse visum reip. qualis fuissem , restitutum , gaudere se dicebant , mihi & illum inimicum , & eos , qui in eadem causa essent , numquam amicos futuros.* Eosdem in oratione de Provinciis designat : *A viris fortissimis , & de me optime meritis quibusdam peto , ut si ego illos meorum laborum , & incommodorum participes esse volui , ut illi me suarum inimicitiarum socium velint esse.*

Non satisfacere Pompeio) Qui meas actiones , ac sententias ad illius voluntatem , de Caesaris potentia laborantis , parum accommodarem. Dicit idem epist. 5. lib. IV. ad Att. *Quibus fratrem is dixi , quod & ipsi probarent , laxati sunt tamen , me contra Pompeii voluntatem dixisse.*

Ecce hoc mihi deledum) Movebar fratris mei fide , Pompeii voluntate , certorum hominum malevolentia ; sed ea una res ad consilii mutationem gravissime impulit , quod iidem illi , quibus actiones meae pro rep. probabantur , inimicum non modo meum , sed legum , judiciorum , otii , patriae , bonorum omnium , me praesente , osculabantur , mihi ut stomachum facerent , de patria , deque ipsis optime merito.

Inimicum meum) P. Clodium : quem oderant antea , post , cum ille Caesaris acta coepit oppugnare , diligere coeperunt ; de quibus in oratione de Provinciis : *Levissime* , inquit , *ferom , si ser-*

si forte hos aut iis videro probare, qui meum inimicum, repugnante vestra auctoritate, texerunt; aut iis, si qui meum cum inimico suo reditum in gratiam vituperabunt; cum ipsi & cum meo, & cum suo inimico in gratiam non dubitaverint redire.

Meum autem) Idem erat, *Vel potius*: sed usus est eo correctionis genere, quod indignationem prae se fert.

Sic amplexabantur, sic in manibus habebant, sic fovebant, sic, me praesente, osculabantur) Augent singula, & familiaritatem, ac benevolentiam quoque declarant.

Stomachum facerent) Iram commoverent: locus pro locato, stomachus enim irae sedes est.

Penitus perdidi) Plane mihi impero, ne qua omnino re irascar. Dolebam, inquit, non irascebar. Hanc sibi laudem adsciscit Cicero in epistola ad Caerelliam: ex qua recitat haec verba Quintilianus lib. VI. cap. 4. *Haec aut animo Catonis ferenda sunt, aut Ciceronis stomacho.*

Hic ego) Quarta ratio ad tuendam consilii mutationem; quod se non cum improbis, ac perditis civibus; sed cum optime de republ. meritis conjunxerit. *Hic*, rationem temporis, non locum, ut alibi, notat; perinde ac si dixerit: Quae cum ita se haberent. Usurpatur de re praesenti epist. 15. lib. V. *Hic in ea me abesse urbe miraris, in qua domus nihil delectare possit, summum sit odium temporum, hominum, fori, curiae?* De praeterita autem re, in epist. 8. lib. III. *Hic ego multa simul cogitavi.*

Humano consilio) Quantum homini licuit; non enim, ut omnia circumspiciantur, hominis natura patitur.

Circumspectis rebus omnibus) Probat id, quod dixit: *Non illi quidem ut mihi stomachum facerent*; nam si stomachum fecissent, statim iracundia praeceps, nihil de boni civis officio cogitans, ad nova capessendae reip. consilia delatus esset, verum tanti non fuit injuria, ut susceptam ab adolescentia sententiam temere projiceret; circumspexit prius omnia: rationes pro utraque parte subduxit: quarum summa facta, cognovit, plures esse caussas, quae ad Caesaris, Pompeiique conjunctionem, quam quae ad defendendas optimatum partes hortarentur; in Caesare enim, & Pompeio praesidii plurimum sibi contra suos inimicos paratum videbat: in optimatibus vero nihil fidei, nihil expertus erat constantiae.

Et perditis) Sunt enim quidam ita improbi, ut perditi tamen non sint; perditi vero, quorum ita mens a recta ratione discessit, ut ad sanitatem redire jam non posse videantur.

Remp. tenere) Varie diversis locis explicat hanc sententiam. Epist. 8. *Res communes in amicorum nostrorum potestate sunt.* In eadem: *Qui potiuntur rerum.* Epist. 7. lib. IV. *Qui tenent remp.* Epist. 8. ejusdem lib. *Qui omnia tenent.* Epist. 9. ibidem: *Omnia delata ad unum sunt.* Epist. 13. ibidem: *Qui plurimum possit.*

Meis temporibus) Cinna, Mario, Sulla dominantibus.

Novellis aliis) Cum Decemviri remp. tenerent.

Non modo praemiis) Quidam hoc loquendi genus imperfectum judicarunt; quod, *Non modo non praemiis*, & apertius, & ornatius esse videretur. Nos, & auctoritatem veterum librorum, & Ciceronis consuetudinem secuti omnino legimus, *Non modo praemiis*; valet enim idem, quod, *Non modo non praemiis*: ut sit, *Non modo*, pro *Nedum*. Exempla fidem facient. Epist 17. lib. IX. *Nos tamen scito, non modo me, sed ne ipsum quidem principem scire, quid futurum sit.* Quo item loco, *Non*, inculcatum erat, contra veteres libros. Sic & ep. 16. lib. II. ad Att. *Qui mihi non modo praemiorum, sed ne sermonum quidem unquam fructum ullum, aut gratiam retulerunt.* In quo animadvertendum, *Praemiorum, sermonum*, pro *praemiis, sermonibus*, usurpatum esse. Epist. 6. lib. X. *Regnum non modo Romano homini, sed ne Persae quidem cuiquam tolerabile.* Et epist. 24. lib. II. *Mihi non modo irasci, gravissima injuria accepta, sed ne dolere quidem impune licet.* Libro I. de Oratore: *Neque solum inscientiam meam, sed ne rerum quidem magnitudinem perspicio.* Et in oratione II. in Rullum: *Si, non modo dena jugera dari vobis, sed ne constipari quidem tantum numerum hominum posse in agrum Campanum, intelligebat; tamen ne vacui temp. continuo majestatem populi Romani, deludi uos-met ipsos diutius a tribuno pl. patiemini?* Tusc. I. *Mortuorum, non modo vitae commodis, sed ne vita quidem ipsa quisquam caret.* Tusc. V. *Tertias, quod essent plane inanes, neque necessitatem modo, sed ne naturam quidem attingerent, funditus ejiciendas putavit*, id est, & nuo modo non necessitatem. Sasurcaret & Cælium epist. 11. lib. VIII. scripsisse, *Non modo sciit* quod est in pervulgatis libris, *Non modo non sciit*; nam a plerisque abest antiquis libris alterum, *Non*. Varro lib. VIII. Ling. Lat. *Dicam de universa analogia, cur non modo videatur esse reprehendenda, sed etiam cur in usu quodam modo sequenda*. Atque in his, quæ recitavi locis, *Non modo*, usurpatum videtur pro *Nedum*. Eadem loquendi consuetudo agnoscitur in Græcis; nam Isocrates in oratione, quæ Πλαταιικὸς inscribitur: Οὐχ' ὅπως τῆς κοινῆς ἐλευθερίας μετέχομεν, ἀλλ' οὐδὲ δουλείας μετρίας τυχεῖν. *Non modo communis libertatis expertes sumus; verum ne moderatam quidem servitutem pro tuimus impetrare*. Et in eadem infra.

Fortissimi viri) Manifestis enim periculis non moveri, temeritatis est, non fortitudinis: quod a sapientissimis proditum.

Ad eorum causam me adjungerem) Cum iis in rep. non consentirem, non sequerer eorum sententiam, meam voluntatem ad eorum dignitatem non aggregarem.

Cn. Pompeius) Arguit a Pompeii virtute; summisque in remp. meritis: a Cæsaris vetere amicitia, & erga se, fratremque suum liberalitate. ab ipsa rep. Cæsaris rebus gestis vehementer aucta: a Pompeii fratrisque sui fide: a Plutonis auctoritate: a sua calamitate: ab optimatum quorumdam invidia, & inconstantia: a ratione temporum; quæ subjungit deinceps omnia diligenter, sanam veritus improbitatis, non modo levitatis, & inconstantiæ, præsertim apud Lentulum, bene erga rempub. animatum.

Princeps esset) Pro Plancio: *Ego Cn. Pompeium non tuear, quem omnes in rep. principem esse concedunt?* Princeps autem eo facilius in rep. Pompeius, quia Cæsar & Crassus aberant, hic in Parthis, ille in Gallia bellum gerens.

Rebus gestis) Majoribus, quam superiorum omnium: ter enim triumphaverat ex tribus orbis terræ partibus, Africa primum, deinde Europa, postremo Asia, Mithridate victo.

In præturn, & in consulatu) Prætor Maniliam rogationem suasit, ut Pompeio Mithridatici belli cura mandaretur; extat oratio: Consul cum aliis eum ornavit officiis, tum etiam, quod retulit de supplicationibus decernendis, rep. Mithridatico bello felicissime gesta: *Me consule referente*, ait in oratione de Provinciis, *primum decem dierum supplicatio decreta Cn. Pompeio, Mithridate interfecto, confectoque Mithridatico bello: meaque sententia, primum duplicata est supplicatio consularis; mihi enim estis assensi, cum ejusdem Pompeii litteris recitatis, confectis omnibus maritimis, terrestribusque bellis, supplicationem dierum XII. decrevistis*. Et epist. 4. libro tertio ad Q. Fr. *Ille, cum a me singularibus meis studiis ornatus esset, &c.*

Auctoritate) Non potestate; privatus enim, cum actum est de reditu Ciceronis, Pompeius erat. Sic in oratione pro Milone: *Cn. Pompeius auctor, & dux mei reditus*. Et in oratione pro Domo: *Hic, tibi, Lentule, gravissimus auctor ad instituendum, fidelissimus socius ad comparandum, fortissimus adjutor ad rem perficiendam fuit*. Auctoritatem etiam Lentulo tribuit in oratione pro Sextio. cum designatus consul sententiam in senatu dixit de Cicerone revocando.

Sententia) Quam dixit in senatu de reditu meo. In oratione pro Milone: *Cujus sententiam senatus omnis de salute mea gravissimam, & ornatissimam secutus est*. Pro Domo: *Hic in senatu princeps sententiæ fuit*.

Me adjuvisset) In recuperanda salute.

Habere inimicum) Pulso Cicerone, omnem suam vim contra Pompeii, Cæsarisque potentiam Clodius convertit. Quod autem iteravit *Inimicum*, non auribus modo, verum etiam sententiæ consuluit, cujus augeri vim, iterato verbo, apte tamen collocato, plane constat; nam si loco moveas, *inimicum*, frigebit.

Quinisdam in senatu pessimi) Non in

in omnibus, sed in quibusdam; nec omnino, sed paullum.

Immutassem) Minus est, quam, *Permutassem*, aut *Commutassem*.

Summi viri) Quaerit excusationem artificio quoque verborum, minuit enim jam suum factum, cum dicit, *Quibusdam in sententiis*, *paullum*, *immutassem*; hic autem facti causam studiose auget, cum inquit, *Summi viri de me optime meriti, dignitatem*; quae movent singula.

In conjunctis, et causa, et dignitate) Res enim utriusque communis agebatur; cum et superiora communi consilio gessissent; et utrique non publica libertas, sed immoderata ipsorum potentia proposita esset; quod si communis eorum causa, sequitur, ut communis item eorum dignitas sit; itaque aggregare suam voluntatem ad Pompeii dignitatem Cicero non poterat, nisi junctum cum eo Caesarem complecteretur.

Vetus amicitia) De qua sic in oratione de Provinciis: *Tempus illud familiaritatis, et consuetudinis, quae mihi cum Caesare, quae fratri meo, quae C. Varroni, consobrino nostro, ab omnium nostrum adolescentia fuit, praetermitto.*

Humanitas ejus, ac liberalitas) Humanitas potest esse in vultu et verbis, nullis praeterea officiis; liberalitas sine officio numquam est: utraque laude Caesar excelluit, infra: *Sic enim te existimare velim; cum a vobis, meae salutis auctoribus, discesserim, neminem esse, cujus officiis me tam esse devinctum non solum confitear, sed etiam gaudeam.*

Litteris, et officiis) Litteris ad M. Ciceronem missis, officiis in Quintum collatis: qui tunc erat Caesari legatus in Gallia; infra, et epist. ult. l. IV. ad Att. *Quintum meum, dii boni, quemadmodum tractat honore, dignitate, gratia: non secus, ac si ego essem imperator.*

Maximis rebus a Caesare gestis) Caesaris hic, non Pompeii, mentionem facit: quod ad eum praecipue Campana causa pertinebat: is enim consul de agro Campano dividendo legem tulerat.

Gravissime autem me in hanc mentem impulit) Animadvertenda copia, qua usus est in augenda sententia: tres enim quasi gradus esse video; primum, *Multum valuit vetus amicitia*: alterum, *Vehementer eos ipsa publica me movit*: tertium, *Gravissime autem me in hanc mentem impulit et Pompeii fides, et fratris mei*; nam, *Impulit*, plus est, quam, *Movit*, quod jam dixerat.

Caesari dederat) Cum ei pollicitus est, me, si restitueret, ejus actis adversarium non futurum.

Apud Platonem) Platonis verba sunt haec libro quarto de Legibus: Μηδεις ημας πειθετω, ω φιλοι, αλλη θαττον, και ραον μεταβαλλειν αν πολιν νομους, η τη των δυναστευοντων ηγεμονια. *Nemo vobis persuadeat, amici, celerius ac facilius aliter adoptare leges, atque in aliam civitatem commigrare, quam eam, in qua Principes dominantur.* Quorum verborum sententiam Cicero satis plane, sed more suo liberius expressit.

Quales in respubl. principes) Quales ii, qui remp. gubernant. In oratione pro Sestio: *Nihil est, quod populus a delectis, principibusque dissentiat.* De summis autem civitatis viris, non de iis, qui singulari donantur imperio, intelligendum esse, ostendit ipse, quasi hunc locum interpretans, libro tertio de Legibus: *Licet*, inquit, *videre, qualescumque summi civitatis viri fuerint, talem civitatem fuisse; quaecumque mutatio morum in principibus extiterit, eamdem in populo secutam.* Similiter et Xenophon libro octavo de Cyri disciplina: Ὁποιοι τινες αν οι προστατai ωσι, τοιουτοι και οι υπ' αυτους επι το πολυ γιγνονται. *Quales sunt in Rep. principes, tales plerumque, qui ipsis subsunt.* Et Isocrates. Εν τω προς Νικοκλεα, περι του βασιλευειν. Το της πολεως ολης ηθος ομοιουται τοις αρχουσι. *Mores civitatis similes sunt moribus imperantium.* Idem in ea, quae inscribitur Nicocles. Ὁρω το πληθος εν τουτοις τον βιον διαγειν, εν οις αν τους αρχοντας τους αυτων ορωσι διατριβοντας. *In iis studiis aetatem consumere solet populus, quibus suos principes deditos esse videt.* Et in Areopagitico: Τοιουτους ηγειτο εσεσθαι και τους αλλους, οιοι περ αν ωσιν οι των πραγματων επιστατουντες. *Ad eorum exemplum, penes quos summa rerum esset, etiam ceteros se comparaturos sperabant.* Et in Ecclesiastico:

Qualis rector est civitatis, tales & habitantes in ea. Idem agnoscitur in omni disciplina, & arte, praeter tim in re militari; bonum enim, malumve ducem in utramque partem milites imitantur; de quo Sallustius in Iugurtha: *Dum haec Romae geruntur, qui in Numidia relicti a Bestia exercitui praeerant, secuti morem imperatoris sui, plurima & flagitiosissima facinora fecere*.

Tales reliquos solere esse cives) Ex quo intelligebam, mutato optimatum sensu, mihi quoque & sententiam, & voluntatem esse mutandam. Infra: *Non offendes eundem bonorum sensum, Lentule, quem reliquisti*. Et paullo post: *Tota sapientium civium, qualem me & esse, & numerari volo, & sententia, & voluntas mutata esse debet*.

Ea fundamenta jacta) Labat aedificium, fund. mentis male jactis; firmum est, bene constitutis. Prima igitur consulis Ciceronis actio quasi fundamentum fuit publicae libertatis, atque constantiae: consulis enim virtute senatus excitatus, extremo anno, cum de poena conjuratorum ageretur, eamdem virtutem imitatus est.

Ex Kal. Ian.) A primo magistratus die per totum deinde annum. In Pisonem: *Ego Kalendis Ian. senatum, & bonos omnes, legis agrariae, maximarumque largitionum metu liberavi*.

Confirmandi senatus) Ut ad eam, quae principem ordinem decet, animi constantiam, atque ad studium defendendae reipubl. meo excitarentur exemplo.

Nonis Dec.) Quo die de conjuratis extremo supplicio afficiendis S. C. factum est; hinc illa vox pro Flacco: *O nonae illae Decembres, quae me consule fuistis! quem ego diem vere natalem hujus urbis, aut certe salutarem appellare possum*. Et M. Brutus in epist. ad Atticum: *An, quia non omnibus horis jactamus idus Martias, similiter atque ille nonas Decembres suas in ore habet, eo meliore conditione Cicero pulcherrimum factum vituperabit, quam Bestia & Clodius reprehendere illius consulatum soliti sunt?* Et in oratione post reditum in senatu.

Vel animi, vel auctoritatis) *Animi*, in dicendis sententiis: *auctoritatis*, quia, quod senatus in conjuratos decrevit, perfectum est; non enim fortasse valuisset ejus ordinis auctoritas, nisi eam jam antea confirmatam esse constaret.

Idemque mansisse) Sui consulatus beneficio unum fuisse bonorum sensum usque ad Caesarem & Bibulum consules, demonstrat; quo magis confirmat illud Platonis, *Quales in rempubl. principes, tales reliquos solere esse cives*.

Usque ad Caesarem, & Bibulum coss.) Per triennium.

Pendere) Caesare enim consule, contemni coepta est, ac levis esse senatus auctoritas: &, quam a senatu non impetrabat, a populo, Vatinia lege, citeriorem Galliam consul accepit.

Postero) Postero anno, Pisone, & Gabinio coss.

Hispaniam citeriorem) Ut duae Galliae, sic duae Hispaniae fuere, ulterior, & citerior; citeriorem ex praetura, quam Afranio, & Metello coss. gesserat, Lentulus obtinuit, Caesare, & Bibulo coss. Id Caesar ipse libro primo Bell. Civil. testatur.

Cum imperio) Lege curiata dato, sine qua rem militarem attingere non licuit; in Rullum Orat. II.

Mercatores) Qui meam salutem accepti pretii loco provinciis, tribuno pl. Clodio vendiderunt. Pro Sextio: *Foedus fecerunt cum tribuno pl. palam, ut ab eo provincias acciperent, quas ipsi vellent, ea lege, si ipsi prius tribuno pl. afflictam remp. tradidissent; id autem foedus, meo sanguine ictum, sanciri posse dicebant*. Idem pro Domo, de Provinciis, in Pisonem.

Servos) Quas Piso & Gabinius imperio consulari seditiones extinguere debuerunt, eas, tamquam servi, imperante iis tribuno pl. adjuvarunt. Clodium enim seditionis ducem, servos ac ministros consules fuisse ostendit.

Casus) Non mea culpa, sed casus. Et sic, *Quidam casus*, ne originem inimicitiarum cum Clodio pluribus verbis exponat.

Caput meum) Me; ponit enim partem pro toto, & eam partem, in qua vitae domicilium est.

Quasi certaminis causa) Speravit Clodius,

dios, si Ciceronem vexaret, eam fore causam bonos cum improbis committendi.

Medium contentionum) Erat enim inter cives ex partium dissensione contentio, sed sine armis; ex ea contentione certamen potuit existere: idque speraverant improbi, conjecto in medium, quasi ad animos concitandos, capite Ciceronis.

Mirifica) Apte notetur ad amplificandum copia, *Mirifica*, *Incredibilis*, *Singularis*.

Consensu) Quidam libri, in iis Mediceus, *Consensus*; quod erratum librarii fuit.

Senatus) Promulgata enim Clodii lege adversus eos, qui cives Romanos indicta causa condemnassent (quibus verbis, Ciceronis nomine suppresso, pernicies tamen ei parabatur) senatus, quod in summo dolore fieri solitum est, vestitum mutavit: consulesque Piso, & Gabinius vere seditiosorum servi, ac ministri, senatum ad vestitum redire jusserunt.

Italia) Quam ad defendendam paratam Cicero pro se pugnare noluit; atque hac tota de re libet verba subscribere, in primis ad hunc locum accommodata, quae sunt in oratione pro Sextio: *Erat in luctu senatus; squalebat civitas, publico consilio mutata veste: nullum erat municipium Italiae, nulla colonia, nulla praefectura, nulla Romae societas vectigalium, nullum collegium, aut concilium, aut omnino aliquod commune consilium, quod tum non honorificentissime decrevisset de mea salute; cum subito edicunt duo consules, ut ad suum vestitum senatores redirent.* Et paullo post: *In causa tam bona, tanto studio senatus, consensu tam incredibili bonorum omnium tam parato, tota denique Italia ad omnem contentionem expedita, cessi tribuni pl. furori.*

Non dicam, quid acciderit) Quibus causis afflictus sim, non exponam: ne multos laedam.

Brevi) Et *Brevi*, & *Breviter* eodem sensu Cicero dixit: quod veteres quoque Grammatici notarunt. Sulpicius etiam epistola quinta libro quarto: *Decrevi brevi ad te perscribere*.

Non mihi exercitum) Cum & equestris ordo, & omnes boni summum in illius defendenda salute studium profiterentur; de quo sic in oratione pro Sextio: *Quid agerem, judices? scio enim, tum non mihi vestrum studium, sed meum prope vestro defuisse*.

Duces) Tres maxime designat, Pompeium, Caesarem, Crassum: qui cur eum deseruerint, causa explicatur in eadem oratione: *Illi*, inquit, *aliquo tum timore perterriti, quod acta illa, atque omnes res superioris anni labefactari a praetoribus, infirmari a senatu, atque principibus civitatis putabant, tribunum popularem a se alienare nolebant, suaque sibi propiora pericula esse, quam mea, loquebantur*.

Qui reliquerant) Reliquit eum, praeter ceteros, Pompeius, pollicitus non semel, ei se numquam defuturum; de quo sic epist. 20. libro secundo ad Att. *Clodius adhuc mihi denuntiat periculum: Pompeius affirmat, non esse periculum; adjurat; addit etiam, se prius occisum iri ab eo, quam me violatum iri*.

Simularant) Significat eos, qui Ciceroni auctores fuerant, ut Clodio cederet; ne inter cives perniciosa contentio excitaretur. De Hortensio sic ep. 3. lib. I. ad Fratrem: *Me sceleratissime, insidiosissimeque tractavit*.

Illud quidem certe nostrum consilium jure laudandum est) Veritus, ne consilium suum de complectendis Pompeio, & Caesare, parum fortasse probaretur, duobus affirmantibus verbis alia de re usus est; nam, *Quidem certe*, post incertam, aut non satis probatam rem ponuntur, ut epist. 14. lib. IV. *Opera, consilio, studio quidem certe*. Et ep. 15. lib. XVI. *Spero tibi ex tuis litteris melius esse, cupio quidem certe*.

Qui meos cives) *Qui*, refertur ad, *Nostrum consilium*: habetur enim ratio sententiae potius, quam Grammaticae.

A me servatos) Conjuratione extincta.

Spoliatos ducibus) Dixit jam, sibi duces defuisse.

Servis armatis objici nolueram) Saepe hoc Cicero gloriatur: in oratione quidem pro Sextio sic: *Te patria, obtestor, & vos penates, patriique dii, me vestrarum sedium, templorumque causa, me propter salutem meorum civium, quae mihi semper fuit vita mea carior, dimi-*

dimicationem, vel denique suscipere. Servos autem significat, quos sibi conciliaverat Clodius, collegiorum nomine; de quibus in oratione in Pisonem: *Collegia, non ea solum, quæ senatus sustulerat, restituta sunt, sed innumerabilia quædam nova, ex omni fæce urbis, & servitio constituta*. Et in eadem paullo post: *Pro Aurelio tribunali delectus servorum habebatur ab eo, qui nihil sibi unquam nec facere, nec pati turpe duxit*. Et pro Domo: *Cum in Aurelio tribunali conscribebas palam non modo liberos, sed etiam servos, ex omnibus vicis concitatos, vim tum videlicet non parabas*. Et pro Sextio: *Iisdem consulibus inspectantibus, servorum delectus habebatur pro tribunali Aurelio, nomine collegiorum, cum vicatim homines conscriberentur, decuriarentur, ad vim, ad manus, ad cædem, ad direptionem incitarentur*. Et post reditum ad Quir. *Ego, cum homines in tribunali Aurelio palam conscribi, centuriarique vidissem, nemini decertare pro mea salute volui*.

Pro me stante) Incolumi, antequam ejicerer. Sic epistola secunda libro septimo: *Magnam quidem spem habuit, non sua quidem sponte, sed eorum auxilio, qui me stante, stare non poterant*. Et epistola sexta lib. sexto: *Cum me ex rep. expulissent ii, qui illam cadere posse, stante me, non putarent*.

Afflictam) Antitheta, *Stante*, *Afflictam*.

Excitare) Proprie excitamus dormientes: unde epistola decima quarta libro decimo sexto: *Excita e somno tuas litteras*. Transfertur ad alia, ut hic, & epistola prima libro sexto: *Constantem & diffidentem excitare*.

Cum de me ageres) Ut in patriam redirem.

Qua in causa) *Causam* vocat totum id, quod ad ipsum pertinet. Epistola prima.

Prædicabo libenter) Beneficium enim libenter prædico: injuriam obliviscor.

Quibusdam) Ii sunt, de quibus jam dixit: *Certorum hominum sermones referebantur ad me*.

In timendo) Vel quia timuerint, vel quia se timere simularint.

Suam auctoritatem) Quam amiserant stultitia, & inconstantia sua, cum in gratiam redierint cum P. Clodio inimico meo, nec eam quam ego exspectaveram, in meis rebus voluntatem præstiterint. Hoc & paullo post ostenditur, & epist. 7. significatur iis verbis: *Profecto tamen mihi videntur stultitia, & inconstantia adversariorum, ut jam etiam auctoritate plus valerent*. Significat enim, se commotum eorum injuriis, cum Cæsare in gratiam rediisse, eique sua sententia supplicationes, stipendium, legatos decrevisse.

Ad causam adjuncto) Cum pro mea salute propugnationem suscepit contra Clodium, & reliquos, qui non tam me, quam senatus auctoritatem, oppugnaverant.

Singularibus) In oratione de Provinciis, non *singulares*, sed *prope singulares* ait Cæsari honores esse decretos; nec tamen loquitur inconstanter; hic enim habet rationem præteriti temporis, quod eos honores antea nemo consecutus esset; ibi autem futuri, quod similes prope nemo consequi posse videretur.

Novis honoribus, ac judiciis senatus) Supplicatione quindecim dierum, stipendio exercitus, decem legatis; epistola septima: *Ego C. Cæsaris laudibus desim? quas primum populi Romani, nunc etiam senatus, cui me semper addixi, plurimis, atque amplissimis judiciis videam esse celebratas?*

Primum illa furia) Significatur illud tempus, cum Clodius, amore captus Pompeiæ, Cæsaris uxoris, ad eam introivit, ubi sacrificium Bonæ deæ pro populo fiebat. Ad Atticum epistola decima libro primo: *P. Clodium, te credo audisse, cum veste muliebri deprehensum domi C. Cæsaris, cum pro populo fieret*. Sed hoc non refertur ad proximum verbum, *Consecuta*; non enim illa furia, Ciceronis reditum consecuta; sed ea commiserat Clodius, Messalla, & Pisone Coss. id est, triennio ante Ciceronis exsilium. Est igitur, *Primum illa furia*, perinde ac si dixerit: Primum illa furta nota sunt, quibus jam antea polluerat Clodius ædem Bonæ deæ. Sed hoc etiam vehementer dolendum, quod proxime contigit, qui & tres sorores suas stupraverat, & in operta Bonæ deæ, quo viris non licebat,

bat, nocturni flagitii causa intromiserat, post reditum meum de vi accusatum a Milone tribuno pleb. impunitatem tamen esse consecutum. Vbaldinus Bandinellus, & alii eum postea secuti, legendum putarunt, *Furia*, pro *Forte*, locum aliqui mutilum arbitrati: quem tamen interpungendi ratio sic adjuvat, ut nihil desiderari satis constet. Nec tamen cujusquam industriam reprehendo: sed a veteribus libris (omnes autem mei, & Mediceus etiam habet, *Forte*: quod, ut ostendi, sententia non respuit) sine magna causa discedendum non existimo. Ridicule autem nonnulli de interpungendi notis antiquos libros consulunt, diversos omnino, ad hanc quidem partem quod attinet, a recentioribus impressis; nam, *Illa furta religionum muliebrium*, sententia ita fert, si, *Furta religionum*, pro nocturno flagitio in sacris usurpentur.

Bonam deam) Cui sacrificabant mulieres in domo Pont. max. Hac de re satis copiose in oratione pro Domo, de Haruspicum responsis, pro Milone, in Paradoxis. Festus etiam sic: *Damium sacrificium fiebat in operto, in honorem Bonæ deæ, dictum a contrarietate, quod minime sit δημόσιον, id est, publicum; dea quoque ipsa Damia, & sacerdos ejus Damiatrix appellabatur*. Arnobius autem, Lactantii Firmiani magister, lib. V. adversus gentes: *Fatuam*, inquit, *Fatuam, Bonam quæ dicitur deam, transeamus: quam myrteis caesam virgis, quod, marito insciente, seriam meri ebiberit, plenam, Sex. Clodius indicat sexto de diis Græcorum, signumque monstrari, quod, cum ei divinam rem mulieres faciunt, vini amphora constituatur obtecta, et myrteas fas sit inferre verbenas, sicut suis scribit in Causalibus Plutarchus*. Sunt autem, quæ *Causalia* vocat Arnobius, Plutarchi Problemata: in quibus hoc de Bona dea legitur. Aliter Macrobius lib. I. Saturn.

Tres sorores) Quas a Clodio stupratas, constans fama fuit. Tres autem, an duæ potius Clodii sorores fuerint, quæro, dissimilitudine locorum in dubitationem adductus. Hic quidem tres nominat Cicero, & Plutarchus in Ciceronis vita, his verbis: *Λεύκολλος δὲ καὶ θεραπαινίδας παρεῖχεν, ὡς συγγένοιτο τῇ νεωτάτῃ τῶν ἀδελφῶν ὁ Κλώδιος, ὅτε Λευκόλλῳ συνῴκει. πολλὴ δὲ ἦν δόξα, καὶ ταῖς ἄλλαις δυσὶν ἀδελφαῖς πλησιάζειν τὸν Κλώδιον, ὧν Τερτίαν μὲν Μάρκιος Ῥὴξ, Κλωδίαν δὲ Μέτελλος ὁ Κέλερ εἶχεν, ἣν Κουαδρανταρίαν ἐκάλουν. Lucullus etiam ancillas produxit stuprasse Clodium minimam sororem suam, cum in matrimonio suo esset. Fama divulgata erat, & cum duabus sororibus aliis eum consuevisse: quarum Martius Rex Tertiam, Clodiam duxerit uxorem Metellus Celer, quam Quadrantariam appellabant, &c.* Adversatur Varronis testimonium; libro enim tertio de Re Rust. sic loquentem Appium inducit, P. Clodii fratrem: *Cum pauper cum duobus fratribus & duabus sororibus essem relictus: quarum alteram sine dote dedi Lucullo*. In hac varietate non facile est verum dijudicare: Varroni tamen libentius assentimur: nec mentiri Ciceronem, aut Plutarchum opinamur, qui fortasse tres Clodii sorores ita nominarunt, ut duas germanas, iisdem parentibus natas, significarent, tertiam patruelem, aut consobrinam, e Terentia gente: quod Plutarchus indicat, qui nuptam Q. Marcio Terentiam vocat; quem locum olim depravatum suspicabar, & legendum *Tertiam*: postea mutavi sententiam, cum animadvertissem, νεωτάτην, dictum esse a Plutarcho de ea, quæ L. Luculli uxor fuit. Sic epist. 3. ad Att. lib. IV. *Contentio trium fratrum turpis*: quo loco duo germani fratres, Appius, & Publius significantur, tertius patruelis Q. Metellus Celer, cujus patris soror fuerat mater P. Clodii. De duabus autem sororibus a Clodio stupratis, ea scilicet, quæ Metello, & ea, quæ Lucullo nupsit, mentionem sæpe facit idem, qui tres hic nominat, Cicero in orationibus pro Domo, pro Sextio, in Pisonem, pro Cælio, pro Milone.

Impunitatem est eorum sententiis assecutus) Ne quis putet hoc dici, Clodium absolutum esse judicum sententiis, in eo judicio, quod de violatis Bonæ deæ sacris factum est: quod ante Ciceronis exsilium factum erat: sed, quorumdam optimatum, quorum hic Cicero inconstantiam, & perædiliam accusat, sententiis, in senatu dictis, factum esse, ut judicium illud, quod Milo tribunus pl. Clodio de vi accusato intendebat, omitteretur; ex quo non absolutus Clodius, (non enim *absolutus* dicitur, de quo latæ sententiæ non sunt) sed impunitatem consecutus, quia punitus non est, vere, ac proprie dicitur. Tota vero res ita se habet. Restituto Cicerone, cum ejus domus ex S.C. reficeretur, expulsi a Clodio fabri de area sunt: disturbata porticus Catuli, quæ ipsa quoque ex S.C. reficiebatur, & ad tectum pæne pervenerat: Q. Ciceronis domus primo fracta conjectu lapidum, deinde inflammata. Neque hac una vi contentus quievit Clodius, sed, sexto post die, cum lapidibus, fustibus, gladiis M. Ciceronem insecutus est: sequenti autem die Milonis domum expugnare, & incendere ita conatus est, ut palam cum scutis homines eductis gladiis, alios cum accensis facibus adduxerit, propterea Milo tribunus pl. eum de vi accusavit. Sed judicium, opera Clodii, ejusque amicorum, usque eo perductum est, donec habitis ædilitiis comitiis, Clodius ædilis creatus in judicium vocari non potuit; non enim vocare in judicium eos licuit, qui magistratum gerebant. Hoc igitur queritur Cicero, & jure queritur, quod, cum ageretur in senatu, utrum ante comitia judicium fieret, quod Milo, Cicero, nec pauci præterea bene de rep. sentientes exoptabant, an, quod Clodius, ejusque factio postulabat, ut comitia ante judicium haberentur: quo posset, magistratum adeptus, pœnam effugere; S.C. factum sit, ut post comitia judicium fieret: in quibus positam esse Clodii, nocentissimi hominis, salutem licebat intelligere. Hæc de re sic in oratione pro Sextio: *Volitat ædilis, accusat eum, qui aliqua ex parte ejus furorem exsultantem repressit: his accusare eum moderate, a quo ipse nefarie accusatur, per senatus auctoritatem non est situs.* Non licuisse Miloni per senatus auctoritatem Clodium accusare, demonstrat. In oratione autem de Provinciis: *Qui meum*, inquit, *inimicum, repugnante vestra auctoritate, texerunt.*

Præterea epist. 3. lib. IV. ad Att. & 1. lib. II. ad Qu. Fr. *Impunitatem igitur Clodius assecutus est, quia judicium fieri de eo, ædile creato, non licuit. Optimatum vero sententiis, qui comitia fieri ante judicium voluerunt.* Nec tamen omnes notat optimates, sed tantum eos, qui judicium de Clodio a Milone accusato fieri noluerunt; nam bonos aliquot in senatu pro Milone, id est, pro rep. sensisse, satis ostendit iis verbis, quæ jam recitavimus ex oratione de Provinciis; cum enim dixit: *Qui meum inimicum, repugnante vestra auctoritate, texerunt*, optimatum duo genera significat, eos, qui Clodium texerunt, & eos, qui repugnarunt.

Tribunus pl.) Milo.

Pœnas persequi) Supplicium sumere.

A seditioso civi) A Clodio, qui fabros de area Ciceronis expulerat, domum Q. Fratris fregerat, atque inflammaverat, Milonis oppugnaverat, ejusdem generis alia commiserat.

Per bonos viros) Per judices integerrimos.

Sustulerunt) Milo præclarissimum exemplum vindicandæ seditionis, Clodii damnatione, voluit in rempubl. inducere: at hi contra, Clodio impunitatem assecuto, exemplum illud egregium, quod ab omnibus comprobari debuit, de republ. sustulerunt. Id maxime per consulem Metellum Nepotem, per Appium, P. Clodii fratrem, prætorem, per Serranum tribunum pleb. factum esse, ostenditur in oratione pro Sextio, his verbis: *Descendit Milo ad accusandum. Quis umquam tam proprie reip. causa? tractus erat omni hominis; hoc enim accusante, pristini illius sui judicii turpitudinem desperabat. Ecce tibi consul, prætor, tribunus pl. nova novi generis edicta proponunt: ne reus adsit: ne citetur: ne quæratur: ne mentionem omnino cuiquam judicum, aut judiciorum facere liceat.*

Sidemque non meum monumentum, (non enim illæ manubiæ meæ, sed operis locatio mea fuerat, monumentum vero senatus) cruentis inustum litteris esse passus) Hæc tota re diligenter indagata, &, ut opinor, comperta, sententiam Ciceronis, quam brevissime, aut

aut certe quam planissime potero, conabor ostendere. Tria monumenta, tresque eorum inscriptiones in singulis singulæ fuerunt. Primum, atrium Libertatis, in imo Palatii clivo, senatus decreto ædificatum, locante Cicerone consule, post oppressam Catilinæ conjurationem: ut conservatæ libertati honor haberetur, exstaretque publicum monumentum civitatis ab impiorum manibus ereptæ: in hoc atrio cruentas illas litteras, deleta priore inscriptione senatus, Clodius tribunus pl. incidit, quinquennio post Ciceronem consulem: quas litteras mansisse, senatus maxima ignominia, cum summo Ciceronis dedecore conjuncta, queritur in hac epistola Cicero, quam scripsit, L. Domitio, App. Claudio Coss. quadriennio post Clodii tribunatum. Eamdem rem attigerat biennio ante, Marcellino, & Philippo Coss. in oratione de Haruspicum responsis, in qua sunt hæc: *Imperatorum monumenta evertit: inimicorum domos disturbavit: vestris monumentis nomen suum inscripsit*. Cum dixit: *Nomen suum inscripsit*, non dubito quin significaverit eas litteras, quas hic, facta ejusdem monumenti mentione, *cruentas* appellavit. Quod autem dixi, hoc atrium in clivo Palatii infimo potius, quam in summo, fuisse, eo sum adductus, quia in ep. 17. ad Att. lib. IV. ita scriptum est: *Ut forum laxaremus, & usque ad atrium Libertatis explicaremus*. Nam ad radicem Palatii, ubi atrium Libertatis fuisse dixi, non ad summum collem, illam fori partem ex voluntate Cæsaris explicare Cicero cogitaverat. Hoc atrium non puto sacrum, & dedicatum fuisse; quia leguntur hæc in oratione pro Milone: *Quæstiones urgent Milonem, habitæ in atrio Libertatis*. Non enim arbitror quæstiones de servis haberi potuisse in sacris locis: nisi si in ea oratione non illud significatur atrium Libertatis, quod senatus decreto, Cicerone consule, factum diximus; sed illud, quod multis ante annis Romæ fuit, de quo Livius lib. III. *Censores in atrium Libertatis adscenderunt; &, ibi signatis tabellis publicis, clausoque tabulario, & dimissis servis publicis, negarunt se prius quidquam publici negotii gesturos, quam judicium populi de se factum esset*. Alterum monumentum est porticus a Q. Catulo, C. Marii consulis collega, de manubiis Cimbricis exstructa: quam porticum eodem anno Clodius, quo Ciceronem expulit, evertit; sublatoque Catuli nomine, suum incidit; evertit autem, non ut aream faceret, sed ut ex ea, & eversæ Ciceronis domus parte novam porticum exstrueret, sicuti exstruxit, qua de re sic in oratione pro Domo: *Hanc vero, Pontifices, labem turpitudinis, & inconstantiæ poteris populi Romani dignitas sustinere, vivo senatu, vobis principibus publici consilii; ut domus M. Tullii Ciceronis cum domo Fulvii Flacci, ad memoriam pœnæ publice constitutæ, conjuncta esse videatur? M. Flaccus, quia cum C. Graccho contra salutem reip. senserat, & senatus sententia est interfectus, & ejus domus eversa, & publicata est: in qua porticum post aliquanto Q. Catulus de manubiis Cimbricis fecit; ista autem fax, ac furia patriæ, cum urbem Pisone, & Gabinio ducibus cepisset, occupasset, teneret, uno eodemque tempore & clarissimi viri mortui monumenta delebat, & meam domum cum M. Flacci domo conjungebat; ut qua pœna senatus affecerat eversorem civitatis, eadem iste, oppresso senatu, afficeret eum, quem P. C. custodem patriæ judicassent*. Quæ sequuntur, ad novam porticum pertinent, id est, ad eam, quam tum ex eversæ Ciceronis domus parte, tum ex Catuli portico Clodius fecerat: *Hanc*, inquit, *in Palatio, atque in pulcherrimo urbis loco porticum esse patiemini, furoris tribunicii, sceleris consularis, crudelitatis conjuratorum, calamitatis reip. doloris mei defixum indicium ad memoriam omnium gentium sempiternam? quam porticum pro amore, quem habetis in remp. & semper habuistis, non modo sententiis, sed, si opus esset, manibus vestris disturbare cuperetis*. De tota porticu locutus ea subjungit, quæ non ad totam attinent, sed ad partem dumtaxat dedicatam, id est, ad eam, quam e Ciceronis domo Clodius Libertati dedicaverat: nam, quæ pars in vetere Catuli portico a Clodio facta est, eam cur dedicatam putem causæ nihil video: *Nisi forte*, inquit, *illam castissimi sacerdotis super-*

stitio

flagitiosa dedicatio deterret. O rem, quam homines soluti a cura videre non desinunt, tristiores autem sine maximo dolore audire non possunt! Tubine ut Clodius, qui ex Pontificis maximi domo religionem eripuit, is in meam intulit? Addam & illud ex eadem oratione de Catuli monumento testimonium, in quo est luculenta apostrophe ad Q. Catulum: Tu, Q. Catule, M. Fulvii domum, cum is fratris tui socer fuisset, monumentum tuarum manubiarum esse voluisti; ut ejus, qui perniciosa reipubl. consilia cepisset, omnis memoria funditus ex oculis hominum, ac mentibus tolleretur. Hoc si quis tibi, aedificanti illam porticum, diceret: fore tempus, cum is tribunus pleb. qui auctoritatem senatus, judicium bonorum omnium neglexisset, tuum monumentum, consulibus non modo inspectantibus, verum adjuvantibus, disturbaret, everteret, idque cum ejus civis, qui remp. ex senatus auctoritate consul defendisset, domo conjungeret: nonne responderes, id, nisi eversa civitate, accidere non posse? De litteris autem huic monumento inscriptis, ipsa sic: Tu procella patriae, turbo, ac tempestas pacis, atque otii, quod in naufragio reipubl. tenebris offusis, demerso populo, everso atque ejecto senatu, dirutis, aedificatis, religione omni violata, reip. tamen nomine contaminaris, in civis hujusce aedibus, & in urbe, quam suis laboribus ac periculis conservasset, monumentum deleta reip. collocaris ad epitaphium ortam, ad dolorem bonorum omnium, sublatoque Q. Catuli nomine, inscriberis, id sperasti tempus diutius, quam quoad eorum simul expulsi essent hi omnibus, esse laturum? Locum autem hujus inscriptionis verisimile est fuisse, non ubi antea fuerat inscriptio Catuli, quae fuit in media veteri porticu, sed in media parte potius novae porticus; nam, si Catuli porticum Clodius evertit, eamdemque ita aedificavit, ut, adjuncta Ciceronis aedium parte, longiorem faceret, quod multa confirmant; quis dubitet, mutatum quoque inscriptionis locum? quod si locus mutatur; certe nusquam aptior, quam in media nova porticu. Hic quaeri potest, mansérit ne, restituto Cicerone, haec inscriptio, sicuti mansisse illam in monumento suo, Cicero ad Lentulum scribens questus est. Non mansisse, idem Cicero in ep. 3. ad Att. lib. IV. significat his verbis: Consules porticum Catuli restituendam locarant; illam porticum redemptores statim sunt demoliti. Si porticum demoliti sunt redemptores: non mansisse Clodii inscriptionem, satis constat. Tertium monumentum est, quod in parte Ciceronis aedium forum spectante, id est, in ea, quae conjuncta est cum Catuli porticu, Libertati Clodius dedicavit, illam Tanagraeae cujusdam meretricis simulacro, quod pro libertate coleretur: hoc monumentum significatur in eo loco orationis pro Domo: In conspectu totius urbis domus est mea, Pontifices: in qua si manet illud non monumentum urbis, sed sepulcrum, inimico nomine inscriptum, demigrandum potius aliquo est, quam habitandum in ea urbe, in qua tropaea & de me, & de rep. videam constituta. An ego tantam aut animi duritiem habere, aut oculorum impudentiam possim, ut, cujus urbis servatorem me esse senatus omnium assensu toties judicarit, in ea possim intueri domum meam eversam non ab inimico meo, sed ab hoste communi, & ab eodem exstructam, & positam in oculis civitatis, ne unquam conquiescere possit fletus bonorum? Exstructam, inquit, quod in ejus parte eversa Clodius porticum fecerat & in summa porticu, ne impediretur ambulatio, monumentum Libertatis. Ipsa quoque: Ista tua pulcra Libertas deos penates, & familiares meos lares expulit; ut a te ipsa tamquam in captivis sedibus collocaretur? Et paullo post: Libertatis simulacrum in domo hac collocabas, quae domus erat ipsa indicium tuae crudelissimi dominatus, & miserrimae populi Romani servitutis. Eam ne potissimum Libertas domo sua debet pellere, quae nisi fuisset, in servorum potestatem civitas tota venisset? At unde inventa est ista Libertas? Tanagraea quaedam meretrix fuisse dicitur: ejus non longe a Tanagris simulacrum e marmore in sepulcro positum fuit; hoc quidam homo nobilis, non alienus ab hac religiosa Libertatis sacerdote, ad ornatum aedilitatis suae deportavit; signum, de busto meretricis ablatum, isti dedit, quod esset signum magis istorum, quam publicae licentiae. Hanc deam quisquam violare audeat, imaginem meretricis, ornamentum sepulcri, a fure sublatam, *tum, e sacrilegio collocatam? hoc me domo mea pellet? hoc nitia afflictae civitatis, reipub. spoliis ornabitur? hoc erit in eo monumento, quod positum est, ut esset indicium oppressi senatus ad memoriam aeternam turpitudinis?* De eodem monumento paullo post: *At videte hominis intolerabilem audaciam, cum projecta quadam & effrenata cupiditate. Monumentum iste nunquam, aut religionem ullam cogitavit; habitare laxe, & magnifice voluit, duasque & magnas, & nobiles domos conjungere: domus mea illo prope tota vacua est: vix pars aedium mearum decima ad Catuli porticum accessit; causa fuit ambulatio, & monumentum, & ista Tanagraea, oppressa libertate, Libertas; in Palatio pulcherrimo prospectu, porticum cum conclavibus pavimentatam trecentum pedum concupierat, amplissimum peristylum, cetera ejusmodi, facile ut omnium domos & laxitate & dignitate superaret.* Ambulationem vocat porticum adjectam, exstructam in parte Ciceronis aedium, qua prospectus erat in forum: *monumentum* autem, illam partem, in qua dixi positum a Clodio simulacrum Libertatis, id est Tanagraeae meretricis. Atque, in hoc etiam tertio monumento inscriptum fuisse nomen Clodii, etsi verba Ciceronis jam recitata ostendunt, iterabo tamen eadem: *In conspectu*, inquit, *prope totius urbis domus est mea, Pontifices; in qua si manet illud non monumentum urbis, sed sepulcrum, inimico nomine inscriptum, demigrandum potius aliquo est.* Injicitur in hujus fere narrationis exitu tamquam scrupulus abeunti; positum enim dicet aliquis simulacrum Libertatis non in domo Ciceronis, sed in Catuli portico, quia scripta sunt haec in oratione de Haruspicum responsis: *Simulacrum raptum ex meretricis sepulcro in imperatoris monumento collocavit.* Quid igitur? an a seipso dissentire Ciceronem putemus? non dissentit; sed quia tota illa porticus, tum e Catuli vetere porticu, tum e Ciceronis aedibus facta, *porticus Catuli* usitato nomine vocabatur, ideo simulacrum illud in Catuli monumento positum dicit, habita nominis ratione; cum tamen idem in sua domo positum vere dixerit. Hoc tertium monumentum sacrum dedicatumque fuit: ideo *delubrum* Cicero vocat in ea pro Domo, teste Plutarcho, teste Dione: & ep. 1. lib. IV. ad Atticum: *Si Pontifices religionem sustulerint, aream praeclaram habebimus.* Dixi de tribus monumentis, tribusque inscriptionibus: unum senatus mansisse monumentum, unamque simul inscriptionem, & in hac ad Lentulum epistola, & in oratione de Haruspicum responsis, Cicero non mediocri cum dolore significat. Illud addam quasi extra rem, nec tamen prorsus a re sejunctum: non esse a Clodio totam Ciceronis domum dedicatam, sed eam tantum partem, quae ad Catuli porticum accessit, & in qua, ut ipse Cicero dixit, ambulatio, monumentum, & Tanagraeae simulacrum fuit: nam reliquam domum Clodius, ut in sua domo porticum trecentum pedum cum conclavibus efficeret, occupaverat, simulata emtione Stratonis cujusdam Marsi; quae de re sic in eadem pro Domo: *Homo religiosus, cum aedes meas idem emeret, & venderet, tamen, illis tantis tenebris, non est ausus suum nomen emtioni illi adscribere. Posuit scilicet Statonem illum, hominem sua virtute egentem, ut is, qui in Marsis, ubi natus est, tectum, quo imbris vitandi causa succederet, nullum haberet, aedes in Palatio nobilissimas emisse se diceret; inferiorem aedium partem assignavit non suae genti Fonteiae, sed Clodiae, quam reliquit: quum in numerum ex multis Clodiis nemo nomen dedit, nisi aut egestate, aut scelere perditus.* In eadem supra: *Hominem invenire ista labe tum, cum omnia tenebat, neminem potuit, qui sedem meam adtingeret, cui traderet, cui donaret: ipse, cum loci illius, cum aedium cupiditate flagraret, ob eamque causam unam tum justa illa rogatione sua vir bonus dominum se in meis bonis esse voluisset, tamen illa ipsa in furore suo non est ausus meam domum, cujus cupiditate inflammatus erat, possidere.* Et in ep. 2. ad Att. lib. IV. de parte areae dedicata, non de tota domo, aperta mentio fit: nam, quia sacra loca habitare profanis non licet, ideo Clodius eam partem non dedicavit, quam partim cum sua domo conjungere, partim Clodiae genti assignare cogitabat. Habitasse autem in Palatio Clodium proxime Ciceronem, sic ut paries parietem attingeret, non modo ex iis, quae jam posui, conjicere fa-

cile

scilicet, verum etiam ex iis verbis, quæ sunt in oratione de Haruspicum responsis: *Quid habet domus mea religiosi, nisi quod impuri & sacrilegi parietem tangit?* Et in ea pro Domo: *Monumentum iste umquam, aut religionem cogitavit? habitare laxe & magnifice voluit, duasque & magnas, & nobiles domos coniungere.*

Hostili nomine) Quia suum nomen Clodius inscripserat; sic in oratione pro Domo sua: *In conspectu totius urbis domus est mea, Pontifices, in qua si manet illud non monumentum urbis, sed sepulcrum, inimico nomine inscriptum; demigrandum potius aliquo est*, &c.

Cruentis) Quasi ex meo cruore confectis: meam enim eiectionem, id est, meum interitum, testantur.

Inustum) *Inscriptum*, dixit in oratione pro Domo: sed hic *Inustum*, cum stomacho pronunciavit, quasi per vim eæ litteræ impressæ, inustæque fuerint.

Vesti sunt) Hæc verba satis declarant, non esse Ciceroni restitutam eam ædium partem, quam Clodius Libertati consecraverat.

Non solum salutis meæ, quemadmodum medici, sed etiam, ut aliptæ, virium, & coloris rationem habere voluissent) Etsi *aliptæ* ἀπὸ τοῦ ἀλείφειν, quod est *ungere*, dicti sunt: hic tamen si pro unctoribus accipias, non admodum congruere cum sententia videbitur; vires enim, & colorem, oleum non auget: sed adhibetur corporibus ad lassitudinem vitandam: quare libentius acceperim pro iis, qui exercitationibus athleticis præerant, quos γυμναστὰς Græci vocant. Cum enim athletis normam, & rationem exercendi corporis præscriberent, virium & coloris rationem habere videbantur. Hoc sensu & Celsus usurpavit, cum dixit initio librorum suorum: *Qui sua sponte est, nullis se obligare legibus debet, neque medico, neque alipta egere*; & Aristoteles Moralium libro secundo. Cur autem gymnastæ, *aliptæ* interdum sint appellati, occurrit ea ratio, quod ad eorum curam unctio quoque athletarum pertinebat; ita non a toto munere, ut gymnastæ, sed a parte muneris, *aliptæ* dicti sunt: ut gymnasium quoque *palæstra* vocabatur, cum palæstra gymnasii pars sit. *Aliptas* vero pro unctoribus, proprio sensu, sæpe usurpavit Cælius Aurelianus.

Virium, & coloris rationem habere voluissent) Id est, ut me non solum ab exilio revocassent, sed pristinam simul cum salute dignitatem restituere voluissent: ep. 2. lib. IV. ad Attic. *Qui mihi pennas inciderant, nolunt easdem renasci.*

Nam) Pro, *sed*, ut libro primo de Divin. *Quæ quidem multo plura evenirent, si ad quietem integri iremus: nunc onusti cibo, & vino, confusa & perturbata cernimus.* Et in proœmio Tusc. 3. *Nunc parvulos nobis natura dedit igniculos*: & alibi sæpe. Græci quoque νῦν pro ἀλλὰ crebro usurpant.

Apelles) Cous, pingendi mirus artifex, cui palmam in hoc genere detulit antiquitas. Dilexit eum præcipue, pingique ab uno voluit, et a Praxitele sculpi, a Lysippo fingi, a ceteris edicto vetuit Alexander ille Macedo. Plin. lib. VII. cap. 37. & lib. XXXVII. cap. 1. Horatius ep. 1. lib. II. & hic noster ep. 12. lib. V. & ad Attic. ep. 1. lib. II. in Bruto, de Oratore lib. III. & alii.

Veneris) Quæ una maxime inter Apellis opera excelluit: celebratur a Cicerone ep. 21. lib. II. ad Attic. lib. III. Off. lib. II. de Divin. in Oratore, lib. I. de Nat. Deor. in Verrem.

Politissima arte) Qui nihil deerat, exquisita in primis, & egregia: sic *politum iudicium*, *polita doctrina*, *politus homo*.

Inchoatam) Inchoatum est, quod principia tantum habeat. sic lib. III. Off. *Nemo pictor est inventus, qui Veneris eam partem, quam Apelles inchoatam reliquit, absolveret.*

Reliquit) Inexspectata morte oppressus.

In capite meo) Quia salutis tantum, non etiam dignitatis meæ, rationem habere voluerunt.

Elaboraverunt) Cum me in patriam reduxerunt.

Non modo invidorum) De quibus superius locutus est.

Sed etiam inimicorum) Qui multo etiam magis, quam invidi, speraverant me post reditum, memoria calamitatis admonitum, fracto, ac demisso animo futurum.

De uno acerrimo) *Uno*, magis exprimit Metelli fortitudinem, quam si dixit.

divisset. *De acerrimo*: quasi præter ceteros ea laude excelleret.

Constantia) Cum in L. Saturnini legem de agro Gallico dividendo, per vim latam, jurare noluit; & in exsilium abire, quam de sua sententia decedere, maluit. Plutarchus in Mario, Appianus libro primo Bell. Civ. in oratione pro Sextio.

Q. Metello L. F.) Distinguendus erat a duobus Metellis, quorum utrique prænomen Quinto fuit, Balearico, & Nepote: itaque vel Numidici cognomen, ut in oratione pro Sextio, vel patris prænomen, ut hic, addi oportuit. Eamdem ob caussam lib. III. de Orat. dixit: *Carneadem audivera, etsi multos cognovi Athenis, tamen auctorem certissimum laudare possum & socerum meum Scævolam, & Q. Metellum L. F. clarissimum virum*. Hoc Cæciliæ familiæ cognomen unde manaverit, Festi fragmenta demonstrant: *Metelli*, inquit, *dicuntur in re militari quasi mercenarii*. Attius Annalium 27. *Calones, famulique, Metellique, Caculæque; a quo genere hominum Cæciliæ familiæ cognomen putatur ductum*.

Fracto animo, & demisso) Fracta enim demittuntur potius, quam extolluntur.

Est vero probandum) Ironia: quæ negandi vim habet, cum affirmare verba tamen ipsa videantur. Sic Virgilius lib. IV. Æneid.

> *Egregiam vero laudem, & spolia ampla refertis*
>
> *Tuque, puerque tuus.* ——

Summa voluntate) Tantum abest, ut etiam libentissime, precibus propinquorum, amicorumque neglectis, patriæ cesserit.

Egregia animi alacritate abfuerit) Cum reliqui fere omnes, erepto adspectu patriæ, in mœrore jacerent. Recitat Gellius ipsius Metelli, ex epistola ad Domitios, hæc verba: *Illi omni jure, atque honestate interdicti; ego neque aqua, neque igni careo; & summa gloria fruiscor*. De hac Metelli alacritate, & perpetua vultus, animique constantia, Valerius lib. IV. cap. 1. & is, qui librum scripsit de Viris illustribus.

M. illum Scaurum) Patrem ejus, pro quo exstat mutilata Ciceronis oratio, patricium, Æmiliæ generis, sæpe principem Senatus; in censura Æmiliam viam stravit, pontem Æmilium exstruxit. Nominat eumdem cum laude in oratione pro Sextio, in ea pro Rabirio; & Sallustius, Pedianus, Plinius, scriptor libri de Viris illustribus. Dicit autem *M. illum Scaurum*, ut hic distinguatur ab eo M. Scauro, qui consularis & ipse fuit, sed Aureliæ generis, id est plebeji generis, minime cum hoc virtute, & honore conferendus. Itaque, cum loquitur Cicero de nobiliore Scauro, addit fere, distinguendi gratia, pronomen, *Ille*, ut in ea pro Domo: *Quod M. Drusus in legibus suis plerisque, bonus ille vir M. Scaurus, & L. Crassus consiliarii non obtinuerunt*.

Constantia, & gravitate) Qui a C. Graccho usque ad C. Marium seditiosis omnibus restiterit; quem nulla vis, nullæ minæ, nulla invidia labefecerit. Sic enim de eo scripsit Cicero in oratione pro Sextio; in ea vero, quam pro ejus filio habuit, cujus exstant reliquiæ quædam, *custodem* appellat reip. Ter accusatum, a Domitio tribuno pl. a Q. Servilio Cæpione, a Q. Vario tribuno pl. nec umquam damnatum indicat eadem oratio. Actione autem prima in Verrem ornat eum eadem constantiæ, gravitatisque laude. Sic enim Scauri generum, M. Acilium Glabrionem, prætorem, alloquitur: *Circumstant te summæ auctoritatis, quæ te dies, noctesque commoneant, fortissimum tibi patrem, sapientissimum avum, gravissimum socerum fuisse. Quare, si Glabrionis patris vim, & acrimoniam ceperis ad resistendum hominibus audacissimis; si avi Scævolæ prudentiam ad prospiciendas, quæ tuæ, atque horum famæ comparantur, insidias; si soceri Scauri constantiam, ut quis te de vera, & certa possit sententia dimovere: intelliget populus Romanus, &c.* Constantiam ejus Pedianus etiam commendat his verbis: *Q. Servilius Cæpio Scaurum ob legationis Asiaticæ invidiam, & adversus leges pecuniarum captarum reum fecit repetundarum lege, quam tulit Servilius Glaucia. Scaurus tanta fuit constantia, & animi magnitudine, ut Cæpionem contra reum detulerit, & breviore die inquisitionis accepta, effecerit*,

at il-

ut ille prior censum diceret, M. quoque Drusum tribunum pl. cohortatus sit, ut judicia commutaret.

Gravitatem) In eadem oratione pro Scauro gravitatem ei tribuit: *Curia*, inquit, *illa de gravissimo principum patrio, fortissimoque testatur.*

Suspicabatur) Quia verisimile videretur; malis enim sæpe frangitur constantia.

Cum per Metellum) Sic malo, quam, *Cum Q. Metellum*, est enim hæc altera ratio, cur majore etiam, quam antea, esse animo deberet. Habent autem libri quoque veteres, in iis Mediceus, *Cumque.*

Promulgantibus omnibus) Legem de reditu Ciceronis omnes magistratus promulgarunt, præter Appium prætorem, P. Clodii, qui Ciceronem sua lege ejecerat, fratrem, & duos tribunos pleb. Serranum, & Numerium Quintium, quos in oratione in Pisonem *de lapide emtos* vocat: pro Milone autem, *Septem*, inquit, *prætores, octo tribuni pleb. defensores mei.*

Referente consule) P. Lentulo: idem in oratione post reditum ad Quir. *Ergo, iis, a quibus ejectus sum, provinciis obtinentibus, inimico autem optimo viro & mitissimo, altero consule referente reductus sum.* Hoc autem intelligendum, quia Lentuli maxime opera in patriam restitutus est Cicero, ideo relationem in Senatu ei tantum tribui, cum tamen alter consul, non a principio, sed P. Servilii Isaurici oratione permotus, in relatione consenserit. Itaque, cum ait Cicero, Lentulum retulisse, actionis initium, & præcipuam sui reditus causam spectat; cum vero addit, simul Q. Metellum retulisse, exitum rei considerat: primo enim adversatus non est Metellus Lentulo referenti; post etiam, Servilii cohortatione, & precibus, adjuvit: unde illud in oratione post reditum in Senatu: *Fuit is non modo salutis defensor, qui ante hoc unum beneficium fuerat inimicus; verum etiam adscriptor dignitatis meæ.* Et in ea post reditum ad Quir. *P. Lentulo auctore, & pariter referente collega, frequentissimus Senatus, uno dissentiente, nullo intercedente, dignitatem meam verbis amplissimis ornavit.* Et pro Domo: *Q. Metellus, collega tuus de me ad Senatum tecum una retulit.* Et pro Sestio: *Ut & Q. Metellus consul, qui mihi vel maxime ex magnis contentionibus reip. fuisset inimicus, de mea salute retulerit.*

Comitiis Centuriatis) Quibus legem tulit Lentulus consul: qua de re sic in oratione pro Domo: *Comitia, nullis unquam comitiis campum Martium tanta celebritate, tanto splendore omnis generis hominum, ætatum, ordinum floruisse.* In Pisonem: *Legem comitiis centuriatis tulit P. Lentulus consul de collegæ Q. Metelli sententia: quæ lex quemadmodum accepta sit, quid me attinet dicere? ex vobis audio, nemini civi ullam, quominus adesset, justam excusationem esse visam, nullis comitiis unquam multitudinem hominum tantam, neque splendidiorem fuisse.* Et pro Sestio: *Cum de me ex S. C. Comitiis centuriatis ferebatur, quis est, qui non profiteatur se adfuisse, & suffragium de salute mea tulisse?* Comitiorum tria genera fuerunt, de quibus alio loco pluribus verbis: hoc tantum dicam, centuriatis creari solitos esse majores duntaxat magistratus, consules, decemviros, tribunos mil. consulari potestate, censores, prætores: iisdem a majoribus tantum magistratibus leges esse latas, ut cum de bello indicendo ferebatur: haberi autem a tribuno pl. non potuisse, qui non fuit inter majores magistratus: quod si perduellionis aliquem tribunus pl. accusaret, (quo de crimine centuriatis comitiis populus judicare solitus est) petebat a consule diem, quo populum in campum Martium per centurias non ipse, sed consul ad judicium convocaret. Livius, Gellius, alii.

Ordinibus) Augere sententiam Cicero videtur, cum, facta hominum mentione, ordines subjungit: quod illi familiare est. Epist. 10. lib. III. *Quæ de hominum, atque ordinum omnium erga te studiis scribis ad me.* Et pro Cornelio, Oratione I. *Num alicui gratificabatur aut homini, aut ordini?* & Cælius epist. 17. lib. VIII. *Præter feneratores paucos, nec homo, nec ordo quisquam est, nisi Pompeianus. Omni genere hominum, & ordine*, dixit libro secundo Offic. Tres autem erant ordines

dines in civitate, Senatus, Equites, Plebs.

Quod cuiquam malevolentissimum) Vel minima res malevolentissimos offendit: ego tamen nihil committo, quod jure quemquam, vel malevolentissimum, possit offendere.

Alienioribus) Cum quibus nulla intercedit amicitia. Ad Attic. epist. 20, libro secundo: *Si modo erunt ejusmodi litterae, quae in alienum inciderit nolim.* Et ad eumdem lib. X, *Obsignata jam epistola, non placuit ei dare, cui constitueram; quod erat alienus.* Epist. 2. lib. 1. ad Q. Fr. *Si Clodius vi agere conabitur; spero fore studiis non solum amicorum, sed etiam alienorum, ut ei resistamus.* Pro Muraena: *Ea conditione Cato nobis erat in hac civitate natus, ut ejus opes, & ingenium praesidio multis, etiam alienissimis, vix cuiquam inimicus esse deberet.*

Nos) Quos saepe nuto, & significatione appellat: invidebant enim Ciceroni, novo homini, optimates multi.

Splendorem, & speciem) Dignitatem & gratiam.

Intuentur) Plus est, *Perspicere*, quam *intueri*, propterea de manifestis, splendore, & specie, dixit, *Intuentur*; de occultioribus autem, sollicitudine, & labore, *Perspicere non possunt*. Similibus verbis, in simili sententia, usus est Isocrates, cum scriberet ad Jasonis liberos: Τὰς μὲν ἐξουσίας, inquit, καὶ τὰ κέρδη, καὶ τὰς ἡδονὰς ὁρῶσι, καὶ τούτων ἐπιθυμοῦσιν, τὰς δὲ ταραχὰς, καὶ τοὺς φόβους, καὶ τὰς συμφορὰς, τὰς τοῖς ἄρχουσι συμπιπτούσας, καὶ τοῖς φίλοις αὐτῶν, οὐ διορῶσιν. *Auctoritatem quidem, & emolumenta, & voluptates vident, iisque se frui posse sperant; sed turbas, & terrores, & clades principibus objici solitas, illorumque amicis non perspiciunt.* Crebro incurrebat Cicero in hujusmodi figuras; primum quidem, quia valebat ingenio; deinde, quia libros maxime pervolutabat Isocratis, quem laudat egregie in libris de Oratore, in Bruto, in Oratore.

Sollicitudinem, & laborem) Quibus eum splendorem, eamque speciem tuetur.

Quibus ornem Caesarem) Cui decreverat supplicationem quindecim dierum, stipendium, decem legatos quod supra ostendi.

Quasi desciverim) Hic, *Quasi*, non minuit, sed indicat; ut si dixisset; illud queruntur in meis sententiis, quod a pristina causa desciverim. Eadem vis hujusce verbi cognoscitur apud Suetonium in Tiberio, cum ait: *Ab Ostia oram Campaniae legens, imbecillitate Augusti nunciata, paullum substitit; sed, increbrescente rumore, quasi ad occasionem majoris spei commoraretur; tantum non adversis tempestatibus Rhodum navigavit.*

A pristina causa) Ab optimatum causa, qui se tueri rempubl. profitebantur; cum Caesar, Pompeius, & Crassus pro ipsorum potentia contendere viderentur. *Pristina* vero, quam ante exilium, nulla neque Caesaris, neque Pompeii ratione habita, defenderat.

Cum ille sequere, quae paullo ante proposui, tum haec non in postremis) Cum illa me ad ornandum Caesarem cohortantur, quae paullo ante collegeram, fides Pompeii, quam Caesari de me dederat, Quinti fratris, quam Pompeio; ipsius Pompeii voluntas, de me optime meriti; quorumdam optimatum cum inimico non solum meo, sed etiam patriae, ac bonorum omnium reconciliatio; Caesaris & vetus amicitia, & incredibilis quaedam in me, fratremque meum liberalitas; res ipsa publica, Pompeii, Caesarisque rebus gestis non mediocriter aucta; quae cum iis, quibus tantum deberet, nolle contentionem fieri videretur. Cum igitur haec me moverent, tum accessit illa ratio, a Platone comprobata, quod, quales in repub. principes, tales video reliquos solere esse cives.

Coeptam exponere) Cum enim sententiam Platonis posuisset de corruptis principum exemplo civibus, eam ut probaret, ita longe digressus est, inducta commemoratione sui consilatus, ut a proposito non nihil aberrasse videatur; itaque narrationem interruptam, ab alio tamquam ursus principio, repetit.

Non offendit eumdem honorum sensum) Ex quo sequitur, ut sententia quoque nostra commutanda videatur: si quidem Platonem audimus, mutato civi-

civitatis causam in principem conferentem.

Reliquisti) Tertio ante anno in provinciam iverat Lentulus; interea conversus est orbis reip. sed maxime superiore anno, Pompeio, & Crasso coss.

Confirmatur) Confirmandi enim Senatus consul ipse ex Kalend. Jan. fundamenta jecerat.

Interruptus, & afflictus) Annum significat, quo multa per vim, contraque auspicia gesta sunt a Caesare consule, ejusque voluntatis ministro Vatinio tribuno pleb.

Recreatus abs te prius est) Amissam enim Pisone, & Gabinio coss. auctoritatem Senatus revocasti cum aliis in rebus; tum vero in salute mea, quam Clodius, ingenti Senatus dolore, afflixerat.

A quibus tuendus fueras) De iis loquitur, quos supra appellavit his verbis: *Aut nimiis malevolorum odiis, aut obscuro in me studio cernebam.* Et: *Ceterorum hominum, quos jam debes suspicari, sermones referebantur ad me.* Et: *Visos ex quibusdam nobilissimis hominibus, studiosiores in me restituendo, quam fuerant iidem in tuendo.* Infra vero: *Quidam homines, & iidem illi, quos saepe nutu significationeque appello.* Tuendus autem passive, ut *Fruendus, Utendus*: sed ipso quoque verbo passive usus est Varro libro primo de re Rust. *In bello ab his tuebantur.*

Fronte, atque vultu) Quae saepe mentiuntur.

Sustinetur) Fallendi studio suscepta.

Nostro illo statu) Cum sententiae nostrae magnum in Senatu pondus haberent.

Optimates) Patroni, ac defensores publicae causae, quos ita definit in oratione pro Sestio: *Duo genera semper in hac civitate fuerunt, eorum, qui versari in republ. atque in ea se excellentius gerere studuerunt: quibus ex generibus alteri se populares, alteri optimates & haberi, & esse voluerunt. Qui ea, quae faciebant, quaeque dicebant, multitudini jucunda esse volebant, populares; qui autem ita se gerebant, ut sua consilia optimo cuique probarentur, optimates habebantur.*

Tabella) In Judiciis: cum absolverunt, quos damnari oportuit. Nec dubito, quin hic Cicero Sex. Clodii, nocentissimi hominis, absolutionem significet, quem senatorum urna copiose absolvit, ad quos dirigitur haec tota narratio: epistola sexta libro secundo ad Qu. Fr.

Sapientium civium) Qui remp. optimo & animo, & consilio tractarent, *sapientes* olim vocabantur: & hoc sapientiae genere Theages ille Platonicus optat excellere. Hac igitur de sapientia loquitur Cicero, non de illa, quae, ut a Stoicis definitur, *divinarum humanarumque rerum perfecta scientia est.*

Sententia) In Senatu: ex qua non eumdem esse eorum sensum, qui fuerat antea, cognovimus.

Idem ille Plato) A me antea nominatus.

Quem ego auctorem vehementer sequor) Cujus apud me gravis admodum auctoritas est; cui praecipienti aliquid maxime pareo; cujus etiam sententias in mea scripta libenter transfero. Plinius in praefatione: *Cicero*, inquit, *in libris de repub. Platonis se comitem profitetur: in Consolatione filiae*, Crantorem, inquit, sequor.

Tantum contendere in rep. &c.) Platonis verba sunt in Critone: Πανταχοῦ ποιητέον ἃ ἂν κελεύῃ ἡ πόλις τε, καὶ ἡ πατρὶς, ἢ πείθειν αὐτὴν ᾗ τὸ δίκαιον πέφυκε. Βιάζεσθαι δὲ οὐχ ὅσιον οὔτε μητέρα, οὔτε πατέρα, πολὺ δὲ τούτων ἔτι ἧττον τὴν πατρίδα. *Praestanda ubique sunt, quae civitas, patriaque jusserit, faciendo, aut illi, quo pacto justum se se habet, monstrandum: vim autem neque matri, neque patri inferre fas est, & multo etiam minus patriae.* Idem dixit in epistola longa ad Dionis propinquos: Πατέρα δὲ ἢ μητέρα οὐχ ὅσιον ἡγοῦμαι προσβιάζεσθαι, μὴ νόσῳ παραφρονοῦντας ἐχομένους... Βίαν δὲ πατρίδι πολιτείας μεταβολῆς μὴ προσφέρειν, ὅταν ἄνευ φυγῶν, καὶ σφαγῆς ἀνδρῶν, μὴ δυνατὸν ᾖ γίγνεσθαι τὴν ἀρίστην. *At patrem vel matrem per vim cogere nefas esse arbitror, nisi propter morbum mente alienatos... Vim autem patriae per Reipublicae mutationem afferre numquam; quoniam absque expulsione, & caede civium mutari non possit.*

Quantum probare) Rationibus; nam vis neque patriae, neque parentibus afferenda; quod Plato dixerat, ᾗ τὸ

δίκαιον

[illegible] [illegible], convertit, *Quantum probare suis civibus posset*.

Vim neque parenti neque patriae) Eumdem Platonis locum Sallustius in proœmio Iugurthini videtur imitatus: *Vi quidem*, inquit, *regere patriam, aut parentes, quamquam & possis, & delicta corrigas, tamen importunum est*.

Ait) Non hoc ait in eodem dialogo, sed in epistola ad Perdiccam, quam Ficinus Dionis esse putat. Subscribemus Græca verba, in quibus de seniore jam populo, veteribusque institutis assuefacto, una de desipiente mentio fit; sed videlicet Ciceronis, hunc est, in Græcis convertendis, ut verba non numeret, sed tamquam appendat; quod ipsemet in proœmio libri de perfecto oratore profitetur. *Ειπ δ'αν τις ακουσας ταυτα ισως, Πλατων, ως εοικε, προσποιειται μεν τα δημοκρατια ξυμφεροντα ειδεναι, εξον δε εν τω δημω λεγειν και ξυμβουλευειν αυτω τα βελτιστα, ου πωποτε αναστας εφθεγξατο· προς ταυτ' ερειν, οτι Πλατων οψε εν τη πατριδι γεγονε, και τον δημον κατελαβεν ηδη πρεσβυτερον, και ειθισμενον υπο των εμπροσθεν πολλα και ανομοια τη εκεινου ξυμβουλη πραττειν. επει παντων αν ηδιστα, καθαπερ πατρι συνεβουλευεν αυτω, ει μη ματην μεν κινδυνευσειν ωετο, πλεον δε ουδεν ποιησειν. Si quis hæc audiens objiciat, Plato quidem profitetur quæ ad popularem statum conferant intelligere; numquam tamen, ubi concio data fuerit, in civitate sua surrexit ad consilium populo dandum: ad hæc respondebitur, Platonem sero tandem fuisse in patria, populumque offendisse jam senescentem, & assuefactum per illos, qui ante se fuerant, multa diversa facere a consilio suo. Nam libentissime ut parenti illi consuluisset, nisi frustra seipsum periculo subjecturum existimasset*.

Quod) Deesse videtur, quo referatur: nam ea, quæ sequuntur, verba, *offendisset*, *vidisset*, *diffideret*, *arbitraretur*, propinquam particulam, *Cum*, singula respiciunt: quod acute intuentibus visum iri arbitror.

Prope jam desipientem senectute) Similitudine usus est Cicero hominum non morbo, aut casu aliquo, sed senectute desipientium; nam, ut ætatis vitium corrigi jam non potest: sic populum diuturna peccandi consuetudine ita corruptum, ut prope ad insaniam pervenerit, nulla ratio ad sanitatem traduxerit.

Nec persuadendo) Quia prope desiperet senectute.

Nec cogendo) Quia vim neque parenti, neque patriæ afferri oporteret.

Diffideret) Quis autem, quod præstari a se posse diffidat, id conetur? Sallustius in eodem loco, ex Platonis verbis, *ει μη ματην μεν κινδυνευσειν ωετο, πλεον δε ουδεν ποιησειν*, hanc sententiam ita refert: *Frustra niti, neque aliud se fatigando, nisi odium quærere, extremæ dementiæ est*.

Cogi fas esse non arbitraretur) Hoc pendet non a proximo, *Cum*, sed ab eo, *Quod*, ubi causam explicare Cicero incipit, cur Plato rempub. non attigerit, hoc modo: Atque hanc quidem ille causam sibi ait non attingendæ reipub. fuisse, quod populum Atheniensem, cum persuaderi posse diffideret, cogi fas esse non arbitraretur.

Mea ratio fuit alia) Verbum, *Ratio*, multis rebus eleganter communicat Latina lingua, nec semper eodem sensu. Epist. 5, lib. III. *Animadverti, & didici ex litteris tuis, te omnibus in rebus habuisse rationem, ut mihi consuleres, restituerésque, & præparares quodam modo omnia, quo mea ratio facilior, ac solutior esse posset*. Et ibidem, infra: *Tua ratio postea est commutata*. Et epistola tertia ejusdem libri: *Mea ratio in tota amicitia nostra constans & gravis reperietur*. Quibus in locis, atque aliis, quæ brevitatis causa prætermitto, licet intelligere, quæ res huic subjecta verbo sit: nec difficilis imitatio est: sed verbo verbum explanare si quis velit, frustra fortasse conabitur. Est enim *ratio* nonnumquam id, quod ad nos pertinet, & quasi status quidam rerum nostrarum: interdum autem actio potius videtur esse; ut cum dixit: *Quo mea ratio facilior, ac solutior esse posset*. Et illud: *Tua ratio postea est commutata*. Et: *Mea ratio, in tota amicitia nostra constans, & gravis reperietur*.

Neque integra) Integra Platoni res fuit ad consulendum; quia numquam attigit rempubl. quod mihi non contigit.

gigit; qui cum remp. antea trastassem, propterea implicatus tenebar; quod rationes quidam, ut a publicis rebus abstinerem, & ad nostra me studia litterarum referrem, quadam ratione, ut in vetere vita curia, publicisque actionibus pergerem, hortati viderentur.

Laetabar tamen) In hac molestia, quam ex mutatione temporis mea capiebam, laetabar tamen, quod in defendenda Caesaris, Pompeiique causa, non malo rationibus meis, utrisque ac saluti consulerem, sed etiam ea defenderem, quae probari possent a bonis viris. Ostendit ita se cum Caesare, ut Pompeio sentire velle, ne quid tamen, quod obsit reip. committat. Id infra confirmat, cum ait: *Facile patior ea me de rep. sentire, ut dicere, quae maxime tum mihi, tum reip. rationibus putem conducere.*

Caesaris liberalitas) De qua ante: *Mihi multum valuit cum vetus amicitia, quam tu non ignoras mihi, & Quinto fratri cum Caesare fuisse; tum humanitas eius, ac liberalitas, brevi tempore & litteris, & officiis perspecta nobis, & cognita.* Commemorat eam libenter Cicero, quia benevolentiam liberalitas maximopere conciliat. Infra quoque: *Fitus omni & gratia, quae summa est, & opibus, quas intelligis esse maximas, fruere, ut meis.*

Tantisque victoriis) Quantas ipse exponit quinque primis libris de bel. Gal. superatis Helvetiis, & Germanis, ut in lib. I Nerviis, ut in lib. II. de quibus, deque omni Gallia pacata cum Caesar ad Senatum litteras misisset, decreta ei quindecim dierum supplicatio est; quod ante id tempus acciderat nemini: Venetis, maritimam Galliae partem contra Britanniam incolentibus, libro tertio varius Germanis devictis, Sicambris perterritis cum Rhenum primus Romanorum cum exercitu transisset, Britanniae post secunda praelia obsidibus imperatis; quibus rebus Romae cognitis, decreta ei viginti dierum supplicatio, ut ex ipsius libro quarto constat: in Britanniam copiis iterum traductis, re bene gesta, tributo imposito, obsidibus acceptis; mox in Gallia Eburonibus, Aduaticis, Nerviisque pugna victis, ut lib. V. quae gesta sunt Domitio & Appio coss. quo anno scripta est haec epistola, &, ut videtur, in extremo: itaque vel quae commemoravi, omnia, vel pleraque certe significat Cicero, cum ait, *Tantisque victoriis.*

Ornandus) Reip. causa.

Meae salutis auctoribus) Quorum virtute, atque opera sum in patriam restitutus. In libro de claris oratoribus. *Lentulus ille, nostrarum injuriarum ultor, auctor salutis.*

Dissentirem) Vobis exceptis, nemo est, cui perinde ut Caesari debeam; secundum vos, nullius in me maiora quam Caesaris merita esse confiteor. Similiter locutus est epist. 12. libro VI. *Omnes Caesaris familiares satis opportune habeo implicatos consuetudine, & benevolentia, sic, ut, cum ab illo discesserint, me proximum habeant.*

Deinceps) Proxime: *Commemoranda quaedam, & divina Caesaris in me, fratremque meum liberalitas.* Et ad Fratrem, epist. 1. lib. III. *Ille, mihi secundum te, & liberos nostros, ita est, ut sit pene par.*

Gaudeam) Debitori solere odio esse creditorem, cognoscitur ex Arist. Ethic. lib. IX. [illegible] *Quemadmodum itaque in rebus mutuis, debitores suis creditoribus interitum exoptant: at iis, qui mutuum dederunt, debitorum salus etiam curae est: sic & ros, qui de aliquibus bene meriti sunt, eorum qui beneficium acceperunt, incolumitatis studiosos esse, tanquam beneficii gratiam consecuturos: illos autem de gratia referenda non magnopere laborare.* Non igitur qui beneficium accepit, sed qui dedit gaudere solitus est: parit enim virtutis exercitatio laetitiam: & amamus eum, in quo liberalitatem, id est, virtutem, exercemus: is autem, cui tributum beneficium est, non aeque amat eum, qui tribuit, nec se devinctum eius officiis cum gaudio confitetur: nemo est enim quem suae tenuitatis commemoratio delectet. Cicero tamen erga bene de se meritos

ita

hic delectatur officio suo, non modo ut fateatur id, quod debet, sed etiam ut debere se gaudeat: quod ipsi Lentulo, cujus opera salutem recuperaverat, fore gratissimum intelligit: nam si talem Caesari animum praestat quid faciet ei, cui se plus, quam Caesari, debere, jam dixit?

Facilis fuit) Nam, quae me causae ad omnandum Caesarem adduxerunt, iisdem, ut cum Vatinio, & Crasso in gratiam redirem, adductus sum.

De Appio) Cum quo per Pompejum, cujus filio nupserat Appii filia, in gratiam rediit: ut est in epist. ad M. Brutum, apud Quintilianum.

De Vatinio) Quem, scire vis, cur defenderim, & laudarim. Gesserat cum eo graves inimicitias Cicero, tum reip. causa, quia leges contra Senatus voluntatem, contraque morem majorum tulerat in tribunatu; tum etiam, quia testimonium dixerat in Sextium, quem Cicero de vi accusatum defendit.

Per Pompejum) Quo consule comitia habente, superiore proximo anno praetor Vatinius creatus est, M. Catone rejecto: qui cum ante Vatinium populi suffragiis praetor fieret, consul Pompejus, auspicia mentitus, comitia dissolvit: quod ei, augur cum esset, jure sacerdotii licebat. Plutarchus in Pompejo, Dio lib. XXXIX.

Praetor est factus) Corruptis suffragiis, anno proximo, consulibus ex interregno creatis Pompejo & Crasso. Plutarchus.

Cetonis) Viri optimi, qui cum Vatinio, nequissimo homine, praeturam anno proximo superiore petens, repulsam tulerat: hoc autem anno praetor erat: epistola 2. libro tertio ad Fratrem. Asconius in commentario orationis pro Scauro.

Defenderem) Accusatus est Vatinius, ut ait Pedianus in commentariis prooemio orationis pro Scauro, Appio & Domitio Coss. id est, quo anno scripsit Cicero hanc epistolam: accusatus autem a C. Licinio Calvo de ambitu, quia praetoria comitia corrupisset; nam & centuriis nummos ab eo contra legem datos, ait Plutarchus in Pompejo: & Quintilianus locum recitat libro sexto ex oratione Calvi contra Vatinium de ambitu reum. *Egregie*, inquit, *in Vatinium Calvus; Factum ambitum scitis omnes: & hoc, vos scire, omnes sciunt*. Idemque libro sexto ponit illud ex oratione Calvi in Vatinium: *Perfricuit frontem, & dicit se digniorem, qui Praetor fieret, quam Catonem*. Aquila quoque Romanus haec recitat ex Calvi oratione in Vatinium: *Non ergo pecuniarum magis repetundarum, quam majestatis; neque majestatis magis, quam Plautiae legis; neque Plautiae legis magis, quam ambitus; neque ambitus magis, quam omnium legum omnia judicia perierunt*. Legimus etiam in Seneca, declamationum libro VI Calvum, qui diu cum Cicerone iniquissimam litem de eloquentiae principatu habuit, usque eo concitatum auctorem fuit, ut in media oratione ejus exclamaret Vatinius reus: *Rogo vos, judices, num, si iste disertus est, ego damnandus sum?* Accedit Cornelii Taciti testimonium in dialogo de Oratoribus: *Versantur*, inquit, *in manibus hominum plurimorum accusationes Calvi in Vatinium, et praecipue secunda ex his oratio*. Et infra ibidem: *Nono decimo aetatis anno L. Crassus C. Carbonem, uno & vicesimo Caesar Dolabellam, altero & vicesimo Asinius Pollio C. Catonem, non multo aetate antecedens Calvus Vatinium, iis orationibus insecuti sunt, quas hodieque cum admiratione legimus*. Ipse Vatinius ita scripsit ad Ciceronem libro V. *Si tuam consuetudinem in patrociniis tuendis servas, P. Vatinius cliens ad te venit, qui pro se causam dicier vult: non puto, repudiabis in honore, quem in periculo recepisti*. Et ad Q. Fratrem epist. ult. libro secundo: *Post meridiem*, inquit, *Vatinium eideram defendere*.

Mira contentio) Nec mirum: tribunatum enim suum ex Caesaris libidine Vatinius gesserat: in quo, praeter alia, legem tulerat, invito senatu, de Gallia citeriore ab eo simul cum Illyrico per quinquennium obtinenda. Suetonius, Plutarchus, omnes historici.

Laudarim) Dici jam laudari solitos esse reos ab amplissimis viris; quorum laudatio quasi quaedam apud judices commendatio videretur.

Ne tibi ego idem reprehendam) Ne ego quoque abs te quaeram, cum venerim,

tur nonnullos in judicio laudaris, de quibus tamen haud optime sentias: possum idem quærere a te absente; cum ex Hispania citeriore quibusdam laudationem miseris. Caussam igitur defendendi Vatinii, Cæsaris contentionem posuit. Et, quia subjicere Lentulus poterat, an etiam, ut eumdem laudares, Cæsar contendit? excusat laudationem suam ipsius Lentuli exemplo, cum alia ratione vix posset: siquidem necessaria, contendente Cæsare, defensio videri poterat; laudatio autem voluntaria. Scimus autem, hoc esse positum in oratoris artificio, ut, cum rationes & argumenta non suppetant, ad exempla confugiat.

Ultimis terris] Hispaniæ duæ fuerunt, citerior, & ulterior: quarum utramque anno superiore & senatus, & lege a tribuno pl. Trebonio perlata, populus Pompeio dederat: hic de citeriore accipiendum; cui præfuisse cum imperio Lentulum, supra demonstratum est iis verbis: *Cum tu Hispaniam citeriorem cum imperio obtineres*. Et quamquam ulterior Hispania potius, quam citerior, ultima terrarum esset ad Oceanum usque pertinens: ad commune tamen Hispaniæ nomen Cicero spectavit, cum esset ea tota provincia ad Occidentem, sicuti ad Orientem Syria, terminus imperii Romani. De Cilicia tamen, quæ citra Syriam est, dixit Cicero epist. 7. libro XV. *A te ipso missi in ultimas gentes*: non quod ultimæ gentes, sed quod inter ultimas imperii Romani. Sallustius autem in Conjuratione Catilinæ: *Pompeius in extremis terris bellum gerebat*, id est, extremis imperii, in finibus imperii, ad imperii fines. Et Nepos in Attici vita: *Antonius ex ultimis terris, quid ageret, quid curæ sibi haberet, certiorem faciebat Atticum*.

Miseris] Per litteras etiam ab iis, qui aberant, rei laudabantur. Asconius in commentario pro Scauro: & Planco Bursæ laudationem a Pompeio, cum esset proconsul ad urbem, ad judices missam, legimus in Dione libro XL.

Pertimuerit) Apparet, laudatos a Lentulo, qui ab optimatibus dissiderent.

Sed tamen] Omissa laudatione, redit ad caussas defensionis; quod enim P. Clodium quidam optimates, Ciceronis inimicum, ipso præsente amplexarentur, in manibus haberent, foverent, oscularentur, ut ei stomachum facerent: propterea, ut eorum consuetudinem imitaretur, & quasi par pari referret, ipse quoque, hominem optimatibus invisum Vatinium defendit.

Par pro pari referto] Sic fiat versus: *Par pari*, trochæum admiscebat, qui locum non habet in senariis. Græci dicunt, [illegible].

Quidam nobiles homines] De quibus ante: *Certorum hominum sermones referebantur ad me, qui, cum illa sentirent in republ. quæ ego agebam, semperque sensissent, me tamen non satisfacere Pompeio, Cæsaremque inimicissimum mihi futurum, gaudere se ajebant*. Et aliquanto post: *Quidam homines in capite meo solum elaborarunt, reliquum corpus imperfectum, ac rude reliquerunt*.

Severe seduxerat) Quasi de gravibus, seriisque rebus cum eo deliberaturi; adhibetur enim ad seria severitas: unde præceptum illud libro I. Off. *Videat in primis, quibus de rebus loquatur: si seriis, severitatem adhibeat; si jocosis, leporem*.

Suum Publium] Clodium, cum quo in gratiam redierant; quæ maxime res ab optimatum caussa Ciceronem abalienavit, & cum Cæsare, totaque Cæsaris factione conjunxit, ut etiam duos maxime omnium infensos, atque inimicos optimatibus, Gabinium rogatu Pompeii, Vatinium Cæsare contendente defenderit, & laudarit. Hoc ipsemet explanat in oratione de Provinciis: *Levissime feram, si forte iis animo probavero, qui meum cum inimico suo reditum in gratiam vituperabunt; cum ipsi & cum meo, & cum suo inimico in gratiam redierint*.

Leviter repungere] Excusatio triplex, quod leviter eos offendat, quod lacessitus, quod in re simili, id est, in altero Publio.

Sæpe facio) Quod in judicio dixi, sæpe facio, ut eorum animos leviter repungam.

Diis, hominibusque approbantibus] Sine ulla cujusquam reprehensione: sic epist. 4. lib. II. ad Q. Fr. *Vatinium*,

a quo

a quo palam oppugnabitur Sextius, arbitratu nostro comitiis, diis hominibusque plaudentibus. Contra ep. 1. lib. III. ad eumdem: *Probe premitur Gabinius: nisi noster Pompeius, diis hominibusque invitis, negotium everterit.*

Habes de Vatinio) Cur Vatinium defenderim, cognovisti. *Habes*, inquit: quia, quae audimus, accipimus animo, infra: *Accepisti, quibus rebus adductus, quamque rem, causamque defenderim.*

De Crasso) De quo quaesisse Lentulus non videtur; nam in prima epistolae parte Caesar, Appius, Vatinius, ex Lentuli litteris nominantur, Crassi nulla mentio: sed Ciceroni propositum in primis hoc est, ut excuset ea, quae sibi aliquam inurere notam inconstantiae possint; quare, cur & cum Crasso post reconciliationem contenderit, &, post contentionem, rursus in gratiam redierit, cautius diligenter exponit.

Magna jam gratia) Vetus inter eos fuerat simultas, vel exorta Cicerone consule, cum Crassus Catilinae consiliorum particeps esse putaretur, ut historiae declarant; vel, ut ego arbitror, multo ante, cum Cicero ab adolescentia sua, ut in hac epistola jam dixit, Pompeii fautor exstitisset, Crassumque saepe, ut epist. 12. lib. I. ad Att. scripsit, in Pompeiana laude perstrinxisset: in suasione quidem legis Maniliae, laudem servilis belli, Crassi virtute confecti, magna ex parte ad Pompeium transfert. Primum dein eos in gratiam reduxit, cum Crassus in senatu, praesente Pompeio, a Mithridatico bello proxime reverso, de rebus a Cicerone consule in urbe gestis ornatissime locutus est, cujus orationis illustrem sententiam cum Cicero ad Atticum scripsisset, subjunxit: *Hic dies me valde Crasso adjunxit.* Rursus odium inter eos emersit, quo anno lege Clodia Cicero pulsus est, Crasso Clodium adjuvante, ut in Plutarcho legimus. Iterum autem reconciliati, restituto in patriam Cicerone, intercedente Publio Crassi filio, Ciceronis amantissimo, ut idem Plutarchus. Tertiae tum dissensionis, tum etiam reconciliationis causa hic exponitur.

Communis concordiae causa) Quod privatas inimicitias reip. donandas putaret; ne quando privatis odiis publica impediretur utilitas.

Contriveram) Depresseram, consumseram; contrita enim vim non habent: sic in Tuscul. V. *Cum virtutem ad caelum extulerint; reliqua ex collatione facile est conterere, atque consumere.*

Defensionem Gabinii) In senatu, cum in absentem Gabinium acerbissime invectus est Cicero; oratio de provinciis, & in Pisonem.

Disputantem) Cum eo in senatu; nam, in judicio, dixisset potius, agentem.

Laesisset) Contumelia verborum: satis enim constat, non eorum modo animos laedi, contra quos aliquid fit, sed eorum etiam, contra quos dicitur; in quibusdam tamen antiquis libris, *Lacessisset*.

Exarsi) Ut ignis ex arida materia, sic nos injuste laesi exardemus iracundia; bilis enim quae commota iracundiam gignit, assimilatur igni, atque etiam, ut philosophis placet, accipitur ab igne, ut animus spirabilis ab aere, humor ab aqua, viscerum soliditas a terra, quod libro II. de Nat. Deor. Cicero tradidit. Usurpatur autem tribus modis hoc verbum: *exarsi iracundia*, vel *dolore*: *exarsit iracundia*, vel *dolor*: *exarsi*, simpliciter. Primi generis exemplum hic habemus, & in Verrem: *Exarsit iracundia, ac stomacho*; in epist. ad Brutum: *In causa Bruti exarsi incredibili dolore.* Alterum genus cognoscitur ex epist. 5. lib. II. ad Q. Fratr. *Clodiani nostros consputare coeperunt, exarsit dolor.* Simpliciter autem, epist. 21. lib. II. ad Att. *Sibilis vulgi, sermonibus honestorum, fremitu Italiae, vereor ne exarserint.* Et in prooemio lib. III. de Orat. *Cum homini & vehementi, & diserto quasi quaedam verborum faces admovisset, non tulit ille, & graviter exarsit.*

Effudisse) Cum in gratiam redivimus, nihil putavi reliquum esse odii.

Residuum tamen insciente me fuisset) Tota haec de veteris odii eruptione sententia duas partes habet, unam ex uno membro, cum inclusum illud odium omne tempore apparuit; alteram ex duobus: *Quod ego offen-*

dixisse me omne arbitrabar, residuum tamen insciente me fuisset; utraque igitur pars a se ipsa regatur, necesse est. Quod cum ita sit, quaero, unde pendeat hoc: *Residuum tamen insciente me fuisset*; nam enim ad verbum, *Quod*, accusandi casu enunciatum, referri videtur posse; quare aut subaudiendum alterum, *Quod*, ut ita dicat: Quod ego effudisse me omne arbitrabar, quod tamen insciente me residuum fuisset; aut soloecismi species quaedam videbitur: cujus generis alia quoque in Cicerone, Pediano etiam teste, animadvertentur.

Fuisset) Placet: etsi varie scriptum esse videam in aliquot antiquis libris, *Fugisset*, *Effugisset*, *Fudisset*.

Iidem illi) Veteres in plurali quoque dicebant, *Idem*: sed melior consuetudo, ut *Iidem* diceretur, obtinuit, quod analogiae libro secundo Caesarem probasse Charisius ostendit.

Jam vero, significationemque appello) De his enim saepe jam locutus, neminem umquam nominavit.

Maximum fructum) Pro laetitia potius, quam utilitate, *Fructum* hic accipio: ut etiam epistola quinta libro decimo: *Ex tuis litteris cepi fructum duplicem, mihique in comparatione difficilem ad judicandum, amaremne te tantum, an animum in temp. plurimi optimorum putarem*. Et in extrema epistola: *Ad tuam summam liberalitatem, qua tu solis liberalissime soleres frui, pertinere*; pro laetari.

Et libertate mea) Propter haec omnia: quod, sedente Cneo Pompeio, dixerim me Bibuli fortunam, quam Vatinius afflictam putarat, omnium triumphis, victoriisque anteferre: quod, eodem teste, alio loco, eosdem esse, qui Bibulum exire domo prohibuissent, & qui me coegissent: quod in Vatinium summa libertate, animoque maximo, de vi, de auspiciis, de donatione regnorum, omnia dixerim: quod senatui quoque auctor fuerim, ut de agro Campano Idib. Maji referretur: postremo, quod cum Crasso magna libertate contenderim.

Vario) Vulgo, apud omnes homines: ut epistola septima libro secundo ad Q. Fratr. *Senatus frequens divinus fuit in supplicatione Gabinio deneganda: Procilius valde plauditur*. Et ad eundem, ep. 2 lib. III. *Nihil hominum sermone frequentius*.

Vestram laudasset) Bonam de me hominum opinionem auxisset.

Qui in eadem causa essent) Communis erat causa Crassi, Caesaris, Pompeii, qui ad ipsorum potentiam omnia referebant.

Iniqui) Cur enim et libertate mea maximum fructum cepissem, inimicissimos mihi fore principes viros laetabantur?

Honorificentissime) In primis honorate. epist. 15. lib. II. *Caesarem honorificum esse cupio*.

Perferrentur) Dixit supra: *Renuntiata ad me referrentur*.

Ita contradixisset, ut nihil umquam magis) Supra, eadem sententia aliter expressa: *Caesaris, ut illum defenderem, mira contentio est consecuta*. Eodem modo accipitur, *Pugnare*, epist. 32. libro septimo.

Maxima modestia) Quid mirum? cum, praeter initam inter eos in causa populari societatem, Crassi filii quaestor Marcus, Publius legatus, Caesare imperatore in Gallia mererent.

Temporum meorum) Rerum calamitatum, quas olim pertuli, quia nimium in republ. libere sensissem, quod ne iterum accideret, providendum fuit. Hoc nomine casus adversos interdum appellat, ut in extrema epistola: *Scripsi versibus tres libros de temporibus meis*. Et in suasione Manilia legis: *Omne meum tempus amicorum temporibus transmittendum putavi*.

Natura) Quae me ab omni contentione revocabat.

Pene a meis laribus) Non revera a meis laribus, cum domi meae non coenaverit, sed pene a meis laribus; cum & apud me coenaverit, & in hortis generi mei. *Lares* pro aedibus ponuntur, quia praeesse putabantur aedibus: & iidem sunt omnium aedium lares; penates autem singularum aedium proprii, ideo separatim eos Plautus nominavit in Merc. *Ego mihi alios penates deos persequar, alium larem*.

Condixisset) In diem certum denunciasset, sic enim Festus interpretatur.

Apud me) *Apud me*, *apud Pompeium*, *apud se*, valet in aedibus meis, in adiin ædibus Pompeii, in ædibus suis. Hic igitur non omnino proprie dictum est, *apud me*, quia conaverat Crassus non in Ciceronis ædibus, sed in hortis Crassipedis; verum hortos Crassipedis quasi suas ædes putat: ideo dixit etiam, *Pene a meis laribus*.

Commendatione) Laude.

In senatu) Hæc de re sic ad Crassum, epist. 8. lib V. *Et cum consulibus, & cum multis consularibus tanta contentione decertavi, quanta numquam antea ulla in causa: utriusque nostræ consuetudini jamdiu debitum, sed multa varietate temporum interruptum officium cumulate reddidi.*

Mea fides) Post reconciliationem.

Rem, consequor) *Res*, ut supra demonstravi, totum negotium significat. *Causa* negotii pars est, quæ ad aliquem proprie pertinet. *Res* igitur est hic, id quod Pompeio, & Cæsari placebat, quod offendere, temporibus admonitus, Cicero nolebat: *causa* vero, Vatinius, & Crassus, quorum alterum in judicio, alterum in senatu, rogatu Cæsaris, & Pompeii, defenderat.

In rep. capessenda) Dixi jam, *Remp. capessere*, idem esse, quod, administrare.

Pro meo jure) Quod ad me attinet; dixit enim epistolæ initio: *Ostendam, qui sit meus sensus, & status*.

Mihi integra omnia ac libera fuissent) Si mihi pro meo sensu, ac judicio remp. capessere licuisset: id quod non licuit: cum me fratris mei fides, Pompeii, Cæsarisque beneficia, optimatum injuriæ commoverint. Paullo post: *Si essent omnia mihi solutissima, tamen in rep. non alius essem, atque nunc sum: cum vero in hunc sensum & alliciar beneficiis hominum, & compellar injuriis; facile patior ea me de republ. sentire, ac dicere, quæ maxime cum mihi, tum etiam reip. rationibus putem conducere*. Ideo autem plane integrum Ciceroni non erat, ut id ageret, quod maxime probaret; (probaverat autem semper, ut defenderet optimatum causam, quam Cæsar, & cum eo conjuncti Pompeius, & Crassus, popularis vis potentiam quærentes, oppugnabant) quia cum Pompeium non solum beneficio, sed amore etiam, ac perpetuo quodam judicio diligeret; Cæsaris autem in se, fratremque suum mirificam liberalitatem esset expertus: præterea reconciliatos cum inimico suo, familiarique conjunctos amicitia, principes optimatum videret, discedere a pristina sententia cogebatur.

Contra tantas opes) Quod erat periculosum.

Neque dolendum) Quod ipsa resp. nolle videretur; dixit enim supra: *Vehementer tua ipsi gratia me movet; quæ mihi videbantur sententiam, præsertim maximis rebus a Cæsare gestis, cum illis viris nolle fieri, &, ut fieret, vehementer recusare*.

Commutatio rerum) Respexit ad illud Platonis, Quales in rep. principes essent, tales reliquos solere esse cives.

Temporibus assentiendum) Epistola 9. libro quarto: *Tempori cedere, id est, necessitati parere, semper sapientis est habitum*. Dixit idem aliis verbis in oratione pro Plancio: *Stare*, inquit, *omnes debemus tanquam in orbe aliquo reip. qui quoniam versatur, eam deligere partem debemus, ad quam nos illius utilitas, salusque converterit*.

Præstantibus viris) Iis, qui optime administranda reip. sententia præstiterunt.

Ut in navigando) Nihil jucundius, atque etiam nihil utilius, quam in legendo similia conferre; quæ in genere qui versantur, his fere neque deest umquam, quod scribant, & ea, quæ scribunt, augere, & exornare facile possunt. Usus est Cicero in oratione pro Plancio eadem sententia illustrata a navigantibus exemplo: *An*, inquit, *cum videam navem secundis ventis cursum tenentem suum, si non eum petat portum, quem ego aliquando probavi, sed alium non minus tutum, atque tranquillum; cum tempestate pugnem periculose potius, quam illi, salute præsertim proposita, obtemperem, & paream? Neque enim inconstantis puto, sententiam, tamquam aliquod navigium, atque cursum, ex reip. tempestate moderari*. Cujus loci extremam partem iisdem verbis iteratam video in oratione pro Balbo: *Assentior*, inquit, *tum omnibus: neque esse inconstantis puto, sententiam, tamquam aliquod navigium, atque cursum, ex reip.*

publ. tempestate moderari. Et ad Attic. epistola 6. lib. XVI *Nemo doctus umquam mutationem consilii inconstantiam dixit esse.*

Portum tenere) Pro, obtinere; epistola 1. *Teneri enim res aliter non potest.*

Mutata velificatione) Oblique cursu, non directo, qui erat institutus.

Tamen pervenire) Non tam cito, sed aliquando tamen pervenire.

Cum dignitate otium) Epist. 7. *Neque salutis nostrae rationem nobis habendam esse sine dignitate, neque dignitatis sine salute.* Et in principio lib I. de Oratore: *Perbeati fuisse illi videri solent, qui in optima rep. cum & honoribus, & rerum gestarum gloria florerent, eum vitae cursum tenere potuerunt, ut vel in negotio sine periculo, vel in otio cum dignitate esse possent.*

Non idem semper dicere) More navigantium, qui non eumdem semper cursum tenent, sed eumdem tamen portum, licet mutata velificatione semper spectant.

Non idem semper dicere, sed idem semper spectare debemus) Salutem reip. quae sententiam a nobis eamdem perpetuo non postulat. Pro Plancio. *Ego vero haec didici, haec vidi, haec scripta legi; haec de sapientissimis, & clarissimis viris & in hac rep. & in aliis civitatibus monumenta nobis literae prodiderunt: non semper easdem sententias ab iisdem, sed quascumque reip. status, inclinatio temporum, ratio concordiae postularet, esse defendendas.*

Solutissima) Soluta, & libera Ciceronis voluntas non erat, cum & alliceretur Pompeii, Caesarisque beneficiis, & compelleretur optimatum quorumdam iniuriis.

Facile patior) Ita loquebantur, cum aliquid se nec admodum libenter, nec moleste tamen facere significabant. Epist 7 lib. V. *Si quando non mutuo respondetur officiis meis; plus apud me officii residere facillime patior.*

Cum mihi) Conjuncta cum praesidiis iis, quae semper habuerat, potentium benevolentia: paullo post.

Reip. rationibus) Publicae causae, omnium libertati. Supra: *Laetatus sum, quod mihi liceret in eamdem causam & mihi utilem & cuivis bono recta defendere.* Sic locutus in prooemio Rhetoricorum: *Is mihi vir & suis, & publicis rationibus utilissimus civis fore videtur.*

Apertius hoc ago) Ita me sentire profiteor.

Legatus est Caesaris) In Gallia: missus a Caesare cum legione in Nervios, Eburonum, Aduaticorum, Nerviorum obsidionem fortiter sustinuit. Caesar libro quinto.

Ita illustri gratia) Quaecumque a me in illum profecta sunt, ita perspicue, sibi accidisse gratissima, demonstravit; ut ego eum, minimis meis officiis, mihi obstrictum putarem.

Gratia) Apud populum: valere enim in senatu auctoritate, apud populum gratia, proprie dicitur. Et Caesar, qui semper ad principatum spectavit, mire popularis ab adolescentia fuit, multaque per populum, quae a senatu impetrare nequivisset, consecutus est.

Opibus) Opum nomine, quantum valemus, continetur: epist. 6. libro tertio.

Consilia frangere) Non dissimile, *Cogitationes debilitare*, epistola sexta.

Potentium benevolentiam) Eadem sententia epistola octava libro tertio ad Fr. *Praesidium firmissimum petebamus ex optimi, & potentissimi viri benevolentia ad omnem statum nostrae dignitatis.* Hoc nimirum illud est, quod saepe dixit, instandum esse cum dignitate otium, habendam non dignitatis modo rationem, sed etiam salutis.

Essem usus iisdem) Indicat, eo se facilius in eam mentem esse deductum, quod probari a Lentulo consilium suum existimarit; quasi, Lentulo aliter sentiente, aliter ipse quoque sensurus fuerit. Huc illud spectat epistolae octavae: *Ego quidem, ut debeo, & ut tu mihi praecepisti, me ad ejus rationes adjungo, quem tu in meis rationibus tibi esse adjungendum putasti.*

Temperantiam, & moderationem) Notum est ex Aristotele, & aliis, *Temperantiae* nomine, perfectam virtutem, qua indomitae, atque exsultantes animo libidines cohibentur, indicari, verbum igitur, *Moderationem*, sententia non requirit. Sed a more philosophorum longe distat oratoria loquendi consuetudo. Saepe copiam quaerit Cicero, non ut augeat, immutetve sen-

sententiam, sed ut explanet magis. Neque vero nesciebat, moderationem a temperantia non differre, cum ipse & lib. II. de Fin. & Tusc. III. *Temperantiam* definierit, atque explicaverit moderationis nomine: & lib. I. Off. ubi quatuor virtutes nominat, *Moderationem* pro temperantia usurpaverit. Sed, ut dixi, aperiendæ, atque explanandæ rei gratia, non necessariam ubertatem interdum amat, eodem modo epist. 27. lib. XII. *Sit ita temperatis, moderatisque moribus, ut summa severitas cum humanitate jungatur.*

Amicissimum) Itaque non dubito, quin ea voluisses, quæ meis conducere rationibus existimasses.

Infusum) Translato verbo latere interdum in animo malevolentiam significat, ut aqua latet subter cutem fusa. Sic lib. II. de Orat. *Subterfusum colore suffusum* dixit.

Magnum & excelsum) Quæ virtus plane viro digna. Græci μεγαλοψυχίαν, Cicero libro primo de Off. *Magnanimitatem* vocat. Magni autem excelsique animi est, neminem odisse, res eas parvipendere, quibus alii ad malevolentiam, ac nocendi cupiditatem facile commoventur. Eidem tribuit animi magnitudinem epistola quinta & septima, & in libro de Claris Oratoribus.

Apertum, & simplicem) Quod bonitatis est: ideo, quid sentires, qui tuus in me, ceterosque animus esset, nullo negotio perspexi.

Tales) Invidos; nam ep. 7. *In te*, inquit, *homine omnium nobilissimo similia invidorum vitia perspexi*. Notatur etiam perfidia optimatum quorumdam, Ciceroni in salute, Lentulo in dignitate cognita: ep. 5. 6. 7.

Moverunt) Ut quibusdam in sententiis paullum me immutarem, meamque voluntatem ad summorum hominum, de meque optime meritorum, dignitatem aggregarem.

Salus mea) Ut in patriam redirem.

Etiam dignitas) Modeste petit, ut eumdem se præbeat Lentulus in ejus tuenda, atque augenda dignitate, quem in recuperanda salute præstiterat.

Socium, contemptor) Non dixit, *adjutorem*, ut arrogantiam vitaret; & simul, quod in societatis nomine quædam inesse videtur benevolentiæ significatio. *Socius* autem, proprie, agentem adjuvat: *comes* euntem sequitur.

Orationes) Triennio scriptæ, Marcellino, & Philippo coss. ut pro L. Calpurnio Bestia, pro P. Sextio, in Vatinium, de Provinciis consularibus, de Haruspicum responsis: Pompeio, & Crasso, in Pisonem: Domitio, & Appio, pro Scauro, pro Vatinio, pro M. Cælio, atque etiam pro A. Gabinio, quem rogatu Pompeii hoc anno defendit, ut ex Dione lib. XXXIX. & ex epistolis ad Atticum, ad Q. fratrem intelligitur. Nominant & orationem de rege Alexandrino rhetores Latini Aquila, & Fortunatianus: quam opinor habitam esse Marcellino, & Philippo coss. quo anno scimus actum esse in senatu magnis contentionibus de restituendo Ptolemæo, Ægypti rege.

Menocrito) Lentuli liberto; usitatius nomen est, *Menecratis*, quam *Menocriti*: sed libri veteres in *Menocrito* consentiunt.

Ut pertimescas) locutus: quasi multarum orationum lectio molestiam Lentulo allatura sit.

Referoque ad mansuetiores musas) Hoc plane poema ad Cæsarem videtur scripsisse, de quo epist. 8. & 9. lib. III. ad Fratrem: fatebor tamen ingenue, quod mihi non mediocrem dubitandi causam attulit. Certe enim, cum dicat Cicero: *Referoque me ad mansuetiores musas*, videtur de poemate aliquo, a se scripto, velle subjungere: nec tamen id facit; nam infert statim: *Scripsi igitur Aristotelio more tres libros in disputatione, ac dialogo de oratore*. Musis autem cum oratoria ratione quæ communio est? quare vereor intendum, ne hoc totum, quod, inclusum parenthesi, a ceteris distinguitur, transferendum sit aliquo modo ad illud infra positum: *Scripsi etiam versibus tres libros de temporibus meis*. Nisi si *mansuetiores musas* vocavit ea studia, quæ domi culta, ad lenitatem, atque humanitatem animos traducunt; cum orationes in foro habitæ contentionem habeant: confirmare videtur hanc opinionem locus ep. 12. lib. XVI. *Tu musis nostris, para, ut [illegible] reddas*. Et alibi *Musas* pro literis posuit, ut ad Att. ep. 5. lib. II. *Cum [illegible] musis rationem habere cogito*.

A pri-

A prima adolescentia] Adolescentulus Arati poema convertit: quod hodie, temporis injuria, mutilum habemus. Puer etiam tetrametro versu librum composuit, quem, ut ait Plutarchus, inscripsit, *Pontius Glaucus*.

Delectarunt] Non ad proximum, quo se ad musas referre solitus est; sed ad longinquum adolescentiæ tempus verbum, *Delectarunt*, accommodavit; ut sit: Ita me delectant, ut olim adolescentulum delectarunt. Simile illud in Bruto de commentariis Cæsaris: *Nudi sunt, recti, & venusti omni ornatu orationis, tamquam veste detracto*. Quod est, omni detracto, tamquam veste, orationis ornatu.

Scripsi igitur Aristotelio more, quemadmodum quidem volui, tres libros in disputatione, ac dialogo de Oratore) Quid sit, *Aristotelio more*, mecum ipse quæro, utrum, quia dialogos & Aristoteles composuerit, qua de re Plutarchi testimonium exstat in consolatione ad Apollonium, & Basilii in epistola ad Diodorum, Themistii præterea, & Philoponi: an vero, quia more quodam, non vulgari, sed exquisito, qualis Aristotelis mos fuit, artis oratoriæ præcepta tradiderit: in quam equidem sententiam facile, & libenter inclino, commotus maxime sequentibus verbis, *Quemadmodum quidem volui*: quibus minuere Cicero voluit arrogantiam, quasi nimium se extulisset, professus Aristotelico more se scripsisse de oratore: majoremque etiam præ se tulit modestiæ speciem cum subjunxit: *Quos arbitror Lentulo tuo fore non inutiles*.

Arbitror) Inquit, quod silentio non videretur: abest enim affirmatio.

Lentulo tuo] Adolescenti non viro: nam facultatis in eo plus requiritur, qui viris placere velit.

Non inutiles] Et hic opinionem vitat arrogantiæ; nam si, *Utiles*, dixisset; promissio major erat. Hæc omnia modestiam declarant, & illud.

Quemadmodum quidem volui) Vale: hoc: an sim assecutus, ignoro: volui quidem certe. Præterea, doctrinam hic potius, & acumen Aristotelis, quam scribendi genus, indicari, ob eam causam arbitror, quod in scribendi genere Platonem, & Xenophontem, quorum dialogis Aristotelis dialogos nemo conferre audeat, aut solos, aut cum ipsis saltem Aristotelem nominasset. Sin ad doctrinam simul, & scribendi genus respexisse Ciceronem aliquis dicat: non prius hoc mihi persuaserit, quam, scriptum esse ab Aristotele de oratore dialogum, ostenderit: unum autem ejus dialogum de animo, Eudemum inscriptum, præterea nullum, quod equidem legerim, veteres nominant. Basilius quidem dialogorum Aristotelis nomina non ponit: tantum ait, & Theophrastum, cum dialogos componere essent aggressi, deterritos venustate Platonis ad aliam se scribendi rationem contulisse.

Abhorrent enim a communibus præceptis) Quænam erant communia præcepta? ea scilicet, quæ lib. I de Orat. exponuntur ex persona Crassi: *Non negabo*, inquit, *me ista omnium communia, & contrita præcepta didicisse: primum, oratoris officium esse, dicere ad persuadendum accommodate: deinde, esse omnem orationem aut de infinitæ rei quæstione, aut de re certis in personis, ac temporibus locata*, &c. Hæc igitur Cicero in iis libris non esse ad bene dicendum valde necessaria confirmat: & præstantiora quædam docet, partibus ita distributis inter Antonium, & Crassum; ut ille lib. II. de Materia Oratoris, hic lib. III. de Ornandi ratione dissereret. His autem libris nihil posse fieri elegantius, aut etiam utilius, convenit inter homines eruditos, atque ipse Cicero, de iis quid sentiret, ostendit in ep. 19. lib. XIII. ad Att. *Sunt*, inquit, *libri tres de Oratore, mihi vehementer probati*.

Omnem antiquorum) Aristotelis, & Isocratis: quod sequentibus verbis declaratur. Quamquam antiquorum etiam omnium oratoria ratio in uno Aristotele continebatur: scripsit enim librum, in quo exposuit dicendi artes omnium superiorum, ut lib. II de Invent. & lib. II. de Orat. legimus. Opposuit autem, Antiquorum rationem oratoriam, Communibus præceptis: quod erant Romæ, qui vulgo Rhetoricam artem docerent, & dicendi præcepta traderent. Id Sullanis temporibus primus professus est L. Plotius Gallus, ut ad Titinnium scripsit Cicero: cujus hæc Suetonius verba recitat in libro de Claris rhetoribus:

Memo-

Memoria teneo, pueris nobis, Latine docere coepisse L. Plotium quemdam: ad quem cum breri concursus, quod studiosissimus quisque apud eum exercetur, dolebam idem mihi non licere: continebar autem doctissimorum hominum auctoritate, qui existimabant, Graecis exercitationibus ali melius ingenia posse.

Aristotelicam) Non opinor hos tantum, quos nunc habemus, sed alium quoque significari Aristotelis librum de Ratione dicendi: ex his quidem, qui exstant, dubitari non potest, quin multa Cicero transtulerit in suos oratorios libros, praesertim in tertium: quod accurate legentibus patebit. De aliis vero ejusdem Aristotelis rhetoricis libris, haec scripsit Cicero libro secundo de Orat. *Inter hunc Aristotelem, cujus & illum legi librum, in quo exposuit dicendi artes omnium superiorum, & illos, in quibus sua quaedam de eadem arte dixit, & hos germanos hujus artis magistros, hoc mihi visum est interesse.* Quis porro neget, ex eo maxime libro, quo superiorum omnium artes complectebatur Aristoteles, multa Ciceronem in suos oratorios retulisse, cum ex eodem libro multa sumserit adolescens, ut eos, de Inventione quos inscripsit, nimime cum oratoriis comparandos, veterum doctrina locupletaret? quod ipse libro secundo ejus artis, in proœmio, docet his verbis. *Nostis omnes, quicumque fuerunt ab ultimo principio hujus praeceptionis usque ad hoc tempus, expositis copiis, quodcumque placeret, eligendi potestas fuit. Ac veteres quidem scriptores artis, usque a principe illo, atque inventore Tisia repetitos, unum in locum conduxit Aristoteles, & nominatim cujusque praecepta, magna conquisita cura, perspicue scripsit, atque enodata diligenter exposuit, ac tantum inventoribus ipsis suavitate, & brevitate dicendi praestitit, ut nemo illorum praecepta ex ipsorum libris cognoscat; sed omnes, qui, quod illi praecipiant, velint intelligere, ad hunc, quasi ad quemdam multo commodiorem explicatorem, revertantur.* Haec Cicero: deinde, facta mentione eorum, qui Aristotelem, aut Isocratem secuti, praecepta dicendi reliquerunt: *Nos, inquit, artis omnes, quoad facultas tulit, proposuimus, & ex nostro quoque nonnihil in commune contulimus.* Sumsit igitur Cicero ab Aristotele multa, neque ex iis modo libris, quibus nunc utimur, sed ex iis etiam, qui malo quodam periere litterarum fato. Praeterea gloriatur, ita se scripsisse oratorios, ut a communibus praeceptis abhorrerent, omnemque antiquorum Aristotelicam, & Isocraticam rationem oratoriam complecterentur. Laertius quatuor corpora rhetoricorum librorum Aristotelis nominat, Gryllum, unicum librum, in quo, ut libro secundo Quinctilianus ait, *quaedam subtilitatis suae argumenta, quaerendi gratia, excogitavit*; alterum, duos rhetoricae artis libros; tertium, unicum librum, quem inscripsit *Ars*; quartum, libros duos, eadem inscriptione: quo numero eos, qui hodie sunt in manibus, exclusos videmus. At Cicero, & Quinctilianus, ut supra demonstravimus, illos agnoscunt.

Isocraticam) De Isocratis arte discrepant veterum sententiae. Plutarchus certe ambigere se ostendit, cum illa mandavit litteris in ejus vita: *Εἰσὶ δὲ οἳ καὶ τέχνας αὐτόν λέγουσι συγγεγραφέναι, οἱ δὲ, οὐ μεθόδῳ, ἀλλ' ἀσκήσει χρήσασθαι. Sunt qui artis etiam praecepta eum scripsisse dicant: alii non ratione, sed exercitatione usum esse affirmant.* Hermogenis interpres Isocrati eam tribuit: Ἰσοκράτης, inquit, *φησὶν ἐν τῇ τέχνῃ, ὡς ἐν τῇ διηγήσει λέγεσθαι δεῖ τὸ πρᾶγμα, καὶ τὰ πρὸ τοῦ πράγματος, καὶ τὰ μετὰ τὸ πρᾶγμα, καὶ τὰς διανοίας, αἷς ἕκαστος τῶν ἀγωνιζομένων χρώμενος, τὸ δέ τι πέπραχε. Isocrates ait in artis praeceptis, non modo in narratione exponendam esse rem gestam, & quod illam non praecessit, tum consecutum est, nec omissis cogitationibus, quibus singuli certantium praediti sunt, verum etiam quod factum est.* Cum eo sensit Quinctilianus libro tertio, nam, cum de Aristotele, & Isocrate loqueretur: *Ars*, inquit, *est Isocratea, sed pluribus eam libris Aristoteles complexus est.* Idem tamen prorsus ambigit libro primo cum ait: *Haec opinio originem ab Isocrate (si tamen revera ars, quae circumfertur, ejus est) duxit.* Cicero noster eam plane repudiat libro secundo de Invent. *Fuit*, inquit, *eodem tempore, quo Aristoteles, magnus & nobilis rhetor Isocrates: cujus ipsius quam constet esse artem, non invenimus:*

disci-

discipulorum artem, atque eorum, qui protinus ab hac sunt disciplina profecti, multa de arte praecepta reperimus. Hanc ergo dubitationem e scriptoris nomine ortam existimo, quia fuit alter Isocrates, Isocratis magni discipulus, a quo scriptam artem rhetoricam suspicari licet: cum praesertim discipulorum Isocratis multa se reperire dicendi praecepta Cicero dicat. Ac me quidem in hanc suspicionem illa etiam ratio ducit, quod Isocratis ejusdem junioris esse orationem illam ad Demonicum, quae Isocrati magno tribuitur, Harpocration testis est. Atque haec omnia illuc refero, ne quis putet Ciceronem, quia dixerit Isocraticam rationem se esse complexum tribus oratoriis libris, Isocratis ipsius artem legisse, quam negavit ullam reperiri lib. II. de Invent. Itaque, *Isocraticam*, interpretor, ab Isocratis discipulis traditam, ex institutis tamen, & opinionibus magistri: quae enim ille voce docuit domi suae, postea scriptis eadem discipuli ejus persecuti sunt: his autem cum iis, qui ab Aristotelis disciplina profecti sunt, controversiae nunnihil fuit: quod Quintilianus lib. III. significat; ait enim: *His successere multi, sed clarissimus Gorgiae auditor Isocrates. Hinc velut diversae secari coeperunt viae; nam & Isocratis praestantissimi discipuli fuerunt in omni studiorum genere, eoque jam seniore, Aristoteles praecipere artem oratoriam coepit.*

Aristoteleum oratoriam) Quae de arte dicendi Aristoteles, & Isocrates praeceperunt: in hoc enim libri Ciceronis oratorii a communibus praeceptis abhorrent. Eodem spectat illud, quod scripsit ep. 1. lib. II. ad Att. *Meus liber totum Isocratis myrothecium, atque omnes ejus discipulorum arculas, ac nonnihil etiam Aristotelica pigmenta consumpsit.*

Tres libros de temporibus meis) De exsilio, atque etiam reditu: in his enim Lentulum, optime de se meritum, nominavit: scripsit enim versibus tres libros de consulatu suo, sed antequam iret in exsilium: quod ep. 3. lib. II. ad Att. & de Divin. lib. I. ostendit: hic autem Cicero commemorat, quae post discessum Lentuli, id est, post exsilium suum, scripserat: Ep. 6. lib. II. *Novitas mearum temporum.*

Et orent) Sperat futurum, ut a posteris etiam legantur. Sed eos aut hominum incuria, aut vetustas ipsa perdidit.

Sed, quia verebar) Ἔλλειψις, figura aliquid detrahens: nam hic sententia desiderat, *Non misi*: ut sit; Ideo non misi eos libros ad te, quia verebar eos, quos erat infinitum bene de me meritos omnes nominare.

Totum ad te defero) Ad arbitrium tuum confero: ut se ipse interpretatur sequentibus verbis.

Consequi) Praestare: omnes meorum studiorum fructus ad te defero, ut iis arbitratu utaris tuo.

Ut me malim admoneri, rogari vero sine magno dolore vix possim) Rogari enim se, qui amant, non patiuntur; idem dixit ep. 10. lib. III. *Injuriam mihi fieri putabam, cum rogabar*. Ep. 13. lib. IX. *Peto a te, vel, si pateris, oro, ut homines miseros conserves incolumes*. Ep. 18. lib. XIII. *Ego admirabar magis, te, quasi rogemus, aut certe admoneamus liberaliter Attico respondisse, ultro ad eum scripsisse*. Ep. 4. libro decimo quinto: *Admonendum te potius, quam rogandum, puto*. Et ad Att. ep. 35. lib. XII. *Vehementer te rogo, magis quam a me vis, aut pateris te rogari, ut hanc cogitationem toto pectore suscipias.*

In Ciliciam) Partem Lentuli provinciae. Vide ep. 7. *Qui Ciliciam, Cyprumque teneat.*

Alienatio isto fundo) De Ciliciensi fundo Q. Ciceronis nullam alibi mentionem invenio. Emtus quidem non videtur, quantum ex verbo, *Alienatio*, licet intelligere: testamento fortasse legatus.

Exercitationibus) Oratoriis: declamando enim vel in scholis rhetorum, publice profitentium, vel domestica disciplina adolescentes exercebantur. Graecis autem exercitationibus ali melius ingenia posse, scripsit Cicero in epistola ad Titinnium: cujus exemplo supra usi sumus.

Neque castiorem, neque jucundiorem) Conjungit eadem in ep. 2. libro secundo: *Cui carus aeque sis, & perjucundus, ac fuisti patri.*

Posteritas omnis intelliget) Tempori serviens pollicetur, quod non praestitit: nullum enim librum Lentulo scri-

scripsit, qui quidem extet, aut ab iis nominetur, qui saepe scripta Ciceronis appellant.

Appius in sermonibus antea dictitabat, postea dixit etiam in senatu palam, sese, si licitum esset legem curiatam ferre, sortiturum esse cum collega provinciam; si curiata lex non esset, se paraturum cum collega, tibique successurum: legem curiatam consuli ferri opus esse, necesse non esse: se, quoniam ex S. C. provinciam haberet, lege Cornelia imperium habiturum, quoad in urbem introisset) Curiata lex a populo per curias congregato nomen accepit: Curias autem, in quas Romulus populum distribuit, ut in sua quisque curia sacra publica faceret, ferias observaret, triginta fuisse, omnesque in Palatio, satis, ut opinor, notum est. Ex his curiis cum populus, ut aliquid juberet, aut judicaret, in unum locum coibat, *curiata comitia* vocabantur; coivisse autem populum in Comitium, qui locus in foro fuit, docet Varro. Lex igitur curiata comitiis curiatis ferebatur; quibus autem de rebus, & a quo magistratu ferretur, non est alienum ostendere. De adoptione ferebatur, & de imperio militari. Si de adoptione, ferri poterat vel a tribuno pl. vel a consule: de tribuno pl. locus indicat in ep. 17. lib. I. ad Att. *Haec sunt in rep. nisi illud etiam ad remp. putes pertinere, Herennium quemdam tribunum pl. saepe jam de P. Clodio ad plebem traducendo agere coepisse, huic frequenter interceditur.* De consule quis dubitet? cum Suetonius inter acta Caesaris consulis hoc memoret: *P. Clodium, frustra jam a patribus ad plebem transire conantem, eodem die, horaque nona traduxit.* Et ep. 12. lib. II. ad Att. *Quid Caesar? negat se quidquam de illius adoptione tulisse.* Adoptionem autem illam curiata lege factam esse, declarat oratio pro Domo, in qua sunt haec: *Negant augures fas esse agi cum populo, cum de caelo servatum sit: quo die de te lex curiata lata esse dicitur, audes negare, de caelo esse servatum?* Et paullo post: *Si, quod in ceteris legibus trinundinum esse oportet, id in adoptione satis est trium esse horarum: nihil reprehendo.* Et infra: *Credo enim, quamquam in illa adoptione legitime factum est nihil, tamen te esse interrogatum, auctorne esses, ut in te P. Fonteius vitae, necisque potestatem haberet, ut in filio, quaero, si aut negasses, aut tacuisses, si tamen id triginta curiae jussissent, num id jussum esset ratum? certe non.* Confirmat Gellius lib. V. cap. 19. *Adrogantur*, inquit, *ii, qui, cum sui juris sint, in alienam se potestatem tradunt: ejusque rei ipsi auctores fiunt. Sed adrogationes non temere, neque inexplorate committuntur; nam comitia arbitris etiam pontificibus praebentur, quae curiata vocantur.* De imperio militari, quod extra urbem gerebatur, latam opinor esse curiatam legem vel ab eo ipso, qui accepturus esset imperium, si modo magistratus esset; vel a consule. Latam ab ipso magistratu, qui usurus esset imperio, auctor est Livius lib. IX. *Papirio*, inquit, *dictatori, legem curiatam de imperio ferenti, triste omen diem diffidit.* A magistratu, qui non esset usurus imperio, exemplo Ciceronis & Bibuli, (ut omittam alia quam plurima) demonstratur; nam & Cicero in Ciliciam, & eodem tempore Bibulus in Syriam, uterque aliquot annis post consulatum profecti sunt. Latam autem de utriusque imperio curiatam legem, ex eo liquet, quod uterque bellum gessit, utrique supplicationes ob rem bene gestam decretae: Cicero etiam de triumpho cogitavit; itaque dubitandum non est, quin consules ejus anni, Sulpicius, & Marcellus, alter, ambove, curiatam legem de eorum imperio tulerint, alioqui provinciam quidem eo genere imperii, quod lex Cornelia dabat, administrare potuissent; quo se Appius, curiata lex ferri si non posset, contentum fore dictitabat: militarem autem rem, quae triumphi spem, & occasionem afferebat, nullo pacto iis attingere licuisset; curiatis enim comitiis rem militarem contineri lib. V. prodidit Livius; consuli, si legem curiatam non haberet, attingere rem militarem non licuisse, Cicero in Orat. 2. in Rullum; & ibidem: *Consulibus, legem curiatam ferentibus, saepe intercessum est.* Curiata igitur lege, in foro lata a consule, non a tribuno pl. (nam tribunis pl. nihil cum curiis) triginta lictoribus veteres triginta curias repraesentantibus, populus provinciarum rectoribus imperium dabat, Cornelia senatus, sed Cornelia

juris

juris dicendi potestatem, nihil pro viatico, curiata vero exercitum habendi, bellique gerendi jus, cum stipendio militum, & proconsulis viatico, dabat. Et Cornelia, a L. Sulla dictatore lata, hoc sanxerat, ut, qui provincias ex S. C. accepissent, imperium haberent, quoad in urbem introissent; (studuit enim Sulla optimatum potentiae, plebem, quae adversus eum pro Mario steterat, affligit) Curiata vero, quoties quisque in provinciam iturus esset, de ejus imperio ferebatur. Obstabat interdum, quod Appius timuisse videtur, intercessio tribunicia: itaque in Agraria 2. *Consulibus, legem curiatam ferentibus, saepe intercessum est*.

Si licitum esset) Sibi; non enim, quod ipse consul posset, id ut anni sequentis consul ferret, exspectare debuit.

Sortituros esse) Consules vel sortiebantur provincias, vel comparabant inter se.

Cum collega) L. Domitio Ahenobarbo.

Si curiata lex non esset) Ferri non posset, intercedente aliquo tribuno pleb.

Se paraturum cum collega) *Parare*, hic est pacisci, constituere. Mos enim fuit, ut S.C. de provinciis consularibus ita fieret, ut eas consules aut sortirentur, aut compararent inter se: quod Livii testimonio probatur: & quod apud Livium, *comparare inter se*, idem apud Ciceronem, *parare cum collega*; quamquam, & *parare inter se*, a veteribus dictum esse, Festi verba, licet praecisa & mutila, videntur ostendere. Nam quod in Sallustii Jugurtha legendum eruditi homines opinantur: *Silanus, & Metellus, consules designati, provincias inter se paraverant*: non, ut antea, *partiverant*; equidem iis libenter assentirer, nisi me quae sequuntur verba prorsus ab hac sententia removerent; nam, si Sallustius dixisset; *Provincias inter se paraverant*; sortitionem exclusisset: *parare* enim, sive *comparare*, sortitioni opponitur; at subjungit: *Metelloque Numidia evenerat*; quo sortitionem esse factam, satis ostenditur: lego igitur, *Partiverant*, cum duobus antiquissimis libris, uno Fulvii Ursini, eruditissimi, & humanissimi viri, ante sexcentos annos descripto, altero Vaticanae Bibliothecae, ejusdem fere vetustatis. *Partiverant* autem, sortitionem non excludit; utroque enim modo fit provinciarum partitio, sive sortiantur consules, sive comparent inter se; cum ex duabus alter alteram accipiat.

Provinciam habere) Non Ciliciam nominatim: quod si esset, quorsum de sortitione, aut comparatione loqueretur? sed provinciam ideo habebat, quia senatus decreverat, ut ex duabus consularibus provinciis unam Appius, alteram Domitius, vel sortientes, vel inter se comparantes, obtinerent.

Imperium) Sine armis: quibus uti non poterat, nisi qui curiata lege imperium accepisset. De triumpho igitur, cum haec Appius diceret, minime laborare videbatur: quod confirmant illa verba epist. 16. lib. IV. ad Att. *Appius sine lege suo sumtu in Ciliciam cogitat*. Et epist. 2. lib. III. ad Q. Fratr. *Appius sine lege curiata confirmat se Lentulo nostro successurum*. Imperium tamen curiata quoque lege Appius accepit: quo usus, re militari prospere gesta, supplicationes adeptus est, ut ep. ult. lib. III. videtur etiam triumphaturus fuisse, nisi a Dolabella reus factus esset, ut ep. 10. lib. III. & ep. 6. lib. VIII. Ad imperium quod attinet, vide ep. 1. lib. I. *Consul enim etiam ea iis, qui cum imperio sunt*.

Quoad in urbem introisset) Ergo Cornelia lege datum imperium administratione provinciae non finitur, sed tamdiu manet, donec in urbem proconsul introeat: quod de curiata quoque lege constat. Urbem vero ingredientibus imperium deponere necesse erat, nisi si triumphaturi essent; tunc enim lex ferebatur ab aliquo tribuno pleb. ut cum imperio triumphantes introirent.

Posse te non decedere) Nam quia sine curiata lege in provinciam ire nemo solitus esset; cum omnes militari delectarentur imperio: propterea, quod fieri non soleret, id etiam non licere, quidam arbitrabantur.

Reliquum posse) Ut reliquit Cicero Ca-

Cœlium quæstorem, Bibulus Ventidium, ep. 15. lib. II ep 3. lib. VII. ad Att.

Ne id quidem valde dubium est] Ne de jure quidem dubitari valde potest, quin Appio, vel si tibi sine curiata lege succedat, provinciam debeas concedere. Argumento sunt hæc verba, falli eos, qui legem curiatam rectoribus provinciarum omnino necessariam putarent: cum sine ea jus dicere, & provinciæ præesse possent, imperio lege Cornelia dato, quoad in urbem introissent. Cum hæc scripsissem, disputationes ad me suas adversus Nicolaum Gruchium misit Carolus Sigonius: in quibus de curiata lege, dupliciique provinciarum imperio, probari idem utrique nostram, animadverti; sane sum lætatus, ut animo, & voluntate, iisdem nos opinione, & judicio congruere.

Liberalitatem] Consuetudinem in tribuendis officiis: cui paullo post *cupiditas* opponitur, ex quo magis probatur mihi, ut est in antiquo libro Maffejorum, quam ut in aliis, *lenitatem*: eodem sensu *liberalitas* usurpatur in epist. 9. libro V. & epist. 3. lib. XI.

Solere frui] Solere ex ea voluptatem capere.

Tuæ cupiditatis] Multi enim diuturni imperii cupiditate flagrabant.

Illius cupiditatem] Ex ea manifestam, quod tibi etiam sine lege curiata cogitat succedere.

Refutare] Rejicere, provincia denegata.

De publicanis] Contra quos decretum ex voluntate provincialium Lentulus fecerat, sæpe enim inter publicanos, qui provincialium vectigalia conducebant, & socios, ex vectigalium solutione oriebantur controversiæ: quas Cicero sedatas a se esse gloriatur in ep. 13. lib. II.

Felicitate quidem, vellem, consequi potuisses) Vellem, ita felix esse potuisses, nihil ut omnino contra ejus ordinis, quem semper ornasti, aut rem, aut voluntatem ageres. Quidam veteres libri, *Felicitatem*: alii, *Felicitate autem, quod vellem consequi potuisses*. Sed facilitas est voluntatis: quam si Cicero requirit in Lentulo, hominem carpit amicissimum, optimeque de se meritum.

Inimici] Qui etiam quæstorem ejus, P. Rutilium Rufum, quod cum prætore suo contra eos contendisset, damnaverunt. Pedianus, epitome Liviana lib. LXX. Hujus odii publicanorum in Q. Scævolam mentio fit in oratione pro Plancio, his verbis: *Equitem ego Romanum etiam in hominem nobilissimum maledictis, publicanorum in Q. Scævolam, virum omnium ingenio, justitia, integritate præstantem, asperè, ferociter, & libere dicta commemorem?*

Illi ipsi Q. Scævolæ) Auguri, P. F. Lælii Sapientis genero, Crassi oratoris socero. Fuit alter Q. Scævola, Q. F. Pont. max. multis annis junior.

Tibi sum auctor) Te hortor.

Videtur esse prudentiæ tuæ] Pertinere videtur ad prudentiam tuam, quæ potest difficillima quæque superare, ut eum ordinem tibi aut reconcilies, aut mitiges.

EPISTOLA X.

VAlerio] Hic est, de quo in ep. 1. lib. III & 12. lib. VII. *Valerii* nomen boni ominis apud Romanos habebatur: itaque Festus sic: *Ominis boni gratia, in delectu, censu primi nominantur, Valerius, Salvius, Statorius.*

Cur enim tibi hoc non gratificer] Cum inscripsisset, Valerio Jurisconsulto, subjunxit jocans: nam, jurisconsultum cur te non appellem, nescio, etiam si jurisconsultus valde non sis. Et sane Valerius hic non videtur jus civile, quantum opus esset, cognovisse: cum de eo sic ad Appium scripserit: *Valerium jurisconsultum valde tibi commendo, sed ita etiam, si non est jurisconsultus*. Verum ita familiariter eum Cicero diligebat, ut ei, quod omnino falsum non erat, id per jocum objiceret. Inscripsi, inquit, hanc epistolam Jurisconsulto, gratiæ potius causa, quam veritatis, præsertim cum hodie non qui scientes, sed qui audaces sint, jurisconsulti nominentur. Hic, ut omnis, quantum quidem præstare nobis liceat, errorum tollatur occasio, quasi quoddam παρεργον adlatur, quod ta-

mere

men alienum non putamus, quæ nostra sit de epistolæ integritate sententia; sunt enim, qui hujus epistolæ desiderari principium existiment: quod eis, credo, insolens, atque ineptum videatur, prima epistolæ verba ab inscriptione pendere: cujus tamen generis exemplum hoc animadvertimus, epist. 20. libr. III. ad Attic. M. CICERO S. D. Q. CÆCILIO Q. F. POMPONIANO ATTICO: *Quod quidem ita esse, & avunculum tuum functum esse officio, vehementissime probo*. Constat enim, itidem hic epistolæ principium inscriptionem spectare.

Audacia pro sapientia] *Audacia*, licet fortitudinem imitetur, in malam tamen partem accipitur: *Animus* enim, ut lib. I. Off. scripsit Cicero, *paratus ad periculum, si sua cupiditate, non utilitate communi impellatur, audaciæ potius nomen habeat, quam fortitudinis*. Sapientia vero dividitur in duo genera, unum naturæ, idque simplex, alterum artis, quod in alia rursus ei subjecta genera dividitur. Naturalem sapientiam vero, quam expertes doctrinæ multi, nullis litterarum præceptis imbuti, naturæ tantum munere consequuntur: quales sunt, qui suas actiones directa quadam judicii regula metiuntur, nihil temere, nihil indecore committunt, a pravis recta, a turpibus honesta distinguunt: hanc sapientiam tribuit Cicero epist. 1. lib. VII. M. Mario, si ludos Romæ, cum per valetudinem posset, spectare noluit; Lentulo ep. 5. si omnem amplitudinem, ac dignitatem suam in virtute, atque in rebus gestis suis, atque in sua gravitate positam existimabit: aliis alibi, quod labi, & errare per imprudentiam non consueverint. Vlyssem quoque, quod, variis jactus casibus, multis, quæ aliis exitio fuerant, periculis terra, marique defunctus, ad patrios lares reversus incolumis, ab injuria procorum uxorem, domumque suam, seque ipsum singulari consilio vindicaverit, hoc excelluisse sapientiæ genere Homerus prodidit. Alterum sapientiæ genus, quod ab arte proficiscitur, vel omnium artium, vel multarum, vel unius tantum absoluta cognitio est: si omnium, ita definitur, humanarum, divinarumque rerum causarumque, quibus hæ res continentur, scientia, quam uni Deo perfectam contigisse, nequaquam in homine posse reperiri, vere credimus. Deus autem non eam ab arte extrinsecus accepit, (nec enim ulla re umquam indiget) sed a seipso, æque æternam, æque infinitam, ut æternus ipse, & infinitus est. Quod si non omnium, sed multarum rerum, quæ vel ad usum, vel ad ornamentum humanæ vitæ pertineant, notitia est; qualis in Thalete, Anaxagora, Pythagora, Democrito, Socrate, Aristotele, Platone, & aliis vel Græcis vel Ægyptiis fuisse traditur, Philosophia dicitur: quia perfectam illam sapientiam, quantum homini licet, imitatur, eadem tamen & sapientiæ nomen interdum sibi vindicat: quia, quo nihil putatur inter homines præstantius, id eo vocabulo, quo nullum inter humanas res nobilius reperitur, decorari æquum est. Inde Thales, inde Bias, inde Socrates, aliique, quos celebravit antiquitas. Ad hunc numerum aggregare possemus, ex Romanis Catonem illum Censorium, qui cum & litteris esset instructus, quamquam non omnino cum superioribus illis conferendus; cumque multarum rerum usum haberet; sapientis nomen invenit. Nec video, cur ab hac laude M. Varronem, Ciceronemque nostrum, qui rerum laudabilium varia cognitione præstiterunt, hac laude patiamur excludi. Multis etiam unius modo artis eximia quadam, & singularis intelligentia, opinionem, ac famam sapientiæ peperit, quod Athenæus de Musicis lib. XIV. tradidit, Plato de Poetis, cum Anacreontem sapientem appellat in Phædro, & genitam a poetis sapientiam, ait in Lyside: de Iurisconsultis Cicero in libro de Amicitia, L. Acilii exemplo, qui, quod esset prudens in jure civili, sapiens nominatus est: de civitatum rectoribus in superiore epistola ad Lentulum: *Tota*, inquit, *sapientium civium, qualem me & esse, & numerari volo, & sententia, & voluntas mutata esse debet*. Transeo ad humiliores artes. Marmorariis, & Statuariis non sapientiæ laudem tribuit Aristoteles lib. V. Ethicorum

non

non agricolis Plato in dialogo de scientia? non fabris Homerus, in eo, [illegible] τέκτων. Neque solum ex una arte praeclare cognita multi, sed ex una etiam, quae mentis optime speciem prae se ferret, actione C. Laelius, ille Africani minoris amicitia clarus, sapiens & habitus est, & perpetuo vocatus, quod legis Liciniae de agri modo, ne seditionem inter cives excitaret, patrocinium deposuerit. Cum igitur sapientiae nomen tam late pateat; merito, a quorum studiis maxima ad omnes manat utilitas, juris prudentibus communicatum videtur. Est enim juris civilis prudentia genus quoddam sapientiae, ex quo civitates, quae sua jura, & quasi justitiae normam ab antiquis legibus petunt, quae plurimae sunt, consilio sapientis administrari dicuntur: quam doctrinam Scala meus, humanitate, & virtute excellens, lumen, & ornamentum Patavini fori, quinque libris, qui ab omnibus Jurisconsultis eximia cum ejus laude leguntur, universam comprehendit. Sed, quia saepe accidit, ut, qui ea, quam profitentur, juris civilis cognitione indigeant, iidem audacia, ut id, quod ignorant, scire videantur, in primis abundent: propterea, inductam esse consuetudinem, ut in agendis caussis audacia pro sapientia liceat uti, per jocum quidem, sed vere tamen Cicero dixit.

Lentulo) Ciliciam administranti. Erat igitur hic Valerius in Cilicia, & fuit etiam Appio proconsule, cui commendatur epist. 1. lib. III.

Ubi aliquo numero sis) Ubi nihil quoque juris prudentiam teneant: istic enim solus videris jurisconsultus. Sed hic etiam Cicero jocatur: significat enim Valerium de industria se in Ciliciam contulisse, ut solus ibi sapere videretur, cum jurisconsultus ibi solus esset.

Partim te superbum esse dicunt, quod nihil respondeas; partim contumeliosum, quod male respondeas) locus est in his verbis & abstrusus, & elegans: vult enim innuere, ideo nihil eum quandoque respondere, non quod superbus sit, sed quod eum nemo consulat, cum hominem bonum jurisconsultum non putent: ideo autem male respondere, non quod contumeliosus, sed quod imperitus, & indoctus. Proprium vero jurisconsultorum fuit, hodieque est, de jure consulentibus respondere. Similis jocus est in Trebatium epist. 10. libri septimo: *Qui istinc veniunt, superbiam tuam accusant, quod negent te percontantibus respondere.*

Ut possimus, salvum venisse, gaudere) Quod in Apulia tua nemo poterit: cum nec propinquum ibi, nec amicum habeas. Pergit in festivitate, & Valerii notat ignobilitatem; cui qui gratularetur in patriam redeunti, nemo esset. Quod si Romam, inquit, venies, erit, qui, te salvum venisse, gaudeat: habes enim hic, qui te norint, & diligant: in Apuliam vero tuam si accesseris, quis erit, qui gaudeat? Hanc sententiam, illam figura παρὰ προσδοκίαν, confirmat sequentibus verbis: *Tamquam Ulysses, cognosces tuorum neminem.* Quod etsi discrepat ab Ulyssis fabula, qui suos quidem ipse domesticos omnes, Ithacam reversus, cognovit, sed ab iis cognitus non est: tamen Cicero, nactus jocandi locum, lepide sermonem convertit ab Ulysse ad ipsius Valerii humilitatem, ac solitudinem. Quod ideo ostendendum putavi, ne quis Ciceronem in Ulyssis fabula memoriae vitio labi putet: cum in eo ipso jocus appareat, quod, cum, inducta Ulyssis mentione, dicturus videretur, cognosceris a tuorum nemine, traduxit sententiam, ut dixi, ad id, quo Valerii notabatur ignobilitas. Veram sententiam, ut Homerum omittam, Varro in Sesquiulysse apud Nonium retulit his verbis:

Ab versi mali consideremus: quod si pergeret diutius
Hanc volvere; vereor, ut me quoque cum domum jam ab Ilio
Cossim revertero, praeter canem cognoscat nemo.

Possit etiam hoc aliquis referre ad illud tempus, cum Ulysses dormiens, a Phaeacibus in litore Ithacensi expositus, mox experrectus patriam non agnovit: unde Homerus in τῷ N;

—— ὃ δ' ἔγρετο δῖος Ὀδυσσεὺς,
εὕδων ἐν γαίῃ πατρωΐῃ, οὐδέ μιν ἔγνω
ἤδη δὴν ἀπεών· περὶ γὰρ θεὸς ἠέρα χεῦεν

Παλλὰς Ἀθήνη.

—— *Excitatus est divinus Vlysses*
Dormiens in terra patria, atque i-
psam cognovit,
Iamdiu remotus : circum enim Dea
nubem fudit
Pallas Minerva.

Et infra sic ipse Minervam interrogat :

Τίς γῆ, τίς δῆμος, τίνες ἀνέρες
ἐγγεγάασιν;
Quae terra? quis populus? qui viri
insunt?

Sed omnino prior interpretatio magis placet : at in lepore pergat ; ut, quemadmodum primis epistolae verbis audaciam, mediis inscientiam, sic postremis joco liberiore, id est, a superiori non dissimili, ignobilitatem irrideat familiarissimi sui, de quo in epistola prima libro tertio : *Est ex meis domesticis, atque intimis familiaribus*. Tribuit autem hoc juris familiaritas, ut jocari liberum putemus ; alioqui jure Cicero inurbanus, & amarior, quam deceat, videri possit. Nec vero cum ipso tantum, sed cum aliis etiam jocari de illo solitus est ; ut in eadem epistola : *L. Valerium jurisconsultum valde tibi commendo, sed ita etiam, si non est jurisconsultus : melius enim ei cavere volo, quam ipse aliis solet*.

PAVL-

PAVLLI MANVTII COMMENTARIVS IN EPISTOLAM I. LIBRI II.

CURIONI] Cognomen fuit Scriboniæ gentis, plebeiæ, ortum a quodam Scribonio, Curione maximo, ut ex Livio cognoscitur. Hic autem Curio, & pater, & avus, locum inter oratores, nulla, aut exigua literarum ope, domestica tantum bene, & accurate loquendi consuetudine, sunt adepti. Cicero in Bruto, & Plinius libro septimo capite quadragesimo primo. Erat in Asia quæstor, ut opinor: quod cum ex ep. 5. non obscure cognoscitur, tum ex eo, quia tribunatum pleb. postea gessit. Romam reversus populo munus exhibuit admirandum, ut mortui patris memoriam honoraret. Plinius lib. XXXVI. cap. 15. Tribunus pl. L. Paullo, C. Marcello Coss. ab optimatibus ad Cæsaris partes transiit, amplius MD. talentis a Cæsare corruptus. Orto civili bello Siciliæ præpositus, pulso M. Catone; mox in Africam profectus, contra Iubam Mauritaniæ regem, & Pompeianarum partium ducem P. Attium Varum pugnans, interemtus est. Cæsar lib. II. Bel. Civ. & alii. Ejus filium, secutum Antonii partes contra Octavianum, post Octaviani victoriam ad Actium promontorium esse interfectum, Dio tradidit lib. II. Hujus autem, ad quem sunt Ciceronis epistolæ, ingenium ac mores optime Velleius expressit lib. II. cujus verba libuit subscribere: *Bello civili, & tot, quæ deinde per continuos XX. ann. consecuta sunt, malis non alius majorem, flagrantioremque, quam C. Curio trib. pl. subjecit facem, vir nobilis, eloquens, audax, suæ, alienæque & fortunæ, & pudicitiæ prodigus, homo ingeniosissime nequam, & facundus malo publico: cujus animo, voluptatibus, vel libidinibus, neque opes ullæ, neque cupiditates sufficere possent; hic primo pro Pompeii partibus, id est, ut tunc habebatur, pro resp. mox simulatione contra Pompeium, & Cæsarem, sed animo pro Cæsare stetit; id gratis, an accepto centies H-S. fecerit, ut accepimus, in medio relinquemus: ad ultimum saluberrimas adolescentis conditiones pacis, quas & Cæsar justissimo animo postulabat, & Pompeius æquo recipiebat, discussit, ac rupit, unice cavente Cicerone concordiæ publicæ.*

Quamquam] Hic, & alibi jungitur indicandi modo, interdum subjunctivo, ut vocant Grammatici; pro Plancio: *Quamquam non me iam magnopere commovet.* Infra, ibidem: *Quamquam, quæ nolui, ianua sum ingressus in causam.* Hæc nonnullis fortasse leviora videbuntur; mihi nulla pars omnino Latinæ linguæ videtur contemnenda.

Nomine negligentiæ] Negligentiæ causa, ut in epist. 12. lib. XII. *Hoc a te peto non solum reip. quæ tibi semper carissima fuit, sed etiam amicitiæ nostræ nomine.* Et epistola tertia libro decimo quarto: *Eo nomine sum Dyrrachii hoc tempore, ut quam celerrime, quid agatur, audiam.* Et in libro de Amicitia: *Ab amicitia Q. Pompeii meo nomine se removerat Scipio.*

Suspectum esse] Non enim aperte negligentiam nominaverat Curio, sed, cum quereretur de infrequentia literarum, causam videlicet indicabat esse negligentiam.

Doleo] Qui negligentiæ nomine suspectus est, ejus nimirum amor in dubium vocatur: jure igitur Cicero dolet.

Auferri abs te officium meum] Nemo accu-

accusat officium: nemo enim negat, officium laude dignum esse; sed accusatur is, qui officio deest: quod hic Cicero significat. Aut, *Officium accusari* dixit, hoc sensu: *Accusas hoc ipsum*, quod raro admodum, ut tibi quidem videor, ad te scribam, quod officii quidem nomine non caret; sed ita exiguum, ac leve est, ut accusandum, tamquam amicitia nostra minime dignum, existimes.

Jucundum, requiri] In quo veretur, ne Curionis animum offenderit, in eo ipso benevolentiam ejus aucupatur: qui enim amari cupit, facile, ut ametur, consequitur; cupit autem Cicero, quia subjungit: *Idem jucundum est requiri abs te officium meum, quia prae te fers perspectum mihi quidem, sed tamen dulcem, & optatum amorem tuum.* Antitheta posuit, *Jucundum*, & *Molestum*, ut lib. I. de Orat. in extremo: *Neque enim tam mihi molestus fuit, quod jus nostrum civile pervellit, quam jucundus, quod se id nescire confessus est.*

Culpa vacarem) Cum neminem praetermiserim, cui litteras ad te non dederim.

Perspectum) Tempore exsilii mei; nam hoc ad eumdem scripsit epistola sexta: *Tua in me vel nota omnibus, vel ipsa novitate meorum temporum clarissima exstiterunt.*

Dulcem & optatum) Tua, inquit, querela hoc attulit jucunditatis, quod terrognovi amorem in me tuum: quo nihil dulcius, nihil optatius. Non dissimilem sententiam usurpavit epist. 19. libro decimo, quam ut augeatur Latine scribentibus copia, subscribemus: *Vidi*, inquit, *quasi ea, quae oculis cernuntur, me a te amari; dices, Quid antea? semper quidem, sed numquam illustrius.*

Tum in scribendo impiger) Non dixit *diligens*, sed *impiger*; magis ut excusset se, quam ut laudet. *Impigritas* etiam libro III. de Republ. dixit. Plerique veteres libri habent, *Tum scribendo*. Utro modo legatur, parvi refert. Particulam tamen, *In*, delendam non putavi, cum eam viderem in antiquo libro, quem mihi nobilissimus juvenis, eruditione, ingenio, humanitate excellens, Io. Vincentius Pinellus dono dedit, cum quo & Alberti Ferri, egregii adolescentis, & alter meus liber consentit.

Ad summum) Omnino: utroque modo dicitur, *Summum*, & *Ad summum*; hic antiqui libri, quibus nunc utor, omnes habent *Ad summum*.

Condemnabo) Et juste quidem: te autem injuste me accusas.

Te mihi aequum praebere) Non accusare me, cum omnino culpa vacem. Epist. 2. lib. V. *A te peto, ut te quoque aequum te judicem dolori meo praebeas.*

De litteris hactenus) Dixi jam nihil esse in Latina lingua contemnendum; si modo ea proprie, recteque uti cogitamus: quare subjungam, quae nonnullis fortasse levia videantur: sed, quo saepius in minimis labimur, eo diligentior esse debet animadversio. *Hactenus*, & *adhuc*, aeque continuationem significant; sed hoc differunt, quod, *Hactenus* de re semper usurpatur; *Adhuc* de tempore: non enim recte dixeris, *Hactenus ita feci*; sed, *Adhuc ita feci*: contraque proprie non dicitur, *de litteris adhuc*; sed, *de litteris hactenus*. Etiam illud observavimus, non eamdem utroque continuationem significari; nam *Hactenus*, absolutam rei continuationem semper indicat; *Adhuc*, interdum etiam non absolutam: ut epist. 20. libro secundo ad Attic. *Clodius adhuc mihi denuntiat periculum.* Exemplorum refertus est Cicero.

Non enim vereor, ne non scribendo te expleam) Non dubito, inquit, quin scribendo te expleam; nam &, *Non vereor*, exploratam, minimeque dubiam opinionem significat: & sequentes duae negationes, *Ne non*, vim habent affirmandi. Sic epist. 6. *Non quo verear, ne tua virtus opinioni hominum non respondeat.* Et epist. 6. *Non sum veritus, ne sustinere tua beneficia non possem.* Et in Verrem: *Non vereor, ne hoc officium meum P. Servilio judici non probem.* Hoc autem verbo multis modis veteres utebantur; dicebant enim, *vereor ut*, *vereor ne*, *vereor ut ne*, *non vereor ut*, *non vereor ne*, *non vereor ne non*: quae sigillatim examinemus. *Vereor ut*, & *vereor ne*, contrarium significant: prius illud timorem in ea re indicat, quae si acciderit, doleamus; exempla subscribemus utriusque modi. Epist. 19. libro duo-

duodecimo: *Non dubitabam, quin meas litteras libenter lecturus esses*, verebar, *ut redderentur*. Fore suspicabatur, ut non redderentur, sed reddi cupiebat; item epist. 14. lib. XIV. *Sin homo amens diripiendam urbem daturus est; vereor, ut Dolabella ipse satis nobis prodesse possit*. Cupiebat suas mulieres tuto Romae esse per Dolabellam: sed incertus timebat, utrum eas, nec ne, Dolabella servare posset. & Tusc. II. *Veremur, ut hoc natura patiatur?* Huc pertinet locus ille pro Marcello: *Vereor, ut hoc, quod dicturus sum perinde intelligi auditu possit, atque ego ipse cogitans sentio*: Quod enim ita, ut ipse sentit, intelligi vellet, id ne non perinde intelligatur, timet. Hoc in vulgatis libris aliter legitur, mendose, ut opinor: & ut jam, explicata sententia, videor probasse; tollit autem dubitationem omnem Pediani testimonium, ita plane legentis, ut nos recitavimus, in explanatione orationis, quae inscribitur Divinatio, cui subscribit antiquus liber optimi Cardinalis, Caroli Borromei. Terentius quoque in Andria: *Haud vereor, si in te solo sit situm, sed, vim ut queas ferre*. Quo loco Donatus: *Hic*, inquit, *Vereor, subauditur: ut, pro ut non, posuit: ut sit, vereor, ut non queas vim patris ferre*. Contra, *Vereor ne desideres officium meum*, ep. 6. lib. VI. verebatur enim id, quod esse nollet. Et epist. 16. lib. IX. *Amavi amorem tuum, qui te ad scribendum incitavit, verentem ne Silius suo nuntio aliquid mihi sollicitudinis attulisset*. Et epist. 17. lib. XV. *Caesarem putabant moleste laturum, verentem ne hasta refrixisset*. Et pro Milone: *Vereor, ne turpe sit, pro fortissimo viro dicere incipientem, timere*. Quibus in locis timetur id, quod si accidat, molestia consequatur. *Vereor ut ne*, valet, *vereor ne*: nam ut ne, pro ne, saepe usurpatur. Pergamus ad ea quae restant. *Non vereor, ut*: affirmat; nam si, *Vereor ut*, dubitationem habet: sequitur, ut, *Non vereor ut*, dubitatione careat: exemplum addo, quo res fiat illustrior. *Non vereor, ut, quod cupitis, possis perficere*: nihil differt ab hoc: Non dubito, quin possis perficere, quod cupitis; quale illud Ciceronis Philip. V. *Ne verendum quidem est, ut tenere se possit*; id est: Ne dubitandum quidem est, quin se tenere possit: credendum est, eum tenere se posse. *Non vereor ne*, dubitationem tollit: ut si dicam: *Non vereor, ne filius meus male vivat*: hoc dicam: non puto fore, ut male vivat filius meus. Et Cicero, cum scripsit ad eumdem Curionem, ep. 7. *Non vereor, ne quid timide, ne quid stulte facias*: hoc dixit: nihil timide, nihil stulte facies. Et ad Lucceium, epist. 12. lib. V. *Non vereor, ne assentatiuncula quadam aucupari tuam gratiam videar*: id est, certe non videar tibi assentari. *Non vereor, ne non*, affirmat omnino, ut probatur hoc ipso loco, *Non vereor, ne non scribendo te expleam*; pro, non dubito, quin scribendo te expleam. Verbum *explere*, plus est, quam, *satisfacere*; cum saepe satisfiat multis, licet non expleantur.

In eo genere) Notanda Ciceronis consuetudo in significanda re, proxime nominata; nam, cum dixerit, *Scribendo*, intulit, *In eo genere*: sic epist. 4. cum dixisset, nihil posse graviter scribi, nisi de rep. subjunxit: *Atque in hoc genere haec mea causa est, ut neque ea, quae non sentio, velim scribere*. Epist. 6. *Habemus*, inquit, *studium juventutis, & gratiosorum in suffragiis propter ipsius excellentiam in eo genere vel gratiam, vel diligentiam*. Epist. 17. *Quod scribis ad me de drachmis CCCIↃↃↃ. nihil est, quod in isto genere cuiquam possim commodare*. Et 7. lib. III. ad Att. *Ego saepius ad te, & plura scriberem, nisi mihi dolor meus cum omnes partes mentis, tum maxime hujus generis facultatem ademisset*.

Studium meum) Plus est, quam diligentiam; nam *studium* cum animo jungitur; *diligentia* interdum opera tantum est.

Abfuisse) Erat Curio in Asia: epist. 6.

Tamdiu) Multis mensibus: nam post annum e provincia decedebant.

Jucundissimus) Proprie dicimus enim, *Adolescens fruitur jucundus*: non contra.

Consuetudinis tuae) *Tuae*, abest a sex antiquis libris: in uno tamen est: in alio, pro *Tuae*, *Nostrae*. Quod quisque approbat, id sequatur.

Ea consecutus] Nihil in provincia consequi Curio potuit a senatu, aut a populo Romano; nam si quaestor in Asia fuit; quod equidem arbitror, quia sequenti anno tribunatum pleb. petiit: non intelligo, quid ei senatus, populusve Romanus absenti tribuere potuerit: nisi si, vel ut aliquid extra ordinem posset agere, quod profuturum provinciae videretur; vel, ut acta confirmarentur, Curio petierat. Aut, *Ea consecutus*, in ipsa provincia: cum te istic omnes diligant, atque laudent: quod confirmatur iis verbis epist. 5. *Gratulor, quod eum esse, & illustri loco fuis sis locus tuus, in plurimorum & sociorum, & civium conspectu: qua ad nos non obscuro, nec vario sermone, sed & clarissimo, & uno omnium voce perfertur.*

„ Quae Victorius, & Lambinus carpunt in Manutio pertinent ad haec, „ quae ex ejus Scholiis brevioribus „ hic subjecimus, quamvis postea ipse „ Manutius correxerit. Graevius.

Quodque in omnibus tuis rebus, meis optatis fortuna respondet, breve est, quod me tibi praecipere meus in te amor cogit) Hic locus perperam antea interpunctus distrahebat sensum, quem nos distinctionibus immutatis, tanquam in suam sedem reduximus: est autem hic: *Quod me facere meus in te amor cogit, ut tibi praecipiam, id faciam brevius, quando omnibus tuis in rebus meis optatis fortuna respondet.*

Meis optatis fortuna respondet] Ea, quae optabam, ad exitum fortuna perducit. Nec tamen ideo *fortunam* Cicero nominat, ut eripiat eam laudem Curioni, quae a virtute proficiscitur: (nam, quae fortuna largitur, optabilia potius, quam laudabilia sunt) sed quia in rebus humanis plurimum fortuna valet, recte igitur dixit, *In omnibus tuis rebus meis optatis fortuna respondet*: quia nemini omnia possunt, adversante fortuna, e sententia succedere.

Breve est] Ob ea, quae proxime dixit; brevitate autem promissa, amorisque sui mentione subjecta, id assequitur, ut ea, quae praecepit, Curio libentius legat.

Cogit] Amovet a se culpam temeritatis, quod ei praecipere audeat, cujus adjuncta virtuti fortuna sit. Necesse, inquit, non erat: sed amor cogit, nec mediocris amor, qui cogere non posset, sed incredibilis.

Tanta est exspectatio] Fere in omnibus epistolis exspectationem proponit; quia vehemens, ac turbulentum extimescit Curionis ingenium: unde illud epist. 13. lib. II. *Quid ais? Caesarem meus defendit Curio? quis hoc putaret praeter me? nam, ita vivam, putavi.* Hortatur igitur, ac laudat eum, a quo timet, id quod evenit, ne reip. causam deserat.

Vel animi, vel ingenii tui] Quem cohortamur, eum laudare debemus: in excitando enim, & in acuendo plurimum valet, si laudes eum, quem cohortere: quod ad Trebonium Cicero scripsit epist. ult. lib. XV. Optime autem in laudatione conjunguntur *animus*, & *ingenium*: ne sine ingenio temere multa committantur, sine animo timide. Utrumque etiam, cum de eodem Curione loqueretur, Cicero conjunxit in Phil. 2. *Patri*, inquit, *persuasi, ut aes alienum filii dissolveret, redimeret adolescentem, summa spe & animi, & ingenii praeditum.* Ejusdem ingenium laudat his verbis in libro de Claris Orat. *A magistris parum institutus, naturam habuit admirabilem ad dicendum.* Velleius etiam eundem, & ingeniosissime nequam, malorque publico facundum vocat.

Obsecrare obtestarique) *Obsecrare*, majorem habet vim, quam, *rogare*, aut *orare*; itaque secundo loco ponitur; ut in oratione post red. ad Quir. *Pro mea vero salute non rogavit solum, verum etiam obsecravit.* Et in Verrem: *Cum multis lacrymis orare, atque obsecrare.* Est autem, *obsecrare*, quasi, ob sacra rogare: *obtestari*, ut ait Donatus, precari, cum mentione earum rerum, per quas petimus: ut in Verrem: *Deos, deasque omnes implorо, atque obtestor.* Et hic, *Te obtestari*, est, per te ipsum precari. Cum, *obsecro*, junctum, modo sequitur, ut hic: modo antecedit, ut ad Atticum: *Idque ut facias, te obtestor, atque obsecro.*

Non dubitem] Quia futurum spero.

Confirmatus] Translatio a ponderibus: quae non facile sustinent imbecilli. *Confirmatus* autem, animo firmo, & ad sustinendam exspectationem

bene

bene parato; epistola sequenti.

Communisti) Communivisti; sed vis major est in verbo, *Communisti*. Latine autem utrumque dicitur.

Tueri) Conservare; proprie enim, *Tueri*, est, defendere; &, qui defendit, conservat.

Tueare ergo me) Parem gratiam reposcit in memoria meritorum. Quoniam, inquit, merita tua numquam obliviscare; itidem debes, quæ tibi olim puero præceperim, quibus te rationibus ad laudem incitaverim, in omni vel fortunæ, vel dignitatis accessione recordari.

Delebit) *Oblivio memoriam delet*, &, *oblivione memoriam delemus*) Latine dicimus; ad animum transtulit Terentius in Eun. *Delere dehinc amorem ex animo mulieris.*

Puer olim) Quis credat, quos nos ætate pueros appellamus, ea in ætate Curioni præcepta Ciceronem dedisse? Ego puerum hic vocari arbitror, post sumtam virilem togam, quæ, prætexta deposita, sumebatur absoluto ætatis anno xvi. quo anno, a magistris discedentes, in forum una cum parentibus prodibant: a parentibus autem ad claros viros, vel ut jus civile, aut eloquentiæ vias cognoscerent, vel etiam, ut eorum sermonibus, & consuetudine prudentiores fierent, deducebantur. Testimonio sunt ipsius verba Ciceronis in libro de Amicitia: *Ego, inquit, a patre ita eram deductus ad Scævolam, sumta virili toga, ut, quoad possem, & mihi liceret, a senis latere numquam discederem; itaque multa ab eo prudenter disputata, multa etiam breviter, & commode dicta, memoriæ mandabam: fierique studebam ejus prudentia doctior. Quo mortuo, me ad pontificem Scævolam contuli: quem unum nostræ civitatis & ingenio, & justitia præstantissimum audeo dicere.* Ac, ne novum, & inusitatum videatur, per annum ingressi xvii. pueri nominentur, recitabo locum ejusdem ex epistola Cornificii libro XII. *Puer egregius præsidium sibi primum, & nobis, deinde summæ reip. comparavit.* De Octaviano loquitur, qui, cum exercitum pro rep. privato consilio comparavit, annum undevicesimum agebat: ut in Taciti historia lib. XIII. notavimus. Non distinxit scilicet nomen pueri, & adolescentis; nam in alia ad eumdem epistola adolescentem vocat: *Perscriberem Cæsaris Octaviani conatum; de quo multitudini fictum ab Antonio crimen videtur, ut in pecuniam adolescentis impetum faceret.* Et Phil. 4. *Laudo, laudo vos, Quirites, cum gratissimis animis prosequimini nomen clarissimi adolescentis, vel pueri potius.*

Ætas nostra, jam ingravescens) Scripsit hanc epistolam annos natus liv. id ex eo constat, quod in epist. 6. Milonem in petitione consulatus commendat Curioni Romam revertenti. Milo autem consulatum petiit, quod Appianus, Dio, alii docent, Calvino, & Messalla coss. annis liv. post eos consules, quibus Cicero natus est, Serranum, & Cæpionem: quorum consulatum, & eum, quem Calvinus & Messalla gesserunt, hoc annorum numero comprehendimus. Anno autem petitionis potius, quam prensationis, epistolam esse scriptam, declarant ea verba initio epistolæ: *Cum has ad te quam primum perferri litteras magnopere vellemus.* Ingravescit ætas, cum deficientibus jam corporis viribus, tardius moventur membra. Hac usus est translatione in libro etiam de Senectute: *Quibus facillime rationibus ingravescentem ætatem ferre possimus.* Et de Amicitia: *Mutari mores hominum sæpe dicebat, alias adversis rebus, alias ætate ingravescente.* *Gravis ætate*, dixit Livius libro secundo & decimo. *Grandior ætate*, Terentius in Heaut. *Gravior ævo*, Virgilius libro secundo Æneid. *Gravis annis*, Horat. I. Serm. Sat. 1.

Adolescentia) Non modo sumta virili toga, quam sumi solitam esse ineunte anno ætatis xvii. proxime ostendimus; sed etiam post annum xxx. adolescentes vocabantur; &, qui adolescentes, iidem juvenes; nam, quem hic adolescentem Cicero significat, eumdem nominat juvenem epist. ix. libro II. ad Atticum: cum ea tamen epistola septem annis ante hanc scripta sit; nam in ea Clodii, tribunatum petentis, qui petiit Cæsare, & Bibulo coss. mentio fit: hæ vero ad Curionem omnes, præter ultimam gratulationis officio fungentem, Calvino, & Messalla coss. scriptæ sunt; quo certe anno videtur Curio major annis

xxx. fuisse, cum biennio post tribunus pl. fuerit, Sulpicio, & Marcello coss. ut patet ex epist. 7. De eodem Curione, quadriennio post, dixit Cæsar libro II. Bel. Civ. *Multum ad hanc rem probandam adjuvat adolescentiæ, magnitudo animi*. In oratione etiam pro Murena vocatur *adolescens Ser.* Sulpicius, cum minor annis xxx. certe non esset; habita enim a Cicerone consule oratio illa; Sulpicius autem post annos xi. consulatum gessit. Et libro secundo de Orat. cum dixisset de L. Crasso, *Nec multæ eum, quæ quidem exstarent, & ea ipsa adolescentem, scripta reliquisse*; postea in lib. de Claris Orat. ejus orationem, quam habuit pro Servilia lege annos natum xxxiv. exstare significat. Quid, quod Sallustius in Conjuratione Catilinæ *adolescentulum* appellat C. Cæsarem, quo anno pontificatum maximum est adeptus? qui cum pontifex creatus sit post ædilitatem, ædilitas autem a quæstura biennio distet, & quæsturam Cæsar gesserit anno ætatis xxxiii. quod Suetonius declarat; pontificatum consequi non potuit ante annum xxxvi. Quodque magis mirum, Phil. 2. *adolescentes* Cicero vocat Brutum, & Cassium, quo anno præturam gerebant, id est, anno ætatis quadragesimo; eundemque Brutum eodem anno *adolescentem* appellat Cornelius Nepos in Attici vita. Livius etiam lib. IX. de Alexandro Magno, qui anno ætatis tricesimo tertio diem obiit, hæc inquit: *Adolescens in incrementis rerum, nondum alteram fortunam expertus, decessit*.

Conquiescam) Ut me, curarum publicarum oneribus, quæ jam ingravescens ætas ferre vix posset, amore, ac studio levem.

EPISTOLA II.

Gravi teste) Curionem enim adolescentem in gratiam irati patris Cicero sua auctoritate reduxerat; qua de re scriptum est in Phil. 2.

Clarissimo viro) Consulari & triumphali; post consulatum in Macedoniam profectus, Dardanis, & Mœsiis devictis, primus Romanorum ducum ad Danubium usque pervenit. Hoc Rufus; Epitome vero Liviana, *C. Curio proconsul Dardanos in Thracia domuit*. Ammianus Marcellinus libro decimo nono, & Frontinus libro quarto severissimum fuisse ducem ostendunt. Ammianus his verbis: *Sagittariorum primoribus manus incidit, reliquos supplicio capitali multavit, ad æmulationem Curionis, acerrimi illius ducis, qui Dardanorum ferociam, in modum Lernæ serpentis aliquoties renascentem, hoc genere pœnarum extinxit*. Frontinus autem hæc de Curione: *Bello Dardanico, circa Dyrrachium, cum ex quinque legionibus una, seditione facta, militiam detrectasset, secuturamque se temeritatem ducis in expeditionem asperam, & insidiosam negasset, quatuor legiones eduxit armatas, & consistere ordinibus, detectis armis, velut in acie, jussit: post hæc, seditiosam legionem inermem procedere, discinctam in conspectu armati exercitus, stramenta cogit secare: postero autem die, similiter fossam discinctos milites facere, nullisque precibus legionis ab eo impetrari potuit, ut signa ejus submitteret, nomenque aboleret, milites autem in supplementum ceterarum legionum distribueret*. Cicero nominat eum inter Pontifices in oratione de Haruspicum responsis: in libro de Claris Orat. non contemnendum ait oratorem fuisse, consuetudine tantum domestica bene, & emendate loquendi, nulla scientia litterarum, infirma etiam memoria. Libro tertio Off. reprehendit eum, quod in genere deliberativo solam spectaret utilitatem, ut in causa Transpadanorum, quam esse æquam fatebatur, semper autem addebat, *Vincat utilitas*; libro primo de Invent. recitat hæc verba ex ejus oratione pro Fulvio: *Nemo potest uno adspectu, neque præteriens, in amorem incidere*. Valerius Maxim. libro nono capite primo, frugalitatem in eo laudat, nequitiam in filio reprehendit.

Te videret) Reversum ex Asia.

A vita discederet) Sic locutus est Tatul. L. in libro autem de Sen. *Ex vita discedere*: pro Rabirio perduellionis reo, *De vita decedere*: Phil. 9 *E vita excedere*: in Bruto. *Vita excedere*, & *Vita cedere*, in proœmio ejusdem libri.

Fortunam) Epist. 8. libro undecimo: *Eam honorem tibi deos fortunare volo* id est,

est, ne quid adversi contingat.

Carus, & perjucundus) *Carus filio pater*, recte dicimus; *jucundus*, non item: *jucundus, & carus patri filius*, usitatum; delectat enim, & hilaritate quadam, ac jucunditate afficit majorem aetatem minor: contra, minor ex majore sic afficitur, ut reverentiam quandam adversus eum adhibeat, cum amore conjunctam, non ut jucunditate perfruatur. Epistola sequenti: *Cognosces mihi te neque cariorem, neque jucundiorem esse quemquam*. Et epist. 10. libro tertio: *Cum, quam sis Cn. Pompeio carus, quam jucundus, intelligam; quo tandem animo in te esse debeo?* Nonnullis, *Jucundus*, non *Perjucundus*, placet, fortasse quod ad consuetudinem Latini sermonis aptius videatur, *Aeque carus, & jucundus*, quam *Aeque carus & perjucundus*: ut enim, *Ita perjucundus*, eodem modo, *Aeque perjucundus*, recipere videtur Latina lingua. Me tamen haec ratio non ita movet, ut contra veterum omnium librorum, quos quidem videre mihi licuerit, consensum, mutationem esse faciendam existimem.

EPISTOLA III.

R*upa*) Liberti retinebant ea nomina, quae servi habuerant, assumto praeterea patroni praenomine, & nomine: unde M. Tullius Tiro, M. Tullius Laurea, Ciceronis liberti; T. Caecilius Eutychides, Attici libertus, epistol. 14. lib. IV. ad Atticum.

Ostentandorum) Ostendendorum, promittendorum: ut epistola octava libro nono: *Munus flagitare, quamvis quis ostenderit, ne populus quidem solet, nisi concitatus*.

Munerum) Munera populo dabant, gratiam ejus aucupantes, cum vel gladiatorum certamina praeberent, vel nummos dividerent, vel epulum darent, aut aliquid ejusmodi. Curio in funebri patris munere, praeter cetera, ludos dedit, & in iis pantheras: ut scripsit Caelius epist. 6. & 7. lib. VIII. dedit etiam admirandam illam, quae amphitheatri formam faceret, ligneam machinam, de qua Plinius lib XXXVI. c. 15. sed plerumque gladiatores dabantur, munusque gladiatorium dicebatur. Epist. 6. *Magnificentiam munerum*, dixit de ludis scenicis, & munere gladiatorio Milonis; in oratione pro Sextio *Scipionis munus* de gladiatoribus dixit: & addidit eo spectaculi genere multitudinem maxime delectari. *Ἀγῶνα μονομαχίας*, quod est singulare certamen, Graeci vocant; interpres Dionis imperite vertit *ludos gladiatorios*: cum omnino a ludis gladiatores differre constet.

Non esset integrum) Ut, si consilium nostrum probares, mutare sententiam posses. Verebatur Cicero, ne, muneribus dandis, aeris alieni plurimum Curio contraheret, eoque coactus, omissa reip. causa, cum improbis civibus, maximeque cum Caesare, societatem, bonis exitiosam, coiret; quod ita contigit, ut supra ostendimus.

Istam rationem) Qua tu adductus, danda haec populo munera existimas.

Meam) Qua mihi non probantur hujusmodi munera. Et sane lib. II. Off. pecuniarum effusiones ad multitudinem deleniendam, nec iis, quorum causa fiunt, nec iis, a quibus fiunt, honorificas, multis verbis ostendit: *Duo sunt*, inquit, *genera largorum: quorum alteri prodigi, alteri liberales: prodigi, qui epulis, & visceratianibus, & gladiatorum muneribus, ludorum venationumque apparatu pecunias profundunt in eas res, quarum memoriam aut brevem, aut nullam sunt relicturi omnino; liberales autem, qui suis facultatibus aut captos a praedonibus redimunt, aut aes alienum suscipiunt amicorum causa, aut in filiarum collocatione adjuvant, aut opitulantur vel in re quaerenda, vel augenda. Itaque miror, quid in mentem venerit Theophrasto in eo libro, quem de divitiis scripsit: in quo multa praeclare, illud absurde: est enim multus in laudanda magnificentia, & apparatione popularium munerum, taliumque sumtuum facultatem, fructum divitiarum putat; mihi autem ille fructus liberalitatis, cujus exempla pauca posui, multo & major videtur, & certior*, & quae sequuntur.

Displicere) Putat Cicero futurum, ut aliquando Curionem poeniteat eorum sumtuum, quos in his muneribus fecerit, nec aliter cecidit; nam, cum, praestituta die, creditoribus suis Curio satisfacere non posset, intercalationem, id est prorogationem temporis,

poris a Pontificibus petiit: quam cum non obtinuisset, addidit se, suamque sententiam Caesari, deserto reipub. patrocinio, ep. 9. lib. VIII.

In eum flatum temporum) Cum resp. defensoribus egeret, paucis jam omnia tenentibus; scripta enim est epistola Calvino & Messalla coss. cum adhuc Caesaris potentiam Pompeius adjuvaret, nec optimatum vires ad resistendum sufficerent.

Natura, studia, fortuna) Pro rebus externis, *fortunam*, id est pro genere speciem usurpavit: (si modo inter Curionis bona nobilitatem generis comprehendit; quod omnino verisimile videtur) quemadmodum & Cornelius Nepos in Attici vita: *Fortunae munus ait fuisse, quod in ea potissimum urbe natus esset, in qua domicilium orbis terrarum esset imperii*; vere Fortunae bona sunt, quae cum ab ea dari, tum etiam eripi facile possunt, ut divitiae, quae saepe bello, incendio, aliove casu amittuntur: nobilitas autem generis, & patriae splendor, cum semel data sunt, perpetuo retinentur: itaque malim ea in extraneis rebus numerare, quam, ut Cicero, & Nepos, fortunae tribuere.

Facultatem) Cum dantur amplissima.

Copiarum) Nemo enim copias admiratur, quas facillime sordidi homines, atque improbi consequuntur, quibusque Africanos, & Laelios multi venalicii, mercatoresque superarunt: quod egregie Cicero scripsit in Oratore. Fortasse hanc sententiam Cicero sumsit ab Isocrate, cujus in primis lectione delectatus est; ait enim in oratione, qua Evagoram laudavit, mortuorum memoriam non sumtibus, verum oratione laudantium immortalem fieri. *Al* [illegible] *Statuae enim nihil ejusmodi praestant, sed divitiarum sunt argumentum.*

Laetitiae) Cum saepe hujusmodi munera populo darentur.

Summa virtute, summoque ingenio) Virtutem tribuit adolescenti Curioni, ejus animum, & ingenium laudavit in proxima epistola. Vel ea dicit a Curione exspectari, quae ab iis, qui virtute, ingenioque excellunt, exspectanda sunt.

Pietas) Voluntate, ac studio; in proxima epistola, *dic ad eam confirmationem* [illegible].

Quod ita esse confido) Cum aliquem admonemus, huc subjungere artificii est: ne dubitare videamur, & in admonitione nostra totum constituere.

Muneribus) Tacite significat, non debere Curionem in iis muneribus, quae populo dare cogitabat, spem suae dignitatis collocare; sed in remp. sua studia conferre, quo sibi civitatis universae benevolentiam comparabit.

EPISTOLA IV.

Novata res) Ut cum absentibus tamquam praesentibus colloqueremur. Pertinet huc versus ille trochaicus catalecticus, a Turpilio comico de literarum vicissitudine prolatus, quem recitat beatus Hieronymus in ep. 42.

Sola res est, quae homines absentes praesentes facit.

Certiores faceremus) Monendus hic est lector, Latinum non esse, id est scriptoribus optimis usitatum, *Certiorem reddere*: quod quibusdam placuit.

Tantum enim rerum domesticarum) Satis erat, *Tantum rerum*; nec satis constat, utrum a Cicerone, an ab aliis postea scriptum sit, *Domesticarum*. Sed hoc leve est.

Magnopere delectant) Quae tamen mihi temporum ratio eripit.

Temporibus his) Ad exitium reipubl. spectantibus; nec fefellit conjectura Ciceronem.

A Cicerone ad Curionem) Inter quos mutuus amor, & summa familiaritas est, nulla majoris momenti negotia. Emphasis est in nominibus, ut ep. 4. libro XV. *Cui negari a Catone fas esse non puto.*

In hoc genere) In hoc de rep. argumento. Eleganter Cicero usurpat, *In hoc genere*, pro, *In hoc*; ut ep. 1. *Si in eo genere studium meum non aspernabere.* Et ep. 6. *Propter excellentem ipsius in eo genere vel gratiam, vel diligentiam.*

Hic mea causa est) Hic status meus est.

Quae tua studia) Ita lego, cum antiquis libris omnibus, etiam illo Mediceo, omnium vetustissimo, cum, ut est

est in recentioribus, *Quae mea sententia*. Nolo, inquit, de republ. scribere ea, quae non probo.

Verum scribere) Non audet, quae de rep. sentit, litteris mandare, ne Caesarem, & Pompeium, principes cives, sibi amicos, offendat, si in alienas manus litterae inciderint; ep. sequenti. *Haec negotia quo modo se habeant, ne epistola quidem narrare audeo*.

Ea clausula) Quod epistolam claudit, ac terminat, *Clausula* vocatur. Et omnino rerum omnium finis, *clausula* est. Itaque lib. IV. ad Att. ep. 3. *Clausula difficilis in tradenda provincia*.

Ad studium summae laudis) Ad tuendam rempubl. ex quo manat summa laus.

Gravis adversaria) Sic enim nobis, ut cum acerrimo inimico, cum exspectatione pugnandum est: iis autem, qui nulla in exspectatione sunt, licet esse otiosis.

Incredibilis quaedam exspectatio) Mediocris enim exspectatio mediocrem industriam, virtutemque postulat, sed incredibilem sine summa virtute nemo vincet; sic in prima epist. *Tanta est exspectatio vel animi, vel ingenii tui*. In secunda vero: *Summa fuit in exspectatione te esse*. In quinta: *Mirabilis est exspectatio reditus tui*. Quibus locis omnibus ad excitandum, commovendumque Curionem, quasi quaedam faces adhibentur.

Vinces) Apte, & proprie, quia dixerat, *Gravis adversaria*.

Quarum laudum gloriam adamaris) Implicata quibusdam videtur haec sententia; quae patebit, hoc ordine demonstrata. Si statueris, in iis artibus esse elaborandum, quibus eae laudes comparantur, quarum gloriam adamaveris; facillime vinces gravem adversariam exspectationem.

. *Quibus artibus*) Quae sunt hae artes? quae, nisi morales virtutes, justitia, fortitudo, temperantia? quibus & nobis ipsis, & patriae consulimus.

In hanc sententiam scriberem plura) Sic locutus lib. I. de Orat. *Neque hoc in eam sententiam disputo, ut homines adolescentes a dicendi labore deterream*.

Tua sponte satis incitatum) Vel ita sentit Cicero, vel apte simulat, ne sit gravis admonitio adolescenti, cujus animi magnitudinem, quae interdum cohortationem respuit, optime noverat; ideo quasi se excusans in ep. 1. quod eum admonendum putaverit, breviter se velle praecipere, & ipsum, incredibili amore coactum, prudenter posuit; & in tertia, cum dixit, *Quod ita esse confido*. Eodemque spectat illud in quinta: *Nos quo verear, ne tua virtus opinioni hominum non respondeat*. *Incitatum* autem dixit, in optimarum actionum cursu, ut ad propositam egregiis civibus laudem perveniat. Contra, *Sanguis juventus*, dixit in oratione in Pisonem, quae nihil de laude laborarent, ad nullam recte agendi excitaretur industriam.

Inflammandi) Translatum est verbum, sed ita usu tritum, ut transierit in naturam proprii; itaque solum usurpatur, ut in epist. 7. lib. I. *Omnem gloriam, ad quam a pueritia inflammatus fuisti, omni cura, atque industria consequare*.

Testificandi) Testimonio declarandi, ut exemplo demonstrans. Eamdem sententiam aliter expressit epist. 3. libro X. *Haec, amore magis impulsus, scribenda ad te putavi, quam quo te arbitrarer monitis, & praeceptis meis egere*.

EPISTOLA V.

HAec negotia quo modo se habeant) Quo in statu resp. sit, qui sit rerum urbanarum, & reip. status.

Ne epistola quidem) Tantum abest, ut per nuncios audeam significare, qui saepe pradunt eorum fidei commissa.

Tibi) Hoc alii cum sequentibus conjungunt: ego superioribus applicare malui. Vetus Sigonii liber habet: *Narrare tibi audeo*, quod mihi non displicet.

Ut scripsi ad te antea) Quae litterae non exstant.

In eadem es navi) Omnibus eodem navigio vectis, idem periculum impendet; ergo: *In eadem navi*, *In eodem periculo*. Itque frequens Latini sermonis usus obtinuit. Livius libro XLIV. *Imperatores, inquit, monendi sunt, primum a prudentibus, & proprie rei militaris peritis, & usu doctis; deinde ab iis, qui intersunt, qui temporum opportunitatem vident, qui in eadem velut navigio participes sunt periculi*. Tale illud in epistola ad Cornificium lib.

lib. XII. *Vna navis est jam bonorum omnium? quam quidem, non damus operam, ut rectam teneamus, utinam prospero cursu: sed, quicumque venti erunt, ars nostra certe non aberit.*

Vel quod excelso, & illustri loco) Ipse suorum verborum interpres est, cum subjungit: *In plurimorum & sociorum, & civium conspectu.*

Et sociorum, & civium) Imperium Romanum in cives, & socios dividitur; sociorum plura genera, Latini, Italici, provinciales; quorum Latini jure, & conditione Italis reliquis praestabant, Itali vero provincialibus. Porro socii non omnes foederati, aut enim sponsione, aut pactione, aut foedere socii fiebant. Foederati autem vel suis, vel Romanis legibus vivebant; foedere enim triplici exterae gentes amicitiam cum populo Romano jungebant, aequissimo, aequo, iniquo: aequissimo, qui numquam hostes populi Romani amicitiam ejus, neque datis, neque acceptis legibus, petierant: aequo, qui, bello gesto, nondum victi, legibus non acceptis, pacem fecerant: iniquo, quibus bello victis leges, imposito tributo, dabantur: quae cum ex Livio, tum ex aliis cognoscuntur. Cives quoque distinguuntur, vel familiis, cum alii patricii, alii plebeji sint; vel ordine, cum alii senatores, alii equites, alii de plebe; vel jure, cum alii ingenui, alii libertini.

Nec obscuro, nec novo) Intellig. antiquo, *Et clarissimo, & ant.*

Respondeat) Satisfaciat; ea sit, quam homines futuram putant, ep. 1. *Meis optatis fortuna respondet.*

Debilitata jam prope, & extincta) In epistola ad Lucceium lib. V. eamdem sententiam sic enunciavit: *Circumspice omnia membra reip. nullum profecto reperies, quod non fractum, debilitatumve sit.*

Sive desperas) Ut omnino boni civis officio satisfacias, resp. etiam desperata.

Meditare, cogita) Nemo est verborum copia, & ornamentis Latinae linguae, Cicerone florentior. *Meditamur* quieti, *cogitamus* majore quadam mentis motu.

Cive, ac viro) Indiget enim resp. non optimis tantum civibus, sed fortibus etiam viris; ideo utrumque Cicero saepe conjunxit, ut ad Att. ep. 15. libro IV. *O virum, o civem Memmium.* Et in oratione pro Plancio: *Quid dicam? C. Virgilio, tali cive, ac viro, benevolentiam in me, humanitatem, fidem defuisse.*

Miseris temporibus, ac perditis moribus) Tempora, & mores simul nominat, ut publicam calamitatem simul cum causa significet; cur enim misera tempora? quia mores perditi. Sic epistola 12. lib. III. *Non horum temporum, non horum hominum, atque morum negotium.* Et lib. II. de Divin. *Quod munus afferre reipub. majus, meliusve possumus, quam si docemus, atque erudimus juventutem? his praesertim moribus, atque temporibus; quibus ita prolapsa est, &c.* Et in Catilinam, *O tempora, o mores.*

Libertatem, ac dignitatem) Quam amisimus, epist. 8. lib. I. *Quae proposita fuerant nobis, cum & honoribus amplissimis, & laboribus maximis perfuncti essemus, dignitas in sententiis dicendis, libertas in rep. capessenda, ea sublata tota.*

Vindicaturus) Restituturus. Inepte quidam litigant, *Vindico*, an *Vendico*, dicamus: ego semper, *Vindico*, ex antiquis monumentis, & analogia dicendum puto: *vindex* enim, non *vendex*; *vindiciae*, non, *vendiciae* reperitur.

EPISTOLA VI.

NOndum erat auditum) Primis epistolae verbis & rei magnitudo, & studium petentis declaratur.

Adventare) *Adventat* is, qui quotidianis itineribus accedit, & appropinquat.

Villium) Romanae gentis plebejae nomen, epist. 7. lib. VIII.

Ex Asia) In qua fuerat cum proquaestore: quod epistola proxima demonstravit.

Magis a te ipso praedicari) Modeste benevolentiam aucupatur, cum & sua in Curionem officia minuit, & Curionis auget.

Contenderem) *Contendere*, est, studiose petere: quasi nervos animi, ingeniique contendamus.

Pudenti) Modesto, quem ab omni turpitudine removet pudor.

Nota

Nota omnibus) Quia multa, & maxima.

Ipsa novitate meorum temporum) In exsilii calamitate; magni enim refert, quo quidque tempore agatur: cum possit eamdem actionem ratio temporis vel obscurare, vel illustrare.

Estque animi ingenui) Liberalitas quaedam, & quasi nobilitas animi ostenditur in eo, cum obligari nos, atque obstringi majoribus meritis non recusamus; recusat autem, qui referri a se gratiam posse non confidit.

Maximeque necessarium) Multa enim maxima sunt, nec tamen necessaria, aut, si necessaria, non tamen maxime necessaria. Huic loco respondet illud, *In quo omnia mea posita esse decrevi*. Et illud: *Huic meae laudi, vel, ut verius dicam, prope saluti tuum studium dicere*.

Neque enim sum veritus) Ne videatur negationibus implicata sententia, scribendum est, *Non sum veritus, ut non possem*, idque idem est, quod, *Non sum veritus, ut possem*: quod valet, speravi futurum, ut possem; speravi me posse; nam, *ut non*, cum gemina negatio sit, affirmat, & accipitur pro, *ut*: quod si dixisset Cicero, *Veritus sum, ut possem*, hoc significaret; *timui ne non possem; non plane credidi futurum, ut possem*: cum vero dixerit, *Non sum veritus, ut non possem*; quo modo item locutus est epistola prima, & , *ut non*, pro *ut* accipiatur: nimirum hoc significat; *non timui, ne non possem: credidi futurum, ut possem*; nam, cum timemus, ne, contra quam volumus, accidat; tunc locum habet, *Vereor ne*: itaque epist. 14. libro decimo quarto: *Vereor*, inquit, *ut Dolabella ipse satis nobis prodesse possit*: cum hoc dicat, cuperem, ut Dolabella prodesse nobis posset: id tamen nunquam spero. Cum vero, quod nolumus accidere, id ne accidat, timemus; tunc dicimus, *Vereor ne*, ut *vereor ne peccem*: quod est, peccare me nollem, fore tamen suspicor, ut peccem. vide epistolam primam.

Capere) Non ita angusto animo sum, ut vel amplissimam gratiam capere non possim: capitur autem animo gratia, cum nullam ejus partem effluere ac perire patimur, sed totam complectimur, ut aliquando, quantam accepimus, tantumdem referamus.

Remunerando cumulandoque) Hoc intulit, quia non, quicumque animus gratiam capit, idem remunerat: meus autem, inquit, animus is est, qui non modo capere quamvis gratiam; sed remunerare etiam, atque adeo majore gratia cumulare possit.

Illustrare) Obscura saepe beneficia sunt, quia nulla consequitur remuneratio: patent, & illustrantur ea, quae grato animo compensantur, praesertim si, quod acceptum est, pleniore etiam mensura redditur, quod, *Cumulare gratiam*, Cicero dixit.

In Milonis consulatu) Quem petiit omissa praetura; aedilis enim fuit L. Domitio, Ap. Claudio Coss. quod ex ultima epist. lib. III. ad Q. Fr. intelligitur; consulatum autem petiit anno sequenti, id est, Calvino & Messalla Coss. quod Pedianus in argumento orationis pro eo demonstrat. Nemo autem, patefacta jam satis rerum Romanarum notitia, nescit aedilitati praeturam successere, & quidem biennio interposito: quod ad Furnium Cicero scripsit epist. 25. lib. X. Hoc anno Clodium Milo, cum Lanuvium iret, in itinere obvium, commissa ab utriusque servis rixa, interfecit: quo facto non modo consulatum, quem cum Hypsaeo, & Scipione Pompeii socero, petebat, sed patriam quoque, judicio damnatus, amisit.

Fixi) Non posui, sed fixi: quod studii haud paullo plus indicat: eodem modo Philip. VII. *Nisi talis consul esset, ut omnes vigilias, curas, cogitationes in reip. salute defigeret*. Et Philip. XIV. *Qui omnes suas curas in reip. salute defigunt*.

Et locavi) Plus est, quam, *posui*; non enim diceret *fixi, & posui*; sed *posui, & fixi*; ut in oratione pro Flacco: *Spem reliquorum in vestris sententiis, in hoc uno judicio positam, atque defixam*. Recte igitur, *Fixi, & locavi*; ut priore verbo vim quamdam suae voluntatis, posteriore consilium ostenderet.

Non officii solum fructum) Non id solum quaerere me decet, ut officio satisfaciam, & , quod debeo, praestem: non hoc, inquit, uno delector, in quo officii fructus est: sed pietatis laudem expeto: quia tanta

est

est Milonis erga me meritorum magnitudo, ut non tamquam in amicum, sed tamquam in parentem pius esse debeam. Pietatem quoque nominat in extrema epistola: sic in epistola ad Caesarem libro decimo ad Atticum: *Aliquid impertias temporis huic cogitationi; ut tuo beneficio bonus vir, gratus, pius denique esse in maximi beneficii memoria possim*. Et epistola prima libro primo: *Ego omni officio, ac potius pietate erga te*. Quo loco, Pietas ubi proprium domicilium habeat, & ad quos pertineat, satis superque demonstratum est.

Salutem, ac fortunas suas) *Fortunae* pro re familiari usurpantur: ut ep. 7. lib. IV. *Impetum praedonum in tuas fortunas fieri nolo*. Conjunguntur cum salute; quia nec omnino salus in fortunis posita est; & cum salute fortunae desiderantur: quod utramque tamen nemini tanta umquam curae fuisse Cicero existimat, quanta sibi sit Milonis honor. In quo est animadvertendum, magnum esse pondus in hac sententia, non solum, quia, quod ad ipsum non pertinet, (agitur enim de Milonis consulatu) pluris facit, quam quisquam fecerit salutem, ac fortunas suas; sed etiam, quod honor saluti, ac fortunis anteponatur; cum tamen plerique, etsi de honore multum, plus tamen aliquanto de salute, fortunisque suis laborare soleant; comparat igitur primum, atque etiam praefert aliena propriis, deinde honorem saluti, atque fortunis.

Omnia mea) Honorem, fortunas, salutem.

Te unum) Ideo tam diligenter a te peto.

Tribunatus) Quem gessit Lentulo Spinthere, & Metello Nepote Coss.

Propter nostram causam) Quia causam meam suscepit, meque ab exilio revocandum praeter ceteros curavit.

Vt spero te intelligere) Bonis enim gratissimum fuisse reditum meum non ignoras.

Muneram) Quae populo dederat in aedilitate curuli, de quibus sic epistola ult. libro tertio ad Q. Fr. *Ludos apparat magnificentissimos; sic, inquam, ut nemo sumptuosiorem: stulte: bis, terque; non postulatus; vel quia munus magnificum dederat; vel quia facultates non erant; vel quia magister; vel quia potuerat magistrum se, non aedilem putare*. Et in oratione pro ipso: *Plebem, & infimam multitudinem, quae P. Clodio duce, fortunis vestris imminebat, eam, quo tutior esset vestra vita, se fecisse commemorat, ut non modo virtute flecteret, sed etiam tribus suis patrimoniis deleniret*. Et Pedianus in argumento ejus orationis, hoc modo: *Cum Milo quamprimum comitia confici vellet, confideretque cum bonorum studiis, quod obsistebat Clodio, tum etiam populi, propter effusas largitiones, impensasque quoque ludorum scenicorum, ac gladiatorii muneris maximas, in quas tria patrimonia effudisse Cicero significat*.

In suffragiis studia) Aufer sum delere, *studia*, ut glossema, cum proxime dixerit, *Studium*; a quo reguntur haec inferiora, *Vulgi, ac multitudinis, juventutis, & gratiosorum in suffragiis*.

In ea genere) In suffragiis: saepe ita loquitur Cicero, cum nominatam proxime rem intelligit, ut epistola prima & quarta.

Gratiam) Qui enim gratia valet, reliquos etiam qui gratiosi sunt, sui studiosos habet: cum intelligant officiis officia compensari posse.

Diligentiam) Excellit diligentia, cum prensandum est, & concilianda populi voluntas.

Si minus potentem) Satis erat Cicero gratiosus in suffragiis; sed, modestiae causa, dissimulat.

Probatum) Quod ergo virum optimum.

Justum) Quia Miloni consulatus quasi recte factorum praemium debetur.

Debitum) Ejus in me meritis.

Dux) Quem sequantur ii, quos proxime nominavi.

Auctor) Quo auctore Miloni consulatum deferant.

Opus est) Conjungitur & cum nominandi, & cum auferendi etiam casus nec desunt exempla.

Forum venturum) Ventis comparat bonos, plebem, gratiosos in suffragiis, quos jam nominavit; nam, etsi Miloni favent, duce tamen, & rectore ita indigent, cum secundi sint, reguntur tamen arte quadam, ab eo, qui navem gubernat.

Qui

Qui si ex omnibus unus optandus esset) A quo petimus, is quantum possit in eo, quod petimus, ostendere debemus; id jam Cicero praestitit iis verbis: *Huic te unum tanto adjumento esse.* Nec eo contentus iterat; quod valet etiam ad conciliandam benevolentiam; est enim cum laude Curionis. Idem fecit Asinius in proœmio orationis, quam nominat Quintilianus lib. IX. cap. ult. ait, *Caesar, ex omnibus mortalibus, qui sunt ac fuerint, posses hujus causae disceptator legi; non quisquam te potius optandus nobis fuit.*

Quamobrem, si me memorem) Hactenus exposuit, quid cupiat, & quam valde cupiat, & quid sperandum sit, & quid Curio possit: nunc ad petitionem ingreditur: & primum de se ipso, quo magis Curio moveatur, tum de ipso Milone omnia pollicetur: cum evenire posset, ut Curioni pariter utriusque gratia, & auctoritas utilis esse posset.

Si gratum) Memores animo, grati re ipsa sumus: nec satis est, acceptum beneficium memoria conservare, nisi & studium remunerandi, & ipsa accedat remuneratio.

Si bonum virum) Libenter in memores, & gratos homines beneficia conferuntur; libentius, si iidem boni viri sint.

Vel ex hoc ipso) Magnum enim bonitatis argumentum, cupiditas gratiae referendae: ad Atticum epist. 4. lib. VIII. *Nihil cognovi ingratius: in quo vitio nihil mali non inest.*

Si dignum denique) Ne colligam singula, quibus hoc a te beneficium impetrare debeo; ita mihi hoc tribue, si dignum, cui tribuas, existimas.

Meae laudi) Laudabor enim, ut pius, erga eum, cujus praecipuo studio salutem recuperavi. Paullo ante: *Statuique ita esse me non officii solum fructum, sed etiam pietatis laudem debere quaerere.*

Prope saluti) Quia, licet vere non agatur mea salus in Milonis honore, ego tamen ita laboro, ut in eo propemodum salutem meam positam esse decreverim.

Dicas) Ut ea, quae diis immortalibus consecrantur; quae deinde non licet amovere; constantiam igitur, & perpetuitatem simul cum studio erga Milonem a Curione petit; epistola ad Caesarem, apud Nonium: *Balbum quomodo faciam, quamque ei me totum dicaverim, ex ipso scies.*

T. Annio) Ex Papia gente Milo fuit, ut ait Pedianus: sed ab T. Annio, avo suo materno, adoptatus, praenomen, & nomen inde sumsit.

Majoris animi) Animi magnitudine Milonem excelluisse, dixit etiam in oratione pro Sextio, & in aliis. Pedianus autem: *Saepe,* inquit, *Milo, & Clodius inter se cum suis factionibus depugnaverant: & erat uterque audacia par: sed Milo pro melioribus partibus stabat.*

Gravitatis) Quoniam ubi quid defendendum suscepit, non facile sententiam mutat.

Constantiae) *Constantia* non est idem, quod *gravitas*; illa enim ad animi sententiam, haec ad actionem refertur: ut sit *gravis*, qui semper idem sentit, ac vult; *constans*, qui semper idem facit.

Benevolentiae) Ne plura numeret, uno benevolentiae nomine omnia complectitur: quasi dicat: Ita te Milo diliget, ut ab eo exspectare omnia possis.

Complecti hominem) Tua in eum studia conferre; sic ep. 8. *Da te homini; complectetur, mihi crede.*

Mihi vero) Dixit antea, neminem umquam de sua salute, suisque fortunis tam valde laborasse, quam ipsum de Milonis honore: nunc etiam suam agi rem significat: at, quam rem? eam, quae praestantibus viris non minimae curae solet esse, decus, & dignitatem. Quae potest enim esse major laus, quam praestare bene meritis pietatem, ac benevolentiam?

In laude mea) Quam ex pietatis opinione consequar.

In salute) Cum tibi quoque, restitutus ab exsilio, acceptam referam salutem meam.

Ergo ut te videre scirem) Est hic tamquam epilogus epistolae, quo superiora paene omnia brevi oratione colliguntur.

Quantum officii sustinerem) Quantum Miloni deberem. Sustinet enim officii plurimum, in quem beneficia magna collata sunt.

Contentionem) Extra vitae periculum, cum

cum civiliter contenditur.

Dimicatione) Vita periculo, cum armis res agitur.

Omnem rem, atque causam) Latius patet *Res*, quam *Causa*: quod ostendimus epist. 1. lib. I. *Omnem rem*, dixit, id est, universam Milonis petitionem: *causam*, hoc iurum, in quo Milo contendit omnes nervos, ut consulatum adipiscatur. Ep. 7. *De sacerdotio tuo quantam curam adhibuerim, quamque difficili in re, atque causa*. ep. 1. lib. I.

Meque totum) Me ipsum in Milonis causa tibi commendo: nam in ejus consulatu mea omnia posita esse decrevi.

Atque trado) Auget commendationem; nam, *tradere*, est alicujus potestati committere, ut agat in re tradita quidquid velit: epist. 5. lib. VII. *Totum denique hominem tibi trado*. Et epist. 1. lib. XVI. *Et te totum trado*. Et ad Q. Fr. epist. 3. lib. II. *Domum ad eum statim venimus, eique nos totos tradidimus*.

Praecipue) Praecipue Ciceronem adjuverunt P. Lentulus consul, Pompeius Magnus privatus, Milo, & P. Sextius tribuni pleb. quos omnes nominat in duabus post reditum orationibus, & alibi.

Pietas) Non solum officium, sed pietas etiam, quo nomine, quantum Miloni debeas, ostendit, ut epist. 1. lib. I. *Ego omni officio, vel potius pietate erga te*.

Assequi) Assequar studio tuo, ut pius in Milonem sim.

EPISTOLA VII.

VT *sempiternae laudi*) Quibus gratulamur, iisdem proximo loco bene precari solemus: ut epist. 8. lib. XV. *Eamque honorem tibi deos fortunare volo*. Item epist. 11. ejusdem libri: *Tibi velim ii sint exitus, quos mereris: quos fore confido*.

Ne te auferant aliorum consilia) Quod accidit.

Labere) Errabis; lib. I. de Finib. *Epicurus, in quibus sequitur Democritum, non fere labitur*. Interdum conjungitur; nam, *Labi per errorem*, dixit epistola ultima lib. III. ad Q. Fr. *Lubi ingratissimo*, in oratione pro Rabirio.

Animum) Nihil igitur timide facies.

Consilium) Non laberis imprudentia. Sequentibus verbis explicantur superiora: *Non vereor, ne quid timide, ne quid stulte facias*.

Non vereor, ne quid timide, ne quid stulte facias) Dicit, nihil te timide, nihil stulte facturum confido. Sic locutus epist. 12. lib. V. & ep. 1. lib. XI. & Matius epist. 28. lib. II.

In id reip. tempus) Tale tempus, quale cernis.

Iudicio tuo) Poterat enim Curio tribunatum differre ad alia tempora, cum urbanae res meliore loco, ac tranquilliore statu viderentur.

Profecto) Iudicasti enim tibi hoc tempore gerendum esse tribunatum, ut operam ferres afflictae reipub. ex quo sequitur, ut optime intelligas, ac videas, quanta vis in reipub. temporum sit, quanta varietas rerum, &c.

Quanta vis in reipub. temporum) Commemorat vitia civitatis, sed ex persona Curionis, ne videatur ignarum, & rudem admonere: quo si omnes offenduntur, multo magis, qui magistratum gerit: ideo dixit, *Profecto vides*. Sunt autem propositiones duae, una, cum judicio, non casu, in ipsum rerum discrimen contuleris tribunatum tuum; profecto vides, quibus vitiis resp. laboret. Altera, cum videas, quam corrupta resp. sit; profecto cogitas, quid agendum tibi sit. Haec tota commemoratio videtur esse cum aliqua laude Curionis; laudatur enim & voluntas erga remp. & prudentia; voluntas in eo, quod sua sponte, suoque judicio, non casu aut temeritate contulerit tribunatum suum in adversa reip. tempora; prudentia, quia videat, quanta vis in rep. temporum sit, quam incerti rerum exitus, & quae sequantur. Captat igitur benevolentiam Curionis hac laude: & sibi satisfacit, quod in laude latet admonitio. Vis autem temporum saepe tantum valet, ut hominum voluntates, & consilia superet, leges, & instituta pervertat, & omnino prudentem civem adducat, ut, tamquam peritus gubernator, obsequatur tempestati, ita mutato cursu, ut eodem tamen semper spectet; nec enim in

ad-

administratione reipub. perpetua quaedam actio, ad summam legitimi juris normam directa, sapientibus probatur; sed assentiendum saepe temporibus, quidque publica postulet utilitas, animadvertendum: quod Curioni Cicero proponit.

Quanta varietas rerum) Quo magis excitanda tibi est prudentia tua; nam eaedem, aut similes res minore negotio, quam varie geruntur.

Incerti exitus) Nihil igitur novi cogitandum, exitu rerum incerto. Timet Curionis multiplex ingenium; ne quid in republ. novi moliretur, spe alicujus boni proposita: quod & facere solebant tribuni pl. & fecit ipse Curio, cujus turbulentus in primis, ac seditiosus tribunatus fuit.

Flexibiles hominum voluntates) Quae si flectuntur, tua flecti non debet, sed eadem esse erga rempubl. in isto magistratu, qualis adhuc fuit.

Quid insidiarum) Multae insidiae sunt bonis, dictum a vetere poeta, cujus testimonium recitatur in orationibus pro Sextio, pro Plancio: has tu vitabis, si consilium capies a te ipso. Paullo ante: *Nunquam labere, si te audies.* Infra: *Tecum loquere: te adhibe in consilium: te audi: tibi obtempera.*

Quid vanitatis) Quid inconstantiae; nam libro secundo de Natur. Deor. vanitati opponitur *constantia*, hoc exemplo: *Nulla in caelo nec fortuna, nec temeritas, nec erratio, nec vanitas; contraque omnis ordo, veritas, ratio, constantia.* Ductum ex communi rerum natura; ut enim, ubi soliditas, ibi gravitas; & ubi gravitas, ibi constantia: sic, ubi vanitas, ibidem & levitas, & inconstantia. Quid igitur vanitatis in vita, cum optime noveris; cognitum tibi vitium facile vitabis; nec te depravati aliorum mores a tua consuetudine deducent.

Nihil novi) Rerum novitates in rep. periculosae; itaque Platoni placuit, mutatis etiam musicorum cantibus, mutari simul civitatum status. Novitates autem, quibus resp. ab optimo statu ad pessimum traducta libertatem amisit, omnes fere tribunorum pleb. legibus, aut intercessionibus, exortae.

Te audi, tibi obtempera) Sequuntur haec ad ea, quae proxime antecedunt: *Loquere*, inquit, *tecum, & te audi: te adhibe in consilium, & tibi obtempera*; quadripartita sententia est: sed duae posteriores partes prioribus adsumuntur. Hortamur autem, quos valere consilio arbitramur, ut se ipsos audiant, secum loquantur; quos vero contra opinionem falli, & aliorum egere consilio credimus, iis, ut amicos audiant, cum iis loquantur, suadere consuevimus. Propterea orat. X. in Antonium hortatur Cicero Calenum, Antonio potius, quam M. Bruto faventem, his verbis: *Collige te: audi viros bonos: loquere cum sapientissimo homine genero tuo saepius, quam ipse tecum.*

Tibi vero ipsi) Ne videatur assentando falsa dicere, quod neminem, praeter se ipsum, a Curione velit in consilium adhiberi, subjungit haec: *Ideo te hortor, nemini ut aures praebeas, te unum audias; non quod omnino omnium consilia negligam, neque consilio unum, praesertim adolescentem, anteponam; sed quia, ut alteri melius, quam tu, possit aliquis consilium dare; qui tamen non facile inveniri potest; tibi vero ipsi nemo melius dabit.* Ita & assentandi suspicionem Cicero vitat; &, quod ei propositum est, ut Curio se ipsum duntaxat in consilium adhibeat, id hac ratione probat, quia consiliarius in repub. gerenda ipse sibi optimus, ac sapientissimus futurus sit: quandoquidem neque quisquam ab ullo magis, quam a se ipso, diligitur; nec alteri magis, quam ipse sibi, notus est.

Dii immortales) Invocatione deorum, verbis fides additur; quasi hoc dicatur: testes mihi sint dii immortales, quam adesse cupiam spectator laudum tuarum: lib. II. de Fin. *Quem, dii immortales, ille cruciatus perferebat!* Et Terentius in Eun. *Dii immortales, homo homini quid praestat?*

Spectator laudum) Optimus post hortationem laudandi locus: ne monuisse videatur, quia Curionis prudentiae, aut constantiae diffidat.

Vel particeps, vel socius, vel minister) *Particeps*, quod uteretis consiliis meis: *socius*, quod, si consiliis meis non egeres, me tamen in tuis socium haberes: *minister*, quod opera studioque meo exsequerer consilia tua.

Hos) Quod posterius posui, ut adjutorem vel participem, vel socium, vel ministrum consiliorum tuorum.

Minime mihi desit) Cum in te ipso, quæ ad tuas laudes pertinent, omnia sint: vel, quod amici, quorum operâ, aut etiam, si velis, consilio uti possis, tibi non desint.

Sed amore) Grata correctio, ex amoris commemoratione sumta.

Magnitudo & vis) Auget posteriore verbo: vel quia vis ex magnitudine proficiscitur; vel quia non in omni magnitudine vis inest; vis autem amoris efficit interdum, ut majora præstemus, quam exspectantur.

Ut possem) Quod fortasse non possem, si te tam valde non amarem: me ipsum, inquit, vincerem, amore adjuvante.

Remp. gessimus) In Amano monte, ut epist. 10. Capto etiam Pindenisso, ut epist. 4. lib. XXV. & ad Attic. epist. 20. lib. V.

Totius æstatis) Pindenissum tamen non æstate, sed Saturnalibus, id est, XIV. Kal. Ian. in suam potestatem redegit: quod Attico scripsit ep. 20. lib. V. Verum res æstate gestas appellat, quod æstivæ vocarentur, quæcumque æstate cœpta essent, licet ante hiemem non perfecta: sic epist. 9. lib. III. *æstiva confecta, non nisi Pindenisso capto*, significat: cum tamen deditio Pindenissi Decembri mense facta sit.

Ad senatum) Ex litteræ non exstant; nam quæ leguntur libro decimo quinto res gestas non exponunt: ad senatum autem scripsisse videtur Ianuarii mensis initio, ad novos consules: quod ex epist. 20. lib. V. ad Att. licet intelligere. Quod cum ita sit, potuit hanc epistolam scribere mense Dec. Nam, cum Pindenissum XIV. Kal. Ian. captum ostenderim; & hic rem feliciter esse gestam, scribatur; necesse est, Curionem jam tribunatum pleb. iniisse; nam tribunis pleb. primus magistratus dies fuit non Kalendæ Ian. ut aliis magistratibus, sed quarto Idus Dec. ut Livius, Dionysiusque docuerunt.

De sacerdotio tuo) De pontificatu, quem petiit, & obtinuit, patre mortuo, ut in ejus locum subrogaretur. De patre mentio fit in oratione de Haruspicum respons. de filio apud Dionem lib. XL.

Quantam curam adhibuerim) Litteris ad amicos Romam scriptis: ex quo suspicor, Curionem petiisse pontificatum multis mensibus post reditum in urbem; rediit enim Calvino, & Messalla Coss. ut epist. 4. demonstratum est: sequenti anno consulatum tertium Pompeius gessit: post eum Ser. Sulpicius, & M. Marcellus: quo anno in provinciam Cicero profectus est, & ex provincia Romam scripsit de sacerdotio Curionis. Suspicor autem, nondum Curionem fuisse Pontificem, cum has litteras Cicero misit: quod hæc omnino verba significant.

Re atque causa) Dicas jam, quid inter rem & causam intersit; *res* est totum negotium, *causa* negotii pars, de qua maxime laboratur. *Res* hic est, subrogatio pontificis; *causa*, ut Curio ipse subrogetur.

Thrasoni) Servile nomen, quod in liberto remansit.

Liberto tuo) Ergo vocabatur *C. Scribonius Thraso*; nam liberti patronorum prænomine, & nomine utebantur.

Ne pateremur) Poterat enim tribunus pleb. intercedere, si quis annuam provinciarum administrationem prorogare vellet.

Modestiam) Quam significat in omnibus fere epistolis; libro undecimo, 12. & in 8. lib. III.

Non putarem) Et sane comitiis tribunitiis non videtur Curio petiisse: sed, designatis omnibus tribunis pl. cum Servius, tribunus designatus, condemnatus esset, ejus locum Curio, subita voluntate commotus, petiit, & obtinuit; de quo Cælius epist. 4. lib. VIII. hoc modo: *Illud te non arbitror miratum, Servium, tribunum pleb. designatum, condemnatum: cujus locum C. Curio petiit*. Hujus autem voluntatis initium, & causa est, quod eum non mediocriter Cæsar, qui solet infimorum hominum amicitias sibi, qualibet impensa adjungere, contemsit.

A Curione tribuno) Pondus est in nomine Curionis: quasi potestatem tribunitiam augeret animi, ingeniique præstantia; tale illud epist. 18. *Et quæstor est, & quæstor tuus*. Et epist. 2. l. V. ad Att. *Cum Hortensius veniret, & infirmus, & tam longe Hor-*

tenſ-

tenfus. Et epist. 2. lib. I. ad Fr. *Romp. funditus vuisemus, adeo, ut Catone adolescente, nullius consilii, sed tamen civis Romani, & Catone, vix vivus effugeret*.

S. C. & leges] Quibus erat annua provincia. Et ad M. Marcellum consulem, his verbis epist 7. lib. XV. *Ne quid accedat temporis ad id, quod mihi & S. C. & lege finisti*. Legem Curiatam significat, quam ferebat consul, ut is, qui profecturus erat in provinciam, annuum imperium haberet a populo; alioqui rem militarem attingere non licebat; quod satis demonstrat oratio II in Rullum. Sed hic *leges*, non *legem*, Cicero appellat: quod non una lege curiata consularium provinciarum administratio esset annua, sed, ut opinor, etiam Cornelia, & Sempronia; quæ nominatur epist. 7. & 9 lib. I. & epist. 6. & 10. lib. III. & in oratione pro Domo.

Defendas] Intercedas, si quis provinciarum tempus prorogare voluerit. Epist. 21. lib. V ad Attic. *Ne quid mihi prorogetur, quod ne intercessor quidem sustinere possit, horreo*. Et epist. 2. lib. VI. ad Att. *Magno in spe sum, mihi nihil temporis prorogatum iri; habebam acta urbana usque ad nonas Mart. e quibus intelligebam, Curionis nostri constantia omnia potius actum iri, quam de provinciis*.

Conditio] Ne plus anno provinciæ præessem.

Etiam atque etiam] Vsurpatur & solum, ut sæpe apud Ciceronem, & adjunctum, ut hic; ubique auget.

EPISTOLA VIII.

COmpositiones] Quis cum aliquo pugnasset, inde *Per gladiatorum* dicebatur, cum duo comparabantur, & componebantur ad certamen. Recitat Lucilii versus Cicero in libro de optimo genere oratorum, quos subscribam: *A me*, inquit, *gladiatorum par nobilissimum inducitur. Æschines, tamquam Æserninus, ut ait Lucilius,*

Non spurcus homo, sed doctus, & acer;

Cum Pacidiano hic componitur optimu' longe

Post homines natos.

Et Virg. Ecl. 1.

—— sic parvis componere magna solebam.

Et Quintilianus lib II. cap. 17. *Gladiatores sub eodem magistro eruditi inter se componuntur*.

Vadimonia dilata] *Differre vadimonium*, est prorogare diem, de quo inter litigantes convenerat, ut in judicio adessent, nam *vadari*, est diem judicio ex compacto constituere.

Chresti compilationem] Res a Chresto compilatas, furto sublatas: Chrestus, cognomen est; cujus gentis, ignoratur; nisi si Manilia: nam Manilii Chresti librum de Hymnis deorum nominat Fulgentius in libro de Prisco Sermone.

Π. Αντιπολιτευομενων] Peritiorem administrandæ reipub.

Rumor] *Incerta fama, sine capite, sine auctore, rumore manat; ubi quid ejusmodi est, ut non extet auctor, qui audierit*. Sic enim ipse definivit in oratione pro Plancio, & epist. 10. libro duodecimo.

Longe in posterum prospicienti] Quod sine summo ingenio, ac diuturno rerum usu consequitur nemo.

Ex tuis litteris cum formam reip. viderim] Translatio ab architectis, qui futurum ædificium ex forma ostendunt. Formam, & statum, inquit, reipub. scribi a te velim; deinde, quid ex ea forma, eoque statu futurum prospicias, indicari. Duo enim Cicero postulat, formam primum reip. deinde Cœlii conjecturam, ex ipsa forma captam, de futuro reipub. statu; non enim ipse vult ex forma reip. a Cœlio missa conjecturam de futuro ædificio facere; cum dixerit, *Ans te, ut ab homine longe in posterum prospiciente, futura exspecto*: alioqui, missa tantum forma, nihil de futuris rebus Cœlius significaret, contra quam Cicero postulat. *Forma* pluribus modis accipitur. Aut enim est ædificii, ut hic, & epist. 2. libro secundo ad Q. Fr. *De forma Minucianæ*; aut cujusque hominis & cujusque rei; quæ sine interitu subjectæ rei amoveri non potest; aut est ipsa formositas & pulcritudo, unde *formosa mulier*, & per similitudinem *formosus annus* apud Virgilium: aut aqua ductus, ut

 anti-

antiquis inscriptionibus: *Purgato fonte restituta forma*: &, *Apud Curtium & Corelliam uno forma seducendae*. Et Sidonius Apollinaris libro primo epist. 5. Codex Theodosianus titulo de Aquae ductu: Cassiodorus Variarum lib. III. 72. lib. IV. 85. lib. VIII. 128.

In primisque ego] Qui cum Pompeio de reipub. locutus, futura magis quam tu, aut certe non minus quam tu, providere potui: *Quivis vestrum*, inquit, *in primisque ego, qui cum Pompeio complures dies nullis in aliis nisi de reipub. sermonibus versatus sum, aeque ac te, futura providere potui*.

Complures dies] Triduum; nam epistola septima libro quinto ad Atticum: *Cum triduum*, inquit, *cum Pompeio, & apud Pompeium fuissem, proficiscebar Brundisium ad XIV. Kal. Jun.*

Versatus sum] Tarenti; ut in epist. 6. lib. V. ad eundem. Quod si quaerat aliquis, quid ageret eo tempore Pompeius Tarenti? crediderim, eo se contulisse valetudinis causa post gravem illum morbum, quo eum prope urbem Neapolim laborasse, Plutarchus, & Cicero Tusc. 1. demonstrat; aegrotavit enim post tertium consulatum; eoque tempore Cicero in provinciam ivit.

Quae nec possent scribi, nec essent scribenda] Scripserat enim Caelius epist. 8. *Si Pompeium convenisti; qui tibi visus sit, & quam orationem habuerit tecum, fac mihi perscribas*. Quae, dixit, cum ea significaret, quae in illis de repub. sermonibus egerat cum Pompeio.

Animo, & consilio paratum] Cum neque timeat quidquam, nec ad cavendum egeat consilio. Eodem modo illum laudat epist. 7. lib. V. ad Attic. *Civem illum egregium relinquebam, & ad haec, quae timentur, propulsanda paratissimum*.

Da te homini] Accommodo te ad illius voluntatem; sic enim Donatus illud Terentii in Adelph. explanat, *Da te mihi hodie*. Nepos in Attici vita: *Qui adversariis ejus se dabant*.

Jam] Non ut antea; cum proximo superiore anno Pompeius tertium consul operam dederat, ut decem tribuni pleb. legem ferrent, qua liceret absenti Caesari, & provinciam, exercitumque retinenti, consulatum petere; epist. 6. lib. VI. & ad Att. epist. 1. lib. VII. epist. 3. lib. VIII.

Nobis] Mihi, & tibi; nam ante profectionem Ciceronis in provinciam recte Caelius de rep. sensit: postea, vel Curionis amore, vel Ap. Claudii odio, ab optimatibus ad Caesarem descivit: quod ipse in ultima epist. lib. VIII. confessus est, idque confirmant in libro de Claris Orat. haec verba Ciceronis: *Cum aedilis curulis factus esset, nescio quo modo discessu meo discessisse a sese, ceciditque postea, cum eos imitari coepit, quos ipse perverterat*.

Ipsos] Neque plures, neque pauciores, plane decem. Epist. 21. libro tertio ad Att. *Triginta dies erant ipsi, cum dabam has litteras, per quos nullas a vobis acceperam*. Et in Bruto: *Cato mortuus est an. LXXXVI. ipsis ante me consulem*.

Gallus Caninius] Quem reum defenderat, Pompeii rogatu, iterum consulis; epist. 1. lib. VII. Vide quae Valerius lib. IV. cap. 2. de hoc, ut arbitror, Caninio scripsit. Alii, contra veteres omnes libros, etiam illum Medicaeum, quem plurimi faciunt, legunt, *C. Caninius*, & epist. 1. lib. VII. offensi fortasse Caninii cognomine ante nomen gentis posito: cum tamen hujus generis exempla non desint. Dixit enim Cic. ad Att. epist. 12. lib. VIII. & epist. 47. lib. XIII. & epist. 15. lib. VIII. *Gallo Fabio*, *Balbi Cornelii*: & epist. 4. lib. II. ad fr. *Macer Licinius*. Et in Laelio, *Papum Aemilium*. Et Livius lib. XLV. *Paullus Aemilius cos.* cum tamen, *Gallus*, *Papus*, *Paullus*, cognomina fuerint, non praenomina: ut omittam, quod epist. 8. lib. VI. veteres libri habent, *T. Furfano Postumio*, non, *T. Furfanio Postumo*; nec desunt hujus generis alia.

Prorogetur] Quod metuebat, emergebat jam inter Caesarem, & Pompejum discordia; orta enim de successione Galliarum controversia, reliquarum provinciarum impedita successio est; epist. 5. lib. VIII.

In eo mihi sunt omnia] Sic loquebantur iis de rebus, quas maxime sua interesse arbitrabantur.

Eri-

EPISTOLA IX.

ÆDILIT. CVR. DES.] *Designatum summa me honorum voluntate*, ait Cicero in Bruto; cum ad eam diem optime animatus erga remp. fuisset.

Primum] Primum gratulatur, deinde gratias agit; sed hic, *Primum*, posuit; nec intulit, *Deinde*: sententiam tamen absolvit in eo: *Et cum gratulor, tum vero, quibus verbis tibi gratias agam, non reperio*. Eodem modo epist. 23. libro VII. cum dixisset, *Primum ipsas ego musas numquam tanti adprobassem*, *Deinde*, praetermisit; nec tamen imperfectam sententiam reliquit; de quo suo loco. Et epist. 11. libro octavo, ad Atticum & 18. libro duodecimo ad eumdem: & in Lucullo: *Primum interest*. Et apud Terentium; *Primum jam de amore hoc comperit*. Quam consuetudinem, Graece dictam ἀνανταπόδοτον, qui ignorant, *Plurimum*, pro *Primum*, hic reponunt, contra veteres libros, eos quidem, quorum ego ope in hoc explanandi & corrigendi munere nunc utor; nec ab his discrepat Mediceus: cujus auctoritatem in re bona ab iis esse neglectam, qui ejusdem libri mendas etiam interdum, cujusdam constantiae causa, sibi describendas putaverunt, valde miror.

Cum prosenti, tum etiam sperata tua dignitate) Tum aedilitate, tum etiam reliquis honoribus, qui aedilitatem consequuntur; praetura enim biennio post aedilitatem dabatur, consulatus biennio post praeturam. Vbi sunt, qui pro honore dignitatem negant usurpari? non & hic Cicero de aedilitate gratulatur, & aedilitas honor est? neutrum negabatur. At alibi, *recta existimatio, honoribus parta praeclare gestis, dignitas est*; quis negat? quasi hoc ipso non excellat Latina lingua, quod & variis eamdem rem verbis, & eodem saepe verbo varia significet. Quod si dignitas, ut falso quidam sentiunt, ea semper esset, quae vel magistratus, vel res cum laude administratas consequitur: cur hic Cicero de dignitate potius, quam de honore ipso, unde manat dignitas, gratularetur? cui probabitur, Ciceronem, cognita Caelii aedilitate, non honorem ipsum, sed eam, quam honor parit, dignitatem gratulari? cum praesertim nondum Caelius magistratum iniisset, sed adhuc designatus esset; ut gratulatio, quod ad honorem attinet, satis opportuna, dignitati autem, cum nihil dum in magistratu Caelius gessisset, immatura videretur. Tritum, inquiunt, usu non est, ut in honoris locum dignitas succedat. Concedo; nec tamen, quo eam in loco Cicero constituit, ego eam inde audebo extrudere: nec mihi, si quid rarum est, propterea rectum non esse, quisquam persuaserit. alioqui nimis imminueretur usus Latinae linguae, in qua multa non modo rara, sed etiam singularia cognovimus. Quin etiam librum Charisius appellat de singularibus apud Ciceronem, quamquam si hoc ideo non placet, quod singulare videatur, scrupulum eximamus, allato ejusdem fere propinquo exemplo, nisi fallor, in eadem sententia; nam cum C. Caelius, ei se obtigisse quaestorem, significasset, rescripsit his verbis: *Tuae litterae, de tua praesertim dignitate, & de nostra conjunctione, maximi sunt apud me ponderis*. Dignitatem Caelii vocat honorem illum, quem sortis beneficio consecutus erat; cum ita contigisset, ut in Cilicia, consulari provincia, quaesturae tempus traduceret. Et Philippicarum lib. XIII. *Neminem Pompeianum, qui vivat, teneri lege Hirtia dignitatis*. Quare numquam me, auctore Cicerone, dignitatem usurpasse pro honore poenitebit; nisi si Latinae linguae proprietatem in ipso etiam Cicerone requirimus, quem vere unum, aut unum certe praeter ceteros, absolutum artificem in eloquentia, omnisque verborum copiae, omnis parentem elegantiae possumus appellare.

Ignorantia] Cur hoc verbum rejiciam, cum & sit in veteribus novem libris, & in Cicerone alibi reperiatur? dixit enim pro Flacco: *Ubi adolescentes nihil possent discere, nisi ignorantiam litterarum*. Lucretius etiam lib. I.

Ignorantia causarum conferre deorum
Cogit ad imperium res.

Ignoratione, legitur in quibusdam impressis: recte, quod ad sententiam: sed aliter antiqui libri.

Longinquitatem) *Longinquitas* & de lo-

laris dicitur, ut hic, & de tempore, ut libro secundo de Fin. *Qui autem voluptate vitam effici beatam putabit, qui sibi is conveniet, si negabit voluptatem crescere longinquitate?* Et Tusc. V. *diu furto, longinquitate producti, dolores vehementiores cum torquent, quam ut causa sit, cur ferantur: quid est tandem, dii boni, quod laboremus?* Additur interdum, *Temporis*, ut in ep. Sulpicii lib. IV. *Nullus dolor est, quem non longinquitas temporis minuat atque molliat.* Et Cæsar libro primo de Bel. Civ. *Timore eius morum, temporisque longinquitatem timens.*

Cum gratulor, tum vero] Solebant veteres interdum ob recte facta, post gratulationem gratias agere: ut ep. 14. lib. IX. *Dolabellæ tuo & gratulor, & gratias ago.* Interdum contra, gratiis actis, gratulationem subjungere, ep. 16. libro XVI. *Tuis, & illius litteris perlectis, exsilivi gaudio; & tibi & ago gratias, & gratulor.*

Factus sit] Ædilis; nam epistola 3. lib. VIII Cælius ita scripserat: *De Hirro ut, quem optas, quamprimum nuntium accipias, tua medius fidius magis, quam mea causa cupio; nam mea, si fio, forsitan non locupletiore referam: sed hoc usque eo suave est, ut si acciderit, risus nobis tota vita deesse non possit.*

Audivi] Te ædilem designatum, Hirrum dejectum.

Ille ipse] Hirrum.

Factus sum] Suscepi personam Hirri: quia, quæ tu mihi de illo scripsisti, omnia cogitavi.

Fixi] Repræsentavi, cogitatione ipsa mihi ante oculos posui.

Jactitat] Jactare solitus est: quod fecit, ædilitatem petens: cum diceret, se gratiosorum in suffragiis adolescentum opera ædilem futurum, ep. 6. Juventutem ostendit in suffragiis plurimum posse. proprie enim adolescentum gratia est, virorum auctoritas.

Difficile est loqui] Quæ de illo cogitavi, exponere non facile possum.

Te autem contemplans absentem] Hoc totum usque ad illud, *Quid, quæris*, videtur a vetere Poeta sumtum, ideo, *Contemplans*, non est, quo referatur: deest enim verbum Poetæ: cum Cicero locum non expleverit, ut interdum solet.

Præter opinionem] Ut is, cui studerent adolescentes illi, repulsam tamen tulisset.

Referebam me ad illud] Ejusdem Poetæ.

Objicitur] Mihi se offert, atque in mentem venit.

Repente vero] Et hoc ejusdem Poetæ est, quem opinor esse Cæcilium Trabeam comicum, de quo lib. II. de Fin.

Incessi] Commotus sum, exsilui; lætitia enim non solum gestimus, sed etiam incedimus.

Omnibus lætitiis] Eundem locum Cicero significat lib. II. de Fin. cum ait: *Ille Cæcilianus, qui sese omnibus lætitiis lætum esse narrat.*

Desiperem] adimit enim voluptas mentem non minus, quam molestia: quod his verbis egregie, ut omnia, Plato demonstrat lib. III. de Rep. ἡδονὴ οὐχ ἧττον, ἢ λύπη, ἔκφρονα ποιεῖ. *Voluptas non minus, quam animi dolor, mentem adimit.*

Ego voluptatem animi nimiam] Egregie restituit hunc locum Victorius ex Tusc. IV. & libro secundo de Finibus, nam in veteribus libris mendose legitur, *Homini*, vel *Hominem*, vel *Cæcilium*, verba sunt comici Poetæ Trabeæ, Tusc. IV. *Ut ille, qui voluptatem animi nimiam summum errorem esse arbitratur.*

Quid quæris?] Ubi satis verborum effluxit, nec tamen omnino videmur, quod volumus explicasse, ad hanc interrogationem confugimus, *Quid quæris?* & ad exitum statim sententia perducitur.

Ille] Stultus, ut ille.

Inimicorum] Clodianorum. Id ostendit ipse Cælius epist. 13. lib. VIII. *A te peto, ut meas injurias proinde doleas, ut me existimas & dolere, & ulcisci tuas solere.* Maxime autem ex voluntate Ciceronis, Pompeio tertium consule, post interfectum Clodium, gessit Cælius tribunatum pl. Testem habeo Ciceronem ipsum, cujus hæc sunt verba in Bruto: *M. Cælius, quam diu auctoritati meæ paruit, talis tribunus pl. fuit, ut nemo contra civium perditorum popularem, turbulentamque dementiam a senatu, & a bonorum causa steterit constantius.* Et Asconius in argumento orationis pro Milone.

Invidorum] Hirrus præcipue describitur, qui competitor Ciceronis fuerat in auguratu, epist. 3. & 6. lib. VIII.

Et

Et ad Attic. epist. 19. lib. V.

Partim scelerum suorum, partim etiam ineptiarum) Sceleratus in vexando Cicerone, & in omni vita Clodius: ineptus Hirrus, qui cum Cicerone consulari, nondum ædilicius de auguratu certare ausus sit.

EPISTOLA X.

TV *vide, quam ad me*) Non pauci veteres, *Quam timide ad me*: inepte prorsus, quem enim hic timiditas locum habet? mendi originem puto fuisse, *Tu vide*, quod proxime antecessit: ut primo factum sit, *Timide*: deinde, perturbato ordine, & prima corruptione alteram generante, *Tu vide, quam timide ad me*. Ego licet, *Quam ad me*, non improbem; cum præsertim ita sit in Mediceo libro, & in altero, quem vir excellentis doctrinæ, Poeta summus, Petrus Angelius Bargæus, mihi commodavit, magis tamen aliquanto probarem, *Quare ad me*: ut sit: Tibi videndum est, quid causæ sit, cur ad me litteræ non perferantur. Cum hæc scripsissem, Albertus Ferrus, sororis Philippi Tertii, oratoris eximii, viri integerrimi, filius, familiaris meus, optimæque indolis adolescens, veterem librum, ex avunculi bibliotheca sumtum, ad me attulit, in quo minime dubiis litteris ita scriptum vidi: *Tu vide, quamobrem ad me*, quod nostram opinionem confirmat.

Tanta res) Non solum quia tu ædilis factus sis, sed etiam, quia repulsam Hirrus tulerit.

Tanta gratulationis) Cum res esset tanta gratulatione digna, ideoque litteris omnino significanda, ut possem tibi gratulari. Alii legunt, *Gratulatione*; qua sententia non video. Ego præter sententiam, testes auctoresque habeo opinionis meæ tres antiquos libros, unum Sigonii, duos meos.

De te quia, quod sperabam; de Hillo, (balbus enim sum) quod non putaram) In ep. 4. lib. VIII. Cælius de Hirro competitore suo inquam ita scripserat: *Spero te celeriter auditurum & de nobis, quod sperasti, & de illo, quod vix sperare ausus es.* Quibus verbis Cicero respondens, eadem pæne repetit, & quia scripserat Cælius, *De illo*, facete & salse adspirationem Cicero addidit, ut Hirri nomen, more balborum, qui, *r*, litteram exprimere non possunt, enunciaret; itaque subjunxit, *Balbus enim sum*, in sequentibus autem, cum, *r*, litteram expedite proferat, *Balbi*, inquit, *non sumus*. Hic tamen faciam, quod susceptum a me munus postulat, ut hunc locum ex ingenio mutatum significem; nam veteres libri omnes in mendo consentiunt, cum *Nihilo*, pro *Hillo*, habeant. Sed non dubito, quin hæc recte intelligentibus conjectura, e Cælii loco ducta, cui manifeste Cicero respondet, etiam atque etiam probetur. Res, inquit, magnæ gratulationis erat, quia de te, id, quod sperabam, acciderat; de Hirro autem, quod non putaveram, id est, ut tam turpiter ædilitatis repulsam ferret. Atque hoc ejusdem Cælii locus alius in epist. 9. lib. VIII. significat; inquit enim: *Sic tu, inquis, Hirrum tractasti? immo, si scias, quam facile, quam ne contentionis quidem maxime fuerit: pudeat te, ausum illum unquam esse incedere tamquam tuum competitorem.*

Comitia ista) Ædilitia.

Lætitia exsultarunt) Cum ea mihi non tuis, sed aliorum litteris cognita essent.

Jucundius) Dixi jam, *Jucundus*, & *Carus* conjungi. epist. 2. & 3. Cicero, *Jucundus*, deducit a *juvando*: quod si ita est, *Jocundus* a quibusdam perperam scribitur.

Ait) In epist. 5. libro octavo, in qua scripsit hæc: *Si, quantum gloriæ, triumphique opus esset, adsequeremur; nihil tam esset optandum.*

Ad laureolam) Ut triumphum adsequi possemus. Lauro enim triumphantes coronabantur: quasi per jocum, *Laureolam*, potius, quam *lauream*, dixit: ut optata res extenuaretur. Sic epist. 20. lib. V. ad Att. *Bibulus in eodem Amano laureolam aspit in mustaceo quærere.*

Parthos times) Copiis superiores, epist. 5. libro octavo. Parthorum gens nota satis est: origo, & nominis causa fortasse obscura: itaque Justini verba ex lib. XLI. recitabo: *Parthi, penes quos, velut divisione orbis cum Romanis facta, nunc orientis imperium est, Scytharum exsules fuerunt: nam Scythico ser-*

fermone Paruli confules dicuntur, &c. Idem infra: *Mithridates imperium Ponticorum e monte Caucaso usque ad flumen Euphratem protulit: nec minore desem prevo, glorioso senectute decessit*.

Auxiliis] Sociorum populorum, id est, Galatarum, Pisidarum, Lyciorum, quos nominat ep. 5. libro sexto ad Att. nam Deiotarum cum omnibus suis copiis ad eum venientem, certiorem Cicero fecit, non videri esse causam, cur abesset a regno; quod ad Catonem epist. 4. libro decimoquinto scripsit.

Hiccine est ille] Simile illud ep. 26. libro nono: *In eo igitur convivio Cicero ille? Quem adspectabant, cujus ob os Graji ora obvertebant sua?* Et Pacuvius Dulorestie, apud Nonium: *Hiccine is est, quem fama gratia ornat omnes nobilitas viros?*

Qui urbem] Servavit ab insidiis Catilinæ, ipso egredi ex urbe jusso, quod factum gloriatur in orat. 2. contra eum, & in ea in Pisonem: *Ego L. Catilinam, caedem senatus, interitum urbis non obscure, sed palam molientem, egredi ex urbe jussi*.

Quem senatus] Decreto laudavit honorificentissimo, supplicatione decreta ob res ab eo gestas: quem honorem antea togatus nemo consecutus erat, epist. 4 lib. XV. orat. in Pisonem, alibi.

Nosti cetera] Quæ in nos, ob res in consulatu præclare gestas, conferri solent.

Communis est] Cum eius pars ad Syriam, Bibuli provinciam, altera ad Ciliciam, cui Cicero præerat, pertineret. Strabo, & alii.

Divisus aquarum divortiis] Ut ad Syriam ab una parte, ad Ciliciam ab altera pertineret, defluentibus aquis distributus. Cum enim aquæ dividuntur, divortium earum fit. Sic ep. 20. ad Att. lib. V. *Ad Amanum contendi, qui Syriam a Cilicia aquarum divortio dividit*. Et lib. 1. de Orat. *Ut ex Apennino fluminum, sic ex communi sapientium jugo sunt doctrinarum facta divortia*. Curtius autem lib. V. *Tigris & Euphrates ex Armeniæ montibus profluunt, & magno deinde aquarum divortio iter, quod cœpere, percurrunt*. Et Livius lib. XXXVIII. *Prope ipsis jugis, ad aquarum divortia castra posuisse*, id est, ad eum locum, unde aquæ pluviæ, duas in partes divisæ, incipiunt defluere. Flaccus etiam Siculus in libro de Limitibus, *Divergia aquarum* dixit, eadem significatione: quod in diversas partes vergant, & vertantur aquæ: unde *Divergium*, & *Divortium*.

Cassius noster] C. Cassius, qui postea Cæsarem occidit, is M. Crassi quæstor in Syria fuerat: quo interfecto reliquias copiarum Antiochiam reduxit.

Hostem rejecerat] Epist. 20. lib. V. ad Att. *Rumore adventus nostri & Cassio, qui Antiochiæ tenebatur, animus accessit, & Parthis timor injectus est: itaque eos cedentes ab oppido Cassius insecutus rem bene gessit, qua in fuga, magna auctoritate Osaces, dux Parthorum, vulnus accepit, eoque interiit paucis post diebus*. De hac victoria loquitur etiam ep. 14. libro decimo quinto, plenissime autem Dio lib. XL. & Iustinus lib. XLII.

Provinciam acceperat] A victore Cassio, qui, post obitum Crassi, cum nondum in Syriam proconsul Bibulus venisset, provinciam a Parthorum impetu defenderat. Phil. II.

Vexavi Amanienses] Vide ep. 4. lib. XV. & ad Att. ep. 20. lib. VI.

Castella munita] *Castellum* a Castro, ut *Rastellum* a Rastro, deducitur.

Victoria justa] Certum hostium numerum esse oportuit, quo cæso imperatoris nomen consequerentur: sed, ea consuetudine paullatim depravata, multi, paucis hostium cæsis, imperatores tamen appellabantur; quod etiam Philip. 14. docet his verbis: *Si quis Hispanorum, aut Gallorum, aut Thracum mille, aut duo millia occidisset, non eum hac consuetudine, quæ increbuit, imperatorem appellaret senatus*. Et Dio lib. XXXVII. *C. Antonius cæso Catilina, ejus victoriæ causa imperator est appellatus: quamquam cæsorum in acie numerus legitimo numero minor esset*. *Justa* igitur dixit, quia multi non justa victoria, quidam etiam nulla supplicationis honorem adepti erant: quod ex eadem Philippica cognoscitur. Victoriam tamen ejus non satis justam Cælius significat ep. 1. libro octavo cum ait: *Hiems, cum de hostibus ageretur, & posset eum impedire, si, ut numerarentur, postularet, tacuit*.

Issum] Quæ Alexandri ara vocabatur, ep. 4. lib. XV. & ad Att. ep. 20.

lib.

lib. V. & Strabo libro decimoquarto. Curtius autem sic lib. III. *Tribus aris in ripa Pyrami amnis Iovi, Herculi, Minervae sacratis, Syriam petit.* Mela quoque libro II. *Tum mons Amanus, & ab eo statim Ciliciae et in recessu intimo locus est, magni aliquando discriminis, fusorum ab Alexandro Persarum, fugientisque Darii spectator ac testis, nunc ne minima quidem, tunc ingenti urbe celebris Issos.* Ammianus lib. XXVI. Sinum Issicum vocat: *Superatus*, ait, *in Sinu Issico, qui est in Cilicia, ubi Darium Alexander fudit.*

Clitarchus) Historicus, Alexandri comes in Persica expeditione, ut ait Plinius lib. VI. cap. 31. Dinonis filius, teste Plinio lib. X. cap. 49. nominatur a Curtio lib. IX. bis, a Cicerone lib. I. de Legibus, haud magna cum laude, ab Athenaeo libro quarto. Ejus probatum esse ingenium, fidem vituperatam, ostendit Quintilianus lib. X. cap. 1.

Narravit) Argute, pro: *legisti apud Clitarchum*. Sic in Bruto: *Nisi in eo magistratu cenavisset apud praeconem Granium, idque nobis narravisset Lucilius, tribunum pleb. nos ignoraremus fuisse.*

Infestissimam) Latrociniis: vide epistolam 4. lib. XV. & epist. 20. lib. V. ad Attic.

Vineis) Instrumentum bellicum fuit, quo tecti milites audacius ad moenia subibant.

Pindenissum) Incognitum Romae nomen oppidi: quod ex epist. 20. lib. V. ad Att. perspicitur.

Opibus) Alii legunt, *Operibus*: sed *Opera* Cicero supra nominavit: Opum autem nomine, summa vis & summa contentio significatur, unde Virgilius

—— *Magna pugnatur opum vi.*

Alibi divitiarum copia, alibi totum id quo valemus, *Opum* nomine demonstratur.

Negotio) Labore.

Nomen oppidi) Ignobile & obscurum, epist. 20. lib. V. ad Attic. *Qui malum, sunt isti Pindenissae, inquies? nomen audivi numquam. quid ego faciam? num potui Ciliciam, Aetoliam, Macedoniam reddere.*

Cepero) Cepit die 57. postquam oppugnare coeperat, epist. 4. lib. XV. & 20. lib. V. ad Att.

Tum vero) Nam, Amano direpto ac vastato, litteras tamen ad senatum non misit, de quo sic epist. 9. lib. III. *Recte factum a me puto, quod non statim ut imperator appellatus sum, sed aliis rebus additis, aestivisque confectis, litteras miserim.*

In praesenti) Hoc tempore. Livius lib. XXXIV. *Dorsi tribuni certum urgenti in praesenti.* *In praesentia* etiam dicebant.

Quod optasti) Ut negotii tantum haberem, quod esset ad triumphum satis, epist. 5. lib. VIII.

Ut scribis) Epist. 5. lib. VIII. *Malum ne diu ludetur, ut plus biennium in his tricis moretur.*

Spissius) Serius; ut in Bruto: *Spisse, atque vix ad Antonium, Crassumque pervenimus.* Et lib. II. de Orat. *Principia tarda sunt, & exitus tamen spissi, & producti esse debent.* Et, quoniam spisse liquido opponuntur; factum est, ut *Liquido* pro *facile* veteres usurparint, ep. 10. lib. X. *Lectis tuis litteris, liquidius de toto sensu tuo judicavi.* Et ep. 27. lib. XI. *Alia sunt, quae liquido negare soleam, ut de ipso suffragio.*

Praesentia) Nec praesentia tamen, nec praeterita, sed futura se dixit a Caelio exspectare, ep. 8.

EPISTOLA XI.

ÆDILI CUR.) Superiores epistolas inscripsit, Ædili cur. des. nunc aedilitatem Caelius inierat, nam epistola Megalensibus est scripta: quo die ludos ante templum Magnae matris Deum aediles curules dabant.

Putaresne umquam accidere posse, ut mihi verba deessent, &c.) Similiter ep. 63. lib. XIII. *Non putavi fieri posse, ut mihi verba deessent; sed tamen in M. Laelio commendando desunt.*

Vestra oratoria) Iocatur; quia Caelius quoque locum inter oratores obtinebat, epist. 8. *Nam ego vos magnos patronos.*

Nostratia) Quibus vulgo utimur.

De provinciis) Timebat, ne quid de prorogando provinciarum tempore senatus decerneret.

Famam) Ob iustitiam, & abstinentiam.

Fortunae) Quae potest aliquo casu de fama detrahere. Fortunam nominat, quia de sua culpa non timet.

Mi-

Metuendo) Epist. 17. lib. V. ad Att. *Nam gloriam justitiæ, & abstinentiæ fore illustriorem spero, si cito decesserimus.*

Belli) Parthici; dixit enim in proxima epistola: *Sed, ut redeam ad Parthos, hæc æstas habuit hunc exitum satis felicem: ea, quæ sequitur, magno est in timore.* Epist. 21. lib. V. ad Att. & 1. lib. VI. ad eumdem.

Ad constitutam diem) Pridie Kal. Sext. quo die in provinciam venit, ep. 6. lib. III. & ad Att. ep. 15. lib. V. *Nam duos menses, Junium, & Quintilem sperabat fore, ut Bibulus sustineret*, quod ad Atticum scripsit epist. lib. VI.

De pantheris) Quas Cælius petierat, ut ludis suis, id est Romanis, daret, ep. 2. 4. 6. 7. 9. lib. VIII. quædam animalia, tam mares, quam feminæ, muliebri tantum genere significantur, ut *panthera*, *merula*: non enim dicimus, *pantherus*, *merulus*: quædam virili, ut *corvus*, *turdus*: non enim dicitur, *corva*, *turda*. Varro lib. VIII. ling. Lat.

Insidiarum) Per jocum sublata a se latrocinia significat.

In Curiam) Hoc totum inter Ciceronis ridicula Plutarchus memorat.

Patischo) Venatore, ep. 6. lib. VIII. fortasse is est, de quo ep. 15. lib. XII. & Hirtius de bello Alex.

Quidquid erit, tibi erit) Hoc genus ornamenti, *similiter desinens* Latini, ὁμοιοτέλευτον Græci vocant, quo de genere scripsit egregie Demetrius, neque ego colligendis Græcorum exemplis operam consumam: Latinis, & uno maxime Cicerone contenti simus, epistola 18. *Si quid offenderis: sibi totum, nihil tibi offenderis*. Philip. I. *Hoc si quid acciderit, non tam mihi, quam vobis reique pub. acciderit*.

Mehercule) In Oratore: *Pomeridianas*, inquit, *quadrigas*, *quam Postmeridianas*, *libentius dixerim*; *& Mehercule*, *quam Mehercules*, bis tamen in Verrem, *Mehercules*, dixit, & in Catil. & pro Plancio; pro Amerino autem, & in Bruto, *Hercules*.

Ædilitas tua) Cujus caussa pantheras petiisti.

Ipse dies admonebis) Adspectu, vel cogitatione rei præsentis, in memoriam sæpe, aut voluntatem, opinionemve ducimur absentis. Epist. 19. lib. VII. *Ut primum Velia navigare cœpi*, *institui Topica Aristotelica conscribere*, *ab ipsa urbe commonitus*, *amantissima tui*. Epist. 8. lib. I. ad Att. *Signa nostra velim imponas*, *quæ tibi palæstræ gymnasiique videbuntur esse*, *etenim ibi sedens hæc scribebam*: *ut me locus ipse admoneret*. De Orat. lib. I. *Cur non imitamur Socratem illum*, *qui est in Phædro Platonis? nam me hæc tua platanus admonuit*. Ibidem libro tertio: *Hic de vobis sol me ille admonuit*, *ut brevior essem*: *qui ipse jam præcipitans me quoque hæc prope præcipitem coëgit*. In epist. ad C. Cæsarem, apud Nonium: *Quæ monumenti ratio sit*, *nomine ipso admoneor*, *ad memoriam magis spectare debet posteritatis*, *quam ad præsentis temporis gratiam*. Varro lib I. Rei rust. *Annus octogesimus admonet me*, *ut sarcinas colligam*, *antequam proficiscar e vita*.

Ipsis Megalensibus) Et Megalenses & Romani ludi ad ædiles cur. pertinebant: ut in Dione legimus, lib. XXXIX. Dies igitur Megalensium, qui dabantur Aprili mense, Ciceronem admonebat ludorum Romanorum, quos Cælius Septembri mense daturus erat. Atque hinc licet conjicere, cum utrique ludi ab ædilibus curarentur, majore tamen sumtu atque apparatu Romanos dari solitos: de quorum spectaculo Cælium, pantheras petentem, non de Megalensibus, video laborasse. Ludos Megalesia per sex dies, a pridie Non. April. ad V. Id. fuisse, fasti dierum antiqui demonstrant; nam, etsi deam perlatam esse pridie Id. Apr. in ædem Victoriæ Palatinæ, eumque diem festum fuisse, cum lectisternio, & ludis, qui Megalesia vocati sunt, Livius dicat: postea tamen eos ludos in pridie Non. rejectos esse, crediderim, accedente præsertim Spartiani testimonio; qui cum IIX. Id. Apr. ipsis Megalensibus interemtum Caracallam narret, satis indicat, Megalensium primum diem pridie Id. Apr. non fuisse; nisi si qui mendosum esse Livii locum, & pro *pridie Id.* legendum, *pridie Non.* arbitretur: ne, dissidentibus antiquis, opinione dubia fluctuemus. Dicta Megalesia a Græcis, ut auctor est Varro: quod ex libris Sibyllinis arcessita ab Attalo rege Pergami prope murum Megalesion, ubi templum ejus

deæ :

deæ: unde advecta Romam. Quo tempore, & quam ob causam sint arcessita, vel quia patet ex Livio, vel quod brevitatem sequimur, omittemus. Verum addendum videtur: labi turpiter eos, qui ludos Megalenses & Romanos eosdem esse crediderunt: cum Romani a rege Prisco, Megalenses in republ. post multos annos instituti sint. & Romani mense Septembri, Megalenses Aprili dabantur: Romani in honorem Iovis, Iunonis, Minervæ; Megalenses Matris magnæ Deum: Romani primum Circenses, deinde etiam Scenici fuerint, Megalenses tantum Scenici.

EPISTOLA XII.

Conciones] Tribunorum pl. maximeque Curionis, qui valebat in primis eloquentia, & Cæsaris causam acerrime tuebatur; ejus enim concionem contra consulum actiones de provinciis, id est, de successione Galliarum, quis dubitet significari epist. 1. lib. VI. ad Att. in eo loco? *Magna in spe sum: mihi nihil temporis prorogatum iri: habebam acta urbana usque ad Nonas Mart. ex quibus intelligebam, Curionis nostri constantia omnia potius actum iri, quam de provinciis.* Varro, *Concio*, non, *Contio*, scribendum significat, quasi *Conctio*. Festus *Contio*, *quasi conventio*, *a Ciendo*: veterum librorum scriptura Varronis opinionem probat. Mediceus quoque semper, *Contio*.

Quinquatrus] Dictum fortasse nominandi potius, quam ut alii putarunt, generandi casu; mallem tamen, *Quinquatribus*: ut intelligatur dies, quo gesta sunt res, non quo allatæ; cum inferat, *Citeriora nondum audiebamus*, tamen in vetere libro Hieronymi Ferrarii legitur, *Quinquat.* ut etiam pro Gladiatoribus, *Gladiat.* antiquis in libris quandoque scriptum vidimus. *Quinquatrus* autem quinque dies festi fuerunt, Minervæ dicati. Ovid. lib. III. Fast.

Una dies media est, & fiunt sacra Minervæ.
Nominaque a junctis quinque diebus habent.

Varro *Quinquatrum diem* ait appellatum, quod erat post diem quintum Id. Mart. id est, XIV. Kal. Apr. Is quamquam ex Ovidio constet, *quinquatrus* fuisse quinque dies: tamen, cum Cicero *quinquatrus* nominat, non semper eos omnes dies, sed interdum primum dumtaxat eorum significat, ut epist. 25. lib. XII. *Quinquatribus, frequenti senatu causam tuam egi non invita Minerva; etenim eo ipso die senatus decrevit, ut Minerva nostra, custos urbis, quam turbo dejecerat, restitueretur.* Et ad Att. epist. 9. lib. IX. *Vrbis ad me Matius quinquatribus*: & alibi.

Ridere tecum] Ob dementiam quorundam, quas ex amicorum litteris cognoverat.

Annuum munus] Annuam provinciæ administrationem: cujus cum primus dies fuerit pridie Kal. Sext. postremus III. Kal. esse debuit: epist. 5. & ad Attic. epist. 15. 19. lib. IX. & epist. 2. lib. VI.

Diogenes tuus, cum Philone) Diogenes Græcus, amicus Cælii, non libertus: Philo autem libertus, ep. 7. lib VIII.

Pessinunte) Pessinus oppidum Phrygiæ, clarum templo Matris magnæ Deum, cujus ad urbem Romam translata statua est, ad Ciceronis provinciam pertinuit; qui duas in majore Phrygia *dioeceses* habuit, unam ultra Mæandrum flumen, alteram citra, Ciceroni extra ordinem attributam: qua de re alio loco plenius olim diximus.

Iter habebant ad Interigem] Non satis mihi posse videor pro ejus merito laudare Jacobum Taurellum Fanentem, virum optimum, exquisitæ doctrinæ, præstantis ingenii: qui, deleta macula, quæ jam inveteraverat in pervulgatis omnibus libris, huic loco suam, ut ego quidem arbitror, integritatem restituit; cum enim in nullo vetere libro reperiatur, *Ad Deiotarum regem*, ut est in impressis ad hunc diem omnibus; in plerisque autem, *Ad Interigem*; quæ in Mediceo quoque scriptura est, acute Taurellus vidit, mutatione minima legi posse, *Ad Adiatorigem*: quem Comanorum regem hoc tempore fuisse, Strabo docet lib. XII.

Ab ædilitate judicandi) Iudicavit eo tempore, cum e quæstura Siciliensi Romam reverteret; nam in Campania viro

viro nobili obviam factus, cum eum rogasset, quid de ipso civitas, ob res in Sicilia gestas, existimaret; respondit ille, Vbi nam fuisti? ex quo intellexit, quod hic Cælio scribit, obscuram esse peregrinationem omnem, nec ab urbe discedendum. Hæc Plutarchus. *Adolescentiam* igitur vocat quæsturæ tempus: qua de re in epist. 1. h. l.

Obscure, & sordide) Quia dixerat, *in ista luce vive*; tribus enim verbis metaphoram perficit, *Lux*, *Obscura*, *Illustris*: quod genus attente considerandum iis, qui eloquentiæ se studio dediderunt. Addidit autem, *Sordidum*, ut hoc dicat: vel obscurum est, nec cernitur, quod in provincia geritur; vel, si cernitur, præ urbanis actionibus sordidum videtur.

Integritatis) Abstinentiæ: quia ne teruncio quidem provinciæ sumtui fuit: quod ipse, non sine quadam inani gloria, vere tamen ad Atticum scripsit epist. 16. 17. 20. 21. lib. V. & hic ep. 1. 3. 4. 5. lib. XV.

Contemnenda) Si hoc provinciale munus recusassem; qui enim provinciam contemnit, quam multi spe rapinarum appetebant, is laudem consequitur integritatis. Hoc modo locutus est Philipp. ultima: *Supplicationem decernendo, hostes eos, de quibus decrevistis, judicatis necesse est*: pro, si decreveritis.

Spes triumphi, inquis) Nisi in provinciam ivissem; quæ tibi, inquies, triumphi spes esset? respondet: ego mihi præclarum in conspectu, & consuetudine meorum, quibus molestissime tamdiu careo, triumphum ducerem.

In desiderio) Ad Att. ep. 18. lib. V. *Dici non potest, quam invitus a vobis absim, &c.*

Te dignas) Scriptas diligentissime de omni statu reip. ac, cum veterem, rudis plane sim.

EPISTOLA XIII.

Fortasse enim non proferuntur) Obtinuisse consuetudinem, ut *Fortasse*, potius quam *Fortassis*, diceretur; quia scilicet *Fortassis* absurdum auribus videbatur; auctor est Charisius, cujus testimonio permotus, legendum arbitror, *Fortasse*, non *Fortassis*, in epist. 3. lib. I. ad Q. Fr. cum præsertim in meo quoque vetere libro scriptum videam, *Fortasse*.

Vel quos proxime acceperam) *Vel* hic non distinguit, ut alibi: sed præcipuum quiddam notat: ut epist. 24. lib. VII. *Amoris tui, quoque me vertis, vestigia: vel proxime de Tigellio*. Et Terentius in Hec. *Vel hic Pamphilus jurabat quoties Bacchidi*.

Et officii, & consilii) Officii, quia retulerat ad Ciceronem de Tullia Dolabellæ collocanda: consilii, quia scripserat Cælius his verbis: *Tamen illud monere te possum; si res tibi non displicebit, tamen hoc tempore nihil de tua voluntate ostendas, & exspectes, quemadmodum exeat ex hac causa*: ut quo invidiosum tibi sit, si emanarit: epist. 9. lib. VIII.

Prudentibus) Eadem sententia epistolæ undecimæ libro sexto: *Quæ facimus, inquit, ea prudentissimo cuique maxime probata esse volumus*.

Valde diligo; meque ab eo diligi sensi) Eadem sententia in epistolæ fragmento ad Pansam, apud Nonium: *De Antiocho fecisti humaniter, quem quidem ego semper dilexi, meque ab eo diligi sensi*.

Simultatum) Susceptam ex eo, quod frater ejus P. Clodius capitali odio a Cicerone dissideret.

Depofuimus) Auctore Pompeio, cujus filio Appii filia nupserat: id ex Quintiliani lectione cognovimus, qui recitat hæc verba Ciceronis ex libro epistolarum incerto ad M. Brutum: *Ego cum in gratiam redierim cum App. Claudio, & redierim per Cnæum Pompeium*.

Consul) Consulatum gessit cum L. Domitio Ahenobarbo.

Studiorum) Optime se animatum ostendit erga studia mea.

Quoniam) Conjungit hic potius, quam causam exponit: quo item officio, *Nam*, interdum fungitur.

Nuptiarum propter auxilium Phania) Libertus Appii Phania, præter ceteros, mea in Appium officia cognovit, ut comicus testis ea, quibus in comœdiis lites discordiæque tolluntur. Accidit autem, quia casu quodam in comœdiis fieri videtur, ut aliquis, præter exspectationem, adveniens, involutam

tam rerum notitiam explicet, patefactaque veritate sedet omnes turbas. De hoc liberto epist. 1. lib. VI.

Jam) Praeterea, ut alibi saepissime.

Pompeii) Qui Appii filiae socer fuit: ep. 4. & 10. lib. III.

Honoribus) Consulatum gesserat, Ciliciae praefuerat, augur erat.

Liberis) Tres filias habuit, ut epist. 4. 8. 10. libro tertio licet conjicere: marem, ut puto, non genuit, sed adoptavit C. Clodii fratris sui filios duos: qui ambo Appii Claudii, major, & minor, appellabantur: minor nominatur in ep. 7. libro octavo, quo loco vide quae diximus.

Propinquis) Cognatos significari, manifestum est; cum sequatur, *Affinibus*; ut in oratione pro Plancio: *Cum illo maximis vinculis & propinquitatis & affinitatis conjunctus*. Et Caesar libro secundo Bell. Gall. *Propinquitatibus, affinitatibusque conjuncti*. Quibus ex locis, differre *Affinitatem* a *Propinquitate*, constat. Rursus affinitatem video propinquitatis nomine interdum appellari, ut in oratione pro Quintio: *Si pietate propinquitatis colitur; qui affinem prodit, impius sit, necesse est*. Et alibi.

Affinibus) Qui nuptiarum jure conjunguntur. Significat tres Appii generos, Cornelium Lentulum, M. Junium Brutum, Cn. Pompeii filium, de quibus ep. 4. 8. 10. lib. III.

Collegam) In auguratu: ep. 4. 10. lib. III.

Collegii laude) Cum scripsit Appius de jure augurali: quos libros ad Ciceronem misit. Itaque hic subjungit, *studiosum mei*: vide epist. 9. & 11. lib. III.

Quod mihi significabant) Contemnendum non putavi meorum omnium librorum consensum, & quod antea pro *Mihi*, *Nonnihil* legebatur, commutandum duxi; cum praesertim Mediceus quoque liber, non ille quidem hoc in loco plane sit emendatus, sed ita prope tamen ad veritatem accedat, ut emendari vel minimo negotio possit; habet enim, *Quod nihil significabant*: in quo mei omnes planissime: *Quod mihi significabant*. Miror autem eos, qui Florentiae hos epistolarum libros nuper ediderunt, non modo Medicei libri, cui se tantum tribuere profitentur, auctoritatem neglexisse, (nam in illo, ut dixi, est, *Quod nihil significabant*) verum etiam, contra veteres omnes libros, imprimi voluisse, *Non nihil*, nulla in Scholiis mentione facta; certe enim aliqua ratione probari oportuit, quod ab antiquis libris, vel saltem (omitto alios, quos ipsi contemnunt) quod a Mediceo discreparet; cum praesertim, si verbum, *Subdubitare*, perpenderent, intelligere potuerint, *Non nihil*, otiosum esse minimeque necessarium: nam adjuncta verbo particula, *Sub*, non nihil ostendit.

Subdubitare) Vide epist. 9. lib. VIII.

Institutorum) In administranda provincia, cui anno proximo praefuerat Appius.

Dissimilitudinem) Hac de re sic ad Appium ipsum scribit epist. 8. lib. III. *Si quem mea instituta in provincia non delectant; & quasi dissimilitudine institutorum meorum ac tuorum laedi se putet; cum uterque nostrum recte fecerit, sed non idem uterque secutus sit: hunc ego amicum habere non curo. Liberalitas tua, ut hominis nobilissimi, latius in provincia patuit: nostra si angustior, & si de tua prolixa, beneficaque natura limavit aliquid posterior annus, propter quandam tristitiam temporum; non debent mirari homines, cum & natura semper ad largiendum ex alieno fuerim restrictior, & temporibus, quibus alii moventur, iisdem ego movear, me esse acerbum sibi, ut sim dulcis mihi*. Ad Atticum autem epist. 1. lib. VI. *Nihil a me fit cum illo Appii commentario; tum nimirum dissimilitudo meae rationis offendit hominem; quid enim potest esse tam dissimile, quam, illo imperante, exhaustam esse sumptibus & jacturis provinciam: nobis administrantibus nummum nullum esse erogatum nec privatim, nec publice? quid dicam de illius praefectis, comitibus, legatis? quid etiam de rapinis, de libidinibus, de contumeliis, &c.*

Post hoc negotium) An hoc dicit? excepta provinciae administratione, in qua non sequor illius instituta, excepta etiam, de qua ad me scripsisti, accusatione Dolabellae, in qua nullam animi mei alterutram in partem significationem fieri volo, ceteris in rebus pro Appii periculo deprecabor.

Haec

viro nobili obviam factus, cum eum rogasset, quid de ipso cives, ob res in Sicilia gestas, existimarent; respondit ille, Vbi nam fuisti? ex quo intellexit, quod hic Cælio scribit, obscuram esse peregrinationem omnem, nec ab urbe discedendum. Hoc Plutarchus. *Adolescentiam* igitur vocat quæsturæ tempus: qua de re in epist. 1. h. l.

Obscura, & sordida) Quia dixerat, *in ipsa luce vive*; tribus enim verbis metaphoram perficit, *Luce*, *Obscura*, *Illustris*: quod genus attente considerandum iis, qui eloquentiæ se studio dediderunt. Addidit autem, *Sordidam*, ut hoc dicat: vel obscurum est, nec cernitur, quod in provinciis geritur; vel, si cernitur, præ urbanis actionibus sordidum videtur.

Integritatis) Abstinentiæ: quia ne terruncio quidem provinciæ sumtui fuit: quod ipse, non sine quadam inani gloria, vere tamen ad Atticum scripsit epist. 16. 17. 20. 21. lib. V. & hic ep. 1. 3. 4. 5. lib. XV.

Contemnenda) Si hoc provinciale munus recusassem; qui enim provinciam contemnit, quam multi spe rapinarum appetebant, is laudem consequitur integritatis. Hoc modo locutus est Philipp. ultima: *Supplicationes decernendo, hostes eos, de quibus decernitis, judicatis uno esse esse*: pro, si decreveritis.

Spes triumphi, inquis) Nisi in provinciam ivisses; quæ tibi, inquies, triumphi spes esset? respondeo: ego mihi præclarum in conspectu, & consuetudine meorum, quibus molestissime nunc careo, triumphum ducerem.

In desiderio) Ad Att. ep. 18. lib. V. *Dici non potest, quam invitus a vobis absim, &c.*

Te dignos) Scriptos diligentissime de omni statu reip. ne, cum venero, rudis plane sim.

EPISTOLA XIII.

F*Ortasse enim non præferrentur*) Obtinuisse consuetudinem, ut *Fortasse*, potius quam *Fortassis*, diceretur; quia scilicet *Fortassis* absurdum auribus videbatur; auctor est Charisius, cujus testimonio permotus, legendum arbitror, *Fortasse*, non *Fortassis*, in epist. 3. lib. I. ad Q. Fr. cum præsertim in meo quoque vetere libro scriptum videam, *Fortasse*.

Vel quas proxime acceperam) *Vel* hic non distinguit, ut alibi: sed præcipuum quiddam notat: ut epist. 24. lib. VII. *Amoris tui, quoque me vertit, vestigia: vel proxime de Tigellio*. Et Terentius in Hec. *Vel hic Pamphilus jurabat quoties Bacchidi*.

Et officii, & consilii) *Officii*, quia retulerat ad Ciceronem de Tullia Dolabellæ collocanda: *consilii*, quia scripserat Cælius his verbis: *Vtrum illud mavere te possum; si res tibi non displicebit, tamen hoc tempore nihil de tua voluntate ostendas; & exspectes, quemadmodum exeat ex hac causa: ne quæ invidiosum tibi sit, si emanarit*: epist. 9. lib. VIII.

Prudentibus) Eadem sententia epistola undecima libro sexto: *Quæ scrimus, inquit, ea prudentissimo cuique maxime probata esse audiamus*.

Valde diligo; atque ab eo diligi sentio) Eadem sententia in epistolæ fragmento ad Pansam, apud Nonium: *De Antiocho fecisti humaniter: quem quidem ego semper dilexi, meque ab eo diligi sensi*.

Simultatem) Susceptam ex eo, quod frater ejus P. Clodius capitali odio a Cicerone dissideret.

Dependimus) Auctore Pompeio, cujus filio Appii filia nupserat: id ex Quintiliani lectione cognovimus, qui recitat hæc verba Ciceronis ex libro epistolarum incerto ad M. Brutum: *Ego cum in gratiam redierim cum App. Claudio, & redierim per Cn. Pompeium*.

Consul) Consulatum gessit cum L. Domitio Ahenobarbo.

Studiorum) Optime se animatum ostendit erga studia mea.

Quoniam) Coniungit hic potius, quam causam exponit: quo item officio, *Nam*, interdum fungitur.

Κωμικὸς μάρτυς καὶ δὴ Phania) Libertus Appii Phania, præter ceterum mea in Appium officia cognovit, ut comicus testis ea, quibus in comœdia lites discordiæque tolluntur. Accidit autem, quia casu quodam in comœdiis fieri videtur, ut aliquis, præter exspectationem, adveniens, involutam

tam rerum notitiam explicet, patefactaque veritate sedet omnes turbas. De hoc liberto epist. 1. lib. VI.

Iam) Praeterea, ut alibi saepissime.

Pompeii) Qui Appii filiae socer fuit, ep. 4. & 10. lib. III.

Honoribus) Consulatum gesserat, Ciliciae praefuerat, augur erat.

Liberis) Tres filias habuit, ut e epist. 4. & 10. libro tertio licet conjicere: mares, ut puto, non genuit, sed adoptavit C. Clodii fratris sui filios duos: qui ambo Appii Claudii, major, & minor, appellabantur: minor nominatur in ep. 7. libro octavo, quo loco vide quae diximus.

Propinquis) Cognatos significari, manifestum est; cum sequatur, *Affinibus*; ut in oratione pro Plancio: *Cum illo maximis vinculis & propinquitatis & affinitatis conjunctus*. Et Caesar libro secundo Bell. Gall. *Propinquitatibus, affinitatibusque conjuncti*. Quibus ex locis, differre *Affinitatem* a *Propinquitate*, constat. Rursus *affinitatem* video propinquitatis nomine interdum appellari, ut in oratione pro Quintio: *Si pietate propinquitas colitur; qui affinem prodit, impium sit, necesse est*. Et alibi.

Affinibus) Qui nuptiarum jure conjunguntur. Significat tres Appii generos, Cornelium Lentulum, M. Iunium Brutum, Cn. Pompeii filium, de quibus ep. 4. & 10. lib. III.

Collegam) In auguratu: ep. 4. 10. lib. III.

Collegii laude) Cum scripsit Appius de jure augurali: quos libros ad Ciceronem misit. Itaque hic subjungit, *Studiosum mei*: vide epist. 9. & 11. lib. III.

Quod mihi significabas) Contemnendum non putavi nostrorum omnium librorum consensum; & quod antea pro *Mihi*, *Nam nihil* legebatur, commentitium duxi; cum praesertim Mediceus quoque liber, non ille quidem hoc in loco plane sit emendatus, sed ita prope tamen ad veritatem accedat, ut emendari vel minimo negotio possit; habet enim, *Quod mihil significabant*: in quo reliqui omnes planissime: *Quod mihi significabas*. Miror autem eos, qui Florentiae hos epistolarum libros nuper ediderunt, non modo Medicei libri, cui se tantum tribuere profitentur, auctoritatem neglexisse, (nam in illo, ut dixi, est, *Quod nihil significabant*) verum etiam, contra veteres omnes libros, imprimi voluisse, *Nam nihil*, nulla in Scholiis mentione facta; certe enim aliqua ratione probari oportuit, quod ab antiquis libris, vel saltem (omitto alios, quos ipsi contemnunt) quod a Mediceo discreparet; cum praesertim, si verbum, *Subolebitare*, perpenderent, intelligere potuerint, *Nam nihil*, otiosum esse minimeque necessarium: nam adjuncta verbo particula, *Sub*, non nihil ostendit.

Subolebitare) Vide epist. 9 lib. VIII.

Institutorum) In administranda provincia, cui anno proximo praefuerat Appius.

Dissimilitudinem) Hac de re sic ad Appium ipsum scribit epist. 8. lib. III. *Si quem mea instituta in provincia non delectant; & quasi dissimilitudine institutorum meorum ac tuorum laedi se putat; cum uterque nostrum recte fecerit, sed non idem uterque secutus sit; hunc ego amicum habere non curo. Liberalitas tua, ut hominis nobilissimi, latius in provincia patuit: nostra si angustior, & si de tua prolixa, beneficaque natura limavit aliquid posterior annus, propter quandam tristitiam temporum, non debent mirari homines, cum & natura semper ad largiendum ex alieno fuerim restrictior, & temporibus, quibus alii moventur, iisdem ego movear, me esse acerbum sibi, ut sim dulcis mihi*. Ad Atticum autem epist. 1. lib. VI. *Nihil a me fit cum illa Appii commendatione; tantummodo dissimilitudo meae rationis offendit hominem; quid enim potest esse tam dissimile, quam, illo imperante, exhaustam esse sumptibus & jacturis provinciam; nobis obtinentibus eam, nummum nullum esse erogatum nec privatim, nec publice? quid dicam de illius praefectis, comitibus, legatis? quid etiam de rapinis, de libidinibus, de contumeliis, &c.*

Post hoc negotium) An hoc dicit? excepta provinciae administratione, in qua non sequor illius instituta, excepta etiam, de qua ad me scripsisti, accusatione Dolabellae, in qua nullam animi mei alterutram in partem significationem fieri volo, ceteris in rebus pro Appii periculo deprecabor.

Hac

Hæc mihi non placet interpretatio; nam cum dicat, *Deprecatorem me pro illius periculo præbeo*, non de futuro, sed de præsenti loquitur Appii periculo: quod cum ita sit, alia requiritur explanatio, hæc scilicet: Antea nihil unquam feci, nihil dixi contra Appii existimationem: postquam autem eo temeritatis progressus est Dolabella noster, ut ei negotium facesset, deprecatorem me pro illius periculo præbeo. Non enim tam impium, aut sceleratum Ciceronem fuisse credibile est, ut deesse Appio in tanto periculo voluerit, cum ad ipsum Appium epist. 10. lib. III. ita scripserit: *Contestans omnes deos, promitto, atque confirmo, me pro tua dignitate (malo enim dicere, quam pro salute) in hac provincia, cui tu præfuisti, rogando, deprecatoris; laborando, propinqui; auctoritate, cari hominis, ut spero, apud civitates; gravitate, imperatoris susceptorum officia atque partes: omnia volo a me & postules, & exspectes; vincam meis officiis cogitationes tuas.*

Nostri) Nondum generi, sed amici: cujus salutem duobus capitis periculis Cicero defenderat: quod scripsit ad Appium epist. 10. libro tertio, & undecima libr. sexto.

Ventrem civitatis) Scripserat Cælius hoc modo: *Nisi cum ego cum operariis & tabernariis pugnarem, ventrem civitatum manupassit*.

Gaudebam) Quieto reip. statu, de quo timueram, creato tribuno pl. Curione, cujus ingenium noveram.

Conglaciasse) Cælii verba sunt epist. 9. libro octavo: *Curioni nostro tribunatus conglaciat*.

Nostrum amicum) Curionem; qui ne nimium caleret, extimueram.

Extrema pagella) Unica igitur pagina totam Cælii epistolam, quæ libro octavo nona legitur, comprehendebat, ex quo patet, longiores, aut breviores paginas fuisse; nam illa Cælii epistola satis longa est: brevis autem, quam scripsit Cicero libro undecimo hoc initio, *Exspectanti mihi*, quæ tamen una pagina non continebatur: cum in extrema scripserit Cicero: *Altera jam pagella procedit*.

Pupugit me) Commovit me. Sic ad Att. epist. 16. libro secundo: *Ita me pupugit, ut mihi somnum ademerit*.

Chirographo) Cum in reliqua epistola amanuensis opera usus esset.

Præter me) Qui de Curione, & ob levitatem, & ob æs alienum hoc facile putavi.

Risum nostrum) Ridebat Cicero cum familiaribus hominum stultitias, epist. duodecima.

Jurisdictionem) Forum egerat Laodiceæ ex idibus Febr. ad Kalend. Maj. omnium dioecesium, præter Ciliciæ; postquam in Ciliciam profectus est, infra, & 2. & 4. libro sexto ad Atticum.

Locupletaram) Qua ratione civitates locupletaverit, ostendit his verbis epist. 2. libro sexto ad Att. *Mira erant in civitatibus ipsorum furta Græcorum, quæ magistratus sui fecerant; quæsivi ipse de iis, qui annis decem proximis magistratum gesserant, aperte fatebantur: itaque sine ulla ignominia suis humeris pecunias populis retulerunt*.

Superioris lustri) Provinciales homines vectigalia publicanis debebant superioris etiam lustri: quæ ut libenter solverent, Ciceronis opera & auctoritate factum est, qua de re sic in eadem ad Att. epistola: *Populi, nullo gemitu, publicanis, quibus hoc ipso lustro nihil solverant, etiam superioris lustri reddiderunt: itaque publicanis in oculis sumus*. Vectigalia vero quinto quoque anno, quod lustrum vocabatur, persolvi solita, demonstrant Varro & Festus. Mirum, quam hic libri antiqui omnes, nullo prorsus excepto, in mendo consentiant: habent enim pro, Confeceram, *Confecram*; pro, Locupletaram, *Locupletariam*; pro, Superioris, *Superioribus*; pro, Conservaram, *Conservata in*.

Sine ulla querela) *Nullo gemitu*, scripsit ad Att.

Privatis, summis, infimis) Ne quis putet hominum tria genera significari; nam privati sunt infimi, & summi, medios omisit Cicero, qui summis & infimis includuntur: non omisit autem in prima Philippica, in qua dixit: *Cum a summis, mediis, infimis, cum denique ab universis hoc idem fit*. Et in 13. *Omnes te dii, homines, summi, medii, infimi, oderunt*.

In Ciliciam) Ut ibi reliquam jurisdictionem absolveret.

Mihi

Militaremque rem collocassem) Erat enim præsidium relinquendum. Si quid Parthi commoverentur, Medicæus liber, & mei quatuor, *Militaremque collocarem*: corrupte, duo mei, *Militaremque rem collocassem*: sincere, unus, *Militaremque eum collocassem*: minus mendose, nec tamen recte.

Ex S. C.) Decreverat enim Senatus, ut, anno confecto, decederet, epist. 5. lib. VI. ad Att. *Esse officium meum putavi, exercitum habere quam proxime hostem, quod mihi præter provinciæ per S. C. liceret.* Nec dubito, quin senatus id decreverit, M. Marcello consule referente; ad quem hæc scripsit epist. 7. lib. XV. *Ne quid accedat temporis ad id, quod tu mihi & S. C. & lege finisti.*

Te ædilem videre) Ut præsens honore tuo fruar.

Miro desiderio me urbe afficit) *Mirum me desiderium tenet urbis*, epist. 11. *Si non essem tamdiu in desiderio rerum mihi carissimarum*, epistola duodecima.

EPISTOLA XIV.

Viro optimo, & homini doctissimo) Conjungit bonitatem, & doctrinam: quia nec imperita bonitas, nec improba doctrina laudatur.

Vos magnos patronos) Iocatur cum laude Cœlii, ut epist. 11. cum dixit, *Ista vestra oratoria*.

Vestra opera) Solent enim magni patroni graves tantum causas recipere.

Res Romanas) Emphasis est in verbo, *Romanas*. Sic ad Att. epist. 17. lib. IV. *Ad quid laboramus res Romanas?* Et ep. 8 lib VI. *Velim dispicias res Romanas*. Et alio loco: *Iam exclamare necesse est, res Romanas diutius stare non posse*.

EPISTOLA XV.

Prudentius) Quia scripserat Cœlius epist. 11. lib. VIII. *Desciscimus ad pactionem*, quod optimum in re difficili Curionis & Cœlii consilium fuit.

De supplicatione) Mihi confecta, quinque dierum, ut opinor; nam ordinaria, quæ consularibus decernebatur, longior non fuit, quod ex Livii loco docemur; is enim lib. XLV. de supplicatione Paullo Æmilio ob Macedonicam victoriam decreta, sic inquit: *Supplicatio pro concione populi indicta est ei ante diem v. Id. Oct. cum eo die in quinque dies.* Extra ordinem Pompeio duplicata est, confecto Mithridatico bello, ut esset decem dierum, quæ quinque fuerat, quamquam in oratione de Provinciis [illegible] decem, modo duodecim legitur; ego tamen decem probo; ut consularis duplicetur supplicatio, quam quinque dierum fuisse, exemplo Paulli, proxime recitato, cognoscitur: nam C. Mario supplicationem decretam plurium dierum, quam Paullo, id est, sex fortasse, aut septem, pauciorem quam C. Pompeio, cui duplicata est supplicatio consularis, quod ante contigerat nemini, declarat eadem oratio, & apte quadrat; ut, quemadmodum Pompeio quinque dies amplius, quam ceteris, item Cæsari quinque amplius, quam Pompeio, extra ordinem tribuantur, ut essent quindecim omnino; quod, præter eamdem orationem, ostendit ipse Cæsar lib. II. Bel. Gal. postea que aliis rebus gestis, eamdem quinque dierum accessionem esse factam, decretamque sibi viginti dierum supplicationem, idem scripsit lib. IV. ibidem. *Supplicatio* autem dicebatur cum populus universus ad omnia deorum templa, cæsis victimis, de victoria parta gratulabatur, quibus diebus nihil agere cum populo licebat: ut epist. 5. l. II. ad Fratrem Cicero docet his verbis: *Consul est egregius Lentulus; dies comitiales exemit omnes; nam etiam Latinæ instaurantur; nec tamen supplicationes deerant, sic legibus perniciosissimis obsistitur.* De gratulatione autem in supplicationibus ad omnium deorum aras facta, cum alibi, tum epist. 18. libro undecimo & epist. 5. lib. XV. & Philip. ult. sic: *Grata vero nostra diis immortalibus gratulationes erunt, grata victimæ, cum interfecta sit civium multitudo.* Et in eadem, in extremo: *Præter ornatus supplicationes per dies quinquaginta ad omnia pulvinaria constituat.* Atque hic honor adeptis victoriam civibus, simul cum imperatoris nomine, a senatu decernebatur; ut ex eodem Philip. & Cœlii epist. 11. libro octavo, & aliis

& aliis præterea locis plane cognoscitur. A principio, uno tantum die supplicatum existimo; postea numerum ambitione auctum, *Ante Camilli victoriam de Vejis annui quatuor dierum supplicatio decreta*, ut ait Livius libro quinto; aliquot post annis Papirio & Carvilio coss. quia Samnites vicissent, item quatridui supplicatione publicum gaudium celebratum esse, idem libro decimo narrat. Senatus augendi, aut minuendi dierum numeri potestatem habuit: video enim, multis post annis Neroni & Salinatori, in majore, quam Camilli, aut Papirii, Carviliique victoria, nempe ob Hasdrubalem, Hannibalis fratrem, cum exercitu cæsum, trium dumtaxat dierum supplicationem decretam: quod ab eodem lib. XXVII. proditum observavi.

Is) Hirrus.

Iratus) Quia superatus a Cicerone in petitione auguratus.

Ei) M. Catoni.

Divinis laudibus) Non decreverat Cato supplicationem, locutus tamen erat honorifice de rebus ab eo gestis: vide epistolam ipsius Catonis, & eam, qua Cicero respondet, lib. XV.

Quæ sequuntur) Triumphum significat: qui plerisque post supplicationem dabatur.

Dolabellam) De cujus affinitate gratulatus erat Cælius epist. 12. libro octavo.

Ea) Vitia quædam Dolabellæ, quibus illum sibi antea parum utilem fuisse, & emendatum iri pudore Tulliæ, scripserat Cælius.

Cui tuæ epistolæ respondeant) Cum qua congruant epistolæ tuæ; congruunt enim cum ea, qua reum a Dolabella factum esse Appium significaveras: hoc igitur videris dicere, moderatiorem in posterum fore. *Respondere* valet hic, consentire, convenire, similitudinem enim significat. Epist. 5. *Non quo verear, ne tua virtus opinioni hominum non respondeat*. De Universitate: *Dextera dextris respondent*. Lib. III. de Fin. *Quid posterius priori non convenit? quid sequitur, quod non respondeat superiori*. In Oratore: *Forensibus nostris rebus etiam domesticæ litteræ respondebant*. Virgilius Æn. lib. I. *Dictis respondent cætera matris*. Quæ significatio cum & his, & aliis exemplis notissima sit, fugit eos tamen, qui legendum putant, *Respondeam*, errore puerili: quo enim referetur, *Ea*? quod ad, *Respondeant*, spectare, nisi qui prorsus in litteris cæci sunt, omnes vident. Est autem ordo: Scio, cui tuæ epistolæ respondeant ea, quæ scribis Tulliæ meæ prudentia temperari posse; ut dandi casu, *Tuæ epistolæ*, dictum sit, non nominandi, ut acceperunt ii, qui elegantissimum loquendi genus non agnoverunt: unde temeritas, mutandique libido nata est.

Ex tuis litteris) In quibus Dolabellæ sermonem perscripseras, de Tulliæ nuptiis & Ciceronis affinitate gloriantis, de quo sic epist. 10. libro tertio: *Cujus sermo puerilis erat, jam antea ad me a M. Cælio familiari nostro, perscriptus*. Hæ Cælii litteræ non extant.

Misi ad Appium) Significat epistolam 10. lib. III.

Sic vivitur) Sic vitæ consuetudo postulat.

Quod actum est, dii approbent) Epist. 12. lib. III. *Ego vero velim mihi, Tulliolæque meæ, sicut tu amicissime & suavissime optas, prospere evenire ea, quæ, me insciente, facta sunt a meis*.

Tua humanitas) Quæ tua est humanitas: bonum & jucundum generum mihi præstabis.

Respub.) Perturbata contentionibus civium: cum ex Gallia revocari Cæsarem optimates cuperent, contra quam lege Trebonia concessum fuerat; tribuni vero pl. maximeque Curio nihil contra Cæsaris existimationem decerni paterentur, epist. 11. & 12. libro octavo.

Fauto Curioni) Quem a puero dilexerat, epist. 1.

Cæsarem) Cujus in Gallia legatus fuerat Q. Cicero: & summam erga se, fratremque suum liberalitatem extollit Cicero epist. 9. libro primo.

Honestum esse) Ne honor ejus imminuatur: imminuitur autem, si, ante datum lege tempus, ex provincia revocetur.

Emori possum) Cujus in primis opera sum ab exsilio restitutus. Sic epist. 2. ad Att. lib. VII. *Pro Pompeio libenter emori possum: facio pluris omnium*

Homi-

hominum omnium.

Non valde te probat) Nondum Cælius ad Cæsaris causam propendebat.

Bonus civis) Faves enim optimatibus, & senatui; quia Cæsarianos homines diligis, maximeque C. Curionem, & M. Antonium. Scripserat enim Cœlius epist. 14. libro octavo: *Neutrum eorum quid consilii capiam, non reperio; nam mihi cum hominibus his & gratia & necessitudo est: tum causam illam, non homines, odi*.

Cœlium) C. Cœlium, ad quem scribit epistolam ultimam hujus libri.

Proquæstori) Ut, præter quæstoriam potestatem, auctoritate atque imperio proconsulis uteretur: quo modo enim sine imperio, si res ferret, bellum gerere potuisset? ideo P. Sextius proconsul vocatur epist. 6. libro quinto, qui tamen quæstor in provinciam profectus erat. Nec adversatur illud epist. 7. lib. VII. ad Att. *Senatum bonum putas, per quem sine imperio provinciæ sunt?* Nam significat eos, quos senatus, populusque cum imperio mittere consuesset. Præterea enim quæstores, aut legati, a decedentibus proconsulibus relicti.

Puerum) Sic epist. 6. lib. VI. ad Att. *Provinciæ præfecimus Cœlium, puerum, inquies, & fortasse fatuum, & non gravem, & non continentem: assentior: fieri non potuit: nam, præter fratrem, nemo erat, quem sine contumelia quæstori nobili præsertim anteferrem*.

Nobilem) Non sua, sed majorum virtute, adhuc enim erat adolescens, *nobiles* autem non patricii tantum, sed plebeji etiam homines appellabantur; honoribus enim qui aliquo virtute excelleret, Roma nemo excludebatur.

Omnium fere exemplo) Plerique enim de provincia decedentes, præponere quæstorem solebant, epist. 18. Legebatur olim in vulgatis omnibus libris, *Exemplum*: nos ex antiquis, & more Latini sermonis, & ex ipsa quoque sententia, primi reposuimus, *Exemplo*.

Pontinius) Qui legatus fuerat Ciceronis, & Cœlium honore superabat, non quod legatus, sed quod præturam gesserat, atque etiam de Allobrogibus triumphaverat: præturam Cicero, Sallustius, Epitome Liviana, triumphum Dio nominat.

A Q. fratre) Legato, qui & ipse prætorius erat, Asiamque per triennium tenuerat. Quatuor legatos habuit Cicero in provincia, Fratrem, Cn. Pontinium, M. Anneium, L. Tullium: quos nominat epist. 4. lib. XV.

Ut senatus voluisset) Factum S. C. de quo epist. 7. & 13. hujus libri, & 7. lib. decimo quinto, & ad Att. epist. 6. lib. VI. *Videbam fore, ut... Ubi fratrem reliquit? num est hoc, non plus annum obtinere provinciam? quid, quod senatus eos voluit præesse provinciis, qui non præfuissent? at hic triennium*.

Quoniam alterum me reliquissem) Nonius: *Fratrum proprietatem Nigidius accuratissime dixit: Frater est, inquit, dictus, quasi fere alter*.

Senatum eos voluisse provinciis præesse) Senatus hoc decreverat eo S. C. quod Cælius ad Ciceronem misit cum epist. 7. libro octavo.

Duorum) Pompeii, & Cæsaris: de quibus epist. 6. lib. VI. ad Att. *Pompeius, eo robore vir iis radicibus, Q. Cassium sine sorte delegit, Cæsar Antonium: ego sorte datum offenderem? ut etiam inquirerem in eum, quem reliquissem? hoc melius, & hujus rei plura exempla*.

Omnes Cassios Antoniosque complexi sunt) Ejus enim honoris causa, quem Pompeius in Q. Cassium, Cæsar in M. Antonium contulit, ab universa gente Cassia gratiam inierunt.

Hominem adolescentem) Pro, *adolescentem*, ut libro primo de Orat. *Neque hoc in eam disputo sententiam, ut homines adolescentes a dicendi studio deterream*.

Æstimate nobis) Esset enim ignominia, si quem ei anteferrem; epist. 18.

De Ocella) De Ser. Ocella, triduo bis in adulteriis deprehenso. *Ocellæ*, ab oculorum parvitate nominatos, Plinius significat libro undecimo capite 37.

Parum plane) Quia Cœlius, ubi deprehensus esset Ocella, significare noluerat; vide epist. 10. libro octavo.

In actis) Quibus urbanæ res singulorum dierum scribebantur. Tacitus lib. III. *Maturo Antonium, non apud auctores rerum, non diurna actorum scriptura reperio, ullo insigni officio functum.*

Trans montem Taurum) Vbi erat Cicero, cum de Matrinio cognovit.

De Matrinio) Matrinium, scribam ædilicium, nominat in oratione pro Cluentio. Videtur Cælius ædilis curulis aliquid adversus eum, vel etiam pro eo, reip. aut amicitiæ causa fecisse.

Sit auditum) Non igitur Cælius id scripserat.

Etesiæ) Venti a Septemtrione ad Occidentem, inde in Orientem flantes, ut lib. secundo Met. docet Aristoteles: itaque cursum Ciceronis impediebant, in Italiam ex Græcia navigantis. Flare incipiunt VI. id. Jul. diebus octo ante Caniculæ ortum, ut ait Columella, nec desinunt nisi post dies XL. auctore Plinio. Gignuntur, ut eodem libro docet Aristoteles, humorem dissolvente Sole in Septemtrionis regione collectum; epist. 25. lib XII & epist. 11. lib. XV. & ad Att. lib. VI. epist. 7. & 8.

Celeriter) Iam enim de provincia decesserat: quod paullo ante dixit.

EPISTOLA XVI.

MAgno dolore) Quia tota Cælii epistola scripta est miserabiliter, præsertim in eo loco: *Si tibi tu, si filius unicus, si domus, si spes tuæ reliquæ tibi caræ sunt; si aliquid apud te nos, si vir optimus gener tuus valet; &c.* Et ad Atticum epistola septima lib. X. *M. Cælii epistolam, scriptam miserabiliter, quæ hoc obsecraret, ut exspectarem, ne fortunas meas, ne unicum filium, ne meos omnes tam temere proderem, non sine magno fletu legerunt pueri nostri.*

Ratio ipsa) Quæ nihil dolendum ostendit, quod absit a culpa.

Desperatione rerum) Cum jam pridem de republica desperaverim.

Obduruisset) Sic, ut novum dolorem non sentiat; epist. 5. lib. IV. *Qui non in illis rebus exercitatus animus callere jam debet?* epist. 2. libro nono: *Consuetudo diuturna callum jam obduxit stomacho.* Ad Atticum epist. 18. lib. II. *De Sextio meminisse angor equidem, sed jam prorsus occallui.* Ad eumdem epist. 2. lib. XIII. *Sed jam ad ista obduruimus, & humanitatem omnem exuimus.*

Ex meis superioribus litteris) Hæ litteræ non extant.

Querelam temporum) Accusabam tempora; nihil tamen me triste cogitare, quod tu scribis, ostendebam.

Sollicitum habebant) Sollicitarent; ut epist. 3. lib. VII. *Sollicitum te habebat cogitatio tum officii, tum etiam periculi mei.* Eodem modo epist. ad Att. ult. lib. IX. & 1. lib. XVI. *Mare infestum habere*, pro infestare; quo modo etiam locutus est lib. III. de Repub. apud Nonium; & Varro in libris Rerum humanarum: *Multa, inquit, loca infesta habuerunt singulari latrocinio.* Sollicitabant autem Ciceronem tempora, quia belli civilis, id est, publicæ calamitatis, initia videbat.

Ab excitata fortuna ad inclinatam) Excitata Cæsaris, inclinatam Pompeii: cum Cæsar Italiam, ejecto Pompeio, teneret. Translata sunt, *excitata, inclinatam, jacentem.*

Collectam gratiam effunderem) Alia translatio, nec obscura sententia.

Florentissimi hominis) Cæsaris, cujus ita prospera fortuna erat, ut nihil ei deesse videretur.

A meque ipse deficerem) Qui semper id egi, ne civili bello interessem.

Initio) Belli civilis.

Meum triste consilium) Quod ostenderat in litteris ad Cælium.

Ut discederem fortasse) Non ut irem ad Pompeium, quod tu suspicatus es; sed ut discederem fortasse in aliquas solitudines; non modo ut abessem a bello, sed etiam, ne quosdam homines viderem, quorum indignitatem fastidiunt oculi mei. Notat quorumdam Cæsarianorum insolentiam, qui, Cæsare urbis potito, nimis arroganter se jactarent, bonosque viros, id est optimates, quorum in numero Cicero erat, contemnerent.

Quondam) Significat illud tempus, quo Cælius contra cives improbos pro rep. senserat; eum, ut Cicero scripsit in Bruto, *talis tribunus pl. fuerat, ut nemo contra civium perditorum*

popu-

popularem, *turbulentamque dementiam a senatu*, *& a bonorum statu flexerit constantius*.

Oculorum] Nec stomachus, inquit, meus, nec oculi quorundam hominum ferre possunt; itaque solitudinem fortasse cogitavi.

Indignitate] Quod ab iis, contra quam deceat, multa fiant; scripserat Caelius: *Si mavolorum hominum insolentiam & jactationem ferre non potes; eligas, censeo, aliquod oppidum vacuum a bello*; epist. 2. libro nono, *Putarent me idcirco discedere, quod quorundam hominum oculi ferre non possem*.

Pompa lictorum] Lictores habebant, quicumque erant cum imperio. Cicero autem e provincia reversus, nondum in urbem introierat, spe triumphi; quod urbem ingredientibus deponendum erat imperium, nisi si triumphantes introirent: quo die tantum lex imperium in urbe dabat; habebat igitur secum lictores, eosque cum fascibus laureatis, & imperator vocabatur; quo fiebat, ut in solitudinem, & in latebras abdere se non posset. *Pompam* vocat, quia lictores cum laureatis fascibus proconsuli praeibant.

Onere] Quidam libri, *Honore*; placet, *Onere*: ut ad illud respondeat, *Molesta haec pompa*; & cum stomacho dictum sit: quod, qui specie sit honor, ei vere tali tempore sit onus.

In mentes] Qui praeferri videat laureatos fasces, aliquid in nos contumeliose dicunt: quasi stulte cogitemus de triumpho, pulso jam Italia Pompeio, quem secuti sumus.

De profectione] Ad Pompeium, in Graeciam: jam enim mare transierat.

Vobis] Te, & meis.

Mea praediola] Propinqua mari: de quibus vide epist. 14. & 28. libro decimo quarto.

Necesse est] Non quia navigationem cogitem, sed ne amicis molestus hospitio sim: sic epist. 23. lib. VII. *Libentius omnium diversorium Terracina; ne semper hospiti molestus sim*.

In maritimis] In villis & oppidis, ad mare sitis.

In maritimis facillime sum] Pro, *liberrime sum*: ut epist. 33. lib. duodecimo: *Ego hic vel sic sine (firmi enim amici est) facillime possum esse, ut in mollio*. Et lib. II Off. *Diserti igitur hominis, & facile laborantis, quodque in patriis est moribus, multorum causas & non gravate, & gratuito defendentis, beneficia & patrocinia late patent*.

Navigare] Ad Pompeium.

Qui omnino] Mihi, qui semper pacis auctor fui: epist. 23. libro septimo: *Martis signum quo mihi, pacis auctori?*

Contra eum] Caesarem.

Satisfecisse] Quod adhuc me cum Pompeio non conjunxerim, nec interesse bello voluerim.

Nullo modo] Licet ad Pompeium navigem, non tamen ei plane satisfaciam; quia serius ad eum, quam voluerat, iverim. Respondet ad eam Caelii sententiam: *Denique illud cogita: quod offensae fuerit, in ista cunctatione te paene subisse, nunc te contra victorem facere; quem dubiis rebus laedere nolisti, & ad eos fugientes accedere, quos resistentes sequi nolueris, summae stultitiae est*.

Mihi obviam venisti] Ad urbem ex provincia revertenti.

Sed meum tuum providisti] Emendavi (sic enim arbitror) locum ex conjectura, adjuvante veterum librorum varietate: quorum habet unus meus, & alter, qui Leonici fuit, *Sed sermonem tuum providisti*: alius, *Sed amorem tuum providisti*: Sigonii unus, *Sermonem tuum providisti*: alter ejusdem, *Si amore tuum providisti*, cum quo video consentire veterem item librum, quem praestans ingenio & doctrina vir, mihique carissimus Pax Scala, sumtum ab optimo, & in primis erudito Octavio Dicalcio, proximis diebus ad me attulit. Fulvii Ursini, doctissimi viri, unus, *Sermonem tum piam audisti*. Mediceus & ipse, ut arbitror, mendose, *Sermonem Pompeii vidisti*; cum quo videtur consensisse liber Petri Pagani, in quo autem, derasa charta, legitur, *Sermonem tum piam vidisti*.

Ab urbe relinquenda] Quod Pompeii consilium Cicero numquam probavit; testes ad Atticum epistolae.

Omnia potius] Rebus omnibus a Pompeio, & ab iis, qui Pompeio duce freti, bellum civile cupierant, pessime gestis.

Nihil non fugisse] Quod ostendit, sero admodum ad Pompeium profectus, de quo sic ad Marcellum epistola septima libro quarto: *Neque tu interfuisti rebus gerendis; & ego, id semper egi, ne interessem.* Et ad Cæcinam epist. 4. libro sexto: *Susceptum bellum est, quiescente me; depulsum ex Italia, manente me, quoad potui.*

Q. *Hortensium*] Ciceronis æmulum in eloquentia.

Bello civili] Sullanis temporibus gesto.

Non arbitror) Ob ea, quæ fortiter in consulatu gessimus; epist. 2. libro quinto suam in consulatu fortitudinem nominat.

Nec me ista terrent] Scripserat Cælius: *Si existimas eandem rationem fore Cæsari in dimittendis adversariis, & conditionibus ferendis, erras: nihil, nisi atrox & sævum, cogitat, atque etiam loquitur.*

Mores et caussam) Cælii verba sunt: *Cogita, ne te tuosque omnes funditus evertas; ne te sciens, prudensque eo demittas, unde exitum vides nullum esse.*

Redemissem] A republ. in me ipsum transtulissem. Redimit enim, qui aliquid in se recipit: & publicani, vectigalia suo periculo conducentes, redimere dicebantur.

Memoriam nominis mei] Egregia sententia, egregieque dicta: Memoria nominis mei, si erit ulla resp. satis amplum filio meo patrimonium futura est. In oratione pro Domo: *Liberis nostris satis amplum patrimonium nominis nostri ac nostræ memoriæ relinquemus.* Et libro secundo de Off. *Optima hereditas a patribus traditur liberis, omnique patrimonio præstantior, gloria virtutis rerumque gestarum.* Sic & Isocrates in or. πρὸς Νικοκλέα, περὶ τοῦ βασιλεύειν. Περὶ πλείονος ποιοῦ, δόξαν καλὴν ἢ πλοῦτον μέγαν τοῖς παισὶ καταλιπεῖν· ὁ μὲν γὰρ θνητός, ἡ δὲ ἀθάνατος. *Præstare puta, liberis tuis honestam famam quam magnas opes relinquere: nam hæ mortales sunt, illa immortalis.*

Generum meum] P. Cornelium Dolabellam.

Adolescentem optimum) Cælius virum optimum appellat epistola duodecima libro octavo.

Hoc tantum] Nonnulli veteres libri, *Tamen*: quod ideo magis placet, quia verbum, *Oblectabar*, quod in communibus miseriis locum habere non videtur, excusat.

Speculo] Unde nata? e communibus miseriis, id est, e civili bello: quod æris alieni molestia Dolabellam meum liberabit; quæ mihi in tantis malis, unica oblectatio est. *Speculam* vero potius, quam spem, vocat, non quia revera exigua spes esset: plane enim videbat, cum jam Cæsar urbe Roma, universaque Italia potitus esset, fore neminem, qui Dolabellam, Cæsaris amicissimum, de creditis pecuniis auderet appellare. itaque, quod ad Dolabellam attinet, spes illa summa erat: sed quia, si cum publica calamitate conferretur, minimum quiddam esse videretur. Sic Philip. decima. *Erat ei specula in C. Antonio.* Et Plautus in Persa. *Et quid est mihi in te speculæ?* Advertis Priscianum libro tertio: *In ea producta desinentia, feminina tertiæ declinationis vel quintæ, abjecta s, assumere cula, & facere diminutiva, & servare e productam, ut dies, diecula, res, recula: & reliqua similia, exceptis duobus, Merces, unde Mercedula, non Mercula; & Apes, unde Apicula, non Apecula.*

Ab iis molestiis] Ab ære alieno: cujus caussa, ut creari tribunus pleb. posset, plebejus postea factus est, legemque de tabulis novis promulgavit, de quo queritur Cicero in epist. 23. libro undecimo ad Atticum his verbis: *O dii, generum nostrum potissimum, ut hoc, vel tabulas novas?* Dio etiam hoc aperte narrat lib. XLII.

Liberalitate sua] Immoderatos generi sumtus honesto nomine *Liberalitatem* appellat. Miror hoc nonnullis placere, *Libertate*, referentibus ad Appii accusationem; quasi vero Dolabella de Appio, ejusque amicis, propinquis, affinibus valde laboraret; aut illa propter Appium Cicero subjungere debuerit: *Velim quæras, quos ille dies, &c.* quis nescit, viros nobiles ab adolescentibus gloriæ cupidis accusari solitos esse, nec ideo tamen eorum inimicitias timori fuisse?

Quem acerbum sibi) Cum satisfacere creditoribus non posset.

Hispaniensem casum) Hispaniensis belli exitum. Cælii verba: *Quod si non tibi persuadere non possum; saltem, dum, quid*

quid de Hispaniis agatur, scitur, exspectata; quæ tibi nuncio adventu Cæsaris fore nostra.

Ita esse, ut tu scribis) Venturas esse in Cæsaris potestatem.

Astute) Astute agerem, si exitum Hispaniensis belli exspectarem, ut ex eo vel manendi, vel discedendi consilium caperem; manendi, si Cæsar vinceret; discedendi, si duriore fortuna idem uteretur.

In eandem solitudinem) Simulare Ciceronem ne putemus, quod, cum hic se solitudinem cogitare ostendat, ad Pompeium tamen paullo post navigaverit; diu enim quid ageret, incertus consilii fuit; cum ad Pompeii societatem officium ac pudor impelleret; ad mansionem autem non modo preces amicorum, sed propinquorum etiam lacrymæ hortarentur: ad Att. lib. X. epist. 9. *Melitam, opinor, capessamus, dum quid in Hispania: quod quidem propemodum videor ex Cæsaris litteris, ipsos volentem, facere posse; qui negat, neque honestius, neque tutius mihi quidquam esse, quam ab omni contentione abesse. Dices, ubi ergo ille tuus animus, quem proximis litteris? adest, & idem est: sed utinam de meo solum capite decernerem; lacrymæ meorum me interdum molliunt, precantium, ut de Hispaniis exspectemus.*

Vaticinor) Non, divino, sed, alucinor, & insanio: ut in oratione pro Sextio: *Eos, qui dicerent, dignitati esse serviendum, reipub. consulendum, subeunda pro patria pericula, vulnera excipienda, mortem oppetendam, vaticinari atque insanire dicebat.*

Desperationes) Contendentibus de singulari potentia Sulla & Mario: quo tempore limes boni viri numquam fore sperabant, ut salutem ac dignitatem afflicta respub. recuperaret.

Ætatis vitio) Friget enim, ac deficit in senectute sanguis, & cum sanguine animus, itaque non facile ad melioris fortunæ spem erigitur; quod, tamen evenit contra, Sulla mortuo.

Sed tamen) Potest omnino fieri, ut ætatis utar vitio, ut illi; qui desperem, cum desperandum fortasse non sit: verumtamen pessimo in statu rempub. esse, ex eo cognoscitur, quod magistratus Oppio paratur, Cæsaris amico, qui, rep. salva, contemtus jaceret.

Togam prætextam) Quinque hominum genera prætextis togis utebantur, pueri, ad ineuntem ætatis annum 17. magistratus omnes, vel urbani, vel qui erant in coloniis & municipiis, magistri ludorum compitaliciorum; senatores, cum deorum festos celebrabant dies; sacerdotes, quorum e numero augures erant. Triumphantes quoque prætextis usos esse, videtur indicare Valerius Max. lib. VII. cap. 1. cum ait: *Consulatus decem, imperatoriam potestatem, speciosissimi triumphi prætextam largitus est.* Sed hoc prætextæ genus ab illo superiore, quod in quinque hominum genera distribuimus, aliquo distinctum fuisse ornamenti genere, omnino crediderim. Cicero, Livius, Pedianus, Macrobius; alii.

Curtius) Fortasse est Postumus Curtius: de quo in epist. 2. lib. IX. *Curreus ad illum Postumus Curtius venit, nihil nisi classes loquens, & exercitus: eripiebat Hispanias, &c.* Quibus ex verbis, amicum Cæsaris fuisse, constat.

Dibaphum) Purpuram bis tinctam, præstantiorem ea, quæ semel tingebatur: ut ostendit lib. IX. cap. 39. Plinius. Auguratum arbitror significari: nam epist. 9. lib. II. ad Att. *Vatinii*, ait, *strumam Sacerdotii dibapho vestiant*: loquitur enim de auguratu Q. Metelli Celeris, paullo ante mortui, cuius in locum Vatinius subrogari cupiebat: quod ex oratione in ipsum facile cognoscitur.

Infector moratur) Vide, inquit, qui status reip. sit: audet Curtius dibaphum cogitare: sed, quod cogitat, non facile consequetur: vel quia Cæsar differt: vel quod is est, qui nullo modo auguratum populi comitiis obtinere posse: ut, *Infector*, vel de Cæsare dicatur, vel de ipso populo, cujus suffragiis hoc tempore auguratus dabatur lege, quam tulerat T. Atius Labienus, tribunus plebis; qua de re pluribus verbis in libro nostro de Legibus.

Tamen in stomacho) Quamquam sim iratus: est enim in stomacho sedes iracundiæ: hinc, *Stomachum facere*, pro, iracundiam commovere, epist.

 9. lib.

9. lib. I. & *Stomachosa litera*, iracundæ, epist. 11. lib. III. Stomachabatur autem, quod toga prætexta Oppio texeretur, quod Curtius dibaphum cogitaret: quæ, si quieta resp. esset, sperare non auderent. *Ridere in stomacho*, leporem quemdam habet e contrariorum societate: ut epist. 9. lib. I. *Sed in molestia gaudeo*. Quo loco plura.

Ridere] Iocari; nam in eo locus est, *Nam interdum moratur*: lusisse eum videtur; *Diasyrmum insciliter*.

Videas] Curam suscipias, ut eius incommodis, si fieri potest, medeare.

Quibuscumque erimus in terris] Hæc verba cogitare omnino de discessu Ciceronem significant: etsi possunt etiam ad solitudinem referri.

Tua fides] Quæ cum amicitiæ nostræ, tum consuetudini quoque tuæ debetur.

EPISTOLA XVII.

C*aninio Sallustio*] Moneo lectorem, in omnibus antiquis libris, quos quidem aut habeam nunc, aut umquam habuerim, *Caninio*, legi: quod si mendo vacat, legendum fortasse, *Caninio Sallustiano*, id est, e Sallustiis in Caninios adoptato: certe *Caninio Sallustio*, junctis duarum familiarum nominibus, emendatum esse non potest: Mediceus liber, *Caninio Sallustii*, in ejusdem tamen libri indice, *Sallustiano*, omisso *Caninii* nomine. Sunt, qui ex ingenio legant, *C. Sallustio*.

Procos.] Secutus sum meos veteres libros: quibus in omnibus est, *Procos.* non *Proquæst.* etsi novum omnino videtur, cum proconsul adhuc in provincia sit, alterum eodem nomine appellari; nondum enim Bibulus de provincia decesserat; fieri tamen potest, ut *Caninius* hic a Bibulo, brevi discessuro, provinciæ præponeretur, potestate in eum translata; & fortasse cognomen ei fuit Vejentoni; nam Bibulus decedens provinciæ Vejentonem præfecit; epist. 3. libro septimo: eodem modo Proconsul appellatur P. Sextius epist. 6. lib V. qui tamen quæstor cum Antonio proconsule in Macedoniam profectus erat; quo item in loco mendum cum irrepsisset in recentiores libros, & *Proquæstori*, legeretur; nos e septem antiquis, *Proconsuli*, reposuimus.

Litteras] Binas: nam infra nominat ejus alteram epistolam.

Statoribus] Indicat hic locus, quæstores item ut proconsules, statoribus usos esse: lictoribus autem & viatoribus carebant, ut ex Varrone docet Gellius: itaque nec vocationem, nec prehensionem habebant.

Tharsi] Vrbs Ciliciæ fuit, quo se Cicero contulerat Non. Iun. epist. 4. lib. VI. ad Att.

Nec quemquam sine arbitror] Non fefellit eum conjectura: nemo enim successit, impedimento provinciis omnibus objecto, quia S. C. de provinciis intercessum a tribunis pleb. ne successor Cæsari mitteretur: vide epist. 5. libro octavo.

Ad diem] Venerat in provinciam pridie Kal. Sext. ut scripsit epist. 6. lib. III. eodem die igitur decedendum erat, anno confecto III. Kal. Sext. De quo sic epist. 2. lib. VI. ad Atticum: *Annus mihi opere ad III. Kal. Sext. emetiretur*. Et ibidem, 3. *Mihi ad III. Kal. Sext. de provincia decedendum*.

Ciceronum causa puerorum.] Epist. 7. lib. VI. ad Att. *Rhodum volo puerorum causa, inde quamprimum Athenas*.

Reipub.] Cujus turbulentum esse statum si cognovero, subsistam in itinere.

Successor tuus] Marius, quem nominat infra.

In Asia] In ea parte Asiæ, quæ ad Ciceronis provinciam pertinebat: tres enim ei Asiæ diœceses attributæ erant: epist. 63. lib. XIII.

De rationibus referendis] Lex Iulia, quam C. Iulius Cæsar consul tulerat, provinciarum rationes referri jubebat: eam legem, quia contra auspicia lata esset, Bibulus, Cæsaris inimicus, servare nolebat: quem Sallustius decreverat imitari: epist. 20. lib. V. & orat. in Pisonem.

A Bibulo] Syriæ proconsule. Præfuerunt Syriæ, ut a primo incipiam, consulares Pompejus Magnus, mox ab eo decedente prætorius, quæstor M. Æmilius Scaurus, prætorii, L. Marcius Philippus, Cn. Cornelius Lentulus Marcellinus; consulares A. Gabinius,

binis. M. Licinius Crassus, M. Calpurnius Bibulus, quaestor Caesaris, Sex. Iulius Caesar, Decidius Saxa. Haec ex Appiano, Dione, aliis.

Certe quadam ratione) Propter inimicitias & contentiones in consulatu cum Bibulus, Caesare legem ferente, impediendi causa de caelo servaret; Caesar autem, contemtis auspiciis, nihilo secius legem perferret. Suetonius, Plutarchus, alii.

Apameae) Probo conjecturam eorum, qui *Epiphaneae* legunt: quae erat urbs periculo Parthici belli multo propinquior, quam Apamea. De Apamea Strabo libro decimo sexto, & ait esse conditam a Seleuco Nicatore, Apameamque ab eius uxoris nomine nuncupatam: eamdem Phrygiarum urbium maximam, & commune Graecorum Italorumque hospitium fuisse, conditamque non a Seleuco, sed ab eius filio Antiocho, a se ipso dissentiens ait libro duodecimo.

Deduci) A me.

Non apertvisse) Ob irruptiones Parthorum.

Ceteros) Malim, *Certos*, ut est in duobus antiquis libris: ne sit communis omnium, sed quorumdam tantum opinio de praesidio non deducendo: alioqui paucis versibus pugnantia loqueretur: cum subjungat: *Omnia praesidia, communes hominum non dubio sermone, dimisi*.

Minus commodos) Cum aliqua contumelia, parum gratos. *Litterae commode*, dixit in epistola ad Fratrem libro tertio.

Transferiant) Euphratem, domum redeuntes: confirmatur infra, his verbis: *Communes hominum non dubio sermone dimisi*. Euphrates autem imperii Romani ad Orientem terminus fuit.

Omnia praesidia) Non Apameae tantum, sed locis pluribus collocata.

Magna & firma) *Magna*, militum numero; *Firma*, usu belli, & fortitudine.

Mei quaestoris) Non C. Caelii, sed Mescinii: quod ex epist. 20. lib. 5. & 26. lib. XIII. cognoscitur.

Apameae) De Apamea jam statuerat, nondum fortasse de Laodicea: quod ideo dico, quia lex Iulia rationes deponi non apud unam, sed apud duas civitates jubebat, & earum exemplum ad urbem deferri: itaque deposuit eas Cicero Laodiceae, & Apameae, epist. 20. lib. V.

De praeda mea) De tota praeda, me imperatore facta.

Quaestores urbanos) Ad quos, Romam reversus, praedam in bello factam deferre cogitabat: hoc modo conjugendum: Praeter quaestores urbanos, ne teruncium quidem tacturus est quisquam.

Populum R.) Cujus pecunia curabatur a quaestoribus urbanis.

Teruncium) Argenteum nummum, a tribus unciis appellatum: respondebat aereo quadranti: ut esset quarta pars libellae: quae erat argenteus nummus, ita nominatus, quia valore assi aereo librali responderet: imminuto postea assis pondere, libella tamen vetus nomen mansit, habita ratione libralis assis, qui principio Romae percussus est.

Laodiceae) Hanc urbem numero inter Asiaticas tres *dioeceses*, Ciceronis imperio attributas; cum in eorum imperio soleret esse, qui Asiae praeerant: vide epistola sexagesima septima libro decimo tertio.

Praedes) Ut, quantum hic pecuniae depono, tantum mihi Romae ex permutatione numeretur.

Et mihi, & populo) Ejus enim pecuniae pars ad ipsum, reliqua ad populum R. pertinebat.

Drachmis) Drachmarum octo genera fuere, Attica, Euboica, Babylonica, Corinthiaca, Aegyptia, Aeginetica, Hebraica, Syriaca*. Sed Atticam duplicem invenio, priorem usque ad Solonem observatam, posteriorem a Solone inductam, minore quidem pondere, sed eadem, ut arbitror, numero in mina. Solonis enim drachmae leviores antiquis erant quarta parte ipsarum antiquarum: ut nonaginta sex Solonis drachmae non plus ponderis haberent, quam septuaginta duae superiores; quod ex Plutarcho videmur posse conjicere; sic enim, centum drachmarum a Solone minam esse factam, cum antea septuaginta trium fuisset; quibus verbis non id, opinor, significat, pauciores in mina drachmas ante Solonem fuisse; (nam mihi non fit veriſimile, variatum eſſe in Attica minus drachmarum numerum: licet Fannius & Priſcianus, inter ſe quoque diſſidentes, ille ſeptuaginta quinque, hic octuaginta drachmarum minam conſtituant) ſed illud, centum drachmas, a Solone percuſſas, non plus habuiſſe ponderis, quam ſeptuaginta quinque ſuperiorum temporum; quod idem erat, ſi dixiſſet, e drachmarum ſeptuaginta quinque veterum pondere novas centum a Solone factas. In quo illud operæ pretium eſt animadverti; cum dicimus in mina drachmas centum fuiſſe, drachmas quidem centum numero ſignificari, ſed pondere tantum nonaginta ſex; cum in eo pondere centum ferirentur, quatuor centeſimas lucrante officina: ita ſeptuaginta duæ pondere, numero erant ſeptuaginta quinque; & quadringenta octo, quinquaginta: & viginti quatuor, viginti quinque: cum drachmam unam in viginti quinque officina lucretur: quæ ſunt duæ in quinquaginta, & tres in ſeptuaginta quinque, & quatuor in centum: quas modo centeſimas quatuor appellavi. De hoc poſteriore drachmarum genere, a Solone inducto, loquitur Livius libro tricesimo quarto cum ait, *in tetradrachmo denarios fere tres inesse.* Ex quo fit, ut, cum in mina ſint tetradrachma viginti quinque numero, pondere autem viginti quatuor, id eſt, drachmæ centum numero, pondere autem nonaginta ſex, in eadem mina ſint denarii ter viginti quinque numero, pondere autem viginti quatuor, id eſt, ſeptuaginta quinque numero, pondere ſeptuaginta duo. Nec vero, quia Livius addidit, *Fere*, propterea quiſquam dubitet; nam, cum monetæ pondus paullum nonnumquam & apud Græcos, & apud Romanos imminui non ignoraret, ideo, veritus ne quando tetradrachmum, & denarii tres officinarum fraude minus æquarentur, de incerta re ſibi plane affirmandum ſure non putavit. Cum igitur & denarius & antiqua drachma æque ſuperent Soloniam drachmam quarta utriuſque parte, tertia vero Soloniæ, patet, ejuſdem eſſe ponderis denarium & antiquam drachmam; & ex eo ſequi, ut ſeptem antiquæ drachmæ in uncia Romana ſeriantur, æque ac denarii: in uncia vero Attica denarii octo, æque ac drachmæ. Sed, quoniam Solon cum drachmæ pondus minuit, id maxime ſecutus eſt, ut debitores onere levarentur æris alieni; propterea drachmæ pondus in moneta dumtaxat imminutum, in medicinis autem videtur idem remanſiſſe, ut a denarii pondere nihil differret: ideo ſcripſit Plinius lib. XXI. cap. ult. *Drachma Attica denarii argentei habet pondus:* fere enim Attica obſervatione medici utuntur. Quod ſi ita eſt: mirari non ſatis poſſum, cur & Varro apud Plinium, & Feſtus, & Pollux de priore drachma, quaſi adhuc in moneta etiam, non in medicina tantum, obſervaretur, ita loquantur, tamquam Soloniana obſoleviſſet; æſtimant enim talentum ſex millibus denarium: qua æſtimatione denarium drachmæ vel pondere perſpicuum eſt; quod refellit Livii locus ſupra recitatus. Hujus explicandæ quæſtionis non equidem rationem ullam invenio: neque me vel Budæi doctrina, vel Agricolæ diligentia, vel omnino cujuſquam libri juvant: non enim affirmare auſim, quod interdum cogitavi, L. Sullam, captis Athenis, leges, & inſtituta, ſimulque drachmam a Solone inductam, immutaſſet: cum id neque Plutarchi, nec omnino cujuſquam antiqui ſcriptoris teſtimonio comprobetur; quare ſcrupulum ſaltem, qui me angit, occultandum non putavi, ut haberent alii, quo ingenium intenderent, cum ipſe, quantum res poſtulat, præſtare non poſſem. De mina vero, ſive illa antiqua, ſive poſteriore, a Solone inducta, hoc amplius dixerim, neutram libræ Romanæ æqualem pondere fuiſſe: antiqua enim gravior, poſterior levior, quam libra, fuit: probemus utramque. In Soloniæ mina denarios tantum fuiſſe ſeptuaginta duos, cum de tetradrachmo ageremus, oſtendimus: at in libra Romana denarios octoginta quatuor Plinius & Celſus ponunt: ſunt igitur in libra Romana duodecim denarii plures quam in mina Soloniana; quod idem eſt, ac ſi dicas: libra ſuperat pondere minam Soloniam ſeptima ſui parte, ſexta Soloniæ. In drachma vero antiqua ſi tantumdem eſt ponderis, quantum in dein denario; quod jam probatum est: sequitur, ut, quemadmodum drachmæ sunt in mina nonaginta sex; item denarii totidem in libra sint: quod falsum est: fuere enim tantum octoginta quatuor: ita fit, ut libra pondere superetur a mina antiqua septima sui parte; octava vero minæ. Verisimile autem est, libram Romanam, quemadmodum ab Attica utraque mina differt, sic Euboicæ respondere: quia major Africanus, cum Antiocho regi tributi leges imponeret, talenta Euboica præscripsit; quasi nihil, aut certe parum Euboica mina differret a libra Romana. Concluditur igitur sic: Octo drachmæ antiquæ Atticæ æquales pondere sunt octo denariis; octo Solonianæ; seu denariis: octo Euboicæ, septem denariis. Nunc, ut nihil omittatur, quod ad drachmarum cognitionem pertineat, omnes omnium gentium æstimabimus, apposita moneta Romana, primum vetere, deinde recentiore.

Drachma Attica, ante Solonem, ejusdem fuit cum denario ponderis, & valuit asses sedecim, id est, denarium unum; loquor enim de denario posteriore, ad sedecim asses aucto, bello Punico secundo; asses vero sedecim; bajocci Romani sunt duodecim, & sex septimæ alterius bajocci.

Drachma Solonis asses duodecim; bajocci novem, & fragmenta, eadem proportione.

Euboica, Romanæ unciæ octava pars, asses quatuordecim: bajocci undecim, & fragmenta.

Babylonica, asses sedecim cum triente: bajocci tredecim, & fragmenta.

Corinthiaca, asses sedecim cum besse: bajocci tredecim, & fragmenta.

Ægyptia, asses decem & octo, cum besse: bajocci quindecim.

Æginetica, & Hebraica civilis, asses viginti: bajocci sedecim, & fragmenta.

Hebraica sacra, asses quadraginta: bajocci triginta duo, & fragmenta.

Syriaca; asses quadraginta octo: bajocci triginta octo, & fragmenta.

CCCIƆƆƆ] Centum millibus: quæ sunt quadraginta millia sestertiorum, si modo drachmæ Atticæ sunt, non Syriacæ: quod interdum dubitavi: cum hic Sallustius e Syria scripserit, in qua Bibuli quæstor fuit: hæc porro summa duodecim scutatorum millia nostratis pecuniæ conficiet. Harum notarum, numerum indicantium, quæ fuerit olim origo, etsi ante multos annos exposui in Commentario epistolarum ad Atticum: tamen hic me locus admonet, ne silentio prætermittam. Numerorum notas primum quinto loco veteres variarunt, deinde decimo, mox quinquagesimo, tum centesimo, eodem in reliquis ordine conservato, mutato numeri signo, quoties numerus a quinario ad duplum, & a duplo rursus ad quinarium pervenisset.

Prima nota fuit, I, unus, usque ad quatuor iterata.

Secunda nota, V, quinque, in quinario primum numero variata.

Tertia, X, decem, in duplo quinario, ut jam dixi, mutationem recipiens.

Quarta, L, quinquaginta, aucto post tertiam notam, id est, post, X; in quincuplum numero.

Quinta, C, centum, duplicato quinquagenario.

Sexta, IƆ, quingenta, & hic quincupli ratione servata.

Septima, CIƆ, mille, habita dupli ratione.

Octava mutatio fuit, cum ad quinque mil. pervenissent; nam, ne toties CIƆ iterarent, his notis usi sunt, IƆƆ.

Nona mutatio, a quincuplo in duplum, recepit has notas CCIƆƆ, decem millia.

Decima, a duplo in quincuplum IƆƆƆ, quinquaginta millia.

Undecima, & ultima, a quincuplo in duplum, CCCIƆƆƆ centum millia.

Nec ultra notarum mutatio progressa est; non enim veteres, ut ait Plinius, ultra centum millia numerabant: quod si ducenta, vel trecenta, aut quadringenta millia significari oporteret; has notas, CCCIƆƆƆ, bis, ter, quater, &, si opus esset, sæpius iterabant: cujus exempla mo-ra & in libris, & antiquis lapidibus

ex-

exstant. Sunt igitur notae omnino undecim variae deinceps a nobis demonstratae, tamen iterandae.

I, Unus:
V, quinque:
X, decem:
L, quinquaginta:
C, centum:
IↃ, quingenta:
CIↃ, mille:
CCIↃↃ, decem millia:
IↃↃↃ, quinquaginta millia:
CCCIↃↃↃ, centum millia.

Quam cognitionem legentibus non injucundam fore, sum arbitratus.

Hoc etiam adjungam, a prima nota I ceteras omnes duxisse; nam, V, duae primae notae sunt, infima parte conjunctae; item, X, est quinarii numeri nota duplicata, cum duae, V, in acuto angulo conjungantur; at, L, quid est, nisi prima illa nota, I, recta, & altera prostrata, simul junctae? quod si addideris in summa parte aliam primam notam, item prostratam: fiet ⊏, centum; non enim priscis temporibus, pro centum, scribebat, C, quod ad aetatem nostram permansit, sed, ⊏: quae erant tres primae notae consociatae, una recta, duae prostratae, cum recta conjunctae, una in superiore parte, altera in inferiore. Quingenta vero fecerunt, addita ad tres notas, quas proxime nominavi, quarta recta, cum duabus prostratis conjuncta, hoc modo, [ ], qua figura duplicata, fecerunt mille hoc modo, ↀ: unde postea, librariorum arbitrio, variae notae, quae, mille significarent, factae sunt, quarum nonnullas ostendemus; nam ex ↀ fieri coeptum est ↁ, & ↂ, & CIↃ, & CD, unde M. derivatum, quo pro mille hodie quoque utimur: cum olim nota fuerit, non littera.

Praeda) Universa praeda, ex Amano monte direpto ac vastato; nam, Pindenisso capto, omnem praedam, equis exceptis, Cicero militibus concesserat: quod ipse scribit epist. 20. lib. V. ad Att.

Omnis enim pecunia ita tenetur, ut praeda a Praefectis; quae autem mihi attributa est, a quaestore teneatur) *Praeda* vocatur id, quod ex hostibus partum, nondum neque divisum est, neque urbanis quaestoribus traditum, ut id mox in aerarium inferrent: post divisionem *praeda* non dicitur; ideo *praedam* Cicero vocat eam pecuniae partem, quae, venditis mancipiis, bello captis, exacta, ad populum R. pertinebat: partem autem sibi attributam, non jam *praedam*, sed *pecuniam* appellat. Mancipia vero tantum nominavi, quia reliqua omnis praeda, equis exceptis, militibus concessa: qua de re sic ep. 20. ad Attic. lib. V. *Militibus, equis exceptis, reliquam praedam concessimus: mancipia venibant Saturnalibus tertiis; cum haec scribebam in tribunali, res erat ad H-S. CXX.* Quod ad praefectos, praedae custodes, attinet: ne lector communi vocabulo decipiatur, dicendum est, quot genera praefectorum in Ciceronis provincia fuerint, & quinam hic significentur. Genera igitur fuere quatuor, unum eorum, qui equestribus turmis praeerant: alterum, qui evocatis: tertium, quibus in civitatibus proconsul assidue commorari non posset, in iis ipsi jus dicerent, & in extremo anno ad generales conventus, a proconsule indictos, proficiscerentur; ut, si quid in civitatibus perperam judicassent, querelas omnium proconsul audire, & rescindere praefectorum sententias posset. Quartum genus fuit praefecti fabrum, vel praefectus potius: nam unum duntaxat habuisse Cicero videtur. De singulis quantum res patietur, breviter agemus, ut antiquitatis notitia, minimo studiosorum labore, minima molestia, propagetur. Cum singulis legionibus, vetere Romuli instituto, treceni erant equites: qui dicebantur *alae*: quod iis pedites dextra sinistraque, tamquam alis, tegerentur. Gell. lib. XVI. cap. 4. & Servius in eum versum Aen. lib. IV. *Dum trepidant alae*; item Liv. lib. XL. Dividebantur in decem turmas: turmae singulae in tres decurias: singulis decuriis praeerant, qui *decuriones* vocabantur

cabantur: sed horum unus, reliquis duobus honoratior, non suæ tantum decuriæ, sed turmæ etiam præerat: itaque *præfectus*, non *decurio*, dicebatur: reliqui autem duo, *decuriones*. Erant igitur in decem turmis decem præfecti, præterea viginti decuriones; omnibus autem decem turmis, id est, alæ, unus præerat, nec tamen is erat summus equitum dux in exercitu; nam principem locum obtinebat is, qui non uni alæ, id est, decem turmis, sed utrique alæ, vel etiam pluribus, cum essent plures in exercitu legiones, præesset: quod probabitur exemplis. De præfecto turmæ sic in oratione pro Marcello: *Nihil sibi ex ista laude centurio, nihil præfectus, nihil cohors, nihil turma decerpit*. Præfectum vero alæ novimus lib. II. Off. in eo loco: *Cum te Pompeius alæ alteri præfecisset*. Porro, cum Plutarchus dicat, in exercitu Pompeii præfectum equitum Pharsalico prælio Labienum fuisse; quis eum putet, qui legatus Cæsaris Gallico bello per tot annos fuerat, resque gesserat non mediocri laude dignas, in castris Pompeii, ad quem, relicto Cæsare, transiit: unius tantum legionis equitibus præfuisse? equidem nihil dubito, quin præfectura significetur omnium plane equitum, qui cum Pompeio militarent; idemque sentio de Cæsarianorum equitum præfecto C. Voluseno: de quo scripsit hæc Cæsar lib. III. *Conati sunt præfectum equitum C. Volusenum interficere; ut cum munere aliquo perfugisse ad Pompeium viderentur*. Nominat idem Cæsar eodem libro Q. Varum præfectum equitum C. Domitii Calvini, id est, duarum legionum, de quibus paullo ante mentionem fecit. De his igitur, et alæ utriusque, (nam duas legiones Cicero habuit in provincia) et turmarum quoque præfectis loquitur Cicero in hac epistola; nam præfectis fabrum, aut juris dicundi, ac ne evocatorum quidem, prædæ conservandæ curam commissam esse, non est ut credatur: de iisdem equitum præfectis in epist. 8. lib. III. et epist. 10. lib. V. et ad Attic. ep. 17. lib. 5. mentionem Cicero facit: quo in utroque loco cum tribunis mil. eos nominat: itemque lib. III. in Verrem: *Quæstores*, inquit, *legatos*, *præfectos suos, tribunos multi missos fecerunt, et de provincia decedere jusserunt, quod eorum culpa se minus commode audire arbitrarentur*. Et in orat. pro Cluentio: *Quæ in Statium dicta sunt ab iis, qui M. Æmilio legati, et præfecti, et tribuni mil. fuerunt*. Eosdem conjungit Cæsar lib. I. Bell. Civ. *Tribunos mil. et præfectos circummittit*. De præfecto autem evocatorum epist. 8. lib. III. De iis, qui jus dicerent, ad Att. epist. 4. 7. 11. 21. lib. V. et ad eumdem epist. 1. 2. 3. lib. VI. quibus Cicero amicorum rogatu, aut judicio suo præfecturas detulit juris dicundi in civitatibus, iis rejectis, qui negotiarentur, ne justitiam lucri cupiditas perturbaret. Præfectus fabrum Ciceronis unus tantum appellatur Q. Lepta epist. 7. lib. III. nec plures uno fuisse crediderim: quamquam, ut diximus, duas legiones Cicero habuerit; quod ipse ad Atticum scripsit ep. 15. lib. V. et Plutarchus in ejus vita confirmat; nam, si, quot legiones in exercitu, totidem præfecti fabrum fuissent: haud valde esset honestus a Cæsare familiarissimus ejus, Cornelius Balbus, cui prætor et consul præfecturam fabrum detulit: ut est in oratione pro ipso habita; nam, quod ait Cæsar in epistola ad Oppium et Balbum, lib. IX. ad Att. *Duo præfecti fabrum Pompeii in meam potestatem venerunt*; Q. Vibullium Rufum, Corfinii captum, et Cn. Magium, in itinere deprehensum, significat; quorum utrumque in binis legionibus præfectum fabrum arbitror fuisse: ut duorum consulum exercitus, qui a Pompeio regebantur, duos omnino præfectos fabrum habuerint; duas enim legiones, dixi jam, consularem exercitum fuisse; sic igitur in consulari Ciceronis exercitu, id est, in duabus legionibus, præfectus fabrum unus fuit Q. Lepta: quod eo magis arbitror, quia unus etiam præfectus fabrum Ap. Claudii nominatur, ep. 8. lib. III. Hos præfectos omnes, exceptis jus dicentibus, opinor in proconsulis cohorte prætoria fuisse, eosque in provinciam ab urbe deductos; quos autem in tertio genere posuimus, id est ii, qui jus dicebant, non fuisse de cohorte prætoria, sed longe a proconsule diversis civitatibus jurisdictionem

nem habuisse : in hoc numero locum Scaptius petiit a Cicerone M. Brutus, ut in ep. 21. lib. V. ad Att. & in 1. lib. VI. ad eumdem.

Mihi attributa est) Quæ manubiæ vocabantur : ex quibus publica monumenta plurimi fecerunt, Q. Catulus e Cimbricis manubiis porticum in palatio, quam P. Clodius, Ciceronis ædibus adjunctam, evertit, L. Metellus Dalmaticus ædem Castoris : alii alia.

A quæstore) Verum L. Mescinio Rufo, ad quem sunt epistolæ tres ultimæ lib. V. quique nominatur ep. 26. lib. XIII. & 6. lib. XVI. an C. Cælio Caldo, ad quem scribit epistolam ultimam hujus libri, & quem epist. 15. nominat. Mescinium omnino significari puto, qui rationes provinciæ cum M. Mindio fratre, & cum scriba Ciceronis administravit; nam C. Cælius, sero admodum in provinciam venit; ut ex epist. ult. cognoscitur.

De legionibus) Festus ait, C. Marium legionem primum conscripsisse sex millium, & ducentorum hominum, cum antea quatuor millium fuisset, unde etiam *quadrata* appellabatur; sed Festum refellere videtur Livius lib. XXIX. cum ait, *Legiones ita suppletas esse, ut singulæ sena millia, & ducenos pedites, trecenos haberent equites*; & alibi sæpe. Quod si ita est; non primus C. Marius legionem conscripsit sex millium : & ducentorum hominum. Verum Festi opinionem Polybius probat lib. VI & fortasse Livius non de ordinaria legione, sed de aucto extra ordinem, cogente bello, militum legionariorum numero locutus est; nam, & sociorum numerum in castris Romanis, quos altero tanto plures, quam Romanos in castris ex formula fœderis esse debuisse, Livius lib. III. & VIII. Velleius lib. II. ostendunt : non eumdem semper fuisse, sed pro consulum arbitrio, ex eodem Livio constat lib. XXI. XLI. XLIII primus igitur ordinarium in legione sex millium & ducentorum militum numerum C. Marius fecit, cum antea ordinarius esset numerus quatuor millia, ut ait Festus, vel, ut Polybius, quatuor millia ducenti : (nam veteres non omnino subtiliter numerum semper definire soliti sunt) interdum autem, ne numerum legionum, quæ binæ singulis consulibus dabantur, augerent, milites addebant legionibus, sed extra ordinem.

In Syriam) Quæ Syriæ contra Parthos præsidio esset.

Otium esse in Syria) Sublato metu Parthico. Otium pro pace usurpavit & lib. I. de Off. *Nobis remp. gubernantibus, non sæge arma cesserunt? neque enim in rep. periculum fuit gravius unquam, nec majus otium.*

Marium successorem) Sallustii : nam Bibulo, quemadmodum Ciceroni, successor nemo fuit, ob discordias inter Cæsarem & Pompeium exortas : quod Cicero futurum divinans, dixit supra : *De successore meo nihil audivi : nec quemquam fore arbitror*. Et Cælius epist. 5. lib. VIII. *Successionem futuram propter Galliarum controversiam non video*. Et paullo post : *De Galliis constituetur : erit, qui intercedat : deinde alius exsistet, qui, nisi libere liceat de omnibus provinciis decernere senatui, reliquas impediat*. Cum igitur omnium provinciarum successio impedita sit; malim credere, Sallustii potius, quam Bibuli, successorem hic significari. Victo Pompeio, Syriæ præfuit, jussu Cæsaris, ut ait Dio lib. XLVII. Sex. Julius, Cæsaris quæstor, ac propinquus : mox Decidius Saxa, ab Antonio præpositus, ut idem Dio scripsit lib. XLVIII. ante Bibulum autem Syriæ præfuerat Crassus, qui periit in Parthis; ante Crassum Gabinius; ante Gabinium Cn. Cornelius Lentulus Marcellinus, ex prætura; ante Marcellinum L. Marcius Philippus, item prætorius; ante Philippum M. Æmilius Scaurus quæstor Pompeii Magni, ab eo decedente præpositus; ante Scaurum Pompeius ipse, qui Mithridatem devicit.

Hanc causa) Immo gravem ob causam : cum Cicero Marcellino & Philippo Coss. auctor senatui fuisset, ut Cæsari ob res in Gallia prospere gestas quindecim dierum supplicatio decerneretur, item ut stipendium ac decem legati decernerentur; quæ bilem omnibus Cæsaris inimicis maximam commoverunt, præcipue Bibulo, qui consul cum Cæsare collega acerrime de republ. contenderat. Læserat igitur cur Bibulum Cicero in ornando Cæsare, de ipsius tamen existimatione nihil detraxerat, propterea ait, *Sine causa*.

Antiochia) Ex qua Parthos C. Cassius, quæstor M. Crassi, jam rejecerat: ep. 10. & lib. XV. ep. 14.

Metus) Cum adventare Parthi dicerentur.

Officio quæstorio) Quæstoris enim & prætoris conjunctio liberorum necessitudini proxima fuit. Ep. 10. lib. XIII. Et in Divinat.

Prætore) *Prætor* vocatur Bibulus, qui proconsul videtur appellandus fuisse: ivit enim post consulatum in Syriam; sic epist. 21. lib. V. ad Att. *Quod prætori dare consuessent*. Quo loco *Prætori*, dictum est, pro omnibus, qui præesse Ciliciæ, sive post præturam, sive post consulatum, consuevissent; item lib. I. de Orat. *Cum ego*, inquit, *Scævola, prætor Rhodum venissem*; qui proconsul in Asiam ibat, ut ex Epitome Liviana lib. LXX. cognoscitur. Mansit autem hoc nomen in omnibus, qui provincias regerent, habita ratione illorum temporum, cum soli prætores in provinciam ibant, quorum loco ivere postea propter bella consules, & proconsules. Contra, qui ex prætura in provinciam iverant, & proconsules interdum vocati, ut ostendimus epist. 1. lib. I. & prætores; ut epist. 55. lib. XIII. & Oppius Allienum, Siciliam post præturam administrantem, prætorem vocat in libro de Bello Africo. Asconius quoque magistratum omnem, cui pareret exercitus, prætorem a veteribus ait appellatum: unde *cohors prætoria*, *tabernaculum prætorium*, & in castris *porta prætoria*; ep. 1. lib. I.

Thermum) Q. Minucium Thermum, Asiæ proprætorem, ad quem scribit epistolam sequentem, & lib. XIII. ep. 53. 54. 55. 56. 57.

Retinere) Cum tamen de Parthico bello scriberet. Epist. 5. lib. VI. ad Attic.

Litteram) Ne litteram quidem scripsit, non modo epistolam; sic in oratione pro Archia: *Quotiens ego hunc vidi, cum litteram scripsisset nullam, magnum numerum optimorum versuum de iis ipsis rebus, quæ tum agerentur, dicere ex tempore?* Et de Oratore lib. II. *De confirmandis hominum moribus nulla littera in eorum libris invenietur.* Et in Pisonem: *Nullam ad senatum litteram mittere ausus.* Hac de re sic ep. 5. lib. VI. ad Attic. *Bibulus molestus mihi non erat; de omnibus rebus scribebat ad me potius.*

Periculum pertinere) Quia Cilicia Syriam attingit; ep. 10.

De augurato) Ut ejus filius in locum alterius filii auguris, quem Alexandrini equites occiderant, subrogaretur.

Misericordia) Bibulo duobus filiis orbato, de quibus Valerius Max. lib. IV. cap. 1. his verbis: *M. Bibulus, cum in Syria moraretur provincia; duos egregiæ indolis filios suos a Gabinianis militibus Ægypti occisos cognovit, quorum interfectores ad eum vinctos regina Cleopatra misit, ut gravissimæ cladis ultionem arbitrio suo exigeret; at ille, oblato beneficio, quo nullum majus tribui lugenti poterat, dolorem moderationi cedere coegit: carnificesque sanguinis sui intactos e vestigio ad Cleopatram reduci jussit, dicendo, potestatem hujus vindictæ non suam, sed senatus esse debere.* Et Cæsar lib. III. Bell. civ. *Erant præterea equitum duo millia, qui inveteraverant compluribus Alexandriæ bellis, Ptolemæum patrem in regnum reduxerant, Bibuli duos filios interfecerant.* Id etiam significatur ep. 5. lib. VI. ad Att. *Cum Bibulus in tanto mœrore suo maximam curam belli sustineret.*

Bibulo) Adolescenti, qui de tribus Bibuli filiis superfuerat unus.

Dedi operam) Ipsius causa non debui, tamen operam dedi, misericordia coactus, & quod ejus filium semper dilexi.

Populi pecunia) Quam ex ipsius provincia Syria, & ex mea Cilicia collectam, Romam ad quæstores urbanos deferendam simul curavimus.

Permutaretur) *Permutari pecunia* dicitur, cum alicubi numeratur, quæ alibi solvatur, ejus periculo, qui permutandam suscepit.

Alariis) Erant in exercitu duo genera equitum, legionarii, & auxiliares, *alarii* dicebantur auxiliares, quod iis, tamquam alis, pedites tegerentur. Cincius apud Gellium. *Alæ dictæ exercitus, equitum ordines; quod circum legiones dextra sinistraque, tamquam

quam ala in aciem corporibus, *locabantur*. Et Servius in illud Virg. lib. IV. Æn. *Dum trepidant alæ*: subjunxit hæc: *Alæ, equites, ab hoc alæ dicti, quia pedites tegunt alarum vice.* In aliis autem auxiliares potius equites, quam legionarios, locari solitos, cum in hoc loco, (sequitur enim *Auxiliariis*: qui jam dicti sunt *alarii*) tum in aliis observavimus. Cæsar bell. Gall. lib. I. *Omnes alarios in conspectu hostium pro castris minoribus constituit: quo minus multitudine militum legionariorum pro hostium numero valebat, ut ad speciem alariis uteretur.* Livius quoque libro XXXI. *Dextera ala* (in alas divisum socialem exercitum habebat) *in prima acie locata est: in subsidiis duæ Romanæ legiones.* Et libro XXXV. *sinistra sociorum equitum ala, & extraordinarii prima in acie pugnabant.* Subjungit: *Equites legionum extra aciem in locum patentem tribunos mil. educere consul jussit: inde, cum signum dedisset, impetum ex adverso facerent.* Et infra: *C. Livium Salinatorem, qui præerat alariis equitibus, quam concitatissimos equos immittere jubet, & legionarios equites in subsidiis esse.* Et lib. XL. *Alarii equites, postquam Romanorum equitum tam memorabile facinus videre, & ipsi, virtute eorum accensi, in perturbatos jam hostes equos immittunt.* Hos ipsos alarios Cicero significat, cum subjungit: *Equitibus auxiliariis*, & Sallustius in Iugurtha: *Constitutos in utroque latere [illegible] alas equites auxiliarios demonstrat.* Cæsar libro primo bell. civil. *Cohortes sinistram dissipatus equitum, & cohortium alariarum, legionariasque interjicimus cohortes.* Livius libro X. *Sp. Nautius duæ alaribus cohortibus erat.*

Transpadanis) Trans Padum lectis, ut contra Parthos mitterentur.

Auxiliariis) Qui a populis amicitia conjunctis auxilio venerant, ut Romanas provincias a Parthis defenderent.

Ieiuni) Humilis animi & infirmi, ut qui debilitentur inedia contra, *Excelsum excelsumque animum* dicimus.

Ariobarzanem) Cappadociæ regem, epist. 2. lib. XV. & oratione pro lege Manilia. Hunc postea C. Cassius, interfecto jam Cæsare, auxilia sibi & M. Bruto negantem, occidit, Dio lib. XLVII.

Per me) Me consule referente.

Ariobarzanis) Quem a Mithridate Cappadociis pulsum Sulla restituit. Appianus in Mithridatico, Plutarchus in Sulla. Hunc per insidias interfectum Cicero significat epistola 2. libro decimo quinto.

EPISTOLA XVIII.

Q. *Thermo*) Q. Minucio Thermo, qui post præturam Asiam administrabat. Vide epist. 53 54. 55. 56. 57. lib. XIII. & ad Atticum epistola 13. 20. lib V.

Proprætori) Potuit & prætor appellari, nam epist. 13. lib. V. ad Atticum: *Græci*, inquit, *quasi Ephesio prætori se alacres obtulerunt.* Et omnino qui provinciis præessent, sive consulatu, sive prætura functi, *prætores* interdum vocabantur: ut epistola proxima, proconsul Bibulus cum esset, *prætor* dictus est.

Homini gratissimo) Ne videatur nova re gaudere, laudat eum ab ante acta vita: quasi dicat: etsi nihil a tua consuetudine alienum exspectavi, tamen, grata tibi esse studia mea, vehementer gaudeo.

Integritate & clementia) Cum ex iis, qui provincias regerent, paucissimi avaritiæ & crudelitatis crimine vacarent.

Nihil addi posse) Correctio proximæ sententiæ; quia dixit: *Mihi fuisse in dies majori curæ esse dignitatem tuam*, non indiget, inquit, aliena opera dignitas tua: tamen ea mihi curæ est. Hac prudentiæ laude Cicero excellit, ut in scribendo, quasi scopulum, vitet arrogantiam, quod indicare operæ pretium existimo; ne, dum verborum elegantiam sequimur, peccemus in sententiis, laude enim in Thermum collata, excusavit non modo superiora, verum etiam ea, quæ infra sequuntur.

De rationibus tuis) De eo, quod ad re pertinet, epist. 9. libro primo: *Quæ rationibus reipubl. putem conducere.* Et epistola secunda libro quinto: *Meæ rationes ita tulerunt.* Et epistola secunda libro III. *Prospicias & consulas rationibus meis.*

Omnes suscepturum) Animadvertenda

de translatio: unde ductum, *Inimicitias deponere*.

Adolescens) Quaestor.

Ignominia) Si provinciae non praeponatur, cum decedes, nam quaestor legatos honoris gradu superabat, quod confirmatur epist. 15. in eo loco: *Neque erat superiore honore usus, quem praeferrem*.

Superiorem) Honore enim legati a quaestore superantur, itaque Philip. X. post quaestores nominantur in sententia Ciceronis: *Senatui placere*, inquit, *Q. Hortensium proconsulem cum quaestoribus, proque quaestoribus, & legatis suis provinciam Macedoniam obtinere, quoad ei ex S. C. successum sit*. Quod si legati praetores antea fuerint, plus videtur eis proconsul tribuere debere, quam quaestoribus, vide epistolam decimam quintam.

Et quaestor tuus) Amplificat sententiam iteratio verbi, ut epist. 7. *A tribuno pleb. & a Curione tribuno*.

Promtus) In agendo.

Non indisertus) In dicendo.

Terrore) Poterat enim audax tribunus pleb. lege lata quem vellet ejicere: quod ipse Cicero senserat, pulsus a Clodio tribuno pleb.

Probaret) In administranda provincia, cum tu decesseris, epist. 18. libro quinto: *Te colligas, virumque praebeas*, & epist. 4. lib. VIII. ad Att. *Superbum se praebuit in fortuna nostra*, & ad eundem epist. 16. lib. XV. *Praebeo me credulum*.

Ex aliqua parte) Quandoquidem tu eum provinciae praefeceris.

Offenderit) Peccaverit, ut epist. 2. libro nono: *Quis est, qui in tantis tenebris nihil offendat?* & ad Lentulum epist. 7. libro primo: *Si evenisset, ut volumus & optamus, omnes te & sapienter, & fortiter, sin aliquid esset offensum, eosdem illos, & cupide, & temere fecisse, dicturos*. Vide quae diximus epistola 14. libro V.

Sibi totum) Tu enim alienam culpam praestare non debes.

Nihil tibi offenderit) Leporis ac venustatis aliquid est iterato verbo *Offenderit*, quale illud epist. 11. *Quidquid erit, tibi erit*. Et epist. 6. libro sexto: *Quidquid valebo vel auctoritate, vel gratia valere tibi*.

Quae mihi veniebant in mentem) Hic quidem cum nominandi casu: ut etiam in Terentii Phorm. *Mihi veniebat in mentem ejus incommodum*. Cum genitandi autem casu, epist. 3. libro VII *Etiam in mentem venire illius temporis*. Et lib. V. de Fin. *Venit mihi Platonis in mentem*. Alibi, nullo casu adjuncto, cum appendice alterius verbi, tribus modis. Pro Roscio Amerino: *Tibi in mentem venit, facito, quemadmodum vitam hujusce depinxeris*. In Divin. *In mentem tibi non venit, quid negotii sit, causam publicam sustinere?* Plautus in Mil. *Cum venit in mentem, mores ut mihi molestus fuat*. Animadvertimus, & dandi casum quandoque omissum, ut apud Terentium in Eun. *Illud de Rhodio dictum cum in mentem venit*. Et Virgilius Aeneid. lib. IV.

> *Cum venit in mentem, quorum consederis arvis?*

Et Plautus loco proxime recitato.

In Ciliciam) Erat igitur in Asia; cujus tres dioeceses provinciae suae attributas esse, scribit epist. 67. lib. XIII. erat autem Laodiceae, ubi mansit ad Idus Maji: quod significat epist. ult. lib. V. ad Att. & 2. lib. VI. ad eundem, ergo scripta est epistola non quibus consulibus Cicero ivit in provinciam, Sulpicio & Marcello, sed quibus decessit Paullo & Marcello.

Dii approbent) Fortunent, quod enim dii approbant, prospere succedit.

Posteritatis otio) Posteri temporis otio. *Posteritas* enim non solum posteros, verum etiam posterum tempus ostendit: ut Orat. I. in Catilinam: *Si mea vox pertimescit ire in exsilium animum induxeris; video, quanta tempestas invidiae nobis, si minus in praesens tempus, recenti memoria scelerum tuorum, at in posteritatem impendeat*. Et infra ibidem: *An invidiam posteritatis times?* Caesar etiam libro primo Bell. Civ. *Habeat rationem posteritatis & periculi sui*.

Consulere) Prospicito & consulito, dixit epist. 2. lib. III.

EPISTOLA XIX.

Caldo) Cognomen Caeliorum in antiquo numo humanissimi & ereeruditissimi hominis Fulvii Vrsini. Duos quæstores habuit Cicero in Ciliciensi provincia, L. Mescinium Rufum, de quo in epist. 19. 20. 21. libro quinto, epist. 26. libro XIII. epist. 0. libro sexto, & Cn. Volusium, de quo epist. 11. libro quinto ad Atticum; in extremo autem anno, discedente Volusio, (sic enim est credendum) successit Cælius Caldus, quem provinciæ decedens Cicero præposuit, epist. 15. & libro VI. ad Att. epist. 6.

Te mihi quæstorem obtigisse) In plerasque provincias cum proconsulibus aut proprætoribus singuli juris dicundi gratia quæstores ibant, in nonnullas bini, ut in Siciliam Lilybætanus, & Syracusanus: quod scriptum est apud Asconium, duos & Cicero habuit in Ciliciensi provincia, Cn. Volusium, de quo epist. 11. libro quinto ad Att. & Q. Mescinium, de quo epist. 26 libro XIII. epist. 6. libro decimo sexto, & ad Att. epist. 4. 7. libro sexto, nec tamen aliis, qui eamdem provinciam rexerant, duos quæstores fuisse arbitror; sed Ciceroni, ut tres *διοικήσεις* Asiaticæ extra ordinem, sic honoris causa duo quæstores dati, quorum alter in quatuor veteribus diœcesibus, Ciliciæ, Pamphyliæ, Lycaoniæ, Phrygiæ majoris parte ultra Mæandrum, quæ ab ordinario Ciliciæ proconsule, vel proprætore simul omnes regebantur, alter in tribus novis, ademtis Asiæ provinciæ, Laodicea, Cibyra, Apamea jus diceret. Volusium suspicor ante finem annui imperii, avocatum fortasse negotiis, discessisse, & in ejus locum sorte Cælium venisse, extremo, ut opinor, mense administrationis annuæ; nam epist. 5. ad Attic. lib. VI. *Annuum tempus*, inquit, *prope jam emeritum habebamus: dies enim XXXIII. erant reliqui*. Et infra: *Mihi decessionis dies lætificatus obrepebat: qui cum advenerit, ἀδηλῶ ὀψιλόγως, quem præficiam, nisi Cælius quæstor venerit, de quo adhuc nihil certi habebamus*. Eum Cicero decedens provinciæ præposuit, epist. 15. & ad Att. ep. 6. lib. VI.

Eam sortem) Proconsules, & proprætores aut sortiebantur provincias, aut comparabant inter se; quod epistola 9. lib. I. ostendimus: quæstores autem non comparatione, quod equidem sciam, sed sortitione ibant in provincias, lib. III. ad Q. Fratrem: *Quæstorem habes non tuo judicio delectum, sed eum quem sors dedit*. Et pro Murena: *Quæstura utriusque propemodum pari momento sortis fuit*. Interdum tamen petentibus proconsulibus dabatur, ut, quem vellent, quæstorem sine sorte delectum in provinciam ducerent, quod Cæsar Pompeiusque impetrarunt, epist. 6. ad Att. lib. VI. *Pompeius Q. Cassium sine sorte delegit, Cæsar Antonium: ego sorte datum offenderem?* Nec tamen id sine S. C. aut sine lege factum, de S. C. Livius lib. XXX. *Lælium, cujus tunc legati, ea anno quæstoris extra sortem ex S. C. opera utebatur, cum Italico equitatu ab sinistro cornu opposuit*. De lege Cicer. orat. 2. in Antonium: *Quæstor es factus: deinde continuo sine S. C., sine sorte, sine lege ad Cæsarem cucurristi*.

Ad eam necessitudinem, quam nobis sors tribuisset) Maximam scilicet, ac liberorum necessitudini proximam; quod enim sorte eveniebat, id evenire deorum voluntate veteres arbitrabantur, propterea *sors divina* vocatur. Philip. III. *Qui sunt*, inquit, *quos sors divina delectet?* Et post: *Duarum vero de provinciarum sortem minus divinam fuisse*. Et in Divinatione: *Accusabo eum, cui quæstor fuerim, qui eum mihi sors consuetudoque majorum, qui deum me deorum hominumque judicium conjunxerat*. Quod ad necessitudinem attinet: *Mos majorum*, inquit epist. 10. libro decimo tertio, *hanc quæsturæ conjunctionem liberorum necessitudini proximam voluit esse*. Et epist. 26. ejusdem libri: *L. Mescinius mihi quæstor fuit: sed hanc causam, quam ego, ut a majoribus accepi, semper gravem duxi, fecit virtute sua justiorem*. Et in Divinatione, & oratione pro Plancio. *Necessitudo* autem & *Necessitas* idem sunt, & duobus modis accipiantur, vel pro conjunctione sanguinis, aut amoris & officii, ut pro Sulla: *Si nostram necessitatem, familiaritatemque violasset*. Et in oratione C. Cæsaris, qua legem Plautiam suasit: *Equidem mihi videor pro nostra necessitate non labore, non opera, non industria defuisse*. Vel pro eo, quod necesse est; ut sæpe apud Ciceronem, Sal-

Sallustium, & alios, vide Gellium lib. XIII. cap. 3.

Postea, cum) Sic olim emendavi contra veteres libros, secutus videlicet consuetudinem Latinæ linguæ: quod alii, ut video, postea probarunt. Moneo tamen lectorem, in omnibus antiquis libris, & quos ante multos annos vidi, & quibus nunc utor, plane scriptum esse, *Postea quam*, mendi origine, ut opinor, inde ducta, quod veteres, *quom*, pro *cum*, scribere soliti sunt. Libro etiam II. epist. 12. ad Att. idem mendum sustuli; idem lib. II. de Leg. Quis non videt ita legendum, *Postea, cum summus fieri fuerit coepisset*; non, *Postea, quam*.

Nihil aeque a te ipso) Idem scripsit ad Att. epist. 4. lib. VI.

In Cilicia) Quo se iturum nonis Maji, dixit epist. 13.

In castris) Ut eum militarem ante decessionem suam collocaret, epist. 13.

Officium) Erga me: quia scripsisti humanissime.

Ingenium) Quia scripsisti elegantissime.

Opportune) Ut ante, quam decedam, in provinciam venire possis.

C. Virgilius) Qui Siciliam praetor administraverat, ut in oratione pro Plancio. Mirum est, quam hic omnes in mendo consentiant veteres libri, cum habeant, *consul Virgilius*, qui numquam consul fuit. Ex litera C, quam librarii pro *Consul*, interpretati sunt, vitium fluxit.

De tua praesertim dignitate) Dignitatem hic pro honore potius, quam pro existimatione, quae res gestas consequitur, Cicero usurpat, ut epist. 9.

Conjunctione) Quaestor enim ei, cui quaestor obtigit, arctissimo necessitudinis vinculo conjungitur, epist. 10. lib. XIII.

Quaecumque) Alibi ponitur pro, *Omnis quae*, subsequentibus duobus verbis, ut: *Quaecumque fecis, mihi grata fuit*: hic pro *Omnia*, simpliciter, unico subjuncto verbo: quidquid garriat inepta Grammaticorum turba; ubi enim eorum auctoritate, qui Latini sermonis usu & scientia floruerant, probari aliquid posse video; quisquilias contemno. Sic ad Attic. epist. 21. lib. III. *Te oro, ut, si quid erit, quod perspicias, quamcumque in partem, quam planissime ad me scribas*. Et ad eumdem lib. XII. Et in Catilinam orat. 2. *Quae facere poterant, quaecumque ratione fracta*. De Oratore: *Permultas excellentes in quocumque genere videbis*. Et Virg. l. XII. Aen.

In te profecisse) Ad Appium epistola 1. lib. III. *Intelligo, omnia quae a me profecta sunt in te, tibi accidisse gratissima*.

Marius tua) Quia cogitabat eum decedens provinciae praeponere, ep. 15. & ad Att. ep. 4. l. VI. cum de quaestore Mescinio bene non existimaret, ut ibidem ostendit, & epist. 3. ejusdem libri.

PAVLLI MANVTII
COMMENTARIVS
IN
EPISTOLAM I.
LIBRI III.

APpio) Fuit App. Clodii filio, qui cum P. Servilio Isaurico consul fuerat, anno urbis DCLXXIV. Obiit post pugnam Pharsalicam, ut auctor est Valerius libro primo cap. sexto. Repudiatum ab hac gente Lucii praenomen, ob turpem duorum gentilium vitam, Suetonius ostendit.

Pulcro) Gentis Claudiae fuere Pulcri, Nerones, Marcelli; patricii Pulcri & Nerones, plebeji Marcelli, quod Asconius aliique tradiderunt. Nobilitatam hanc gentem duobus de triginta consulatibus, dictaturis quinque, censuris septem, triumphis sex, duabus ovationibus, in Tiberii vita Suetonius dixit.

Imp.) Ea qua pugna sit hoc nomen adeptus, non apparet: rem tamen ab eo bene gestam, non modo haec inscriptio, quae *imperatorem* nominat, sed ultima etiam epistola declarat: nam in ea suum studium Cicero in supplicatione ob res prospere gestas Appio decernenda commemorat. Speravit etiam triumphum, quem ei P. Dolabellae ademit accusatio, ut epistolae suae demonstrant, una Ciceronis, decima hujus libri, altera Caelii, nona libri octavi.

Quod vidi) Et aperta sententia est, & ita legitur in septem antiquis libris. aliis placuit, *Quod jussi*: quod quale sit, eruditi judicabunt.

Antiquas res) Quas ab illo de statu reip. audies.

Providentius) Providentia periculum vitat. *Providentius* igitur dixit, pro, majoris cautionis; possunt enim in alienas manus literae pervenire.

Videntur aliqua mea gerere) Ut aliquid ego quoque tibi significem.

Ingenii) Quod amorem conciliat; ut enim corpori valetudo integra, color optimus, apta membrorum compositio; sic animo species quaedam & pulcritudo ingenium est: omnis autem pulcritudo amorem conciliat.

Officii humanitatis) Latius patet *humanitas*, quam *officium*.

Ornatissimo) Ex quo intelleas, te bona fide mecum in gratiam rediisse.

Carissimo) Ob inimicitias P. Clodii, Appii fratris, qui anno proximo perierat, a Milone, Ciceronis amicissimo interfectus.

Quoniam tu ita vis) Tibi placet officiis coli amicitiam nostram: quod si tibi non placeret, facerem invita Minerva; qui si efficies, ut idem tuis quoque propinquis placeat; (tacite Appium hortatur, ut reliquos Clodios, ob veterem cum P. Clodio inimicitiam infensos, sibi reconciliet) eandemque Minervam, quam abs te non invitam habeo, ab ipsis accipiam: ego plane hoc non Minervae magis, quam tibi, referam acceptum, & jure eam non tam Pallada, ut vocatur, quam Appiada, de tuo nomine, nuncupabo. Iocum autem Cicero quaesivit in nominibus similiter desinentibus. In Mediceo libro Graecis litteris majusculis, ΠΑΛΛΑΔΑ, scriptum est.

Non invita Minerva) Feliciter, successu prospero, abiit in adagium. *Invita*, vel *non invita Minerva aliquid facere*, epist. 25. lib. XII. *Censum tuam egi non invita Minerva*. Offic. libro primo: *Nihil decet invita, ut ajunt, Minerva*. Et Horatius in Arte poetica:

Tu nihil invita dices faciesve Minerva.

Cilix) Quod servis cognomen fuerat,

idem

videm liberti retinebant, licet praenomen etiam & gentilitium nomen ejus a quo liberabantur, assumerent. *Cuia* autem hic vocabatur, quia saepe a patria servi appellabantur, ut *Egypta* in ep. 15. lib. XVI.

Phaniam) Ad te proficiscentem, cujus frui consuetudine, licet Ciliciam haberem, valde cuperem, epist. 13. libro II.

Iurisconsultum) Eumdem antea Lentulo, Ciliciae proconsuli, commendatur ep. ult. lib. I. Est autem is, de quo ep. 11. lib. VII.

Si non est) Non est jocus a veritate sejunctus, ep. ult. lib. I.

Aliis) Quorum causas recipis, nec optime defendit.

Agis gratias) Quod humaniter eum tractes.

EPISTOLA II.

Contra voluntatem meam) Deposuit enim provinciam consul: qua de re in ep. 2. lib. V. in ea vero ad Catonem libro XV. *Si quisquam*, inquit, *fuit umquam remotus & natura, & magis etiam, ut mihi quidem sentire videor ratione atque doctrina, ab inani laude & sermonibus vulgi; ego profecto is sum. Testis est consulatus meus: in quo, sicut in reliqua vita, fateor ea me studiose secutum, ex quibus vera gloria nasci posset: ipsam quidem gloriam per se numquam putavi expetendam; itaque & provinciam ornatam, & spem non dubiam neglexi.*

Cum imperio) Duabus legibus data, Cornelia a senatu, curiata a populo.

Molestiis) Confirmat illud, *Contra voluntatem meam*.

Quem ego sum) Artificium petentis; voluntatis enim optimae significatio parem elicit voluntatem.

Pro nostra summa conjunctione) Iure, *Summa*, dixit, quia conjungebantur & collegio, cum esset uterque augur, & benevolentia, post gratiam reconciliatam; itaque dixit ep. sequenti: *Sacerdotii conjunctissimo & amicissimo*. Et ep. 4. *Collegii conjunctio non mediocre vinculum mihi quidem attulisse videtur ad voluntates nostras copulandas*.

Petas autem plurimis) Habet ornamentum iteratio verbi; ut ep. 5. libro sexto: *Quotiescumque filium tuum videro*,) *video autem fere quotidie*) *polliceor ei studium meum*. Vide illud, *Si qui sunt, qui velint, qui pauci sunt*, epist. 1. lib. I.

Ex S. C.) Decreverat enim senatus, ut duas provincias consulares, Syriam & Ciliciam, Bibulus & Cicero sortirentur. Ciceroni Cilicia obtigerat. Huius S. C. mentio in epist. 7. & 15. libro secundo, & septima libro decimo quinto; hic autem lex non nominatur, quia lata nondum erat, sed lata paulo post; nominatur autem ep. 4. lib. XV.

Quod ejus facere poteris) Quantum in te erit: nota locutio.

Quasi decursus) Lenitur interdum translatio praeposito verbo, *Quasi*, aut ejusmodi alio: quod Ciceronis, Demetrii, & alii aliorum libri ostendunt.

In eo genere) Vide illud, *in eo genere*, ep. 1. lib. II.

Tui consilii est) Tu considerabis Appii prudentiam, & simul modestiam suam, qui nihil petat nominatim, ostendit.

Pluribus verbis) Clausula in primis efficax ad impetrandum; nam & ea nominat, quae movere Appium debeant; & id ipsum tamen dissimulat, ne diffidere videatur aut Appii voluntati, aut prudentiae.

Rem) Cum is, qui provinciam successori tradit, operam omnino dare debeat, vel honoris sui, vel reip. causa, ut eam quam maxime aptam, explicatamque tradat.

Pro se) Cur ego pro ipsa re plura dicam; cum satis ipsa pro se loquatur? patet enim, quid te in tradenda mihi, tui amantissimo, provincia facere oporteat.

Voluptatem esse capturum) Cum officii me tui memorem, gratumque cognosces.

EPISTOLA III.

Brundisium) Ubi duodecim amplius dies, & valetudinis incommodo, & Pomptinii, legati sui, exspectatione commoratus est, ep. 8. lib. V. ad Att.

Praesidio) Ob metum Parthici belli.

Supplementum) Ut ad binas legiones, quas & Cicero, & Bibulus habuit, copiae adderentur.

Bibuli) Cui Syria obtigerat, post Crassum a Parthis interfectum.

Legionibus) Plutarchus cum Cicerone in Ciliciam ivisse narrat duodecim millia peditum, duo millia, & sexcentos equites; quanquam in equitum numero suspicor esse mendum: non enim cum duabus legionibus tantus videtur equitatus esse potuisse; nisi si senserunt Romani, reliqui omnes auxiliarii, extra ordinem, metu scilicet Parthici equitatus, qui post Crassi necem imminere Romanis provinciis videbatur.

Sulpicius consul) Ser. Sulpicius Rufus, ex tribu Lemonia, juris civilis cognitione excellens, cujus praeclaram habemus epistolam, qua Ciceronem consolatus est libro quarto.

Passurum se negaret) Ne exhauriretur militibus Italia, si forte delectum novarum copiarum tempora reip. postularent.

Multa questi sumus) Ego, & Bibulus. Notandum loquendi genus, sic alibi, *Multa precati*, & *Multa deos veneratus*, dixit Caelius epistola septima lib. VI.

Tabellariis) *Tabellarii* dicti a tabellis codicillorum, quod eas ultro citroque ferrent ante chartae & membranarum usum: ut *librarii* a libris arborum, in quibus epistolae scribebantur. Beatus Hieronymus epistola quadragesima secunda ad Nicetam.

Conjunctissime) Non refertur ad benevolentiam; quorsum enim proxime subjunxisset, *Et amicissime?* sed ad adjunctionem auguratus, quae alterum alteri non leviter commendabat. Sed, quia fieri poterat, ut, qui simul augures essent, inter eos tamen amor non esset; ideo intulit, *& amicissime*: ut se non solum collegii jure, verum etiam benevolentia conjunctum Appio significaret: nominat eandem collegii conjunctionem epistola sequenti.

Pro nostra consentientissima voluntate) Sic quinque libri veteres: duo, & Mediceus, *Pro nostra consociatissima*; ut voluntas utriusque, post reditum in gratiam, *consociatissima*, dicatur, Sin, *constantissima*, retinemus; utriusque pravam in consiliariis voluntatem, quae post reditum in gratiam officiis mutuis declarata fuerat, significari credamus: quam sententiam confirmat illud epistola 13. lib. II. *Ego Appium valde diligo: meque ab eo diligi statim coeptum esse, ut simultatem deposuimus, sensi; nam & honorificus in me consul fuit, & suavis amicus, & studiosus studiorum etiam meorum: mea vero officia ei non defuisse, tute es testis*. Constantiam suam infra quoque ep. 9. Cicero nominat. Quod quisque magis probat, id sequatur. Alii, cur Cic. in Ap. voluntas appellari *constantissima* posset, dicunt se nescire, cum ea magnis simultatibus interrupta sit. Cic. autem id agit, ut ostendat, etsi Appii consuetudine propter inimicitias P. Clodii sit usus, numquam tamen ei se fuisse inimicum, neque suam in illum pristinam voluntatem umquam fuisse imminutam. Epistola etiam hujus libri 9. ita scribit: *Conscientia meae constantis erga te voluntatis*.

Integram) Abesse tamen tres cohortes comperit; mendax igitur Fabius, vera autem Appii ad senatum litterae de militibus dimissis, ep. 6.

S. C.) De non imminuendis copiis.

C. Pomtinium legatum) Praetorium, ac triumphalem. Hunc Πομπτῖνον, & Ποντῖνον Graeci libri nominant: ex Latinis alii *Pomptinum*, alii *Pontinium*; nonnulli, quos secutus sum, *Pomtinium*, ut inter Romanas gentes, quae in *ius* desinebant, agnoscatur. Ciceronis, Ciliciae proconsulis, quaestores fuere L. Mescinius, Cn. Volusius, C. Caelius; legati, Q. Cicero ejus frater, C. Pomtinius, M. Anneius, L. Tullius; tribunus mil. Q. Fufidius; praefectus evocatorum, Antonius; praefectus fabrum, Q. Lepta; scriba, M. Tullius; accensus, Pausanias; interpres, M. Marcilius. De quaestore Mescinio, ep. 19. & 20. lib. V. ep. 26. lib. XIII. ep. 6. lib. XVI. De Volusio, ep. 11. lib. V. ad Att. De Caelio, qui paucis diebus ante, quam Cicero decederet, in provinciam venit, ep. 19. lib. II. & ad Att. ep. 5. lib. VI. De legatis, ep. 4. lib. XV. De tribuno mil. ep. 12. lib. XIII. De praefecto evocatorum, ep. 6. h. lib. De praefecto fabrum, ep. 7. h. libro. De scriba, ep. 20. lib. V. De accenso, ep. 7. h. lib. De interprete, ep. 54. lib. XIII.

EPISTOLA IV.

C*Ladio*) Præfecto fabrum, ep. 8.

Meum studium erga te & officium) Studio voluntas, officio res ipsa declaratur.

Q. *Fabius*) Fabiam gentem a Fabio, Herculis filio, dictam, ait Plutarchus: id probare videtur Festus, apud quem scripta sunt hæc: *Favii, qui nunc Fabii dicuntur, dicti, quod princeps gentis ejus ex ea natus sit, cum qua Hercules in fovea concubuit*. Deinde subjungit: *Alii putant eum primum ostendisse, quemadmodum ursi & lupi foveis caperentur*.

Virgilianus) A Virgiliis in Fabiam adoptionis jure transierat.

Flaccus) Valeriorum cognomen.

M. Calvius Cn. F.) Qui hoc anno ædilitatem curulem cum M. Cælio petiit, ep. 2. lib. VIII.

Libro augurali) De augurum disciplina scripto: de quo fit mentio epistola nona & undecima, & apud Festum.

Amantissime) Amore enim adductus videbatur, ut eum librum ad Ciceronem scripserit.

Misisti) Unum Appius miserat, reliquos missurum se pollicitus erat, ideo epistola nona: *Velim, quod reliquum est promissi ac muneris tui, mihi persolvas*. Et epistola undecima cum scripsisset Appius; *confecisse jam se reliquos libros, ac missurum*; respondit Cicero: *Augurales libros ad commune utriusque nostrum otium serva*.

Summæ necessitudinis officia) Quæ summa esse possunt nostræ conjunctionis officia. Placeret, *summæ necessitudinis*.

Constabant) Non obscura erant, sed patebant, ep. sequenti, & 14. libro decimo.

Ex quo tempore) Depositas ab Appio & Cicerone inimicitias jam ante P. Clodii necem, atque adeo ante Appii consulatum, indicat epistola decima, & lib. secundo epistola decimatertia, & oratio pro Milone.

Duarum ætatum) Senescente jam Pompeio, Bruto juvene: utrumque cum laude nominat ep. 11.

Filio tuo generum) Duo Pompeii filii fuere, Cneus, & Sextus. Appii generum puto Cneum fuisse, nam Sexti conjugem Libonis filiam apud Dionem invenio.

Generum tuum) Postea Porciam, Catonis Uticensis, avunculi sui, filiam, duxit uxorem, Appii filia dimissa: quod ex epistolis ad Atticum intelligitur.

Collegii) Cum augur uterque esset, ep 13. lib. II.

Honorifice a te approbata) Scripto ad me augurali libro, ep. 9. & 11.

Non mediocre vinculum) Apud majores enim non modo amicitiam violari fas non erat, sed ne cooptari quidem sacerdotem licebat, qui cuiquam ex collegio esset inimicus, ep. 10.

Ne mutiar) Licet nihil te, mea causa, contra commodum tuum velim facere.

EPISTOLA V.

T*Rallis*) Urbem Lydiæ.

Nemimem perspexisti) Capiat benevolentiam ab Appii prudentia.

Ex aliis reperies) Hæ Ciceronis literæ non exstant.

Confirmata) Mutuis officiis.

Fide) Fidem nominat, quia redierant in gratiam, ep. 8. *Si quis est, qui neminem bona fide in gratiam putet redire posse; non nostram is perfidiam coarguit, sed indicat suam*.

Ut mihi consuleres) Ut mihi expeditam provinciam traderes.

Mea ratio) Meum provinciale munus, totum negotium, quod ad provinciam pertinet.

Solutior) Sine impedimento, sic ep. 9. lib. primo: *Si mihi esset omnia solutissima*: pro, si meam voluntatem nulla res impediret. Quod autem hic dixit, *Mea ratio facilior ac solutior*, ep. 2. *Facilior erit quasi decursus mei temporis*.

Sequitur illud) Nam apud bonos viros gratia gratiam parit.

Quiete otium) Post reconciliationem resident nonnumquam veteris odii reliquiæ, præsertim si graviores injuriæ antecesserint, quales a P. Clodio, Appii fratre, Cicero tulerat; ideo suspicari poterant homines, non esse Appio Ciceronem amicissimum, ep. 8.

Neque enim ex fabulis personis) Cum Cicero & Appius consulares auguralesque essent, clarus igitur uterque: translatio a fabulis, in quibus veterum heroum, aut regum, id est non obscu-

 rum,

ras, sed illustres personas histriones sustinebant.

In causa] In negotiis. Dixi *Causam* id sæpe appellari a Cicerone, quod proprie ad aliquem pertinet: vide illud ep. 1. libro primo: *In causa hac sum*.

Tum mihi ille dixit, quod classe te velles decedere) Sic locutus epist. 28. lib. VII. *Maneas, quod mihi desperare videbare*. Aut distingue sic: *Tum mihi ille dixit: quod classe te velles decedere, perfecit accommodatum tibi, &c.* ut sit, *Quod*, pro quia.

Ad Sidam] Præponit *Ad*, cum sit loci nomen proprium, ut epist. 3. lib. VIII. *Ad Capuam, ad Luceriam*. Sed hunc locum ex epistola sequenti, in qua *Sida* nominatur, aliquis turbasse, mutavit; nam libri veteres, etiam Medicæus, habent, *Ad illam*, quod ferri potest.

Laodiceæ) Vide, quæ diximus epist. 17. lib. II.

Ad meum adventum] Vsque ad meum adventum.

Tua ratio) *Ratio* non est voluntas, non negotium, non consuetudo, non consilium: quid igitur? unico verbo non satis videtur explicari posse: hic quidem, *Tua ratio postea est commutata*, valet, Mutasti quod te facturum ostenderas, non eadem fuit sententia tua. Tale illud ep. 8. *Mea ratio in tota amicitia nostra constans & gravis reperietur*. Vide, quæ diximus in eo loco, *Mea ratio fuit alia*, ep. 9. lib. I.

Pridie Kal. Sext. puto] Non erravit, nam eo die Laodiceam pervenit, ep. seq. & ad Att. ep. 16. lib. V.

Mihi deberer] Vel in provinciæ commoda, vel in annuum ipsius victum, vel in stipendia militum eroganda.

Ad exercitum] Quem Appius reliquerat, cuius mentio fit ep. 2. Sic ad Att. ep. 15. lib. V. *Iter Laodicea faciebam ad III. non. Sext. in castra in Lycaoniam*. Quamquam, si Plutarcho credimus, duas legiones Cicero ipse in Ciliciam transiecit.

Ad Iconium] In Lycaonia, ubi erat exercitus, ep. sequenti, & 4. lib. XV. ad Att. & 15. lib. V.

Facilis) De itineris ratione.

Ab re ipsa) Ab ipso negotio: quo fortasse dimitius impedior, quam ut possim circiter idus Sext. ad Iconium esse.

Omnia tibi imponere nec audeo quidquam, &c.) Non potuit neque verecundius petere, neque vehementius.

Quod tuo commodo fieri possit] De hoc loquendi more satis diximus epist. 1. lib. I.

Magni interest) Vt colloquerentur de utriusque institutis in regenda provincia, in quibus, quod & hæ ad ipsum Appium, & ad Atticum epistolæ declarant, non idem uterque sensit.

Si quis causa) Retinet modestiam suam: quod enim de Appii voluntate suspicatur, id in casum confert.

Constabant) Sic locutus epistola proxima.

Scævola] Muciæ gentis cognomen: hic vel Appii legatus, vel quæstor in provincia fuerat.

Vellem petisse obsequi] Sic antiqui omnes libri, non *petiisset*, quod est in impressis: nihil igitur mutandum, cum alibi quoque sic locutus Cicero sit, ut ep. 1. lib. VII. *Vellem a principio te audisse amicissime monentem*; & ep. 11. lib. VIII. *Vellem meum fuisse*.

EPISTOLA VI.

NOn magis mihi fores] Non minus a te, quam a me ipso, præstari amicitiæ nostræ ea, quæ deberentur, officia cupio.

Mea facta] Quod a me factum est, ut te convenirem antequam decederes.

Quæsivi ex Phania] Epist. quinta.

Nesse locum) Humiliorem scilicet, quam reliqui liberti.

In prima provincia] Dixi jam, primam urbem provinciæ Laodiceam fuisse epist. proxima.

Vbi me quamprimum videre posses] Vt Laodiceæ, id est, in prima provincia; quod L. Clodius dixerat; mos enim fuit, ut ii, qui decedebant, successorem exspectarent in prima provincia. Ad Atticum ep. 26. lib. duodecimo.

Ro disjecisti] In ultimam provinciam: de quo sic ep. 16. lib. V. ad Att. *Appius, ut audivit nos venire, in ultimam provinciam se conjecit, Tarsum usque, ibique forum agit*; & ibidem epist. sequenti.

Ad decedendum] Lex Cornelia, L.

Sullæ

Sulla dictatoris, concedebatur rectoribus provinciarum, ut per triginta dies post successoris adventum in provincia morari possent.

Alieni) Non amici, nulla necessitudine conjuncti.

Tarsum) In Ciliciam, in ultimam provinciam: quod dixit epist. 16. libro quinto ad Att.

Et est in multis) Abest hoc a meo vetere libro: & sane glossema esse potuit antecedentium verborum.

Forum agere) Ius dicere, ep. 5. & ad Attic. epist. 16. libro quinto, & Festus.

Successi) Pro, successum iri: unus antiquus liber, *Succederet*.

Agerem mihi) Cum tu, absente me, Tarsi forum ageres. Non dixit, *Absenti a provincia*, cum in eam jam venisset, quod supra infraque ostendit: sed absenti ab eo loco, ubi forum Appius agebat.

Detractus) Tuæ jurisdictionis Tarsensi.

Feneratio) Exiles legiones vocat epist. 15. lib. V. ad Att.

Abesse tres cohortes) Facta seditione, quinque nominat ep. 4. lib. XV. *Cum*, inquit, *ante adventum meum seditione quadam exercitus esset dissipatus, quinque cohortes sine legato, sine tribuno mil. denique etiam sine centurione ullo apud Philomelium consedissent; reliquus exercitus esset in Lycaonia: M. Anneio legato imperavi, ut eas quinque cohortes ad reliquum exercitum duceret*. Cohortem ex pluribus manipulis constare, ait Varro lib. IV. in ea fuisse homines quingentos, Valerio Maximo, Plutarcho, Cæsare, Appiano testibus probatur; nam Valerius duas Camertium legiones a C. Mario civitate donatas, Plutarchus mille Camertes ait. Iam Cæsar libro tertio Bell. Civ. cum dixisset: *Cohortes CX. expleverat*, subjungit: *Haec erant millia XLV.* Idem pugna Pharsalica quartam aciem ex sex cohortibus constituit: quod Plutarchus in Cæsare confirmat: at eos fuisse tria millia, & idem Plutarchus in Pompeio, & Appianus quoque plane narrat. Postea, re militari commutata, sexcentos in cohorte video fuisse: nam Cincius apud Gellium legionem ex centuriis sexaginta, cohortibus decem constituit.

Ne litteras quidem ullas) Cum te quotidie exspectarem. Tantum tamen abest, ut ipse veneris, ut ne litteras quidem ullas a te acceperim. Hic non video, cur mutari quidquam necesse sit.

Evocatorum) Milites erant emeriti, subito ex agris in militiam evocati: quos Cicero ex S. C. in provincia contraxerat: ut ep. 4. libro decimo quinto. Crastinum evocatum in prima acie contra Pompeianos procurrentem nominat Cæsar lib. III. Bell. Civ. Evocatos etiam Antonius habuit in Mutinensi certamine, epist. 30. lib. X. & Octavianus, Dio lib. XLV.

Cohortes) Quas secum Appius habebat; nam exercitus universus erat in Lycaonia, unde abesse dixit tres cohortes ep. 15.

Aliquid magnifici gerere) Contra sempiternos hostes Amanienses, epist. 10. lib. II. & 4. lib. XV. & ad Att. epist. 19. lib. V.

Litteras tuas) In quibus, cupere se cum Cicerone congredi, scripserat Appius.

Secus) Male, secus ac vellem; sic, *Aliter*, usurpabant, ut lib. II. de Rep. apud Gellium: *Cum ad villam venisset, & omnia aliter offendisset*.

Loci) Occasionis.

Cessavisse) Aliquo in me officio.

Salva lege) Quæ ultra dies triginta, post successoris adventum, non permittebat in provincia permanere.

Pridie Kal. Sext.) Sic ep. 2. 4. libro XV & ad Att. ep. 16. lib. V.

In Ciliciam) A Laodicea in Ciliciam, ep. 4. lib. XV.

Per Cappadociam) Nam & alia erat, eaque brevior, in Ciliciam via: quam cur omiserit, exponit epistola 4. libro XV.

EPISTOLA VII.

CICERO imp.) Sic est inscribendum, non, *proconsul*. Scripsit enim, ut ipse ait, hanc epistolam Laodiceæ: quo se contulit æstivis confectis, id est, Amanienlibus victis, quo victoria imperator appellatus est, & Pindenisso capto. Fuit autem Laodiceæ a III. Id. Febr. usque ad Non. Maji: quod ep. 2. lib. VI. ad Att. ostendit.

Legati Appiani) Qui monumentum exstruere ad Appii laudem cupiebant

Cicero impedierat, epist. 9 Appianos populos in conventu Synnadensi Plin. lib. IX. cap. 29. nominat. Alii sunt autem legati, de quibus ep. 8. illos enim queritur Appius prohibitos esse ire Romam ad te laudandum, horum autem ædificationem impeditam.

Volumen) Litteras *Volumen* appellat, non quod involutæ clauderentur, (plicabantur enim epistolæ, involvebantur autem libri) sed quod earum longitudo speciem voluminis efficeret; itaque subjecit, (ut unam litteras hic *volumen* appellari constet) *Eadem epistola petebas*; sic epist. 30. lib. XII. *Non te epistolis, sed voluminibus lacessivi*: pro, ita longis, ut voluminum instar essent. Alibi vero *epistolarum volumina* nominat, quia descriptæ multæ, circa lignum essent involutæ: ad Att. lib. IX. epist. 9. *Confeci volumen epistolarum tuarum*. Ad Tironem, epist. 17. lib. XVI. *Tuas epistolas vis referri in volumina*. Et Tusculanas quæstiones *volumina* appellat. Plinius quoque suos Nat. Hist. libros, *volumina*: Ovidius quindecim libros Metamorphoseon, *ter quinque volumina*. *Umbilicos* ligna illa, quæ voluminibus absolutis adderentur, ideo dicta, quod umbilici nostri formam imitarentur, Porphyrio scriptum reliquit: inde natum, *ad umbilicum ducere*, pro absolvere: quod Horatius de suis iambis dixit: *perducere ad umbilicum*, Martialis. Hujusmodi autem umbilicos non modo ligneos, verum etiam osseos, cornuosve ornamenti gratia interdum fuisse, idem Porphyrio auctor est: pingi etiam solitos, Martialis. Extremas partes, quod extra volumen eminentes, cornuum similitudinem præ se ferrent, *cornua* vocabantur: quibus ornamentum aliquod addi solitum, ostendit Ovidius, cum librum suum elegia prima Tristium sic alloquitur:

Candida nec nigra cornua fronte geras.

Nec geras candida cornua, quæ fortunæ læta indicia lætiora, cum sit atrata frons, qualem in calamitate nostra decet esse. Est enim *frons libri*, exterior voluminis pars: *frontes* vero cum appellantur, exterior, & interior: itaque dixit idem proximo inferiore versu:

Nec fragili geminæ poliantur pumice frontes.

Et Catullus:

Cui dono lepidum novum libellum,
Arida modo pumice expolitum?

Martialis quoque *pumicatam* libri *frontem* dixit libro primo.

Ædificationem) Templum, opinor, Appio erigere volebant, ut optime de rep. merito.

Præverte) Excogitasti enim, quod a me cogitatum non est.

Tributa) Quibus Appio monumentum extruerent.

Reversissem) In Asiam; nam, cum in provinciam venisset, a Laodicea in Ciliciam profectus est; ibi pugnavit cum Amaniensibus, Pindenissumque cepit; mox, æstivis jam confectis, Laodiceam in Asiam rediit: unde rursus ad absolvendam jurisdictionem Tarsum in Ciliciam ivit.

Repetitum) Ironia.

Tributa) Quæ civitates imponebant, ut collecta pecunia ædificaret.

Non poteram) Rem causamque cognoscere.

Ad me) In Ciliciam: ut ibi de toto negotio cognoscerem.

Liberto) Accensi munus libertis deferri solitum, indicat epistola 16. ad Atticum libro quarto, in qua Antiochus Gabinius quidam, A. Gabinii libertus & accensus nominatur; & epist. 1. lib. I. ad Q. Fr.

Accenso meo) Apparitorum multa genera, inter quos accensi quoque erant, dicti, quod sæpius ad necessarias res acciterentur, ut ait Varro.

Audivi, cum diceret) Sic lib. II. de Orat. *Sæpe ex socero meo audivi, cum is diceret, socerum suum Lælium semper fere cum Scipione solitum rusticari.*

Vigiliæ) Nox in tres vigilias, & in quaternas horas vigilia dividebantur.

Fabrum) Qui exercitum sequebantur, ut administrarent, quæ ad bellum necessaria viderentur. *Fabrum* autem, non *Fabrorum*, probasse Cicero videtur; de quo sic in Oratore: *Ista, ut censoriæ tabulæ loquuntur, fabrum, & procum, audeo dicere, non fabrorum, & procorum.*

App. Claudio) Patriciæ gentis, consulari, augurali, opibus, ingenio, propinquis, affinibus florentissimo: ut

omitomissam antiquorum nobilitatem, de qua diximus ep. 1.

Imperatori) Appellato & a militibus, & ab senatu; qui etiam ei ob victoriam supplicationes decreverat; epist. ultima.

Ambitiosus) Studiosus: cum nullum officii genus soleam praetermittere.

Quid ni) Ciceronis, non Appii verba; ideo parenthesi includenda. Cur non crederem, inquit, id a te dictum, cum te tuae gentis antiqua nobilitas superbum faciat?

Appius Lentulo) Appius succedens Lentulo decedenti.

Prudentia) Naturalem significat; nam separatim deinde rerum usum nominat.

Urbanitatem) *Urbanitas*, & *dicacitas* non idem sunt; itaque Demosthenem, ait Quintilianus, urbanum fuisse, non dicacem; *urbanitatem* autem esse illam, in qua nihil absonum, nihil agreste, nihil inconditum, nihil peregrinum, neque sensu, neque verbis, neque ore, gestuve possit deprehendi, ut non tam sit in singulis dictis, quam in toto colore dicendi: qualem apud Graecos ἀττικισμὸν ille, redolentem Athenarum proprium saporem. Cicero autem in oratione pro Caelio: *Maledictio nihil habet propositi praeter contumeliam: quae si petulantius jactetur, convicium; si facetius, urbanitas nominatur.*

Virtus) Habet enim similitudinem quamdam urbanitatis.

Appietatem) Productione nominis fit sonitus auribus ingratus: & simul ipsa res, nomini subjecta, deformatur. Appius autem novum Ciceronis nomen, prae suo, Lentulique contempserat; quam superbiam irridet Cicero, Claudiae familiae insitam, ut ex omni patet historia, & his maxime Taciti verbis lib. I. *Tiberium Neronem, maturum annis, spectatum bello, sed vetere atque insita Claudiae familiae superbia.*

Ornamenta virtutis) Ipsam virtutem, a qua nullum abest ornamentum: vel, *ornamenta* illa, quae a virtute proficiscuntur: cum *Appietas* & *Lentulitas* nomina quidem speciosa sint, virtutis tamen ornamenta non habent.

Hominum opinionibus) Nam re vera non sunt amplissima, si virtute carent; vulgus autem ipsam tantum honorum speciem admiratur.

Vobis reliquissent) Qui ea nomina sua virtute nobilitarunt: quorum vos nomina retinetis, virtutem non imitamini. Ostendit Appium non a se ipso, sed a majoribus nobilem esse.

Maxima imperia) Praeturam, & consulatum, quae vocantur *imperia*: unde illud lib. IX. ad Att. *Consules non rogantur a praetoribus, quod majus imperium rogari a minore non sit jus.* Praestant autem potestate ceteris omnibus magistratibus: ideo *maxima imperia* vocantur; nam censura, licet inter majores magistratus, imperio tamen caret.

Ad honorem) Summus enim honor consulatus: de quo sic Livius lib. II. *Libertatis originem inde magis, quia annuum imperium consulare factum est, quam quod diminutum quidquam sit ex regia potestate, numeres. Omnia jura, omnia insignia primi consules tenuere: id modo cautum est, ne, si ambo fasces haberent, duplicatus terror videretur.*

Ad gloriam) Patefacta enim & oppressa Catilinae conjuratione, tantam adeptus est gloriae, nihil ut expetere amplius posset.

Superiorem nunquam) Quod Appio re ipsa detraxit, verbis restituit; nam, cum dixit: *Viros eos, qui ea vobis reliquissent, magnos arbitrabar*; nimirum iis viris non esse Appium similem ostendit: rursus, cum se non esse Appio superiorem fatetur, nec sibi tamen quidquam ad honorem aut gloriam deesse, ornat Appium amplissima laude, qui sit ei par, qui sibi nihil nec ad honorem, neque ad gloriam adquirendam putet.

Vel Cnaeum Pompeium) Appii sententiam Pompeii sententia ac judicio debilitat; ut in forensibus caussis, ubi testibus res agitur, opponuntur ignobilioribus clari viri, egentibus locupletes.

Omnibus, qui unquam fuerunt) Solus enim ad eam diem ter Pompeius triumphaverat, ex tribus orbis terrarum partibus victoriis comparatis.

P. Lentulum) Hunc nominat, cujus beneficio in patriam redierat, ne videatur eum proprie nominasse, cum dixit, *Lentulitatem*; potest enim nomen illud in omnes Lentulos, qui

nobis

nobilitatem a majoribus accepissent, non in hunc, qui sua virtute clarus erat, cuique Cicero plurimum debebat, cum quadam contumelia conferri.

Quem mihi ipsi antepono] Praeclarum artificium; nam, si & me vobis parem speravi esse factum; & Lentulum mihi ipsi antepono; sequitur, ut eumdem vobis quoque anteponam; quid igitur laborem, si tu me quasi novum hominem, contemnis, te autem, tamquam nobilem, magni facis, cum dixeris, *Cicero Appio noluit*; nam eos viros, quos & mihi, & tibi antepono, aliter existimare video.

Si aliter existimas) Si dissentis a Pompeio & Lentulo; & ideo me contemnis, quia novus homo sum.

Nihil errabis) Non est hoc sine quodam Appii contemtu: ita enim effertur, quasi rudiorem peritior doceat, & quasi, nobilitas quid sit, Appius ignorare videatur

Ut, quid sit εὐγένεια, quid sit nobilitas, intelligas] Ut intelligas, utrum idem sint, an inter se differant εὐγένεια, & nobilitas. Quasi dicat: falleris, cum vel te putas, quia sis εὐγενὴς, hoc est, claro genere natus, ideo nobilem esse; vel me, quia non sum εὐγενὴς, propterea nobilem esse non posse: potest enim εὐγένεια esse, ubi non sit nobilitas; & nobilitas, ubi non sit εὐγένεια. Nobilitas enim a majoribus non accipitur, sed virtute, magnisque in rempubl. meritis comparatur. Haec fuit Athenodori sententia: quam homo novus Cicero libenter probat. Aristoteles autem in Politicis libris nobilitatem in majorum claritate, & in opibus ponit.

Sandonis filius] Patris nomen adjunxit, ut eum distingueret ab altero Athenodoro, ejus aequali; nam, ut ait Strabo lib. IV. Athenodori duo fuere: quorum alter, qui Cordilio vocatus est, cum M. Catone vixit, & apud eum obiit; alter vero, Sandonis filius, quem & Cananitam a quodam vico appellant, Caesaris Augusti praeceptor fuit. De hoc ipso Athenodoro Suidas mentionem facit: & idem Sandonem Philosophum nominat, hujus, opinor, Athenodori patrem.

Quid de his rebus) Quid de praestantia, quid de nobilitate scripserim.

Amicissimum] Epistolae clausula non caret arte; habet enim amoris commemoratio animum Appii, iratum fortasse ob superiora: ita Cicero non solum causa, sed etiam humanitate vincit.

Lentulo] Cum aliis in rebus, de quibus epist. 9. tum in supplicatione sibi decernenda, de qua epistola ultima.

Iste tuus] Haec te movere non debuit: alios habeo cupidos honoris mei, maxime vero Cn. Pompeium: quem significat, cum ait, Μητίετα Ζεύς: recitat autem Agamemnonis verba apud Homerum, contra Achillem, lib. Iliad. I. *Apud me alii quoque, qui me honorabunt, maxime vero consiliarius Jupiter*: ut, quemadmodum Agamemnon suum Jovem appellavit Nestorem, sic de Pompeio Cicero intelligat, a quo se amari vehementer putabat: aut nihil proprie de Pompeio, sed universe de amicis omnibus dixit, licet extrema Homeri verba ad unum spectent. Fortasse etiam non scripsit Cicero illud, Μάλιστα δὲ μητίετα Ζεύς, sed aliquis addidit, ut versum absolveret, ignarus Ciceroniani moris. Quid enim notos Poetarum versus a primo ad ultimum nominaret? exemplo illud est (ut omittam alia) epist. 18. lib. VI. Τῆς δ' ἀρετῆς ἱδρῶτα.

Natura) Naturae vitia nonnihil excusantur: simul igitur & accusat, & excusat Appium.

Non perficies] Si tua mihi officia detraxeris, non mea quidem culpa, sed quod [illegible] natura sis, & calumniis in amicos delecteris: ego tamen retinebo constantiam meam; officia, quae soleo, in te conferam: quae si tibi minus grata fuerint, non laborabo.

Conscientia officii mei) Veritas enim, & innocentia, suis freta viribus, animos addit: delicta vero sequitur metus & humilitas.

Benevolentia] Simulare enim, aut dissimulare, aut omnino quidquam celare, benevolentia non patitur: quod etiam indicat illud ep. 19. lib. I. ad Att. *Nihil mihi nunc scito tam deesse, quam hominem eum, quicum omnia, quae me cura aliqua afficiunt, una com-*

amicum, qui me amet; qui sapiat; qui cum loquar, nihil fingam, nihil dissimulem, nihil obtegam.

Certo judicio susceptum) Eo susceptam animo, ut perpetuo conservarem. Hoc dicit, ne videatur ficte in gratiam rediisse, quod suspicari Appius videbatur, cum in malam partem acciperet ea, quæ minime contra ejus existimationem a se fieri Cicero voluerat.

Quod tu voles) Ita suam humanitatem declarat, ut pluris tamen, quam eius dignitas ferat, Appii amicitiam æstimare videatur: tale illud ep. 3. lib. V. *Manebo in voluntate, &, quod voles tu, permanebo.*

EPISTOLA VIII.

CUm ad urbem esses) Antea, *Isse*: at nos, *Esses*. *Esse* autem ad urbem dicebantur, qui cum potestate provinciali aut nuper e provincia revertissent, aut nondum in provinciam profecti essent; sic enim scripsit Asconius: eoque modo Cicero, Sallustius, & alii ejusdem ætatis locuti. Solebant autem, qui ob res in provincia gestas triumphum peterent, extra urbem exspectare, donec, lege lata, triumphantes urbem introire possent. Et de triumpho Appium cogitasse, ex epist. 10. cognoscitur; ne triumpharet, accusatione Dolabellæ factum est, epist. 6. lib. VIII.

Refrigerata) Imminuta: sic in Verrem, *Refrigerata accusatio*; manifesta translatio: cum actionem vis frigoris impediat. Sic ad Dolabellam, epistola decima libro nono: *Vereor, ne hasta Cæsaris refrixerit*. Contra *Calere* dicitur id, quod sine intermissione fit; epistola prima libro octavo: *Rumores caluerunt*: ad Attic. epist. 16. lib. IV. *Judicia calent*.

Hominum provincialium) Quibus de meo in te animo falsa narrantibus credidisti. Phryges, & Lycaones nominat epist. 10.

Brevi responderem) Brevis responsio non fuit: sed brevis fortasse pro Appii querela; dixit enim: *Cum tu tam multis verbis ad me de improborum oratione scripsisses*.

Desideratum esse etiam) Nam neque rem nominaverat Appius, ex qua non esse sibi amicum Ciceronem conjiceret: neque certa signa posuerat, cum ex vultu & taciturnitate de Ciceronis animo conjecturam faceret.

Pro tribunali) In tribunali: ut *Pro rostris, pro æde*; sic enim Festus interpretatur.

Possum intelligere) Quia conscius mihi sum animi erga te mei: ex quo sequitur, ut, quid a te dicatur, non intelligam.

Ex superiore, & ex æquo loco) Et pro tribunali, & privatis in locis.

Ad legatos) Questus erat Appius, quod legatos civitatum Romam ire, ut Appium in senatu laudarent, prohibuisset.

Elegantius) Commodius: quia ita sumtus civitatum minui, ne tuam tamen dignitatem imminuerem.

Justius) Quid enim justius, quam levare sumtibus ægrotissimas civitates, præsertim cum ipsæ postulent?

Totum genus legationum) Hanc unam ob causam legatos Romam ire, ut te laudarent, rejiciebam.

Tuo nomine) Tui laudandi causa.

Principes) Primarii cives.

Cum solvendo non essent) Cum ea tributa solvere non possent: ad Atticum epistola decima lib. XIII. *Magius solvendo non erat*. Off. lib. II. *In pecuniis creditis occultat suum gaudium, ne videatur non fuisse solvendo*.

Sapientem) Sapientis autem est, inania contemnere.

Ut nunc loquimur) Non quod, *Urbanus*, novum esset verbum, cum eo Plautus quoque non semel usus esset; sed quod nova significatio: quod enim peregrini homines ab urbanis morum elegantia & lepore vincebantur; inde cœptum Ciceronis ætate, *urbanus homo* dici, pro eo, cujus in factis aut dictis nihil odiosum, nihil inconditum, nihil turpe notaretur: epistola etiam proxima urbanitatem in Appio laudavit.

In ea enim civitate) Ex his verbis proxime legendum, *Synnadensium*, non *Myndensium*, conjicio: cum dixerit jam, *Idque me arbitror Synnadis pro tribunali multis verbis disputavisse*.

Consilium tuum) Ut Romam venirent tui laudandi causa.

Sed

Sui sumtus] Non civitatum; dixit enim: *Ut sumtus egentissimarum civitatum minuerem*.

Legitimi] Quantum lex Cornelia concedebat: epist. 10.

Quid enim reprehendi potest] Ex his, quæ Synnadis pro tribunali disputavi.

Quid est arrogantius] Quia de industria visus est edicere, ne quis injussu suo Romam proficisceretur; ut impedimentum profecturis Romam legationibus objiceret.

Si enim aveo] Quærit enim causas discordiarum.

Edictum] Ex quo in provincia jus dicerem.

Translatitium est] Usitatum, quod ad omnes consuetudine transfertur: sic Cælius epist. 5. *Nosti hanc translatitiam*. Ad Att. epist. 13. lib. III. *Alterum caput est translatitium de impunitate*. In Verrem: *In re tam usitata, satis est ostendere omnes antea jus ita dixisse, & hoc vetus edictum translatitiumque esse*. Suetonius in Nerone: *Regnum inter maximos imbres translatitio sumtu exsolvit*. Et Plin. lib. X. cap. 50. *Hoc primum antiquis cœnarum interdictis exceptum invenio, jam lege C. Fannii consulis, ne quid volucrum poneretur, præter unam gallinam, quæ non esset altilis; quod deinde caput translatitium per omnes leges ambulavit*. Hæc igitur est sententia Ciceronis. Quod edixi, ne legati Romam injussu meo proficiscerentur; ex quo suspicatus es, me exquisivisse aliquid, in quo te offenderem, novi nihil feci, aut a me exquisitum, ut minuerem dignitatem tuam: translatitium id fuit, usitatum antea; cum enim nec privatæ rei causa, nec ut homini privato, nec ut in privato loco, sed ut in senatu gratias tibi agerent, mitti legatos intelligerem; cur in eo me de tua privata contumelia cogitasse putas? quod si tua privata res, non publica, ageretur; quærendi fortasse de me si non veniam, speciosam tamen causam haberes: nunc, si privatæ rei causa legari credidissem, plane desipiens fuissem.

Publico orbis terræ consilio] Orat. IV in Antonium: *Senatum, id est, orbis terræ consilium, delere gestit*. Et in eundem VII. *Turpe est, summo consilio orbis terræ, præsertim in re tam perspicua, consilium intelligi defuisse*.

Exclusi eos] Privavi eos proficiscendi potestate, qui me in castra ad Iconium, & qui trans Taurum persequi non possent; nam si non injussu Ciceronis Romam ire, nec eum persequi trans Taurum poterant, ut eundi facultatem impetrarent, videbantur exclusi, id est, prorsus omni eundi Romam potestate privati. Hoc suspicatus erat Appius, Cicero refellit.

In castra] Ad Iconium: epist. 5. 6. & ep. 4. lib. XV.

Trans Taurum] Iconium enim cis Taurum fuit.

Commoratus] *Biduum Laodiceæ, quatriduum Apameæ, triduum Synnadis, totidem Philomeli*; sic enim scripsit ad Catonem epist. 4. lib. XV. aliter tamen ad Att. epist. 16. & 20. lib. V. Commoratus autem, quia jus in iis oppidis dixit: *Qua jurisdictione nihil æquabilius, nihil lenius, nihil gravius esse potuisse*, scripsit ad Attic. ep. 20. lib. V.

Venditionem tributorum] Cum enim exigi celeriter tributa non possunt, venduntur alicui, qui, quanti emit, tantum statim de suo numerat: deinde exigit acerbissime, accepta cogendi potestate.

Capitum, atque ostiorum] Cum per singula capita, atque ostia exiguntur tributa per eos, quibus vendita sunt. Festus: *Tributorum collationem cum sit alia in capita, alia ex censu, dicitur etiam quoddam temerarium, ut post urbem a Gallis captam collatum est, quia proximis quindecim annis census alius non erat*.

Per magistratus suos] Hoc adjungit, ne perditas ab Appio civitates videatur dicere; perditas tamen per Appium maxime, significat in epistolis ad Attic. atque hæc ipsa tributa ita memorat epist. 16. lib. V. *Audivimus nihil aliud, nisi imperata ἐπικεφάλια solvere non posse, ὠνὰς omnium venditas: civitatum gemitus, ploratus; monstra quædam non hominis, sed feræ nescio cujus immanis*. In epistola vero 2. lib. VI. expilatas a suis etiam magistratibus civitates, easque pecunias suo jussu redditas esse narrat.

Non

. *Non necesse erit*) Nec enim ulla necessitate cogerentur eos legationem Romam mittere.

Istiusmodi sermones) Quod ais visum esse quibusdam, edictum meum quasi consulto ad istas legationes impediendas esse accommodatum, & illud, me exquisivisse aliquid, in quo te offenderem.

Non debuisti credere) Aut enim, si credidit, imprudens, aut, si novit ipse, non amicus.

Minime liberale) Indignum homine liberaliter educato.

Generum tuum Lentulum) Tres igitur Appius generos habuit: nam de duobus Cn. Pompeii filio, & M. Bruto, mentionem fecit epist. 4. Retulit autem ad eum Romam. Sed mihi suspectus locus est: cur enim ad hunc potius retulit, qui nusquam præterea nominatur, quam ad reliquos generos? auget suspicionem dissensio veterum librorum: nam Lentuli mentionem plerique non habent.

Libertum tuum) Phaniam; epist. 5.

Præfectum) L. Clodium, epist. 5. 6.

Audivisses) Monent enim, ne inter amicos tale quidquam dicatur, quale tu ad me scripsisti, hoc inquam: *Disputabant, ego contra disserebam*.

Disputabant) Contra te Cicero.

Contra disserebam) Cum ego te contra illos defenderem.

Dicebant) Ideo legationes a te impeditas, quia meæ laudi inimicus esses.

Voluisses) Id enim ei dixerat L. Clodius; epist. 5. & 6.

Taurum ipse transisti) Quod hominis alieni & fugientis congressum fuisse, scripsit epist. 6. ad Atticum autem epist. 16. lib. V. *Appius, ut audivit nos venire, in ultimam provinciam se conjecit, Tarsum usque, ibique forum agit.* Et in sequenti ad eumdem: *Appius noster, cum me adventare videret, profectus est Tarsum Laodicea: ibi forum agit, cum ego sim in provincia: quam ejus injuriam non insector.*

Conventus) Juris dicendi causa.

Non dicam plura) Quæ mihi de te dicta sunt.

Objurgem) Quod malevolorum sermonibus aures dedisti.

Culpa est) Qui genus sermonis inducis in amicitiam nostram minime liberale.

Quod audis) Cum istiusmodi sermonibus non debueris credere.

Mea ratio) Eodem modo epist. 5. *Tua ratio postea est commutata.* Et epist. 9. lib. I. *Mea ratio fuit alia.* *Mea*, inquit, *ratio constans & gravis reperietur*: pro, nihil inconstanter aut leviter commisi: perpetuam quamdam in tota amicitia nostra constantiam & gravitatem servavi: cum tua ratio neque constans fuerit, id quod ex vitato congressu possum suspicari, neque gravis, cum credideris Phrygum & Lycaonum malevolis de me sermonibus, epist. 10. in extremo.

Accommodarem) Quasi consulto ad legationes impediendas meum edictum accommodaverim: quæ astutia videtur.

Calliditas) Cum ironia: potius enim stultitia, quam calliditas est.

Non arbitrarer) Non enim fore putabam, ut in provinciam irem: epist. 2.

Iure optimo) Nam, si ego te in provincia læderem, tu me absentem jure optimo detereres.

Quod ne potero mille dixi) Recte: nec aliter est in antiquis libris; nam illa inferiora subjungit Cicero ad Appium consolandum; *Hos ego sermones*, &c. Quis autem non laborasse Appium credat, si suæ cohorti malediceretur? debet enim, qui provinciæ præest, non ipse tantum vacare culpa, sed suos quoque præstare; quod Cicero fratrem suum Asiæ proconsulem, diligenter monet in illa præclara de officio proconsulis epistola.

Male dicitur) *Male dicere alicui* est de fama sermonibus detrahere.

In plures) Non enim tibi, sed tuis male dicitur.

Clodius) L. Clodius, præfectus fabrum: epist. 5.

Alienum improbitate) Usitata ratio criminis derivandi: nam & in Ver. l. II. *Ajebat tum*, inquit, *quod solere non nunquam, sed misisse, quod non jussisset, sed suorum comitum potentia & criminibus premeretur.*

Multi sunt) Ut reprimere non potuerim, etiam si vellem.

Non efficiebas) Nec enim tu aliorum facta præstare debes.

Le-

Lacessivi umquam) Non excitavi, non commovi.

Repressi) Sic Cælius epist. 1. lib. VIII. *Fori sermonem repressit*. Et epist. 9. ejusdem libri: *Retudit sermonem*.

Neminem bona fide in gratiam redire) Sermonum hac erat causa improbis hominibus.

Dissimilitudine) Vide epist. 13. lib. II. & ad Att. epist. 1. lib. VI.

Laedi se putat) Notat homines provinciales, qui non eosdem e Ciceronis institutis fructus caperent, quos ex Appii administratione capere consueverant. Huc spectat id, quod sequitur: *Liberalitas tua latius in provincia patuit*. Et illud paullo post: *Non debeas mirari homines, me esse acerbum sibi, ut sim dulcis mihi*. Alii legendum arbitrantur, *Laedi te putat*: dirččti primum ab antiquis libris, deinde etiam (ut mihi videor ostendisse) a mente Ciceronis.

Liberalitas tua) Cum videatur eum laudare, carpit, quasi ex alieno liberalem.

Ut hominis nobilissimi) Excusat, qua ratione potest, Appii instituta; nobilitas enim ad liberalitatem hortatur. Sed de nobilitate quid ipse sentiat, superiore docuit epistola.

Limavit aliquid) Detrivit aliquid, detraxit, imminuit, ut lima solet. Hic moneo lectorem, cui fucum fieri non patior, in omnibus, quos ego adhuc viderim, antiquis libris, pro *Limavit*, esse, *Limabis*, uno dumtaxat excepto, in quo est, *Limitavit*, quo equidem tot librorum consensu valde moveor: nec puto, si quid obscurum nobis est, aut etiam corruptum videtur, propterea statim repudiandum. *Limitare autem de aliquo prodiga natura*, fortasse est, quod aliquis prolixe & liberaliter facere consueverit, id quasi intra limites reducere, quos largiendo transire non liceat.

Propter quamdam tristitiam temporum) Callide; ne videatur sua sponte ab Appio dissentire. Temporum, inquit, ratio liberalitatem respuit, in qua fortasse te, si soluta mea voluntas esset, imitarer.

Ad largiendum ex alieno) Acerbe in Appium; quasi ejus liberalitas ex alieno fuerit, idcoque late patuerit in provincia.

Quibus alii moveantur) Sapientis enim est, parere temporibus: epist. 9. lib. IV.

Acerbum sibi) Quia largitiones Appii non imitor.

Ut sim dulcis mihi) Ut meæ laudi consulam; aperta translatio, contrariis expressa, ut in Lælio: *Scitum est illud Catonis, multo melius de quibusdam acerbos inimicos mereri, quam eos amicos, qui dulces videantur*.

Aut curris) Fortasse ne quid ei mandaretur, si Parthi in Syriam irrumperent: quod post M. Crassi necem timebatur.

Aut temporis) Suspicabatur fore, quod accidit, ut successor ei non mitteretur propter Gallias impedita provinciarum omnium successione: qua de re epist. 10. lib. VIII. & 10. libri secundi.

Hortensium) Q. Hortensium oratorem.

Nostrum collegam) Collegam Appii & Ciceronis in augurata: quod legitur in proœmio libri de Claris Orat. & Philip. 2.

Familiarem) Appio quidem ita fidelis, ut eum a Dolabella accusatum defenderet; in Bruto.

Senatus bimus) Ut provinciæ per biennium ab iisdem obtinerentur.

Amanum) Quo in monte quæ gesserit, scripsit ad Cælium ep. 10. lib. II. sed copiosius ad Catonem epist. 4. lib. XV.

Mopsuestia) Oppidum Ciliciæ, cujus in gymnasio Syriæ rex Seleucus, Grypi filius, ob tyrannidem iniquissimam a populo crematus est. Appianus in Syriaco.

Parthico armata) Quo plus terroris inferrent; finitimi Syriis Arabes sunt: ideo facilis irruptio est: epist. 8. libro VIII.

Pompeium nostrum) Quo absente infirma resp. videtur; ad Att. epist. 11. lib. V. *Pompeius mihi quoque videbatur in Hispaniam iturus; id ego minime probabam: qui quidem Theophani facile persuasi, nihil esse melius, quam nusquam illum discedere*. Reversus tamen e provincia, ut contentiones inter Cæsarem & Pompeium sedarentur, rur, censuit, ut in Hispaniam iret: de quo sic epist. 6. lib. VI. *Eandem in Hispaniam censui: quod si fecisset, civile bellum nullum omnino fuisset.*

Hispaniam) Quam per legatos absens administrabat, acceptam lege Trebonia in quinquennium.

EPISTOLA IX.

Vix tandem) Quantopere eas Appii litteras exspectaret, hoc principio significat, sero enim nimis videtur fieri, quod vehementer cupimus.

Dignas Ap. Claudio) Quasi aliae Appii litterae non tam ipsius voluntate, qui natura ad humanitatem inclinaret, sed ob sermones improborum scriptae sint.

Urbanitatem) Humanitatem illam quae in urbanis hominibus agnoscitur; epist. 7. *Homo, mea sententia, summa prudentia, multa doctrina, plurimo rerum usu: addo urbanitatem, quae est virtus, ut Stoici putant.* Et epist. 8. *Te hominem non solum sapientem, verum etiam (ut nunc loquimur) urbanum.*

Ex Asia) Ex ea parte Asiae, quae ad provinciam Ciliciam non pertinuit.

Profecti) Romam, ut te laudarent.

Appianorum) De quibus epist. 7.

Mihi ipsi tibi subirasceret) Iracundiae confessio satisfactio quaedam est, praesertim cum adjunxerit: *Conscientiam meae constantiae erga te voluntatis.*

Liberto meo) Libertum suum vocat, quod ejus uxoris libertus esset: id quod ostendit epist. 4. & 5. lib. II. ad Att. aut duo Philotimi fuerunt, unus Ciceronis, alter Terentiae libertus.

Cogerent) Culpam in alios confert, quo levius peccasse Appius videatur: nam omnino peccatum aliquod in eo fuit, quod audierit, & crediderit: epist. proxima: *bis alii tecum hoc loquuntur; non temere, quod audis, culpa mancilla est.*

Acerbius) Non enim intravierat, quia triumphum sperabat.

Fides) Post gratiam reconciliatam.

Constantia voluntatis erga te observantia) Tueri, non est defendere, sed colere: ut epist. 66. lib. XIII. *Tueber omni observantia patrem tuum.*

Confessio) Confirmas illud, quod dixit: *Mea ratio in tota amicitia nostra constans & gravis reperietur.* Omnino significat, se, post reconciliatam gratiam, amici officio numquam defuisse: itaque fidem & constantiam suam hic nominavit.

Parem gratiam) Operam Appio suam Cicero navarat in supplicatione impetranda, epist. 13. *Cum de tuis rebus gestis ageretur, inserviebam honori tuo.*

Studio & benevolentia) Addidit benevolentiae nomen; quia multi student, nec tamen diligunt.

Vel amare potius) Major in amore vis, quam in benevolentia: scruti plus est amare, quam diligere, epist. 14. lib. VI. *Quis erat, qui putaret ad eum amorem, quem erga te habebam, posse aliquid accedere? tantum accessit, ut mihi nunc denique amare videar, antea dilexisse.* Et epist. 47. lib. XII. *Ut scires, eum non a me diligi solum, verum etiam amari, ob eam rem tibi haec scribo.* Epist. 1. ad M. Brutum: *Clodius tribunus pl. des. valde me diligit, vel, ut emphaticoteros dicam, valde me amat.* Et ad eumdem ex incerto libro apud Nonium: *Sic igitur facies, & me aut amabis, aut, quo contentus sum, diliges.*

Spe) Ex tuis rebus gestis, & quia jam adeptus erat supplicationem: quae triumphi praerogativa quaedam solebat esse, ut ait Cato epist. 5. libro decimo quinto.

Facilius consequerer) Exemplo tuo, cum ego quoque Ciliciae praesim; nec mihi, successori tuo, negari posse videatur, quod tibi concessum sit.

Parum appetens) Esset hoc ejus hominis, qui Epicuri sententiam sequeretur, id est, qui ad se ipsum omnia referret, & in sua utilitate cuncta poneret, epist. 12. lib. VII.

Dignitas atque amplitudo) *Amplitudinem & dignitatem* conjunxit etiam, epist. 5. lib. I.

Longi subsellii) Senatum significat, a quo tarde omnia explicarentur.

Judicatio) In judicandis rebus, de quibus consulitur; petebatur enim a senatu triumphus: deinde facto S. C. lex ad populum ferebatur, ut ei, qui triumphaturus esset, eo tantum die, quo triumpharet, imperium in urbe esset, alioqui urbem intrantem cum imperio

perio nemini licebat : itaque de Pontinii triumpho legem a Ser. Galba praetore latam esse, legimus in Dione lib. XXXIX.

Item unum alterumve diem) Consuetudinem senatus in protrahendo rerum exitu significat.

Reliquum promissi) Scripserat ad Ciceronem Appius librum unum de jure augurali, reliquos promiserat, ep. 4. & 11. & Festus in verbo *Sollistimum*.

Tale quiddam) Ob hanc fortasse causam, ut Appium remuneraretur, scripsit Cicero librum de Auguriis, quem Charisius nominat.

Considerandum est) Si gratus esse volo.

Quonam genere) Quo muneris genere : id est, quid ad te scribam, ut te remunerer.

Videor) Si, accepto a te munere, nihil remisero.

Ut supplicatio) Pro rebus in Amano monte gestis, ex qua victoria imperator appellatus est ; quamquam Pindenissum etiam postea cepit, ep. 10. libro secundo, & 4. lib. XV.

Difficultas navigandi) Misit enim litteras ad senatum mense Januario, quod ad Att. epist. 20. lib. V. satis ostendit.

In ipsum discessum senatus) Discedebat senatus Aprili mense, cujus fere dies omnes vel ludis dabantur, vel festi erant, vel comitiales, quibus haberi senatum non licebat : id quod ex antiquis dierum fastis, quos a nobis explanatos edidimus, licet intelligere : erant autem inter ludos, qui dabantur Aprili mense, Megalenses, quos ædiles curabant. Romani vero ab iisdem ædilibus Septembri mense dabantur ; quorum item causa senatum discessisse, ex iis verbis conjicio, quæ sunt libro primo de Orat. *Dici memini ludorum Romanorum diebus L. Crassum, quasi colligendi sui causa, se in Tusculanum contulisse, venisse eodem Q. Mucius dicebatur, & M. Antonius.*

Incidisse meas litteras) Ex quibus referri ad senatum de supplicatione mea, ideo fortasse non potuit, quia frequens senatus non adfuerit : infrequenti enim senatu fieri S. C. non poterat : quod ostendimus epist. 9. lib. I. in eo loco : *Mihi est frumento essensus*, ut de agro Campano, *frequenti senatu*, *Idibus Maji referretur*.

Imperator appellatus) De victis Amanitensibus, epist. 10. lib. II. & IV. libro decimo quinto.

Aliis rebus additis) Capto Pindenisso die quinquagesimo septimo, postquam oppugnari coeptum erat epist. 4. lib. XV.

Æstivisque confectis) Cum in hiberna milites dimittuntur ; nec jam bellum geri per anni tempus licet.

EPISTOLA X.

De temeritate eorum) Dolabellam significat, qui Appium accusaverat.

Tibi negotium facessierunt) Te accusarent. *Negotium* & pro re simpliciter capitur, ut alibi, & pro re molesta ac difficili, ut cum additur verbum *Facessere*. Quid autem accusatione molestius ac durius? In Verrem : *Cum audissent ei negotium facessitum*. Pro Cluentio : *Si qui forte negotium facesseret*. *Facessere periculum*, in eadem sententia dixit in Divinatione : *Exhibere negotium*, lib. III. Off.

Ut me collegi) Cum ad rationem me quieto animo revocare coepi. Sic epist. 9. lib. I. *Collegi ipse me, & cum ipsa quasi rep. sum collocutus*.

Cetera) Quod ad periculum accusationis attinet.

In tuis) Præsertim in Pompeio, ejus filiæ socero, & in Bruto genero : quos pro Appii absolutione laborasse, patet ex epistola sequenti.

Etiam honori) In adversis enim virtus eluret, &, ut aurum igne, sic innocentia sententiis judicum probatur.

Ereptum) Recitemus Cælii verba ex epistola nona libro octavo, quæ locum interpretantur : *Non dubito, quin perlatum ad te sit, Appium a Dolabella reum factum ; sane quam non ea qua existimaveram, invidia ; neque enim stulte Appius, qui simul atque Dolabella accessit ad tribunal, introierat in urbem, triumphique postulationem abjecerat : quo facto rettudit sermones, paratiorque visus est, quam speraverat accusator.*

Ego semper judicavi) Nam, si triumphum exoptasset, consul non deposuisset, qua de re epistola secunda

libro

libro quinto; copiose autem epist. 4. lib. XV. quin ipsa verba recitabo. cur enim meo labori parcam, ut non alios labore levem? *Si quisquam fuit umquam remotus & natura, & magis etiam, ut mihi quidem sentire videor, ratione atque doctrina, ab inani laude, & sermonibus vulgi; ego profecto is sum. Testis est consulatus meus, in quo sicut in reliqua vita, fateor ea me studiose secutum, ex quibus vera gloria nasci posset, ipsam quidem gloriam per se numquam putavi expetendam: itaque & provinciam ornatam, & spem non dubiam triumphi neglexi.*

Victor) Absolutus.

Triumphans) Tantum enim honorem, tantam lætitiam absolutus, ex inimicorum dolore capies, quantum, si triumphans urbem introires.

Nervis) Propter virtutem tuam. Translatio est a corpore ad animum.

Opibus) Dixi jam, quantumcumque est, quo valemus, *Opum* nomine totum significari.

Contestans omnes deos) Testes vocans omnes deos.

Promitto) Ad Cælium etiam epistola 15. libro secundo ita scripsit: *Post hoc negotium, & temeritatem nostri Dolabellæ, deprecatorem me pro illius periculo præbeo.*

Malo enim dicere) Omnis causa, dignitatem potius, quam salutem, nominat; ne periclitari Appius de salute videatur.

Gravitate imperatoria) Ponderis enim plus habebunt officia mea ob acceptam mihi ex imperatoris nomine dignitatem.

Susceptorum officia) Ne quis ex provincia Romam iret, ut adversus Appium testimonium diceret. Hinc illud epistola sequenti: *De mercenariis testibus a suis civitatibus notandis, nisi iam aliquid factum est per Flaccum, fiet a me, cum per Asiam decedam.*

Omnia malo a me & postules, & exspectes: aliquam meis officiis cogitationes tuas) Non dissimilis illa sententia epistola sexta libro primo: *A me omnia summa in te studia officiaque exspecta; non fallam opinionem tuam.* Et hic infra: *Quid mihi mandasti, in quo non exspectationem tuam diligentia mea vicerim?*

Injuriam mihi fieri putabam, cum rogabar) Tale illud epistola nona libro primo: *Tua res mihi tantæ curæ sunt, ut me nolim admoneri; rogari vero sine magno dolore vix possim.* Ideo dixit epist. 13. lib. IX. *Peto a te, vel, si pateris, oro.* Rogaverat autem Appium Cicero, ut præstaret sibi quidquid posset pro salute sua; & Cælius epist. 9. lib. VIII. *Appius in te maximam spem habet.*

Pompeium) Socerum filiæ tuæ.

Unum ex omnibus) Pluris facio, quam omnes.

Brutum) M. Brutum, Appii generum, epist. 4.

Fas non) Quod non liceat.

Dedecus) Quod non deceat; gravius autem *Fas non*, quam *Dedecus*.

Pontinius) C. Pontinius, Ciceronis legatus, prætorius, qui de Allobrogibus triumphaverat, Appio ipso consule adjuvante: epistola decima sexta libro quarto ad Atticum: *Erit cum Pontinio Appius consul.*

Traductus est) Quia consul Appius, ut proxime dixi, adjutor ei fuit in obtinendo triumpho.

Fide) Cum debitam amicitiæ fidem præstitisti.

A me invitissimo) Sic malo, quam, *Invitissime*: nam, Pontinium non libenter discessisse, verba illa satis ostendunt, *Maximis rebus forte coactus.* Nunc significationem suæ voluntatis & amoris in Pontinium Cicero dat, cum inquit, *A me invitissimo.*

Iudiciorum) Ut in provincia operam daret, ne testes in Appium Romam irent: ex quo patet, accusatum Appium de rebus in provincia gestis, quibus majestatem populi Romani læsisse videretur.

Amplitudini ista sollicitudo futura) Idem aliis verbis paullo ante: *Istum laborem tibi etiam honori putavi fore.*

Si vero effecit, ut censores crearentur) Quod si accidat, fore non dubitat, ut Censor ipse Appius creetur; itaque subjungit: *Et si ita gesseris censuram*: creatus autem est cum L. Pisone, in quem exstat Ciceronis oratio, epistola decima tertia libro octavo, De Divinatione libro primo; Dio lib. XL. oratione contra Sallustium.

Et potes) Cum tibi neque animum, neque consilium desit.

Prorogetur) Ne quid ad hoc annuum provinciæ munus temporis addatur.

Hic tibi satisfecerimus) Paullo ante dixit: *Promitto atque confirmo, me pro tua dignitate (malo enim dicere, quam pro salute) in hac provincia, cui tu præfuisti, rogando deprecando, laborando propinqui susceptorum officia atque partes.*

Navare) Præstare, tribuere.

Hominum atque ordinum) Epistola quoque nona libri primi, coniunxit homines & ordines: *Cum me comitiis centuriatis, cunctis ordinibus, hominibusque incumbentibus, omnibus denique suis viribus resp. recuperasset*. Ordines autem in civitate tres fuere, Senatus, Equites, Plebs.

Minime miranda & maxime iucunda) *Nec miror, & gaudeo*, dixit epistola prima lib. X.

Ample) Ut mihi plurimis in rebus usui esse possit.

Iucunde) Ob multas suavitates; addit enim, *iucunde*, ne videatur eum diligere dumtaxat humanitatis caussa.

Una) Una in primis: habet enim non tam definiendi, quam augendi vim.

Adolescente) Dolabella.

Duobus capitis iudiciis) Epistola 11. lib. VI. scribit se Dolabellæ periculis non defuisse. *Capitis* autem *iudicium* fuit, quo libertas aut civitas amittebatur.

Oblivisceretur) Amicitiæ, quæ mihi tecum intercedit, rationem non haberet.

Vel ornamentis, vel præsidiis) Iis rebus, quæ vel ornamento, vel præsidio esse possunt: quas memorat epist. 13. lib. II. Quid, inquit, *est causæ, cur mihi non sit in optatis, complecti hominem florentem ætate, opibus, ingenio, liberis, propinquis, affinibus, amicis?*

Ut levissime dicam) Non dicam, omnia, sed multa deessent.

Sermo fuisset) Dubitabat fortasse, probari a Cicerone accusationem illam, hoc argumento, quod sibi tunc filiam suam collocasset.

Cœlio) Hæ Cœlii litteræ, quas hic Cicero significat, non exstant; nam in iis, quas habemus, nulla sermonis huius Dolabellæ mentio fit: de iungendo autem inter eum & Tulliam, Ciceronis filiam, matrimonio, loquitur Cœlius in duabus epistolis, 9. 12. libro octavo.

Coniunctionem) Amicitiam, quæ antea fuerat: epistola undecima libro sexto.

Novam) Nuptiis filiæ conciliatam.

Neque id est obscurum) Multos enim & illustres, & ex superiore, & ex æquo loco, sermones habitos esse cum summa Appii laude dixit epistola octava.

Alterum tempus est) Ne satis gravem ex accusatione curam sustinenti hoc etiam addam molestiæ.

Necessarium) Quia significatur in tuis litteris suspicio quædam & dubitatio.

Legationi) Hac de re vide epistolam octavam.

Si clam, magis aperte inimicus) Si quis est, qui se veteribus ita libris addixerit, ut locum coniecturæ nullum relinquat; legat hic, *Sic iam magis aperte inimicus essem*; nam ita dicere, & plane in antiquioribus libris, etiam in illo Mediceo, scriptum est: sin perquirenda veritas est, & licet a mendosis incorrupta distinguere, dubitandum, opinor, non erit, quin hic pro, *Sic iam*, reponatur, *Si clam*; pro *Essem*, *Esse*; quod olim a singulari viro, Petro Danesio Parisiensi, Episcopo Vaurensi, quem ab adolescentia mea dilexi vehementer & colui, acute animadversum ita probavi, ut imprimi voluerim: neque hæc postea coniectura hominibus eruditis, cum & ipsi has epistolas emendarent, displicuit.

Qua sunt ii) Epist. 8. *Si quis est, qui neminem bona fide in gratiam putet redire posse; non nostram is perfidiam coarguit, sed indicat suam.*

In obscuro odio) Si clam te odissem, quod proxime dixit.

In quo tibi nihil noceres) Iterat illud: *In quo potui, si te palam odissem, minime, quod tibi obesset, facere?*

Ad me adire quosdam memini, nimirum ex Epicteto, qui dicerent) Quis non videt, abundare illud, *Nimirum ex Epicteto*? quod vitium me olim in nostris libris habere passus sum; & nunc eo magis in sententia confirmor, quod a veteribus esse libris nostram opinionem video comprobari.

ri. Praeterea, non ex Epicteto, sed ex multis civitatibus ad Ciceronem adiere, ut immoderatis sumtibus levarentur; quod epistola octava demonstratur his verbis: *Apameae cum essem, multarum civitatum principes ad me detulerunt, sumtus legatis decerni nimis magnos*. Adde his Lambinum in Notis.

Nimirum ex Epicteto] Licet alii credant quod lubet: ego tres illas dictiones, *nimirum ex Epicteto*, Ciceronis esse non existimo, neque hactenus in vetustis codicibus inveni: ut mirari non satis possim, Florentinis quid venerit in mentem affirmare, in omnibus eas esse libris manuscriptis: cum ego in nullis hactenus quidem legerim: quamquam et multos, et vetustissimos habuerim.

Non tam imperavi, quam censui] Non tam hoc imperii, quam judicii fuit, non hoc pro imperio feci, sed quod ita faciendum censui.

Ad legem Corneliam] Sumtum videtur lex Cornelia definiisse, cum ad eorum laudem, qui provinciis praefuissent, legationes Romam mittebantur. Huc illud spectat, quod scriptum est epist. 8. *Laudationem me, si quis suo sumtu functus esset officio; concessurum, si legitimo; non permissurum, si infinito*.

Rationes civitatum] Tabulae publicae, in quas accepti expensique ratio refertur.

Induxit] Usurpari solitum est hoc verbum in expensis perscribendis, eodem modo locutus oratione 2. in Rullum: *Et agros*, inquit, *ut vendiderint ipsi omnia, quanti voluerint populo Romano induxerint*. Et in Verrem libro primo: *Tutores, pecuniam praetori si pupillae nomine dedissent, grandem praesertim, quemadmodum in rationem inducere possent, non videbant*.

Non modo sublatam] Vetitam, edicto meo.

Querere] Quod levissimis hominibus aures praebueris, epist. 8. *Tua, quod audis, culpa nonnulla est*.

Hoc tuo tempore] Cum sis reus, nec addere laboranti molestiam debeam. Epist. 9. libro primo: *Scripsi tres libros de temporibus meis*, epist. 6. libro secundo: *[illegible] meorum temporum*, ad Att. epist. 12. libro undecimo: *Eum sibi commendare hoc suo tempore non audere*. Non videtur hoc loco, quod ad refellendas Grammaticorum ineptas nugas pertinet, omittendum. Clamant, ac paene jurejurando confirmant, in iis rebus, quae ad secundam personam referantur, semper *Iste*, non *Hic*, usurpari solitum in Latina lingua; qui si diligenter, quam late pateat usus Latini sermonis, attendissent, non dubito, quin aliter sentirent. De Appii accusatione dixit hic Cicero, *Hoc tuo tempore*, non *isto*, et ad Furnium, epist. 25. libro decimo: *Hac ambitiosa festinatione*, cum tamen de Furnii festinatione loqueretur. Caelius etiam epist. 8. lib. VIII. *Hac exiguitate copiarum*, de provinciali Ciceronis exercitu. Hujus generis exempla, quae vitandae satietatis causa praetermitto, Cicero multa suppeditat: qui mihi vel unus pluris est, quam omnes Grammatici.

Nihil de te] Non contra te, sed pro me disputabo.

Nihil in me] Multis argumentis ostendit, cur Appius malevolorum sermonibus non debuerit credere; argumenta autem ducit primum a persona sua, cum ait, *Nihil in me*; deinde a persona Appii, cum subjungit *Florentissimi hominis*; tum a tempore, in eo, *Ejus existimationem oppugnare in provincia, cujus laudem domi defenderis*: ab ipsa re, cum inquit, *In ea re animum offendere inimicum, in qua nihil obsis*: ab ingrati animi culpa, cum inquit, *Quid erat autem*: a constantia sua, *Quid in consulatu tuo frustra mecum egisti*: ab utili, *Quid mihi tandem erat utilius?* a studiis, a consuetudine, a litteris, *Quid illa mutatio*: ab hominum opinione, *Quid illa tandem popularis?* postremo a Cn. Pompeii persona, *Quis enim tam &c.*

Perfidiosum et insidiosum] A quibus vitiis longe vir bonus abest, et is, qui se studiis optimis liberalique doctrinae dediderit.

Humile] Refertur ad illud, *Si sis magni animi*.

Jejunum] Ad illud, *Non minimi consilii*; cujus enim consilii est, jejunum quiddam ad laudandum deligere, et ostendere voluntatem nocendi, in quo nocere nihil possis?

Agnosce] *Agnoscere*, et hic, et alibi

bi non numquam, verum fateri est, epist. 4. lib. IV. *Illam partem excusationis nec agnosco, nec probo*.

Sin astutum & occultum lubet fingere) Epistola 8. *Quod si quis me astutiorem fingit*.

Quid est, quod minus cadere in ejusmodi naturam possit) Epist. 8. *Quid pote esse callidius*, &c.

Florentissimi hominis) Epist. 13. lib. II. *Quid est causae, cur mihi non sit in optatis, complecti hominem florentem aetate, opibus, honoribus, ingenio, liberis, propinquis, affinibus, amicis*.

Ejus oppugnationem oppugnare in provincia) Idem epist. 8.

Cujus laudem) Praesertim in supplicatione, de qua in epist. ult.

In qua nihil obfuit) Dixit idem paullo ante. Et similiter in Verrem: *Ut conjecturam faceretis, qualem in his rebus in me L. Metellum fuisse putaretis, in quibus rebus obesse mihi posset, cum in hac re eum aperta cupiditate fuerit, in qua nihil obfuit*.

Ne tunc quidem) Ne tempore quidem exilii mei, cum actum est de me restituendo.

Perpe necesse esset) Quia frater tuus P. Clodius me oppugnaret.

Has agere partes) Oppugnare salutem meam.

Cognovissem) Reversus in patriam ab exilio.

Expetiissem) Nam, qui in gratiam inviti redeunt, rursus amicitiam facile dissolvunt. Utitur Cicero hoc verbo ad tollendam occulti odii suspicionem.

Te Puteolis prosequerer) In provinciam proficiscentem: quod in more fuit, epist. 6. lib. XIII. *Cum te prosequerer paludatum*.

In qua non exspectationem tuam diligentia mea vincerim) Supra: *Vinciam officiis meis cogitationem tuam*.

Afferre) Maxime Pompeius & M. Brutus, epistola quarta.

Astutia) Quod utilitatem meam spectaverim.

Sapientia) Est enim sapientis, ejus amicitiam expetere, in quo illa sint, quae proxime nominavit.

Atque haec domestica) Haec, quae commemoravi, privata sunt, & inter nos: exponam nunc, quae publice nota sunt, ac populo patent. *Atque*, non copulat, ut alibi, sed concludit. Epist. 1. lib. VI. *Atque haec eo pertinet oratio, ut perditis rebus omnibus, tamen ipsa virtus se sustentare posse videatur*. Interdum & concludit, & viam simul aperit ad aliam sententiam, aut ad aliam argumenti partem, ut Phil. I. *Atque haec communiter cum collega: illa vero propria Dolabellae*. Simile illud epist. 2. lib. XII. *Sed haec tolerabilia: illud non ferendum*. Et Phil. II. *Sed haec vetera, illud vero recens, Caesarem meo consilio interfectum*.

Quid illa tandem popularia) Notanda transeundi ratio, colligata sententia unico verborum ambitu, & inducto novorum argumentorum initio: ut Tuscul. I. *Vetera jam ista, & religione omnium consecrata: quid in hac rep. tot tamque viros, ob remp. interfectos, cogitasse arbitramur?* Et in Verr. libro tertio: *Privatim hoc modo: quid publice?*

Reditus illustris in gratiam) Cum enim clari in civitate viri in gratiam redeunt, non potest esse obscura illa reconciliatio, praesertim ex gravissimis inimicitiis: accedit illud, quod, cum in gratiam per Pompeium rediissent, auctoritate & opibus eximium, illustris eo quoque nomine reditus in gratiam fuit. Rediisse autem in gratiam, auctore Pompeio, ex epistola Ciceronis ad M. Brutum, cujus testimonio utitur Quintilianus, intelligi.

Ne per imprudentiam quidem errari potest sine suspicione perfidiae) Confirmat hoc, quod scripsit Caelius epist. 9. libro octavo de Appio a Dolabella accusato: *Cum quo simultates si tibi non fuissent, liberius tibi de toto eo esset: nunc, si ad illam summam veritatem legitimum jus exegeris, cavendum tibi erit, ne parum simpliciter & candide posuisse inimicitias videaris*. Et in oratione pro Rabirio: *Ego cum amare amicitias tuendas semper putavi summa religione & fide, tum eas maxime, quae essent ex inimicitiis revocatae in gratiam: propterea quod integris amicitiis officium praetermissum, imprudentiae, vel, ut gravius interpretemur, negligentiae excusatione defenditur: post reditum in gratiam si quid est commissum, id non neglectum, sed violatum putatur, nec imprudentiae, sed perfidiae assignari solet*.

Atq.

Amplissimi sacerdotii) Auguratus: fuit enim uterque augur; epist. 4. & libro secundo epist. 13. *Amplissimum* autem vocat *sacerdotium*, non quia ceteris praestaret, nam ea quidem dignitate pontificatus maximi fuit; sed quod esset inter amplissima. Pontificatum autem maximum vere *sacerdotium amplissimum* vocat Phil. XIII. Augures autem inter sacerdotes fuisse, indicat Plinius lib. VIII cap. 28. his verbis: *Artem auguriis fecere apud Romanos, & sacerdotum collegium vel maxime solemne est*.

Restitutum) Cum me ab exsilio revocavit.

Cum ipse abesset) Diu abfuit Pompeius, bellorum caussa: gessit enim Hispaniense, Piraticum, Mithridaticum, cum Cicero aut magistratus gereret, aut certe senator esset.

Contentionem meam) Summum studium, epist. 9. lib. I. *Caesaris, ut illum defenderem mira contentio est consecuta*. Epist. 6. libro secundo: *Quantopere mihi esset, omni non modo contentione, sed etiam dimicatione elaborandum*.

Pro Milone) Reo ob necem P. Clodii.

Adversantem officiis suis) Cicero enim pro Milonis amicissimi sui salute contendebat: Pompeius consul id, quod e repub. esset, diligenter curabat: itaque, cum judicium de Milone fieret, forum armatis militibus sepsit: quod queritur Cicero in oratione pro Milone.

Invidia) Quia suspicio fuit, consilio Ciceronis Clodium a Milone interfectum: idque Plancus, & Q. Pompeius tribuni pleb. seditiosis concionibus persuadere populo conati sunt.

Armis denique texit suis) Exercitum eo tempore Pompeius in urbe habuit, ne quid reipubl. ei commissa detrimenti caperet: quam rem, ut novam & insolitam accusat Caesar his verbis libro tertio de Bell. Civ. *Non nullos ambitus Pompeia lege damnatos, illis temporibus, quibus in urbe praesidia legionum Pompeius haberet, in integrum restituit*. Quod autem ait, *Texit*, explanatur hic locus epistola Balbi lib. IX. ad Att. in qua sunt haec: *Mihi placet, te ad eum scribere, & ob eo praesidium petere, ut petisti a Pompeio temporibus Milonianis*. Praesidium autem illud Cicero petiit metu plebis ob Clodii necem concitatae.

Phrygi, aut Lycaoni) Phrygiam & Lycaoniam ad provinciam Ciliciam pertinuisse, vel hic locus ostendit.

Filius) Cneus, nam Sextum Libonis filiae virum fuisse puto: ut diximus ep. 4.

Fuo ad me litteras miseris) Filium a Pompeio, non modo litteras, ad Ciceronem Appii caussa missum iri, creditum est, epist. 9. lib. VIII.

Ita de me meriti) Cum mihi patriam, liberos, salutem, dignitatem, meniet & ipsum mihi per illum restitutum putem.

Quae a me perfecta, quaeque instituta sunt cognosce) Alii, *Profecta*; mihi placet, *Profecta*: nec tamen placet sine auctoritate veterum librorum, & recte conjunguntur; *Quae perfecta jam, quaeque instituta sunt*. *Cognosce*, dixit, quia cum litteris commentarium mittebat de rebus a se pro Appio actis & agendis. Partem quidem ipsius epistolae desiderari nullam puto, quamquam alii contra sentiant.

Quae a me perfecta, quaeque instituta sint cognosce) Florentini, *quae a me profecta*; nos veterem lectionem conservamus: dicit enim, exponere se velle, non solum, quae pro Appio jam perfecerit, sed etiam quae instituerit, exposuit autem, opinor, in commentario, quem litteris adscriptum mittebat.

Magis pro dignitate, quam pro periculo) Sic in principio hujus epistolae: *Me pro tua dignitate* (*malo enim dicere, quam pro salute*).

Audiemus) Audiit; censor enim creatus est Appius, ut paullo ante ostendimus, cum L. Pisone.

Magistratus) Non proprie: si jurisdictio aut imperium magistratum facit; nam neque jus dicebant censores, nec imperium habebant.

Maxime animi) Cum censor summos viros, etiam consulares, e senatu interdum ejiceret.

Summi consilii) Valeat consilio censor, opus est, cum de universa civitate judicet, omniumque plane civium notandorum potestatem habeat.

Cogitando esse .nsere) Opinor hic adjuncta fuisse, quæ à se perfecta & instituta dixit.

P. VICTORIVS.

N*Imirum ex Epictete*) Mirantur nonnulli quod dixerim, in omnibus quos vidi manu scriptis, tria hæc verba esse, cum ipsi in nullis invenerint; quod tamen sine causa faciunt; illa enim merito admirationem movere debent, quorum causa obscura est, & facile explicari non potest: hujus rei ratio proclivis & aperta est, quia tantæ vetustatis ac probitatis codices nacti non sunt. Quod si illi qui & eruditi satis & diligentes sunt, ea repudiarunt, postquam a me declarata & confirmata sunt, mirantur librarios imperitos & negligentes homines, quamvis in libris unde exscribebant invenerint, ea reliquisse? Omnes qui nescirent *Epicteum* regionem esse, monstra verba illa putarent. Cur autem tantopere displicere debeant, non video, nec ipsi aliquid afferunt. Num barbara sunt, & parum Cicerone digna? aut illatum sententia absurda est? Atqui docebo aliis in locis, cum de simili re ageret, Ciceronem eodem pacto locutum esse: nam de puritate harum vocum ambigi non potest. In Verrem, LEXAT. *De qua expugnatione cum legati ad C. Neronem in Asiam Samo venissent*: eamdem enim vim hic habet *Samo*, quod supra *ex Epicteto*. Neque ego tam impudens aut stultus essem, qui hæc fingerem, quæ facile redargui possunt: semper enim ego me tali ex duobus maxime hæc exemplaribus accepisse, quorum alterum est in Divi Marci, alterum in nobilissimæ Medicæ familiæ bibliotheca, illa autem omnibus dari horis ab unoquoque videri ac tractari possunt. Conferebam jam hunc libellum, cum Ludovicus Faber ac Donatus Jannoctius, humanissimi atque eruditissimi viri, hunc industria sua ac diligentia laborem meum adjuvare voluerunt, ut qui his ingenuis literis valde delectantur & mihi honorique meo amicissimi sunt, ad me scripserant, se quoque hæc sæpe suis sedibus injuste exturbata verba in duobus manu scriptis exemplaribus reperisse, qui sunt optimi ac liberalissimi hominis Joannis Gaddii, quod mihi audire jucundum fuit: illa enim Romæ posita in illustri ac studiosis hominibus semper aperta atque hospitali domo, fidem meam defendent, & me ab omni crimine vindicabunt.

EPISTOLA XI.

P*Yramum*) Ciliciæ fluvium.

Majestatis) Quo eum crimine Dolabella reum fecerat.

Permultum ante) Respuunt hoc aures meæ, cum Latini sermonis consuetudo, *Permulto ante*, requirere videatur; quamquam, Valla quid scripserit, non me fugit, sed in antiquis fere omnia, (quamquam, mendosa non esse, quis præstat?) non omnia tamen imitor.

Insignibus ad laudem viris) *Insignia ad maximam laudem*, dixit etiam in Oratore.

Complexus) Pro gaudio ex tua absolutione suscepto.

De ambitu vero quid interest, inquies, an de majestate) Hactenus Appio judicio majestatis absoluto gratulatus est Cicero: deinceps bene ominatur de ambitus judicio, quod supererat, neque enim in utroque crimine expertem culpæ esse Appium ostendit: ipsumque inducit hoc modo interrogantem. Putas idem esse, de ambitu & de majestate absolvi, an aliquid interesse? id est, qui exitus fuit judicii de majestate, eumdem ne fore putas ejus judicii, quod de ambitu fiet? Respondet Cicero. Ad id, quod agitur, ad causam tuam nihil interest; nam, etsi diversa sint crimina, nec necesse sit, qui de majestate absolvatur, eumdem absolvi de ambitu; tamen, cum tu majestatem auxeris, ambitum non attigeris, quis eumdem judicii exitum non exspectet? Absoluta hac parte, quæ tum ad gratulationem facti judicii, tum ad amovendam futuri molestiam pertinet, convertit Cicero orationem contra Dolabellam; ut Appium duplici afficiat gaudio, primum ex iis, quæ de ipso jam dixit, deinde ex iis, quæ in ejus accusatorem dicturus est. Verumtamen, inquit, ex duobus criminibus,

quæ

quæ tibi objicit accusator, alterum in ipsum potius conferendum videtur, cum sit majestas, ut Sulla sua lege sanxit, ne in quemvis impune declamare liceat, ille vero te prorsus innocentem, ut ostendit judicii exitus, accusavit: itaque lege Cornelia puniendus: ab altero autem cum te longissime abesse omnes judicent; (honorum enim tuorum cursus cui suspectus umquam fuit?) sequitur, ut improbe te Dolabella, malevolentia impulsus, accuset.

Declamare) Palam maledicere, ac de fama detrahere. Quod si majestatis crimen est: multo magis, cum homo innocens accusatur.

Ambitus) Ambitum esse, cum honores pecunia quæruntur, ignorat nemo.

Ita apertam vim habet) Hoc loco *Vim* accipio pro natura: ut sit quasi ambitus definitio. Sic locutus libro primo Off. *Duplex est vis animorum atque natura*. Et in Orat. *Eloquentiæ vim & naturam explicemus*.

Improbe) Improbus est, vel qui ambitum accusat, vel qui defendit; cum enim largitio facta, aut non facta ignorari non possit; nemo vir bonus ejus delicti nomine quemquam accusabit, quo eum vacare satis liqueat, nemo nocens reus improbe defendet, quod multorum testimonio probetur; improbus igitur Dolabella, qui te de ambitu accuset, cujus honorum cursus nemini suspectus umquam fuit. Hoc totum pro Appio contra Dolabellam, generum suum, tempori serviens Cicero collegit: quod factum excusat in epistola ad Cælium lib. II. his verbis: *Quid, si meam legas, quam ego tum ex tuis litteris misi ad Appium? quid agas? simulatur*.

Risus) Patefacta, atque exagitata accusatoris sui levitate ac stultitia.

Timorum & fortium) Nam neque timida probitas, neque improba fortitudo utilis reip.

Vel ætatis) Non modo honoris, verum etiam ætatis.

Orbæ) Ut orbati parentibus pupilli suos tutores caros habent, incolumesque esse cupiunt.

Pompeii & Bruti) Unam ex duabus Appii filiis uxorem duxerat Cn. Pompeii filius, alteram M. Brutus, ep. 4. Brutus vero & laudavit reum Appium, & defendit, illud ex Diomede, hoc ex libro de Claris Orat. constat.

Fidem) Affinitati debitam.

Virtute & officio) Virtute, quod potuerint; officio, quod voluerint ac laboraverint.

Omnium sæculorum & gentium principis) Eumdem ornavit, laude singulari, ep. 7. *Quem omnibus, qui umquam fuerunt, antefero*.

Inimicitias) Vere; nam probitate, doctrina, animi magnitudine, studio in remp. neminem cum M. Bruto conferendum fuisse, quis negabit?

Mercenariis) Qui mercede conducti ex Asia Romam iverant, ut in Appium testimonium dicerent.

Per Flaccum) Cum loquatur de iis, qui ex provincia, cui præfuerat Appius, contra eum Romam profecti erant: non possum suspicari, Flaccum proprætorem esse; nam eamdem provinciam Cicero post Appium rexit, aliquis fortasse de Ciceronis cohorte fuit, in Asiam ab eo missus, ut mercenarios testes a suis civitatibus notandos curaret.

Per Asiam) Nunc enim erat in Cilicia.

Quasi formam) Translata verba, ne asperitatem habeant alieno loco, molliuntur præpositis adverbiis, *Quasi*, *Tamquam*, *Veluti*, & similibus. *Forma* est, ad cujus exemplar aliquid fit, ut ædificium, sed *forma* transfertur ad multas res, & usurpatur ita sæpe, ut jam in proprii fere verbi naturam transierit: itaque nihil interdum, molliendi causa, Cicero præponit, ut ep. 8. lib. II. *Abs te futura exspecto: ut ex tuis litteris cum formam reip. viderim, quale ædificium futurum sit, scire possim*.

Communium) Quæ ad omnes æque pertinent.

Quam timebam) Hoc anno, id est L. Paulo, M. Marcello coss. dissidere cœpit a Cæsare Pompeius, sero timens, quem ipse cum antea semper, tum biennio ante consul tertium auxerat, ep. 4. lib. VI.

Majora præsidia) Potest hoc quoque ad illud referri, *Quam timebam*.

Ac ad Pompeii ductum applicaverunt) Ut Pompeius, tamquam dux omnia regeret.

Hampsb.) Quae putabatur esse in partibus Pompeii.

Nam, alibi, *Nam*, causam rei antecedentis demonstrat, hic ad aliam sententiam transiicit, ut ep 9. lib I. *Nam ut Appio quod scripsit*, & epist. 16. lib II. *Nam, quod rogas, ut respiciam generum meum*, & epist. 32. lib. VII. *Nam, de judiciis quod quaeris, multo labore minus*.

Augurales libros) Quos Appius de jure augurali ad Ciceronem scripserat, ep. 4. & 9. ad Attic. autem lib X. ep. 8. *Auguria*, inquit, *me incitant ex quodam spe non dubia, nec hoc collegii nostri, ab Appio, sed illa Platonis de tyrannis*. Festus in verbo *Solistimum*.

Tuo promisso) Reliquos augurales libros, primo enim nullo, quos Cicero epistola 9. petierat his verbis *Velim, reliquum quod est promissi ac muneris tui, mihi persolvas*.

Ad urbem) Eorum more, qui ex provincia cum imperio reversi ad urbem exspectant, ut eis triumphus decernatur, ep. 8. *Videbam te hanc epistolam, cum ad urbem esses, esse lecturum*.

Occupatissimum) Non, ut postea cognovit accusationis cura impeditum, ex quo diutius ad urbem otiose permanere Appio non licuit; sed, abjecta triumphi postulatione, urbem ingressus est, ep. 9. lib VIII.

Orationes tuas) Vel quas habuit pro se ipso in majestatis judicio, quo est absolutus: vel quibus antea varias causas defenderat; nam eum in Bruto nominat Cicero inter oratores, et laudat his verbis. *Ap. Claudius, collega, & familiaris meus, & satis studiosus, & valde cum doctus, tum exercitatus orator, & cum auguralis, tum omnis publici juris, antiquitatisque nostrae bene peritus*.

Tullius) Non videtur hic esse L. Tullius legatus, de quo ep. 4. lib. XV. & ad Att. ep. 4. & 21. lib. V. sed potius ex familiaribus Appii, quod Ciceronis verba demonstrant. Fuere igitur quinque Tullii, praeter Ciceronem nostrum, hic familiaris Appii, & L. Tullius legatus, & M. Tullius scriba, de quo ep. 20. lib. V. & L. Tullius Montanus, de quo epist. 50. ad Attic. lib. XII.

Bis ad te scripsi) Duas epistolas significat, 8. & 10. in quibus leviter Appium accusat, quod improborum sermonibus crediderit, nam de vitato congressu queritur epist. 6. de Appianorum vero aedificatione impedita purgat se ep. 7.

Quod gravis querela) Non enim te, quod improbus ipse esses, sed quod improbis credidisses, accusavi.

Disertos) Ornate loquentes.

Aristarchus) Grammaticus Alexandrinus Aristophanis discipulus, ut in Charisio, & Suida legimus: is Homeri versus judicavit, ut veros ab adulterinis secerneret, ep. 10. lib. IX.

Proavo) Ap. Claudio Caeco, qui censor aquam Claudiam in urbem perduxit, anno urbis CCCXLI. sed is antiquior, quam proavus; parum enim subtiliter Cicero temporum rationem examinat. Quid, quod idem in hujus App. Caeci mentione non solum ab historia discrepat, cum appellet hic proavum, qui longiore distat intervallo, sed ipse etiam sibi non constat: nam quem in hac epistola proavum, in oratione de Haruspicum Responsis abavum Clodii vocat: *Ne id quidem sentis*, inquit, *coniventes illos oculos abavi tui magis optandos fuisse, quam hos flagrantes sororis.* Fuit autem Ap. Caecus P. Clodii non proavus, aut abavus, sed tritavus: quod ex fastis marmoreis Capitolinis licet colligere. Similis *anachronismus* Ciceronis in Oratione pro Domo cognoscitur: *C. Atinius*, inquit, *avum Q. Metelli cui tu, Q. Metello consecravit*. Metellum Macedonicum (hunc enim significari, ex Plinio lib. VII. c. 44. & epitome Liviana lib. LIX. cognovimus) avum appellat Q. Metelli Nepotis, qui tum consul erat, cum proavus eius, non avus fuerit; nam Macedonici filius Balearicus genuit Nepotem, patrem hujus Nepotis, quem Cicero appellat: quod Pedianus in commentario Corneliano, & fasti etiam Capitolini declarant.

Ern-

EPISTOLA XII.

VIrtutis, industriæ) Multis rebus ornat virtus, & industria: sed multis virtute præditis non numquam deiuit industria; qua excellunt ii, qui & prompte rem aggrediuntur, & diligenter perficiunt.

Ne in sortitione quidem latebræ) In tabellis, quibus judices absolvebant, aut condemnabant reos, latere poterat malevolentia: quis enim sciret, a quo damnatus esset? quæ tamen in tabellis occulte impugnare Appium malevolentia potuit, nulla fuit: quoniam sententiis omnibus absolutus est.

Non horum temporum, non horum hominum atque morum) Tempora sunt inimica virtuti, hominum voluntas ad flagitium propensa, mores consuetudine corrupti, quis igitur exitum judicii tui tam gloriosum extitisse non miretur?

De me autem) Quod autem ad filiam meam, accusatori tuo collocatam, pertinet: suscipe meam personam, et puta te esse, qui ego sum: tum intelliges, mihi ignoscendum esse, nunc hæsitanti; quia nec tu facile invenies, quod dicas: hæsito autem, quia neque possum dicere probari a me novam affinitatem, quæ cum accusatore tuo contracta sit; nec improbare debeo, ne malis ominibus prosequar eam rem, quam te quoque mihi prospere cupis evenire.

Eum te esse finge qui ego sum) Epistola 23. lib. VII. *Fac putes, qui ego sum, esse te.*

Si facile inveneris) Tibi accidet, quod nunc mihi, ut non invenias, quod dicas, ita intelliges, ignoscendum nunc esse hæsitationi meæ, quod si inveneris, quod dicas, ne ignosce.

Hæsitationi meæ) Quia non possum explicare, utrum mallem, factas, an infectas cum Dolabella nuptias, si factas, lædi videtur amicitia nostra, cum accusatoris tui affinitatem probem: si vero infectas, non ominabor optime de filiæ conjugio, quod cum ita sit, æquum est, a te ignosci hæsitationi meæ: sin aliter sentis, finge te esse, qui ego sum; tu quoque hæsitabis.

Sed ita cecidisse) Sed quod ita cecidit, ut agerentur eo tempore, cum tu reus esses; omnino felicitatem aliquam & spero, & opto; verumtamen cum hac spe conjunctus dolor est, quod acta sint eo tempore, quo ego minime voluissem: quem mihi dolorem minuit sapientia & humanitas tua: sapientia, quod cum perspicies hanc rem, me insciente, a meis esse factam, prorsus omni me culpa liberandum intelliges: humanitas, quod nihil te durius de me suspicari tua natura patietur.

Opportunitas temporis) Non enim opportuno tempore facta res est: itaque ut rem ipsam probem, tempus tamen probare non possum.

Ea de re) De nuptiis.

Neque non me tamen mordet aliquid) Quiddam tamen est, quod moleste feram, hoc videlicet, quod quo tempore Dolabella tuam salutem oppugnabat, eo sit a meis ei filia mea in matrimonio collocata.

In quo unum non vereor) In quo unum certo scio, non te parum perspicere, &c.

Ab aliis) A M. Cælio, ep. 9. lib. VIII. tres antiqui libri, *Ab illis*: quinque, *Ab aliis*.

Tam longe) In provincia.

Ad me ne referret) Falsum: nam retulit ad eum Cælius, ep. 9. l. VIII.

Rem probassem) Probari a se rem ostendit, ne male ominetur; proxime *Neque enim tristius dicere quidquam debeo ea de re, quam tu ipse omnibus optimis prosequeris.*

De tempore) Utrum affinitas cum Dolabella, quo tempore Appium accusabat, jungenda, an post exitum judicii rejicienda, ne quid Appio ejus conjugii fama, propter auctoritatem, & gratiam Ciceronis, apud judices noceret.

Laborantem) Cum non facile reperiat, quod dicat in ea re, quam neque improbare vult, ne filiæ nuptias omine parum læto prosequatur, neque improbare audet, ne Appium offendat; ideo, se hæsitare jam dixit, & institutæ orationis exitum non reperire.

Jam tum) Cum ex amicorum literis de Dolabella & filiæ matrimonio cognovi.

Omnia negotia) Quæ pro Appii absolusolutione in majestatis judicio facere poterat; nam, quod ad ambitum pertinet, nullum Ciceronis provinciale negotium ei prodesse poterat: cum ambitus largitio fit in urbe facta obtinendi honoris gratia.

Studio) Ad animum pertinet, ac voluntatem: ad operam autem id, quod subjunxit, *Actione, opera*; quod paullo post declarat his verbis: *Benevolentior tibi, quam fui, nihilo sum factus; diligentior quidem ad declarandam benevolentiam multo*.

Anno) Annuum erat provinciarum imperium, de qua re in ep. 7. lib. I.

Decedenti) Primus decessionis dies fuit, III. Kalend. Sext. ut apparet ex epist. 9. & ad Attic. epist. 15. lib. V. epist. 3. lib. VI.

Ante diem III. non.) Perinde est, ac si dixisset, III. non. Id ex lib. XVI. epist. 5. ad Tironem intelligi facile potest. *Ante diem III. non.* veteres dicebant, id est, die tertio ante nonas: nam, cum dicitur, III. non. concisa locutio est; quæ integra esset, si diceres, III. *die ante nonas*; qua non utebantur antiqui, sed ejus loco, *Ante diem III. nonas*.

Sidam) Maritimam partem provinciæ vocat epist. 5.

Servilius) Amicus Appii; qui fortasse iverat in provinciam, cum ut Appium Ciceroni præsens commendaret; tum etiam ut hominum provincialium odia in Appium leniret; ne Romam, dicturi adversus eum testimonia, proficiscerentur; quibus enim rapinis provinciam Appius exhaustam reliquerit, qui gemitus consecuti, scribit ad Attic. Cicero epist. 15. & 16. lib. V. & epist. 1. lib. VI.

Benevolentior, quam fui, nihilo sum factus, diligentior quidem ad declarandam benevolentiam multo) Similis locus epist. 60. lib. XIII. *Cujus calamitas etiam officiosiorem me facit in illum, non benevolentiorem, quam semper fui, esse non possum*.

Vetus) Quæ ante annos aliquot esse cœperat, quo tempore inter Ciceronem, & P. Clodium, Appii fratrem, exortæ inimicitiæ sunt, M. Pisone, M. Messalla coss. ad Atticum epist. 14. lib. I.

Simultas) Simultas occultum & mediocre post benevolentiam odium est.

Stimulabat) Non simultas, quæ tunc nulla erat, sed ejus memoria.

Vestræ reconciliatæ gratiæ) Ideo scripserat Cælius ad eum epist. 9. lib. VIII. *Curandum tibi erit, ut parum simpliciter & candide posuisse inimicitias videaris*.

Affinitas) Dolabellæ, Appii accusatoris.

EPISTOLA XIII.

QVasi divinarem) In ipso litterarum exordio a suis in Appium officiis benevolentiam capiat: quod mire valet ad id, quod petimus, impetrandum. Incipit autem, *Quasi divinarem*; quia, cum Appio supplicationem curavit, revera de provincia non cogitabat: itaque dixit epist. 2. *Cum & contra voluntatem meam, & præter opinionem accidisset, ut mihi cum imperio in provinciam proficisci necesse esset*. Ita & auget officium suum erga Appium, & se ipsum ambitione liberat.

Tali in officio) In supplicatione.

De tuis rebus gestis) Pro quibus supplicationem petebas.

Inserviebam) Hoc verbo summa diligentia declaratur, quam domino servi debent, &, nisi sint improbi, præstant.

Plus, quam acceperas, reddidisti) Probitatis est, acceptum beneficium non dissimulare: liberalitatis, etiam augere verbis: idque genus omnino quoddam est gratiæ referendæ, quo hic utitur Cicero. Est autem præclara inter eos consuetudo, qui mutuis officiis amicitias ita colunt, non ut paria paribus, sed ut majora, quam acceperunt, reddere conentur: ita, quos fructus amor parit, iisdem alitur, atque augetur; nec umquam aut sine amore fructus, aut sine fructibus amor est. In Bruto: *Illud Hesiodium laudatur a doctis, quod eadem mensura reddere jubet, qua acceperis, aut etiam cumulatiore, si possis*. Et lib. I. Offic. *Si ea quæ acceperis utenda, majore mensura, si modo possis, jubet reddere Hesiodus, quidnam beneficio provocati facere debemus? an non imitari agros fertiles, qui multo plus efferunt, quam acceperunt?* ad Att. epist. 12. lib. XV.

Quid enim ad me non perscripsisti) Tribus

bus modis hanc explicare ſententiam potuit, vel affirmantibus verbis, hoc modo, *Omnes ad me perſcripſerunt*. vel geminata negatione, ſic: *Nemo ad me non perſcripſit*: vel interrogando; quod fecit: quia modus hic efficacior eſt, quam reliqui duo, & ad ſignificandum valet plurimum.

Auctoritate orationis) Quæ ceteros commovere potuit; cujus enim vita probatur, cujus in privatis publicisque cognita virtus eſt, ejus exemplo facile ducuntur omnes.

Sententia) Qua Ciceroni ſupplicationem decrevit.

Domum veniendo) Ad magiſtratus, ut eos de ſupplicatione Ciceronis rogaret; epiſt. 9. lib. II. *Noſtrum ſtudium exſtabit in conveniendis magiſtratibus*.

Nullum omnino officii cuiquam reliquum feciſſe) Nihil cuiquam faciendum reliquiſſe, plane omnia feciſſe mea cauſa.

Hæc mihi ampliora multo ſunt) Appii amorem ſupplicationi, atque adeo rebus omnibus, quæ proficiſci ab amore poſſint, antepono: non enim amor ob utilitatem, ſed utilitas ob amorem æſtimanda.

Quam illa ipſa) Similem ſententiam uſurpavit in re diſſimili, lib. I. de Legib. *Sunt hæc majora, quam illa ipſa, quorum hæc cauſa præparantur*.

Laborantur) Cum labore fiunt. Uſus eſt eodem verbo neſcio quo libro, ex quo Lactantius lib. VII. cap. 11. hæc recitat: *Nihil eſt, quod ſit manibus hominis laboratum, quod non aliquando ad interitum redigatur*. *Elaborari*, dixit epiſtola 16. lib. IX.

Inſignia virtutis) Honores.

Sed virtus) Teſtimonium virtutis mihi das, cum hæc mea cauſa facis; quam ego laudem pluris, quam illa ipſa, in quibus operam ac ſtudium ponis, debeo æſtimare.

Mihi proprium fructum amicitiæ noſtræ ipſam amicitiam) Alii fructum ſibi proponunt amicitiæ, honores, commoda, aliquid omnino: ego, præter ipſam amicitiam, nihil ſpecto: in ea mihi ſtatuo omnes fructus: quanti enim apud me eſſe debet, quod tu me diligas, cum talium virorum tanta ſtudia adſequi ſola virtus poſſit? Simile illud in Lælio: *Amicitiam, non ſpe mercedis adducti, ſed quod ejus omnis fructus in ipſo amore ineſt, expetendam putamus*.

Qua nihil eſt uberius) Cur ego alios mihi fructus amicitiæ noſtræ proponam, cum neque fructum ullum cum ipſa amicitia conferendum, neque tamen ea quidquam uberius, aut fructuoſius exiſtimem?

Studiis) Litterarum: magna eſſe poteſt in omnibus rebus, maxima vero in communibus ſtudiis ubertas amicitiæ noſtræ. Tacite oſtendit Cicero, quanti fecerit eum librum, quem de jure augurali Appius ad eum ſcripſerat; idque ſibi curæ eſſe, ut ſimili eum munere remuneretur: epiſt. 4. & 5.

Devinctus eſt) Eadem metaphora uſus eſt epiſt. 10. *Quid vincula, quibus quidem libentiſſime aſtringor, quanta ſunt! ſtudiorum ſimilitudo*, &c.

Cum iis artibus) Gratiam init ab Appio promiſſa ſtudiorum conjunctione: quod & ejus doctrinam magni facere, & ad ejus honorem ac laudem velle ſua ſtudia conferre videatur.

Omnes tuos) Callide hoc injecit: non enim id ſolum indicat, quam inique ferat Appium a Dolabella reum factum; ſed etiam, cum ipſe, graviter læſus, tamen in gratiam cum omnibus Appii propinquis, id eſt cum omnibus Clodiis, redierit, idque ipſius Appii cauſa fecerit, viciſſim eum debere tanti Ciceronis amicitiam facere, ut ejus generum Dolabellam odiſſe deſinat.

Non deſpero) Petere aperte non audet, ut Dolabellæ reconcilietur: ſed modeſte petit, & Appii humanitati confidere videtur, cum ait, *Non deſpero*.

Nihil ad te) Habet rationem Appii dignitatis: quia pluris facere adoleſcens Dolabella Appii amicitiam, viri in primis honorati, quam contra Appius Dolabellæ, debebat: accedebat æquitas: utrum enim decet, eum, qui injuriam intulit, an eum, qui accepit, de reconciliatione laborare?

Noſtrum eſt onus) Ego efficiam, ut reconciliationis initia a genero meo proficiſcantur.

Intelliges) Re ipſa perſpicies.

Hæc

Hoc vinculo) Quod mihi Dolabellam affinitate devinxerim.

Addiderim potius aliquid) In proxima epistola nihil ad studium ac benevolentiam, sed ad voluntatem quidem benevolentiæ declarandæ multum esse additum dixit.

Adversus magistrum morum) Coram magistro morum; quasi epistola censorem alloquatur: modeste enim agere in conspectu censorum oportebat: itaque oratorum legimus, qui paullo liberius in præsentibus hisset. *Magistri morum* censores vocabantur, quia regendis moribus quinto quoque anno crearentur; de quibus Cic. lib. III. de Legib. *Mores populi regunto*. Potestatem censoriam Trebellius Pollio in Valeriani vita ostendit his verbis: *Suscipe censuram, quam tibi detulit Romana respubl., quam solus omnium judicaturus de moribus nostris. Tu æstimabis, qui manere in curia debeant: tu equestrem ordinem in antiquum statum rediges: tu censibus modum pones: tu vectigalia firmabis: divides, statues: res publicas recensebis. Tibi legum scribendarum auctoritas dabitur. Tibi de ordinibus militum judicandum est: tu arma respicies: tu de nostro palatio, tu de judicibus, tu de præfectis eminentissimis judicabis: excepto denique præfecto urbis Romæ, exceptis consulibus ordinariis, & sacrorum rege, ac maxima virgine Vestalium, si tamen incorrupta permanebit, de omnibus sententias feres.*

PAVLLI MANVTII
COMMENTARIVS
IN
EPISTOLAM I.
LIBRI IV.

C. Trebatius Iuriſconſultus, ad quem miſit Topicorum libros, fuit in Gallia cum Cæſare ante bellum civile commendatus a Cicerone diligenter, epiſt. 5. lib. VII.

Familiaris meus) Et quidem cum eo ſæpe familiariter jocatur in epiſtol. lib. VII.

Acceſſiſſem) Reverſus e Cilicia: nam, triumphi ſpe, urbem ingreſſus non eſt. Dicebant veteres, *Ad urbem accedere*, & *Ad urbem eſſe*, de iis, qui extra pomerium triumphandi ſpe morabantur.

Propius) Urbem.

De officio utriuſque noſtrum) Quid nos, orto civili bello, deceat agere. Licebat autem per Cæſarem neutram partem ſequi, & vel in urbe, vel, ubi quiſque vellet, longe ab armis tutam ac quietam vitam ducere: id Pompeius non concedebat, qui dixerat ab urbe diſcedens, hoſtium ſe loco habiturum, qui ſuis in præſidiis non fuiſſet: tueri autem remp. Pompeius videbatur, quia conſules, omneſque fere magiſtratus ſecum haberet: ſed Cæſaris caſtra firmiora. Itaque bonos ac ſapientes cives, quo in numero & fuit, & habitus eſt Sulpicius, jure ſollicitabat officii deliberatio.

Salvis rebus) Salva, incolumi, ſtante rep. eodem modo locutus eſt, cum de re privata loqueretur: ep. 30. lib. VII.

Sic enim eſt dicendum) Nunc enim perditæ res ſunt, afflicta reſpubl.

[illegible]) Eadem tranſlatione, *[illegible] reip.* dixit epiſt. 4.

Abſens) Cum eſſet in provincia.

Defenſorem pacis) Nam, cum M. Marcellus conſul, in provincias Gallias ante legitimum tempus, & privilegium Cæſari, quod ei populus conceſſerat, ut abſens conſulatum petere poſſet, eripere conaretur; Sulpicius collega reſtitit: quod iniquum putaret ea reſcindi, quæ populus juſſerat; eamque fore civilis belli cauſam intelligeret. Suetonius.

In conſulatu) Conſule Sulpicio in provinciam Cicero profectus eſt: epiſt. 3. lib. III.

Poſt conſulatum) Cum C. Marcellus, M. Marcelli frater patruelis conſul eadem in Cæſarem tentavit: ut ſcripſit Suetonius; is enim conſulatum ex Marci fratris auctoritate geſſit: ut legitur in epiſt. 9. cui ſucceſſit L. Lentulus, & ipſe Cæſaris cauſæ acerrimus adverſarius.

Veniſſem) Ex provincia; venit autem pridie Non. Ian. L. Lentulo, C. Marcello Coſſ. Abfuit igitur toto anno, quo C. Marcellus, Marci frater, cum L. Paullo conſul fuit.

Solus enim) Cum dixeris, ſuam & Sulpicii ſententiam de rep. eamdem fuiſſe, ſolus non fuit: quare, *Solus* accipio, id eſt, cum pauciſſimis.

Rudis) Quatuor cauſas colligit, cur pacem ſuadens nihil profecerit: primum, quod ſero venerit, ita jam aucta diſcordia, ut ſedari vix poſſet; deinde, quod optimæ ſententiæ ſocios non habuerit: tum, quia parum auctoritate valuerit, quod in publica cauſa, cum ſero veniſſet, rudis eſſe videretur: poſtremo, quod in homines pugnandi cupidos inciderit. Significat autem maxime L. Lentulum conſulem, Domitium Ahenobarbum, Scipionem Pompeii ſocerum: quos etiam tacite carpit ep. 14. & lib. VI. ep. 21.

lib.

Hoc tenementa) Quod mihi Dolabellam affinitate devinxerim.

Additum potius aliquid) In proxima epistola nihil ad studium ac benevolentiam, sed ad voluntatem quidem benevolentiæ declarandæ multum esse additum dixit.

Adversus magistrum morum) Coram magistro morum; quasi epistola censorem alloquatur: modeste enim agere in conspectu censorum oportebat: itaque notatum legimus, qui paullo liberius iis præsentibus hiasset. *Magistri morum* censores vocabantur, quia regendis moribus quinto quoque anno crearentur; de quibus Cic. lib. III. de Legib. *Mores populi regunto*. Potestatem censoriam Trebellius Pollio in Valeriani vita ostendit his verbis: *Suscipe censuram, quam tibi defert Romana respubl., quam solus mereris judicaturus de moribus nostris. Tu æstimabis, qui manere in curia debeant: tu equestrem ordinem in antiquum statum rediges: tu censibus modum pones: tu vectigalia firmabis, divides, statues: res publicas recensebis. Tibi legum scribendarum auctoritas dabitur. Tibi de ordinibus militum judicandum est: tu arma respicies: tu de nostro palatio, tu de judicibus, tu de præfectis eminentissimis judicabis: excepto denique præfecto urbis Romæ, exceptis consulibus ordinariis, & sacrorum rege, ac maxima virgine Vestalium, si tamen incorrupta permanebit, de omnibus sententias feres.*

PAVLLI MANVTII COMMENTARIVS IN EPISTOLAM I. LIBRI IV.

C. *Trebatius* Iurisconsultus, ad quem misit Topicorum libros, fuit in Gallia cum Cæsare ante bellum civile commendatus a Cicerone diligenter, epist. 5. lib. VII.

Familiaris meus) Et quidem cum eo sæpe familiariter jocatur in epistol. lib. VII.

Accessissem) Reversus e Cilicia, nam, triumphi spe, urbem ingressus non est. Dicebant veteres, *Ad urbem accedere*, & *Ad urbem esse*, de iis, qui extra pomerium triumphandi spe morabantur.

Propius) Vrbem.

De officio utriusque nostrum) Quid nos, exorto civili bello, deceat agere. Licebat autem per Cæsarem neutram partem sequi, & vel in urbe, vel, ubi quisque vellet, longe ab armis tutam ac quietam vitam ducere: id Pompeius non concedebat, qui discedens ab urbe dixerat, hostium se loco habiturum, qui suis in præsidiis non fuisset: tueri autem remp. Pompeius videbatur, quia consules, omnesque fere magistratus secum haberet: sed Cæsaris castra firmiora. Itaque boni ac sapientes cives, quo in numero & fuit, & habitus est Sulpicius, jure sollicitabat officii deliberatio.

Salvis rebus) Salva, incolumi, stante rep. eodem modo locutus est, cum de re privata loqueretur: ep. 30. lib. VII.

Sic enim est dicendum) Nunc enim perditæ res sunt, afflicta respubl.

Occidenti) Eadem translatione, *Reipublicæ occidentis* dixit epist. 4

Absens) Cum esset in provincia.

Defensionem petiit) Nam, cum M. Marcellus consul, & provincias Gallias ante legitimum tempus, & privilegium Cæsari, quod ei populus concesserat, ut absens consulatum petere posset, eripere conaretur; Sulpicius collega restitit: quod iniquum putaret ea rescindi, quæ populus jusserat; eamque fore civilis belli caussam intelligeret. Suetonius.

In consulatu) Consule Sulpicio in provinciam Cicero profectus est: epist. 3. lib. III.

Post consulatum) Cum C. Marcellus, M. Marcelli frater patruelis consul eadem in Cæsarem tentavit; ut scripsit Suetonius; is enim consulatum ex Marci fratris auctoritate gessit, ut legitur in epist. 9. cui successit L. Lentulus, & ipse Cæsaris causæ acerrimus adversarius.

Venerim) Ex provincia; venit autem pridie Non. Ian. L. Lentulo, C. Marcello Coss. Abfuit igitur toto anno, quo C. Marcellus, Marci frater, cum L. Paullo consul fuit.

Solus enim) Cum dixerit, suam & Sulpicii sententiam de rep. eamdem fuisse, solus non fuit: quare, *Solus* accipio, id est, cum paucissimis.

Rudis) Quatuor causas colligit, cur pacem suadens nihil profecerit: primum, quod sero venerit, ita jam aucta discordia, ut sedari vix posset: deinde, quod optimæ sententiæ socios non habuerit: tum, quia parum auctoritate valuerit, quod in publica causa, cum sero venisset, rudis esse videretur: postremo, quod in homines pugnandi cupidos inciderit. Significat autem maxime L. Lentulum consulem, Domitium Ahenobarbum, Scipionem Pompeii socerum: quos etiam tacite carpit ep. 14. & lib. VI. ep. 21.

lib.

lib. IX. ep. 6. lib. XVI. ep. 10. & ad Att. ep. 11. lib. VIII.

Nihil] Cum iam occiderit respub. quod proxime dixit.

Quam honestissime] Vt in his miseriis quam licet honeste vitam traducamus.

Nec enim] Causam affert, cur nemo sit, quicum sibi potius, quam cum Sulpicio, communicandum putet. Nosti, inquit, egregie, quid clarissimi viri fecerint, quid doctissimi faciendum praeceperint: itaque, quid nobis quoque faciendum sit, optime iudicabis.

Clarissimorum] Clarissimos & doctissimos, quia tum a rebus, tum a libris petitur prudentia.

Quos semper coluisti] Quorum libros diligentissime legisti; sic enim interpretor: aut, si quis hoc ad homines ipsos potius, quibus ob doctrinae praestantiam Sulpicius honorem semper habuerit, referre malit, valde non contenderim: modo illud, *Praecepta*, sic accipiatur, non quae e sermonibus viventium, sed quae ex doctissimorum libris accepta sint.

Te fenestra in senatum] Aperire incipit sententiam suam, quam paullo post clarius etiam ostendit, cum ait, urbem esse sine legibus, iudiciis, iure, fide; ut in ea bonis, ac sapientibus civibus, quales Cicero & Sulpicius habiti sunt, vix iam honestum esse domicilium videretur.

Conventum senatorum] Nam senatus appellari non debet, in quo nec senatores multi, nec eorum libera, metuque soluta voluntas est; non enim decerni quidquam potest, quod ei displiceat, cuius arma dominantur. Erat urbs hoc tempore, ac tota iam Italia in Caesaris potestate, Pompeio in Graeciam cum utroque consule, ac maiore parte magistratuum profecto.

Eius] Caesaris.

Vt te imitarer] Vt irem in senatum; id enim Caesar cupiebat: ne, absente Pompeio, simul abesse resp. videretur. Locutus autem erat Sulpicius in senatu de pace, & de Hispaniis, quod proxime subiungitur, contra quam Caesar volebat. Itaque hoc, *Vt te imitarer*, interpretor, ut iret quidem Cicero in senatum, non tamen ut eadem, quae Sulpicius, de pace, & de Hispaniis diceret. Quae cum Cicero se dicturum ostendisset, *Ego vero*, inquit Caesar, *ista dici nolo*: epist. 17. lib. IX. ad Att. Iuisse autem Sulpicium hoc tempore in senatum, ostendit epist. 1. lib. X. ad Att. in qua sunt haec: *Facile patior, quod scribis, iocum Tullum, & Servium questos esse, quia non idem quoque sibi, quod mihi, remisisset: homines ridiculos; qui, cum filios misissent ad Cn. Pompeium circumsedendum, ipsi in senatum venire dubitarent.*

Cum me rogaret] Formiis: quod ex epist. 17. & 18. lib. IX. ad Att. intelligitur.

De pace] Vt ageretur de concordia Caesaris, & Pompeii.

De Hispaniis] Senatui non placere, Caesarem in Hispanias contra Pompeii legatos proficisci.

Ostendi me esse dicturum] Epist. 1. lib. X. ad Att. *Quid essem de pace dicturus, dixi, ipse valde repudiavit.*

Dicta sunt] In senatu, antequam Caesar iret in Hispanias.

Rem vides, quo modo se habeat] Perditum reip. statum demonstrat, ut confirmet quod dixit, nihil iam esse, licet colloquantur, in quo reip. opitulari possint. Notandus Latini sermonis usus: *Rem vides, quo modo se habeat*: pro, vides, quo modo se res habeat: ut apud Caelium, ep. 8. lib. VIII. *Nosti Marcellum, quam tardus*. Et ad Att. epist. 21. lib. XIV. *Nosti virum, quam tectus*. Sic Terentius in Ad. *Illum, ut vivat, optant*. Et Plautus in Aul. *Tu me, & ego te, qualis sim, scio*. Et Caesar lib. I. Bell. Gall. *Rem frumentariam, ut satis commode supportari posset, timebant*.

Orbem terrarum] *Orbem terrae*: ep. 7. lib. V. *Orbem* simpliciter, lib. II. de Rep. apud Lactantium: quod Poetis usitatius.

Imperiis distributis] Cum Italiam & Gallias Caesar; Hispanias, Graeciam, & reliquas populi Romani provincias Pompeius teneat.

Ardere bello] Apta translatio: quia nec incendio quidquam citius consumit, nec igni quidquam bello similius: aeque enim prosternit, ac delet quaecumque invaserit. Ad Att. ep. 5. lib. VI. *Cum arderet Syria bello*. In Ora-

Oratore: *Ex omnibus terris una Gallia communi non ardet incendio.*

Sine legibus] Quarum voces quis in armorum strepitu exaudiat?

Iudiciis] Bello intermissis, fuga magistratuum. Nec vero iudiciis locus esse potest, cum sublatae leges sint.

Iure] Non modo iudicia, sed omnino ius universum iacet; legum enim & iudiciorum exitium sequitur iuris eversio.

Fide] Pertinet, opinor, haec ad creditas pecunias: quarum in solutione, nisi iudicia fiant, debitores fidem non praestant. Pro lege Manilia: *Scimus*, inquit, *Romae solutione impedita, fidem concidisse.* Et Caesar lib. III de Bello Civ. *Cum fides tota Italia esset angustior, neque creditae pecuniae solverentur.*

Relictam direptioni & incendiis] Pompeii, & consulum fuga; nam cum Caesar primum Pisaurum, Fanum, Anconam; deinde Iguvium, Auximum occupasset, tantus repente, his verbis auditis, in urbe terror invasit, ut cum Lentulus consul ad aperiendum aerarium venisset, ad pecuniam Pompeio ex S.C. proferendam, protinus, aperto sanctiore aerario, profugeret; Caesar enim adventare, iam iamque adesse eius equites falso nunciabantur: hunc Marcellus collega, & plerique magistratus consecuti sunt. Cn. Pompeius, pridie eius diei ex urbe profectus, iter ad legiones habebat, &c. Haec ipse Caesar scripsit lib. I. Bell. Civ. Dio lib. XLI. & Cicero ipse ad Tironem, ep 11. lib. XVI. *Patriam ipsam vel diripiendam, vel inflammandam reliquimus.* Et ep. 2. lib. VIII. ad Att. *Non expulsi, sed evocati e patria; quam non servandam ad reditum nostrum, sed diripiendam inflammandamque reliquimus.*

Audeam] Eo redacta res est, ut nec optare quidquam audeam: cum tamen optare multa, vel sine spe, soleamus: unde illud lib. I. de Orat. *Insperanti mihi, sed valde optanti, cecidit, ut in istum sermonem delaberemini.*

Sin] Saepius, antecedente *si* usurpatur; interdum tamen simpliciter, ut lib. I. de Orat. *Plerique ad honores adipiscendos, & ad remp. gerendam nudi veniunt, atque inermes, nulla cognitione rerum, nulla scientia ornati: sin aliquis excellit unus e multis, effert se.*

Hominis prudentissimo] Eidem in epistola sequenti summam tribuit sapientiam, in tertia prope singularem.

Coluisti] De officio utriusque nostrum: quod Trebatius scripserat.

Longius] Formiis enim, aut prope, fuit initio belli civilis: ep. 10. lib XVI. *Italiae regiones descriptae sunt, quam quisque partem tueretur: nos Capuam sumsimus.* Et epist. 11. *Ego adhuc orae maritimae praesum a Formiis.* Et ad Att. epist. 11. lib. VII.

Invitus] Quia relicta sit direptioni & incendiis, & quia non leges in ea, non iudicia, non ius, non fides ulla sit: epist. 10. lib. VII. *Cupio aliquo pervenire, ubi nec Pelopidarum nomen, nec facta audiam.*

Si quid] Si quam ob rem.

Exire ex urbe] Ut colloquamur.

Fortasse arrogo] Fortasse enim mihi assentior, cum mihi tantumdem, quantum tibi, tribuo. *Arrogare* dicimur nobis ea, quae nostra non sunt.

Asservimus] Ut nobismetipsis consulamus: quoniam nihil iam videmus opitulari posse reip.

EPISTOLA II.

PHilotimum] Libertum Terentiae Ciceronis: epist. 3. lib. VIII. epist. 18. lib. XIV. & ad Attic. epist. 5. lib. VI.

Posthumia] Uxor Sulpicii, de qua Suetonius in Iulio sic: *Pronum & sumtuosum in libidines fuisse constans opinio est, plurimasque & illustres feminas corrupisse, in quibus Posthumiam Ser. Sulpicii, Lolliam A. Gabinii, Tertullam M. Crassi, Cn. Pompeii Muciam.* Hoc nomen cum originem inde duxerit, quod, qui post humatum parentem nascerentur, Posthumii dicebantur, tamen in antiquis numismis, & lapidibus Capitolinis sine aspirandi nota scriptum est.

Servius] Sulpicii filius, patris praenomine; quo appellabantur filii primo loco nati. Hic Sulpicii filius ad obsidendum Brundusii Cn. Pompeium iverat: epist. ult. lib. IX. ad Attic. & 3. & 12. lib. X. ad eundem.

In Cumanum] Quo posset cum Cicerone colloqui: epist. 8. lib. X. ad Att.

Att. *Servium*, inquit, *exspecto: rogor enim ab ejus uxore, & filio*.

Meum consilium) Quid tibi agendum sit.

Auctoritate) Ob honores magna cum laude administratos; gesserat autem Sulpicius biennio ante cum M. Marcello consulatum.

Quid rectissimum sit) Eadem sententia epist. 19 lib. V. iisdem fere verbis: *Quid rectum sit, apparet; quid expediat, obscurum est*.

Non potest esse dubium) In epist. 19. lib. V. dixit: *Dubitare non possumus*; ostendit eundum ad Pompeium, etiamsi non expedire videatur.

Meam causam) Ut idem ab utroque capi consilium oporteat; nam *conjuncta mea causa cum tua est*, valet, eodem in statu sumus, eadem ratio est, pertinet idem ad utrumque nostrum. Contrarium est illud in epist. 9. lib. I. *Alia ratio fuit alia*.

Nihil esset utilius) Ut quidem ipse Cicero putabat, cui, quod honestum, id unum utile videbatur. Cæsar autem nihil melius, quam regnare existimabat: itaque versus illos Euripidis de Phœnissis in ore habere solitus est:

> Εἴπερ γὰρ ἀδικεῖν χρή, τυραννίδος πέρι
> Κάλλιστον ἀδικεῖν· τἆλλα δ' εὐσεβεῖν χρεών.

Quos Cicero ita vertit lib. III. Off.

> *Nam si violandum est jus, regnandi gratia*
> *Violandum est: aliis rebus pietatem colas*.

Defendenda pace) Genus loquendi, pro, si pacem defenderemus; ut in proœmio lib. I. Off. *Orationem Latinam legendis nostris efficies pleniorem*: pro, si nostra leges.

Nos fefellerit) Non Cæsar, sed id quod arbitramur; dicimus enim simpliciter interdum, *Nos me fallit*. Fefellit autem in eo Ciceronem opinio, quod Cæsar, cum ei nihil esset utilius concordia, rem tamen ad arma deducere maluerat.

Occupatur) A Cæsare in Hispania contra Pompeii legatos; pulso enim Italia Pompeio, ad urbem Cæsar excurrit, inde in Hispaniam. Quo autem tempore cum Sulpicio collocuturus est Cicero, bellum in Hispania gerebatur: id cognoscitur ex epist. 11. 12. lib. X. ad Att.

Gesta sunt) Cum Pompeius ejectus Italia sit, Cæsar urbe, & Italia sit potitus.

Cursus rerum) Ut enim adhuc, ita deinceps armis agentur omnia.

Qui exitus) Perspicis exitum fore vel Cæsaris, vel Pompeii tyrannidem: epist. 11. lib VIII. ad Attic. *Uterque regnare vult*. Et alibi sæpe.

Ergo) Cum videas, quem in locum res deducta sit; sequitur, ut, in urbe si manserimus, vel probare ea, quæ fient, quod turpe est; vel saltem interesse cogamur, etiam si non probemus, quod periculosum erit.

Quorum alterum) Sic in decem antiquis libris: in duobus, *Quarum*: antiquitatem magis redolet. *Quorum* ita vertor, ne quis ob verbum, *Altera*, scribendum putaverit, *Quarum*.

Restat) Cum videas, probare turpe esse; interesse etiamsi non probes, periculosum; restat, ut discedendum putemus.

Quod consilium) De discessu dubitandum non est: restat deliberatio, quid consilii discedentes capiamus, maxime quidem, quo nos conferre debeamus.

Nunquam) Quia salutis publicæ spes nulla superest.

Non sit conjunctum) Satis plane significat, si velit Sulpicius ad Pompeium transire, colloquendum esse: si loqui non oportere: sibi enim captum jam esse consilium. Id cognoscitur ex epist. 13. lib. X. ad Att. *Servium*, inquit, *exspecto, nec ab eo quidquam ὑγιές*. Cum in eadem paullo ante scripserat, se de Hispania cogitare.

Exspectabo) Et hoc verbo captum sibi de discessu consilium ostendit.

Quod tuo commodo fiat) De hoc loquendi genere dictum est ep. 1. lib. I.

Servio, & Postumia) Ep. 8. lib. X. ad Att. *Hic ego Servium exspecto: rogor enim ab ejus uxore, & filio*.

EPISTOLA III.

SOllicitum) Ob temp. servitute oppressum. Jam enim Cæsar, utrorum devictis Pompeii partibus, unus omnia tenebat.

Præ-

Præcipue) Cum enim commune sit exitium, cur tu præcipue doleas? Iterum Plancium admonuit epist. ult. *Non debes aut proprium fortunam, & præcipuam postulare, aut communem recusare.*

Quodam) Ita loquimur, cum singulare quiddam notamus, ut epist. 4. lib. II. *Est enim tibi gravis adversaria constituta & parata, incredibilis quædam exspectatio.* Et in oratione de Provinciis: *Quod magni cujusdam hominis & persapientis videtur.* Et lib. II. de Orat. *Crassi responsum excellentis cujusdam ingenii & singularis.*

Minime mirer) Cum plane perierit respubl.

Meum) Dolorem.

Quodam modo) Si dixisset, *Meum agnosco*, suum quoque præcipuum esse in communibus miseriis dolorem significasset; ita nullum sibi locum ad levandam Sulpicii sollicitudinem relinqueret; dixit igitur, *Quodam modo*, ut indicet sibi quoque acerbissimam fuisse perniciem reip. nec tamen in communibus miseriis præcipuo quodam dolore angi.

Agnosco) Me quoque dolere confiteor: epist. seq. *Illam excusationis tuæ partem non agnosco, nec probo.*

Prope singulari) Cur addit, *Prope*, ne viro gravi, verborum quasi lenocinio repugnanti, nimium assentari videatur. Sic Acad. IV. *Omitto per ipsum Aristotelem, meo judicio in Philosophia prope singularem.* Valet autem *Singularis* interdum minus, quam incredibilis, interdum plus, nimis, ut epist. 54. lib. XIII. *In longa apparitione singularem, & prope incredibilem patris Marcilii fidem cognovi.* Plus, ut lib. I. de Orat. *Animii incredibilis quædam, & prope singularis, & divina vis ingenii.*

Tuis bonis) Tua virtute & memoria recte factorum.

Alienis malis) Quibus afflicta resp. concidit. Notat perditos hominum mores, in primisque perniciosam publicæ libertati ambitionem Cæsaris, & Pompeii.

Laborare) Malis laborare, apte conjunguntur.

Me quidem) Consolatur & ratione, & exemplo; ratione usus est in proxima superiore sententia; exemplum hic affert de se ipso.

Nemini concedo, qui majorem, &c.) Nemo est, cui molestiæ plus attulerit interitus reip. Simile illud ep. 3. lib. X. *Nunc me, amantissimum tui, nemini concedentem, qui tibi vetustate necessitudinis potior possit esse, si audies; omnem tibi reliquæ vitæ dignitatem ex optimo reip. statu acquires.* Et eodem libro epist. 29. *Nec iis concedo, ut te salvum malint, quam ego.*

Pernicie & peste) Auget superlata nomina: quod etiam rhetores docent; major autem est in peste, quam in pernicie significatio.

Consiliorum) Quia de repub. semper optime sensi: quod tibi quoque, optimo ac sapientissimo viro, solatio esse debet.

Multo enim ante) Quatuordecim annis ante, cum esset consul. Id clarissime ostendit epist. 4. ad Att. lib. X. *Præclara, inquit, conscientia sustentor, cum cogito me de rep. aut meruisse optime, cum potuerim; aut certe nunquam nisi divine, cogitasse; eaque ipsa tempestate eversam esse remp. quam ego quatuordecim annis ante prospexerim.*

Tempestatem) Procellam, quæ rempubl. afflixit.

Absui) Cum esset in Cilicia proconsul: quo ivit Sulpicio consule, ut patet ex epist. 3. lib. III. & ad Att. lib. V.

Magnam partem) Menses circiter octo; nam videtur ineunte Majo, aut extremo Aprili mense Roma discessisse: epist. 2. lib. V. ad Att.

Mansisti semper) Consolationem affert anteactæ vitæ commemoratio; ideo narrationem hanc induxit, ut, quemadmodum se levari dixit gravitate doloris ob conscientiam consiliorum suorum, itidem Sulpicius e suis in remp. officiis consolationem capiat.

Omnibus bellis civilibus) Tribus, quæ commemorat his verbis Phil. VIII. *Contendit Sulla cum Sulpicio de jure legum, quas per vim latas Sulla dicebat: Cinna cum Octavio de novorum civium suffragiis: rursus cum Mario & Carbone Sulla, ne dominarentur indigni.*

Superiores) Sic locutus in Verrem, & in Acad.

Consilium meum) Ne Cæsari ante concessum lege Trebonia tempus succederetur, & ut absenti consulatum petere liceret: in quo dissentiebat a M. Marcello collega: epitome Livianā CVIII. Contentiones inter consules de successore C. Caesari mittendo, agente in senatu M. Marcello consule, ut Caesar ad petitionem consulatus veniret, &c. Suetonius, Plutarchus, Dio, alii.

Occidisse] Consulares, Pompeium Magnum, L. Lentulum, Bibulum, Domitium Ahenobarbum, Scipionem Pompeii socerum praetorium, M. Catonem; alios praeterea, qui bellum paci, odio Caesaris, praetulerant.

In tantis tenebris] Non dicit, conscientiam optimorum consiliorum nihil prodesse, sed pro malis reip. parum; nam esse aliquem conscientiae fructum, paullo ante ostendit in se ipso.

Parietinis] Libri veteres quinque, *Perpetuis*: duo, *Perditis*: unus differt, *Parricidiis*: Mediceus, *Parietinis*: ex quo *Parietinis* legendum, alii ante nos recte censuerunt. Sunt autem *Parietinae*, parietum ruinae, Cic. ad temp. transtulit, &, *Quasi*, proposuit, veritus ne paullo durior translatio videretur: quod praecipit Crassus lib. III. de Orat. *Molliendo*, inquit, *translatio est proposito saepe verbo*.

Vir consolabilis] Recte addidit, *Vix*: ut consolabilem tamen esse ostendat: quod ei propositum est; cum hanc unam ob causam ad Sulpicium scribat, ut eum a moerore abducat.

Ipse] Cuius in potestate sunt omnia.

Lumen] Tribus verbis metaphoram absolvit, *Lumen*, *Extinctis*, *Eluceret*; & hac fortasse translatione usus est, cum illud proxime dictum, *In tantis tenebris*, recordaretur.

Extinctis ceteris] Luminibus reip. Phil. V. *Pompeio patre, quod imperii populi Romani lumen fuit, extincto*.

Sanctitatem] Sanctitatem definiit lib. I. de Nat. Deor. *scientiam colendorum deorum*: hic accipitur pro summa probitate, ut in Phil. I. *Quod in iuventute habemus illustrius exemplum veteris sanctitatis?*

Prudentiam] Non enim satis est optima velle, quod sanctitas est; sed optima etiam videre, in praestanti cive requiritur.

Hoc] Primum optimorum consiliorum recordatio, deinde iudicium Caesaris omniumque civium.

Magna esse debent] Dicit iam, debere eum suis bonis delectari potius, quam alienis malis laborare.

A tuis] Uxore, & filio.

A multis ac magnis molestiis] Saepe Cicero consolatur absentes miseriis civitatis, quam afflictam & deformatam civis bonus libenter nemo videt; unde illud ad Sextium epist. 17. lib. V. *Illud utinam ne vere scriberem, ea te rep. carere, in qua neminem prudentem hominem res ulla delectet*. Et ad Torquatum ep. 1. lib. VI. *Oculi augent dolorem*.

Veteres] Veteres, inquit, quia graves atque acerbae audienti etiam essent, non modo videnti.

Abesse] Non igitur dolendum est, quod a tuis absis.

Certior fieres] Quia scire haec ipse per te non posses. Significat autem duas maxime res, de quibus certiorem Sulpicium fecit, iudicium Caesaris omniumque civium, & miserrimum statum civitatis.

Reliqua] Non dubito, quin studia Philosophiae significet: cum inferat, *Quae ego ipse experior quotidie sic probo, ut ea mihi salutem afferre videantur*. Eversa enim rep. Philosophiae studia longo intervallo intermissa revocavit: quod ipse confirmat in proœmio Tusc. I. & lib. III. Off. & alibi.

Salutem] Eamdem sententiam retulit ep. 12. lib. VI. *Unum*, inquit, *est perfugium, doctrina ac litterae, quibus semper usi sumus: quae secundis rebus delectationem modo habere videbantur, nunc vero etiam salutem*. Ep. 3. lib. IX. *Ame* (inquit) *stet illud, una vivere in studiis nostris; a quibus antea delectationem modo petebamus, nunc vero etiam salutem*. Ep. 28. lib. XIII. *Studia illa nostra, quibus antea delectabamur, nunc etiam vivimus*.

Omnium doctrinarum] Ergo & Philosophiae: quod paulo post confirmat, cum ait: *Ad eas te referas artes, quibus a primis temporibus aetatis studium dedisti*.

Ad bene vivendum] Bene vivendi praecepta Philosophorum libris continentur.

Cyni.

Optimis rebus) Florente rep.

In quo acquiescamus) In ep. 3. l. IX. *Nulla enim in re alia acquiescimus.*

Vel scientia vel natura) Non modo enim a litteris, sed a natura etiam ipsa prudentiam accipimus: *Quid te* (inquit) *& scientia, & natura prudentem facit; ut ad eas te referas artes, quibus, &c.*

Illi arti) Eloquentiae.

Neque in curia, neque in foro) Neque in senatu, neque in judiciis: ep. 6. *Nihil in foro agere liberet: adspicere curiam non possem.* Idem queritur in proœmio lib. III. Off. *Extincto senatu, deletisque judiciis, quid est, quod dignum nobis aut in curia, aut in foro agere possimus?*

Tuo scientia) Iuris civilis. *Scientias* quoque, numero multitudinis, Cicero dixit in libro de Senect. quod singulare tamen exemplum adhuc inveni.

Excellenti ac singulari) Vicit enim hac laude Sulpicius superiores omnes, quod ei tribuit Cicero in libro de Claris Orat. cum eum dicat ad jus civile non modo Dialecticam, verum etiam litterarum scientiam, loquendique elegantiam adjunxisse.

Non multo plus) Plus omnino, sed non multo: quia, sublata causarum actione, pauci de jure consuluntur. Quorsum enim? cum judices, non quid leges jubeant, sed quid is velit, cujus libido pro legibus est, in sententiis ferendis spectare cogantur.

Non equidem te moneo) Talis vel scientia, vel natura praeditum; facerem enim insolenter.

Mihi ita persuasi) Prorsus ita credo, te quoque in iisdem Philosophiae studiis versari.

Rebus) Pro, *artibus*; dixit enim: *Ut ad eas te referas artes.*

Si minus prodessent) Cum tamen vehementer prosint, quippe quae salutem afferre videantur: paullo ante.

Animum a sollicitudine abducerent) Quasi enim aberramus a molestiis, dum litteras tractamus, ep. 17. lib. XII. ad Att. *Ego hic scribendo dies totos, nihil equidem levor; sed tamen aberro.* Et ibidem proxime: *dum hanc aberrationem a dolore delegerim.* Et ep. 44. ibidem: *Ego his duo magna συντάγματα absolvi: nullo enim alio modo a miseria quasi aberrare possum.*

Tibi uni concedam, praeterea nemini) Sic in extrema oratione pro Marcello: *Ut vir C. Marcello, optimo & amantissimo fratri, praeterea quidem cedo nemini.*

Gratia referunt) Quod amantem redamat atque observat.

EPISTOLA IV.

Uno exemplo) Ut, si qua periret, aliqua tamen perferretur epist.

Non agnoscis) Veram esse non confiteor; agnoscimus enim, quae anima novimus: ignota vero agnoscere non possumus. Non agnoscit igitur Cicero causam excusationis, quam Sulpicius in orationis paupertatem referebat: quia verborum inopem eum non cognoverat. Ep. 20. lib. V. *Id ego agnovi meo jussu esse factum.* Et ep. 3. lib. XI. *Neque agnoscimus quidquam eorum.* Et in Laelio: *Quod mihi tantum tribui dicis, quantum ego nec agnosco, nec postulo, facis amice.*

Εἰρωνεύεσθαι) *Dissimulare*; quod Socrati usitatum in disputando fuit, cum iis, quos refellere volebat, plus tribuere videretur.

Εἰρωνευόμενος) *Simulans*. Est enim ironia modo dissimulatio, ut proxime; modo simulatio, ut hic: dissimulamus enim vera, cum occultamus ea, quae sunt: simulamus falsa, cum ea fingimus esse, quae non sunt. Late igitur patet ironia: & est omnino, ut ait Aquila, cum aliud verbis significamus, aliud re sentimus. Addit Beda, gravitate pronunciationis adjuvandam: alioqui confiteri videbitur, quod negare contendit.

Subtilitas & elegantia) *Subtilitas* in sententiis, *elegantia* in verbis. *Subtilitas* autem a Dialectica maxime sumitur, quam Sulpicius egregie cognovit; eoque maxime adjumento & Scaevolae & ceteris omnibus jurisconsultis antecelluit: hoc enim ei testimonium tribuitur in lib. de Claris Orat. quo in libro subtilitas etiam ejus, & elegantia nominatur his verbis: *Adjunxit & litterarum scientiam, & loquendi elegantiam; quae ex scriptis ejus, quorum similia nulla sunt, facillime perspici potest: cumque discendi causa duobus peritissimis operam dedisset, L. Lucilio Balbo, C. Aquilio Gallo; Galli, hominis acuti & ex-*

eruditi, prudens in agendo & in respondendo celeritatem subtilitate diligentiaque superavit. Quinctilianus etiam, Sulpicium ex tribus orationibus insignem famam consecutum esse lib. X. scriptum reliquit. Alibi *subtilitas* non idem valet, sed venustas potius quaedam est orationis, & naturalis quasi color, nullo adhibito artis pigmento: qualis apud nos est Caesaris sermo, apud Graecos Lysiae. Itaque lib. III. de Orat. *subtilitatem* quidem illi Cicero tribuit, *acumen* autem *Hyperidi*. Et in Bruto illud: *Lysias egregie subtilis scriptor atque elegans*: sic accipio, non ut acutum scriptorem Lysiam dici putem, sed ut purum, ut venustum, ut politum, ut plane Atticum. Attica enim subtilitas ipsa per se laudatur, iis carens ornamentis, quae ab arte sumuntur: qua laude Catonem Censorium afficit Cicero in eodem libro infra: *Qui in Graecis* (inquit) *antiquitate delectantur, eaque subtilitate, quam Atticam appellant, hanc in Catone ne noverunt quidem. Hyperidae volunt esse & Lysiae: laudo: sed cur nolunt Catones?* Atticum igitur dicendi genus illud, in quo Lysias excelluit, (nam plura genera, ut ait Cicero fuerunt) non ornatum, copiosum, illustre, ut Demosthenis & Aeschinis; non acutum, ut Hyperidis; sed exile, jejunum, siccum, politum tamen & venustum fuit: idque tum indicant eae, quae extant, illius orationes: tum ipse Cicero, si Lysiae orationes non haberemus, clarissime tamen ostenderet; nam in eodem libro aliquanto post: *Atticum*, ait, *si Calvus noster dici oratorem volebat, inde erat ista exilitas, quam ille de industria consequebatur*. Et paullo post: *Si quis jejunitatem, & siccitatem, & inopiam, dummodo sit polita, dum urbana, dum elegans, in Attico genere ponit: hoc recte duntaxat: sed quia sunt in Atticis alia meliora, videat ne ignoret & gradus, & dissimilitudines, & vim, & varietatem Atticorum*. Et infra: *Si acutum, prudens, & idem sincerum, & solidum, & exsiccatum genus orationis probant; nec illo graviore ornatu oratorio utuntur; & hoc proprium esse Atticorum volunt: recte laudant; est enim in arte tanta, tamque varia etiam huic minimae subtilitati locus*. Nam, quod non ita multo post dicitur, *Lysia subtilius esse nihil posse*: id affertur ex Attici persona, nimium in Graecos ambitiosi, & a Cicerone dissentientis, qui Catonem Lysiae comparaverat. Cicero autem ipse de Lysia quid sentiat, declarat in Oratore his verbis: *Dicat igitur Atticos venustissimus ille scriptor ac politissimus Lysias*, (*quis enim id possit negare?*) *dum intelligamus hoc esse Atticum in Lysia, non quod tenuis sit atque inornatus, sed quod nihil habeat insolens aut ineptum*. Et paucis interjectis: *Qui Lysiam*, inquit, *sequuntur, causidicum quemdam sequuntur, non illum quidem amplum atque grandem, subtilem & elegantem tamen*. Eamdem subtilitatem, quae ab acumine distat, notavit in Lysia Quinctilianus lib. X. *Lysias*, inquit, *subtilis atque elegans, & quo nihil, si oratori satis sit docere, quaeras perfectius; nihil enim est inane, nihil arcessitum, puro tamen fonti, quam magno flumini, propior*. Et libro XII. *Quid Periclem? similem ne credimus Lysiacae gracilitati?* Item lib. IX. *Neque illud in Lysia dicendi textum, tenue, atque rasum, lenioribus numeris corrumpendum erat*. Hinc *agere causas subtiliter*, pro, simplici quodam & puro, & ad docendum, non ad permovendum, aut delectandum, apto dicendi genere in causis uti, dixit Cicero ep. 21. lib. IX. *Primum* (inquit) *causas, & eas tenues agimus subtilius*. Et in Oratore: *Tenues, acuti, omnia docentes, & dilucidiora, non ampliora facientes, subtili quadam & pressa oratione limati*. Et infra: *Orationis subtilitas imitabilis illa quidem videtur esse existimanti, sed nihil est experienti minus*. Et pro Balbo: *A quo haec, quae ego nunc percurro, subtilissime sunt omnia perpolita*. Et Epist. 21. ad Atticum lib. II. *De repub. quid ego tibi subtiliter? tota periit*. Et in epist. ad M. Brutum. *Messallam habes: quibus igitur litteris tam accurate scriptis assequi possim, subtilius ut explicem, quae gerantur, quaeque sint in republ. quam tibi is exponet, qui & optime omnia novit, & elegantissime expedire & deferre ad te potest?* Elegantiam autem differre ab ornatu, ostendit Cicero in epistola ad Cornelium Nepotem: *Quis* (ait) *sententiis aut acutior, aut crebrior? quis verbis aut ornatior, aut elegantior?*

Achaicum negotium) Achaia admini-
stra-

stranda curam a Cæsare mandatam: quanquam opinor ei majorem Græciæ partem esse commissam, licet Achaia nomine provincia vocaretur; nam in epist. 1. & 4. L. VI. & ep. 18. 21. 22 L. XIII. *videtur Sulpicium Athenis præfuisse*: quæ non Achaiæ urbs, sed inter Achajam & Macedoniam fuit. In sexta vero ejusdem libri epistola, *Brutum*, ait, *Galliæ, Sulpicium Græciæ præfecit*: vide infra epist. 12.

Omnes sensu) Quarum una fuit; ut minus miser esset, cum ea non videret, quæ in oppressa patria contra leges moremque majorum fierent, nam oculi dolorem augent, nec avertere a miseriis cogitationem sinunt.

Auctoritate & prudentia) Decet enim, qui auctoritate & prudentia valeat, eum nihil committere, quod in aliquam reprehensionem possit incurrere.

Aliter cecidisse rem) Putasti te, cum ab urbe abesses, a molestiis etiam abfuturum; id, ut scribis te fefellit: epist 7. lib. I. *Si cecidisset, ut volumus & optamus.*

Perculsa & prostrata jacent) Dixi jam superlatis augeri vim sententiæ; sequitur autem, ut perculsis prosternantur, prostrata jaceant.

Fœdissimo) Ex iis quæ sequuntur: bello enim omnia deformantur. Alibi quoque epithetum idem cum bello junxit.

In cujus locus) Vide eamdem sententiam in epist. 1. lib. VI.

Tui consilii) Quod Achaicum negotium non recusaveris.

Ne id quidem) Non modo libere sentire ac dicere, sed ne scribere quidem tuto possumus: sumus enim hic in eorum potestate, qui diligenter, quæcumque agimus, observant: quique vel minima re si offendantur, parata nobis gravissima injuria est.

Moderatius) Sane in victoria se moderatissimum Cæsar præbuit; de quo Suetonius hæc: *Moderationem clementiamque tum in administratione, tum in victoria belli civilis admirabilem exhibuit: nec ulli periisse, nisi in prælio, reperiuntur, exceptis dumtaxat Afranio, & Fausto, & L. Cæsare juvene; denique extremo tempore, etiam quibus nondum ignoverat, cunctis in Italiam redire permisit, magistratusque & imperia capere.* Confirmat ipse Cicero sæpe in his epistolis; in hac quidem in extremo: *De reliquis nihil melius ipso est*: in sexta liberalem Cæsarem appellat: in septima, *non passurum illi, ut injuria fieret*; in decimatertia: *Obtinemus ipsius Cæsaris summam erga nos humanitatem, sed ea plus non potest, quam vis & mutatio omnium rerum atque temporum.*

Insolens) Victores enim insolentes facit: epist. 9. *Miserius nihil, quam ipsa victoria: quæ, etiamsi ad meliores venit, tamen eos ipsos ferociores impotentioresque reddit.*

Vos ut vicimus) Cum in reliquis sua melior, quam nostra conditio sit.

Marcelli) M. Claudii Marcelli, qui, Pompeio in Pharsalia devicto, cujus partes secutus erat, exsulabat.

Collega) In consulatu.

Salute) Restitutione a Cæsare impetrata.

Armis disceptari) Judiciale verbum ad arma transtulit, cum disceptari legibus, non armis, de jure soleat: epist. 14. *Videbam quanto periculo de jure publico disceptaretur armis.* Epistola 1. lib. III. *Dicebam, pilis & gladiis, non consiliis neque auctoritatibus nostris, de jure publico disceptari.* Quid autem proprie sit *Disceptare*, locus indicat in Partitionibus: *Aut auscultator est modo, qui audit, aut disceptator, id est, rei sententiæque moderator.* Et in oratione pro Dejotaro: *Hanc, C. Cæsar, causam, si in foro dicerem, eodem audiente & disceptante te, quantum mihi alacritatem populi Romani concursus afferret.* Id ad prætorem proprie attinebat: nam lib. III. de Legib. ita scriptum animadverti: *Juris disceptator, qui privata judicet, judicarive jubeat, prætor esto.* Et pro Cæcina: *Persæpe disceptatores domestici distrahuntur.* Sic lib. XIII. epist. 26. ad Sulpicium: *Perscripsimus iis, ut omnibus in rebus, quæ in aliquam controversiam vocarentur, te arbitro, &, quod commodo tuo fieri posset, te disceptatore uterentur.* Iisdem dixit: *Videbam, quanto periculo de jure publico disceptaretur.*

Auctoritate Marcelli) Significatur id, quod Suetonius expoluit his verbis: *M. Marcellus consul, edicto præfatus de summa se rep. acturum, retulit ad senatum, ut Cæsari succederetur ante tempus,*

& ne absentis ratio haberetur; ne provincias ei & privilegium eriperet consentire, retulit etiam, ut colonia, quam rogatione Vatinia Novumcomum deduxisset, civitas adimeretur; quod per ambitionem, & ultra præscriptum data esset. Commemoravit igitur Cæsar offensiones Marcelli, quo scilicet maius faceret beneficium suum: deinde se reditum eius in patriam senatus precibus largiri dixit in oratione pro ipso: *Intellectum est enim, cum M. Marcellum senatui, populoque Romano, & reipub. concessisti, commemoratis præsertim etiam offensionibus, te auctoritatem huius ordinis dignitatemque reipubl. tuis vel doloribus, vel suspicionibus anteferre.*

Æquitate tua) Cum Marcello collegæ tuo restituisti: de quo idem Suetonius: *Summa ope restitit, partim per intercessores tribunos, partim per Ser. Sulpicium, alterum consulem.* Id significatur etiam in epist. 3. in eo loco: *Cognoscebam, quæ tua esset in hoc pestifero bello cavendo & prædicendo sententia.*

Senatui roganti) Non modo preces, verum etiam lacrymas senatus, ut Marcelli reditum impetraret, nominat in extrema oratione, qua Cæsari ob Marcellum restitutum, & suo, & senatus nomine gratias egit.

Ne hominis quidem causa, negaturum) Alii legunt, *Ne ominis quidem*: quibus assentiri nullo modo possum: dixit enim Cæsar, se non esse roganti senatui, ne ipsius quidem Marcelli causa, a quo graviter esset offensus, negaturum: quamquam (aiebat) in me fuerit acerbior; tamen, ne hac quidem causa, senatui deprecanti eius reditum negabo: non tanti apud me erit Marcelli ipsius injuria; quanti senatus universi consensus & deprecatio. Ad hunc locum pertinet illud ex epist. 6. lib VI. *Marcellum, cui maxime succensebat, cum summa illius dignitate restituit.*

L. Pisone) Patriciæ gentis Calpurniæ: nam Calpurnii Bibuli plebeii: is Cæsaris socer erat. Extat in eum Ciceronis oratio.

C. Marcello) Marci frater germanus, qui cum L. Lentulo consul fuit, biennio post Marcum consulem: nam patruelis fuit alter Caius, qui consulatum gessit cum L. Paullo, anno post Marcum consulem proxime sequenti: ut epist. 9. huius libri, & epist. 9. lib. XV. & apud Suetonium in Iulio; de germano fratre infra: epistola 7. 9. 11. & in oratione pro Marcello in extremo.

Abiecisset) Nulla suæ dignitatis habita ratione: quo magis Cæsarem moveret; dolor enim summus in verbo, *abiecisset* ostenditur.

Supplex) Senatus amorem ac desiderium absentis Marcelli Seneca in consolatione ad Albinam declarat his verbis: *Illi reditum impetravit senatus publicis precibus, tam sollicitus ac mæstus, ut omnes illo die Bruti habere animum viderentur, & non pro Marcello, sed pro se deprecari, ne exsules essent, si sine illo fuissent.*

Accederet) Accedere ad se supplicem senatum Cæsar passus est: eundem accedere supplicem ad pedes suos, passus certe numquam esset: alia enim C. Marcelli, fratris reditum deprecantis; alia senatus ratio fuit: quem supplicare quidem pro M. Marcello decuit, abiicere se ad Cæsaris pedes, oblitum suæ dignitatis, haudquaquam decuit. Nec Cæsar ipse, qui omnia quidem suæ potestatis esse, speciem tamen adhuc aliquam reipubl. manere vellet, indignitatem illam tulisset. Quare nihil mutandum.

Nihil quærere) Cum res eiusmodi est, ut eam ne longa quidem oratione pro voluntate nostra satis exprimere videamur posse; confugimus ad ad hoc loquendi genus, & ad illud, *Quid quæris?* & similia quædam.

Rogari) Sententiam. Hic mirari licet, cur in re minime dubia sententiæ rogarentur; consensit enim senatus universus in Marcelli salute deprecanda: quod illud proxime dictum ostendit: *Fecerat hoc senatus, ut cunctus consurgeret, & ad Cæsarem supplex accederet.* Quod cum ita sit: cur sententiæ, quasi parum certa senatorum voluntas esset, rogabantur? scripsit enim Varro, teste Gellio lib. IV. Epistolicarum quæstionum, *S. C. duobus modis fieri solitum, aut per discessionem, si consentiretur; aut si res dubia esset, per singulorum sententias exquisitas.* Ego Cæsarem opinor, licet senatus voluntatem perspexisset, voluisse tamen sententias rogari, quo cer-

certius, quid quisque sentiret, intelligere posset, fortasse etiam, ut in dicenda sententia singuli sibi gratias agerent, de Marcello reipubl. restituto.

Volcatium) L. Volcatium Tullium, qui cum M. Æmilio Lepido consul fuerat, triennio ante Ciceronem.

Si eo loco esset) An hoc dicit? si eo, quo Marcellus dignitate esset, negavit se in patriam rediturum: cum epist. 18. lib. XIV. similiter dixerit. *Videte, quid alii faciant isto loco feminae*. Hoc mihi non probatur: non enim, quod ad dignitatem attinet, sibi Marcellum Volcatius antepoluisset, quippe qui consul ante eum fuerat annis XIV. An, *si eo loco esset*, si esset in senatu? ut se Caesari, dum in senatu esset, gratias acturum negaverit. Ineptum hoc videtur; ubi enim magis, quam in senatu, ea de re, quae in senatu agebatur, agi Caesari gratias decuit? Puto igitur hoc dici: negavit se in patriam fuisse rediturum, si Marcellus fuisset; id est, si eadem, quae Marcellus consul, contra Caesarem fecisset, & si cum Pompeio postea adversus eumdem Caesarem pugnasset, nec se, post victum Pompeium, victori credidisset, quae cum Marcellus fecisset, inconstantiae videbatur esse, nec satis honorificum, beneficio ejusdem Caesaris, quem vehementer oppugnaverat, in patriam redire. Atque ad hanc sententiam pertinet illud Plauti in Bacch.

Verum, ut ego opinor, si ego in istoc
sim loco,
Dum potius aurum, quam illum corrumpi sinam.

Et Catonis illud apud Rufinianum: *Si vos in eo loco essetis, quid aliud fecissetis?*

Magnitudo animi) Quia salutem inimico suo largitus esset.

Egi Caesari gratias) Luculenta exstat oratio, cujus in extremo sunt haec: *Sic tibi gratias ago, ut, omnibus me rebus a te non conservato solum, sed etiam ornato, tamen ad tua innumerabilia in me unum merita, quod fieri jam posse non arbitrabar, maximus hoc tuo facto cumulus accesserit*.

Metuo) Metuo, ne, cum in senatu loqui coeperim, idem posthac saepe cogar facere, ut Caesaris voluntati serviam. Idem in cit. oratione: *Meae pristinae vitae consuetudinem mihi, C. Caesar, interclusam aperuisti*.

Honesto otio) Litterato: dixit enim epist. 3. se, postea quam nihil esse loci eloquentiae, neque in foro, neque in curia viderit, omnem suam curam atque operam ad Philosophiam contulisse; & hic paullo post subjungit, *ut meis studiis serviam*.

Intra modum) *Modice*, est cum modo: *Intra modum*, minus; ut enim *Supra* & *Infra*, sic *Ultra* & *Citra*, atque interdum etiam *Ultra* & *Intra* opponuntur: quod Gellius lib. XII. cap. 13. ostendit, modeste refutata Apollinaris sententia, qui *Intra* negabat pro *Citra* posse accipi. Epist. ult. lib. VIII. *Epulamur una non modo non contra legem, sed etiam intra legem*.

Studiis) Quod esse unicum solatium in malis proxime dixit.

Ingravescit) Augetur: a ponderibus translatio.

Aetatis maturitate) Sexagenarius jam erat Cicero, cum hanc epistolam scripsit; est enim hic annus urbis DCCVI. quo Caesar III. cum M. Lepido consul fuit: Cicero autem natus est anno DCXLVI. L. Cassio Longino, C. Mario coss.

His temporum vitiis, ut nulla re alia, &c.) Epist. 3. *His vero temporibus habemus aliud nihil, in quo acquiescamus*. Et epist. 3. lib. IX. *Nulla nunc in re alia adquiescimus*. Et sane plura brevi tempore eversa, quam multis annis, stante rep. scripsit: quod ipse fatetur in proemio lib. III. Off.

Aliquid jam noctes te adjuvabant) Eadem sententia, non iisdem verbis epist. 25. lib. VII. *Aliquantum jam etiam noctis assume*.

Virtute) Virtutis hic neque probitatem, neque doctrinam significat, cum probitatis antecedat mentio, doctrinae subsequatur: est igitur praestantia quaedam in omnibus rebus, quae licet cum probitate non idem sit, ab ea tamen, & ab animi magnitudine prudentiaque oritur; qui enim virtutis nomen in eum cadere possit, qui vel probitate careat, vel humili atque imbecillo animo sit, vel denique parentem alterarumque virtutum omnium prudentiam desideret? Eodem modo vir-

turem usurpavit epist. 5. lib. VI. & epist. 27. lib. XIII.

Destrinxeram) Dabat in primis operam Philosophiæ; epist. 3.

Communicet) Servio patre per litteras mandante, cui molestum jam esset Achaicum negotium; ideo superaddit, *Ivi te consilii participem*.

Ipse) Quo nihil esse moderatius, jam dixit epist. 17. lib. IX.

Nostrum consilium) Qui suaderemus tibi, ne decederes.

Consulimus tibi) Non quid voluntas nostra ferat, sed quid e re tua sit, in consilio dando spectamus.

EPISTOLA V.

TVlliæ) Quam extinctam morbo quem ex partu contraxerat (ut ait Plutarchus) pater ita graviter doluit, ut nec ab amicorum consiliis, nec a Philosophiæ praeceptis quidquam solatii capere posset.

Propterea quia) Ciceroni, Terentio, Plauto usitatius est, *Propterea quod*: sic, *Ideo quod*, *Ideo quia*, veteres dicebant.

Pari molestia) Simili potius quam pari; nam, si par esset, afflictus afflictum consolari non posset; & infra, majorem esse Ciceronis dolorem quam suum, in eo significat: *Non quod ea te fugere existimem: sed, quod forsitan dolore impeditus, minus ea perspicias*.

Conari) Conamur ea, quæ minime licet perficere; unde illud Ciceronis (opinor) in Oratore: *Nos conamur, Demosthenes perficit*.

In præsentia) *In præsenti*, epist. 10. lib. II. alibi tamen, *In præsentia*.

Brevi) Modo rei, modo temporis brevitatem demonstrat; hic rei, & epist. 9. lib. I. *Tantum dicam brevi*; & epist. 3. lib. II. *Brevi tamen sic habeto*. Temporis autem brevitas indicatur epist. 6. lib. VI. *Ut spero, brevi gratulabimur*. Et lib. V. in Verrem: *Brevi postea est mortuus*. Et in epistola Pompeii lib. VIII. ad Att. *Cum ille majores brevi copias habiturus sit*. Plautus in Rudente: *Posse eum brevi fieri divitem*.

Non quod ea te fugere existimem; sed quod forsitan, dolore impeditus, minus ea perspicias) Hoc addit, ne sibi prudentiæ laudem, Ciceroni ademptam, tribuere videatur. Sic Cic. epist. 5. lib. V. *Quis fieri potest, ut ne ea perturbatione animi cogitem; puto esse meum, quid sentiam exponere*.

Erepta) Cum enim ea, quæ antea bonis ac fortibus viris respubl. deferebat, ad unius potestatem translata cuncta sint, erepta nobis videntur esse: quandoquidem non jam amplius a nostra virtute & industria exspectantur.

Honestatem) *Honestas* definiri potest, honesti & recti species quædam, collecta ex iis rebus, quæ laudem habent singula.

Dignitatem) Existimationem, ortam ex honoribus præclare administratis.

Qui non) *Qui*, pro *Quo modo*, ut alibi quoque, hic usurpari constat.

In illis rebus) In amissione patriæ, honestatis, dignitatis, honorum omnium.

Callere) Quasi callo ex consuetudine facto se obduruisse, ut novum dolorem jam non sentiat. Proprie Plautus in Pseud. *Tergis nostra callent*. Ad animum hic Sulpicius transtulit; ad stomachum autem Cicero epist. 2. lib. IX. *Diuturna desperatio callum jam obduxit stomacho meo*. Dicimus & Occallere simpliciter, ut ad Attic. epist. 18. lib. II. *Angor equidem, sed jam prorsus occallui*.

Minus) Quam illa, quæ sunt erepta.

An illius vicem, credo doles) An doles id, quod illi contigit? verbum enim, *Vicem*, hoc videtur significare, ubi cum verbo *Doleo*, conjungitur. Ad Attic. epist. 6. lib. IV. *Illius vicem minime dolemus*. Alibi aliter accipitur, ut epist. 9. lib. I. *Nostram vicem ultus est ipse sese*: pro, ultus est ipse injurias nobis illatas, quod ipsi facere debuimus.

Credo) Ironia: quasi credendum minime sit, ob ea quæ sequuntur; nec abest indignationis quædam vis, cum hæc duo conjunguntur, *An credo?* quod enim per interrogationem pronunciatur, in eo simplex ironia non est: sic Lucretius,

> *An, credo, in tenebris vita ac mœrore jacebat?*

Legi etiam posset simplici ironia: *An illius*

illius vicem, credo, doles.

Et tu veneris, & nos sæpe eidem incidimus) Apparet modestia Sulpicii, qui Ciceroni plus, quam ipse sibi tribuat, nam in *Veneris* ratio; in *Inciderit* casus est: necesse (inquit) est, pro tua prudentia, in eam cogitationem sæpe veneris, in quam nos quoque sæpe incidimus, hoc non pendet ab eo, *Necesse est*, sed per se consistit, interpositum, ut se quoque incidere in eam cogitationem Sulpicius ostenderet. Quod quia parum est animadversum, propterea legendum alii putarunt, *Ut*, pro, *Et*. contra veteres omnes libros, quos quidem ego inspexerim: multis autem, amicorum studio & benignitate, nunc utor.

Non pessime cum iis esse actum) Pessime iis non evenisse. In Lælio: *Cum Scipione, quis negat actum esse præclare?*

Mortem cum vita commutare) Notandum loquendi genus, Ciceroni (quod sciam) non usitatum.

Sine dolore) Extinctos naturali morte significat; cum dolore enim moriuntur, quibus vita per vim eripitur.

Cum aliquo adolescente primario conjuncta) Divortium cum Tullia fecerat Dolabella antequam pareret; quod cum ex hoc loco, tum ex epist. 18. l. VI. in qua sunt hæc: *Me Romæ tenuit omnino Tulliæ meæ partus; sed cum ea, quemadmodum spero, satis firma sit, teneor tamen, dum a Dolabellæ procuratoribus exigam primam pensionem*. Scripsit tamen ad Dolabellam epist. 11. lib. IX. de filiæ morte cum amoris in eum significatione non vulgari, ob eam causam opinor, quod temporis causa, Cæsare dominante, apud quem gratiosus erat Dolabella, simulandum fuit. Notanda Pediani indiligentia, qui Tulliolam scripsit apud virum suum P. Lentulum ex partu decessisse: cum neque Lentulus inter Ciceronis generos quisquam fuerit; & illa, ut Sulpicii verba ostendunt, & ut ipso teste Cicerone probavimus, post divortium perierit.

Pareret) Pepererat: sed infans obiit: de quo sic Cicero ad Att. epist. 18. lib. X. *Tullia mea peperit puerum septimestrem: quod εὐτόκησεν, gaudebam; quod quidem est natum, perimbecillum est*. Alii legunt *Pareret*. Decem octo libri habent, *Pareret*: unus omnino *Pararet*. Mihi, *Pareret*, esse rectius, & librorum consentientium auctoritas, & sententia ipsa persuasit. Optandum (inquit) videtur, ut filios pareret, quos aliquando cum florentes cerneret, lætaretur.

Pro se) Suo studio, suaque industria.

Ordinatim) Honorum hic erat ordo; quæstura, tribunatus pl., ædilitas, prætura, consulatus, censura. Inter quæsturam & tribunatum, itemque inter tribunatum & ædilitatem annuum erat intervallum: ædilitatem, interposito biennio, præturæ præteram, eodem interjecto spatio, consulatus sequebatur; censuræ post consulatum definitus annus non erat.

Liberalitate) Dissentientibus antiquis libris, quorum alii *Liberalitatem*, alii *Libertatem*, habent: sententiam consului, quæ mihi, *Liberalitate*, probare magis visa est, quo nomine non largitio tantum, sed officium quodlibet, omnisque benignitas indicatur, ut epist. 9. lib. I. in extremo: *Ad tuam liberalitatem, qua te scio libentissime solere frui, pertinere, ut fine ulla mora pervincias successori decedere*. Quamquam ex, *Libertate*, aliquid etiam elicio sententiæ: ut ostendat Sulpicius, neminem amicis jam navare operam aut studium posse, cum libertas omnibus ademta sit.

Verentur) Omnino hic diu me torsit anceps dubitatio: cum in octo scriptis libris, *Uti*, viderem, non *Verentur*; nam esse non est, unde verbum *Uti* commode pendeat; cum ab illo, *Possent*, interposita honorum mentione disjungatur: tamen, quia plurimi apud me solet esse veterum exemplarium testimonium, hærebam, hæsique tamdiu, donec in libro perantiquo Caroli Sigonii plane & diserte scriptum vidi, *Verentur*, quod in hoc toto verborum ordine atque ambitu, locum habet aptissimum.

Horum) Quæ sunt hæc? nimirum, quæ proxime nominavit, res a parente tradita, honores, amici.

Ademtum) Vi & injuria bellorum civilium, supra: *Cogita ea nobis erepta esse, quæ hominibus non minus, quam liberi*

liberi cara esse deberent, patriam, honestatem, dignitatem, honores omnes. Quid igitur, inquit, horum, quæ ademta prius quam data sunt, ad vivendum illam invitare potuit?

At vero malum est liberos amittere] Artis est, ex adversarii persona nobis objicere, quod ejus tueri causam videatur, nec tamen ad tuendum satis valeat. Adhibetur hoc genus, ubicumque disputatur, in orationibus quidem frequentissime, in epistolis nonnumquam, ut Ciceronis ad Brutum, quem locum lib. III recitat Quintilianus: *Propositis plurimis, quæ honeste suaderi Cæsari possent; sim ne bonus vir, si hæc suadebam? minime: suasoris enim est finis, utilitas ejus, cui quisque suadet. At recta sunt. Quis negat? sed non est semper rectis in suadendo locus.* Et ad Gallum epist. 23. lib. VII. *At politulle sunt. Novi optime, & sæpe vidi: mandatum tibi signa, mihi nota, mandassem, si probassem.* In oratione autem pro Cælio: *At enim postea scimus & vidimus esse hunc in illius amicitia. Quis negat?* Ἀντικατηγορία Græce vocatur hæc figura: cum difficile aliquid & contrarium fateri cogimur, sed contra injicimus non minus firmum; qualia sunt hæc de Ptolemæo rege apud Ciceronem: *Difficilis ratio belli gerendi: at plena fidei, plena pietatis.* Aquila de Figuris.

Hoc) Quæ cum patimur, jocunda esse vita non potest.

Ex Asia] Non quæ tertia orbis terrarum pars est, sed ea in qua Attalus regnaverat, quam ab eo legatam possedit postea populus Romanus.

Ægina] Inter Cyclades insula nobilissima, ab Ægina Æaci matre nominata; cum Œnopia vocaretur antea, teste Ovidio lib VII. Met. & Stephano: de hac Strabo, Plinius, Mela, alii.

Megaram) Sitam urbem inter Peloponnesum, Atticam, & Bœotiam.

Piræeus] Athenarum portus, quadringentarum navium capax: opidum quoque ejusdem nominis; quod L. Sulla, præfecto Mithridatis regis Archelao defendente oppugnavit. Vide Gellium lib. XV. cap. 1.

Corinthus) Achaiæ urbs opulentissima, quam L. Mummius evertit anno urbis 607. Plutarchus, Velleius, alii. Belli causa fuit, quod legatos Romanos sordibus Corinthii maculaverant. Strabo l. VIII. Cicero in oratione pro lege Manil.

Oppida) Urbes nobilissimas vocat *Oppida*. Corinthum quidem *totius Græciæ lumen* appellat Cic in oratione pro lege Manilia; & l. I. de Divin. modo *urbem*, modo *oppidum* Pheras nominat: *Aristoteles* (inquit) *scribit, Eudemum Cyprium Pheras venisse; quæ erat urbs in Thessalia tum admodum nobilis: in eo igitur oppido ita graviter ægrum Eudemum fuisse, ut omnes medici diffiderent.*

Diruta) Corinthi quidem vix relictum vestigium, ait Cicero in Agraria II. postea restitutam a Cæsare, Strabo narrat libro ultimo.

Nos homunculi) Argumentum a majori. Nam si oppida intereunt; quis perire homines miretur? Priscianus lib. III. *Sæpe inveniuntur deminutivorum deminutiva in diversas desinentia formas, ut homo, homuncio, homunculus, homullus, homullulus.*

Si quis nostrum interiit) Aliis placet, *Nostrorum*: ut de propinquis dicatur. Sed mutare non est necesse; eodem enim sententia redit, si *Nostrum* legimus cum omnibus antiquis libris: nam ecce de universo hominum genere dictum sit, *Si quis nostrum interiit*; pro, Cum accidit, ut homo aliquis intereat: ad eos tamen homines referri, qui nobis cari sunt, quis non intelligit? cari enim sunt non omnes omnibus, sed omnes suis: & quia nemo fere est, qui carus alicui non sit; ideo generatim recte Cicero dixit, quod deinde in partes dividitur, *Si quis nostrum interiit, indignamur*.

Cadavera) Interitus oppidorum est eversio, apte igitur, *Cadavera*.

Cohibere) Vel *Cohibere*, in timore mortis, nec vitam hanc magis, quam deceat, diligere; cum oppida quoque eumdem cum hominibus interitum expectent: vel *Cohibere*, pro colligere, quod est accurata cogitatione rationem perpendere: ut epist. 9. lib. I. *Collegi ipse me, & cum ipsa quasi republ. sum collocutus.*

Hominem te esse memento) Id est, eum cui moriendi necessitas impendeat. unde alde illud Anaxagoræ, nunciata filii morte: *Sciebam me genuisse mortalem*, Tusc. III. quo spectasse arbitror Poetam illum, cum Telamonem, audita Ajacis filii nece, dicentem induxit: *Ego cum genui, moriturum scivi*. In eadem Tuscul. Et hic infra: *Quoniam homo nata fuerat*.

Modo, uno tempore, tot viri clarissimi) Emphasim habent singula. Omitto, inquit, vetera, modo interitum vidisti & virorum, & clarissimorum, & multorum, & uno tempore, cur angeris ob amissam unius mulierculæ animulam, cui tamen communi naturæ lege moriendum aliquando fuit?

Tanta deminutio) Non quod ab imperio populi Romani gentes defecerint, sed quod civili bello, & vectigalium fructus, & majestas, ac vires etiam populi Romani, cæsis tot hominum millibus, imminutæ sint.

Omnes provinciæ) Italia, cum Cæsar Pompeium ejecit: Hispania, cum Pompeii legatos & exercitum in suam potestatem redegit: Græcia, cum ipsum Pompeium devicit: Ægyptus, unde victoriam non sine vitæ periculo, reportavit: Asia, propter Pharnacem, Mithridatis regis filium, quem Cæsar, Alexandria revertens, nullo negotio superavit: Africa, in qua Scipionem & Iubam regem vicit: Hispaniam rursus, in qua hoc tempore Cæsar consul IV. adversus Pompeii liberos bellum gerebat: motum in Gallia fuisse nullum puto.

Conquassatæ) Impetu belli labefactatæ, incommodis & calamitatibus affectæ. Pro Sextio: *Etiam exteras nationes illius anni furore conquassatas videbamus*.

Mulierculæ animula) Deminutis hominibus jactura levior ostenditur.

Homo nata) Nata, ut moreretur; mori enim homines debentur: paullo ante: *Hominem te esse natum*. *Hominem* incerti sexus Donatus dicit esse, cum illud Terentii in Eun. interpretatur: *Fabulosum hominem, quem mercatus est hero, forma mulierem*. Et Plautus in Cist. *Hominis miseræ misereri*. Alii tamen aliter sentiunt.

Etiam tu ab hisce rebus animum ad cogitationem tuam avoca) Nescio quo modo mendum huc irrepserit, quod vulgatos omnes libros occupavit, iis tantum exceptis, quos olim edidit pater meus, quem pro eximia conservandæ antiquitatis cura laudare satis nemo possit; ac mutationem quidem esse factam, eo magis miror, quod omnes libri veteres, quotquot unquam viderim, habent, *Ad cogitationem*, non, *Ac cogitationem*, ut impressi. Restituamus igitur veritatem, vel negligentia vel opinione corruptam. *Fac*, inquit, Sulpicius, quod ego feci, qui cum oppida, quondam florentissima, prostrata ac diruta vidissem, inde animum ad cogitandum avocavi, reprehendique communem errorem, quod indignamur, si quis nostrum interiit, aut occisus est, quorum vitæ exiguos natura terminos circumscripsit; cum uno loco tot oppidorum cadavera projecta jaceant, hæc me cogitatio valde confirmavit. Etiam tu, cum tot viri clarissimi uno tempore perierint, imminutum valde sit imperium, provinciæ omnes conquassatæ, ab hisce rebus, ut ego ab oppidorum excidio, ad cogitationem animum avoca; nec unius mulierculæ tantopere commovearis interitu; sed ea potius reminiscere, quæ digna tua persona sunt. *Ad cogitationem tuam* dixit, pro, ad eam cogitationem quæ ad te ipsum pertinet; cum illa, de tot virorum clarissimorum interitu, de imperii deminutione, de provinciarum clade, non de ipso proprie, sed aliena cogitatio fuerit: ab hisce igitur rebus ad cogitandum de te ipso animum converte.

Ab hisce rebus) Quæ te evocaciant; cum in cæde tot virorum clarissimorum, in imperio deminuto, provinciis conquassatis, plus omnino damni, quam in unius mulierculæ animula, factum sit.

Tua persona) Gravem enim personam sustines, cum amplissimos magistratus eximia cum laude gesseris. Videtur in verbo *Persona* honorificum quiddam inesse: ut lib. I. de Fin. *Suspicor fore, qui genus hoc scribendi, etsi sit elegans, personæ tamen & dignitatis esse negent*.

Quamdiu ei opus fuerat) Non enim, cum respub. occideret, opus fuit.

Prætorem consulem) Magistratum alii

alii maiores, alii minores vocabantur; maiores, prætor, consul, censor: minores reliqui; hic maiores duo nominantur, prætura & consulatus, nam censuram Cicero non gessit. Gellius lib. XIII. cap. 14.

Augurem] Augur creatus est (ut ait Plutarchus) in locum P. Crassi a Parthis cum patre M. Crasso interfecti, cum ab exsilio restitutus esset, antequam iret in provinciam; nam antea sacerdotium illud non appetiverat: ut ipse ad Catonem scripsit epist. 4. lib. XV.

Adolescentibus primariis] Tribus; nupsit enim primum C. Calpurnio Pisoni Frugi, ut est in epist. 2. lib. I. ad Attic. deinde Furio Crassipedi, de quo epist. 7. lib. I. ad Lentulum, & epist. 4. lib. II. ad Fratrem: quo mortuo, vel relicto, (nam neque de obitu eius, neque de divortio constat) P. Cornelio Dolabellæ collocata est, ut in epist. 12. lib. VIII. & epist. 16. lib. II. & alibi, a Dolabella, ut jam diximus, dimissa, periit ex partu, in quo notavimus olim Plutarchi & Asconii inintelligentiam, qui duos tantum Ciceronis generos nominarunt, Pisonem & Lentulum, in Lentuli etiam nomine peccantes; nam inter Ciceronis generos Lentulus nemo fuit.

Primariis] Omnibus quidem patricii generis, patriciæ enim gentes, & admodum antiquæ, Calpurnia, Furia, Cornelia.

Cum resp. occideret, vita excessisse] Eamdem sententiam initio lib. III. de Orat. cum de L. Crassi morte loqueretur, consolationis loco posuit: *Non vidit* (inquit) *flagrantem bello Italiam, non ardentem invidia senatum, non sceleris nefarii principes civitatis reos, non luctum filiæ, non exsilium generi, non acerbissimam C. Marii fugam, non illam post reditum ejus cædem omnium crudelissimam, non denique in omni genere deformatam eam civitatem, in qua ipse florentissima multum omnibus gloria præstitisset, ut ille qui hæc non vidit, & vixisse cum repub. pariter, & cum illa simul extinctus esse videatur.* Et in libro de Claris Oratoribus opportuno tempore Hortensium obiisse ostendit, appropinquante reipub. interitu: *Occidit*, inquit, *cum lugere facilius rempub. posset, quam juvare: vixitque tamdiu, quam licuit in civitate bene beateque vivere.*

Hoc nomine] Hanc ob caussam, quod vita nunc excesserit.

Ciceronem esse] Multis jam clarum virtutibus. Vis maior est in ipso nomine, quam si dixisset, *Cogita quid sis*. Tale illud ep. 7. lib. III. *Appius Lentulo, Lentulus Appio processit obviam*. Et ep. 2. ad Att. lib. V. *Cum Hortensius veniret, & infirmus, & tam longe Hortensius*. Et ep. 2. ad Q. Fratrem lib. I. *Cato adolescens nullius consilii, sed tamen civis Romanus, & Cato*. Et illud Cæsaris ad gubernatorem tempestati diffidentem: *Cæsarem vehis*. Lugere autem in funere & in reliquis calamitatibus, quo quisque nobilior & præstantior est vir, eo minus licet. Itaque præclare Ennius:

Plebes in hoc regi antestat loco; licet
Lacrumare plebi, regi honeste non licet.

Neque imitari] Ita pendet hoc a verbo *Noli*, ut ex eo tamen eliciatur affirmatio: hoc modo: *neque velis imitari malos medicos*; nam quædam ex negatione & affirmatione commentitia, ut, *Nemo est non & bonus*, *Nolo est non & volo*, in prima sententia parte vim habent negandi, ut hic, *Noli te oblitum Ciceronem esse*: in secunda affirmant, ut, *Neque imitari*: quod ita regitur (ut diximus) a verbo *Noli*, ut subaudiatur non ea pars, quæ in eo verbo negat, sed ea tantum quæ affirmat. Sic & Cicero locutus ep. 30. lib. II. *Noli imprudens esse, nec mihi molestiam exhibere*, nam particula *Nec*, respicit ad *Noli*, sic tamen, ut, *Velis*, eliciatur, quod in *Noli* inclusum est. Horatius quoque affirmationem ex *Nemo* eduxit in iis versibus:

Qui fit Mæcenas, ut nemo, quam sibi sortem
Seu ratio dederit, seu fors objecerit, illa
Contentus vivat, laudet diversa sequentes?

Hæc enim, *Laudet diversa sequentes*, cum referri necesse sit ad *Nemo*: tamen affirmative sumi, plane constat.

Quæ aliis tute præcipere soles, ea tute tibi subjice) Sic Cicero ad M. Brutum:

rum: *Est alienum tanto viro, ut tu es, quod alteri praeceperit, id ipsum facere non posse.*

Longinquitas temporis) Eadem sententia aliis verbis epist. 16. lib. V. & epist. 4. lib. VI. & ep. 28. lib. VII. Tale illud Philippidae:

> Ὁ κοινὸς ἰατρός σε θεραπεύσει χρόνος.
>
> *Temporis longinquitas velut communis medicus opem tibi afferet.*

Et Menandri:

> Πάντων ἰατρὸς τῶν ἀναγκαίων κακῶν χρόνος ἐστί.
>
> *Omnibus malis, quae vitari non possunt, Tempus medicinam affert.*

Et Diphili:

> Ἁπάσης δ' ὀδύνης γίνετ' ἰατρὸς χρόνος.
>
> *Cuicunque dolori Tempus medetur.*

Et Philetae:

> Ἀλλ' ὅτ' ἐπὶ χρόνος ἔλθῃ, ὃς ἐκ Διὸς ἄλγεα πέσσειν
> Ἔλλαχε, καὶ πενθέων φάρμακα μοῦνος ἔχει.
>
> *Verum ubi tempus advenit, qui ab Jove id habuit*
> *Ut doloribus medeatur, ipsum prae se fert curarum medicinam.*

Sapientia occurrere) *Imperet ratio, quod dies impetratura est*, dixit ep. 11. lib. XII. ad Att.

Si quis inferis sensus est) Dubitat in eo, quod Philosophorum alii negaverant, alii crediderant potius, quam probaverant. Cicero in Catone majore, Platonem secutus, residere in morte sensum putat: ep. 16. lib. XV. ita disputat, quasi ancipiti sententia distrahatur. Isocrates dubitaverat; nam in Evagora: Εἰ τις, inquit, ἐστὶν αἴσθησις τοῖς τετελευτηκόσι περὶ τῶν ἐνθάδε γιγνομένων. *Si quis inferis sensus est de his, quae apud nos fiunt.* Et in Plataensium supplicatione: Εἰ γὰρ τις ἐστὶν ἐκεῖ φρόνησις περὶ τῶν ἐνθάδε γιγνομένων. *Si qua cogitatio ibi est rerum, quae hic aguntur.* Et in oratione Aeginetica: Θρασύλοχος, ὥσπερ ..., εἰ τις ἐστὶν αἴσθησις τοῖς τεθνεῶσι περὶ τῶν ἐνθάδε γιγνομένων, ὁρῶν τὴν μὲν θυγατέρα ἀπεστερημένην τῶν χρημάτων. *Thrasylochus pater ipsius indigne quidem patietur, si quis mortuis sensus est de iis rebus, quae hic fiunt, ubi viderit filiam rebus suis spoliatam.*

Qui illius amor in te fuit) Novum loquendi genus: quod valet, *Pro amore in te suo*. Epist. 78. lib. XIII. *Quae tua natura est*. Et ad Attic. epist. 9. lib. VI. *Quae tua prudentia & temperantia est*. Et ad eundem epist. 7. lib. VII. *Quae tua est humanitas*. Et in ep. M. Bruti ad Ciceronem.

Pietas in amore fuere) Dixi jam, *Pietatis* nomen plus omnino, quam *amoris*, significare: ut in epist. 9. lib. I. perspicue cernitur: usurpatur in deos, parentes, propinquos, optime de nobis meritos.

Reipublicae tempore) Miserrimo, ob amissam libertatem.

Aliquam victoriam) Hoc dicit, quia paullo ante Caesar Pompeii liberos in Hispania devicerat.

Si hoc unum proposuero) Sic loquimur, cum ita nos aliquid dicturos esse ostendimus, ut aliquid tamen praeponere velimus: epist. 10. lib. XIII. *Videor mihi, cum separatim de probitate ejus & moribus dicturus fuissem, si prius causam, cur eum tantopere diligerem, tibi exposuissem, &c.* Et lib. II. Offic. *Quoniam commemoratum hoc subsidium necessarium est, quemadmodum eo sit utendum, dicemus, si prius iis de rebus, quae virtuti propiores sunt, dixerimus.* Et in Phil. XIV. *Ad litteras veniam, quae sunt a consulibus & propraetore missae, si pauca ante, quae ad ipsas litteras pertineant, dixero.* Et in eo commentariolo, qui de optimo genere Oratorum inscribitur: *Aggrediemur jam quod suscepimus, si prius exposuerimus, quae causa in judicium deducta sit.* In Verrem lib. III. *Non dicentur alia loca tamen prosequemur ad reliqua, si pauca crimina a vobis, judices, deprecati.* Et ibidem infra: *Omnes iniquitates, de quibus ante dixi, sed quaestus causa receptas convincam, si prius illud propugnaculum, quo contra meos multos impetus usurum se putet, ex defensione ejus dejecero.*

Adipisci) *Apisci* placet aliis; non contemno antiquitatem, cujus etiam hic observo: sed *Adipisci* cur non retineam, cum omnes in eo mei veteres libri, nullo discrepante, consentiant?

Omnia)

Omne) Ut ferre non queas: respondit ad id, quod proxime dixerat, *Æque ferre*.

Hoc uno) In adversis constantia & fortitudo.

Tranquilliore esse animo) Sic libri septem antiqui: alii, *Tranquilliorem*; utrumque recte.

Provincia) Achaia: quæ & *Græcia* dicta est: epist. 6. lib. VI. & *Ptolemæo*. De tota Sulpicii Achaica jurisdictione, vide quæ diximus epist. 12.

P. VICTORIVS.

HEm nos homunculi indignamur) Non pigebit rem parvi momenti notare: unusquisque ut vult, accipiat. Scias optime lectior in illo Mediceo codice, quem omnium probatissimum judicamus, esse *Homunculi*: quod fortasse erratum librarii putaremus, nisi in aliis antiquissimis exemplaribus vocem hanc legi accepissemus. Vidimus nos Terentianum codicem Angeli Politiani, illum, inquam, quem ipse olim Venetiis cum Petri Bembi codice contulit, suaque manu accuratissime emendavit, qui locum hunc in Eunucho sic legit: *Ego homunculo non faciem?* exemplar sane ipsum non vidi; fidem tamen habeo diligentiæ Politiani: manu etiam sua summa cura & studio se id opus peregisse narrat. Mirifice autem laudat antiquitatem ejus codicis Politianus, litterisque simillimis earum, quibus quondam Pisanæ, nunc vero Florentinæ Pandectæ scriptæ sunt, exaratum dicit: jam tumque optimæ Bembi indoli blanditur, & favet, quem etiam sibi diligenter operam suam in ea collatione, quamvis pene puerum præstitisse dicit: eaque de illo auguratur, quæ postea uberrime præstitit: est enim vir is, qui propter egregias suas & admirabiles ingenii & animi dotes, & ab omnibus laudatur, & citra ullam assentationis suspicionem laudari potest: sed non capiunt hæ contractiores paginæ debitas tanto viro laudes. Si igitur sic etiam optimus ille codex habet, diligentius res animadvertenda est: a Grammaticis enim etiam hæ res consideratæ in corruptis codicibus non inveniuntur, ut his duobus locis deleta erat hæc vox, nisi ex vetustis exemplaribus eruta esset. Sunt autem nonnulla in hac epistola aliquanto antiquiora, ut *Conficeri*, etsi Virgilius etiam ea voce usus est, & *Oppidum*, pro *oppidorum*, quod item ab antiquo codice acceptum est: & infra *Apisci*, pro *adipisci*, quam vocem sæpe & Lucretius, & Tacitus usurpant.

EPISTOLA VI.

EGo vero, Servi, vellem) Cum in rescribendo amici consilium aut voluntatem comprobamus, utimur simili principio: ad Curium, epist. 30. lib. VII. *Ego vero jam te nec hortor, nec rogo, ut domum redeas: quin hinc ipse evolare cupio*. Ad Varronem, epist. 5. lib. IX. *Mihi vero ad nonas bene maturum videtur fore*. Ad Tironem epist. 12. & 22. lib. XVI. Ad Attic. epist. 40. 42. lib. XIII. & epist. 5. lib. XVI.

Et scripsisti) Quod prudentiæ & doctrinæ fuit.

Dolorem adhibuisti) Quod humanitatis & amoris.

Illi tempori) Illi calamitati: ut epist. 9. lib. I. *Habui non temporum solum rationem meorum, sed etiam naturæ*. Et ibidem paullo post: *Scripsi tres libros de temporibus meis*.

Tibi gratum) Eadem fere sententia clausit epistolam tertiam.

Jucundiore) Jucunditati locus non est in rebus miseris: nec fere jucundum quidquam, quod non idem gratum: grata vero multa, non eadem jucunda: epist. 18. lib. XIII. *Tale judicium tuum non potest mihi non semper esse jucundum; quod cum ita sit, esse gratum necesse est*. Epist. 15. lib. V. *Gratus & optatus amor tuus: dicerem, jucundus, nisi id verbum in omne tempus perdidissem*. Similiter epist. 15. lib. I. ad Att. *Fuit mihi sæpe & laudis nostræ commemoratio jucunda, & timoris consolatio grata*. Et epist. 20. lib. III. ad eumdem: *Amanculum meum officio functum esse, probo: gaudere me tum dicam, si mihi hoc verbo licebit uti*. Ibidem epist. 24. *Ista veritas, etiamsi jucunda non est, mihi tamen grata est*.

Non oratio tua solum, & societas pene ægritudinis, sed etiam auctoritas) Tria consolantur: rationes ad minuendum dem luctum opia; dolor ejus ipsius qui consolatur, auctoritas demum sapientis & clari viri, quae rationibus vim & pondus addat. Rationes & auctoritatem attigit in epist. ad Brutum, hoc modo: *Me quidem cum rationes, quas collegeras, tum auctoritas tua a nimio maerore deterruit.* Et ibidem proxime: *Judicium tuum magni aestimans, idque veritus, me ipse collegi, & ea, quae didiceram, legeram, acceperam, graviora duxi, tua auctoritate addita.*

Aegritudinis) Ut *Aegrotatio* in corpore, sic *Aegritudo* in animo, nomen habet. Tuscul. IV. & ibidem: *Praeclare nostri maestitiam, sollicitudinem, angorem, propter similitudinem corporum aegrorum, aegritudinem nominaverunt.*

Q. *Maximus*) Quos hic nominat, eosdem & alios praeterea, ut exemplo multorum sedaret luctum suum, in eo libro collegit, quem De Consolatione ad se ipsum inscripsit; legimus enim haec in Epitaphio Nepotiani, apud Divum Hieronymum: *L. Paullus septem diebus inter duorum exsequias filiorum triumphans urbem ingressus est. Praetermitto Maximos, Catones, Gallos, Pisones, Brutos, Scaevolas, Metellos, Marcios, Crassos, Marcellos, atque Aufidios; quorum non minor in luctu, quam in bellis, virtus fuit; & quorum orbitates in Consolationis libro Tullius explicavit.* In tertia Tusculana Gallum non nominat: *Qualis* (inquit) *Q. Maximus fuit, efferens filium consularem; qualis L. Paullus, duobus paucis diebus filiis amissis, qualis M. Cato, praetore designato mortuo filio; quales reliqui, quos in Consolatione collegimus.* Q. Maximus est ille Fabius, qui rem Romanam secundo Punico bello, superiorum ducum temeritate eversam, cunctando restituit, de quo Ennius:

Unus, qui nobis cunctando restituit rem.

Quem versum Virgilius usurpavit lib. VI. Etsi Maximi cognomen ab avo, Q. Fabio Rulliano, accepit, ut ex Livio & Valerio constat, tamen cum Q. *Maximus* legitur, non ille Rullianus, sed hic Verrucosus significatur, ut in libro de Sen. *Multa in eo viro praeclara: sed nihil est admirabilius, quam quo modo ille mortem Marci filii tulit, clari viri & consularis.*

Magnis rebus gestis) Quarum illa fuit maxima, quod Hannibalem juveniliter exsultantem patientia sua mollivit. nepos quoque recepit: quod oppidum Hannibalis praesidio tenebatur.

L. Paullus) Aemilius, qui Macedoniam, victo rege Perse, ad imperium adjunxit, intulitque ex praeda in aerarium bis millies centies H-S. ut ait Velleius, id est, sexagies tricies centena millia scutatorum.

Duos septem diebus) Patet historia apud Plutarchum, Livium lib. XLV. Velleium lib. I. & alios.

Vester Gallus) Qui Sulpiciae gentis fortasse, cum hic Cicero consularium virorum exemplis uti videatur. Hic est C. Sulpicius Gallus, qui consul devicit Ligures, anno urbis [illegible], de quo sic in Laelio: *Memineram Paullum, videram Caium: sed hi nec comparentur Catoni.* Et paullo post: *Viros bonos numeremus Paullos, Catones, Caios, Scipiones, Philos.* Et infra ibidem: *Hoc nos adolescentes benevolentia senes illos, L. Paullum, M. Catonem, C. Gallum, P. Nasicam, Ti. Gracchum dileximus.*

M. Cato) Ille Censorius, & bellicis rebus & doctrina clarus.

Filium) De quo sic in libro de Senectute Cato ipse loquitur: *O praeclarum illum diem, cum in illud animorum concilium coetumque proficiscar, & cum ex hac turba & colluvione discedam: proficiscar enim non ad eos solum viros, de quibus ante dixi, sed etiam ad Catonem meum: quo nemo vir melior natus est, nemo pietate praestantior: cujus a me corpus crematum est; quod contra decuit ab illo meum: animus vero non me deserens, sed respectans, in ea profecto loca discessit, quo mihi ipsi cernebat esse veniendum: quem ego meum casum fortiter ferre visus sum, non quod aequo animo ferrem: sed me ipse consolabar, existimans non longinquum inter nos digressum & discessum fore.* Plutarchus ait a patre virum optimum in ejus libris appellari solitum: nec ab eo, sed a Salonio Catone, quem e Salonii scribae filia, post obitum prioris uxoris, censorius Cato susceperat, originem duxisse Catonem illum, qui se Uticae interfecit, quod Gellius confirmat lib III. cap 19.

Assidere etiam non poteram) Curia, templum, aedes sacra, diversa esse pos-

possunt; nam curiæ, ut ait Varro, duorum generum; eæ, quibus sacerdotes res divinas curabant, a Romulo institutæ; & eæ, ubi senatus humanas, ut curia Hostilia: quæ neque templum fuit, nisi postquam per auguria constituta est; neque ædes sacra, quia nulli deo dicata: sed cum senatusconsulta non nisi locis per auguria constitutis, quæ *templa* vocabant, haberi possent: propterea & curia Hostilia, & Pompeia, & Iulia quoque, cum profanæ fuissent, per auguria constitutæ sunt, quod a Varrone proditum indicat Gellius lib XIV. cap. 7. Eadem ratione *templum* ab æde sacra distat, nam *templum* per se auguratum est, non sanctum: *ædes* vero *sacra* per se sancta, non augurata, ut ædes Vestæ: sed si augurio constituitur, ut multæ, quod ait Varro; tunc & sancta & augurata est, ideoque & curia, & templum. Rostra in foro sæpe *templa* nominantur, quod augurato constituta: quæ tamen neque ædem sacram, neque curiam fuisse, satis constat.

Industriæ meæ fructus] Industriæ fructus erat, prodesse amicis in foro, reipub. in curia.

Fortunæ] Quis est hic fortunæ locus? fortasse, quia fortuna industriam adjuvat.

Frangerem ipse me] Illata animo vi, ut illa gravissima tolerarem tamen ferrem.

Consenuisse] Nihil muto, ne dissentiam sine causa ab omnibus antiquis libris, quos quidem adhuc viderim, nec videtur obscura sententia. Illa, inquit, quæ me graviter affecerant, consenuisse jam videbantur: nam vetustas dolorem sedat: nunc eadem hoc tam gravi vulnere recrudescunt. Metaphora est ab iis morbis, qui licet vetustate non omnino tollantur, quotidie tamen ex consuetudine leviores fieri videntur; non enim sublata ea mala Cicero significat, sed animum suum diuturnitate tamquam occalluisse, ut aliquanto minus ea sentiret: nunc autem veterem sibi acerbitatem novo esse vulnere renovatam. Accedit ejusdem Ciceronis testimonium: nam ep. 26. lib. VII. *Senescentis*, ait, *morbi remissio*. *Sed senescens lente*, alibi dixit.

In ejus bonis] Quæ nunc nulla sunt.

Et domo absum, & foro] Erat igitur in agris.

Levatio] *Ratio*, mei veteres libri omnes: quod sententia non caret. Aliorum tamen conjectura non displicet.

Tibi amicissimi] Quia consul Sulpicius M. Marcello collegæ, Cæsari Gallias ante diem eripere conanti, restiterat, pacisque semper auctor fuerat, ep. 1. & 3. & Suetonius, amicissimus etiam Sulpicio Cæsar, quia suis in præsidiis ejus filius civili bello fuerat, ep. 17. & 18. lib. IX. ad Attic. & 3. lib. X. ad eumdem.

EPISTOLA VII.

ET si res te adhuc consilio usum intelligo] Monendi partes qui suscipit, vitare debet vitium arrogantiæ, ideo capit initium Cicero a laude Marcelli. Porro, quia familius impetrat amicus, quam alienus: mentionem induxit veteris amicitiæ.

Non quia ob ea dissentiam] Non enim eo, quo Marcellus consilio usus erat, quippe qui, post Pharsalicam pugnam, desperatis rebus Brundusium se contulit, infra: *De quo*, inquit, *quid sentiam, nihil attinet dicere; cum appareret, ipse quid fecerim*.

Non antepono] Captat benevolentiam a modestia sua, & a Marcelli laude.

Non aliena a dignitate] Hæc addit, quia Romæ vivere, cum unius voluntas pro legibus esset, contra dignitatem Marcellus existimabat, potius tamen pro tuenda salute, fortunisque conservandis, quam pro dignitate, rationes adducuntur, nisi si ad dignitatem illud pertinet: Si per Cæsarem liceat in alienis etiam locis quiete ac libere vivere, cogitandum tamen esse, Romæ ut potius & domi, an Mitylenis & Rhodi vivendum esse videatur.

Ego eum te esse] Adgreditur probare, satis jam officio Marcellum fecisse: ut ostendat, debere eum aliquando cum suis in patria vivere.

Multa enim] Itaque Cæsaris potentiam, ademta ei provincia, minuere conatus est: in quo Sulpicium collegam habuit adversarium. Suetonius, & ep. 3. ad Att. lib. VIII.

Ita gerendi) Quod urbem Pompeius primum, deinde Italiam, stulto consilio deseruit: hoc in epistolis ad Att. saepe accusat Cicero, atque etiam ep. 11. lib XVI. ad Tironem: *Verum*, inquit, *reliquimus*, *quam sapienter*, *aut quam fortiter*, *nihil attinet disputare*.

Copias) Militum numerum; quem cum, ante Caesaris adventum, maximum promisisset, Caesaris adventu nunciato, paratum exercitum non habuit: ex quo Favonii vox illa, *Nunc*, *Pompei*, *terram pede percute*: quia promiserat, ubi terram pede percussisset, illico futurum, ut adessent ingentes peditum equitumque copiae, quod postea non praestitit, ep. 3. lib. VII. *Neque magnas copias*, *neque bellicosas*.

Grumo exercitus) Ex tironibus magna ex parte collectum. Epist. 3. lib. VII. *Signa*, *inquit*, *tirones & collectitio exercitu cum robustissimis legionibus contulit*.

Quae in sententia me quoque fuisse) Confirmat idem in oratione pro Marcello: *Nostri* (inquit) *sensus ut in pace semper*, *sic in bello congruebant*.

Ne interessem) Cum bellum susciperetur; ideo dixit ep. 6. lib. VI. *Susceptum bellum est*, *quiescente me*; *depulsum ex Italia*, *manente me*, *quoad potui*. Et ep. 11. lib. XVI. *Ego adhuc ora maritima praesum a Formiis*, *nullum majus negotium suscipere volui*; & ep. 11. ad Att. lib. VII.

Consilio, *auctoritate*) Eamdem sententiam aliis verbis enunciavit ep. 1. lib. VI.

Cum spe vincendi) Idem aliis verbis ep. 3. lib. VII. *Non putavi* (inquit) *cum integri pares non fuissemus*, *fractos superiores fore*.

Sapientem & bonum) *Bonum*, quia bellum civile pro salute, ad dignitatem patriae suscipiat; *sapientem*, quia invitus: cum exitus victoriae maxime sit incertus.

Extrema liberter non persequi) Ut ii, qui se in Africam contulerant. Scipionem, Catonem, Labienum, aliosque significat, quos neque Marcellus, neque Cicero secuti sunt, ep. 6. l. IX.

In Africam) Ad Iubam regem, qui, Curione Caesarianarum partium duce interfecto, equitatum firmissimum, & elephantos plurimos habebat, idem stultitiam eorum qui ad bestiarum auxilium confugerant, carpit Cicero in ep. 6. lib. IX.

Medium) Ut neque bellum renovares, neque Romam redires, sed in oppidum liberum, & ab armis remotum, te reciperes.

Ut mihi quidem videtur) Hoc interposuit modestiae causa, ne Marcelli consilium plane reprehendere videatur.

Fortunas) Veritus, ne, praeter alias causas, hoc etiam nomine Marcellus exsulare statuisset; quod fortunarum suarum incolumitatem desperaret, optime Caesarem in eum esse animatum significat; nec dubitandum, quin suas fortunas obtinere possit.

Penes quem est potestas) Qui rempub. tenet. Dixit paullo post: *Qui locus hoc dominante tutior?* Et: *Qui omnia tenet*, in epistola sequenti: *Ad quem delata sunt omnia*, epist. 9. *Qui plurimum potest*, epist. 13. *Qui rerum potitur*, ep. 8. lib. I.

Beneficium non petere) Latenter significat, si Marcellus, ut multi, veniam a Caesare velit petere, ejus fortunas omnes fore salvas, quod ut faciat, aperte non hortatur; ne magni animi virum offendat: hortationis autem loco, prudenter subjungit illud: *De quo quid sentiam*, *nihil attinet dicere*; *cum appareat*, *ipse quid fecerim*. Post Pharsalicam enim pugnam, Caesar & Ciceroni, & aliis ignoverat.

Cogitandum tibi tamen esset) Primum argumentum sumsit a fortunarum spe, alterum ab exemplo sui facti, tertium a Caesaris potestate, quartum hic subjungit ab honestate; nam ut, Mitylenis aut Rhodi vivere aeque ac Romae tutum sit, certe honestius in patria tua. Verbum autem, *Cogitandum*, ad honestum spectasse Ciceronem potius, quam ad jucundum, significat; quamquam in epistola sequenti, cum simili uteretur argumento, dixit: *Qui locus est domestica sede jucundior?* quamquam ibi statim de dignitate subjunxit.

Cujusmodi res esset) Quaecumque respub. esset, quod ep. 9. expressit.

Mitylenis) Quo se contulerat a Pharsalica pugna. In Bruto: *Vidi enim Mitylenis virum*. Et Valerius Max. l. IX. cap. 11. & Seneca in libro de Consolatione ad Albinam, & hac epist. 3. lib. VII.

Veremur) Minus est, quam timeremus

valet enim: quem ne offendamus, veremur.

Cum ejus potestas orbem terrarum complexa sit) In epistola sequenti: *Qui locum hoc dominatu vacat?*

Alieno) *Minus enim in externis locis ad sciens verecundiae*, ep. 9.

Etiam si oppetenda mors esset) Non modo Romae esse malim, cum in urbe minus, quam in externis locis, periculi esse videam; sed etiam si oppetenda mors esset.

Fatura perpetua) In re tua familiari non perpetuam injuriam, sed repentinum aliquem, te absente, praedonum impetum extimesco.

Qui essent) Caesarianos quosdam insigni audacia, & fortasse egentes, designat.

C. Marcelli) Qui consul fuerat post M. Marcellum anno proximo.

Fratris optimi) *Patruelis*, ut ait Suetonius.

Pro te deprecantur) Tuam salutem a Caesare precibus petunt. *Deprecamur*, vel cum expetimus aliquid, vel cum recusamus: prior significatio patet hic, & in oratione pro Marcello: *Cum*, inquit, *M. Marcellum, deprecantibus vobis, conservavit*. Et ad Cornificium ep. 24. lib XII. *Senatus legatos non ad pacem deprecandam, sed ad bellum denunciandum miserat, nisi legatorum nuncio paruisset*. Alterius exemplum significationis unum illud pro Balbo, cum suppetant multa, recitabimus: *Quiddam de communi conditione omnium nostrum, deprecandae malevolentiae causa, deprecandum videtur*.

Precibus tardiores) Hic locus ostendit, C. Marcellum, etsi Caesaris dignitatem, ut in Suetonio legimus, consul oppugnaverat, civili tamen bello non interfuisse, alioqui deprecatore ipse quoque eguisset: quod de se ipso Cicero subjungit.

Deprecatore) In primis pro eo deprecatus videtur gener ejus Dolabella, ep. 7. lib. XI. ad Att. in Oratione tamen pro Marcello, ut serviret praesentis Caesaris auribus, ejusque gratiam humanitatis laude colligeret, ait se, nullo deprecatore, reipub. redditum.

A tuis reliquis) A reliquis Marcellis, qui videntur de Marcelli reditu non valde laborasse; nam & in sequenti epistola: *Redeo*, inquit, *ad unum illud, me tecum fore cum tuis; si modo erunt tui*: idque Marcellus ipse in suis litteris significavit, in eo loco: *In summa paucitate amicorum, propinquorum, ac necessariorum, qui vere meae saluti faverent, te cupidissimum mei, singularemque mihi benevolentiam praestitisse cognovi*. Quare interdum mihi venit in mentem suspicari, ne de his etiam loquatur, cum scripsit: *Is qui esset, auderem scribere, nisi te intelligere confiderem*.

Non adhibemur) Ad consilium de suo reditu capiendum, ep. 25. lib. X. *Haec eadem locutus sum domi meae adhibitis Quinto fratre meo, & Cocina, & Calvisio*. Et ep. 7. lib. II. *Cum adhibuisses domi meae Lupum me, & Libonem, & Servium*.

EPISTOLA VIII.

HOminem virumque) Saepe utrumque conjungitur ad augendam laudem; nam *Homo* commune nomen est: *Vir*, proprium eorum, qui aliqua laude praestant.

Virtuti) Cujus eximia vis non in secundis, sed in adversis rebus agnoscitur.

Probeam praestemque) Multi enim se praebent, nec praestant; & in verbo *Praebeo*, speciem quandam propensi ad juvandum animi; in *Praesto*, res ipsa & actio declaratur.

Adsim praesto) In vulgatis libris, *Sim praesto*: ego, cum in antiquis omnibus, *Adsim*, viderem; etsi ad sententiam, utro modo legatur, parvi refert; tamen, antiquitatis conservandae causa, *Adsim*, malui.

Quae possum) Vereor ne commentitium hoc sit: nullo quidem in antiquo libro reperitur, & abesse potest.

Ea quoque) Mei veteres omnes libri, uno tantum excepto, addunt *Etiam*, nec displicet; augeri enim quodam modo sententia videtur, si *Etiam*, aversa semicircula nota a *Quoque* disjungat, ut sequentibus serviat.

Parens) Et hic aliquot non recenter scripti libri habent, *Patres*.

Vel tacuisse) Correctione utitur, quia dixerat jam: *Neque monere te audeo, praestanti prudentia virum*.

Regni principem) Qui principem dignignitate & auctoritate locum tenebis, necessitate, qua excusantur actiones nostræ, cedes tempori, cum ad unum Cæsarem referri omnia videbis, & feres, in ep. seq.

Ad exsolandum) Si Romæ ut in rep. id est, ut in antiquo le[illegible] ac morum optimorum domici[illegible] o esse non potes; sis tamen ut in e[illegible]ilio.

Hæc dominatu unus) C[illegible] ejus potestas quem veremur, veritatisque motum complexa sit, in ep. superiore.

Sed, mihi crede) Quamquam, inquit, præter jucunditatem, volo te etiam de tua pristina dignitate sperare plurimum.

Famæ ingeniis) Eamdem rationem, cum Cæcinam spe melioris fortunæ consolaretur, usurpavit: *Ingeniis*, (inquit) *excellentibus, quale est tuum*, mirifice delectatur.

Nobilitatem) A majoribus acceptam.

Dignitatem) Ipsius Marcelli.

Res) Natura bellorum civilium, quæ non concedit, ut victor eos, qui contra arma tulerint, vehementer ornet.

Ipsius causa) Rationes ejus, id quod ad ipsum proprie pertinet.

Si modo erant tui) Quis non intelligit, carum suis Marcellum non fuisse: licet in obscuro causa sit; ideo in epistola superiore: *A tuis reliquis non adhibemur*.

EPISTOLA IX.

QUo te animo censerem esse oportere) Cum hortaretur Marcellum, ut omnino suam voluntatem cum amicorum sententia conjungeret, ac vivere in patria mallet, quod Cæsar concessurus videbatur, quam in externis atque alienis locis; non enim de Cæsaris clementia, quæ & in ep. 7. declaratur, sed de Marcelli pertinacia dubitabat.

Quæcumque est) Epistola 7. *Cujusmodi res esset*.

Cum illud idem auribus percipias) Non est tuum, minus laborare, cum audias, quam cum videas.

Quod etiam majus videri solet) Contra in ep. 13. *Nec audio solum, quod ipsum esset miserum, sed etiam id ipsum video, quo nihil est acerbius, eorum fortunas dissipari*. Et ad Torquatum ep. 1. lib. VI. *Oculi augent dolorem, nec a-* *cerrere a miseriis cogitationem sinunt*. Est enim hoc in oratoris artificio, ut easdem res temporis causa modo oppugnet, modo defendat. Propterea in illis ad Nigidium ac Torquatum epistolis pro auribus contra oculos; in hac ad Marcellum, quem redire in urbem cupiebat, pro oculis contra aures argumentatur.

Tibi ipsi) *Tibi præcipue ob nobilitatem & dignitatem tuam*, ep. 8.

Tempori cedere) Ad Att. epistola 50. lib. XII. *Temporibus parere, omnes semper* [illegible] *præcipiunt*.

Ut nunc quidem est) Præsentem rei statum hoc loquendi genere veteres ostendebant: quasi dicerent quid futurum sit, affirmare non licet: sed, ut nunc quidem est, res ita se habet. Ad Att. ep. 28. lib. XII. *Quæ si manebunt, quærenda est excusatio ad Brutum & , ut nunc est, mansura videntur*. Acad. lib. IV. *Ut quidem se nunc res habet*. Valet idem, *Quo modo nunc est*, quod ad Attic. scripsit ep. 2. lib. XIII.

Ne socerum quidem) Per quos vicit, quo æquius ferre debemus, si minus nostro utatur. Hanc sententiam plane comprobant ea, quæ sequuntur.

Conjunctum esse periculum suo censeret) Alii hanc lectionem videntur suspectam habuisse. Nos eam in vetusto codice Ioannis Scalæ, & in aliis manuscriptis libris invenimus.

Ceterum hominum) Scipionem in prelmis, Pompeii socerum, Domitium Ahenobarbum, L. Lentulum notat ep. 3. lib. VI. Domitium & Lentulum nominat, eosdem significat epist. 6. ejusdem libri.

Minime prudentium) Cum tu bellum aliter gerendum censeres: ut in ep. 7.

Magis communem) Magis utilem fuisse consiliis nostris.

Incertis in rebus) Cum incerta victoria esset: cum bellum gereretur.

Sapientissimum consilium) Cum bonorum malorum initia & videres & cavere velles.

Fratri tuo) Qui consul fuit cum Lentulo, anno primo civilis belli, biennio post Marcum consulem. Placet enim hoc dici de germano potius, quam de patruele fratre; quia verisimilius est germanum, quam patruelem, consulatum gessisse ea Marci auctoritate: & Cæsar lib. I. Bel. Civ.

 Len-

Lentulum consulem ut inimicum suum nominans, de Marcello collega nihil unquam tale dicit; contra, iniquum fuisse Caesari fratrem Marci patruelem C. Marcellum, & ab eo traditas Pompeio duas legiones, Caesari ereptas, docet Hirtius lib. VIII. Bel. Gal. & Dio lib. XL.

Ex auctoritate tua) Opinor C. Marcellum, de quo hic sermo est, non admodum in consulatu acerbum Caesari fuisse; nam hic certe, studiosos retinendae pacis duos fratres Marcellos fuisse, ostenditur: quorum consilia Pompeius neglexit.

Vobis auctoribus) Turam pacem exitioso bello praeferentibus.

Desideratorum) Neglexisse potius, ut antea: id enim verisimilius.

Saepe) Quater, contendentibus Sulla & Sulpicio, Cinna & Octavio, Sulla rursus & Mario, Caesare & Pompeio. Phil. VIII.

Ipsa victoria) Ep. 4. *Civilibus bellis victoria semper est insolens*. Et in oratione pro Marcello: *Quotiens ego eum vidi ferocitatem ipsius victoriae extimescentem?*

Rerum arbitrio, per quos vicit) Eadem sententia epist. 18. lib. XII. *Iis quos gerendae, quibus adjutoribus parta victoria*.

Etiam invito) Caesarem culpa liberat, si quid agat, quod bonis civibus non probetur: vide ep. 17. lib. IX.

Illa) Pompeianorum; quorum crudelitatem semper extimuit; infra epistola 14. *Si vicissent ii, ad quos ego*, *pacis spe, non belli cupiditate adductus, accesseram; intelligebam tamen, & iratorum hominum, & cupidorum, & insolentium quam crudelis esset futura victoria*. Confirmat idem ep. 21. lib. V. & ep. 17. lib. VIII. & ep. 6. lib. IX. & ad Att. ep. 6. lib. XI

Opes) Dixi jam, *Opum* nomine, quidquid valemus, totum significari.

De rep.) Quam crudelis Pompeianorum victoria quietam ac tranquillam esse non pateretur.

Qui finis istius consilii est) Epist. 7. *Habet ista ratio modum quendam*.

Ut in tali re) Quae laudari fortuna potest, libertate amissa? sed ut in tali re, fortuna etiam laudatur, quae simpliciter, hoc statu rerum, laudari non potest. Corrigit sententiam hic loquendi modus: ut epist. 9. lib. XV. *Mihi, ut in ejusmodi re, maxime vero est, ut, quo copiis & opibus tenere vix possumus, ea mansuetudine & continentia nostra, sociorum fidelitate teneamus*. Simile illud in Bruto: *Clisthenem multum, ut temporibus illis, valuisse dicendo*. Et in Laelio: *Multa etiam, ut in homine Romano, literae*.

Laudatur) Optatur, non laudatur fortuna: sed hic Cicero vulgarem loquendi morem secutus est.

Necessario) Non sponte: nam boni cives bellum civile suscipiunt inviti. Sic ep. 7. *Ostendisti, sapientem & bonum civem initia belli civilis invitum suscipere, extrema non libenter persequi*. Cur autem necessario? quia, quibus in castris Pompeius, consules, omnesque fere magistratus essent, in iisdem esse resp. videretur.

Extrema persequi noluerit) Quia se Mitylenas contulit, multis in Africam ad Jubam regem, belli renovandi spe, proficiscentibus.

Honesto otio) Tacite significat, non posse Marcellum eandem sibi fortunam diu praestare; sed, si ideo absit, quia honesto illo otio delectetur, valde timendum, ne casus aliquis ejus consilia perturbet.

Eadem) Quod in eodem statu permanseris, nullam tibi fortuna varietatem ac mutationem attulerit.

Famam dignitatis) Cum quiete & libere, honesto otio, vivere; quo tuae dignitatis fama conservabatur; nam & qui profecti in Africam sunt, statum suum non tenuere, vel in acie interfecti, vel incommoda miseriasque perpessi: & eorum, qui se victori crediderunt, dignitas est imminuta.

Nunc vero) Cum jam satis a te factum sit & boni civis officio, & dignitati tuae.

Dulcior patria) Epist. 8. *Quis locus est domestica sede jucundior?*

Deformior) Amissis ornamentis suis.

Multis claris viris) Consularibus septem, Pompeio, Bibulo, P. & L. Lentulis, Ap. Pulcro, Domitio Ahenobarbo, Scipione.

Non iste supplicem victori) Vereor, ne quis hunc locum ex ingenio mutaverit; nam & usitatius erat, *Ipse supplicem ad victorem*, quemadmodum epist. 4. *ad Caesarem supplex accederem*; & in

se in meis omnibus antiquis libris non *Isse*, sed *Esse*, legitur; in uno tantum, *Fuisse*, scriptum video: ac mihi quidem vel *Esse*, vel *Fuisse*, magis placet, quam *Isse*.

Aspernari ejusdem liberalitatem) Ex hoc loco fieri conjectura potest de reditu Marcelli jam impetrato; ego tamen, non confectam rem, sed optimam Caesaris voluntatem, & propensam ad lenitatem naturam significari puto; magis enim, ne Marcellus beneficium Caesaris recusaret, atque omnino redire nollet, quam ne Caesar se difficilem ad ignoscendum praeberet, verebatur: quod etiam locus ille confirmat in epist. 7. *Intelligi, nihil aliud esse, quod dubitationem afferret ei, penes quem est potestas, nisi quod vereretur, ne tu illud beneficium non putares*.

Carere patria) Non omni patria, sed hac ob amissam libertatem miserrima.

Consolere temporibus) Ea facere, quae temporum ratio, quae incolumitas, & vita, & fortunae tuae postulant.

Incolumitati) Latius patet, quam vitae nomen; nam incolumitate status rerum universus judicatur. Subjunxit autem, *Vitae, & fortunis*, ut, quae unico nomine comprehenderat, duobus exprimeret: quo magis, se ante oculos proposita, Marcellus moveretur.

Epistola X.

NIhil novi) Praeter id, quod scripserat in superioribus litteris, quae non exstant; in quibus Marcello reditum gratulatus erat; ut ipsius Marcelli sequentes litterae demonstrant.

Theophilus) Marcelli libertus, qui & ante ad eum litteras attulerat, epist. 9. Ex quo patet, has litteras aliquot post illas mensibus datas esse.

Tardius decesse) Ut qui non admodum libenter in hanc remp. venias.

Nisi molestam) Tale illud in epistola superiore: *Non est porro tuum, uno sensu molestum moveri*.

Rei familiaris) Quae, Marcello absente, non diligenter ab ejus procuratoribus administrabatur: vel quod timendum esset, ne in eam praedonum impetus fieret: quod scripsit epist. 7.

In omnes partes) Ad omnia: ut epist. 6. lib. XI. ad Att. *Brundisii jacere, in omnes partes molestum*. Et in epistola Vatinii, lib. V. *Me tibi in omnes partes defendendum puto*. Contrarium illud epist. 10. ad Attic. lib. XIII. *Nec ullam ad partem valet scilicet*.

Reliqua) Rationes, quae te ad celerem reditum hortentur.

Quod ad tempus) Non quousque, sed quo plane tempore: sic epist. 5. lib. IX. *Ad annos*, pro *annis*.

Epistola XI.

PLurimum valuisse apud me) Quantum ex hac epistola licet conjicere, laudatam in libro de Claris Oratoribus Marcelli eloquentiam paullo plus, quam veritas concederet, existimo; nam cum ei verborum elegantiam, & copiam, & splendorem vocis, dignitatem motus Cicero tribuisset; adjunxit, nullam oratoris in eo virtutem desiderari: atque etiam sibi similem esse, ostendit Bruti testimonio, quem loquentem inducit. *Plurimum* lego cum omnibus antiquis libris; alii *plurimam*: & cum inscriptione conjungunt: ut sit, *Salutem plurimam*. Ad sententiam vero utro modo legatur, nihil interest: ego veteres libros libenter sequor.

Ut uterer vestro consilio) Ut in patriam, suadentibus vobis, redeundum putarem.

Nec quemadmodum sit acta) Cum a Caesare de reditu meo est impetratum. Hoc ex epist. 4. cognoscitur.

Ab optimo fit animo) *Facere gratulationem*, & Cicero dixit ep. 2. lib. IV. ad Att.

Propinquorum) Quos Marcelli non valde cupidos fuisse, indicat illud epist. 8. *Si modo erunt tui*.

Necessariorum) Distinguit ab amicis & propinquis necessarios, qui sunt arctiore quadam benevolentia devincti.

Reliqua) Praeter unum te, sine quo neque in adversa, neque in secunda fortuna mihi vivendum statuo.

Virorum & amicorum) Virorum virtate, amicorum benevolentia carere non possum.

In hac] Quod in summa amicorum, propinquorum, necessariorum paucitate, unum te mei cupidissimum cognovi.

EPISTOLA XII.

QVoniam casus & natura in bonis dominatur] Cum non ignoreris, etiam bonis, non modo improbis, casu & natura vitam adimi. Hæc Sulpicius, Marcelli nece commotus, non sine quadam indignatione dixit; nam, re vera non in bonis tantum, sed in omnibus hominibus casus & natura dominatur. Locus postulat, ut *casus & natura* distinguantur: quod ita commode fiet, si mortis genera, quando hic de Marcelli agitur morte, persequamur. Mortis causas in duo genera divido; aut enim intus oriuntur, aut extra: intus, vel natura, vel fato: extra, vel vi, vel casu. Natura moriuntur, quibus in senectute animam e corpore quasi sua manu natura molliter educit: quod accidit, cum vitalis calor paulatim extinguitur. Fato, qui morbo aliquo, ante illum diem, quo per ipsam naturam pervenire licuisset, vitam amittunt; non enim Peripateticis libenter assentior, qui naturam & fatum idem esse crediderunt: quos Alexander secutus in libro de Fato, nihil inter naturam & fatum, præter nomen, interesse, accurata disputatione probare conatur; idem sensit Macrobius: idem Gellius: qui cum recitasset illud Demosthenis ex oratione Περὶ τοῦ στεφάνου· *Ὁ μὲν τοῖς γονεῦσι νομίζων μόνον γεγενῆσθαι, τὸν τῆς εἱμαρμένης, καὶ τὸν αὐτόματον θάνατον περιμένει· ὁ δὲ καὶ τῇ πατρίδι, ὑπὲρ τοῦ μὴ ταύτην ἐπιδεῖν δουλεύουσαν, ἀποθνήσκειν ἐθελήσει· Nam qui parentibus tantum se natum putat, fatalem, atque spontis suæ mortem exspectat. Qui vero etiam patriæ, ob id, ne in servitutem redactam illam videat, occumbere properabit.* Subjunxit: *Quod Cicero fatum atque naturam videtur dixisse, id multo ante Demosthenes τὴν πεπρωμένην, καὶ τὸν αὐτόματον θάνατον appellavit. Αὐτόματον enim θάνατον, quasi naturalis & fatalis, nulla extrinsecus vi coactus, venit.* Hæc *Gellius: quam recte, nondum statuo; mihi enim neque Demosthenis verba neque Ciceronis cogere videntur, fatum, & naturam idem esse; quia, si modus loquendi, *τὸν τῆς εἱμαρμένης, καὶ τὸν αὐτόματον θάνατον*, attendatur; articuli repetitio, diversas potius esse res, quam unam & eamdem, significat: idque ipse Cicero, nisi fallor, ostendit, cum ait oratione prima in Antonium: *Præter naturam, præterque fatum*. Quod si quis in dubium revocat, gravem testem citabo, principem Latinorum poetarum, Virgilium: qui cum de Didone, ipsa sibi mortem consciscente, versum illum protulit:

> *Sed, quia nec fato, merita nec morte peribat.*

Fatum a natura manifeste disjungit. Cujus testimonio subscribere videtur Tacitus: apud quem Germanicus, eripi sibi vitam veneno existimans, hæc loquitur: *Si fato concederem, justus mihi dolor etiam adversus deos esset; quod me parentibus, liberis, patriæ, intra juventam præmaturo exitu, raperent; nunc, scelere Pisonis & Plancinæ interceptus, ultimas preces pectoribus vestris relinquo; referatis patri ac fratri, quibus acerbitatibus dilaceratus, quibus insidiis circumventus, miserrimam vitam pessima morte finierim.* Fatum appellat eam mortem, quæ præmaturo quidem exitu, nulla tamen humana vi, contingit. Præmaturus autem exitus a natura certe non est, sed ante illum terminum, quem ipsa natura præscripsit, robustis longiorem, brevem imbecillis; nam, si quando robustus ante imbecillum decedit, non ad naturam refero, sed ad fatum, id est, ad eas causas, unde oriuntur ii morbi, qui naturam vincunt, mortemque ante horam a natura præstitutam arcessunt; quod evenire sibi Germanicus negat. Nec vero Chrysippi sententiam probo, qui pertinere ad omnia fatum dicebat; quod si ita esset, fato omnes, quacumque ætate, quocumque mortis genere, perirent: sed hunc firmissimis argumentis refellit Alexander: quem sequor in hac quidem parte: in altera vero, quod fatum & naturam idem esse putat, cur ei non assentiar, illa superiora demonstrant. Restat mortis alterum genus,

genus, quod in duo subjecta genera divisimus, vim, & casum. Vis voluntatem habet, casus non habet: voluntas sive nostra sit, sive aliena, vim constituit: nostra, cum aliquis ferro, veneno, aliave re ipse sibi mortem conscicit: aliena, cum ab inimico, vel etiam a feris opprimitur: quarum etsi voluntas ferarum propria non sit, appetitus tamen ille speciem voluntatis habet. Casus voluntatem excludit: si quis enim, vel inopinata ruina, vel naufragio, vel ictu teli temere missi, a vita discedit, est illa quidem inimica naturæ vis; sed quia voluntas abest, ad casum refero, non ad vim: si modo conceditur, ut hæc subtilius examinetur: sin paullo communius, & (ut ita dicam) rudiore Minerva disputamus; utrumque, sive adsit, sive absit voluntas, ad casum referri potest; quem fortunam quoque nominemus: non quod ignoremus ea, quæ scripsit Aristoteles Physicorum lib. II. cum casum & fortunam distingueret; sed ubi mortis genera discernuntur, conceditur alterum ab altero non differre. Itaque cum necem Didonis ad fortunam retulisset Virgilius illo versu:

Vixi, & quem dederat cursum fortuna, peregi:

Subjunxit Servius: *Humana vita tribus continetur, natura, fato, fortuna, id est, casu, qui ad omnia pertinet, quæ extrinsecus sunt.* Quibus verbis primum illud ostendit, fortunam & casum idem esse: deinde, quidquid extrinsecus accidat, vel cum voluntate, vel sine voluntate, ad casum pertinere: quod Alexandro quoque placuit, qui fortunam & casum ita simul nominat, ut alterum ab altero non distinguat. Ex quibus efficitur, ut mortis tria tantum sint genera, natura, fato, casu sive fortuna: sin casum a voluntate disjungimus, quatuor, natura, fato, casu, vi. Reliquum est, ut ostendamus, quam sententiam probaverit Sulpicius, cum in bonis casum & naturam dominari dixit. Primum illud pono: dissentire illum a Chrysippo, qui ad fatum omnia retulit: dissentire etiam a Cicerone, & Virgilio, qui tria mortis genera fecerunt: deinde illud subjungo: Cum Peripateticis, naturam & fatum idem esse placuerit (satisque constet, non omnes homines natura & fato, id est (ut idem utrumque esse Peripateticis hic largiamur) naturali morte non omnes interire; necesse videri, iisdem placuisse, alteram esse, præter naturam & fatum, interitus humani causam: ea vero nihil aliud, quam casus, id est, externa vis, sive humana, cum voluntate, sive non humana, sine voluntate, videtur esse posse. Et Demosthenes, Cicero, Virgilius, Tacitus, aliquam causam mortis præter naturam, præterque fatum agnovere. Secutus igitur Peripateticos Sulpicius, (dederat enim operam Philosophiæ, ut epist. 3. lib. IV. & in Bruto) duo tantum genera mortis fecit, casum, & naturam: sive dicas, fortunam, & fatum: quoniam quidem nec differre fortunam a casu, auctoribus Virgilio, Servio, Alexandro etiam, Peripateticorum interpretum principe, satis ostendimus: & inter naturam, & fatum nihil interesse præter nomen, idem Alexander ex Aristotelis mente prodidit. Itaque duobus nominibus causas mortis omnes, cum periisse Marcellum casu, non natura, significare vellet, Sulpicius comprehendit.

Vos certiores facere) Pendet ab eo, *Visum est faciendum*: quam apte, alii judicent; usitatius enim erat, *Vos certiores ut facerem*: aut, *Visum est vos certiores facere*: quod alii quoque viderunt.

Collegam) In consulatu.

Ut ab Athenis in Bœotiam irem, reliquamque jurisdictionem absolverem) Provincia Sulpicii, vocatur *Achaia* non modo epist. 4. hujus libri, verum etiam epist. 26. 27. 28. lib. XIII. sed mirari aliquis possit, cur epist. 6. lib. VI. Sulpicius præesse Græciæ dicatur. Primum, quæstionis persolvendæ gratia, illud pono: licet provincia Sulpicii, in qua præter Achaiam Peloponnesus tota cum adjacentibus insulis, præterea Epirus Bœotiaque fuit, *Achaia* vocaretur; vere tamen ac proprie regionem illam *Achaiam* dici solitam, quæ tota extra Peloponnesum fuit, *Bimaris* dicta, quod duo maria Ægæum & Ionium, navigatione diversa, fere conjungeret: de qua L. Mummius, eversis Corintho, triumphavit: *Hac modo Achaia, angusta, inquit, cervice Peloponnesum contingit Hellas. Corinthiacus hinc, illinc Saronicus appellatur sinus.* Et paullo post: *Sinum Corinthiacum LXXXV. M. pass. in longitudinem usque Isthmum transmittunt. Achaia nomen provinciæ ab Isthmo incipit.* Idem infra: *Ab Isthmi angustiis Hellas incipit, nostris Græcia appellata, in ea prima Attica, antiquitus Acte vocata, attingit Isthmum parte sui, &c.* Quibus ex locis, etiam ex Ptolemæi testimonio, constat, regionem illam, quæ tenui cervice Peloponnesum contingit, Helladem vocari, & eamdem Græciam, in ea vero esse, & ab Isthmo incipere, tum Achaiam, quæ & Græcia & Hellas dicta sit, quia commune regionis nomen assumserit, tum etiam Atticam, quæ ipsa quoque eodem pro Achaia jure commune vel Græciæ, vel Helladis nomen usurpare potuit; cum præsertim Thessalia quoque & Græcia & Hellas dicta sit, generali vocabulo, ut lib. IV & VII. Plinius prodidit. Duplex igitur *Achaia*, vetus illa binaria, & hæc recentior Sulpicii provincia, veterem complexa: quam Cicero cum Græciam appellavit, respexit ad Græciam universam a Sulpicio administratam: quæ, post captum Corinthum, in provinciæ formam, simul cum ipsa Achaia, redacta est: ut in Achaicis Pausanias docet. *Achaiam* vero idem Cicero Sulpicii provinciam vocat, quia reliquæ ejus provinciæ partes, a nobiliori nomen acceperunt; & quia, occasione devictæ Achaiæ, totus ille terrarum tractus, ut diximus, in provinciæ formam est redactus. Sic & Cilicia, a Cicerone administrata, provinciæ nomen dedit: licet Asiaticas aliquot diœceses complecteretur.

Quatuor hic dubitationes, non inutiles fortasse, subjungam. Prima est, utrum Athenæ ad Sulpicii jurisdictionem pertinuerint, an suis legibus, ut aliæ quædam urbes, usæ sint. Partem provinciæ dixerit fuisse, qui morantem in ea urbe Sulpicium animadverterit: quod epistolæ duæ, prima & quarta lib. VI. declarant. Mihi tamen omnino libera videtur; non modo quia Plinius, Strabo, Dio, & alii satis id constanter asseverant; verum etiam, quia tutum in ea Romanis exsulibus domicilium fuit: de Torquato plane constat ex epist. 1. 3. 4. lib. VI. de Memmio ex ep. 1. lib. XIII. Jam Dolabella, cum Ciceronem, exorto civili bello, hortatur epist. 9. lib. IX. ut Athenas se conferat, argumento, nisi fallor, esse potest, provinciæ partem Athenas non esse. Nec tamen provinciæ finibus excedebat Sulpicius, cum Athenas iret: sed ad liberam urbem, positam in provincia, nec tamen provinciæ partem, vel animi causa proficiscebatur, tum ut urbis adspectu, tum etiam ut Philosophorum sermonibus & consuetudine frueretur: vel quia conventum Athenis agere, commodum esset. Secundo loco, venit in mentem ambigere de Thespiis; nam Plinius, ubi Athenas, ibi fere ait, oppidum liberum Thespias fuisse. At Cicero epist. 22. lib. XIII. commendat Sulpicio Manlium, qui negotiabatur Thespiis: quo videtur ostendere, intra provinciæ terminos fuisse. Sit ita, veruntamen hoc non obstat, quin sui juris oppidum, quodque Græci vocant *αὐτόνομον*, fuerit: ut in eo Sulpicium, tamquam illius provinciæ proconsulem, auctoritate quidem valuisse concedamus, juris autem dicendi, & imperandi potestatem habuisse nullam putemus. Occurrit tertia, non exigui sane momenti, dubitatio. Sulpicii provincia Græcia fuit: is tamen in Asiam se profectum esse epist. 5. significat: quod mirum videri potest: nisi si vel Sulpicium Cæsar, cum omnia suo moderaretur arbitratu, solvit legibus, ut iret quocumque publici commodi ratio postularet: vel ejus imperio partem Asiæ extra ordinem attribuit, item ut Ciliciensi provinciæ tres *diœceses* Asiaticas a senatu attributas videmus: quamquam id quidem vix crediderim, imminutam esse hoc tempore Asiaticam jurisdictionem, quæ ad P. Servilium, Cæsaris collegam, pertinebat: ut ex epist. 67. lib. XIII. constat. Postrema quæstio de Achaia, quæ si, Cæsare vivo, provincia fuit: cur eam, interjectis fere centum annis, a Vespasiano in provinciæ formam una cum Cilicia esse redactam, Suetonius ait? Achaiam in provin-

ciam

etiam retulit Mummius: at ex Pausania & Strabone cognoscitur; libertatem ei Nero Imperator dedit: at scripsit Plinius lib. IV. c. 6. eandem in provinciæ formam Vespasianus redegit.

Supra Maleas] Veteres libri omnes, *Majas*, non *Maleas*, quod omnino mendosum est, nec tamen contemnendum. Quid enim obest, notam esse omnibus ac testatam antiquitatem? cum sæpe ex ipso mendo, mutatione aliqua litterarum, elici veritatem constet. *Maleam* autem Virgilius, Livius, omnes denique nominant; *Maleas* vero nemo, quod sciam, Plinius junior in epist. ad Trajanum lib. X. Græcis verbis, ὑπὲρ Μαλέας; quod si legatur hic *Supra Maleas*, interpretabimur, superato Malearum promontorio, Laconicæ provinciæ, navigantibus valde periculoso.

In Italiam versus] Antique; ut Cælius quoque epist. 15. lib. VIII. *Ad Alpes versus*. Et Hirtius de Bello Africano; *Ad Cercinam insulam versus*. Et Livius lib. I. *Ad meridiem versus*.

Postridie ejus diei] IIX. Cal. Jun. Sic *Postridie ejus absolutionis* dixit Cælius ep. 2. lib. VIII. *Postridie ejus diei*, Cæsar lib. I. Bell. Gal.

Horam decimam noctis] Ne quis miretur, cum hic dies IIX. Calend. Jun. significetur, decimam noctis horam significari; nam, etsi mense Maii extremi noctes non modo ad decem, sed nec ad novem horas in Italia producuntur; tamen apud veteres in more fuit, ut æstivæ noctes pariter & hibernæ, itemque dies semper in duodenas horas distribuerentur, hoc modo, ut æstivarum noctium contractiores horæ essent, dierum vero longiores; hibernarum noctium longiores; dierum breviores, ita fit, ut extremo mense Maio, cum longissimi dies, brevissimæ autem essent noctes, in duodenas tamen horas tam nox, quam dies divideretur; sed nox in breviores, dies autem in longiores: qua ratione hora noctis decima, erit, ut hodie noctem dividimus, hora noctis septima cum octava fortasse dimidio. Vide quæ diximus ep. 50. lib. VII.

Cilone] Cognomen est non modo Magiorum, sed etiam Flaminiorum, ut veterum nummi declarant; *Cilones* dicti, ut ait Festus, *ob eminentiorem frontem*; vel, ut Charisius, *a capite oblongo & compresso*.

Pugione] Brevior est quam gladius, auctore Nonio. Suetonius in Caligula; *Reperti sunt in secretis ejus duo libelli, diverso titulo; alteri gladius, alteri pugio index erat.*

Secundum eorum] Post eorum; exemplis abundamus.

Seipsum interfecisse] Quod eum commissi facinoris pœniteret. Causam necis Cicero ignorat epist. 10. lib. XIII. Ad Att. Valerius hanc ponit lib. IX. cap. 11. quod cum esset Marcello Magius vetere conjunctus amicitia, eique in Pompeiana militia comes fuisset; indignaretur aliquem sibi amicorum ab eo præferri.

Cogerem medicos] In aliquot antiquis libris non est, *Cogerem*: ego, cum in quinque esse viderem, adprobante sententia, retinendum putavi.

Puer] Servus; sic enim loquebantur, ut exempla declarant.

Acidini] Manliorum cognomen fuit *Acidinus*: constat ex lib. II. de Orat. ex Velleio lib. II. ex lapidibus Capitolinis, in quibus consul est *L. Manlius Acidinus*, anno DLXXIV.

Cum codicillis] *Codicilli*, tabellæ ceratæ erant, in quibus stilo pangebatur, a *codice*, id est, arboris libro, nominati: *pugillaria* quoque dicebantur, a pungendo, quod stilus in iis pungendo, scriberet: codicillorum usum ante Trojana bella fuisse, Homerus ostendit in illo versu Il. ζ.

Γράψας ἐν πίνακι πτυκτῷ θυμοφθόρα πολλά.

Scribens in tabella complicata exitialia multa.

quo versu de codicillis locutum esse ostendit Plinius his verbis lib. XIII. c. 13. *Cur & Homerus Bellerophonti codicillos datos, non epistolas, prodidit?* & lib. XXXIII. cap. 1. Modo autem ipsi codicilli mittebantur, ut hæc ostendit epistola, & ad Lepidum epist. 18. lib. VI. *Statim quæsivi e Balbo per codicillos*. Et ad Q. Fr. epistola 11. lib. II. *Epistolam hanc convicio efflagitarunt codicilli tui*. Modo non mittebantur, sed ex iis litteræ describebantur; unde in epistola ultima lib. IX. *Horum ad te exemplum in codicillis exaravi.*

veni. Codicillorum uſum, poſt inventam etiam chartam, feſtinatio retinuit; cum in omnibus locis, ut in convivio, itinere, in navi, in ſenatu, charta, atramentum, calamus non ſemper in promtu eſſent, moram autem res non ferret.

Tetterrimus) *Teter* h*ic Clarus* opponuntur.

Pepercerant) Cæſar enim ei reditum in patriam conceſſerat.

Dominus necem) Servis enim capitale erat, qui dominum non defendiſſent, ut ex Vlpiani verbis Sullanum S. C interpretantibus cognoſcitur. Confirmat hoc hiſtoria; nam Tacitus lib. XIV. *Præfectum urbis*, inquit, *Pedanium Secundum ſervus ipſius interfecit, ſeu negata libertate, cui pretium pepigerat, ſive amore exoleti incenſus, & dominum æmulum non tolerans*. Ceterum, cum vetere ex more familiam omnem, quæ ſub eodem tecto manſitaverat, ad ſupplicium agi oporteret, concurſu plebis, quæ tot innoxios protegebat, uſque ad ſeditionem ventum eſt. Idem Tacitus paullo poſt eam pœnam in ſervos vetere S. C. decretam, oſtendit his verbis: *Conſulari viro domi ſuæ interfecto per inſidias ſerviles, quas nemo prohibuit, aut prodidit, quamvis nondum concuſſo S. C. quod ſupplicium toti familiæ minitabatur*.

Lecticariis) Lecticarii fuere ſervi, vel qui lecticam geſtabant, unde *Oſtephorus Anicianus* epiſt. 9. lib. II. ad Q. Fr. vel qui fabricarentur, ut pro Amerino: *Mitto hoſce artes vulgares, coquos, piſtores, lecticarios*. Imperatorum tamen ætate, lecticarii non ſervi, ſed liberti fuere; quod lapis Romæ trans Tiberim, ad D. Cæciliæ, declarat: DIS. M. TI. CLAVDIO. AVG. LIB. TYRANNO. EX. CORPORE. LECTICARIORVM. CAESARIS. VIX. ANNIS. LXXXV. M. LICINIVS. AVIMETVS. ET. SERVIA. FELIX. BENEMERENTI. POSVERVNT. Hunc ut fabrum potius, quam qui lecticam ferret, fuiſſe putem, facit illud, *Ex corpore*; quod videtur ad artificem pertinere. Vnde alibi:

Corpus Frumentariorum, *Auxiliariorum*. *Oſtienſium*.
Corpus Cuſtodiariorum.
Corpus Dendrophororum.
Corpus Tignariorum.

Intra urbem) Quod Solonis lege vetitum Romani poſtea tranſtulerant in duodecim tabulas. Cicero lib. II. de Leg. *In urbe ne ſepelito, neve urito*. Pauſanias quoque ſepulcra multa extra urbem poſita, urbanum nullum commemorat.

In quo vellemus gymnaſio) Cum tria eſſent, ut ait Suidas, *Λυκεῖον*, *Κυνόσαργες*, *Ἀκαδήμεια*.

Gymnaſio Academiæ) In quo docuerat Plato. Nomen accepit, Laertio teſte, ab Academo heroe, vel, ſi Heſychio credimus, a lavacro prope poſito. *Gymnaſia* vero dicta, quod in iis luctarentur nudi: quam exercitationem *palæſtram* vocarunt: multis enim annis inventa eſſe gymnaſia, ante quam Philoſophi in iis garrire cœperunt, auctor eſt Cicero lib. II. Orat. poſtea placuerunt ea loca Philoſophis, in quibus de quo vellent ſcientiæ genere diſputarent. Sed Academiam Plato, Lyceum nobilitavit Ariſtoteles. Vitruvius lib V. cap. 11. exhedras etiam conſtitutas ait cum ſedibus, ubi Philoſophi, & Rhetores diſputare poſſent.

Collegio) Collegii cauſa: quia conſules una fuerant.

Propinquitate) *Propinquitas* modo generale nomen eſt, id eſt, cognationis & affinitatis commune; modo cognationem proprie ſignificat. Commune nomen eſt, ut lib. de Amicitia: *Cives potiores ſunt, quam peregrini; & propinqui, quam alieni*. De Fin. lib. III. *Velle bella audire a parentibus, a propinquis, a bonis etiam viris*. Pro Quintio: *Si pietate propinquitas colitur: qui officium prodit, impius ſit, neceſſe eſt*. Cognationem deſignat, ut epiſt. 13. lib. II. *Liberis, propinquis, affinibus*. Et in oratione pro Plancio: *Cum illo maximis vinculis propinquitatis & affinitatis conjunctus*. Et Cæſar lib. II Bell. Gall. *Propinquitatibus affinitatibuſque conjuncti*.

P. VICTORIVS.

SVpra Maiæ Italiam verſus) Locus hic ſemper corruptus eſt habitus, moltique multis modis eum corrigere aggreſſi ſunt: nos tantopere in hac re dubii ſumus, ut nihil afferere audeamus, faciliuſque, quid nobis non pla-

placeat, quam quid probemus, pronuntiare possimus. In tanta autem obscuritate, & veri ignoratione, vulgatam lectionem retinere, tutius nobis visum est, quam novam aliquam, & eam parum firmam reponere. In omnibus enim manu scriptis nulla varietate *Supra Majas* scriptum esse animadvertimus; quod quamvis non probemus (quid enim significent ea verba, non intelligimus) tamen nisi veriorem scripturam restitueremus, cur mutaremus, causa non fuit. Nonnulli nuper ita castigationem illam pervulgatam *Supra Maleas* ornaverunt, ut ita scribere in libris, quos formis excuderent, non dubitarint: nec eos sane reprehendimus, quamvis imitati non simus. Audimus enim doctis viris hanc emendationem valde probari: in causa autem fuit, quod singulari potius numero animadvertimus locum illum appellari, promontoriumque *Maleae* dici, & a Graecis, & a Latinis auctoribus. Navigationem autem fuisse quampiam valde celebrem, quam ὑπὲρ Μαλέας appellabant, plures auctores tradunt: sic autem (nisi fallor) eam vocabant, quia si e Piraeo, exempli causa, in Italiam navigandum erat, duo erant cursus, unus quem ὑπὲρ Μαλέας dicebant, quia necesse esset id promontorium navibus superare, qui erat sane brevior, sed pericula quaedam continebat propter angustias illas. Tunc enim dicitur quis supra promontorium transmittere, cum non longinquum ab eo cursum tenet, sed prope illud navigat: Alter autem, cum per pelagus aliquis navigat, & longe se removet a terra. Sunt autem insulae quaedam e regione Maleae promontorii non valde ab eo distantes, inter quas & promontorium, qui transibant, ὑπὲρ Μαλέας navigare dicebantur: quem cursum fortasse Marcellus temere in sua navigatione constituerat. Plut. in Arato valde hanc rem aperit: Ἀναχθεὶς μὲν οὖν καὶ παρενεχθεὶς ὑπὲρ Μαλέας εἰς τὴν διὰ τοῦ πόρου δρόμον χρώμενος. ἔπειτα δὲ μέγα πνεῦμα, καὶ πολλὴν θάλασσαν ἐκ πελάγους κατιόντων ἐνδοῦναι τοῦ κυβερνήτου παραφερόμενος μόλις ἥψατο τῆς Ἀδρίας πολεμίας οὔσης. *Solvit ex Methone supra Maleam, ut brevissimo cursu fretum transierret: gubernatore autem acri vento, ingentes volventi ex pelago fluctus, permittente navem, ablatus, aegre Adriam devectus, oppidum hostile*. Praeterea Plinius junior in epistola ad Trajanum sic de ea navigatione loquitur: *Nunc tibi, me Ephesum cum comitibus meis* ὑπὲρ *Maleam navigasse, quamvis contrariis ventis retentus*. Avunculus item ejus in Historia Naturali lib. IV. cap. 14. hanc eamdem rem videtur innuere de insula Cythera loquens: *Haec sita est a Malea promontorio, V. mil. pass. ancipiti propter angustias ibi navium ambitu*. Cum autem Latini etiam homines Graecis verbis hanc navigationem appellare sint soliti, quod testimonio Plinii in epistolis probatur, suspicari posset aliquis, etiam Sulpicium ὑπὲρ Μαλέας scripsisse, sed imperitos postea librarios locum depravasse, cum in aliquo fortasse exemplari praepositionem illam Latina voce, quam significat, declaratam legissent: unde postea creditum sit *Maleas* numero multitudinis accusandi casu, ut praepositio illa requirit, dictum: & sic locum tantopere paulatim contaminatum esse, ut nihil inquinatius fuerit. Haec autem levis quaedam est conjectura. Negari non potest, locum valde perturbatum fuisse, ideoque nihil statuere de eo tutum existimavimus. Strabo tamen numero multitudinis *Maleas* appellat, sed nescio an potius urbem aliquam in ea regione eodem nomine appellatam intelligat. Haec ejus e lib. VIII. verba sunt: Εἶτα Ὄνου γνάθος λιμένα ἔχουσα, εἶτα Βοιαὶ πόλις, εἶτα Μαλέαι· στάδιοι δ' εἰσὶν ἀπὸ τῆς Ὄνου γνάθου ἑκατὸν πεντήκοντα, καὶ πεντε. ἔστι δὲ καὶ Ἀσωπὸς πόλις ἐν τῇ Λακωνικῇ. *Dehinc fauces Asini, portum continens; dehinc urbs Boja, dehinc Malea, ad quam ab Asini fauce stadia sunt centum quinquaginta. In agro Laconico civitas est Asopus*. Praepositionem autem *In* ante vocem illam *Italiam* reposuimus, quia eam in vetustioribus codicibus invenimus, & ita etiam locutum Hirtium observavimus de Bello Civili, cum scripsit, *ad Candaviam versus*; quare non mirandum est etiam Sulpicium *In Italiam versus* dixisse.

Ep-

EPISTOLA XIII.

NOn modo certe res ulla) Aliis Nulla, mihi Ulla placet: sequor enim & meos veteres novem libros, & sententiam ipsam, atque etiam consuetudinem Latinae linguae. *Non modo certe res ulla*, dixit pro, *Nedum certe res ulla*: ut ad Lentulum epist. 9. lib. I. *Non modo praemiis, sed ne periculis quidem compulsus ullis, ad eorum causam me adjungerem.* Quo loco plura hujus generis exempla collegimus. Tantum, inquit, abest, ut mihi certa res ulla, ut ne genus litterarum usitatum venerit in mentem.

Genus certum) Genus litterarum familiare & jocosum, epist. 4. lib. II.

Aut promissio auxilii alicujus, aut consolatio doloris mei) Eamdem sententiam repetivit epist. 10. & 13. libro VI.

Pari fortuna) Uterque enim, Pompeii partes secutus, Caesarem offenderat. Atque hoc ipso quodam videtur esse consolatio; levat enim dolorem fortunae societas.

Casus meos sustentabant) Exciderat statu illo, in quo eum industria sua perpetuaque in rempub. merita collocarant: nunc sustentari se dicit aliorum opibus, id est, eorum auctoritate & gratia, quos, veteri sibi necessitudine conjunctos, plurimum ob victoriae societatem posse apud Caesarem intelligebat; hi porro erant potissimum, Pansa, Hirtius, Balbus; Oppius, Matius, Postumius: epist. 12. lib. VI. Eadem translatio est, *sustentare casus*, & *sustentare cadentem*.

Queri, quod ita viverem) Eadem sententia in epist. 3. lib. VI. *Ita vivere, ut non sit vivendum, miserrimum est.* Et in epist. 3. lib. VII. *Ubi non sis, qui fueris, non esse, cur velis vivere.*

Privatam) Publica enim Cicero concidit calamitate.

His conficior curis) Quas significavit in eo, *queri quod ita viverem*, ob exitium reip.

Hoc ipsum) Non modo in aliis rebus, sed in hoc ipso, quod maneam in vita: in quo peccare tamen mihi videor; cur enim, cum occiderit respub. ipse vivam? Quaerit divus Augustinus in libro, suae non contemnendo, quem tamen pauci legunt, de Grammatica, cur, cum *istud* & *illud* in genere neutro dicimus, non item dicamus *ipsud*, sed *ipsum*. Quaestionem solvit hoc modo: *Antiqui enim magis Ipsus dicebant in nominativo singulari, generis masculini, quam Ipse; hanc antiquitatis rationem attendentes artis scriptores pronomen hoc ad formam nominis transtulerunt: ut, quo modo in nomine, justus, justa, justum, dicimus, & perfectus, perfecta, perfectum; sic & hoc pronuntiarent pronomen, ipsus, ipsa, ipsum, non ipsud; quo modo istud & illud.*

Peccare me arbitrantur) Epist. 1. lib. XVI. *Peccasse mihi videor, qui a te discesserim.*

Mors) Perierant Pompeius, P. Lentulus, M. Cato, alii praeterea multi, Ciceronis familiarissimi.

Fuga) Fugerant, post Africanum bellum, in Hispaniam ad Pompeii liberos multi. Porro & de M. Marcello accipi, qui se, victo in Pharsalia Pompeio, Mitylenas contulerat: atque etiam de ipso Nigidio, deque aliis, qui desperata victoria, exsulare maluerant, quam belli civilis extrema persequi: ad quos exstant in his libris consolatoriae Ciceronis epistolae.

Amicis) Licet non familiarissimis.

Quondam) Ipso consule, cum patefacta & oppressa Catilinae conjuratio est.

Te socio) Tribus causis Nigidium diligit, ob studium in remp., ob doctrinam, ob ejus in se merita, quae memorat in epistolae clausula: idque Plutarchus in Ciceronis vita comprobat his verbis: Ὥσπερ Πόπλιος Νιγίδιος, ᾧ τὰ πλεῖστα καὶ μέγιστα παρὰ τὰς πολιτικὰς ἐχρῆτο πράξεσι. *Similiter Publius Nigidius, quo utebatur in plurimis, & maximis rebus, quae ad Remp. pertinerent.* Idemque in opusculo: Εἰ πρεσβυτέρῳ πολιτευτέον, sic ait: Κικέρων δὲ αὐτὸς ὡμολόγει, τὰ κάλλιστα καὶ μέγιστα τῶν συμβουλευμάτων, οἷς ὑπατεύων τὴν πατρίδα διέσωσε, μετὰ Ποπλίου Νιγιδίου τοῦ φιλοσόφου συνθεῖναι. *Cicero ipse fatetur saluberrima, & maxima consilia, quibus velle consulatum gerens patriam servavit, cum Publio Nigidio philosopho communicasse.*

Resp.) Quæ cives omnes, sui studiosos, benevolentia conjungit, licet non omnes familiaritate.

Naufragiis) Fortunarum; subjunxit enim, *Eorum fortunas dissipari*. Sic ad Lentulum epist. 9. lib. I. *Naufragia rei familiaris*: pro Rabirio perd. reo, *Naufragia fortunarum*.

Quo nihil est acerbius) Sic ad Torquatum epist. 1. lib. VI. *Oculi augent dolorem, qui ea quæ cæteri audiunt, intueri coguntur, nec avertere a miseriis cogitationem sinunt.* Et ad eumdem ep. 4. *In maximis malis miserius est videre, quam audire.*

Eorum fortunas dissiperi) Naufragia, dixit proxime.

Illud incendium) Catilinæ conjurationem; qua, tamquam aliquo incendio, nisi nos operam tulissemus, resp. deflagrasset.

Vis) Cum, in summa Cæsaris humanitate, frui tamen vetere gratia, auctoritate, gloria non liceat. Notanda Ciceronis prudentia, qui, cum eversam rempub. queratur, Cæsarem culpa liberat; quo etiam utitur artificio, epist. 4. *Nec id* (inquit) *vi- ctoris vitio, quo nihil moderatius, sed ipsius victoriæ vitio, quæ civilibus bellis semper est insolens.* Et epist. 9. *Multa victori eorum arbitrio, per quos vicit, etiam invito facienda sunt.* Et epist. 10. lib. VI. *Injuriam temporum*, non Cæsaris appellat.

Iis rebus omnibus) Quas agere, cum florerem gratia, auctoritate, gloria, consueveram.

Ut quidem videor) Ideo ceteris videor displicere, quia careo rebus iis omnibus, quibus, &c.

Amicibus) Nam & nocentibus operam interdum tulit ejus eloquentia.

Quid sit fortis & sapientis hominis dignum) In laude latet admonitio.

In iis autem) In communibus: quod quidem consolationis genus quoddam est; nam propriæ magis angunt. Propria vero Nigidii miseria erat, carere patria suorumque conspectu: de quo dixit Cicero, *In quibus ego hoc tempore*.

Fortasse semper) Vere vaticinatur, numquam enim postea libertatem resp. recuperavit.

Qui plurimum potest) Cæsar, quem significavit iisdem verbis ep. 10. lib. VI. Aliter autem epist. 7. hujus libri, *Penes quem est potestas*: & aliter quoque epist. 8. 9.

Non scribo hoc temere) Sic epist. 7. lib. II.

Quibus est iratior) Propter bellum in Africa renovatum. Epist. 13. lib. VI. *Africanæ causæ iratior, diutius velle videtur eos habere sollicitos.*

Respondere tristius) Veniam precantibus negare.

Posse accessit est) *Non enim jacere perpetuo potest: & omnino vires aliquas recuperabit*, epist. 10. lib. VI.

Qui me admodum diligunt) Idem scripsit ad Cæcinam lib. VI. ep. 7. ad Balbum epist. 12. ejusdem libri, ad Ligarium epist. 14. ibid. ad Gallum epist. 25. lib. VII. ad Pætum ep. 20. lib. IX.

Meus pudor) Et hic superbiæ culpam removet a Cæsare.

Insinuabo) Pro *insinuabor*: arte quadam aditum mihi aperiam ad intimam ejus familiaritatem. In Verrem lib. III. *Videtis, ut moneat Apronium, quibus rebus ac moribus insinuet in familiaritatem Metelli*. Quem locum esse depravatum nonnulli, fortasse hoc loquendi genere offensi existimarunt. De Orat. lib. I. *Quod ita nati essemus, ut & blandiri, & suppliciter insinuare iis possemus, a quibus esset petendum*. Et Livius lib. XL. *Fraudis humanæ insinuaverat suspicio animis*. Quod si quis omnia mendosa putet, Virgilium ita canentem audiat:

> *Tum vero tremefacta novus per pectora cunctis*
> *Insinuat pavor.*

Quo loco, *Insinuat*, pro *insinuatur*, ait Servius.

Pervenire possit) *Me* subauditur.

Tuis) Fortunis.

Ut te hortor & obsecro) Nihil muto, sic enim in octo vetustissimis exemplaribus inveni: aliorum tamen lectionem non improbo: etsi eam in libris scriptis ipse quidem nondum inveni.

Accepisti) Eorum scripta legeres.

Tristissimo meo tempore) Cum ejectus a Clodio exsularem.

Rys-

EPISTOLA XIV.

O*Ptimæ*) Cum in urbem post Pharsalicam pugnam revertisset.

Evenire) De Publiliæ matrimonio, quam sexagenarius virginem duxit, dimissa Terentia, quia rem domesticam ipso absente, negligenter administraverat; præter alias caussas, quæ commemorantur a Plutarcho. Quintilianus lib. VI. cap. de Risu, cum Cicero objurgaretur, quod virginem jam senex duxisset, respondisse ait: *Cras erit mulier*. Hoc & Q. Fufius Calenus ei, ut lib. XLVI. Dio narrat, in oratione sua objecit. Sed & hanc, quia Tulliæ morte lætari videretur, ab eo dimissam, iidem Plutarchus & Dio prodiderunt. Publiliæ nomen fuisse, ex epistolis ad Attic. accepimus.

Regere) Ne tantis oppressi malis concidamus. Apta translatio, ob ea quæ sequuntur.

Adsunt) Quæ nunc sustinemus.

Impendent) Quæ vitari non videntur posse. Sic ad Varronem epist. 1. lib. IX. *Et ea quæ premunt, & ea quæ impendeant*.

Bello) Africano: quod Scipio Pompeii socer, & M. Cato, freti Jubæ regis auxiliis renovaverant.

Cædem) Cædem a Pompeianis timet, a Cæsare servitutem: epist. 9. *An tu non videbas mecum simul, quam illa crudelis esset futura victoria?* Epist. 17. lib. VIII. *Si timor vestræ crudelitatis non esset, ejecti jampridem hinc essemus.* Epist. 6. lib. IX. *Si essent nostri potiti, valde intemperantes fuissent*. Ad Attic. epist. 6. lib. XI. & Cæsar lib. I. Bell. Civ.

Servandas etiam res nostras) Epist. 21. lib. V. *Quamquam multum interfit inter eorum caussas, qui dimicant; tamen inter victorias non multum interfuturum puto.* Epist. 6. lib. IX. *Extremum malorum omnium esse civilis belli victoriam; quam quidem ego etiam illorum timebam, ad quos veneramus.*

De jure publico) Vter regnaret, Cæsar an Pompeius.

Disceptaretur armis) Sic locutus epist. 4.

Pacis spe) Vt agerem de reconciliatione Cæsaris, & Pompeii.

Cupidorum) Epist. 1. *Incideram in hominum pugnandi cupidorum insaniam.* Epist. 6. lib. IX. *Vidi nostros amicos cupere bellum.* Epist. 12. lib. XVI. *Incidi in ipsam flammam civilis discordiæ, cui cum cuperem mederi, &, ut arbitror, possem, cupiditates certorum hominum impedimento mihi fuerunt.* Et ep. 11. ad Attic. lib. VIII. *Ego me in hac omni caussa facile intelligebam pugnandi cupidis hominibus non satis facere.* Et in eadem in extremo: *Ego conditionibus, illi armis disceptare maluerunt.*

Insolentium) Notam insolentiæ Pompeianis inurit & in oratione pro Marcello: *Quoties, inquit, ego eum, & quanto cum dolore vidi, cum insolentiam certorum hominum, tum ipsius victoriæ ferocitatem extimescentem?*

Crudelis) Dictum est proxime de crudelitate Pompeianorum.

Amplissimorum) Hoc refertur ad honores & dignitatem; nam & consules, & consulares, & magistratus fere omnes Pompeii in castris fuere.

Malebant) Significat maxime L. Domitium, Scipionem, Metellum, L. Lentulum consulem, & alios pugnandi cupidos, ep. 6. lib. IX. Cæsar l. I. Bel. Civ.

De eo, quod egeris) De Publiliæ nuptiis.

Tam misero tempore) Cum victis in Pharsalia Pompeii partibus, in urbem rediit.

Res domesticas) Dimissam ab eo Terentiam ait Plutarchus, quia rem familiarem, ipso absente, male tractasset, ærisque plurimum alieni contraxisset: quod ut dissolveret, virginem Publiliam, admodum divitem in tutelam sibi traditam, suadentibus amicis, uxorem sibi duxit.

Mea salus & meæ fortunæ) In fortunis uxorem accusat; in salute Quintum fratrem, fratrisque filium: qui vehementer illum, post Pharsalicam pugnam apud Cæsarem oppugnarunt, cum se dicerent auctore Marco adversus illum arma cepisse, ad Attic. lib. XI. epist. 5. 8. 9. 10. 13. 14. 15. 16. 21.

Salus) Et hoc in fratrem potius fratrisque filium, quam in uxorem, conferatur. Scelus Quinti fratris nominat minor etiam in epist. 21. lib. XI. ad Att.

Novorum) Ob novas nuptias.

Veterum) Notas uxorem, fratrem, fratris filium.

Praecipue timendum) In epist. sequenti: *Ne quo periculo te proprio existimares esse.*

Alteros) Caesarianos, quos oppugnasti.

Quidem certe) Si opera & consilio minus valebo, studio quidem certe non deero.

EPISTOLA XV.

Communes miserias) Ex interitu reip.

Tamenetsi) Pro *tametsi*; illud enim productum, hoc vero contractum. Sic locutus in epist. 17. lib. V. ad Att. *Nos, tametsi hoc te ex aliis audire malo, sic in provincia nos gerimus*. Cicero de Petitione Consulatus: *Quae tametsi ita scripta sunt*. Lib. III. de Orat. ex vetere Poeta:

At Romanus homo, tamenetsi res bene gesta est,
Corde suo trepidat.

Catullus:

Quae tamenetsi uno non est contenta Catullo;
Rara verecundae furta feremus herae.

Terentius quoque in Andr. *Tamenetsi hoc verum est*, & apud Paullum l. v. Interdum, tit. quod falso tutore auctore gestum esse dicatur: *Interdum, tamenetsi scientis auctor, tamen restitutio facienda erit*. Charisius quoque, diligens Latini sermonis observator: *Tamenetsi*, inquit, *nulla possis esse regula certior*.

Ne quo periculo te proprio existimares esse) In proxima dixit: *Ne quid tibi praecipue timendum putes*.

Omnes) Qui Pompeium secuti sumus.

In communi) Communia vero mala feruntur levius, quam propria.

Eo animo simus inter nos) Sic amemus inter nos, ut antea.

Praestare) Re ipsa efficere.

VARIÆ LECTIONES
IN
IV. PRIORES LIBROS EPISTOLARUM
CICERONIS.
LIBER PRIMUS
EPISTOLA I.

EPISTOLARUM AD FAMILIARES LIB. XVI.) *Liber Græv.* M. TULLII CICERONIS EPISTOLARUM LIBER PRIMUS INCIPIT FELICITER, *vid. Notas.*

Ceteris satisfacio omnibus) *V. c.* satisfacio ceteris omnibus.

Tanta enim magnitudo est tuorum erga me meritorum) *V. c.* Tanta enim est tuorum erga me meritorum magnitudo.

Ut, quia tu) *Al.* ut quoniam tu. *Græv.* 2. *Medic. aliique MSS.* ut, qui tu. *Pal.* 1, *& ed. Venet.* ut cum tu.

Nisi perfecta re, de me non conquiesti) *Lamb.* nisi perfecta re de me non conquiesti.

Creditores) *Lambin. & v. c. Scalf.* competitores.

Qui pauci sunt) *Al.* qui tamen pauci sunt.

Religionis calumniam) *V. c.* calumniam.

Malevolentia) *V. c.* malivolentia.

Et jam liberius accusare) *Al.* & liberius accus.

Nec admonitionibus relinquit locum) *V. c. & Pal.* 1. ammonitionibus. *MS. Græv.* amonitionibus. *Lamb* monitionibus, *multi MSS. & edit. pro* relinquit, *legunt* reliquit.

Nec studio) *V. c.* neque studio.

Amoris erga te sui) *Sic Pall.* omnes, *& Græv. duo. Tres Gulielmii MSS. & Gruterianus*, se tui, *v. c. N. Scalf.* etiam amoris erga te summi.

Marcellinum tibi iratum esse scis) *V. c. Scalf.* Marcellum tibi iratum esse scies.

Ante Idus) *V. c.* Eidus.

Reducas) *MSS. & ed. Gebhard.* deducas. *Struvchii, Græv. aliorumque libri*, reducas, *v. c. Sc.* ut si regem deducas.

Commodo rem facere posse) *Sic Pal.* 1. *Pechii, Mediceus, Palat. sec. a secundo manu, a primo eo modo. Palat. tert.* quod quomodo, *quart.* quod commode rem facere. *Græv. sec.* quod commode facere posse. *Lambin. ed. ex conjectura Manutii*, quod commodo reip. facere posse.

Tris legatos) *Sic Græv. sec. & plures alii, vulgo* tres. *Vid. not.*

Et Volcatium) *V. c.* & Vulcatium.

Nam advertebantur) *Sic Pal.* 4. *Pechii, Struvchii, Græv. sec. Venete ed. aliique v. c. alii MSS.* advertebantur, *Lamb. ed.* animadvertebantur.

Assentire) *V. c.* assentiri.

Ut Pompeius cupere videatur) *V. c. Sc.* ut pæne is cupere videatur.

Ut in rebus multo antequam profectus es) *V. c. Scalf.* ut non in rebus multo ante, quam profectus es.

Nostram fidem omnes) *Venet. ed. marg. sec. forte*, in te fidem.

Amorem tui absentis præsentisque tui cognoscent) *Sic MSS. plurimi, vid. Not. alii*, nostram fidem omnes, amorem tui absentis præsentisque cognoscent. *Pal. sec. a manu prim. & Græv.* amorem tui absentis præsentis tui cognoscent. *Edit. & v. c. Scalf.* nostram fidem omnes, amorem tui absentis præsentes tui cognoscent. *Vid. Not.*

In quibus summa esse debebat) *V. c. Scalf.* in quibus summa esse deberet.

EPISTOLA II.

Altercatione) *Pal. 4. & Pokii liber*, alteratione.

Lentuli Consulis) *Liber Med. & al.* Lucii Cons.

Videbatur enim reconciliata nobis voluntas senatus esse) *V. c. Sc.* Videbatur enim nobis reconciliata esse voluntas senatus, quod cum dicendo tum singulis:

Quod tum dicendo) *MS. Grut. Stew.* dicendis. *Grev. sec.* dicendi. *Med. & al.* cum dicendo. *Vid. Notas.*

Vt tres legati redurerent) *Pall. tert. quart. Grut. Grev.* ducerent.

Cuique rei jam obstiti) *Sic Medic. unus Palat. & Lambini. MSS. Memm. Grut. Pall. alii, N Scelf. Grev.* Cuique rei etiam obstiti. *Lamb.* cui quidem rei jam obstiti, *edd. antiquae*, cuique rei quia jam obstiti non poterat.

Cum Lupus tribunus plebis, quod ipse de Pompeio) *V. c. Scelf.* cum Lupus tribunus plebis Lentulus. *Grev.* 2. cum Lupus tyrannus Publio Lentulo, quod ipse. *Videtur initium hoc ortum esse ex notis TR. PL.*

Intendere coepit) *Sic MSS. & prima edit. Medicaeus & vulgati*, contendere, *al.* intercedere. Intendere *restituit Lambinus*.

Vokatio assentirentur) *Edd.* assentirentur multi, atque id ipsum Cons.

Nam ii Bibuli sententiam valere cupierunt) *Lamb. ex tribus libr. Memm. & Cortican.* nam ei Bibuli sententiam. *Grev. MS.* 1. nam hii Bib. sent.

Is dies honestissimus nobis fuerat in senatu) *Sic MSS. cum aliorum tum Grevii, edd.* is dies primus honestissimus. *Palat. unus*, in prius dies.

Ad xvi. Kal. Febr.) *MSS.* a. d. xvi. Kl. *al.* die xvi. Kal. Febr. *MSS. nonnulli hic initium ducunt novae epistolae.*

Intercessit) *Al. edit.* intercesserat. *MS. Grev.* 2. intercesserit.

Vt quam rectissime agantur omnia, mea cura) *Sic MSS. Palatini, Iuli, Grevii & alii, edd. Victorii, Venet. prima, sed Lambini & vulgata edd.* ut quam rectissime agantur, omni mea cura, opera, *MSS. Lambin. sic*, ut quam rectissime agatur omni mea, &c.

EPISTOLA III.

A. Trebonio) *In veteribus editionibus haec epistola adnectitur superiori. In aliis haec est quarta epistola, teste Lambino.*

Multos annos utor valde familiariter) *MS. Scelf.* multos annos utor familiariter.

Gratissimus in provincia fuit; tum hoc tempore) *MS. Scelf.* gratissimus in provincia fuerit; tamen hoc tempore. *Lamb. ex uno MS.* gratiosissimus.

Confidit his meis litteris se apud) *V. c.* confidit meis litteris se apud te gratiosum fore; *MSS.* 2. gratiorem fore.

Te rogo) *V. c.* rogo te.

Commendoque tibi ejus omnia negotia) *V. c.* commendoque tibi omnia ejus negotia.

T. Ampius) *MSS.* T. Appius. *Medic.* Tampius. *Grev. sec.* in primis atque Appius de eius re decrevit.

Meam commendationem) *Sic Victor. Gebhard. edd. Palat. omnes, Guilielmiani septem, Lambiniani, & plerique MSS. prima tamen edit. Grev. MS. sec. vulgata*, nostram.

EPISTOLA IV.

Ad xvi. Kal. Febr.) *Lambin.* A. d. xvi. Kal. Febr. *al.* die xvi. Kl. Febr.

Cum in senatu pulcherrime staremus) *Palat. tert. Gruter. & Scelf. MSS.* estaremus.

Extracta est variis calumniis) *V. c. Scelf.* exagitata est v. c.

In magna varietate) *Sic MSS. duo Guilielm. Gruter. tres Palat. edd. Memmt. Victor. Gebh. al.* magna vanitate, *al. ut & Grev. duo MSS.* non magna varietate.

Magnaque invidia) *MSS. & Lamb. ed.* magna invidia.

Transferebant) *MSS.* 2. trasferebant. *Lambinus teste nonnunquam libri MSS. sic habent, sed Grevii duo v. c. vulgatam tuentur.*

Senatus haberi ante Kal. Febr. per legem Pupiam, id quod scis, non potest) *N. Stelf. v. c.* Senatus ante Kal. Febr. p. l. P. id quod scis, haberi non potest.

Nemo est quin existimet) *N. Stelf.* nemo est qui aestimet. *Grav. MS. sec.* nemo est qui existimet.

Populi nomine) *Sic praeter MSS. aliorum, utrumque Gravii, & edd. Lamb. Victor. Gebhardi, al. edd.* populi Romani.

Si quae conabuntur agere) *Edd. & MSS.* si qua c. a.

Satis provisum est) *V. c. Stelf.* satis provisum est mihi.

Aut jam sine vi agere possint) *Sic MSS. & prima edit. Palat. tert.* aut sine vi jam agere. *Grav. prim.* aut etiam sine vi agere. *Palat. quart. & Grav. sec.* possent. *Pal. tert.* possem.

Nullam partem videar tuorum meritorum adsecutus) *V. c. Stelf.* n. p. tuorum meritorum videar assec.

Ego tibi a vi, hac praesertim imbecillitate) *Palat. tert. quart. Venet. Pelii, Gravii MSS.* 2. ego tibi in hac praesertim imbecill.

Vi excepta) *Pall. duo*, ut excepta. *Grav. sec.* ut excepta vi, *edd.* & ea excepta. *N. Stelf. v. c.* nisi ut hac re excepta.

EPISTOLA V.

Tametsi mihi nihil fuit optatius) *Sic Vatic. Palat. tert. quart. edit. Gebhard. Victor. al.* t. nihil mihi f. o.

Et benevolentiam absens) *MSS.* & benivolentiam.

Te videre & sentire eamdem fidem esse hominum) *Sic MSS. Palatini; Gravii, Victor. Lambini, edd.* Te autem videre & sentire eamdem fidem hominum, esse *deest in libris antiquis multis*.

Quam ego in meam salutem) *Liber Medic. Palat. Venetus, Pell. Grav. ed. princeps, Gebh.* quam ego in meam salutem.

Et animos a minore cura) *V. c. Sc.* & animos senatorum a minore cura.

Traduceret) *Edd.* transduceret.

In hujusmodi perturbatione rerum) *Edd.* in ejusmodi rerum perturbatione.

Quamquam omnia sunt metuenda) *V. c. Sc.* q. o. sint.

Et Catoni quidem (quoquo modo se res habent) profecto resistimus) *Sic MSS. edd.* & Catoni quidem, quoquo modo se res habet, profecto resistimus, *v. c. Stelf.* & Catoni quidem, quoquo modo se res habuerit, resistimus.

Cumulate satisfacturum) *V. c. Stel.* accumulate omnino satisfacturum.

Sed vereor ne aut eripiatur causa regia nobis, aut deseratur) *MS.* sed vereor ne aut arripiatur causa regia a nobis, aut deseratur, *v. c. N. Stelf.* s. v. ne aut corripiatur causa regia a nobis, aut deseratur a senatu, *tres codices Lamb.* s. v. n. a. eripiatur c. r. *edd.* s. v. n. aut eripiatur causa regia a nobis a. d. *Lamb. & Manut. edd.* s. v. ne aut eripiatur nobis, aut deseratur.

Non facile possum existimare) *V. c. St.* n. f. p. aestimare.

Quod neque Selicio, nec mihi displicebat) *MSS.* quod neque Selicio, neque mihi d. *al. v. c.* neg. mihi.

Nec nobis repugnantibus) *V. c.* neque nobis r. *a.* neg. nobis, *& ita saepe*.

Delatum esse existimatur) *V. c.* delatum existimatur.

Dignitatem tuam in virtute atque in rebus gestis tuis, atque in tua gravitate positam existimare) *V. c. Stelf.* dignitatem tuam in virtute & in gravitate tua, atque in rebus gestis tuis, quas tibi fortuna largita est, positam existimare, quibus si quid hominum invidia detraxerit, id majori illis fraudi, quam tibi futurum scias.

Quas tibi fortuna largita est) *Sic MSS. Pal. tert. Grut. Pith. Grav. sec. edit. Ven. princeps, Lamb. Vict. Gebh. alii*, elargita.

Neque fide majorem) *V. c.* neque fide meliorem, *edd.* neque fide majore.

Ex te & litteris multorum) *V. c.* ex te ex litteris multorum.

Postquam Pompeius) *In MSS. hic nova epistolae est initium. Vid. Not.*

Ad III. Idus Febr.) *Lamb.* a. d. VIII. Id. Febr.

Convicioque jactatus est) *MS. Medic. Pall. quatuor, & Gravii liber* jactus est.

Acerbe nimium, magno silentio) *Sic*

Sic MSS. Lamb. acerbe omnium magno silentio. *MS. Grav. sec.* in senatuque a Catone aspere & acerbe est accusatus.

Itaque Alexandrina causa quæ nobis adhuc integra est) *V. c. Scalf.* itaque Alexandrina causa quæ quomodo adhuc nobis ingrata est.

Ut cum Rex intelligat) *V. c.* ut rex cum intelligat.

Se se id quod cogitabat) *Edd.* se se quod cogitabat.

Facile ut spero resistemus) *Edd.* resistimus.

Neminem tibi esse) *Edd.* neminem esse tibi.

Non dissimulanter) *V. c. Scalf.* dissimulanter.

Tuam pristinam dignitatem & gloriam) *Edd.* tuam pristinam gloriam & dignitatem.

EPIST. VI.

Sed præfuit) *Lamb. ed.* sed & præfuit.

Quam in tuis rebus capio maxime scilicet consolatur spes) *Sic & MS. sec. Grav. vid. Not.*

Quæ debilitat cogitationes) *MS. Grav. sec.* quæ debilitantur. *Vid. Notæ v. c. N. Scalfi*, & ipsa dies quæ debilitat, & eorum cogitationes & inimicorum perditorum.

Inimicorum & proditorum) *MS. Medic.* perditorum.

Quam mea salus afflicta sit) *MSS. Medic. Pall. Grut. Grav. editio princeps, & Victorii*, quam mea afflicta est.

Timenda duxisti) *Edd. vet.* timenda esse duxisti.

A me omnia summa) *Sic MSS. & prima editio, ut & Victor. & Lamb. alias*, a me autem omnia summa.

Exspecto) *V. c. N. Scalf.* exspectato.

EPIST. VII.

Locorum & temporum disjuncti) *MS. Vatic.* dijuncti.

Quoties mihi certorum hominum potestas erit) *Sic MSS. prima ed. ut & edd. V. L. M. vulgato*, q. m. c. h. facultas erit. *MSS.* quotiens.

Qua quisque in te fide sit & voluntate) *Sic MS. Medic. aliique veteres libri, vulgo*, qua fide quisque in te sit & voluntate.

Eos maxime qui te & maxime debuerunt & plurimum juvare potuerunt) *Palat. sec.* qui & te m. *quart. omittit* te. *Palat. tert. Grævii duo, edit. prim.* eos maxime, qui & te amare maxime debuerunt, & plurimum juvare, *v. c. N. Scalf.* & eos maxime qui te amare debuerunt, *edd.* qui te juvare & maxime debuerunt, & plurimum potuerunt.

Non tam memores essent virtutis) *MS. Stew. Pall. sec. Grut. a manu correctrice*, immemores.

Non solum a me provocatus) *Sic lib. Medic. al. MS.* non solum me provocante.

Sed etiam admirabilis) *V. c. & Lamb. ed.* sed & admirabilis.

Te ab se abalienatum) *Ed. princeps, Pal. tert. Grut. Grav. secundus*, abs se alienatum, *omisso* te. *Pall. quart.* vel abs te alien. *vid. Not. Man.*

Caniniano) *Al.* Catoniano.

Quæ de ea scripta est) *Al.* perscripta.

Senatus consilium) *MS. Mertin.* consultum.

Te perspicere posse qui Ciliciam) *Al.* te posse perspicere q. C.

Si res facultatem habitura) *Lamb.* si res tibi fac.

Ita fore, ut per te restituatur) *V. c. & Lamb. ed.* ut & per te rest.

Sin aliquid esset offensum) *MSS.* si aliquid esset of.

Cujus prope in conspectu Ægyptus est, judicare) *Sic. MSS. Vid. Not.*

Nos quidem hoc sentimus) *Sic Victor. Venet. edit. antiquissima, & Palatinus primus. Sed Palat. sec. & tert.* quidem nos hoc sentimus, *et Grut.* & id quidem nos hoc sentimus. *sic omisso & quart. Pal. Grav. sec.* id quidem. Nos hoc sentimus.

Si dubium, non esse conandum) *Sic l. Medic. aliique MSS. alii & edd. vett.* si dubium sit, non e. c. *vulgo* sin d. s.

Sed ego te ut ad certam laudem adhortor) *V. c.* sed ut te ad certam laudem adh.

Periculosa tibi esse videbitur) *Sic MSS. Pall. Grut. Grav. edd. Vict. Lamb. Gryph. Venete edit.* esse tibi, *edd. alia*, periculosa tibi videbitur.

Per provinciam atque imperii tui provincias ei credidissent) *Sic MSS. vid. Not. Edd.* qui per provinciam imperii tui pecunias ei credidissent. *Lamb. ed.* qui per provinciam tuam, atque imperii tui provincias, pecunias ei credid.

Naturam & regionem provinciæ tuæ) *V. c. Scals.* eam esse naturam & provinciæ tuæ rationem. *MS. o.* & rationem p. t. *vid. Notas.*

Optimeque perspicies) *Edd.* prospicies.

Graviori enim verbo uti non libet) *Al.* graviore.

Invidendo abalienaverunt) *Lamb. &* *v. c.* abalienarunt.

Malevolentissimis obtrectationibus) *V. c.* malivolentissimis.

Vt habeamus rationem aliquando etiam salutis) *V. c.* & salutis.

Poterat utrumque præclare, si esset fides, si gravitas in hominibus consularibus) *V. c. Scals.* poterat utrumque præclare fieri, si etiam fides, si gravitas in hominibus consularibus esset.

Qui non solum temporibus iis) *Sic edit. prima, ut & Vet. MS. Grev. sec.* qui non solum temporibus his. *Pal. tert. Grut.* non solum qui temporibus his. *ed. Ven.* quod tu non solum temporibus iis.

Sed etiam olim nascenti) *Edd.* sed & jam olim nascenti, *al.* sed jam olim nascenti.

Nostræ laudi, dignitati virtutique præfuisti) *Locus mutilus & corruptus. Vid. Notas.*

Simul quod video, non, ut antebac putabam novitati esse invisum meæ) *V. c. N. Scals.* quod video non multo ut antehac putabam novitati esse invisum meæ.

In te enim homine omnium nobilissimo similis invidorum vitia perspexi) *V. c. N. Scals.* in te autem homine hominum nob. s. i. v. p.

Quem tamen illi esse in principibus) *Sic Grev. sec. & Pall. tres, Grut. Ven. Pal. quart.* esse illi, *al.* quem tamen si illi, *al.* quem tamen si illi.

Quam demtum de fortuna videretur) *Sic MS. al.* ademptum, *alii* adeptum, *al.* ademtum.

Semperque amavi) *Al.* semper quem maxime amavi.

Quamquam te ita gerere volo) *Pal. tert. Grut.* quam te ita gerere.

Non dubito quin adeptus intelligas) *Al.* n. d. q. apertius i.

Quæ quidem mea cohortatio ne tibi inanis aut sine causa suscepta videatur, illa me ratio movit) *V. c. Scals.* quæ quidem mea cohortationa tibi inanis atque suspecta sit, quod quidem sine causa videretur illa mea oratio me movet.

In omni reliqua vita) *Sic MSS. al.* in omni re qua vita, *&c. vid. Not.*

Profecisse tantum mihi videtur) *MSS. cum aliorum, tum Grevii sec.* perfecisse tamen.

Vt etiam auctoritate jam plus valerent) *MS. & Lamb. ed.* & etiam auctoritate jam plus valerent.

Se assequi posse arbitrabantur) *MSS. omnes & edit. prima,* se assequi arbitrabantur. *MS. Grev. sec.* se assequi arbitrantur.

Ne lege Sempronia succederetur, facile perfectum est) *V. c. Scals.* n. l. S. s. facile perspectum ad Cæsaris voluntatem.

Quod ad te brevius scribo) *MS. sec. Grev. Lamb. ed. & alie* quod ego ad te brevius scribo. *Vid. Not.*

Rationem habendam nobis esse) *Ed. Lamb.* rationem nobis habendam esse.

Eximia spe summæ virtutis adolescentem) *MS. sec. Grev. & aliorum,* eximia spe summa virtute adolescentem.

EPIST. VIII.

Optime ex Emplatorio cognosces) *Sic MSS.*

Neque ullum officium) *Pall. tert. quart.* neque enim ullum officium.

Diligentissimi) *Al.* diligentissimique.

Vt debeo) *Al.* & ut debeo.

Vt me pietas) *Al.* dignitas, *&c. vid. Not.*

Quem tu in meis rationib.) *Al.* quem in meis rationibus tibi.

Me ipsum confirmo) *MSS. & edd. al.* confirmo.

Vt quibusdam videor) *Medic. sic.*

Varia

Vatic. & alii videar. *vid. Not.*

Simulatione) *N. Scalf. lib. & Mentel.* dissimulatione.

Omnia jam & recta & vera videantur) *Palat. quart.* omnia jam & directa.

Pugnare desisterent) *MS. Grut.* pugnare desinerent.

Nam aut assentiendum est nulla cum gravitate paucis) *MSS. Guilielm. & Palat. quart.* nam aut assentiendum est his nulla cum gravitate paucis.

Vt jam de tua quoque ratione meditere) *Pal.* ut jam quoque de tua ratione: *tert.* ut jam tu quoque de tua ratione.

Si quidam) *Alii*, si quidem. *Vid. Not.*

Potentiam ferre) *N. Scalf. liber*, patientiam ferre.

Abalienarunt) *Al.* abalienaverunt.

Eo tu consule) *Vid. Not.*

Quibus in rebus me sibi ille affixum habebit) *Al.* affixum ille habeb. *MSS. Grut.* quibus in rebus sibi ille affixum me habebit.

Nullam rem esse minimam) *Alii*, vel minimam.

Idque cum sentiam sedulitate mihimet ipse satisfacere possum) *Prima edit. Palat. quartus e manu altera, Amstelodamensis*, id, quaecumque sentiam sedulitate mihimet ipse satisfacere non possum: *Palatinus primus*, sed utilitatem mihi me ipsum satisfacere non possum: *secundus Pal. & prim. Gravii*, id quaecumque sentiam, sed utilitatem: mihi me ipsum satisfacere non possum; *sic & Gruteri membranae*, *quibus exterius emendatum*, deficit tertius: *tert. Pal.* id quaecumque sentiam sedulitatem meam me ipsum satisfacere non possum. *Guilielmius adnotavit ex vestigiis cod. Stewech.* id quaecumque sentiam: sedulitate mihi me ipsum satisfacere non posse. *Al.* mihimet ipsi.

Nostrum studium extabit) *Mentel.* excitabunt, *Pall. quatuor*, *Medic. cod.* extabit studium, *Mentel.* nostrum officium stabit. *Grut.* studium stabit.

Cetera quae ad te pertinebunt) *Pall. Vatican. duo Graviani*, *prima edit.* ceteraque quae ad te pertinebunt.

EPIST. IX.

Quibus intellexi) *Pal.* ex quibus intellexi.

Quod autem tibi grata mea) *Al.* grata tibi mea.

Facis tu quidem abundantia quadam amoris) *MS. N. Scalf.* facis tu quidem abundantia quadam amoris in me tui.

Sine nefario scelere non possunt) *Al.* possint.

Rescribam tibi ad ea) *Al.* ad omnia quae quaeris.

Cum exercitu victore obtinere) *Sic MSS. duo Grav. Amstelodam. Mentelii, editio prim. Victor. Lamb. Pal. tert. Gruteri vero* victor obtinere. *Pal. quart.* victoria obtinere.

Nostram vicem ultus est sese) *Al.* nostra vice.

Est enim ex cunctus) *Al.* ex est en. con.

In meis rebus expertum) *Al.* In meis rebus esse expertum.

Eam fidem cognosse) *Al.* eandem fidem cognoscere.

Non ita magna mercede) *MS.* non tam magna mercede.

Maximo dolore cognoram) *Al.* cognoveram. *V. c.* quam ego maximo dolore.

Certiorem te per litteras) *His alterius est initium epist. in MS. Scalf. duobus Gravii, & Mentelianο.*

Defenderim & laudarim) *V. c.* atque laudarim.

Meorum consiliorum) *MSS.* consiliorum meorum.

Ego me Lentule) *Vrsin.* ego mehercule Lentule; *sic & Gravii secundus*; *in margine Menteliani recentior manus* hercule *adpinxerat*.

Rerum atque actionum tuarum) *V. c.* meorum.

Aut obscura in me studia) *V. c. N. Scalf.* obscuriora in me studia.

A me minimi putabantur) *Pall. duo*, *Stewech. Mentel.* minime putabantur. *Grut.* minimi imputabantur.

Ex auctoritate senatus farciendis) *Al.* resarciendis. *Vid. Not.*

Non tam acerba mihi haec accidebant) *V. c.* non tam acerba mihi accidebant; *postremo omisso alterius*.

Sed amore etiam) *Al.* s. more e.

Cum ut laudaret P. Sestium introiisset in urbem) *Sic cod. Medic. Victor. edit. Man. edd. sed Menrelii MS.* & *al.* cum, ut laudaret Pompeium P. Sextium introiisset in urbem. *MS. Amstelodamensis.* & *Grutet.* cum ut laudaret Pompeium Sextium introiisset i. u. *meos primos*, ego sedente G. N. Pompeio laudaret P. Sestium introiiss. in urbem.

In quo omnia dicta sunt) *Al.* in quo o. d. s.

Num potui magis) *Alii*, non potui magis. *Vid. Not.*

Magnus animorum factus est motus) *Alii*, motus est factus.

Cum eorum quorum oportuit, tum illorum) *Al.* tum eorum —— tum ill.

Cum mihi nihil ostendisset) *Sic MSS. alii*, cum nihil mihi ostendisset.

Ibi multa de mea sententia questus est Cæsar) *V. c. N. Scrip.* ubi multa d. m. s. q. e. Cæsari.

Paucis post diebus) *MS. Grut.* post paucis diebus.

Nisi cum Marco fratre diligenter egeris) *Ven.* nisi cum Marco Cicerone fratre. *Grut.* n. c. M. Cicerone fratre; *alii*, nisi cum fratre Cicerone.

Dependendum tibi est) *Grut.* defendendum.

Ut eam ne oppugnarem) *MSS.* ut eam non oppugnarem.

Hæc cum ad me frater pertulisset) *Tert. Palat.* protulisset; *quartus* retulisset.

Cum ante tamen Pompeius ad me cum mandatis Vibullium misisset) *Amstelodamensis*, cum tamen Pompeius ad me cum mandati sui bullam misisset.

Qui cum illa sentirent in republica) *Al.* sentiunt in rep. *al.* sentiant.

Sed multo illud magis) *Sic MSS. Vulgo*, sed multo magis illud.

Otii, patriæ) *V. c. Grut. in marg.* otii, pudicitiæ.

Honorum omnium) *Vox* omnium *abest a quibusdam codicibus antiquis.*

Non illi quidem) *Palat. quart.* nonnulli quidem.

Sed certe ut facere se arbitrarentur) *Al.* arbitrabantur.

Circumspectis rebus meis omnibus) *Al.* rebus omnibus. *Vid. Not.*

Non modo præmiis) *Al.* non modo non præmiis. *Vid. Grut. not.*

Quæ apud me minimum) *Vict.* nimium.

Summa quidem eorum in me merita) *Al.* illorum.

Cujusque ego dignitatis) *MS.* cujusque dignitatis.

Adjutor etiam extitissem) *Quartus Palat.* a. e. adstitiss.

Meumque inimicum unum in civitate haberet inimicum) *Grut.* m. i. u. in c. haberet; *tert. Pal.* meumque inimicum n. i. c. haberet meus inimicus.

De meque optime meriti) *Tert. Palat.* deque me o. m. *Amstelodamensis*, me deque o. m. *Grævii primus*, de me optime meriti.

In hac sententia complectendus mihi erat Cæsar) *MS. Palat. tert.* petendus.

In conjuncta causa & dignitate) *Vid. Not.*

Apud Platonem nostrum) *A quibusdam MSS. abest*; nostrum.

Quales in rep. principes) *Strozzk.* qualis in rep. princeps sit. *Palat. tert.* qualis in rep. princeps esset.

Tales reliquos solere esse cives) *MSS.* tales reliquos cives esse solere.

Mirifica senatus consensio) *MSS.* mirificus consensus. *Vid. Not.*

Singularis omnium bonorum) *Al.* bonorum omnium.

Et si accusandi sunt) *Cod. Strozzk.* & si in bis accusandi sunt.

Qui pertimuerunt, magis etiam reprehendendi, qui se timere simularunt) *MSS.* si qui p. m. e. r. si qui se t. s. *Vid. Not.* pro timere *Grut.* retinere.

Qui meos cives) *Al.* quod. *V. Not.*

Declararique maluerim) *Strozzk.* v. c. voluerim. *Vatic.* malueram.

Si iis pro me stante pugnare licuisset) *Al.* si ii pro me stante pugna non destitissent; *al.* si hi p. m. st. pugnam non reliquissent, quum, &c. *Vid. Not.*

Quam fuerant in tenendo) *Alii MSS.* tuendo. *Vid. Not.*

Recreatis bonis viris) *MSS.* recreati, *ut paulo post* excitati *pro* excitatis. *Vid. Not.*

Rebus maximis gestis) *Stroz. v. c.* rebus

rebus variis & maximis gestis.

Nulli improbo civi) *Stewech. & vet. Pal.* nullo improbo civi.

Illa furia religionum) *MSS.* illa furta relig. *alii*, ille fur. relig. *al.* ille furia rel. *Vid. Not.*

Impunitatem est illorum sententiis adsecutus) *Al.* impunitatem sceleratorum eorum sententiis est adsecutus. *Vid. Not.*

Cum tribunus plebis pœnas a seditioso civi per bonos viros judicio persequi vellet) *Al.* cum tr. pl. a. s. cive per b. v. in judicio p. v. *MSS.* qui cum tyrannus Publio Lentulo a seditioso cive, *&c. N. Scelf. v. c.* qui cum tribunus plebis Lentulus a s. cive *&c. Vid. Not.*

Sed ut aliptæ etiam virium) *Sic MSS. alii*, i u. a. & virium & coloris; *vulgati fere*, sed etiam ut aliptæ virium.

Lucii filio, quondam) *Al.* quandam.

Fractum fuisse) *Sic MSS. & edd. vett. al.* fractum fuisse animo.

Aut etiam suspicabantur) *V. c. N. Scelf.* aut quidem etiam suspicabantur.

Qua declarasset se non potuisse me uno civi carere) *Sic Lambin. Pall. Gruter. Stewech. Vatic. Amstelodamensis, Grævii primus, edit. princeps, aliæ edd. & MSS. nonnulli*, quæ declarasset jam se non potuisse: *alii*, se se; *sic & civi pro cive. Palat. tert. Vatican. Stewech. Græv. prim. Victor. edit. Vatic.* cum declararet se; *unde Victor.* cum declarasset se non.

Cumque Metellum) *Al.* cum Q. Metellum. *Al.* cumque Q. Metellum.

Referente consule) *Pal. quart.* ref. consilio.

Cunctis ordinibus, hominibus incumbentibus) *Sic MSS. al.* cunctis ordinibus hominibusque incumbentibus. *Vid. Not.*

Suis viribus recuperasset) *MSS.* recuperavisset. *Al.* reciperavisset. *Græv. prim.* recipere licuisset.

Neque vero ego mihi postea quidquam) *Palat. tert.* neque vero ego postea mihi q.

Illud non obscure queruntur in meis sententiis) *Pal. quart.* non obscure q. *al.* ill. n. obscure q. in meas sententias.

Quibus ornem Cæsarem) *Pal. tert.* q. cornem C.

Quasi desciverim a pristina causa) *Sic Victor. & Man. Med.* quasi descicerem a pristina causa, *sic & Palat. prim. Amstelod. Græv. duo, nisi quod a omittunt. Non longe abit Manut.* quasi discessere pristina causa. *Vatic.* quasi desciscerim pristina causa. *Ceteri MSS. primi, etiam edit. princeps* desisterim, *vulgo* desisterim pristina. *Palat. tert. prima, pro pristina: Al.* destiterim a prist. c.

Nonnumquam postea interruptus) *Omnes MSS. quatuor, quos ego inspexi, legunt*, numquam p. i.

Declarant ii qui) *Al.* ii declarant qui.

Sensu sæpe jam) *Sic omnes MSS. al.* sententia. *Vid. Not.*

Quem ego vehementer auctorem sequor) *Al.* quem ego auctorem vehementer sequor. *Palat. tert.* quem ego vehementer sequor.

Neque patriæ afferre) *Vat. & Vict.* neve patriæ afferre.

Non stringendæ reipublicæ) *Grut.* tangendæ.

Cum eum nec persuadendo) *Al.* tum eum nec p. *Vid. Not.*

Implicatus tenebar) *Amstelod.* implicate tenebar: *v. c. N. Scelf.* ne temp. implicatus tenerem.

Etiamsi in nos non is esset) *Al.* etiamsi non in nos is esset: *al.* etiamsi non is in nos esset.

Tamen ornandus videretur) *Pall. Grut. Amstel. Græv. secund. & N. Scelf. v. c.* tamen memorandus, *vid. ed. prim. & al.* inornandus.

Neve in hoc reo, neve in aliis requiras) *Sic MSS. Pall. Grut. Vatic. Stewech. Amstelodam. edd. primar. Victor. Manut. Lamb. al.* quæras. *Palat. tert.* neve in hoc neve in aliis requiras.

Tametsi possum vel absenti) *Al.* t. p. licet absenti.

Comissatum) *Pal. quart.* commensatum.

Par pari referto) *Sic omnes MSS. quos vidit Grævius, alii*, par pro pari, *vid. Not.*

Cognosce de Crasso) *N. Scelf. v. c.* cognosce nunc de Crasso.

Oblivione contriveram) *Amstelod.* contereram, *vid. Not.*

Tamen si fine ulla mea contum. suſcep.) *Pal. ſec.* & *Grut.* tamen ſine ulla mea contum. ſuſcep. *Amſtelod.* tamen etſi ſine ulla mea contum. ſuſcep.

Non laceſſentem laeſiſſet) *MSS. Palat. duo*, *Grut. Grævii ſecundus*, *Mentelian. N. Scelſ. ed. prima* & *Gruter.* non laceſſentem laeſiſſet.

Præſenti, credo, iracundia) *Palat. tert.* præſenti, ut credo.

Quod ego effugiſſe me omne arbitrabar) *Palat. tert.* quod ego effugiſſe m. o. a. *al.* q. ego me elud. o a.

Quas ſæpe motu ſignificationeque appello) *Grut.* quos ſæpe ſignificatione appello.

Neque tum denique) *Palat. quart.* neque dum demum.

Non temporum ſolum rationem meorum) *In Palat. quart. deeſt* meorum.

Sed etiam naturæ) *Al.* ſed naturæ etiam meæ.

Craſſuique ut quaſi) *V. c.* Craſſum quoque.

Quibus rebus adductus, quamque rem) *Al.* quibus rebus adductus quam rem. *tert. Palat.* quaque re.

Si mihi integra omnia ac libera fuiſſent) *Ald. Strozzi.* ſ. m. i. o. & lib. ſ.

Etiamſi id fieri poſſet) *Al.* etſi id fieri poſſet.

Neque permanendum in una ſententia) *Tert. Palat. Grut.* & *Amſtelod.* Permanendum in una ſent. *Martin. codex*, neque permanendum in una ſententia perpetua. *Mentel.* neque permanendum in ſua ſent.

Bonorum voluntatibus immutatis) *Tert. Palat. Grut. Mentel. Amſtelodam.* bonorum voluntatibus motatis.

Præſtantibus in rep gubernanda) *Amſtelod.* præſtantius in rep. gubernanda.

Vt in navigando) *Al.* ut navigando, *vid. Not.*

Etiamſi portum tenere nequeas) *Al.* tenere non queas.

Quo velis, tandem pervenire) *V. c. Lambin.* & *Mentel.* quo velis tamen pervenire. *Amſtelod.* quo cum nubis velis tamen pervenire.

In adminiſtranda rep.) *V. c. Guilielm.* in adminiſtratione reip.

Sed id ſemper ſpectare debemus) *Al.* præſtare deb.

Quamobrem ut paullo ante poſui) *V. c. N. Scelſ.* quamobrem ut paullo ante propoſui.

Si eſſent omnia mihi ſolutiſſima) *Tert. Palat.* ſi omnia eſſent mihi ſolutiſſima.

Cum vero in hunc ſenſum) *Palat. tert.* cum vero jam hunc ſenſum.

Vt ego eum mihi devinctum putarem) *Quartus Palatinus*, *Amſtelod. Mentel.* devictum.

Nec mihi aliter potuiſſe videor) *Palat. tert.* nec mihi aliter videor potuiſſe.

Nunc etiam potentium) *Sic MSS. Lamb. ed.* hunc etiam, *in Strozzi.* & *tert. Palat. deeſt* hunc.

Novi animum tum mihi amiciſſimum) *Grut.* novi animum tuum mihi amiciſſ. *Amſtelod.* novi animum cum mihi amiciſſ. *Strozzi.* n. a. tum mihi amiciſſimum. *Mentel.* n. a. tuum mihi tum amiciſſimum.

Tum nulla in ceteros malevolentia) *Al.* tum non ulla i. c. malivolentia. *Grut.* cum nulla in ceteris malivol. *Mentel.* tum nulla ceteros malev.

Contraque cum magnum & excelſum) *Pal. quart.* contraque magnum & exc.

Tum etiam apertum & ſimplicem) *Mentel.* tum & ap. & ſimp.

Quocumque tempore) *Pal. quart.* quoque t.

Omnium moderator conſiliorum meorum) *Deeſt in tert. Palat.* meorum.

Etiam dignitas cura) *Tert. Palat. Grut. Amſtelodam.* & jam dignit. cur.

Me quidem certe tuarum actionum) *Strozzi.* tuarum certe actionum. *Vid. Not.*

Menocrito dabo) *Al.* Menecrati.

Neque ita multa, ne pertimeſcas) *Al.* ut pertim. *Vid. Not.*

Diſiungo me) *Al.* diſiungo.

Delectarunt) *Al.* delectant.

Scripſi igitur Ariſtoteleo more) *Palat. quart.* Ariſtotelico more, *al.* Ariſtotelio.

Ac omnem antiquorum) *Al.* & omnem.

Meritorum erga me tuorum meæque pietatis) *Al.* meritorum tuorum erga me meæque in te pietatis. *Scelſ. v. c.* meæque pietatis in te.

Qui ſe lætos arbitrarentur) *Gruter.*

q. ſ.

q. ſ. l. arbitrabantur.

Omnes nominatre. Quos) *Al.* omnes nominare, non mihi. Quos.

Cui recte committam) *Tert. Palat.* cui committam recte.

Quantum litteris, quantum ſtudiis) *V. c.* quantum ſtudiis, quantum litteris.

Id omne ad arbitrium tuum) *Guilielm. codd.* id omne arbitrio tuo. *Vid. Not.*

Ea tante mihi curæ ſunt, ut me nolim admoneri) *Sturmb. & Pal. quart.* ea, ut ante, mihi curæ ſint, & me velim admoneri. *Pal. prim. sec.* ea ſi ante mihi curæ ſint, ut me velim admoneri: rogari vero ſine magno dolore vix poſſim. *Grut. & Graev. ſecund.* ea, ut ante mihi curæ ſint, & me nolim admoneri. *Amſtelodam.* ea ut ante mihi curæ ſint, ut me nolim admoneri. *N. Scalſ. v. c.* ea ut ante mihi curæ ſuat, meque nolim adm.

Rogari ſine magno dolore vix poſſum) *Al.* vix poſſim.

Neminem cuiquam cariorem neque jucundiorem unquam fuiſſe) *Sturmb. cod.* neminem cuiquam cariorem, ne jucundiorem unquam fuiſſe; *unde Guilielmius conjecit*, neminem cuiquam cariorem, ne jucundiorem quidem unquam fuiſſe.

Non modo ut tu ſentias) *Grut.* non modo tu ſentias.

Appius in ſermonibus antea diſtitabat) *Amſtelod.* diſtabat.

Legemque Curiatam) *Al.* legem Curiatam.

Se paraturum cum collega) *Sic Amſtelod. Ment. al.* ſe partiturum, *al.* ſe paſſurum, *al.* ſe acturum, *al.* ſe comparaturum.

Ferre opus eſſe, neceſſe non eſſe) *Lamb. ed.* ſibi neceſſe non eſſe.

Quoad in urbem introiſſet) *Lamb. ed.* quod in urbem introiſſet, *& ſic Amſtelodamenſ. & Mentel. & Graev. ſecund.*

Poſſe te non decedere) *Sic MSS. al.* non poſſe te decedere.

Dignitatem, liberalitatem) *ſic & MS. Amſtelod. al.* dignitatem, liberalitatem.

Sine ſuſpicione tua cupiditatis) *Al.* ſine tua ſuſpicione cupiditatis. Suſpicione *deſideratur in Sturmb.*

Ego utrumque meum puto eſſe) *Al. e. u.* puto meum eſſe.

Accepi tuas litteras) *V. c.* oſtendi t. l.

Felicitate quidem vellem conſequi potuiſſes) *Sic Vetiſ. al.* facilitate, *itidem Amſtelodam. ſed eadem manus ſuperius ſcripſerat* facilitate, *al.* ſuc. a. quid v. *Pal. tert.* felicitate a. quid v. *Grut.* felicitatem a. quid v.

Equidem non deſinam) *Palat. tert.* Itidem non deſ.

Sed noſti conſuetudinem hominum) *Sturmb. c.* conſuetudines.

Scis quam graviter inimici illi ipſi Q. Scævolæ) *Sic MSS. al.* q. g. inimici ipſi Q. Scævolæ.

Tibi tamen ſum auctor) *Al.* auctor ſum tibi tamen.

Ut ſi quibus rebus poſſis) *Al.* ut quibus reb. p.

Id enſi difficile eſt) *Sturmb.* id ſi eſt diff.

EPIST. X.

Cur enim tibi hoc non gratificer) *Sic MSS. edd.* cur enim tibi hoc uno gratificer.

Neque in Apuliam tuam accedas) *Al.* concedas.

Salvum veniſſe gaudere) *Al.* ſalvum veniſſe te gaudere.

LIBER SECUNDUS

EPISTOLA I.

PRæ te ferres perſpectum mihi quidem) *Amſtelod. Mentel. Graev. ſec. edd. vet.* præ te ferre perſpectum mihi quidem.

Etenim quis eſt tam ſcribendo impiger) *Palat. tert. Sturmb.* quis enim eſt. *Grut.* enim quis eſt; *v. c. N. Scalſi*, *alii* etenim quis eſt tam impiger in ſcribendo quam ego.

A te vero bis terve ſummum) *Al.* ad ſummum.

Et eas perbreves accepi) *V. c. N. S.* & eas quidem perbreves. *Pal. quart.* & eas perbreves litteras accepi.

Con

Condemnabo eodem ego te crimine) *Palat. quart.* condemnabo eodem te crimine.

Ne non ſcribendo te expleam) *Græv.* expellam.

Ego te abſuiſſe) *Palat. quart.* afſuiſſe.

Et dolui quod carui fructu jucundiſſimæ conſuetudinis, & lætor) *Al.* & doleo quod carui fructu jucundiſſimæ conſuetudinis tuæ, & lætor, *vid. Not.*

Quodque in omnibus tuis rebus, meis optatis fortuna reſpondit) *Al.* reſpondet, *v. c. N. Scelſ.* quodque in omnibus rebus tuis fortuna meis optatis reſpondit.

Sic ad nos conformares) *Al.* confirmatus.

Suſtinere ac tueri) *Al. ſ.* & tueri.

Memoriam ulla umquam delebit oblivio) *Sic Victor. Vatic. Pall. quart. quint. Amſtelodam. al.* nulla umquam.

In adoleſcentia tua conquieſcat) *Al.* in adoleſcentia conquieſcat. *Vid. Not. Prid. v. c. & edd. Venet. & Mont.* in adoleſcentia conquieſcat tua.

Epist. II.

Quam a vita diſcederet) *Sic & Amſtelodam. & Græv. prim. al.* quam e vita decederet. *Al.* quam a vita decederet. *Græv. ſec.* quam vita diſcederet.

Cui & carus æque ſis & jucundus) *Sic MSS. al.* cui & carus æque ſis & perjucundus. *Vulgatæ edd.* cui carus æque ſis & perjucundus.

Epist. III.

Rupa ſtudium non defuit) *Al.* nempe ſtudium non defuit, *al.* nempe ſtudium meum non defuit, *al.* nuper ſtudium n. d. *vid. Not.*

Equidem quid ſentiam) *Sic Mentel. Amſtelod.* equidem ſentiam aut ſcribam. *Græv. prim.* equidem ſententiam aut ſcribam, *Martin. Hier*, *ut notavit Guilielm.* equidem ut ſentiam. *vid. Not.*

Coramque contra iſtam rationem, meam dicam) *Al. v. c.* contraque coram iſtam, meam rationem dicam. *al. c. c. i. m.* rationem ediſſeram, *vid. Not.*

Vt aut te in meam ſententiam adducam) *Pal. prim. ſec. tert. Amſtelod.* ut aut te in noſtram ſent. add. *Mentel.* ut aut me in eam ſententiam adducam.

Quid ſenſerim) *V. c. N. Scelſ.* quidnam ſenſerim.

Brevi tamen ſic habeto) *Al.* breviter tamen.

Quæ ſunt in rep. ampliſſima) *MSS.* quæ ampliſſima in rep. ſunt.

Qui ingredior ad explicandam rationem) *V. c.* qui ingrediar ad explic.

Vt iis bonis quæ tibi natura) *V. c. N. Scelſ.* ut his bonis quæ tibi nat.

Epist. IV.

Cujus cauſa inventa res ipſa eſt) *Al.* cujus cauſa res ipſa inventa eſt.

Hujus generis litteras a me profecto non exſpectas) *Al.* expectas. *Sic quatuor MSS. quibus uſus eſt Grævius. Palat. quart.* hujus generis ſententiæ litteras non expectas. *Al.* hujus gen. ſent. litt. a me p. n. expect. *Vid. Not.*

Tuarum enim rerum domeſticarum habes & ſcriptores) *V. c.* tuarum enim domeſticarum rerum habes. *Al. v. c.* domeſticos enim rerum t. h. ſ.

In meis autem rebus nihil eſt ſane novi) *Palat. tert.* in meis autem rebus nihil eſt novi ſane.

Atque in hoc genere hæc mea cauſa eſt, ut neque ea, quæ non ſentio, velim ſcribere) *V. c. N. Scelſ.* atque in hoc genere mea cauſa eſt hæc, ut neque ea, quæ nunc ſentio, velim ſcribere. *Vid. Not.*

Eſt enim tibi gravis adverſaria) *V. c.* eſt enim gravis tibi a.

Quarum laudum gloriam adamaris) *V. c.* admiraris.

Quibus artibus eæ laudes) *Tert. Palat.* hæ laudes. *Al.* quibuſque art. e. l.

In iis eſſe elaborandum) *MS. Mart. Amſtelod. alii*, in his eſſe elabor. *Pal. tert. Grut. & nonnulli alii* laborandum.

Niſi te tua ſponte ſatis incitatum) *Palat. tert. Gruter.* niſi tua ſponte ſatis inc.

Epist. V.

Hæc negotia quomodo ſe habeant) *V. c. N. Scelſ.* hæc negotia quomodocumque ſe habeant.

Narrare audeo tibi, etſi ubicumque

es) *Amstelod. Mentel. Grev. sec.* narrare audeo tibi ; & si ubicumque es. *Sigon.* narrare tibi audeo ; etsi ubicumque es. *Grev. prim.* narrare audeo ; etsi u. e. *Al.* audeo narrare tibi. *V. c.* audeo numerare. *Pith.* etsi ubi es.

Tamen, quod abes gratulor) *Al.* tamen gratulor quod abes.

Sed & clarissima, & una omnium voce perferrur) *Al.* sed & clarissima, & una, una omnium v. p. *Al.* viva o voce. *Al.* omnium una voce. *Vid. Not.*

Ita sunt omnia debilitata jam prope & extincta) *Al.* ita sunt omnia debilitata, & jam prope extincta. *Vid. Not.*

Epist. VI.

Cum Sextum Villium) *Al.* Sextum Iulium. *Al.* Servilium.

Clarissima & maxima extiterunt) *Al.* clarissima & maxima beneficia extiterunt.

Ne sustinere tua in me vel innumerabilia non possem) *Al.* ne sustinere tua in me vel innumerabilia beneficia non possem. *Vid. Not.*

Nullam esse gratiam, quam) *Al.* nullam esse gratiam tantam.

Quam vel non capere animus meus &c.) *Vid. Not.*

Liberalitatemque naturæ) *Sic MSS. Amstelodam. Grut. Palatini tres, Mentel. alii tamen, inter quos & Greviani duo,* libertatemque naturæ.

Si minus potuerem, at probarem) *Vid. Not.*

Quod tam vehementer de Milone laborem) *Al.* laboro. *sic MSS. Amstelodam.*

Prope saluti tuum studium) *Sic Victor. Lamb. Manut. ed. MSS. Pal. pr. Vet. Pith. Grev. prim. Mentel. alii,* propriæ salutis.

Fuisse in laude mea) *Al.* f. & in l. m.

Ego ni te videre scirem, cum hæc ad te scriberem) *Sic Mentel. & Grev. sec. Pal. prim. & sec.* cum in te hæc scriberem. *Amstelod.* quam in te hæc scriberem. *Grev. prim.* ego ni tu viderem rem quam in te hæc scriberem.

Quantopere mihi . . . . . esset elaborand.) *Al.* quantopere opere m. e. e.

Si a te hanc rem impetraro) *Al.* impetravero. *Al.* impetro.

Epist. VII.

Sed tibi & gratulor) *Al.* sed & tibi gratulor.

Nemo est, qui tibi sapientius suadere possit) *Al.* n. e. q. sapientius tibi suad. p.

Non vereor ne quid timide) *V. c. N. Scolf.* non enim vereor, ne quid timide.

Quæ ipse recta esse sentias) *Palat. tert. Grut. Vet.* quæ ipse recta sentias esse.

Quid vanitatis in vita) *Al.* quid varietatis in vita. *Al.* quid vanitatis in vita sit.

Alteri qui melius dare consilium) *Sic MSS. & edd. Palatini tamen tres, & totidem Guilielmii, Mentel.* alter qui melius dare consilium.

Cur ego non adsum) *Tres Palat.* cum ego absum.

Vel socius vel minister) *Pal. tert.* magister.

Iam etsi hoc minime tibi deest) *Sic Pall. tres & totidem Guilielm. aliique. Vulgo,* jam tametsi h. m. t. d.

Ex mea sententia temp. gessimus) *Al.* e. m. sententia rem gessimus.

Quamquam difficili in re) *Sic Victor. ed. Pall. tres. Medic. Stewech. Amstelod. Mentel. Grev. vulgo,* quamque difficili in re.

Tarasoni liberto) *Sic editio prima, Pal. tert. Grut. duo Guilielm. Pal. pr. & Amstelod.* Tharasoni *quint.* Tassasoni, *vulgo* Thrasoni.

Epist. VIII.

Quid? tu me hoc tibi mandasse existimas) *Pal. prim.* Quid tu? me.

Et Chresti compilationem mitterem) *Mentel. & Grev. prim. itque v. c.* et Chresti compilationem mitterem : *ita etiam Lamb. Amstelod.* Cresti.

Nisi quid ad me ipsum pertinebit) *V. c. N. Scolf.* nisi quid ad me ipsum pertineat. *Alius,* nisi quod ad me ipsum pertinebat. *Mentel.* nisi quæ ad me ipsum pertinebunt. *Grev. sec.* nihil ad me ipsum pertinebunt.

Quod te accusem) *V. c.* quo te accusem.

Mal.

Condemnabo eodem ego te crimine) *Palat. quart.* condemnabo eodem te crimine.

Ne non scribendo te expleam) *Grav.* expellam.

Ego te absuisse) *Palat. quart.* ossuisse.

Et dolui quod carui fructu jucundissimæ consuetudinis, & lætor) *Al.* & doleo quod carui fructu jucundissimæ consuetudinis tuæ, & lætor, *vid. Not.*

Quodque in omnibus tuis rebus, meis optatis fortuna respondit) *Al.* respondet, *v. c. N. Aself.* quodque in omnibus rebus tuis fortuna meis optatis respondit.

Sic ad nos conformatus) *Al.* confirmatus.

Sustinere ac tueri) *Al.* s. & tueri.

Memoriam ullam nunquam delebit oblivio) *Sic Vidter. Vatic. Pall. quart. quint. Amstelodam. al.* nulla umquam.

In adolescentia tua conquiescat) *Al.* in adolescentia conquiescat. *Vid. Not. Pal. v. c. & edd. Venet. & Manut.* in adolescentia conquiescat tua.

EPIST. II.

Quam a vita discederet) *Sic & Amstelodam. & Grav. prim. al.* quam e vita decederet. *Al.* quam a vita decederet. *Grav. sec.* quam vita discederet.

Cui & carus æque sis & jucundus) *Sic MSS. al.* cui & carus atque sis & perjocundus. *Vulgata edd.* cui carus æque sis & perjucundus.

EPIST. III.

Nuper studium non defuit) *Al.* nempe studium non defuit, *al.* nempe studium meum non defuit, *al.* nuper studium m. d. *vid. Not.*

Equidem quid sentiam) *Sic Mentel. Amstelod.* equidem sentiam aut scribam. *Grav prim.* equidem sententiam aut scribam, *Martin. liber, ut asseruit Guilielm.* equidem ut sentiam. *vid. Not.*

Coramque contra istam rationem, meam dicam) *Al. v. c.* coramque contra istam, meam rationem dicam. *al. c. c. i. m.* rationem edisseram, *vid. Not.*

Ut aut te in meam sententiam adducam) *Pal. prim. sec. tert. Amstelod.* ut aut te in nostram sent. add. *Mentel.* ut aut me in eam sententiam adducam.

Quid senserim) *V. c. N. Aself.* quidnam senserim.

Brevi tamen sic habeto) *Al.* breviter tamen.

Quæ sunt in rep. amplissima) *MSS.* quæ amplissima in rep. sunt.

Qui ingredior ad explicandam rationem) *V. c.* qui ingrediar ad explic.

Ut iis bonis quæ tibi natura) *V. c. N. Aself.* ut his bonis quæ tibi nat.

EPIST. IV.

Cujus causa inventa res ipsa est) *Al.* cujus causa res ipsa inventa est.

Hujus generis litteras a me profecto non exspectas) *Al.* expectas. *Sic quatuor MSS. quibus usus est Gravius. Palat. quart.* hujus generis sententiæ litteras non expectas. *Al.* hujus gen. sent. litt. a me p. n. exspect. *Vid. Not.*

Tuarum enim rerum domesticarum habes & scriptores) *V. c.* tuarum enim domesticarum rerum habes. *Al. v. c.* domesticos enim rerum t. h. s.

In meis autem rebus nihil est sane novi) *Palat. tert.* in meis autem rebus nihil est novi sane.

Atque in hoc genere hæc mea causa est, ut neque ea, quæ non sentio, velim scribere) *V. c. N. Aself.* atque in hoc genere mea causa est hæc, ut neque ea, quæ nunc sentio, velim scribere. *Vid. Not.*

Est enim tibi gravis adversaria) *V. c.* est enim gravis tibi a.

Quarum laudum gloriam adamaris) *V. c.* admiraris.

Quibus artibus eæ laudes) *Tert. Palat.* hæ laudes. *Al.* quibusque art. e. l.

In iis esse elaborandum) *MS. Mart. Amstelod. alii*, in his esse elabor. *Pal. tert. Grut. & nonnulli alii* laborandum.

Nisi te tua sponte satis incitatum) *Palat. tert. Gruter.* nisi tua sponte satis inc.

EPIST. V.

Hæc negotia quomodo se habeant) *V. c. N. Aself.* hæc negotia quomodocumque se habeant.

Narrare audeo tibi, etsi ubicumque es)

es) *Amſtelod. Mentel. Græv. ſec.* narrare audeo tibi : & ſi ubicumque es. *Sigon.* narrare tibi audeo : etſi ubicumque es. *Græv. prim.* narrare audeo : etſi u. e. *Al.* audeo narrare tibi. *V. c.* audeo enarrare. *Pith.* etſi ubi es.

Tamen, quod abes gratulor) *Al.* tamen gratulor quod abes.

Sed & clariſſima, & una omnium voce perfertur) *Al.* ſed & clariſſima, & una, una omnium v. p. *Al.* viva voce, *Al.* omnium una voce. *Vid. Not.*

Ita ſunt omnia debilitata jam prope & extincta) *Al.* ita ſunt omnia debilitata, & jam prope extincta. *Vid. Not.*

Epist. VI.

Cum Sextum Villium) *Al.* Sextum Iulium. *Al.* Servilium.

Clariſſima & maxima extiterunt) *Al.* clariſſima & maxima beneficia extiterunt.

Ne ſuſtinere tua in me vel innumerabilia non poſſem) *Al.* ne ſuſtinere tua in me vel innumerabilia beneficia non poſſem. *Vid. Not.*

Nullam eſſe gratiam, quam) *Al.* nullam eſſe gratiam tantam.

Quam vel non capere animus meus &c.) *Vid. Not.*

Liberalitatemque naturæ) *Sic MSS. Amſtelodam. Grut. Palatini tres, Mentel. alii tamen, inter quos & Græviani duo,* libertatemque naturæ.

Si minus potuerem, at probatam) *Vid. Not.*

Quod tam vehementer de Milone laborem) *Al.* laboro. *sic MSS. Amſtelodam.*

Prope ſaluti tuam ſtudium) *Sic Victor. Lamb. Manut. ed. MSS. Pal. pr. Vat. Pith. Græv. prim. Mentel. alii,* propriæ ſalutis.

Fuiſſe in laude mea) *Al.* f. & in l. m.

Ego ni te videre ſcirem, cum hæc ad te ſcriberem) *Sic Mentel. & Græv. ſec. Pal. prim. & ſec.* cum in te hæc ſcriberem. *Amſtelod.* quam in te hæc ſcriberem. *Græv. prim.* ego ni tu viderem rem quam in te hæc ſcriberem.

Quantopere mihi .... eſſet elaborand.) *Al.* quantopere opere m. e. e.

Si a te hanc rem impetrare) *Al.* impetravero. *Al.* impetro.

Epist. VII.

Sed tibi & gratulor) *Al.* ſed & tibi gratulor.

Nemo eſt, qui tibi ſapientius ſuadere poſſit) *Al.* n. e. q. ſapientius tibi ſuad. p.

Non vereor ne quid timide) *V. c. N. Scrif.* non enim vereor, ne quid timide.

Quæ ipſe recta eſſe ſentias) *Palat. tert. Grut. Ven.* quæ ipſe recta ſentias eſſe.

Quid vanitatis in vita) *Al.* quid varietatis in vita. *Al.* quid vanitatis in vita ſit.

Alteri qui melius dare conſilium) *Sic MSS. & edd. Palatini tamen tres, & totidem Gulielmii, Mentel.* alter qui melius dare conſilium.

Cur ego non adiam) *Tres Palat.* cum ego abſum.

Vel ſocius vel miniſter) *Pal. tert.* magiſter.

Jam etſi hoc minime tibi deeſt) *Sic Pall. tres & totidem Gulielm. aliique. Vulgo,* Jam tametſi h. m. t. d.

Ex mea ſententia remp. geſſimus) *Al.* e. m. ſententia rem geſſimus.

Quamquam difficili in re) *Sic Victor. ed. Pall. tres, Medic. Steuvech. Amſtelod. Mentel. Græv. vulgo,* quamquam difficili in re.

Taraſoni liberto) *Sic editio prima, Pal. tert. Grut. duo Gulielm. Pal. pr. & Amſtelod.* Tharaſoni *quint.* Taſſaxoni, *vulgo* Thraſoni.

Epist. VIII.

Quid ? tu me hoc tibi mandaſſe exiſtimas) *Pal. prim.* Quid tu ? me.

Et Chreſti compilationem mitteres) *Mentel. & Græv. prim.* inſuper v. c. ut Chreſti compilationem mitteres : *ita etiam Lamb. Amſtelod.* Creſti.

Niſi quid ad me ipſum pertinebit) *V. c. N. Scrif.* niſi quid ad me ipſum pertineat. *Alius,* niſi quod ad me ipſum pertinebat. *Mentel.* niſi quæ ad me ipſum pertinebunt. *Græv. ſec.* nihil ad me ipſum pertinebunt.

Quod te accuſem) *V. c.* quo te accuſem.

Mal-

Multumque mecum Gallus noſter Caninius, proficiſcebar inde quid.) *V. c. N. Scelſ.* multumque mecum Gallus noſter, Caninius proficiſcebatur inde. *Editi quidem*, m. mecum C. noſter Caninius, proficiſcebar.

Epist. IX.

Primum tibi, ut debeo) *Al.* plurimum tibi, ut debeo.

Ignoratione rerum omnium) *Al.* ignorantia.

Quod ita factus ſis) *Sic MSS. Palat. duo Vatic. Grut. Steuv. Pet. Amſtelod. Mentel. duo Grev. vulgo*, quod ita factum ſit.

Quemadmodum ſcripſeras ad me, quem) *Al.* q. ſ. a. m. quod.

Scis quem dicam) *Sic MSS. Palat. prim. Vatic. Steuv. Vict. Grev. prim. alii*, ſcis quem dico.

Egique omnes illos adoleſc.) *Al.* egoque o. i. a.

Quos ille jactirat) *Sic MSS. Pall. quart. Grut. Amſtelod. Grev. duo. Mentel. Vid. Not.*

Incredibile hoc factu) *Al.* factum. *Et ſic Amſtelodam. Grev. prim.* facto, *ſed ſec. & Mentel.* factu.

Ingreſſi omnibus ſocitiis) *Al.* immerſi o. l.

In quo cum objurgarer) *Al.* in quibus cum objurgarer.

Voluptatem animi nimiam) *MSS.* hominis nimiam. *Al.* voluptatem habui nimiam. *Vid. Not.*

Cum primum ero aliquid otii nactus) *Al.* nactus aliquid otii. *Al.* aliquid nactus otii.

Te vero mi Ruſe diligo) *Sic Amſtelod. & alii. V. c. N. Scelſ. & Grev. pr. & Mentel.* te vero mirifice diligo. *Grev. ſec.* te vero diligo mirifice.

Epist. X.

Tu vide quam ad me litteræ non perferantur) *Al.* tu vide quamobrem ad me litteræ. *Al.* tu vide quam temere, cum ad me litt. *Al.* tu vide quam timide, quam ad me, &c. *Al.* tu vide quam tarde, quam ad me, &c.

Non enim poſſum adduci) *Al.* non enim adduci poſſum.

Cum eſſet tanta res tantæ gratulationis) *Sic v. c. N. Scelſ. Grev. prim. Mentel. ſecund. vero & Amſtelod. aliique* tantæ gratulationes.

De te quia quod ſperabam; de Hillo, balbus enim ſum, quod non putaram) *MSS.* de te quia ſperabam de nihilo. Balbus enim ſum, quod non putaram.

Quin eſſet ad te altera) *Al.* quis etiam eſſet a. t. a.

Velles en. ais) *Al.* v. en. ut ais.

Et quadam auctoritate apud eos qui me norant) *V. c. N. Scelſ.* & quadam etiam auctoritate apud omnes, qui me norant.

Hiccine eſt ille qui urbem, quem ſenatus) *Al.* hiccine & ille q. u.

Improviſo adventu capta & incenſa) *V. c.* capta ſunt & incenſa.

Caſtella munita) *Al.* c. minuta.

Adduxi exercitum ad infeſtiſſimam) *Al.* abduxi. *Pal. ſec.* deduxi. *Vid. Not.*

Ibi quintum viceſimum jam diem aggeribus, vineis, turribus oppugnabam) *V. c. N. Scelſ.* ibi quintum & viceſimum jam diem aggeribus, turbinibus oppugnabam.

Pindeniſſum) *V. c. N. Scelſ.* Pindenuſſum.

Tantis opibus) *Al.* tantis operibus.

Hæc ad te in præſenti ſcripſi) *Al.* hæc ad te veſperi in præſenti ſcripſi.

Ut ſperes te aſſequi id quod optaſti) *V. c.* u. ſ. t. a. quod optaſſem poſſe.

Sin id erit, ut ſcribis, & ut ego arbitror, ſpiſſius) *Al.* ſin id erit, ut ſcribis, & ut ego arbitror, ſerius.

Ex tuis ut ante ſcripſi) *Al.* ex tuis ut antea ſcripſi. *Et ſic quatuor MSS. quos Grævius inſpexit. Vid. Not.*

Tum etiam ſutura magis exſpecto) *Al.* t. e. ſ. m. exopto.

Epist. XI.

Atque inprimis tui, ſatietas autem provinciæ) *Pal. prim. & quint.* incredibile meorum, atque in primis ſatietas ante provinciæ. *Secund. & tert.* atque imprimis ſatietas provinciæ. *Pal. quart. Grut. Grev. ſecund.* atque in primis ſatietas autem provinciæ. *Amſtelodam.* incredibile deorum atque inprimis ſatietas ante provinciæ. *Sic & Mentel. qui tamen habet* meorum. *Vid. Not.*

Qui

Qui maiora onera in rep. sustinere & possim & soleam) *Sic MSS. Amstelodam.* possum & soleam. *Vulgo*, qui maiora in rep. onera sustinere & possimus, & debeamus.

Mandato meo) *Al.* mandata mea.

Si quid esset plane nesciebamus) *Sic in MSS. Vulgo*, sed quid plane esset, nesciebamus.

Ipse dies me admonebat) *V. c. N. Scelf.* ipsius dies me admonebat.

Megalensibus) *Lamb.* Megalesiis.

EPIST. XII.

Quinquatrus) *Al.* quinquatriis. *Vid. Not.*

Si quae ridenda essent) *Al.* si quae ridenda essent.

Iter habebant ad Dejotarum Regem) *Al.* Latharum Reg &c. *V. Not.*

Quamquam omnia nec benigna, nec copiosa cognorant) *Vet. cod. N. Scelf.* quamquam omnia nec benigna, nec copiosa, nec facilia cognorant.

Urbem, urbem, mi Rufe, cole) *Sic MSS. alii*, urbem mi Rufe cole.

Atque uno sermone nostro) *V. c. N. Scelf.* atque uno sermone vestro.

Non erat minor ex contemnenda, quam ex conservata provincia) *Pal. prim. & Pech.* non eram minor.

Spem triumphi? inquis: satis gloriose triumpharem) *Al.* spes triumphi? inquis: satis gloriose triumpharem. *Palat. sec.* spes triumphi, inquis, satis gloriose triumpharem; non enim tam diu quidem in desid. *tert.* spes triumphi, in qua s. gl. tr. non essem tam diu in d. *quart.* spem triumphi; in qua (*superscriptum Ai: nisi*) satis gloriose triumph. non essem tam diu quidem. *Sic fere etiam Graevii codd.*

Obviam mitte epistolas) *Al.* mittito.

EPIST. XIII.

Cum sentimus prudentibus fideliterque suadentibus idem videri) *V. c. N. Scelfi*, cum sentimus prudenter, fideliterque suadentibus idem videre.

Mea vero officia ei non defuisse, tu es testis) *Al.* mea vero o. ei non defuisse tute es testis. *V. c. N. Scelf.* tu optime scis, & est testis. *MS. prim. Grev.* tu testis.

Quoniam Κορυφαῖον μάρτυρα, ut opinor, occidit Phania) *MSS.* accidit. *Mentel. & edd.* accedit. *Vid. Not.* *v. c. N. Scelf.* quoniam Comico *parere*, ut opinor, audit Phanias.

Cur mihi non sit in optatis complecti hominem florentem aetate) *V. c.* cur mihi in optatis non sit complecti hominem florentem aetate.

Quod mihi significabant tuae litterae) *MSS.* quod nihil significabant tuae litterae. *Vid. Not.*

Non opinionum dissensione) *Al.* n. voluntatum d.

Caesarem non defendit Curio) *Sic MSS. omnes. Lamb. ed.* Caesarem nunc defendit Curio.

Nam ita vivam putavi) *Sic Vetbcan. Pechii, Palat. quart. Grev. prim. Vistor. Lamb. edd. Amstelod.* nam ita viva putavi. *Mentel.* nam ita ante putavi. *Grev. sec.* nam ita ana putavi. *Multi alii MSS.* nam ita in via putavi.

Quoniam jurisdictionem confeceram, &c.) *De tota hac periodo ut in ceteris libris legatur, vid. Not. & P. Manut.*

Cum prima aestiva attigissem) *Sic MSS. Palat. V.* cum prima aestiva attig. *Al.* cum primum ae. a.

Militaremque rem collocassem) *V. c.* militaremque in ea collocassem. *Vid. P. Manut.*

EPIST. XIV.

M. Fabio) *Tres v. c. non habent praenomen* Marco, *nec exstat in quatuor illis libris, quos Graevius inspexit.*

Sed in hoc homine nullam accipio excusationem) *V. c. N. Scelf.* sed in hoc homine nullam excipio accusationem. *Sic & Mentel. & Grev. sec.*

Nihil novi ad nos afferebatur) *Quinque codd.* nihil novi ad nos referebatur. *Grev. prim.* nihil novi ad nos afferebatur, *forte*, perferebatur.

EPIST. XV.

Neque prudentius) *V. c.* nec prudentius.

Deinde etiam amari) *Al.* deinde & amari.

Caesarem honestum esse cupio) *Al.* Caesari honestissime cupio. *MSS.* Caesarem

sarem honestissime esse cupio. *Al.* Cæsarem honestissime cupio.

Pro Pompeio emori possem) *Al.* mori.

Districtus enim mihi videris) *V. c. N. Scelf.* distractus enim mihi videris.

Præposui provinciæ) *N. Scelf. Mentel. & Grævii prim.* proposui provinciæ.

At quæstorem, at nobilem adolescentem, at omnium fere exemplo) *V. c.* ad quæstorem, ad nobilem adolescentem, ad omnium fere exemplum. *Amstelod.* ad omnium sine exemplo, *sed Mentel. stat pro Medicei libri lectione.*

Neque erat superiore honore usus) *Sic MSS. nonnulli*, neque erat superiore honore ullus.

Pomtinius) *Al.* Pomtinius.

Multo ante discesserat a Q. Fratre impetrari non poterat) *V. c.* multo ante discesserat a Q. Fratre, unde impetrari non poterat.

De provincia decessisse) *Al.* ex provincia decessisse.

Si fratrem reliquissem omnia timerem) *V. c. N. Scelf.* nam si fratrem reliquissem, omnia certe timerem.

Potentissimorum deorum) *Al.* p. virorum.

Omnes Cassios Antoniosque) *Al.* juvenes Cassios Antoniosque.

De Matrimio sit auditum) *Sic & Amstelodam. alii*, de matrimonio. *Vid. Not.*

EPIST. XVI.

Quæ non animum meum magis sollicitum haberet, quam tuum) *Al.* quæ meum animum magis sollicitum non haberet, quam tuum.

Prope jacentem desciscerem) *Tres Pall. Fech.* desisterem. *Amstelodam. & Mentel.* descissrem. *Palat. quint.* discesserim. *N. Scelf.* disjungerem.

A meque ipse desicerem) *V. c.* a me ipse deficerem.

In hominum insolentium indignitate fastidium) *Al.* I. h. i. dignitate f.

Eo si onere careiem) *Polit. MS. Palat. prim quart aliique*, eo si honore carerem. *Streuch.* ea si onera.

Sed etiam in voculas malevolorum) *Gruter.* sed etiam voculas malevolorum.

Nihil tamen umquam de professione) *Palat. qrt.* nil tam umquam de professione.

Quod autem in maritimis facillime sum, moveo nonnullis suspicionem) *Sic MSS. etiam Grav. prim. Vatic. & Pall. sed Mentel.* quod autem in maritimis moratus sum, facillime summovet suspicionem. *tert. Palat. Streuch.* movet. *vulgo*, quod autem in maritimis sum, facile moveo nonnullis suspicionem. *Amstelod.* quod autem in maritimis sum, movet facillime nonnullis suspicionem.

Non enim te celavi sermonem T. Ampii) *Sic MSS. alii, & edd.* non enim te celavi; sed nonne tum providisti quam abhorrerem. *Tert. Palat.* sed nonne tuum providisti.

Cum audissem, nonne tibi affirmavi) *Sic MSS. vulgo*, quod cum audissem, nonne tibi affirmavi. *Sed nonnulli codd. aliter distinguunt. Amstelod. Grav. prim.* ab urbe relinquenda cum audissem. Nonne tibi affirmavi; *pro* nonne *nunc non me, scribit Grævianus & Mentel.*

Me ex his miseriis nihil aliud quærere) *MSS.* ex his miseriis nihil aliud quærere. *Al.* e. h. m. nihil aliud me quærere.

Hæc nostra laus erit illustrior) *Streuch. Marr. aliique codd.* hæc nostra laus.

Satis amplum patrimonium relinquam in memoria nominis mei) *Al.* in memoriam. *Al.* memoriam. *Vid. Not.*

Hæc tantum oblectabar specula) *MSS.* hac tamen o. s. *Vid. Not.*

Vel potius nostrum, fore ab iis molestiis) *Sic MSS. omnes. Vulgo*, vel potius nostrum, videbam ab illis molestiis.

Quæ liberalitate sua contraxerat) *Al.* libertate.

Nec quidquam aliud cogito) *V. c.* neque q. a. c.

Ego fortasse vaticinor) *Sic MSS. edd.* ego fortasse imitor.

Senes erant adolescente me) *V. c.* me adolescente.

Togam sexi Oppio) *Al.* Appio.

Dolabella, quod scripsi, suadere videras) *Al.* de Dolabella, &c. *Vid. Not.*

Tamquam si tua res agatur) *Al.* cumtamquam si res tua agatur.

Amicitia nostra & fides tua postulabit) *Duo codd. Gulielmii*, a. n. & f. t. postulat.

EPIST. XVII.

CANINIO SALVSTIO PROQVAESTORI) *primus Palat.* Caio Sallustio Proconsuli. *Vid. Not.*

Nec quemquam fore arbitror, Quin ad diem decedam) *V. c. N. Scelf.* nec quidquam fore arbitror quin ad diem decedam.

Ad urbem volo quam primum venire) *sic MSS. alii* velim.

Successor tuus non potest ita maturare ullo modo) *MS.* successor tuus non potest ita mature ullo modo.

De rationibus referendis) *Palat. pr.* de sectionibus refer.

Non erat incommodum te nullam referre) *V. c. P. Vrsin.* n. e. i. tenui illas referre.

Quam tibi scribis a Bibulo potestatem fieri) *V. c. N. Scelf.* quam tibi scis a Bibulo potestatem fieri.

Id vix mihi videris) *Pech.* vix id mihi videris.

Tibi magnopere servandam censeo) *Struvch.* tibi magnopere servandum censeo.

Videbam idem ceteros existimare) *V. c. N. Scelf.* videbam idem ceteros existimare.

Sermones malevolorum fuisse) *V. c.* malivolorum.

Praeter quaestores urbanos, id est, populum Romanum) *Palat. ter. Grut. Struvch. exigunt illa verba vadicitus*, id est, populum Romanum, *m. c. F. Vrsini*, praeter Quaestores & Praefectos.

De drachmis cccLIII.) *sic Vatic. & omnes MSS. Palat. & quos Graevius inspexit, et & ed. prima. Manut. vero & aliae edd.* de drachmis ccc1333.

Vt praeda a praefectis) *V. c.* praeda praefectis.

Quae autem mihi attributa est a Quaestore curetur) *V. c. Scelf.* quae haud mihi attributa est a Quaestore curetur. *Pal. tert. & prim. Grut.* q. m. a. a Q curatur.

Marium quidem successorem tarde video esse venturum) *Struv. tert. Grut.* Marium quidem successorem tandem video esse venturum. *Vid. Not.*

Senatus ita decrevit) *Grut.* decrevit ita.

Petis ut Bibulo te quam diligentissime commendem) *Al.* petis a me ut Bibulo te quam diligentissime commendem. *Grut.* p. a m. u. B. quam te diligent. com.

Sed locus esse videtur tecum expostulandi) *Sic v. c. o. edd.* sed locus videtur esse t. e.

Certiorem me numquam fecisti) *Lamb.* certiorem numquam me fecisti.

Cum magnus Antiochiae metus esset) *Al.* tumultus esset. *MSS. aliquot*, quod magnus Antioch. metus esset.

Quidvis se perpeti malle) *Struvch.* a quibusvis se perpeti malle.

Eguisse auxilio meo) *Struvch.* consilio meo.

Quemadmodum tractarere audiebam) *Palat. tres, Amploed.* quemadmodum tractare apud *Grut.* quemadmod. tractarer. *Gravii vero primus* tractarere.

Ad me litteram numquam misit) *Struvch.* litteras.

Ejus belli) *Pech.* hujus belli.

Ut ei quam humanissime scriberem) *Lamb.* rescriberem.

Quod numquam existimavi, minus offendor in me) *V. c.* quod numquam existimavi minus offendit me.

Nihil tibi litterae meae proderunt) *V. c.* nihil tibi meae litterae proderunt.

Ad senatum quas Bibulus litteras misit) *V. c.* quas Bibulus misit litteras, in iis.

Quod mihi cum illo erat commune) *Pech. lib.* quae mihi cum illo erant communia.

Quod autem meum erat proprium) *V. c.* quod meum erat proprium.

Alteriis Transpadanis uti negarem) *Lamb.* Alteriis Transpadanis uti me negarem.

Quod vero illius erat solius) *V. c.* quod me illius erat solius.

Quia senatus per me regem appellavit) *Al.* quem senatus per me reg. appell. *Lamb.* quia eum senatus.

Facies quod voles) *V. c. N. Scelf.* facies ut voles.

EPIST. XVIII.

Quae quidem a te ipso integritate & clementia) *MSS. Struvch. & tert. Grut.*

Grut. quæ equidem a te ipso integritate & clementia.

Mihi magis magisque quotidie) *MS. Pech.* mihi magis quotidie magisque.

Nocere tibi iratum neminem posse perspicio) *V. c.* nocere tibi iratum neminem perspicio posse.

Jure præsertim) *Al.* præsertim jure.

Cur ego te velim incidere in terrores tribunicios) *V. c. N. Scalf.* cur ego te velim incidere in timores tribunitios?

' Quæstoriis legatis) *Al.* Quæstoris. *Vid. Not.*

Qui si dignum majoribus suis præbuerit) *Al.* qui si dignum se majoribus suis præbuerit. *Vid. Not.*

Existimavi me ad te oportere scribere) *Al.* me scribere oportere.

Sed si me audies) *Pech.* si me audies.

EPIST. XIX.

Magni enim videbarer interesse) *Liber vetus Guilielm. & N. Scalf.* magis enim videb. interesse.

Quam nobis sors tribuisset) *Pal. prim. Vatic. Venet. & Grut. ed.* quam nobis sors tribuisset.

Consuetudinem quoque accedere) *Palat. prim. sec. tert. Græv. prim. Mentel. Amstelod.* accidere.

Postea quam mihi) *Sic Pall. omnes, Amstelodam. Mentel. Græv. secund. & Venet. & Vict. & Gebh. edd. Græv. primus cum vulgatis*, postea cum mihi.

Quod etiam nunc vereor) *Tert. Palat.* quoniam etiam nunc vereor.

Ne ante quam tu in provinciam venisses) *Palat. tert.* quoniam antequam tu in provinciam.

Missas litteras in Ciliciam) *Al.* missas litteras in provinciam. *Vid. Not. al. v. c.* in Ciliciam.

Scriptas humanissime) *V. c.* & scriptas humanissime.

Quo ex loco & quo tempore) *Sic Amstelod. Vid. Not.*

Existimavi tamen esse faciendum) *Al.* existimavi tamen mihi esse faciendum, *al.* mihi faciendum esse.

Quod item C. Virgilius) *Sic omnes Palat. Grut. Guilielm. vulgo* Virginius. *Vatic.* quod idem C. Virginius. *Græv. duo, & N. Scalf. v. c.* quod item Consul Virgilius. *Amstelodam.* quod item Consul Virginius. *Mentel.* quod idem Consul Virgilius.

Familiarissimus noster) *Pech. & N. Scalf. codd.* familiaris noster.

Valet id quidem apud me multum) *V. c.* valet id quidem apud me.

Sicuti debet hominum amicissimorum diligens commendatio) *Pech. cod.* sicuti debet amicissimorum diligens commendatio.

Mihi quæstor optatior) *Lambin.* tu optatior.

Quæcumque a me ornamenta ad te proficiscentur, ut omnes) *Sic MSS. vid. Not. Vulgo*, quæcumque a me ornamenta in te proficiscentur, elaborabo, ut omnes intelligant.

Sed facilius consequar) *Sic MSS. Vulgo*, sed jam facilius consequar.

LIBER TERTIUS

EPISTOLA I.

ITa est homo non modo prudens, verum etiam, quod juvet, curiosus) *V. c.* ita est homo non modo prudens, verum etiam æquus, & quod vidi, curiosus.

Id & ad brevitatem est aptius) *MSS.* id enim & ad brevitatem est aptius.

Ad reliquas res providentius) *MS. Sonwerk. & N. Scalf. a. r. r.* prudentius.

Sic est, tibi persuade) *Vid. Not. al.* sic enim persuade tibi.

Ex multorum sermonibus intelligo) *Grut.* ex multorum generationibus sermonum.

Qua caruimus nostra consuetudine & gratia) *In Palat. sec. & tert. Grut.* desideramur & gratia.

Et crebritate & magnitudine officiorum meorum sarciam) *Pech. Sonwerk. Ven.* & celebritate & magnitud. off. s. *quart. Pal.* & c. & m. o. m. sarcinam.

Non invita Minerva) *Rob. Steph.* non invisa Minerva.

Cum de animo tuo, de sermonibus quos de me haberes) *Sic vett. codd.*

Su-

Stewech, *Pall.* omnes quas *Lambinus* vidit; *Amstelodam*. *Mentel*. *Grævii* duo; vulgo: eum de animo tuo; eum de ſermonibus q. d. m. h.

L. Valerium Iuriſconſultum) *Prim. Grut.* Lentulum Iuriſconſultum. *prim. ſec. Pall.* Iureconſultum.

Sed ita etiam, ſi non eſt Iuriſconſultus) *Pal.* Sed etiam ita, ſi non eſt Iuriſconſultus.

EPIST. II.

M. T. C. Procos.) *Al.* Pro conſule.

Cum contra voluntatem meam & præter opinionem accidiſſet) *V. c. N. Heinſ.* cum contra voluntatem meam, & præter opinionem etiam meam.

Quod neque tibi amicior) *Al.* amicitior, *vid. Not.*

Quam maxime apertam) *Al.* apertam.

Ea te profecto nunquam fallet) *MSS*, ea profecto nunquam te fallet.

Quaſo & peto) *Al.* p. & q. *tert. Pal.* peto & quaſo, quaſo.

Proſpicias & conſulas rationibus meis) *Tert. Grut.* proſpicias conſulas rationibus meis

Provinciam eſſe habendam) *Al.* provinciam mihi eſſe habendam.

Quod ejus facere potueris) *Palat. prim.* quod vis facere potueris. *Sec. a manu ſecunda, quart. quint. Mentel.* quod equidem facere pot. *Pal.* *Grev. ſec.* quod quidem fac. pot. *tert.* quod eque f. p. *Grut.* quæ ejus fac. pot. *Grev. prim.* quod & facere poteris. *Amſtelod.* quod facere potueris.

Longiorem orationem exſpectaret) *Al.* l. o. expeteret.

Pro ſe ipſa loqueretur) *Al.* per ſ. i. l.

Si rationibus meis proviſum eſſe intellexero) *Al.* ſi rationibus meis a te proviſum eſſe intellexero. *Vid. Not.*

EPIST. III.

A. D. XI. Kal. Iun.) *Sic MSS. alii tamen* A. D. XVI. *Palat. tert.* A. D. XVII. Kal. Iun.

Q. Fabius legatus) *MSS.* Q Fabianus legatus. *Vid Not.*

Eaque me ex tuis mandatis monuit, quæ non mihi ad quem pertinebant) *In cod. Stew. non exſtat*, mandatis, *impreſſi vero addunt modo*. *Vid. Not.* *Lambin.* eaque me tuo mandato monuit.

Id cum Sulpicius Conſul) *Al.* id cum Serv. Sulpicius Conſ.

Succeſſori conjunctiſſimo & amiciſſimo) *ſecund. Palat.* ſ. conjunctiſſimo & amantiſſimo.

Pro noſtra conſociatiſſima voluntate) *Alii*, pro noſtra conſtantiſſima voluntate erga te. *Vid. Not.*

Amiciori) *MSS*, amicitiori.

Ex iis litteris) *Hic incipit nova epiſtola in v. cod. Grævii primo.*

Mihi Fabius idem demonſtravit) *Codex Guilielmii*, mihi Fabianus idem demonſtravit, *v. c. N. Heinſ. Grævii pr. aliique*, mihi Fabius eidem demonſtr.

Quam minime imminueris) *Sic MSS. alii*, quam minimum.

Senatusconſultis quæ facta ſunt) *Al.* Senatusconſulto. *Vid. Not.*

Conſilio ea eſſe facturum) *Al.* c. ea ſ. *MSS.* conſilio facturum.

C. Pontinium) *Al.* C. Pomptinum, *Al.* C. Pontinum.

Quæ primum navigandi nobis facultas data erit, utemur) *Al.* cum primum navigandi nobis facultas data erit, ea utemur. *Vid. Not.*

Quæ data erit, utemur, Vale) *In codice primo Grævii & Mentelii no deſiderator* Vale, *& ſequens epiſtola tota cum hac cohæret, ſicut & in Stewech. Pal. tert. Grut. & alio Guilielmii.*

EPIST. IV.

Prid. Nonas Iunii) *Codex Guilielm.* Pridie Nonas Iunias; *cohæret in multis MSS. cum præcedente epiſtola.*

Quibus erat ſcriptum) *Al.* in quibus erat ſcriptum.

Te L. Clodio mandaſſe) *MSS.* te Clodio & Lentulo m. *alii*, te Lentulo & Clodio m. *alii*, te Clodio Lentio. *Grævii primus*, te Lentulo Clodio. *Vitii origo eſt ex ignoratione Notæ L.*

Quibus plurimum ſignificare potuero) *MSS.* quibus plurimum ſignificare potero.

Cn. filius) *Tres Pall.* Gnæus felix. *Mentel. Amſtelodam; duo Grævii*, C. filius.

Multis argumentis jam antea judicatam) *MSS. nonnulli*, plurimis argumentis j. a. j. *alii*, multis jam argum. a. j.

Mea in te omnia ſumma neceſſitudinis officia) *Al.* o. ſummæ n. o.

Nam cum te ipſum) *Pal.* cum te

 ipſe:

Cic. Op. T. XIV. Epiſt. Fam. T. I.

ipse: *tert. Palat.* cum tu ipsum.

Accesserunt etiam conjunctiones) *Quinque veteres codices*, accesserunt conjunctiones.

Duo enim) *Edd.* duo enim.

Filia tua socerum) *Bim. Pal.* filia tua.

M. Brutum) *MSS. multi*, meum Brutum. *Mentel.* C. Brutum: *illius origo est ignorantia* τῶ M.

Collegiique conjunctio) *Edd.* collegii quoque.

Attulisse videtur) *MSS.* attulisse videatur: *etiam Amstelodam. & Grævii duo*.

Sed & si Clodium convenero) *Edd.* sed si Clodium convenero.

Te ut quamprimum viderem) *Edd.* ut te q. p. v.

Tibi manendi causam eam fuisse) *Edd.* manendi tibi causam eam fuisse.

EPIST. V.

Tralles veni) *MSS.* Trallis venis.

A. d. VI Kal. Sext.) *Edd.* ad XIII. Kl. Sext. *alii*, a. d. XVI Kal.

Hominem neminem) *Edd.* homine neminem.

Nec mihi amiciorem) *Grut. MS.* amicitiorem.

Lucilium) *MSS. duo* Lucium.

Quæ de nostris officiis ego ad te scripserim) *Pall. quatuor, Amstelod. Mentel. Græv. primus*, quæ nostris officiis ego ad te scripserim.

Etsi tibi jucunda fuerint) *V. c. N. Amst.* etsi tibi jucunda fuerunt. *Al.* etsi ea juc. f.

Ex alto repetita sunt) *Sic quatuor Palat. Mentel. Grævii tamen duo, & edd.* sunt.

Supervacanea est) *Palat. quart. & Græv. secund.* supervacua est.

Tamen agam, ut debeo gratias) *Sic tres Pal.*

Didici ex tuis litteris te omnibus) *Vid. Not.*

Et mihi consuleres restitueresque, & præparares) *Vid. Not.*

Quo mea ratio facilior & solutior esse posset) *Palat. prim.* quo mea ratio facilior & solutior esse videretur.

Mihi gravissimum esse dicam) *Sic MSS. Edd.* ducam.

Deinde ut etiam reliqui) *Al.* deinde etiam ut reliqui.

Non satis est perspectum) *Al.* n. s. e. perspicuum.

Nos hoc animo esse) *Edd.* hoc animo nos esse.

Sed hoc fieri melius) *Edd.* hoc fieri melius.

Ea res sic se habet) *Sic MSS. Græv. prim.* ea res se sic habet; *edd.* ea res sic habet.

Libenter me ad eam partem provinciæ) *Al.* me libenter ad eam partem provinciæ.

Quod classe te velles decedere per se fore accommodatum) *Vid. Not.*

Si ad illam maritimam partem provinciæ) *Sic MSS. Pal. prim.* si ad eam: *edd.* si ad Sidam marit. p. p.

Navibus accessissem) *Grut.* in navibus. *Pall. tert. quart.* ignorant navibus.

Dixi me esse facturum) *V. c.* dixi facturum.

Nisi mihi L. Clodius noster) *Tert. Grut. & omnes MSS quos inspexit Guilielm. Amstelodam. Grævii duo*, Lucilius Clodius. *Mentel. tamen*, L. Clodius.

Tua ratio postea est commutata) *Prit. & quart. Pal.* tua ratio est postea commutata.

Prope Kal. Sextil.) *Sic Palatini tres, Gruter. Prit. Grævii secundus, Mentel. Prim. Palat. Græv. Amsteiod.* propter Kl. Sextil. *edd.* pridie Kl. Sextil.

Ubi perpaucos dies) *Vid. Not.*

Sed si quid nunc me fallit in scribendo) *MSS.* sed si quid me nunc fallit. *Palat. tert. Grut. Græv. secund.* sed si quid non me fallit.

Procul enim aberam a re ipsa & a locis) *Sic MSS. Medic. Palat. omnes, Grut. Antverp. Amstelodam. Græv prim. Mentelianus, Victor. edit. Vulgati*, procul enim absum ab re ipsa & locis: *sic Græv. sec.*

Quam celerrime potero) *Vid. Not.*

Magni interest, ut te videam) *Vid. Not.*

Mea tamen in te officia omnia constabunt) *Sic MSS. optimi & plurimi; alii*, mea tamen in te officia constabunt: *edd.* mea tamen in te omnia constabunt.

Tibi de nostris rebus nihil sum ante mandaturus per litteras) *Pal. sec.* tibi de nostris rebus nihil sum ante dicturus.

Quam

Quam desperaro) *Palat. tert.* quod speraro. *Palat. sec.* desperabo, *Stewech.* desperarem; *unde Guilielmius* desperarim. *Grev. prim.* desperatam; *sec.* desperato; *sed Amstelodam. & Mentel.* desperaro.

Quod te a Scaevola petiisse dicis) *Pr. k. Amstelodam. utreque Grevii* petisse.

Quod sibi a te mandatum diceret) *v. c.* quod sibi mandatum a te diceret.

Vellem potuisset obsequi) *MSS.* potuisse; *al.* potuisses. *Vid. Not.*

EPIST. VI.

Si ad Sidam navigassem) *Tert. Palat.* Cyclam. *Grev. secund.* Sirlam; *prim.* Siciliam.

Etsi minus dignitatis habebat) *Pr. k. Stewech.* etsi minime dignitatis habebam.

Tamen ita me dixi facturum) *Edd.* tamen me ita dixi esse facturum; *& v. i. m. d. e. f.*

Item ego cum L. Clodium) *MSS. Pr. k. Amstelod. Grevii duo*, idem ego cum Lentulum Clodium. *Mentelianus tamen stat a vulgata*; *edd.* idem cum ego L. Clod.

Hominem ita tibi conjunctum) *Tert. Palat.* hominem ita conjunctum tibi.

Tunc ille mihi cum gratias egisset) *edd.* tunc mihi ille cum gratias egisset.

Nisi ego successor essem) *Stewech. ed.* nisi successor essem.

Te antea quam tibi successum esset) *Stewech.* te ante quam tibi successum esset.

Consentaneum cum iis litteris) *Stewech.* cum his litteris.

Respondi Clodio me ita esse facturum) *Pr. k.* ita esse me facturum.

Ita te consilium mutavi) *Vid. Not.*

Satis mature ad te esse perlatas) *Quartus Palatinus*, satis mature esse perlatas.

Non modo ibi non fuisti) *MS.* non modo tu ibi non fuisti.

Quo ego te ne persequi quidem possem) *MSS. duo*, quo ego te ne prosequi quidem possem; *al.* possim.

Triginta diebus, qui tibi ad decedendum) *Quart. Palat.* triginta diebus illis, qui tibi ad succedendum. Succedendum *est in Pr. k. & prim. edit. Stewech. Amstelodam; tert. Palat. Mentel. Grev. prim.* ad cedendum.

Et tuum factum, qui, quo animo inter nos simus, ignorant) *Edd.* ut tuum factum illis qui quo animo inter nos simus ignorant. *MSS. quatuor* ignorent.

Mei conveniendi afferebas) *MS.* afferebas mei conveniendi.

Conabantur alienare a te) *MS.* conabantur a te alienare.

Statuere multa, decernere) *Edd.* statuere, multa decernere.

Quae ne ab iis quidem fieri solerent, qui brevi tempore sibi succedi putarent) *MS. prim. Grev.* quae ne ab his quidem fieri deberent, qui brevi tempore tibi succedi putarent. Tibi *etiam Amstelodam habet, & Mentel.* pro succedi *MSS. nonnulli & edd.* successum iri; *alii* succedere.

Quae mihi longa videtur) *Sic Vi-Bov. Venet. Amstelodam & alii MSS.*, quae mihi longa videretur. *Palat. sec.* quae mihi longa videbitur. *Mentel.* quae mihi jam longa videtur.

Undecim mensium provinciam) *V. c. longe optimus*, undecim mensium prov.

Abesse tris cohortes) *Sic MS. edd.* treis cohorteis; *al.* tris cohortis.

Quae sint plenissimae) *Quart. Palat.* quae sint tam plenissimae.

Quod te ubi visurus sim nescio) *Edd.* quod te visurus ubi sim nescio.

Ne litteras quidem ullas) *Al.* unas.

Cohortis traderes) *Sic MSS. Grev. primus & Mentel. alii*, cohortes traderes.

Quod ne nunc quidem despero) *Vid. Not.*

Ego ut me tibi amicissimum esse) *Pr. k. & Grev. secund.* ego ut me quidem tibi amicissimum esse.

Et ut habere rationem possis) *Edd.* ut tu habere rationem possis. *Mentel.* & ut habere orationem.

Ego in provinciam veni) *Grev. pr.* ego in provincia veni.

Kalendas Septembres) *Amstelodam.* Sextileis.

EPIST. VII.

Legati Appiani) *Al. MSS.* Apamiani; *al.* Apamenni; *& epist. seq.* ex Apamensium.

Eadem epistola petebas) *MSS.* eadem autem epistola petebas.

Peracute querebare) *Palat. quart.* peracute ſaſtum quereb. *V. Not.*

Non illi ad me venire) *V. c.* non ad me illi venire.

Cum dabas iis litteras) *A. c. d.* has l.

A Pauſania Lentuli liberto, accenſo meo) *MSS. omnes, ſed variantes*, a Pauſania Lentuli liberto, & a Cæſonio. *Grævii primus, aliique*, a P. L. l. acceſſu meo. *Amſtelodam*; a P. L. l. acceſſonito. *Mentel.* a Pauſania Lentuli liberto Caſonio. *prim. & tert. Palat.* a P. L. l. acceſſo meo. *V. c. N. Scelſ.* a P. L. l. ac Cotio meo a P. L. lib. in acceſſu meo.

Te ſecum eſſe queſtum) *MSS.* dum ſecum te eſſe queſtum.

Nec poteſt fieri me quidquam ſuperbius) *Tert. Palat.* nec poteſt fieri quidquam ſuperbius.

Secunda fere vigilia) *Palat. ſec.* ſecunda fere vigilia noctis.

Altera Q. Lepiam) *Omnes Pal. Amſtelodam. Grævii duo, Mentel.* alteraque Lepiam.

Mandavi utrique eorum) *MSS. tres*, mandavique u. e.

Appio Claudio) *Pet.* C. Appio Clodio.

Præſertim cum in iſto genere) *Pet.* pr. quom. i. g.

Quid mi? Appius Lentulo) *Sic MSS. edd. vero*, quid? Appius Lentulo.

Cicero Appio noluit?) *Al.* Cicero Appio noluit.

Homo, mea ſententia, ſumma) *Quatuor Palat. & Grav. ſecund.* homo meus ſentia ſumma. *Grav. prim. Amſtelodam Urſter.* mea ſententia. *Mentel. probe*, mea ſententia.

Plurimo rerum uſu) *Tert. Palat.* plurimarum rerum uſu.

Viros eos, qui vobis ea reliquiſſent) *MSS. duo*, viros eſſe, qui vobis ea reliquiſſent, *V. c. N. Scelſ.* viros eos, qui nobis ea reliquiſſent.

Poſtea vero quam ita & cepi, & geſſi) *Vid. Not.*

Ut mihi nihil neque ad honorem, neque ad gloriam adquirendum putarem) *Edd.* ut mihi nihil neque ad honorem, neque ad gloriam acquirendam deeſſe putarem, *al.* ut m. n. n. ad hon. neque ad gratiam acquirendam p. *Vid. Not.*

Sed parem vobis me ſperavi eſſe factum) *Pal. ſec.* ſed parem ſperavi me vobis eſſe factum.

Tu ſi aliter exiſtimas nihil errabis) *V. c. N. Scelſ.* tu ſi aliter exiſtimas, vide errabis.

Ut quid ſit *εὐγένεια*, quid ſit nobilitas intelligas) *Sic MSS. etiam Amſtelodam.* (*niſi quod εὐγένεια non expreſſerit locum, ei ſupplendo vacuum, ut omnibus Græcis verbis, relinquens*) & *Grav. prim.* *vicentiores Mentel. & Grav. ſec.* ut quid ſit excellentia, quid nobilitas intelligas. *Edd.* ut quid ſit *ἐξοχή*, quid *εὐγένεια* intelligas.

Athenodorus Sandonis filius) *Pet. MS.* Anthenodorus Sandonis filius. *MSS quatuor quibus Gruterus uſus, quatuor Palatini, Amſtelodam. Mentel. Grav. ſec.* & ſi Athenodorus Sandonis filius, *ſed primus Grævii recte tuetur vulgatam.*

Quid de his rebus dicat) *Sec. Palat.* quid de his rebus dixerit.

Ut minus mea cauſa) *V. c. N. Scelſ.* ut mea cauſa minus.

Dum ego abſim) *Amſtelodam. MS. & edd.* dum ego abſum.

Debere videaris) *V. c. N. Scelſ. Amſtelodam, Grav. ſecund.* debere videris. *Mentel.* videre videbis.

Quam ego tua laborarim) *Tert. Palat.* tuus laborarim. *Mentel.* quam ego tua liberavi.

Sin autem natura es φιλαίτιος) *V. c. N. Scelſ.* ſin autem natum eſt φιλαίτιος.

Ut quam in partem tu accipiare minus laborem) *V. c. N. Scelſ.* ut quam in partem accipias minime laborem.

Fretus conſcientia officii mei) *Edd.* fretus conſtantia officii mei.

EPIST. VIII.

Appio Pulcro) *Edd.* Appio Pulcro Imp.

Et tuis litteris intelligere potui) *Edd.* ex litteris tuis i. p.

Cum ad urbem eſſem) *Edd.* cum ad urbem iſſes.

De improborum oratione) *Vid. Not.*

Niſi vultu & taciturnitate) *Vid. Not.*

Ne quid dicatur intelligo) *Sic MSS. edd. vulgo*, nec quid dicatur intelligo.

Meos multos & illuſtres) *Sic MSS. vulgo* illuſtreis.

Ad te vere potuiſſe deferri) *V. c.*

ad te potuisse deferri.

Multarum civitatum principes ad me detulerant) *Tert. Palat.* multarum civitatum principes ad me detulerant.

Synnadis pro tribunali) *Al.* Synnade p. t.

In ea enim civitate mentio facta est) *sic MSS. edd.* de ea enim civ. m. f.

Me ista vidisse multis accidere) *Pr.h.* me vidisse ista multis accidere.

Consilium totum videri) *Tert. Palat.* consilium tuum videri.

Si qui suo sumtu) *Edd.* si quis suo sumtu.

Quam si cujus aures) *V. c. N. d. alf.* quam is, cujus aures, *al.* quam ii.

Me exquisisse aliquid) *Edd.* me exquisivisse aliquid.

In publico orbis terrae consilio) *Al.* concilio.

Ut gratias agerent mittebantur) *Palat. prim. & quart. Amstelodam. Grav. secund.* mittebant. *Palat. tert.* mittebam.

Neque cum edixi) *Al.* n. etiam c. e. *al.* n. & cum.

Ne quis injussu meo proficisceretur) *MSS.* injussu meo, *alii*, invisu meo.

Persequi non possent) *Vmus Guilielmii*, prosequi.

Nam id est maxime in tuis litteris irridendum) *Sic MSS. edd.* ridendum.

Principes civitatum a me postulassent) *Sic MSS. prim. Graevii, sed Amstelodam. Medl. Grav. sec. Palat.* pr..., *inter quos primus*, nisi quod principes civitatum mane postulassent.

Ne in venditionem tributorum) *Lamb.* ne in addictionem tributorum.

Non potui in illo sumtu non necessario negligens esse) *Victor.* non potui illo sumtu non necessario negligens esse.

Si autem hoc genere delectaris) *Edd.* si autem eo genere delectaris.

Detrahere de tua fama) *Edd.* de tua fama detrahere.

Non ad generum tuum Lentulum, neque ad libertum tuum Brundisii) *MSS* non ad generum tuum libertum Brundisii, *alii*, non ad generum tuum Lentulum, neque ad libertum Brundisii. *Palat. secund.* non ad Generum tuum Lentulum.

Quem in locum me venire velles) *Tert. Palat.* quem in locum me venire nolles.

Cum me Laodiceam venire voluisses) *Pr.h. ed.* cum Laodiceam me venire voluisses.

Synnadis) *MSS. plerique omnes* Synnade.

Sin autem alii tecum loquuntur) *Edd.* sin alii tecum loquuntur.

Quod si qui me astutiorem fingit) *MSS. Grav. & Amstelod.* si quis m. a. f. *Vid. Not.*

Quid potest esse callidius) *Lambin.* quid potest esse incallidius. *MSS.* quid potest esse calidius.

Vix venturum non arbitrarer) *Palat. sec.* ultro venturum non arbitrarer. *Vid. Not.*

Nunc committere) *Prim. & tert. Palat. Grav. duo, Amstelodam. Mentel. edit. Grut.* nunc committerem.

Si aut legatorum tuorum cuipiam) *sic MS. Vatic. & edd. Victor. Manut. Lambin. Grut. MSS.*: si aut legatorum tuorum quippiam, *aut* quipiam, *deinde pro* maledicitur, *MSS.* maledicit. *Graevii tamen primus & Vatic.* maledicitur.

Aut in plures) *sic MSS. duo Palat. Grav. Medic. Vatic. edd. vulgata*, aut impurius.

Ut ego sentio) *Pr.h. ed.* ut sentio.

Lacessivi numquam) *Pr.h. ed.* non lacessivi umquam. *Graevii prim.* lacessivi umquam.

Sin autem quem mea instituta in provincia non delectant) *Edd.* sin autem quemquam mea instituta in provincia non delectant.

Nostra si angustior, etsi de tua prolixa) *Sic MSS. vulg.* nostra si angustior erit, etsi de tua prolixa.

De tua prolixa beneficaque natura limavit aliquid) *MSS. optimi & plurimi*, limitabit. *Mediceus & Graevii primus* limavitabit, *al.* elimabit, *edd.* elimavit, *alii* delimavit.

Quibus alii moventur, iisdem ego movear) *Vnus liber Guilielm.* quibus alii monentur, iisdem ego monear.

Tibi omnia mea mandata curae fore) *Duo MSS.* omnia mea mandata tibi cura fore.

Ne quid mihi negotii aut oneris) *MS.* ne quid mihi negotii aut honoris.

Quæ mihi nihil poteſt eſſe inimicius) *Pall. quatuor*, *Gruteri*, *aliique libri* inimicitius.

In agro Mopſuheſtiæ) *Vid. Not.*

Neque domum umquam ad me litteras mittam) *MSS. & edd.* neque domum unquam ad meos litteras mittam. *Vid. Not. unus liber*, litteram.

EPIST. IX.

Tibi tuam priſtinam urbanitatem reddidit) *Pr.k.* tuam tibi priſtinam urb. red. *Palat. prim.* tibi t. p. voluntatem reddidit.

Vnus de legatis prohibitis a me proficiſci) *MS.* unus de legatis prohibitis a me.

De Appianorum ædificatione impedita) *MSS. Grav. prim. & Amſtelodam. & Mentel.* de Appiorum ædificatione impedita. *Strumk. Gruter. Grav. ſecundus*, *edd.* de Apameorum æd. imp. *al.* de Apameanorum ædif. imp.

Conſcientia meæ conſtantiæ erga te voluntatis) *Quatuor MSS.* conſcientia mea c. e. t. v. *al.* conſcientia mea.

Cognoſſe te ex iis) *Grut.* cognoſcere te ex iis. *Grav. prim.* cognoſce te ex iis.

Quæ in te abſentem fide) *MSS. nonnulli*, quæ in te abſente fide. *Grav prim.* quam te abſente fide.

Me æſtimare putas) *MSS. duo*, me exiſtimare putas.

Si quid inciderit) *MSS.* ſi ſi q. i. *al.* ſi quid acciderit.

Et ſi vis fieri poſſit) *Grav. prim.* et ſi vis fieri poſſit.

Te parem mihi gratiam relaturum) *Gruter. cod.* perennem mihi gratiam relaturum.

Ego etſi & ipſe ita judicabam) *Pr.k. cod.* ego etſi ipſe ita videbam. *Palat. tert. & Grut.* ego etſi & ipſe judicabam.

Longi ſubſellii) *Gruter.* longi ſubſilii.

Si me diligis, ſi a me diligi vis) *Pr.k* ſi me diligis, & ſi a me diligi vis.

Et velim reliquum quod eſt promiſſi) *Pr.k.* etiam velim reliquum quod eſt promiſſi.

Cum ipſam cognitionem juris augurii) *Pr.k.* cum ipſam cogitationem iuris augurii, *al.* c. i. c.) . augurialis.

Quod autem a me tale quiddam deſideras) *Pr.k.* quod autem a me tale quid deſideras.

Quonam te remunerer potiſſimum genere) *Pr.k. & Palat. ſec.* quonam te potiſſimum remunerer genere.

Vt negligens ſcribendo fuiſſe videar) *Ar. Viſt. ed. & MSS. vulgata*, *edd.* ut negligens in ſcrib. f. v.

Sed etiam ingrati animi crimen) *MSS.* ſed ingrati etiam animi crimen.

Verum hæc videbimus) *MS.* verum hoc videbimus, *al.* verum hæc providebimus.

In quo cum difficultas navigandi fuit odioſa) *Pr.k.* in quo cum navigandi difficultas fuit odioſa.

Tum ipſum diſceſſum ſenatus incidiſſe meas litteras) *Sic MSS. alii*, t. in ipſum d. i. litteras meas.

Sed id feci adductus) *MSS.* id feci adductus.

Vt appellatus imperator ſim) *Al.* ut imperator appellatus ſim.

EPIST. X.

Cum eſt ad nos allatum) *Palat. ſec.* cum eſt nobis allatum.

Hoc invidorum conſilio eſſe tibi ereptum) *Pal. ſec.* hæc invidorum conſilio tibi ereptum videbam.

Ego enim plane video fore) *Pr.k.* ego enim video plane fore.

Nervis, opibus, ſapientia tua) *MSS. Pal. c.* venis, opibus, ſapientia tua, *al.* nervis opus ſ. t. *al.* n. o. ſapientiaque tua. *Vid. Not.*

Conteſtans omnes Deos) *MSS. nonnulli*, obteſtans om. D. *al.* teſtans o. Deos.

Pro ſalute) *Pr.k.* pro ſalute tua.

Cari hominis) *Al.* clari. *Vid. Not.*

Perbreves mihi a te litteras dedit) *Al.* perbreveis a te litteras dedit.

Nollem accidiſſet tempus) *MSS.* vellem accidiſſet tempus.

Quanti te) *Al.* quanti ego te.

Sed quoniam accidit) *MS.* ſed quando accidet, *al.* quo accidet, *al.* qd accidet.

Si quid a me prætermiſſum erit) *Al* fuerit.

Pontinius) *MSS.* Pomtinus, *alii & plures quidem MSS.* Pomtinus.

Benevolentiamque quam debet) *V. c.* benivolentiaſque q. d. *v. c. N.*

Surlſ.

Scalf. benevolentiamque immortalem.

A me invitissimo decessisset) *Sic MSS. & inter eos Amstelodam. al.* a me invitissime decessisset. *Grev. prim.* a me discessisset, *sed in margine correctum*, decessisset, *v. c. N. Scalf.* a me tam iniquissime decessisset.

Vt vidit interesse tua) *Al.* u. v. tua interesse, *v. c. N. Scalf.* tua ut vidit interesse.

Conscendens jam navem) *Nonnulli veteres edd.* conscensa jam nave.

Talia te cum studia videam habiturum) *Al.* talia cum te st. v. h.

Quin tibi amplitudo ista sollicitudo, futura sit) *Al.* quin tibi amplitudini s. s. s. s. *Vid. Not.*

Si vero effecis ut censores creentur) *Edd.* si vero effeceris ut censor creetur, *vid. Not.*

Quæ de hominum atque ordinum omnium erga te studiis) *Palat.* q. d. h. a. fortuna o. e. t. st.

Ex tribui) *Al.* ex tribui video. *Vid. Not.*

Tum vero remanere etiam nunc) *Edd.* tum vero etiamnum remanere.

Prope omnium consensu) *MS.* prope omnium sensu.

Erga fortes & industrios viros) *MSS. nonnulli*, erga fortes & industriosos viros. *Vid. Not.*

Quæ mihi ipsi una semper tributa merces est) *MSS. aliquot*, quæ mihi ipsi una est semper merces tributa. *Grev. prim.* quæ mihi una e. s. m. t. *Svvarck.* quæ mihi ipsa una e. s. m. t.

Tantam temeritatem fuisse in eo adolescente) *MSS. duo*, tantam temeritatem fuisse adolescenti. *Amstelodam.* tantam temeritatem fuisse in eo adolescenti.

Multa scripta sunt abs te) *MSS. duo*, multa scripta abs te.

Ego autem citius ab eo) *Edd.* ego autem citius ab eo.

Qui tuas inimicitias suscepisset) *MS.* q. t. i. sumpsisset.

Neque enim de meo erga te studio) *V. c.* nec enim de meo e. t. st.

Neque id est obscurum) *Pe.k.* neque enim id est obscurum.

Vbi enim ego) *MS.* ubi ego enim.

Si etiam, magis aperte inimicus esse) *MSS.* sic jam magis ap. inimicus essem.

Quod si essem ex perfidia) *Omnes MSS. quos Gebhardus vidit*, & *priscæ edd.* quod si essem ex perfidia, *sic & Amstelod. & Mentel. Grævii vero primus*, quod si essem ex perfidia.

In nos hæc conferunt) *Palat. quart.* in nos hoc conferunt.

Ad me adire quosdam memini, qui dicerent) *MSS.* ad me adire quosdam memini, nimirum ex Epistero, qui dicerent. *Vid. Not.*

Quantum quæque voluit legatis tuis datum induxit) *Sic MSS. & Vict. ed. sed Pal. prim. & Pe.k.* quantum quæque voluit legatis tuis datum induxit. *Palat. quint.* quantum quæque voluit legatis tuis, mandatum induxit. *Amstelodam.* quantum quæque voluit legatis tuis dandum induxit. *Grev. prim.* quantumcumque voluit legatis datum induxit.

Ni, ut supra scripsi) *Edd.* nisi, ut supra scripsi.

Hoc tuo tempore) *Al.* h. toto t.

Cui me a pueritia dedi) *MSS. nonnulli*, cui me a pueritia dedidi.

Astutum & occultum juvat fingere) *MS. Medic. Victoriana & Gebhard. edd.* astutum & occultum lubet fingere, *al.* a. & o. libet fingere. *Palat. quart.* occultum ut juvat libet fingere, *al.* juvet. *Vid. Not.*

Quod ad indicandum odium apertissimum sit) *Duo Palat. & Gruter.* quod ad indurandum od. ap. s.

Ad nocendum levissimum) *V. c.* quod ad nocendum levissimum.

Inimicum mihi fuisse cognossem) *Edd.* inimicum mihi fuisse cognovissem, *duo Pal.* i. m. f. cognoscerem.

Cum te Puteolis prosequerer) *Pe.k. MS.* cum te prosequerer Puteolis.

Diligentia mea vicerim) *MSS.* diligentia mea vincerem.

Quod si est maxime astuti) *MS. Grut.* quod si id maxime astuti.

Omnia ad suam utilitatem referre) *V. c.* omnia ad utilitatem suam referre.

Quam hominis nobilissimi) *V. c.* quam nobilissimi hominis. *Pe.k. MS. & ed. prim.* cum hominis nobilissimi.

Quæ tamen ego omnia) Tamen non habent quinque libri veteres.

Quid? illa vincula, quibus quidam) *MS. Pe.k.* quot illa vincula, q. q.

Quis umquam tanti quemquam fecit) *MS.* quis unquam quemquam tanti fecit.

Socerum filiæ tuæ) *MS.* ſocerum tuæ filiæ.

Mihi per illum reſtitutum puto) *MS.* mihi per illum reſtituta puto.

Si illa amoris atque officii ſigna) *Sic Vatic. Palat. tert. Grut. Grav. prim. Mentel. alii tamen*, ſi ulla amoris atque officii ſigna, *ſic Amſtelod. & edd.*

Quibus ille me rebus non ornatiſſimum voluit) *Vid. Not. In nonnullis libris deeſt* rebus.

Tulit contentionem meam) *Tert. Palat.* tulit intentionem meam.

Advertanti interdum actionibus ſuis) *Sic MSS. & Victor. ed. Gruter. MS.* adverſirante, *vulgo edd.* advertantem.

Ne quæ me illius temporis invidia) *Sic Vict. & MSS. vulg.* ne qua m. i. t. i.

Cum armis denique tenit ſuis) *Palat. tert.* c. a. d. detenit ſuis.

Hujus igitur filius) *Grut. ſec.* hujuſmodi igitur filius.

Quamque jucundus intelligam) *Quatuor Pal. & Grut.* quamque jucundus intelligebam.

Cum præſertim eas ad me in litteras miſerit) *MSS.* cum præſertim ad me eas in litteras miſerit. *Quart. Pal.* cum præſertim ad me in litter. miſ. *ſecund.* cum p. eas de me in l. m.

Placaret tamen) *Duo Pal.* placaret tamen.

Nunc ea quæ a me profecta) *Sic Victor. ed. Vat. quart. Pal. Amſtelod. al.* n. e. q. a me perfecta, quæque inſtituta ſunt, *al.* profecta, quæque conſtituta. *Grav. pr.* nunc ea quæ ante profecta quæque inſtit. ſunt.

EPIST. XI.

A te epiſtolæ duæ) *Prob. MS.* epiſtolæ a te duæ.

Q. Servilius Tarſo) *Deeſt* Q. *in nonnullis MSS.*

Permultum ante certior factus eram) *MSS. quatuor*, permultum antea c. f. e.

Non quo quiſquam aliter putaſſet) *Al. edd.* non quod quiſquam aliter putaſſet.

Lætiora fecerunt mihi tuæ litteræ) *MSS. duo*, lætiora fecerunt mihi litteræ tuæ.

Videbar tibi gratulari) *Edd.* tibi videbar gratulari.

Induſtriæ, virtuti tribuantur) *MSS.* i. v. attribuantur.

Quia mihi ipſe aſſentior) *Edd. al.* quia ipſe mihi aſſentior. *MSS. multi* aſſentior.

Mihi quoque ipſi tribui puto) *MSS.* mihi quoque ipſi tributum puto.

An de majeſtate ? ad eum nihil) *Al.* an majeſtatem ad te nihil.

Alteram auxiſti) *Sic Grav. prim. & Pall. ſed Amſtelodam. & Strumb. MSS. Vict. Gebh. edd.* alterum auxiſti.

(Ut Sulla voluit) ne impune in quemvis declamare liceret) *Pr. Palat. duo Grav. Amſtelodam. & Mentel.* ſi ſcilla voluit, ne is quemvis impune declamari liceret ; *niſi quod in uno eſt pro* ſic, ſi, & *pro* is, in. *Vid. Not.*

Qui enim facta aut non facta largitio ignorari poteſt) *Amſtelod.* quod enim facta, nec non facta largitio ignorari poteſt. *Rob. Steph. ed.* qu. enim facta, nec ne facta largitio ſit.

Tuorum autem honorum curſus cui ſuſpectus unquam fuit ?) *Strumb. MS.* t. a. h. c. cui conſpectus u. f.

Tales tutores) *MSS.* talis tutorem.

Tum alterius omnium ſeculorum) *Sic MSS. edd.* tum maxime alterius omnium ſeculorum.

De mercenariis) *MSS.* mercennariis.

Niſi jam factum aliquid eſt per Flaccum) *Al.* niſi jam aliquid factum eſt p. F.

Valde mihi eſt grata) *Al.* valde eſt mihi grata.

Pericula leviora) *MS.* pericula eniora.

Omnes viros civitatis) *MS.* omnes viros civit.

Ad Pompeii ductum applicaverant) *MS.* ad Pompeii dictum ap. *alius*, ad Pompeii ductum applicavere.

Per te notum eſſe voluiſti) *Omnes Palat. Grut. Strumb. Amſtelodam Mentel. Grav. ſec. ed. prima*, perite notum eſſe voluiſti. *ſed Grav. primus recte*, per te notum eſſe voluiſti.

Nunc tamen, ut ipſe pollicereris, pro auguralibus libris, orationes) *Al.* nunc tamen pro auguralibus libris, ut ipſe pollicereris, orationes.

Cui mandata ad me dediſti) *Sic MSS. & Victor. ex princ. ed. al.* cui m. a. m. dederas.

Sed ſi ex litteris) *Al.* ſed ſi hæ litteræ. *Vid. Not.*

Liber

Libet enim mihi jocari) *Al.* libet mihi jocari, *al.* libet enim jocari.

Si jam es cenfor) *Al.* fi jam cenfor es.

EPIST. XII.

Gratulabor tibi prius) *MSS. duo*, gratulor tibi prius. *Grav. prim.* gratulor tibi primum.

Ita enim rerum ordo poftulat) *Sarwich.* enim ita rerum ordo poftulat.

Abfolutum effe te) *Edd.* abfolutum te effe.

Quo vir clarior) *Pet.* quo vir induftrior. *Grut.* quo clarior, quo fortior amicus es.

Abfconditam malevolentiam) *Semper fcribunt veteres libri*, malivolentiam et benivolentiam.

Non horum hominum atque morum negotium) *Pet.* non h. h. a. m. negotium fuit, *v. c. Scelf.* n. h. h. a. negotium eft.

Sufcipe paulifper meas partes) *Pet.* f. p. m. parsis.

Et enim te effe finge) *Pal. prim.* etenim te effe finge.

Qui fum ego) *Grav prim.* quis fum ego, *al.* qui ego fum.

Profpere evenire) *Pal. prim.* perfæpe evenire.

Quæ me infciente facta) *Pal. prim.* quæ infciente facta, *v. c. N. Scelf.* quæ mihi infciente me facta funt.

Vt agerentur eo tempore) *V. c. Scelf.* illo ut agerentur tempore.

Spero omnino cum aliqua felicitate & opto) *V. c. Sc.* fpero omnino vim aliqua felicitate omnia, & opto.

Tua fapientia & humanitas) *Grut.* tua patientia & humanitas.

Neque enim triftius dicere quidquam debeo ea de re) *Palat. tert.* n. e. t. d. q. debes, *al.* debeo eam in rem.

Omnibus optimis profequeris) *Tres Pall.* omnibus optimis profequeris.

Neque non me tamen mordet aliquid) *V. c. Scelf.* neque non tamen me mordet al.

In quo unum vereor) *Sarwich.* in quo unum non vereor, *al.* in quo unum modo vereor.

Ea quæ gefta funt) *Grav. prim. Palat. fec. Vid. ed.* ea quæ gefta fint.

Ab aliis effe gefta) *Edd.* ab illis effe. *Vid. Not.*

Vides fudare me, jamdudum) *MSS. plurimi*, vides fudare me, *idem error eft in Propert. MSS.*

Et te non offendam) *Al.* ut te n. o.

Sic habeto tamen) *Vid. Not.*

Decedenti mihi, & jam imperio) & *deeft in Pet. al.* dec. mihi, imp.

Etenim videbatur effe commotus) *Pet.* etenim effe videbatur commotus.

Nihilo fum factus) *Tert. Grut.* in nihilo fum factus.

Diligentior ad declarandam benevolentiam multo) *Edd.* diligentior quidem ad d. b. m.

Sic affinitas novam curam mihi affert) *Edd.* fic affinitas nova curam m. a.

EPIST. XIII.

Nullum enim officii cuiquam reliquum feciffe) *Al.* nullum munus officii cuiquam r. f.

Propter quæ hæc laborantur) *Edd.* elaborantur.

Quanti ego omnes tuos facio, aut tu meos facere poffes) *Sic MSS. edd. & nonnulli MSS.* ut, quanti ego omnes tuos facio, tanti tu meos facere poffes. *Gravii prim.* ut, quanti ego o. t. f. uti. t. m. f. p. *Amftelod.* ut quanti ego o. t. f. tanti t. m. f. poffis.

Sed hoc nihil ad te) *Pet.* fed ad te nihil.

Cenforem jam te effe fperabam) *Pet.* Cenforem te jam effe.

Eo brevior eft hæc epiftola) *V. c.* eo brevior eft hæc epiftola mea. *Pet.* eo brevior eft epiftola.

LIBER QVARTVS

EPISTOLA I.

CAius Trebatius) *Grav. prim.* cum Trebatius.

Ad me fcripfit te ex fe quæfiffe) *Pet. & prim. ed.* ad me fcripfit te exquififfe.

Moleftque te ferre) *Lamb.* moleftque ferre.

Aliquid opis occidenti reipublicæ) in quiet.

in quint. *Pal. est ad marginem*, aliquid opis essem reip.

Cognorram enim jam absens) *MS.* cognoram jam enim absens.

Multo ante providentem) *Prim. Pal.* multo jam providentem. *Al.* pravidentem.

Idem ipse sentirem) *Prob. vet.* ipse idem sentirem.

Rudis esse videbar) *MSS.* rudis esse videbar. *Orbhard. ed.* rudis (esse videbar) in causa.

Nunc, quoniam nihil jam videbimur posse opitulari reipublicæ) *Add.* nunc quoniam nihil videmur posse opitulari reip. *MSS.* n. q. n. v. opitulari reip. posse. *alii*, opitulari posse. reip.

Nemo est omnium) *MSS. duo*, nemo est hominum.

Præcepta te fugiunt) *Quinque Pall.* & *Grut. Amstelodam. Mentel.* præcepta fugiunt. *Male. Grævii vero primæ optimæ tum editio*, præcepta te fugiunt.

Ut te imitarer) *Malè MSS.* ut te invitarem.

Me cum rogaret) *Al.* cum me rogaret. *Al.* cum me rogasses.

Res videmus, quo modo se habeat) *Vid. Not.*

Non modo quid sperem; sed vix jam quid audeam optare) *Al.* n. m. quod sperem, s. v. j. quod a. o.

Cujus jam etiam nomen) *MS.* cujus etiam jam nomen. *Al.* cujus jam nomen etiam invis. *Al.* cujus si jam nomen inv.

Trebatioque mandavi) *Al.* Trebatio mandavi.

Ut si quid tu eum velles ad me mittere) *Pal. quart.* ut si quid tu eum velles ad me mittere rectum. *Al.* mandavi, si quid tu e. vell. ad me m. *Al.* mandavi, si quidem.

Si quem tuorum fidelium voles) *Duo MSS.* si quem voles fidelium tuorum.

Ego tantum tibi tribuo) *Al.* ego tibi tantum tribuo.

Quantum mihi fortasse arrogo) *MSS.* tantum mihi fortasse arrogo.

Quidquid nos communi sententia statuerimus) *Al.* quidquid nos de communi sententia.

EPIST. II.

A. D. III. Kal. Maias) *MSS.* A. D. XVI. Kal. Maias. *Alii*, A. D. XIII. Kal. Maias.

Cum abs te mandata haberet) *MSS.* cum abs te mandatum haberet.

Postquam litteras tuas legi) *Pr. B.* postquam tuas litteras legi.

Quod etiam mecum —— egerunt) *al.* qui etiam.

Nisi quod rectum honestumque sit) *MSS. nonnulli, sed transmarina*, nisi quod rectum honestissimumque sit.

Cum optime sentiremus) *Al.* Cum idem sentiremus.

Quæ cum ipsi Cæsari nihil esset utilius) *Vid. Not.*

Res deducta sit vides) *V. c. N. Scrif.* res deducta sit, optime vides.

Qui exitus futurus sit) *MS.* qui exitus futurus.

Ergo aut probare oportet ea quæ fiunt) *MSS. duo*, ergo aut probare oportet quæ fiunt. *Al.* te ergo aut probare oportet e. q. f. *Amstelodam.* si te rogo aut probare op. e. q. f. *V. c. Scrif.* sic ergo aut prob. o. e. q. f.

Quorum altera) *Sic meliores & vetustiores libri, nonnulli tamen MSS.* quorum altera.

Restat ut discedendum putem) *MSS.* restat ut defendendum putem. *Græv. prim.* restat ut discendum p. in quinque veteribus libris non habetur urbem putem.

Nihil enim constitui potest) *V. c.* nihil enim constrai potest. *V. c. Scrif.* nihil enim construere possum, quo non incurras i. m. s. d.

Quod non incurrat) *Græv. prim.* quod incurrat.

In magnam aliquam difficultatem) *Pal. tert.* in magnam difficultatem aliquam.

Tu, si videbitur, ita censeo facias) *Tert. Palat.* tu videtur. *V. c. N. Scrif.* tu, si videtur, ita sentio, facias.

Si habes jam statutum) *Vid. Not. Mentel.* tu si habes jam statutum.

Consilium tuum cum meo) *Al.* consilium meum cum tuo.

Supersedeas hoc labore itineris) *Al.* supersedeas labore itineris. *Al.* supersedeas tu lab. it.

EPIST. III.

Prospexi tempestatem futuram) *Palat. quart.* prospexi tempestatem futuram.

Etsi enim abfui magnam partem) *MSS.* etsi enim afui magnam partem. *Al.* afui per magnam partem.

In hoc pestifero bello cavendo, & prædicendo) *Pal. quart.* in h. p. b. c. & prædicando.

Vt & illa timerent, quæ meminissent) *V. c.* ut & illa timerent, quæ meminerant.

Et scirent eum superiores) *Quinque codd. mss.* & sentirent, cum superiores.

Nullo tali exemplo) *MS.* nulli tali exemplo.

Et aliquid addunt) *MSS.* sed aliquid addunt.

Alro multa addunt, & afferunt de suo) *Pal. sec.* offerunt. *Vatic.* multa addunt ut afferant de suo. *Al. add.* multum a. & off. de s.

In tantis tenebris & quasi parietinis reip.) *Al.* perditis. *Al.* perpetinis. *Vid. Not.*

Vix consolabilis dolor) *Palat.* res consolabilis dolor.

Ad levandas molestias) *Grev.* ad levandas mucitas.

A multis & magnis molestiis abes) *Al.* a multis ac m. m. a.

Mihi videris meliore esse conditione) *Al.* melioris conditionis.

Iis de rebus, quibus levari possent) *MS.* de iis rebus, quibus levari possent.

Nec minima solatia) *MS.* neque m. s.

Vt quidem ego sentio multo maxima) *Sic MSS. optimi & plurimi. Alii vero nonnulli & edd.* & ut quidem ego sentio multo maxima. *Grev. prim.* aut quidem ego sentio multo maxima. *Puk.* & ut equidem sentio.

Quæ ego experiens quotidie) *Al.* quæ ego ipse experiens quotidie.

Aliud nihil in quo adquiescamus) *Duo MSS.* aliquid nihil in quo acquiescamus.

Tali vel scientia vel natura præditum) *MSS. tres*, tali vel scientia vel sapientia præditum.

Vt ad eas te referas artes) *Al.* artis.

Neque in foro viderem) *Al.* viderim.

Inprimisque hac, in qua ego me scripsi adquiescere) *Al.* & inprimis in hac, in qua me ego scripsi.

A me vero sic diligitur) *Puk.* a me vero ita diligitur.

Cum me colat & observet) *Sic MSS. editi vulgo*, quod me colat & observet.

EPIST. IV.

Quatenus aut negligentia, aut improbitate) *MSS.* quatinus aut n. a. i.

Illam partem excusationis) Illam *deest in mss. Pal.*

Nec noſco, nec probo) *Al.* nec agnosco, nec probo. *Vid. Not. in quibusdam libris deprehenditur*, agnosco, & nosco.

Epanorthosis enim non est necesse) *MS. Grev. prim.* EPANITH enim non est necesse.

Sed tamen idem (nec hoc *eipawtiomenos*)) *MS. t. Grev.* sed tamen idem nec hoc eipawtiomenos. *Menel.* sed tamen idem nec hoc expiat homo, nec.

Id tibi nullo modo assentior) *Grev. prim.* id tibi nullo adsentior modo.

Ita perculsa & prostrata) *Pall. duo*, ita præclusa & prostrata. *Grev. prim.* ita perclusa & prostrata.

Quod tu quid doleas scribere audes) *Al.* quod tu quid doleas scribere audes. *Vid. Not. Al.* audeas.

Nos te id quidem tuto possumus) *MSS.* nos ne id quidem tuto possumus.

Vno te vicimus) *Q. v. codd.* uno te vincimus.

Sic sat existimem) *MS.* sic sat existimem.

Captum est de jure publico) *Duo v. c.* captum sit de j. p.

Ne hominis quidem causa negaturum) *MSS. nonnulli* ne omnis quidem causa. *Vid. Not.*

Cunctus consurgeret) *Tres MSS.* cunctus senatus consurgeret.

Cæsari gratias egissent) *Al.* gratias Cæsari egissent.

Neque metuo) *MS.* neque metuo.

Quod erat unum solatium) *Sic MSS edd.* quod erat unicum solatium.

Quoniam effugi ejus offensionem) *Al.* quando effugi ejus off.

Tamen ita hoc studium) *A. v. c. deest particula* ita.

Vt si Romæ sis, nihil præter tuos delectare possit) *Sic MSS. plurimi & antiquissimi; editi vero*, ut si Romæ sis, te nihil præter tuos delectare possit.

Si alterutrum necesse sit) *MS. Va-*

nic. Vict. & Gebhard. edd. si alterum utrum necesse sit.

EPIST. V.

Sane quam pro eo ac debui) *MSS.* sane pro eo ac debui.

Communemque eam calamitatem existimavi) *MSS.* communemque calamitate eam exist.

Coramque meum dolorem tibi declarassem) *MS.* coramque declarassem dolorem tibi meum.

Nisi genus hoc consolationis miserum atque acerbum est) *MSS.* etsi genus hoc consolationis miserrimum atque acerbum est. *Vid. Not.*

Per quos ea fieri debet) *Sic Grav. prim. aliique. Vid. Not. Amstelodam. Mentel. aliique complures*, per quos ea fieri debent. *Al.* per quos id f. debet.

Id conari possunt) *Edd.* id conari queunt.

Uti magis ipsi) *Edd.* ut magis ipsi.

In mentem mihi venerunt) *Al.* in m. vener. mihi.

Quod tanto opere te commoveat) *Sic Grav. prim. Vetic. Vict. ed. alii codd. & edd.* quod tantopere te commoveat.

Cogita quemadmodum adhuc fortuna) *V.* c. c. q. fortuna adhuc.

Aut qui non illis rebus) *Al.* aut quid non illis rebus.

Callere jam debet) *Al.* jam callere debet.

Omnia minoris existimare) *Sic MSS. quatuor. Vulgo impressi*, om. m. aestimare.

An illius vicem, credo, doles) *MS. Grav. prim* an illius vicem doles. *Al.* a. i. v. credo d. *Vid. Not.*

Quoties in eam cogitationem necesse est & tu veneris) *Al.* q. i. e. c. n. est ut tu veneris.

Et nos saepe incidimus) *Al. emittunt* &c.

Aetatem gereret) *Ed.* ageret. *Vid. Not.*

Ex hac juventute generum diligere) *Sic MSS. edd.* deligere. *Grut. cod.* eligere. *Ven.* delegere.

Liberos tuto committere putares. An ut ea liberos) *MS. Grav. prim.* Liberos tute committere putares ut ante filios liberos.

Ea liberos ex se se pareret) *MSS. nonnulli*, pararet. *Al.* ea liberos ex se se p.

Quos cum florentes videret) *Grav. sec.* quos cum florentis aetatis videret.

Rem per se tenere possent) *Al.* rem per se t. p.

Honores ordinatim petituri essent in rep.) *Lamb. & al.* honores ordinatim in rep. petituri essent.

In amicorum negotiis libertate sua uti) *Edd.* in a. n. l. s. uteretur. *Amstelod.* in a. n. liberalitate sua uti.

Quod non prius quam datum est, ademtum sit) *Edd.* non habeat est.

Malum nisi hoc pejus sit) Malum *non habent nonnulli veteres libri*.

Tibi dolorem movere possit) *MSS.* posset.

Megaram versus navigarem) *Palat. duo*, Megaron versus n. *tres al. Pall. & Grut. Stewech. Grav. prim. Amstelod.* Megarem.

Ante Megara) *Tres Pall. Grut. Stew. Grav. prim. Amstelod.* ante Megare.

Dextra Piraeeus) *Palat. sext.* Piraeum. *Pall. duo & Stewech.* Pyrus: *unde Gulielm.* Pylus *ex conjectura*.

Nunc prostrata & diruta ante oculos jacent) *MSS.* n. p. & dirupta a. o. j.

Nam nos homunculi indignamur) *Septem MSS. & edit. prima Veneta*, en nos homunculi indignamur. *Palat. tertius & Graevii primus*, et. *nos Victorii edit.* item n. h. i. *Medic.* hem nos homunculi indignamur.

Cum uno loco tot oppidum cadavera projecta jaceant) *MSS.* jacent. *Grav. prim.* jacerent.

Tot viri clarissimi) *Pal. pr. & Grav. prim.* tot viri carissimi.

Tanta deminutio facta est) *Al.* diminutio.

Si jactura facta est) *Al.* si jactura facta sit.

Tanto opere commoveris) *Al.* tantopere commoveris.

Si hoc tempore non diem suum obiisset) *Al.* si hoc tempore non diem suum obiisset.

Etiam tu ab hisce rebus animum ad cogitationem tuam avoca) *Al.* etiam ab hisce tu rebus animum ad cogitationem avoca. *Vid Not.*

Illum, quam diu ei opus fuerit, vixisse) *MS.* illam quam diu fuerit opus ei, vixisse. *Edd.* fuerat *pro* fuerit, *quod omnes MSS. pro se ferunt.*

Quid est quod tu, aut illa) *MSS.*

pare-

nonnulli; quid quod tu me illa.

Quæri poſſitis) *Duo Pall. Grut.* quæri poſſis.

Qui aliis conſuetis præcipere) *Sic MSS. edd.* qui aliis conſueveris præcipere.

Neque imitare malos medicos) *Sic Vatic. Medic. Grav. prim. vulgat.* neque imitari malos medicos.

Tenere ſe medicinæ ſcientiam) *Al. ſe tenere medicinæ ſcientiam.*

Ipſi ſe curare non poſſunt) *MS.* poſſent.

Ea tute tibi ſubjice) *Al. animum ſpes. Vid. Not.*

Atque apud animum propone) *Pal. ſec.* atque animum propone.

Minuit atque molliat) *MSS.* minuat ac molliat.

Ac non ei rei ſapientia tua occurrere) *MSS.* ac non ei ſapientia tua occurrere.

Quod ſi qui etiam inferis ſenſus eſt) *Sic Vatic. & Grav. prim. al.* quod ſi quis et. i. ſ. eſt.

Qui illius in te amor fuit) *Al.* qui illius amor in te fuit.

Pietaſque in omnes ſuos) *MS.* pietas in o. ſ.

Ac familiaribus) *Al.* & familiaribus.

Si qua in re opus ſit) *MS.* ſi qua in re opus eſt.

Finem faciam ſcribendi) *MSS.* finem ſcribendi faciam.

Laudem apiſci) *Sic Med. Vatic. Pal. codd. Vict. & Grab. edd. Gravii, Amſtelodam. Mentel. & plures alii codd.* adipiſci. *Vid. Not. Man.*

Quod ad me attinet) *Pal. ſec.* quod ad meam attinet.

Cum te tranquilliore animo eſſe cognovero) *Amstelod. MS.* cum te tranquilliorem eſſe animo cognoro, *pro* cognovero *eſt & in aliis locis.*

De iis rebus) *MSS.* de his rebus.

Quemadmodumque ſe provinciæ habeat) *V. a. N. Sixlj.* quemadmodum quoque ſ. p. h.

EPIST. VI.

Quod litteris lectis) *Sic Vatic. Grav. prim. ac tres alii codd. ut non edd. Vict. Grab. vulgati codd. & edd.* litteris tuis lectis.

Aliquantum adquievi) *Sic MSS. vulgo* aliquantulum acq.

Et quam ſuum talem erga me animum) *Et deſideratur in MS.*

Cujus officia jucundiora ſcilicet ſæpe mihi fuerint) *Vid. Not.*

Non oratio tua ſolum) *MS.* non ratio tua ſolum.

Sed etiam auctoritas conſolatur) etiam *deeſt in nonnullis codd.*

Ut tu tali ſapientia præditus) *MS.* ut tali ſap. præd. *Al.* ut tu tali ſcientia præd.

Qui duo ſeptem diebus) *Sic MSS. & Vict. et Grab. edd. vulgo* duos.

Veſter Gallus) *Sic MSS. & edd. Vict. & Grab. vulgo*, noſter Gallus.

Ut eorum luctum ipſorum dignitas conſolaretur) *Al.* ut eorum tam, vel eorum tum. *Vid. Not.*

Mihi autem amiſſis ornamentis) *In duobus MSS. deeſt* autem.

Nihil in foro agere libebat) *Sic MSS. al.* licebat.

Omnes me & induſtriæ meæ fructus) *MS. prim. Grav.* omnis tum & induſtriæ meæ fructus. *Alii etiam MSS.* omnis.

Cum quibuſdam eſſe communia) *Edd.* cum quibuſdam aliis eſſe communia.

Cum frangerem jam ipſe me, cogeremque illa ferre) *MS. Grut.* cum frangerem jamque ipſe me cogerem illa ferre. *Forſitan quoque* cogerem *fuit que in tribus Palatinis.*

Quæ conſanuiſſe videbantur recrudeſcunt) *MSS. duo Grav. Amſtelodam. Mentel. omnes Pall.* quæ conſenuiſſe videbantur recrudeſcunt. *Vid. Not.*

Quem a rep. capio) *Stewech. MS.* quem e rep. capio.

Major mihi levatio afferri nulla poteſt) *Vid. Not.*

Qua ratione nobis traducendum ſit hoc tempus) *MS.* qua r. n. tradendum ſ. h. t.

Ut perſpexiſſe videor) *Sic MSS. edd.* ut perſpexiſſe mihi videor.

Nec a me alieni) *MS.* nec mihi alieni.

Magnæ eſt tamen deliberationis) *Sic Vict. & Grab. edd. & nonnulli MSS. alii tamen cum edd. tum MSS. inter quos Grav. prim. & Amſtelodam.* magna tamen eſt delib.

Illius conceſſu) *Al.* illius conſenſu.

EPIST. VII.

Multo ante videris) *Grav. prim.* m. a. viderem.

Cum

Conſulatum magnificentiſſime atque optime geſſeris) *Edd.* qui conſulatum m. a. o. g. *MS. Grev. prim.* conſulatum magnificentiſſime atque optime geſſeris.

Semperque ſumme diffidere) *MS.* ſemper ſumme diffidere, *Vatic.* ſemper ſumme diffidere.

Simul abjeciſti certandi cupiditatem) *V. c. N. Scalſ.* ſimul abjeciſti & certandi iniquitatem.

Extrema non libenter perſequi) *MSS.* extrema libenter non perſequi. *Al.* proſequi. *Vid. Not.*

Hique te in Africam contulerunt) *Al.* hi te in Africam contulerunt. *Al.* & hi ſ. i. A. c. *Al.* ut ii, qui in Africam ſe contul. *MS. Grev.* hii, qui ſ. in A. c. *Vatic. Grev.* hique qui ſe in Afr. c. *prim. Pal.* iique ſe in A. c. *Pal. prim.* hi qui ſe in A. c.

Victori ſe ſe crediderant) *MSS. & edd.* ſe victos eſſe crediderunt. *Vid. Not.*

Ad tuas fortunas omnes) *Grev. pr. & prim. Pal.* utique, omnis.

Sed tamen ſi jam ita conſtituiſſes) *Al.* ſed tametſi jam i. c.

Quiete & libere vivere) *V. c. N. Scalſ.* quiete & pacifice vivere.

Ut terrarum orbem complexa ſit) *Al.* ut orbem terrarum c. ſ.

Etiamſi oppetenda mors eſſet) *Pal. prim.* etiamſi appetenda mors eſſet.

Omnes qui te diligunt) *Amſtel.* omnes qui te intelligunt.

Qui tenet rempublicam patietur) *Al.* qui tenet rempublicam tenetetur.

Hic te unius ſollicitudinem) *V. c. N. Scalſ.* hoc te etiam un. ſoll.

Unius etiam multæ) *V. c. N. Scalſ.* unius multæ etiam.

Nos cura & dolore proximi ſumus) *V. c. N. Scalſ.* nos cura & labore p. ſ.

Ius adeundi) *V. c. N. Scalſ.* quod jus abeundi.

Cum ipſi deprecatione egueritmus) *Sic MSS. Amſtelodam. Mentel. Grev.* aliique. *Vulgo* deprecatore.

Marcello non deſumus) *Al.* non defuimus.

EPIST. VIII.

Maximi animi hominem unumque fortiſſimum) *Pal. ſec.* maximi animi virum, hominem fortiſſimum. *MSS.* maximi animi hominem, virumque fortiſſimum. *Sic & MSS. Grev. Vid. Not.*

Ut aliam praſto) *Edd.* ut ſum praeſto; *prim. ed.* ut alium praſto.

Omnia debere tua cauſa, quæ poſſim, ſed ea) *MSS.* me habere, quæ poſſim. *Vid. Not.*

Illud tamen vel te me monuiſſe) *MSS.* illud tamen multum me monuiſſe.

Tu quoque animum induces) *Al.* t. q. in animum induces.

Quæ eſt domeſtica ſede jucundior) *Sic MSS. al.* qui eſt domeſtica ſella jucundior.

Dignitates hominum) *Sic MSS. al.* dignitatem hominum.

Redeo ergo ad unum illud) *Ergo deeſt in antiquo libro.*

Me tuum eſſe, fore cum tuis) *Sic MSS.* in *edd.* deſideratur eſſe. *Grev.* forte cum tuis.

Si minus, me certe in omnibus rebus) *Sic MSS. edd.* ſin minus.

EPIST. IX.

Etſi perpaucis ante diebus dederam Q. Mucio litteras ad te) *Multi MSS.* Q. Nucio, *prim. Grev.* Q. Mutio *a v. c. N. Scalſ. & Mentel.* etſi perpaucis ante diebus dederam mucio litteras ad te; *quidam libri habent*, etſi aperte paucis diebus ante d. Q. M. l. a. t.

Iiſdem igitur de rebus) *Grev.* iiſdem etiam de rebus. *Grev. pr.* iiſdem ergo de rebus.

Cum idem illud auribus perciperem) *Al.* cum illud idem a. p.

Semper ſapientis eſt habitum) *Al.* ſemper eſt ſapientis habitum.

Quod non multo ſecus fieret) *MS.* quod multo ſecus fieret.

Cum omnium noſtrum conjuncturum eſſe periculum ſuo cerneret) *Vid. Not.*

Eum magis communem cenſemus in victoria) *Al.* eum cenſeram magis communem in vict.

Incertis rebus) *Sic Vatic. al. MSS.* incertis in rebus; *al.* ceteris in rebus. *Pal. duo*, certis in rebus.

Vobis auctoribus) *Al.* nobis auctoribus.

Impotentioreſque reddit) *MS.* impudentioreſque reddit.

Etiamſi natura tales non ſint) *MS.* etſi natura tales non ſint.

Etiam invito) *MS.* & invito.

In minimis tuas res ponere) *Al.* in minimis res tuas ponere.

Non

Non isse supplicem victori) *Vid. Not.*

Vide ne superbi sis) *Al.* vide ne sis superbi.

Et si rep. non possit frui, stultum est nolle privata) *V. c.* stulti sit; *al.* stulti nol.

Caput est illud) *Al.* caput illud est.

EPIST. X.

Etsi nihil erat novi, quod ad te scriberem) *Sic MSS. vulgo*, etsi nihil novi, quod ad te scriberem, habebam.

Tarda decessio) *Al.* discessio; in *MS. primo Gravii* discessio, *sed emendatum erat manu secunda*, decessio.

Prorsus tibi ignoscerem) *Al.* tibi prorsus ignoscerem.

Atque in omnes partes valeret) *Sic Paris. Victor. ed. alii. MSS.* atque in omnes partes valere. *Al.* idque in omnes partes valere.

EPIST. XI.

Plurimum valuisse apud me tuam semper auctoritatem) *Sic MSS. al.* plurimum v. a. m. t. s. a. *V. Memm.*

Non solum consilium dares, sed precibus quoque me obsecrares) *V. c. N. Steif.* non solum consilium dares, sed precibus quoque me oarrares.

Quod ab optimo fit animo) *Sic MSS. al.* quod optimo fit animo.

Hoc mihi multo jucundius est) *Al.* hoc multo mihi jucundius est.

Propinquorum ac necessariorum) *Ac desideratur in w. c.*

In hoc mihi gratuler) *Sic MSS. Vid. Not.*

Re tibi praestabo) *In nonnullis libris deest re.*

EPIST. XII.

SERVIVS SVLPICIVS M. CICERONI S. D.) *Vet. cod. Med.* SERVIVS SVLPICIVS CICERONI SALVTEM PLVRIMAM DICIT; *sic & Amstelodam. Gravii primus nullam hic habet inscriptionem. Mentel. sbet pro vulgata.*

Non jucundissimum nuntium me vobis allaturum) *MS. Grav. prim.* non jucundissimum me nuntium vobis allaturum; *Al.* n. n. me tibi all.

Quoniam casus & natura in nobis dominatur) *MSS.* quoniam casus & natura in bonis dominatur; *edd.* quoniam casus & fortuna in nobis dominatur; *al.* in bonis.

Vos certiores facere) *Sic MSS. al.* vos certiores ut facerem.

A. d. x Kal. Iunias) *Al.* ad V. Kal. Iun.

Postero die cum ab eo digressus essem) *Grav. prim.* Postero die ab eo digressus cum essem.

Supra Maleas) *Vid. Not.*

In Italiam versus navigaturus erat) *Al.* Italiam versus navigaturus erat.

Circiter hora decima noctis) *Sic MSS. edd.* circiter horam decimam noctis.

P. Postumius) *MSS.* Postumius omisso P. *Vid. Not.*

A P. Magio Cilone) *Al.* a Publio Magio Chilone.

Familiare ej.) *Sic MSS. vulgo* familiari.

Qui hac nuntiaret) *Al.* qui hoc nuntiaret.

Rogaret uti curarem medicos) Curarem *non est in vetustis libris. Vid. Not.*

Mortem afferret) *MSS.* offerret.

Neque tamen id autem cuiquam concesserant) *Al.* nec tamen id a. c. c.

Uti in quo vellemus gymnasio) *Al.* ut in quo vellemus gym. *MSS. nonnulli*, ut quo vellemus gym.

Gymnasio eum sepeliremus) *MSS.* eum gymnasio sepeliremus.

Postea que curavimus) *Al.* postea quoque curavimus.

Ut iidem Athenienses) *MSS. duo*, ut eidem Ath.

Monumentum ei marmoreum) Ei *deest in duobus libris.*

Vale. D. Pr. Kal. Iun. Athenis) *Sic MSS. editiones vulgatae*, Vale. Data pridie Kal. Iun. Ath. *in multis veteribus abest*, data pridie; *in aliis*, tr. Kal. Iun. *Gravii primus*, Obiit prid. Kal. Athenis.

EPIST. XIII.

Certa res nulla) *Sic Palat. prim. & duo alii, at & Grav. prim. al.* ulla.

Tempus eripuerat) *V. c. N. Steif.* tempus jam eripuerat.

Ne quid tale scribere possem) *MS. pr. Grav. & al.* ne quid tibi tale scribere possem; *al.* ne quid scribere possem.

Aut omnino cogitare) *MS.* aut omnino cogitare.

Quod pollicerer non erat) *MS. pr.*

Grav.

Grav. quid pollicerer non erat.

Pari fortunæ abjectus) *Al.* pari fortunæ afflictus. *Chat.* abiectus. *Pal. quint.* adjectus.

Nulla me ipsum privatim pepulit insignis injuria) *MS.* percolit; *al.* pepulerit; *al.* pepulerat.

Tamen nihilominus eis conficior curis) *Vid. Not.*

Vt ipsum, quod maneam in vita) *Sic MSS. edd.* ut hoc ipsum, quod maneam in vita.

Sed etiam video) *Sic Stewech. Palat. tert. Grut. Mentel. Vatic.* sed etiam id video; *al.* sed ipsum video. *Grav. prim. cum vulgatis*, sed etiam id ipsum video. *Amstelodam*; sed etiam ipse video. *Pal. tert.* sed & video.

Quibus nos olim) *MS.* quibus non olim.

Nunc iis omnibus caremus) *MS.* nunc his o. c.

Cum ceteris, et quidem videor) *MS.* tum ceteris, ut quidem videor.

Tum mihi ipse displiceo) *Al.* tum ipse mihi displiceo.

Aut obscuris hominibus) *Pal. tert.* aut obscuris hominibus.

Maximas quondam gratias) *Prim. Pal.* proximas quadam gratia.

Ne benigne quidem polliceri possum) *Vatic. & Palat. prim.* possim.

Quia curo) *Vatic.* quia cura.

Fortasse semper fore) *MSS. nonnulli*, fortasse semper non fore.

Videor mihi perspicere) *Prim. Palat.* videor mihi prospicere.

Quascumque vires habebit) *Al.* quascumque vires habebit. *Vid. Not.*

Quod primo omiseram) *MSS.* primo quod omiseram; *al.* quod prius om.

Nam & complectar eius fam.) *Grav. prim.* complector; *edd.* amplectar.

In ipsius consuetudinem — insinuabo) *Al.* insinuabor.

Putabo ad id quod volumus pervenire posse) *Al.* perveniri.

Quod ego meum malim esse) *Al.* quod ego malim meum esse.

Vt te orem & obsecrem) *MSS.* ut te horter & obsecrem. *Vid. Not.*

Studioque peperisti) *MSS.* reperisti. *Pall. duo* percepisti.

EPIST. XIV.

Bene & feliciter evenire) *Al.* bene ac fel. e.

Si quod sentias sint re efficere possis) *Vid. Not.*

Ne vestigium quidem ullum est reliquum) *Al.* ne vestigium quidem est ullum reliquum; *al.* relictum.

Agiturque præclare) *MS.* agitur præclare.

Si nosmet ipsos regere possumus) *edd.* possimus.

Hæc me tum vidisse) *Al.* hoc me vidisse.

Videbamque quanto periculo) *Sic Grav. aliique codd. MSS.* quo videbam quanto periculo.

Si vicissent ii) *Al.* si ii vicissent.

Intelligebam tamen) *Al.* tamen intelligebam.

Et iratorum hominum) *MS.* iratorum hominum.

Qui me hæc prædicentem) *Al.* prævidentem.

Certe scio) *Sic MSS. al.* certo scio.

Sed ego tum misero tempore) *Al.* quod ego t. m. t.

EPIST. XV.

Accepi perbreves tuas litteras) *MS. Grav.* accepi perbrevis litteras tuas. *Pal. sec.* accepi perbrevis tuas epistolas. *Palat. tert. Grut.* accepi perb. epist. *al.* acc. breves ep.

Sed hoc sciebam) *Sic MSS. Vid. Not.*

Ad id meas litteras accommodavissem) *Al.* accommodassem.

Quæ existimavi scribi oportere) *Vid. Not.*

De me præstare possum) *MS.* de me autem p. p.

FINIS TOMI I. EPISTOLARUM FAMILIARUM.

www.ingramcontent.com/pod-product-compliance
Lightning Source LLC
Chambersburg PA
CBHW031944290426
44108CB00011B/671
* 9 7 8 3 7 4 1 1 9 7 8 5 7 *